国家哲学社会科学成果文库
NATIONAL ACHIEVEMENTS LIBRARY
OF PHILOSOPHY AND SOCIAL SCIENCES

晚清中外条约关系研究

李育民　著

法律出版社
LAW PRESS·CHINA

作者简介

李育民 湖南耒阳人，1953年生，湖南师范大学历史文化学院教授，博士生导师。1982年于湖南师范大学历史系本科毕业后考入本校中国近现代史专业攻读研究生，师从林增平先生，1985年获得历史学硕士学位并留校任教，1990年开始从事近代中外条约研究。湖南师范大学历史文化学院首任院长，现任中国史学会理事、湖南师范大学学术委员会副主任等职。享受国务院政府特殊津贴，获得全国优秀教师、湖南省优秀社科专家等称号。

主持国家社科基金重大项目及一般项目五项，获省部级优秀社科成果奖五项。先后出版《近代中国的条约制度》《中国废约史》《中外条约与近代中国研究丛书》等著作，在《历史研究》《近代史研究》《中共党史研究》等刊物发表《晚清时期条约关系观念的演变》《中外条约关系与晚清法律的变化》《论清政府的信守条约方针及其变化》《中国共产党反对不平等条约的历史考察》等系列论文。

《国家哲学社会科学成果文库》
出版说明

为充分发挥哲学社会科学研究优秀成果和优秀人才的示范带动作用，促进我国哲学社会科学繁荣发展，全国哲学社会科学规划领导小组决定自2010年始，设立《国家哲学社会科学成果文库》，每年评审一次。入选成果经过了同行专家严格评审，代表当前相关领域学术研究的前沿水平，体现我国哲学社会科学界的学术创造力，按照“统一标识、统一封面、统一版式、统一标准”的总体要求组织出版。

全国哲学社会科学规划办公室

2011年3月

目 录

Contents

导 言

条约关系的相关概念和理论

近代中外条约的研究，已取得显著的成绩，研究者着眼于不平等条约，提出了各种研究范畴，如条约制度、条约体系，等等。这是一个关系重大而又内容复杂，且涉及面广的研究领域。从更宽广的范围，作更深入的解析，是该研究领域进一步发展的要求，也有助于深化对中国近代历史的研究，而条约关系则直接提供了适应这一要求的研究范畴。条约关系是国际社会的客观存在，也是中国历史出现转折的反映。晚清时期，中国开始走入国际社会，在列强的强权政治下不可避免地形成了这一关系。中外关系由此出现了根本性变化，这既是与传统朝贡关系不同的新的国际秩序模式，又是中国近代社会性质变化的主要体现。作为国际关系中的一个重要范畴，学术界已开始关注这一领域，但对其相关的理论和概念，尚缺乏必要的探讨和认知。条约关系有特定的含义，与国际法、外交关系以及战争关系等均有着密切的关联，且在近代中国尤其是晚清时期有着特殊的性质，诸如此类，均属该研究领域的基本理论问题。同时，马克思主义史学理论，诸如唯物史观、民族殖民地理论、国际法和国际关系学说、共同价值思想、世界交往理论等，与近代中外条约关系研究有着密切关系，更有着重要的指导意义。

一、条约关系的释义、内涵和特质

晚清时期建立的中外条约关系，是西方列强用武力强加的，对中国而言又是一种新的国际秩序模式。这一以条约为基本介体构建的关系，在近代成为国家间关系的主要方式，与中国传统的朝贡关系截然有别。就一般意义而言，条约关系的释义、内涵和特质，属于近代国际关系理论的组成部分。对此作一系统梳理和阐析，有助于揭示这一为学术界所忽略的概念，且是认识晚清中外条约关系的前提。

简单地说，所谓条约关系，是国际法主体之间以条约这一法律形式表现出来的一种国际关系。条约具有法律性质，为中外国际法学者所共认。如西方学者认为，“由于缔结了契约或条约，缔约各方就能依法律对其相互关系加以调整”。条约“具有造法的职能”，“任何条约的主要职能都是创造法律，就是说，创造法律规范，而不论是一般规范还是个别规范”。① 我国学者也认为，“缔约者不啻为立法者，条约之上，别无所谓法律。条约得为法律之渊源”。② 或者说，“它是国际交涉重要的法律形式，同时也构成现代国际法的主要渊源”。随着近代欧洲国际法的成长，“条约成为国际法公认的一个制度，被赋予法律的拘束力”。③ 或者说，“任何条约，不论是他所说的契约性条约还是立法性条约，都为缔约各方创立法律”。④ 不仅“条约在当事各方之间即是法律，而且是‘硬法’”。⑤

条约的法律性质，决定了条约关系是一种法律关系，属于广义国际关系的一部分。国际关系有广义和狭义之分，“广义国际关系是指主权国家之间的一切互动关系”，包括政治、经济、文化、外交、军事、法律等方面的关系；狭义国际关系，则“仅指主权国家、政府间的官方政治外交关系，即国际政治关系”。⑥ 条约关系属于国际法律关系，与狭义国际关系有别，在整个国际关系中具有重要的地位。“在国际范围内，条约必须用作几乎每种法律行为或交往的手段”。⑦ 国家与国家之关系，“无条约则不明确。国际关系，譬如人身，条约乃其骨干，其地位之重要，无俟烦言矣”。⑧ 在国际法

① [美]凯尔森：《国际法原理》，王铁崖译，华夏出版社 1989 年版，第 267、268 页。

② 吴昆吾：《条约论》，商务印书馆 1931 年版，第 2 页。

③ 周鲠生：《国际法》下册，商务印书馆 1976 年版，第 590 页。

④ 李浩培：《国际法的概念和渊源》，贵州人民出版社 1994 年版，第 67 页。

⑤ 李浩培：《条约、非条约和准条约》，《李浩培文选》，法律出版社 2000 年版，第 575 页。

⑥ 李广民、欧斌主编：《国际法》，清华大学出版社 2006 年版，第 1 页。

⑦ [英]斯塔克：《国际法导论》，赵维田译，法律出版社 1984 年版，第 343 页。

⑧ 吴昆吾：《条约论》，商务印书馆 1931 年版，第 1 页。

上，条约也“占有特别重要的地位”，①作为“硬法”，它“有助于国际关系的稳定和国际秩序的维持，是国际社会不可缺少的上层建筑”。②它虽“可以调整各种国际关系，但不能概括整个国际关系”。③也就是说，它与各种国际关系的各个方面都有联系，但不能完全代替它们。

条约的缔结意味着条约关系的开始。据研究，《维也纳条约法公约》中的“缔结”，采用了“conclusion”一词。这表明，条约的缔结意味着就此缔结此条约的谈判结束，而条约关系通常始于条约生效之日。英文“treaty”源于法文“traiter”，意即“谈判”。从词义上说，古英语“treaty”与法文“traiter”确有联系，而且，法文这一词至今还是这一含义。“这说明，条约缔结与谈判结束是一个意思，所以采用‘conlusion’。这并不指条约关系的结束，恰恰是条约的开端。当然，真正的条约关系始于条约生效之日。”④

作为以法律形式表现出来的国际关系，条约关系是一种高度规范性的关系，具有特有的质的规定性。具体而言，包括这一关系的形式和依据、主体与客体、基本内容、特殊的强制性和可变性，等等，这些质的规定性，体现了条约关系的内涵及特质。简言之，条约关系是法律范畴的国际关系。具体而言，条约是国家间所缔结并受国际法支配的国际书面协定，条约关系是国家以条约为形式和根据，以权利、义务为内容，具有特殊强制性、差异性和可变性的法律范畴的国际关系。其具体内涵和特征，包括以下几方面。

其一，构成条约关系的基本要素是条约，条约是条约关系产生和存在的前提和依据。有关国际条约的定义，“至今还没有一个公认为权威性的界说”，中外国际法学者仍“各执已见，难成定论。”⑤《维也纳条约法公约》谓，条约是指“国家间所缔结而以国际法为准之国际书面协定”。⑥类似意

---

① 周鲠生：《国际法》下册，商务印书馆1976年版，第590页。

② 李浩培：《条约、非条约和准条约》，《李浩培文选》，法律出版社2000年版，第575页。

③ 慕亚平等：《当代国际法论》，法律出版社1998年版，第102页。

④ 张乃根：《国际法原理》，中国政法大学出版社2002年版，第185页。

⑤ 万鄂湘、石磊、杨成铭、邓洪武：《国际条约法》，武汉大学出版社1998年版，第1页。

⑥ 《维也纳条约法公约》，1969年5月23日，见国际问题研究所编译：《国际条约集（1969—1971）》，商务印书馆1980年版，第43页。

见还有不少。① 另有其他意见认为，“条约是国家之间以及国家与国际组织之间以国际法为准则而确立相互权利与义务关系的书面协议。”② 或认为，“条约是至少两个国际法主体意在原则上按照国际法产生、改变或废止相互间权利义务的意思表示的一致。”③ 与此相似的定义也有不少。④ 不论何种定义，作为国际法律关系，构成条约关系的基本要素是各种形式的条约，离开条约，条约关系也无以存在。国际关系的调整，可以通过各种途径和规范进行，诸如外交、政治、法律、军事、文化等途径，以及相应的各种国际规范，如国际法律、国际道德规范等。与法律关系不同，道德关系“建立在国际道德准则和国际道义基础之上”。在国际社会中，“各国以人类社会约定俗成的道德原则为基础，开展国际交往，参与国际事务，便形成了包罗万象的国际道德关系。违背国际道德关系，会受到国际舆论的谴责”。⑤ 条约关系则是通过各种途径，以国际法律规范进行调整所形成的国际关系。不论从形式还是从实质来看，条约是这一关系的基本要素。这就是说，条约是条约关系存在，包括其产生形成和发展演变的依据。在涉及条约关系的处理和相关事务中，均必须根据条约规定，条约是条约关系的基础。

其二，条约关系以国际法承认的国际法主体为主体，以涉及缔约国利益的义务为客体。国家是国际法的主体，国家的这一地位，“在于它具有主权”。就国际事实而言，“只有国家是享受国际权利和负担国际义务的人格者”，“是对外关系行为的全部负责者”，而“国际法就完全是国家之间的法律”。至于如联合国等国际组织，是根据主权国家间的协定而组成的，“它本身不具有主权，并不能体现一个国际法主体资格所具有的全部功能”，因此“不能说是一个国际法主体”。⑥ 从条约关系来看，主要涉及国家之间的

① 如周鲠生认为，“条约是国家间关于它们的相互权利和义务关系的书面形式的协议”。见周鲠生：《国际法》下册，商务印书馆 1976 年版，第 591 页。

② 朱奇武：《中国国际法的理论与实践》，法律出版社 1998 年版，第 364 页。

③ 李浩培：《条约法概论》，法律出版社 1987 年版，第 1 页。

④ 如万鄂湘等认为，“国际条约是国际法主体间缔结而以国际法为准，旨在确立其相互间权利与义务关系的国际书面协议”。见万鄂湘、石磊、杨成铭、邓洪武：《国际条约法》，第 3 页。

⑤ 王圣诵主编：《国际关系学》，中国法制出版社 2003 年版，第 110 页。

⑥ 周鲠生：《国际法》上册，商务印书馆 1976 年版，第 59～69 页。

关系，其主体更非国家莫属。《维也纳条约法公约》将条约定义为国家间所缔结之协定，规定，“本公约适用于国家间之条约”。① 一般国际法著作亦肯定，“条约是国家间进行合作的一种典型的、最普遍的法律形式。条约的主体是国家”。② 国家为唯一的国际法主体之说，“是代表过去三个世纪以来国际法的主导思想”。③ 另外，原则上，“只是主权国家有完全的缔约权”，而国际组织等仅在某种范围内“有缔约能力”。④ 其他还有各种说法，或认为，条约主体除国家之外，“还有国际组织以及正在为民族独立解放斗争而组成的政治实体”。⑤ 或认为，条约的主体包括主权国家、非完全主权国家、国家组织（即政府间国际组织）和其他国际法主体。⑥ 而“具有缔约能力的国际法主体，最重要的是主权国家和国际组织。”⑦ 或认为，“条约的主体主要是国家和国际组织”。⑧ 本项研究所涉及的条约主体为主权国家，从时间和空间而言，其他主体与晚清中外条约关系没有多少关联，如国际组织“不是近代国际法而是现代国际法主体”。⑨ 作为条约关系上的主体，即相关的缔约国，有相对普遍性和特定性的区分，其拘束力的范围亦存在差异。与由立法机关制定的国内法不同的是，作为国际法律，条约调整的关系是相关的缔约国家之间的权利和义务关系。可依条约关系主体的数量将条约分为相对普遍性条约和特定性条约两大类，前者主要指国际公约，后者主要指相关国家所订双边或多边等形式的特定条约。这些作为国际法律的条约，其拘束力不具普遍

---

① 《维也纳条约法公约》，1969 年 5 月 23 日，见国际问题研究所编译：《国际条约集（1969—1971）》，商务印书馆 1980 年版，第 43 页。

② 苏联科学院法律研究所编：《国际法》，国际关系学院翻译组、北京大学国际法教研室译，世界知识出版社 1959 年版，第 248 页。

③ 周鲠生：《国际法》上册，商务印书馆 1976 年版，第 63 页。

④ 李浩培：《条约法概论》，法律出版社 1987 年版，第 240 页。

⑤ 万鄂湘、石磊、杨成铭、邓洪武：《国际条约法》，武汉大学出版社 1998 年版，第 3～4 页。

⑥ 李浩培：《条约法概论》，法律出版社 1987 年版，第 2～13 页。

⑦ 李浩培：《国际法的概念与渊源》，贵州人民出版社 1994 年版，第 55 页。

⑧ 朱奇武：《中国国际法的理论与实践》，法律出版社 1998 年版，第 364 页。

⑨ 邵沙平、余敏友主编：《国际法问题专论》，万鄂湘等撰稿，武汉大学出版社 2002 年版，第 93 页。

性，只能对相关缔约国发生效力。其中，国际公约的参与国较多，其拘束力具有相对普遍性，而特定条约的效力原则上仅限于相关缔约国家。其他未缔约的第三国，通常既不享有条约所赋予的权利，也不承担条约所规定的义务。

关于条约关系的客体，亦有各种说法。或指条约关系国所承担的义务，认为“条约的客体总是一种或一种以上的义务，不论是涉及所有缔约国的义务，还是只是片面涉及其中一国的义务”，也可以“是一种有关任何国家利益的事项的义务”。① 或认为，“国际条约的客体只能是合法而又可以执行的事项。”② 与此相类似，李浩培论述条约要素时亦谓，“作为条约客体的事项”。③ 还有学者从国际贸易条约的角度提出，其客体是“条约指向的标的”，具体而言，“可以是在各国的对外贸易关系中容许的东西。”④ 或认为，“条约之客体云者，谓其所结条约之目的，并其目的物也。”⑤ 相似的说法谓，“条约客体之要素有二，一曰目的物之存在，二曰目的物之同一。目的物存在者，谓实有其物也。”⑥ 或认为，条约客体“指物质的或非物质的财富，作为或不作为。”⑦ 或认为，“条约的客体是创设缔约国之间的权利和义务关系。”⑧ 上述各种说法中，将条约客体视为条约关系国所承担的义务，在理论上和实践中似更适合条约这一国际法领域的法律关系。

从哲学上讲，客体是主体之外的客观事物，而对于国际条约而言，客体则是主体所要解决的具体事项。法理学著作一般认为，“法律关系客体是指法律关系主体之间权利和义务所指向的对象”，⑨ 其所言“对象”，实际是

---

① ［英］劳特派特修订：《奥本海国际法》上卷，第 2 分册，王铁崖、陈体强译，商务印书馆 1972 年版，第 320 页。

② ［苏］Ф.И. 科热夫尼科夫主编：《国际法》，刘莎、关云逢等译，商务印书馆 1985 年版，第 110 页。

③ 李浩培：《国际法的概念与渊源》，贵州人民出版社 1994 年版，第 55 页。

④ ［苏］利索符斯基：《国际经济关系的法律调整》，刘振江译，法律出版社 1988 年版，第 120 页。

⑤ 窦田来编：《国际条约要义》，顾葆光校订，中华书局 1914 年版，第 14 页。

⑥ 叶开琼编：《法政丛编》上册《平时国际公法》，湖北法政编辑社 1905 年版，第 147 页。

⑦ 苏联外交部外交学院编：《国际法辞典》，徐光智等译，新华出版社 1989 年版，第 129 页。

⑧ 朱奇武：《中国国际法的理论与实践》，法律出版社 1998 年版，第 365 页。

⑨ 如张文显主编：《法理学》，高等教育出版社 2003 年版，第 138 页。

指主体所要解决的事项，或主体缔约的“目的物”。其所言“义务”，则更反映了条约属国际法范畴的性质，“就国际法而言，主要是设定义务可能更为符合国际法实践及意旨”。[①] 正是“义务”在条约关系中所具有的这一地位，即使认为条约客体是“缔约各方所创设的权利与义务关系”的学者，亦以“义务”为中心对客体作出解释，谓：“即缔约各方承担一定的行为或不行为的义务”，“以及对缔约一方违反条约规定的行为表示反对或采取相应措施的权利”。[②] 这里所说的“权利”，显然是指对不履行条约义务的行为所采取行动的权利。在法理学上，法律关系客体又称为“权利客体”，[③] 这一观点“是我国学术界现在的通说”，认为两者“属于同一概念”。[④] 所谓权利客体，指的便是法律义务，如有学者指出，“权利客体，乃义务主体。”[⑤] 或者说，法律关系的客体，指的是“权利的对象”，也就是权利所能指准的“一切什么东西”“一切实体”“一切财物”。[⑥] 或者说是一种“特定利益”，“此特定利益之本体，谓之权利之客体。”[⑦] 另外，在条约法上，条约失效的认定也取决于义务的存在与否，“一旦有关义务或事项执行完毕，条约即告失效”；[⑧] 或者说，“所有条约，其义务涉及某一标的者，于该标的消灭时，这些条约即应失效”；[⑨] 或者说，“条约既已履行完毕，这个作用丧失，因而条

---

① 朱炜、王吉文主编：《国际法》，厦门大学出版社 2013 年版，第 151 页。

② 上海社会科学院法学研究所国际法研究室编：《国际法讲义》第 3 分册，上海社会科学院法学研究所国际法研究室 1981 年印，第 7 章第 1 页。

③ 李伟民主编：《法学辞海》第 2 册，蓝天出版社 1998 年版，第 976 页。

④ 高健：《法律关系客体及其作用》，山东友谊出版社 2009 年版，第 60 页。

⑤ 李肇伟：《法理学》，台北 1980 年版，第 250 页。转引自方新军：《权利客体论 历史和逻辑的双重视角》，中国政法大学出版社 2012 年版，第 88 页。

⑥ ［葡］卡洛斯·阿尔贝托·达·莫塔·平托：《民法总论》，澳门翻译公司译，澳门大学法学院 1999 年版，第 180～181 页。转引自方新军：《权利客体论 历史和逻辑的双重视角》，第 90 页。

⑦ 王伯琦：《民法总则》，台湾编译馆 1986 年版，第 103 页。转引自方新军：《权利客体论 历史和逻辑的双重视角》，第 85 页。

⑧ 周鲠生：《国际法》下册，商务印书馆 1976 年版，第 668～669 页。

⑨ ［英］劳特派特修订：《奥本海国际法》上卷，第 2 分册，王铁崖、陈体强译，第 358 页。

约也就终止。”① 这里所说“条约既已履行”，是指条约义务已经履行。美洲21个国家所签订的《关于条约的公约》第14条明确规定，“当规定的义务已完成时”，“条约停止生效”。② 在条约解释的实践中，亦以义务而不是权利作为条约的客体，如欧洲法院在解释《罗马条约》时指出，“客体不仅仅只是由缔约国之间的双边义务所构成——还包括那些隶属于缔约国的国民们。”③

综上所述，在条约关系中，其客体并非权利，而将“客体”这一哲学用语界定为更直观的“义务”，更体现了条约属于国际法范畴的特点。“义务”是实现“权利”的基本环节，与条约的目的及其“执行的事项”，与缔约国的利益直接相关，应是合法的并需要获得实在的保障。正唯如此，“国际法禁止某些义务成为条约的客体，因此，包含这类义务的条约自始就是根本无效的。”“客体必须是物质上可能的”，“物质上不可能的义务不能成为条约的客体。”如果一个国家订立含有这类义务的条约，“在法律上既属根本无效，缔约一方因对方不履行义务而要求赔偿的权利也无从产生。”国际法所禁止的义务，还包括“不道德的义务”和“不合法的义务”，即“与普遍承认的国际法原则冲突的义务”，均“不能成为条约的客体”。④ 作为条约关系的客体，条约义务及其内涵体现了它的客观属性，同时又是条约权利的直接对象。其范围，涉及政治、经济、科学技术、文化、法律及其他问题，“这些问题的共同解决是有关国家所关切的”。⑤ 从国家所具有的缔约权而言，“极其多种多样的国家间的关系都可以作为条约的内容”，但是“只有合法和可以执行的事情才可以作为条约的客体”。条约所规定和处理的关系，包

---

① 李浩培：《条约法概论》，法律出版社1987年版，第527页。

② 《关于条约的公约》，1928年2月20日，世界知识出版社编：《国际条约集（1924—1933）》，世界知识出版社1961年版，第351页。

③ ［瑞典］宾德瑞特：《为何是基础规范——凯尔森学说的内涵》，李佳译，知识产权出版社2016年版，第233页。

④ ［英］劳特派特修订：《奥本海国际法》上卷，第2分册，王铁崖、陈体强译，第322～323页。

⑤ 苏联外交部外交学院编：《国际法辞典》，徐光智等译，新华出版社1989年版，第129页。

括和平时期和战争时期。①

其三，条约关系的基本内容，是国际法律意义上的权利义务关系。条约关系中的权利义务，属于国际关系中的权利义务，而且具有国际法律意义。它既与国际关系中的其他权利义务不同，又与国内法意义上的权利义务关系存在差异。在国际关系中，既有依据国际法律形成的权利和义务，又有国际道德规范所要求的权利和义务，条约关系中的权利义务属于前者。在法律关系中，存在国际法和国内法之别，条约关系所体现的法律关系属于前者。条约关系是“以法律形式表现出来的国际关系”，体现“国家之间的关系”，即相关国家的权利义务关系。条约是“国际法律规范调整国际社会的结果”，而“一旦某种国际关系受到国际法规范的调整，这种国际关系就具有了权利和义务的形式”。② 条约所规定的权利义务，是条约关系中的最基本的内涵，体现了这一关系的本质属性。所谓条约权利，是指条约主体依据条约规定享有的包括某种行为在内的某种利益。条约义务，是条约主体依据条约规定为保障对方享有的权益而承担的责任或约束。一般来说，缔约双方的权利与义务应遵循均衡原则，大致对等，但在实践中却出现了性质各异的条约关系。由于条约属于国际法律范畴，条约关系中权利义务的性质，在总体上又受制于当时的国际法发展程度及其规范。因此，对各相关国家而言，在不同的历史时期，条约关系中的权利义务，具有不同的性质。

作为国际法律关系，条约关系的权利义务内容，是这一关系内涵的体现。西方国际法学者凯尔森说：“条约像契约一样，是缔约各方意在确立相互义务和权利的一种法律相互行为。法律对这种法律相互行为所附的法律效果是，缔约各方在法律上有义务并相应地有权利像它们所宣示将要作行为那样作行为，这就是说，契约或条约制造了契约或条约所有意创造的缔约各方的义务和权利。”“每一项条约都构成在缔结条约前尚不存在的一些义务和权利，即由于条约而产生的一些义务和权利。”③ 用我国学者的话说，“条约

① 苏联科学法律研究所编：《国际法》，国际关系学院翻译组、北京大学国际法教研室译，世界知识出版社 1959 年版，第 248 页。

② 慕亚平、周建海、吴慧：《当代国际法论》，法律出版社 1998 年版，第 101、103 页。

③ ［美］凯尔森：《国际法原理》，王铁崖译，华夏出版社 1989 年版，第 266～268 页。

实国家与国家间权利义务之最大渊源”。①“条约之最主要作用，在于创立或改变国际间之权利义务关系，一切国际间之行为，均应以条约之规定为其准则。”② 任何条约，“其内容表现于缔约一方或几方所负担的法律上义务，另一方面表现于缔约他方所享有相应的法律上的权利”。这些权利和义务规定于条约，实际上就是规定缔约各方“必须遵守的法律规则”。③

需要指出的是，条约属于国际法范畴，其中关于权利义务的规定，实施中还会涉及缔约国的国内法而转化为其他形式。例如，为履行条约义务及办理相关事务，清政府颁行的谕旨、法令、章程等；而因享有某种条约权利或特权，外国方面据此在华实行的各种具体制度，包括建立机构和颁布相关法规等。

其四，条约关系的强制性规范具有特殊性，与一般国内法存在较大差异，体现了国际法权的局限和性质。任何法律关系都有强制性，具有国际法律性质的条约关系所具有的法律强制性，与一个国家内部建立的法律关系不同。国际法与国内法的最重要的区别在于，“国际法是比较分散的强迫性秩序，而国内法则是比较集中的强迫性秩序。这种区别表现在这两种秩序的规范的创造和适用的方法上”，即作为国际法主要渊源的习惯和条约“是分散的方法”，而作为国内法的主要渊源的立法，“则是集中的造法方法”。④ 一个国家的国内法，均要通过某种方式立法，制定法律，并设立法庭、警察、军队等强制机关。国内法制定之后，具有约束所有公民的普遍性，且由这些强制机关实施国家强制力予以保障。作为国际法律的条约，其强制性规范及其实施则与此相异。实际上，“国际上并无真正的立法”，与“组成立法机关的少数立法者有权制定法律以使全体公民遵守”的国内法不同，“少数国家无权为全体国民立法并迫使它们遵守”。一个条约“只能为缔约国自己立法，而不能为非缔约国立法；条约对第三国一般是没有法律效果的”。在这个意义上，“把‘立法性’这个词用在条约上就不仅是不必要，而且是不适

① 吴昆吾：《条约论》，商务印书馆 1931 年版，第 3 页。

② 涂允檀：《条约与中国外交》，《外交季刊》1942 年第 2 卷第 2 期。

③ 李浩培：《国际法的概念和渊源》，贵州人民出版社 1994 年版，第 67 页。

④ ［美］凯尔森：《国际法原理》，王铁崖译，华夏出版社 1989 年版，第 334 页。

宜了"。[①] 德国著名法学家耶利内克从条约的角度研究了国际法的基础，其所著一书《国际条约的法律性质》甚至认为，"从历史上看，国际条约的强制性不是来自于法律，它们在法律中找不到任何根据"。[②] 显然，条约关系的强制性，不是通过国家的立法机关和公共暴力机关来实现的。国际法学界一般认为，条约关系的强制性来自"条约必须信守"这一公认的国际习惯。其后《维也纳条约法公约》明确规定，"凡有效之条约对其当事国有拘束力，必须由各该国善意履行"。[③] 根据这一原则，缔约国如果不履行条约义务，则将承担相应的国际责任，相关国家可以予以报复或制裁。显然，这是一种特殊的强制力，其实施的程度在很大程度上取决于国家的地位和实力，这在传统国际法时代尤为显著。这一时期，国际关系中奉行的是强权政治，列强国家往往用暴力强迫弱小国家接受和履行不平等的条约义务。在古代，"国际法的强制力主要来自受国际不法行为侵害的国家自身，能不能捍卫自己的国际法权利不受侵犯，关键在于国家有没有实力"。到近代，"这种情况没有得到根本的改变，国际政治的基本特征仍然是强权政治，弱小国家的人民受到殖民主义的侵略和奴役"。[④] 国际法权与国际强权是一对矛盾，国际强权不仅垄断国际法律，且常常干预和制约国际法权，"这对矛盾的对立关系影响着不同时期的国际关系"，[⑤] 无疑包括条约关系。

其五，条约关系具有差异性和可变性，即某一国家与各国建立不同的条约关系，以及条约关系因时而发生变化。具体而言，所谓差异性，是指一个国家与各个国家建立不同条约关系的复杂状态，主要体现为各相关条约关系主体的权利义务的不同。一个主权国家，在构建与各国的条约关系时，可以实行差别对待，协定不同的权利义务。所谓可变性，是指已经形成的条约关系由于种种因素而发生各类性质的变化，主要是缔约各方权利义务关系的

---

① 李浩培：《条约法概论》，法律出版社 1987 年版，第 35 页。

② ［法］莱昂 · 狄骥：《公法的变迁　法律与国家》，郑戈等译，春风文艺出版社、辽海出版社 1999 年版，第 386 页。

③ 《维也纳条约法公约》，1969 年 5 月 23 日，见国际问题研究所编译：《国际条约集（1969—1971）》，商务印书馆 1980 年版，第 53 页。

④ 张景恩：《国际法与战争》，国防大学出版社 1999 年版，第 206～207 页。

⑤ 蔡拓等：《国际关系学》，南开大学出版社 2005 年版，第 356 页。

改变。根据国际法，“条约可以经过缔约各方的同意修改”，[①] 此外，条约还可以中止和废除，等等。也就是说，条约关系并非一成不变。变化的原因和因素是多方面的：或因条约关系的主体，即缔约国一方实力和国际地位的增强，而要求改变原有条约关系中的权利义务；或因国际形势发生变化，缔约各方均产生变更条约关系，重新调整权利义务的要求。变化的性质和类别，亦因情况而不同，或发生条约关系平等性质的根本性改变，或仅对条约内容作程度不等的修改和调整。改变条约关系的手段亦有参差，或以暴力强迫，或通过和平协商，等等。一般来说，在传统国际法时代，弱国与各强国的条约关系差异不大，变化亦多不正常，其主要因素则源于列强的强权政治。

此外，在条约关系中，还有一个相关的重要概念和现象，即“准条约”问题。严格地说，“准条约不是条约，但是类似于条约”，因此国际法学者“为它创立这个新名称”。这种“准条约”不是国际法上的条约，“因为缔约各方没有产生国际法上相互权利义务的意思”，因此对于缔约各方，“它不是法律”。但是，“它并非没有法律意义”，“这些意义可以是消极的，也可以是积极的”。其积极意义在于，“对于准条约，恰如对于条约，应当善意履行和解释”。因为，“既然缔约各方经过认真的谈判缔结了准条约，就某一特定事项作出了规定，每一方都有理由信赖他方会善意履行约许”。就此而言，“准条约”的缔约各方，“不能把准条约作为废纸那样来行动，以侵害他方的利益”。所以在此意义上，“条约和准条约的法律意义是同一的”，“一方违反这种规定时，他方有权对它进行外交交涉，提议抗议或表示谴责”。当然，与正式条约比较，“准条约”的法律性质要弱些。而条约制度存在已久，“条约明确规定当事各方的法律上权利义务，必须善意履行，违约即构成国际不法行为，引起包括报仇在内的各种制裁”。条约在当事各方之间即是法律，“而且是‘硬法’”。而“硬法”“有助于国际关系的稳定和国际秩序的维持，是国际社会不可缺少的上层建筑”。特别是，“在首要考虑是稳定和巩固国际关系的场合，必须使用条约。例如，两国间疆界的确定非用条约不可”。“准条约”的发生还是比较晚近的事情，由于“在概念上、内容上和作用上，准条约都和条约很相类似，因此应当把它正名为‘准条

① 周鲠生：《国际法》下册，商务印书馆 1976 年版，第 676 页。

约’”。① 不过，“准条约”不是“硬法”，若未遵守不会引起如同违约那样严重的后果。“准条约”包括国家同外国的私法人订立的契约和政府间订立的“没有产生国际法上相互权利义务”的协定等，晚清时期的“准条约”主要体现为前者，一般附着于条约关系之中，其性质和地位又因条约关系主体的不同而有着差异。

以上从一般意义上对条约关系概念作了剖析，揭示其基本属性和内涵以及其在国际关系中的地位和特性。作为条约关系中的一种类型，晚清时期的中外条约关系亦秉具上述属性和内涵，这些无疑是把握其基本含义的基础认识。然而，这一西方国家强加给中国的条约关系，除了在概念和形式上与主权国家之间正常的条约关系存在同一性之外，其实质性内容又不能与正常的条约关系一概而论，而具有种种特殊的性质。这是下文所要讨论的。

二、条约关系与国际法

作为国际法律关系的条约关系，与国际法有着最为密切的联系。条约是国际法中的重要制度，由条约形成的国家间关系则是这一制度的体现和扩展。同时，国际法又须通过吸纳和聚合条约而形成一个法律体系，两者之间存在着互相依存、互为前提的关系。可以说，条约或者条约关系是国际法的重要组成部分，而国际法又以条约为源流之一。条约调整相关国家之间的关系，其本身亦需要相应的国际法规则，规范条约的缔结、生效、实施、解释、终止等问题。探讨条约及条约关系与国际法之间的相互关系，是完整把握条约关系的前提，尤其是认识晚清中外条约关系特殊性质的钥匙。

条约暨条约关系在国际法中有着重要地位。国际法专家李浩培从条约法的角度论述两者的关系，认为规定条约关系的条约法是国际法的一部分，谓：“条约法是国际法的一部分，其作用在于规定国际法主体之间的条约关系。”在国际法中之所以有条约法这一分支，是由于条约关系的存在。而国际间之所以有条约关系存在，“是由于国家虽然是主权的、独立的，然而却不能孤立存在，而必须互相往来，并发生政治、经济、文化等种种关系”。在发生这种关系时，“各国自然会通过协议作出一些规定，以便共同遵守，

① 李浩培：《条约、非条约和准条约》，《李浩培文选》，法律出版社 2000 年版，第 565、574～577 页。

使发生这些关系的目的能顺利达到。这样就产生了国际条约”。而一旦产生条约，“就进一步需要一些法律规则来决定条约是否有效地缔结并发生了效力，发生了那些效力，以及在条约规定有疑义时应当怎样解释，在什么条件下条约可以暂停施行、终止或宣告无效等等”。“解决这些问题的法律规则的总和就是条约法”。①

在国际关系的发展历程中，条约的重要性愈益为人们所认识。“人类合群，由家族而宗族，而部落，而国家。国家与国家之关系，无条约则不明确。国际关系，譬如人身，条约乃其骨干，其地位之重要，无俟烦言。”②各国关系，只有通过条约的具体规定，才能明确其内容。在国际法产生的欧洲，学者们非常注重条约的地位。在古代欧洲，“其论国际法也，谓由自然法而生。自然法乃应人类之需要，自然而成者也，条约不过自然法之表现而已”。近代学者，则“几以国际法由条约所构成”，认为条约就是国际法。此种看法无疑有些偏颇，因此不少学者对其“亦难赞同”。因为，如“并非条约”的国际惯例，而“皆遵之莫违者，是条约之外，别有物焉”。也就是说，国际惯例与条约，“共为构成国际法之要素”，但“论其成分，不过条约居最大部分而已”。③到了现代，条约在国际法中的地位更为重要。“条约是现代国际法的主要渊源，也是国际法主体参与国际关系和进行国际交往的主要工具。国家作为现代国际法的重要主体，在国际合作与斗争中，通常就是以条约作为法律工具来实现自己的目的的。”因此，“条约在现代国际法上享有特别重要的地位，并已成为国际法学科的重点研究对象”。④

显然，条约不仅规范国家之间的关系，还由此成为国际法的渊源，而且是最重要的渊源。条约在国际法中的这一地位，已为国际法学者所认同。虽然“条约与契约，不容相混”，但一般认为“条约之在国家，犹契约之在个人”。有的学者特别强调条约的重要地位，在欧洲诸国，学者更视条约重

① 李浩培:《条约法概论》，法律出版社 1987 年版，第 46 页。

② 吴昆吾:《条约论》，商务印书馆 1931 年版，第 1 页。

③ 吴昆吾:《条约论》，商务印书馆 1931 年版，第 1～2 页。

④ 万鄂湘、石磊、杨成铭、邓洪武:《国际条约法》，武汉大学出版社 1998 年版，第 1 页。

于法律，“均认为条约在法律之上”，不仅“条约得为法律之渊源”，甚至认为“条约之上，别无所谓法律”。国家之权利义务，虽“不尽由条约而生”，“亦如私人之权利义务，不仅由契约而来”，而“条约实国家间权利义务之最大渊源耳”。①

是否所有条约均为国际法的渊源，在此问题上有不同意见。德国法学家特里佩尔认为“一个法律行为的或者一种交易的条约”，“不是造法性的”，所以“不是国际法的渊源”。另外一种条约叫“立法性或造法性条约”，它才是国际法渊源。他认为，前一类条约不是立法条约，“一桩事情履行以后，条约就完了”，“没有立什么法律”。立法性条约，“一般不是孤立地规定一桩行为，而是规定一般性的规则”。例如两国订立的商务航行条约要实行许多年，规定的事项也很多。此类条约“规定的条文相当多，但都是一般性的，不是只实行一次”，“可实行许多次”。他认为，“这种立法性的条约或者叫作造法性的条约”，“是国际法的渊源”。“造法性条约中最重要的是多边条约”。特里佩尔的见解，未得到国际法学界的认同，多数人认为，“任何条约不论什么条约都是造法性的或者立法性的条约，任何条约都是国际法渊源”。为什么？因为“任何条约都规定当事国之间的权利和义务。不问这些条约是双边还是多边的，也不问这些条约是契约性的或者立法性的”。一切条约对于当事国而言都有法律效力，“当事国不履行条约，就构成违约，违反条约是一种国际不法行为，就要负国际责任。所以一切条约不论契约性条约、立法性条约、双边条约或者多边条约对于当事国而言都是法律，因此都是造法性条约”。因此，在三个国际法渊源（即条约、国际习惯和文明国家所承认的一般法律原则）中，“条约是一个很重要的国际法渊源”。② 任何条约都是国际法的渊源，无疑说明了条约及条约关系的重要地位。条约作为国家间“典型的、最普遍的法律形式”，成为“国际法的主要渊源，这一点在联合国宪章上已得到确证”。③

---

① 吴昆吾：《条约论》，商务印书馆 1931 年版，第 2～3 页。

② 李浩培：《条约法》，法学教材编辑部 1983 年油印本，第 9～12、16 页。

③ 苏联科学院法律研究所编：《国际法》，国际关系学院翻译组、北京大学国际法教研室译，世界知识出版社 1959 年版，第 248、249 页。

在条约为国际法渊源的同时，国际法又为条约确立了基本准则。关于条约关系的规则，在传统国际法时代主要是依据习惯法，第二次世界大战之后，1949 年国际法委员会决定起草条约法，到 1969 年维也纳条约法会议通过《维也纳条约法公约》，由此改变了习惯法不明确的状况。此前，“条约法在当时还都是习惯法”，“国际习惯法有个缺点，就是不很明确的”。在第二次世界大战以后，“有许多新兴的独立国家，对于过去的国际法也包括条约法是有怀疑的，因为过去的国际法都是欧洲的所谓强国发展起来的。这些国家原来都是帝国主义国家，帝国主义国家所制定的有些规则，对于新兴的国家，新独立的国家，第三世界国家是不利的，所以他们要怀疑”。① 例如，关于条约的保留问题，传统的国际法规则是，“一个缔约国的保留，必须得到所有其他缔约国的明示或默示同意，才能成立”。② 其后，《维也纳条约法公约》作了修改，“并不要全体国家同意。而是一个国家提出保留之后，只要另外一个国家同意这个保留，保留就可以成立”。若有其他国家反对这个保留，“可以表示意见”。可以采用两种办法，一是表示，“虽然我反对这个保留，但我还愿意同这个国家发生条约关系”。二是“反对保留的国家可以提意见，同提出保留的国家不发生条约关系”。另还有一种办法是，“我反对这个保留，但是反对保留的结果只是在提出保留的条文上同提出保留的国家不发生条约关系，而其他条文还是同它成立条约关系”。这样就灵活多了，“保留既然容易得多了，条约的缔结也就容易得多了”。这样就灵活多了，“保留既然容易得多了，条约的缔结也就容易得多了”。③

关于条约，国际法作了相关规定，形成了一个重要分支，即条约法。在国际交往过程中，“各国不可能没有它们共同接受和遵守的一些行为规则，以规定它们相互间必然会发生的种种关系。国家之间所实行的这些行为规则的主要渊源，一部分是国际习惯，另一部分是条约，所以，条约是自古以来即已存在的、用以规定相互间行为规则的必不可少的法律工具：条约在当事国之间即是法律；而规定条约的缔结程序及其在实施和终止中所发生的种种

① 李浩培:《条约法》，法学教材编辑部 1983 年油印本，第 18 页。

② 李浩培:《条约中的保留问题》，《中国社会科学》1980 年第 5 期。

③ 李浩培:《条约法》，法学教材编辑部 1983 年油印本，第 22～23 页。

问题的法律，即是条约法”。① 条约法对条约的建立及相关问题，形成了详细具体的规范，这里不作全面介绍，仅就国际法尤其是传统国际法中条约及条约关系的相关规则作一剖析。这些规范与晚清中外条约关系有着直接关联，尤其是导致了这一关系的不平等性质，反映了传统国际法的种种局限。

一是关于实施强迫与条约效力问题。按照传统国际法，“对国家实施强迫和对国家代表实施强迫不同，前者对条约的成立和有效并无影响”。在第一次世界大战以前，这是一个已确立的国际法规则，认可强迫订立的条约具有效力。其理由在于，“当时的国际法认为战争是合法的制度，并且认为，如果对国家的强迫使条约无效，那么和约将不能成立，从而战争将须继续到一方被消灭为止”。“如果没有以武力或战争的威胁对一个国家进行强迫的压力，该国不会同意缔约时，这种强迫在道义或政治上虽可引起谴责，但却不可能是对条约的拘束力提出异议的法律根据。”因为，引证大多数和约可以看到，如果对这类条约作无效的解释，“那么其不可避免的结果将是，从此以后，战争只能出于下列两种情形之一而终止：战败国一方完全投降或者双方的力量互相消耗净尽”。这正是传统国际法中的野蛮“规则”，对该“规则”毫无国际道义意味的辩护，“充分证明帝国主义的侵略本性和帝国主义制度下所实行的只可能是强者欺凌弱者、大鱼吞掉小鱼的规则”。这个规则，在两次世界大战之间，虽遭受非难，发生动摇，但未被废除。②

在订约是否遵循自愿原则问题上，国际法与国内法存在差异。“依据一般国际法，国家缔结条约的权力在原则上是无限度的。各国有权对任何事项订立条约。”在传统国际法时代，“各文明人民的国内法的最重要原则之一是，订立契约，必须是双方自愿的。非常的武力威胁或使用武力所强加的契约是无效的或可废止的”。但是，“这项原则并未被公认为是一项适用于条约的实在国际法规则。在最重要的条约之中有和约，而和约照例是战胜国对战败国的武力威胁或使用武力所强加的。但是和约并不是因此就被认为是无效的或可废止的”。在这方面，“一般国际法似乎具有原始法律的性质，它不承认这样一项原则，即意志表示如果是被强制的，就没有法律效果；因而

① 李浩培：《条约法概论》“序”，法律出版社 1987 年版，第 1 页。
② 李浩培：《条约法概论》，法律出版社 1987 年版，第 274～276 页。

由于对缔约一方施加强迫而产生的条约是根本无效的”。甚至在罗马法上，“由于勒索而产生的法律相互行为也不是根本无效的，而只是可废止的”。承认武力威胁或使用武力而订立的国际协定仍然有效，可以说是依据这样一种学说，“即依据一般国际法，在各国关系上，武力的威胁和使用（战争）不是非法的”。① 关于战争合法性及其与条约关系等问题，后文将详细论及，这里不赘。

二是关于不平等条约的效力问题。不平等条约的含义，新中国成立前学者们曾展开讨论，提出了不同意见。学术界有不同意见，但一般都肯定，其核心是条约规定双方的权利义务不对等，其中一方承担了较多的义务，而没有或者较少享有相应的权利。② 在传统国际法时代，不平等条约具有法律效力。不平等条约多系战争或武力威胁的结果，而在各国关系上，“武力的威胁和使用（战争）不是非法的”，③ 因此，结束战争的和约的合法性，亦“不会受到置疑”。④ 从格劳秀斯开始，传统国际法对不平等条约的法律效力持肯定观点。根据“誓约保证的信义之神圣性”，“无论和约订立了何种条款，务当绝对遵守”。⑤ 也就是说，包括不平等条约在内的任何和约，均具有法律效力。到 19 世纪，美国著名国际法学家惠顿亦谓，与私人之间所立契约“恃强逼勒者”而“决无必成之理”不同，国家之间“有被逼立约者，犹必遵守”。他认为，“各国立约，不能因利害迥异而废也，虽曾被逼，犹必谨守为是”。⑥ 也就是说，被逼签订的不平等条约具有法律效力，必须遵守。

但是，按照现代国际法，不平等条约是无效的，因为，不平等条约是

---

①　［美］凯尔森：《国际法原理》，王铁崖译，华夏出版社 1989 年版，第 270、273 页。

②　参见本书第六章第一节“不平等权利义务的法律关系”，该节对不平等条约的含义及其法律性质做了探讨。

③　［美］凯尔森：《国际法原理》，王铁崖译，华夏出版社 1989 年版，第 273 页。

④　万鄂湘、石磊、杨成铭、邓洪武：《国际条约法》，武汉大学出版社 1998 年版，第 306 页。

⑤　［荷］格劳秀斯：《战争与和平法》，何勤华等译，上海人民出版社 2005 年版，第 499 页。

⑥　［美］惠顿：《万国公法》，丁韪良译、何勤华点校，中国政法大学出版社 2003 年版，第 163、164 页。

“帝国主义、殖民主义国家强加于别国的”，是“掠夺性的、强制性的、根本不合法的，没有继续存在的任何道义的或法律的根据，因而受害的缔约一方完全有权主张废除或径行取消”。① 根据《联合国宪章》和《维也纳条约法公约》，“条约系违反联合国宪章所含国际法原则以威胁或使用武力而获缔结者无效”。② 具体来说，“这些条约中的很大一部分是在缔约国一方对他方或其代表施加强迫下缔结的”，按照《维也纳条约法公约》第52条，“绝对无效”。或者“是在违反国家主权平等原则下缔结的，其目的在于强国对弱国进行控制、奴役或剥削”。而国家主权平等原则是一般国际法的强行法，按照《维也纳条约法公约》第53条和第64条，“违反强行法的条约也是绝对无效的”。③

三是关于信守条约原则。信守条约原则可以上溯到远古，是一个“久经确立并得到公认的国际法原则”，在今天的国际社会仍被奉行。该原则又被称为“条约神圣原则”（sanctity of treaties, inviolability of treaties），是指“一个合法缔结的条约，在其有效期间内，当事国有依约善意履行的义务”。即“诚实地和正直地履行条约，从而要求不仅按照条约的文字，而且也按照条约的精神履行条约，要求不仅不以任何行为破坏条约的宗旨和目的，而且予以不折不扣的履行”。须“以善意解释条约为必要前提条件”，如果“歪曲解释条约，必然导致不善意履行条约的结果”。作为国际法的一个基本原则，条约必须信守，其拘束力“是国际习惯法所赋与的”。不论在国内法还是国际法上，习惯“都是公认的法律渊源之一”。在国际习惯法中，“确实存在着一个要求条约当事国信守其所缔结的条约的规则”。④ 条约当事国须承担相应的义务，假使不履行条约，“就是违反条约，在国际法上叫作国际的不法行为，英文叫 international delinquency，因此要负国际责任

① 周鲠生：《国际法》下册，商务印书馆1976年版，第673页。

② 《维也纳条约法公约》，1969年5月23日，见国际问题研究所编译：《国际条约集（1969—1971）》，商务印馆1980年版，第62页。参见周鲠生：《国际法》下册，商务印书馆1976年版，第673页；李浩培：《条约法概论》，法律出版社1987年版，第304页。

③ 李浩培：《条约法概论》，法律出版社1987年版，第304页。

④ 李浩培：《条约法概论》，第336、329、346页。

(international responsibility)"。[①] 所谓国际责任，亦称国家责任，[②] 是国际法中一个重要的法律制度，"它所指的是当一个国际法主体从事了违反国际法规则的行为，或者说，当一个国家违反了自己所承担的国际义务时，在国际法上应承担的责任。这种不法行为在国际法上产生一定的后果；行为国与受害国之间由此而产生一定的法律关系。"其目的是"保证这些权利和义务得到履行"，"维持正常的国际关系秩序"。在传统国际法时代，主要是指对外国人及其财产造成的损害而引起的国家责任，很大程度上反映了发达工业化国家"海外扩张、保护其投资利益的需要"。在西方理论中，受害人所属国家可以"进行外交干预，视国家为受害者而出面要求赔偿，甚至采取反措施，如报复、制裁等手段，而且往往借此干涉一国内政。"因违约而违反了该国所承担的国际义务所构成的"国际不法行为"，"既包括行为，也包括不行为。"[③]

但是，条约必须信守原则不是绝对的，必须有所限制，"否则这个原则会造成不公正的结果"。"信守"的前提，"必须是这个条约是法律上有效的条约"，包括方式和意思表示"没有瑕疵"，以及条约所规定的义务"必须是平等互利的"。此外，还有情事变更和国家自保权等方面的限制。[④] 显然，对此原则的限制体现了公正的观念，在国际关系史上，违反条约多"由于条约不是平等互利的"，"没有任何道义的基础"，"是强者对弱者施加压迫、侮辱、掠夺和奴役的结果"。然而，这一公正观念并未得到贯彻，当发生违约事件时，国际社会均会作出强烈反应，"或者重申条约必须信守的原则，或者予以谴责或采取武力制裁"。[⑤] 1871 年 1 月，奥、英、法、德、意、俄、土七个 1856 年《巴黎条约》签署国，在伦敦会议上以议定书的形式宣告："任何国家，非经以友好协商一致的方法取得缔约各方的同意，不得解除其

---

① 李浩培：《条约法》，法学教材编辑部 1983 年油印本，第 5 页。

② 见吕鹤云、黄新民主编：《法学概论》，高等教育出版社 2014 年版，第 416 页。

③ 王铁崖主编：《国际法》，法律出版社 1995 年版，第 136～139 页。

④ 参见［德］克吉：《条约必须遵守》，见［德］斯特鲁普：《国际法辞典》第 2 册，1961 年德文第 2 版，第 710 页以后。转引自李浩培：《条约法概论》，第 330～331 页。

⑤ 李浩培：《条约法概论》，第 347、335 页。

条约义务，或改变条约的规定，这是国际法的一个重要原则。”① 信守条约体现了人类社会交往的诚信原则，亦为现代国际法所肯定，如《维也纳条约法公约》规定，“条约必须遵守”，“凡有效之条约对其各当事国有拘束力，必须由各该国善意履行”。② 从根本上说，信守条约应建立在平等互利的基础之上，但在充斥强权政治的传统国际法时代，公道正义的观念没有得到贯彻，这一原则成了维护所有条约的保障。晚清乃至民国时期，在列强的武力压迫之下，中国更受到该原则的严格制约，为中外不平等条约关系提供了所谓法理“依据”。

四是与此相关的“情势变迁条款”问题。情势变迁条款，是指条约由于重大情势变迁的影响而终止效力，此与条约必须信守原则是相对立的。在废约运动中，有中国学者著书指出，该条款“于私法上渊源甚古”。“其在国际公法上，自十九世纪中叶以来，在学说上，在事例上，已成为一大原则”。尽管多数学者“主张双方同意”，然而事实上，“单方废约而得对方之默认者，亦复不少”。③ 西方学者认为，事实上很难证明此条款“是实在国际法的一部分”。前述奥、英等七国宣告“不得解除其条约义务”，正是“对情势变迁条款的公开否定”。其时，俄国试图单方解除不在黑海设置舰队的条约义务，上述七个缔约国在伦敦召开会议时作了上述声明。该条款被否定，更进而确认了传统国际法意义上的条约必须信守原则。一些国家曾以情势变迁来为其不遵守条约义务作辩解，被认为是“违反国际法的行为”，而不能“作为一项实在国际法规则的证据”。到目前为止，“还没有一个国际法庭毫无保留地肯定这项规则的存在”。④ 事实上，为了维护条约特权，西方列强仍然坚持信守条约原则，对情势变迁持否定立场。

以上各项规则和相关问题或“原则”，反映了殖民主义时代的强权政治和传统国际法的弊端，对于被纳入不平等条约关系的弱小国家极为不利。这

---

① 梁淑英主编：《国际公法》，中国政法大学出版社 2003 年版，第 321 页。

② 《维也纳条约法公约》，1969 年 5 月 23 日，见国际问题研究所编译：《国际条约集（1969—1971）》，商务印书馆 1980 年版，第 53 页。

③ 吴昆吾：《条约论》，商务印书馆 1931 年版，第 168 页。

④ ［美］凯尔森：《国际法原理》，王铁崖译，华夏出版社 1989 年版，第 301 页。

个时期的国际法，体现了西方国家的利益，是以彼为中心而形成发展起来的。“国际法规则之所以具有目前的复杂状态，只因经历了长期进化的结果。国际法规则首先是为保护外国人而设立的，即居住在本国之外的个人，应享有国内法给予该国公民的同等待遇。”① 具有强权性质的种种规则，正适应了保护来华的殖民主义“外国人”的需要。

此外，条约关系与国际私法还存在某些重要联系，成为国际公法与国际私法相连的锁钥。国际公法与国际私法似乎两不相干，实际上却有着密切关系，其中条约对于连通两者起了重要的中介作用。“国际私法之发达，实以国际交通为前提，故国际法之进步，亦能促国际私法之进步。”正是由于国际交往的发展，“国际私法之原则，已渐有以条约定之者，将来逐渐发达，或有脱离国际内法之境域，而入于国际法境域之一日”。条约属于公法范畴，以条约规定私法事项，既在国际私法中纳入了公法的交往方式，又体现了条约的中介连通作用。条约的这一作用，具有重要意义。因为“国际私法所处理之法律关系，既为涉外之私法关系，则有时能引起国际法之问题。又国际私法之问题，与国际法之问题，同时发生，亦为常有之事”。由是观之，“国际私法，虽非国际法之一部，然二者之间，则确有密切之关系”。条约“为二以上国家之合意”，因此“亦可为国际私法之渊源”。各国间往往因国际私法之问题，订立条约，“以期国际私法之原则，归于一致”。例如，“海牙会议之关于国际私法之诸条约，皆可为国际私法之渊源者”。② 由于条约系国家之间的契约行为，“亦为国际私法之渊源”，各国因此“常以期国际私法之统一，互订国际条约，以资遵守”，《海牙条约》即为例证。③ 但是，订立私法的条约与纯粹公法范畴的条约不同，即“条约虽可为法律之渊源，然不能即视条约为法律”。因为，条约“乃国家间之合意，故其效力，仅能拘束两造之国家”。若国家订约之后，“不用适法之方式，公布于国内，则无法律之效力，人民亦无遵从之义务”。何况有学者指出，国际私

① ［希腊］尼古拉斯·波利蒂斯：《国际法的新趋势》，原江译，云南人民出版社 2004 年版，第 37 页。

② 唐纪翔：《中国国际私法论》，商务印书馆民国二十三年版，第 21、25 页。

③ 卢峻：《国际私法之理论与实际》，中华书局民国二十六年版，第 70 页。

法为国内法，与国际法不同，因此“条约仅能为国际私法之渊源，而不能即谓之为国际私法”。①

条约的这一性质，反映了国际公法与国际私法的关联。从两者的关系而言，公法的基础实际上是私法。如劳特派特所说，“构成国际公法的各种法律关系的内容通常都是按照或者类比某种私法观念加以塑造的”。“私法几乎影响了国际法中和平法的每一个分支”，“实在国际法本身采纳许多在一个或更多的法律体系中已经有特定含义的概念和制度。它明确地采纳它们，并且因此而通过以一种质朴的方式转换私法的特定规则建立了一个新的一般门类的国际法”。② 甚至更有学者认为，“所谓的国际公法，实际上属于私法性质，或者，甚至比国内私法还要私”。③ 事实上，私法上的契约观念对国际法上的条约制度有重要影响，许多国际法学家均注意到了这一关系。例如，劳特派特指出，“对于其所规范的形式、效力、终止而言，条约的法律特征，那些对缔约国生效的条约之间的互相矛盾，诈欺、错误与胁迫对条约的影响，宪法限制缔约权的意义，给予第三国利益的条约，情势不变条款，条约的解释规则”，等等，都可以类比于私法上的契约。④ 因此，在国际法中存在一种倾向，即“将条约观念牢固地建立在从私法中发展而来的合意之债的坚实基础之上”。⑤

这种关联并非根本原因，对晚清时期的中国而言，通过条约沟通国际公法与国际私法，是由于中国丧失了主权地位。本来应由国内法调整，属于国际私法范畴的涉外民事问题，被纳入属于国际公法的条约范畴，这是涉外司法中极不正常的现象。这一现象的出现，一方面，反映出被强行纳入条约

---

① 唐纪翔：《中国国际私法论》，商务印书馆民国二十三年版，第 25 页。

② *International Law: The Collected Papers of H. LauterPacht*, 1975, Vol. 2, pp.173−174, 180; Vol. 3, p.59. 转引自张文彬：《论私法对国际法的影响》，法律出版社 2001 年版，第 40～41 页。

③ 周子亚主编：《国际公法》，知识出版社 1981 年版，第 77 页。

④ H. Lauterpacht, *International Law: The Collected Papers*, 1975, Vol. 2. p.180. Also, Chapter Ⅳ: Private Law Analogies in Application to Treaties, *Private Law Sources and Analogies of International Law*, 1927. 转引自张文彬：《论私法对国际法的影响》，法律出版社 2001 年版，第 162 页。

⑤ 张文彬：《论私法对国际法的影响》，法律出版社 2001 年版，第 196～197 页。

关系的中国，缺乏与之适应的法律体制；另一方面，这种纳入是在外国强权的压力下实施的，更显示了中外条约关系的畸形状态和中国主权遭受侵害的实质。在古代中国，“居中驭外”，“所谓普天率土，王臣尊亲”，“本无所谓国际，更无所谓国际法，而遑论其为公为私也哉”。海通之后，“属盟城下，五口通商”，“不啻国内有国，法外行法”。“然则法权问题，一日尚未解决，中国实无施行国际私法之可能性”。① 因为国际私法之产生，必须具备三个条件，即国内外之交往、国家间之平等、独立自主之法权。而中国自海通以来，“所谓三要件者，吾仅有其一”，书肆中“未尝睹国人自著之国际私法”。② 近代中外条约包含大量涉外民事问题，成为连通国际公法和国际私法的中介，正体现了中国主权遭受侵损的事实。

传统国际法的局限和种种弊端，其核心在于不承认中国等东方国家享有同等权利。在国际交往中，每个国家均具有共同的基本权利，即在国际法上，以“平等和主权作为国家的基本权利”。但是，西方国际法学者提出了基本权利差异说，认为，“平等和主权并不是国家在其进入国际共同体时所拥有的权利”。只是在一般国际法“对所有国家设定了同样的义务并给予同样的权利的情形下，国家在法律上才是平等的”。也就是说，如果国际法没有设定“给予同样的权利”，那就谈不上平等。另外，即使根据一般国际法，也有学者认为“沿海国家具有内陆国家所没有的义务和权利”。这正如依据国内法，“男人具有妇女所有的以外的其他义务和权利一样”。因此，在他们看来，“各国在法律上不平等是与对国家间关系的法律调整不相抵触的”。③ 根据这些说辞，中国等东方国家不能享有平等权利，似乎合理合法。在传统国际法时代，西方列强便将中国等东方国家排斥于国际社会之外，因此，按照这一理论，中国等东方国家自然不能与它们一样享有平等权利。《奥本海国际法》声称：“国际法作为以国际大家庭成员的共同同意为根

---

① 《王正廷序》，民国十九年八月，见于能模：《国际私法大纲》，商务印书馆民国二十年版，第1～2页。

② 《张我华序》，民国十九年四月，见于能模：《国际私法大纲》，商务印书馆民国二十年版，第4页。

③ [美] 凯尔森：《国际法原理》，王铁崖译，华夏出版社1989年版，第130页。

据的国家之间的法律，当然不包括任何关于与国际大家庭以外的国家交往和对它们的待遇的规则。显然，这种交往和待遇是应该由基督教道德原则加以规定的。”美国对于其同印第安人的关系，仅“在某些方面曾适用国际法规则”。①

正唯如此，不论是在欧美国家，还是在其他各洲的第三世界国家，许多国际法学者都认为，传统国际法是殖民主义、帝国主义时代的遗产，长期是以“欧洲中心主义”为指导思想的。例如，英国学者阿库斯特指出，“大约到1880年，欧洲人已经征服了大多数非欧洲国家……因而国际法律体系便变成了白种人的俱乐部，非欧洲国家只有证明自己是‘文明化了’的国家，才能被挑选进入这个俱乐部”。② 美国亨金教授承认，近代国际法“反映着它们（指欧洲国家）的基督教、资本主义和帝国主义的利益”。德国学者罗德尔亦谓，所谓“古典的”国际法是“欧洲统治世界的国际法，欧洲殖民主义的国际法”。③ 第三世界国家对传统国际法的弊端亦作了尖锐的揭露。例如，沙特阿拉伯代表舒凯里说：“国际法是一些国家、一些帝国所造成的，而其他国家只是法律的客体，而不是法律的主体。”“这样的国际法应当终止了，我们不能允许它继续存在。”印度阿南教授指出，传统国际法实际上成了“欧洲列强的地区法律”。尼日利亚法官埃利为斯声称，“自从格老［劳］秀斯以来，特别是威斯特伐利亚条约（1648）以来，国际法在性质上和在适用上，主要是欧洲的”。④

从这一意义而言，在历史上，国际法曾经被称为“欧洲国际法”或“欧洲公法”。也就是说，传统国际法并不是普世的，而是适应西方资本主义世界的需要，为其利益服务的法律。除了上述规则之外，在具体内容上又“产

① ［英］劳特派特修订：《奥本海国际法》上卷，第1分册，王铁崖、陈体强译，商务印书馆1971年版，第34页。

② ［英］M. 阿库斯特：《现代国际法概论》，汪瑄等译，中国社会科学出版社1982年版，第14～15页。

③ 转引自王铁崖：《第三世界与国际法》，见中国国际法学会编：《中国国际法年刊》，中国对外翻译出版公司1982年版，第16、19页。

④ 转引自王铁崖：《第三世界与国际法》，见中国国际法学会编：《中国国际法年刊》，第15～16页。

生一些反动的原则、规则和制度"，"阻碍了国际法向和平与正义的正确方向发展"，如领事裁判权、势力范围、租界、租借地制度，等等。① 晚清中外条约关系是传统国际法时代的产物，受上述规则所制约，其具体内容充斥着这些"反动的原则、规则和制度"，体现了这一关系不平等的本质特征。如韩国当代学者金容九所指出，到 19 世纪，"欧洲公法"只是"将欧洲的世界性扩张加以合理化的法律工具"，是具有其动机、目的的"帝国主义的法律"。② 第一次世界大战和"十月革命"之后，传统国际法开始转向现代国际法，至第二次世界大战结束，完成了这一转变过程。现代国际法在"制度和规范"等方面，尽管"还根本不是统一的"，但却改变了"欧洲公法"的狭隘性，"已成了真正全世界的国际法，因而也是全人类的、普遍的国际法"。③ 在国际法从传统到现代的转变中，晚清中外条约关系也逐渐从不平等趋向平等。

三、条约关系与外交和战争

国际关系中的条约关系，在国际事务中与其他各种关系既存在区别，又有密切的联系。在各种关联中，外交和战争尤为重要。作为对外关系的主要内容，外交和战争不仅与条约关系的产生形成和发展变化直接相关，而且体现了条约关系的性质及特征，这在包括晚清时期在内的近代中国尤为显著。

条约关系与外交关系存在区别，又有直接的关联，要弄清两者的关系，先要了解外交是什么。有关解释五花八门。国内学者的看法，有如下种种，例如，"所谓外交，是各国根据其对外政策，为了达到一定的目的而进行的谈判、交涉等对外活动。"④ 又如，从国际法的角度来看，"外交可界定为是国家为了实现其对外政策，通过互相在对方首都设立使馆，派遣或者接受特别使团，领导人访问，参加联合国等国际组织，参加政府性国际会议，用谈判、通讯和缔结条约的方法，处理其国际关系的活动"。关于外交关系，或

---

① 王铁崖主编：《国际法》，法律出版社 1995 年版，第 37 页。

② ［韩］金容九：《世界观冲突的国际政治学：东洋之礼与西洋公法》，权赫秀译，中国社会科学出版社 2013 年版，第 18、23 页。

③ ［苏］Д.И. 费尔德曼、Ю.Я. 巴斯金：《国际法史》，黄道秀等译，法律出版社 1992 年版，第 147、185 页；王铁崖主编：《国际法》，法律出版社 1995 年版，第 39 页。

④ 黄嘉华：《国际法与外交》，法学教材编辑部 1983 年油印本，第 10 页。

认为广义上“主要是指国与国之间为了实现各自的对外政策，通过互设常驻外交代表机构和通过参加国际组织等各种形式的外交活动进行交往所形成的关系”。而通常所说的外交关系，“则是指国家互相在对方首都设立使馆并通过它们进行交往的关系”。外交和对外政策很大程度上属于国际政治范畴，但与外交活动有关的事项如外交关系的建立、外交特权和豁免、使馆及其人员对驻在国的义务等，“则在国际法特别是外交关系法调整之列”。①或谓：“外交关系主要指国家及其他国际法主体之间通过互访、谈判、出席会议和缔结条约等方面，以及互设常驻代表机关而形成的全面交往关系。”②类似的说法谓：“外交关系，在外交实践中通常是指国与国之间进行国际接触，通过谈判、会议、签订条约、发表声明等具体方式，最后正式确定两国官方建立正规的、长期的、友好的关系，并且彼此之间互派常驻对方首都的外交使节，以维持双方之间正常而连续的联系。”③有的学者不赞成将外交定义为一种“活动”，认为从法律角度来看，“外交涉及的是调整关于国家对外机关及其活动的法律制度，而不是‘活动’本身”。④外交是一种国家行为，“指的是一个国家通过其驻外使节管理对外事务”，这些管理所构成的关系就是外交关系，⑤等等。

国外学者亦有各种说法，例如，“大地之上，列国并峙，其关系也日以密。其交通也日以繁。于是有外交，外交者处理国与国相交涉之事，故外交二字之定义，可一言以蔽之，曰处理国与国相关系之事之术也”。⑥或谓，“外交是运用智略处理各独立国家的政府之间的官方关系，有时也推广到独立国家和附庸国家之间的关系；或者更简单地说，是指以和平方式处理国与国之间的事务”。或谓，“外交是指对外关系的一种科学，它以君主所颁发的证书或书面文件为根据”。作为国家的对外关系或对外事务的科学，外交

---

① 邵津主编:《国际法》，北京大学出版社 2000 年版，第 253 页。

② 慕亚平等:《当代国际法论》，法律出版社 1998 年版，第 433 页。

③ 金正昆:《现代外交学概论》，中国人民大学出版社 1999 年版，第 70 页。

④ 张乃根:《国际法原理》，中国政法大学出版社 2002 年版，第 165 页。

⑤ 张乃根:《国际法原理》，第 163 页。

⑥ [日]长冈春一:《外交通义》，钱承鋕译，日本东京译书汇编社光绪二十八年版，第 1 页。

"更确切的意义上是谈判的科学或艺术"。或谓，外交是"各国的国际关系和利益的科学，或是调和各国人民的利益的艺术"。外交的范围，"包括各国已建立的关系中所产生的全部利益：它的目的在于保障各国的安全、安宁和尊严"。其直接目的，"至少应当是维持和平和各国间的和谐"。有的将外交视为"妥善地处理国际公共事务所必需的知识和原则的综合"，认为外交是"关于各国间的关系的科学，这种关系是从各国的相互利益、国际法的原则以及条约的规定中产生的"。有的将外交称为"实用的国际法"，认为其具有下列内涵："办理国际事务、处理对外关系、管理各国政府和人民在相互接触中的利益，不论这种相互接触是和平的或敌对的。"或者说，外交是有关各国人民或君主进行外交，或者与外国进行口头或书面谈判的"外国原则、基本原理、惯例和方式的知识"。① 有的则从不同层面进行分析：或认为，外交这一概念，含有"学与术"两个方面的意思。所谓"学"，即具有国际政治、法律、相互利益的历来习惯与重要条约之知识。所谓"术"，即应付国际事件，办理交涉之手段。② 或谓，作为"以智谋处理独立国家往来事务"的外交，具备两种条件，一是应用智谋，二是独立国家往来之事务。前者属于外交术，后者属于外交关系。③ 或认为，外交有三种意义，一是"国家代表及交涉的学及术"，二是"国家代表之机关的全部"，三是"外交官的行事或职务"，④ 等等。

以上定义五花八门，或为原则政策、知识和方法手段，或为国家关系、相互交涉的行为和事实，或为外交机关，等等。其取舍，或综合包揽，或注重一二。英国外交学家尼科松建议采用牛津英文字典中的定义，即外交"是大使和特使用来调整和处理国际关系的方法；是外交官的业务或技术"。他认为这是一个"虽然广泛但却是很精确的定义"，希望"一方面能避免跌进

---

① ［英］萨道义：《外交实践指南》，中国人民外交学会编译室译，世界知识出版社 1959 年版，第 25～26 页。

② 参见［法］傅希勒：《国际公法》第 3 篇，第 28 页（Fauohile, *Traite du droit interrnational publeo*）。转引自廖德珍：《外交学概论》，上海大东书局 1930 年版，第 2 页。

③ 廖德珍：《外交学概论》，上海大东书局 1930 年版，第 2 页。

④ 常书林：《外交 ABC》，世界书局 1928 年版，第 2 页。

外交政策的沙坑，另一方面也不致陷入国际法的泥沼”。① 也就是说，要将外交与对外政策和国际法加以区别。我国著名国际法专家周鲠生认为，这一定义“可以说是比较正确的，既适用于外交学，也可适用于国际法，因为国际法和国际惯例有关外交关系公认的规则，如1961年《维也纳外交关系公约》的内容所表现的，主要也就是有关上述定义中包括的外交谈判、外交使节和外交业务等类事项”。根据这一定义，他“从国际法的角度确定外交关系的性质”，认为：“作为国际法规律的对象，外交关系就是国与国间进行国际交往，运用谈判，会议和订约的方法，以及互设常驻代表机构形成的关系。”② 其他学者也采用了类似的定义。③ 外交和对外政策“很大程度上属于国际政治范畴”，④ 即属于狭义国际关系范畴。对一个国家而言，条约关系和外交关系均属于该国对外关系的范畴。“国家的对外关系涉及多方面的事务，包括政治、经济文化等等关系”，其中“外交是对外关系的一个特殊方面”，⑤ 而条约关系则是对外关系的法律关系，也具有极其重要的地位。

可见，条约关系是国际法主体之间的法律关系，它体现的是相关主体由条约所确定的权利、义务等，而国际关系和外交关系的立足点主要是政治和“行政”的视角。正是在这个意义上，尼科松强调外交的“行政”方面，而不是它的“立法”方面。⑥ 而作为法律规范的条约，恰恰体现的是“立法”即法律方面，这正反映了外交与条约不同的特点。较之外交关系等，条约关系这种法律关系还具有相当的稳定性，如《维也纳条约法公约》规定，“条

---

① ［英］哈罗德·尼科松:《外交学》，眺伟译，世界知识出版社1957年版，第23～24页。

② 周鲠生:《国际法》下册，商务印书馆1976年版，第505～506页。

③ 例如:“外交关系在广义上主要是指国与国之间为了实现各自的对外政策，通过互设常驻外交代表机构和通过参加国际组织等各种形式的外交活动进行交往所形成的关系。通常所称的外交关系则是指国家互相在对方首都设立使馆并通过它们进行交往的关系。”邵津主编:《国际法》，北京大学出版社2000年版，第253页。

④ 邵津主编:《国际法》，北京大学出版社2000年版，第253页。

⑤ 周鲠生:《国际法》下册，第506页。

⑥ ［英］哈罗德·尼科松:《外交学》，眺伟译，第24页。

约当事国间断绝外交或领事关系不影响彼此间由条约确定之法律关系"。[①]除此之外，相对而言，作为法律规范的条约关系，在某种意义上是静态的，而国际关系和外交关系则具有动态性质。国际关系"不是静止不动、凝固不变的，而是各行为体不断相互作用的运动过程"。[②]外交关系也是如此，"无论是永久性，还是非永久性的外交关系，这种国际人格者之间的交往是相对动态的过程"。[③]这种动态性，当然在很大程度上体现为交往过程中的"活动"性质，也反映了它较条约关系具有更为活跃的变动性。

显然，条约关系与外交关系存在区别，同时两者又有着密切的关联，具体体现在以下两个方面。

一方面，国际法的形成和条约的产生，均须通过外交。从近代国际法来看，其"是在外交实践中逐步形成和发展的"。国际法之所以是近代欧洲的产物，"是因为国际法实际上是随着资本主义社会的发展，随着资产阶级国家的外交实践才逐步形成和发展的。与此相适应的，国际法这门科学也逐步形成，完善和发展起来的"。在古代，国际交往关系不是经常性的、没有常设外交机关，因此"只是个别的出现一些国际法制度，规则"，"没有形成一套国际法完整的体系"。到资本主义时期，国际关系发展起来，"外交也随之从短暂的有时有，有时停顿的关系，成为经常性的，更加密切的，而且有常设机构予以保证的外交关系"，国际法在此基础上产生，并因此"发展较快"。国际法是在外交实践中形成的，其中一个显著的例子，便是17世纪的威斯特伐利亚会议。这是一次外交会议，"在法律上是有意义的"，是"影响国际法形成和发展的突出的标志"。之后，通过维也纳会议，确定了外交使节的等级，以及国际河流自由航行的原则，等等，"这在国际法上是个发展"。[④]这些会议均是通过订立相关条约确立上述国际法规则的，这也是条约关系的体现，不过相关条约是一种多边条约，其内容成为国际法的原

---

① 《维也纳条约法公约》，1969年5月23日，见国际问题研究所编译：《国际条约集（1969—1971）》，商务印书馆1980年版，第67页。

② 张季良主编：《国际关系学概论》，世界知识出版社1989年版，第8页。

③ 张乃根：《国际法原理》，中国政法大学出版社2002年版，第162页。

④ 黄嘉华：《国际法与外交》，法学教材编辑部1983年油印本，第7～9页。

则。此外，其他大量双边条约的订立，均须通过对外交涉，即使是战争之后的城下之盟，也要经过谈判。正是从这个意义讲，“一切条约，为外交活动的成果”。[①] 再者，从外交的基本目的来看，国家之间经过交涉，相互确定权利义务，维持正常的邦交，均须订立各种条约。“外交普通专重和平，如国家互相尊重权利履行义务以维持邦交，办理国际交涉以缔结条约之类。”即“所谓讲信修睦，是即外交之目的”。[②] 从历史上看，条约的产生，均要通过外交方式，即通过谈判签字，批准交换，等等。从上述各种意义来看，可以说，外交是条约之母。晚清及近代中外条约的订立，均要通过外交程序的各个环节才得以完成。

另一方面，条约订立之后，又为外交提供各种规范，并成为各国交涉的依据。“条约既经成立，它的功效，是多方面”。就外交方面而言，例如，“规定缔约国对外行动范围。甚至决定对外行动的方向。有条约关系的国家，他的外交行动，以及外交态度，不能违背他所定的契约”；“确立国际关系，使国际形成不同的外交壁垒”，以及“树立国际间法律秩序”，[③] 等等。“条约既为规定两个以上国家彼此间相互关系之一种准则，其在外交行政中地位之重要可想而知。”正唯如此，各国办理对外交涉，“条约行政实居一主要部分”，各国外交部门均设有条约司之类的机构，“对外政策之决定，亦常常参与其间”。[④] 一个国家的外交部门和外交家，也必须依据条约从事对外活动，这是其基本态度和准则。具体来说，主要有三。其一，条约确定外交关系及其方式和规范。在近代国际社会，国家之间的外交关系一般是通过条约确立的，并通过多边条约和公约确定外交关系的规范。从前者来看，在近代国际法形成后，以双边条约方式建立两国间的外交关系成为通例。从后者来看，各国订立条约和国际公约，逐渐确立了外交关系的共同规范。自1648年《威斯特伐利亚和约》在欧洲确立常驻代表机关制度等开始，其后从1815年的《关于外交代表等级的章程》和1928年美洲国家的《关于外交

---

① 陈锺浩：《外交本质论》，商务印书馆1946年版，第47页。

② 廖德珍：《外交学概论》，上海大东书局1930年版，第3页。

③ 陈锺浩：《外交本质论》，第48页。

④ 周子亚：《外交监督与外交机关》，正中书局1944年版，第190页。

官的公约》，再到 1961 年的《维也纳外交关系公约》等，反映了近代外交制度及其规范形成的历程。其二，条约是一切外交行动的依据。条约是国际法的重要制度，是近代外交的最基本的要素，一个国家的一切外交行动“应以条约为依归”。[①] 其外交部门和外交人员，在处理所涉任何国际事务，包括政治、经济、军事、文化等时，不论是双边关系还是多边关系，须以本国签订的相关条约和公约为依凭，这是近代国际社会的准则。其三，条约为维护或攫取国家权益提供外交保障。外交最重要的功能是维护国家权益，就西方列强对东方国家的关系而言，则是攫取种种特权。在近代国际社会，相关国家间的条约对相互间的权利关系作了相应的规定，为此提供了法律保障。

总而言之，条约关系与外交关系往往不可分离，通过外交交涉建立的条约关系，又制约和影响外交关系的发展。后者往往通过前者进行调整而受到它的制约，如外交关系的建立、外交特权和豁免、使馆及其人员对驻在国的义务等，均在“国际法特别是外交关系法调整之列”；[②] 其具体实施则由当事国所订条约所确定，如《维也纳外交关系公约》规定：“国与国间外交关系及常设使馆之建立，以协议为之。”[③] 前者又受到后者的各种影响，不少与条约关系相关的问题又可归属外交范畴。如前者的形成和变化，以及为维护或改变这一关系而进行的交涉，无疑属于外交范畴，同时又与国际关系的格局和变化有关。

条约关系与战争有着密切的联系，不仅在世界历史上，而且在近代中国均如此。在古代，条约与国家间发生战争后恢复和平关系有关，此从“pactus”和“pactum”（条约）的语源可以概见。这两个词系由拉丁动词 paciscere 的过去分词 pactus 派生而来，paciscere 的意思是达成一致、缔结契约或条约，其字根 pac 源于 pax。“pax 是指两个交战国缔结或达成一个协定的行为或事实，因此这个词也取得了和平条约、和平的女神的意义。”[④] 无

---

① 陈锺浩：《外交本质论》，商务印书馆 1946 年版，第 52 页。

② 邵津主编：《国际法》，北京大学出版社 2000 年版，第 253 页。

③ 《维也纳外交关系公约》，1961 年 4 月 18 日，见《国际条约集（1960—1962）》，商务印书馆 1975 年版，第 305 页。

④ 李浩培：《条约法概论》，法律出版社 1987 年版，第 36～37 页。

疑，剖析条约与战争两者之间的关联，是认识和把握条约关系，尤其是中外条约关系的关键之一。

要认识两者的关联，首先须了解战争行为的法律意义。众所周知，战争是政治的继续，国家之间的战争则属于国际政治的范畴，而条约关系体现的正是国际政治，因此两者有着密切的联系。一般来说，国家之间的战争，其追求的权利和利益，需要通过改变国际法律关系来实现。从这个意义上讲，“战争作为一种政治活动，是具有法律意义的行为”。从战争的国际法的目的来看，可以将战争分为三类。第一类，“以摧毁现存的国际法体系为目的的战争”。此类战争要改变整个国际法体系，属于世界范围的战争。第二类，“改变交战国之间现存国际法律关系为目的的战争”。这类战争没有涉及整个国际法体系的变动，一般只改变局部的两国或数国之间国际法律关系，相对于世界战争，它们属于范围有限的局部战争。第三类，“显示交战国国际法立场的战争”。此类战争的目的尤为有限，甚至仅是为了显示交战国坚持的立场，如因领土归属的立场而发生的战争冲突。① 显然，作为国际法律的条约，与体现国际政治的国家间战争，有着密切的联系。这种联系体现在两者的相互关系上。

一方面，作为“改变国际法律关系的重要工具”，战争可直接影响战争双方的条约关系。从战争的直接后果来看，一般而言，“战争中取得的军事成果越大，战后签署的条约中战胜国的利益越能够得到体现。法律成果对军事成果而言，起的是加强或削弱的作用”。② 战争对现存条约亦产生了直接影响，从法理上而言，这是“国际法中一个十分困难的问题”。因为，其所涉及的种种问题“很难从国家的实施找得确定的答案，学者的意见也未能完全一致”。一位英国国际法权威认为，这“迄今仍属未解决的问题”；一个美国著名法官说，“此问题的法律还在逐渐形成中”。国际法学者一般均认为，“战争对于条约是有影响的”，主要“是废止条约或暂停条约的效力”。但一般主张“所影响的只是一部分的条约，而不是一切条约”。或者说，“若干条约受战争影响，另外若干条约不受战争影响”。由于“缺少一个普

① 张景恩：《国际法与战争》，国防大学出版社 1999 年版，第 27～29 页。

② 张景恩：《国际法与战争》，第 27 页。

通运用的标准，缺少一个能够决定任何条约是否受战争影响的标准”，很难明确具体地说明哪些条约受到影响。①

但多数国际法学者对此有着较为相近的看法。凯尔森认为，“战争状态并不影响为战争而缔结的或在战争时缔结的条约”，例如，规定战争行为的条约、休战条约等。至于其他条约，不少国际法学者主张，交战国之间的条约，与非交战国也是缔约国的条约之间，“应加以区别”。前一类条约的效力“因战争爆发而终止”，后一类条约“则可能由交战国而暂时中止效力”。在后一种情形下，“和约可以包含这些条约加以修改或不加修改而延续其效力的规定”。② 奥本海则作了更为细致具体的论述，他认为，多数学者将条约分为两大类，第一类为交战国之间的条约，第二类为交战国与非交战国缔结的条约。第一类可区分为四种情况，即：（1）一项政治条约，其目的并非设定一个永久事物状态，均因战争而废止；（2）特为战争而缔结的条约不受战争的影响；（3）政治或其他条约，其目的在于设立一个永久事物状态，并不因战争而当然废止，不过和约可以对之加以修改或予以废止；（4）非政治条约，其目的不在于设定一个永久性事物状态，并不当然废止，但交战国可以自由决定废止或暂停效力。第二类可分为两种情况：一是所谓“造法条约”不受战争影响；二是许多国家所缔结的条约也不因战争而废止，不过，交战国如因战争的需要，可以在它们的范围内暂停条约效力。③ 由此可见，在第一类条约中，对交战国而言，除了设定一个永久事物状态的条约以及特为战争而缔结的条约，其他条约一般都因战争而废除。

至于战争对建立新的条约关系产生何种影响，一般来说，“战争本身并不能变更，也从来没有变更，作为一套调整各国间和平关系的客观规范的一般国际法”。只有战后条约才能产生这样的效果，“就两交战国之间的和约来说，只有一系列这样的条约——如果它们确立了一项新的一般原则，从而成为一个习惯国际法规范——才能改变客观法律”。也就是说，即使发生了战争，也要在战后通过条约的方式，才能改变国际法律。当然，这是由

① 王铁崖：《战争与条约》，中国文化服务社 1944 年版，第 67～68 页。

② ［美］凯尔森：《国际法原理》，王铁崖译，华夏出版社 1989 年版，第 302 页。

③ 王铁崖：《战争与条约》，第 71 页。

于战争，“特别是由于结合战争的和约，交战国之间的法律关系，即其主观权利和义务，可能发生变更”。但是，“变更只是在原有的一般国际法规范的基础上发生的”，而不是超出这一规范之外。另外，和约“通常是战胜国强加于战败国的”，其“导致的现状变更”，“可能符合现时的”实力情况，但“很难符合正义的观念，即使政府只不过被理解为一种保障持久和平的秩序”。而且，“即使战争的确有变更客观国际法的作用，而不只是变更各交战国的主观权利和义务”，“这种野蛮程序所包含的种种牺牲是否与其效果合理地相称，仍然是一个问题”。① 也就是说，一般而言，战争可以在现有的国际法规范之下改变交战国之间的条约关系，确立新的权利义务。这是战胜国强加于战败国的，仅反映了两者的实力，而难以符合国际正义。

另一方面，国际法和条约又对战争有制约作用。任何战争“都是在一定的国际法背景下发生的”，从古至今，战争“都存在着相应的国际法环境，并受其制约”。尤在近代国际法产生之后，国际法及其条约“对战争的影响是十分深刻的”，战争“并不是一种没有法律的状态”。尽管在传统国际法的大背景之下，作为一种“合法的形式”，战争权没有明确的法律限制，但仍受到一定的制约。例如，战争爆发前，要受到平时国际法的规范；战争爆发后，受战时国际法的约束。发动战争需要按照国际惯例进行，例如经过宣战等程序。在战争进行过程中，交战国需要遵循战争规则的有关条约，尤其是战争公约。这些公约涉及战争手段、战争区域、作战目标、平民保护、战俘待遇等，诸如作战规则，作战武器、工具和方法，以及实施人道主义等原则、规则和制度。战争结束后，还需要以条约的形式作出安排，重建相关国家的和平秩序。② 同时也要修复被战争破坏的和平时期的国际法律关系，或者在大规模的战争之后，重建新的国际法体系。值得注意的是，“战争的发生要突破和平时期的国际法律关系”。③ 例如，违反条约可以制裁和报复，“实行报复并不排除使用武力”，而“报复必须与其所针对的不法行为相称，这是一项公认的原则”，即“报复只有作为对破坏国际法的反应才是合法

① ［美］凯尔森：《国际法原理》，王铁崖译，华夏出版社 1989 年版，第 32～33 页。

② 参见张景恩：《国际法与战争》，国防大学出版社 1999 年版，第 29～31 页。

③ 张景恩：《国际法与战争》，第 29 页。

的；报复必须与国际不法行为相称”。因此，可以把报复称为“国际法的制裁”，因为“报复是对破坏国际法，即国际不法行为的反应”。一般国际法的报复权，是指“给予每个国家在其利益范围被另一个国家侵犯时采取具有报复，即具有对另一国家利益范围加以有限度干预的性质的强制行动的法律权力”。由此，“国际法就使这些侵犯行为成为国际不法行为”。①

以上所述两者关系，涉及国际法中的战争权问题，尤需深入了解其演变历程。在传统国际法时代，国际法和条约对战争的限制作用极为有限，缺乏明确的规范。关于战争法律地位的理论探讨，学者们有两种相反的意见。“一种是对战争进行系统的谴责，另一种是毫无保留地对战争大加颂扬”。此外，“人们还可以支持一种介于中间的肯定，认为在某些情况下，战争是一种必要的坏事”。或认为，“战争是一种高于法律的现象”，或认为，“战争是一种处于法律范围之外的现象”。法国和西班牙有关学说，曾提出“正义战争”理论，表面看来“很符合逻辑的，也很有力量”。然反对意见认为，“既然战争是必要的，那么战争就是正义的”。尤其是16世纪以来，从路德、康德开始，德国的思想家们就对战争问题作了思考。到费希特和黑格尔，他们认为，“武力创造法律，战争只要是符合国家利益，那就是正义的”。尼采最后完成了这个理论体系，断言“一场好的战争使得一切事业变得神圣”。总之，“在传统的国际法中，战争构成了解决国际冲突的一种极端形式，但它是一种合法的形式，它仅仅关系到交战国而已”，② 似乎与其他国家没有关系。

尽管国际法对战争的法律解释，有两种完全对立的立场，然而战争合法性的论点似乎更占上风，相反的意见则显得软弱无力。例如，肯定战争合法的意见认为，“在一般国际法下，战争既不是不法行为，也不是制裁。如果没有一个特殊条约明文规定不得对另一国作战，或者规定只能在一定条件下诉诸战争，任何国家就都可以根据任何理由对任何其他国家进行战争而不违反国际法”。按照这一意见，“战争并不构成不法行为”，“既然称为战争的国家行动不是一般国际法所禁止的，那么在这个限度内，战争是允

① ［美］凯尔森：《国际法原理》，王铁崖译，华夏出版社1989年版，第20～21页。

② ［法］夏尔·卢梭：《武装冲突法》，张凝、辜勤华等译，中国对外翻译出版公司1987年版，第11～14页。

许的”。也有不少国际法学者主张，国际法“有一项规则似乎确立了某种限制”，即“通过谈判解决争端”之前，国家有义务不诉诸战争。而“由于这项规则并未规定谈判的程度，这一限制是没有什么意义的”。即使根据这种意见，“在进行任何种类谈判后诉诸战争，不问战争是否是对错误行为的反应，都不是不法行为”。① 长期以来，国际法对战争缺乏制约，直到1919年，“诉诸战争在国际法上仍是一个合法程序”。只是从《国际联盟盟约》开始，“实在法才趋向于禁止诉诸武力”，其解决方法则是“非常温和的”。② 甚至到1922年，美国著名国际法学家海德仍肯定，“国家永远有权力……不仅使用武力，甚且直接诉诸战争，来从其他国家取得政治或其他利益”。而“国际法并不认为一个自认为这种目的而从事的战争是非法的。在这个限度内，国际法就拒绝了正义战争与非正义战争之间的区别。战争在法律上是国家的一种自然职能，而且是国家的不受控制主权的一种特权”。③ 因此，战争具有合法性的说法成了主流，在他们看来，战争是执行法律的工具。“在没有一个执行法律的国际机关的情形下，战争是实现基于国际法的或自称基于国际法的权利主张和一种自助手段。”这种观念产生了“如此巨大的法律和道义权威”，即使诉诸战争是为了增加自己的权力与领土，“有关国家总是把战争说成是为了保卫法律权利而进行的”。这种战争的概念，使正义战争与非正义战争的区别，“明显地被拒绝了”，战争“被认为是一种法律所许可用以攻击和改变国家现有权利的工具，而不问所要造成的改变的客观是非如何”。④

---

① ［美］凯尔森：《国际法原理》，王铁崖译，华夏出版社1989年版，第28页。

② ［法］夏尔·卢梭：《武装冲突法》，张凝、辜勤华等译，第405～406页。此后，直到1927年4月6日，法国外交部长阿里斯蒂德·白里安在美国参战十周年纪念日时，第一次提出了“把战争置于法律保护之外”。随后白里安考虑订立双边条约，而美国国务卿凯洛格则建议缔结一个多边条约。根据凯洛格的建议，1928年8月27日，15个国家在巴黎签署了《非战公约》，即《白里安—凯洛格公约》，同时“所有公约的非签字国都被邀请加入该公约”。

③ ［英］劳特派特修订：《奥本海国际法》下卷，第1分册，王铁崖、陈体强译，商务印书馆1989年版，第129～130页。

④ ［英］劳特派特修订：《奥本海国际法》下卷，第1分册，王铁崖、陈体强译，第129页。

与此相应，尽管西方列强发动的种种战争属侵略性质，“国际战争莫不起于侵略，侵略本身虽不必形成战争，在战争之主要起因，则舍侵略而莫由”。例如，英法百年战争（1337—1453 年）起于英国企图并吞法国领土，英法七年战争（1756—1763 年）缘于路易十四兼并西班牙及莱茵河以西土地，还有近代的中日之战，等等，“更无一而非为侵略者进攻与被侵略者抵抗”。质言之，“无侵略，即无战争，一切战争必带有侵略性与反侵略性”。然而，在传统国际法时代，甚至在走向现代国际法之后相当长时间内，学界一直没有给“侵略”作明确的定义。至 1939 年，有学者提出，“‘侵略’一词之实质定义，为首先暴力行为；法律含义，为不顾约定从事武力”。若“世界各国能以此为标准，相约缔订一多边侵略定议公约，使构成一国际基本义务，则裨益和平实非浅鲜”。① 这一状况，充分说明，在传统国际法时代，国际法及条约对战争没有什么约束力。与之相反，缺乏国际规则的战争，却可以改变国家之间的条约关系，由此改变相互间的权利义务。这一状况正体现了传统国际法的局限，尤其是反映了其中的强权政治色彩，显示出传统国际法尚未摆脱欧美和西方资本主义国家的狭隘范畴。

以上可见，条约关系与外交和战争的关联，体现了这一法律性质的国际关系的地位和特征。外交和战争是国际社会中最基本的两种交往方式，条约可以说是它们的结果和新的起点，三者环环相扣，因果相循。在三者关系中，条约无疑居于中心地位，战争和外交最终要通过缔结条约实现预期目的。其中，战争是达到目的最直接最有效的手段，因此成为最关键的环节。作为解决国际冲突“合法的”极端形式，战争成了西方列强发动不义战争的法律“权利”，这也是它们在晚清和近代屡屡进行侵华战争的一个因素。相形之下，外交似乎是一种辅助手段，但却是必不可少的一道程序。战争之后，须通过外交谈判，才能最终完成条约的订立。总之，先施以战争或武力威胁，再继以外交谈判，最后订约，成了晚清中外条约关系建立或调整的三部曲。这是传统国际法规则下的三部曲，贯注整个过程永不变调的主旋律，则是以暴力为支柱的强权政治。

纵观晚清及近代中外条约关系的产生发展，可以发现，其与外交和战争

① 朱建民：《侵略问题之国际法研究》，商务印书馆 1939 年版，第 368～369 页。

有着不解之缘，是传统国际法时代国际关系的规律及其特征的典型反映，说明以暴力为内核的强权政治成了这个时代的常态。无疑，这种不义战争和强权政治背离人类正义，与国际法中的主权平等原则构成难以协调的悖论。正唯如此，随着国际形势的发展和国际法的进步，国际社会又不断作出努力，限制乃至否定战争权利。尤其是第一次世界大战之后，传统国际法转向现代国际法，战争权利逐渐在法律上被否定。1927 年 4 月 6 日，法国外交部长阿里斯蒂德·白里安在美国参战十周年纪念日时，第一次提出了“把战争置于法律保护之外”。随后根据白里安和美国国务卿凯洛格的建议，1928 年 8 月 27 日，美、法等 15 个国家在巴黎签署了《非战公约》（即《白里安—凯洛格公约》），承诺“废弃战争作为实行国家政策的工具”，并邀请非签字国加入该公约。[①] 此后，诉诸战争不再是各签字国的“法律权利”，这“标志着国际法上一个根本改变”，成为“国际法体系的基石之一”。[②] 尽管《非战公约》有着种种缺点，但国际法在战争权利问题上的进步，推动了各国外交和国际关系的发展，对中国摆脱不平等条约关系的束缚，产生了积极的影响。

四、晚清中外条约关系的特殊性质

以上所述说明，条约关系是国际关系领域中一个具有自身特点的重要范畴。在国际交往的历史上，自国际法产生之后，各国之间的权利、义务多通过条约作出规范，条约关系成为近代国际关系的主要形式。晚清时期的中外条约关系，是传统国际法时代的产物，具有这一特定时期的特殊性质或特征。它所呈现的内涵，与主权国家之间正常的条约关系不同，也与其本应具有的性质大相径庭，更主要反映了西方列强的强权政治及其用暴力与中国建立的不平等的新关系。同时，这一新的关系，一方面在内容上使中国的主权受到侵害，蒙受着不平等的耻辱，另一方面又从形式上给中国带来了近代国际关系的新模式，是一种将强权政治与近代交往形式融于一体的畸形关系。

① 《非战公约》，1928 年 8 月 27 日，见世界知识出版社编：《国际条约集（1924—1933）》，世界知识出版社 1961 年版，第 374 页。

② ［英］劳特派特修订：《奥本海国际法》下卷，第 1 分册，王铁崖、陈体强译，第 143～144 页。

显然，条约关系具有极为重要的地位，成为近代中国的基本问题，是中外关系乃至中国近代历史的枢轴。其具体表现主要有以下五点：

其一，晚清时期中外条约关系的建立，是通过战争迫使清政府接受的，体现了西方列强的强权政治。就国际法的主权原则而言，条约的签订应该是自愿的，但晚清时期的条约从一开始，便是在列强暴力胁迫下订立的。鸦片战争的结局，便是西方列强强迫中国与彼建立了不同于传统体制的条约关系，又经过第二次鸦片战争，这一关系基本形成。西方学者亦肯定，"1842—1860 年期间由不平等条约所建立的法律结构，是英国人对清政府打了两次战争之后强加给中国的东西"。第一次打击未能使清政府屈服，"英法对中国打了第二次战争，于 1858 年签订了天津条约之后，条约体系才真正建立起来。即使在那个时候，心里很不情愿的清朝要到 1860 年英法联军占领了北京以后，才肯承认新的秩序。从朝贡关系转变到条约关系这一过程，经历了 1840 年前在广州达 30 年之久的摩擦，以及其后 20 年的贸易、谈判和武力压制"。① 其后，条约关系的发展，亦均与战争或武力威胁有关。

晚清时期经由战争建立中外条约关系，造成了恶性循环，且范围不断扩展。列强为攫取在华条约特权策划和发动战争，又激化了它们自身之间的矛盾，甚至各列强在中国领土上开战，更引致世界范围的冲突。这种"滚雪球"式的连环冲突，导致战争不断升级，进而又恶化了中外条约关系。例如，日本实施大陆政策，在中国发动了甲午战争，引起了 19 世纪末的瓜分狂潮。这一矛盾的继续发展，又在某种意义上引发了第一次世界大战。有学者指出，"日本之侵略中国实为其大陆政策之发动，欲征服世界必先征服中国；征服中国即所以征服世界"。日本就是第一次世界大战之"祸首"，因为"自资本主义进展于帝国主义阶段之后，帝国主义国家争先恐后斤斤于殖民地之夺取；十九世纪末叶非澳印度俱已瓜分殆尽，于是广土众民之中国遂为列强侵夺之对象。大清帝国虽再败于英法，但震于历史之煊赫，欲遽行分割而未敢，甲午一战，巨大中国竟败于蕞尔岛国，神州大陆自是沦为列强纵横之场"。经此巨变，列强在华争夺格局亦出现变动，从而导致第一次世界大战

① ［美］费正清：《美国与中国》第 4 版，张理京译，世界知识出版社 1999 年版，第 151、153 页。

的爆发。这是因为，其时，欧洲俄法同盟对抗中欧三国同盟，英国则动摇于二者之间，举棋莫定。“自英日同盟、英法协约相继成立，法俄同盟对德，英日同盟对俄，在此种微妙关系之中对德战争，原无发生可能。乃日俄之战以后，局势大变，俄势削弱，因而缓和英俄冲突，由于法国之介，成立英俄妥协，而扩大为三国协商，日本以战胜之威，欲独占满洲，为对抗美国，转与俄国妥协，国际上遂形成英、法、俄、日四国联合阵线对抗三国同盟；旗帜鲜明，阵容整齐，第一次大战遂不可免。”因此，“推原祸始，不能不谓为日本大陆政策之所致，盖大战之爆发已种因于日本夺取朝鲜满洲之时也”。①

正是由于条约关系是胁迫之下建立的，导致了这一关系的畸形特点。通过战争订立了《南京条约》等条约，其结果是“终于建立了外交关系”，并“解决了产生这些条约的种种冲突或争议”。从这些条约中，“产生了其他许多具有特殊性质的问题”，即“造成了列强的既得利益，并且成为列强对华关系的基础”。②也就是说，“虽然新的条约好像是在平等主权国家之间签订的，但实际上它们是很不平等的，因为这违反中国的意愿被迫处于较弱的地位，只能听任西方的商业和随之而来的文化入侵”。③

其二，近代中外条约关系的主体或主干是不平等的，但包含着平等的内容。晚清建立的中外条约关系，是一种畸形的新关系，背离了国际法的主权原则，中国不能享有一个主权国家所应具备的基本权利，在各方面受到严重束缚，其内涵和主体是不平等的。如有学者所言，“鸦片战争之后在中国存在的条约关系，是一种不平等的条约关系。从表面上来看，它具备了近代国际法的各项要素和细节要求。实际上，它违反了近代国际法的本质要求——签约国双方或各方的平等关系。所以，鸦片战争之后在中国出现的条约关系，是近代国际条约史上的典型悖例，它表面上打着遵行‘万国公法’的旗号，实际上是对国际法基本准则的粗暴践踏”。④

---

① 朱建民：《侵略问题之国际法研究》，商务印书馆1939年版，第370页。

② ［英］菲利浦·约瑟夫：《列强对华外交（1894—1900）》，胡滨译，商务印书馆1959年版，第5页。

③ ［美］费正清：《美国与中国》第4版，张理京译，世界知识出版社1999年版，第153页。

④ 郭卫东：《不平等条约与近代中国》，高等教育出版社1993年版，第6页。

在践踏国际法基本准则基础上订立的中外条约，其内容是列强实施对中国的“准统治权”。如美驻华使馆临时代办卫廉士致国务卿西华德电中毫不讳言地承认了这一事实，谓：“我毫不怀疑，这些条约基本上使中国将自己置于所有和它有条约关系的国家的控制之下，瞧瞧这条约目录，用不了多久，列强将通过建立条约的程序来管理这个帝国的事物。这样一系列条约在旧制度下是不可能缔结的；它们是持久的谈判和列强在北京对中国统治者的思想进行慢慢教化的结果。”①

另外，在推行强权政治和传统国际法中的反动原则的同时，西方列强又将近代国际交往的方式带了进来。“在条约规定的新体制下，西方文明给中国带来了许多好的和坏的东西。”② 这在一定程度上体现了近代交往的对等规则，中国开始由传统国家向近代国家转型，逐步以新的方式建立与世界的联系，融入国际社会。同时，在以不平等为主的条约中，还有部分体现了平等关系的内容。这些条约和条款，涉及面亦较为广泛，按照平等交往的规则，根据中方的要求，规定了对方的义务，从而在某种程度上反映了中国方面的要求，保障了中国的权益。此类条约和条款无疑有益于中国社会的发展，而且清政府由此对国际大势和近代规则有了进一步的认识。卫廉士认为，“清政府对这些重要条约的接受，显示出政府的领导者们对于他们想要尽可能快地走上一条清晰的务实之路——继续和发展条约中所包含的规则的渴望”。这些改变，“对于他们是有利的，他们可以通过检查一些规则在其他国家使用的情况来选择他们认为最好的规则，避开西方人所经历过的残酷的试验阶段”。例如，“这些规则包含着已经使他们困惑不解的所谓公平调节原则”，清政府“已经准备接收这些原则”，且承认这些原则“没有逼迫性的对他们权利的侵犯”。在列强看来，将中国这么一个“庞大的人口”大国“提升到一个文明国家的位置”，“给它带来了巨大的好处”，“带来的

---

① “Mr. Williams to Mr. Seward”, July 2, 1868, *Message of the President of the United States, and Accompanying Documents, to the Two Houses of Congress at the Commencement of the Third Session of the Fortieth Congress,* Washington: Government Printing Office, 1869, pp. 521–522.

② ［美］费正清：《美国与中国》第4版，张理京译，世界知识出版社1999年版，第155页。

影响是巨大的”。①

其三，由于条约关系与国际关系尤其是外交、战争等存在密切的联系，又由于中国近代的特殊性，从而使这一领域又具有宽泛的外延，需放在与此相关的范畴中进行解析。晚清时期的中外条约关系，从一开始便涉及各方各面，不能仅仅局限于法律关系的层面，而需要从广义上作多视角的剖析。即从与外交的关联来看，前已谈到两者的联系，在晚清，这种关联更有其特殊的性质。例如，晚清条约关系是通过近代外交方式建立的，而中国的传统对外关系与此存在很大不同，外交与国际法亦存在差异，这些都直接影响着这一新的关系的建立及发展。体现为国际法律的条约，“有一定之规律”，而“外交则千百万化，随人而变，随国而变，并随时而变”。古昔外交，“最重权谋术数”，近世文明进步，“外交渐与国际法相近合”。其趋势，“虽巧妙之外交家，多不背国际法之规定”，并将外交视为适用国际法，“以一国之利益为目的”的行为。古代传统外交与近代外交的差异，极大地影响到对条约关系的认识及其态度。此外，近代外交“诚有为国际法之适用者”，而国际法之规定，“大半制限国家之行为”。国际法之适用，皆为消极被动的行为，而外交则“尚有积极的及自动的行为”，“不在国际法规定范围之内”。外交“以实益为目的”，“以图国家之利益”，而将外交“专属于国际法之适用，未免一孔之见”。有学者更认为，“外交者，术也，非学也，其所以异于国际法者正在此。”正惟如此，“近世有人欲创立外交学之名词，特组织一种之新科学，然为多数学者所反对”。总之，“外交与国际法截然不同，而亦不无密接之关系”，须“审其异而会其同”。②由上可见，作为国际法律关系的条约关系，不论是从学理还是实践上，均与外交息息相关。

此外，晚清时期的中外条约关系与战争密切相关，从这一角度进行探讨，才能更深入认识这一关系的形成及其性质。如前所述，晚清中外不平等条约关系是列强通过侵略战争建立和发展的，不仅如此，这些战争还涉及相关的国际法问题和西方的霸道理论，以及各国关系，等等。例如，日本为改

---

① “Mr. Williams to Mr. Seward”, July 2, 1868, *Message of the President of the United States, and Accompanying Documents, to the Two Houses of Congress at the Commencement of the Third Session of the Fortieth Congress*, Washington: Government Printing Office, 1869, pp. 521-522.

② 《论国际公法之各种关系》,《外交报》第 282 期，宣统二年六月十五日。

变平等的中日条约关系，违背国际法，不宣而战，发动甲午战争。其时，光绪帝在宣战诏书中指出，日本“乘我不备，在牙山口外海面，开炮轰击，伤我运船”，“不遵条约，不守公法，任意鸱张，专行诡计，衅开自彼，公论昭然”。① 而日本天皇却信口雌黄，声称日本“不违反国际公法”，要“尽一切之手段”，并指责清政府“殊违邻交有失信义之举”。② 而英国的一些所谓国际法权威出于联日抗俄的需要，也纷纷论证不宣而战的合法性。实际上，当时国际法尚无此类成文规定，有关规范存在于国际惯例之中。而在中日战争前几十年内许多战争是通过宣战程序的，“这就证明已经形成了新的战争惯例，并且这种惯例与不宣而战相比是‘好的’”。按照日、英的说法，只要战争在实际进行就是合法的，“这是强权政治的逻辑”。③ 而英国与日本站在同一立场，一方面是由于英在此问题上与日本的利益交换，另一方面是由于英国与彼具有同一的侵略本性而表现出来的偏见。显然，对所涉战争的相关问题进行考察，是完整把握晚清中外条约关系不可或缺的，除了外交、战争之外，条约关系还与其他各种问题不无关联，亦须作相应的探讨。

其四，晚清时期中外条约关系的变动，经历了建立、形成，再趋于巩固和强化的过程，其总体趋势是不断恶化，不平等的比重愈益增大。一般来说，作为一种法律关系，条约关系并非一成不变，而是处于经常的变化之中。如果将整个近代的中外条约关系大略分为前后两个时期，即建立形成与崩溃重建两大时期，晚清中外条约关系则处于建立形成时期。在这一时期，主要是构建了不平等的中外条约关系，且对主权的损害不断加深，迄至清末“仅剩下一个主权国的寥寥几个属性”。④

这是列强建立对华新关系的历史时期。鸦片战争前，清政府与所有国家之间存在一种“华夷”秩序下的不对等关系，与西方国家的关系，也只是被纳入

---

① 《上谕》，光绪二十年七月初一日，见邵循正等编：《中日战争》第 3 册，新知识出版社 1956 年版，第 16～17 页。

② ［日］信夫清三郎：《甲午日本外交内幕》，于时化译，中国国际广播出版社 1994 年版，第 346～347 页。

③ 张景恩：《国际法与战争》，国防大学出版社 1999 年版，第 64 页。

④ ［美］马士、宓亨利：《远东国际关系史》下册，姚曾廙等译，商务印书馆 1972 年版，第 476 页。

朝贡关系之内，是受到严格限制的互市关系。随着资本主义的发展和国际关系的变化，17世纪中叶，西欧国家之间的关系发生了变化，形成了自己的国家秩序，即“西欧国家秩序”。在殖民主义和资本主义的驱动下，又成了向外扩张的“世界国家秩序”。① 列宁说：“资本主义如果不经常扩大其统治范围，如果不开发新的地方并把非资本主义古老国家卷入世界经济的漩涡之中，它就不能存在与发展。”② 代表这一国家秩序的资本主义世界不愿接受“华夷”秩序所作的安排，要求从根本上打破中国传统对外体制，建立与此完全不同的新关系，即中外条约关系。第二次鸦片战争之后，这一不平等关系基本确立。西方列强由此在中国打破了传统的朝贡关系，建立了新的国际秩序，以中国为中心的国际秩序模式走向衰微。清政府在确立守约方针的同时，其内部仍然存在抵拒条约关系的强烈趋向。又经过中法战争、中日甲午战争和八国联军之役，列强不断地用暴力消除了中外条约关系所面临的危机，最终巩固强化了这一关系，并使之成为单一的国际秩序。以《辛丑条约》为标志，“不但于过去帝国主义者加到中国的不平等条约作有力的保证，而且进一步的与中国以严重的桎梏”。③

其五，纵观鸦片战争之后的中国历史，条约关系是近代中国社会的基本问题，其所体现的中外关系，是导致或促使社会重大变化的基本因素。中外条约既是列强侵害中国主权、对华行使“准统治权”的依据，又蕴含着某些有助于中国摆脱落后、与先进文明接轨的因子。正唯如此，中外条约关系对中国的历史发展产生了重大而又复杂的影响，各种重大事件，包括政治、经济、文化在内的社会变迁，都与彼有着不可分割的联系。

不言而喻，它给中国造成的负面作用极为严重。政治上束缚了中国的主权，致使中国的社会性质发生变化，由一个独立自主但又与世界隔膜的封建国家，变成一个半殖民地国家，中国的国际地位由此一落千丈，被纳入到以西方强权政治为主导的国际秩序之中。美国政要布热津斯基指出，“19世纪强加给中国的一系列条约、协定和治外法权条款，使人们清清楚楚地看

① ［日］信夫清三郎：《日本政治史》第1卷，周启乾译，上海译文出版社1982年版，第16页。

② ［苏联］列宁：《俄国资本主义的发展》，1895年年底至1999年1月，见中共中央马克思恩格斯列宁斯大林著作编译局编译：《列宁全集》第3卷，人民出版社1984年版，第547页。

③ 剑超：《从九七纪念谈到废除不平等条约》，《思想月刊》1928年第4期。

到：不仅中国作为一个国家地位低下，而且中国人作为一个民族同样地位低下”。① 经济上殖民性质的掠夺，使中国长期处于国弱民穷的落后状态。通过巨额赔款和各种经济特权，尤其是片面协定关税特权，列强扼制了中国的经济命脉，不仅使中国遭受了巨大的财税损失，而且严重限制了中国民族工业的发展。贫穷又造成了社会动乱，由于生计穷迫，人民失业流离而流于兵匪流氓之一途。“中国几十年来的内乱，也就是帝国主义赐给我们的恩惠”。② 思想文化上，通过条约特权，列强不断扩大在华传教和教育事业，试图改造中国人的国民性，对中国人民进行“道义和精神的支配”，从而在一定程度上造成了奴化思想的滋长。诸如此类不胜枚举。总之，晚清中国沦入半殖民地社会的深渊，民族的深重灾难，国家的积弱不振，社会的贫弱穷困，正是不平等条约造成的。“这一部不平等条约，实为我之酸心疾致命伤”，“蚕食我之封豕长蛇”，“束缚我之桎梏陷阱”。③ 李文海先生曾形象地指出：“帝国主义列强通过一系列不平等条约，像蚊子吮血似的将坚船利炮的‘尖刺’刺入近代中国的孱弱肌体，造成近代中国的‘大出血’。”④

另外，中外条约又在客观上产生了某些积极影响，促使中国社会产生了具有近代性质的变化。列宁认为，半殖民地国家“是自然界和社会一切领域常见的过渡形式的例子”。⑤ 这种“过渡形式”在某种意义上说，就是社会结构的混合形式。马克思在谈到“征服”时认为，所有的征服有三种可能，其中之一就是“发生一种相互作用，产生一种新的、综合的生产方式”，即征服民族与被征服民族“混合形成的”生产方式。⑥ 在另一处马克思称之

---

① ［美］兹·布热津斯基：《大失败——20 世纪共产主义的兴亡》，军事科学院外国军事研究部译，军事科学出版社 1989 年版，第 179 页。

② 《湖南人民收回海关委员会宣言》，见中共中央党校党史研究室编：《中共党史参考资料》第 2 册，人民出版社 1979 年版，第 386 页。

③ 漆树芬：《经济侵略下之中国》，“自序”，上海光华书局 1928 年第 4 版。

④ 李文海、匡继先主编：《世纪噩梦：近代中国不平等条约写实》上册，“序言”，中国人民大学出版社 1997 年版，第 5 页。

⑤ ［苏联］列宁：《帝国主义是资本主义的最高阶段》，1916 年，见中共中央马克思恩格斯列宁斯大林著作编译局编译：《列宁全集》第 27 卷，人民出版社 1990 年版，第 394～395 页。

⑥ ［德］马克思：《〈政治经济学批判〉导言》，1857 年 8 月，见中共中央马克思恩格斯列宁斯大林著作编译局编译：《马克思恩格斯选集》第 2 卷，人民出版社 1995 年版，第 15 页。

为“重新形成另一种社会结构”。① 列强通过战争强加的条约对中国所进行的“征服”，也同样造成了近代中国的混合形态的结构。这是一种具有封建性质、半殖民地性质和近代性质的混合结构，前两者显而易见，值得注意的是第三者。在亚洲，居于先进文明的西方列强自觉或不自觉地执行着破坏性和建设性的双重使命：前者如恩格斯所说，侵略战争给了中国以致命的打击，“旧有的小农经济的经济制度（在这种制度下，农户自己也制造自己使用的工业品），以及可以容纳比较稠密人口的整个陈旧的社会制度也都在瓦解”；② 后者即《共产党宣言》中所说的，“迫使它们在自己那里推行所谓的文明”和“采用资产阶级的生产方式”。这里所说的“文明”，无疑是优于中世纪文明的近代文明。

作为一个过渡性社会，中国经历了从传统到近代的演变，晚清时期的条约关系则是其中的重要环节。这是清政府给中国留下的历史遗产，是封建主义和资本主义两种文明的接合方式，是西方殖民主义列强施以强权和暴力而形成的畸形关系。中外条约广泛而又深刻地影响着近代中国各个领域的社会变迁，诸如政治局势、外交军事、社会经济、思想文化等，乃至于相关人物的政治生涯、人生走向及命运，均与彼有着不可分割的关联。中国国家地位的改变，条约关系取代朝贡关系，形成以强权政治为内核的新的国际秩序，而中国为改变不平等条约关系而作的各种努力，以及由此产生的巨大影响，导引着中国近代社会发展的趋向。不平等条约造成的深重灾难，刺激着中国各阶级、阶层为建立新的制度而奋斗，中国革命的性质和面貌也在相当程度上由于反对不平等条约而出现了根本的变化。中国社会的深刻变化，中国接受和走向新的文明等，亦在条约关系中体现出来，或与此相关。正由于中外条约关系是一个涉及整个近代各方各面的基本问题，因此不能将其仅仅局限于法律关系的层面，而需要从广义上作多视角的剖析。这是世界历史上一种

---

① ［德］马克思、恩格斯：《德意志意识形态》，1845—1846 年，见中共中央马克思恩格斯列宁斯大林著作编译局编译：《马克思恩格斯全集》第 3 卷，人民出版社 1960 年版，第 26 页。

② ［德］恩格斯：《恩格斯致弗·阿·左尔格》，1894 年 11 月 10 日，见中共中央马克思恩格斯列宁斯大林著作编译局编译：《马克思恩格斯选集》第 4 卷，人民出版社 1995 年版，第 737 页。

非正常形态的关系，其内涵外延更为丰富宽泛，且问题复杂，从而给学术界提供了广阔的研究空间。广义角度可从更宽阔的视野透视中外关系的变化，探析与之相关的各种问题，从而有助于全方位、更深入地探讨近代历史。

五、马克思主义史学理论的指导意义

以上主要从学科属性的角度作了论析，条约关系作为近代中国历史的一个基本问题，还需运用马克思主义的史学理论进行全面系统的探讨，这是深化认识的根本。从广义的角度而言，史学理论“是历史学中一切理性认识的总汇或对这一理性有系统的组织与评价”。① 或者说，“史学理论包括许多不同的层次，既包括史学本身的理论与方法，又包括研究客观历史过程所概括出来的理论方法”。② 马克思说：“我们仅仅知道一门唯一的科学，即历史科学。历史可以从两方面来考察，可以把它划分为自然史和人类史。”③ 恩格斯认为，存在三种类型的科学，“第一个部分包括所有研究非生物界的并且或多或少能用数学方法处理的科学，即数学、天文学、力学、物理学、化学”；“第二类科学是研究活的有机体的科学”；第三类是“按历史顺序和现今结果来研究人的生活条件、社会关系。法的形式和国家形式及其由哲学、宗教、艺术等等组成的观念上层建筑的历史科学”。④ 他晚年又指出，“历史在这里应当是政治、法律、哲学、神学。总之，一切属于社会而不是单纯属于自然界领域的简单概括”。⑤ 可见，在学科划分的意义上，马克思、恩格斯所说的历史科学指的是今天所说的哲学社会科学。清代史学家和思想家章学诚亦提出“六经皆史”说，⑥ 这些说明史学与其他学科有相通之处。在某

---

① 宁可、汪征鲁编著：《史学理论与方法》，中央广播电视大学出版社 1991 年版，第 1 页。

② 王旭东：《史学理论与方法》，安徽大学出版社 1998 年版，第 16 页。

③ ［德］马克思、恩格斯：《德意志意识形态》，1845—1846 年，见中共中央马克思恩格斯列宁斯大林著作编译局编译：《马克思恩格斯全集》第 3 卷，人民出版社 1960 年版，第 20 页。

④ ［德］恩格斯：《反杜林论》，1847 年 1 月—1848 年 7 月，见中共中央马克思恩格斯列宁斯大林著作编译局编译：《马克思恩格斯选集》第 3 卷，人民出版社 1995 年版，第 428～429 页。

⑤ ［德］恩格斯：《恩格斯致弗·梅林》，1893 年 7 月 14 日，见中共中央马克思恩格斯列宁斯大林著作编译局编译：《马克思恩格斯选集》第 4 卷，第 726～727 页。

⑥ 章学诚：《文史通义校注》，叶瑛校注，中华书局 1985 年版，第 1 页。

种意义上，这是由于历史学科是人类过去的百科全书，具有包罗万象的特点。因此，马克思主义所涉及的政治、经济、文化和国际关系等各方面的理论，均可纳入史学理论的范畴。从这一视角考察，马克思主义史学理论对近代中外条约关系所涉主要问题的指导意义，包括唯物史观与中外条约关系研究的基本路径、民族殖民地理论与中外条约关系的演变历程、国际法和国际关系的学说与条约问题研究的理论方法、共同价值思想与近代中外条约的内在本质、世界交往理论与条约关系的复杂影响等五个方面。

在马克思主义的史学理论中，唯物史观无疑对近代中外条约研究具有最重要的指导意义。根据马克思主义的基本原理，经济是社会历史所有现象的基础，是决定上层建筑的根本因素。恩格斯说，“迄今为止在历史著作中根本不起作用或者只起极小作用的经济事实，至少在现代世界中是一个决定性的历史力量”，这是“全部政治历史的基础”。① 同样，在马克思主义的史学理论中，经济因素也是分析国际关系和中外条约问题的基础，为这一研究指出了最基本的路径。

马克思主义认为，“国与国之间的关系取决于各国生产力发展水平，社会分工和内部交往的发达程度”。众所周知，战争是国际关系中的重大事件，也是西方列强强迫中国订立条约的基本原因。列宁在分析战争问题时说，“从马克思主义即现代科学社会主义的观点来看，在社会主义者讨论应该怎样评价战争、应该怎样对待战争的时候，基本问题在于这场战争是由于什么引起的，是由哪些阶级准备并操纵的”。而我们看到的，是世界上几个最大的资本主义强国——英国、法国、美国、德国等，“它们几十年来的全部政治就是不断地进行经济竞争，以求统治全世界，扼杀弱小民族，保证势力范围已囊括全世界的本国银行资本获得三倍和十倍的利润”。“这就是了解战争爆发原因的关键”，其他“流行的那种关于战争爆发原因的说法是招摇撞骗，欺人之谈”。因为“他们忘记了金融资本的历史，忘记了这场重新瓜分世界的战争是怎样酿成的历史，却把事情说成是：两个民族原来和睦相

① ［德］恩格斯：《关于共产主义者同盟的历史》，1885 年 10 月 8 日，中共中央马克思恩格斯列宁斯大林著作编译局编译：《马克思恩格斯全集》第 21 卷，人民出版社 1985 年版，第 247 页。

处，后来一个进攻，一个就起来自卫”。[①] 列宁深刻揭示了资本主义国家发动战争的根本原因，是为了保障它们的经济利益。从鸦片战争开始，列强发动侵华战争，强订不平等条约，无不出于这一目的。

条约作为国际法的制度，属于法的范畴，同样不能从其本身来理解，而要从物质生活关系来分析。马克思说，“我的研究得出这样一个结果：法的关系正像国家的形式一样，既不能从它们本身来理解，也不能从所谓人类精神的一般发展来理解，相反，它们根源于物质的生活关系”。[②] 正是从这一角度，马克思分析了西方资产阶级在对华条约问题上的立场和态度，他说：“每当亚洲各国的什么地方对输入商品的实际需求与设想的需求——设想的需求大多是根据新市场的大小，那里人口的多寡，以及某些重要的口岸外货销售情况等表面资料推算出来的——不相符时，急于扩大贸易地域的商人们就极易于把自己的失望归咎于野蛮政府所设置的人为障碍的作梗，因此可以用强力清除这些障碍。”正是这种“错觉”，“使得英国商人拼命支持每一个许诺以海盗式的侵略强迫野蛮人缔结商约的大臣”。这样一来，“假想中对外贸易从中国当局方面遇到的人为障碍，事实上便构成了在商界人士眼中能为对天朝帝国施加的一切暴行辩护的极好借口”。[③] 也就是说，正是商人试图向华推销商品，促使他们支持本国政府发动战争以订立商约。

对资本主义国家订立的国际条约，列宁作了类似的分析，“他们这样做是符合文明国家所全力维护的一切法律的”，“这就是这场战争的起因”，是其“掠夺政策即大银行政策的反映”。正因如此，“在兼并问题上，没有人能像我们那样把任何一个工人和农民都能理解的简单的真情实况讲出来”；而“像条约问题这样一个简单问题竟被一切报刊无耻地弄得混乱不堪”。德国资本家公然说，“如果你们不把我的殖民地连同利息归还给我，我就要夺取埃及，我就要扼杀欧洲的一些民族”。也就是说，正是出于经济利益，西

① ［苏联］列宁：《战争与革命》，1917 年 5 月 14 日，见中共中央马克思恩格斯列宁斯大林著作编译局编译：《列宁全集》第 30 卷，人民出版社 1985 年版，第 77、81、85 页。

② ［德］马克思：《政治经济学批判》“序言”，1859 年 1 月，见中共中央马克思恩格斯列宁斯大林著作编译局编译：《马克思恩格斯选集》第 2 卷，人民出版社 1995 年版，第 32 页。

③ ［德］马克思：《对华贸易》，1859 年 11 月，见中共中央马克思恩格斯列宁斯大林著作编译局编：《马克思恩格斯论中国》，人民出版社 1997 年版，第 103～104 页。

方列强不惜以暴力强订条约。而“像条约问题这样一个简单明了的问题”，却使“一切资本家的报纸制造了大量惊人的、闻所未闻的无耻谎言”。资本主义列强通过条约掠夺弱小民族，“它们没有条约是不会去扼杀任何民族的”，而“要想知道这些条约的内容，用不着去翻阅专门的杂志，只要回忆一下经济史和外交史上的一些主要事实就够了”。①

列宁进一步剖析了资本利润与战争和条约的关系，指出：“不管有没有把大量资本投入租让企业，银行总归是银行，不管是在共和国还是在君主国，利润总归是利润。我们的文明的资本目前正在殖民地，在非洲和波斯设立这种美妙的银行，如果哪个野蛮国家不听这种资本的摆布，如果哪些野蛮民族不听我们文明银行的摆布，那我们就要派遣我们的军队像利亚霍夫在波斯那样，像法兰西‘共和国’军队残暴地屠杀非洲人民那样，在那里建立文化、秩序和文明。”而所谓“文化、秩序和文明”，正是通过条约建立的。“不觉悟的”群众表现出来的所谓“革命护国主义”，“看不见战争同政府的联系，不知道这种政策是由条约固定下来的”。现在“条约依然存在，银行依然存在，租让企业依然存在”。新的“革命护国主义”，不过是用伟大的革命概念“掩饰为了卑鄙可恶的条约而进行的肮脏的血腥战争罢了”。②

由上可见，马克思主义的经典作家运用唯物史观对各种条约所作的分析，为我们研究近代中外条约提供了最重要的理论指导。从这些分析可以看出，唯物史观最具科学性，客观揭示了条约的产生及性质，这是研究近代中外条约的基本准绳，是这一领域所要依循的路径。

近代中外条约关系的建立，是西方列强对华进行殖民侵略的产物，其被废弃则是民族解放运动的结晶。民族殖民地理论是马克思主义的重要组成部分，涉及欧美殖民主义者对中国和其他东方国家的侵略，以及中国等国家反对殖民侵略的大量内容，这些是我们分析这一历史问题不可或缺的理论指南。

---

① ［苏联］列宁:《战争与革命》,1917 年 5 月 14 日，见中共中央马克思恩格斯列宁斯大林著作编译局编译:《列宁全集》第 30 卷，人民出版社 1985 年版，第 88、89 页。

② ［苏联］列宁:《战争与革命》,1917 年 5 月 14 日，见中共中央马克思恩格斯列宁斯大林著作编译局编译:《列宁全集》第 30 卷，人民出版社 1985 年版，第 91～92 页。

斯大林曾指出，“马克思和恩格斯当年分析爱尔兰、印度、中国、中欧各国，波兰、匈牙利等国的事件时，已提供了关于民族殖民地问题的基本的原则思想”。[①] 马克思从各方面对殖民主义作了充分揭露，阐述了这一问题的原则思想，包括其理念和残暴性，等等。如马克思引用西方殖民者的言说，披露了他们的荒唐理论：“应该教训中国人尊重英国人，英国人高中国人一等，应该做他们的主人”；[②] 按照“约翰牛”的圣人们的说法，“约翰牛之攫取殖民地仅仅是为了公众自由的原则去教育他们”。可是如果征诸事实，“只是证实了：为了国内的自由，约翰牛必须奴役国外”。[③] 马克思揭露的这一文明优劣论，正是西方列强用不平等条约奴役中国的依据。按照西方殖民主义者的逻辑，非基督教的中国是一个与他们不在一个文明体系的国家，因此不能按照国际法的主权平等原则来处理与中国的关系。美国驻华公使劳文罗斯认为，基督教文明“优于”包括中国文明的“异端”，两者之间“有着一种不可调和的不同”，而前者不能去“适应”后者。[④] 因此，在西方殖民者看来，将中国套上不平等条约是理所当然的。

为了建立对中国和其他弱小国家的统治，西方列强实施了野蛮的殖民暴力，马克思予以充分揭露，深刻指出：“当我们把目光从资产阶级文明的故乡转向殖民地的时候，资产阶级文明的极端伪善和它的野蛮本性就赤裸裸的呈现在我们面前，它在故乡还装出一副体面的样子，而在殖民地它就丝毫不加掩饰了。”[⑤] 例如，在鸦片战争中，“当时英国士兵只是为了取乐就犯下滔

---

① ［苏联］斯大林：《和第一个美国工人代表团的谈话》，见中国社会科学院民族研究所编：《斯大林论民族问题》，民族出版社 1990 年版，第 384 页。

② ［德］马克思：《新的对华战争》，1859 年 9 月，见中共中央马克思恩格斯列宁斯大林著作编译局编译：《马克思恩格斯论中国》，人民出版社 1997 年版，第 87 页。

③ ［德］马克思：《爱奥尼亚群岛问题》，1858 年 12 月 17 日，见易廷镇等译校：《马克思恩格斯论殖民主义》，人民出版社 1962 年版，第 254 页。

④ 《劳文罗斯（J. Ross Browne）对于美英商人所递公函的答复》，1869 年 7 月 17 日，见［美］马士：《中华帝国对外关系史》第 2 卷，张汇文等译，商务印书馆 1963 年版，第 479、481 页。

⑤ ［德］马克思：《不列颠在印度统治的未来结果》，1853 年 7 月 22 日，见中共中央马克思恩格斯列宁斯大林著作编译局编译：《马克思恩格斯选集》第 1 卷，人民出版社 1995 年版，第 772 页。

天的罪行；他们的狂暴既不是由于受宗教狂热的驱使，也不是由对傲慢的征服者的仇恨激起的，更不是由英勇的敌方的顽强抵抗引起的。强奸妇女，枪挑儿童，焚烧整个整个的村庄，这些并非由中国官吏而是由英国军官亲笔记载下来的暴行，完全是恣意的胡作非为”。① 在第二次鸦片战争中，“广州的无辜居民和安居乐业的商人惨遭屠杀，他们的住宅被炮火夷为平地，人权横遭侵犯，这一切都是在‘中国人的挑衅行为危及英国人的生命和财产’这种荒唐的借口下发生的”。② 显然，这是非正义的殖民侵略，与此前的中外矛盾完全不同。“如果在十八世纪时期，东印度公司与天朝之间的斗争，同外国商人与中国海关之间的一般争执具有相同的性质，那么从十九世纪初叶起，这个斗争就具有了完全不同的性质。”③ 因此，对中方而言，“最好承认这是为了保卫社稷和家园的战争，这是为了保存中华民族的人民战争，虽然你可以说，这个战争带有这个民族的一切傲慢和偏见、蠢笨的行动、饱学的愚昧和迂腐的蛮气，可是它终究是人民战争”。④

不仅在中国，在其他东方国家中诸如此类的事例亦屡见不鲜。恩格斯写道，它们“打着传布文明和人道的旗号”，在印度干下了同样的罪行。“事实上，无论在欧洲或者在美洲都没有像英国军队这样残暴的军队。抢劫、暴行、屠杀——这在任何别国军队里都是已经严格禁止和完全排除了的行为”。而这是“英国士兵由来已久的特权，是他们的合法权利”。这种罪恶的殖民行径，“是英国军队永远洗不掉的耻辱”。⑤ 正是通过这样的殖民暴行，西方列强与中国和其他东方国家建立了不平等的条约关系。马克思和恩

① ［德］马克思：《印度起义》，1857 年 9 月 16 日，见中共中央马克思恩格斯列宁斯大林著作编译局编译：《马克思恩格斯全集》第 12 卷，人民出版社 1985 年版，第 309 页。

② ［德］马克思：《英人在华的残暴罪行》，1857 年 4 月 10 日，见中共中央马克思恩格斯列宁斯大林著作编译局编译：《马克思恩格斯全集》第 12 卷，人民出版社 1985 年版，第 177 页。

③ ［德］马克思：《鸦片贸易史》，1858 的 9 月 20 日，见中共中央马克思恩格斯列宁斯大林著作编译局编译：《马克思恩格斯全集》第 12 卷，人民出版社 1985 年版，第 587 页。

④ ［德］恩格斯：《波斯和中国》，1857 年 6 月 5 日，见中共中央马克思恩格斯列宁斯大林著作编译局编译：《马克思恩格斯全集》第 12 卷，人民出版社 1985 年版，第 232 页。

⑤ ［德］恩格斯：《攻克勒克瑙的详情》，1858 年 5 月 8 日，见中共中央马克思恩格斯列宁斯大林著作编译局编译：《马克思恩格斯全集》第 12 卷，第 499 页。

格斯的论述，揭示了这一时代非正义的强权政治，这正是中外条约关系产生形成的国际环境。如美国著名历史学家海斯所指出的，“近代史里最大的悲剧是没有能在国际关系中以公理代替强权”。①

如果说，马克思、恩格斯阐述了民族殖民地理论的基本原理，说明了殖民地半殖民地及其不平等条约关系的产生，那么，列宁、斯大林则将这一理论发展成了完整的体系，为民族解放运动和解除不平等条约的压迫，提供了思想理论武器。斯大林说，列宁的新贡献在于：一是“把这些思想集合成为一个关于帝国主义时代民族殖民地革命学说的严整体系”；二是“把民族殖民地问题和推翻帝国主义的问题联系起来”；三是“宣布民族殖民地问题是国际无产阶级革命问题总的问题的一个组成部分”。② 列宁的民族殖民地理论，推动了反对帝国主义、废除不平等条约的伟大斗争，亦是我们研究这一斗争过程的理论指南。

列宁对殖民主义的非正义性和残暴性亦作了充分揭露，他指出，“欧洲曾是一片和平景象。这种和平所以能够维持，是因为欧洲各民族对殖民地亿万居民的统治完全是靠连绵不断的战争来实现的。我们欧洲人不认为这些战争是战争，因为它们往往不象［像］什么战争，而是对手无寸铁的民族实行最野蛮的摧残和屠杀”。③ 在这里，我们看到，欧洲的和平和繁荣，是通过对其他民族和国家的殖民侵略实现的，是以他国的痛苦和灾难为代价的。从世界历史来看，这正反映了近代欧洲的特点，它的兴起与其殖民政策密不可分，“欧洲本身在更深的意义上来说是殖民主义的产物”。④

更重要的是，以第一次世界大战和“十月革命”为转折，列宁在新的时代发展了马克思主义的民族殖民地理论，其核心就是改变这一世界政治

---

① ［美］海斯、穆恩、韦兰：《世界史》下，中央民族学院研究室译，生活·读书·新知三联书店 1975 年版，第 1107 页。

② ［苏联］斯大林：《和第一个美国工人代表团的谈话》，1927 年 9 月 15 日，见中国社会科学院民族研究所编：《斯大林论民族问题》，民族出版社 1990 年版，第 384 页。

③ ［苏联］列宁：《战争与革命》，1917 年 5 月 14 日，见中共中央马克思恩格斯列宁斯大林著作编译局编译：《列宁全集》第 30 卷，人民出版社 1985 年版，第 80 页。

④ ［美］阿里夫·德里克：《殖民主义再思索：全球化、后殖民主义与民族》，胡玉昆译，《中国学术》总第 13 辑，商务印书馆 2003 年版，第 136 页。

格局。列宁指出，“1914—1918年的帝国主义战争，在一切民族和全世界被压迫阶级面前，特别清楚地揭露了资产阶级民主词句的虚伪性，在事实上表明，标榜为‘西方民主’的凡尔赛条约是比德国容克和德皇的布列斯特-里托夫斯克条约更加野蛮、更加卑劣地压在弱小民族头上的暴力。国际联盟和协约国战后的全部政策更清楚、更尖锐地揭露了这个真理，并且到处加强先进国无产阶级和殖民地附属国的一切劳动群众的革命斗争，从而使所谓在资本主义制度下各民族能够和平共处和一律平等的市侩民族幻想更快地破产”。① 列宁揭露了帝国主义时代的国际秩序的本质，他将世界划分为压迫民族和被压迫民族，提出了民族自决等原则，否定了殖民主义的合理性，开启了推翻帝国主义统治和废除不平等条约斗争的序幕。而且，列宁领导的苏俄，履行了这一方针，宣布取消了俄国与中国签订的不平等条约。

正是“十月革命”后苏俄的兴起，导致世界政治格局发生了重要变化，近代中外不平等条约关系亦出现了转折。斯大林对这一变化作了深刻的阐述，他说：“十月革命开辟了一个新时代，即在世界各被压迫国家中、在和无产阶级结成联盟并在无产阶级领导下进行殖民地革命的时代。”正因为民族殖民地革命是在无产阶级领导下和在国际主义旗帜下进行的，“所以向来被蔑视的民族、被奴役的民族在人类历史上第一次升到了真正自由和真正平等的民族的地位，并以自己的榜样来鼓舞全世界一切被压迫的民族”。西方国家的殖民主义谬说被列宁主义的民族殖民地理论所否定：“从前，‘照例总是’认为：世界自古以来就分成低等人种和高等人种，分成黑种人和白种人，前者没有达到文明境地的能力，注定成为剥削的对象，后者是文明的唯一代表者，负有剥削前者的使命。”现在这种奇谈被打破了，被抛弃了。“‘十月革命’最重要的结果之一就是它给这种奇谈以致命的打击，因为它在事实上推进先进文化和真正先进文明的能力是丝毫不亚于欧洲民族的。”在斗争路线上，“从前，‘照例总是’认为：资产阶级民族主义的方法，使各民族彼此分离的方法，使各民族彼此隔开的方法，使各民族劳动群众间的民

① ［苏联］列宁：《民族和殖民地问题提纲初稿（为共产国际第二次代表大会草拟的）》，1920年6月，见《列宁论国际政治与国际法》，世界知识出版社1959年版，第654～655页。

族敌视加深的方法，是解放被压迫民族的唯一方法”。现在这种奇谈被推翻了，事实表明：“用唯一正确的无产阶级国际主义的方法解放被压迫的民族，是可能的而且是适当的”；“各民族的工人和农民根据自愿原则并在国际主义基础上结成兄弟般的联盟，是可能的而且是适当的”；“安然剥削和压迫殖民地和附属国的时代已经过去了”。①

在苏俄革命和列宁的民族殖民地理论的鼓舞下，中国反对不平等条约的斗争发生了根本性变化。中国共产党首先以政党的名义提出废约主张，孙中山在中国共产党和共产国际的帮助下，实行国共合作，明确提出了反帝废约的政治纲领。他说：“一战”之后，“俄国人自己推翻帝国主义，把帝国主义的国家变成新社会主义的国家，世界上又生出一个更大的变化”。苏俄“改组内部，把从前用武力的旧政策，改成用和平的新政策”。这种新政策，“不但是没有侵略各国的野心，并且抑强扶弱，主持公道”。因此，“不但是打破俄国的帝国主义，并且打破世界的帝国主义；不但是打破世界的帝国主义，并且打破世界的资本主义”。由于这个大变动，“此后世界上的潮流也随之改变”。以后的国际战争，“不是起于不同种之间，是起于同种之间，白种与白种分开来战，黄种与黄种分开来战。那种战争是阶级战争，是被压迫者和横暴者的战争，是公理和强权的战争”。在全世界范围内，将会形成两个联合阵线，“白人主张公理的和黄人主张公理的一定是联合起来”，而“白人主张强权的和黄人主张强权的也一定是联合起来”。这两种联合，“便是世界将来战争之趋势”。② 孙中山深刻认识到，正是由于不平等条约，“中国处于不平等的地位”，“不是一个独立的国家”，不能如美国一样成为“世界上顶富顶强的国家”。③ 他提出，“民族自决，就是本党底

① ［苏联］斯大林：《十月革命的国际性质——为纪念十月革命十周年而作》，1927 年 11 月 6 日，见［苏联］列宁、斯大林：《列宁斯大林论中国》，张仲实、曹葆华译，人民出版社 1965 年版，第 241～242 页。

② 孙中山：《三民主义》，1924 年 1 月至 8 月，见广东省社会科学院历史研究所等编：《孙中山全集》第 9 卷，中华书局 1986 年版，第 191～193 页。

③ 孙中山：《在神户各团体欢迎宴会的演说》，1924 年 11 月 28 日，见广东省社会科学院历史研究所等编：《孙中山全集》第 11 卷，中华书局 1986 年版，第 411～413 页。

民族主义”。[①] 如列宁所说，“民族自决也就是争取民族彻底解放、争取彻底独立”。[②] 为此，孙中山郑重宣布：“一切不平等条约，如外人租借地、领事裁判权、外人管理关税以及外人在中国境内行使一切政治的权力侵害中国主权者，皆当取消，重订双方平等、互尊主权之条约。”[③]

总之，马克思主义的民族殖民地理论，不仅揭示了近代中外条约产生的缘由及其本质，而且在实践中引领中国走向新的时代。就后者而言，作为帝国主义时代的马克思主义，列宁主义为被压迫民族的解放提供了强大的思想武器，亦是我们研究近代中外条约关系由不平等转向基本平等的理论指导。

作为国际关系中的法律关系，条约关系与国际法有着密切关系，因此尤须从这一视角进行理论分析。马克思主义中有关国际法的学说亦非常丰富，对近代中外条约中的理论问题研究，具有直接的指导意义。同时，马克思从各个角度对近代中外不平等条约作了评论，为我们提供了剖析问题的方法。马克思主义经典作家关于国际法和国际关系的论说，主要有以下几方面：

一是揭露西方国际法的狭隘和偏颇。近代国际法产生于欧洲，从一开始便局限于欧美范围，未能成为世界范围的法律。由于这一局限，在传统国际法时代，西方国家既提出了国家主权等进步原则，又对东方弱小民族和国家实行了一系列的反动理论和规则。马克思当时便敏锐地看到了这一实质，并作了不同程度的披露。例如，马克思说，“外国列强干预苏丹和他的基督教臣民之间的相互关系的权利将成为欧洲国际法的一部分”。[④] 又说：“问题直截了当就是这样：结成一个新的神圣同盟，以便把当年神圣同盟认为它自

① 孙中山：《在中国国民党本部特设驻粤办事处的演说》，1921 年 3 月 6 日，见中山大学历史系孙中山研究室等编：《孙中山全集》第 5 卷，中华书局 1985 年版，第 480 页。

② ［苏联］列宁：《论面目全非的马克思主义和“帝国主义经济主义”》，1924 年，见中共中央马克思恩格斯列宁斯大林著作编译局编译：《列宁全集》第 28 卷，人民出版社 1990 年版，第 124 页。

③ 孙中山：《中国国民党第一次全国代表大会宣言》，1924 年 1 月 23 日，见广东省社会科学院历史研究所等编：《孙中山全集》第 9 卷，第 119、122 页。

④ ［德］马克思：《四国协定——英国与战争》，1853 年 12 月 9 日，见中共中央马克思恩格斯列宁斯大林著作编译局编译：《马克思恩格斯全集》第 9 卷，人民出版社 1985 年版，第 595 页。

己有义务干涉欧洲各国内政所依据的原则应用于美洲国家。沙多勃利昂在复辟时期曾经为西班牙和法国的波旁王朝拟定了第一个这样的计划，这个计划被坎宁和那位坚决反对欧洲干涉美洲国家内政的美国总统门罗挫败了。从那个时候起，美利坚联邦就始终把门罗主义看作一个国际法。"① 在谈到维也纳体系和维也纳条约与欧洲大国、强国的关系时，马克思指出，"这样，这部欧洲 *jus publicum* [国际法] 的圣书便一页一页地被撕掉了，只有在一方的利益和另一方的软弱决定有必要时，它才被引为根据"。② 诸如此类的言论，如欧洲国际法、门罗主义国际法，说明马克思主义的经典作家没有把当时的国际法作为普世的法律，而是揭示了其所具有的偏狭性质，等等。

二是倡导国际道义。针对西方资产阶级政府在国际关系中的唯利是图、毫无信义，马克思主义的经典作家倡导国际道义，主张将此作为国家之间的准则。马克思说，"洞悉国际政治的秘密，监督本国政府的外交活动，在必要时就用能用的一切办法反抗它；在不可能防止这种活动时就团结起来同时揭露它，努力做到使私人关系间必须遵守的那种简单的道德和正义准则，成为各民族之间的关系中的至高无上的准则"。③ 列宁在谈到应该接受什么样的条款时亦说："有各种各样的条款，各个强盗政府不仅签订了关于抢劫的协定，而且在这些协定中，还包括一些经济协定以及其他各种关于善邻关系的条款。""我们拒绝一切关于抢劫和暴力的条款，但是我们乐于接受一切善邻关系和经济协定的条款，这种条款我们决不能拒绝。"④ 这些论说阐述了对国际法基本原则的看法，既揭示了传统国际法的弊端，又倡导了国际正义。

三是主张国家主权、国家平等和世界和平等原则。在马克思所处的殖

---

① ［德］马克思：《对墨西哥的干涉》，1861 年 11 月 7 日，见中共中央马克思恩格斯列宁斯大林著作编译局编译：《马克思恩格斯全集》第 15 卷，人民出版社 1985 年版，第 385 页。

② ［德］马克思：《伊奥尼亚群岛问题》，1858 年 12 月 17 日，见中共中央马克思恩格斯列宁斯大林著作编译局编译：《马克思恩格斯全集》第 12 卷，人民出版社 1985 年版，第 707 页。

③ ［德］马克思：《国际工人协会成立宣言》，1964 年 10 月，见中共中央马克思恩格斯列宁斯大林著作编译局编译：《马克思恩格斯选集》第 2 卷，人民出版社 1995 年版，第 607 页。

④ ［苏联］列宁：《关于和平问题的报告的结论》，1917 年 10 月 26 日，见《列宁论国际政治与国际法》，世界知识出版社 1959 年版，第 377 页。

民主义时代，帝国主义发动战争，侵犯他国主权，欺凌弱小国家，国际社会缺乏正义和公道。为此，马克思、恩格斯提出了相关的原则，作为国际法的准则。例如，马克思说，“根据国际法，任何一种条款，如果内容是规定一个独立国家授予外国政府干涉它自己在国际关系上的权利，这样的条款是无效的”。① 恩格斯说，“排除民族压迫是一切健康和自由的发展的基本条件”，“国际合作只有在平等者之间才有可能”，“民族独立是一切国际合作的基础”。②“不恢复每个民族的独立和统一，那就既不可能有无产阶级的国际联合，也不可能有各民族为达到共同目的而必须实行的和睦的与自觉的合作”。③ 他们又提出，未来社会是与旧世界完全不同的新社会，“这个新社会的国际原则将是和平”，呼吁“全世界工人阶级的联合”，“根绝一切战争”。④ 恩格斯将国家独立作为国际和平的基本条件，指出，“要保障国际和平，首先就必须消除一切可以避免的民族摩擦，每个民族都必须获得独立，在自己的家里当家做主”。⑤ 他还提出，“不惜一切代价争取和平”。⑥ 列宁更进一步提出了不同社会制度的国家和平共处的原则，这一原则“在国际法的发展史上揭开了新的一页”，“在国际关系的发展中愈来愈显示出其巨大影

① ［德］马克思：《对波斯的条约》，1857 年 6 月 24 日，见易廷镇等译校：《马克思恩格斯论殖民主义》，人民出版社 1962 年版，第 132 页。

② ［德］恩格斯：《恩格斯致卡·考茨基》，1882 年 2 月 7 日，见中共中央马克思恩格斯列宁斯大林著作编译局编译：《马克思恩格斯全集》第 35 卷，人民出版社 1985 年版，第 261、262 页。

③ ［德］马克思、恩格斯：《致意大利读者——“共产党宣言”意大利文版序言》，1893 年 2 月 1 日，见中共中央马克思恩格斯列宁斯大林著作编译局编译：《马克思恩格斯全集》第 22 卷，人民出版社 1985 年版，第 430 页。

④ ［德］马克思、恩格斯：《国际工人协会总委员会关于普法战争的第一篇宣言》，1870 年 7 月，见中共中央马克思恩格斯列宁斯大林著作编译局编译：《马克思恩格斯选集》第 3 卷，人民出版社 1995 年版，第 19 页。

⑤ ［德］恩格斯：《暴力在历史中的作用》（遗稿），见中共中央马克思恩格斯列宁斯大林著作编译局编译：《马克思恩格斯全集》第 21 卷，人民出版社 1985 年版，第 463 页。

⑥ ［德］恩格斯：《致保·法拉格》，1886 年 10 月 25～26 日，见中共中央马克思恩格斯列宁斯大林著作编译局编译：《马克思恩格斯全集》第 36 卷，人民出版社 1985 年版，第 553 页。

响"。① 这些论说发展了国际法的进步理论，是研究国际关系和条约问题的基本原则。

马克思、恩格斯对近代中外条约的分析，主要包括以下几个方面：

一是揭露了英国等西方国家的强权政治。马克思指出，《南京条约》"像一切新近与中国订立的条约一样"，"也是在炮口下强加给对方的对华条约"。② 他还引用了西方媒介的言论，阐析这一性质。如《经济学家》所说，"显然，赋予我国公使以去北京或驻留北京之权的条款，确确实实是强加给中国政府受的"。在西方国家，"对于中国这样的政府采取延缓和容忍的态度，会被认为是极端懦弱的表现，因而会是我们最大的失策"。马克思反问："但是我们在多大程度有权根据这样的理由，在对待这些东方国家政府方面，改变我们对任何文明国家毫无意义应该遵循的原则？"对英国而言，既然已经利用他们的畏惧心理强迫中国"作了一次不愉快的让步"，那么再利用这一心理，"以对我们最便利的方式强迫他们立刻执行条约的规定，这也许是首尾一贯的政策"。该文看到条约关系中的实力原则，说：如果中国人克服了畏惧心理，并显出他们的武力，"坚持要我们同他们协商以何种方式使条约生效"，那么，"我们能够理直气壮地责备他们背信弃义吗？"中国这样做，"不正是对我们采用了我们自己所用的说服方法吗？"仔细想一想，"我们在对待野蛮人方面，是否没有采用一套同野蛮人用到我们身上的相差无几的原则"。③

二是论证了中国并未违约，英国发动战争的借口是虚构的。例如，针对第二次鸦片战争时期英国重启战火，马克思指出，"首先要回答的问题是：即使天津条约规定允许英国公使可以直接前往北京，中国政府反抗英国舰队强行驶入白河，是否就违反了这个用海盗式战争强加于它的条约呢？""就算是中国人必须接纳英国的和平公使入京，他们抵抗英国人的武装远征队也

---

① 王绳祖主编：《国际关系史（十七世纪中叶——一九四五年）》，法律出版社 1986 年版，第 312 页。

② ［德］马克思：《英中条约》，1858 年 10 月 5 日，见中共中央马克思恩格斯列宁斯大林著作编译局编：《马克思恩格斯论中国》，第 69 页。

③ ［德］马克思：《新的对华战争》，1859 年 9 月，见中共中央马克思恩格斯列宁斯大林著作编译局编：《马克思恩格斯论中国》，第 96 页。

是有理的。中国人这样做，并不是违背条约，而是挫败入侵。”他根据条约内容、有关文件汇编和报刊等文献，指出：“第一，准许英国公使进入北京一事不是在现在，而是在较晚的时候付诸实行；第二，英国公使留驻北京的权利附有各种条件；最后第三，条约英文本中关于准许公使进入北京的那个专横的第三款，根据中国钦差的要求在条约中文本中作了修改。额尔金勋爵自己也承认条约两个文本之间的这个不同之处。”最后，他援引前任英国驻香港首席检察官托·奇泽姆·安斯蒂的正式声明，得出结论：“这个条约不论其本身如何，早已因英国政府及其官吏采取暴力行动而失效到这样的程度，即至少大不列颠王室得自这个条约的一切利益和特权均被剥夺。”不能说北京朝廷背信弃义，“连一点影子也没有”。①

三是揭露了英国的欺诈无耻行为。关于英国发动第二次鸦片战争的借口，马克思引用了林德赫斯特勋爵的话：全权代表约翰·包令“自己承认船籍登记证是无效的，那艘划艇没有权利挂英国国旗”。可是他当时说，“该船是不受保护的，不过中国人并不知道这一点。看在上帝的面上，千万不要透露给他们”。实际上，约翰·包令和英方“知道中国人并没有犯下任何违背条约的罪过”，却隐瞒真相，“坚持要求赔偿损失并且要求以特定的形式送回被捕者”。“以往有过比这更恶劣更可耻的行为吗？”有过一位英国政府官员提出“更欺诈的”和“更虚伪的”口实吗？②

四是充分揭露了西方世界的各种谎言和违背国际法的行径。围绕中国是否违约这一问题，马克思说，自英国人在华采取军事行动之后，“英国政府报纸和一部分美国报刊就连篇累牍地对中国人进行了大量的斥责，它们大肆攻击中国人违背条约的义务、侮辱英国的国旗、羞辱旅居中国的外国人，如此等等”。然而，“除了亚罗号划艇事件以外，它们举不出一个明确的罪名，举不出一件事实来证实这些指责。而且就连这个事件的实情也被议会中的花言巧语歪曲得面目全非，以致使那些真正想弄清这个问题真相的人深受其

① ［德］马克思：《新的对华战争》，1859 年 9 月，见中共中央马克思恩格斯列宁斯大林著作编译局编：《马克思恩格斯论中国》，第 88、89、95 页。

② ［德］马克思：《议会关于对华军事行动的辩论》，1857 年 3 月 16 日，见中共中央马克思恩格斯列宁斯大林著作编译局编：《马克思恩格斯论中国》，第 26～27 页。

误”。[①] 倒是英国在破坏国际法，马克思说：“大家都知道，在战争状态中，一切现行条约都停止生效。如果英国人在远征白河的时候同中国人是处于战争状态，那么不言而喻，他们既不能援用1843年的条约，也不能援用其他任何条约。”因此，“帕麦斯顿在对中国人的关系上把战争的所有国际法准则破坏无遗”。[②] 而英国报纸指出，在华外国人在英国的庇护下，“每天所干的破坏条约的可恶行为真是讳莫如深！”如“非法的鸦片贸易”，年年靠摧残人命和败坏道德来填满英国国库的事情；“外国人经常贿赂下级官吏”，使中国政府失去进出口税的合法收入的事情；对让“那些被卖到”秘鲁、古巴等地作契约华工，去当“不如牛马的奴隶”，且横施暴行“以至杀害”的情形，等等，“一点也听不到”。[③] 通过对条约和事实的分析，马克思指出英国之所以采取军事行动，“是为了撕毁一个现存的条约”，并“强行要求实现”他们“业已根据明确的协定放弃了的要求”。马克思还以讥讽的口吻，指斥英国这个所谓“文明国家”以违背了“无中生有的外交礼节为借口，不先行宣战就侵入一个和平国家的做法”。[④]

此外，马克思还对中外条约作了其他方面的论析，例如，关于英国发动侵华战争，勒订条约而产生的恶劣后果。马克思指出：英国通过进行第一次鸦片战争，“使俄国得以签订一个使它有权沿黑龙江航行并在陆上边界自由贸易的条约”；通过进行第二次鸦片战争，“又帮助俄国获得了鞑靼海峡和贝加尔湖之间价值无量的地域——这是俄国无限垂涎的一块地方，从沙皇阿列克谢·米哈伊洛维奇到尼古拉，一直都企图把它弄到手”。[⑤] 关于条约内

---

① ［德］马克思：《英人在华的残暴行动》，1857年4月10日，见中共中央马克思恩格斯列宁斯大林著作编译局编：《马克思恩格斯论中国》，第47页。

② ［德］马克思：《英国的政治》，1860年1月27日，见中共中央马克思恩格斯列宁斯大林著作编译局编：《马克思恩格斯论中国》，第112页。

③ ［德］马克思：《英人在华的残暴行动》，1857年4月10日，见中共中央马克思恩格斯列宁斯大林著作编译局编：《马克思恩格斯论中国》，第49页。

④ ［德］马克思：《英中冲突》，1857年1月23日，见中共中央马克思恩格斯列宁斯大林著作编译局编：《马克思恩格斯论中国》，第21页。

⑤ ［德］马克思：《中国和英国的条约》，1858年10月15日，见中共中央马克思恩格斯列宁斯大林著作编译局编：《马克思恩格斯论中国》，第80页。

容引致的后果，马克思说，“就英国商业来说，和约所带来的只是一项新的进口税和一系列条款，这些条款不是没有任何实际意义的，就是中国人无法履行的，因而随时可能成为挑起新战争的借口”。①

诸如此类，不一而足。马克思将条约内容与国际法相关规定结合起来，并运用各种资料，对其影响后果进行辩证的探讨等，从而深入揭露了英国等西方国家在条约问题上的所作所为，包括为达目的不择手段，等等。这些分析不仅进一步具体阐述了西方列强的本质和不平等条约的性质，具有理论指导意义，而且给我们研究近代中外条约关系提供了方法上的启示。

作为一种国际关系，近代中外条约关系是中国与其他国家建立的法律关系，其中反映了人类社会的价值观念，要深入认识其本质内涵，须从这一角度进行剖析。马克思主义关于共同价值的思想，为我们提供了分析近代中外条约关系性质的重要原理和依据。

马克思认为人类社会存在共同利益，指出：“随着分工的发展也产生了个人的利益或单个家庭的利益与所有互相交往的人们的共同利益之间的矛盾；同时，这种共同的利益不是仅仅作为一种‘普遍的东西’存在于观念之中，而且首先是作为彼此分工的个人之间的相互依存关系存在于现实之中。”② 由这种共同利益将产生共同的价值观念，如自由、平等、民主等。关于自由，马克思说：“自由确实是人的本质，因此就连自由的反对者在反对自由的现实的同时也实现着自由。”“没有一个人反对自由，如果有的话，最多也只是反对别人的自由。各种自由向来就是存在的，不过有时表现为特权，有时表现为普遍的权利而已。”③ 在《共产党宣言》中，马克思、恩格斯指出：“代替那存在着阶级和阶级对立的资产阶级旧社会的，将是这样一个

---

① ［德］恩格斯：《俄国在远东的成功》，1858 年 11 月 18 日，见中共中央马克思恩格斯列宁斯大林著作编译局编：《马克思恩格斯论中国》，第 84 页。

② ［德］马克思、恩格斯：《德意志意识形态》，1845—1846 年，见中共中央马克思恩格斯列宁斯大林著作编译局编译：《马克思恩格斯全集》第 3 卷，人民出版社 1985 年版，第 37 页。

③ ［德］马克思：《关于新闻出版自由和公布省等级会议辩论情况的辩论》，1842 年 5 月，见中共中央马克思恩格斯列宁斯大林著作编译局编译：《马克思恩格斯全集》第 1 卷，人民出版社 1995 年版，第 167 页。

联合体，在那里，每个人的自由发展是一切人自由发展的条件。”① 关于平等，恩格斯在《反杜林论》一书中指出，“平等应当不仅是表面的，不仅在国家的领域中实行，它还应当是实际的，还应当在社会的、经济的领域中实行”。② 列宁说，“一旦劳动的平等实现以后，在人类面前就必然会产生一个问题：要更进一步，从形式上的平等转到事实上的平等”。③ 关于民主，马克思说：“民主制是作为类概念的国家制度”；“在民主制中，国家制度本身就是一个规定，即人民的自我规定。在君主制中是国家制度的人民；在民主制中则是人民的国家制度。民主制是国家制度一切形式的猜破了的哑谜”。④ “工人革命的第一步就是使无产阶级上升为统治阶级，争得民主。”⑤

中国共产党人发展了马克思主义共同价值的思想，习近平指出，“‘大道之行也，天下为公’。和平、发展、公平、正义、民主、自由，是全人类的共同价值，也是联合国的崇高目标。目标远未完成，我们仍须努力。当今世界，各国相互依存、休戚与共。我们要继承和弘扬联合国宪章的宗旨和原则，构建以合作共赢为核心的新型国际关系，打造人类命运共同体”。⑥ 习近平关于共同价值的这段话，有着丰富的内涵，至少包括以下思想内容：一是共同价值贯注着中国传统文化精神，该段话以《礼记·礼运》中的“天下为公”为点睛之笔，揭橥了它的中心所在；二是全面界定了共同价值的范畴，即“和平、发展、公平、正义、民主、自由”，大体上囊括了国家关系的基本问题；三是充分肯定了联合国的宗旨与原则，因为它们体现了上述范畴的共同价值；四是当今并未完全实现共同价值，这是一个不断追求的过程

---

① ［德］马克思、恩格斯：《共产党宣言》，中共中央编译局译，中央编译出版社 2005 年版，第 46 页。

② ［德］恩格斯：《反杜林论》，1847 年 1 月—1848 年 7 月，见中共中央马克思恩格斯列宁斯大林著作编译局编译：《马克思恩格斯选集》第 3 卷，人民出版社 1995 年版，第 448 页。

③ 《国家与革命》，1918 年，见中共中央马克思恩格斯列宁斯大林著作编译局编：《列宁选集》第 3 卷，人民出版社 1972 年版，第 256～257 页。

④ ［德］马克思：《黑格尔法哲学批判》，中共中央马克思恩格斯列宁斯大林著作编译局译，人民出版社 1962 年版，第 49 页。

⑤ ［德］马克思、恩格斯：《共产党宣言》，中共中央编译局译，第 45 页。

⑥ 习近平：《携手构建合作共赢新伙伴　同心打造人类命运共同体》，《人民日报》2015 年 9 月 29 日。

和目标，需要继续作出努力；五是揭示了这些共同价值对当今构建新型国际关系的功能和作用，将其提升到"打造人类命运共同体"的高度。这些思想理念，虽然着眼于当代人类社会和国家关系，但也给我们分析近代中外条约关系提供了可资借鉴的思路。

在追寻共同价值的历史进程中，作为国际秩序的近代中外条约关系，是其中的一个特殊阶段，其产生形成、发展演变和内容实质反映了以上基本问题及其变化。阐发国际关系中的共同价值，有两个相互对照的考察视角：一是揭露西方列强背离共同价值的殖民侵略行径，二是揭橥中国传统文化中的共同价值精华。从前者来看，西方国家以歧视性和偏狭的强权规则对待东方国家，无视人类社会的这些共同价值。无论是从其产生形成还是从其内容实质来看，这一新的国际秩序是非和平、非公平、非正义的武力强权秩序，违背了国际民主和民族自由等原则，使共同价值遭到严重扭曲，扼制了中国社会的发展。从国际关系民主化来看，近代中外条约关系这一国际秩序背离了主权平等、共同参与的基本准则。它以少数列强为主导，服务于它们之间分割殖民地和势力范围的需要，以畸形的传统国际法为托词，通过国际条约从中国攫取各种权益并相互分赃，同时又进行激烈角逐而引致冲突和战争。17世纪中叶形成的威斯特伐利亚体系，是维护西方列强自身利益、协调相互关系的需要，其倡导的主权平等和国家独立等国际法原则，只适用于它们之间而非整个世界。其后，西方列强又相继订立《维也纳会议最后议定书》《凡尔赛和约》《华盛顿条约》《雅尔塔协定》等国际协约，确立了相应的国际体系，对这一格局予以确立与维系。总之，在列强构建的国际秩序中，没有公理和公平，只有强权和霸道，也谈不上国际民主。

从人类共同价值的观点来看，"维护和弘扬国际公平正义，必须坚持主权平等。主权是国家独立的根本标志，也是国家利益的根本体现和可靠保证"。① 而建立国际秩序和全球治理体系，"要由各国人民商量，不能由一家说了算，不能由少数人说了算"。② 作为新的国际秩序，晚清中外条约关系

① 习近平：《弘扬传统友好 共谱合作新篇》，《人民日报》2014年7月18日。

② 习近平：《在庆祝中国共产党成立95周年大会上的讲话》，《人民日报》2016年7月2日。

无疑背离了这些准则，这一方面的史事和性质，众所周知，耳熟能详，不再赘述。由此而言，中国反对和改变不平等条约关系的斗争，正是追求人类共同价值的斗争，而条约关系的发展演变，则体现了中国以及世界形势的变化和国际规则的进步。抗日战争期间，不平等条约得以基本废除，正反映了这一历史趋向。如《中美新约》在说明废除条约特权原因的前言中指出，中美两国“为欲重视两国人民间素来之友好关系，并以平等与主权国家之资格，表示共同志愿，使彼此所承认规定人类关系之高尚原则得以发扬光大，决定订立条约”。① 其中所言“人类关系之高尚原则”，正属于共同价值的范畴。经过中国人民的艰苦抗战，中国的国际地位得以大幅提高，美英等列强终于回归人类社会的共同价值，放弃了不平等的条约特权。

马克思主义的共同价值理论，给我们研究近代中外不平等条约关系，提供了客观的标尺。从这一角度来分析，可以更清楚地认识其背离人类正义的本质。

近代中外条约是中国与世界的一种接合方式，这是伴随着资本主义的出现而产生的一种新的交往形式。马克思主义经典作者提出的世界历史及其交往的理论，对我们深入认识中外关系和条约及其复杂影响，亦有着重要的启示意义。

世界交往是资本主义时代的重要现象，对落后的弱小国家有着双重作用。一方面，资本主义国家采取殖民的方式与之发生关系，对这些国家的社会发展产生了极大的破坏作用。另一方面，加强各国之间的相互联系，对国家和社会的发展亦存在有利的一面。马克思充分肯定了交往在人类社会发展中的作用，认为，“社会——不管其形式如何——是什么呢？是人们交互活动的产物”。② 也就是说，没有人们之间的相互交往，就没有人类社会。到了资本主义时期，人类的交往发展成为世界性的，由此形成了国际关系。“资产阶级，由于开拓了世界市场，使一切国家的生产和消费都成为世界性

① 《中美关于取消美国在华治外法权及处理有关问题之条约》，1943 年 1 月 11 日，见北京大学法律系国际法教研室编：《中外旧约章汇编》第 3 册，生活 · 读书 · 新知三联书店 1962 年版，第 1256 页。

② ［德］马克思：《马克思致帕 · 瓦 · 安年科夫》，1846 年 12 月 28 日，见中共中央马克思恩格斯列宁斯大林著作编译局编译：《马克思恩格斯选集》第 4 卷，人民出版社 1995 年版，第 532 页。

的了。”于是，“过去那种地方的和民族的自给自足和闭关自守状态，被各民族的各方面的互相往来和各方面的互相依赖所代替了。物质的生产是如此，精神的生产也是如此。各民族的精神产品成了公共的财产。民族的片面性和局限性日益成为不可能”。① 人类的相互交往，不仅导致人类社会的形成，而且是社会发展的基本条件。马克思说，“只有在交往具有世界性质，并以大工业为基础的时候，只有在一切民族都卷入竞争的时候，保存住已创造出来的生产力才有了保障”。人类社会最高理想共产主义的实现，是以“生产力的普遍发展”和“与此有关的世界交往的普遍发展为前提的”。② 无疑，人类社会的发展，各国家民族的进步，有赖于相互交往，互通有无。而且，如马克思所分析的，交往的发展成为不可避免的历史趋向。因此，中国国际法学者指出，“一国是否愿与他国发生商务、外交与条约关系，虽有完全自由，但拒绝与任何国家发生任何关系，在事实上与法律上已经都不可能。现在交通的便利与物质文明的进步已不能使一国绝对的坚持闭关自守主义，而若拒绝与所有其他国家发生任何关系也不能再视为国际社会的一分子。所以一国可以拒绝与它所不喜欢的或它认为没有往来必要的国家往来，而不能拒绝与所有的国家往来”。③ 中国的改革开放，已取得令世界瞩目的成就，而这正是加强国际交往的结果。邓小平说，“对外开放具有重要意义，任何一个国家要发展，孤立起来，闭关自守是不可能的，不加强国际交往，不引进发达国家的先进经验、先进科学技术和资金，是不可能的”。④

显然，就近代中国而言，不应不加辨析地认可清政府的对外举措，尤其是它的深闭固拒和狭隘偏执。贫弱落后的中国只有顺应时代潮流，打破与世隔绝的状态，加强与世界的交往，才能步入新的文明，走向进步。鸦片战争之后，中外交往存在复杂的情形，主要有战争和非战争两种方式。前者体现了列强的强权政治，其以暴力强迫中国接受它们的各种索求，是违背正义公

---

① ［德］马克思、恩格斯：《共产党宣言》，中共中央编译局译，第29～30页。

② ［德］马克思、恩格斯：《德意志意识形态》，1845—1846年，见中共中央马克思恩格斯列宁斯大林著作编译局编译：《马克思恩格斯全集》第3卷，第60～61、39页。

③ 崔书琴：《国际法》上册，商务印书馆1947年版，第61页。

④ 邓小平：《政治上发展民主，经济上实行改革》，1985年4月15日，见《邓小平文选》第3卷，人民出版社1993年版，第117页。

道的野蛮交往，须予以大力谴责。后者体现在政治、经济、文化等各方面，包括国家和民间的不同途径。马克思说，“满族王朝的声威一遇到英国的枪炮就扫地以尽，天朝帝国万世长存的迷信破了产，野蛮的、闭关自守的、与文明世界隔绝的状态被打破，开始同外界发生联系，这种联系从那时起就在加利福尼亚和澳大利亚黄金吸引之下迅速地发展起来”。①

条约关系作为一种新的交往方式，其主体是不平等的制度，但随之亦带来了资本主义文明。前面谈到，马克思曾指出，征服的一种可能，是征服民族与被征服民族产生一种“混合形成”的生产方式。这些论述为我们分析近代中国的社会结构提供了有益的启示。诚然，近代中国所蒙受的还不是那种“灭亡”意义上的“征服”，而是用条约制度行使“准统治权”的“征服”，这也同样造成了近代中国的混合形态的结构，其中含有资本主义文明并体现这一文明的近代交往方式和规则。这些方式和规则，是以国际法的主权原则为依据的，反映了人类社会从古代到近代的进步。在晚清中外条约关系中，亦引入了这些方式和规则，对中外公文和官员来往，作了相应规定，如“平行”“两得其平”，等等。② 这些规定打破了鸦片战争前清王朝的对外体制，虽然主要是给外国官员以“平等”权利，但符合近代国家交往规则和惯例。这一新的交往方式，随后又通过其他条约，得以改进和完善，进一步规定了常态化和规范化的常驻公使制度。此类规定符合国际惯例，属于近代交往方式，是优于中世纪文明的近代文明。中国也由此开始摒弃了“天朝”体制，以新的姿态走向世界，在今天也仍然采取这一方式与各国建立外交关系。

马克思主义史学理论体大精深，非常丰富，其涉及国际关系、与近代中外条约有着密切联系的论述在相应著作中比比皆是。这些理论中贯穿了历史唯物主义和辩证唯物主义思想，从理论和方法上对条约的各方面问题作了科学的阐析。要深入研究中外条约，客观把握其实质内涵和复杂影响，需对此作一全面深入的挖掘和探讨。

---

① ［德］马克思：《中国革命和欧洲革命》，1853 年 6 月 14 日，见中共中央马克思恩格斯列宁斯大林著作编译局编：《马克思恩格斯论中国》，第 2 页。

② 参见中英《江宁条约》，道光二十二年七月二十四日；中美《五口贸易章程：海关税则》，道光二十四年五月十八日。见王铁崖编：《中外旧约章汇编》第 1 册，生活 · 读书 · 新知三联书店 1957 年版，第 32、52、56 页。

第一章
中外条约关系的酝酿及筹划

经过鸦片战争，以英国为首的西方国家与中国建立了新的关系，即条约关系。① 条约关系是体现近代性质的国际关系模式，但它在近代中国所呈现的内涵，却已与其本应具有的性质大相径庭。这一关系是以西方国家为主导建立起来的，它从萌芽到最后完备，经历了一个复杂过程，鸦片战争前的酝酿及筹划是其中的重要阶段。由《南京条约》等第一批不平等条约创立的这一关系，并非突如其来，而是自乾隆末年开始迄至鸦片战争几十年累积的结果。作为中外条约关系正式建立的前奏，这一时期在内容、手段、性质等方面，逐渐臻于成熟，为中外条约关系的最初形态提供了完整的预案，作好了必要的理论准备。如《中国丛报》在鸦片战争爆发后所言，“在现在的斗争中，他们没有提出新的原则、新的政策或要求，仅仅是将这里早已存在于理论上的东西付诸实施而已”。② 从鸦片战争前中外条约关系酝酿的历程中，我们可以更清楚地了解其原生态及其变化，并更深入地认识中外关系中的国际规则、基本内涵和相关理念等问题，了解其演化中的走向和路径。

---

① 从1689年至1792年，清政府与俄国订立了《尼布楚界约》等条约，其目的是解决边界安全问题，与西方国家要求的建立以通商为中心的条约关系不同。1792年订立的《恰克图市约》第1条便明确陈述了清政府的这一态度：“恰克图互市于中国初无利益，大皇帝普爱众生，不忍尔国小民困窘，又因尔萨那特衙门吁请，是以允行，若复失和，罔再希冀开市。”王铁崖编：《中外旧约章汇编》第1册，第29页。

② Parliamentary Debate on Chinese Affairs: Speeches of Leading Members; the Blue Book; the Quarterly Review; and Blackwood's Magazine, *The Chinese Repository*, Vol. Ⅸ, No.5, p. 323.

一、经济理念的变化与条约要求

以英国为首的西方国家要求与中国建立条约关系不是偶然的，而是经济发展和随之产生的相关经济、法律理念的必然要求。18 世纪中叶在英国开始的工业革命，产生了极其重大的影响，它不仅带来了社会生产力和经济的飞速发展，而且还引起了思想观念和相关理论的一系列变化。其中，由这一革命及经济变化推动的自由经济理论，又与新生的国际法理论相互交融，对英国的对华条约要求产生了重要影响。

作为工业革命发源地的英国和欧洲其他国家，从 15 世纪开始流行重商主义。这是一种与资本原始积累时代相适应的经济理论，它主张国家干预经济生活，由政府管制农业、商业和制造业，实行对外贸易垄断，等等。在对外贸易上，英国利用东印度公司专营并垄断对中国和东方国家的贸易，便是重商主义理论在国家政策上的反映。工业革命兴起后，生产效率的迅速提高，要求广阔的市场和海外贸易的扩展。在这一要求的推动下，英国产生了自由主义的经济理论，被誉为"现代经济学之父"的英国经济学家亚当·斯密于 1776 年出版的《国富论》[①] 一书，首先提出了这一产生了巨大影响的理论。亚当·斯密在该书中充分论证了重商时代贸易独占制度的弊害和不合理性，指出："无论就那一点说，这种专营公司，都是有害的；对于设立此种公司的国家，它总会多少带来困难，而对于不幸受此种公司统治的国家，它总会多少带来祸害。"[②] 他更进一步阐发了通商交易是互利的思想，认为，"互通有无，物物交换，互相交易"，是"人类所共有，亦为人类所特有的"倾向，是人类的本能。交易的利益不是一方的，而是相互的，"我们不说唤起他们利他心的话，而说唤起他们利己心的话。我们不说自己有需要，而说对他们有利"。通过交易，"各种才能所生产的各种不同产物，结成一个共同的资源，各个人都可以这个资源随意购取自己需要的别人生产的物品"。从这一思想出发，他很不理解中国等东方国家的重农抑商政策，说："令人奇怪的是"，这些国家"都不奖励外国贸易"，"他们的财富似乎全然得自

① 《国富论》是亚当·斯密所著的《国民财富的性质和原因的研究》一书的简称。

② ［英］亚当·斯密：《国民财富的性质和原因的研究》下卷，郭大力、王亚南译，商务印书馆 1983 年版，第 210 页。

内陆的航行”。①“中国人极轻视国外贸易，不给与国外贸易以法律的正当保护”。而由于轻视对外贸易，中国极大地制约了它自身的发展。中国幅员广大，人口众多，“假设能在国内市场之外，再加上世界其余各地的国外市场，那末更广大的国外贸易，必能大大增加中国制造品，大大改进其制造业的生产力”。②由此说明，中国限制对外贸易，对自己是有害无利的。

无独有偶，亚当·斯密肯定人类互通有无、自由贸易的合理性和正当性的思想，也体现在同时期出版的国际法著作中。近代国际法产生于17世纪上半叶的欧洲，1625年格劳秀斯的名著《战争与和平法》出版后，“国际法作为法律的观念才被明白认识出来”；③1648年结束欧洲三十年战争的《威斯特伐利亚和约》的签订，标志着“近代国际法开始形成”。该和约确立了主权平等、领土主权等原则，“从而为近代国际法奠定了基础”。④国际法由此成为西方国家间交往的规则，与亚当·斯密同时期的国际法著作也从国家关系的角度阐述了自由贸易的思想。著名的瑞士国际法学家瓦特尔在1758年出版的《国际法》一书中便认为：“一个地方生产适用人们需要的所有物产是很少见的，一个国家盛产棉花，另一个盛产牲畜，而第三个则盛产木材和金属，等等。如果所有这些国家适合人类的本性，一起交易，那么没有一个国家可以缺乏有用的和必需的物产而存在。”“主权和所有权观念的引用，不能剥夺人们如此基本的权利。”他们可以通过商业手段，“可以购买，或者用同等价值的物品交换”“对他们有用的和需要的东西”。从国家之间的关系这一角度，瓦尔特提出，“如果人们不愿背离自然的意见，就要遵循相互通商的义务，而且这一义务也要推及到所有国家中去”。因为，“如果发生贸易和物物交换的关系，每个国家必定可以获得它所想要的东西，并将以最有利的方式使用其土地和产业，全人类也会因此受益。这些便是一切国家

---

① ［英］亚当·斯密：《国民财富的性质和原因的研究》上卷，郭大力、王亚南译，第12～19页。

② ［英］亚当·斯密：《国民财富的性质和原因的研究》下卷，郭大力、王亚南译，第246、247页。

③ 周鲠生：《国际法》上册，商务印书馆1976年版，第41页。

④ 王铁崖主编：《国际法》，法律出版社1995年版，第36页。

必须相互建立通商关系的一般义务的基础”。① 显然，自由贸易的经济思想，被纳入国际法领域，且自由贸易被视为国家之间关系中各国必须承担的义务，这就为西方国家要求建立条约关系提供了所谓理论依据。

英国商人从这些新的思想学说中找到了理论武器，他们基本上是从自由贸易这一理论出发要求与中国建立条约关系的。随着近代国际法的产生，条约成为其中的重要制度，亦是国家间建立相互关系的基本方式。格劳秀斯认为，“国际法的直接渊源是各国明示的（在条约中）和默示的（惯例）协议”，并指出，“所有国家或多数国家相互协议的结果可以产生某些法律。甚至于这类法律之产生不是为了单独每个人们共同体的利益，而是为了一切这种共同体总体的利益”。这样，他强调了条约的法律性质，“把国际法的条约性质放在第一位”。② 在国际关系变化的这一大背景下，英国商人及英国政府无疑要求将自由贸易融入条约形式的法律之中，建立新的对华关系。尤其是第二代“自由商人”，即散商，“他们被亚丹［当］· 斯密和他的门人的理论知识所武装，认为有限制的商业制度是不合理的，是人为的”。③ 在自由贸易精神和生产膨胀的刺激下，英国商人和政府开始谋划与中国建立条约关系，将对华贸易置于“永久和体面的基础”之上。

众所周知，其时清帝国“自有其专利之观念与其如何对外贸易之宗旨”，实行严格的对外贸易管理制度，在乾隆中叶已形成了完备的闭关政策。这一对外体制与英国方兴未艾的自由贸易精神格格不入，不能适应其扩大市场的需要。“有此原因，［东印度］公司及英政府则企图将上述贸易制度废除，而使中英关系立于条约基础之上”，决定于 1787 年派一使团来华，以“获得商业特权”。④ 英国政府对使团强调：“除非帝国政府确实拒绝我们

---

① M. D. Vattel, *The Law of Nations, or Principles of the Law of Nature*, London: Printed for G.G. and J. Robissok, Paternoster-Row, 1797, pp.143-144.

② ［苏联］Д.И. 费尔德曼、Ю.Я. 巴斯金：《国际法史》，黄道秀等译，法律出版社 1992 年版，第 101～102 页。

③ ［英］格林堡：《鸦片战争前中英通商史》，康成译，商务印书馆 1961 年版，第 67 页。

④ ［英］H. 普利查德编注：《英东印度公司与来华大使马卡特尼通讯录（1792—1794 年）》，见《中外关系史译丛》，朱杰勤译，海洋出版社 1984 年版，第 191～192 页。

所有的要求，否则无论它作出什么决定，都希望你能得到书面的根据。”① 由于所派特使卡思卡特意外死亡，该计划中断。

但英国建立与中国的条约关系的谋划并未因此停顿。1790 年，散商乔治·密尔斯在其出版的著作中提出，只要派遣使团前往中国，与之签订必要的条约，扩大对华贸易的可能性就可以变成现实。② 18 世纪 90 年代初，随着工业尤其是棉纺织业和钢铁工业的迅猛发展，英国政府为了扩大市场，进行了广泛的调查，要求东印度公司了解英国制造品向印度、中国等国出口的情况。有关中国的报告得出结论：“除非达成一项有利的条约，（英国）毛织品、金属和其他商品（对华）的出口不可能增长。”③

英国政府对于“缔结一项伦敦与北京之间的商业联盟条约作为国家的重要目的这问题是未尝忽视的”，④ 1791 年“此意复萌”，⑤ 再次筹备向中国派出使团，并由英国前任驻俄大使和玛德拉斯省长马戛尔尼勋爵担任特使。英政府向马戛尔尼提出，“可以试探商谈订立一个友好同盟条约”，⑥“尽可能通过签订一项商业条约来扩大英国的对华贸易”。⑦ 但是，费尽千辛万苦来到北京的马戛尔尼，除了见到乾隆之外，一无所获。而清政府对外商的管制

---

① Earl H. Pritchard, “The Crucial Years of Early Anglo-Chinese Relations 1750-1800”, *Britain and the China Trade 1635-1842*, Vol. Ⅵ, London, 2000, p. 258.

② Meares, *Voyages Made in the Years 1788 and 1789, from China to the North West Coast of America*, London, 1790. 转引自朱雍：《不愿打开的中国大门》，江西人民出版社 1989 年版，第 269 页。

③ Earl H. Pritchard, “The Crucial Years of Early Anglo-Chinese Relations 1750-1800”, *Britain and the China Trade 1635-1842*, Vol. Ⅵ, London, 2000, p. 269.

④ [英] 爱尼斯·安德逊：《英使访华录》原书初版序言，费振东译，商务印书馆 1963 年版，第 4 页。

⑤ [英] H. 普利查德编注：《英东印度公司与来华大使马卡特尼通讯录（1792—1794 年）》，见《中外关系史译丛》，朱杰勤译，海洋出版社 1984 年版，第 192 页。

⑥ [美] 马士：《东印度公司对华贸易编年史（1635—1834）》第 1、2 卷，区宗华译，中山大学出版社 1991 年版，第 537 页。

⑦ Earl H. Pritchard, “The Crucial Years of Early Anglo-Chinese Relations 1750-1800”, *Britain and the China Trade 1635-1842*, Vol. Ⅵ, London, 2000, p. 307.

更为严厉，① 加剧了中外贸易冲突。东印度公司感到其受到种种压迫和委屈，贸易缺乏保障，因此向本国政府申诉。根据申诉，英国政府决定派阿美士德使华，以“将公司贸易建立于安全、稳固和平等的基础上”。② 阿美士德于1816年来到北京，却连嘉庆帝的面都没有见到便被送回。不过东印度公司仍希望中国对贸易体制进行改革。在一个事件的处理中，该公司特选委员会提出，“在文明国家，商务是按照签订正式条约的原则进行的”，而中国的习惯，“只由政府作为它的指导和法则来进行解决，当外国人要求废除可恶的和不公正的规条时，它最低限度是要公平的”。其取决的标准，则“必须是相互的”。因此，他们的责任，“是反对全部早已对贸易过于禁闭与压迫的所有限制性的改革，即使这种性质是出于自由来往的政府核准的”。③

在这一时期，英美等国开始将条约制度推行到东方其他国家，已先与中国的一些邻国建立了不稳定的条约关系。代表英国的东印度公司利用尼泊尔与西藏交战需要援助之机，于1792年与尼泊尔签订了一个商业条约。④ 1815年，在一场战争之后，东印度公司与尼泊尔签订了和平条约。其中一条是双方同意相互遣使，常驻对方的宫廷。⑤ 十一年后的1826年，英国又与暹罗（今泰国，下同）订立了条约，规定了治外法权和商业权益，容许英国商人

---

① 嘉庆十八年（1813年），粤海关监督德庆奏请“于各洋商中择其身家殷实、居心公正者一二人，饬令总理洋行事务”（梁廷枏等纂：《粤海关志》卷25，行商，台北，文海出版社有限公司1975年影印，第1828页），获得允准。其后总商的确定须经清政府批准，更进一步加强了公行制度，强化了清政府对外商的管制。翌年清政府又禁止中国人受雇于英国商馆，并不得与大班来往，等等。

② 《秘密商务委员会致特使阿美士德勋爵函》，1816年1月17日，见［美］马士：《东印度公司对华贸易编年史（1635—1834）》第3卷，区宗华译，中山大学出版社1991年版，第280页。

③ ［美］马士：《东印度公司对华贸易编年史（1635—1834）》第3卷，区宗华译，第318页。

④ 参见李铁铮：《西藏历史上的法律地位》，夏敏娟译，湖南人民出版社1986年版，第83页；［尼］I. R. 阿里亚尔、T.P. 顿格亚尔：《新编尼泊尔史》，四川外语学院《新编尼泊尔史》翻译组译，四川人民出版社1973年版，第167页。

⑤ 《东印度公司和尼泊尔大君和平条约》，1815年12月2日，见世界知识出版社编：《国际条约集（1648—1871）》，世界知识出版社1984年版，第348～350页。该约签订后，英国国内贵族会议对之进行了讨论，该约遭到反对。拖延了一年之久，中国与尼泊尔重新开战，又于1816年3月4日签订了《萨高利条约》。见［尼］I.R. 阿里亚尔、T.P. 顿格亚尔：《新编尼泊尔史》，四川外语学院《新编尼泊尔史》翻译组译，第177、179页。

在暹罗有较多的自由，等等。该条约“开始打破了暹罗一百多年闭关自守、不与欧洲国家相互往来的局面”。越七年，即 1833 年，美国亦与暹罗签订了相同的条约。①

这些条约的订立，无疑是英国等西方国家开拓国外市场，并将近代国际交往模式推行到东方的体现。在他们看来，“贸易既增长起来，它就会为自己开辟新的门径，寻求新的便利，这是一种自然的期望”。但是，这种期望在中国遇到了障碍。“英国人的进取精神，在地球上其他的地区都兴旺地向前推进；在中国却被压制住了。”②

如果说，此前英政府还只是尝试与中国建立条约关系的话，那么，随着东印度公司对华贸易专利权的动摇和取消，英国商人尤其是散商强烈地要求用条约形式改造中国的对外贸易制度，并明确地提出了这一问题。1830 年，47 名英国在华散商向下议院呈递请愿书，要求英国政府进行直接干预，将“已经增长到如此规模的对华贸易放在一持久的、体面的基础上”。他们要求“一部新的商业法典”，“将对华贸易从现行的广州商业制度的桎梏中解放出来”。③ 查顿更明确地提出，“只要向行商征收苛捐杂税和勒索款项的现行办法仍然存在，英国绝不能从贸易的开放中获得任何重要得益。我们除非和这些天朝的野蛮人有一部商业法典，我们就无法有利地展开我们的商业活动。我们有权利要求一项公平的商务条约”。④ 1833 年 6 月，英国下议院讨论取消东印度公司的对华贸易专利权时，有的议员在演说中强调自由贸易应在中国实行，谓：“对华贸易应该开放。理性要求如此，舆论要求如此。”⑤

---

① 中山大学东南亚史研究所编：《泰国史》，广东人民出版社 1987 年版，第 163～165 页。

② A Correspondent, Treaty with the Chinese, a great desideratum; probability of forming one, with remarks concerning the measures by which the object may be gained. *The Chinese Repository*, vol. Ⅳ, No.10，译文参见广东省文史研究馆编：《鸦片战争史料选译》，中华书局 1983 年版，第 41～42 页。

③ ［英］格林堡：《鸦片战争前中英通商史》，康成译，第 163、67 页。

④ “私函稿”，1832 年 2 月 9 日，见［英］格林堡：《鸦片战争前中英通商史》，康成译，第 164～165 页。

⑤ ［英］汉萨德：《议会辩论》第 3 辑，第 19 卷。转引自［日］田中正俊等著、武汉大学历史系鸦片战争研究组编：《外国学者论鸦片战争与林则徐》上册，福建人民出版社 1989 年版，第 154 页。

下议院议员斯当东提出，公司的垄断废止后，为了保护这种贸易，应该与中国缔结条约。① 斯当东少年时便随马戛尔尼到过中国，后又随阿美士德使华，1798年后在东印度公司任职，堪称英国当时首屈一指的中国通，在中国事务上无疑最有发言权。他的提案较切合实际，但却遭到了议会的否定，英国议会所通过的议案，只是取消东印度公司对华贸易的垄断权。

这一结果，说明英政府当时并没有与中国谈判订立条约的打算。其原因有二：一是英政府认为时机尚不成熟，会产生副作用。英政府对于向中国提出谈判订约一事，经过"反复考虑"，而没有"轻易决定"。在此前两年，由于广东发生断绝贸易之事，英政府"便考虑了开始谈判的问题"。但根据以往的经验，"由现述的根据，得到的结论是：会有相当大的障碍"。主管该事的印度监督局长格兰特对没有采纳斯当东提案一事作了解释，说："把中方必须开始谈判作为这种贸易制度改革的前提"，"会给中国人带来不祥的预感"。可以预想，"中国人民所持的对异邦人充满嫉妒的神经质感情将全被唤起，其结果对我国来说也最为不利"。② 二是英国对清帝国的了解尚不够深入，盲目自信。格兰特认为，"东印度公司的垄断特权一废止，洋行商人的垄断也同样会出现消灭倾向"。他甚至认为，对于英国贸易体制的改革，"中国方面作出了可以充分与之兼容的姿态"。③ 当时两广总督李鸿宾因听闻东印度公司将要"散局"，便于1831年要求英国"仍酌派晓事大班来粤，总理贸易"。④ 格兰特便以此"作为他的论据"，⑤ 提出上述意见。显然他们产生了一个错觉，以为随着东印度公司的退出，中国也将会走上自由贸

---

① ［英］汉萨德：《议会辩论》第3辑，第18卷。转引自［日］田中正俊等著、武汉大学历史系鸦片战争研究组编：《外国学者论鸦片战争与林则徐》上册，第126～127页。

② ［英］汉萨德：《议会辩论》第3辑，第18卷。转引自［日］田中正俊等著、武汉大学历史系鸦片战争研究组编：《外国学者论鸦片战争与林则徐》上册，第132～135页。

③ ［英］汉萨德：《议会辩论》第3辑，第18卷。转引自［日］田中正俊等著、武汉大学历史系鸦片战争研究组编：《外国学者论鸦片战争与林则徐》上册，第133页。

④ 梁廷枏等纂：《粤海关志》卷27，夷商二，台北，文海出版社有限公司1975年影印，第1903页。

⑤ 参见［日］田中正俊等著、武汉大学历史系鸦片战争研究组编：《外国学者论鸦片战争与林则徐》上册，第133页。

易之路。实际上，广东当局对英国贸易制度的变化并不清楚，此函并非适应变化的体现，而正反映出他们将继续坚持“天朝”定制的方针。

英国第一任驻华商务监督律劳卑强行改变清帝国交往体制的尝试遭到挫抑之后，两种体制内在的深刻矛盾更加凸显，从官员到商人和媒体，普遍要求与华订立通商条约。此时，英国已完成了从专利贸易到自由贸易的制度转换，要求中国作出适应这一转换的改革，而律劳卑的失败则反映了清帝国仍然维护旧体制的坚定态度。严重桎梏英国自由贸易向中国扩展的各种制度，为英国所“不能容忍”。因此，“1834 年以后，在小册子、新闻纸和函件上泛滥了一股经常的宣传浪潮，要求人们注意旅华英商所处的‘危险的，毫无防范的地位’”，吁请英国政府“立即出面干涉并且认真监督我国对华通商制度的改造事宜”，将贸易置于“一个安全、有利、体面而又持久的基础之上”。① 这些宣传还要求英政府按照给双方带来利益的自由贸易原则和西方国家的交往规则，与中国订立通商条约以保障正当的权利。

处于矛盾旋涡中心的律劳卑致函英国外交大臣巴麦尊，当即建议英国政府，“马上商定要求订立通商条约的最佳方案”，与中国订立一项条约。② 更明确地说，是“逼迫中国政府签订一项条约”。③ 随后，西人在华媒体及其国内商会均表示了同样的意见。《中国丛报》载文提出，“我们不希望以非法的贸易来增加我们的真正的商业利益。这样的贸易，只能在比较有限的范围内进行。最迫切的需要是和中国缔结一个正式的、体现互利原则的条约，来建立和巩固我们和中国的通商关系”。④ 曼彻斯特商会在其呈外交大臣文中，强调了对华贸易的重要性，表示：自从律劳卑勋爵的“使命”失败以

---

① ［英］格林堡：《鸦片战争前中英通商史》，康成译，第 179 页。

② “Retrospection, or a review of public occurrences in China during the last ten years, from January 1st, 1832, to December 31st, 1841”, *The Chinese Repository*, Vol. Ⅺ, No.2, p. 67.

③ 《律劳卑勋爵致格雷伯爵函》，1834 年 8 月 21 日，见《英国档案有关鸦片战争资料选译》上册，胡滨译，中华书局 1993 年版，第 22 页。

④ A Correspondent, Treaty with the Chinese, a great desideratum; probability of forming one, with remarks concerning the measures by which the object may be gained. *The Chinese Repository*, Vol. Ⅳ, No.10，译文参见广东省文史研究馆编：《鸦片战争史料选译》，中华书局 1983 年版，第 42～43 页。

后，这项贸易“所处的不稳定和无保障的状况，实不能不非常忧虑”。该文还声称：“没有适当的保障，贸易就势须听由行商或中国官吏摆布，动辄加以封禁。英国财产天天处于险境之中，我国工业容易陷于瘫痪，我国税收则须冒每年五百万镑损失的危险。这些弊害须要由英国政府加以防止。所以具呈人等恳请政府对于我国对华政治关系状况，予以郑重考虑。”① 鸦片贩子林赛在致巴麦尊函中说，我们的全部要求，不会超过“一个平等条件的通商条约”，提出“给予我们在两个或更多的北方口岸贸易的自由”。②

与此同时，美国方面也提出了与中国建立外交关系的要求。1837 年，美国在华记者向国会提出了在中国设立总领事馆的计划，广州为总领事之官邸所在地，该总领事兼任驻华领事。这一计划是以建立条约关系为基础的，领事被授权直接与驻在国政府打交道，并“必须受到条约规定的保护”。③ 他们认为建立条约关系的时代已经到来，要求美国政府采取行动，有所作为。“政府一直满足于让其商人各显神通，任由他们采用什么或扮演何种角色。但假如我们的判断是正确的，与东方缔结新条约作相应的努力，以及向立法机构提出修改领事体制的要求，这种无知的时代即将过去，那么我们认为设法走在这些行动的前头并支持这些行动是完全正当的。”④

如果从 1787 年筹划卡思卡特使华计划算起，经过半个多世纪的酝酿，至律劳卑事件所引发的“浪潮”，要求与中国建立条约关系的舆论已普遍形成。该事件“最重要的后果”，是英在华散商与曼彻斯特商人已“打成一片”，“养成了一支攻打广州城堡的劲旅”。⑤ 在这一“浪潮”中，自由贸易

① 《曼商会报》第 2 卷，1836 年 2 月 10 日。转引自［英］格林堡：《鸦片战争前中英通商史》，康成译，第 178 页。

② H. Hamilton Lindsay, *Letter to the Right Honourable viscount Palmerston*, *on British relations with China*, London: Saunders and otley, conduit street, 1836, p. 8.

③ “Outline of a consular establishment for the United States of America, in Eastern Asia”, *The Chinese Repository*, Vol. Ⅵ, N0.4, p. 77.

④ A correspondent, Application of the power of the consuls of the United States of America for China, to amelioration of intercourse with the Chinese, *The Chinese Repository*, Vol. Ⅵ, N0.11. 译文参见广东省文史馆编：《鸦片战争与林则徐史料选译》，广东人民出版社 1986 年版，第 14 页。

⑤ ［英］格林堡：《鸦片战争前中英通商史》，康成译，第 178 页。

原则是其最重要的理论支柱。清帝国把商务和对外贸易看作“无足轻重”，“毫无价值”，仅将“农业”视为“产生财富和维持国家命脉”的观念，以及贸易法规“极不完备”的状况，受到了更深刻的批判。清帝国的贸易体制，“有害于自由贸易的发展，是没有一个人能够怀疑的。因此，它越早被废除，越于中国人和外人有利”。①

需要看到，在要求订约的普遍舆论中，也有人持不同态度，不赞成“将通商条约视为消除我们在该地贸易麻烦通用的万能良药”。这种观点认为：“中国政府和人民尚未足以进步到能够达到一个合理的通商条约的文明程度。对我们的商人来说，一个带有所有不适合和无法取消的限制后果的坏条约，将比完全没有条约更为不利。”“因此，如果我们被与中国的通商条约所束缚，将会使英国领事负有警告本国侨民不得继续从事鸦片贸易、输出金银或其他金属，不得在口岸从事走私贸易，不得雇用本地人教授汉语的责任，还有一大堆其他限制，数不胜数。甚至，在中国传播有用知识的社团，必定会指斥为叛国组织。这样每一条改进我们交往的道路都被封闭。”②这种看法和态度，当然不能代表西方舆论界的主流，要求与中国建立条约关系已成为不可遏制的趋势。

二、预拟条约方案的演化

在要求中英关系条约化的过程中，随着这一过程中重要事件的出现及相应影响的产生，英国方面拟与中国订立条约的方案与内容有一演化过程，经历了三个阶段。

第一阶段始于卡思卡特使团的筹划。马戛尔尼使华时即试图对此予以实施，其目的在于使中国接受自由贸易的观念，改变两国君主“从未有过交往”的状况，尝试建立以通商为中心的条约关系。

英政府在给卡思卡特的训令中提出了基本设想，主要包括四个方面内容。一是基本原则。即“必须忠诚而坦白地向中国宣布”：（1）两国之间的

---

① A Correspondent, Treaty with the Chinese, a great desideratum; probability of forming one, with remarks concerning the measures by which the object may be gained, *The Chinese Repository*, Vol. Ⅳ, No.10. 译文参见广东省文史研究馆编：《鸦片战争史料选译》，第44～45、50页。

② “A correspondent, Commercial Treaty with China”, *The Canton register*, Jan 27th, 1835.

贸易所产生的利益是对双方有利的；（2）英国在中国的广大商业，需要一个安全的地方作为商站，以便存放出售的货品；（3）英方的目的纯粹是商业上的，全无领土意图。二是预备方案。即在设商站的要求遭到拒绝之后，“必须转而集中全部注意力于扩大我们在广州的特权，改善我们当前的困苦，修正损害及侮辱我们的种种不公平的行为”。三是领事裁判权和鸦片问题。关于领事裁判权，训令要求卡思卡特“努力在最有利的条件下去获得关于警察管理权及用我们的司法权管辖本国臣民，因为我们自己的立法才会产生合法权力，这样就可以有效地防止并惩罚我们的臣民的非法行为”。因为“公司大班的行动有所限制，是不能执行惩罚的”。训令同时提出，“不必要求用我国的司法权来处罚中国人，或者强求这方面的权力。这种问题是无关重要的，规定英国臣民犯法时，不受中国刑法的处罚，同时，任何逃犯，经英中双方官员会同搜索无法拿获时，不列颠的长官不负连带责任”。关于鸦片问题，训令要求卡思卡特在讨论到这个问题时，“必须极度小心”。假如清政府强硬地提出在商约中规定不得将鸦片运入中国，“你必须答应，而不要冒着丧失其他重大利益的危险，来抗争这方面的自由”。四是扩展要求。即如果谈判获得“积极而完满的结果”，便进而要求互派临时或常驻使臣，并“保证给予担任这种神圣职务的人，以全部的适当荣誉”。训令同时强调，对于双方谈判结果，“除了帝国政府真的拒绝你的全部请求之外，不论有什么决定，一定要设法获得文字上的文件”。①

随后英政府对马戛尔尼的训令没有什么变化，与前述内容如出一辙，但强调“值得高度留意及努力的，是设法增加我们对中国的输出”。并且英政府对订约充满了信心，谓：“由于大不列颠国王明智与公正的判断，及该国的富强和人民的智慧，自然会导致接受对他们有价值的双方友好联盟条约。”②

以上内容体现了英政府以扩大通商为中心的思路，可以归纳为三条基

① 《给卡思卡特中校的训令》，1787 年 11 月 30 日，见［美］马士：《东印度公司对华贸易编年史（1635—1834）》第 1、2 卷，区宗华译，第 481～484 页。

② 《给马戛尔尼勋爵的训令》，1792 年 9 月 8 日，见［美］马士：《东印度公司对华贸易编年史（1635—1834）》第 1、2 卷，区宗华译，第 552～555 页。

本原则。第一条在于阐明自由贸易精神，使清政府认识到通商对双方有利。由于第二条中提出“希望给予一块比广州的地位更为便利的小地方或邻近的小岛”，涉及领土问题，因此第三条强调通商宗旨，特地说明没有领土要求，以打消清政府的疑虑。第二条则是英方需要解决的中心问题，其预备方案是改进目前的通商条件。马戛尔尼抵华后提出的要求，较之该条原则有所扩大，更为具体地体现了这一思想。其内容包括三个方面：一是扩大通商口岸，如准许英国商人在舟山、宁波和天津贸易，并在北京设立堆栈，出售货物。二是改进通商条件，如把舟山附近的一个小岛作为仓库，并当作他们的居留地来管理；准许他们在广州附近有同样的权利。三是降低税率，如取消澳门与广州之间的转口税，最少要减至1782年的标准，同时颁布关税税率，禁止勒索。这些具体要求，被称为“对英吉利贸易最适度的权利宪章”。① 从北京返回时，两广总督长麟曾与马戛尔尼谈及广东商务，询及有何要求，要他“开个帖儿，一项项的写个仔细”。② 马戛尔尼写了十余项，主要涉及关税、人身自由、贸易自由以及司法等方面，如公布钦定税则、取消规礼银，允许在广州附近散步或骑马、与任何华人交易、长期留居广州，以及刑案不株连同国人等。③

其他问题，也与通商密切相关。关于领事裁判权的要求，除了中英司法法律差异的因素之外，英方更多地是从维护正常通商这一角度考虑的。英政府训令中说，由于“公司大班的行动有所限制，是不能执行惩罚的”，而取得中国的认可，“就可以有效地防止并惩罚我们的臣民的非法行为”，以免影响贸易的正常进行。东印度公司在给马戛尔尼的训令中，较详细地阐述了这一问题的严重性，认为：欧洲人最初到中国时，“均许在各口岸自由贸易”，但由于“行为不检，致触怒于华人，所以一切欧人限于广州贸易”。而现在仍然如故，“今在广州之英国水手，其行为不检如前”，以致中国官

---

① ［美］马士：《东印度公司对华贸易编年史（1635—1834）》第1、2卷，区宗华译，第542～543页。

② ［英］马戛尔尼：《乾隆英使觐见记》下卷，刘半农译，中华书局1916年版，第29页。

③ 《马戛尔尼勋爵的要求》，1793年，见［美］马士：《东印度公司对华贸易编年史（1635—1834）》第1、2卷，区宗华译，第567～568页。

员“认为英国未脱蛮风”。数年前出现严重的“意外之事，使吾人商业地位大为震动”。如果“吾人在天津获得一立足地”，又发生这种“意外事”，因毗连京师，“则消息难免传至皇帝及大臣之耳，其结果或会引起对欧人商业之禁止”。① 训令指示英方代表接受中方禁止鸦片贸易的要求，也是为了保障合法贸易不受影响。训令最后虽然提出了互派临时或常驻使臣，建立政治联系，但这是作为通商要求解决之后的一项扩展要求，并非英方主要目的。此外，英方的两份致中国皇帝书均着重阐述了自由贸易思想和要求，如“鼓励臣民之间的这种交换货品的政策”“自由买卖”，②“商品交换”可以“互相增进福祉”，允许英人前往中国贸易、居住，“平等进入市场”等。③ 马戛尔尼所携并递交乾隆帝的那份致中国皇帝书中，另有派遣常驻使节的内容，但因为是扩展要求而没有正式提出。

但是，清帝国的观念和体制与英国的要求是方枘圆凿，无法接合。值得注意的是，英国作为扩展要求的常驻使节问题，反而被乾隆帝摆在首要地位，乾隆帝专门为此颁发了《敕谕英吉利国王书》，以“与天朝体制不合，断不可行”，④ 予以拒绝。对于其他通商方面的要求，清政府则另颁一道敕谕，以“天朝物产丰盈，无所不有，原不藉外夷货物，以通有无”，一一驳回。显然，“天朝”没有接受自由贸易的观念，更谈不上将其视为互利的事情。在它看来，允许外人来华贸易，是“加恩体恤”，是给予对方的恩惠。⑤

第二阶段以阿美士德使华为标志。此次使华是英国根据东印度公司的要求安排的，目的是解决因清政府加强管制而更为加剧的矛盾和冲突（主要是

---

① ［英］H. 普利查德编注：《英东印度公司与来华大使马卡特尼通讯录（1792—1794 年）》，见《中外关系史译丛》，朱杰勤译，海洋出版社 1984 年版，第 199～200 页。

② 《英王致中国皇帝函》，1787 年 11 月 30 日，见［美］马士：《东印度公司对华贸易编年史（1635—1834）》第 1、2 卷，区宗华译，第 485 页。

③ 《英王乔治三世致中国皇帝的信》，见［美］马士：《东印度公司对华贸易编年史（1635-1834）》第 1、2 卷，区宗华译，第 559～561 页。

④ 《高宗纯皇帝实录》卷 1435，乾隆五十八年八月己卯，见《清实录》第 27 册，中华书局 1986 年版，第 184 页。

⑤ 《高宗纯皇帝实录》卷 1435，乾隆五十八年八月己卯，见《清实录》第 27 册，中华书局 1986 年版，第 185～188 页。

“广东地方当局在种种工作上的纷扰”)，以期“将贸易置于一种满意而稳固的基础上”。①

英政府和东印度公司的训令内容可概括为三个方面。一是东印度公司及其商人的权利要求，具体包括：(1）免受当地政府的暴行与不公对待，公司的权利应有更为明确和详细的规定；(2）保证贸易不断进行，不得无故突然中断；(3）大班有雇用及与本地商人交易的权利；(4）中国官吏不得闯入公司商馆；(5）准许商馆成员雇用中国仆役；(6）不准中国官吏有辱骂、轻视和侮辱英商的行为；(7）商馆人员可与北京有关衙门直接通信，驻该处的英国使节可用汉文书写信函递交当地政府。二是扩展通商口岸，争取除广州口岸之外，“获得经常驶往北方某些口岸的准许”。三是中英双方互派常驻使节，并给予“任何有此种性质的人物以全部适当的荣誉”。② 如果清政府不同意，可以提议准许“派一位英国领事驻在广州”。③

权利要求是阿美士德此次使华的主要目的，即改善通商环境，解除广东地方政府的压迫，保护贸易的稳定进行。东印度公司秘密商务委员会在给阿美士德的训令中，列举了广东当地政府种种“始终如此敌视”的压迫事项，例如，广东地方当局企图干预东印度公司管理业务，“企图将全部欧洲贸易置于帝国控制之下”；该地当局建立的公行，“实行严格的独占”，“使其成为中国官府图利更方便而有效的工具”，造成“对全部其他商人的压制与损害”；逮捕、鞭打和监禁受雇于大班的华人通事；大班写信给广东当局时，要用英文，不准用汉文，而“当局可以有权将英文函件随意翻译”；地方当局的布告，“对大班使用极其冒犯的语句”，其私人行为“亦对大班轻蔑与侮慢”；等等。因此他们要求获得“一般公平待遇”，以及使贸易投资“在确定和保证之下进行”；同时保证“大不列颠的尊严”，以及它的臣民“在其他所有国家中已给予他们”“应得尊重的待遇”。其他两方面，则是希

---

① 《卡斯尔雷勋爵致特使阿美士德勋爵》，1816 年 1 月 1 日，[美] 马士：《东印度公司对华贸易编年史（1635—1834）》第 3 卷，区宗华译，第 274～275 页。

② 《卡斯尔雷勋爵致特使阿美士德勋爵》，1816 年 1 月 1 日，见 [美] 马士：《东印度公司对华贸易编年史（1635—1834）》第 3 卷，区宗华译，第 275、278 页。

③ 《秘密商务委员会致特使阿美士德勋爵函》，1816 年 1 月 17 日，见 [美] 马士：《东印度公司对华贸易编年史（1635—1834）》第 3 卷，区宗华译，第 287～288 页。

望获得的额外成果。如果在北方增加口岸，“将被认为是对中国贸易一个真正的重要收获”；如果能在北京设立常驻使臣，那就没有什么比此“更为成功”，因为“通过他就可以办理不列颠籍人的事务”。①

从阿美士德使华的主要目的及相关要求来看，英国提出了贸易主体的基本权利问题。其中有些内容马戛尔尼曾向两广总督长麟提出过，但当时那些内容不是使华的主要目的，而只是预备方案，且与长麟的主动询问有密切关系。现在阿美士德为何将该问题作为重心呢？其原因如前所述，在英方要求实行自由贸易之际，清帝国反其道而行，对贸易进一步加强了控制。英方认为，广东地方政府“粗暴、反复和纷乱的”行为，“已经阻碍和困扰了公司贸易的进行”。诸如无理中断，“既不稳定，又无保障”，英方现有的贸易亦难以正常进行，更不用说进一步扩展，因此，“稳定的观念是主要的”。② 另外，这些基本权利亦是自由贸易的基础，是近代国家相互交往所应有的待遇，与自由贸易法则要求国家之间开放通商是相辅相成的。由于礼仪问题上的冲突，这次使华最终流产，阿美士德连陈述要求的机会都未获得，英国的冀望再次落空。即使如此，这些无缘向清帝国提出的权利要求，也成为此后不断陈述的内容，在条约关系的酝酿历程中仍有其重要的地位。它主要涉及的外国人在华地位和待遇等，亦属中外条约关系建立和发展过程中的基本问题。

在上述两个阶段，由于英方还没有在体制上完成从管制贸易到自由贸易的转变，东印度公司继续垄断对华贸易，中英交往仍限于公司的层面。在英方几次使华运作过程中，均是东印度公司起主导作用，使团赴华的费用也是由该公司承担的。如马戛尔尼向东印度公司表示，执行公司之训令“实为吾目中之先务”。③ 因此，在这两个阶段，英方提出的拟案，尚局限于该公司的利益需求范围之内。如通商方面，没有正式提出废除公行制度，即废除清

---

① 《卡斯尔雷勋爵致特使阿美士德勋爵》，1816 年 1 月 1 日，见［美］马士：《东印度公司对华贸易编年史（1635—1834）》第 3 卷，区宗华译，第 278～286 页。

② 《秘密商务委员会致特使阿美士德勋爵函》，1816 年 1 月 17 日，见［美］马士：《东印度公司对华贸易编年史（1635—1834）》第 3 卷，区宗华译，第 280 页。

③ ［英］H. 普利查德编注：《英东印度公司与来华大使马卡特尼通讯录（1792—1794 年）》，见《中外关系史译丛》，朱杰勤译，海洋出版社 1984 年版，第 211 页。

帝国垄断性贸易体制的要求，因此未能满足所有英商尤其是散商的需要。东印度公司虽向马戛尔尼提出，在达到向北扩展通商口岸的目的之后，“或有机会以求废除公行之专利权”，但并未拿定主意。在它看来，“公行之废止，而其弊端是否即可消灭，殊应考虑”。而该公司当时“由公行可获两种极大利益”，即“完全之保障”和“推销交易之物”。在这种情况下，“如公行能被废除，则究竟用何种方式始为妥善，废除之后，又用何种办法或方式代之，均应切切考虑”。如果“不能预知并确定后果，则宁愿保留旧制度”。① 可见，东印度公司尚未感到公行有严重的弊害，更倾向于保留这一制度。交往方面，也主要限于以该公司为主体的商业贸易，还没有正式提出按照西方文明标准平等交往的要求，因此还不能说是严格意义上的近代国家交往。但是，事情将很快发生变化，不能满足新的需求的拟案将继续受到调整。阿美士德宁可无功而返，也不愿屈从在他看来是有辱国家尊严的觐见安排，这也预示着英方在交往体制方面的一个重要趋向。

第三阶段始于取消东印度公司专利权，并在第一任商务监督律劳卑受挫之后形成高潮。律劳卑强行改变中外交往模式的尝试及其失败，产生了极大的震动，引发了英国各界对中英关系的深层思考，这不仅推动了订约呼声的高涨，而且更从自由贸易体制和平等交往体制等各个方面完善了订约要求的内涵。

由于东印度公司专利权的取消，改革公行制度的要求也被明确提了出来。在贸易体制改革的酝酿中，英国散商在给下议院的请愿书中提出了改革限制贸易、“毫无效率可言”的公行制度，派遣使节常驻北京，以及取得中国沿海的一处岛屿等具体主张。请愿书同时强调，如果政府不进行直接干预，“对华贸易不会有什么很大开展”。② 其后，在华外商和西人媒体对广州制度妨害自由贸易的感受更为深切，要求也更为迫切和明确。

律劳卑向英政府提出的条约建议，没有列举具体的内容，但在其陈述中

---

① ［英］H. 普利查德编注：《英东印度公司与来华大使马卡特尼通讯录（1792—1794 年）》，见《中外关系史译丛》，朱杰勤译，海洋出版社 1984 年版，第 198、200～201 页。

② ［英］格林堡：《鸦片战争前中英通商史》，康成译，商务印书馆 1961 年版，第 163～164 页。

可以看到原则性或笼统性的要求。一是“按照国际法的原则”订立条约；二是该约要“保障正当权利”，“包括保护所有欧洲人，不仅是英国人，而且是前来进行贸易的所有文明人民的公私利益在内”；三是该约要“开放整个口岸”；四是英国人要按照定居在英国的每一个外国人的相同条件，取得在中国的定居权；五是“让贸易按照中国已定的律例进行，不管它是好还是坏”，但保留对中国错误之处提出抗议和谈判的“普通权利”。① 较之以往，这些内容有一明显的特色，即明确提出按照西方规则来奠立中英条约关系的基础。尽管律劳卑也提出贸易按中国“已定的律例”进行，但按照西方规则，这里实际上已无多大空间，且该要求还保留了对此提出抗议和谈判的权利。这表明，英方提出的条约主张已具有了新的内涵。

英国政府对华采取了慎重的态度，没有对律劳卑的建议作出明确的反应。律劳卑死后接任商务监督的德庇时和罗宾臣实行“沉默”政策，英政府也没有下达进一步的训示。随后接替罗便臣的义律将主要精力放在建立中英官方联系方面，没有全面考虑订约问题，但出于扩大商务监督权力的目的，他试图制定某些章程，自行管理英在华商船水手。对这一提议，巴麦尊咨询了法律官员，要求“指出那些章程是否在任何方面不符合英国的法律或与中国的领土主权有矛盾”。根据他们的意见，巴麦尊回复说：如果女王陛下按照威廉四世法律正式制定并颁布这些章程，那么它在“任何方面都不违背英国的法律”，但义律本人“无权制订任何这类章程”。同时，它涉及中国的领土主权，这些章程事实上等于在中国皇帝所辖领土内建立一个警察制度，“将是对独立国家所享有的绝对主权的一种干涉，只有通过明确的条约或习惯的默许才能够为它提供充分的法律根据”。因此，须“努力争取获得两广总督对这些章程的书面赞同，一旦本国收到那个书面同意，女王陛下政府将根据议会法案的规定，采取适当步骤使那些章程生效”。② 所谓书面赞同，即双方订立条约或章程。从巴麦尊对此问题的训示来看，他并不反对订立领

---

① Retrospection, or a review of public occurrences in China during the last ten years, from January 1st, 1832, to December 31st, 1841, *The Chinese Repository*, Vol. Ⅺ, No.2, p.67.

② 《巴麦尊子爵致义律海军上校函》，1839 年 3 月 23 日，见《英国档案有关鸦片战争资料选译》上册，胡滨译，中华书局 1993 年版，第 334 页。

事裁判权方面的条约。

在英政府“沉默”之时，在华西人媒体进行了热烈的讨论，在要求订约的同时，提出了详尽的方案，其中《中国丛报》于1836年2月发表的一篇文章颇具代表性。该文自谓，是“根据实际的观察和对于中国人以及他们政府特点的深入了解，并经过深思熟虑才写出来的”，其主张的订约内容包括：（1）英国向中国派遣常驻公使，该公使应该享受一般文明友好国家惯常给予的待遇；（2）公布进出口货税则，该税则必须明确、固定；（3）废除公行专卖权；（4）完全允许英国人在中国沿海一带凡有海关的地方、各口岸以及在北京自由贸易；（5）现行公行中的赏钱、船只丈量费、通事费等惯例，以及其他无穷无尽的项目，都要立刻废除，永不再用；（6）开放更多的口岸，只要是有利于中外贸易的发展，都应该立刻开放；（7）英侨到这些口岸访问，有权和当地人自由交往和自由行动；（8）不能将外侨限制在一个监牢般的地方独宿而与他的妻儿隔开；（9）各口岸的英国领事获得适当的权能，能够遏制侨民破坏中国法律的暴行妄举，并在侨民中施行有效的管理，无须中国政府出来干涉。①

该方案较为完整地提出了与中国建立条约关系的基本内容，也最为接近鸦片战争后英方实际获得的条约权利。它不仅承袭了自卡思卡特时期提出的自由贸易精神，而且更进一步扩展到政治、经济等方面的交往制度，明确具体地提出了实行西方标准的主张。其一，该方案明确提出了中英官方交往体制的重要内容和原则，即英国向中国派遣常驻公使，该公使“享受一般文明友好国家惯常给予的待遇”。此前马戛尔尼虽提出遣使驻京，但没有谈及该使节所享受的待遇。其二，该方案更明确地提出了有关贸易体制和规则，如废除公行的专卖权，即要求中方转换贸易体制，以适应英国的变化。有关关税的一系列问题，诸如公布税则，税则须明确、固定，取消各种例规，永不再用。这些主张为其后损害中国关税主权的片面协定税则制度提供了蓝本。其三，该方案要求大大扩展通商口岸，甚至提出“如果是有利于中外贸易

① A Correspondent, Treaty with the Chinese, a great desideratum; probability of forming one, with remarks concerning the measures by which the object may be gained, *The Chinese Repository*, Vol. Ⅳ, No.10. 译文参见广东省文史研究馆编：《鸦片战争史料选译》，第43、50页。

的发展的话，都应该立刻开放”，这正预示了此后通商口岸的不断开辟。其四，要求给予英商或英侨在华的种种人身自由权利，如完全允许英国人在各口岸自由贸易、自由交往和自由行动，不能限制其居住，等等。其五，要求领事裁判权，提出在华英国领事有适当的权能，“能够遏止侨民破坏中国法律的暴行妄举，并在侨民中施行有效的管理，无须中国政府出来干涉”。①

这五大内容说明，该方案集此前英商和英国政府及官员各种要求之大成，并更为完整和深化，在某种程度上表明英国完成了初期阶段条约草案的准备。至鸦片战争爆发前夕，“伦敦东印度与中国协会”致函巴麦尊，也提出了一个条约方案。该方案虽不及《中国丛报》所载方案全面和清晰，但在某些方面更为具体，进一步发展了此前的条约要求。如关于交往体制，提出“英国驻华商务监督，系英女王的代表，应准与中国皇帝大臣，以及地方当局直接交涉，并准予居住北京或其他商埠，以保护英侨，管理商业”。关于关税问题，提出“应由中英政府协议厘订，以后非经双方同意，不得更改”，更明确地设计了片面协定税则制度。关于通商口岸，具体地提出了开放广州、厦门、福州、宁波、扬子江等口岸。关于英侨在华地位，提出：“在华经营合法贸易的商民，中国政府与官吏，不应当视为低贱的人，中国政府应当让他们自由地在家庭与社交方面，遵照欧洲习惯，拥有住所，妻子同居，中国当依法保护，不得横加欺侮”；在这些通商口岸，“英商须有与本地华人直接交易之权”。并提出，“如中国不愿开辟商埠，应将一岛割让与英国（用购买或其他方式），英国可在岛上，建造商馆”。② 这些内容，更进一步补充了前述方案。

显然，这个时期的条约方案，提出了三个重要的转变。一是通商方面，从垄断性贸易体制转变为自由贸易体制；二是交往方面，从东印度公司的层面转变到国家的层面；三是规则方面，从单一隐约转变到相对完整明确。需

① A Correspondent, Treaty with the Chinese, a great desideratum; probability of forming one, with remarks concerning the measures by which the object may be gained, *The Chinese Repository*, Vol. Ⅳ, No.10. 译文参见广东省文史研究馆编：《鸦片战争史料选译》，第 43、50 页。

② 《伦敦东印度与中国协会致巴麦尊子爵》，1839 年 11 月 2 日，见杨家骆主编：《鸦片战争文献汇编》第 2 册，台北，鼎文书局 1973 年版，第 654 页。

要指出的是，方案中所体现的各种规则是核心所在，其中不平等的规则又是其主体。这三个转变奠立了条约关系的基础，不仅为第一批中外不平等条约，而且为其后的发展确定了基本方向。方案中的五大内容，与其后英国在鸦片战争中提出的条约草案基本吻合，甚至某些方面还超过后者。此后，巴麦尊在给全权公使的训令中所提出的条约草案，除了要求赔偿之外，还有以下内容：（1）英国侨华臣民的身体和财产应安全并免受干扰。（2）英国臣民，不论男女，应被准许自由和不受限制地居住在中国的一些主要口岸，这些口岸应在条约中明白开列；英国臣民应被准许同任何愿意和他们做买卖的人进行交易；他们在交易上应不限定于任何“行”或“会”。（3）英国君主得自由任命一个商务监督或一个总领事以及若干领事，以照管英国臣民的商业利益，并与北京的中国政府和它的地方当局在一切有文书往来必要的事务上，保持文书往来。对于这些官吏，应予以适当的尊重；在任何时期，都不应对他们的身体加以任何限制；他们的住宅和财产不得受任何干扰。（4）中国政府应规定固定的关税，并应予以公布；中国各口岸的官吏不得随时课征高于这样标准的关税。（5）英国臣民向中国输入为中国法律所禁止的货物的，得由中国政府官吏查获充公，但英国臣民的身体决不能遭受干扰。（6）英国商务监督或总领事，可任意制定规则和章程，并设立法庭，以管理侨华的英国臣民；英国臣民被控犯罪，将受监督或总领事所设法庭审理和处罚。① 在致中国宰相书中，巴麦尊更明确地提出，两国官员“交通相待”，要“按照成化各国之体制”，② 即按照西方文明国家的体制进行交往。

这些内容，与前述方案大体相似，其中某些方面则有所后退。如对于官方交往体制，没有提出派遣常驻公使；关税方面没有明确的协定税则要求。不过英政府授权全权公使，“审度机宜”，“加以修正或补充”，为扩大条约特权预留了空间。同时，巴麦尊在训令中又提出了两个选择，一是中国割让岛屿，二是“以条约的方式给英在华侨民以安全和商业自由”。“英国政府

---

① 《巴麦尊子爵致奉命与中国政府交涉的全权公使函》，1840 年 2 月 20 日，见［美］马士：《中华帝国对外关系史》第 1 卷，张汇文等译，商务印书馆 1963 年版，第 712～713 页。

② 附件：“巴麦尊照会”，道光二十年七月庚戌，见齐思和等整理：《筹办夷务始末 · 道光朝》一，中华书局 1964 年版，第 385 页。

将不反对这样一种措施，并将在这情况下，放弃中国沿海任何岛屿的永久占有。”① 最后，英国事实上一石二鸟，其两个目标均得以实现，且扩大了条约草案中的内容。

用近代国际法的眼光来审视这些草案内容，可以发现：它既包括符合国际平等交往规则的内容，如通商、人身自由等，不宜笼统地视之为特权；又含有损害中国主权，即可以称为条约特权的条目，如领事裁判权、协定关税等。这些说明，从西方列强将条约强加给中国伊始，平等和不平等的内容便交错在一起。

三、从和平协商到诉诸暴力

采用何种手段与中国建立条约关系，与条约拟案一样，也经历了一个变化过程，即从和平协商到诉诸暴力的过程。

从筹划卡思卡特使华到派遣马戛尔尼和阿美士德使团，英政府均试图通过和平协商与中国订立通商条约。一开始，英方对“天朝”体制限制对外交往的特性缺乏深入的了解，认为清政府限制贸易的原因在于欧洲人自身。如卡思卡特指出，从早期贸易者的特权来考察，“中国政府原则上对扩展商业并无敌意，而中国之所以不断限制和避免与欧洲人交易，其责任可以说是由于欧洲人自己的放纵”。通过分析曾去过北京的使臣的经历，他得出结论，“使命的成功主要依靠谈吐的方式及其成就，必须使朝廷不至于去猜测它是无礼或侮慢”，② 因此主张通过适应清政府的规则来建立条约关系。随后于1792年受命使华的马戛尔尼，则进而主张从加强中英相互了解的角度来建立新的条约关系。他提出，“应该给中国人造成一种印象，即英国国王是智慧的和公正的，英国是强大的和富有的。这可能会促使两国达成一项友好同盟条约。为了维护这个条约，防止两国产生误解，应该尽可能地在北京和伦敦安排常驻大臣”。③ 对于这次出使，东印度公司非常谨慎，要求马戛尔

① 《巴麦尊子爵致奉命与中国政府交涉的全权公使函》，1840年2月20日，见［美］马士：《中华帝国对外关系史》第1卷，张汇文等译，第713、712页。

② 《卡思卡特中校的初步建议》，1787年8月18日，见［美］马士：《东印度公司对华贸易编年史（1635—1834）》第1、2卷，区宗华译，第476、477页。

③ Earl H. Pritchard, “The Crucial Years of Early Anglo-Chinese Relations 1750-1800”, *Britain and the China Trade 1635-1842*, Vol. Ⅵ, London, 2000, p.276.

尼“切不可损害目前之地位，致有碍于美好之前途”，“尤须慎之于始而应付之”。马戛尔尼自己也觉得，“绝对须保持非常之谨慎与忍耐”，“除非在极有利之情形下，否则强促订立章程，不无危险”。[①] 阿美士德使华时延续了这一方针，仍试图与清政府在谈判桌上解决条约关系问题。东印度公司的大班们也热切地建议由英政府直接派遣使团到中国，“将贸易置于一种满意而稳固的基础上，亦只有这种补救才会生效”。[②]

英国贸易体制转换之际，下议院讨论取消东印度公司的专利权时，斯当东仍主张按照以往的方式：“我们在与中国交涉中最妥善的政策，不是恫吓的办法，而是协调的方式，已由东印度公司职员创造的做法应该维持，应该操纵的不是中国人的恐怖心，而是其利益心。”他提出，“为了缔结条约，应依照俄国的例子，直接向北京派遣使节”。他不赞成仅在广州派驻商务监督，认为“就英中关系的现状而言，任何为了保护贸易而任命驻留广东的政府官吏的尝试，都不会对问题的改善产生任何效果，反倒会严重伤害大英帝国的名誉与威严”。如前所述，这一提案未被通过，英政府派遣了一位商务监督来承担体制转换的重任。印度监督局长格兰特寄希望于这位商务监督有着“强而广”的权限，通过“勤于思考”，“慎重而细心地行动”，去履行这一“困难重重而微妙的职责”。他相信，先“怀柔广东的中国官吏，进而消除现在英中通商关系上存在的障碍，大概也不是不可能”。因为，从东印度公司很多管货人大班“取得了相当的效果”的慎重行动来看，“抱这种期待是非常适当的”。[③]

英政府的这一决定显然颇为轻率，斯当东的担心随后为律劳卑事件所印证。体制转换对中英两国均具有极为重要的意义。中国的公行制度与东印度公司的专利权，是相对应的垄断体制，中英两国的交往也主要是商业团体之间的交往，这是一种平衡协调的关系。东印度公司的专利权被取消之后，代之而起

---

① ［英］H. 普利查德编注：《英东印度公司与来华大使马卡特尼通讯录（1792—1794年）》，见《中外关系史译丛》，朱杰勤译，海洋出版社1984年版，第197、200、212页。

② 《卡斯乐雷勋爵致特使阿美士德勋爵》，1816年1月1日，见［美］马士：《东印度公司对华贸易编年史（1635—1834）》第3卷，区宗华译，第274～275页。

③ ［英］汉萨德：《议会辩论》第3辑，第18卷。转引自［日］田中正俊等著、武汉大学历史系鸦片战争研究组编：《外国学者论鸦片战争与林则徐》上册，第126～127、134页。

的是国家之间的关系，贸易体制的对应平衡也被打破。清帝国仍固守传统的“天朝”体制，而英政府和律劳卑在处理这一重大转折时采取了简单、粗暴的方式，这就使矛盾和冲突趋向激化。经此事件之后，自认为是第一等强国的英帝国开始放弃其长期实行的对华和平协商方式，逐渐转向武力威胁或战争手段。

用武力威胁或战争手段与中国建立条约关系，主要是散商们推动起来的。早在 1830 年，广州的散商就已经想到使用武力，至少是炫耀武力来达到他们的要求。1831 年驻印度的一支海军分遣队访问中国之时，查顿写道，“我不知道舰队司令能够从什么机关奉到命令可以开始一场对中国的战争”，他认为决裂是可能的，“除非英国政府出面干涉，现在是毫无办法”。① 不过，这个时期主张武力手段不是主流，如查顿虽对本国政府的慎重态度时常不满，但仍然认为不需流血就可以得到一项“公平的通商条约”。② 1830 年散商在给下议院的请愿书中尽管认为，“两次遣使北京的完全失败”，说明“任何高尚的外交手段在中国是不会有什么收获的”，③ 但他们仍主张派遣使节，去与清帝国谈判协商。

东印度公司垄断权被废止后不久，曾任该公司特选委员会主席的马奇班克斯向印度监督局长格兰特提出了建议书，也主张派遣使节，但须以武力为辅助手段，谓：“长期以来外国人对于中国的专制主义采取温和的屈从方式；与其他专制主义一样，中国对卑躬屈膝以轻蔑相待，将其禁制进一步扩大。”如果派遣使节到中国订约，“必须伴以海军力量”，“英国的海军司令是最好的大使”。④ 但其时，英政府的主导意见并不赞成采取强硬手段，此类意见未能产生作用。

从律劳卑事件开始，中英之间冲突的性质发生了变化，以前与清政府交

---

① 《私函稿》, 1831 年 4 月 25 日，见［英］格林堡:《鸦片战争前中英通商史》，康成译，第 179 页。

② 《私函稿》, 1832 年 3 月 16 日，见［英］格林堡:《鸦片战争前中英通商史》，康成译，第 179～180 页。

③ ［英］格林堡:《鸦片战争前中英通商史》，康成译，第 163 页。

④ ［英］C. 马奇班克斯:《致 R. H. 查理 · 格兰特的信》，见［日］田中正俊等著、武汉大学历史系鸦片战争研究组编:《外国学者论鸦片战争与林则徐》上册，福建人民出版社 1989 年版，第 127 页。

涉往来的主要是商人，现在已直接转为英政府。在英国人看来，这一冲突关涉到国家的尊严。如“伦敦东印度与中国协会”致函巴麦尊，谓：“现在国会，已将对华贸易，置于政府代表的管理之下，他的尊严应加以照顾，过去一个商人所能忍受的侮辱，现在就有关国体，应加以抵抗了。”① 在这种背景下，由于律劳卑的所谓“受辱”以及因此忧郁去世，产生了极大的震荡，促使英国朝野的对华态度发生了根本性变化，即转为趋向于用武力手段强迫清政府与之订约。

律劳卑本人从履任商务监督职责之始，便有我行我素的强权倾向，其受挫后致函英外交大臣，更进而主张采用武力威胁手段，谓：“只要采取威严的态度而且有力量执行所提出的威胁，就是我们为逼签一项条约所需要的全部手段”，它“直接包含或事先预料到对一个毫无防御的民族进行一场流血战争的所有恐怖”。他主张，政府如果要采取这种“高压手段”，可以“通过报刊这个媒介讨论这些措施是否明智”，以“了解舆论”，并自信地要巴麦尊放心，说“全国将会始终支持您”。②

英政府较为审慎的方针遭到了律劳卑继任者的非议。继律劳卑之后任商务监督的德庇时和罗宾臣之所以采取“沉默”政策，停止交往，其中一方面是由于他们认为和平路线走不通。如罗便臣致函巴麦尊，谓：“我坚决相信，除非使用武力，那是决不可能实现的。过去几年发生的事件在不小的程度上妨碍了我们抱有任何合理的希望，所以如不采取恫吓措施，而且我担心如不最后诉诸战争行动，便不能够达成一项适当的协议。”他认为，摧毁一两座炮台，占领某个岛屿，一定能“迅速产生我们能够希望的一切结果，并且把我们同该帝国的贸易和政治关系一劳永逸地置于一个体面的、安全的和合适的基础之上”。为了达到这一目的，他提出要长期在中国泊驻一艘军舰，“该军舰将证明具有加倍的功效和用处”。③ 上任后试图采用调融手段与清帝

① 《伦敦东印度与中国协会致巴麦尊子爵》，1839 年 11 月 2 日，见杨家骆主编：《鸦片战争文献汇编》第 2 册，台北，鼎文书局 1973 年版，第 648 页。

② 《律劳卑勋爵致巴麦尊子爵函》，1834 年 8 月 14 日，见《英国档案有关鸦片战争资料选译》上册，胡滨译，第 15、18 页。

③ 《罗宾臣爵士致巴麦尊子爵函》，1836 年 1 月 29 日，见《英国档案有关鸦片战争资料选译》上册，胡滨译，第 101～102，104 页。

国建立正式的官方关系的义律也赞成施以威胁手段，认为，“可以相信，在中国举行的谈判，都没有像在军舰上进行或无论如何在军舰可以伴随谈判者前往并住在十分安全的地方进行的那些谈判那么获得成功。当中国人看出，我们认真打算使军舰停泊到所有事情获得解决为止时，他们将迅速地取得合理的结果，以便促使那些军舰离去”。① 起初，英政府仍然反对武力方式，新任外交大臣威灵顿于 1835 年 1 月接到律劳卑的第一次报告后，立即否定他的做法，训示道：“国王陛下并不指望以暴力建立其臣民与中国的通商关系”，这一关系的建立，“要通过其他稳健的手段”。② 但很快，英政府也认为，“不做一次可能导致战争的武力的炫示，改革是绝不可能的”。③ 不过，英政府当时尚未正式确立武力政策，仍“希望采取和平的和调解的政策以保持并促进对这个帝国的贸易交往”。④

这一事件更刺激了英商和西人在华媒体，而武力威胁和战争手段的主张容易激起民族狂热情绪而获得更多人的赞同，成为占主导地位的舆论。此前和平交涉的主流倾向由此逆转，主张战争的叫嚣声开始铺天盖地而来。先前认为无需流血便可获得一项通商条约的查顿感到，“中国对于维持现行制度似乎下了前所未有的决心，正不惜重资修建沿海沿江炮台”，⑤ 不通过战争是难以达到目的的。《中国丛报》载文，更赤裸裸地声称：“如果我们要和中国订立一个条约，这个条约必须是在刺刀尖下，依照我们的命令写下来，并要在大炮的瞄准下，才发生效力的。”⑥ 英政府仍采取和平调解政策的态度，

---

① 《义律海军上校的备忘录》，1837 年 11 月 19 日，见《英国档案有关鸦片战争资料选译》上册，胡滨译，第 233 页。

② 《有关中国的信件》，见［日］田中正俊等著、武汉大学历史系鸦片战争研究组编：《外国学者论鸦片战争与林则徐》上册，福建人民出版社 1989 年版，第 144 页。

③ ［英］格林堡：《鸦片战争前中英通商史》，康成译，第 180 页。

④ 《第二监督义律海军上校致巴麦尊子爵函》，1836 年 1 月 25 日，见《英国档案有关鸦片战争资料选译》上册，胡滨译，第 123 页。

⑤ 《私函稿》，1835 年 11 月 11 日，见［英］格林堡：《鸦片战争前中英通商史》，康成译，第 180 页。

⑥ A Correspondent, Treaty with the Chinese, a great desideratum; probability of forming one, with remarks concerning the measures by which the object may be gained, *The Chinese Repository*, Vol. Ⅳ, No.10. 译文参见广东省文史研究馆编：《鸦片战争史料选译》，第 48 页。

“在侨居广州的五六十名商人中间没有获得很普遍的赞同”。①“伦敦东印度与中国协会”致巴麦尊函中也提出，“如需要用武力来争取这些条款，我们想英国人民，欧洲各国不会反对，至少我们以为这种策略，值得一试”。②显然，对华进行武力威胁或施以战争手段的诉求，已形成了影响英政府决策的广泛舆论。

对于为什么要用武力威胁或战争手段建立条约关系，鼓动者提出了以下几个理由：

其一，清政府没有近代的条约观念，不可能通过和平协商与英国建立条约关系。这一看法，实际上从马戛尔尼使华时就已产生，他们发现：“中国皇帝开始就拒绝签订条约。自然这就是指拒绝同不列颠王室或同其他国家签订任何书面条约；因为这一办法，在他的一方，是违背他的传统习惯而且竟是干犯了这帝国自古以来的国法的。”③马戛尔尼的一位熟悉中国情况的私人朋友告诉他：“中国人对于外国使节仅视为在国家重大节日送礼而来，节日过后即刻归国。两个世纪以来许多外国使节到过中国，没有一个超过这个勾留期限的。”“中国很少有与他国缔结条约的观念。”④经历了律劳卑事件之后，从“天朝”官吏对外国官员的态度中，英方更清楚地看到了症结所在。在宗藩体制下，清政府将“蛮夷这个字眼和外人混成一体”，并“应用到全世界上去”，“不加区别地来称呼一切外国人”。在清政府看来，“把任何一个未曾被天朝的风教熏陶过的国家看作是文明的并屈尊去与其缔结平等条约，都会贬低他们的人格”。⑤

---

① 《第二监督义律海军上校致巴麦尊子爵函》，1836年1月25日，见《英国档案有关鸦片战争资料选译》上册，胡滨译，第123页。

② 《伦敦东印度与中国协会致巴麦尊子爵》，1839年11月2日，见杨家骆主编：《鸦片战争文献汇编》第2册，第654页。

③ ［英］爱尼斯·安德逊：《英使访华录》（1795年版），费振东译，商务印书馆1963年版，第134～135页。

④ ［英］斯当东：《英使谒见乾隆纪实》（1797年版），叶笃义译，上海书店出版社1997年版，第411页。

⑤ A Correspondent, Treaty with the Chinese, a great desideratum; probability of forming one, with remarks concerning the measures by which the object may be gained, *The Chinese Repository*, Vol. Ⅳ, No.10. 译文参见广东省文史研究馆编：《鸦片战争史料选译》，第43页。

其二，历史经验证明，强硬手段可以迫使清政府让步。律劳卑在致巴麦尊函中列举了种种事例，指出："我们过去通过谈判，或者是通过在这些人们面前或更确切地说在他们的政府面前低声下气，究竞［竟］获得了什么利益或达到了什么目的？记录表明，除了后来的羞耻和屈辱之外，一无所获。另一方面，我们通过采取迅速的和强有力的行动，对于那些正当的和合理的利益或目的究竟丧失了什么？记录又使我们确信，伴随这些措施而来的是全面的胜利。"律劳卑断言，"胜利总是伴随着决心而来的"，"有了决心就可以获得胜利"。现在，英国的势力已不断增强，"只要对皇帝谈起一支陆军或一支舰队，便将使他清醒过来"，迫使他签订条约。①《中国丛报》也载文称，从事实中可以得出结论：曾经多次采用的公允的"调解的方法"，"不但不能使中国政府对我们比以前友善些、亲睦些。反而使我们自己在这个政府的心目中显得更加卑贱可轻"。因为这样做，似乎显示出英方为了暂时的通商利益，"即使把国家的声名和我们在社会上的权利牺牲掉，也在所不惜了"。于是，"我们对他们愈谦逊，他们待我们就愈轻蔑"，这样"做得太不明智了"。②"伦敦东印度与中国协会"追溯到"自1808年以来的对华贸易"，所得到的"强有力的印象"是："屈服只有使危机加深。我方应当用武力强迫中国方面让步。"③这方面的陈述较多，在他们看来似乎是最有说服力的理由。

其三，只有用武力才能彻底改变中英关系，争取"平等"地位。他们认为，只有用武力才能使清帝国对中外关系有清楚的认识，订立平等条约。清政府是一个"目空一切、独断独裁、半开化的政府"，西方各国使节来华，要么"接受了清廷最屈辱的要求"而"大失体面"，要么"不能获得什么实际的利益"。而那些朝贡国的使臣，"所遭受到的刻薄和屈辱，是难以

---

① 《律劳卑勋爵致巴麦尊子爵函》，1834年8月14日，见《英国档案有关鸦片战争资料选译》上册，胡滨译，第17～18页。

② A Correspondent, Treaty with the Chinese, a great desideratum; probability of forming one, with remarks concerning the measures by which the object may be gained, *The Chinese Repository*, Vol. Ⅳ, No.10. 译文参见广东省文史研究馆编：《鸦片战争史料选译》，第49页。

③ 《伦敦东印度与中国协会致巴麦尊子爵》，1839年11月2日，见杨家骆主编：《鸦片战争文献汇编》第2册，第652页。

形容的”。因此，“为了对我们和中国的关系有着正当的理解，我们第一个步骤务须向中国政府获得一个承认大不列颠是个独立自主的国家的绝对的保证”。在《大清会典》里，“我国是与高丽、暹罗等国列在同等地位的。只要我们仍被作为中国的封臣和诸侯中的一员看待，向他们建议订立平等互惠条约，或要求他们给我们的公使或商人以比过去更好的待遇，终是枉费心机”。因此，如果要和中国订立一个平等条约，就“必须是在刺刀尖下”。①

其四，清帝国的军事力量和武备极差，没有反击能力。从军事力量来讲，一方是封建时代的弓箭刀矛，另一方是近代文明下的船坚炮利，双方悬殊极大。中国军事技术和实力的落后以及武备懈怠的实情，早为外国人所洞悉。律劳卑在鼓吹武力手段时，便自信地说：“一支使用弓、箭、矛、盾的军队怎么能够对付少数经验丰富的英国士兵？我确信，他们一刻也决不敢显示出对抗的态度。虎门炮台是不足挂齿的，那些炮台内看不见一名士兵。”②《中国丛报》于1836年8月发表了一篇文章，③对清帝国的军事力量作了详细的考察，认为中国在陆地上是“全无能力”，水师也是“极度虚弱”。《广州纪事报》也载文说，陆军和水师只不过是个“影子”，它的一千只战船，也无法与西方的一艘驱逐舰相匹敌。④他们甚至认为，“如果我们说，一团英兵便可把几省的军队击溃，也许不是过甚其辞”。⑤或者说，“有三四艘巡洋舰和双桅船以及少数可靠的英国军队（不是印度兵），将在难以想象的短暂

① A Correspondent, Treaty with the Chinese, a great desideratum; probability of forming one, with remarks concerning the measures by which the object may be gained, *The Chinese Repository*, Vol. Ⅳ, No.10. 译文参见广东省文史研究馆编：《鸦片战争史料选译》，第44、49、48页。

② 《律劳卑勋爵致格雷伯爵函》，1834年8月21日，见《英国档案有关鸦片战争资料选译》上册，胡滨译，第25页。

③ “A Correspondent, Military skill and power of the Chinese”, *The Chinese Repository*, Vol. Ⅴ, No. 4, pp.165–177.

④ Charles Gutzlaff, “Constitution of the Chinese Empire”, *The Canton Register*, January 14th, 1834.

⑤ A Correspondent, Treaty with the Chinese, a great desideratum; probability of forming one, with remarks concerning the measures by which the object may be gained, The Chinese Repository, Vol. Ⅳ, No.10. 译文参见广东省文史研究馆编：《鸦片战争史料选译》，第45页。

时间内解决这件事情”。① 显然，对这些拥有先进武器的西方人来说，用武力威胁和战争手段迫使清帝国签约，是轻而易举的事情。甚至“不一定要和中国人厮杀，只向他们耀武扬威一下便够了。因为没有一个中国兵甘愿站在前线受着我们子弹的袭击，没有一只中国兵船肯坚守着它的岗位和我们的战舰决斗，也没有一个大臣会对于一个用适当的语气提出的正当要求拒而不纳”。因此，他们主张，不要大动海军，不需多费钱财，只需要由一个志坚心决的人率领几艘中等的甚至是小型的军舰，“带着一份拟就的、要清廷签字的条约稿本，直接到北京去，通知清廷他不但负有全权去签订条约，而且非等他的使命完成时，决不离开北京”。②

在主张用武力手段建立条约关系的鼓噪声中，出于各种不同的原因和担忧，也仍有反对战争的呼声，如斯当东主张继续派遣使团与清帝国谈判。但这些声音遭到强硬派的指责和压抑，又随着形势的变化，越来越趋于低沉。鸦片战争前几年，英国对华战争舆论逐渐形成，③ 通过武力手段迫使中国签约，成了英国的主导倾向。剩下的问题，是如何发动战争，用什么理由向中国开战，将这一手段付诸实施。终于，越来越严重的鸦片问题导致了一场危机，成了英国政府挑起战争的切入口。1836 年，义律便预见到鸦片问题将引发英国对华的战争，谓：“他们长期不受惩罚，将会产生大胆的行为，终于造成某种严重的侵害，以致中国官员们将不得不感到忿恨；那些官员们将受到恐吓并被激怒，很可能采取某种残酷的暴力行为，使得我们除进行武装干涉外别无任何选择，这对于我们本国政府是不可思议的。”④ 这里，义律将

① 《律劳卑勋爵致巴麦尊子爵函》，1834 年 8 月 14 日，《英国档案有关鸦片战争资料选译》上册，胡滨译，第 16 页。

② A Correspondent, Treaty with the Chinese, a great desideratum; probability of forming one, with remarks concerning the measures by which the object may be gained. From a Correspondent, *The Chinese Repository*, Vol. Ⅳ, No.10. 译文参见广东省文史研究馆编：《鸦片战争史料选译》，第 51 页。

③ 吴义雄：《鸦片战争前在华西人对华战争舆论的形成》（《近代史研究》2009 年第 2 期）一文对此作了详细的探讨。

④ 《义律海军上校致外交部函》，1836 年 10 月 10 日，《英国档案有关鸦片战争资料选译》上册，胡滨译，第 125 页。

中国的禁烟行动视为“残酷的暴力行为”，显然是有悖于客观事实的偏见和妄测，但他对事态发展趋向，尤其是对英国将进行武装干涉的分析，则为其后的事实所印证。至鸦片战争前夕，“英国民族的普遍情绪支持战争，大臣们支持，几乎所有小册子的作者们都支持战争”。在战争狂热氛围中，他们以决定者的口吻断言，今后的中英关系，必定是建立在英国允准的条约基础之上的。伦敦出版的《布莱克伍德杂志》载文说：如果今后商业得以继续，交往得以维持，“它必须是，而且只能是”建立在新制定和缔结、最后由英国批准的契约基础之上。①

四、勒订条约与国际法

以英国为首的西方国家不同于传统的征服者，较之清帝国有着更高一级的文明，其重要体现便是产生了处理国家关系的准则——国际法。条约则是国际法的重要制度，当西方国家力图与中国建立新的条约关系，尤其是使用暴力手段时，便不能不说明勒订条约与国际法之间的关系。如果说，战争鼓吹为将这一手段付诸实施作了舆论准备，那么，其中所涉及的国际法方面的辩白，便为这一行径作了理论准备和所谓“道义”上的支撑。

其中，最基本的问题是，中国是否有权利拒绝与外国通商。1836 年 2 月，《中国丛报》所载的一篇极力主张英国与中国订立条约的文章强调：“中国人有什么权利坚持这种拒绝外人到他们的国家来的制度呢？一个文明的国家，和其他的国家同为天之所覆，地之所载，如同一的上帝所创造，为一样的自然法则所指导，它能闭关自守，和其他国家的人民断绝一切友好交往吗？常识和理性以及国际公法都号召起来反对这样不近人情、违背天然的行径哩。……我们不想去干涉中国的内政，但我们也断不能容许中国政府违反一个伟大民族的意志，把种种任意专断的限制强加于我们和他们的贸易上。”② 此外，一份向英政府提出的关于中英关系的意见书更详细地阐述了这

① Parliamentary debate on Chinese affairs: speeches of leading members; the Blue Book; the Quarterly Review; and Blackwood's Magazine. *The Chinese Repository*, Vol. Ⅸ, No.5. 译文参见广东省文史馆编：《鸦片战争与林则徐史料选译》，第 207、208 页。

② A Correspondent, Treaty with the Chinese, a great desideratum; probability of forming one, with remarks concerning the measures by which the object may be gained, *The Chinese Repository*, Vol. Ⅳ, No.10. 译文参见广东省文史研究馆编：《鸦片战争史料选译》，第 50～51 页。

一看法。该意见书指出："世界上各种的天然资源是散布在许多不同的地区上的，各个不同的地区的人民只有通过商品交易才能分享这种为人们准备好的特大的恩赐，他们靠勤劳就有资格来分得这种公共财货的一份儿。"也就是说，各国的自然资源是人类的共同财产，各国人民均有资格通过商品交易获得这些资源。"如果任何一个国家的政府使它自己跟世界的共同利益和邻邦的要求，甚至跟自己的臣民的愿望作对，象［像］中国政府被认为那样，那么这个政府就不能要求其他国家给他们以什么照顾和容忍。这样的政府，到了这样的地步，就必须把它作为人类公认的悖逆看待。"该意见书还主张，拒绝交易，便是与人类公理背道而驰，"这种走反方向的方针不但会把中国从国际的团体中排除出去，而且也剥夺了他们要求国际法保护的权利"。因此，"既然把它当作人类的悖逆看待，就有必要迫使它放弃对人类普遍利益这么敌视的立场"。如果中国政府借口英国提出的条款与中国的古代风俗相违背而予以抗拒，那么，"实际上就是它自认实行的是走反方向的方针"，是背离国际法的。① 显然，在他们看来，订立通商条约，给予他们在中国自由通商的权利，是国际法所要求的。

这里所谈到的通商及交往权，属于邦交权范畴，涉及国家的基本权利问题，实际上，国际法学界对此存在不同意见。或认为国家的基本权利包括平等、尊严、独立、属地和属人优越权，以及交往权、自保权和管辖权；或认为国家唯一的基本权利是生存权，其他权利都只是从它派生的；或以条约的尊重、独立和平等三者为最重要的基本权利；或主张自保、独立、平等、尊重、交往五项基本权利。某些重要法学团体的看法较为严谨，如 1919 年国际法律学会的决议主张生存权、独立权和平等权三项基本权利，1949 年联合国大会提出的《国家权利义务宣言草案》，列举了独立权、领土管辖权、平等权、自卫权四项权利，② 均未将交往权列入其中。

从各种解释来看，通商权和交往权并未被公认为国家的一项基本权利，因此也不是国际法的一项原则。在西方有重要影响的著名国际法学家奥本海

① "Relations of Great Britain with China", *The Chinese Repository*, Vol. Ⅴ, No.3. 译文参见广东省文史研究馆编：《鸦片战争史料选译》，中华书局 1983 年版，第 55、56 页。

② 周鲠生：《国际法》上册，商务印书馆 1976 年版，第 171～172 页。

即指出："在法律上，这种交往的基本权利是不存在的。一切所谓从交往的权利所产生的后果，并不是一个权利所产生的后果，而不过是下述事实所产生的后果，即：各国之间的交往是国际法的一个条件，没有这个条件，国际法就不会存在，也不可能存在。"① 不少国际法著作认定，邦交权的行使"必须双方同意，因为一国不能强迫他国与它通商往来、交换使节、或缔结条约"。② 法国国际法学家福希叶指出，18 世纪的法学家便认为，"国家同别国通商的权利义务是不完全的，国家有不可否认的权利拒绝同别国通商。因此，按照十八世纪的国际法，通商并不是联系着相应的义务的一种特别的权利"。③

在通商与交往并非公认的国际法原则之外，国际法又肯定一个国家具有独立权和平等权，而强迫一个国家服从另一个国家的意志，与这一准则是不相符的。然而，汲汲于用武力与清帝国建立条约关系的西方国家，却将国际法并未认定的权利视为最基本的依据。从这一依据出发，他们又通过以下观点对用战争手段强订条约的行为进行辩解，以撇清其背离国际法的干系。

一是认为必须用武力强制中国遵守相互交往国际法规则。将通商交往视为国际法规则，是主张武力手段的一个重要前提，自然也成为西方国家的一个说辞。广州西人媒体较早提出了这一主张，认为应按照文明国家之间的相互交往权规则来要求中国，有必要通过武力予以强制，"以从中国政府那里取得关于对外贸易的安全承诺或特许权"。④

二是认为中国要享受欧洲国际公法的权利，就必须接受欧洲的通商原则。"伦敦东印度与中国协会"致函巴麦尊，便明确提出：自东印度公司的垄断被解除以来，对华贸易"已遭受特殊的困难。现在的问题是：应当采取什么方法，才能将未来的商业关系，置于较为稳定的基础之上"。在他们看来，"除非以欧洲的原则，为两国新关系的基础，这个希望不易实现"。而

---

① ［英］劳特派特修订：《奥本海国际法》上卷，第 1 分册，王铁崖、陈体强译，第 241 页。

② 崔书琴：《国际法》上册，商务印书馆 1947 年版，第 61 页。

③ 周鲠生：《国际法》上册，商务印书馆 1976 年版，第 174 页。

④ "War with China", *Chinese Courier and Canton Gazette*, September 8th, 1831. 转引自吴义雄：《鸦片战争前在华西人对华战争舆论的形成》，《近代史研究》2009 年第 2 期。

“中国方面，要享受欧洲国际公法的权利，那么中国也应该承认欧洲国家间通商关系的原则”。大多数的欧洲国家，“都准许外侨居住，如果他们遵守法律，即予以保护”。而中国“以优越种族自居，卑视英人，因此对在华的外侨，屡加侮辱”。以为外侨居住中国，“是中国格外施恩，不准外侨与中国人自由往来，只片面地要求外侨遵守中国法律，但并不予以相互的利益。对于外侨的商业以及社会家庭的活动，都横加干涉，极为专制”。中外两种制度之间的区别，“如此之大，是不易妥协的”，因此“为了明确的，公正的目的，而施以武力，可以有很大的成绩”。①

三是认为中国不懂以及抛弃或违背国际法，因此西方国家可以不受国际法的束缚而使用战争手段。还在1831年，《中国信使报》便载文，指责中国“违背国际法”，要用战争教训它，迫使它订立条约。② 律劳卑也提出，清政府“在思想上极为愚蠢而且在道德上极为堕落，梦想他们自己是世界上唯一的民族，完全不了解国际法的原理和实践，所以该政府不能够由文明国家按照它们中间所公认的和实行的那些规则加以处理或对待”。③《中国丛报》所刊一篇文章，更用谩骂的口吻指责清帝国缺乏道义，谓：“懦怯和傲慢是中国政府的两个显着特点。他们的行径，象［像］一头乡村的恶狗”，只有无可奈何时“才宽厚待人和与人亲善”。该文作者知道，他们“没有权利”强迫中国订约，但却提出，“中国既抛弃国际公法，难道我们却要受国际公法的制约吗？对这样的政府待之以礼，他们就会当作这是你的懦弱；向他们的官吏横眉怒目，你就博得他们的优惠”。④ 这是一种较为普遍的主张，如林赛也提出，按照一般原则，外国人应服从和遵守所在国家的法律和规则，但“这是以与一个文明国家交往为前提”，因为它的法规给予外国人的“生命

---

① 《伦敦东印度与中国协会致巴麦尊子爵》，1839年11月2日，见杨家骆主编：《鸦片战争文献汇编》第2册，第648～649页。

② “Treaties with China”, *Chinese Courier and Canton Gazette*, November 17th, 1831.

③ 《律劳卑勋爵致格雷伯爵函》，1834年8月21日，见《英国档案有关鸦片战争资料选译》上册，胡滨译，第22～23页。

④ A Correspondent, Treaty with the Chinese, a great desideratum; probability of forming one, with remarks concerning the measures by which the object may be gained. *The Chinese Repository*, Vol. Ⅳ, No.10. 译文参见广东省文史研究馆编：《鸦片战争史料选译》，第51页。

和财产以合理的保护”。而在中国则不是这种情况，它的法规“野蛮”，又拒绝让步，因此，在这里需要的是使用“武力”。①

由于使用武力与国际法的公理是相枘凿的，因此，那些战争宣传者们往往在大肆鼓动战争的同时，又声称自己不赞成战争，或提出所谓“中间路线”。如律劳卑在大肆鼓动战争的同时，又声明：“我是最爱好和平的人，不以战争为乐事，既不愿得到战利品，也不想要分取一元钱；因为我相信，只要采取威严的态度而且有力量执行所提出的威胁，就是我们为逼签一项条约所需要的全部手段。”②《中国丛报》的编者在评论一篇类似的文章时，便指出：我们不能确知该文作者说的是什么意见，因为“他说，他反对使用武力时，却又说：‘炮口的交锋’”。该文在提出“这个条约必须是在刺刀尖下，依照我们的命令写下来”之后，又声称：“我们憎恶战争；我们反对损人利己的政策；我们也不为违背公理和国际法律的人作辩护。然则，过去一切调和办法既全无成效，那就让我们今后采用一条中间路线，即对中国政府加于我们的压迫和凌辱，则予以坚决的抗拒。”③ 诸如此类，尚有不少。这是一种矛盾现象，反映出这些以国际法相标榜的“文明”征服者，因背离国际法的独立主权原则而有所顾忌的心态。

总而言之，上述各种“理论”旨在为发动一场违背国际法原则的战争寻找国际法依据，尽管这些依据牵强附会、似是而非，却给他们提供了所谓维护“正义”和“公道”的借口。这个时期他们所力图辩解的，主要是为取得以通商、交往为中心的权利而诉诸武力的合理性。如后面将要谈到的，鸦片战争之后，在不断完善和要求新的条约特权的过程中，这些“文明人”继续在国际法上做文章。那些违背国际法，强行通过暴力取得的条约特权，又被视为国际法的准则。如此一来，鸦片战争前他们对国际法的解析，便堂而皇

① H. Hamilton Lindsay, *Letter to the Right Honorable Viscount Palmerston, on British Relations with China*, London: Saunders and Otley, Conduit Street, 1836, pp. 6–7.

② 《律劳卑勋爵致巴麦尊子爵函》，1834 年 8 月 14 日，《英国档案有关鸦片战争资料选译》上册，胡滨译，第 18 页。

③ A Correspondent, Treaty with the Chinese, a great desideratum; probability of forming one, with remarks concerning the measures by which the object may be gained. *The Chinese Repository*, Vol. Ⅳ, No.10. 译文参见广东省文史研究馆编：《鸦片战争史料选译》，第 52、48～49 页。

之成了国际法的内容。传统国际法上的不少诸如此类的规则，都是在先有了事实之后才形成的，这是国际法尚未真正成为全世界共同的法律那个时代的现象。

事实上，西方也有不少主持正义和公道的人士并不赞成上述论调。鸦片战争前，就有一些人士提出了不同意见，指责这种充斥“血腥味道”的强权之举，认为不能把中国排斥在国际法之外，谓：“难道中国因为拒绝与外国人进行商业交往，就要被排斥在国际法的范围之外吗？”① 或认为，“我们无权干涉中国的法律”，“正义和公理都不许我们为了一点商业上的利益而去杀人流血”，② 等等。这些意见不是主流，没有主导英国政府的决策，但却是国际法向进步方向发展历程中的积极因素。

综观鸦片战争前中外条约关系的酝酿过程，可以发现，主导方英国的作为，显示了一种理性与强权相混合的复杂趋向。这是两种不同文明体制的嫁接，在那个特定的时期，公理与强权、先进与落后、侵略与自卫，相互交织在一起。探析这一充斥矛盾的趋向，无疑可以引发诸多有益的思考和启示。这一复杂趋向既包含着内容、手段和性质渐次演化的递嬗关系，又呈现理性与强权杂糅的并列形态。

从前者来看，内容上从简单到全面，即从扩大通商企望趋向涉及各个方面的全方位要求；手段上从和平到暴力，即从交涉谈判及和平协商趋向武力威胁及战争勒索；性质上从公理到强权，即从合理诉求和遵循国际规则趋向强词夺理和无视国际公法。应该说，英国在初期和平谈判的做法无可厚非，其要求的内容除了领事裁判权之外，主要是为了建立对华贸易的保障体制。但是，它最终走向了另一面，用损害一个国家的独立平等权的暴力手段，强行要求接受它们的规则，从而将中国纳入条约制度体系内，这一行径本身无疑是违背国际法的。这些趋向，无疑反映了资本主义在向世界扩张过程中的

---

① “Free Trade with China”, *The Canton Register*, July 1st, 1834. 转引自吴义雄：《鸦片战争前在华西人与对华战争舆论的形成》,《近代史研究》2009 年第 2 期。

② A Correspondent, Treaty with the Chinese, a great desideratum; probability of forming one, with remarks concerning the measures by which the object may be gained. *The Chinese Repository*, vol. Ⅳ, No.10. 译文参见广东省文史研究馆编：《鸦片战争史料选译》，第 48 页。

殖民主义本质，以及以英国为首的西方国家的强权逻辑和霸道行径。

从后者来看，英国对华政策在各个时期均不同程度地体现了理性与强权的杂糅，一般来说，初期较多地体现了理性，后期则以强权为主。不过，即使后期的基本趋向是殖民主义的强权方式，但也含有反映国际法进步原则的理性因素，如要求平等交往、保障来华外人的基本权利，等等。另外，即使是在强权占主导地位的情况下，在西人中也仍有主张维持公道和正义的呼声，这在某种程度上为理性的趋向增添了些许动力。在这个复杂的趋向中，由于强权因素对近代中国的影响巨大深远，理所当然为人们所注重。在这一倾向之下，其中的理性因素往往被忽略，也由此使我们对这一问题的认识有所欠缺。

因此，我们在关注鸦片战争前中英关系的基本趋向的同时，还需要从中剥离出所含有的理性因素，探析其对中国近代社会的作用和影响，尤其是深入认识清政府的应对行动及其失误。中外条约关系的产生，源于中外之间的通商和交往，这是探讨该问题的基本起点，也是其落脚点。在讨论这一段历史时，道义上的是与非无疑是我们判析重大事件的基本标尺，但更重要的是，我们有必要从中国社会发展的需要这一角度来思考。毋庸否认，上述为人们所诟病的基本趋向，与清帝国深闭固拒的态度有密切的关系。可以说，清帝国越来越严厉的限制交往和通商的政策，在某种程度上促使了这一趋向的形成。清帝国的自大和虚骄，颟顸和愚昧，使它失去了和平地与国际社会接合的契机，最终走向了被动和屈辱。初始阶段，它完全可以在和平协商的基础上，拒绝对方不适宜的要求，建立保证自身权益的平等条约关系。但是相反，它一步步地收紧了对外交往的空间，体现出排斥条约关系的趋向，从而与对方正处在兴旺中的扩大通商交往的需求发生了矛盾。

显而易见，尽管通商、交往权不是公认的国际法准则，但与之相关的理论和主张却并不荒谬。人类社会的发展，包括各民族、国家自身的进步，均有赖于互通有无，相互交往。正如有的国际法学者所认为的，“一国是否愿与他国发生商务、外交、与条约关系，虽有完全自由，但拒绝与任何国家发生任何关系，在事实上与法律上已经都不可能。现在交通的便利与物质文明的进步已不能使一国绝对的坚持闭关自守主义，而若拒绝与所有其他国家发生任何关系也不能再视为国际社会的一分子。所以一国可以拒绝与它所不喜欢的或它认为没有往来必要的国家往来，而不能拒绝与所有的国家往来。两国若同意通商往来、交换使节、或缔结条约，必须遵守国际法关于通商、外交、与缔约的规则。第三国除非有条约根据，不能出来干涉”。① 而且，条约关系是体现近代性质的国际关系模式，及时通过和平手段建立这一关系，应该说有益于中国社会的进步。显然，就中国这一方而言，清帝国的闭关政策是不合时宜的，对国家的发展有害无利。从乾隆到道光，不明世界大势，放弃在和平协商的条件下建立正常的条约关系，延误了中国融入国际社会的时机，使中国处于不断遭到损害的被动之中。

无疑，我们不能因为通商权和交往权不是公认的国际法准则而认同清政府的封闭、偏狭和谬误。另外，要求清政府具有如现代人一样开放的世界眼光，也是非历史的不客观的强求。这个老大帝国的落伍和种种在今天看来不可思议的观念，是历史和现实各种因素造成的既成事实，无须作过多的指责。摆在我们面前的问题是，两个不同文明程度的国家，两种不同的世界理念，如何交汇和融合？战争是否是唯一的解决手段？在1910年出版的《中华帝国对外关系史》第1卷中，熟悉国际法的马士便提出了这一问题：“在当时，一个国家在坚持同另一个国家自由通商方面究竟有多大权利？这第二个国家又可以在什么样的程度上自由地对于这样进行的贸易自行加以限制？这种限制能够严厉到几乎禁绝贸易的程度吗？一个国家既拒绝对外贸易，或是把限制规定到使贸易无法进行的程度，而这个国家对于外国商人们的人身又应当尊重到什么样的程度？一个除了接受贡使以外从未接受过其他使节的国家，是否必须予使节以平等地位的外交权利？更困难的事实是，世界历史的知识已成为西方人的指南，天朝的统治者们对它却还是茫无所知，他们根本不晓得自己版图以及它的边缘上一些属国以外的世界。从这种观点所产生的问题是，欧洲能够要求中国接受西方人所已接受的国际规律到何等程度？”②

马士感到这是一个困难的问题。这是因为其中包含着那个时代国际法实践中相互抵牾的悖论，即如果按照国际法的准则，尊重清帝国的独立权，便

① 崔书琴：《国际法》上册，商务印书馆1947年版，第61页。

② ［美］马士：《中华帝国对外关系史》第1卷，张汇文等译，第158页。

无法与它建立国际法基础上的国家关系；如果采用暴力手段与它建立这一关系，则又违反了国际法。正是在这种悖论中，西方国家在辩解其行为时，多是强词夺理。马士没有直接回答这一连串问题，而是提出了两个选择，即“是把它们当作哲学问题在学校中去辩论呢，还是当作一些有待各国政府去作决定的实际问题去看待。”如果当作理论问题来讨论，实际上已有了正反两种不同的答案。如果由各国政府在实践中去解答，也有两种或多种不同的方式：一种是英国已经践行的战争方式，另一种则是融调两种文明的和平方式。前者会给一个国家和民族带来难以估量的伤害，理所当然要遭到历史的谴责；后者在历史上也曾有过尝试，虽无结果，却给我们留下了有益的思考。

义律就任商务监督后，在试图打破“天朝”体制，建立中英官方关系时作了这一尝试。他采取了一种融调两种文明体制的方式使英国与中国发生交往关系，希望“在符合清朝律例而又不违背英国法律的条件下继续进行体面的贸易”。①其具体思想和做法，下章会详述，这里不多言。从中国方面而言，这一方式存在某种可能性，从总体上讲，清帝国一直在紧缩交往的空间，但也显示了在坚持核心体制的前提上有所放松的迹象，义律在改易“天朝”交往体制时所取得的一定成效便说明了这一点。义律本人也曾对此充满信心，在他看来，坚冰已经打破，剩下的问题便是推进这一进程。在中英实现“官方直接通讯”之后，义律乐观地认为，“今后改善与扩展这种方式，将比创立它要来得容易”。②然而，由于英国政府反对这种做法，义律的尝试半途而废，西方国家坚持使用武力的主导趋向，将中国引向了另一种发展途径。

西方国家也一直在思考和探讨，采取什么方式对待这个与其不同步的古老帝国。鸦片战争前，《中国丛报》在一篇文章的“编者按”中说：完全同意“我们还要学习应该怎样来对待”一个高傲的、半开化的、专制的中国

---

① 《义律海军上校致广州地方官员函》，1839 年 12 月 15 日，见《英国档案有关鸦片战争资料选译》下册，胡滨译，中华书局 1993 年版，第 565～567 页。

②《一八三二年至一八四一年十年中在中国发生的重大事件的回顾（续）》，广东省文史馆编：《鸦片战争与林则徐史料选译》，第 333 页。

政府。① 但是，至鸦片战争爆发，他们的“学习”尽管存在不同意见，但其中反映其主导趋向的基本结论便是：“中国在对外交往方面一贯持敌对政策，无论是友好的或有益的，其中有着早就应该予以纠正的错误。西方国家与这个帝国有着广泛的商业关系，本应通过文明的和政治的契约，建立和调整那些关系。而且，我们认为，它们早应强制中国人放弃他们不正当且有害的妄自尊大。”② 这个结论的中心词，便是“强制”，实际上就是强权。按照这一结论，早就应该用战争迫使中国接受政治条约，来建立和保障商业关系。从其后的史实来看，西方国家的“学习”，也主要是朝这一方向努力，即用暴力手段压制中国而使其屈服。这种强权政治的逻辑和运作，加剧了中外冲突，同时又更刺激了中国人的民族情绪并招致反感。这些矛盾和冲突循环往复，又在相当程度上延缓了中国平等地融入国际社会的进程。无疑，西方国家单边地推行自己意志的方式，阻塞了继续践履另一种方式的道路，也是导致中国迟迟不能建立平等的条约关系的基本原因之一。在当今国家体制和意识形态多元化的世界，按照何种原则和方式进行国际交往，诸如单边主义抑或多方协商，相互尊重抑或恃强凌弱，以及守旧封闭抑或革新开放等问题，仍然以新的形式存在着。因此，检讨鸦片战争前中外条约关系的酝酿及其趋向，无疑在某种程度上给我们提供了有益的启示。

① A Correspondent, Treaty with the Chinese, a great desideratum; probability of forming one, with remarks concerning the measures by which the object may be gained. *The Chinese Repository*, Vol. Ⅳ, No.10. 译文参见广东省文史研究馆编：《鸦片战争史料选译》，第 52 页。

② Parliamentary debate on Chinese affairs: speeches of leading members; the Blue Book; the Quarterly Review; and Blackwood's Magazine. *The Chinese Repository*, Vol. Ⅸ, No.5, p.323.

第二章
中外条约关系的建立和调整

中外不平等条约关系的形成和确立，经历了一个过程。鸦片战争前，以英国为首的西方国家力图改易清帝国的“天朝”体制，与中国建立官方关系。在第一任商务监督律劳卑的强横方式受挫之后，经过了一段时期的“沉默”，新任商务监督义律又进行了融调中西体制的尝试。终于，英帝国发动了战争，将不平等的条约关系强加给中国。又经过第二次鸦片战争，这一关系基本形成，并进一步扩大范围。在不得已承受这一关系之后，乘日本要求订约之际，清政府进行了建立平等关系的探寻。然而，这只是它一厢情愿的自我调整，对方并无建立平等关系的诚意。

一、改易“天朝”体制的初试

对于英国为首的西方国家而言，为了打开进入中国市场的大门，就必须改变“天朝”体制。鸦片战争之前几年，英国向这一体制发起了实质性的挑战，在律劳卑的“短兵相接”受挫之后，经过一度的“沉默”，出现了义律融调或“嫁接”中西体制的方式或模式。义律“想找出一种方式，使它既不违背他所奉的训令，同时也能为中国方面所接受”，① 因而渐次提出了颇具“中庸”特色的设想和方案。可以说，这是西方国家改易“天朝”体制具有实际意义的初次尝试，并取得了相应的成效，亦由此打开缺口，开始了摧毁这一古老而又顽强的体制的历程，成为此后中外不平等条约关系建立的引子

---

① ［美］马士：《中华帝国对外关系史》第1卷，张汇文等译，商务印书馆1963年版，第179页。

之一。

“天朝”体制是中华所特有的对外关系制度，包含着丰富的内涵，对“互市国”实行的广州体制则是其内容之一。清帝国在处理与其他国家的关系的问题上，仍然实行一种被称为“华夷秩序”的模式。这是封建时代所特有的一种国际关系模式，在这种模式中，中国以自己为中心，中国皇帝至尊无上，并以这一态度对待其他所有国家，因而形成了缺乏近代准则的不对等关系。不过，这种国际关系模式，在中世纪是一种普遍的现象，其他地区包括资本主义文明发源地的欧洲，均出现过这种模式的不同形式。清帝国与互市国的关系，也被纳入这一体系之中，而没有建立近代方式的国家关系，国际交往主要限于所谓“怀之以柔”的通商范围，包括通商地域和通商规则两大内容。“天朝”对互市国在广州通商，制定了严格的管理制度。两广总督李侍尧于乾隆二十四年（1759 年）拟定了《防范外夷规条》,① 翌年初，经军机大臣等议覆、乾隆帝批准,②《防范外夷规条》成为第一个钦定的“防夷”章程。其后又“酌量变通”,③ 至道光十一年（1831 年），两广总督李鸿宾与海关监督中祥重新修订了该章程，会同核议章程八条，为道光帝所批准。④ 这些经“天朝”皇帝谕准的章程，是广东地方官吏处理中国与互市国关系的法定依据和准则。在“天朝”君臣看来，中国与这些互市国的关系仅是通商关系，这些章程都是建立在这一理念和原则基础之上的。其中心思想是在“怀柔远人”的恩施中“稽查管束夷人”，即所谓“于柔远恤商之中，寓防微杜渐之道，而中外体统亦觉崇严”,⑤“严内地之成规，杜外夷之

---

① 《乾隆二十四年英咭利通商案 · 李侍尧折》，乾隆二十四年十月二十五日，见故宫博物院编:《史料旬刊》第 1 册（第 1～10 期），北京图书馆出版社 2008 年版，第 649～650 页。

② 《高宗纯皇帝实录》卷 602，乾隆二十四年十二月戊子，见《清实录》第 16 册，中华书局 1986 年版，第 760～761 页。

③ 《两广总督李鸿宾、监督中祥疏》，道光十一年二月，见梁廷枏等纂:《粤海关志》卷 29，夷商四，台北，文海出版社有限公司 1975 年影印，第 2071 页。

④ 《军机处寄两广总督李鸿宾等英夷屡违禁令必须责令遵守旧章所有酌议防范外夷八条著照所议办理上谕》，道光十一年三月十六日，见《清代外交史料 · 道光朝》第 4 册，故宫博物院 1932 年编印，第 46 页。

⑤ 《乾隆二十四年英咭利通商案 · 李侍尧折》，乾隆二十四年十月二十五日，见故宫博物院编:《史料旬刊》第 1 册（第 1～10 期），北京图书馆出版社 2008 年版，第 655 页。

滋事”，“于抚驭绥来之中不失天朝体制”。① 显然，章程所构建的中外体制，不可能是国家之间的官方关系，而是“天朝”以“天下共主”的身份，居高临下的单方面安排。在这种体制中，“天朝”官员不屑与“外夷”直接打交道，规定“夷人到粤，宜令寓居行商管束稽查”。②“防夷”规章对来粤“夷商”予以种种严格限制，如“夷商不得在粤住冬”，禁止“夷人私带番妇住馆及在省乘坐肩舆”，等等。这些限制有些不近人情，但却是封建时代所共有的现象。“很多这类同样的规定盛行于欧洲中古世纪的行会，直到十四世纪还盛行于英国，在意大利、法国、法兰德斯（Flanders）和其他各地还盛行到更晚的时期。”③

当时中外交往中的最敏感的文书制度，即一直实际上采行的“禀”帖制度，直至 1831 年章程才对此作了明确规定。内容主要有三：一是“遇有事关紧要必须赴总督衙门禀控者，应将禀词交总商或保商代递，不准夷人擅至城门口自投”。二是改进了以往笼统由行商代递禀帖的规定，增加了在行商故意拦阻、不为代递情况下的处理办法，即“夷人”可自行到城门口投禀，但又予以一定的限制，如“只准一二夷人前往，不准带领多人强皇其事”。三是规定了禀帖的投递路径和方式：紧要事务可赴总督衙门禀控，由行商代递；一般的贸易事务，可直接赴海关衙门具禀；一般交涉事务，则照常赴澳门同知及香山县丞等衙门禀陈。由此可见，只是呈给总督的禀帖须由行商代递，而向海关及澳门和香山县等地衙门的禀陈，则可直接呈递。④

道光十四年（1834 年），来华赴任的第一任商务监督律劳卑要打破的便是上述钦定的制度，他在致外务大臣巴麦尊函中谓：“我最大的目的是，打

---

① 《军机处寄两广总督李鸿宾等英夷屡违禁令必须责令遵守旧章所有酌议防范外夷八条著照所议办理上谕》，道光十一年三月十六日，见《清代外交史料·道光朝》第 4 册，故宫博物院 1932 年编印，第 46 页。

② 《高宗纯皇帝实录》卷 602，乾隆二十四年十二月戊子，见《清实录》第 16 册，第 760 页。

③ ［美］马士：《中国公行考》，第 62 页。转引自［美］马士：《中华帝国对外关系史》第 1 卷，张汇文等译，第 80 页。

④ 《两广总督李鸿宾、监督中祥疏》道光十一年二月，见梁廷枏等纂：《粤海关志》卷 29，夷商四，第 2078～2079 页。

开维持与总督直接的个人通信”。[①] 然而当他直接向两广总督致“书”，而不是“禀帖”时，“各官皆推辞，不肯转递”。行商拟照惯例欲“代递”，律劳卑则以自己“系奉国王特命之官，未能俯由商人照会，不能准其代递”。[②] 律劳卑认为，这些问题不完全是“礼节问题”，“因为它的后果是带来屈辱”。[③] 他试图通过强横的方式改易“天朝”体制，建立中英官方关系，结果却完全归于失败，这位雄心勃勃的商务监督最终也因此忧愤而死。在两种体制的对撞中，律劳卑表现出一种比“天朝”君臣更为狂妄的自大心理，在他眼里，“天朝”是无法对抗大英帝国的。因违反规定闯入了中国的省城，律劳卑曾洋洋自得，在 1834 年 8 月 14 日致巴麦尊的报告中，以嘲弄中国的口气夸耀英帝国的强盛：“虽然有四万名士兵经常驻守在广州，但他们对我没有护照或未经允许登岸一事发布了四道谕令。他们命令我离去，并恳求我启程；然而，尽管发布了所有这些谕令，而且有四万名士兵、法律光辉灿烂，以及雷电般地令人敬畏，但他们仍没有捉拿我并把我押送出珠江。假定有一名中国人或任何其他的人在类似情况下来到白厅，阁下将不会允许他‘闲游’，像他们曾经允许我那样。”[④] 随后律劳卑对卢坤在谕帖中称英国王“向来恭顺”所发泄的怒气，更反映出了英国这个殖民帝国的不可一世。[⑤]

律劳卑事件是“天朝”体制与西方体制两者矛盾冲突的必然结果，反映

① 《中国通信汇编》，第 9 页。转引自广东省文史馆编：《鸦片战争与林则徐史料选译》，第 280 页。

② “无比通告各商等”，道光十四年七月二十二日，见［日］佐佐木正哉编：《鸦片战争前中英交涉文书》，台北，文海出版社 1967 年版，第 8 页。

③ 《律劳卑勋爵致巴麦尊子爵函附函》，1834 年 8 月 17 日，见《英国档案有关鸦片战争资料选译》上册，胡滨译，中华书局 1993 年版，第 20 页。

④ 《律劳卑勋爵致巴麦尊子爵函》，1834 年 8 月 14 日，见《英国档案有关鸦片战争资料选译》上册，胡滨译，中华书局 1993 年版，第 14 页。

⑤ 律劳卑谓：“卢督宪节次谕内擅称，吾君主向来恭顺等因。缘着即诉知：以英国大主权能嵬嵬，版图洋洋，四方皆有所服。地出广汪，土产丰盛，即大清亦非能比权。有勇猛兵卒，集成火单，所攻皆胜。亦有水师大船，内有带至百二十大炮者，巡奕各洋。并中华之人所未敢驶到各海，亦无不到。故请督宪自问此：吾大君焉有恭顺何人之意耶？”见“无比（律劳卑）书往英国商等”，道光十四年八月初六日，佐佐木正哉编：《鸦片战争前中英交涉文书》，第 17 页。

了中英双方对两种体制的对接缺乏足够的认识和准备，尤其是主动方英国更是采取了一种轻率和矛盾的方针。毋庸讳言，此时的英国政府尚无诉诸战争的考虑，其仍打算通过和平方式解决中英问题。而英方的要求涉及“天朝”体制中某些基本理念，因此，从根本上来说，解决的途径应该是在北京，而不是广州。英国下议院在1833年讨论东印度公司专利权取消后的对华方针时，曾随马戛尔尼和阿美士德使华，在东印度公司任过职，堪称英国首屈一指的“中国通”的斯当东，提出了一个较为实际的方案。他认为，“保护这种贸易，应该与中国缔结条约”。在条约未缔结以前，“就英中关系的现状而言，任何为了保护贸易而任命驻留广东的政府官吏的尝试，都不会对问题的改善产生任何效果，反倒会严重伤害大英帝国的名誉与威严”。他主张应依照俄国的例子，直接向北京派遣使节。① 但该方案未被投票便被否决了。

按照新实施的法案，英政府向中国派出了第一任商务监督律劳卑，并颁予了相关指示，包括英王敕书和外交大臣巴麦尊的训令。这些指示之间存在种种矛盾，为这场冲突埋下了伏线。例如，英王敕书总的精神，是“用一切方法敦睦中国人的友谊”，要求监督“必须避免任何足以引起中国人民或政府的嫉忌或猜疑的行动、言语或行为，或是激怒他们”，或是“对他们的意见与成见表示嫌恶”，必须“研究用一切可以实行的方法去维持一种友善的谅解”。他们自己既须牢牢记住，还要使一切英国臣民深切了解“遵守中华帝国的法律和习惯的义务”。但同时，又要求“监督们须留居广州，并须在广州或在珠江与广州港内，或在其本国政府今后所指定的其他地点执行其职务”。② 但这一条与当时的广州体制相抵牾，谈不上“敦睦”友谊，“遵守”帝国法律。巴麦尊的训令也是如此。一方面指示“必须特别小心谨慎，以免激起中国政府的恐惧或触犯它的偏见”，“除了采取那些具有普遍倾向使中国当局相信英国国王真诚希望培养同中国皇帝的最友好关系，以及同中国皇帝一起采取任何有可能促进他们各本国臣民的幸福和兴盛的措施之外，您不应

① ［英］汉萨德：《议会辩论》第3辑，见武汉大学历史系鸦片战争研究组编：《外国学者论鸦片战争与林则徐》上册，福建人民出版社1989年版，第126～127页。

② 《中国通讯汇编》，第2页。转引自［美］马士：《中华帝国对外关系史》第1卷，张汇文等译，第137～138页。

采取任何行动”；另一方面又要求律劳卑抵达后，“应写信给总督，声明您已抵达广州”。① 其中，尤其是要求写信给总督，更是为后来的冲突准备了一根“燃烧炸药的信管”。②

对清政府而言，律劳卑事件已触及“天朝”体制的核心规范，引起了“天朝”君臣的极大震动，从而清政府进一步强化了对“外夷”的管理体制。翌年初，两广总督卢坤暨海关监督中祥等上疏，以“时事有今昔之殊”以及旧有章程“或竟成具文，或渐生流弊”为由，提出增易防范“夷人”规条，③ 为道光帝所批准。④ 新订章程基本上重申了以往的规条，但予以强调，进一步具体化，并加强了稽查防范措施。尤其是禀帖问题，新订章程对其予以前所未有的高度重视。章程强调，“夷人具禀事件，应一律由洋商转禀，以肃政体”。⑤ 对此，英国政府则没有提出应对之策，新任商务监督们采取了“沉默”政策。

1836 年 12 月 14 日接任商务监督的义律，不满足于这种消极无为的局面，开始打破“沉默”，进行了融调中西体制新方式的尝试。他清楚地看到，如果仍坚持律劳卑的路线，肯定行不通，因此需要另辟蹊径。这一新的蹊径便是将“天朝”体制和西方体制结合起来，而不是坚持西方世界的模式；然后循序渐进，逐步改造旧的“天朝”体制。他“采取了一种意在从大处着眼小处着手的直接步骤”，⑥ 按照东印度公司时代的模式，通过行商给两广总督递上一份言词“恭顺”的禀帖，请求对方的认可和接纳。义律

① 《巴麦尊子爵致律劳卑勋爵函》，1834 年 1 月 25 日，见《英国档案有关鸦片战争资料选译》上册，胡滨译，中华书局 1993 年版，第 2 页。

② ［美］马士：《中华帝国对外关系史》第 2 卷，张汇文等译，商务印书馆 1963 年版，第 139 页。

③ 《两广总督卢坤、监督中祥疏》，道光十五年正月，见梁廷枏等纂：《粤海关志》卷 29，夷商四，第 2087～2088 页。

④ 《宣宗成皇帝实录》卷 264，道光十五年三月癸酉，见《清实录》第 37 册，中华书局 1986 年版，第 47 页。

⑤ 《两广总督卢坤、监督中祥疏》，道光十五年正月，见梁廷枏等纂：《粤海关志》卷 29，夷商四，第 2098～2099 页。

⑥ ［美］马士：《中华帝国对外关系史》第 2 卷，张汇文等译，商务印书馆 1963 年版，第 177 页。

的第一步收到了预期的效果，使中英关系在数年“沉默”之后取得了重要的突破，即商务监督取代“大班”的职官身份得到了“天朝”的认可。在查清了种种疑惑的问题之后，两广总督邓廷桢没有拒绝这个“夷目”，而是变通旧制，奏请清廷予以接受。道光帝批准了邓廷桢的建议，于翌年2月下谕：“今该夷既领有公书文凭，派令经管商梢事务，虽与向派大班名目不同，其为钤束则一。著准其依照从前大班来粤章程，至省照料，并饬令粤海关监督，给领红牌进省。以后住澳住省，一切循照旧章，不准逾期逗留，致开盘踞之渐。”① 义律的职官身份先后被广东大吏和清廷所接受，后又经过“夷商”之辨，“天朝”已完全接受了义律的“夷目”身份。这是清帝国与互市国建立的第一个官方关系，具有重要的意义，它标志着中英两国由此建立了“天朝”体制下的官方关系，为此后两国关系的进一步拓展打下了不可或缺的基础。

对义律而言，这只是一个开端，他的目的是由此将这一关系逐渐引向西方体制。在循着旧体制之路打开通道之后，义律开始得寸进尺，实施他的融调中外体制计划。1837年4月，义律上禀邓廷桢，提出了融调中西体制的最初设想，即“仿贵国礼仪，照本国规矩”。② 但邓廷桢仍严格固守“天朝”体制的藩篱，不容逾越，这是双方关系不可能有本质性突破的根本原因。而先前义律“夷目”身份的被接受和官方关系的沟通，则为义律的设想奠立了一定的基础，随后义律又以此为由取得了新的进展。一是禀帖封口问题。由于义律以官方身份为据，且“封禀”又未显违钦颁章程，邓廷桢即予以允准。③ 二是领事驻省问题。在这一问题上，义律也获得允准，“实现了作为外国官员常驻广州的历史性突破”。④

然而，义律的设想与本国政府的意旨却不相枘凿，从1836年7月始，

---

① 《宣宗成皇帝实录》卷293，道光十七年正月丙申，见《清实录》第37册，中华书局1986年版，第541页。

② “义律敬禀两广总督”，道光十七年三月初八日，见［日］佐佐木正哉编：《鸦片战争前中英交涉文书》，第96页。

③ “义律致总商等”，道光十七年三月二十一日，见［日］佐佐木正哉编：《鸦片战争前中英交涉文书》，第100页。

④ 吴义雄：《体制与权力：义律与1834—1839年的中英关系》，《历史研究》2007年第1期。

外务大臣巴麦尊便训示义律，只能接受“直接来自总督或通过中国政府的某个负责官员送来的”信件，与中国政府进行书面联系时，“最好不用‘禀帖’的名义”。① 义律因此陷入了深深的困境之中，他必须在两种体制、两个政府之间协调，取得平衡，既对本国政府有所交代，又能使“天朝”接受。义律一直在寻找两者之间的融合点和最佳时机，中国的禁烟运动则给他提供了这样一个机会。1837 年 9 月，义律拟借此由头进一步推进对“天朝”体制的改造，植入更多的西方规则。他以现存体制无法“尊奉天朝钧谕”为理由，再次要求由广东官方直接传谕，谓：“若将钧谕准照闽省先日谕饬巡船之例，仍一律传谕远职，似合方便，俾可自即恭行上达其情矣。如或不准照此办法，远职实恐不能上疏各情，遂致国主不得闻其在外洋有无违禁贩卖之事。”② 鉴于禁烟上谕的严厉，邓廷桢迫切需要英方的配合，因此接受了这一要求。“暂便宜行事”，“饬行广州府协，札谕该领事，作速遣令各趸船，尽数开行回国”。③ 此时，巴麦尊严厉训令义律，明确要求他“嗣后遇有上宪命下，务必求情由官直行，如系洋商转传，断勿奉领”；凡有因事谨呈总督，“不可即照小官上达同国大官之例，书写‘禀文’字样”。④ 接到训令后，义律回复邓廷桢，不仅进一步提出“照日前广州府协二宪转行之例，准为常例”⑤ 的要求，而且将“敬禀”改为“谨呈”，其口吻已有根本性的不同。这无疑说明，在英政府的压力下，义律陷入了“遵此违彼”的两难之中，其立场转变，以致融调两种体制的进程中断。

官方关系中断之后，义律没有失去信心，认为“和平建立直接的正式

---

① 《巴麦尊子爵致义律海军上校函》，1836 年 7 月 22 日，见《英国档案有关鸦片战争资料选译》上册，胡滨译，中华书局 1993 年版，第 116 页。

② 转引自“邓廷桢谕洋行总商”，道光十七年八月二十九日，见［日］佐佐木正哉编：《鸦片战争前中英交涉文书》，第 123 页。

③ “邓廷桢谕洋行总商”，道光十七年八月二十九日，见［日］佐佐木正哉编：《鸦片战争前中英交涉文书》，第 123 页。

④ 转引自“义律谨呈两广总督”，道光十七年十月二十六日，见［日］佐佐木正哉编：《鸦片战争前中英交涉文书》，第 133 页。

⑤ “义律谨呈两广总督”，道光十七年十月二十六日，见［日］佐佐木正哉编：《鸦片战争前中英交涉文书》，第 133 页。

交往不再是不可靠的或难以完成的事情”。① 他又试图打破僵局，与广东当局重建官方关系，更明确地提出融通中外体制的主张。1838 年 4 月，义律致函广东当局，谓：“冀或尚有可办之法，而欲于天朝向例及本国谕旨之中，两者无干故违之咎，俾得仍可上达下奉。”关于如何解决巴麦尊反复强调的“禀”字问题，义律提出以官品职位为标准确定双方官员来往的方式。② 这实际上是近代外交中的对等原则，即同一级别的官员对等往来的原则。在对等交往的基础上，义律又试图改变公文来往的形式，取消上行文“禀”和下行文“谕”，用另一种上行文种和平行文混合的“呈咨”。其中，“呈”作为上行文种，是对总督而言；“咨”作为平行文种，则是对府、协而言。通过这一“官品”理论，义律可以在一定程度上打破“谕”“禀”，尤其是后者造成的尴尬，即与同品的府、协往来，可以避开这一问题。但是，这一官品理论无法彻底解决“谕”的问题，因为总督官品高于他这个“四品”衔的领事，而按照这一理论，总督给他的公文是可以用“谕”的形式的。

义律将西方体制嫁接到“天朝”体制的设想较符合实际，有其可取之处。在清朝尚无任何思想准备，且坚持维护“天朝”体制的境况下，采取适当的变通方式，而不是全部否定“天朝”体制，或许有利于双方关系的逐步正常化。但这一方案未被邓廷桢接受，随后由于英国印度舰队司令、海军少将马他伦率军舰来华，又促使义律更进一步坚持西方体制，中英双方的官方关系仍然难以恢复。义律仍在继续努力，他在回复澳门同知胡承光的函中再次提出：“凡有敬陈之文，准用呈上两广总督大人等字；凡有谕下，准饬广州府协二宪抄谕送来，则关碍无妨。”③ 这是一个变通的办法，即将“禀”改为“呈”，“谕”则仍旧，但由具官员身份的“府协”送达。“天朝”大吏的态度是坚定的，在他们看来，现有的交往方式关系到“天朝”体制的存亡，随后邓廷桢、关天培等在报告此事经过的奏折中谓：“中外之防，重莫先于

① 《义律海军上校致巴麦尊子爵函（摘要）》，1837 年 12 月 4 日，见《英国档案有关鸦片战争资料选译》，胡滨译，中华书局 1993 年版，第 244 页。

② “义律函”，道光十八年三月十二日，见［日］佐佐木正哉编：《鸦片战争前中英交涉文书》，第 143 页。

③ “义律敬复澳门军民府胡承光”，道光十八年六月二十四日，见［日］佐佐木正哉编：《鸦片战争前中英交涉文书》，第 151 页。

体制。定例贸易事件，均由洋商转禀，不准投递书函，亦总无派官传谕之事”。免用“禀”字，“在臣一字之更，何关轻重。惟若任平行，于疆吏即居然敌体，于天朝体制攸存，岂容迁就”。彼“迹其犬羊之性，究未可以恒情测之”。“以一外夷官目，敢于传书抗礼，图变旧章”，“妄冀与天朝疆吏平行，太属狂悖”，“谬妄已极”，“桀慢殊甚”。①

按照西方体制建立官方关系的可能性已不存在，但义律不愿意就这样放弃，于是回到了融调两种体制的轨道。又由于禁烟运动的发展，给他提供了按照融调两种体制的模式与广东当局重新建立官方关系的时机，义律调整了前述方案，而广东当局也有所变通，中英双方由此实现了“官方直接通讯”。其时，邓廷桢按照朝廷指示厉行禁烟，正在清理鸦片进入内河的通道。而由于禁烟运动的进行严重影响了中外贸易，义律深为不安，不愿看到这种状态延续下去。他利用这一时机，主动配合禁烟，试图打开僵局，在建立正式的官方关系方面有所进展。道光十八年十一月初七日（1838 年 12 月 23 日），义律致禀两广总督，提出，“恳请大人恩准饬行广州府协二宪盖封官印之谕示谕远职，俾得转为晓谕，使可取信”。② 此时的邓廷桢需要在禁烟问题上取得成绩，以获得道光帝的信任，因此对义律的请求作了回应，在一定程度上应允了义律的要求。他同意“将来如实有要件，必须该领事随同办理者，自当酌令府协谕饬”。但这是为“除歹保良起见，是以破格允行”；“倘事属寻常，则旧章俱在，应仍由总商传谕，该领事固不得违例妄求”。③

由此，义律与广东当局恢复了官方关系，用义律的话说，这是“两国之间官方直接通讯的实现”。应该说，这次义律与邓廷桢达成的协议，成为中外交往的新规则，是他所取得的一个最具实质意义的成果，真正从体制上打破了没有官方关系的旧制。对邓廷桢而言，这是一个非同寻常的变通，如义律所言，这一实质性让步，“已达到了一个官员在未经朝廷明示的情况下，

---

① “两广总督邓、水师提督关等合折具奏”，见［日］佐佐木正哉编：《鸦片战争前中英交涉文书》，第 156～157 页。

② “义律敬禀两广总督”，道光十八年十一月初七日，见［日］佐佐木正哉编：《鸦片战争前中英交涉文书》，第 157～158 页。

③ “邓廷桢谕洋商”，道光十八年十一月十三日，见［日］佐佐木正哉编：《鸦片战争前中英交涉文书》，第 160 页。

所敢于作出的最大程度”。① 这样，通过邓廷桢的变通和义律对“禀”字的接受，“天朝”的对外交往体制初步实现了中西结合，两种不同文明的交往规则达成了某种程度的融调。但是，这样做又违背了英国政府的训令，于是，义律对公文来往的方式，尤其是继续使用“禀”帖等有损“尊严”的做法，向外务大臣巴麦尊作了详细的解释。巴麦尊肯定了义律的做法，但仍要求他“不放过利用任何适当的机会，极力要求在您需要写给总督的那些信件的信封上，用一个比‘禀’字有较少反对意见的字样作为代替”。②

按照义律的设想，中英“两国之间官方直接通讯的实现”，只是推行西方体制的开端。他乐观地认为，“总的来说能令女王陛下政府满意”，“由于准则已得到明确承认及陛下政府的支持”，“今后改善与扩展这种方式，将比创立它要来得容易”。③ 在他看来，坚冰已经打破，剩下的问题便是推进这一进程。然而，义律未能如愿以偿，如同中外禁烟合作协议的终结一样，④ 由于鸦片冲突的白热化和战争的爆发，这一进程被打断了。

试图通过融调、嫁接的方式改变“天朝”体制，并在相当程度上尊重这一体制，反映了义律的对华态度较为平和。无可否认，义律也曾主张使用武力威胁手段，如 1837 年 12 月，当两广总督对他提出的两全之法“始终不为所动”时，他“向外交大臣预示必须使用武力以争取平等待遇的可能性”，⑤ 说：“我抱有一个想法，即阁下根据女王陛下的命令写一封信给北京内阁，并由一艘军舰送往白河口，将立即获得皇帝的一道命令，在这一点上作出让

① “Retrospection, or a Review of Public Occurrences in China During the Last Ten Years, from January 1st, 1832, to December 31st, 1841”, *The Chinese Repository*, Vol. 11, p.350.

② 《巴麦尊子爵致义律海军上校函》，1839 年 6 月 13 日，见《英国档案有关鸦片战争资料选译》，胡滨译，第 326 页。

③ “义律致巴麦尊”，1939 年 1 月 2 日，见广东省文史馆编：《鸦片战争与林则徐史料选译》，第 333 页。

④ 在战争爆发之前，义律及广州外侨总商会与广东当局已达成了禁烟的合作协议，而林则徐到广州之后的禁烟运动立即“湮没”这一“成就”，随之而来的冲突和战争“则终结了通过协议解决鸦片走私问题的可能性”。见吴义雄：《邓廷桢与广东禁烟问题》，《近代史研究》2008 年第 5 期。

⑤ ［美］马士：《中华帝国对外关系史》第 1 卷，张汇文等译，第 179～180 页。

步。"[①] 又说："为了保护英国的利益起见，在这些海域中的某个地方立即派驻一支很小的海军部队是极为必要的。"[②] 不过，义律与极力主张武力手段的强硬派有着一定的区别，其融调中西体制的方案，是一种顺乎自然、循序渐进的方式。在战争期间的交涉中，他采取了较为和缓的方针，以致引起了英国政府的强烈不满。

例如，在建立条约关系的问题上，义律的做法也体现了其融调中西体制的思想。当鸦片战争还在进行之时，义律便认为，"从实际观点上着眼，可以毫不夸张地说，同广州政府和人民维持和平的商业关系，比同皇帝缔结一项和约，对于我们是更加重要的"。即使要签约，"在目前的情况下，我们所能同（中国）朝廷缔结的最有利的和约，将是一件包含条款数目最少的条约"。义律心目中的条约，不是由英方强制签订的，而是"中国人企求"的"必要或适宜的"条约。其内容不应超过两个条款，即"割让香港"以及"许给我们以商业和其他方面的权益，包括以后许给其他国家的任何权利"两项。在他看来，"我们在这些海岸上的实力地位以及大量勒逼而成的贸易，必会不久就引起这种企求条约的意向，然后，再在一种概括基础上作稳妥而有利的谈判，便会切实可行了，而这种概括的基础，当我们强迫他们接受一项条约时，则必定是谈不到的"。[③] 显然，义律牟取在华权益的方式以及所希望建立的条约关系，含有较多的顺乎自然的成分，而较少体现予取予夺的强权意识。在战争期间的交涉中，义律采取了较为和缓的方针，没有完全遵从外交大臣巴麦尊的训令，而是最大限度地从中国攫取各种权益，以致引起了英国政府的强烈不满。研究鸦片战争的中外学者，注意到并揭示了义律的这一倾向。或认为，将义律所拟的议和条件与巴麦尊的条约草案相比

① 《义律海军上校致巴麦尊子爵函》1837 年 12 月 4 日，见《英国档案有关鸦片战争资料选译》，胡滨译，第 244 页。

② 《义律海军上校致巴麦尊子爵函》1837 年 12 月 7 日，见《英国档案有关鸦片战争资料选译》，胡滨译，第 246 页。

③ 《查理·义律致奥克兰勋爵（印度总督）函》，1841 年 6 月 21 日，见［美］马士：《中华帝国对外关系史》第 1 卷，张汇文等译，第 742、744～745 页。

较，“前者更对中国有利。义律完全违背了巴麦尊训令”。① 或认为，在所拟条约草案中，“义律大量削减了英国政府训令中的条款，尽量采纳琦善的要求”。②

义律由于对“天朝”体制进行了通融，并在战争爆发之后的交涉中仍在某种程度上体现了这一精神，他自己受到了英国政府的免职处罚，结束了在中国的使命，也终结了融调中西体制的尝试。巴麦尊批评义律，“在你和中国钦差的通信里面，关于你在和他们交涉中要以完全平等地位自居一点，并没有充分记住我的训令的精神”，造成了默认中国方面“妄自尊大”的“意象”。他特地从琦善的照会中摘出“所含有的中国方面的妄自尊大”的字句，并将他认为“可以非议的句节”画线标识出来，诸如含有“恭顺”“恳乞皇恩”“乞恩通商”“仰邀恩准”“情词恭顺”“仰蒙圣恩”“钦遵谕旨”“回粤听候办理”“大非恭敬之道”等词，以及“普天之下，何莫非大皇帝之子民”之类的句子，指责义律没有退回要求删除，或在复文中没有“直截了当地驳斥”这些内容。巴麦尊批评义律在和中国人的交往中，“是有意按照一项谬误原则行事”，“容忍和默从于他们的骄矜自大”，“而且还仿效他们的处事方式”，并对义律“谨遵”中国“大皇帝的旨意”的做法尤为愤慨。③ 对于义律与清政府交涉的结果，巴麦尊表示“极其失望”，对他交涉的方法，“也不赞同”。因为，义律照着“自己的方法”，“违背了和忽视了”英国政府的训令，“故意不用”那支交由他支配的兵力，并且接受了他“奉命所要争取的差得很远的条件”，竟“屈从于中国方面的取决权”。④ 巴麦尊具体列举了义律在谈判中的种种让步，批评他没有“充分使用那支派去的兵

---

① 茅海建：《天朝的崩溃：鸦片战争再研究》，生活·读书·新知三联书店 1995 年版，第 217 页。

② ［日］佐佐木正哉：《论所谓〈穿鼻条约草案〉》，李少军译，见武汉大学历史系鸦片战争研究组编：《外国学者论鸦片战争与林则徐》上册，第 172 页。

③ 《巴麦尊子爵致驻华全权公使函》，1841 年 1 月 9 日，见［美］马士：《中华帝国对外关系史》第 1 卷，张汇文等译，第 716～719 页。

④ 《巴麦尊子爵致皇家海军义律大佐函》，1841 年 4 月 21 日，见［美］马士：《中华帝国对外关系史》第 1 卷，张汇文等译，第 727～728 页。

力”，“就接受了这不适当的条件”。① 甚至不涉政事的女王也说：“如果不是由于查理·义律的那种不可思议的奇怪举动，我们所要的一切或许已经到手了……他完全不遵守给他的训令，却尝试着去取得他能够取得的最低条件。”② 义律自己曾辩解说，“如此太多的人指责我太关照中国人。但是我必须澄清，为了维护英国彻底的荣誉和实实在在的利益，我们一直都更加关照这个无助的、友好的民族”。③ 这种思想主张及其相应的作为，也就注定了义律的在华命运。1841 年 4 月底，英国政府免去了义律的全权公使之职。

鸦片战争前的历史条件下所出现的义律模式，提供的历史思考并不限于那短暂的数年，它给我们留下了发人深思的启示。以现在的眼光和历史演变的规律来看，代表高一级文明的西方体制，取代代表落后文明的“天朝”体制，其必然性和合理性毋庸讳言。但用什么方式实现这一递嬗，用强制手段抑或和平协商方式，用武力抑或智慧，却是一个可以辨析的问题。义律的模式是一种试图避免极端手段，平和地建立具有近代性质的新关系的有益尝试，在某种意义上或许是一个更值得考虑的选项。而律劳卑的方式或模式，无疑是强硬的，对其强横无理的做派，已有学者作了详细的分析。④ 律劳卑模式的逻辑发展，无疑是采用战争手段解决分歧和争议，建立以西方为主导、以强权为内核的不平等条约关系，而英国和西方国家走的正是这一路径。

二、战争暴力下不平等关系的形成

以英国为首的西方列强没有走义律所践履的融调之路，而是完全诉诸战争暴力攫取在华权益，打破中国传统的国际秩序模式，强迫中国接受不平等的条约关系，并不断地用战争巩固和扩展这种不平等的条约关系。

---

① 《巴麦尊子爵致皇家海军义律大佐函》，1841 年 4 月 21 日，见［美］马士：《中华帝国对外关系史》第 1 卷，张汇文等译，第 728 页。

② 《维多利亚女王书牍》第 1 卷，第 261 页。转引自［美］马士：《中华帝国对外关系史》第 1 卷，张汇文等译，第 307 页。

③ 《义律小册子》，第 130 页。转引自［美］特拉维斯·黑尼斯三世等：《一个帝国的沉迷和另一个帝国的堕落》，周辉荣译，生活·读书·新知三联书店 2005 年版，第 150 页。

④ 见吴义雄：《体制与权力：义律与 1834—1839 年的中英关系》，《历史研究》2007 年第 1 期；吴义雄：《条约口岸体制的酝酿：19 世纪 30 年代中英关系研究》，中华书局 2009 年版。

如前所述，鸦片战争前夕，英国朝野的战争意识非常强烈，诉诸武力成为英国的“普遍情绪”，大臣们和小册子的作者都“支持战争”。[①]战争成为英国的必然选择，反映了资本主义对外扩张的本性，它需要的只是一个借口和说辞而已。当中国因禁烟与彼发生冲突之时，英国甚至置人类道义于不顾，以此事件为借口发动了侵略战争。1840年1月16日，英女王维多利亚在议会发表演说，鼓动战争，声称：“在中国发生的事件，已经引起我国臣民与该国通商关系中断，朕已极严重注意，并将继续注意这一影响我国臣民利益与王室尊严的事件。”[②]2月20日，英国分别任命懿律和义律为对华交涉正、副全权代表。3月19日，英政府在下议院宣布了“远征”中国的决定和意图。4月7日至9日，议会经过辩论，决定发动对华战争。中外不平等的条约关系，便产生于这场罪恶的鸦片战争。

巴麦尊在致中国宰相书中提出了所谓的开战理由：“因对于中国官宪所施于英国旅居中国臣民的损害和所加于英国国主的亵渎，要向皇帝要求赔补和昭雪，英国女王陛下业已调派海陆军队前往中国海岸。”信函以中国的种种“罪责”为理由，要求中国向英国赔偿，主要“罪责”包括：（1）对在华英侨施暴。信函指出，中英之间的商业往来存在了一百多年，近年英国国主又派有钦命官员一人，驻扎广州。而中国官员“对于素常信赖中国政府信义而安分守己的广州英侨，横施强暴”，没有给予英国监督以“应有礼遇”，反而竟“横施强暴和凌辱”。英国政府“不能容许她的旅居外国的臣民遭受强暴，以及遭受侮辱和冤害；当他们受到冤屈的时候，女王陛下就要为他们取得补偿”。（2）惩罚了“无辜”的鸦片贩子。英方认为，中国法律曾经规定要禁止鸦片进口，然而，过去许多年以来，“鸦片的进口一向为广州官宪所包庇和纵容”，自总督以下，“都收受了外国人的钱，每年都获得一笔很大的利益”。中国政府对于本国官员，“一向宽免不予惩罚”，但对于被诱犯罪的外国人，“却横施强暴”，且事前未作“适当的通告”。对于中国政

---

① Parliamentary debate on Chinese affairs: speeches of leading members; the Blue Book; the Quarterly Review; and Blackwood's Magazine. *The Chinese Repository*, Vol. Ⅸ, No.5, pp.321–324, 译文参见广东省文史馆编：《鸦片战争与林则徐史料选译》，第207页。

② 姚薇元：《鸦片战争史实考》，人民出版社1984年版，第51页。

府“不罚有罪，而惩无辜”的行为，英国政府提出抗议，并“要求补偿”。（3）亵渎了大英国主。信函指出，中国官宪拘禁英国商民，断绝一切食物供应，“而且违背国际公法”，毫不给予英王钦命官员应有的尊重，“竟将该监督与商民一并拘禁”，并断绝一切生活资料，英国政府要求中国政府“作充分的赔偿”：对于因凌辱英国监督而构成的对大英国主的亵渎，要求中国政府赔偿；同时要求尊重英国国主，对英国驻华官员予以接待和往来；要求中国“永久割让”沿海岛屿一处或数处给予英国，等等。

除了以上借口之外，信函更提出了一个极为霸道的理由，谓：由于中国与英国相距遥远，而所关系的问题“性质紧要”，所以英国政府不能静候中国政府答复，“为维护英国国主的尊荣与威严”，必须采取步骤，以免延误。因此，英国政府决定，即刻派遣海陆军前往中国作为“后盾”，以便使清帝国认识到英国政府“极其重视”此事，以及这件事情的“刻不容缓”。为使北京政府“更深刻地领悟英国政府对这个事件的重视，及其有立刻予以满意解决的迫切需要”，远征军司令已经奉命：“一经驶到中国海岸，立即封锁中国的主要海口，并将凡所遇到的中国船只一体截留扣押，且将攻占中国领土的某处方便地方，由英军掌管占领，直到各事商定，并经办竣，使英国政府满意为止。”英国政府的愿望，是以上要求“立即获得全部应允，俾使英中两国间长期存在的友好关系，迅速重新建立，并使两国均能获得裨益”。总之，“英国对中国的敌对行动，不但是正当的，甚至于是绝对必要的，而且在中国政府没有作妥令人满意的安排之前，这些敌对行动将不会停止”。英国政府要求清政府“在某项正式条约依式签字”，“使英国臣民在中国的安全与尊重获有保障”。而且，“由于中国官宪强暴无理的行为，致不得不有派遣远征军前往中国海岸的措施”，英国政府要求“凡因此而产生的一切费用，应由中国政府归还英国”。①

无疑，上述种种借口和理由是站不住脚的，甚至是荒唐的，反映了西方列强的强权本质。尤其是“相距遥远”亦成为出兵的原因，更是荒诞不经。这些事实说明，英国发动的鸦片战争是一场不义战争。正如一位托利党人所

① 《巴麦尊子爵致中国皇帝钦命宰相书（自译）》，1840 年 2 月 20 日，见［美］马士：《中华帝国对外关系史》第 1 卷附录（1），张汇文等译，第 697～703 页。

指出的：在起因上，没有什么战争比这场战争“更加不义”，更使英国“蒙受永久耻辱”。他呼吁，在广州上空升起的英国国旗，是为了保护“臭名远扬”的走私贸易，应当以“厌恶”的心情将它撤回来。① 然理性正义的呼吁未能制止这场战争，英国议会最终以 271 票对 262 票的微弱多数通过了军事行动的议决。

英国如此冒天下之大不韪发动不义战争，其目的便是打破中国传统的国际秩序模式，建立对华不平等条约关系。英商“为将来贸易着想”，鼓吹“用强大的武力做后盾，从中国人手里获取特权”。通过“签订一个通商条约”，“庶几使得贸易建立在稳固而永久的基础之上”。② 英国政府对华战争的目标，就是迫使中国签订条约。巴麦尊致函英国海军部，谓：“如果北京政府屈服了，中国全权代表签订了堪称满意的协定，并经皇帝予以诏准，那么，海军司令就可立即解除各地的封锁，放回所扣私人的船只与货物。至于中国政府的那些船与货，却应该留作抵押，直到我方所要求的赔偿有一部分业已交付的时候为止。在中国政府答应下来的一切条款全都充分实现以前，应该继续占领所占岛屿；到那以后，除去协定条款上规定割让给我王陛下的中国领土而外，我军应从一切中国领土上撤退出来。”如果谈判为中国政府拒绝，或者破裂，海军司令就应采取最有效的办法，进行更加活跃的“敌对行动”。③

通过鸦片战争，以英国为首的西方列强终于达到了自己的目的，与清政府初步建立了新的关系。1842 年 8 月 29 日，中英订立《南京条约》，翌年又订立附约，中国由此与英国建立了条约关系，开启了中外关系的新时代。接着，各国“相率效尤”，1844 年中美、中法先后订立了《望厦条约》和《黄埔条约》，这一新的关系由此扩展到其他国家。英、美、法与中国订立的第一批条约，共同确立了新的中外关系的基本准则。《南京条约》作为

① ［美］费正清编：《剑桥中国晚清史》上册，中国社会科学院历史研究所编译室译，中国社会科学出版社 1993 年版，第 209 页。

② 《拉本德、斯密斯、克劳复致巴麦尊》，1839 年 11 月 2 日，严中平辑译：《英国鸦片贩子策划鸦片战争的幕后活动》，《近代史资料》1958 年第 4 期。

③ 《巴麦尊致海军部》，1840 年 2 月 20 日，严中平辑译：《英国鸦片贩子策划鸦片战争的幕后活动》，《近代史资料》1958 年第 4 期。

第一个条约，其有关规定失之“笼统”，“只足以构成一个草约而不是一个条约”，其缺漏之处“需要用以后的文件加以补充”，而其后几个条约“做到了这一点”。这些条约，“综括地建立了几种广泛原则，从那时起，这些原则就奠定了中国与20多个有共同条约关系的外国之间外交和商务关系的那些上层建筑的基础”，“是构成中国和西方关系的一个解决办法”，并成为其后调整关系的“范例”。① 这样，“中国处于命令的地位去决定国际关系”② 的“天朝”体制被打破了，外国列强用条约这一近代国际交往形式，开始构筑不平等的中外关系。

随后，1847年，瑞士和挪威与清政府签订《五口通商章程》，依照现成的模式与中国建立了条约关系。在英、美、法等国勒订条约之后，俄国也不甘落后，在中国新疆扩展势力，于1851年逼签《伊犁塔尔巴哈台通商章程》，获得领事裁判权等特权。该约是俄国与中国建立不平等条约关系之始，用俄方的话说，是“一八五一——一八六一年间俄国同中国缔结的一系列辉煌条约的开端”，“在中亚贸易史上有非常重大的意义”。这是一个“转折点”，“不仅在商业方面，而且在政治上也具有重要的意义，它给继续向中亚深处进攻以有力的推动”，“是一次重大的外交胜利”。③

新建立的条约关系，对列强而言，“揭开了对华事务的新纪元”，④ 但却是脆弱的和不完全的。以“天下共主”自居的清帝国并未真正接受这一关系，随后“是一个摩擦时期，这时西方国家已经把条件强加于中国，中国却试图尽量缩小并抗拒它们”。⑤“在北京几乎每一个有权位的中国人都反对履行条约各款”，议和大臣遭到人们的“痛恨”。⑥ 虽然清帝国认可了强加于它的“种种屈辱条件”，却并不表明它“必须屈膝”，帝国各地仍然认为有权

① ［美］马士：《中华帝国对外关系史》第1卷，张汇文等译，第363、337页。

② ［美］马士：《中华帝国对外关系史》第1卷，张汇文等译，第696页。

③ 中国社科院近代史研究所编：《沙俄侵华史》第3卷，人民出版社1981年版，第150页。

④ ［英］菲利浦·约瑟夫：《列强对华外交》，胡滨译，商务印书馆1959年版，第3页。

⑤ ［美］马士：《中华帝国对外关系史》第1卷，张汇文等译，第337页。

⑥ ［英］德庇时：《和平以来的中国》第2册，第21页。转引自［美］马士：《中华帝国对外关系史》第1卷，张汇文等译，第374页。

“象［像］受命于天一样，去破除那些不公正条约里的人为的限制”。而且，“他们一点不懂得国际法或国际权利”，除中俄界约外，“从来没有受过一个条约里相互取与的规定的约束”。因此，要使这些条约“强加于中国的条件成为约束东西方关系的法律，还得在以后表明出来”。① 显然，新的条约关系尚未真正取代“天朝”体制，而是隐伏着种种危机。另外，这一关系本身还不完善，还未充分地赋予列强其所需要的特权，条约的适用范围也仍有种种局限。在清政府看来，《南京条约》是永保和平的“万年和约”，因此不愿再行修约。而列强对第一批条约并不满足，需要从各个方面进一步调整关系。咸丰四年（1854 年），《南京条约》届满十二年。英国根据中美《望厦条约》关于十二年后贸易及海面各款稍可变更的规定，援引最惠国条款，向清政府提出全面修改《南京条约》的要求。主要内容为：中国全境开放通商，鸦片贸易合法化，进出口货物免交子口税，外国公使常驻北京等。法、美两国也分别要求修改条约。清政府表示拒绝，交涉没有结果。咸丰六年（1856 年），《望厦条约》届满十二年。美国在英、法的支持下，再次提出全面修改条约的要求，但仍被清政府拒绝。于是，西方列强决心对中国发动一场新的侵略战争。

在中国与西方列强面临新的冲突之际，在中国西南发生了一个小插曲，即《藏尼条约》的签订。这从另一角度反映了清王朝国势的衰退。咸丰五年（1855 年），西南边境的廓尔喀（尼泊尔）侵扰西藏，正疲于应付太平军的清政府无力顾及，采取了息事宁人的政策。又由于尼泊尔当时承认其是中国的进贡属国，尊重中国大皇帝，于是在驻藏大臣赫特贺的主持下，尼泊尔与西藏当局于咸丰六年二月（1856 年 3 月）签订了《藏尼条约》。② 条约规定了尼泊尔在西藏享有的种种特权，除了西藏每年付给廓尔喀政府一万卢比，西藏对廓尔喀商民不抽各种税项之外，还给予对方一定的领事裁判权。根据条约，廓尔喀可以派一个高级官员驻扎拉萨，在拉萨辖区，藏民和廓尔喀人发生争讼，由双方官员会审，廓尔喀商民或加德满都回民如有争讼，西藏官员

---

① ［美］马士：《中华帝国对外关系史》第 1 卷，张汇文等译，第 357～358、374～375 页。

② 杨公素：《中国西藏地方的涉外问题》，中共西藏自治区委员会党史资料征审委员会 1985 年内部版，第 58 页。

无权审讯。这无疑是一个不平等条约，但体现了一种特殊的性质。条约确认了中尼之间的宗藩关系，规定：尼泊尔“按历来所载，礼敬中国皇帝，如前无异”。其与西藏，是“彼此和洽，相待如兄弟。倘一方敢违条约，神必使受殃。倘一方违约，则他方作战，即不负咎”。同时，尼泊尔还承担一定的义务，“廓尔喀允，嗣后西藏如遇外侮，廓尔喀尽力护助”。① 该约与中国和西方各国的条约关系不同，其性质大体上，至少在清政府的观念意识中尚未超出藩属体系，可被认为是这一体系之下的特例。在清政府看来，此时的尼泊尔与西藏的地位是相似的，都属于藩属，它们之间的协定并不影响它们与中国的附属关系。因此，该约开宗明义，明确双方对中国的臣属地位以及它们相互之间的“兄弟”关系。清政府驻藏大臣主持签订该约，无疑体现了清政府的立场。它既反映了清政府的国势衰弱，又说明了其宗藩体系中的主权观念和意识是模糊不清的。其后，中国的宗藩体系逐渐走向崩溃，与这种观念意识的模糊不无关系。

在《藏尼条约》这个插曲发生后不久，第二次鸦片战争不可避免地于1856年10月爆发了。自第一次鸦片战争开始，战争便是条约的前奏曲。其后，由于列强不断地要求扩充特权，进一步扩展条约关系，战争也就接连不断。“鸦片战争也仅仅是一系列战争罪孽的开始而已。在此过程中，法国人也加入了英国人的队伍，接着是俄国人，然后是日本人，直到现在，几乎文明世界的每一个民族都在‘中央帝国’攫取自己的合法权益，总能看见被砍下的中国人的头颅，而天文数字的战争赔款在不断地流失，无助的巨人的领土则一片片地被蚕食。”② 事实上，1842年媾和以来，更多的战争已在酝酿之中。“自从那时候起，14年来一年比一年使得战争更为不可避免，终于一旦进到这样一种局面，它已经决不是双方聪明的外交术的运用可以消弭，更不是仅仅一方面的努力可以奏效的了。”③ 除了直接使用战争手段之外，列强对

① 《藏尼条约》，咸丰六年二月十八日，见王铁崖编：《中外旧约章汇编》第1册，第84～85页。

② ［德］保罗·柯玛斯基：《中国的战争和传教活动》，见路遥主编：《义和团运动文献资料汇编·德译文卷》，陈晓春译，山东大学出版社2012年版，第226页。

③ ［美］马士：《中华帝国对外关系史》第1卷，张汇文等译，第492页。

中国还进行了武力威胁，如《南京条约》签订后，美国专使顾盛率四艘军舰抵达中国，以战争相恐吓，“终于迫使中国人相信和美国签订条约，是必要的”。① 再如，法国全权代表在《黄埔条约》签订之前，威胁说：“假如（你们）在传教问题上支吾搪塞，这没关系，我们不是不熟悉去北京的路，并且我们知道你们有不少多余的土地，我们也知道你们同意俄国人待在你们国土上。到时候，我们完全可以用另外一种比今天更严肃的口气同你们交涉。”②

正是基于同样的目的，以同样的心理，似乎也经历了类似的历程，西方列强发动了第二次鸦片战争。这次战争是第一次鸦片战争的延续，“是为再度的解决这些同样的问题而进行的，而在解决当中，中国主权的每一踪迹，在各项条约规定限度之内，都被一扫而光”。③ 发动战争之前，英、法、美等国提出修约要求，试图通过谈判达到扩大特权的目的，遭到清政府的拒绝，于是又转向战争手段。如第一次鸦片战争一样，它们认为战争是“天经地义”的，需要的只是一个借口。这次为了发动战争，英、法各自找了一个借口，一为“亚罗号事件”，一为“马神甫事件”。就英国而言，所谓“亚罗号事件”，完全是为挑起战争而编造的谎言。英国议会讨论战争问题时，巴麦尊首相道出了内情，他说，“采取和平手段向中国政府提出修改《南京条约》以便为英国取得新的更大的权益遭到严拒后，他还有什么办法？”④ 其实，在“亚罗号事件”发生两个月之前，英国政府已作出对华用兵的决定，并因此而积极备战，纠集法、美以便联手行动。⑤ 苏格兰律政司毫不隐讳地说：“为了取得如斯庞大的利益，尽管战争借口是那么站不住脚，这场战争是非打不可的。”⑥ 率领一支陆海军侵华的英国全权专使额尔金自己供

① ［美］杜勒斯：《中美关系》。转引自卿汝楫：《美国侵华史》第 1 卷，生活 · 读书 · 新知三联书店 1952 年版，第 61 页。

② ［法］卫青心：《法国对华传教政策》上卷，黄庆华译，第 374 页。

③ ［美］马士：《中华帝国对外关系史》第 1 卷，张汇文等译，第 696 页。

④ “Palmerston”, 3 March 1857, *Hansard*, 3vd Series, Vol. 144, Col. 1828. 转引自黄宇和：《帝国主义新析——第二次鸦片战争探索》，《近代史研究》1997 年第 4 期。

⑤ 黄宇和：《帝国主义新析——第二次鸦片战争探索》，《近代史研究》1997 年第 4 期。

⑥ “The lord advocate”, 27 February 1857, *Hansard*, 3vd Series, Vol. 144, Col. 1517. 转引自黄宇和：《帝国主义新析——第二次鸦片战争探索》，《近代史研究》1997 年第 4 期。

认："我在我的最后通牒中，很少提到那件惹祸的'亚罗号'问题，因为这对于我们是一件丑事，并且我深知，除自身牵涉在内的少数人而外，所有的人都抱这样的看法。"①

用这些编造的理由发动一场战争，显然是站不住脚的。或许正是由于这一原因，列强均未公开宣战，而是声称报复，以此粉饰战争的无理和失道。所谓报复，"是一国由于另一国所做的损害自己的不法行为"，这是因"没有履行协定义务"而采取的强制措施，其目的是"迫使"另一国遵守法律。这些"都是本质上非法的行为"，但"报复的特殊辩护理由就在于它是为了回击一个先天发生的非法行为，并力图使这种非法行为撤回，而得到补偿或纠正"。巴麦尊致中国宰相书，要求"赔补和昭雪"，便是以报复为借口发动战争。实际上，这些报复的依据，从国际道义的视角来看，是难以成立的，这些只不过是列强发动非正义战争的遮羞布。另外，根据国际法，报复与战争虽然均能够运用武力，但两者存在区别。战争是与和平相对立的"诉诸物质武力"行动，不论在期限还是在广度上，均与"维持和平状态不相容"。报复的特点，则是"有限的和暂时地诉诸武力"，这一行为"不改变和平状态"，"且不给第三国带来任何影响"。但是，这种区分不是绝对的，因为一旦"报复"行为逐步扩大，"就可能导致战争"。② 事实上，列强以"赔补和昭雪"为借口的对华侵略，均构成了规模不小的战争。

列强再次用暴力调整了条约关系：英法两国发动第二次鸦片战争，又迫使清政府订立城下之盟，即先后于 1858 和 1860 年订立的《天津条约》和《北京条约》。额尔金谈到《天津条约》时，形象地说，这些条约是"用手枪抵在咽喉上逼勒而成的"。③ 在此之后，经过调整的条约关系，基本上取代了"天朝"体制，逐渐获得了稳固的地位。列强攫取了更多的特权，条约关系的具体内容更为完善，基础框架已大体上定型。它基本上囊括了列强在华

① 华龙德：《函札和日记》，第 209 页。转引自［美］马士：《中华帝国对外关系史》第 1 卷，张汇文等译，第 492 页。

② ［法］夏尔·卢梭：《武装冲突法》，张凝、辜勤华等译，中国对外翻译出版公司 1987 年版，第 5 页。

③ ［美］马士：《中华帝国对外关系史》第 1 卷，张汇文等译，第 602 页。

的主要特权，尤其是经济特权。如英人伯尔考维茨所说，“它包括了商人们所要求的特权”，是“整个时期英国和中国外交及商务关系的根本基础。无论是1876年的烟台条约或1902年的马凯条约（中英续议通商行船条约）都没作出任何基本上的变动”。① 另外，俄国趁火打劫，利用中国与英法开战之机，采用威逼利诱等手段，通过条约从中国割去了大片领土。在此同时，列强又更进一步将西方的近代外交模式纳入条约关系之中，规定互派公使，更加强了条约关系。条约关系的适用范围，已由沿海几个据点扩展到清帝国的中枢和内地，由此具有了全局的意义。条约关系对中国的约束，也从东南五口扩展到中国的长江腹地和包括京师在内的北方，中国开始受到这一关系的全面制约。通过第二次鸦片战争，列强确立了其在对华关系中的支配地位，如马士谓，“直至一八三九年为止，使西方国家听从条件方可允许双方关系存在的是中国；自从一八六零年以后，把和中国共同来往的条件强加于中国的却是西方国家”。② 由此可见，以不平等内容为主导的中外条约关系这一新的国际秩序，经过两次鸦片战争，已经基本形成。

从清政府的态度来看，在新的形势下，它不得不接受战争的结局，屈从于不平等的条约关系。一次又一次的战争，“在足够的武力使用之下，终于使中国屈服了”。“中国人认识到，他们并且也作为他们的规律而接受了：以前中国是处于命令的地位去决定国际关系的各种条件，而现在则是西方各国强把他们的意图加在中国身上的时候了。”③ 随后在同治初年（1862年），清政府确立了自己信守条约的方针，不仅朝廷的态度明确起来，而且一些地位显要的地方督抚也强调取信于洋人。

此后，不平等条约关系的范围大大扩展，与中国建立这一关系的国家迅速增加。1858年6月，俄国、美国、英国、法国先后与中国订立《天津条约》，其中英、法、美又于11月与中国订立了附约《通商章程善后条约：海关税则》。接着，1860年11月，英、法、俄又与清政府订立了《北京条

① ［英］伯尔考维茨：《中国通与英国外交部》，江载华、陈衍译，商务印书馆1959年版，第22、21页。

② ［美］马士：《中华帝国对外关系史》第1卷，张汇文等译，第337页。

③ ［美］马士：《中华帝国对外关系史》第1卷，张汇文等译，第696页。

约》。1861 年 9 月，德国与清政府订立《通商条约》和《通商章程善后条约：海关税则》；1863 年 7 月，丹麦与清政府订立《天津条约》和《通商章程：海关税则》；10 月，荷兰与清政府订立《天津条约》；1864 年 10 月，西班牙与清政府订立《和好贸易条约》；1865 年 11 月，比利时与清政府订立《通商条约》和《通商章程：海关税则》；1866 年 3 月，意大利与清政府订立《通商条约》和《通商章程：海关税则》；1869 年 9 月，奥地利与清政府订立《通商条约》和《通商章程：海关税则》；1874 年 6 月，秘鲁与清政府订立《会议专条》和《通商条约》。19 世纪 80 年代，又有一批国家与中国建立不平等条约关系：1881 年 8 月，巴西与清政府订立《和好通商条约》；1887 年 12 月，葡萄牙与清政府订立《和好通商条约》。至此，中国已与整个资本主义世界建立了条约关系。

不言而喻，中外不平等条约关系的形成和发展，是列强各国用暴力推行强权政治的结果。除了这一基本原因之外，这一不平等条约关系的发展，与清政府缺乏国际知识，对外国人实行怀柔持平政策不无关系。

这一以不平等性质为主导的条约关系的形成，严重地损害了中国的主权，并否定了清王朝的“天朝上国”地位。为维护自己的权益，清政府又设法抵制这种不平等的条约关系，于是第二次鸦片战争之后，这一关系又出现了新的变化。

一是建立平等的条约关系。当日本要求与中国订约时，清政府坚持建立平等互惠的条约关系，并如愿以偿。关于这一过程，下节详述，这里不赘。

二是采用条约的形式确认和进一步规范朝贡关系。需要指出，在这个阶段，列强通过两次鸦片战争建立条约关系，只是打破了中国传统的对外关系模式，尚未完全取代它。列强的主要目的是建立对中国的不平等关系，至于中国与藩属国的朝贡关系，并未完全被否定。例如，清政府屡屡揭示朝鲜系中国“属国”的事实，申言之，“朝鲜与各国立约时声明在先，各国虽未明认，实已默许”。① 这样，在中外条约关系出现后，朝贡关系并未被取消，两种国际秩序在中国处于并存的格局。一方面，中国仍以“天朝上国”的

① 《直督李鸿章致总署照会似宜略述属国一节日货暂停进口但各国运日货恐不能禁电》，光绪二十年六月二十五日，见王彦威、王亮辑编：《清季外交史料》卷 93，第 16 页。

身份，与周边国家，如朝鲜、越南等国，继续维持传统的朝贡关系；另一方面，英、美、法等西方列强通过新的条约关系，对中国行使“准统治权”。但是，两者系根本不同的国际秩序，条约关系的建立与形成，不可避免地逐渐削弱和侵蚀了中国传统的对外关系和清政府的“天朝”体制。随着日本侵略朝鲜行为的加剧，为抵制日本的野心，清政府采取加强控制的举措，与朝鲜建立了以宗藩体制为基础的条约关系，光绪八年（1882年）与之订立了《商民水陆贸易章程》。尽管中朝两国订立了条约，但只是借用这一形式，其内核仍属宗藩关系。可以说，这是条约外壳下的宗藩关系，既反映了这一传统关系在近代背景下的重要变化，又呈现了条约关系的新形态。关于其内容和实质，下一章作具体阐析。

三是减轻与西方国家的条约关系中的不平等程度。这方面尤值得注意的是，对第二次鸦片战争之后来华订约的小国，清政府的态度开始有所区别。其时，列强向中国索取权益愈益频繁，其他小国也纷纷要求订约通商，一体均沾列强所已攫取的权益。同治二年（1863年），荷兰遣使来华订约，要求“照英法各国条款办理，以示一体优待之意”。清政府予以拒绝，表示：“凡在通商章程内，两国取利防损之处，均可斟酌允准，惟不能照英法各国，分别列数十款之多，只须得其大意，包括一切，立有数款，即可完竣”。[①] 随后中荷也正是按照这一指导思想订约的，两国所订《天津条约》较为简略，仅16款。[②] 在与小国新订的条约中，清政府尤注意改变片面最惠国条款的规定，如同治八年（1869年）订立的中奥《通商条约》最早作了这样的变动。该约给予奥地利最惠国待遇，同时又规定，“中国商民如赴奥斯马加国贸易，应与奥斯马加国最为优待之国商民一律”，[③] 即给予中国同样的权益。此为中外条约中第一个双方的概括性最惠国条款，虽然中国实际上并不能真正享受到实惠，但毕竟为此开了先河，其后秘鲁、巴西、墨西哥、瑞典、瑞士等

① 《三口通商大臣兵部左侍郎崇厚奏》，同治二年八月壬寅，见宝鋆等纂修：《筹办夷务始末·同治朝》卷20，民国十九年（1930年）故宫博物院用抄本影印，第7页。

② 中荷《天津条约》，同治二年八月二十四日，见王铁崖编：《中外旧约章汇编》第1册，第208～212页。

③ 《通商条约》，同治八年七月二十六日，见王铁崖编：《中外旧约章汇编》第1册，第284页。

小国亦与中国订了类似的条款。

再如，葡萄牙曾于1862年3月与清政府签订《和好贸易条约》，因澳门问题而未换约。该约签订后，清政府感到其中“澳门设官一节，于体制稍有窒碍”，又因“该使先有要求事件”，因此向葡使提出“酌商”，“借此与之剖辩，以杜其无厌之请”。① 照会谓：“立约乃万年和好之事，必于两国有益，彼此均无损碍，方可行之永久。若有偏损之处，自应于未互换之前，彼此和衷相商，将如何取益防损之处，预为言明，方免日后不便，此乃情理之至。”② 其后在谈判中，清政府明确提出修改条约含混之处，以及葡方将侵占之地归还中国。但葡使阿穆恩拒绝了中国的要求，谈判破裂，条约没有互换。

比利时也先于1863年8月与清政府签订《通商条约》，该约仅有四款，其中规定：如各通商口岸“无比利时国领事官及代管之领事官，则比利时国商民未便前往贸易；其领事官不得以商人充当”；比国商民“照有约各国一体贸易”；“其应完税钞与商民违约示罚及查办人犯欠债各情，均照有和约各国章程办理”。③ 当比利时要求订约时，清廷认为，尽管该国订约与否，“于大体并无增损”，但清廷担心“允行太易，则恐得步进步，翻多哓渎”。因此“不可不稍为操纵，以防其弊”，谕令薛焕“妥为开导”，“力为拦阻”，“毋庸另立条约”。如该公使必求立约为据，“断不能与英法相同”。④ 根据这一指示，薛焕“与该使臣再三辩论，将驻京一节删去”，并将比使所提三条要求“暗为消融”，“于体制亦无违碍”。⑤ 由于该约没有如同与他国的条约

---

① 《总理各国事务大臣薛焕、三口通商大臣兵部左侍郎崇厚奏》，同治三年五月庚申，见宝鋆等纂修：《筹办夷务始末·同治朝》卷25，第36页。

② 《给西洋国使臣照复》，同治三年五月，见宝鋆等纂修：《筹办夷务始末·同治朝》卷25，第39页。

③ 中比《通商条约》，同治二年七月十三日，见王铁崖编：《中外旧约章汇编》第1册，第208页。

④ 《穆宗毅皇帝实录》卷24，同治元年四月己未，见《清实录》第45册，中华书局1987年版，第657～658页。

⑤ 《穆宗毅皇帝实录》卷32，同治元年六月甲戌，见《清实录》第45册，中华书局1987年版，第862～863页。

一样明确赋予比国各种特权，比利时政府拒绝批准。而比利时于1865年与清政府所订条约，则明确取得了与他国同样的特权。①

又如，对于以何国文字作为条约解释的依据，清政府也开始提出自己的要求。咸丰十一年（1861年），德国派遣使臣艾林波来华订约，提出所有条约及将来照会，均以该国文字为凭。对此时的德国，清政府并未视同如英、法、美、俄之类的大国，因此予以区别对待。奕䜣认为，英、法二国条约虽有此规定，但德国"布国不应效其强横，且恐为将来狡赖地步"，因此令总理衙门大臣崇纶等"驳改"，"总以中国文字为凭"。艾林波坚执不允，后经福州税务司法国人美里登调处，始行议定，"中国布国各以本字为正，此外立一法文底稿，以便将来作为质证"。② 除中俄《天津条约》外，此系第一次在条约中规定各以本国文字为凭，其后中国与荷兰、西班牙、比利时、意大利、奥地利等欧洲国家所订条约，均确认中国文字具有同等地位。

进而，清政府又试图在与小国订立新约时，打开取消领事裁判权的缺口。光绪六年八月（1880年9月），李鸿章等代表清政府与巴西订约时，提出"参酌西国公法，问案专归地方官，而科罪则各照其国"。也就是说，将管辖审判之权收回，但适用各国法律。这是一个折中的方案，是清政府在经过多年的盘算、筹备之后，所进行的一次尝试，但未能如愿以偿。巴西使臣自然不愿意，他以率先打破此例，将"招各国之怨"为由予以拒绝。恰巧此时，德国公使巴兰德从天津经过，也从旁帮腔，"乃定为被告所属之官员专司讯断，各照本国律例定罪"，即维持领事裁判权。但是，李鸿章仍作了努力，在该条约第11款规定："将来另议中西交涉公律，巴国应照办"。此规定要求巴西承诺，以后若其他国家放弃领事裁判权，巴西亦应照样办理。中巴条约虽未能实现废弃领事裁判权目标，但却表达了清政府的愿望，并为将

---

① 中比《通商条约》，《通商章程：海关税则》，同治四年九月十四日，见王铁崖编：《中外旧约章汇编》第1册，第230～241页。

② 《恭亲王等奏》，咸丰十一年七月甲辰，见宝鋆等纂修：《筹办夷务始末·同治朝》卷1，第2页；参见中德《通商条约》，咸丰十一年七月二十八日，见王铁崖编：《中外旧约章汇编》第1册，第165页。

来埋下了伏笔。如李鸿章在奏折中所说的，“虽公律骤难定议，究为洋务紧要关键，特倡其说，以作权舆”。①

与此相应，清政府在与小国订约时，又坚持规范领事资格，明确规定不得以商人充当领事。其时，无约各国在中国设立的领事，“多系商人兼充”。②各小国亦是“择一贸易最大之人，充当领事官，遇有该国交涉公事，地方官亦与会办”。“每遇漏税应罚之案，往往徇庇不办，其余各事，亦多任意狡执。而该国以商为官，只图省廉俸之需，并不求公事之当”。③第二次鸦片战争之后，清政府注意在新订条约中作明确规定，以克服这一弊端。同治元年（1862 年），比利时使臣包礼士来华订约，总理衙门在答复包礼士的照会中，第一条便提出：“通商口岸，必须由比利时本国派委领事官驻扎，会同中国地方官办事，其领事官，不得以商人充当，如该口无比利时国领事官，则比利时国商民，未便前往贸易。”④其后经过商谈，又略予通融，在两国所定条约第一款规定：“通商各口必须由比利时国派委领事官驻扎，或托有约各国驻扎该口之领事官代管，会同中国地方官办事；如该口无比利时国领事官及代管之领事官，则比利时国商民未便前往贸易；其领事官不得以商人充当。”⑤此为第一次在正式条约中规定不准商人充当领事，但由于比利时政府对该约不满，最终未批准该约。

同治三年（1864 年），西班牙遣使来华订约，清政府在领事问题上态度坚决。恭亲王拟定具体方案，先提出各口应设领事官，“不得以商人充当”，

① 《直督李鸿章奏与巴西使臣议立通商条约竣事折》，光绪六年八月初六日，见王彦威、王亮辑编：《清季外交史料》卷 22，第 23～25 页。

② 《薛焕又奏》，同治元年三月丁亥，见宝鋆等纂修：《筹办夷务始末 · 同治朝》卷 5，第 9 页。

③ 《恭亲王等人又奏》，同治三年四月戊戌，见宝鋆等纂修：《筹办夷务始末 · 同治朝》卷 25，第 11 页。

④ 《照复文稿》，同治元年六月丁卯，见宝鋆等纂修：《筹办夷务始末 · 同治朝》卷 7，第 20 页。

⑤ 《通商条约》，同治元年七月十三日，见王铁崖编：《中外旧约章汇编》第 1 册，第 208 页。[注：该约章汇编误将订约时间定为同治二年，茅海建《第一次中比条约的订立时间及其评价》（《近代史研究》1994 年第 2 期）对此作了考证。]

如不接受这一条件，则“不与之立约”。[①] 由于清政府采取了不妥协的方针，西班牙使臣不得不同意清政府的这一条件，两国所订《和好贸易条约》规定：“所派之员必须日斯巴利亚真正职官，不得派商人作领事官，一面又兼贸易。若系小国，贸易不多，日斯巴尼亚国可暂令别国真正领事官料理，仍不得托商人代办。”[②] 这是对此作明确规定的第一个正式条约，而且，清政府将此作为以后新订条约的一个原则：“嗣后凡遇外国来立约者，均照比先为询诘。”这个原则主要是针对小国，意在防止它们要求订约。清政府设想，“如其国小力弱，不能专设领事，自当废然思返”，这样，“可使未来之小国，闻而裹足，庶于柔远之中，仍示限制之意”。[③]

清政府对小国有所区别的订约方针，如前所述，一般并不影响这些国家享有基本的条约特权。对这些国家提出某种具体要求，多是为了打开缺口，避免或减轻不平等条约的弊病，却常因大国的庇护，往往不能如愿以偿，或要打很大的折扣。例如，中比条约由于英国的干预，清政府不得不于同治四年九月（1865 年 10 月）与比利时重新议约。当时清政府拟将禁止商人担任领事添入条约之中，但由于有英国为比利时撑腰，比使以“有关颜面”为由，不肯照办，只同意另备照会。在订立中比《通商条约》的同天，比全权代表金德俄固斯德照会清政府，承诺：“嗣后比国所派驻扎各口领事副领事各等官，如有办理不按条约，有不协之处，贵国即行照会比国钦差大臣或代国大员，一准来文，一面即将该领事官撤任，该口另设别员接办；一面抄录原文缮折奏请查办，另派领事官来华。”[④] 不过，比国虽未明确承诺不以商人充当领事，但却第一次按着国际惯例，规定可以要求撤换领事，这对于那些违法作弊的领事，无疑起到了一定的制约作用。比利时不肯在正式条约中

① 《恭亲王等又奏》，同治三年四月戊戌，见宝鋆等纂修：《筹办夷务始末 · 同治朝》卷 25，第 11、12 页。

② 《和好贸易条约》，同治三年九月初十日，见王铁崖编：《中外旧约章汇编》第 1 册，第 219 页。

③ 《恭亲王等又奏》，同治三年四月戊戌，见宝鋆等纂修：《筹办夷务始末 · 同治朝》卷 25，第 12 页。

④ 《领事办事不协照会撤换》，同治四年九月十四日，见徐宗亮编：《通商约章类纂》卷 4，北洋官书局光绪戊戌年（1898 年）版，第 23 页。

作出承诺，亦为其他国家所效法。同治五年九月（1866 年 10 月），意大利来华订约，亦是采取照会的形式。① 但在订立这一规定的过程中，并不那么顺利，遇到各种阻力。如奥地利使臣毕慈来华订约，经过 20 余日“面折力争”，彼始允以照会的形式承诺。由于奥地利同意删除传教特权一款，谈判大臣董恂认为“自应略予转圜，准其照办”。②

而列强方面，亦时时适用机会扩展特权，由此更进一步加深了条约关系的不平等性。例如，光绪元年（1875 年），英国利用马嘉理案（又名“滇案”），提出各种与该案相关的条约要求。而且，“英国任意强提条件，使中国必须接受，不容异议”。③ 如李鸿章谓，“该使借端狂吠”。④ 英方又以各种威胁手段，迫使清政府接受其要求，签订《烟台条约》。除了“滇案”本身的处理之外，英方还攫取了种种特权，诸如扩大商务、租界免厘、内地半税单照、扩大领事裁判权、“优待往来”以及可进入西南考察，等等。⑤ 通过该约，英国进一步扩展了条约特权，包括政治和商务方面。威妥玛签字后说，这是“他能得到的最好的协定”。⑥ 一位西方历史学者将《烟台条约》的签订视为标志性事件，认为这是“中国对外关系史中的第三阶段，重要程度仅次于一八四二和一八五八年条约”。⑦ 对中国而言，此约对中英《天津条约》之后的矛盾和冲突，亦是一个了结。李鸿章说，“赴烟就议，事已不可为”，“徒以庙堂忧系时局艰危，不得不隐忍以图息事”。签约之后，“从此妥为驾

① 《义国照复》，同治五年九月十九日，见徐宗亮编：《通商约章类纂》卷 4，第 24 页。

② 《总理各国事务恭亲王等奏》，同治八年七月乙未，见宝鋆等纂修：《筹办夷务始末·同治朝》卷 67，第 8 页。

③ ［美］马士：《中华帝国对外关系史》第 2 卷，张汇文等译，第 333 页。

④ 《复丁稚璜宫保》，光绪二年八月二十六日，见顾廷龙、戴逸主编：《李鸿章全集》第 31 册，安徽教育出版社 2008 年版，第 489 页。

⑤ 中英《烟台条约》，光绪二年七月二十六日，见王铁崖编：《中外旧约章汇编》第 1 册，第 346～350 页。

⑥ Alexander Michhid, *The Englishman in China during the Victorian era*, Vol Ⅱ, Edinburgh and London: W. Blackwood & Sons, 1900, p. 275.

⑦ 高第：《中国外交关系史》第 2 卷，第 84 页。转引自于乃仁、于希谦编：《马嘉理事件始末》，德宏民族出版社 1992 年版，第 121 页。

驭，二十年内或不至生事耳”。① 然由于英政府对该约增加鸦片税不满，英国“批准这项协约则延迟了 9 年，即拖延到 1885 年 7 月”。② 而在此期间，清政府却已批准该约，单方面履行了条约义务。

另外，在条约关系形成的同时，清政府还与各国订立了一系列的“准条约”。有的国际法学者把国家同外国私法人订立的契约称为“准条约”，③ 晚清时期的“准条约”多属这一性质，系正式条约之外的各种合同、章程、协定等，有的是地方官与外国领事所订，有的是中央政府或地方政府与外国公司所订。这些合同、章程的内容多为投资、借款之类，其中有些是根据条约权利订立的，虽不是正式的国际条约，但对中国仍有约束力。当时，“在某种意义上中国政府的国际地位受他和私人公司或银团的商业契约所决定和规定，确实几乎不下于被它和其他国家政府所订立的正式条约所决定和规定。”④ 显然，这些“准条约”亦是中外条约关系的重要组成部分。

综上所述，近代中外条约关系是通过战争暴力建立的，这是其不平等内涵的基础。或许正因为两者密不可分的关系，在列强看来，没有经过战争或武力威胁，便不能签订符合它们利益的条约。战争成为条约关系的前提条件，甚至和平达成的协定反被视为非正常的而被否定，1869 年中英《新定条约》的命运，正典型地反映了这一不正常的“正常”现象。该约经和平谈判、双方签字之后，又被英国政府所拒绝，其理由之一，便是没有经过武力胁迫。当时，该约遭到英国各商业团体的坚决反对，而“这种坚决一致的敌对意见，是无法抗拒的，于是这项协约的批准遂被拒绝了”。这种拒绝意味着“不能信任中国的行政”这一个问题，在这些意见的字里行间，表现出列强的内心思想，即他们为自己的利益在华取得任何东西，必须经常“施行压力”。不论怎样假装，列强在华地位，都“是由于武力造成的”。任何“改进或保持”这种地位的政策，必须依靠“隐蔽的或显露的”的“武力”形

---

① 《复丁稚璜宫保》，光绪二年八月二十六日，见顾廷龙、戴逸主编：《李鸿章全集》第 31 册，安徽教育出版社 2008 年版，第 490 页。

② ［美］马士：《中华帝国对外关系史》第 2 卷，张汇文等译，第 335 页。

③ 李浩培：《条约法概论》，法律出版社 1987 年版，第 13 页。

④ ［美］威罗贝：《外人在华特权和利益》，王绍坊译，生活 · 读书 · 新知三联书店 1957 年版，第 600 页。

式为定。[①] 也就是说，只有通过战争攫取的特权，才是可靠的，如一位西方评论家所言，“强权即公理”的格言，“必须严厉地在中国予以实施”，否则只有“无条件的投降而撤走”。[②] 中外条约关系正是用强权手段建立起来的，充斥着不平等性质的内涵，这正体现了列强对华战争的本质特征。

三、建立平等关系的尝试

不平等条约关系的建立，对中国造成了极大的危害，清政府开始注意在新订条约中改变这一局面。第一个完整的平等条约，始于 1871 年的中日《修好条规》及其相关的通商条约。这是中国与亚洲国家订立的第一个条约，是清政府试图打破与西方国家的订约模式，冀望建立平等条约关系所作的一次尝试。日本曾作为中国的藩属国加入“华夷”秩序，但自丰臣秀吉挑起对明朝的战争，中日便断绝了这一关系，德川幕府形成了以自己为中心的特殊的国际秩序，即“大君外交体制”。[③] 明治维新之后，日本力求打开局面，积极推进对近邻各国的外交，也因此谋求与中国建立新的关系。清政府在反复权衡之后，终于接受了日本的要求，并按照自己的意愿与彼建立了平等的条约关系。

中日两国建立条约关系，系因朝鲜问题而起。明治政府将修复朝鲜邦交放在首位，1869 年派人赴朝，致函谓：“将军源家康，开府江户，至今亦已历十余世。然而升平日久，不无流弊，时或乖戾。及至我皇上登极，乃更张纲纪，亲裁万机，欲大修邻好之谊。贵国于我，交谊已久，宜笃修款诚，归于永好，万世勿渝。此为我皇上之诚意。故特遣介使，申叙旧悃，诸维亮照。”[④] 由于朝鲜仍实行闭关锁国政策，对日本图谋征服朝鲜存有戒心，并且由于其对宗主国中国的顾虑，因此拒绝了日本的要求。[⑤] 日本外务省派出官

---

① 密其：《阿礼国旅华记》，第 2 卷，第 221 页。转引自［美］马士：《中华帝国对外关系史》第 2 卷，张汇文等译，第 240 页。

② 高第：《中国对外关系史》，第 1 卷，第 390 页。转引自［美］马士：《中华帝国对外关系史》第 2 卷，张汇文等译，第 284 页。

③ ［日］信夫清三郎编：《日本外交史》上册，天津社会科学院日本问题研究所译，商务印书馆 1980 年版，第 10 页。

④ ［日］东亚同文会编：《对华回忆录》，胡锡年译，商务印书馆 1959 年版，第 9 页。

⑤ ［日］信夫清三郎编：《日本外交史》上册，天津社会科学院日本问题研究所译，第 126 页。

员赴朝鲜调查，认为目前朝鲜由大院君掌握权力，文武官吏暗斗激烈，民心动荡已极。“彼之所以拒绝对马藩遣往的使节，因在王政一新的通告书中，曾使用‘皇’字，被认为不逊，并非有意与日本绝交。但仍望能够有与德川将军同等的大臣，进行平等的交涉。因此日本应在现时派遣国使，能以兵力与理论并进，可以使朝鲜就我范围。”① 在朝鲜看来，只有上国大清帝国的君主才能被称为“皇”，而日本政府致朝鲜政府的国书中出现了这样的字样，有违体制，因此拒绝接受。

为解决朝鲜问题，1870 年 5 月，日本外务省提出了三种方案：一是消极方案，即在国力充实之前，停止同朝鲜的谈判。二是积极方案，即派木户孝允为天皇使节前往朝鲜，要求订立“开港开埠，两国自由往来的条约”，视朝鲜态度如何，必要时“逼以军舰之兵威”，或进而不辞诉诸武力。三是迂回方案，即根据“华夷”秩序，利用清朝与朝鲜的前宗属关系，日本先向清朝派出天皇使节缔结修好条约，如能与清朝建立平等关系，即可位居朝鲜之上，朝鲜就可能接受日本的建立邦交的要求，如果朝鲜不从，再“议及和战问题”。第三种方案是外务省和岩仓具视、大久保利通等萨摩派的意见，最后随着萨摩派战胜长州派，日本政府在外交政策上也采取了“日清交涉先行的方针”。② 其时，日本国内因朝鲜不接受国书，征朝论在政府和民间士族间盛极一时。在这种情况下，政府认为“同中国的交往虽不比同朝鲜的交往更急，但从怀柔朝鲜的观点来说，也应该首先着手进行”。③ 7 月，太政官命外务权大丞柳原前光和外务权少丞花房义质等人，前往中国进行签订条约的预备谈判。

柳原抵达天津后，递交了日本外务卿清原宣嘉致清政府总理衙门的书信，内称：“方今文明之化大开，交际之道日盛，宇宙之间无有远迩矣。我邦近岁与泰西诸国互订盟约，共通有无，况邻近如中国，宜最先通情好，结和亲。而惟有商船往来，未尝修交际之礼，不亦一大阙典乎？”“预前商议

① ［日］东亚同文会编：《对华回忆录》，胡锡年译，第 11 页。

② ［日］信夫清三郎编：《日本外交史》上册，天津社会科学院日本问题研究所译，第 132、133 页。

③ ［日］井上清：《日本军国主义》第 2 册，尚永清译，商务印书馆 1985 年版，第 32 页。

通信事宜，以为他日我公使与贵国定和亲条约之地。”① 函中表明来华的意图，即为通好缔约作预备。

对日本的订约要求，清政府内心是不愿意的。还在1867年，恭亲王奕䜣就对日本的逐渐强大深为忧虑，奏称：“近岁日本兵败，与英法各国讲解，旋即发奋为雄，学造兵船，往来各国，志不在小”。他担心日本占据朝鲜，将对中国有切肤之患，并认为日本占据朝鲜，比法国占据朝鲜，其患更甚。“日本在前明为倭寇，江浙等省滨海地方，蹂躏几遍，并延及于朝鲜，且每存夜郎自大之心，与中国久无朝贡。”如果朝鲜为日本所据，“则与中国相邻，患更切肤，传教通商，犹其余事。现在日本之有此举，或有别国纵恿，亦未可定。是朝鲜被日本之兵，其患较被法国之兵尤为甚”。因为，“朝鲜虽属弹丸，若英法各国与之构衅，其志不过在于传教通商，两国互相牵制，未必遽攘其土地为已有。至日本无所牵制，难保不贪其土地”。为此，他在密奏中“请饬下礼部酌量密咨朝鲜国王，豫为防范”。② 因此，对日本的订约要求，清政府仍抱有戒心，复照谓：“中国与贵国久通和好，交际往来，已非一日。缘贵国系邻近之邦，自必愈加亲厚。贵国既常来上海通商，嗣后仍即照前办理，彼此相信，似不必更立条约，古所谓大信不约也。惟于贵国货物到上海时，先行通知上海道，验货纳税，两无欺蒙，自可行诸久远，似较之泰西立约各国尤为简便。此乃中国与贵国格外和好亲睦之意，该贵国必洞悉此情也。”③

从复照中可以看到，以“邻近之邦”、“大信不约”、通商可“照前办理”等理由，提出“不必更立条约”，甚至较立约“尤为简便”，说明清政府没有真正接受条约这一近代交往方式。而此时的日本“蓄志已久”，决心要与清政府建立条约关系，因此柳原又一再要求。署三口通商大臣成林向柳原“陈说多方，往复再四”，而柳原“等持论甚坚，一若不允所请，难以回

① 《日本国信函》，同治九年九月丁亥，见宝鋆等纂修：《筹办夷务始末·同治朝》卷77，中华民国十九年故宫博物院用抄本影印，第36～37页。

② 《恭亲王等又奏》，同治六年二月己亥，见宝鋆等纂修：《筹办夷务始末·同治朝》卷47，第23页。

③ 《给日本国照会》，同治九年九月丁亥，见宝鋆等纂修：《筹办夷务始末·同治朝》卷77，第37页。

国销差”。且谓“中国商民在该国贸易者甚多，该国与泰西各国通商，无不立约。中国因未立约，故诸事每形掣肘，常为泰西各国所欺陵”。从日本启程时，列强“复谓西邦各小国，向系我等大国同往，方得允准，如径前往，中国必不即允。今果不允，必将为所耻笑”。[①] 尤其是，柳原又临时发挥，提出可与中国结盟的理由，对时任直隶总督的李鸿章谓：“久受西洋欺负，愿与中国联络”。李鸿章等认为，日本“虽难遽为我用，第恐拒之已甚，致彼舍而之他，东土既不免生心，西族且因而傅翼，将来愈难收拾”，[②] 遂致函总理衙门，倾向于同意订约。

柳原“其意甚坚，其词极婉”，又以结盟相诱惑，终于打动了天朝大吏们。经“公同商酌”，奕䜣等奏请允准接受日本的请求，谓：“日本求约之意，已非一日，中国与西洋各国通商立约，久为该国所觊觎。臣等前未敢遽允者，恐该国视之太易，多所要求。今该差官意坚词婉，势难再拒”。从小国与中国订约的前例来看，“均由英法为介绍，即以英法为护符。”此次日本径自派员前来，定会“视中国之允否，以定将来之向背”。如果“前泰西各国，均各允其所请，而惟于日本近在东洋，坚为拒绝，似非一视同仁之意”。而且“此时坚拒所请，异日该国复浼英法为介绍，彼时不允则哓舌不休，允之则反为示弱。在彼转声势相联，在我反牢笼失策。与其将来必允，不如此时即明示允意，以安其心”。他以李鸿章函致臣衙门“叙述此意”，“中外意见相同”，也主张同意日本的订约要求，得到允准。[③] 于是再次照会日使，谓：“本王大臣以中国与贵国本系邻邦，来往通商，交好已久，可不必更立条约，原以昭格外和睦之意。兹复据协办大学士总督李、大理寺卿三口通商大臣成来函，均称贵国来员柳原等，坚以立约为请。本王大臣复思两国相交，固贵诚信之相孚，尤贵情意之各洽。今贵国来员既坚持来意，自应如其所请，以通交好之情。惟议立条约，事关重大，应特派使臣与中国大臣

① 《总理各国事务恭亲王等奏》，同治九年十月庚戌，见宝鋆等纂修：《筹办夷务始末·同治朝》卷 78，第 23～24 页。

② 《署三口通商大臣大理寺卿成林奏》，同治九年十月丁巳，见宝鋆等纂修：《筹办夷务始末·同治朝》卷 78，第 35～36 页。

③ 《总理各国事务恭亲王等奏》，同治九年十月庚戌，见宝鋆等纂修：《筹办夷务始末·同治朝》卷 78，第 23～24 页。

会同定议。贵国今欲与中国通商立约，应俟贵国有特派大臣到时，中国自当奏请钦派大臣，会议章程，明定条约，以垂久远而固邦交。”① 柳原实现了预定的目标，“遂亦欣然”，即“搭坐轮船，回帆东下”。②

但是，清政府内部仍有不同意见。安徽巡抚英翰即表示了反对，其理由有四：一是认为日本向来为臣服朝贡之国，与英法各国曾经明定条约者不同。英法各国通商为条约所准，日本之通商，为臣服所无。“条约所载，照章通行；臣服之邦，不得率请，叛服悉听其自然，中国不受其恫喝。”二是中国自明朝受日本之患，不亚于今日之英法，“一经纵入腹地，是于英法之外，又添一大患，不可不深思而远虑也”。三是将会产生连锁反应，海外还有不少如日本一样未通商之国，均会仿效日本接踵而来。“傥徇目前之计，曲允所请，恐以后臣服诸国，皆欲援例以求，接踵而至，实与大计有碍。”四是日本一国难以举兵侵犯，不同于英法各国容易结成联盟。“英法各国之合从易，而日本一国之动众难。以理相折，或可阻遏其气，亦不至遽有称兵之事。”③ 英翰将日本视为“臣服朝贡”之国，显然不符合事实，《钦定大清会典》亦未将日本列为“四裔朝贡之国”。④ 其他理由虽不无道理，但不与接触，不相来往，显然是消极的办法，仍反映了“天朝”大吏对近代交往形式的陌生和抵拒。

清廷对英翰之言有所顾忌，令曾国藩、李鸿章“豫行妥筹，详细晰明”。李鸿章仍然主张与日本订约，并针对英翰的说辞，提出以下理由：一是日本并非乘危要求订约。“庚申辛酉后，苏浙糜烂，西人胁迫，日本不于此时乘机内寇，又未乘危要求立约，亦可见其安心向化矣。”二是日本要求订约通商合乎情理。“今彼见泰西各国，业与中国立约通商，该国已与泰西各国立约通商，援例而来，似系情理所有之事。”三是日本向非中国属国，

① 《给日本国照会》，同治九年十月，见宝鋆等纂修：《筹办夷务始末·同治朝》卷78，第24～25页。

② 《署三口通商大臣大理寺卿成林奏》，同治九年十月丁巳，见宝鋆等纂修：《筹办夷务始末·同治朝》卷78，第35～36页。

③ 《安徽巡抚英翰奏》，同治九年润十月戊子，见宝鋆等纂修：《筹办夷务始末·同治朝》卷79，第7～8页。

④ 《钦定大清会典》（嘉庆朝），卷31，礼部·主客清吏司，第11～12页。

此时订约对中国有利。“该国向非中土属国，本与朝鲜琉球越南臣服者不同，若拒之太甚，势必因泰西各国介绍固请，彼时再准立约，使彼永结党援，在我更为失计。自不如就其纳款之时，推诚相待，俯允立约，以示羁縻。”四是日本正在图强御侮，可笼络之为我所用。“日本近在肘腋，永为中土之患。闻该国自与西人定约，广购机器兵船，仿制枪炮铁路，又派人往西国学习各样技业，其志固欲自强以御侮。究之距中国近而西国远，笼络之或为我用，拒绝之则必为我仇。”①

曾国藩也主张订约，认为中国排拒日本已久，不可再加拒绝。“同治元年，始有日本官员，以商船抵沪，凭荷兰国商人报关进口。其后迭次来沪，中国随宜拒却，始而准售货完税，仍不得在上海买带回货。继而准其在上海一口贸易居住，仍不准驶入长江别口。又继而允其前来传习学术，仍不允验收其船照印信，拒之亦久矣。今既令其特派大员，到时再与妥议条约，岂可再加拒绝。”曾国藩同时提出以下理由：一是日本要求订约理由正当，并无他意。“自道光二十二年间，与洋人立约议抚，皆因战守无功，隐忍息事。厥后屡次换约，亦多在兵戎扰攘之际，左执干戈，右陈盘敦，一语不合，动虞决裂，故所定条约，间有未能熟思审处者。日本国二百年来，与我中国无纤芥之嫌，今见泰西各国，皆与中国立约通商，援例而来请，叩关而陈辞，其理甚顺，其意无他。”二是现在拒绝，最终还是得订约。“若我拒之太甚，无论彼或转求泰西介绍固请，势难终却。”三是若不订约，在国际上会产生不良影响。各国前后比较，“疑我中国交际之道，逆而胁之，则易于求成，顺而求之，则难于修好，亦殊非圣朝怀柔远方之本意。”也就是说，各国见此，以为与中国打交道，只有用强力才能使中国应允其要求。四是历朝历代均未征服日本，彼并非如朝鲜那样的臣属国。“彼国习前代故事，本无畏慑中土之心，又与我素称邻邦，迥非朝鲜、琉球、越南，臣属之国可比。其自居邻敌比肩之礼，欲仿英法诸国之例，自在意中。”五是日本与中国相邻，立约通商之后，华商亦可前往彼国通商。“日本物产丰饶，百货价贱，与中国各省不过数日水程，立约之后，彼国市舶，必将络绎前来，中国贾帆，亦

① 《协办大学士李鸿章又奏》，同治九年十二月癸亥，见宝鋆等纂修：《筹办夷务始末·同治朝》卷 79，第 47～48 页。

必联翩东渡，不似泰西诸国，洋商来而华商不往。”曾国藩还提出了具体的立约方针：一是“须仿照领事之例，中国派员驻扎日本，约束内地商民，并设立会讯局，办华洋争讼案件。”二是华人在彼国触犯禁令，“即由中国驻洋之员惩办，或解回本省审办，免至受彼讥讽，相形见绌”。三是税则轻重，日本自诩为强大之邦，同文之国，想必亦照泰西诸国之例，若不以泰西诸国之例待之，彼将谓厚滕薄薛，积疑生衅。因此，“悉仿泰西之例，亦无不可，但条约中不可载明比照泰西各国总例办理等语，尤不可载后有恩渥利益施于各国者一体均沾等语”。不能“为此简括含混之词，坚彼之党，而紊我之章”。总之，“中国之处外洋，礼数不妨谦逊，而条理必极分明；练兵以图自强，而初无扬威域外之志；收税略从彼俗，而亦无笼络取大利之心”。①

李、曾二人纠正了英翰将日本视为藩属国的错误，从各个角度分析了与日订约的必要性，尤其是他们均看到了与各国普遍建立条约关系的必然趋势。曾国藩的思考更为详密，不仅较李鸿章作了更充分的阐述，而且提出了订约的基本方针。清廷赞同李鸿章和曾国藩的主张，尤其是曾国藩的订约方略，遂降谕：“曾国藩奏遵筹日本通商事宜，所陈派员驻扎日本，约束内地商民一节，与李鸿章前奏，大意相同。至谓明定章程，不外体制与税务两端，仿照泰西之例，固无不可。但条约中不可载明比照泰西各国总例办理，及后有恩渥利益施于各国者一体均沾之词，以免含混等语，所虑颇为周密。著李鸿章按照曾国藩筹议各情，豫行区画。庶将来该国使臣到后，得以因时制宜，不至再蹈从前隔阂覆辙。是为至要。”②

1871 年，日本派伊达宗诚为全权代表赴华，清政府则以直隶总督李鸿章为全权代表，与之进行正式订约谈判。9 月 13 日，两国全权代表签订了《修好条规》及《通商章程：海关税则》(以下简称《通商章程》)。1873 年 4 月 30 日，两国代表在天津交换批准。至此，中日两国正式建立了条约关系。

---

① 《大学士两江总督曾国藩奏》，同治十年正月己酉，见宝鋆等纂修：《筹办夷务始末 · 同治朝》卷 80，第 9～11 页。

② 《穆宗毅皇帝实录》卷 303，同治十年正月己酉，见《清实录》第 51 册，中华书局 1987 年版，第 18 页。

此次订约交涉，“与历办西洋条约不同”，[①] 中日最后签订了权利义务相互平等的条约。此前，列强与中国订约，从来没有由中国提出草案的先例，这是中国首次按照自己的主张订约，避免了中外条约中的种种弊端。如此次所订条约，分为《修好条规》和《通商章程》两部分，这种区分别具匠心，对维持平等关系具有重要意义，用李鸿章的话说，“原约分修好条规，通商章程为二，颇具深心”。[②] 前者简明扼要，规定了中日两国关系的基本方针和规则，是垂之永久而不能改变的，颇有“万年和约”之意。其中前言规定：两国全权大臣“各遵所奉谕旨，公同会议订立修好条规，以期彼此信守，历久弗渝”。[③] 最后一条又规定：“两国议定条规均系预为防范，俾免偶生嫌隙，以尽讲信修好之道。为此，两国钦差全权大臣先行画押盖印，用昭凭信，俟两国御笔批准互换后，即刊刻通行各处，使彼此官民咸知遵守，永以为好。”[④] 这些规定主要反映了清政府的订约思想，旨在保障两国之间的永久和平与平等互睦关系。后者则是两国通商贸易的具体规则，主要以已订中外条约，即中国与西方国家所订条约为蓝本。与前者不同，通商贸易规则可以因时而变，需要留下必要的余地。因此，该章程第 31 款规定：“两国商民在通商各口，如彼此海关章程嗣后有变通之处，由理事官说请驻京大臣，随时照会商办。”第 32 款规定：“两国现定章程，嗣后若彼此皆愿重修，应自互换之年起至十年为限，可先行知照，会商酌改。”[⑤] 其中第 31 款，主要反映了日方的要求，后来日本即据此在修约问题上纠缠不已。显然，根据这些规定，修改《修好条规》没有条约依据，而《通商章程》则

---

① 《大学士直隶总督李鸿章奏》，同治十年八月辛酉，见宝鋆等纂修：《筹办夷务始末·同治朝》卷 83，第 3 页。

② 《复总署 论日本修约》，光绪十三年二月初五日，见顾廷龙、戴逸主编：《李鸿章全集》第 34 册，安徽教育出版社 2008 年版，第 183 页。第 4888 页。

③ 中日《修好条规》，同治十年七月二十九日，见王铁崖编：《中外旧约章汇编》第 1 册，第 317 页。

④ 中日《修好条规》，同治十年七月二十九日，见王铁崖编：《中外旧约章汇编》第 1 册，第 319 页。

⑤ 中日《通商章程：海关税则》，同治十年七月二十九日，见王铁崖编：《中外旧约章汇编》第 1 册，第 324 页。

可以变通、酌改。这一设计，反映了清政府订约思想的进步，它从不愿订约到漫不经心，并吃了不少苦头之后，最终对运用条约保护自己的权益有了一定的认识。

通过这一条约，日本虽未能取得如西方列强那样的条约地位，但却达到了最初所期望的目的，即"日清两国地位平等"。其结果是，"对于对清恪守事大藩属之礼的朝鲜，日本在名分上就取得了优越地位，这应该说也就打开了与朝鲜建交的方便之门"。① 显然，该约的签订，对日本是有利的，它由此打开了突破朝鲜问题及渗入中国的缺口。另外，这个条约在形式上是平等的，但在实际上却不对等。如井上清所说："这是一份奇妙的'平等'条约［指《修好条规》］。日中两国都互相享有治外法权和关税协定权。当时日本国内几乎没有侨居的中国人，所以这一规定实质上就等于日本人享有治外法权，这就是日本的着眼点"。② 另外，当时日本政府希望"取得完全自主审判权"，而为了取得这一权利就必须同样将其赋予中国。日方为了不使本国侨民"处于彼方严酷法律之下"，在预料中国领事不会来驻日本的情况下，"企图事实上惟有我方可以确保治外法权，才订立了这样的条约"。③

对于日本，这一基本平等的条约关系，不是它所希望的。换约之后，日本外务卿副岛种臣拜访李鸿章，谓："无论中国或日本，与西洋各国缔结条约，皆出于彼方强制，由于不谙欧美习俗，致有受其欺谎等事。"为此，日本政府希望与西方各国进行修约交涉，收回领事裁判权等，已特派岩仓具视赴海外，"就此事进行研究"。日方打算待岩仓归国，大致整顿以后，再向中国"提出更订条约之议"。④ 但日本并非要与中国建立近代性质的平等条约关系，而是要效法西方列强，将不平等条约强加给中国。在这次订约中，日本代表便为取得与西方列强同等的条约地位而力争，"几至罢议"，

① ［日］信夫清三郎编：《日本外交史》上册，天津社会科学院日本问题研究所译，第137页。

② ［日］井上清：《日本军国主义》第3册，马黎明译，商务印书馆1985年版，第224页。

③ ［日］井上清：《日本军国主义》第2册，尚永清译，商务印书馆1985年版，第34～35页。

④ ［日］东亚同文会编：《对华回忆录》，胡锡年译，商务印书馆1959年版，第34页。

李鸿章坚持不改，“而日人上下总不甘心”。[①] 从一开始，中日平等的条约关系便无共同的基础，且一直处于摇荡和危机之中，最终为日本用武力所改变。

在中日订约交涉中，清政府试图打破与西方列强所订条约的成规，与日本建立平等的条约关系，所订条约也实现了这一目标。然而，尽管清政府如愿以偿，但从日本的企图及订约、换约过程来看，这只是清政府一厢情愿。这一以中方为主导而建立的条约关系，仍然隐伏着极大的危机。如前所述，日本要求与清政府订约，其主要目的是通过迂回的方式打开进入朝鲜的通道，而并非与中国建立平等的条约关系。柳原为了说服清政府同意订约，以中日合作对抗欧美来引诱李鸿章等，“本来是临时的托词”，他本人和日本政府根本就没有这种意图。现实情况是，日本采取的政策是讨好西方列强，向这些强国靠拢。例如，在“天津教案”发生后，英法等国对华进行战争威胁，此时明治政府的实际首脑大久保利通向岩仓具视提出了日本的方针：(1)“鉴于‘各国交往本以亲睦为主’，希速派外务卿或大辅前往横滨，慰问公使团，以表示我‘对外国遵守信义’”。(2)英、法如果出动军舰、陆军，“我方可向它们致意，愿在食粮、薪、水方面以及只要日本能做到的其他事情都尽力帮忙，请它们不客气地提出来”。[②] 显然，在中国与西方列强的天平上，日本是倾向于后者的。

此时维新中的日本，正在进行脱胎换骨式的变革，逐渐确立了脱离亚洲传统的“野蛮”体制，效法西方文明的方针。因此，它在与中国建立这一新的关系时，也试图步西方列强之后尘，在中国获得同样的特权和待遇。日方全权代表伊达宗诚赴华，“貌虽恭谨，而中颇矫矫自负，始念不无奢望”。[③] 谈判中，日方提出由以中德条约为蓝本的草案作为基础，“想从清帝国方面

---

① 《复总署　论日本修约》，光绪十三年二月初五日，见顾廷龙、戴逸主编：《李鸿章全集》第34册，安徽教育出版社2008年版，第184页。

② 《大久保利通文书》三，见［日］井上清：《日本军国主义》第2册，尚永清译，第33页。

③ 《致总署　论东使议约》，同治十年七月十五日，见顾廷龙、戴逸主编：《李鸿章全集》第30册，安徽教育出版社2008年版，第283页。

得到与欧美列强同等的特权”。① 如该草案第 2 款云，“均照泰西各国优典无异”；第 5 款云，“悉照与外国所立通商总例办理”；第 11 款云，“两国从前与泰西各国定约历有成例，均可遵照”；第 15 款云，“既经换约，准行后，有别外诸国或沾异数殊典，两国无不照办”，等等。“是其处心积虑，以西国为比例，虽一款可抵数十款矣”。中方提出，“交际非别国之比，何必一一必照”。日方则“总谓既同和好，未便歧视”，并将中方新与奥地利所订条约“译出送阅”。李鸿章也甚感为难，谓：“各国和约，唯一体均沾等语流弊最甚。兹日本谆谆注意在此，既允立约，恐难力拒，其他皆末节也。”②

日方提出的方案遭到中方的拒绝，双方为此进行了争辩，焦点是中日条约是否可以与别国有差异。日副使柳原特地致函，对中方“专欲特异于西例，以示两国别开生面之意”，予以反驳，其理由主要有：一是两国订约与别国亦有关系，不要影响与他国的关系。“夫修好通商之款，虽由两国主权订立，其休戚必与别国相关，此敝邦之所以留心注意于此行者也。”他特别提出，伊达宗诚从东京出发时，来送行的他国公使中有人“诘以此行将与清国结盟连横”。因此，“须照贵国准与西人成例，一体定约，庶不致生嫌疑”。二是交际之道只可划一，不可与西例不同。“天下之人，聚此一国，必明条约以敦交际，则此条规即天下人之大道，一人得而行者，千万人亦得而行。几西人之所望于我，我之所拒于彼，必援别国条例为辞，故交际之道，只可划一，不可特异，开例自破条规，以招彼之觊觎也。今两国欲于天下人中，特立好看字面之约，何益于事？”柳原特别提出，其前一年来津要求面递信函，中方“则云不可遽令来京，致与泰西各国历届成案不符”，由此可知“邻好之不足以破西人格”。三是与西例不同非两国之福。“条规章程，断断不可轻重于西例。欲重之也，西人妒而分之；欲轻之也，西人侮而诋之。况今两国均有西客旁观，出入颇生枝节。两国所议之约，或有参差，非谓不能通行，且谓使者不力，亦何面目归国反命乎？今贵国将条约必欲立异，仅改字面，徒使西人怀疑含妒，恐非两国之福。贵国于西人事以不

① ［日］信夫清三郎：《日本外交史》上册，天津社会科学院日本问题研究所译，第 137 页。

② 《致总署　议日本换约》，同治九年十一月二十八日，见顾廷龙、戴逸主编：《李鸿章全集》第 30 册，第 149 页。

治而治，阅历已久，自有老谋深识明烛，其故何待他人喋喋而论？”因此，“当今之计，惟有互相切磋琢磨，内求强富，外御其侮而已。诚能心照意援，如其条规章程，不若姑从西跟迹，无事更张，不露声色，以稳其心之为愈也”。他要求中方“仍依原呈约稿，改删一、二字面，或有应加数款，即可添入其中，以便早日酌议定妥”。①

对柳原的上述说辞，负责具体交涉的应宝时和陈钦复函予以驳斥。关于中日订约与西方国家的关系，谓：“贵国特派大臣前来，原为通两国之好，若以迹类连横，虑招西人之忌，则伊大臣不来中国，痕迹全无，更可周旋西人，岂非上策？何计不出此，乃于到津后始鳃鳃过虑耶？”关于“两国并说，不与西约一律”的问题，信函中谓：日本与中国距离较近，“非但贵国市舶络绎前来，即中国贾帆亦联翩东渡”。此不同于中国与泰西辽远，有来无往，“故措词均用综括，以昭平允”。海关税则彼此有互异者，“固已载入章程，未尝强不同者，使之同也”。而且前一年柳原来津，“曾言贵国遣使之意，不重在通商，故条规即以修好为名，以期不拂贵国雅意”。中国原无成见，“不过因人以诚求，我即以诚应耳”。至于柳原来函所摘前一年“总署复书与泰西各国历届成案不符一语，为不能破西人成格之据”，此系偷换概念，因“此语系指未经立约之国，不准赴京而言，非谓条规即可照钞也”。如果照抄，“则条规但载两国通商事务，各照西约办理，一言可蔽，何必多费笔舌乎？”总之，“中国与贵国不能有来无往，则西约断不能尽同”。关于中方草案“徒使西人怀疑含妒，恐非两国之福”之说，中方代表指出：“来函因字面少异西约，即深惴惴，不知条规中并无可令西人生疑之处。即第二条大意，亦系美约所载，非创见也”。② 如果日方“既有戒心，

① 《日本副使柳原前光等来函》，同治十年六月十八日，见顾廷龙、戴逸主编：《李鸿章全集》第 4 册，安徽教育出版社 2008 年版，第 367 页。

② 其第 2 条规定：“两国既经通好，自必互相关切，若他国偶有不公及轻藐之事，一经知照，必须彼此相助，或从中善为调处，以敦友谊。”其内容即取自中美《天津条约》第 1 条第 1 款：“嗣后大清与大合众两国并其民人，各皆照前和平友好，毋得或异；更不得互相欺凌，偶因小故而启争端。若他国有何不公轻藐之事，一经照知，必须相助，从中善为调处，以示友谊关切。”见中美《天津条约》，咸丰八年五月初八日，王铁崖编：《中外旧约章汇编》第 1 册，第 89～90 页。

自可无庸相强”，中国并非有所希冀，“欲与贵国立约”。此前一年日方“情词恳切，并送来十六条，均以两国立论其中，虽有数条未能妥洽，余尚可采”，因此“我中堂奏准派使前来会议”。而此次日方所提草案，“全改作一面之词，荟萃西约，取益各款，而择其尤，竟与去岁拟稿自相矛盾”。如果将前一年的拟稿作为废纸，“则是未订交先失信，将何以善其后乎？我中堂又将何以覆命乎？”同时，应宝时等提出，为考虑日方意见，将彼“前送条规章程，彼此再行酌商删并，以使早日定议”。如日方“必不谓然”，只好转请李鸿章“将贵国遽改前议，不欲守信之处，据情具奏，或仍照总理衙门去岁初议，照旧通商和好，毋庸立约”。①

双方对这一问题的辩论，反映了两国之间对即将建立的条约关系存在严重分歧，或可说是南辕北辙。日本所说的“西例”，是指中国与西方国家已经订立的条约，其意乃须完全照搬西例各种约款。这是中日两国的根本分歧所在，李鸿章奏称，日方“历届办过约章，称谓体制之间多非西人所著意。今遂妄欲施诸中国，不肯遽从贬损。而我所谓力争大体者，正在于此”。②其中，日方主张删除中方草案第2条，这完全暴露了柳原“愿与中国联络”之诺的欺骗性。中方以地理位置远近不同，以致中日两国与其他西方国家的情况有别，前者是有来有往，后者是有来无往，来强调条约必须有所区别。这一理由虽不无道理，日方也无言以对，但却缺乏国际法的高度。众所周知，中国与西方列强所订条约，是武力胁迫的结果，有损中国主权，且违背了国际法的基本原则。清政府没有从这一角度进行义正词严的反驳，使己方论点缺乏法理的基础，显得不够有力。饶有趣味的是，强词夺理的日方却大谈“天下人之大道”，似乎它的要求倒符合国际规则。这些说明了清政府对近代国际交往规则的陌生，也反映出中日双方对所面临的新的国际关系的认识，存在较大差异。

除了这一基本分歧之外，日方还提出了日本国君主的称谓、一体均沾和

① 《应宝时陈钦复日本副使函》，同治十年六月二十一日，见顾廷龙、戴逸主编：《李鸿章全集》第4册，第367～368页。

② 《致总署 论东使议约》，同治十年七月十五日，见顾廷龙、戴逸主编：《李鸿章全集》第30册，安徽教育出版社2008年版，第283页。

内地通商三大问题。关于日本国君称谓，日方要求："条规开首，必欲我皇帝与该国天皇并称，章程内载两国国号，必欲清国与日本并称"；①"来往国书彼国称天皇，中国回称或称天皇或称皇帝，两从其便"。②商谈中，"彼则不论东西洋情形各异，而专以伊国历来称谓办法不能改易为词，意颇翘然然自负"。日方曾进行"力争""而固执不化"，其目的，是取得与中国平等的地位，为打入朝鲜奠立基础。李鸿章一语中的："则是中国约章刊列彼主非常之尊号，将来可以征信于史册，目前更可以陵轹东洋，夸耀西洋，而彼得获其名矣。"他"偶厉声色以折之，谓苦存牢不可破之见，此事只可罢议"，该使始"俯首允遵"。③关于来往国书称谓，李鸿章回避了这一问题，答曰："今日只议条规内事宜。至于以后，有无国书，如何回称，临时当出处大皇帝圣裁，非我辈臣下所敢预拟。"④在此问题上，从对等的原则而言，日方的要求并非过分，此前清政府与英、法、美等国签订的重要条约，均是如此对等相称。或许是因为日本曾系中国的藩属国，以及虑及日本会由此打入朝鲜，清政府在约中回避了君主的称谓，拒绝了日本的要求。不过，中方也无轻视或鄙视之意，约中将"大日本国"与"大清国"对称，双方仍是对等的。

关于一体均沾，如"允其请"，"则援照西约事例，可以入我内地，处处贸迁，我不能与之争，而彼得获得其实"。日本副使柳原前光"颇习华书，深悉中西和约得弊曲折，坚欲伸其所说"。李鸿章与应宝时、陈钦"多方开喻，舌敝唇焦，至于无可抵赖之处"。李鸿章等坚持"其均沾一层，决不许用"，日方转而"婉求改用各口取益防损，随时商办等语"，遂"改为如彼此海关章程嗣后有变通之处，随时商办等语，列为第三十一款"。在李

① 《日本约章缮呈底稿折》，同治十年七月十五日，见顾廷龙、戴逸主编：《李鸿章全集》第4册，第368页。

② 《论东使议约》，同治十年七月十五日，见顾廷龙、戴逸主编：《李鸿章全集》第30册，第283页。

③ 《日本约章缮呈底稿折》，同治十年七月十五日，见顾廷龙、戴逸主编：《李鸿章全集》第4册，第368页。

④ 《论东使议约》，同治十年七月十五日，见顾廷龙、戴逸主编：《李鸿章全集》第30册，第283页。

鸿章看来，这一改动对中国没有损害，“盖海关收税容有随时变通，绝无丝毫流弊也”。①

通过“一体均沾”攫取所有特权的企图受挫之后，日方又改变策略，试图牟取具体的重要权利。当条款粗定之后，柳原又“重新翻悔”，陡然提出内地通商问题。李鸿章分析说，该问题“与均沾一层异事相因，若均沾之请得遂，即援案一切准行，虽有内地通商之禁，只属具文，彼所以始而漫许也。兹均沾之望既绝，而通商会［曾］无限制，独设为不入内地之条，岂肯甘心！”柳原也正是以西洋各国为辞，提出：洋货、土货“进出内地通商已久，该国不能独异于西国”。且反复陈述，“几于无可与辩”。李鸿章考虑，此为彼所注意，“凡诸说皆不足拒之，惟推原西洋立约之意”，指出：华人往西洋各国通商，并未限定口岸，而“日本系以入口岸与中国通商”。既然华人“不能到彼内地贸易，日本人亦岂应入中国内地贸易？”此条款“两国从同，确乎公允，何得引西约以为例？西人亦断不相诋侮”。柳原“闻之语塞”，无话可说。为防止以后出现反复，李鸿章臣在《通商章程》第15款之末增加一句话，对禁止往内地通商的两条款作一说明：“以上两款，系因两国各有指定口岸，故须明定限制”。由此“明白揭出，俾以后无可借口”。②

李鸿章等限制日本赴内地通商，不仅仅是因为与日方对等处理，而且更主要是由于李认为其弊害不可胜言。他指出：“此条为洋人必争之利，而实我内地受病之源，是以论从前通商之弊，此为最重”。由于“条约既有明文”，虽名为指定口岸，“而洋商运洋货入内地，暨赴内地买土货”。由此“内地各处皆可以为通商之地，内地商民皆可以冒洋商之名，流弊滋多”。西洋人享有此权利已经“成局”，“无如何矣”，所考虑的是如何“补救于万一，今安得又听日本之无端阑入耶！”尤其是，日本人“贫而多贪诈而鲜信”，“其国与中土相近，往还便捷，其形貌文字，悉与华同”。如果“以

① 《日本约章缮呈底稿折》，同治十年七月十五日，见顾廷龙、戴逸主编：《李鸿章全集》第4册，第368页。

② 《日本约章缮呈底稿折》，同治十年七月十五日，见顾廷龙、戴逸主编：《李鸿章全集》第4册，第369页。

此攫取我内地之利，浸移我内地之民，操术愈工，滋害必愈甚，更非西洋比也”。在李鸿章看来，此次议约，“以杜绝内地通商为最要”。由于“相习既久，相形见绌”，他感到“能否独为禁阻，实未敢预期有何把握”。因此，“尤望各海关临时办理，妥设范围，将来或值修改章程，仍须重申界限耳”。①

除了杜绝显著的弊害之外，李鸿章等还考虑了其他种种可能产生的隐患，试图通过各条款预为防范。如《修好条规》第 1 条规定，两国所属邦土，不可稍有侵越，“隐为朝鲜等国，预留地步”。第 13 条规定，此国民人在彼国有犯凶盗，及诸重大案情，或聚众十人以上，由地方官分别会办，或径行严办，“隐为前明倭寇故事，预设防范”。尤其是，“各国通商以后，各海口几为列国公共之地，绝非一国所能为寇，而东南遗事相传，人人谈虎变色。此条设律从严，详加科断，亦足防微杜渐，稍释群疑”。其他如第 10 条戒雇主徇庇工人，有犯查拿讯办；第 11 条戒彼此往来，不得携带刀械；第 16 条戒领事官办事不合，查明撤回，等等，“悉取鉴于历年交涉成案，求免临时棘手”，“预杜流弊者”。《通商章程》也有所“筹画”，如：第 1 款关于中国通商各处，概标以某口字样，“免似旧约有琼州等府城口舍混之弊”；第 5、6 等款，对于罚款“则分别两国数目重轻，免至各生校量”；第 13 款关于游历，“均照旧章，而执照必发给安分之人”；第 21 款预商官栈办法，以便两国商民；第 32 款言及重修章程，“必须彼此两顾”，等等，“悉参酌于本案交涉情形，求免将来制肘”。综观整个交涉过程及结果，如李鸿章所言，曾国藩提出的“不外体制与税务两端”，以及总理衙门奏言中的“上无碍于国体，下有益于商民”，二议实为中日条约交涉的“赅括”。李鸿章等交涉代表紧扣此窍要，“悉心筹画，几思虑所能到者，不敢不句斟句酌，庶冀稍免滞碍”。②

中方经过艰苦的交涉，才达到了预定的设想。先是应宝时和陈钦与日方

① 《日本约章缮呈底稿折》，同治十年七月十五日，见顾廷龙、戴逸主编：《李鸿章全集》第 4 册，第 369 页。

② 《日本约章缮呈底稿折》，同治十年七月十五日，见顾廷龙、戴逸主编：《李鸿章全集》第 4 册，第 369 页。

代表“不时辩论”，彼此“往复驳诘”，“虽已渐有端倪，究属两无成说”。① 后同治帝下旨，要求李鸿章等“力持定见。悉心开导”，“不必沿袭泰西各国旧套”，“使之就我范围”，尤其不允写上“一体均沾”，“以示区别而杜弊端”。② 李鸿章感到，非由他“面加剖断，不能绝其观望之心”，于是亲自出马，督同应宝时、陈钦“与之逐条确商，随机指驳”。③ 总体来看，清政府在这次订约谈判中，态度坚决，其最有力的“撒手锏”，是“毋庸立约”，这一对条约关系的无所谓态度，断绝了日方的非分之想。同时，他们也准备抵制列强的干预，坚持到底。李鸿章向总理衙门表示，“恪遵谕旨，力持定见，不为外人浮议所慑”。“铁案已定，纵欲倚西人为声援，断不能转白为黑。若果威使真于事后饶舌，应请尊处属其径向敝处辩论，鸿章当有以折之”。④ 经过反复交涉之后，日本代表不得不放弃显违公平的要求，接受了以清政府为主导的方案，双方签订了《修好条规》和《通商章程》。

可是，日本内部却对该约不满，“追究全权代表责任之声甚嚣尘上”。批评的焦点有三：一是承认领事裁判权与修改对欧美条约中收回法权的主张相矛盾，有妨碍修改条约之虞；二是该约第 2 条规定，日清两国任何一方与第三国发生纠纷时，应互相援助或从中调解，这一点可能刺激唯恐日清订立攻守同盟的欧美各国；三是放弃最惠国条款和内地贸易权，会妨碍将来向中国进行经济扩张，等等。⑤ 其他方面，如对于条约的前文没有明白写上“天皇陛下”的尊号，第 11 条两国商民往来不许携带刀剑的规定，第 14 条两国兵船不准驶入未经指定口岸以及内地河湖支港的规定以及其他条款，日方

---

① 《日本约章缮呈底稿折》，同治十年七月十五日，见顾廷龙、戴逸主编：《李鸿章全集》第 4 册，第 368 页。

② 《穆宗毅皇帝实录》卷 315，同治十年七月丁酉，见《清实录》第 51 册，中华书局 1987 年版，第 168 页。

③ 《日本约章缮呈底稿折》，同治十年七月十五日，见顾廷龙、戴逸主编：《李鸿章全集》第 4 册，第 368 页。

④ 《论东使议约》，同治十年七月十五日，见顾廷龙、戴逸主编：《李鸿章全集》第 30 册，安徽教育出版社 2008 年版，第 284 页。

⑤ ［日］信夫清三郎编：《日本外交史》上册，天津社会科学院日本问题研究所译，第 137 页。

“都认为必须删除或修改”。条约签订后，驻日各国公使又提出抗议性的质问，如美驻华公使认为第 2 条是“真正的灾难”，曾千方百计力求删除。日本政府担心得罪西方列强，一方面向它们“解释第二条决非同盟之意，使彼等放心”；另一方面迟迟不批准条约，并于 1872 年 5 月，派柳原为驻华公使，令其在换约前交涉改约。①

柳原前光抵达天津后，即“往晤”津海关道陈钦、记名江苏海关道孙士达，提出改约要求，遭到拒绝后，又“必求示期进见”李鸿章“以申来意”。见到李鸿章后，柳原递交了日本外务卿副岛的修约照会，并略作说明。其基本大纲主要有三：一是“改定西例应行修改事件”。该照会中提出，“从前我国与各国间，彼商民则有来，我商民则无往，而今特发钦使遍历欧西，欲取法于诸国互相常行条例，以定我国外交约款，而待彼诸国来人耳。故昨与清所定条约，至他日我与欧西改定其约之后，则如国法讯断等事必有须行更正者，是以应议俟后改正”。二是“修好条规第二条调处之约”。照会提出，“两国既结和谊，若遇事，从中调处，尽其友情，虽无此条，有权可行。是系诸国通例，故此一条，须议裁撤”。三是“条规第十一条刀械之禁”。提出，“刀械之于我国人也有准无禁，惟清国所禁耳，此遵修好条规第八条，由我理事官检束之，可毋庸立约明禁也，故此禁约须议削除”。②

李鸿章拒绝修约，当即“面加指驳”，指出：两国条约甫派全权大臣议定，“所谓全权者，各有自主之权。伊达上年若不能作主，即不应与我定议。既经定议，断不能遽然改悔”。伊达虽免职，“但知此约系日本全权大臣与我画押盖印。伊达去，而日本朝廷尚在。岂有所派全权大臣与邻邦定约，而廷议欲毁之耶？”柳原是随同定议之人，“当时何不辩论，而事后欲改之耶？”即使另派全权大臣，“而各国议约只一全权，无两次全权也”。日外务省照会，“曰故须裁撤”，“曰故议削除”，“试问当日派全权文内何不预议及此？至今而议裁撤、议削除，我所不敢受也”。原约内一再声明“彼

---

① ［日］井上清：《日本军国主义》第 2 册，尚永清译，商务印书馆 1985 年版，第 35～36 页。

② “日本外务卿副岛照会”，明治五年二月十日，见日本外务省调查部编纂：《日本外交文书》第 5 卷，日本国际协会昭和十三年发行，第 246 页。

此信守”“用昭凭信”“一体信守无渝”等，“夫交邻所重者，信耳。失信为万国公法所敢忌。尔国不应蹈此不韪，贻笑西人”。李鸿章拒绝接收照会，谓：“若据理直复，转恐有伤睦谊，请仍带还可耳。”① 他大声呵斥道：“贵国今如此，是自污也。其将侮我耶？或蔑视清朝耶？何以外务卿大臣等不明道理若此之甚也。今日余若受此照会，则上渎职于朝廷，下失信于万民，有何面目立于而秉权！请速收回成命。说毕，退还照会，其声厉，其色艴”。② 柳原又转而“自求”向陈钦和孙士达“解说一切”，“乞略予转圜之路，俾得及早回国”。陈、孙等“察其词意尚属恭顺，诚恳往返数次，始允预为商量”。③

这样，奉李鸿章之命，陈钦和孙士达与柳原等就日方的修约要求进行商谈。商谈中，柳原等提出了五条具体的修约要求，陈钦等对其所提要求，“逐条核议”，认为“有尚可通融者，有断难允从者”。第 1 条，日本拟与欧西各国改约，“业已拟定专欲取法于欧西常行条例”，修改“外交之约”。柳原等解释说，“日本国遣使赴欧西各国修约，恐通商章程有所更易，特来预商”。陈钦等认为：“两国修好，原不仅重通商，日后更易章程，彼此皆可变通。是以去岁议约时，并不以口岸多寡计较也，惟现在日本与西国修约尚无成议，势难悬定，原不必先期预商，应俟换约后，章程如有更易，自可随时商办。”第 2 条涉及中国在日本的领事裁判权问题，柳原提出：各港所住清民，不下数千，中国新派理事官来，“须先熟察实地情形，尚有随时酌议之处，未及能照条约讯断”。他又进一步解释说，“日本国通商各口，相距均远，清民人数又多，若新派理事官一员，难以兼顾，未能各口会同讯断。且现与西国换约，恐有更改，期于一律办理”。陈钦等诘以西国商民，“是否仍由西国领事自行审办”，柳原等复称：“现在如此办理，以后西约如何更改，尚不可知”。陈钦等提出，“各管各民，系各国通例，今彼国欲改西

① 《致总署　议驳日本改约》，同治十一年四月十一日，见顾廷龙、戴逸主编：《李鸿章全集》第 30 册，第 441 页。

② ［日］信夫清三郎：《日本政治史》第 2 卷，周启乾等译，上海译文出版社 1988 年版，第 344 页。

③ 《议办日本改约》，同治十一年五月二十一日，见顾廷龙、戴逸主编：《李鸿章全集》第 30 册，第 452 页。

约，谅亦未能定议。我两国既经定约，自当永远遵守”。鉴于横滨、长崎、神户三处华民最多，“向由日本国代为管理”，他同意“中国新派理事官前往，情形或未深悉，自应留心察访，借钞卷宗，并一切详询彼地方官，以其妥善”。但“应俟中国派员时，再行办理”。第 3 条即调处之约款问题，柳原提出，中美所订条约和日美所订条约，均载有该条款，“皆属偏为美国单作一面之词”，“欲议裁撤”。他还表示与“美国换约”，也“拟将此条删除”。陈钦等“诘以将来果能删除否”，彼答“尚未能定”。据此，陈钦等提出，“两国既结和谊，遇事调处，自是约中应有要义，即美国无此，亦当增添，况美国偏为一面，我则平列两国，尤属周备”。当初立约时，向日方提出，“凡立条约，是自主之国，皆有自主之权，不必瞻徇他国”。其时，日方全权代表“伊大臣深识大体，亦以为然，故仍行列入”。现在“若怵于浮言，忽欲裁撤，西国环视，当更相轻，因人改约，咎将谁归？且与来文所称，虽无此条，有权可行，是系诸国通例等语，亦觉矛盾，今请裁撤此条，不但启人猜疑，将所谓修好者何事耶？此条应无庸议”。对第 4 条中的禁带刀械问题，日方提出：日本国官吏绅裔常佩双刀，即农工商贾，有时亦带单刀，“本系礼制，不便公禁，由我理事官知其有禁令，我商民无犯，故议削除”。陈钦等认为，“带刀既彼国礼制，虽为中国所禁，如果由彼理事官自行谕禁，商民无犯，似尚无甚妨碍。既经立约修好，须求两全，不必强以所难，显为公禁，应俟换约后，彼此照会，核准立案。仍候修约届其再行酌改”。第 5 条乃关税问题，柳原等提出修改《通商章程》第 28 款，即进出口税一例须议，在日本国各港则应照海关成规收税。陈钦等提出，柳原等提出的修改内容，与原定《通商章程》第 28 款，微有不同。而“两国通商章程第三十一款内，业经载明，两国商民在通商各口，如彼此海关嗣后有变通之处，由理事官详请驻京大臣，随时照会商办等语。今柳原等所请，似亦无甚妨碍，尚可稍为变通。惟必俟换约后，方能照约商办”。①

陈钦等“核议”之后，李鸿章作了详细的批示，又致函总理衙门，并上奏朝廷，详细阐述了自己的意见。他认为，去年中日全权代表“彼此相信，

① 《津海关道陈钦等会详核议日本国照会文稿》，同治十一年五月二十二日，见顾廷龙、戴逸主编：《李鸿章全集》第 5 册，第 131 页。

议成此约”。而“两国初次订交，最要守信，若旋允旋改，先自守信，无此办法”。从前与各国议约，“经彼此画押盖印定后，并无准改之例，本应无庸置议”。考虑到柳原等前两次来津，“曲达诚款，赞成和谊，颇为勤劳，特令该道等与之会商”。对于日方提出的五条要求，李鸿章认为“有尚可通融者，有断难允从者”，并分为三类。一是“未便预议者”，包括第1、2两条。如第1条，日方因与西国修约，“恐通商章程有所更易”。李鸿章认为，“日本遣使往议西约，此时尚无成说，何必悬拟预商，未免多此一举，应如该道等所议，俟换约后，如有必须更换之处，随时察酌商办”。对第2条，日方提出，华民在彼讼狱繁兴，新派理事官须熟察言观色情形，未及照约讯断。李鸿章提出，“此皆须届时相机商办”，“中国因未换约，现未选派理事官，将来派员前往，自应按约办理。惟理事官初到彼国，情形生疏，亦或不免应如该道等所议，中国派理事官时令其留心察访，借钞卷宗，务向地方官咨询一切，届时再行饬遵”。二是可以通融者，包括第4、5两条。如第4条佩刀问题，李鸿章认为，“佩刀既系彼国礼制，中国毀与通好，自未便明为禁阻，应如该道等所议，由日本国理事官自行禁谕，商民无犯，俟换约后，彼此照会核准通行，仍候修约届期酌改”。即佩刀系该国礼制，不便公禁，由该理事官自行禁谕商民无犯。第5条关税问题，日方要求日本进出税照该国海关成规收税，李鸿章认为，“日本国海关通商章程，既有不同，亦可稍为通融，应如该道等所议，俟换约后，照约商办”。① 这些都“无关重轻，应于换约后核准照办者”。三是没有商谈余地的，即要求删除两国遇事调处的第3条。李鸿章指出，“西人揶揄在此，该国注意亦在此。两国自立之约，本各有自主之权，不与他相干。若虑西人讥笑，忽立忽撤，使西人视之更为何如？”他还认为该条款有助于牵制日本，当初与应宝时和陈钦“议创约稿时，实虑日本距我太近”，便考虑到了这一点。因为“凡西洋来华通商，多取道金山、横滨而至上海，该国尤为中国门户。将来设有事变，该国虽未必遽为我用，而有此约章牵制，不至增一劲敌。且不失兵家用间之意”。而“该国亟请裁撤，诚恐失欢于西人，其情可知”。另外，既然日方谓“有权

① 《照覆日本外务卿副岛等公文》，同治十一年五月二十三日，见顾廷龙、戴逸主编：《李鸿章全集》第5册，第131页。

可行是系诸国通例，则亦何须裁撤？”①

日使柳原锲而不舍的缠磨，使李鸿章等人在修约问题上有所松动。柳原又进而要求中方复照“回交销差”，于是李鸿章“照复该国外务卿副岛”，谓：“贵卿大臣此次铨选柳原前来，据称为因拟议改换正约事宜，业经决定，忽又遣员议改，显与上年全权大臣公同拟议者，自相矛盾，本阁爵大臣，实未敢奉教也。所有未尽之言，已饬原派帮办议约之津海关陈道台等，转告柳原，回国述知，毋庸赘述。”②复照仅强调日方的改约要求之不当，对中方有所松动的态度，则隐含于转告柳原的“未尽之言”之中。同时，李鸿章又嘱陈钦面告柳原，“该使此来拟议改约，为各国向来议约所无之事，论理不应接待。因念该使叠次远来，尚无违悖强迫之语，姑与晤商。嗣后该国如遣使来华换约，自应以礼接待。若仍欲渎求改约，则是显违各国公例，应概不接待矣”。③

从陈钦及李鸿章等人的主张来看，虽然反对修改条约，但最后态度有所松动，同意通融。值得注意的是，日方提出修改关税税则的条款，实际上在某种程度上改变了双方的协定关税。中方同意“稍为通融”，反映了他们对涉及经济主权的经贸通商问题，有些漫不经心。条约前言中没有写明“天皇陛下”的尊号，在日本国内反应较大，或许日方感到，这是一个难以突破的核心观念问题，因而没有对此提出修改意见。

1873 年 2 月，日本外务大臣副岛种臣亲自赴华换约。关于修约问题，对中方同意通融的部分如何处理，双方有不同见解。当时李鸿章在致日外务省照会中，没有明确告知处理方针，只是在对陈钦等核议条款所作的批示中涉及了这一问题。在李鸿章看来，“批允通融之处，原议俟换约时核准，彼此照会附刊条约之后，仍候修约届期再行酌改”。而柳原回国后却认为，“俟派换约大臣，另议列入续款，方为大成”。李鸿章认为，柳原的理

① 《致总署　议办日本改约》，同治十一年五月二十一日，见顾廷龙、戴逸主编：《李鸿章全集》第 30 册，第 452 页。

② 《照覆日本外务卿副岛等公文》，同治十一年五月二十三日，见顾廷龙、戴逸主编：《李鸿章全集》第 5 册，安徽教育出版社 2008 年版，第 129 页。

③ 《议办日本改约》，同治十一年五月二十一日，见顾廷龙、戴逸主编：《李鸿章全集》第 30 册，第 453 页。

解“语意稍涉含混”，副岛换约时“或须小有辩论”，但“亦尚不难就范”。此时，李鸿章对日本的印象甚佳，“观其叠次来使，情词均尚恭顺”。尤其是1872年秋间，秘鲁玛也斯船拐卖华民230名至日本，日政府“全数扣留收养，交江南委员陈福勋带回，不肯索还用费”。由此，李鸿章认为，日本“情礼周挚，倍越寻常，是其亲向中国，讲信修睦，尚非虚假，我国自不得不推诚接待”。① 而副岛来华之后，在换约问题上也表现得相当大度。换约之后，对于柳原的修约“成果”如何处理，是否彼此照会附刊约后，副岛毫不在意，谓：“甫经互换，不必多此枝节”，“上年柳原之行本非渠意所乐为”。如果将来日本收回领事裁判权，“再请中国通融商办，想可蒙准”，“此时应无庸议”。李鸿章对此番话语甚有好感，说“殊为爽直了当”。② 此事给清政府留下了好印象，认为日方“礼数周挚”，“凡遇交涉事件，尚讲睦谊”。③ 其实，李鸿章对日本的观察和判断，只是皮相之论，他并未认识到日本的本质，对两国之间所隐伏的危机，缺乏必要的敏感。④

《修好条规》标志着中国和日本之间建立了平等的条约关系，但这一关系仅仅是纸面上的东西而已，缺乏坚实的基础，其注定是短暂的。实际上，中日关系隐伏着深刻的危机，这在条约交换后不到十年便显现了出来。

四、领土野心与平等关系的危机

由于日本采取“屈服和侵略”的对外政策，“一面屈从于英美，一面又从对邻国的高压中取得补偿”，⑤《修好条规》建立的平等关系缺乏坚实的基

① 《论日本副岛种臣来华换约》，同治十一年十二月十九日，见顾廷龙、戴逸主编：《李鸿章全集》第30册，第490页。

② 《致总署 述副岛商论外交》，同治十二年四月初七日，见顾廷龙、戴逸主编：《李鸿章全集》第30册，第513页。

③ 《大学士直隶总督李鸿章奏》，同治十一年十二月壬申，见宝鋆等纂修：《筹办夷务始末·同治朝》卷88，第50页。

④ 随后日本出兵台湾，对李鸿章是一个很大的触动，由此他对日本的本质有了新的认识。他对日驻华公使柳原前光说：“日本二百余年未与中国立约，并无一兵入中国边界。今甫立和约而兵临我境，你对不起我中国，且令我对不起皇上百姓。若有约各国皆如是，天下岂不大乱了？”见《与日本公使东使柳原前光郑永宁问答节略》，同治十三年六月十一日，顾廷龙、戴逸主编：《李鸿章全集》第31册，安徽教育出版社2008年版，第69页。

⑤ ［日］井上清：《日本军国主义》第3册，尚永清译，商务印书馆1985年版，第226页。

础。与中国同样遭受西方列强侵略的日本雄心勃勃，力图摆脱欧美强加的不平等条约的束缚，跻身于它们行列之中。它追随和效法自己的压迫者，试图从中国攫取同样的条约特权，并对中国抱有强烈的领土野心。中日间平等条约关系遭遇的危机，最初在领土问题上反映出来，即出现了台湾和琉球事件。

台湾问题肇因于日本遣兵侵台。台湾自古属于中国，这本已在国际社会达成共识，但存觊觎之心的日本却别有用心地制造事端。1871 年 12 月，琉球船民在海上遭遇风暴，飘流到台湾南部东海岸，登陆后被台湾土著部落杀害。日本以此为借口，于 1874 年派遣陆军中将西乡从道率军侵犯台湾，在琅峤登陆，征讨牡丹等社。日本出兵的理由，是台湾“生番”之地不属中国，因此侵台不是侵略中国。其企图，是割裂台湾，否认台湾全土属于中国的客观事实。事件发生后，中日两国进行了激烈的交涉，双方辩驳的焦点便在于此。对这一关键问题，清政府从各个角度作了充分的阐释，义正词严地表明了中国立场。尽管清政府不熟悉国际法，不如对方运用自如，但通过厘清历史事实、阐明立场，为最后订立条约，认定台湾全岛属于中国，奠定了基础。中日交涉实际上是有关台湾领土问题的一场大辩论，虽然仅涉及台湾部分领土，但却是这一问题的开端，反映了日本对台湾的侵略野心。

围绕台湾“生番”之地是否属于中国领土问题，中日双方反复交涉，互致照会。日方强词夺理，谬称“生番”之地不属中国，其理由主要有：其一，“生番”之地未在中国管治之下。日驻华公使柳原声称，“清国康熙年间始并台湾，收自郑经，即沿故址置府县厅，其所赋猺，著有界限，是为官典，自此以外，迄今视为人迹不到之地，并无官守。……未见朝廷官足，未踏中华地者，是为生番。外人一踵其地，立见戕杀，盖由于此。从前英、美二国商船漂难至此，亦受其害，即经兴兵自行惩办，而清国官并不过问。据此我国自可办也”。① 其二，中国在台湾“生番”之地未施政教。其后来华的全权大臣参议兼内务卿大久保利通照会清朝总理衙门，声言，“台番”是否属于中国，“要判其实，不得不征该地有无政教。”他以欧洲国际公法所

① “日驻华公使柳原复照总理衙门王大臣”，明治七年七月一日，见日本外务省调查部编纂：《日本外交文书》第 7 卷，日本国际协会昭和十四年发行，第 142 页。

言为据，谓，“政化不逮之地，不得以为所属，是为理之公者”。“征之于实地，又见台蕃之家髑髅累累，以相夸耀。朝之相剽，夕之相杀，而无捕之之吏，无惩之之官，是谓有政令教化乎？”并责问清政府：“不论化之内外，政之有无，未绳以法律之民，未设立郡县之地，而称该地在版图内，抑亦有说也欤？”① 日方又抓住中国因俗而治的漏洞，谓：“本大臣始未问中国有无查办之权，而问台番有无政治之实。盖台番以剽为俗，此岂可徇之俗？苟徇其俗则是无律也，无律无政治，谓之非属地之征，亦无不可。”对中国提出“未即化者，不得执为未教之证”之理由，声言“二百余年教而未化”，是“无政治之实”。其三，中国未在“生番”之地征税。大久保说，关于“社饷之供有，原征实银”，然对于“往来贸易私垄断者冒名馈献，或不出土民一部，竟欠细答，不免嗛然，大有令人疑其掩饰者”。中方辩论台事，往往援府志为证。查《续修府志》载贌社之税，“在红夷即有之”。其办法是，“每年五月初二日主计诸官集于公所愿贌，众商亦至其地。将各社港饷银之数高呼于上，商人愿认则报名承应，随即取商人姓名及所认饷额，书之于册，就商征收，分为四季”。商人已认之后，“率其伙伴至社贸易。凡番之所有与番之所需，皆出于商民之手”。台湾南北番社以捕鹿为业，“贌社之商以货物与番民贸易，肉则为脯发卖，皮则交官折饷”。但《淡水厅志》所引邓传安纪番俗云，“输饷之社，归化番也，不输饷之社，野番也。生番何能输饷，惟是社丁以贌社所得纳税于官耳。其冒险趋利与野蕃交易之番割，官不过问焉”。据此二者，即与日方所言“相符”。中方称生番服化，每援府志以“输饷”为证，“而府志等所称，又有如上者，未知府志亦足为据耶？”中方又谓户部历年证饷簿册“皆可覆按”，然其名实“如此”“如彼”，并不一致。“要之，非亲周历不能核实，纸上之谈未足为确。”其四，中国没有履行国家义务惩办生番。中外交涉事务，一经知照，自应查办，“有国者义所当然”。然前年英美等国船客为番民所剽杀者，“何以任其自辨？”此次事件，日方告以惩办番民之事，“而何不引以为贵国之责，而诿以化外，此

① “大久保照会总理衙门”，明治七年九月二十七日，见日本外务省调查部编纂：《日本外交文书》第 7 卷，第 242 页。

非以番民为在中国之外者而何？”①

对于日方不断重复的上述谬说，清政府亦反复进行驳斥。先是闽浙总督李鹤年照会侵台日军中将西乡从道，从国际法的角度对台湾的地位作了阐析，谓：“台湾全地，久隶我国版图，虽其土著有生熟之别，然同为食毛践土，已二百余年，犹之粤楚云贵边界，猺獞苗黎之属，皆古所谓，我中国荒服羁縻之地也。虽生番散处深山，獉狉成性文教或有未通，政令偶有未及，但居我疆土之内，总属我管辖之人。”根据万国公法，“凡疆内植物动物居民，无论生斯土者，自外来者，按理，皆当归地方律法管辖”。“各国之属物，所在即为其土地。”“各国属地，或由寻觅，或由征服迁居，既经诸国立约认之，即使其间或有来历不明人，皆以此为掌管既久，他国则不应过问。”“各国自主其事，自任其责。”按照这些规则，“台湾为中国疆土，生番定归中国隶属，当以中国律法管辖，不得任听别国越俎代谋”。台湾生番“叠逞悍暴，杀害无辜，即按以中国之法，亦律所必诛”。然而，“台湾全地素属中国，贵国政府并未与总理衙门商允，作何办理，径行命将统兵前往，既与万国公法违背，亦与同治十年所换和约内第一、第三两条不合”。现已“严檄该地方官责成生番头人，赶紧勒限，交出首凶议抵”。总之，“台湾在中国，应由中国自办，毋庸贵国代谋。各国公使俱在京师，必以本部堂为理真，应请贵中将撤兵回国，以符条约而固邦交”。②

其后，总理衙门大臣针对日方谬说，反复致照柳原前光和大久保利通。同治十三年七月初二日（1874 年 8 月 13 日），恭亲王奕䜣和总理衙门大臣文祥、宝鋆、毛昶熙、董恂、沈桂芬、崇纶、崇厚、成林、夏家镐等 10 人署名照会柳原，阐明台湾系中国领土，谓：“台湾各番社系我中国境地，台湾府志等书开载甚悉”，“台湾全地久隶中国”。《台湾府志》之中记载，雍正三年（1725 年）归化生番一十九社，输饷折银各节，牡丹社即十九社之一，亦在琅峤归化生番十八社中。治本等六十五社，即卑觅之七十二社。

① “大久保照会总理衙门·照会副单”，日本外务省调查部编纂：《日本外交文书》第 7 卷，第 243～244 页。

② “闽浙总督照会日本陆军中将西乡”，同治十三年三月廿六日，见日本外务省调查部编纂：《日本外交文书》第 7 卷，第 78～79 页。

“志书所列番社，指不胜屈，皆归台郡厅县分辖。合台郡之生番，无一社不归中国者。”其中又载，“乾隆年间裁减番饷圣谕，复详其风俗，载其山川，分别建立社学等事，番社为中国地方彰明较著若此”。若以其为野蛮，“亦系中国野蛮”；若“野蛮有罪应办，亦为中国所应办”。对于此，中国“尚未置之度外，乃欲硬指为中国不办，并硬指为非中国地方，有是理乎？”① 九月初七日，奕䜣等10人再次照会大久保，对日方“仍事辩论，且令人难堪之词”表示异议，又再次详尽驳答相关问题，谓：“中国所说法律不能尽绳，郡县官兵不能遍设，文教不能即通，民质不能即齐，凡此皆治国之恒情，岂得因此即为不入版图之实据欤？”而且，“不独中国版图如此类者甚多，即各国所属版图如此类者亦恐不少，贵大臣能概以万国公法征之欤？”至于志书所载，“或系追述从前，非一人一时一地所撰，自难字字吻合，亦难尽括全体本意，岂能拣择一二，余尽抹煞，谓不足征欤？”强调，“若不属中国，何以列入府志？”关于征税问题，谓：“户部册籍，于输饷一节蠲缓升除，本有各项分别。且前曾面谈社饷有由头目代各番汇交者，中国以此之类尚多，岂局外未悉者，可强以臆度为名实不符欤？”这些足以证明台湾生番之地属于中国，“若不属中国，何以输饷？”②

对于日方强词夺理，提出与台湾番地领土归属相关的其他问题，照会亦作了驳复。如美国漂民案，“当时美领事驳覆华官生番不入版图一语，彼已切指番地实系中国所属”。照会表示，中国办完此案，“兼筹日后保护办法”，并“另有照会称谢”。日方断章取义，仅引“初次华官给美领事之文”，而不提“美领事照覆及申谢华官之文”。而且，当日误论“生番不入版图”之华官，“彼时已经中惩”，岂能“执往年向他国一语之误，辄以为终始有违之据欤？”对于日方派兵的其他理由，照会亦一一进行了驳斥。例如，对于日方引征英法等国条约，指责中方未能按约及时处理此类案件，照

① “总理王大臣照会柳原”，同治十三年七月初二日，见日本外务省调查部编纂：《日本外交文书》第7卷，第185～186页。

② “总理衙门恭亲王等照会大久保”，同治十三年九月初七日，见日本外务省调查部编纂：《日本外交文书》第7卷，第273页；参见《给大久保照复》，同治十三年九月庚戌，见宝鋆等纂修：《筹办夷务始末·同治朝》卷97，第62页。

会亦作了驳斥，谓：无论与日本条约是否相同，即以英法各国而论，无非遇案“彼此往返照会”。事小且易者，“间或有不待照会，一经闻知，立即查办”。若遇须有详细情节始能查办之案，“则无不专候照会”。中国静候照会，岂能“即谓之违约欤？”办理交涉事务，“无不凭照会者”，即使事小，“即无照会亦有信函，甚至酹酢往来，尚藉文函将意”，此亦“贵国所行者也”。日方所言“告于州县而州县不办”，应说明时间和具体州县，有无“文牍可凭”？又谓“告于总理衙门而衙门不理”，前一年日本外务大臣副岛种臣在京，为何“不将此情节照会请办欤？”奕䜣等表示，如果照会本衙门，而本衙门置之不理，“本王大臣今日亦决不回护”，日本有何理由“遽尔加兵”？至于日方所谓“台番不遵约束，中国不为保护”之说也站不住脚，漂民利八由番目救护而假馆授餐，又由关道接收，资送回国，此系“番民尚知遵守约束章程”和“中国保护贵国商民”之实证。①

此外，围绕台湾番地领土归属这一根本问题，双方还就信守中日《修好条规》以及如何处理矛盾冲突等问题，进行了激烈的交锋。例如，中方多次谴责日本违背《修好条规》，“弃之如遗”，② 大久保则指责中方“以不容之罪加于人国”，③ 奕䜣等复照解释说：中方坦言奉告，在我版图之番地，“政教未遽及，民质未遽化”，均系实情，而日方却“频以政令无实相责诘，甚至以无律无国为诮”。“似此迫我，情实难堪”，因此不得不“引修好条规以相质”，此非中方之“初愿”。④

毋庸讳言，清政府在论辩中亦体现了自己的弱点，给日方提供了胡搅蛮

① “总理衙门恭亲王等照会大久保”，同治十三年九月初七日，见日本外务省调查部编纂：《日本外交文书》第7卷，第273～274页；参见《给大久保照复》，同治十三年九月庚戌，见宝鋆等纂修：《筹办夷务始末·同治朝》卷97，第62～64页。

② “总理衙门恭亲王等十人照会大久保”，同治十三年九月初二日（明治七年十月十二日），见日本外务省调查部编纂：《日本外交文书》第7卷，日本国际协会昭和14年发行，第266页。

③ “大久保照会总理衙门王大臣等”，明治七年十月十日，见日本外务省调查部编纂：《日本外交文书》第7卷，第262页。

④ “总理衙门恭亲王等照会大久保”，同治十三年九月初七日，见日本外务省调查部编纂：《日本外交文书》第7卷，第274页。

缠的口实。如奕䜣等在陈述台湾番地属中国管辖的同时，又对因俗而治的管治模式作了客观的说明，谓："其如何绳以法律及兼辖各厅县之处，中国本有因俗制宜之政令。"① 再如，对国际法的隔膜，奕䜣等复照说，"即以万国公法言之，贵国举动是否与公法中一一相合，自有公论。本王大臣未能详悉泰西公法全书精义，不敢据以问难"。② 尽管这些弱点不免造成一定的被动，但概而言之，总理衙门以客观史实为依据，坚持台湾番地系中国领土，坚持中国对台湾全境的管治，从各个方面表达了中国的坚定立场。台湾全境属于中国领土，"久为中外所共知"，③ 事实上已得到国际社会的认同。当日本出兵侵台时，英国公使表示，不"参与"此对清政府的"敌对行动"，意大利、俄罗斯、西班牙等驻日公使也先后"质问此举"。其中美国严肃看待此事，美驻日公使平安对日外务少辅上野景范说，美国政府"承认台湾全岛为清国所管辖"，为遵守中美条约，将阻止美国船舶及人民受日本政府"雇用"。④

然而，对台湾抱有野心的日本坚持己见，一再反驳清政府的解释，甚至以中断交涉相威胁。鉴于双方各持己见，互不服气，中方为维持"和好"局面，提出"不可再辨论"，并声明此"非穷于词，不能辨论"。中方指出，生番之地属中国，"中外皆知"，中方答复"亦均详且尽"，"即再加千百万言，不过是中国地方一语"。日方"仍屡屡驳诘"，中方"据实答覆"，"又谓不可据信，并以为訑訑声音"，岂能令人"无怃然哉？"中方所言，"无非肝胆流露，毫无不欲曲全之心"。中方"惟好是图"，希望"妥结"此案，不再辩论即日方所谓"两便办法"。⑤ 实际上，此时的日本颇有些进退失据，

① "总理衙门王大臣等照复大久保"，同治十三年八月二十日，见日本外务省调查部编纂：《日本外交文书》第 7 卷，第 247～248 页。

② "总理衙门恭亲王等十人照会大久保"，同治十三年九月初二日（明治七年十月十二日），见日本外务省调查部编纂：《日本外交文书》第 7 卷，第 266 页。

③ "总理衙门王大臣等照复大久保"，同治十三年八月二十日，见日本外务省调查部编纂：《日本外交文书》第 7 卷，第 274 页。

④ 日本东亚同文会编：《对华回忆录》，胡锡年译，商务印书馆 1959 年版，第 45～46 页。

⑤ "总理衙门恭亲王等照会大久保"，同治十三年九月初七日，见日本外务省调查部编纂：《日本外交文书》第 7 卷，第 274～275 页；参见《给大久保照复》，同治十三年九月庚戌，见宝鋆等纂修：《筹办夷务始末·同治朝》卷 97，第 63～64 页。

骑虎难下。清政府在领土主权问题上坚持不让，同时亦在作开仗的准备。大久保到达中国后便听到传言，李鸿章对朝廷声称，“事到今日，与日本谈判，已属无用，应迅速决定交战，布告全国”。而且据传，“李已有决心，如果交战的话，他愿自任主帅，指挥三军”。此时的日本羽翼未丰，尚未做好与清政府开战的准备。大久保在日记中写道：“如谈判不得终结，就此归朝，则使命不完成，固不待论。而最可忧者，为国内人心，以事情迫切，有战争朝夕可至之势。如人心无法收拾，战端终于不得不开之期，可以立待。若然，不但胜败之数，固然可惧。且我无充分宣战之名义。”“势必至无理开战，届时，不但人民有议论，且将受各外国之诽谤，蒙意外之损害，终而招致损及我独立主权之大祸，亦不能谓其必无。”① 他需要摆脱这一困境的台阶，于是在反驳清总理衙门种种解说的同时，要求奕䜣等“翻然改图，别有两便办法”，以体现“大国雍雍气象”；并虚伪地表示，日本“素非贪土佳兵者”，他本人“惓惓于两国和好，莫非以尽其分也”。②

大久保所期待的“两便”办法，是在认可台湾全境属于中国领土的条件下，洗清因出兵侵台而违背中日条约和国际法的污名，同时借机向清政府讹诈一笔银两，体面地结束这一事件。大久保对英驻华公使说，日本“非硬要贪图领土”，“若能得保我名誉，（我）可退兵”。又说，日本有死伤者，“特别是用度了莫大之经费”，如果不能得到“满足”，对其本国人民有所交代，“尚难以退兵”。③ 同时，日方又对法国驻华公使作了同样的表示。④ 当奕䜣等与大久保会谈时，日方“不觉真情流露”，说出了这一“两便”办法，谓：“日本初意，本以生番为无主野蛮，要一意办到底，因中国指为属地，欲行自办，日本若照前办法，非和好之道。拟将本国兵撤回，由中国自行办理，惟日本国民心兵心，难以压服，必须得有名目，方可退兵。该国

---

① 日本东亚同文会编：《对华回忆录》，胡锡年译，第60、65～66页。

② “大久保照会总理衙门王大臣等”，明治七年十月十日，见日本外务省调查部编纂：《日本外交文书》第7卷，第263～264页。

③ “大久保与英国驻清公使之对话”，明治七年十月十四日，见日本外务省调查部编纂：《日本外交文书》第7卷，第279～270页。

④ “大久保与法国驻清国公使之对话”，明治七年十月十四日，见日本外务省调查部编纂：《日本外交文书》第7卷，第271页。

于此事费尽财力，欲台番偿给，台番无此力量；中国如何令日本兵不致空手而回”。其实，日本早已表示过索偿之意——先是西乡从道在台湾与藩司潘霨面议时，“即有索偿费用之说”；日使柳原前光到京交涉，“亦有使日本不至徒劳之请”。大久保利通来华，舆论披露，“该使臣此来，必欲索兵费四百万两，方能退兵”。奕䜣等认为，日方此前纠缠于番地之属问题，“千回百折，至此乃吐出真款”。① 中方在坚持番地属于中国领土的基础上，适当考虑了日方的索偿要求，提出了顾全双方体面的“两便”之法。一是日本加兵，“系认台番为无主野蛮”，此与明知是中国地方“不同”，“可不算日本的不是”。二是“说明地属中国”，将来中国断不再提“加兵之事”，而日本“亦不可谓此系情让中国之事”。三是台番伤害漂民，“中国仍为查办”；被害之人，“中国大皇帝恩典酌量抚恤”。②

清政府不愿以“兵费”名义给日本以补偿，只同意“酌量抚恤”，且不赞成在条约中作出明确承诺，大久保不免恼羞成怒，又以中断交涉并回国相要挟。他照会清总理衙门，在生番之地的领土归属问题上仍然重复以前的种种论调，并且强硬地说：“我国自护我民，不得已而有惩番之举，非可中沮。自今以往，山内山后，将益开辟榛莽，服者抚之，梗者锄之，以终吾事，不得敢要扰也。要之，此案既非口舌之所能了，则两国只有各行所见，以达自主之权而已，不再须剌剌。”③ 英驻华公使威妥玛来作调解，声言，“日本所欲二百万两，数并不多，非此不能了局”。奕䜣等“权衡利害重轻，揣其情势迫切，若不稍予转机，不独日本铤而走险，事在意中”。又考虑到，“在我武备未有把握，随在堪虞，且令威妥玛无颜而去，转足坚彼之援，益我之敌”。“遂告以中国既允抚恤，只能实办抚恤，即使加优，数不能逾十万两。”④ 威

---

① 《总理各国事务恭亲王等奏》，同治十三年九月辛酉，见宝鋆等纂修：《筹办夷务始末·同治朝》卷98，第11～12页。

② “附记”，同治十三年九月初九日，见日本外务省调查部编纂：《日本外交文书》第7卷，第289页。

③ “大久保照会总理衙门恭亲王等”，明治七年十月二十五日，见日本外务省调查部编纂：《日本外交文书》第7卷，第305页。

④ 《总理各国事务恭亲王等奏》，同治十三年九月辛酉，见宝鋆等纂修：《筹办夷务始末·同治朝》卷98，第14～15页。

妥玛转告日方后，大久保虽对索偿数额“未免有失之过少之概”，但鉴于确立了所谓“大义”名分，日本政府又认为“战端不可开，只求能保全我面子”，① 最终对清政府的决定予以接受，双方于1874年10月31日签订了中日《北京专条》。

《北京专条》规定，“各国人民有应保护不致受害之处，应由各国自行设法保全，如在何国有事，应由何国自行查办。兹以台湾生番曾将日本国属民等妄为加害，日本国本意为该番是问，遂遣兵往彼，向该生番等诘责。今与中国议明退兵并善后办法，开列三条于后”。第1条，“日本国此次所办，原为保民义举起见，中国不指以为不是”。第2条，“前次所有遇害难民之家，中国定给抚恤银两，日本所有在该处修道、建房等件，中国愿留自用，先行议定筹补银两，别有议办之据”。第3条，“所有此事两国一切来往公文，彼此撤回注销，永为罢论。至于该处生番，中国自宜设法妥为约束，以期永保航客不能再受凶害”。② 此外，还有《会议凭单》，规定：“台番一事，现在业经英国威大臣同两国议明，并本日互立办法文据。日本国从前被害难民之家，中国先准给抚恤银十万两。又日本退兵在台地方所有修道、建房等件，中国愿留自用，准给费银四十万两，亦经议定，准于日本国明治七年十二月二十日，中国同治十三年十一月十二日，日本国全行退兵，中国全数付给。均不得愆期。日本国兵未经全数退尽之时，中国银两也不全数付给。”③

《北京专条》系“退兵并善后办法”，明确认定台湾全岛属于中国的历史，挫败了日本分裂台湾的阴谋。日方屡屡申言，“伐番义举，非恶其人，非贪其地，务为保恤已民起见，并以惠及他国为利”，④ 实际上却怀有领土野心。被日本政府聘为外务省二等出仕的前美国驻厦门领事李仙得，在台湾

① 日本东亚同文会编：《对华回忆录》，胡锡年译，第67页。

② 中日《北京专条》，同治十三年九月二十二日，见王铁崖编：《中外旧约章汇编》第1册，第343页。

③ 中日《北京专条·会议凭单》，同治十三年九月二十二日，见王铁崖编：《中外旧约章汇编》第1册，第343页。

④ “柳原前光函”，明治七年八月十二日，见日本外务省调查部编纂：《日本外交文书》第7卷，第196页。

生番杀害漂民事件之后，建议日本政府利用清政府“不作适当处理之时”，“进而占领台湾和澎湖列岛”。① 美国驻日公使平安在日本出兵后，从《日本每日先驱报》的新闻中，知道“日本的目的，欲在台湾岛东部开辟居留地，永久占领”，将对中国“掀起战争”。② 日本在台湾生番之地的归属问题上做文章，正是为这一目的提供依据，《北京专条》无疑打破了它的企图。该约前言部分，从领土主权的角度阐明了处理这一事件的基本原则，规定：“何国有事，应由何国自行查办。”也就是说，在何国领土内发生的事件，由何国处理。此事是在中国领土台湾生番之地发生的。第 3 条则具体规定由中国处理，即“该处生番，中国自宜设法妥为约束”。《会议凭单》则规定了日本退兵的具体时间。这些规定，以条约的形式肯定了台湾全岛属于中国的法律地位。对清政府而言，该条约的意义在于维护了中国的领土主权，肯定了台湾的法律地位。对日本而言，这些规定说明它认可了台湾全岛属于中国的历史事实，既否定了它此前的种种说辞，又对它此后在这一问题上的言行有一个约束。与此相应，该约又规定，“所有此事两国一切来往公文，彼此撤回注销，永为罢论”。

但是，该约又具有极大的局限性，反映了清政府的软弱妥协立场。其时，清政府实际上不愿与日本开仗，对武力解决方式没有把握。奕䜣称，此案肇因于日本背盟兴师，“明知彼之理曲，而苦于我之备虚”。“如果各海疆武备均有足恃，事无待于论辩，势无虞乎决裂”。然自台事起，“屡经购买铁甲船，尚无成局”，“不能不姑示羁縻”。另外，日本方面在“江藤新平之乱”之后，“乱民众多，无可安插”，“该国欲将此项人众，安置台番境内”。因此，“该使臣每以兵民难服为词，此中实有难言之隐，今如一无所得，措置良难。若此辈留存中国边境，患亦不可胜言。”③ 鉴于这些因素，再加上昏庸糊涂，奕䜣等认为若“不能因此通融，致有莫追之悔”，所以作了较大退

① ［日］信夫清三郎编：《日本外交史》上册，天津社会科学院日本问题研究所译，商务印书馆 1980 年版，第 144 页。

② 日本东亚同文会编：《对华回忆录》，胡锡年译，商务印书馆 1959 年版，第 46 页。

③ 《总理各国事务恭亲王等奏》，同治十三年九月辛酉，见宝鋆等纂修：《筹办夷务始末 · 同治朝》卷 98，第 15～16 页。

让，主要表现为：其一，对日本的侵略行径，没有坚持道义上的谴责。尽管在交涉中清政府一再批评日本违背中日《修好条规》，出兵中国领土，但又以不知不为罪为辞，“可不算日本的不是”。如《北京专条》第1条便表示，“中国不指以为不是”，而且肯定日本所为系“保民义举”。其二，在一定程度上满足了日本的要求，给日本侵略以经济上的补偿。虽然清政府严格限制，补偿的银两未能达到日本所企望的数额，但不论多少均产生了不良效果。除了经济上的损失之外，更从这一角度证明了日本出兵的合理和合法，从而更刺激和鼓励了日本的侵略野心。相对于经济补偿，日本更注重“确立大义名分”，且它达到了这一目的，因此日本“国民都以兴奋的态度”欢迎大久保归国。① 其三，在琉球问题上态度暧昧，模棱两端，为此后日本吞并琉球提供了依据。交涉中，清政府虽也表示过琉球不属日本之意，但又屡屡将受难漂民称为“贵国漂民”“贵国难民”，最后在该约中明确将这些漂民认定为“日本国属民”。这无疑迎合了日本的主张，为此后琉球交涉留下了后患。

上述事件说明中日两国平等的条约关系摇摇欲坠，与此同时，日本不愿在中日条约关系中画地为牢，仍然不断地提出修约要求，使这一关系总处于不稳定的状态，隐伏着极大的危机。只是由于日本当时的实力还不足以压制清政府，尚能大体上保持这种关系。对日本种种要求，除了对“尚无甚关碍”者“姑示通融”之外，其他的清政府均予以拒绝，并强调，“嗣后遵照定章，未届修约之年不能轻易商改”。②

与此相关，日本又提出了琉球问题。琉球是清政府的藩属国，长期向中国朝贡，而日本则一直对其抱有野心。1872 年日本宣布琉球是日本的“内藩”，1875 年日军武力占领琉球群岛，强迫琉球和中国断绝外交关系。1879 年日本“废藩置县”，强行推行“琉球处分”，把琉球一分为二，北为日本领土，改为“冲绳县”，南为满清领土，并企图逼迫中国承认。1880 年，乘中国西北发生边疆危机之机，日本以分割琉球的“让步”换取了清政府同意

---

① 日本东亚同文会编：《对华回忆录》，胡锡年译，第 67 页。

② 《致总署 议日本约章》，光绪元年八月二十五日，见顾廷龙、戴逸主编：《李鸿章全集》第 31 册，安徽教育出版社 2008 年版，第 314 页。

修改条约的承诺，日外务卿井上馨提出了解决琉球问题的《琉事存案》。其内容有三：第一，把宫古、八重山群岛划归清帝国管辖，以后述 2、3 两条作为补偿；第二，将原定直到 1883 年有效的日清《修好条规》提前废除，加以修改；第三，在修改时，应使侨居清帝国的日本商民同享列强商民所享有的内地通商权等。井上清强调，要把过去双方互有领事裁判权改为日本单方面的领事裁判权，并使清政府同意日本提高进口税率。这一方针“是要把过去互相平等的《日清修好条规》改为日本居于优越地位的不平等条约”，并要“以威胁和恫吓手段进行紧急谈判”，扬言“以干戈收拾此种局面”。接着，日本内阁会议又“决定增加最惠国条款”。①

也正是由于伊犁问题的困扰，奕䜣基本上接受了日方的方案，同意增加“一体均沾”等条款。② 他与日驻华公使宍户玑达成了具体协议，包括分割琉球、中日相互给予最惠国待遇，以及此后修约事项的约定。③ 这一协定改变了中日《修好条规》的平等性质，实现了日本多年的夙愿。参加谈判的日本太政官大书记官井上毅说：所订条款“一变旧约之精神，而得以与各国并驾齐驱，获内地通商之利，并以此永占将来之大利”。④ 不料，这一协定在清政府内部遭到强烈反对，先是右春坊右庶子陈宝琛奏请“不宜轻许”，“断不可从”，⑤ 继而左春坊左庶子张之洞又上奏提出新的意见，主张“酌允商务”，“姑悬球案”。⑥ 清廷又征询李鸿章的意见，彼较倾向陈宝琛的主张，

① ［日］信夫清三郎编：《日本外交史》上册，天津社会科学院日本问题研究所译，第 184～186 页。

② “奕䜣奏”，光绪六年九月二十五日，见王芸生编著：《六十年来中国与日本》第 1 卷，生活·读书·新知三联书店 1979 年版，第 179～180 页。

③ 《总理各国事务衙门录呈球案条约底稿》《总理各国事务衙门录呈加约底稿》《总理各国事务衙门录呈变通商约凭单底稿》，见《清光绪朝中日交涉史料》卷 2，故宫博物院 1932 年编印，第 9～10 页。

④ ［日］信夫清三郎编：《日本外交史》上册，天津社会科学院日本问题研究所译，第 186 页。

⑤ 《右庶子陈宝琛奏琉案日约不宜遽订折》，光绪六年九月二十五日，见王彦威、王亮辑编：《清季外交史料》卷 23，第 19～22 页。

⑥ 《日本商务可允球案宜缓折》，光绪六年十月初一日，见苑书义、孙华峰、李秉新主编：《张之洞全集》第 1 册，河北人民出版社 1998 年版，第 70～72 页。

但认为目前采取“延宕”和“支展”之法较为妥当。① 在奏折中，李鸿章比其他人更清楚地认识到问题的严重性，他看到了日本势力大肆侵入产生的恶劣影响，尤其是中国仍不能改变在条约关系中为外人所主宰的旧例。但是，李鸿章未能提出切实可行的办法，尤其是对于琉球问题，其“延宕”或“支展”之法，实际上是没有办法的办法，最终未能阻止日本对琉球的吞并。

清廷接受了李鸿章的意见，降谕：日本“所请各节，与中国存球之意，尚未尽善，未能即予准行”。为防止日本“不遂所求”而“藉端要挟”，清廷要求各省“严行戒备”。为挽回琉球，清廷仍想与日本继续交涉，同时又谕令总理衙门再与日本使臣悉心妥商，“俟球案妥结，商务自可议行”。② 然日方没有作出反应，该案便不了了之，修约暂时搁置，琉球问题也成了一个悬案。

日本入侵台湾，觊觎中国领土，又吞并琉球，向中国的宗藩体制发起挑战，这些均破坏了中日平等的条约关系。“彼辄违背原约，悍然弗雇［顾］，如兴兵台湾，灭取琉球，与废约何异？”③ 终于，在羽翼丰满之后，日本悍然发动侵略战争，割占台湾，并彻底摧毁宗藩体制，实现它的这一领土野心，并完全中断了中日间平等的条约关系。

①　《直督李鸿章奏日本议结琉球案牵涉改约暂宜缓允折》，光绪六年十月初九日，见王彦威、王亮辑编：《清季外交史料》卷 24，第 3～8 页。

②　《德宗景皇帝实录》卷 127，光绪七年二月戊戌，见《清实录》第 53 册，中华书局 1987 年版，第 825～826 页。

③　《复总署　论日本修约》，光绪十三年二月初五日，见顾廷龙、戴逸主编：《李鸿章全集》第 34 册，安徽教育出版社 2008 年版，第 184 页。

第三章
中外条约关系的新发展

1894年至1895年发生的中日甲午战争暨1895年的《马关条约》是一个划时代的重大事件，成为中国近代历史进程中的转折点，并开启了中外条约关系的新阶段。这一事件不仅仅改变了中国和东亚的格局，而且从各个层面反映并影响了中国与世界的关系，其间及其后又出现了值得关注的种种问题——如中朝宗藩关系的摧毁与新的国际秩序的确立，新的条约特权与国际资本主义的变化，中日关系性质的根本改变与条约关系整体格局的变化，中国由此产生的抵拒情绪与条约关系的危机，等等。诸如此类的问题均体现在中外条约关系的变化之中，从中可以揭示中外条约关系的整体变化，尤其是晚清国际秩序格局的形成，并有助于人们全面了解甲午战争事件的巨大影响，深化对近代中国半殖民地形态的认识。

一、单一国际秩序格局的形成

鸦片战争之后，西方列强将体现强权政治的不平等条约关系强加给中国，出现了一种新的国际秩序。与此同时，传统的朝贡关系虽然因面临危机而不断趋向衰落，但在清政府的苦心维持中仍然存留着，中国处于两种国际秩序并存的格局之中。经过甲午战争及《马关条约》，这一双重格局基本上被打破，朝贡关系被条约关系所取代，传统对外体制转向新的轨道，中国的外交观念及体系均发生了重要变化。

众所周知，朝贡关系是中国古代即已产生的对外关系模式，明朝为其鼎盛时期，清朝仍承袭其基本理念及制度。根据《明史》《明会典》等典籍的记载，明朝共有朝贡国148个，据研究，实际上主要有朝鲜、琉球、安南、占城、暹罗等16个。清朝朝贡关系则走向衰微，朝贡国仅余7个。[①]清政府还与其他国家建立了非朝贡关系，如与西方国家的互市关系，与俄国的特殊关系，等等。然而，尽管其他模式实际存在，但清政府却仍以朝贡关系的核心理念，即"天下共主"的理念处理与这些国家的关系。在清朝皇帝看来，他是至尊无上的"天下共主"。乾隆帝自称为"天下大皇帝"，[②]嘉庆帝则谓，"中国为天下共主"。[③]正唯如此，1793年互市国英国派遣使臣马戛尔尼来华，仍被清朝官吏视为"英吉利贡使"。俄国只有"屈尊容忍"，"算做中华帝国的一个朝贡藩属"，[④]才得以在中国获取某些特殊权利。显然，作为中国所实行的国际秩序，朝贡关系是清帝国对外关系的主体模式，其他各种关系均受制于此。

如前所述，西方列强通过战争与中国建立的条约关系，是一种不同于朝贡体系的新型国际关系模式。它产生于欧洲，"以条约形式确立了从罗马教皇、神圣罗马皇帝这些中世纪权威下得到解放的欧洲国际秩序"。[⑤]这一国际秩序虽以国际法为基础，提出了具有近代性质的国家主权原则，但却局囿于基督教国家，而不适合中国等东方国家。其所适用的国际法是所谓"特殊国际法"。正是基于这一"特殊国际法"的理念，西方国家在将条约关系这一国际秩序推向中国等东方国家时，赋予了其有悖于国家主权原则的不平等内涵。关于"特殊国际法"的畸形性质，后面章节将作详细剖析，这里不赘。由此建立的条约关系打破了朝贡关系的独尊体制，冲击了"天下共主"理念，西方国家不再被纳入"共主"之下的附属国范围。然而，条约关系的出现并未

---

① 参见李云泉：《朝贡制度史论——中国古代对外关系体制研究》，新华出版社2004年版，第73～74、143～144页。

② 《高宗纯皇帝实录》卷122，乾隆五年七月乙亥，见《清实录》第10册，中华书局1985年版，第793页。

③ 《仁宗睿皇帝实录》卷320，嘉庆二十一年七月乙卯，见《清实录》第32册，中华书局1986年版，第240～241页。

④ 马克思：《俄国的对华贸易》，1857年3月18日，见中共中央马克思恩格斯列宁斯大林著作编译局编译：《马克思恩格斯全集》第12卷，人民出版社1985年版，第166页。

⑤ ［日］斋藤孝：《西欧国际体系的形成》，见［日］山本吉宣主编：《国际政治理论》，王志安译，上海三联书店1993年版，第19页。

取缔朝贡关系，中国处于两种国际秩序并存的局面之下。① 中国仍以“天朝上国”的身份，与周边国家，如朝鲜、越南等国，继续维持传统的朝贡关系。

过去的藩属国，尤其是主要的藩属国，仍然奉清王朝为“上国”，一如既往地向中国朝贡。朝鲜不论，另一个主要藩属国越南，即使在遭到法国的压迫之下，亦坚持向清王朝朝贡。如 1874 年，法国强迫越南签订第二次《西贡条约》，“承认安南国王是有主权的，是完全独立于任何外国的”，② 否定中越之间的宗藩关系。但在越南国王看来，该约并不影响中越之间的朝贡关系。不久，因同治帝驾崩，越王便打算遣使进香，“虔修职贡”。③ 清廷考虑到越南国内正在“剿办各股匪，尚未蒇事”，谕令不必赴京进香，“以示怀柔藩服至意”。④ 其后，越南仍然按期遣使朝贡，直到 1881 年为止。⑤ 据统计，从 1860 到 1894 年期间，朝鲜向中国朝贡的年份有 25 年，琉球 8 年，越南 5 年，其他国家，如尼泊尔朝贡 4 次，缅甸朝贡 1 次。这些国家的“朝贡使节继续前来北京，好像什么也没有发生似的”。⑥

清政府则仍然在国家礼仪和体制中实施这一传统对外模式。当法国强迫越南订约，以越为“自主之国”时，驻法公使曾纪泽表示，“不能于中国无干”。“三百年以前，越南尚隶中国版图，厥后封为属国，自理内政，法国虽与之定约，中国之权力尚在”，“中国不愿邻近属邦改隶西洋之国”。⑦ 英

---

① 有学者将这一现象称为“一个外交两种体制”，见权赫秀：《晚清对外关系中的“一个外交两种体制”现象刍议》，《中国边疆史地研究》2009 年第 4 期。

② 《法国和安南王国和平同盟条约》，1874 年 3 月 15 日，见世界知识出版社编：《国际条约集（1872—1916）》，世界知识出版社 1986 年版，第 1 页。

③ 《德宗景皇帝实录》卷 11，光绪元年六月丁丑，见《清实录》第 52 册，中华书局 1987 年版，第 215 页。

④ 《德宗景皇帝实录》卷 15，光绪元年八月乙丑，见《清实录》第 52 册，中华书局 1987 年版，第 254 页。

⑤ 参见李云泉：《中法战争前的中法越南问题交涉与中越关系的变化》，《社会科学辑刊》2010 年第 5 期。

⑥ ［美］费正清编：《剑桥中国晚清史：1800—1911 年》上卷，中国社会科学院历史研究所编译室译，中国社会科学出版社 1985 年版，第 282 页。

⑦ 《总署收出使大臣曾纪泽夹单》，光绪七年二月十九日，见郭廷以、王聿均主编：《中法越南交涉档》一，台北“中央研究院”近代史研究所 1983 年版，第 152 页。

国占据缅甸，清政府提出“存贡之议”，坚持不懈，认为“百年旧典，未可弁髦弃之”，最后得以“将十年派员之例，列入约中”。①尤其对于朝鲜，清政府始终坚持其“仍是中朝属邦”。若彼“俨然以自主，大放厥词”，则被认为是“置中东数百年名分纲纪于度外”。②清政府极力从各方面来维护朝贡关系，甚至在借款问题上，亦从“保护属藩大局”的角度来思考对策，提出对此“殊有裨益”的举措。③当日本试图否定中朝间的宗属关系时，清政府毫不退让，李鸿章表示：“高丽属国几千年，何人不知。和约上所说，所属邦土，土字指中国各直省，此是内地，为内属，征钱粮管政事。邦字指高丽诸国，此是外藩，为外属，钱粮政事，向归本国经理。历来如此，不始自本朝，如何说不算属国。”④甲午战争前夕，清政府更是竭尽全力，避免朝贡关系的崩溃。当时李鸿章致电驻日公使汪凤藻，明确表示这一态度，谓：“我朝保护属邦旧例，天下各国皆知，日本即不认朝鲜为中属，而我行我法，未便自乱其例”。⑤

从西方国家来看，其亦在某种程度上承认朝贡关系的合法性。1882年，美国与朝鲜议约，中方提出，“首条须提明朝鲜系中国属邦”，美方坚拒，要求“援照日本成式”。相持月余，最后议定，“由韩王另给照会，声明属邦，而内治、外交，向来均由朝鲜自主”。其后，“各国均照此约为蓝本”，在某种程度上肯定了中朝宗属关系。俄国亦与中国“密议”，“两国政府均

① 《使英薛福成奏缅甸每届十年派员呈贡英外部允实行片》，光绪十九年九月二十六日，见王彦威、王亮辑编：《清季外交史料》卷88，外交史料编纂处民国二十四年（1935年）版，第13页。

② 《李鸿章与朝鲜驻津陪臣金明圭问答》，光绪十五年十二月二十六日，见王彦威、王亮辑编：《清季外交史料》卷82，第16页。

③ 《直督李鸿章奏借给朝鲜银十万两由华商出名订立合同限期拨还折》，光绪十八年九月十五日，见王彦威、王亮辑编：《清季外交史料》卷86，第12页。

④ 《日本使臣森有礼署使郑永宁与李鸿章晤谈节略》，光绪元年十二月二十八日，见《清季中日韩关系史料》卷2，台北“中央研究院”近代史研究所1972年编印，第284页。

⑤ 《直督李鸿章致总署准韩请派兵保护已电汪使知照又日本不认韩为我属邦电》，光绪二十年五月初三日，见王彦威、王亮辑编：《清季外交史料》卷91，第3页。

不改变朝鲜现在情形”，认可中朝传统关系。[①] 甲午战争前夕，中日因朝鲜问题的矛盾趋于白热化，清政府一再强调这一客观史实。总理衙门致李鸿章，谓：“韩为中属，各国无异词，日即不认，亦不能损我权利”。[②] 总理衙门还照会各国公使，亦指出：“朝鲜为中国属邦，历有年所，天下皆知。即该国与各贵国立约时，均经声明有案。”[③] 清政府屡屡揭示朝鲜系中国“属国”的事实，申言，“朝鲜与各国立约时声明在先，各国虽未明认，实已默许”。[④]

不过，在承认朝贡关系的同时，西方列强又在破坏和否定这一体现中国主导地位的国际秩序。在蚕食中国周边国家领土的过程中，它们不断压缩朝贡关系的空间，逐渐用不平等的条约关系取代中国传统的对外关系模式。可以说，日本既是始作俑者，又是最终扼杀朝贡关系的操刀手，甲午战争暨《马关条约》便是这一变化的转折点。

先前，日本在明治维新之后，追随欧美列强，推行侵略政策，公然推翻琉球与中国的传统关系。在单方面悍然宣布琉球属于日本“内藩”，以武力占领琉球群岛之后，日本利用中国面临严重的边疆危机的情势，于 1879 年吞并琉球王国，将它纳入自己的版图，强行将最后一位琉球国王尚泰押解到东京。这就是日本所说的“琉球处分”。[⑤] 与此同时，法国打破了中越宗藩关系，于 1874 强迫越南签订《和平同盟条约》，即第二次《西贡条约》，规定：法国“承认安南国王是有主权的，是完全独立于任何外国的，不论是何国”；“安南国王陛下承认法国对目前由它占领并在下述边界之内的全

① 《直督李鸿章致总署韩违约遣使欧洲酌拟办法函》，光绪十四年五月初六日，见王彦威、王亮辑编：《清季外交史料》卷 76，第 6、7 页。

② 《总署致李鸿章韩为中属各国皆知会剿万不可允电》，光绪二十年五月十六日，见王彦威、王亮辑编：《清季外交史料》卷 91，第 10 页。

③ 《总署致驻京各国公使日本首先开衅击沉高升商轮责有攸归照会》，光绪二十年六月十八日，见王彦威、王亮辑编：《清季外交史料》卷 93，第 9 页。

④ 《直督李鸿章致总署照会似宜略述属国一节日货暂停进口但各国运日货恐不能禁电》，光绪二十年六月二十五日，见王彦威、王亮辑编：《清季外交史料》卷 93，第 16 页。

⑤ 见［日］信夫清三郎编：《日本外交史》上册，天津社会科学院日本问题研究所译，商务印书馆 1980 年版，第 140、154、180～181 页。

部领土具有充分和完整的主权”。[1] 迄19世纪80年代，法国通过侵略战争完全推翻了中越宗藩关系。先是强迫越南“承认并接受法国的保护权”，由法国代表越南的“一切对外关系”，将旅居外国的越南人也“置于法国的保护之下”；[2] 继而又迫使清政府签订条约，规定越南境内，法国“自行弭乱安抚”，[3] 中国由此放弃了宗主国地位，承认越南为法国的保护国。英国则于1885年年底占领缅甸，在中国力争之下，始同意在条约中规定，每届十年，允缅甸派员向中国“呈进方物”。[4] 实际上，英国并不承认缅甸是中国的属国，因此没有明确指明是向中国进贡。由于英缅当局反对该条款，认为这“是要把缅甸在过去没有作过的事情加之于缅甸的头上”，这一承诺亦因此“从来没有实行过”。[5] 清政府清楚，这一条款并无实际意义，“诚以告朔饩羊，不过稍存礼意”。[6] 1894年，借口中国违约，英国终于单方面废除了这一条款。

列强“伺机而动，迭起相乘”，中国传统的藩属国，由此一个个被它们所侵。“琉球灭而越南随之，越南削而缅甸又随之，今且骎骎议及朝鲜矣！”[7] 其他几个朝贡国在此之前，便已因种种原因停止入贡。咸丰二年（1852年），暹罗最后一次遣使赴华朝贡，“入贡中国亦于此止”，此后“遂

---

① 《法国和安南王国和平同盟条约》，1874年3月15日，见世界知识出版社编：《国际条约集（1872—1916）》，第1～2页。

② 《法国和安南关于确认法国对安南王国的保护权的条约》，1884年6月6日，见世界知识出版社编：《国际条约集（1872—1916）》，第75页。

③ 中法《越南条款》，光绪十一年四月二十七日，见王铁崖编：《中外旧约章汇编》第1册，第467页。

④ 中英《缅甸条款》，光绪十二年六月二十三日，见王铁崖编：《中外旧约章汇编》第1册，第485页。

⑤ ［英］D.G.E. 霍尔：《东南亚史》，中山大学东南亚历史研究所译，商务印书馆1982年版，第736页。

⑥ 《使英薛福成奏缅甸每届十年派员呈贡英外部允实行片》，光绪十九年九月二十六日，见王彦威、王亮辑编：《清季外交史料》卷88，第13页。

⑦ 《使英薛福成奏滇缅分界通商应预为筹备折》，光绪十七年四月十五日，见王彦威、王亮辑编：《清季外交史料》卷84，第19页。

为自主之国”。① 南掌国于翌年遣使至云南请贡，清廷以“粤匪”未平、道路不通为由，传谕免予进京朝觐，“南掌与中国的朝贡关系也由此画上了句号”。苏禄则早在乾隆二十八年（1763 年）以后就“朝贡不至”了。② 迄至 19 世纪 90 年代，清帝国仅剩下朝鲜一个朝贡国，成为维持传统国际秩序的唯一象征。清政府竭力维护这一体制，“并未视韩与各外国同例”，但在日本的鼓动下，朝鲜“竟欲自比于各外国，且欲藉外国以制中”，③ 试图摆脱朝贡关系。

通过甲午战争，日本以武力解除了中朝之间的朝贡关系，从根本上摧毁了清帝国所实行的这一国际秩序模式。《马关条约》第 1 款规定：“中国认明朝鲜国确为完全无缺之独立自主，故凡有亏损独立自主体制，即如该国向中国所修贡献典礼等，嗣后全行废绝。”④ 清政府明确承诺放弃对朝鲜国的宗主国地位，标志着朝贡关系的终结，“华夷”秩序荡然无存，为不平等条约关系的发展，清除了体制上和思想观念上的障碍。

中朝之间的关系由此发生了重要变化。此前，作为藩属国的朝鲜，奉清王朝为“上国”，没有平等地位。现在不同了，中国认可朝鲜独立自主的国家地位，不再视其为自己的属国，而朝鲜也以此自居，无所顾忌地向中国提出体现这一地位的要求。《马关条约》签订后的第二年，朝鲜便要求中国适应这一新的格局，重建两国关系。它一方面表示，“韩为中属，历有可考，今逼为自主，实出无奈，想中朝必不过责”；另一方面又明确提出与中国建立新的条约关系，谓：“既废旧章，亦不可不修新约。”中国方面，尚不习惯且不愿意接受朝鲜的要求，力图“驳阻”，但又不得不面对这一现实。朝鲜商务委员唐绍仪即谓，“惟韩王派使意切，此次虽经驳阻，仍恐竟备国书，

---

① 赵尔巽等撰：《清史稿》第 48 册，卷 528“属国 · 暹罗”，中华书局 1977 年版，第 14698 页。

② 李云泉：《朝贡制度史论——中国古代对外关系体制研究》，新华出版社 2004 年版，第 284 页。

③ 《李鸿章与朝鲜徐相雨笔谈文》，光绪十二年八月二十日，见王彦威、王亮辑编：《清季外交史料》卷 68，第 31 页。

④ 《马关新约》，光绪二十一年三月二十三日，见王铁崖编：《中外旧约章汇编》第 1 册，第 615～617 页。

派使请修约款，假论公法，未可拒辞”。总理衙门亦认为：“《马关条约》既经认明朝鲜为自立之国，倘其援照各国通例，迳请派员修约，或竟介俄国驻使代为陈请，我似无辞拒绝。”同时，总理衙门以朝鲜“久为我朝藩属，亦未便与泰西各国等量齐观”，仍试图维持“属国之体”，拟采取非条约关系的方式应对这一新的形势，即“准商订通商章程，准设领事”，但“不立条约，不遣使臣，不递国书”，中国派总领事一员驻扎韩城，“代办使事”。①尽管清政府没法在对朝关系中“存属国之体”，但终究无可挽回，而不得不与朝鲜另建条约关系。

新建立的中朝条约关系，是以当时的中外条约为蓝本的，与此前的朝贡关系截然不同。19世纪80年代，随着日本侵略朝鲜的加剧，为抵制其野心，清政府在采取加强控制的举措的同时，以条约形式进一步规范和确认朝贡关系。光绪八年（1882年）中朝订立《商民水陆贸易章程》，该约开宗明义，谓：“朝鲜久列藩封，典礼所关，一切均有定制，毋庸更议。惟现在各国，既由水路通商，自宜亟开海禁，令两国商民一体，互相贸易，共沾利益。其边界互市之例，亦因时量为变通。惟此次所订水陆贸易章程，系中国优待属邦之意，不在各与国一体均沾之列。”该约规定了宗主国中国对朝鲜的不平等特权，如领事裁判权。第2条规定：“中国商民在朝鲜口岸如自行控告，应归中国商务委员审断。此外，财产、罪犯等案，如朝鲜人民为原告，中国人民为被告，则应由中国商务委员追拏审断。如中国人民为原告，朝鲜人民为被告，则应由朝鲜官员将被告罪犯交出，会同中国商务委员按律审断。至朝鲜商民在中国已开口岸所有一切财产罪犯等案，无论被告、原告为何国人民，悉由中国地方官按律审断，并知照朝鲜委员备案”。翌年，中朝又签订了《奉天与朝鲜边民交易章程》和《吉林朝鲜商民贸易地方章程》两个条约，体现了中朝之间的宗属关系。显然，这里借鉴了中外条约关系中的某些特权制度，其实质，是中国对朝鲜的不平等。不过，它在本质上仍属朝贡关系，建立在历史形成的传统基础之上，与西方列强强加给东方国家的不平等条约关系，存在性质上的不同。这是一种与当时的中西方条约关系不

① 《总署奏预筹朝鲜通商办法以存体制折》，光绪二十二年六月十八日，见王彦威、王亮辑编：《清季外交史料》卷122，第3～4页。

同的特殊关系，上述章程对此作了明确说明：或规定，“不在各与国一体均沾之列”；或作类似限定，“与各海口岸通商情事不同”，“其他各国不在此例”；或谓“与各国通商章程两不相涉”。①

甲午战争之后，中朝于光绪二十五年（1899 年）订立《通商条约：海关税则》，正式建立了近代性质的条约关系。尽管总理衙门起初不愿订约，但最后仍不得不同意朝鲜的要求，认为，“既经准其自主，自应按照公法遣使订约，以广怀柔之量而联车辅之情”。根据总署建议，清廷任命徐寿朋为出使朝鲜的大臣，赴朝交涉订约。② 新订立的中朝《通商条约：海关税则》，与既存的不平等条约关系不同，它主要依据具有近代进步性质的国际关系准则，并吸纳了中外条约中体现这些准则的相关内容，旨在建立平等的条约关系。如总理衙门奏称，中国通商以来，“与泰西各国立约，皆指洋人来华一面而言，此次条约均系就两国交互所订，较为周密，将来办理，可无流弊”。③ 该约废弃了以中国为中心的传统关系，韩国文教部国史编纂委员会委员长李泰镇评论说：“从国际法秩序的角度看，可以说是与中国式中华主义残余作斗争的成果。这不亚于日本修订与西方列强之间的不平等条约的意义。”④ 从内容来看，该约基本上规定了双方的相互权利，如互相享有领事裁判权。“中国民人在韩国者，如有犯法之事，中国领事官按照中国律例审办；韩国民人在中国者，如有犯法之事，韩国领事官按照韩国律例审办。”⑤ 清政府由此放弃了维护传统国际秩序的努力，鸦片战争之后建立的条约关系，基本上成为中国唯一的对外关系模式。

---

① 中朝《商民水陆贸易章程》，光绪八年八月二十日；《奉天与朝鲜边民交易章程》，光绪九年二月；《吉林朝鲜商民贸易地方章程》，光绪九年八月。见王铁崖编：《中外旧约章汇编》第 1 册，第 404～405、418、444 页。

② 《总署奏拟请简派出使朝鲜国大臣折》，光绪二十四年六月二十四日，见王彦威、王亮辑编：《清季外交史料》卷 133，第 30～31 页。

③ 《总署奏遵议中韩通商条约折》，光绪二十五年正月二十日，见王彦威、王亮辑编：《清季外交史料》卷 137，第 4 页。

④ ［韩］李泰镇：《明治日本侵韩史略》，金京子译，中国人民大学出版社 2011 年版，第 129 页。

⑤ 《通商条约：海关税则》，光绪二十五年八月初七日，见王铁崖编：《中外旧约章汇编》第 1 册，第 911 页。

甲午战争和《马关条约》结束了朝贡关系的对外模式，将中国推向了条约关系的单一国际秩序。其后，中国传统的对外关系模式，即朝贡关系，虽在某些国家还有些残留，但未能构成一种国际秩序。例如，光绪二十八（1902 年）年，清政府封尼泊尔首相为“统领兵马果敢王”，赏穿黄龙马掛。尼泊尔的五年一贡之例，一直维持到光绪三十四年（1908 年）。甚至在民国十三年（1925 年），尼国犹派人前来修贡。[①] 1910 年 1 月，不丹与英国签订《普那卡条约》，规定其对外关系接受英国“指导”时，中国驻藏大臣仍以命令口吻行文不丹国王，似乎仍视不丹为自己的“藩属”。[②] 尼、不两国，并未被清王朝视为主要朝贡国，它们在整个朝贡体系中无足轻重。上述残留现象，一方面说明个别国家如尼泊尔仍然眷念这一传统关系，主动向中国修贡；另一方面则反映清政府尚未完全摒弃宗藩观念，在与相关国家交往时，仍有意无意抱有这一意识。作为一种国际秩序，朝贡关系已不复存在。相应地，体现两种国际秩序并存的对外体制，如总理衙门体制，亦面临着危机，适应条约关系的新外交机构也正在酝酿之中。

二、平等关系的中断

如前所述，在被套上不平等条约的枷锁之后，清政府并不自甘放弃独立主权地位，仍在力所能及的情况下作了建立平等关系的尝试。这一尝试取得了一定成效，在不平等的主体关系中，出现了平等性质的条约关系。在中国走向世界与其他国家建立新的国际关系的初期，这一关系反映了近代性质的发展趋向。然而，甲午战争暨《马关条约》中断了这一趋向，使中国成了东西列强共同压迫的对象，在更完整的意义上构建了不平等的条约关系。

从一开始，日本便希望获取与欧美列强同样的特权，通过甲午战争强迫清政府签订《马关条约》（即《日清讲和条约》，或《下关条约》）。日本如愿以偿，完成了“脱亚入欧”，中日之间条约关系的性质发生了根本性的改变，由平等转为不平等。《马关条约》规定，“中、日两国所有约章，因此次失和，自属废绝”，由此否定了此前的平等关系。该约又规定，中日须重新

---

① 章熙林：《尼泊尔新志》，商务印书馆 1947 年版，第 87、88 页。

② 刘宏煊主编：《中国睦邻史——中国与周边国家关系》，世界知识出版社 2001 年版，第 330～331 页。

订立通商条约，“应以中国与泰西各国现行约章为本”。也就是说，通过新订通商条约，日本可以获得与西方列强同样的特权。该约同时还规定，在新订约章未实行之前，日本享有最惠国待遇，“与中国最为优待之国”“一律无异”。① 以往各国与中国订约，如未定议，“彼即不能通商”。而根据这一规定，日本可在新商约生效之前，享有与各国同样的特权。与此不同，对在日华商如何办理，《马关条约》未作规定，因此“日本现在待中国寓日商民几与无约之国等”。② 根据《马关条约》，中日两国于1896年7月订立了《通商行船条约》。通过该约，日本获得了西方列强在华享有的所有条约权利，诸如片面领事裁判权、片面最惠国待遇、片面协定关税等。10月，中日又订立《公立文凭》，给予日本设立专管租界的权利。

以《马关条约》为核心，《通商行船条约》和《公立文凭》与之一道构成了中日之间新的不平等的条约体系。《马关条约》是这一体系的母约，其他条约均由此衍生。中日商订商约之时，有的大臣主张“藉此商约为马关约匡救，甚且欲为泰西各国已定之约争回利益”，其实这是完全不可能的。全权大臣张荫桓非常清楚，“既不能废马关约，则现议各条，岂能别开生面？”他知道，“同治年间所订日本修好条规，限制较严，日本以为较西国约章相形见绌，怀怨毒垂二十年，兵衅一开，旧约遂废，此次重议商约，林董紧执马关约，以泰西各国约章为本一语”。李鸿章改拟“中国使臣携带眷属，及在日本设立领事，暨中国寓日人民应照日本相待最优之国人民一律优待”各节，林董均谓：“英、法等国条约所无，不允照办”。甚至将泰西各国限定为“欧洲各国”，谓：“泰西各国系专指欧洲各国而言，美国续约及秘鲁、巴西各约虽有设立领事优待华民之款，然非泰西之国，不得援引为例。”因此，“我但冀使不于西国旧约所载之外，更肆要求，断难望于西国旧约所有之中，再图补救”。③ 中国方面力争的仅仅是不要超出西方列强的条约权利，

① 《马关新约》，光绪二十一年三月二十三日，见王铁崖编：《中外旧约章汇编》第1册，第615～617页。

② 《全权大臣张荫桓奏遵议日本商约谨陈大略折》，光绪二十二年正月二十五日，见《清季外交史料》卷120，第5～6页。

③ 《全权大臣张荫桓奏遵议日本商约谨陈大略折》，光绪二十二年正月二十五日，见《清季外交史料》卷120，第4、5页。

根本不可能在此范围内有所作为。

在新的条约关系中，日本不仅得到了西方列强所攫取的所有特权，而且还将其扩大。例如，西方列强多年来孜孜以求的在华设厂的目标，由《马关条约》得以实现。对日本而言，此项特权在当时并无多大意义，“日本的私人资本当时还未感到有在海外开设工厂的必要”。据日本全权代表林董所言，这项要求，“实际并非出自日本本身的要求，是由于‘别有用意’而加进和约之中的”。所谓“别有用意”，据日本报刊披露，是“对英国进行国际贿赂”。①日外务大臣陆奥宗光也说，“讲和条约中有关通商上之让与，与其说于我有利，莫如说于欧洲各国更大为有利。因为日本与清国之通商贸易，尚不如欧洲与清国之间通商贸易那样发达。从新开辟港口、扩大航路以及在通商港口建立制造工厂等，一切统按最惠国条款待遇，欧洲各国将立即享受其利益”。②再如，在华设立租界，长期以来并无条约依据，其合法性不过在于清政府的“默认”而已，现在这一事实上的特权变成了合法的条约特权。《公立文凭》第1款规定：“添设通商口岸，专为日本商民妥定租界，其管理道路以及稽查地面之权，专属该国领事。”③其后日本在与各口岸地方官员所订的租界章程中，对租界问题作了更为详细、明确的规定。例如《厦门日本专管租界条款》第2款载：“租界内所有马路、警察之权，以及界内诸般行政之权，皆由日本政府管理。界内道路、桥梁、沟渠、码头由日本领事设法修造，并由日本领事官管理”。④日本既开条约允许之先例，“他国依最惠国之条款，亦得要求同等待遇。于是各国租界内行政权之取得，而成为条约上之权利”。⑤而且，日本共取得了8处专管租界的设立权，比英国的5

① ［日］信夫清三郎编：《日本外交史》上册，天津社会科学院日本问题研究所译，第292页。

② 《陆奥外务大臣致林外务次官电》，1895年4月22日，见戚其章主编：《中国近代史资料丛刊续编·中日战争》第10册，中华书局1995年版，第117页。

③ 《公立文凭》，光绪二十二年九月十三日，见王铁崖编：《中外旧约章汇编》第1册，第686页。

④ 《厦门日本专管租界条款》，光绪二十五年九月二十一日，见王铁崖编：《中外旧约章汇编》第1册，第925页。

⑤ 林东海：《外事警察与国际关系》，商务印书馆1937年版，第102页。

处还多。"这个事实象征性的表明日本外交的一个显著特点：维新以来'独立'这一课题的完成，同时也是'侵略'的开始。"①

中国在中日关系中已经处于完全不平等的地位，一些重要的权利都是单方面的。即以最惠国条款而论，清政府要求享有同等的权利，遭到日本拒绝。日本已把自己置于与西方列强同等的地位，甚至有过之无不及。商约谈判时，中国代表"屡以优待华人一节为言"，提出：奥地利条约有最惠国条款，"若按照马关条约办理，以欧洲各国约章为本，则奥国之约不能抹煞［杀］不算"。但日本方面坚决不允，先以"欧洲条约并无华民在外国一律优待之条"为辞，继而又说，中国与别国订立通商条约，"虽有华民应得按照相待最优之国一律相待之条，后因于该国内之利益有所妨碍，或与该国内或该国内一处地方之平安有所妨碍，该国经立限制之条，贵大臣当能记忆也。若夫奥国，华人希到，所有条约未可比照而论"。②

日本也由此成为中外条约关系中的一股重要力量，在整体上强化了这一关系的不平等性质。这场战争成了日本资本主义的跳板，巨额赔款流入后，日本"一面进行以扩充军备为核心的产业革命，另一方面获得了采用金本位制的资金，也就拿到了参加以伦敦为中心的国际金融市场的通行证"。依靠地理上靠近中国和拥有较多的专管租界的优势，日本资本主义"取得了比欧洲列强更为有利的条件，登上了开拓中国市场的新旅程"。③ 其后日本进一步扩展不平等条约特权。经过八国联军之役，日本与其他列强一道强迫中国订立《辛丑条约》，除了赔款、惩凶之外，还获得了在山海关—北京沿线驻军、设立使馆区等新的条约权利。根据《辛丑条约》的规定，英、美、日又与中国订立了新的商约，"扩大并增加了它们在华通商、航运和经营企业等各方面的优越条件，加强了它们在华争夺的地位"。④ 日本更扩大了某些特权，例如，"中国国家允能走内港之日本各项轮船在海关报明，由通商口岸

① ［日］信夫清三郎编：《日本外交史》上册，天津社会科学院日本问题研究所译，第293页。

② 王铁崖编：《中外旧约章汇编》第1册，第667、668页。

③ ［日］信夫清三郎编：《日本外交史》上册，天津社会科学院日本问题研究所译，第293页。

④ 丁名楠等：《帝国主义侵华史》第2卷，人民出版社1986年版，第174页。

往来报明之内港地方贸易”。日本各项轮船，“无论大小，只以能走内港为准。此项能走内港之日本各轮船均可照章领牌，往来内港，中国不得藉词禁止”。[①] 通过这一规定，外商在中国内港行轮，打破了此前“非出海式样”轮船范围的限制，现在只要能走内港，“无论大小”，均可往来无阻。显然，通过甲午战争在中国取得特权地位的日本，不论是从广度还是深度方面，均不断地推进了不平等条约关系的总体发展。

从扩展条约特权、充实条约关系中的不平等内涵，以及压服清帝国的角度而言，欧美列强对日本这个新伙伴的所作所为是赞成的和欢迎的。甲午战争前夕，英国与日本订立条约，同意放弃在日本的领事裁判权，这无疑是对侵略行为的极大鼓励。1895 年 3 月以后，俄国各报对日本之所为，“无加以过甚攻击者”，“完全改变从前论调”。《新时代》载文，更以赞许的口吻说：“身为黄种人之日本，利用欧洲之先进武器与政体，拥有与欧洲人同等之资格，出现于历史舞台上，表示出与身为亚利安人种之欧洲人均属同等之人类，企图驰骋于世界文明及外交场中，与列国争衡”。“日本勃兴之形迹，恰与俄国完全一致。然而日本将来之进展，借助于其本国固有文化或可较俄国有长足进步，亦未可知。”[②] 英国的主要报纸，“都多多少少地非常支持”日本的要求，“特别是通商特权的要求”，仅少数次要报纸“表达了对日本由于要求取得中国领土而成为东方至高无上之国的厌恶”。[③] 这些，反映了西方国家对日本采取基本支持或放任的立场，而这在相当程度上是日本脱亚入欧所产生的效果，也由此使日本和西方列强的利益更趋向一致。

作为一种新的国际秩序模式，近代中外条约关系是以不平等内涵为主导的。中日甲午战争以暴力方式结束了平等条约关系的尝试，更加强了这一主导倾向，导致这一关系的恶化。需要指出，如前所言，甲午战争之后，“独立自主”的朝鲜与中国建立了近代性质的平等关系，但这并非意味着中国重

---

① 《通商行船续约》，光绪二十九年八月十八日，见北京大学法律系国际法教研室编：《中外旧约章汇编》第 2 册，生活 · 读书 · 新知三联书店 1959 年版，第 193、197 页。

② 《驻俄国西公使致陆奥外务大臣函》，1895 年 5 月，见戚其章主编：《中国近代史资料丛刊续编 · 中日战争》第 10 册，中华书局 1995 年版，第 72 页。

③ 《驻英国加藤公使致陆奥外务大臣电》，1895 年 4 月 10 日，见戚其章主编：《中国近代史资料丛刊续编 · 中日战争》第 10 册，第 94 页。

建平等的条约关系。由于朝鲜并未真正获得独立地位，这是一种畸形的不正常的平等关系。《马关条约》规定“中国认明朝鲜国确为完全无缺之独立自主”，其目的不是给予朝鲜以“独立”地位，而是通过中国的“明认”，斩断中朝之间的朝贡关系，其要害在于后面所言，“即如该国向中国所修贡献典礼等，嗣后全行废绝”。脱离朝贡关系的朝鲜，并没有真正成为一个“独立自主”的国家，实际上沦为日本的保护国。它与中国建立新的关系，其实是表明它与中国处于平等的地位，宣示其已不再是中国的附属国。因此，这种“平等”关系，只是日本兼并它的一个过渡和前奏而已。甲午战争之后，朝鲜实际上为日本所控制，就在《马关条约》签订当年，日驻朝公使导演了杀害闵妃的“乙未事变”。翌年 2 月，朝鲜国王高宗迁到俄国驻汉城公使馆避害，一年之后才还宫。日本的目的是使朝鲜沦为它的殖民地，只是碍于俄国，这一计划没有立即实行。1898 年，通过《西—罗森议定书》，日本在朝鲜经济上的支配地位得到俄国政府的承认，开始进入变朝鲜为“实质性保护国化”的新阶段。① 日俄战争后，又强迫它签订了保护条约，此后由日本政府“掌管和指导朝鲜对外关系和事务”，“执行朝鲜和其他国家间实际存在的条约”。② 1910 年又干脆将其吞并，“把朝鲜全部并入日本帝国”。③ 显然，这样一个有名无实的“独立”国家，在与他国的关系中，不可能取得真正的独立地位。清政府与它建立的新关系，缺乏必要的根基，不能构成真正的平等条约关系，不过是以近代形式表明中朝传统关系的改变而已。

三、帝国主义过渡中的新特权

在中外条约关系中，甲午战争暨《马关条约》还具有特殊的地位，即反映了国际资本主义的发展变化。19 世纪最后 30 年，自由资本主义向垄断资本主义即帝国主义过渡，国际形势发生了重要变化。伴随这一变化，列强在华建立的条约关系亦有着新的发展，日本发动的甲午战争恰逢其时，成为这

① 曹中屏：《朝鲜近代史 1863—1919》，东方出版社 1993 年版，第 193、207、210 页。

② 《朝鲜和日本关于由日本负责朝鲜对外关系的协定》，1905 年 11 月 17 日，世界知识出版社编：《国际条约集（1872—1916）》，世界知识出版社 1986 年版，第 260 页。

③ 《关于日本帝国吞并朝鲜的条约》，1910 年 8 月 22 日，世界知识出版社编：《国际条约集（1872—1916）》，第 461 页。

一新动向的发动机，增添了体现这一变化的新的特权内容。

对于帝国主义阶段的特点，列宁作了详细阐析，指出："帝国主义是发展到垄断组织和金融资本的统治已经确立、资本输出具有突出意义、国际托拉斯开始瓜分世界、一些最大的资本主义国家已把世界全部领土瓜分完毕这一阶段的资本主义。"这里概括了帝国主义的基本特征，包括国内特征和对外特征。对外特征主要有二，即经济上由商品输出转向资本输出，政治上便是瓜分世界。也就是说，资本主义世界对他国的经济侵略采用了"资本输出"的新形式，政治上则加剧了相互争夺，分割世界。"资本主义愈发达，原料愈感缺乏，竞争和追逐全世界原料产地的斗争愈尖锐，抢占殖民地的斗争也就愈激烈。"当时出现了夺取殖民地的大"高潮"，"瓜分世界领土的斗争达到了极其尖锐的程度。所以，毫无疑问，资本主义向垄断资本主义阶段的过渡，即向金融资本的过渡，是同瓜分世界的斗争的尖锐化联系着的"。关于"全部领土瓜分完毕"，列宁引用苏潘的话说，"所谓完毕，并不是说不可能重新瓜分了——相反，重新瓜分是可能的，并且是不可避免的"。又说，"当然并不排除对世界的重新瓜分，如果实力对比由于发展不平衡、战争、崩溃等等而发生变化的话"。尤其是，"在金融资本时代，当世界上其他地方已经瓜分完毕的时候，争夺这些半附属国的斗争也就必然特别尖锐起来"。"现在不是在按照以完全非和平的方式改变着的新的实力对比重新瓜分世界吗？"①

在中国，以甲午战争和《马关条约》为标志，列强侵华政策出现了体现帝国主义特点的重大变化。一是经济方面，此前列强主要是围绕商品输出，攫取片面协定关税等特权，现在则着重于资本输出。二是政治方面，此前列强主要出于商贸需要，攫取相关特权，现在则在瓜分世界的大形势下，更进一步分割在华权益。由于帝国主义过渡产生的这两大变化，中外条约关系相应出现了新的内容。

从资本输出来看，帝国主义列强攫取各种投资特权，迫使清政府接受其

---

① ［苏联］列宁：《帝国主义是资本主义的最高阶段》，1916年，见中共中央马克思恩格斯列宁斯大林著作编译局编译：《列宁全集》第27卷，人民出版社1990年版，第401、395、391、289、383、395、408页。

苛刻的条件，由此形成了不同于主权国家之间正常的经济来往的投资制度。各国对华投资涉及面很广，包括各项借款和各项实业投资，其中铁路、工业、矿业投资特权，是颇具普遍性的主要内容。

关于铁路投资，1887年，清政府修建津沽铁路，向英怡和洋行和德华泰银行借了两笔款，但数目小、期限短，没有任何附加条件，基本上属于正常的金融借贷。1895年，中日《马关条约》签字后两个月，法国迫使中国通过《续议商务专条附章》应允，“越南之铁路或已成者或日后拟添者，彼此议定，可由两国酌商妥订办法，接至中国界内”，① 并“争得了中国所出让的第一条铁路的让与权”。② 此后，列强掀起了攫取路权的高潮，与战前的借贷完全不同，形成损害和控制中国路权的普遍性特权制度。铁路是近代文明的一种体现，在近代中外条约关系中，它却成了列强对中国“进行压迫的工具”。③

外国在华铁路投资，主要有直接和间接两种方式，不论是哪一种投资，清政府均须接受其苛刻的条件。直接投资，是相关国家的公司直接投入资金，建筑和管理铁路以控制路权的方式。直接投资的特权，一般通过正式条约取得，如俄国的东省铁路、日本的南满铁路和安奉路、德国的胶济铁路、法国的滇越铁路以及英国的粤汉铁路九龙段，等等。直接投资又分中外合资和外国独资两种形式，其具体内容，多规定于清政府与有关国家或其指定公司所订立的章程合同中。中外合资如东省铁路，1896年，清政府与华俄道胜银行订立了《合办东省铁路公司合同章程》，规定：中国政府以库平银500万两入股，与华俄道胜银行“合伙开设，生意盈亏均照股摊认”。④ 外国独资，即由外国及其指定公司筹资，如滇越铁路，中、法两国在来往照会中规

---

① 中法《续议商务专条附章》，光绪二十一年五月二十八日，见王铁崖编：《中外旧约章汇编》第1册，第623页。

② ［英］菲利浦·约瑟夫：《列强对华外交（1894—1900）》，胡滨译，商务印书馆1959年版，第134页。

③ ［苏联］列宁：《帝国主义是资本主义的最高阶段》，1916年，见中共中央马克思恩格斯列宁斯大林著作编译局编译：《列宁全集》第27卷，第326页。

④ 《合办东省铁路公司合同章程》，光绪二十二年八月初二日，见王铁崖编：《中外旧约章汇编》第1册，第672页。

定，由法国筹资修筑，由中国提供地段。① 这类铁路的管理，都被控制在外国公司手里，即使是中外合资，名义上中方参与，实行中外合办，但实际上也由外国公司独揽大权。例如，东省铁路“所有建造、经理一切事宜派委华俄道胜银行承办”。② 因此，外国独资的铁路，完全由外国公司掌控，中国方面无置喙余地。另外，表面上是各外国公司控制这些铁路，实际上却是由各国政府操纵。

间接投资是外国公司通过给予中国铁路借款来控制路权的方式。此类铁路投资甚多，除几条直接投资的铁路之外，其他外资铁路基本上属于此类，如芦汉、正太、沪宁、粤汉、京奉等铁路。各外国公司一般是在本国政府支持下，通过与清政府订立借款合同取得某铁路的贷款权，这一特权制度的具体内容也详细规定于这些合同中。从甲午战后到20世纪初年，各外国公司与清政府所订借款合同，条件极为苛刻，反映了前述特权制度的基本性质。此类铁路借款，均规定了折扣和息、利，与欧美金融市场相比较，中国的铁路借款折扣大、利息高，各外国公司投资由此获得了极大的经济收益。此外，各借款合同还规定了借款担保，这是它们获得高额利益的重要保证，而不必承担风险。这类铁路的管理，有不同形式，或由外国公司完全承办和经营，或设立一个中外机构来建造和经营，等等。但不论哪一种形式，实际的管理权均在外国公司手里，不过程度稍有差异。同时，合同章程又规定不能随便提前偿还借款，须到一定年限才能还本。如芦汉路，合同规定中国在1907年前“不得增还股本，或全还股本，或核减利息”；在此之后，中国才可将借款提前还清，“一经全还，所有合同，即时作废”。③ 此类限制中国提前偿还的规定，其目的是保护外国公司在一定期限内对路权的控制，并保证其经济利益不因此受到损失。不管是直接还是间接的，其目的是控制中国的路权，获取巨大经济利益。为此，他们“对中国人的主权和权力永远不加重

① 《总理衙门致法国公使照会》，光绪二十四年三月二十日，见王铁崖编:《中外旧约章汇编》第1册，第745页。

② 《合办东省铁路公司合同章程》，光绪二十二年八月初二日，见王铁崖编:《中外旧约章汇编》第1册，第672页。

③ 《芦汉铁路比国借款续订详细合同》，光绪二十四年五月初八日，见王铁崖编:《中外旧约章汇编》第1册，第774页。

视，对中国的利益永远不加考虑”。①

矿业投资是列强政府或企业通过直接投资控制中国矿权的特权。鸦片战争之后，西方列强即开始觊觎中国的矿权，到19世纪80年代，外国资本便直接渗入了中国的矿业，但主要是为商品输出服务的。甲午战争之后，法国以干涉还辽向清政府索取报偿，首先取得矿业投资的条约特权。1895年6月订立的中法《续议商务专条附章》第5条规定：“议定中国将来在云南、广西、广东开矿时，可先向法国厂商及矿师人员商办。”② 随后在瓜分中国的狂潮中，列强也掀起了争夺中国矿权的高潮，“得步进步，直有拒之不能，应之不给之势”。③

外人在华投资办矿，主要属直接投资，其基本形式有外国独资和中外合资两种，其中后者又可分为几种形式。其实，因华股难以筹集，中外合资实际上仅有其名，多虚而不实。间有以借款方式进行间接投资，但仅有借款名义，在其他方面与直接投资并无多大差别，实际上仍是直接投资。当时就有人指出，相关合同“太含糊”，“殊未可解”，④ 等等。其管理体制，亦有多种形式，大体可分为外国公司独管和中外共管两种基本类型。然不论何种形式，其管理大权实际上为外人所控制。独管者，或规定外国公司有“独擅之权”，⑤ 或规定由其“承办”，⑥ 只字不提中方参与管理的权利。即使华股达到一定数额可派人参与，中方也无实际的管理权。如德国的德华矿务公司

---

① ［美］T. M. 欧弗莱区：《列强对华财政控制》，郭家麟译，上海人民出版社1959年版，第175页。

② 《续议商务专条附章》，光绪二十一年五月二十八日，见王铁崖编：《中外旧约章汇编》第1册，第623页。

③ 《总署奏》，光绪二十四年七月十八日，台北“中央研究院”近代史研究所编：《矿务档》第4册，台北“中央研究院”近代史研究所1960年印，第2255页。

④ 《外务部收委办山西矿务姚文栋呈》，光绪二十九年三月二十九日，见台北“中央研究院”近代史研究所编：《矿务档》第3册，台北“中央研究院”近代史研究所1960年印，第1434页。

⑤ 《改订吉林开采煤觔合同》，光绪二十七年五月二十九日，见王铁崖编：《中外旧约章汇编》第1册，第997页。

⑥ 《云南隆兴公司承办七属矿务章程》，光绪二十八年五月十六日，见北京大学法律系国际法教研室编：《中外旧约章汇编》第2册，第53页。

在山东铁路沿线所开煤矿，规定华股在 10 万两以上时，可“选派妥员入公司”，但其权限仅是“稽查华股应得一切利益”。① 中外共管者，实权亦由外国公司控制。外人在华投资矿业，可获得极大利润，尤其是某些根据条约取得的矿权，甚至可托辞规避纳税。如华德矿务公司在山东沿路各矿，有关条约和章程中没有纳税规定，即使清政府所拟矿章要求纳税，德国也根据《胶澳租界条约》，认为不应该纳税，照会清政府免除了税收。② 此外，外资所获矿权，期限很长，有的长达五六十年。

关于工业投资，它是指列强在华直接投资设厂制造。鸦片战争之后，各国即在中国通商口岸设立工厂，但基本上是为商品输出服务的，而且是非法的。1883 年，美国曲解中法《天津条约》第 7 款，声称这是条约特权，要求清政府允许他们在华“设立工厂”，③ 遭到拒绝。中日甲午战争提供了这一机会，日本在议和时提出了包括工业投资等经济方面的条件，“倒有点像英国商会的建议书”。④ 战后签订的《马关条约》规定：“日本臣民，得在中国通商口岸城邑，任便从事各项工艺制造。”⑤ 由此，在华设厂，进行工业投资，便成了列强的条约特权。列强在华工业投资，属直接投资，分为外商独资和中外合资两种形式，地域限于通商口岸范围。在税收方面，按规定不得高于华商的机器制造货的税率，实际上按值百抽五的税率征收，其他各税一概豁免。而华商除此之外，还须完纳厘金和各种捐税。显然外商在华投资设厂，“得到的是‘超国民’的待遇”。⑥

总之，帝国主义对华资本输出，是中外条约关系的新发展。这种投资，

---

① 《山东华德矿务公司章程》，光绪二十六年二月二十一日，见王铁崖编：《中外旧约章汇编》第 1 册，第 949 页。

② 《外务部收德署使葛尔士照会》，光绪二十八年九月二十五日；《外务部给德署使葛尔士照会》，光绪二十九年正月廿七日。见台北“中央研究院”近代史研究所编：《矿务档》第 2 册，台北“中央研究院”近代史研究所 1960 年印，第 1096、1098 页。

③ 《美国外交档案》，1883 年，第 168 页。转引自卿汝楫：《美国侵华史》第 2 卷，人民出版社 1962 年版，第 178～179 页。

④ ［英］伯尔考维茨：《中国通与英国外交部》，江载华、陈衍译，第 214 页。

⑤ 《马关新约》，光绪二十一年三月二十三日，见王铁崖编：《中外旧约章汇编》第 1 册，第 616 页。

⑥ 郑友揆：《中国的对外贸易和工业发展》，上海社会科学院出版社 1984 年版，第 36 页。

不是主权国家之间正常的经济往来，而是具有特殊的性质，是西方列强在资本主义过渡到帝国主义阶段对中国进行政治压迫和经济掠夺的产物。它损害了中国的主权，以经济掠夺为目的，“是一种资本掠夺制度”，“是一种殖民主义制度”。① 在这一制度中，列强完全无视中国的主权和意愿，具有强权政治性质，又以其他条约特权为护符，并脱离了中国政府和中国法律的管辖。而且，外国投资的资本，并不完全来自其本国，相反相当一部分出自中国本身。这种资本构成反映了它的经济掠夺性质，中国国民经济的发展亦因此受到极大制约，深深地陷入半殖民地的泥潭，成为外国资本主义的附庸。

从分割中国权益来看，甲午战争之后，列强掀起了瓜分狂潮，攫取租借地和势力范围。1895 年中日《马关条约》签订后，俄国即纠集法、德迫使日本归还辽东半岛，以阻止日本在中国大陆“获得巩固的立足点”。② 三国干涉还辽拉开了瓜分狂潮的序幕，此后列强便开始着手宰割中国。对列强而言，这是它们在中国的某一区域取得属地管辖权及经济事宜的优先权、独占权，为维持彼此之间的均势而进行的新的分赃，即争夺租借地和势力范围。这两种特权的性质有所不同，租借地更具有政治、军事的意义，而势力范围则主要具有经济的意义。这两种特权制度均侵犯了中国的主权，破坏了中国领土的完整，并严重损害了中国的经济利益。尤其是租借地，较之租界，更是一个“国中之国”。在当时，列强的相互争夺，加剧了中国的民族灾难和民族危机。

关于租借地，它最早始于葡萄牙人所占的澳门。1887 年，葡迫使清政府与之订约，取得“永驻、管理澳门”③ 的条约特权。这样，澳门便成了近乎割让的永久租借地。甲午战争之后，列强在华攫取租借地，成为一个普遍现象。1898 年 3 月，德国与清政府订立《胶澳租界条约》，获得胶澳租借地。这是甲午战争后第一个租借地条约，此例一开，各国纷起效尤，向中

① 许涤新、吴承明主编：《中国资本主义发展史》第 2 卷，人民出版社 1990 年版，第 754、756 页。

② ［美］狄龙：《俄国的衰落》，第 246 页。转引自中国科学院近代史研究所编：《沙俄侵华史》第 4 卷，下册，中国社会科学出版社 2007 年版，第 28 页。

③ 《会议草约》，光绪十三年三月初二日，见王铁崖编：《中外旧约章汇编》第 1 册，第 505 页。

国索取租借地，将列强的瓜分活动推向高潮。例如，俄国诱迫清政府接受了它的要求，签订了《旅大租地条约》，获得了旅大租借地。英与清政府订立《展拓香港界址专条》和《订租威海卫专条》，在南北获得九龙半岛和威海卫两块租借地。在这次瓜分狂潮中，英国虽然不为祸首，但实际上获利最大。法国与清政府订立《广州湾租界条约》，获得了广州湾租借地。

租借地条约的订立，"在国际法上创一新例"，① 是中外条约关系的重要发展。通过相关条约，列强从中国"租借"某部分领土，于一定期限内行使属地管辖权，以作为在华侵略基地。各租借国在租借地建立了隶属本国政府、脱离中国管辖的一整套军事、行政机构，实行殖民统治。在租借区域，租借国具有如同统治本国领土一样的各种权利，如治理权，即属地管辖权。中德《胶澳租界条约》规定："德国所租之地，租期未完，中国不得治理，均归德国管辖"。② 又如自卫权，即租借国具有使用武装力量保卫租借地和租借国利益的权利。由此，租借国实际上已获得对租借地的统治权，完全成了租借地的主人。正如一位德国法律学家评论《胶澳租界条约》时所说的，中国政府在事实上将租借地的领土主权"让与"了租借国，租借国在租借地上，"得以完全行使立法、司法及行政三权"。③ 这些租借地的领土主权仍属中国，但只是名义上的，实际上由租借国行使统治权。中国在租借地虽享有某些权利，但微不足道。租借地有期限规定，除旅大和威海卫为25年外，胶州湾、九龙、广州湾均为99年，其后日本接手旅大租借地，迫使中国订约允诺"展至九十九年"。④ 租借地期限如此之长，"实质是要侵占中国的领土"。⑤ 另外，所谓"租借"，租借国实际上可以不付一文租银。

---

① ［日］田原天南：《胶州湾》，见青岛市博物馆等编：《德国侵占胶州湾史料选编》，山东人民出版社1987年版，第410页。

② 《胶澳租界条约》，光绪二十四年二月十四日，见王铁崖编：《中外旧约章汇编》第1册，第738页。

③ 青岛市博物馆等编：《德国侵占胶州湾史料选编》，第412页。

④ 《关于南满洲及东部内蒙古之条约》，一九四五年五月二十五日，见北京大学法律系国际法教研室编：《中外旧约章汇编》第2册，生活·读书·新知三联书店1959年版，第1100页。

⑤ ［日］田原天南：《胶州湾》，见青岛市博物馆等编：《德国侵占胶州湾史料选编》，第410页。

关于势力范围，在租界地条约订立之前已有萌芽。1846 年 4 月 4 日，中英签订《英军退还舟山条约》，规定："英军退还舟山后，大清大皇帝永不以舟山等岛给他国。"① 1884 年中法《简明条款》规定，"中国南界毗连北圻，法国约明，无论遇何机会，并或有他人侵犯情事，均应保全助护"，② 隐寓视中国南部省份为势力范围之意。在甲午战后的瓜分狂潮中，列强通过条约或照会攫取独占权益的势力范围，成为普遍现象。1897 年 3 月，清政府照会法国公使，正式承诺不将海南岛让与任何他国，③ 这是清政府发表的第一个不割让声明；1898 年 4 月 10 日清政府又向法国承诺，不将越南邻省"让与或租借他国"，④ 法国由此将海南岛、两广、云南划为它的势力范围。1898 年 2 月 11 日，清政府向英国承诺，"确切保证不将杨［扬］子江沿岸各省租押或以其他名义让予他国"，⑤ 长江流域由此成为英国的势力范围。4 月 24 日清廷向日本承诺，"不将福建省内之地方让与或租与别国"，⑥ 由此福建成了日本的势力范围。俄国和德国通过租借地条约，也分别将东北和山东划为它们的势力范围。

另外，日本通过《马关条约》割占中国台湾、澎湖列岛、辽东半岛，以及随后的三国干涉还辽事件，正体现了帝国主义时代重新瓜分世界的特点。总之，资本输出和瓜分世界，是帝国主义阶段出现的新现象，而甲午战争和《马关条约》，正体现和促使了此类新条约特权的产生。这是近代中外条约关系的重要发展，在内容上和手段上，均体现出与以前不同的新内涵。内容

---

① 中英《英军退还舟山条约》，道光二十六年三月九日，见王铁崖编：《中外旧约章汇编》第 1 册，生活 · 读书 · 新知三联书店 1957 年版，第 71 页。

② 《简明条款》，光绪十年四月十七日，见王铁崖编：《中外旧约章汇编》第 1 册，第 455 页。

③ 《海南岛不割让照会》，光绪二十三年二月十三日，见王铁崖编：《中外旧约章汇编》第 1 册，第 697～698 页。

④ 《总理衙门致法国署使照会》，光绪二十四年三月二十日，见王铁崖编：《中外旧约章汇编》第 1 册，第 743 页。

⑤ 《总理衙门致英国公使照会》，光绪二十四年正月二十日，见王铁崖编：《中外旧约章汇编》第 1 册，第 732 页。

⑥ 《中国复照》，光绪二十四年闰三月初四日，见王铁崖编：《中外旧约章汇编》第 1 册，第 751 页。

上，经济方面的资本输出，更反映了资本主义的掠夺本能，政治方面的分割中国权益，尤体现了帝国主义无视弱小国家主权的本质；手段上，则施以赤裸裸的武力威胁，毫不隐讳地宣示了列强的强权和霸道。这些伴以战争暴力产生的新特权，极大地发展了中外条约关系的不平等内涵，使之走上了一个新的阶段。

除以上影响之外，甲午战争还使清政府的衰弱充分被暴露出来，从而又促使条约关系出现新的变化，引发了这一关系前所未有的大危机，由此又导致了其新的发展。关于这一影响，下一章详述，这里不赘。总之，甲午战争暨《马关条约》不仅改变了中日关系的性质，增添了新的条约特权，更重要的是，它从整体上使中外条约关系的格局发生了重大变化。尤其是，这场战争彻底摧毁了中国传统的宗藩关系，形成了单一的条约关系国际秩序模式，并促使列强在华争夺愈益激烈，中国更进一步被纳入国际关系的旋涡之中。此外，这些变化又促进了国人的思想观念尤其是对外观念的更新，如梁启超说："吾国四千余年大梦之唤醒，实自甲午战败割台湾偿二百兆以后始也。"① 中国从甲午战争的失败中感受到了深深的刺激，看到了自己的种种不足，由此推动了自身向近代的转型和民族觉醒。

① 梁启超：《戊戌政变记》，1998 年，见中国史学会主编、翦伯赞等编：《戊戌变法》一，上海人民出版社 1957 年版，第 249 页。

第四章

中外条约关系的巩固强化与新形式的出现

中日甲午战争开启条约关系新阶段之后，列强的贪欲滋长，并进行了肆无忌惮的劫掠，从而激起了中国朝野的反抗，导致这一关系内在危机的白热化，引致震惊中外的义和团运动。经过八国联军的炮火打击，清政府被迫于1901年签订《辛丑条约》，“被制服”的中国更沦为“这样卑微的一个被奴役的国家”，不平等的中外条约关系进一步得到巩固强化。与此同时，清政府顺应世界潮流，开始加入国际公约，条约关系又出现了自主平等的新形式。

一、中国衰弱的大揭底与条约关系危机的深化

经过甲午战争，清政府的衰弱充分暴露出来，对条约关系的发展产生了重要影响。清政府战败，改变了列强将中国视为睡狮的看法，刺激了它们肆无忌惮扩展在华权益的野心。战争结局和列强的霸道，给中华民族带来空前屈辱，使中国社会自鸦片战争以来积蓄的仇外心理，在列强变本加厉的侵夺中不断升温，又加剧了国人对条约关系的不满，极大冲击了条约关系的稳定性，引发了“最恨和约”的义和团运动。中国人民这一史无前例的大反抗，又使中国社会蕴蓄已久的积愤喷薄而出，中外条约关系因此面临着深刻的危机，而《辛丑条约》则是列强对中国抵拒这一关系的总清算，并由此构筑了严密的防范体系。

在此之前，对西方而言，中国是一个不可思议的国度，处于未觉醒的状态。1817年，阿美士德说：“中国在表面强大的背后是泥足巨人，实际上很软弱。”拿破仑却认为，“中国并不软弱，它只不过是一只睡眠中的狮子”，“以今天看来，狮子睡着了连苍蝇都敢落到它的脸上叫几声。中国一旦被惊

醒，世界都会为之震动”。① 拿破仑的看法在西方很有影响力，鸦片战争之后，欧洲人仍认为，“中国为不可思议之国，或以为有何等实力”。②

出于种族偏见，西方世界在轻视中华文明、贬损中国人的民族性格的同时，又对中国怀有某种恐惧心理。俄国的巴枯宁在1873年出版的《国家制度和无政府状态》一书中，大肆宣扬中国威胁论。他说，中国有6亿人口，“这些居民在这个帝国境内显然住得太拥挤了，于是现在便象［像］阻挡不住的潮流”，“越来越多地成群结队向外迁徙”，届时，“从鞑靼海峡到乌拉尔山脉和里海的整个西伯利亚边区转眼之间就不再是俄国的了”。而且中国人“还会越过乌拉尔，一直前进到伏尔加河之滨，将来怎么可能阻止他们的入侵呢！”中国人口众多，“就这一点，就够可怕的了”。尤其是在中国腹地的居民，“无比刚毅，悍勇好战”。巴枯宁还指出，当时，中国人开始学会使用现代武器和采取欧式的训练，“如果再考虑到被迫寻找出路的居民多得惊人，那末你们就会懂得从东方威胁我们的危险有多大了”。③ 稍后，法国地质学家查理·维纳在“作考古和人种学的考察旅行”之后，认为，“中国人的气质中，除了在暴力革命中所能实现的指望以外，还有其他的抱负”，“终有一天中国人会支配整个世界”。④ 1893年，英国牛津大学历史教授皮尔逊别有用心地渲染中国对西方的威胁，说：“没有一个人能够怀疑，如果中国得到一个有彼得大帝或腓特烈二世的组织天才和积极进取天才的人做君主，它对于英属印度或俄国将成为一个非常可怕的邻国。”“象［像］中国人这样伟大的民族，并且拥有这样巨大的自然资源，迟早会溢出他们的边界，扩张到新领土上去，并且把较弱小的种族淹没掉。”⑤

---

① 《拿破仑：中国不软弱　一旦被惊醒世界会为震动》，《环球时报》2005年3月4日。

② ［日］稻叶君山：《清朝全史》下，但焘译，中国社会科学出版社2008年版，第810页。

③ ［俄］巴枯宁：《国家制度和无政府状态》，马骧聪等译，商务印书馆1982年版，第108～109页。

④ Ch. Wiéner, *Perou et Bolivie,* Paris, 1880, p.36. 转引自［西德］海因茨·哥尔维策尔：《黄祸论》，商务印书馆1964年版，第132页。

⑤ Charles H. Peason: *National Life and Character, A Forecast*, Macmillan and Co. London and New York, 1893, pp.44-51. 转引自吕浦等编译：《“黄祸论”历史资料选辑》，中国社会科学出版社1979年版，第85、89页。

经过甲午战争，中国作为东方睡狮的形象完全被打破。泱泱大国惨败于蕞尔岛国，清政府“处处低头”，其虚弱暴露于天下，“中国这个气泡已经爆破了”,[①]“向全世界证明了那个国家的衰弱和无力抵抗侵略”。[②]战争结束之际,《泰晤士报》驻巴黎通讯员称：“清国现今已完全颓废老朽，显然将成为欧洲各国之祸根。因而今日乃是结束处理清国最恰当之好时机，使之尽快归于欧洲各国共同占领。目前虽不一定有必要将其州县分给各国，但为处理清国，首先须如同在非洲一样，将其作为保护国而分割之。清国之州县一旦归于欧洲各国之手，就再不会引起欧洲各国间之困难及立于凌辱地位之忧，如同俄属土耳其斯坦或英属印度一样”。[③]整个欧洲舆论甚至认为，“腐败已极之清国惨败为最合理，同时对日本因其历来所追求之开明事业而获得盖世功绩，嘉奖不已”。[④]西方国家改变了对中国的看法。“欧洲人之观察中国，亦从此而洞见真相，盖从前欧洲人以中国不可思议之国，或以为有何等实力，一八九五年与日本一战，以极大之国而败于至小之日本，于是共知中国国防之薄弱。”对于20年前曾纪泽说中国是“睡狮”，他们至此“乃始知睡狮之声价”,[⑤]“对这个睡狮的表现，哄堂大笑”。[⑥]

在列强看来，中国已经完全衰落，因为：中国遭受了一次真正的战败，蒙受了前所未有的屈辱。鸦片战争，中国虽然战败，但“并没有受到屈辱”。第二次鸦片战争中国再次败北，但“尚可聊以自慰的”，是战败缘于太平天国起义“侵蚀着它的内脏”，而并非“外国武力所加给它的外伤所致”。随后的中法战争中，中国也只是“陷入了一种僵局”。然在甲午战

① 《北华捷报》1896年1月3日。转引自［美］马士:《中华帝国对外关系史》第3卷，张汇文等译，商务印书馆1960年版，第109页。

② ［英］菲利浦·约瑟夫:《列强对华外交》，胡滨译，商务印书馆1959年版，第126页。

③ 《驻俄西公使致陆奥外务大臣函》,1895年3月，见戚其章主编:《中国近代史资料丛刊续编·中日战争》第10册，中华书局1995年版，第56～57页。

④ 《驻德国青木公使致陆奥外务大臣函》，明治二十八年五月二十七日，见戚其章主编:《中国近代史资料丛刊续编·中日战争》第10册，第203页。

⑤ ［日］稻叶君山:《清朝全史》下，但焘译，中国社会科学出版社2008年版，第810～811页。

⑥ 柏杨:《中国人史纲》。转引自韩泰伦主编:《新史记》第8卷，中国文联出版公司1999年版，第5007页。

争中，清王朝“不仅被打败而且已经受到屈辱”。清军未曾打过一次胜仗，“在每一个战场上都是望风而逃，并且把坚强的阵地一个个地放弃了”。中国军民素质低下，行政低效，无法应对新的国际形势。清军将领“表现出一齐无能，并且很多是懦夫”。行政方面，“缺乏效率和腐败；在国家危急之秋和承平时候是一模一样的”，有权势的人，总是试图将手中掌握的银两私吞以“自肥”。而政府“不会改革”，扭转这一“可悲的”局势。中国民众，“虽然已经有了一些国家意识，却仍然是一群原始的庶民，在他们之中个人利益是唯一的原动力，并且以盲目的愤怒来代替爱国主义的发奋图强”。经过战争，中国的领土被剥夺，经济也背上了沉重的包袱，最后一个屏藩朝鲜亦被摧毁，中国沦为“屈辱备至”的国家。形成强烈反差的是，这一惨重结果，“是由一个受人轻视的亚洲国家所造成的”。该国通过这场战争“已经表现出它比中国优越，并且是和素来享有特权的那些西方国家居于平等地位了”。遭受失败的清政府没有改弦更张，革新图强，而是更走向依赖外国的路。“没有改革计划，没有发展国内资源的计划，也没有使帝国自力更生的计划”。列强甚至一味认定，“将中国从它本身积弱的后果中拯救出来乃是西方列强的责任”，商业国家既然使它失望，这份“责任”“只好落到军事国家的身上”。①

清政府的衰弱，激起西方列强的“贪婪”，② 于是出现了所谓“新的重大的国际问题——中国问题”，即如何处理中国的问题。列强认为时机已经成熟，必须迅速下手，因此在中国掀起了瓜分狂潮，甲午战争可以说是这场狂潮的启动闸。正是由于清政府衰弱到这一程度，西方列强对中国已是人莫予毒，为所欲为，从而推进了不平等条约关系的发展。如德国以“巨野教案”为借口公然侵占胶州湾，“一个外国用 3 只船和 600 个人就毫无困难地侵入一个拥有三亿人口的国家……并且在距京城不到 350 哩的地方，不遭抵抗而盘踞下来”。③ 很早以前，德国便一直要求中国给予其一个海军基

① ［美］马士：《中华帝国对外关系史》第 3 卷，张汇文等译，商务印书馆 1963 年版，第 59～60、109 页。

② ［英］菲利浦·约瑟夫：《列强对华外交》，胡滨译，第 126 页。

③ 《北华捷报》1897 年 12 月 3 日。转引自［美］马士：《中华帝国对外关系史》第 3 卷，张汇文等译，第 115 页。

地，未能如愿以偿。甲午战争后，“从前为人所看不起的日本人轻易战胜而加给中国的屈辱”，大大刺激了德国的欲望，它竟然无所顾忌地强行夺取胶州湾，而清政府对这一赤裸裸的侵略行径“一筹莫展”。① 德国“故意要用一种大张旗鼓的方式，不惜恼怒和侮辱中国的统治者与人民以提出它的要求”，体现了列强更加无视国际公法的新趋向。甚至西方评论对此亦颇有异议，认为即使避开“国际道义问题”，“德国的办法”亦“背离了国际惯例。”② 总之，甲午战争向世界展示了这样一个新的例证：在世界史上，从来没有一个像中国这样领土广袤、人口众多且统一完整的国家，“遭到这样一连串的侮辱，或这样多的受人轻视”；也没有一个国家，“曾经这样地理应遭受它的厄运”，并且在纠正行政弊端，组织具有优良品质且极其富庶的坚强民族等各种资源方面，“表现过这样的无能”。在列强眼里，中国进入了一个如马士所说的“被制服的时期”。在这样的历史背景下，“列强现在正心满意足地期待着中国迫临的瓜分；它还得陷入那样深的一个屈辱阶段；以致列强会害怕它被瓜分而设法予以防止”。③ 中国衰弱的揭底，刺激了列强谋求新的特权，并在19世纪末掀起瓜分狂潮，导致了条约关系的恶性发展。

这一恶性发展又如催发剂，引致深藏于条约关系中的内在危机趋于白热化。危机始于《南京条约》，清政府自订立第一个不平等条约，便没有真正接受这一与“天朝”体制大相径庭的新关系。如马士所说，“这些条约是未经他们同意就强加在他们头上的，即使那些利益不受直接影响的人，也深恨其中的每一项规定”。④ 经过第二次鸦片战争，清廷不得已确立了守约方针，但并未在思想上树立条约观念。同治六年（1867年），清廷组织讨论修约问题，不少内外大臣仍抱有最后决裂和“徐图后举”之念。署湖广总督江苏巡抚李瀚章谓：“自兹以后，朝修明于上，百官濯磨于下，在事臣工，时时存报敌之心，只以中原未靖，边患方殷，自强之谋，不能无待，外攘之策，第

① ［美］马士：《中华帝国对外关系史》第3卷，张汇文等译，第115页。

② “远东”，《北华捷报》1898年1月7日。转引自［美］马士：《中华帝国对外关系史》第3卷，张汇文等译，第118页。

③ ［美］马士：《中华帝国对外关系史》第3卷，张汇文等译，第136页。

④ ［美］马士：《中华帝国对外关系史》第1卷，张汇文等译，第427页。

可潜图。”① 所谓“外攘之策”，也就是驱逐洋人于中国之外，几个亲郡王甚至更明确地提出了驱逐洋人的根本之计。如惇亲王奕誴提出：“外洋之入内地，原应筹画所以自强，而驱之出境。”② 醇郡王奕譞认为，“庚申必应和约，现在必应羁縻，将来必应决裂”。当不可向迩之时，“除和约一法，别无良策”。他提出“驱除洋人”，认为，“其王道乃化民励俗之用，非牢笼犬羊可同日而语者。一旦翻然决裂，将以天下之兵之民，敌彼蕞尔数国，如越之灭吴，唐之服突厥”。乘军务渐平之时，“饬下各督抚设法激励乡绅，设法激励众民”，“焚其教堂，掳其洋货，杀其洋商，沈其货船。”③

在各地，条约的履行也受到了各种阻挠，其原因除了地方官不熟悉条约之外，更主要的是他们采取了敌视态度。每遇中外交涉案件，“地方官或有意延阁，或含混了事，甚有任意妄断，因小事而激生他事”。除通商口岸之外，“不特偏僻小县为然，即通都大邑之府厅州县”也是如此。④ 即使朝廷确立了守约方针，各地方仍不以为然，甚至公然违约。尤需指出，清统治集团中的顽固派势力，更排斥一切与洋有关的事物，试图阻绝与国际社会的联系和接触，希望回到此前的闭关自守状态，对条约关系更是深恶痛绝。第二次鸦片战争之后，清政府内部更明显地形成了顽固守旧和改革维新两大派势力的对垒。长期以来，作为统治阶级内部改革派的洋务派，虽然在清政府占有重要一席，但地位并不稳固。两相比较，顽固派更显得人多势众，六部九卿、台谏词垣多由他们把持。义和团运动兴起之时，围绕着权力的再分配和己亥建储的恩恩怨怨，统治集团又重新组合，顽固派的地位大大上升，甚至把持朝政，以致促使了条约关系的直接危机。他们希望利用这一机会歼除所有洋人，回到没有条约束缚的闭关锁国时代，如徐桐上奏谓：“外洋已干众

---

① 《署湖广总督江苏巡抚李瀚章奏》，同治六年十一月庚午，见宝鋆等纂修：《筹办夷务始末·同治朝》卷52，第30～31页。

② 《惇亲王奏》，同治七年十二月辛未，见宝鋆等纂修：《筹办夷务始末·同治朝》卷63，第93页。

③ 《醇郡王奏》，同治八年正月乙亥，见宝鋆等纂修：《筹办夷务始末·同治朝》卷64，第2～5页。

④ 《三口通商大臣、兵部左侍郎崇厚奏》，同治五年三月壬申，见宝鋆等纂修：《筹办夷务始末·同治朝》卷41，第29页。

怒，亟宜顺民心以锄非种”，“请旨通饬各直省督抚，飞札各府州县，自此决裂之后，无论何省何地，见有洋人在境，径听百姓歼除，以伸积愤，则上报君国，下保身家，不至再为洋人鱼肉。”①

从民众方面来看，他们的反侵略斗争随着不平等条约体系的强化不断发展，更加剧了这一危机。自三元里抗英和广州反入城斗争之后，民众的反抗斗争一直没有停止。尤其是《天津条约》签订后，外国基督教士获得了进入内地传教的特权，导致了反洋教斗争的普遍发生，各种教案层出不穷。随着中外形势的变化，民族危机的加深，以及其他相关条约特权所引发的冲突和矛盾，这一斗争更趋激烈，直接触发了条约危机的全面形成。甲午战争后的瓜分狂潮，激起了中国民众对外国列强和不平等条约更强烈的抵触情绪，引致震惊中外的义和团运动的大爆发。关于这场运动与不平等条约和反洋教斗争的关系，后面有关章节将作剖析，这里不赘。需要指出的是，这场大震动所显露出来的趋向，引起了列强的高度警觉，成为它们巩固和强化条约关系方针的基本因素。

对于列强而言，这场史无前例的反帝运动有一种可怕的趋向，就是清政府与民众斗争的结合。在此之前，清政府慑于外国的强权，为避免中外冲突，不断采取措施，加强地方官的守约意识，压制民众的反抗斗争。但另一方面，列强侵略的加深，强化了清政府对它们的愤恨。“所有这一切都促使中国政府认识到，事事退让之路已经走得太远了，从今往后，抵拒外国的侵扰应该成为它的政策的主旨。”② 因此，义和团兴起之后，清政府对民众的态度为之一变。清廷先是颁布“拳民、教民皆我赤子”之谕，在伪“归政照会”的刺激下，又“慷慨以誓师徒”，向列强宣战，以泄“神人之愤”。宣战上谕声称：“与其苟且图存，贻羞万古，孰若大张挞伐，一决雌雄。”③ 又对“义和团会同官军助剿获胜”，“降旨嘉奖”，认为“此等义民，所在皆

① 《大学士徐桐等折》，光绪二十六年六月初一日，见故宫博物院明清档案部编：《义和团档案史料》上册，中华书局 1959 年版，第 196 页。

② 《北京使馆——一次全国性的暴动和国际事件》，1900 年 8 月，见［英］赫德：《这些从秦国来——中国问题论集》，叶凤美译，天津古籍出版社 2005 年版，第 4 页。

③ 《上谕》，光绪二十六年五月二十五日，见故宫博物院明清档案部编：《义和团档案史料》上册，中华书局 1959 年版，第 163 页。

有，各省督抚如能招集成团，藉御外侮，必能得力”。① 由此，清政府利用民众的反侵略热情，将他们的斗争纳入了自己的排外轨道。清政府尤其是其内部的顽固势力，长期以来一直试图“驱逐洋人”，摧毁条约关系，但因对外战争的屡屡失败，不得不“暂事羁縻”。他们一直在等待机会，“翻然决裂，将以天下之兵之民，敌彼蕞尔数国”。声势浩大，又有种种“神术”的义和团的兴起，对他们是一个极大的鼓励，他们认为这是上天所助的千载良机。如载勋等左右，“俱是拳民”，深信不疑，谓：“汝看他们是匪，我看他们正是上天打发下来灭洋者，缘庚子至庚子，渠等在中国搅扰已一甲子，此时正天收时也可”。荣禄等反对借助义和团，而“苦于总以天命为是，奈何万不可有失民心”。② 这种“天之所使，以助吾华”的论调，加上附和者又“神奇其说”，造成了清廷的主导倾向，“盈庭聚论，众口一词，无以制止”。③

这样，清政府中的顽固势力与民众的反帝力量紧密结合起来，形成了驱逐洋人，以彻底摧毁条约体系的态势，这是各国列强最担忧的，也是它们没有想到的。“没有一个欧洲人（在北京肯定是没有的）曾预见到这件事，即义和拳吹嘘的神奇力量竟使中国受到如此深刻的影响，以致相信他们确能打败世界上其余的国家。”这是不可想象的，“没有人认识到这个可能性，即中国政府事实要发疯，而且它将做那些当它仍然清醒时决不会想象到要做的事情”。④ 在此之前，列强深悉条约关系的不稳定因素，但它们相信用武力可以压制清政府恪守条约，就可以维系这一关系。但情况发生了变化，至迟从 1900 年伊始，列强逐渐看到了异乎寻常的新现象。该年 1 月，清廷颁发上谕，称“会亦有别”，其不逞之徒，“固属法所难宥”，然“安分良民”自

① 《军机处寄各省上谕》，光绪二十六年五月二十五日，见故宫博物院明清档案部编：《义和团档案史料》上册，中华书局 1959 年版，第 163 页。

② 《荣禄致奎俊书》，光绪二十六年六月二十二日，见北京大学历史系中国近现代史教研室编：《义和团运动史料丛编》第 1 辑，中华书局 1964 年版，第 139 页。

③ 《光绪庚子年拳匪扰乱中北京五国使臣联名与外界通消息之书片纪事》，见杜春和等编义和团资料丛编：《荣禄存札》，齐鲁书社 1986 年版，第 422 页。

④ 《窦纳乐爵士致索尔兹伯理侯爵函》，1900 年 11 月 20 日，见《英国蓝皮书有关义和团运动资料选译》，胡滨译，中华书局 1980 年版，第 93 页。

卫身家，互保闾里，则是“守望相助之义”。[①] 列强非常敏感，认为这道上谕“造成了一个普遍的印象，即中国政府对‘义和拳’和‘大刀会’这样的结社抱有好感”。而“这些结社的成员公开表示他们的喜悦，并且从上谕中得到鼓励，继续对基督教徒施加强暴”。列强“认为他们有政府的支持，并继续犯下更多严重的罪行，从而严重危及国际关系”。[②] 因此，它们“对中国政府在这个问题上的态度抱有严重的疑虑”。[③] 列强认为，清政府对义和团的“犯罪”所采取的态度，造成了“这个可耻的情况”，它们必须使中国政府对此“承担责任”。[④] 列强们已清楚地看到他们面临“两方面的危险”，即“官员和人民”均表示了对它们的不满。[⑤] 而清政府对义和团运动的“赞同和支持”，是这个“局势的一个最危险的特点”。义和团的纲领之一便是：“凡是带有外国来源或与外国有关连的一切东西都不应该继续存在而不受破坏”。[⑥] 围攻使馆“是正规军联合义和拳一起发动的，他们服从朝廷的命令，而这些命令是从皇宫发出的”。[⑦] 列强得出结论，“中国政府不仅致力于消灭各国使馆和使馆内的居民以及根绝使馆内的居民以及根绝内地的外侨，而且要毁灭天津各国租界并完全断绝所有各国同该国各个地区的贸易关系”。[⑧] 也就是说，清政府不仅仅要解决使馆内的外国人，而且要摧毁所有通过条约

---

① 《为各省请拿会匪敕令地方官分别办理谕旨》，光绪二十五年十二月十一日，见中国史学会主编：中国近代史资料丛刊《义和团》第 4 卷，上海人民出版社 1957 年版，第 124 页。

② 《窦纳乐爵士致总理衙门照会》，1900 年 1 月 27 日，见《英国蓝皮书有关义和团运动资料选译》，胡滨译，中华书局 1980 年版，第 12 页。

③ 《窦纳乐爵士致索尔兹伯理侯爵函》，1900 年 3 月 16 日，见《英国蓝皮书有关义和团运动资料选译》，胡滨译，第 16 页。

④ 《窦纳乐爵士致索尔兹伯理侯爵电》，1900 年 6 月 5 日，见《英国蓝皮书有关义和团运动资料选译》，胡滨译，第 25 页。

⑤ 《务谨顺领事致索尔兹伯理侯爵电》，1900 年 8 月 10 日，见《英国蓝皮书有关义和团运动资料选译》，胡滨译，第 232～233 页。

⑥ 《窦纳乐爵士致索尔兹伯理侯爵函》，1900 年 11 月 20 日，见《英国蓝皮书有关义和团运动资料选译》，胡滨译，第 93 页。

⑦ 《萨道义爵士致兰士敦侯爵电》，1900 年 11 月 30 日，见《英国蓝皮书有关义和团运动资料选译》，胡滨译，第 371 页。

⑧ 《萨道义爵士致索尔兹伯理侯爵函》，1900 年 11 月 8 日，见《英国蓝皮书有关义和团运动资料选译》，胡滨译，第 397 页。

建立起来的各种关系，包括贸易关系。

中国社会各种对列强不满和仇恨的因素高度聚集起来，显示了深扎在中国内部的一种趋向，即不愿接受现存条约关系，具有笼统排外色彩的早期民族主义倾向。这是列强最为担忧的，也是它们需要解决的急迫问题，即解除中外条约关系所面临的崩溃危机。八国联军攻占北京之后，如何处理战败的中国？赫德谈到，有三种办法可供选择：瓜分、改换朝代、修补满洲人的统治。在他看来，前两种办法均不可取，只有第三种办法，“即把现存的王朝作为一个还在运转的王朝接受下来，并且，一句话，充分利用它”。① 即通过议和，“硬性规定些什么条件以保障未来，因为过去的条款已经受到藐视并且被破坏了”。② 赫德的文章当时“引起很大轰动”，③ 其他相关文章“都黯然失色”，④ 而各国最后采取的正是他提出的第三种办法。战争尚未结束时，美国便向各国发出照会，提出了根本的“解决办法”，其核心便是“保护条约和国际法赋予各友好国家的一切权利”。⑤ 攻占北京之后，美国再次重申了这一方针，提出缔结包括赔偿和“为今后的安全提供保证的新条约”。⑥ 随后，列强按照美国的提议，经过反复协商，胁迫清政府订立《辛丑条约》，便是赫德提出的第三种方针的体现，其目的主要是巩固和强化既有的条约关系，巩固不平等的对华关系基础。该约用国际法的名义将有违国际法原则的条件强加给中国，基本上消除了中国内部的抵拒，为条约关系的“长治久安”及其进一步扩展提供了有力的保障。由此，列强完成了条约制

---

① 《北京使馆——一次全国性的暴动和国际事件》，1900 年 8 月，见［英］赫德：《这些从秦国来——中国问题论集》，叶凤美译，天津古籍出版社 2005 年版，第 31～32 页。

② 《北京使馆——一次全国性的暴动和国际事件》，1900 年 8 月，见［英］赫德：《这些从秦国来——中国问题论集》，叶凤美译，第 31 页。

③ 陈霞飞主编：《中国海关密档》第 7 卷，中华书局 1995 年版，第 117 页。

④ 陈霞飞主编：《中国海关密档》第 7 卷，第 122 页。

⑤ 《国务卿海致在华合作各国的通告照会》，1900 年 7 月 3 日，见天津社会科学院历史研究所编：《1901 年美国对华外交档案——有关义和团运动暨辛丑条约谈判的文件》，刘心显、刘海岩译，齐鲁书社 1984 年版，第 7～8 页。

⑥ 《代理国务卿致美国驻柏林、维也纳、巴黎、伦敦、罗马、东京和圣彼得堡外交使节的电令》，1900 年 8 月 29 日，见天津社会科学院历史研究所编：《1901 年美国对华外交档案——有关义和团运动暨辛丑条约谈判的文件》，刘心显、刘海岩译，第 18～19 页。

度中的最后一个环节，“属服中国之功告成”，①而中国则进入了“被制服时期”，半殖民地社会完全形成。因此，从中外条约关系的长远历程和发展态势来看，这一“压轴”之作“集不平等条约之大成”，②是“束缚中国的不平等条约的总体”。③

二、集体强权下的巩固与强化

作为一个负有特殊使命的条约，《辛丑条约》在各个方面均具有自身的特点。其内容不仅扩展了条约特权，更重要的是，它从各个角度解决了条约关系所面临的危机，为“一切条约作有力的保证”，④巩固并强化了中外之间这一不平等的关系。奕劻等谓之“各国重联旧好之总约”，⑤所谓“重联旧好”，即恢复被打破的条约关系。而为了达到这个目的，它更充分地体现了不平等条约的强权性质，对中国主权的损害更为严重，是一个典型的强权文契。

从订约过程来看，如同以往不平等条约一样，《辛丑条约》也是通过武力手段胁迫清政府签订的，但却具有新的特点。其一，由于列强所面临的威胁与以前不同，其武力打击对象，亦因此发生了重要变化。以前，某列强国家的目标主要是清政府，其交战对象是清军。此次武力行动的目标，则除了清军和清政府以外，还有以义和团为主要对象的中国民众。八国联军侵华是为义和团而起，因为这一运动不仅要摧毁它们所有的条约特权，而且还威胁到它们的生存。在它们看来，“局势极为严重”，如果不能制止其发展，那么“它将扩大到华中和华南，并成为一个全国性的运动，结果将驱逐或杀死内地的所有外国人，而且使外国贸易遭到彻底毁灭”。⑥因此，列强直接将

① 《九七纪念敬告国人》，《政治生活》1924年第12期。

② 王芸生编著：《六十年来中国与日本》第4卷，生活·读书·新知三联书店1980年版，第34页。

③ 彭蠡：《九七纪念的由来》，《战士》1937年第17期。

④ 子毅：《辛丑条约对于中国的影响》，《向导》第128期九七特刊。

⑤ 《全权大臣奕劻等折》，光绪二十六年十一月初五日，见国家档案局明清档案馆编：《义和团档案史料》下册，中华书局1959年版，第848页。

⑥ 《代总理事霍必澜致索尔兹伯理侯爵电》，1900年7月5日，见《英国蓝皮书有关义和团运动资料选译》，胡滨译，第68页。

矛头对准了反帝的中国民众，宣称要“对义和拳及那些反对派遣部队前往北京救援他们本国同胞的人进行战斗”。① 其二，这次战争中不论是列强出动的武装力量，还是参与的国家的，均大大超过以往。此前参与侵略行动的国家，或是某一个国家，如鸦片战争中的英国，甲午战争中的日本，或是两个国家，如第二次鸦片战争中的英国和法国。而这次侵华的国家包括英、俄、德、美、日、法、意、奥等八个国家，实际上是整个资本主义世界的联合行动。

与以往主要是单个国家胁迫清政府让步，以攫取条约权益不同，《辛丑条约》要处理的是列强的整体利益，因此，它们之间的反复协商，以达成最大程度的一致化，成为订约过程中最基本的环节。从出兵侵华开始，各国便注意到这一问题，如日外务大臣青木周藏向英国表示，“日本政府认为，大规模地进行联合军事远征和占领北京是迫不容缓的。可是，为了避免摩擦起见，有必要在列强之间事先就所有这些问题达成一项协议”，如联军的最高指挥权、各国部队的作战区域等。② 俄国方面也认为，“必须在所有欧洲国家之间有关它们对华行动问题上保持完全一致”。③ 在《议和大纲》的相互协商和《辛丑条约》的谈判过程中，列强均注重它们之间的协调一致。从一开始便倡导统一行动的美国政府，“通常是不赞成与欧洲国家联合行动的”，但为重建被打破的中外秩序，也放弃了这一传统做法。它很清楚，“这是一个国际性的问题，显然需要通过全体一致的行动，同时也通过其他各种方法来加强我们要求的力量。我们深信，一份联合照会总要比若干份分别照会更加有效”。④ 各国在此问题上达成了一致意见，如意大利和奥匈帝国公使也接到了本国政府的训令，要求“他们首先要考虑的问题，必须是维护各国使

① 《代总领事霍必澜致索尔兹伯理侯爵电》，1900 年 6 月 27 日，见《英国蓝皮书有关义和团运动资料选译》，胡滨译，第 54～55 页。

② 《怀特赫德先生致索尔兹伯理侯爵函》，1900 年 7 月 5 日，见《英国蓝皮书有关义和团运动资料选译》，胡滨译，第 160 页。

③ 《史科特爵士致索尔兹伯理侯爵函》，1900 年 7 月 4 日，见《英国蓝皮书有关义和团运动资料选译》，胡滨译，第 134 页。

④ 《康格致海函》，1900 年 11 月 26 日，见天津社会科学院历史研究所编：《1901 年美国对华外交档案——有关义和团运动暨辛丑条约谈判的文件》，刘心显、刘海岩译，第 57 页。

节之间的意见一致”。① 由于不可能在所有问题上取得一致，各西方列强花了不少时间反复协商，相互妥协。如关于惩凶问题出现分歧，他们便“谋求一项中间条款”，以“采取共同行动”。② 同时，为了照顾到各国的不同利益，利于它们分别向中国攫取新的特权，在协商过程中有国家代表提出了新的方式，即协调一致与个别交涉结合，且集体协商优先于个别交涉。如美国务卿海·约翰致函驻华公使康格，提出，“首要的是订立一项总协定。此后，各国当然可以自由协商其中没有体现的任何观点”。③《辛丑条约》体现的是各国列强共同的核心利益，即恢复和发展中外条约关系，至于各国的特殊利益和一般性的权益要求，可以通过个别交涉牟取。当然，首要的是保证各国的整体利益，通过该约的交涉，各国基本上达成了这一协议。谈判期间，多数使节也表示，“最初谈判尽可能包括和解决更多的问题，然后由各国之间的单独谈判解决其余问题”。④ 各国使节也在各个场合提出，“在缔订一项集体协定之前，中国不应同任何一国签订任何协定”。⑤ 这一协调一致与个别交涉相结合的原则，在《辛丑条约》中得到了体现，该约对各国与清政府“议商”通商条约作了规定。这一原则的确定，既有助于各国共同维护整体的条约关系，也为它们各自牟取特殊利益及其相互之间在中国的争夺，留下了空间。

由于列强之间业已达成一致，在谈判交涉中，清政府基本上无置喙的余地，只能被动接受它们单方面提出的各项条件。李鸿章奏称，奉命议和，“始而各使竟将开议照会驳回，几莫测其用意之所在”。继而送来《和议总纲》12 款，“不容改易一字”，对中方提出的“应商之处”，“各使置若罔闻。

---

① 《萨道义爵士致兰士敦侯爵电》，1901 年 1 月 26 日，见《英国蓝皮书有关义和团运动资料选译》，胡滨译，第 410 页。

② 《萨道义爵士致兰士敦侯爵函》，1901 年 2 月 6 日，见《英国蓝皮书有关义和团运动资料选译》，胡滨译，第 459 页。

③ 《海致康格电》，1900 年 11 月 23 日，见天津社会科学院历史研究所编：《1901 年美国对华外交档案——有关义和团运动暨辛丑条约谈判的文件》，刘心显、刘海岩译，第 420 页。

④ 《康格致海函》，1900 年 10 月 19 日，见天津社会科学院历史研究所编：《1901 年美国对华外交档案——有关义和团运动暨辛丑条约谈判的文件》，刘心显、刘海岩译，第 44 页。

⑤ 《兰士敦侯爵致萨道义爵士函》，1901 年 3 月 1 日，见《英国蓝皮书有关义和团运动资料选译》，胡滨译，中华书局 1980 年版，第 441 页。

且时以派兵西行，多方恫喝”。在这种情况下，李鸿章等“相机因应，笔秃唇焦，卒以时局艰难，鲜能补救”。[①] 荣禄说，“可怜庆、李，名为全权，与各国开议，其实彼族均自行商定，是日交给条款照会而已，无所谓互议也。然时势如此，时（实）逼处此，不能不为宗社计耳”。[②] 这一状况，与此前订约交涉中，清政府还多多少少有回旋的余地，并设法抗争挽回，或由于列强的矛盾而削减条件的情形，显然大不相同。如第二次鸦片战争中英法“逼勒”订立《天津条约》后，清政府仍在设法挽回，要求对方放弃某些条约权利，致使战争再起。中日甲午战争的和约谈判中，日本的态度也非常强硬，所提条件也不容中方讨价还价。然而，最后由于三国干涉还辽，终使日本吐出了一部分已经吞进去的东西。

从条约形式来看，《辛丑条约》也具有与以往不同的新面相。以往所订条约，均系双边条约，即使是英、法联合发动的第二次鸦片战争中，也是英法各自单独与清政府订约，而《辛丑条约》则是各国与清政府订立的多边条约。也可以说，这是一种特殊的双边条约，即表面上看是一个多边条约，而实际上是一个西方国家为一方、中国为另一方所订立的双边条约。也就是说，它是西方国家集体与中国订立的条约，这个“集体”，除派出军队的八国之外，还有另外三个国家，共十一个国家，包括了与中国有条约关系的主要资本主义国家。从过去的单个订约到集体订约，反映了中国与整个资本主义世界的条约关系的重要变化，充分体现了各国在这一问题上利益的一致性。另外，《辛丑条约》共有 19 个附件，是附件最多的条约。这些附件涉及惩凶、赔款、军火武器、使馆区、黄浦河道修治、外务部、觐见礼节等多方面，[③] 内容之广泛，规定之详细，在中外条约史上是极为罕见的。

该约又是一个严重的片面条约，其内容均是要求清政府单方面承担各种苛刻的义务，却无相应的权利，彼方则无丝毫义务而享有种种权利。权利

---

① 李鸿章：《和议会同画押折》，光绪二十七年八月初十日，见顾廷龙、戴逸主编：《李鸿章全集》第 16 册，安徽教育出版社 2008 年版，第 327 页。

② 《荣禄致奎俊书》，光绪二十六年十一月，见北京大学历史系中国近现代史教研室编：《义和团运动史料丛编》第 1 辑，中华书局 1964 年版，第 142 页。

③ 《辛丑各国和约》附件，光绪二十七年七月二十五日，见王铁崖编：《中外旧约章汇编》第 1 册，第 1008～1024 页。

义务的不对等，是不平等条约的基本特征，而在条约关系史上，《辛丑条约》背离对等原则达到了登峰造极的程度，淋漓尽致地宣泄了这种不平等的旨趣。综观《辛丑条约》及其附件，不难发现，它是由清政府的一系列承诺组成的。且附件内容多为清帝上谕，这些以承诺国际义务为内容的上谕，通过附件的形式成为了《辛丑条约》的一部分，将中国具有最高法律效力的官方文书，大量地直接融入条约，使条约各款能得到强有力的执行。这是一种新的方式，强化了清政府所作承诺的责任，更凸显出该约的片面性和权威性，反映了列强将中国国内法（上谕即相当于法规）和国际法范畴的条约结合起来保障其在华权益的新特点。无疑，这一特征鲜明地体现了列强对华的强权政治和前所未有的霸道性质，而这种强权和霸道正是它们维护不平等的条约关系所必需的。

更有甚者，如此强权和霸道的条约，却打着国际法的招牌，这又是它的一个重要特点。从八国联军侵华，到提出《议和大纲》和签订《辛丑条约》，列强的基本依据便是国际法。在向清政府提出《议和大纲》的照会中，它们指责中国“致罹穷凶极恶之罪，实为史册所未见，事殊悖万国公法，并与仁义教化之道均相抵牾”。（其英译照会表述有所不同，谓：“在特别恶劣的情况下犯了人类历史上前所未有的罪行，即违反国际法、违反人道原则、违反文明等罪行。”①）并列出“情节尤重者”，如“戕害”德驻华公使克林德及日驻华使馆书记官杉山彬，以及围攻使馆，“污渎”各国坟茔，甚至“骸骨暴残”等。由于“以上各节，遂至各国为保卫各本国使臣以及人民之性命并戡定变乱起见，遣派军队前来”。而中国“表明悔过认责，并愿挽回因此事变所生情势”，于是各国“公定允如所请”，“酌拟惩前宓后所必须定而不移之要款施行”。②也就是说，列强提出的各项订于条约中的议和条件，是本于国际公法。1901年7月，各国还发布通告，称：“拳匪和帝国军队犯下了空前反人道法则的种种罪行”，“中国也表示了歉悔之意”，“中

① 《送给中国全权大臣的照会草稿》，1900年12月22日，见《英国蓝皮书有关义和团运动资料选译》，胡滨译，中华书局1980年版，第431页。

② 《议和大纲》，光绪二十六年十一月初一日、十一月二十六日，见王铁崖编：《中外旧约章汇编》第1册，第980页。

国的官员和人民还必须以上述事件为戒”。① 在正式订立的《辛丑条约》中，列强的各项条件均获得了充分体现。在“惩凶”问题上，奕劻等力图减轻处罚，谓中国法律“区分首犯和从犯”，彼则反驳说：“他们所犯罪行不是违犯了中国的法律，而是违犯了国际法和人道的原则。我们对中国的法律不能予以考虑。”② 列强还为此照会清政府，谓：“殿下和阁下曾提及此类惩罚中，有不符合中国法律规定的要求，这种理由我们不能予以考虑。”“我们的首要任务在于以正义与有节制的原则镇压违反国际法、人道原则及文明准则的犯罪行为。此等史无前例的罪行，中国法律亦不曾预见。”③ 清廷无可奈何地接受了列强的要求，在“惩凶”上谕中，所列出的罪名除了“昏谬无知，嚣张跋扈，深信邪术，挟制朝廷”，“纵信拳匪，妄行攻战”，“戕害教士、教民”之外，多强调违反条约，如“围攻使馆，擅出违约告示”“妄出违约告示”“会出违约告示”，等等。④ 除了通过“惩凶”清洗顽固势力之外，列强还在条约中褒扬主张遵守国际规则的官员，如该约第 2 款明确规定：兵部尚书徐用仪、户部尚书立山、吏部左侍郎许景澄、内阁学士兼礼部侍郎衔联元、太常寺卿袁昶，“因上年力驳殊悖诸国义法极恶之罪被害，于西历本年二月十三日，即中历上年十二月二十五日，奉上谕开复原官，以示昭雪”。⑤

条约是国际法的重要制度，列强之所以将此作为立论的基点，其目的便是为使用武力手段恢复并强化不平等的条约关系提供依据。日外务大臣青木周藏以天皇名义通过中国驻东京公使答复清廷说：“任何国家对国际法的

① 《各国全权公使通告直隶全省》，见天津社会科学院历史研究所编：《1901 年美国对华外交档案——有关义和团运动暨辛丑条约谈判的文件》，刘心显、刘海岩译，第 358 页。

② 《萨道义爵士致兰士敦侯爵函》，1901 年 2 月 6 日，见《英国蓝皮书有关义和团运动资料选译》，胡滨译，中华书局 1980 年版，第 455 页。

③ 《各国代表致中国全权大臣照会》，1901 年 5 月 17 日，见天津社会科学院历史研究所编：《1901 年美国对华外交档案——有关义和团运动暨辛丑条约谈判的文件》，刘心显、刘海岩译，第 275 页。

④ 《辛丑各国和约》附件四，光绪二十七年七月二十五日，见王铁崖编：《中外旧约章汇编》第 1 册，第 1009～1010 页。

⑤ 《辛丑各国和约》，光绪二十七年七月二十五日，见王铁崖编：《中外旧约章汇编》第 1 册，第 1004 页。

最严重的侵犯，就是攻击各国使节。”[①] 各国在讨论《议和大纲》时也特别提出，要在前言中“详细说明中国政府方面对国际法的违犯，从而使联军有必要进行登陆，并开往北京”。[②] 同时，清政府攻打使馆、杀害外交官的荒唐行为，表现出其对条约关系的决绝态度，给列强提供了一个绝佳的借口。荣禄等官员当时预见到了这一违反国际交往规则行为的严重后果，曾一再反对攻打使馆，谓：“两国相争，不罪使臣，自古皆然。”但在那种形势下，“区区力陈利害，竟不能挽回一、二”。[③] 就这样，清政府围困北京使馆的荒诞行为，被列强“作为滔天大罪长期用来指责中国”。[④]

然而，在堂而皇之的国际法名义之下，列强不遵订约通例胁迫清政府签订《辛丑条约》，不仅恢复了被摧毁的条约关系，且又增加了有背国际法的新特权，诸如使馆区特权、驻军特权等。《议和大纲》提出不久，便有官吏指出其不合国际法之处。例如，按照公法，“和约既立，旧时启衅之端即不得复论，地球万国从未有以此等丑词恶语载入约中者”。针对列强强行要求“惩凶”，中方官吏指出，载漪、载勋“庇护拳民”，据外洋公法，“则属公罪，断无可杀之理”。关于赔款，根据公法，“约中之事本国无力可成者废，赔款四万万，中国必无力可成”。关于使馆区，依据万国公法，“从无使馆驻兵之例”，“使权惟推行于馆内，不得于馆外复立界限驻兵防守禁止华人”。关于限制中国自保权，“地球万国从无此例”，“中国自主之权未亡，外人即不得干预中国设险守国之事”。该官员奏请清廷据公法力争，“公法非中国所当道，彼既以公法为言，我即以公法诘之”。而且，根据公法，“约成贻害他国者可废，今日之约贻害中国甚矣，宜即据公法废

---

① 《怀特赫德先生致索尔兹伯理侯爵电》，1900 年 7 月 18 日，见《英国蓝皮书有关义和团运动资料选译》，胡滨译，中华书局 1980 年版，第 136 页。

② 《萨道义爵士致索尔兹伯理侯爵函》，1900 年 11 月 8 日，见《英国蓝皮书有关义和团运动资料选译》，胡滨译，中华书局 1980 年版，第 398 页。

③ 《致李鸿章、刘坤一等电》，光绪二十六年六月下旬，见杜春和等编义和团资料丛编：《荣禄存札》，齐鲁书社 1986 年版，第 404 页。

④ 《中国及其对外贸易》，1900 年 9 月，见［英］赫德：《这些从秦国来——中国问题论集》，叶凤美译，天津古籍出版社 2005 年版，第 41 页。

约改议”。①

此奏不无道理，但列强标榜国际法只是为了制约中国，并非以此为准则公正公平地处理与中国的关系。其实，义和团的兴起，远因是不平等的条约关系，近因则是列强无视国际法而掀起的瓜分狂潮。如果没有列强抢占租借地和势力范围，“中国不至因一部分暴民之野蛮复仇，而使全国负违北公法上神圣条规之名，自亦不至有百种辱国失权之《辛丑条约》”，而推源祸首，则“德人之夺我胶州也”。②显然，中国“负违公法”，只是对列强违背国际法的回应，后者不过食其果而已。而该约单方面地责惩中国，体现了列强的强权逻辑，这正是《辛丑条约》的核心所在。

从条约内容和目的来看，《辛丑条约》的基本宗旨是巩固和强化现有的条约关系，并为进一步扩展新的条约权利打下基础。从一开始，各国便着眼于保障已经形成的中外条约关系。1900 年 12 月 22 日，11 国照会清政府，提出《议和大纲》。美国专使柔克义谓，可以将大纲提出的 12 项要求分为四个主要项目，即：(1) 适当惩办那些策动排外屠杀和暴乱的分子及其实际参与者；(2) 采取必要措施防止此类事件重演；(3) 对各国及其人民在这几次暴乱中所遭受的损失予以赔偿；(4) 普遍改善各国与中国政府和中国的关系，包括官方的和贸易的关系在内。这四个主要项目的目的是巩固与强化既有的条约关系，如柔克义所说，各国认为，“实现这些要求是恢复与该国的正常关系所必需的”。③所谓“正常关系”，即它们在国际法名义下要恢复和强化的条约关系。

条约的具体条款正体现了这一目的。一是惩罚性规定，如：“惩办首祸诸臣”和京外官吏，停止发生义和团运动之城镇文武考试 5 年；永禁设立或加入反帝组织，“违者处斩”；各省地方官若不及时弹压惩办“伤害诸国

① 《工部学习主事夏震武折》，光绪二十六年十一月十九日，见国家档案局明清档案馆编：《义和团档案史料》下册，中华书局 1959 年版，第 871～873 页。

② 若虚：《胶州事件》，见中国社会科学院近代史研究所《近代史资料》编辑组编：《义和团史料》上册，中国社会科学出版社 1980 年版，第 277 页。

③ 《美国赴华专使柔克义的报告》，1901 年 11 月 30 日，见天津社会科学院历史研究所编：《1901 年美国对华外交档案——有关义和团运动暨辛丑条约谈判的文件》，刘心显、刘海岩译，第 3 页。

人民之事，或再有违约之行”，即行革职，永不叙用，等等。① 二是“赔偿”性条款，即本息总额达到9亿8千多万两的赔款条款。此类赔款除了赔偿列强镇压义和团所耗费的“成本”之外，它们还借机掠取大大超过“成本”的财富。三是预防性条款，即所谓“采取必要措施防止此类事件重演”，包括使馆区特权、驻军特权以及限制中国自保权的条款。后者如禁止在铁路沿线30公里以内，“增设备兵”；“在大沽及闩洲上所驻中国兵舰不得逾二艘以上”；② 2年内禁止中国输入军火暨相关器料，并可延长限期，③ 等等。四是“改善”性条款，即所谓“普遍改善我们与中国政府和中国的关系，包括官方的和贸易的关系在内”，主要体现在最后两款。

惩罚性条款，其苛厉程度是前所未有的，这是列强恢复和强化条约关系的关键所在，是《辛丑条约》的重心所在。在12个条款中，此类条款为第1、2、3、4、10款，共有5款。从所涉及的官员级别来看，与以往主要是针对地方官员不同，这次对中央层面的王公大臣也未放过，而且尤为注重“祸首”，并将此作为议和的首要条件。1900年9月18日，德国驻美代办致函美国国务卿，建议“把交出那些确定为北京发生反国际法罪行的首犯和真正的罪犯，作为同中国政府开展外交谈判的先决条件”。④ 10月26日，公使团首次开会，讨论惩凶问题，各国代表一致要求对所提的11名“罪首”处以死刑，并把这一要求作为条约的第1款和最后通牒。⑤ 赫

① 《辛丑各国和约》，光绪二十七年七月二十五日，见王铁崖编：《中外旧约章汇编》第1册，第1003～1007页。

② 《交还天津来往照会》，光绪二十八年六月十四日，见北京大学法律系国际法教研室编：《中外旧约章汇编》第2册，生活·读书·新知三联书店1959年版，第62页。

③ 《辛丑各国和约》，光绪二十七年七月二十五日，见王铁崖编：《中外旧约章汇编》第1册，第1004～1005页。

④ 《德国驻美代办致国务卿函》，1900年9月18日，见天津社会科学院历史研究所编：《1901年美国对华外交档案——有关义和团运动暨辛丑条约谈判的文件》，刘心显、刘海岩译，第23页。

⑤ 《康格致海函》，1900年10月27日，见天津社会科学院历史研究所编：《1901年美国对华外交档案——有关义和团运动暨辛丑条约谈判的文件》，刘心显、刘海岩译，第48页。

德告奕劻称，“此节办理得宜，以后诸事均易就商，否则仍虑决裂”。[①] 翌年2月5日，各国代表与中国全权大臣会议，“旨在使他们有机会听取我们在要求中所提的惩罚问题”。各国公使声称，“即使是其中罪行最轻的人也应该判处死刑。因为死刑是能够加予的最严厉的惩罚，我们要求全部处决”。[②] 从范围来看，惩处的官员包括中央的王公大臣和地方的封疆大吏及道府州县，在列强的坚持下，清政府不得不处罚一大批官员，从王公大臣、封疆大吏到道府州县共一百多人分别被斩决、流放和革职。此外还采取了连坐处罚的手段，停止发生反帝斗争地方的科举考试。列强注重“惩凶”，其目的显而易见，即“灰忠臣之心，隳义士之气”，[③] 旨在压制和消除中国官民的反帝仇教心理，从根本上阻绝这一现象的继续发生，清除条约关系中最主要的障碍。

预防性条款，主要是列强攫取的新特权，这些特权不仅在背离国际法的前提下，充实和完备了条约体系，而且为巩固和强化不平等的条约关系提供了更有力的保障。如使馆区特权，是一种新类型的“国中之国”，较之租界和租借地，更进一步剥夺和限制了中国的领土主权。驻军特权，包括在使馆区和山海关至京师沿线驻军，则大大发展了列强在华驻军的条约特权，更进一步剥夺了中国的自保权。此前，列强享有在华领水驻泊军舰，在租借地驻军的条约特权，这些特权虽同样是对中国主权的侵犯，但其目的和范围却有差别。从目的来看，以往的条约规定，列强军舰在华驻泊是为了“保护贸易”，在租借地驻军是为了“保地栈”，“护卫澳口”之类，而现在则是直接针对中国政府和中国人民。通过这一特权及其与使馆区特权制度的结合，列强建立了对中国的心脏部位——京津地区实施有效控制的军事体系。一旦有警，列强就可以动用军舰运送军队，从海港登陆直达京城，对中国进行致命的一击。这些举措，对改变或破坏条约关系的冀图，无疑起着不可小觑的恐

---

① 《奕劻札》，光绪二十六年十二月初四日，见杜春和等编义和团资料丛编：《荣禄存札》，第7页。

② 《康格致海函》，1901年2月7日，见天津社会科学院历史研究所编：《1901年美国对华外交档案——有关义和团运动暨辛丑条约谈判的文件》，刘心显、刘海岩译，第83页。

③ 《都察院御史溥良等折》附翰林院编修张星吉等呈，光绪二十六年十一月初七日，见故宫博物院明清档案部编：《义和团档案史料》下册，中华书局1959年版，第856页。

吓和震慑作用。

改善性条款，即柔克义所说的“普遍改善”中外之间的官方关系和贸易关系两个方面。官方关系即中外交际模式，条约规定，“将总理各国事务衙门按照诸国酌定改为外务部，班列六部之前”，以及“变通诸国钦差大臣觐见礼节”。①总理衙门和觐见礼仪的改革，均按照列强的意思得以解决。柔克义的报告称：“关于改进各国使节与中国政府直接联系紧迫的问题，各国代表幸好没有任何分歧意见。长期争执不休的外国使节觐见中国皇帝时所应遵守的礼节问题，终于由全权代表们按照谈判各方均满意的方式解决了。四十年来的经验已向中国人和外国人同样表明，总理衙门（或称外交事务署）是既臃肿宠大而又无能履行所赋予的职责的机构，根据会议建议的方式进行了改组，变成了一个承担责任的外务部，并按照世界上所有其他国家所采用的类似方式组织起来。”②

关于总理衙门改外务部，这不仅仅是机构名称的更换，而且是列强巩固中外条约关系的需要。在中外交涉方面，列强们早就对总理衙门守护夷夏之防的羁縻外交非常不满，说它“所办之事越办越不是，就像一个小孩子活到十五、六岁倒变成一岁了”。“总署向来遇事总云从容商办，究是一件不办。今日骗我，明日敷衍我，以后我断不受骗了。中国办事哪一件是照条约的！”③在它们看来，总理衙门已成了履行条约的障碍，需要改弦更张。于是，列强在《议和大纲》第12款强硬提出，“总理各国事务衙门必须革改更新”。④其后，它们之间又多次讨论，并将其决定通报清政府。清廷于光绪二十七年六月初九（1901年7月24日）降旨，谓：“从来设官分职，惟在因

① 《辛丑各国和约》，光绪二十七年七月二十五日，见王铁崖编：《中外旧约章汇编》第1册，第1008页。

② 《美国赴华专使柔克义的报告》，1901年11月30日，见天津社会科学院历史研究所编：《1901年美国对华外交档案——有关义和团运动暨辛丑条约谈判的文件》，刘心显、刘海岩译，齐鲁书社1984年版，第6～7页。

③ 《与英国威使晤谈节略》，光绪元年七月初三日，见顾廷龙、戴逸主编：《李鸿章全集》第31册，安徽教育出版社2008年版，第280页。

④ 《议和大纲》，光绪二十六年十一月初一日、十一月二十六日，见王铁崖编：《中外旧约章汇编》第1册，生活·读书·新知三联书店1957年版，第981页。

时制宜，现当重定约约之时，首以邦交为重，一切讲信修睦，尤赖得人而理。从前设立总理各国事务衙门，办理交涉，虽历有年所，惟所派王大臣等，多系兼差，未能殚心职守，自应特设员缺，以专责成。总理各国事务衙门著改为外务部”。①《辛丑条约》第12款对此作了规定，清帝上谕也作为该约附件，成为一项条约义务。这一改革对于完善条约关系具有重要意义，可以说它完成了这一关系的体制衔接，为履行条约提供了制度上的保障。

关于觐见礼仪，这是一个中外争论不休的话题，至此方有了令列强满意的结果。“因中西体制不同，各国使臣动援西例相衡，以为相形见绌。三十年来为此事彼此辩驳，迄未能定。”乘此良机，各国要求“将礼节更改”。李鸿章认为，彼虽系“有挟而求”，“然各国既有成规，则所言亦非尽无理”，主张“可就其能行者酌予通融，择其不能行者力加驳阻”。经过反复交涉，终于达成协定，满足了列强的“平等”要求，同时在一定程度上照顾了清政府的面子。李鸿章谓：“窃思欧美各邦咸以遣使联交为重，轺车来往络绎于途，将命呈书仪文必洽兴戎出好消息，可以微参上年启衅之端，莫甚于攻围使馆。是以此次各使必欲将觐见礼节乘机更改。使积年所不能请者，一旦邀准，虽核诸西国敬使之仪，未必尽为过当，而揆诸天泽堂廉之辨，岂能每事曲从。臣等设法磋磨，历时数月之久，始将乘坐黄轿及在太和殿觐见暨宫殿阶前降舆三节，酌议改易。”②《辛丑条约》及其附件规定，觐见地点设在乾清宫正殿，皇帝“必亲手接收”国书，若款宴诸国使臣，皇帝“亦躬亲入座”，等等。总之，“中国优礼诸国使臣，断不至彼此两国平行礼制有所不同”。③

觐见礼仪的再次改革，对西方国家而言，最终使清政府遵从“独立平

---

① 《辛丑各国和约》附件十八，光绪二十七年七月二十五日，见王铁崖编：《中外旧约章汇编》第1册，生活·读书·新知三联书店1957年版，第1023页。

② 《商定使臣觐见礼节折》，光绪二十七年六月十一日，见顾廷龙、戴逸主编：《李鸿章全集》第16册，安徽教育出版社2008年版，第314页。

③ 《辛丑各国和约》附件十九，光绪二十七年七月二十五日，见王铁崖编：《中外旧约章汇编》第1册，生活·读书·新知三联书店1957年版，第1023、1024页。

等的国家之间已确立的惯例”，① 完成了中外交往体制中最基本的“以夷变夏”。清帝国的“天朝”体制，在很大程度上是在中外相互交往中展示“夏尊夷卑”的虚荣，以维系帝国大皇帝作为“天下共主”② 的尊崇地位。觐见礼仪则位于“天朝”礼制的最顶层，是该体制中一个根本性的问题，也可以说它是维持“夏尊夷卑”秩序的最后一道防线。自同治十二年（1873 年）第一次觐见放弃跪拜之礼开始，清政府逐渐改变传统的观念，中法战争之后，清政府“表示得更为倾向于依从外交惯例”。③ 其后又举行了几次觐见，但光绪十七年（1891 年）那次仍在紫光阁。经甲午战争的震击，清政府更加重视交际之道，举行了列强最为满意的一次觐见。重新被启用的奕䜣“觉得即使违反宫廷的意思，也不能不和西方列强协调”，因此奏请按照法、俄的要求，于光绪二十年十月（1894 年 11 月）在文华殿举行了这次觐见。④ 文华殿觐见被西方视为中西关系史上“一个新纪元”的标志，“是破天荒第一遭让君王神圣不可接近和不可仰望的信条（直到那天为止中国礼仪使它带上偶像崇拜的性质），被纯粹的外交仪式所代替”。⑤ 光绪二十四年（1898 年），总理衙门奉旨“参酌中西体制”，制定款接外宾章程，“从优款待”。关于接待各国君后，章程提出“专建宫馆”，拟拨王公旧府一所，“酌照西式装修完美，陈设合宜”，以备各国君后旅居之用。“官为供张，凡百从丰。”初到

---

① 《改革总理各国事务衙门和修改朝廷礼仪委员会的报告》，1901 年 3 月 29 日，见天津社会科学院历史研究所编：《1901 年美国对华外交档案——有关义和团运动暨辛丑条约谈判的文件》，刘心显、刘海岩译，第 147 页。

② 《高宗纯皇帝实录》卷 990，乾隆四十年九月乙卯，见《清实录》第 21 册，中华书局 1986 年版，第 224 页。

③ ［美］马士：《中华帝国对外关系史》第 2 卷，张汇文等译，上海书店出版社 2000 年版，第 460 页。

④ ［美］马士：《中华帝国对外关系史》第 2 卷，张汇文等译，第 462 页。驻华公使施阿兰评说此次觐见，称其“标志着西方同中国关系史上的一个新纪元。这是破天荒第一遭让君王神圣不可接近和不可仰望的信条（直到那天为止中国礼仪使它带上偶像崇拜的性质），被纯粹的外交仪式所代替”。见［法］A. 施阿兰：《使华记（1893—1897）》，袁传璋等译，商务印书馆 1989 年版，第 36 页。

⑤ ［法］A. 施阿兰：《使华记（1893—1897）》，袁传璋等译，商务印书馆 1989 年版，第 36 页。

时，“皇上一为筵宴，或在宫中，或在西苑”。关于各国使臣，头等如为庆贺皇太后、皇上而来，请皇太后、皇上均予接见；如为两国交涉而来，按照各使臣现行递书之礼，口敕答颂，皇上亲自立受国书，“俾与二等公使有所区别，亦足以示优异”。若照西例请见皇太后，则奏请钦定觐见日期，届时由御前大臣等带领进殿，“俯首修敬，皇太后坐受”。同时，拟依照西例，延见使臣，“不开送礼节单”；遇有庆典，亦仿其之法，将日期、服色等有关事项“编成一册，分送各使”。章程特说明：“中国向不与友邦交际，历年来享来王，莫非藩服。”而现在“自欧美诸洲立约通市，邦交日重，典礼日隆”。各国交往，“凡有约之国悉以敌体之礼相见”。现在中国风气渐开，彼此之情日通，“诚不能不预先筹画”。章程拟定之后，奉旨“依议”，并“照会各国驻京公使”。[①] 清政府从此前坚执“中华之礼”到当时主动“从优款待”，在接受西方的交际之道方面，迈进了一大步。但是，西方各国仍不满意，认为没有完全按照西方的惯例，要求继续改革。借此机会，它们再一次迫使清政府作出让步，按照它们的意愿重新对觐见礼仪作了全面调整，且在《辛丑条约》及其附件中作了明确规定。这一问题的最终解决，使“天朝”体制所残存的体面和尊严基本上不复存在，从而为条约关系解开了最高层次交往的症结。

关于贸易关系的“改善”，《辛丑条约》规定，“大清国国家允定将通商行船各条约内，诸国视为应行商改之处，及有关通商各他事宜，均行议商，以期妥善简易”；并“约定中国国家应允襄办改善北河黄浦两水路”。[②] 该规定强行要求清政府按照它们的要求，立即修改商约，突破了期满修约的限定，为彼获得新的通商利益提供了依据。其后，英、美、日等国与清政府举行修约谈判，分别签订了通商行船续约。[③] 通过这些条约，列强们在加税免

① 《总署奏遵议款接外宾参酌中西体制详定章程折》，光绪二十四年五月十三日，见王彦威、王亮辑编：《清季外交史料》卷 132，第 9～11 页。

② 《辛丑各国和约》，光绪二十七年七月二十五日，见王铁崖编：《中外旧约章汇编》第 1 册，生活 · 读书 · 新知三联书店，1957 年，第 1008 页。

③ 中英《续议通商行船条约》，光绪二十八年八月初四日；中美《通商行船续订条约》，光绪二十九年八月十八日；中日《通商行船续约》，光绪二十九年八月十八日。见北京大学法律系国际法教研室编：《中外旧约章汇编》第 2 册，生活 · 读书 · 新知三联书店 1959 年版，第 101～114、181～200 页。

厘，内港行轮，保护商标、版权和专利，增开口岸，以及要求中国改革币制，划一度量衡，改订矿务章程，承认华民购买他国公司股票为合法等方面，与清政府达成协定，在通商航运和经营企业等方面，获得了更有利的条件，更完善和扩展了经济方面的条约关系。

上述种种内容，使列强对中国行使“准统治权”的特权制度更为完备和严密，[①] 恢复并扩展了陷入崩溃状态的中外条约关系。美国专使说，向中国提出的议和条件，是“恢复与该国的正常关系所必须的”。在它们看来，“通常对中国政府施加压力的方法失去作用”，[②] 需要另辟蹊径，采取超常规的手段和举措。因此，《辛丑条约》将“惩前”与“毖后”相结合，采取了严厉的惩罚性措施，并增加新的条约特权予以进一步保障。“条款之酷，赔偿之巨，为亘古所未有”。[③] 总之，《辛丑条约》及其附件，构筑了一个严密的网络，从政治、军事、外交、经济、思想等方面，全方位地巩固和强化了中外不平等的条约关系。可以说，“以前的条约，有了辛丑条约才有了保障；而且，辛丑条约以前，中国也还有些政治经济权利，归自己掌握，到了辛丑条约成立，便完全断送了。从此，中国便完全沦于半殖民地的苦境，困苦呻吟而莫可如何”。[④] 该约使“国权、兵权、政权、利权尽为所夺，一举而制中国之命”，[⑤] 产生了深远而又复杂的影响。

三、条约关系的新形式

如果说，清政府被动地接受了新的国家交往方式，那么，在逐渐产生了近代世界观念和国家观念之后，它通过加入国际公约，进一步扩展了这种交往，并以自主的姿态融入国际社会。加入国际公约，是条约关系的新形式，

---

① 参见李育民：《义和团运动与不平等条约》，见苏位智、刘天路主编：《义和团运动100周年国际学术讨论会论文集》下册，山东大学出版社2002年版。

② 《窦纳乐爵士致索尔兹伯理侯爵电》，1900年6月6日，见《英国蓝皮书有关义和团运动资料选译》，胡滨译，中华书局1980年版，第27页。

③ 陈夔龙：《梦焦亭杂记》，见中国社会科学院近代史研究所《近代史资料》编辑组编：《义和团史料》上册，中国社会科学出版社1980年版，第693页。

④ 彭蠡：《九七纪念的由来》，《战士》1937年第17期。

⑤《工部学习主事夏震武折》，光绪二十六年十一月十九日，见国家档案局明清档案馆编：《义和团档案史料》下册，中华书局1959年版，第873页。

是这一关系的重要发展。国际公约与被强迫订立的双边或多边条约不同，订约、加入与否，均可由中国自主决定。这一条约关系的新形式，不仅提供了融入国际社会的新途径，更蕴含了国际交往的平等原则。因此，由国际公约形成的新的条约关系形式，对中国以平等的姿态走向国际社会，具有重要的积极意义。

清政府了解认识并加入国际公约，有一个过程。19 世纪中叶，清政府便派人参与西方国家举行的一些国际会议和活动，并初步接触航海碰撞方面国际规则的议定。对国际公约并不熟悉的清政府，从 19 世纪七八十年代初开始接触之并思考。例如，德驻华公使巴兰德劝说中国参加万国邮政联盟，总理衙门函询南、北洋大臣，要求就“此事于中国有无关系”，“希饬核复”。① 据复，该事对中国富强之图不无裨益，谓：“泰西各国以经理邮政为要图，既便商民，又裕国计，中国若能设法提倡，似于富强之策不无关系；又闻外洋通例，不准他国人在本国境内擅设信馆，今中国紧要海口既有东西洋各国所设邮政司及递信馆，往来信件运送无阻，渐侵我自主之权，将欲收回利柄，亦应先理邮政”。②

再如电报事宜，有关国际会议和组织均在 19 世纪 80 年代初邀请中国参加，但清政府担心于己不利，消极对待，至多派员旁听。然而，一些驻外使臣对此已产生了较清醒的认识，如驻英法公使曾纪泽认为，“海线虽各有专主，而便益则万国所同”。若“我不入会，则彼有犯禁之事，我不得言，我有未检之处，彼仍得援约以折我”，“是徒受不肯保护海线之名，仍不免赔偿之实”。而且，他认为，各国还将误以为中国“有轻视各国之心”，“似于邦交不无小损”。③ 但这一意见未得到赞同，大吏们大多担心中国电信刚刚

---

①《总署致南洋大臣左宗棠、北洋大臣李鸿章函：德邮政会究于中国有无关系无从揣度兹将巴使来函并译函文寄由》，光绪九年正月二十五日，台北“中央研究院”近代史所档案馆藏外务部档，档号：01—27—005—01—003。

②《署北洋通商大臣张树声致总署函：据周道等所拟设立邮政各节或先试行于通商各口或暂由出使大臣派员往观再商办法由》，光绪九年三月初五日，台北“中央研究院”近代史所档案馆藏外务部档，档号：01—27—005—01—004。

③ 台北“中央研究院”近代史研究所编：《海防档·丁·电线》，台北“中央研究院”近代史研究所 1957 年版，第 796～797 页。

起步，加入相关国际组织或会议之后被人所制。如北洋大臣函复总理衙门谓："万国电报通例凡各国设立电线皆得抄送章程，会议入约，其约内所得各利益与众同分，一切电报交涉事件须按万国通例办理，现在中国创办未久，虽规模粗具，而距欧洲过远，情形各有不同，未便遽行入约，恐未得其利益先已被其掣肘，止当坚守自主之权使彼不得侵占，将来再行察酌。"① 1885年，曾纪泽又咨呈总理衙门，陈述种种加入之益，并强调"今中国电线既已日益增广，仿其约章逐渐施行，而中西往来电信有不得不守公约之势，似不宜拒而绝之。"② 尤其是，曾纪泽指出此类公约的平等性质，即各国缴纳会费虽有等第之分，但位列何等全凭自由，"与各国之大小强弱毫无关涉"。但总理衙门以加入之后"枝节丛生，均属无益有害"为由，而予以拒绝。③

到19世纪90年代，清政府在加入国际公约方面有了重要的突破，于1894年4月有保留地加入了《国际海关税则出版联盟公约》。光绪十二、十三年（1886年、1887年），比利时驻华公使和署公使维礼和米师丽照会总理衙门，希望中国加入公约，并告："倘中国入会后不克始终会办，亦可随时撤出。"④ 其时，清政府对公约的性质并不了解，也缺乏主动融入国际社会的意识，更由于片面协定关税制度限制了中国的关税主权，因此复照予以拒绝，谓："中国向遇各国此等公会因中外情形各异，均未派员前往，此次贵国税则公会自亦未便派员。"⑤ 所谓"中外情形各异"，其重要异处，是由于"中国、波斯等国因其税则永远不改之故，辞却比国求其入会之请"。⑥

---

① 交通铁道部交通史编纂委员会编：《交通史·电政编》第5册，交通铁道部交通史编纂委员会1936年版，第474页。

② 交通铁道部交通史编纂委员会编：《交通史·电政编》第5册，第476页。

③ 交通铁道部交通史编纂委员会编：《交通史·电政编》第5册，第476～478页。

④ 《比国署公使米师丽致总署照会：本年四月比京开万国税则公会希望中国入会由》，光绪十三年十二月十四日，台北"中央研究院"近代史所档案馆藏外务部档，档号：01—27—014—01—001。

⑤ 《总署致比国公使米师丽照会：比京万国税则公会未便派员由》，光绪十四年正月初六日，台北"中央研究院"近代史所档案馆藏外务部档，档号：01—27—014—01—002。

⑥ 《出使大臣刘瑞芬致总署文：咨送比国与各国会议税则条款及往来照会并摘译各国会议税则条款呈阅由》，光绪十四年十二月十六日，台北"中央研究院"近代史所档案馆藏外务部档，档号：01—27—014—01—004。

其后米师丽再次照会总理衙门，鼓动中国加入，谓："各国必乐从此会，因于商务有裨益，如遇事即查照各国纳税各条，即可定货物之低昂也。"[1]甚至比利时外交部长照会清驻英、比公使刘瑞芬，申述加入公约之益，谓："总理衙门所以未允所请者，因只为中国进口货物立论，未尝详察一切有益情事也。窃查中华大国不但由西洋各国运货入口，其出口之货亦渐增多，故各国税则实系华民所宜知也。"并告，日本、印度"皆愿入会，同立约条"，此外"尼喀拉瓜，玻力斐亚，哥伦比亚等国均已入会"，"现计入会之国及各埠已有七十五处"。[2]光绪十三年（1887年），米师丽照会总理衙门，邀请中国参与第二次万国商务公会，讨论航海律法、买卖对票等海路商务则例，并说明，"议妥之后，无论何国从否，仍听其便"。[3]因中国关税实行片面协定税则，总理衙门认为会议讨论之事与中国无关，仍复照拒绝，谓："查中国与各国通商，议定税则通行，载在各国条约，此外别无通商税则，与西洋诸国情形不同，今贵国议办此举于商务实有裨益，惟中国既无别项则例，无从入会"。[4]刘瑞芬照复比利时外交部，则对总理衙门未允加入作了详细说明，谓："细阅所刊条款，似于中国通商情形无甚关系，是以总理衙门未允所请"。由于"中国与各国通商所定税则章程久已载明条约，所有进口、出口货物，多系有约各国商人承运，遵照税则完纳，已历多年。至于各国税则，亦非中国商人所欲尽知。并查公会每年所刊各国税则照译印单，需款颇巨，于中国商人亦无利益。况公会所刊税则，系用英、法、德、日、意五国

① 《比国公使米师丽致总署照会：函送万国税则会章程一卷呈阅，是否入会请示复由》，光绪十四年六月二十三日，台北"中央研究院"近代史所档案馆藏外务部档，档号：01—27—014—01—003。

② 《出使大臣刘瑞芬致总署文：咨送比国与各国会议税则条款及往来照会并摘译各国会议税则条款呈阅由》，光绪十四年十二月十六日，台北"中央研究院"近代史所档案馆藏外务部档，档号：01—27—014—01—004。

③ 《署比国公使米师丽致总署照会：第二次万国公会现已展限请即入会并送商务则例呈阅由》，光绪十三年七月初七日，台北"中央研究院"近代史所档案馆藏外务部档，档号：01—27—004—01—039。

④ 《总署致比国公使米师丽照会：会议商务则例一事与中国无关不能入会由》，光绪十三年七月二十九日，台北"中央研究院"近代史所档案馆藏外务部档，档号：01—27—004—01—040。

文字，若中国再译汉文，又需多费，中国工商人等亦难周知”。审度此举，“于中国商务似无利益”，总理衙门察核后，“诚恐入会刊印税单之事仍未能允其所请也”。① 迄至光绪十六年（1890 年），入会各国代表签订《国际海关税则出版联盟公约》，米师丽再次照会清总理衙门，希望中国加入，谓：“倘贵国如愿入会，而各国断不干预贵国税则，惟嗣后各口岸税则如有增改之处随时将增改各条行知本国万国税则公会查照。查外各国均有一定税则，会中亦任其低昂，绝不干预”，希望“查照明晰，作速复示”。② 然总理衙门照复，仍以“中外税则不同，地方相隔遥远，商民鲜有带货赴西洋贸易”为由，表示“仍难入会”。③

到光绪十九年（1893 年），在新任比驻华公使陆弥业的努力下，清政府的态度发生了变化。该年底，陆弥业照会总理衙门，对清政府的担忧和顾虑作了详细解释，提出五条理由，谓：“各国税则如有变通之处立即奉告知悉，于中国商务不无裨益”。“虽然中国商民鲜有带货赴西洋贸易者，而洋商在中国各口设立行栈甚多，所有外各国通商贸易者亦不少，以海关所造册报征明系属蒸蒸日上。”其他商务弱于中国而地方较中国相隔遥远之邦，“即如东洋暹罗、巴西等国均已入会，谅中国海关亦并不辩驳，贵国亦可一律入会”，等等。比利时国的执着，使总理衙门有些心动，即札咨总税务司赫德，咨询加入公约之事，谓：“此会究于中国商务税务有无裨益，所摊经费中国应摊若干，如果无益于事，自不值摊给经费，希即申复，以便转复”。④ 总税务司赫德复称，加入税则公会“有益无损”，“不但长各国之学识，且又联各国之睦宜。所刊印之书籍，乃系将各国现行则例及如何更改之处，随

① 《出使大臣刘瑞芬致总署文：咨送比国与各国会议税则条款及往来照会并摘译各国会议税则条款呈阅由》，光绪十四年十二月十六日，台北“中央研究院”近代史所档案馆藏外务部档，档号：01—27—014—01—004。

② 《比国公使米师丽致总署照会：照送万国税则会书籍并请入会由》，光绪十八年十月二十日，台北“中央研究院”近代史所档案馆藏外务部档，档号：01—27—014—01—006。

③ 《总署致比国公使米师丽照会：税则公会事中国仍难入会由》，光绪十八年十一月初五日，台北“中央研究院”近代史所档案馆藏外务部档，档号：01—27—014—01—007。

④ 《总署致总税务司赫德札：万国税则会中国可否入会即申复由》，光绪十九年十一月二十五日，台北“中央研究院”近代史所档案馆藏外务部档，档号：01—27—014—01—009。

时宣示众知，是以于华商与来华贸易之洋商，均有裨益。缘得知何货运赴何国，以及何货由何国运来，各征税若干，藉以预筹生息。中国货物恒运赴各外国，外国货物亦恒运来中国，故此项税则，在中国之华洋商人俱应知晓。况入会之经费甚少，而各国之欣望良殷”。同时，赫德还指出，中国倘入此会似应言明，“只将通商税则咨送译刊，其内地厘捐及落地税等项，名目繁多，时有更改与外国无涉，故俱不在此例”。①

赫德对加入公约的性质和意义，作了详细解析，总理衙门亦有了较为清楚的了解，其态度由此发生了根本转变。光绪二十年二月（1894 年 3 月），总理衙门照复陆弥业，表示“特将中国与各国通商税则检齐，照送贵大臣查收，转送公会”，即加入公会。同时又作了保留，“其不在各国通商税则之内地税厘，中国自行专主，无庸入此公会”，② 即内地税不加税部分不加入公会。接着，陆弥业复照，准总署“来文相许入会”，③ 批准中国加入。这是中国加入的第一个国际公约，意义重大。不仅中国可清楚了解各国的关税税则，由此认识到片面协定税则的危害，而且更进一步增强中方的关税主权观念，并强化修改不平等条约的意识。同时，清政府的视野大大扩展，加深了对世界的了解和认识，其国际化程度也有了新的提高。尤其是，从条约关系的角度来看，加入公约作为一种新的形式，反映了这一关系新的重要发展。公约与列强强迫中国订立的条约不同，加入与否，由各国自主决定，体现了平等原则。这对于清政府以平等的姿态主动融入国际社会，逐步改变被不平等条约所束缚的国际地位，具有重要的意义。

甲午战争后，清政府又加入了其他公约，在此过程中，其一方面表示接受，另一方面又根据中国具体情况有所保留。如 1897 年 7 月实施的国际公

---

① 《总税务司赫德呈总署文：比税则会于华洋商人来往有益况各国公摊经费为数无多倘入此会只将通商税则咨送译刊其内地厘捐等不在此例由》，光绪十九年十二月初四日，台北“中央研究院”近代史所档案馆藏外务部档，档号：01—27—014—01—010。

② 《总署致比国公使陆弥业照会：照送中国与各国通商税则其经费俟有确数再由总税司拨照付由》，光绪二十年二月二十六日，台北“中央研究院”近代史所档案馆藏外务部档，档号：01—27—014—01—018。

③ 《比国公使陆弥业致总署照会：照送万国税册 4 分由》，光绪二十年八月十三日，台北“中央研究院”近代史所档案馆藏外务部档，档号：01—27—014—01—020。

约《航海避碰章程》，其主要根据是西方的航海经验，与中国的实际情况不相符合。在接受这一章程的过程中，总理衙门一再咨商总税务司赫德及南北洋大臣。赫德提出：避碰章程“第九条于中国渔船不甚相宜，未便照办”；其余各条在各国“未经共守之先，中国似可不必照行”。① 其后，总理衙门即根据这一原则，答复英美等国，谓：章程“实为有益之举，中国亦无不乐从”，承诺咨行南北洋大臣“如期开办”。② 在加入国际公约的实践中，清政府一方面承担相应的国际义务，另一方面又不盲从西方国家。显然，在加入国际公约所形成的条约关系中，清政府所产生的国际意识，含有维护本国权益的积极因子。

尤值得指出，清政府参加保和会和相关公约，尤体现了这一国际意识。1899 年，俄国发起国际和平会议，即保和会，清政府应邀参加。会议于 7 月 29 日通过了《和平解决国际争端公约》(1899 年海牙第一公约)、《陆战法规和习惯公约》(1899 年海牙第二公约)、《关于 1864 年 8 月 22 日日内瓦公约原则适用于海战的公约》(1899 年海牙第三公约）等三个公约，以及《禁止从气球上或其他新的类似方法投掷投射物和爆炸物宣言》等宣言。1907 年又召开了第二次国际和平会议，对第一次会议通过的公约和宣言进行修改补充，于 7 月 8 日通过了《和平解决国际争端公约》《限制使用武力以索偿契约债务公约》《关于战争开始的公约》《关于陆战法规和习惯的公约》《中立国家和人民在陆战时的权利和义务公约》《关于战争开始时敌国商船地位公约》《关于商船改装为军舰公约》《关于敷设自动触发水雷公约》《关于战时海军轰击公约》《关于日内瓦公约原则适用于海战的公约》《关于对海战中行使拿捕权的某些限制的公约》《关于建立国际捕获法院公约》《关于中立国在海战中的权利和义务公约》等 13 项公约，以及《禁止从气球上投掷投射物和爆炸物宣言》。以上一系列条约，亦可统称为“海牙公约”。

---

① 《总税务司赫德呈总署：海船免碰章程宜询英使照复后再酌并译呈各条由》，光绪二十二年十一月初六日，台北“中央研究院”近代史所档案馆藏外务部档，档号：01—13—019—02—007。

② 《总署致英国公使窦纳乐照会：行船免碰章程中国先饬洋式兵商船试办由》，光绪二十二年十一月十六日，台北“中央研究院”近代史所档案馆藏外务部档，档号：01—13—019—02—018。

对上述公约和宣言，至1916年年底，除《关于建立国际捕获法院公约》外，清政府和北京政府先后批准加入。①

海牙公约的内容包括三大类，一是和平解决国际争端；二是战争法规；三是中立国权利与义务。公约强调了人类的正义原则和共同利益，声称：1899年第一次会议是“本着崇高的人道主义精神召集的”，②1907年第二次会议则是“对1899年第一届会议工作基础的人道主义原则赋予新的发展”，并指出，通过会议讨论，世界各国“不仅学会了进一步互相了解和互相接近，并且从这个长期合作的过程中引发出了对人类共同利益的高度认识”。③两次会议通过的《和平解决国际争端公约》均指出：各国“在维持普遍和平的强烈愿望的激励下；决心竭尽全力促进国际争端的友好解决；认识到文明国家集团各成员国的联合一致；愿意扩大法律的适用范围和加强国际正义感”；同意将“公平和正义的原则是国家安全和各国人民福利的基础，最好载入一项国际协定中”。④根据“公平和正义”的原则，公约第一次对战争“权利”作了限制，规定：“为了在各国关系中尽可能防止诉诸武力，各缔约国同意竭尽全力以保证和平解决国际争端。”⑤公约并确定了以斡旋、调停、国际调查委员会和国际仲裁等方式达到这一目标。公约虽然没有从法律上否定战争，但“对限制传统国际法上的‘诉诸战争权’作出了重要贡献，是从承认战争自由到惩治战争犯罪的界碑性条约”，“为现代国际法基本准则之一——和平解决国际争端原则的产生奠定了基础”。它对此后产生了重要影响，“有助于第一次世界大战和第二次世界大战以后和平解决国际争端机制的建立，并在此基础上诞生了一项现代国际法基本原则，其理论和实践上的

---

① 薛典曾、郭子雄编：《中国参加之国际公约汇编》，商务印书馆1937年版，第29页。

② 《1899年国际和平会议最后文件》，1899年7月29日，见世界知识出版社编：《国际条约集（1872—1916）》，世界知识出版社1986年版，第165页。

③ 《国际和平会议最后文件》，1907年10月18日，见世界知识出版社编：《国际条约集（1872—1916）》，第323、334页。

④ 《和平解决国际争端公约》，1899年7月29日、1907年10月18日，见世界知识出版社编：《国际条约集（1872—1916）》，第173、335页。

⑤ 《和平解决国际争端公约》，1899年7月29日、1907年10月18日，见世界知识出版社编：《国际条约集（1872—1916）》，第173、336页。

重要性都是不言而喻的”。[①] 海牙公约还大大发展了战争法，对陆战、海战和空战等作战手段和方法作了种种限制，提出了遵守国际法义务、区别待遇、人道主义和中立义务等原则。其中，两次会议通过的《陆战法规和习惯公约》的前言均声明：“在颁布更完整的战争法规之前，缔约各国认为有必要声明，凡属他们通过的规章中所没有包括的情况，居民和交战者仍应受国际法原则的保护和管辖，因为这些原则是来源于文明国家间制定的惯例、人道主义法规和公众良知的要求。”[②] 这就是“马尔顿条款”，它具有极为重要的意义。它规定，在没有条约规定的情况下，冲突各方也必须遵守国际法，履行人道主义的义务。

显然，海牙公约反映了国际法的进步和发展，如第一次会议通过的三个公约，“均为往昔国际法史上所未有，今成为成文国际法之一部，可谓第一次和会之最大贡献”。其中1864年日内瓦公约原则适用于海战的公约，“既确定为国际法例，诚为成文国际法之一大进步”。第二次海牙会议，又使战时国际法，“获得长足之进步”。关于以和平手段解决国际纷争，此前各国相互间虽“有部分的规定及适用”，但“由国际会议正式签订条约为确定之规律者，实始于一八九九年之第一次海牙保和会议”。[③] 这是编纂国际法，“特别是编纂战争法的第一次重大尝试，取得了不少成果”。尽管会议只限于讨论处理国际争端和战争法方面的问题，但“在国际法历史上，还是第一次成功地进行了有组织地编纂国际法的工作，因而具有‘里程碑的意义’”。[④] 它所取得的这些成果，又具有“国际法渊源意义”，[⑤] 尽管公约仍存在各种缺陷，也尽管公约实际上并未得到真正的实行，但在国际法历史上具有重要的地位。

---

① 刘长敏：《从承认战争自由到惩治战争犯罪的里程碑——论海牙和平公约与和平解决国际争端原则》，《中国人民公安大学学报》2006年第4期。

② 《陆战法规和习惯公约》，1899年7月29日，见世界知识出版社编：《国际条约集（1872—1916）》，第187、362页。

③ 刘达人：《国际法发达史》，商务印书馆1937年版，第154、179页。

④ 杨泽伟：《宏观国际法史》，武汉大学出版社2001年版，第132页。

⑤ 刘长敏：《从承认战争自由到惩治战争犯罪的里程碑——论海牙和平公约与和平解决国际争端原则》，《中国人民公安大学学报》2006年第4期。

条约是国际法的渊源之一，其中“重要的是大多数国家参加的多边条约，即多边的国际公约”。从这一意义上，海牙公约作为多边的国际公约，“可以说构成了各国之间的一般国际法，即我们所说的国际法”。① 也就是说，海牙公约所确立的原则和规则，成了国际法的一部分。清政府和北京政府加入此类性质的公约，与签订不平等条约是有根本区别的。而且，在公约的谈判交涉的过程中，也体现了自主平等的原则和精神，就公约本身来看，也具有这一性质。“会议按照讨论中所体现的协商和互让精神，认定下列声明，在出席各国可以保留表决自由的同时，得以把出席各国所一致承认的原则肯定下来”。② 因此是否加入公约，完全取决于清政府自己的意愿，而不是由他国强迫的。清廷从一开始就非常慎重，当弄清“准驳之权在我”后，旨派杨儒“届时赴会”，令将“中国是否必须入会，有无裨益”，公约“有无窒碍之处”等问题“详晰电达”。③ 杨儒奏报详情并提出自己的意见之后，清廷又令总理衙门“再行妥议”。尤其是对于“公断一条”，即《和平解决国际争端公约》，清廷担心“惟外国皆联为一气，恐临战时专视彼此交锋之利钝，巧为和解之谋”。总署奏称：和解公断一条，“大抵以保全和局、预弭兵端为本旨，命意非不甚善”。该约拟有调处之法，如规定，一经相争国或调处国察明，办法实难允从，“调处之责立即作罢”。又规定，“和解调处，或由相争国特请，或系局外国自愿，务须商量办法，毋得勉强”等。“在两国未交锋之先，此时利钝未形，调处之国无所用其阴谋袒助。若相争之国不允调处，或即允调处而未订专条，此时并不停止用兵，于战事机宜尚无阻碍。”经过“再三详核”，认为加入公约“尚无窒碍，请旨饬下该大臣，着一并从众画押，以泯猜嫌而示联络”。在弄清公约性质之后，清廷才批准：“依议”。④

---

① 王铁崖主编：《国际法》，法律出版社 1981 年版，第 34 页。

② 《国际和平会议最后文件》，1907 年 10 月 18 日，见世界知识出版社编：《国际条约集(1872—1916)》，第 333 页。

③ 《旨寄杨儒着奏明减兵保和会宗旨并届时赴会电》，光绪二十五年二月，见王彦威、王亮辑编：《清季外交史料》卷 137，第 9 页。

④ 《总署奏保和会章内公断一条遵旨再行妥议折》，光绪二十五年十一月初五日，见王彦威、王亮辑编：《清季外交史料》卷 141，第 9～10 页。

尤值得指出，在第二次海牙会议上，中国专使陆征祥等坚决抗争，维护中国的平等地位。关于仲裁法院法官的设置，因会员国多，而常驻员额只有17名，美国代表提出新的方案，即区别国等，以定任期。“以十二年为一任期，或为一国独任，或为数国共任，美、德、法、英、奥、义、俄、日本八国各得独任”，其余各国则“共任”。“共任”各国又有10年、4年、2年、1年之别。“土耳其尚得十年，而中国只在四年之列，以法律不备为词，显列我为三等”。陆征祥“以该法院为万国观听所系”，而“国家地位骤失故步，万难隐忍自安”，提出抗议，谓：“中国向列头等，无论户口、幅员，不在各国之下，即旧法院中岁摊经费，中国与俄、德诸国皆二十五股，尤为成案可凭，应仍以摊费清单股数之多少为准，否则万难承认，惟有循守旧章”。巴西、墨西哥等国“亦有违言，幸而罢议”。关于公断范围，英、美代表提出，凡讲解条约及施行条约，所有各项争端，可以概交公断，毋庸限制，但又列一条文谓：“有关治外法权各事，不在此例”。陆征祥以“治外法权为国际莫大之障碍，中国受创尤巨，近方计议收回”，“今若承认其议，不特中国所有交涉多与治外法权相关，无术可交公断，既不啻屏我于公约之外，又不啻将商约中条款一笔勾销”。而且，“各国之有治外法权于中国者，惟在已订约之诸国，而今乃载诸四十五国公约，直将举未订约者，而亦连类及之”。因此“愤懑于怀，直驳其议，请将该款收回”，“坚持不敢稍却”。磋商至再，“美允所请，英仍相持”，陆“更力斥其非，谓本会以公道平等为名，号召列国，今若订立该款，实与会旨大相迳庭，若不删除，必将全款反对”。波斯、暹罗代表亦协力抗争，于是会议将中国意见付之表决，“赞成之国幸居多数，乃将该款删除”。陆征祥又声明：“再订之时，务于各国主权及平等之公理，总勿蔑视其议成之约，间有窒碍者，虽已为多数所遵从，臣亦酌除而不认。”①

除了海牙公约之外，清政府和此后的各届政府还加入了其他各种公约。“中国不但曾与海牙赤十字及其他全球诸大会，即全球诸小会议，如贩卖白

① 《保和会专使大臣陆征祥奏折》，1907年12月12日，见《陆征祥出席海牙保和会奏折两件》，《民国档案》2002年第2期。

人妇女，保护飞禽，汇兑，改良监狱，卫生，公众清洁诸事，亦均与会。”①杨儒在奏折中便提出：“嗣后遇有邮政、商务、公法等会皆可援引列入，不至见摈，裨益尤多。此诚近日外交之一大转机也。”②加入此类公约，反映了清政府在更广的范围内接受了近代交往方式，充分体现了中外条约关系中平等的一面，而且反映了中国积极主动融入国际社会，为争取平等地位所作的努力。通过加入国际公约，中国扩展了融入国际社会的范围，涉及政治军事、经济文化等方面。在承担国际公约相关义务的同时，又促进了中国的近代化进程，并更进一步提高了国际化的水平，推动中国走向世界。

应该说，国际公约属于平等条约，从其产生形成到变更终止，从其主体地位的确立到退出，从权利的享有到义务的承担，等等，均具有平等的性质。中国参与国际公约，是在整体不平等地位的基础上，以一种不同于以往的新方式，与国际社会建立某种意义的平等条约关系。这种平等条约关系，为中国打破不平等条约体系，产生了积极的引导作用。中国代表在加入公约过程中所进行的抗争及其取得的效果，无疑证明了这一点。还需看到，在传统国际法时代，由于总体环境没有变化，这一积极作用是有限的，不能改变不平等条约关系的总体格局。而且，这一总体格局，又不可避免地妨碍了人们对国际公约的客观了解，从而在某种程度上阻碍了中国加入国际公约的步伐。尤其是，由于强权政治仍然存在，相对平等的国际公约领域不可能不受到影响，它或多或少浸润着不平等的精神。要真正维持其平等关系，还需要更多努力。

---

① 刁敏谦：《中国国际条约义务论》第 3 编，商务印书馆 1925 年版，第 47 页。

② 《使俄杨儒奏遵赴和兰画押请补签日来弗原议并筹办救生善会折》，光绪二十五年十二月二十八日，见王彦威、王亮辑编：《清季外交史料》卷 141，第 4 页。

第五章

中外条约关系的基本形态

就哲学的角度而言，自然界和社会中的任何事物和现象，“都有自己的内容和形式”。内容是“最重要的、表明事物本质的方面”，或者说是“构成事物的一切内在要素的总和”；形式是“内容的内部组织，它把内容的因素连在一起”，或者说是其“内在要素的结构或表现”。没有形式，内容本身就不能存在。“没有形式的内容就不成其为内容；某种具体的内容只存在于和一定的形式的统一之中。”① 无疑，与其他任何事物一样，晚清时期的中外条约关系也须以一定的形式存在，与其内容即内在本质构成一个整体。从总体来看，条约形式不是孤立的，而是相对于条约内容而存在的一个概念。② 可以说，条约内容是指缔约国为达成缔约目的而对某些事项的权利、

① 李达主编:《唯物辩证法大纲》，人民出版社 2014 年版，第 299 页；[苏联] 罗森塔尔，尤金编:《简明哲学辞典》，中共中央马克思恩格斯列宁斯大林著作编译局译，人民出版社 1958 年版，第 193～194 页。

② 迄今为止，国际法尚未对条约形式作出明确界定，1969 年订立的《维也纳条约法公约》，对此持开放态度（见国际问题研究所编译:《国际条约集（1969—1971）》，商务印书馆 1980 年版）。秦晓程在《中华人民共和国缔结条约的形式研究》（北京大学 2003 年博士学位论文）一文中对条约形式作了探索性研究，认为，条约内容是“条约中对具体事项和彼此行为的约定或要求”，条约形式是则是“从各个具体条约中所抽出的，独立于条约具体内容的，作为承载条约内容的外壳或载体所共有的外在特征的集合”。如作者所言，这一探索性研究，“刚刚起步，一切仍在摸索中”，尚无力对条约形式的范围划分作一完整全面的“理论上的结论”，其所作研究，可以说是“部分的”而非全部，不能涵盖所有对条约“形式”的认识。（见该文第 2、7、9 页）。

义务所作的具体要求和约定，体现了条约的内在要素和本质属性；条约形式则是为实现这些约定而在各方面搭建的相应架构和载体，呈现了条约的外观形态和辅助规范。如内容可以采取多种形式一样，条约的外观构架亦涉及多个层面，这里不作全面探讨，主要对条约产生、条约实施和整体结构等外在形式，包括条约名称、缔结程序，以及条约效力和施行方式、类别区分等基本形态作一探讨。

一、条约名称及条约缔结程序

首先需要探讨的，是与条约产生有着直接联系的外观形态，包括条约名称和条约缔结程序。条约名称是最直观的条约形式，缔结程序属于“条约有效性的形式条件”，[①] 系条约内容最先呈现的外观形态。它们是晚清中外条约关系的重要组成部分，反映了这一关系形成过程中的内容性质及其初期阶段的某些特点。

条约名称虽然不影响条约内容的法律性质，但并非无关紧要。一般来说，“某一项条约的名称不是随意决定的，而是根据其重要性、适用范围和制定程序等方面的不同特点而采用适当的名称”。[②] 在某种程度上，条约名称体现了条约的地位，“可以反映出条约的精神和缔约方的意图”。[③] 就晚清时期而言，条约名称还体现了对这一新的中外关系模式的认识和观念。该时期中外条约的名称五花八门，名目繁多，对此作一综合剖析，可大体分为以下几种类型。

第一类称为条约或和约。此类条约最为重要，在整个条约关系居于首位。值得关注的是，不少条约的中文本没有名称，其名称的确定有一个过程，如中英《南京条约》《天津条约》等。《南京条约》英文本名称为“*Treaty of Nanking*, 1842”，[④] 而中文本“原无名称”。[⑤] 当时多称其为“和约”，如耆英奏报订约情形，谓：“查该夷前请入城，共订和约，以示不

① 周鲠生：《国际法》下册，商务印书馆 1976 年版，第 616 页。

② 刘高龙：《国际公法学》，社会科学文献出版社 2014 年版，第 49～50 页。

③ 饶戈平主编：《国际法》，北京大学出版社 1999 年版，第 310 页。

④ The Inspector General of Customs, China, *Treaties, Conventions, Etc. between China and Foreign Powers*. Vol. 1, Shanghai: 1917. 2nd Edition. p.351.

⑤ 中英《江宁条约》附注，道光二十二年七月二十四日，见王铁崖编：《中外旧约章汇编》第 1 册，第 33 页。

疑。”于是，“连日集议各条，撰就和约，绎出汉文，呈递前来。”① 后来再加上地名，或谓“江宁原定和约”，② 或谓“江宁城下之盟”，③ 或谓“江宁所定万年和约”，④ 等等。之后又逐渐形成较为固定的名称，或称为“白门条约”，⑤ 或称为“江宁和约”，⑥ 或称为“江宁条约”，⑦ 等等。又如中英《天津条约》，原来亦无名称，当时被称为“天津续约”或“天津条约”，⑧ 随着条约关系的发展，后者更成为一个通用的名称。⑨

其他以条约作名称的，如1860年中英《续增条约》(即《北京条约》)、

① 《钦差大臣耆英等奏报和约已定钤用关防并将和约抄缮呈览折》，道光二十二年七月二十六日，见中国第一历史档案馆编：《鸦片战争档案史料》六，天津古籍出版社1992年版，第157～158页。

② 《奕䜣等又奏请敕薛焕如上海各小国恳请换约设法阻止片》，咸丰十年十二月十四日，见贾桢等纂修：《筹办夷务始末·咸丰朝》八，中华书局1979年版，第2698页。

③ 《胜保等奏沥陈洋务之失入京之害宜以民力阻其入江折》，咸丰九年正月十九日，见贾桢等纂修：《筹办夷务始末·咸丰朝》四，第1279页。

④ 《何桂清奏胪陈办理通商机宜八条折》，咸丰九年二月壬子，见贾桢等纂修：《筹办夷务始末·咸丰朝》四，第1312页。

⑤ 夏燮：《中西纪事》，高鸿志点校，岳麓书社1988年版，第131页。

⑥ 《直督李鸿章奏与英使在烟台议结滇案折》，光绪二年七月三十日，见王彦威、王亮辑编：《清季外交史料》第1册，李育民等点校整理，湖南师范大学出版社2015年版，第119页；《使英薛福成奏请申明新章豁除旧禁以护商民折》，光绪十九年七月初十日，见王彦威、王亮辑编：《清季外交史料》第4册，李育民等点校整理，第1787页。

⑦ 《户部尚书熙敬等奏整顿洋税逐渐收回利权片》，光绪二十一年六月初四日，见王彦威、王亮辑编：《清季外交史料》第5册，李育民等点校整理，第2289页；《商约大臣盛宣怀致外部英使请推广通商口岸并随时陈说电务均不能允电》，光绪二十七年十二月初十日，《清季外交史料》第6册，第2860页；《江督刘坤一致枢垣马使谓须将两款核准方将加税电致英廷无非任意要挟电》，光绪二十八年六月二十六日，《清季外交史料》第6册，第3008页。

⑧ 《奉恭亲王札开前与巴参赞面商一切办理不善请贵恭赞恳商仍照天津续约办理由》，咸丰十年八月二十八日，台北“中央研究院”近史所档案馆藏清总理衙门档案，档号：01—03—003—03—077；《请速发下新定税则及天津条约以便与各夷在沪换约》，咸丰八年十二月六日，台北“中央研究院”近史所档案馆藏清总理衙门档案，档号：01—02—006—02—052。

⑨ 《总署复英使各口滋事案件办理情形逐条详复照会》，光绪元年七月二十二日，见王彦威、王亮辑编：《清季外交史料》第1册，李育民等点校整理，第35页；《兵轮驶入鄱阳湖系按天津条约并由本国札行函复查照》，光绪三十一年九月二十一日，台北“中央研究院”近史所档案馆藏清外务部档案，档号：02—22—003—01—003。

1858年中俄《爱珲城和约》(又称《爱珲条约》《瑷珲条约》)、1864年中俄《勘分西北界约记》、1881年中俄《改订条约》、1898年中俄《会订条约》(即《旅大租地条约》)、1880年中德《续修条约》、① 1895年中日《讲和条约》(即《马关条约》),② 等等。

此外还有以通商为主旨的条约,如1874年中秘《通商条约》、1881年中巴《和好通商条约》,以及1896年中日《通商行船条约》、1899年中墨《通商条约》等。此类条约中,有的本无名称,其名称是在前言中体现的,如1887年中葡《和好通商条约》前言谓,"兹欲订立通商和好条约";1902年中英《续议通商行船条约》前言谓,特派"钦差办理商约大臣","将通商行船各条约""改修商定"。③ 1903年中美《通商行船续订条约》在前言中与中英商约作了类似表述,且吕海寰等奏报中亦将其称为"通商行船条约"。④

晚清时期中国加入了一些国际公约,亦是以"条约"或"公约"作名称的,如《红十字公约》《和解公断条约》《推广1864年日来弗原议行之于水战条约》,⑤ 等等。此类条约与其他双边条约不同,加入与否,中国具有自主权。另外,《辛丑条约》属多边条约,包括中国在内共有12个国家签字,订约时其被称为"公约",中文本名称即为"公约十二条"。⑥ 签约前后,清君臣均称该约为"公约",李鸿章签约后在奏报朝廷的条约清单中,亦称之

---

① 陈帼培主编:《中外旧约章大全》第1分卷,中国海关出版社2004年版,第1015页。

② The Inspector General of Customs, China, *Treaties, Conventions, Etc. between China and Foreign Powers*. Vol. 1(Shanghai: 1917. 2nd Edition);陈帼培主编:《中外旧约章大全》第1分卷相关条目。

③ 陈帼培主编:《中外旧约章大全》第1分卷,第978、1073、1155、1485页。

④ 《吕海寰袁世凯张之洞伍廷芳盛宣怀奏美国商约定议遵旨画押折》附《谨将中美议定通商行船条约开单恭呈御览》,光绪二十九年十一月十六日,见王彦威、王亮辑编:《清季外交史料》第7册,李育民等点校整理,第3301页。

⑤ 薛典曾、郭子雄编:《中国参加之国际公约汇编》,商务印书馆1937年版。

⑥ The Inspector General of Customs, China, *Treaties, Conventions, Etc. between China and Foreign Powers*. Vol. 1, Shanghai: 1917. 2nd Edition. p.303.

为“公约十二条”。[1] 其后才通称为“辛丑条约”。[2]

第二类称为章程。此类条约，多为通商或与经济事务有关的协定。最早有中英《五口通商章程：海关税则》(原名为《议定广州、福州、厦门、宁波、上海五港通商章程》),[3] 清政府官员又称其为“通商输税章程”。[4] 中美《望厦条约》和中法《黄埔条约》，在订约时也被称为章程。前者如耆英议定该约后奏报朝廷时，便称其为“通商章程”；[5] 后者耆英虽在奏折中谓之“贸易条约”，但作为附件的条约全文，名称即为“贸易章程”。[6] 该两约后来才逐渐被称为条约。[7] 其他如 1851 年中俄《伊犁塔尔巴哈台通商章程》，未经交换批准的 1862 年中葡《和好贸易章程》(又称《西洋国议定通商章程条款》),[8] 1871 年中日《通商章程》,1882 年中朝《商民水陆贸易章程》,1869 年、1881 年中俄《改订陆路通商章程》,1886 年中法《越南边界通商章程》,1908 年中英《修订藏印通商章程》，等等。其中有的与原来名称有些

---

① 《和议会同画押折》附《清单》，光绪二十七年八月初十日，见顾廷龙、戴逸主编：《李鸿章全集》第 16 册，安徽教育出版社 2008 年版，第 327 页。

② 《德宗景皇帝实录》卷 536，光绪三十年十月乙丑，见《清实录》第 59 册，中华书局 1987 年版，第 138 页；《外部致瑞典使倭瑞典赔款准由汇理银行拨交照会》，宣统二年二月二十三日，见王彦威、王亮辑编：《清季外交史料》第 8 册，李育民等点校整理，第 4282 页；《督办粤川汉铁路端方奏辛丑和约已届十年所言第七第十两款亟应修改折》，宣统三年五月初九日，见《清季外交史料》第 9 册，第 4513 页。

③ The Inspector General of Customs, China, *Treaties, Conventions, Etc. between China and Foreign Powers*. Vol. 1, Shanghai: 1917. 2nd Edition. p.383.

④ 《宣宗成皇帝实录》卷 394，道光二十三年七月乙巳，见《清实录》第 38 册，中华书局 1986 年版，第 1061 页。

⑤ 《耆英等奏美利坚等国通商章程业经议定折》，道光二十三年九月癸巳，见齐思和等整理：《筹办夷务始末·道光朝》五，中华书局 1964 年版，第 2759～2760 页。

⑥ 《耆英等奏酌定法国贸易条约折》附《佛兰西贸易章程三十五款》，道光二十四年十月丁未，见齐思和等整理：《筹办夷务始末·道光朝》六，第 2881 页。

⑦ 《函取道光二十四年所订望厦条约汉文底本由》，光绪二十五年十月十七日，清总理衙门档案 01—21—030—08—005，台北“中央研究院”近史所档案馆藏；《中美望厦条约总署已存有底本现奉钧函当饬照抄送呈由》，光绪二十五年十月十九日，清总理衙门档案 01—21—030—08—006，台北“中央研究院”近史所档案馆藏。

⑧ 陈帼培主编：《中外旧约章大全》第 1 分卷，第 554 页。

差异，但都称为通商章程。有的商约未标明名称，但在条文中作了说明。如1862年、1869年中俄商约前言均说明，彼此“酌定”或“拟定”“陆路通商章程”；[①] 1864年中西条约前言谓，“立定切实至当章程”。[②] 其他与经济商务有关的，如1904年中英《保工章程》，1907年中日《会订大连海关试办章程》、中俄《北满洲税关章程》，1910年中俄《松花江行船章程》，等等。此外还有根据正式条约商议的租地和其他事项的章程，但缺乏严格的条约要素。

第三类将“条约”与“章程”混为一体。如1858年中英《通商章程善后条约》，英文本名称为“Agreement Containing Rules of Trade, Made in Pursuance of Article XXVI of the Treaty of 26th June 1858”，意为“根据1858年6月26日条约第26款所定含有贸易规则的协定”。中文本称为《通商章程善后条约》，将“协定”译为“章程”，并与“条约”内涵融为一体。其他如1858年中法《天津条约》，原名为《和约章程》。[③] 再如，1865年中比《通商条约》，原名为《比国通商条约税则章程》；以及1880年中德《续修条约善后章程》，等等。有的条约中文本未标名称，但在前言中作了说明，如1863年中丹条约前言谓，“拟定和约通商章程”，1866年中意条约亦作了类似表述。[④]

第四类称为“条规”“条款”“附款”“专条”“专章”“条件”“文凭”，等等。如1860年中俄《北京条约》，原名为《照依前换和约拟定条款》；[⑤] 1876年中英《烟台条约》，原称为《会议条款》或《滇案条款》。[⑥] 其他如1871年中日《修好条规》，1874年中秘《会议专条》，1894年中英《续议滇

---

① The Inspector General of Customs, China, *Treaties, Conventions, Etc. between China and Foreign Powers*. Vol. 1, Shanghai: 1917. 2nd Edition. pp.127, 152.

② 陈帼培主编:《中外旧约章大全》第1分卷，第626页。

③ The Inspector General of Customs, China, *Treaties, Conventions, Etc. between China and Foreign Powers*. Vol. 1, Shanghai: 1917. 2nd Edition. pp. 422, 814.

④ 陈帼培主编:《中外旧约章大全》第1分卷，第576、658、707、1022页。

⑤ The Inspector General of Customs, China, *Treaties, Conventions, Etc. between China and Foreign Powers*. Vol. 1, Shanghai: 1917. 2nd Edition. p.101.

⑥ 《直督李鸿章奏与英使在烟台议结滇案折》，光绪二年七月三十日，见王彦威、王亮辑编:《清季外交史料》第1册，李育民等点校整理，第120页;《请将鹿传霖以道员留东补用折》，光绪三年三月十二日，见陈代湘等校点:《刘坤一奏疏》第1册，岳麓书社2013年版，第456页。

缅界、商务条款》，1896 年中日《公立文凭》，1897 年中英《续议缅甸条约附款》，1898 年中英《展拓香港界址专条》《租威海卫专条》，1890 年中英《烟台条约续增专条》，1898 年中德《胶澳租界条约》（又称《德租胶澳专条》），1898 年中刚《天津专章》（中文名《中国与刚果国专章》），1911 年中英《禁烟条件》，等等。这些条约中除了中日《修好条规》属建交条约外，其他均系涉及某些具体事项，包括商务和界务等的条约。

第五类为换文，即照会形式的条约。如《法国教堂入内地买地照会》，即《总理衙门致法国公使函》，法国方面称之为《柏德美协定》，"因其内容是法国公使柏德美与总理衙门所商定"。① 其他如《义国教士护照来往照会》《法国教堂入内地买地来往照会》《海南岛不割让照会》《扬子江沿岸不割让来往照会》《越南邻省不割让来往照会》《滇越路及广州湾等事来往照会》《北京以北建造铁路来往照会》，等等。② 此类条约没有明确的名称，通过互换照会，形成双方认同的法律文件。

另外还有临时协定之类，如 1895 年中日《停战条款》。

关于缔结程序，涉及各个具体环节，分为两种情况，一是程序繁复的条约，二是程序简单的条约。前者主要分为两个阶段，可称为两阶段的缔约程序。第一阶段"自缔约谈判起直至通常以签署表示的条约约文的认证止"，第二阶段"是通常以批准表示的缔约国受该约拘束的同意"。后者"只以一个阶段完成"，一般是签署条约后，"条约即对其所代表的国家发生拘束力，无须经过批准这个环节"。因此，"两种程序的主要区别，在于前者有批准的手续，而后者没有"。③ 程序繁复的条约，一般均经过谈判、起草、签字、批准等环节，谈判、起草均系交涉过程的环节。在晚清，除了体现相互性质的平等条约，其他条约的这些缔约环节基本上由彼方居于主导地位。值得注意的是，条约缔结的最后一个环节，即缔约国同意接受条约的拘束，晚清中外条约对此作了明文规定，主要有签署和批准两种方式。

① 中法《法国教堂入内地买地照会》附注，同治四年正月二十五日，见王铁崖编：《中外旧约章汇编》第 1 册，第 227 页。

② 王铁崖编：《中外旧约章汇编》第 1 册，第 535、612、697、731、743、744、908 页。

③ 李浩培：《条约法概论》，法律出版社 1987 年版，第 64 页。

先看批准方式。这种方式是指条约签署之后，由国家最高权力机关予以批准，并相互交换。订约伊始，中外双方便规定了批准程序，如中英《南京条约》载，“以上各条均关议和要约，应候大臣等分别奏明大清大皇帝、大英君主各用硃、亲笔批准后，即速行相交，俾两国分执一册，以昭信守”。同时又规定，“惟两国相离遥远，不得一旦而到，是以另缮二册，先由大清钦差便宜行事大臣等、大英钦奉全权公使大臣各为君上定事，盖用关防印信，各执一册为据，俾即日按照和约开载之条，施行妥办无碍矣”。① 即在批准之前，便按约施行。该约经批准后，又于翌年六月二十六日在香港交换批准。中英《五口通商附粘善后条款》亦作了经双方君主批准的规定，由于英方迫切希望即刻实施，该约还作了两次交换的规定。即“由钦差大臣、公使大臣盖印划押，先将二册互换，照依施行”，然后“由两国大臣将二册一面具奏；但两国相距遥远，奉到谕旨，迟速不齐。今议定，一俟奉有大皇帝硃批允准，既由钦差大臣将原册转交广东黄臬台，赍交公使大臣查照收执。将来奉到君主亲笔准行，寄回香港，再由公使大臣委员送至广东交黄臬台，转送钦差大使查照，俾两国永远遵守，以敦万年和好之谊”。②

随后的中美《望厦条约》较中英《南京条约》更为规范，由于国家体制的差异，其批准主体与中英条约有所不同，其他方面则进而作了更详细的规定。中方仍由皇帝批准，美方是共和制国家，则由总统根据国会“议定允肯批准”。此外，该约明确限定了批准互换的时间，“限以十八个月即将两国君上批准之条约互换，若能早互换，尤为善美”。与英约不同，该约未规定换约之前先行实施，而仅规定先由双方盖印画押，“以昭信守”。③ 随后在规定期限内，双方于 1845 年 12 月 31 日在广州交换批准。中法《黄埔条约》除了批准主体与交换时间，以及文字表述更为简洁之外，其他规定与《望厦条约》相似。批准主体，法方亦是由该国大皇帝“钦定”，交换时间则为

① 中英《江宁条约》，道光二十二年七月二十四日，见王铁崖编：《中外旧约章汇编》第 1 册，第 32 页。

② 中英《五口通商附粘善后条款》，道光二十三年八月十五日，见王铁崖编：《中外旧约章汇编》第 1 册，第 39 页。

③ 中美《五口贸易章程：海关税则》，道光二十四年五月十八日，见王铁崖编：《中外旧约章汇编》第 1 册，第 56～57 页。

“约计一年之内或不及一年”。随后双方亦于规定期限内，于 1845 年 8 月 25 日在澳门交换批准。①

第二次鸦片战争之后中方与各国订立的条约，又稍有变化。最先订立的中俄《天津条约》明确规定，两国君主“裁定之后，将谕旨定立和书，限一年之内两国换交于京，永远遵守，两无违背”。又规定，今“由二国钦差大臣手书画押，钤用印信，换交可也”。于是，该约于 1858 年 6 月 23 日在天津交换批准。中美《天津条约》则较《望厦条约》简单，批准时间缩短为一年之内，规定批准之后，“届期互换”。随后于 1859 年 8 月 16 日双方在直隶北塘交换批准。中英《天津条约》也较为简单，规定“两国御笔批准，以一年为期，彼此各派大臣于大清京师会晤，互相交付”。双方“先盖用关防，以昭信守”。中法《天津条约》的规定则较为具体：“两国大臣画押用印，奏上大皇帝。自画押用印之日起，约计限以一年”，两国君主“钦定批准，即在京师交互存照”。② 清末订立的中英《续议通商行船条约》规定，“先行画押盖印，恭候两国御笔批准”，然后一年限内在中国京城互换，“以昭信守”。中美《通商行船续订条约》则规定，画押后，须按照中美两国之制度，“恭候御笔批准”，一年限内在美京华盛顿互换，“以昭信守”。③ 这些条约签订后，一般都在规定时间内批准及交换。

一般来说，条约规定批准之后一年之内相互交换，除此之外还有各种与此不同的规定。例如，有的附约，未另作批准要求，如中日《通商章程：海关税则》规定，“两国现定通商章程及海关税则，应与修好条规一体信守无渝。为此两国钦差全权大臣画押钤印，即日遵行”。该约与《修好条规》同日在天津交换批准。④ 还有的条约无批准程序的条款，但实际上经过了批准交换程序。如中英《烟台条约》无批准程序规定，但该约于 1886 年 5 月 6

① 中法《五口贸易章程：海关税则》，道光二十四年九月十三日，见王铁崖编：《中外旧约章汇编》第 1 册，第 64～65 页。

② 王铁崖编：《中外旧约章汇编》第 1 册，第 88～89、95、103、112 页。

③ 北京大学法律系国际法教研室编：《中外旧约章汇编》第 2 册，生活 · 读书 · 新知三联书店 1959 年版，第 110、188 页。

④ 中日《通商章程：海关税则》，同治十年七月二十九日，见王铁崖编：《中外旧约章汇编》第 1 册，第 324、335 页。

日在伦敦交换批准。① 或未规定批准和互换时间，如中俄《北京条约》仅谓，“此次条款，从两国钦差大臣互换之日起，与天津和约一体永遵勿替”。② 清政府与藩属国所订条约，将对方置于附从地位，亦无双方批准的要求。如中朝《商民水陆贸易章程》规定：“此次所定贸易章程，姑从简约。两国官民，均须就已载者一体恪遵以后，有须增损之处，应随时由北洋大臣与朝鲜国王咨商妥善，请旨定夺施行。”③ 此外，《中俄密约》亦无批准条款。另外还有的条约虽有批准规定，但无具体时间要求。如中德《胶澳租界条约》规定，“以上各条，由两国大皇帝批准，中国批准之约到德国柏林之后，德国批准之约交给中国驻德国大臣收领，作为互换之据”。该约未届半年，便批准交换。④ 中俄《旅大租地条约》亦规定，“此约御笔批准之本，自画押后，赶紧在圣彼得堡互换”。⑤ 该约签订后，未满三个月便批准交换。中英《订租威海卫专条》规定，“此约应由画押之日起开办施行。其批准文据，应在英国京城速行互换。为此，两国大臣将此专条画押盖印，以昭信守”。该约交换时间亦未到半年。⑥ 有的条约规定了批准交换时间，但未超过一年。如中西《会订古巴华工条款》第 16 款规定，“现今所立各条，应由两国御笔批准，于八个月限内在大清国都中互换，或能先期互换均可”。⑦ 中英《续议滇缅界、商务条款》第 20 条规定，“此约由大清国大皇帝、大英国大君主五

---

① 中英《烟台条约》，光绪二年七月二十六日，见王铁崖编：《中外旧约章汇编》第 1 册，第 350 页。

② 中俄《北京续增条约》，咸丰十年十月初二日，见王铁崖编：《中外旧约章汇编》第 1 册，第 153 页。

③ 中朝《商民水陆贸易章程》，光绪八年八月二十日，见王铁崖编：《中外旧约章汇编》第 1 册，第 407 页。

④ 中德《胶澳租界条约》，光绪二十四年二月十四日，见王铁崖编：《中外旧约章汇编》第 1 册，第 740 页。

⑤ 中俄《旅大租地条约》，光绪二十四年三月初六日，见王铁崖编：《中外旧约章汇编》第 1 册，第 742 页。

⑥ 中英《订租威海卫专条》，光绪二十四年五月十三日，见王铁崖编：《中外旧约章汇编》第 1 册，第 782～783 页。

⑦ 中西《会订古巴华工条款》，光绪三年十月十三日，见王铁崖编：《中外旧约章汇编》第 1 册，第 356 页。

印度大后帝批准，自画押之日起，准六个月在伦敦互换，或能略早亦可。此条约应于交换后，立即开办，现在大清、大英国各大臣先盖用关防，以昭信守”。①

需要指出，近代中外条约的缔结，多以武力胁迫为前提，这一强权性质亦体现在批准互换条款之中，其中某些条约体现得尤为显著。如中日《马关条约》第11款规定，本约奉两国皇帝批准之后，“定于光绪二十一年四月十四日，即明治二十八年五月初八日，在烟台互换”。②签约与换约的时间间距仅20天，这在中外条约史上是前所未有的，无疑体现了日本急不可耐的心理，但更典型地反映了列强对华的强权政治。随后订立的中日《通商行船条约》第29款亦规定，经两国皇帝批准后，“迅速互换”，“至迟不逾三个月”。③这一规定亦打破了一年时间的常规。此外，中日《会议东三省事宜正约》第3款亦规定，“本条约由签字盖印之时起即当施行”，经两国皇帝“御笔批准”后，由盖印之日起两个月以内，应“从速将批准约本在北京互换。”④中日《通商行船续约》第13款规定，经两国皇帝批准后，“在北京迅速互换”，互换日期“至迟不逾六个月”。⑤中日条约批准互换的时间如此急迫，典型地反映了强权政治之下中外条约关系的实质。

再看签署方式。这种方式只须签署，无需经过批准程序。如咸丰年间订立的中俄《伊犁塔尔巴哈台通商章程》，没有批准的要求，仅规定，“互相给与凭文”，中方“钤用伊犁将军印信”，俄方“用使臣图记”；除了由中方的伊犁将军衙门与俄方使臣“各收存一分，永远遵行外”，另再咨送中方理

① 中英《续议滇缅界、商务条款》，光绪二十年正月二十四日，见王铁崖编:《中外旧约章汇编》第1册，第580页。

② 中日《马关新约》，光绪二十一年三月二十三日，见王铁崖编:《中外旧约章汇编》第1册，第618页。

③ 中日《通商行船条约》，光绪二十二年六月十一日，见王铁崖编:《中外旧约章汇编》第1册，第667页。

④ 中日《会议东三省事宜正约》，光绪三十一年十一月二十六日，见北京大学法律系国际法教研室编:《中外旧约章汇编》第2册，第339页。

⑤ 中日《通商行船续约》，光绪二十九年八月十八日，见北京大学法律系国际法教研室编:《中外旧约章汇编》第2册，第195页。

藩院和俄方萨那特衙门，“互相钤用印信，彼此咨换，各收存一份”。[①]《辛丑条约》则是以最后通牒的方式强迫清政府接受的，更无批准互换的规定。列强先是不容置喙地强令清政府接受《议和大纲》，声言，“以上各款，若非中国国家允从足适各国之意，各本大臣难许有撤退京畿一带驻扎兵队之望”，[②] 清廷只得颁旨“照允”。在该约的“会同声明”中，只是“核定”清廷“降旨全行照允，足适诸国之意妥办”，[③] 而不需批准互换。此外，互相交换照会达成的协定，即换文（又称为换函），亦不需要经过批准程序。

以上条约基本上属于双边条约，其中《辛丑条约》虽是多边条约，但实际上是一个特殊的双边条约，即中国和列强各为一边。除此之外，清末中国加入的国际公约，也基本上采取了签署和批准的方式。如光绪二十一年（1895 年），清政府加入“第一次海牙保和会公约”，先是奉旨有保留地“从众画押”，其后亦经“奉旨批准”。光绪三十四年（1908 年）加入“第二次海牙保和会公约”，亦奉旨有保留地“先行画押”，随即于翌年“奏旨批准”。[④] 另还有以照允方式接受公约的，如光绪二十二年（1896 年），总理衙门照会英国，同意加入《航海避碰章程》，表示“无不乐从”，“如期开办”。[⑤]

以上所述条约名称及其缔结程序，涉及条约的产生形态，反映了中外条约关系建立时期的某些特点。从条约名称来看，其经历了由杂乱逐渐走向规范的过程，并折射了清政府条约观念的变化。例如，不少条约没有名称，说明清政府对这一新的关系尚未适应，更谈不上具备相应的理论规范知识。以“章程”为条约名称者，甚至将具有建交性质的条约也称为通商章程，显然

① 中俄《伊犁塔尔巴哈台通商章程》，咸丰元年七月初十日，见王铁崖编：《中外旧约章汇编》第 1 册，第 79～80 页。

② 《议和大纲》，光绪二十六年十一月初一日，见王铁崖编：《中外旧约章汇编》第 1 册，第 982 页。

③ 《辛丑各国和约》附件一，光绪二十七年七月二十五日，见王铁崖编：《中外旧约章汇编》第 1 册，第 1003 页。

④ 《第一次海牙保和会公约》《第二次海牙保和会公约》，见薛典曾、郭子雄编：《中国参加之国际公约汇编》，商务印书馆 1937 年版，第 1、29 页。

⑤ 《总署致英国公使窦纳乐照会：行船免碰章程中国先饬洋式兵商船试办由》，光绪二十二年十一月十六日，台北“中央研究院”近史所档案馆藏清总理衙门档案，档号：01—13—019—02—018。

有欠切当，体现了清政府不太清晰的条约意识。其后随着条约概念的逐渐明晰，此类建交性质的“条约”不再被称为“章程”。从缔结程序来看，其中充斥着条约内容体现的强权色彩和不平等内涵。如其所具有的暴力强迫性质，在条约产生时已彰明较著，此涉及条约的效力问题，下节将论及，这里不赘。而且本属正常程序的“批准”环节，经谈判签署之后，中方无不及时批准，但列强却可凭借强权翻云覆雨——或拒绝批准，如 1869 年中英《新定条约》；或拖延批准，如 1876 年中英《烟台条约》。毋庸讳言，其中还含有作为国际惯例的近代规则，如条约名称的差异反映了条约的不同类别及地位和内容，程序繁复和简单两类条约相应采取批准和签署两种方式，一般规定条约的批准交换在一年之内，等等。

二、条约效力和条约施行

条约效力和条约施行，是涉及条约实施的外观形态，与条约实质内容，即缔约双方权利、义务的履行或兑现有着直接联系，在更深的层面反映了条约的内涵属性。这一外在形态涉及条约有效的基本要素、条约在空间和时间的适用、条约解释和修订、条约终止，等等。这里不作全面探讨，仅就晚清时期较为突出的几个问题作一剖析。

一是条约的效力要素问题。在传统国际法时代，对国家实施强迫成立的条约不影响其效力。① 晚清时期的中外条约多是在这一规则下订立的，其方式主要有四。（1）通过战争强迫订约。这是在晚清占主导地位的订约方式。战争既是晚清中外条约关系形成的源头，又是这一关系不断发展的推动器。从《南京条约》到《天津条约》《北京条约》，再从《马关条约》到《辛丑条约》，条约关系的产生、形成及完善，其基本框架均是列强通过侵略战争构建的。（2）通过武力恐吓胁迫订约。有的条约虽未通过战争，但却是在武力威胁之下迫使清政府订立的。如中美《望厦条约》签订之前，美国专使顾盛率四艘军舰抵达中国，以“强大的海军作后盾”，“终于迫使中国人相信和美国签订条约，是必要的”。② 中法《黄埔条约》的签订同样运用了这一

① 李浩培：《条约法概论》，第 274 页。

② ［美］杜勒斯：《中美关系》。转引自卿汝楫：《美国侵华史》第 1 卷，生活·读书·新知三联书店 1952 年版，第 61 页。

手段，在交涉中，法国使团恐吓说："我们不是不熟悉去北京的路，并且我们知道你们有不少多余的土地，我们也知道你们同意俄国人待在你们国土上。到时候，我们完全可以用另外一种比今天更严肃的口气同你们交涉。"①其他还有不少条约，是通过武力威胁订立的。此类情况，与以战争胁迫订约具有同样的性质，虽然不是直接诉诸武力，但却是以战争作威胁基础的。(3) 战争胁迫下的相互协商。这种情况一般出现在战后的商约交涉中，如庚子之役之后中国与英、美、日等国修订通商行船续约。此类条约，其背景是八国联军侵华之役，修订商约则出自列强的胁迫，然在具体交涉中，各方亦就相关问题进行了协商，并非清廷完全任人摆布。这种情况反映了清政府观念上的进步，即将条约视为体现双方权益的法律文书，而不是如同以往"怀柔远人"的单方面之举。因此，即使列强挟战胜之威，中方交涉大臣仍据理相争，使修约谈判具有相互协商的性质。中方也因此通过修约在某种程度上维护了自己的权益。(4) 条约中的某些条款，是在欺诈手段之后再施以高压而订立的。例如，中法订立《北京条约》时，法国迫使清政府将道光二十六年（1846 年）上谕中关于归还教产以及对"滥行查拿"教徒的地方官员予以处分的内容规定于该约第 6 款，② 法国翻译又偷偷摸摸在条约的中文本中加上"并任法国传教士在各省租买田地，建造自便"一句。按照中法《天津条约》，"所有议定各款，或有两国文词辨论之处，总以法文作为正义"。③所加句子在法文本上是没有的，因此没有法律效力。但当时清政府无人懂法文，对此全然不知。同治四年（1865 年），法国公使柏德美又向清政府施压，迫使总理衙门以照会形式确认这一特权，达成所谓"柏德美协定"。④由上可见，晚清中外条约效力的取得，主要是通过战争与武力威胁的方式，也

① ［法］加略利：《法国使华团外交活动日记》，1844 年 10 月 16 日。转引自［法］卫青心：《法国对华传教政策》上卷，黄庆华译，中国社会科学出版社 1991 年版，第 374 页。

② 中法《续增条约》，咸丰十年九月十二日，见王铁崖编：《中外旧约章汇编》第1册，第 147 页。

③ 中法《天津条约》，咸丰八年五月十七日，见王铁崖编：《中外旧约章汇编》第 1 册，第 105 页。

④ 中法《法国教堂入内地买地照会》，同治四年正月二十五日，见王铁崖编：《中外旧约章汇编》第1册，第 227 页。

由此决定了它们的基本性质。

除了强迫之外，这个时期的中外条约还有一种订立方式，即经过相互协商，缔约双方达成意思的一致。如同治十年（1871 年）中日《修好条规》、光绪二十五年（1899 年）中韩《通商条约：海关税则》等，是在两国平等协商之后订立的，既非通过战争，又未进行武力威胁。此类情况体现了正常的条约关系，但却不很多见。此外，还有以宗藩关系为基础的订约。此系清政府将宗藩关系转化为条约关系，其实质是中国对彼方的不平等，如光绪八年（1882 年）中朝《商民水陆贸易章程》。

二是条约适用问题。晚清时期中外条约的适用范围，具有几个特点。其一，关于时间范围，除了租借地条约之外，一般未作限定。其二，关于空间范围，条约作了严格的限制，如规定通商口岸的地点，外人所享权利的范围，等等。其三，关于对缔约国的约束，条约作了不同规定。前两个特点，限于篇幅不赘，这里着重剖析第三个特点。某些条约强调对中方的约束，尤其是第二次鸦片战争后订立的条约，对此作了明确的规定。如中法《天津条约》规定，“交互之后，中国即将本和约章程行文内外各宪，遍行周知”。[①]中英《北京条约》规定，《天津条约》在京互换之日，“大清大皇帝允于即日降谕京外各省督抚大吏，将此原约及续约各条发钞给阅，并令刊刻悬布通衢，咸使知悉”。[②]中德《通商条约》除了盖印画押“以昭信守”之外，还规定，批准互换后，“中国即将所议章程行文内外各省大吏按照办理”。[③]这些条款仅要求中方行文内外各宪，“遍行周知”，反映出中外条约只是单方面地给予对方权利。也有部分条约对双方义务作了要求，而非对中国的单方面约束。如中美《天津条约》第 3 款规定，“条约各款必使两国军民人等尽得闻知，俾可遵守，大合众国于批准互易后，立即宣布，照例刊传；大清国

① 中法《天津条约》，咸丰八年五月十七日，见王铁崖编：《中外旧约章汇编》第 1 册，第 112 页。

② 中英《续增条约》，咸丰十年九月十一日，见王铁崖编：《中外旧约章汇编》第 1 册，第 146 页。

③ 中德《通商条约》，咸丰十一年七月二十八日，见王铁崖编：《中外旧约章汇编》第 1 册，第 170 页。

于批准互易后，亦即通谕都城，并着各省督抚一体颁行”。[①] 中俄《北京条约》规定，两国互换和约后，“各将此和约原文晓谕各处应办事件地方”。[②] 中日两国订立的平等条约《修好条规》亦作了类似规定：两国批准互换后，“即刊刻通行各处，使彼此官民咸知遵守，永以为好”。[③]

三是履约担保问题。这是列强保障条约特权的重要条件和方式，并具有单向的特点。在传统国际法中，“领土的占领，如占领一座炮台或整个省份，作为保证条约履行的手段，是在一国依据条约应支付大笔款项时常被使用的。现在这种占领在和约规定偿付战争赔款的情形下或为了其他原因常被使用”。[④] 列强从一开始便采用了这一手段，如中英《南京条约》第 12 款规定：“俟奉大清大皇帝允准和约各条施行，并以此时准交之六百万员交清，大英水陆军士当即退出江宁、京口等处江面，并不再行拦阻中国各省商贾贸易。至镇海之招宝山，亦将退让。惟有定海县之舟山海岛、厦门厅之古浪屿小岛，仍归英兵暂为驻守；迨及所议洋银全数交清，而前议各海口均已开辟俾英人通商后，即将驻守二处军士退出，不复占据。”[⑤] 中英《天津条约》特设专条，规定：“前因粤城大宪办理不善，致英民受损，大英君主只得动兵取偿，保其将来守约勿失。商亏银二百万两，军需经费银二百万两二项，大清皇帝皆允由粤省督、抚设措，至应如何分期办法，与大英秉权大员酌定行办。以上款项付清，方将粤城仍交回大清国管属。”[⑥] 中英《北京条约》第 9 款又规定：“续增条约一经盖印画押，戊午年和约亦已互换，须俟

---

① 中美《天津条约》，咸丰八年五月初八日，见王铁崖编：《中外旧约章汇编》第 1 册，第 90 页。

② 中俄《北京续增条约》，咸丰十年十月初二日，见王铁崖编：《中外旧约章汇编》第 1 册，第 153～154 页。

③ 中日《修好条规》，同治十年七月二十九日，见王铁崖编：《中外旧约章汇编》第 1 册，第 319 页。

④ ［英］劳特派特修订《奥本海国际法》上卷，第 2 分册，王铁崖、陈体强译，商务印书馆 1972 年版，第 349 页。

⑤ 中英《江宁条约》，道光二十二年七月二十四日，见王铁崖编：《中外旧约章汇编》第 1 册，第 32 页。

⑥ 中英《天津条约》，咸丰八年五月十六日，见王铁崖编：《中外旧约章汇编》第 1 册，第 103 页。

续约第八款内载，大清大皇帝允降谕旨奉到，业皆宣布，所有英国舟山屯兵立当出境，京外大军即应启程前赴津城并大沽炮台、登州、北海、广东省城等处，候续约第三款所载赔项八百万两总数交完，方能回国，抑或早退，总候大英大君主谕旨施行。”① 中日《马关条约》第8款更明确规定：“中国为保明认真实行约内所订条款，听允日本军队暂行占守山东省威海卫。又于中国将本约所订第一、第二两次赔款交清，通商行船约章亦经批准互换之后，中国政府与日本政府确定周全妥善办法，将通商口岸关税作为剩款并息之抵押。日本可允撤回军队。倘中国政府不即确定抵押办法，则未经交清末次赔款之前，日本应不允撤回军队。但通商行船约章未经批准互换以前，虽交清赔款，日本仍不撤回军队。”② 其后中日订立《通商行船条约》之时，又特地为此换文，确认“按照马关条约办理”，要求日方履约撤军，谓：“今第一、第二两次赔款业经如期交清，通商行船条约已经本大臣与贵大臣逐款议定，于六月十一日署名盖印，订期至迟不逾三个月在北京互换。一俟此次通商行船条约互换后，中国政府自可与日本政府妥商剩款及息如何交收，以便撤回驻威海军队。”③《辛丑条约》亦以中国“足适诸国之意妥办”，“愿将一千九百年夏间变乱所生之局势完结”为条件，“诸国亦照允随行”。即在中国承诺兑现其全部要求之后，“诸国全权大臣现奉各本国政府之命，代为声明，除第七款所述之防守使馆兵队外，诸国兵队即于西历一千九百零一年九月十七日，即中历光绪二十七年八月初五日，全由京城撤退，并除第九款所述各处外，亦于西历一千九百零一年九月二十二日，即中历光绪二十七年八月初十日，由直隶省撤退”。④

四是条约修订问题。这是指在条约有效期内改变其规定的行为，可以

① 中英《续增条约》，咸丰十年九月十一日，见王铁崖编：《中外旧约章汇编》第1册，第146页。

② 中日《马关新约》，光绪二十一年三月二十三日，见王铁崖编：《中外旧约章汇编》第1册，第616～617页。

③ 《张大臣致日本公使照会》，光绪二十二年六月十一日，见王铁崖编：《中外旧约章汇编》第1册，第668页。

④ 《辛丑各国和约》，光绪二十七年七月二十五日，见王铁崖编：《中外旧约章汇编》第1册，第1008页。

说是条约关系的动态形式。条约缔结之后，不可能永恒不变，须根据情况的变化而作出必要的修订，晚清中外条约亦体现了这一性质。从第一批中外条约始，便出现了修约条款，并逐渐完善，趋向国际惯例。作出修约规定的第一个条约，是中美《望厦条约》，该约载："和约一经议定，两国各宜遵守，不得轻有更改；至各口情形不一，所有贸易及海面各款恐不无稍有变通之处，应俟十二年后，两国派员公平酌办。"① 根据这一规定，双方均有权提出修改。随后订立的中法《黄埔条约》则规定，日后法方"若有应行更易章程条款之处，当就互换章程年月，核计满十二年之数，方可与中国再行筹议"。② 这里规定 12 年之后可以修改变通条约，但仅规定了法方的修约权利。

第二次鸦片战争之后订立的条约，其修约规定趋向规范化。中俄、中美《天津条约》中无修约条款，中英《天津条约》第 27 款规定，"此次新定税则并通商各款，日后彼此两国再欲重修，以十年为限，期满须于六个月之前先行知照，酌量更改。若彼此未曾先期声明更改，则税课仍照前章完纳，复俟十年再行更改；以后均照此限此式办理，永行弗替"。③ 此规定确立了标准的修约条款，即修约周期为 10 年，须于 6 个月之前先行知照，等等。此后其他条约的修约条款大多亦是这些内容。如中德《通商条约》第 41 款规定："日后布国暨德意志通商税务公会和约各国，若于现议章程条款内有欲行通变之处，应俟自章程互换之日起至满十年为止，先期六个月备文知照中国，如何酌量更改，方可再行筹议。若未曾先期声明，则章程仍照此次议定办理，复俟十年再行更改。"④ 中意《通商条约》第 26 款亦规定："日后彼此两国再欲重修，以已卯年六月底为期满，须于六个月之前先行知照，酌量更改。倘若彼此未于六个月之前声明更改，则税课仍照前章完纳，复俟十年

---

① 中美《五口贸易章程：海关税则》，道光二十四年五月十八日，见王铁崖编：《中外旧约章汇编》第 1 册，第 56 页。

② 中法《五口贸易章程：海关税则》，道光二十四年九月十三日，见王铁崖编：《中外旧约章汇编》第 1 册，第 64 页。

③ 中英《天津条约》，咸丰八年五月十六日，见王铁崖编：《中外旧约章汇编》第 1 册，第 99 页。

④ 中德《通商条约》，咸丰十一年七月二十八日，见王铁崖编：《中外旧约章汇编》第 1 册，第 170 页。

再行更改变；以后均照此限此式办理，永行弗替。如未到已卯年以前，别国更改税则，意国亦准与中国商议更改。”① 其他如同治八年（1869 年）订立的中奥《通商条约》与中意条约作了相似的约定，其第 44 款规定：“此次新定税则并通商各款，日后彼此两国再欲重修，以十年为限，期满须于六个月之前先行知照，酌量更改。若彼此未曾先期声明更改，则税课仍照前完纳，复俟十年再行更改；以后均照此限此式办理，永行弗替。若嗣后中国与有约各国或有更改税则重修条约之事，奥斯马加国亦可不拘年限一律照改。”② 中日《通商章程：海关税则》第 32 款规定：“两国现定章程，嗣后若彼此皆愿重修，应自互换之年起至十年为限，可先行知照，会商酌改。”③ 中秘《通商条约》第 18 款规定：“日后两国若于现议章程条款内有欲行变通之处，应俟自章程互换之日起，至满十年为止，先期六个月，彼此备文知照如何酌量更改，方可再行筹议。若未曾先期声明，则章程仍照此次议定办理。”④ 中巴《和好通商条约》第 16 款规定：“日后两国若于现议条款内有欲行变通之处，应俟自互换条约之日起至满十年为止，先期六个月，彼此备文知照如何酌量更改，方可再行筹议。若未曾先期声明，仍照此次议定条约办理。”⑤ 中法《越南边界通商章程》第 18 款规定：“将来如须续修，即照新约第八款所载换约后十年之期，再行商订。”⑥ 中葡《和好通商条约》第 46 款规定：“此次新定税则并通商各款，日后彼此两国再欲重修，经十年为限；期满，须于六个月之前先行知照，酌量更改，若彼此未曾先期声明更改，则税课仍照前章

① 中意《通商条约》，同治五年九月十八日，见王铁崖编：《中外旧约章汇编》第 1 册，第 250～251 页。

② 中奥《通商条约》，同治八年七月二十六日，见王铁崖编：《中外旧约章汇编》第 1 册，第 284 页。

③ 中日《通商章程：海关税则》，同治十年七月二十九日，见王铁崖编：《中外旧约章汇编》第 1 册，第 324 页。

④ 中秘《通商条约》，同治十三年五月十三日，见王铁崖编：《中外旧约章汇编》第 1 册，第 342 页。

⑤ 中巴《和好通商条约》，光绪七年八月十一日，见王铁崖编：《中外旧约章汇编》第 1 册，第 397 页。

⑥ 中法《越南边界通商章程》，光绪十二年三月二十二日，见王铁崖编：《中外旧约章汇编》第 1 册，第 482 页。

完纳，复俟十年，再行更改；以后均照此限此式办理，永行弗替。"①甲午战后订立的中日《通商行船条约》第26款亦规定："此次所定税则及此约内关涉通商各条款，日后如有一国再欲重修，由换约之日起，以十年为限，期满后须于六个月之内知明，酌量更改。若两国彼此均未声明更改，则条款税则仍照前办理，复俟十年，再行更改，以后均照此限此式办理。"②中墨《通商条约》第19款规定："此次议定条约，彼此恪守，自互换之日起，至满十年为期，若于款内有欲行变通之处，应俟计至期满之日，先期六个月，彼此备文知照，若未先期知照，仍应照此次议定条约办理。倘欲停止此约，必须预先知照，惟自知照之日起，仍须照行一年。"③迄至清末所订商约，亦作如此规定。如中英《续议通商行船条约》第15款规定，"此次新定税则，日后彼此两国若欲修改，以十年为限，期满须于六个月之内先行知照，酌量更改；若彼此未于期前声明修改，则税课仍照前章完纳，复俟十年，再行修改；以后均照此限办理"。④中美《通商行船续订条约》第17款亦规定："现订之条约须施行十年，换约之日起，直行至下文所载续修改定之日为止。两国又订明，或中国，或美国，在十年期限未满以前，均可请将现约所载之税则及各款修改。倘十年期满之前，尚未照请修改，则由该十年限期已满之日起算，续行十年，以后均照此限办理。"⑤中日《通商行船续约》无专门的修约条款，但其第9款规定，"中、日两国现存各条约及两国约定事项未经因立本条约更改或废除者，仍旧照行不违"。⑥根据这一规定，有关修约规定的

---

① 中葡《和好通商条约》，光绪十三年十月十七日，见王铁崖编：《中外旧约章汇编》第1册，第528页。

② 中日《通商行船条约》，光绪二十二年六月十一日，见王铁崖编：《中外旧约章汇编》第1册，第666页。

③ 中墨《通商条约》，光绪二十五年十一月十二日，见王铁崖编：《中外旧约章汇编》第1册，第937页。

④ 中英《续议通商行船条约》，光绪二十八年八月初四日，见北京大学法律系国际法教研室编：《中外旧约章汇编》第2册，第109页。

⑤ 中美《通商行船续订条约》，光绪二十九年八月十八日，见北京大学法律系国际法教研室编：《中外旧约章汇编》第2册，第188页。

⑥ 中日《通商行船续约》，光绪二十九年八月十八日，见北京大学法律系国际法教研室编：《中外旧约章汇编》第2册，第194页。

中日《通商行船条约》第26款仍然有效。

从以上条款来看，较为普遍的规定，是双方享有同等的修约权，以10年为期，期满之前6个月内先行知照。此外，还有些特殊的规定，如中法《天津条约》第40款规定，“日后大法国皇上若有应行更易章程条款之处，当就互换章程年月，核计满十二年之数，方可与中国再行筹议”。① 该约仍承袭《黄埔条约》，仅规定了法方的修约权，且以12年为期。中比《通商条约》与此相类似，其第46款规定：“日后比国若于现议章程条款内有欲行变通之处，应俟自章程互换之日起至满十年为止，先期六个月备文知照中国如何酌量更改，方可再行筹议。若未曾先期声明，则章程仍照此次议定办理，复俟十年，再行更改。”② 另外，《中俄密约》作为军事同盟条约，在修约年限上与商约不同，其第6款规定：“此约由第四款合同批准举行之日算起照办，以十五年为限，届期六个月以前，由两国再行商办展限。”③ 中英《藏印条款》续款第2款亦规定：“自此次条约议定之日起，于五年后，如查其中有应行变通更改之处，必须于六个月之前声明，以便两国各派员议办。”④

另外，某些专项条约作了特殊的规定，虽亦肯定双方的修约权，但在修约期限和预行知照的时间等方面存在差异。或因某种专项事务，如在华招收华工，未作修约期限的限定，但预先知照的时间却较一般商约更长。如中西《会订古巴华工条款》未规定修约期限，但却要求至少在一年之前预先知照，其第15款规定：“大清国、大日国在此次所立各条内，日后如有愿行删改之意，则应至少于一年之前预行知会，以备日后详商。”⑤ 或因有关规定属

---

① 中法《天津条约》，咸丰八年五月十七日，见王铁崖编：《中外旧约章汇编》第1册，第112页。

② 中比《通商条约》，同治四年九月十四日，见王铁崖编：《中外旧约章汇编》第1册，第237页。

③ 中俄《御敌互相援助条约》，光绪二十二年四月二十二日，见王铁崖编：《中外旧约章汇编》第1册，第651页。

④ 中英《藏印条款》，光绪十九年十月二十八日，见王铁崖编：《中外旧约章汇编》第1册，第568页。

⑤ 中西《会订古巴华工条款》，光绪三年十月十三日，见王铁崖编：《中外旧约章汇编》第1册，第356页。

试办性质，修约期限较短，甚至可以不作严格限制，且毋须预先知照。如中英《续议滇缅界、商务条款》第19条规定，“以上通商章程系暂行试办，俟两国察看详细情形，如何去碍获益，可于交换批准条约六年后，或中国愿行修改，或英国愿行修改，均可商议；倘两国俱愿略早修改亦可”。①

总体来看，修约条款存在于两类条约之中，一为商约，包括综合性条约中的通商事务，二为军事同盟条约，以前者为主体，后者只是个案。战争和约如《南京条约》《马关条约》《辛丑条约》等，均无修约规定。作为和约的中英《天津条约》，其修约规定限于通商条款。除少许条约外，这些修约规定系双方的，给予清政府与彼同等的修约权。此类条款，虽符合国际惯例，并给予中国以修约的条约依据，但由于列强的强权政治，清政府并不能享有实际的权益。

五是条约解释问题。这是确定条约权利实施的重要前提，涉及多个层面，其中以何国文字为凭尤反映了条约的内在属性。条约关系建立之初，多规定以对方文字为凭，如中英《天津条约》第50款规定，“遇有文词辩论之处，总以英文作为正义”。② 中法《天津条约》第3款亦规定：“所有议定各款，或有两国文词辩论之处，总以法文做为正义。”③ 仅中俄《天津条约》规定：“今将两国和书用俄罗斯并清、汉字体抄写，专以清文为主。由二国钦差大臣手书花押，钤用印信，换交可也。所议条款俱照中国清文办理。”④ 经过第二次鸦片战争，清政府开始注重以本国文字作为解释条约的依据。如前所述，中德议约时，清政府坚持以本国文字为凭，最后在条约中规定：“现定和约章程，用中国文字并德意志字样合写，两国公同较对无讹。因法国文字系欧罗巴人所通习，是以另备法国字样稿本各一分，倘日后中国与布

---

① 中英《续议滇缅界、商务条款》，光绪二十年正月二十四日，见王铁崖编：《中外旧约章汇编》第1册，第580页。

② 中英《天津条约》，咸丰八年五月十六日，见王铁崖编：《中外旧约章汇编》第1册，第102页。

③ 中法《天津条约》，咸丰八年五月十七日，见王铁崖编：《中外旧约章汇编》第1册，第105页。

④ 中俄《天津条约》，咸丰八年五月初三日，见王铁崖编：《中外旧约章汇编》第1册，第88～89页。

国有辩论之处，即以法文稿本为证，以免舛错而昭公允。”① 随后与其他一些欧洲国家所订条约均肯定两国文字具有同等地位。如 1863 年中荷《天津条约》第 14 款规定，“若遇有文辞辩论之处，各以本国文字为正”，② 未另以第三国文字作为质证。1864 年中西《和好贸易条约》第 51 款，1865 年中比《通商条约》第 8 款，1866 年中意《通商条约》第 50 款，1869 年中奥《通商条约》第 7 款，均作了同样规定。③ 1887 年中秘《通商条约》第 17 款，1887 年中葡《和好通商条约》第 53 款，除上述规定之外，还规定可兼看英文，或以英文解明疑点。1899 年中墨《通商条约》第 18 款，则规定“在本国各用本国文字，如有不符，以英文为主”。④ 1903 年中日《通商行船续约》第 12 款，规定如汉文与日文有参差不符，“均以英文为准”。⑤

在此问题上，除了英、美、法等国之外，清政府基本上取得了平等权利。迄至清末，1903 年中美《通商行船续订条约》第 17 款，仍规定“以英文作为正义”。英、美、法是三个与中国条约关系最为密切的大国，以该三国文字作为解释条约的依据，对中国损害极大。如通商口岸的范围问题，由于解释条约以它们的文字为准，彼坚持甚力，以致“历来为此等问题与各使交涉既毫无效果”。⑥ 其后，在此问题上，清政府一方面注意坚持平等权利，另一方面又注意遵循国际惯例。如以荷兰议订领事条约，外部奏称：“画押约本专用法文，缘汉文、和文彼此均有未谙之处，如有辩论仍须以第三国文字为准。且和与各国所订属地设领专约条文大致相同，有公约之性质，是以概用法文，中国自不必独异。至该约内文字之间业经饬员详慎查核，与所译

---

① 中德《通商条约》，咸丰十一年七月二十八日，见王铁崖编：《中外旧约章汇编》第 1 册，第 165 页。

② 中荷《天津条约》，同治二年八月二十四日，见王铁崖编：《中外旧约章汇编》第 1 册，第 212 页。

③ 见王铁崖编：《中外条约旧章汇编》第 1 册，第 225、231、254、278 页。

④ 见王铁崖编：《中外条约旧章汇编》第 1 册，第 342、529、937 页。

⑤ 见北京大学法律系国际法教研室编：《中外条约旧章汇编》第 2 册，第 194 页。

⑥ 《鄂督瑞澂咨外部美孚行在宜昌城内售卖货物与约不符请照复美使饬办文》，宣统三年七月十三日，见王彦威、王亮辑编：《清季外交史料》第 9 册，李育民等点校整理，第 4550 页。

汉文符合。”①

以上所述条约效力要素、条约适用、履约担保、条约修订、条约解释等外观形态，更深刻地反映了晚清中外条约的本质属性。如以强权暴力为基础的效力要素，条约适用强调对中方的约束，单向的履约担保，片面的修约权利，战争和约基本上没有修约规定，条约解释无视中方文字的效力，等等，无不体现了西方列强的霸道和强横，更深刻地诠释了条约内容的不平等性质。即以条约文字而言，一般来说，“不同文的两国所订条约应用何国文字缮成，由它们自己商定”。②然在晚清时期，中国在“商定”过程中的意见却得不到尊重，鸦片战争之时，英国外相巴麦尊即要求懿律和义律，“坚持英文的表达方式，而且为了防止将来产生任何疑问，关于正式解释条约可能引起的所有问题必须以英文本为准”。③英、美等强国强行将其本国文字作为“正义”，无视中国的愿望和要求。另外，与其内容的某些非主体属性相适应，晚清中外条约又采行了双方对等，符合国际惯例的规范。如修约规定逐渐完善并趋向规范化，同等修约权的普遍化，除少数国家外，中文获得同等效力，等等。甚至，根据中方的意愿，对条约实施在空间方面作了限制。综观上述名称、缔结程序、效力和施行等方面的条约外观形态，它们无疑呈现了良莠混杂的畸形状态，尤其是揭示了晚清中外条约关系以不平等为主体的内涵属性，这正是传统国际法时代的明显弊端。

三、条约内容的类别区分

除了从个体把握条约的主要外在形态之外，还需从总体上了解晚清中外条约的概貌，对其类别作一梳理。类别是其结构形式的体现，反映了中外条约关系的整体构成，由此在相当程度上揭示了它的内容实质。根据不同视角或标准，对晚清中外条约可作各种分类，兹先按照其事项的不同，即具体内容的不同类别作一考察。从其类别分布及其比重所呈现的状况，可更深入地

① 《外部奏中和领约以法文为主片》，宣统三年四月初三日，见王彦威、王亮辑编：《清季外交史料》第9册，李育民等点校整理，第4484页。

② 崔书琴：《国际法》上册，商务印书馆1947年版，第213页。

③ 《巴麦尊子爵致女王陛下驻华的两位全权大臣、尊敬的海军少将懿律和皇家海军上校义律函》，1840年2月20日，见《英国档案有关鸦片战争的资料选译》下册，胡滨译，中华书局1993年版，第536页。

认识其内容的本质特征，以及了解中外关系的大体形貌。

晚清是中外条约关系建立的初始阶段，各类条约尚不完备，兹就该时期的条约内容，分为政治、社会经济、文化几大类别。严格地说，晚清时期的主体条约没有单一的类别，多是各类内容混在一起。从世界缔约史来看，“在一个条约中，条约国可以成立种种的条约关系”，“条约的规定是可以分离的”。① 也就是说，同一个条约可以规定不同事项的内容，以政治为主体的条约中有经济方面的内容，而商务条约中又有政治方面的条款。晚清时期的中外条约尤为显著，不仅体现了该时期中外条约关系的复杂性及其他特征，而且尤其反映了列强攫取条约特权的强权性质。另外，尽管一个条约可以规定不同事项，但就条约本身而言，每一单个条约均有其主体性质，可据此大体上对其予以分类。

政治类条约，按照国际法学者的分类，包括非战公约、媾和条约、同盟条约、友好条约、供给条约、保证条约、互不侵犯条约、公断条约、保护条约、暂时中立条约、中立地条约、领土割让条约、领土交换条约、领土买卖条约、租借地条约、永占条约、划定势力范围条约、国际地役条约、划界条约、设领条约、领事裁判权条约、法权条约、判决执行条约、引渡条约、诉讼求助条约、居住游历条约、兵役条约等 27 类。② 或认为，政治条约包括同盟，保证或安全，仲裁、和解与司法解决，不侵略及侵略定义，友好、合作、谅解、中立，和约等类别。③ 就这些范围而言，晚清时期的政治类条约，可归纳为六大类，即国际公约、战争暨同盟条约、外交关系条约（包括友好、设领）、边界及领土条约、司法条约、外国人法律地位暨待遇条约等。这六大类别，或有专约，或体现在综合条约之中，兹分别论述。

战争暨军事条约，内容较广，晚清时期主要有停战协定、媾和条约以及军事同盟条约等类别。媾和条约和停战协定都是结束或暂停战争的书面文件。停战协定并非媾和条约，不是结束战争的条约，系“战争行动根据协

① 王铁崖：《战争与领事裁判权条约》，1944 年，见邓正来编：《王铁崖文选》，中国政法大学出版社 2003 年版，第 547 页。

② 吴昆吾：《条约论》，商务印书馆 1931 年版，第 96～115 页。

③ 崔书琴：《国际法》上册，第 233 页。

议暂时停止”。停战协定分为全面和局部两种，全面停战是“停止各交战国各处的战争行动”，“表现为战争终止的前兆”；局部停战则“只是在各交战方某些部队之间，以及在有限的范围内停止战争行动”。停战协定具有军事和政治的双重意义，“按其规定来说它是军事性的，而按其目的来说则是政治性的”。[①]晚清时期的停战协定，主要有1885年中法《停战条件》及1895年中日《停战条款》。前者是在中国处于有利条件下订立的，后者则是在清政府因军事溃败而乞求和谈的情况下签订的。这两种相反情况下订立的停战协定，正反映了清政府的软弱地位。

媾和条约，是指为结束战争而签订的条约，此类条约揭开了新的中外关系，在整个晚清条约关系中具有最重要的地位。晚清时期的第一个条约，即中英《南京条约》，便是结束鸦片战争而缔结的第一个媾和条约。此外还有第二次鸦片战争两个阶段分别订立的中英、中法《天津条约》暨《北京条约》，结束中法战争订立的中法《越南条款》，甲午战争之后订立的中日《马关条约》，以及八国联军侵华之役后订立的《辛丑条约》。众所周知，除中法《越南条款》[②]，这些条约基本上是因清政府战败而与各国所订，系城下之盟。例如，中英《南京条约》签订之前，“在十四日，英军下了攻击令，就在那天，南京城垣上挂了白旗，在十七日，英国所提的条件就在原则上获得承认”。如马士所说，该约“系在英舰队的炮口和英军即将攻取南京的威胁下强加于中国的”。再如，中英《天津条约》签订之前，额尔金提出了“最具有威胁性形式的最后通牒”。中方也指出，条约虽被称为和平友好条约，“实则恃兵威要挟而成，举凡于英国有利而于中国大有损害之处，中国交涉人员均不容置辩”。额尔金在坦承用暴力强迫订立《天津条约》的同时，居然又声称“在这一切上，我是中国的朋友”。[③]

晚清时期的媾和条约，虽然不多，但却是构建晚清时期中外条约关系

---

① ［法］夏尔·卢梭：《武装冲突法》，张凝、辜勤华等译，中国对外翻译出版公司1987年版，第139～140页。

② 中法战争，中国是不败而败，因此不能认为中法《越南条款》是在中国战败的情况下签订的。

③ ［美］马士：《中华帝国对外关系史》第1卷，张汇文等译，商务印书馆1963年版，第335、337页，第602页注3。

的关键元素。正是这些条约，奠立了整个不平等条约体系的基础，不仅开辟了建立这一体系的途径，而且由此使列强获得了攫取在华特权的法律保障。《南京条约》签订后，英国乘战胜之威，又迫使清政府订立了相关附约，获得了各种更为具体的特权。正是通过暴力或以此为基础的恐吓手段，英国与其他各国一次又一次地将不平等条约强加给中国，为本国的工商业打开“出路”。① 在英国的带动下，其他西方列强莫不纷纷效尤，以同样的手段来达到同样的目的。紧随英国之后，美国专使顾盛率军舰来华，以武力相威胁，迫使清政府订约。法国和其他列强也无不如法炮制，勒订条约。战争成了列强的“撒手锏”，如中国拒绝订约，“势必先使中国人民遭受战争的一切灾难”，并要“把它看作中国招引并盼望与其他西方国家战争的证据”。② 这样，在英国作出令列强们信服的示范之后，中国订约史上便充满了暴力和恐吓。此后，正是通过战争手段，列强迫使中国接受一系列不平等条约。

这些媾和条约，其内容不仅仅是结束战争，更重要的是攫取在华条约特权。因此，诸如此类的媾和条约，并非只是解决战争本身的问题，还涉及战争之外的种种事项。可将这类条约分为两大类别。一是确立战后关系的基本原则，再订以相关条约具体规定在华条约特权。如中英《南京条约》、中日《马关条约》、中国与 11 国订立的《辛丑条约》等，一般来说，此类条约属典型的媾和条约，规定了双方的基本关系，在此基础上又另订立具体的商约。如《南京条约》订立后，中英又订立了《通商章程善后条约：海关税则》《五口通商附粘善后条款》等。《马关条约》订立后，中日又根据该约订立了《通商行船条约》。《辛丑条约》订立后，清政府又同英、美、日等国商订通商行船续约。二是确立战后关系的基本原则，同时又规定了具体的条约特权，如中英、中法《天津条约》。该两约是在第二次鸦片战争第一阶段结束后订立的媾和条约，其内容既有结束战争的条款，又包括英、法等国所要求的新特权，涉及具体的经济贸易问题。媾和条约均属不平等条约，其中

① ［英］伯尔考维茨：《中国通与英国外交部》，江载华、陈衍译，商务印书馆 1959 年版，第 3 页。

② ［美］马士：《中华帝国对外关系史》第 1 卷，张汇文等译，第 365 页。

《马关条约》废弃了《修好条规》，改变了中日间的平等关系。在上述两大类别的条约中，还包含了领土割让的条款内容。如中英《南京条约》和《北京条约》分别将香港、九龙司割让给英国，《马关条约》将台湾、澎湖列岛、辽东半岛等割给日本。

以上所述，是媾和条约的主体部分，此外还有与之相关的附属条约。例如，1846 年中英《英军退还舟山条约》，1858 年中法《和约章程补遗》，1895 年中日《辽南条约》，等等。具军事性质的条约还有 1885 年中日《天津会议专条》、1905 年中德《胶高撤兵善后条款》，以及 1908 年清政府与各国所订《改订枪弹进口新章》，等等。其中，《辽南条约》是在俄、法、德三国干涉之后，日本将辽东半岛退还给中国而订立的条约，是对《马关条约》的特殊修订，亦可视为它的附属条约。另外，某些条约又具商约性质，如《改订枪弹进口新章》系驻北京各国外交团提出的，“作为修改一九〇二年八月二十九日的‘续修增改各国通商进口税则善后章程’第三款的规定”。①

外交关系条约，主要包括中外之间建立交往关系所订条约和设领条约。鸦片战争之后，中外之间订立条约，建立了一种新的关系，虽不是完整意义上的近代外交关系，但却有别于传统对外关系，可称为初始的外交关系。第二次鸦片战争之后，在前述基础上建立了较为完整的外交关系。此类条约是中国与各国新关系的开端，具有重要意义，可纳入外交关系条约。晚清时期，这类条约名称各异，可分为媾和条约和非媾和条约两类。某些媾和条约如《南京条约》《天津条约》等，具有建立外交关系的性质，前已论及，这里不赘。其他非媾和性质的外交关系条约，大体上可分为两类。一是确立两国外交关系的基本原则的条约，又另订商约具体规定两国通商关系。如 1858 年中美和中俄《天津条约》、1861 年中德《通商条约》、1863 年中丹《天津条约》、1865 年中比《通商条约》、1866 年中意《通商条约》、1869 年中奥《通商条约》、1871 年中日《修好条规》，等等。此类条约中，除中日《修好条规》之外，均属不平等条约。二是将建交与通商融为一体，在确立两国基本外交关系的同时，又对两国通商关系作了具体规定的条约。例

① 《改订枪弹进口新章》附注，光绪三十四年五月二十四日，见北京大学法律系国际法教研室编：《中外旧约章汇编》第 2 册，第 514 页。

如，1844 年中美《望厦条约》和中法《黄埔条约》、1863 年中荷《天津条约》、1864 年中西《和好贸易条约》、1874 年中秘《通商条约》、1881 年中巴《和好通商条约》、1887 年中葡《和好通商条约》、1898 年中刚《天津专章》、1899 年中墨《通商条约》，等等。

上述这些条约规定了条约当事国的外交关系。另外，某些条约涉及外交往来和礼仪方面的规定，亦属于这一类别。第一次鸦片战争后订立的条约，建立的只是简单的和单方面的外交关系，有关中外往来的规定，是有来无往。即条约中仅有对方在中国通商口岸设领，而无中国在对方设领的规定。第二次鸦片战争之后订立的条约，则规定了相互往来的外交关系，即可互派公使。设领一般规定于建交条约中，此外还可通过通商条约和换文达成设领协议，如 1886 年、1887 年中法《越南边界通商章程》和《续议商务专条来往照会》。设领专约仅有 1911 年中荷《荷兰领地殖民地领事条约》。中荷两国在“通商行船条约之外特订专约，确定在和兰国领地、殖民地中国领事官之权利、义务、职权、特权、特典及豁免利益”。① 此约的订立，颇费周折，反映了清政府对外观念的变化。鉴于荷兰东印度属地华商众多，“非亟设领事不足以资保护”，自 1891 年以来，清政府迭经向荷政府提商设领，为其“坚拒”。至 1908 年，“和虽不复峻拒，然仍任意推延”，“迄宣统元年夏彼始允许订约”。由于荷兰的殖民地政策“向主固闭，不许他国在彼设领”，自咸丰五年（1856 年）后方针虽改，“然仍非明定领事权限不可，故设领必先订约”，各国在其属地设领均须订立专约。经过艰难谈判，“舌敝唇焦”，彼“始允开议订约”。交涉中，中方又坚持，“中和领约若较日和成约条文有差，决难迁就”。彼虽“一再宕延，波折环生，几欲罢议”，然经“屡次抗争”，最终订立专约。“除施行期限与日约不同外，其他条文尚属无异，所定条例皆和兰对于各国领事之普通规则。”但荷方坚持另立附则一条，谓：“施行本约不得以所称和兰臣民之人视为中国臣民，且该附则应归入本约一切办法，与本约均同”。中方“碍难承认”，“始则商将附则删除，继则商加以亦不得以中国臣民视为和兰臣民一句，旋又商加所谓和兰臣民者系各

① 中荷《荷兰领地殖民地领事条约》，宣统三年四月初十日，见北京大学法律系国际法教研室编：《中外旧约章汇编》第 2 册，第 715 页。

人自愿承认”。然荷方均“坚执不允”，中方“诘以附则所载于两国权利不均，大违公法平等之旨”。荷方则谓：“本约为中国在和属设领而订，其事专属一面，本无均平可言。”为此“往复辩论又越半年”，清外务部召回驻荷公使陆征祥，“照请驻京和使来署与该大臣接议，告以附则必欲坚持，只好暂不立约”。荷方才“不复固执”，“允将附则改为公文，可不归入领约”。又以十余次“磋议”，双方才达成协议，备文互换。中方同意，“生长和属之人遇有国籍纷争，在彼属地可照和律解决”。荷方承诺，“该项人民回至中国，如归中国籍亦无不可”。荷属设领，系积年悬案，屡议屡搁，垂二十年。此次重提前议，交涉一年余始开议，旋因附则一条致生枝节，彼此磋磨历经两年。其症结在于彼此国籍法不同，“近世各国国籍法多偏重出生地主义，生长其地之人大率隶属其籍，而我国新定之国籍法则采用血脉主义，根本解释迥不相同。和国之欲加附则者以此，我国之坚持删去亦以此”。中方考虑，英、美在所属新加坡、小吕宋等处，“其律法主义与和国相等，实先和律而行，则此种办法非自和国为始”。但又担心“回国侨民沿用外籍诚多流弊”，于是“定明和属人民回至中国可归华籍，籍资补救，其非出生于和属之侨民仍可认为华籍，与我国国籍法亦不致相背”。①

司法类条约，又可分为四类。其一，限制中国司法主权的领事裁判权条约。领事裁判权是列强在华攫取的不平等条约特权，一般未立专约，而是规定于两国关系的相关条约之中。或规定于通商条约，或规定于媾和条约，或规定于建交条约中。此类条款始于中英《虎门条约》（即中英《五口通商附粘善后条款》），其后与中国建立条约关系的国家，均订有此类条款。这些条款，基本上属于单方面给予对方特权的片面条款，但也存在某些例外。一是相互平等的领事裁判权条款，如中日《修好条规》。二是地域性单方面领事裁判权条款，如《藏尼条约》规定尼泊尔在西藏享有此特权。三是1898年中刚《天津专章》，刚果在中国获得领事裁判权等特权。该国号称“自由邦”，实际上并非一个主权独立的国家，而是比利时殖民地的一种特

① 《外部奏中和领约磋议已定请派大员画押折》，宣统三年四月初三日，见王彦威、王亮辑编：《清季外交史料》第9册，李育民等点校整理，第4482～4483页。

殊形式。①

其二，在相互协商基础上订立的公断条约。所谓公断条约，即国际仲裁条约，是指缔约双方订立条约，同意将两国之间的争端交与国际裁判机构仲裁。1908 年中美《公断条约》，系近代中国第一个公断条约。该约规定："两立约国遇有争端，关于法律意义或条约解释，为外交法不能议结者，应付西历一千八百九十九年七月二十九号公约设立之海牙常川公断院判结，惟须无碍彼此国脉所系之利权、或自主权、或名誉，又不干涉第三国利权者，方可照办。"② 该约在操作上虽有诸多难行之处，但仍有着重要意义。如外务部奏称："美国与我国睦谊素敦，前既首先邀我议订此约，兹卒克底于成，将来如与他国订立，亦可援引办理。"③《美国国际法杂志》当时发表了编辑部评论文章，谓："美国不仅维持了中国领土完整及商业机会均等的原则，而且还与中国缔结了一项公断条约，从而承认了中国的平等地位，并且答应给予中国与其他国家同等的待遇。"尽管有理由将与"治外法权"的权利及特权相关的争端排除在公断实施范围之外，"但实际上，在《中美公断条约》中，并没有专门把这些权利及特权排除在外，中国是被当作国际大家庭中的平等一员来对待的"。④ 翌年，中国与巴西订立了内容相似的《公断条约》。

其三，司法互助条约。一般是在相关条约中订立互助条款，如 1843 年中英《五口通商附粘善后条款》、1898 年中英《续议滇缅界、商务条款》、

① 该国的成立，是列强瓜分非洲的结果。在 1884—1885 年的柏林会议上，列强承认刚果自由邦，并指定比利时国王利奥波德二世为自由邦的元首，随后比国政府通过决议予以批准。从法律地位而言，此时的刚果自由邦只是利奥波德的私人财产，到 1908 年它由比利时"接管"，正式成为比利时的殖民地。见［法］罗贝尔·科纳万：《刚果（金）历史》上册，史陵山译，商务印书馆 1974 年版，第 211～215 页。

② 中美《公断条约》，光绪三十四年九月十四日，见北京大学法律系国际法教研室编：《中外旧约章汇编》第 2 册，第 539 页。

③ 《外部奏中美订立公断专约请派员画押折》，光绪三十四年八月十六日，见王彦威、王亮辑编：《清季外交史料》，李育民等点校整理，第 8 册，第 3843 页。

④ Editorial Comment, "Arbitration Treaty with China", *The American Journal of International Law,* Vol.3, No.1, Jan.,1909, pp.166-168. 转引自尹新华：《晚清中国与国际公约》，湖南人民出版社 2011 年版，第 174～175 页。

1899 年中朝《通商条约：海关税则》等条约，[①] 均作了此类规定。或者双方商定专门章程，如 1896 年中法《边界会巡章程》，1909 年中法《中越交界禁匪章程》。其中后者系单方面性质的章程，实际上是清政府要求法方查禁革命党人。[②] 这些章程根据相关条约，制定了处理办法。

其四，结案条约。因处理涉外案件而与相关国家订立的条约，如中英 1876 年为处理“马嘉理案”而签订的《烟台条约》。该约本专为处理“滇案”而签订，但英方乘机勒索新的特权，内容超过该案范围，涉及外交往来、领事裁判权以及通商事务等方面。

领土及边界条约，指涉及领土及领土主权的相关条约，可分为两类。一是限制中国领土主权的租界、租借地、势力范围、使馆区等有关约款。其中租界条约，最初没有专约，是在相关建交条约和商约之中立有租地建屋的条款。然后各地方官与外国领事订有租地章程，如中法《天津紫竹林法国租地条款》、各国《上海洋泾浜北首租界章程》、中美《上海新定虹口租界章程》、中俄《汉口俄租界地条约》、中日《苏州日本租界章程》。[③] 至于外国管理租界的条约依据，仅中日《公立文凭》对此作了规定，其他各国多是援用最惠国条款而享有这一特权。对租借地和势力范围，均订有专约。租借地条约，如中德《胶澳租界条约》、中俄《旅大租地条约》、中法《滇越路及广州湾等事来往照会》、中英《展拓香港界址专条》和《订租威海卫专条》。[④] 势力范围专约，一般是由清政府通过照会向某国承诺不割让某地给其他国家。

二是边界条约，主要涉及边界的划分。中俄间的此类条约最多，其他还有中国因与法、英、日等国的殖民地接壤而订立的边界条约。中俄间如咸丰时期订立的《瑷珲城和约》《北京续增条约》《勘分东界约记》，同治时期订立的《勘分西北界约记》《科布多界约》《乌里雅苏台界约》《塔尔巴哈台界约》，光绪时期订立《伊犁界约》《喀什噶尔界约》《科塔界约》《科布多

① 王铁崖编：《中外旧约章汇编》第 1 册，第 36、579～580、911 页。

② 王铁崖编：《中外旧约章汇编》第 2 册，第 558 页。

③ 王铁崖编：《中外旧约章汇编》第 1 册，第 158、291、562、648、691 页。

④ 王铁崖编：《中外旧约章汇编》第 1 册，第 738、741、744、769、782 页。

新界牌博记》《塔尔巴哈台北段牌博记》《塔尔巴哈台西南界约》《续勘喀什噶尔界约》《珲春东界约》《收回巴尔鲁克山文约》《勘修塔城中俄交界处所牌博文据》，以及宣统时期订立的《满洲里界约》，等等。中法之间的边界条约主要是光绪时期订立的《桂越边界勘界节录》《勘界办法节录》《滇越边界勘界节录》《粤越边界勘界节录》《续议界务专条》《广东越南第一图界约》《广东越南第二图界约》《桂越界约》《续议界务专条附章》《滇越界约》《会勘移立越南界碑事记》，等等。中英边界条约亦主要是在光绪时期订立的，如《续议滇缅界、商务条款》《续议缅甸条约附款》《滇缅边界北段第一段勘定界线累石清单》《滇缅边界北段第三段勘定界线累石清单》等。中日边界条约主要有宣统元年（1909 年）订立的中日《图们江中韩界务条款》等。① 这些边界条约可分为三类，即划界、勘界、立界条约。其中立界属技术性的树立界碑等，而划界和勘界，则涉及领土疆界的划分。通过这些边界条约，中国的广大领土被各国所割占，其中尤以俄国为著。除此之外，因边界划分产生的边民归属问题，亦通过订约作出规定，如 1884 年中俄《塔城哈萨克归附条约》、1894 年中俄《收山未尽事宜续立文约》。此类边界条约形式上经过双方谈判交涉，与结束战争的媾和条约不同，但其中有些却是在列强施以武力恐吓，或乘人之危进行要挟的情况下订立的，其性质与强行割占类似，如《瑷珲城和约》。

行政主权方面，主要涉及海关行政，除了一些综合类条约对此作了基本规定之外，另还有其他相关条约。如 1898 年中英《英人担任海关总税务司照会》，系总理衙门与英国公使之间的照会。英国要求“海关总税务司将来仍照以前办法，应由英人担任，对于英国商务利益关系极大也”，总理衙门表示同意。② 1907 年中日《会订大连海关试办章程》、中俄《北满洲税关章程》、中俄《北满洲税关章程第二条末段讲解照会》，1899 中德《青岛设关征税办法》，等等，均涉及海关行政主权。

经济和社会类条约，按照国际法学者的分类，除了相关的国际公约和国

---

① 见王铁崖编：《中外旧约章汇编》第 1 册，《中外旧约章汇编》第 2 册，相关条约。

② 中英《英人担任海关总税务司照会》，光绪二十四年正月二十日、二十三日，见王铁崖编：《中外旧约章汇编》第 1 册，第 732 页。

际联合会盟约之外，还包括：通商条约（低率关税制和高率关税制）、渔业条约、万国博览会公约、航行公约（航海条约、内河行船条约）、汽车公约、文书交换公约、防止葡萄虫公约、保护劳工条约、求助外人公约、军火及酒精输入非洲公约、检查军火及战用品贸易公约、鸦片吗啡高根公约、禁止淫亵出版物公约、防止漏税专约等 14 类。① 或认为，经济类条约包括通商、航海、关税等，金融货币，保护特许、专卖、版权与商标，邮政、航海、航空、电政、铁路、运输等，农业及其他实业的各种条约。社会类条约包括劳工，卫生，贩卖妇孺与奴隶，禁止贩酒，禁烟，禁止淫刊等各种条约。② 晚清时期的经济和社会类条约，前者主要有综合类商约、关税条约、内河行船条约、鸦片条约、邮政条约、操作规程等类别，后者主要有劳工条约和禁烟条约。

其中，综合类商约占有主导地位，不仅几乎每个国家均订有此类条约，而且其内容亦较为全面广泛。例如，中英之间有 1843 年《五口通商附粘善后条款》《五口通商章程：海关税则》，1858 年《通商章程善后条约：海关税则》，1885 年《烟台条约续增专条》，1890 年《新订烟台条约续增专条》，1902 年《续议通商行船条约》，1908 年《修订藏印通商章程》；中法之间有 1844 年《五口贸易章程：海关税则》，1858 年《通商章程善后条约：海关税则》，1886 年《越南边界通商章程》，1887 年《续议商务专条》，1895 年《续议商务专条附章》，1897 年《商务专条及铁路合同等事照会》；中美之间有 1844 年《五口贸易章程：海关税则》，1858 年《通商章程善后条约：海关税则》，1903 年《通商行船续订条约》；中俄之间有 1851 年《伊犁塔尔巴哈台通商章程》，1859 年《黑龙江通商条规》，1862 年《陆路通商章程：续增税则》《陆路章程详细办法》，1869 年《改订陆路通商章程》，1881 年《改订陆路通商章程》，1883 年《议定俄属商人贸易地址条约》，1910 年《松花江行船章程》，等等；中日之间有：1871 年《通商章程：海关税则》，1896 年《通商行船条约》，1903 年《通商行船续约》，等等；中德之间有 1861 年《通商条约》《通商章程善后条约：海关税则》，1880 年《续修条约》《续修条

① 吴昆吾：《条约论》，第 138～144 页。

② 崔书琴：《国际法》上册，第 233 页。

约善后章程》。与其他国家所订商约，如 1847 年中瑞挪《通商章程：海关税则》，中瑞典 1908 年《通商条约》和 1909 年《增加条款》，1874 年中秘《通商条约》，1909 年中秘《中秘条约证明书》，1899 年中墨《通商条约》，1869 年中奥《通商条约》《通商章程：海关税则》，1865 年中比《通商条约》和《通商章程：海关税则》，1866 年中意《通商条约》和《通商章程：海关税则》，1863 年中丹《通商章程：海关税则》，1864 年中西《和好贸易条约》，1881 年中巴《和好通商条约》，等等。这些条约，对通商的具体内容，包括权利义务及缉私等，均作了规定。

经济类条约中的其他类别，多系某具体事项。如关税条约中，除了综合类商约中所含《海关税则》之外，还有涉及某些具体事项的相关条约。如 1843 年中英《过境税声明》、1865 年中法《更定法国商船完纳船钞章程》，等等。内河行船条约，除了综合类商约中规定内河航行的条款之外，还有专约，如 1910 年中俄《松花江行船章程》。鸦片条约，包括禁止贸易与允许贸易两类。前者如 1880 年中美《续约附款》，其第 2 款规定，“中国与美国彼此商定，中国商民不准贩运洋药入美国通商口岸，美国商民亦不准贩运洋药入中国通商口岸，并由此口运往彼口，亦不准作一切买卖洋药之贸易”。① 后者如 1886 年中英《香港鸦片贸易协定》，该约允许香港从事鸦片贸易，并规定了相关办法。② 邮政类如 1910 年中法《互寄邮件暂行章程》。操作规程类条约，指某项权益或某项章程的具体实施细则，如 1864 年中俄《陆路俄商三联单章程》、1886 年中西《吨数章程》、1906 年中俄《俄商借道伊塔运茶出口章程》，等等。此外，还有其他各种具体事项，如中美 1858 年《赔偿美商民损失专约》，中德 1868 年《漏报捏报罚办声明》、1881 年《德商船厂修船免税新章》，等等。

关于社会类条约中的劳工条约及条款，除综合类条约如中英、中法《北京条约》中订有相关条款之外，还有不少专约。如 1873 年中西《古巴华工

① 中美《续约附款》，光绪六年十月十五日，见王铁崖编：《中外旧约章汇编》第 1 册，第 380 页。

② 中英《香港鸦片贸易协定》，光绪十二年八月十四日，见王铁崖编：《中外旧约章汇编》第 1 册，第 487～488 页。

条款》、1877 年中西《会订古巴华工条款》、1904 年中英《保工章程》、1911 年中墨《赔偿华侨损失证明书》、1887 年中秘《会议专条》、1909 年中秘《废除苛例证明书》、1901 年中法《招工合同》、1880 年中美《续修条约》和《限禁来美华工保护寓美华人条约》。此外还有禁烟条约，如 1907 年中英《禁烟节录及来往照会》和 1911 年《禁烟条件》。

文化类条约及条款，主要有在华设立学校和传教两类。此两类事项在综合类条约，包括建交和通商条约中均立有条款。专约则主要针对传教事项，基本上是以照会形式补充条约规定的缺漏的，包括两类：一是在内地置地建堂的专约，如 1865 年中法《法国教堂入内地买地照会》，1886 年中法《议定移让北堂在西什库改建合同》，1895 年中法《法国教堂入内地买地来往照会》。二是涉及保教权问题的专约。如 1888 年中德《德国教士护照来往照会》，规定在山东地方，德国传教士“如有禀称受害、索赔等事，均由德国钦差公署照会贵王大臣，方可办理”。山东各处“只有德天主教传教之局，天主教士前往以上言明之处请领护照者，应由德国官发给”“以上指明各处德传教局如有上禀毛病中，无论系该传教堂或德传教人之私事，均由德国官办理。如有他国教士在该处出有申禀各事，则言明其事应归该教士之本国官办理”。[①] 同年中意《义国教士护照来往照会》中，亦有类似规定。该照会商定：陕西、山西、河南、湖北四省，“只有义国天主教传教之人”，“如有禀称受害、请赔等事，均由义国钦差公署照会贵王大臣，方可办理”。上述各处“只有义天主教传教之局，天主教士前往以上言明之处请领护照者，应由义国官发给”“以上指明各处义传教局如有上禀等事，无论系该传教堂或义传教人之私事，均由义国官办理。如有他国教士在该处出有申禀各事，则言明其事应归该教士之本国官办理”。[②]

从内容类别来看，晚清时期中外条约的特点是，范围较广，重在政治、经济。这正是条约关系初始阶段的特点，反映了鸦片战争之后中外关系形成

---

① 中德《德国教士护照来往照会》，光绪十四年十月二十三日、十一月二十日，见王铁崖编：《中外旧约章汇编》第 1 册，第 537～538 页。

② 中意《义国教士护照来往照会》，光绪十四年十月二十三日、十一月二十日，见王铁崖编：《中外旧约章汇编》第 1 册，第 539～540 页。

和发展的规律。在条约关系的整体构架中，结束战争的媾和条约奠立了它赖以存在的基础，这一重要地位正揭示了它的本质特征。此外，政治类条约较多，以及媾和条约成为最基本的元素，反映了列强是用强权手段建立这一关系的。此外，在各项条约中，政治、经济事项混杂，反映了条约关系初始阶段的状态，即较为粗糙，缺乏精细的划分。而经济类条约占有相当比重，又说明列强重在攫取经济权益，且通过政治类条约予以保障。相对而言，社会、文化类条约较少，这一方面说明中外关系及交往的程度及其局限，另一方面又反映了社会观念及文化意识的接合更为艰难。

四、其他分类与“准条约”的各种类别

根据不同的标准，晚清时期的中外条约还可作其他方面的分类，这些分类从另一角度反映了条约关系的概貌及其变化和特点。另外，晚清时期清政府开始加入国际公约，也有各种类别。同时，伴随着条约关系的形成而产生的“准条约”，虽非正式条约，却有着条约的某些性质，亦是这一关系的重要组成部分，其呈现出来的各种类别也反映了它所具有的特征。

条约的分类是国际法学界常用的一种方法，“原不十分重要，但为研究便利，合理的分类也不可少”。① “在国际法理论上，条约有多种不同的分类法”，② 学者们根据不同标准，从不同角度提出了各种分类法。例如，按条约内容分类，或分为“契约性条约”（traité-contrat）和“立法性条约”（traité-loi），或分为政治条约、商务条约、同盟条约、文化协定等。按缔约方的数目分类，可分为双边条约（bilateral treaty）、有限性多边条约（plurilateral treaty）和一般性多边条约（general multilateral treaty）；按缔结条约的程序分类，可分为缔结程序繁复的条约和缔结程序简单的条约。③ 有的学者将条约分为同盟条约、担保和保护条约、中立条约、商务条约等类别。④ 有的学者认为，“最普遍的是按照条约的参加国数把条约分为双边（bilateral）条约、多边（plurilateral）条约和国际公约（general

① 崔书琴：《国际法》上册，第 232 页。

② 周鲠生：《国际法》下册，商务印书馆 1976 年版，第 596 页。

③ 李浩培：《条约法概论》，法律出版社 1987 年版，第 33、35、36 页。

④ ［英］劳特派特修订《奥本海国际法》上卷，第 2 分册，王铁崖、陈体强译，商务印书馆 1972 年版，第 369、372、375、376 页。

multilateral convention）三类”。又从法律性质着眼，“分为造法条约（traités-lois）和契约性条约（traités-contrats）”。或从“效果着眼”，“分为过渡性的（transitory or dispositive）和非过渡性的两类”。[①] 还有的学者将各种方案结合起来，将条约分为国际法渊源之条约、政治性质之条约、保护社会及经济利益之条约、交战国之条约等几大类，并详细列举了各类别的具体分目。[②] 还有一种简单分类，即“从条约之实质而观之”，将条约分为政治与经济两类。[③] 此外有学者提出了更为完整的分类标准，认为“有依缔约国的数目者，有依所负义务的方面者，有依义务轻重的差别者，有依条约的目的者，有依约定事项的性质者，有依时间的久暂者，有依条约的法律性质者”，等等。[④] 各种分类，不一而足。下面即依据这些分类标准，对晚清时期的条约作一综合的多视角剖析。其中“约定事项的性质”，即前面所述条约内容，已从政治、经济、社会、文化等类别作了论述，这里主要剖析其他类别。

按照缔约国的数目，晚清时期的中外条约有各种形式，既有双边条约，又有多边条约，还有普遍性条约，即国际公约。总体来看，晚清时期的中外条约，以双边条约为主体，多系中国与某国所订条约，即如前面所述自第一次鸦片战争至中日甲午战争时期所订的各种条约。这一双边条约为主体的状况，反映了条约关系初期阶段的特点。八国联军侵华之役之后，产生了新的多边条约，即《辛丑条约》。如前所述，这是一种特殊的多边条约，是西方国家集体与中国订立的双边条约。

除了这一特殊多边条约之外，还有普遍性条约，即国际公约。晚清时期中国最先加入的国际公约有：1894 年加入的《国际海关税则出版联盟公约》、1896 年加入的《航海避碰章程》。其后加入国际公约在清末形成高潮，1904 年中国加入的公约有《红十字公约》《和解公断条约》《推广 1864 年日来弗原议行之于水战条约》《禁用入身易爆易涨或易扁之枪弹，此弹硬壳包

---

① 周鲠生：《国际法》下册，商务印书馆 1976 年版，第 596～597 页。

② 吴昆吾：《条约论》，第 93、96、117、150 页。

③ ［日］长岡春一：《外交通义》，钱承鋕译，日本东京译书汇编社光绪二十八年版，第 213 页。

④ 崔书琴：《国际法》上册，第 232 页。

满里核更有中作空槽者声明文件》《禁用升空气球暨同样新器掷放炸弹及易炸之物声明文件》《禁用专放迷闷毒气之弹声明文件》等，1905 年加入《关于医院船公约》，1907 年加入《罗马万国农业会合同》等。1909 年又加入了《和解国际纷争条约》《日来弗红十字约推行于海战条约》《禁止自气球上放掷炮弹及炸裂品声明文件》《限制用兵力催索有契约债务条约》《战争开始条约》《战时海军轰击条约》《陆战时中立国及其人民之权利义务条约》《海战时中立国之权利义务条约》，1911 年加入《各国禁烟公约》（即《海牙国际禁烟公约》），等等。此外，还有曾签署但未批准的《改正红十字条约》和《陆地战例条约》，等等。① 对其中有些公约，中国持有保留条款。

按照缔约国所负义务，条约可以分为平等条约和不平等条约。有的国际法学者则从不同层次作了更细微的分类：一是从承担义务是否片面角度，分为单边条约（unilateral treaty）和双边条约（bilateral treaty），或多边或集体条约（multilateral treaty 或 collective treaty）；二是按照义务轻重的差别，分为平等条约与不平等条约（例如同盟条约中，较强的缔约国负较重或较轻的义务，即为一种不平等条约。中国以前与列强所订的条约，都含不平等条款，所以也被通称为不平等条约）。② 严格地说，这两个层次均系平等或不平等条约，只是程度不同而已。晚清中外条约亦有平等和不平等两类，其中以后者为主体，且存在程度上的差异。例如，最为典型的片面条约《辛丑条约》，中国方面只承担义务，而无权利。如前所述，该约是一个严重的片面条约，其内容均是要求清政府单方面承担各种苛刻的义务，却无相应的权利，彼方则无丝毫义务而享有种种权利，背离对等原则达到了登峰造极的程度。

还有一部分不平等条约，其并非所有条款均损害了中国的主权，而是程度不等地规定了对方的义务。例如，中俄之间订立的军事同盟条约《御敌互相援助条约》（即《中俄密约》），第 1 款规定："日本国如侵占俄国亚洲东方土地，或中国土地，或朝鲜土地，即牵碍此约，应立即照约办理。""如有此事，两国约明，应将所有水、陆各军，届时所能调遣者，尽行派出，互相援助，至军火、粮食，亦尽力互相接济。"第 2 款规定："中、俄两国既经协力

① 参见薛典曾、郭子雄编：《中国参加之国际公约汇编》，商务印书馆 1937 年版。

② 崔书琴：《国际法》上册，第 232～233 页。

御敌，非由两国公商，一国不能独自与敌议立和约。”① 按照这些规定，俄方也承担了“援助”中国以及不能“独自与敌议立和约”的义务。但两国所承担的义务不对等，中国较俄国多，除以上相互的义务之外，俄方还被“允于中国黑龙江、吉林地方接造铁路，以达海参崴”，因此这是一个不平等条约。

按照条约的目的，条约可分为一般条约与特别条约，“前者如通商、航海、保障、割让、中立、与关税同盟等条约是，后者如教廷条约、领事专约、引渡专约、以及各种交通公约”。这种分类不够科学严密，因此有的国际法学者认为，其“未免武断，所以并不足取。”② 但如果从一般的综合类条约与某些特殊事项的专约来看，此种分类与实际相符，晚清时期的中外条约亦存在这一情况。综合类条约，如各种建交条约和通商条约等；各种事项的专约，如有关租借地、势力范围、传教以及领事等方面的条约和换文。

按照时间的久暂，分为一时条约（executory treaty）与永久条约（executed treaty）。一时条约规定的是“规律行为的规则”，或者“某种场合必予履行的义务”，如通商、航海、同盟、保障、引渡，以及各种立法条约。永久条约规定的是“对事物的处置办法”，又名“处分条约”（dispositive treaty），如划界、割让、交换领土和租借地条约。③ 有的西方学者从条约的效果着眼，将条约分为“过渡性的和非过渡性的两类”，认为：前者“旨在建立事物的恒久状态，一次履行条约的效果即告完成”，如承认国家、割让领土等；后者“不以建立事物的恒久状态为目的，而由缔约各方经常承担权利义务，则是必须继续履行的”，如通商条约、同盟条约、和平友好互不侵犯条约等。④ 如果运用这一标准区分条约的不同类别，可以从内容上将晚清时期的中外条约分为“一般规则”和“个别规则”。前者即在中国所属领土上持续实施的规则，包括各种特权制度，如各类建交条约、通商条约和专约中的条款，赋予彼方的领事裁判权、协定片面税则、内行

① 中俄《御敌互相援助条约》，光绪二十二年四月二十二日，见王铁崖编：《中外旧约章汇编》第1册，第650页。

② 崔书琴：《国际法》上册，第233页。

③ 崔书琴：《国际法》上册，第233页。

④ 周鲠生：《国际法》下册，商务印书馆1976年版，第596～597页。

航行规则，等等。后者即某种权益的交割性规定，包括割地、赔款等通过战争或武力威胁所获得的条约权益，中国在战败之后订立的媾和条约中，均订有此类条款。如《南京条约》规定割让香港、赔款2100万元；《马关条约》规定割让台湾和辽东半岛，赔款2亿两白银，后来经“三国干涉还辽”，另增加三千万两，等等。

按照条约的法律性质，可分为契约条约（contractual treaty）和立法条约（legislative treaty）。“契约条约多为少数国家订立含有交易性质的条约，如通商、航海、割让、交换领土的条约是。立法条约规定的是国际行为的规则，如国联盟约、海牙公约、及国际劳工公约是。”[①] 德国国际法学者特里佩尔认为，契约性条约“只是在于解决当前的一个具体问题，而不在于为将来制定共同行为规则”，如割让领土。“一旦领土让渡行为完成，该条约的目的也已完成，从而他认为该条约不能构成当事国双方此后行为的准则，因而该条约不是国际法的渊源”。立法性条约则“有着创立此后相互间必须遵守的行为规则的共同目的，即创立法律的目的”，“这类条约显然构成国际法的渊源”。[②] 如果作此分类，晚清时期的中外条约多系“契约性条约”，规定了相关缔约国的行为规范。此外，清政府参与了不少国际公约，这些公约具有普遍性，可构成“立法性条约”。另有一种意见认为，任何条约，不论是契约性条约还是立法性条约，“都为缔约各方创立法律，即创立国际法规则”，它们只是“各种不同的立法性条约”。不过，“国际法上并无真正的立法”，“在这个意义上，把‘立法性’这个词用在条约上，就似乎不适宜了”。[③]

以上依据不同标准对晚清时期的条约作了分类，通过这些分类，可更深入了解该时期条约关系的状况。其一，平等条约微乎其微，多边条约与国际公约数量不多，体现了早期条约关系的基本趋向与局限。即不平等关系是晚清中外条约关系的主体，且越来越走向严重，而平等关系仅是昙花一现。另外，多边条约的欠缺，以及未普遍参与体现平等自主性质的国际公约，又说

---

① 崔书琴：《国际法》上册，第234页。

② ［德］特里佩尔：《论国际法与国家法》，1899年，见李浩培：《国际法的概念和渊源》，贵州人民出版社1994年版，第66页。

③ 李浩培：《国际法的概念和渊源》，贵州人民出版社1994年版，第67～68页。

明清政府与国际社会结合的程度较低。其二，条约类别混杂，综合类条约较多，政治、经济事项混淆，反映了早期条约关系的一个重要特点，即西方列强不是用纯粹的经济方式处理与中国的经济关系，而是施以暴力，以政治手段保障其在华经济利益。晚清时期的条约关系是不正常的，通商贸易等经济类条约中掺入政治类条款，正反映了这一状况。其三，永久性条约和一时性条约的混杂，以及前者的演变趋势，反映了晚清时期中外条约关系不断恶化的趋向，并揭示了列强与华条约关系的特点。需要指出，赔款、割地之类的条款，是列强强加给中国的，并非具有真正的"永久性"法律性质，这里的"永久性"只是相对于另一类条约而言的。晚清时期，这类条约或条款的发展，反映了条约关系不断趋向恶化的状态。同时，日、俄等国对中国的领土野心和对财富的贪婪索求，亦由此呈现出来。由类别分析总结的上述特点，更进一步揭示了晚清时期中外条约关系的总体性质，即晚清时期，条约关系是以不平等关系为主体的，无论哪种分类，均揭示了这一性质。

晚晴时期中国加入普遍性条约，即国际公约，范围较广，涉及政治军事、经济社会以及文化等各方面。另外，较为侧重于与中国利害攸关的政治、军事事项，尤其是约束战争行为的公约，其他经济、社会、文化类别的公约则不是很多。这一特点，既反映了传统国际法时代国际公约本身的结构，又体现了中国自己最紧迫的诉求与经济文化发展的程度和水平。从国际公约本身的结构来看，国际关系中的冲突和战争，是那个时代的中心问题，因而成为各国关注的重点。而对中国而言，自鸦片战争以来，中国便屡遭战争之害，注重有关战争的公约，无疑是维护自身安全必然的首要选择。19世纪中期以来，国际公约有了很大的发展，"各国互订条约办理国际行政"，为此时期的"重大事件"。[①] 各国订立的国际公约，其内容不仅限制和规范国际冲突和战争，亦有不少涉及文化和经济等领域的行政技术事务。[②] 例如《关于创设邮政总联盟条约》(简称《伯尔尼条约》，后更名为《万国邮政公约》)、《国际电报公约》、《保护海底电线章程》、《关于统一海上撞船、协

① ［英］奥本海：《奥本海国际法——平时》一，岑德彰译，商务印书馆1936年版，第72页。

② 参见尹新华：《晚清中国与国际公约》，湖南人民出版社2011年版。

助、救济办法公约》、《关于铁道运输暨运费公约》、《国际卫生公约》、《禁止使用白磷制造火柴公约》、《保护工业产权公约》、《米制公约》、《保护文学和艺术作品伯尔尼公约》、《关于国际交换公牍及政府所编印之科学暨文学书报公约》、《关于交换政府公报及国会报告书公约》、《关于禁止淫书公约》，等等，清政府均未加入。除了因为其中有些与中国的社会经济文化发展不相契合，或对中国不利之外，其他更反映了清政府尚未完全摆脱传统对外观念，其融入国际社会，或与国际社会的接合程度仍有种种局限。

关于"准条约"，其虽不属于正式条约，但在条约关系中亦具有重要地位。这些"准条约"，数量庞大，主要涉及经济事项，晚清时期的"准条约"可大略分为如下类别。

一是国家借款和地方政府借款合同。前者如1895年总理衙门与汇丰银行所订《汇丰银行一千万两借款合同》和《汇丰银行英金三百万镑借款合同》、1896年总理衙门与英德银行所订《英德借款草合同》和《英德借款详细章程》、1898年总理衙门与英德银行所订《英德续借款合同》、1897年盛宣怀代表清政府与英国呼利詹悟生公司所订《议定借款草约》、1908年邮传部与英国汇丰汇理银行所订《英法汇丰汇理银行借款合同》、1910年清政府与美国四大银行所订《美国借款草合同》，等等。后者如1911年广东地方政府与三国银行所订《广东省七厘银借款合同》、湖北地方政府与各国银行所订《湖北省七厘银借款合同》，等等。

二是铁路借款合同。此类合同最多，如1911年清政府与各国银行订立的《粤汉川汉铁路借款合同》，1909年清政府与德华等银行订立的《湖北湖南两省境内粤汉铁路鄂境川汉铁路借款草合同》，1908年清政府与英国公司订立的《沪杭甬铁路借款合同》《了结京奉路借款拨项合同》，1907年东北地方政府与英国公司订立的《新民府至法库门铁路工程草合同》，1909年东北地方政府与英国公司订立的《锦爱铁路包工草合同》，1897年清政府与比利时公司所订《芦汉铁路借款续增合同》，1898年清政府与比利时公司所订《芦汉铁路比国借款续订详细合同》，1903年清政府与比利时公司所订《汴洛铁路借款合同》，1908年清政府与比利时公司所订《芦保铁路造本利息合同》，1905年清政府与美国公司所订《收回粤汉铁路美国合兴公司售让合同》，1910年清政府与美国四大银行所订《锦爱铁路借款草合同》，等等。

三是电信合同。此类合同亦较多，如1881年中国电报总局与丹麦大北公司所订《中国与外洋彼此收递电报办法合同》，1883年中国电报总局与丹麦大北公司所订《收售上海吴淞旱线合同》、与英国大东公司所订《上海至香港电报办法合同》、与英国大东公司所订《九龙香港陆路接线合同》，1884年中国电报局总办与英国大东公司所订《福州电线合同》，1896年中国电报局与英国大东公司所订《允借川石山南台旱线来往函》，1897年中国电报总局与丹麦大北公司所订《电报合同》，1902年中国电报局总办与英国大东公司所订《北京大沽借线合同》，等等。

四是矿务合同。如1901年清政府与体现俄国利益的东省铁路公司订立的《改定吉林开采煤斤合同》，1902年清政府与东省铁路公司订立的《黑龙江开挖煤斤合同》、与德国礼和洋行所订《江西萍乡煤矿商借礼和洋款合同》、与英法公司所订《云南隆兴公司承办七属矿务章程》，1898年清政府与英国汇丰银行所订《南票矿务合同》，1908年清政府与德国公司所订《井陉煤矿合同》，等等。

此外还有订购武器、军需等的合同，如1911年清政府与美国公司所订《某种海军建筑合同》、与日本公司所订《兵器代金支付延期契约》等。

这些类别，在某种意义上反映了“准条约”的基本属性和特征，说明了它是条约关系的重要补充形式，主要体现为以下几点：其一，对列强攫取在华特权而言，“准条约”补充了正式条约的不足。例如，在华兴办电信事业，在中外条约中没有规定，它并非正式的条约权利。早在19世纪60年代，各国即要求在华兴办电信事业，1863年，英驻华公使卜鲁斯提出设立电线，1864年，英驻上海领事巴夏礼再次提出要求。清政府以“凡条约所未载之事，即为不准行之事”为由，予以拒绝。①其二，“准条约”的内容主要限于经济范畴，尤以路、矿和电信为著，反映了自由资本主义转向垄断资本主义之后，列强对华经济侵略政策的变化。“资本输出”是帝国主义的特点之一，“对自由竞争占完全统治地位的旧资本主义来说，典型的是商品输出。对垄

① 交通部铁道部交通史编纂委员会编：《交通史·电政编》第3集，第5章，交通部总务司1936年版，第1页。

断占统治地位的最新资本主义来说，典型的则是资本输出”。与商品输出不同的资本输出，“具有特别重要的意义”，或者说“具有突出意义”。① 在这一新的时期，列强对华经济侵略的重要特点，是由商品输出转向资本输出。除了《马关条约》攫取的在华设厂的特权之外，列强尤注重路矿权益，这些具有“资本输出”特色的“准条约”正反映了这一变化。其三，“准条约”所涉事项，应由国内法进行规范、调整，其涉外内容亦属国际私法范畴，与“硬法”性质的公法不同。这一特征，一方面说明其在条约关系中居于次要地位，另一方面又使这些“准条约”的修废较正式条约容易些。清末“收回利权”运动中，清政府废弃了一部分路矿合同，通过经济补偿收回了相关权益，正说明了这一点。

晚清中外条约关系是不同于传统的新关系，不仅内容迥然不同，其形式亦别开生面。作为内容的存在方式，晚清时期中外条约的外在基本形态是服务于内容的，从另一视角展示了内容的基本性质和内在属性。同时，这一外在的基本形态还呈现了晚清中外关系的各种面相，反映了这一关系的实质和演变。在某种意义上，形式与内容同样重要，如黑格尔所说，“事实上，两者都同等重要，因为没有无形式的内容，正如没有无形式的质料一样”。内容之所以成为内容，“是由于它包括有成熟的形式在内”，正当的形式与内容并非不相干，“反倒可以说这种形式即内容本身”。② 显然，探讨中外条约的外观基本形态，对于全面了解这一新的中外关系，深入认识其内容的性质内涵及其根本特征，是不可或缺的一个环节。再者，晚清开始全面建立中外条约关系，其外在形式体现了这一关系初期的种种特征，且具示范和引领意义。

如同内容的双重性一样，条约的形式也具有两种不同的性质。一方面，在所谓“法律”名义之下，形式规范建构了西方列强对中国行使“准统治权”的“合法”体系。从各个层面来看，这些形式规范是西方列强用强暴手段攫取中国权益的法律形态。各种条约名称为这一保障提供了一个外壳，又通过各种程序和相互联系的基本要素，构筑了保障其各种在华特权利的外在

① ［苏联］列宁：《帝国主义是资本主义的最高阶段》，1916 年，见中共中央马克思恩格斯列宁斯大林著作编译局编译：《列宁全集》第 27 卷，人民出版社 1990 年版，第 376、401 页。

② ［德］黑格尔：《小逻辑》，贺麟译，商务印书馆 1980 年版，第 279 页。

机制。这是一个对彼有利无弊的机制，例如，批准互换条款是双方的，但在强迫成立的条约不影响效力的传统国际法规则之下，中国基本上没有可能运用这一条款否定已签字的条约，而彼则可随心所欲，拒绝或延缓批准对己不利的条约。条约的实施，除了租借地，一般没有时间限定，且特别强调对中方的约束。单方面的履约担保，没有修约规定的战争和约等，为条约特权的攫取提供了切实的保障。条约解释以对方文字为凭，这一语言霸权不仅维护了，而且有助于大大扩展列强的条约特权。对其结构形式，即条约类别的分析，揭示了晚清中外条约关系以媾和条约为基础，以不平等为主体地位的基本内涵，以及列强以政治手段处理对华经济的暴力性质。同时，这一不正常关系不断趋于恶化，各国对华条约关系的差异和特点，尤其是某些国家变本加厉的劣行，均由此显现出来。晚清中外条约关系的外观形式，无不折射了西方列强的强权本质，衬映了这一关系的基本内容损害中国主权的内在属性。

另一方面，这一方式又是新的“文明”的一种体现，给中国引入了国际交往的近代模式。西方列强对中国的侵略，攫取种种权益，采取近代“文明”的方式。通过条约关系的建立，中国在被强迫的情况下，接受了国际法名义下的交往规则，其中亦包含着平等的内容和形式。就形式而言，例如，条约的批准，修约权的设定，条约解释的文字要求，等等，在不少方面条约双方享有同等权利。另外，条约效力不完全是基于强迫的，也有一些是基于相互协商，双方意思一致的。诸如此类，符合国际惯例，是具有积极意义的近代交往方式。也就是说，与条约关系中部分内容的平等性质相适应，在形式上亦有相应的体现。另外，条约关系的形态作为一种法律方式，又体现了国际关系中的法治趋向，这亦是人类社会进入近代的重要特点。

在初始阶段，晚清中外条约关系的基本形态，还反映了这一阶段的种种特点。除了前面分析的两重性质之外，它还体现了事物起始的某些共性特征。尤值得一提的是，就形式而言，条约关系显得杂乱，不够规范完善，但同时又逐渐得以改进。这一状况背后有各种原因，或与清政府的条约观念及其变化有关。如正式条约以“章程”为名者，似源于清政府视对外关系为通商关系的观念，其后随着这一观念的变化和其他原因，条约名称也更趋于规范。其逐渐改进，又反映了清政府自主意识和权利意识的增强，如修约规定的规范化，双方文字在条约解释中的地位逐渐对等，等等，均体现了这一点。再如，范围较广的内容类别，以政治、经济为重，两者混杂；作为补充性质的“准条约”类别，又反映了自由资本主义转向垄断资本主义的时代变化。

总之，中外条约的外在形式或基本形态，是条约关系整体不可或缺的部分，其重要性不言而喻。它不仅从外观上展示了条约关系的内在属性，彰显了它与正常国际关系相抵牾的畸形状态；而且还呈现了中外条约关系初始阶段的特点，折射了清政府的传统意识和条约观念的变化，以及中国融入国际社会，或与国际社会的接合程度及其局限，并反映了列强对华政策的差别及其变化，等等。由此，又在某种程度上反映了整个晚清中外关系的概貌，包括它的变化及其规律。正如黑格尔所说，“形式即内容本身”，两者在某种意义上所具有的同等地位，说明条约的外在形态是全面把握和深刻认识中外条约关系的基本环节，这是该领域研究所不可忽略的。

第六章
中外条约关系的两重属性及其法律性质

作为一种新的中外关系模式和国际秩序，晚清时期建立的中外条约关系，与中国传统体制截然不同，其内容主要是构建权利义务关系，有复杂的特殊属性。一方面，西方列强用暴力将这一关系强加给中国，并攫取各种片面的特权，构建了不平等的法律关系，这是决定中国半殖民地国家地位的基本属性。另一方面，由于西方列强不同于传统的征服者，伴随其强权霸道而来的还有近代文明，而被迫接受这一关系的清政府并非心甘情愿，为维护自己的权益清政府亦作了某种程度的努力和抗争等，又使这一关系具有另一属性，附带着体现中国权益的某些平等条约和平等条款。在这两重属性中，前者体现了列强对中国实施“准统治权”的本质，这是占主导地位的属性，中国由此遭受了列强的约束和奴役；后者体现了近代国际关系中积极的一面，但这是附着于主导属性之下，居于次要地位的属性，虽有利于中国融入近代文明和国际社会，但未能改变条约关系的基本性质。与传统对外关系不同，条约关系是近代国际法的重要制度，又具有国际法律的性质，因此需从国际法的视角深入认识这一关系，从而对其有一完整的把握。

一、不平等权利义务的法律关系

在西方列强看来，新建立的条约关系，是中国与它们“在平等的基础上建立”的“法律、政治和经济关系”。① 实际上恰巧相反，其所构建的不平等的法律关系，完全背离了国际法的主权原则，这是这一新关系中最基本

① ［美］菲利浦·约瑟夫：《列强对华外交》，胡滨译，商务印书馆 1959 年版，第 3 页。

的属性。在这一关系中，中国片面承担了大量国际义务，却不能享有相应的权利；列强则单方面攫取种种特权而不须承担相应的义务。条约关系中这一不平等的主体内容与列强的侵略紧密相连，使中国的领土完整和独立地位受到严重侵害而沦为半殖民地国家，不能享有一个主权国家所应具备的基本权利，在政治、经济、文化等方面受到严重束缚。在晚清，不平等条约是一个具有法律性质的概念，由此构建的法律关系，亦因其内容的差异而可区分为两大类别。

关于如何界定不平等条约及其法律性质，新中国成立前学者们曾展开讨论，提出了不同意见。第一种意见主张两个标准，即违背国际法和片面的，认为："所谓不平等条约者，乃是国际条约之包含有些条文，造成种种法律关系，超越一般国际法所许范围之外，片面的侵害或限制对方缔约国的主权的。中国对外所订的不平等条约，皆可以此标准来判别。""若是那种关系是双方的，那末，虽然超越国际法范围之外，仍然称为平等。""反过来说，国际间的条约，对于一国主权有所限制，如其在国际法所许范围以内，则虽是片面的，亦不视为不平等。"① 还有其他研究者持类似意见。② 第二种意见只赞成片面性这一个标准，认为："'超越国际法范围'一语，其性质及范围，颇难确定，如关税条约，纵属片务的，似不能谓超越国际法范围。"其他如仲裁条约，"虽限制国家之宣战权，似亦不能谓为超越国际法范围"。论者提出，"凡条约只规定片面义务者，即为不平等条约"。③ 另外还有一种意见，主张以是否片面作为标准，但又认为某些承担片面义务的条约不能被称为不平等条约。论者指出，"凡条约中规定缔约国一方享有片面特权与片面义务并非为一般国家所应享有或担负者，即为不平等条约"；同时又提出，媾和条约规定割地赔款，虽然战败国承担片面义务，但不能称之为不平等条

① 周鲠生：《不平等条约十讲》，太平洋书店 1929 年版，第 10～12 页。

② 王纪元：《不平等条约史》，亚细亚书局 1935 年版，第 4 页。

③ 吴昆吾：《不平等条约概论》，商务印书馆 1933 年版，第 1～2 页。相类似的意见认为，"凡条约的订立，为一方单尽义务与一方专享权利，有失国际上互惠互尊的原则和对等对待的地位；甚至权利国藉此条约妨害义务国之主权或侵夺义务国之领土者，此等条约，谓之不平等条约"。见叶祖灏：《废除不平等条约》，独立出版社 1944 年版，第 18 页。

约，因为“割地赔款，一经执行其义务即随之终了”。[①]

某些西方学者认为不平等条约不是法律概念，而是一个含混不清的政治概念，应该说这是一种偏见，其旨在维护传统国际法时代不平等条约的地位。实际上，“自从这一概念提出以来，它就被纳入到国际法的研究范围之内”。[②]国际法鼻祖格劳秀斯便对这一概念作了法律上的探讨，他认为，“建立在作为自然法补充的义务基础上的条约要么是平等的，要么就是不平等的”。“双方都能获得同等利益的就是平等条约”，反之就是不平等条约。不平等条约，“其中一方在尊严上处于劣势”，最好被称作“命令”“指示”，而不是条约。这种不平等性的出现，“可能随着主权的减弱而减弱”。附加在“不平等条约上的责任，有短期的和永久的两种情况”。短期责任，“指的是一定数量金钱的支付，某些防御工事的拆除，国家领土的割让，船只的让与或者人质的提交等情况”。而长期责任“指的是一国向另一国纳贡或臣服”。“在古代和现代历史上，这类条约比比皆是”。不平等条约“不仅存在于征服者和被征服者之间，还存在于强国之间，存在于互不敌对的国家之间”。格劳秀斯将这种不平等条约，即“一方承担的义务多于另一方的条约”，称为“可憎的条约”。[③]

显然，格劳秀斯已经指出了不平等条约的法律性质，即缔约国承担不对等的义务。从这一概念的词源来看，也体现了这一含义。不平等条约的英文表述是“unequal treaty”，源于拉丁文“unda pacta”，意为“一项只有一方为某事或给某物而另一方无相应义务的协议”。在国际法学界这一看法较为普遍，如德国国际法学家普芬道夫认为，“不平等条约是两个缔约国承诺的事情不平等或一方被迫给予另一方的条约”。瓦特尔（Emmerich de Vattel）亦说，“所谓不平等性表现在劣势方的不平等条约，是指那些给劣势方强加更为广泛的义务或更巨大的负担或迫使它接受压迫性的或不能同意的条件的

① 王宠惠：《废除不平等条约之回顾与前瞻》，《经济汇报》第7卷第1、2期（废除不平等条约纪念专号），1943年1月16日。

② 朱文奇、李强主编：《国际条约法》，中国人民大学出版社2008年版，第25页。

③ ［荷］格劳秀斯：《战争与和平法》，何勤华等译，上海人民出版社2005年版，第222～224、234页。

条约，这些条约同时始终是不平等的联盟”。在当代亦有同样的看法，1957年亚非法学家大会给不平等条约所下定义为：“不平等条约是在当事国之间确立极不平等义务的条约”。苏联科学院将不平等条约界定为：“当事国在不平等的基础上缔结的条约，或称‘与狮子合伙的协约’。”①

当今法学界亦有同样的看法，认为，“不平等条约是一类特殊的条约，主要表现它所创设的权利和义务严重失衡”，“是缔约一方违背另一方的意愿而与之缔结的权利义务严重不对等的条约”。②或者说，不平等条约具有种种特征，如当事国“在缔结条约时地位不平等，双方或各方之间没有表达自己真实意图的机会”；其内容，“特别是有关义务的规定完全是弱肉强食的结果，存在极大的片面性，并对一方国家主权造成侵害”；“一般都是通过强迫的方式缔结的，特别是通过使用武力或威胁的方式缔结，不是双方自由真实意思表示的结果”；“不仅违反了国家主权平等原则，而且违反了现代国际法上有关禁止使用武力或威胁的原则”。③或者认为，“至少有两个要素构成不平等条约这个概念的主要特征：一个是不平等条约含有不平等和非互惠性质的内容；另一个是不平等条约是使用武力或武力威胁所强加的”。④

中国近代史学界亦结合历史实际作了探讨，提出了大体相同的看法。或指出，“不平等条约之所以称为不平等，是既由于中国丧失利权，也由于中国被迫签订，而这两点往往是密切相关的”。⑤或认为，不平等条约是不符合“国际法准则”的条约，即有悖“缔约国之间相互尊重主权和领土完整、互不侵犯、互不干涉、互惠互利、和平共处”的条约。⑥或认为，“不平等条约的重要标志，则是有关外国人在华特权（以领事裁判权为核心）的规定”。“不平等条约概念的根本含义在于，如果一个条约被认为是违背了国际法上

---

① 万鄂湘、石磊、杨成铭、邓洪武：《国际条约法》，武汉大学出版1998年版，第304～305页。

② 朱文奇、李强主编：《国际条约法》，中国人民大学出版社2008年版，第25、26页。

③ 万鄂湘、石磊、杨成铭、邓洪武：《国际条约法》，第305～306页。

④ 王铁崖：《中国与国际法：历史和当代》，见邓正来编：《王铁崖文选》，中国政法大学出版社1993年版，第392页。

⑤ 张振鹍：《论不平等条约——兼析〈中外旧约章汇编〉》，《近代史研究》1993年第2期。

⑥ 郭卫东：《不平等条约与近代中国》，高等教育出版社1993年版，第1页。

的国家主权平等原则的不平等条约，那么它是否合法、是否还有法律效力就大有疑问。”① 或提出，“在判定近代史上的不平等条约时，有两个原则可以遵循：一是缔结形式和程序是否平等；二是条约内容是否对等，是否损害了中国的主权”。②

综合国内外国际法学界较为普遍的意见，可以认为，不平等条约指处于不同法律地位的当事国，其中一方违反国家主权平等原则，另一方并非自愿订立的权利义务严重不平衡的条约。在各个要素中，核心要素是条约规定双方的权利义务不对等，其中一方承担了较多的义务，而没有或者较少享有相应的权利。造成这一结果的前提，是缔约双方法律地位的不平等，而这又是源于国家地位的不平等。国家地位的不平等，在近代尤体现为西方列强与贫弱的中国及其他东方国家之间的非正常关系，而不平等条约又因此具有了暴力胁迫的强权政治因素。正是基于此，这一体现为权利义务不平等的法律概念，又具有政治的意蕴。从晚清时期的中国来看，中外条约关系中的不平等，正是以此类法律上和政治上的内涵构建起来的。

新建立的不平等条约关系，可分为两大类别：一是由常规性特权制度，即在中国所属领土上持续实施的行为规则形成的法律关系。二是由交割性的条约权益形成的法律关系，与经常性的行为规则不同，系一次性或总括性的交付行为。区分这两大类别，主要是参考了国际法对条约的分类。关于条约分类，虽存在不同意见，但都有助于我们认识和理解条约关系中的这两种情形。例如，德国国际法学者特里佩尔在1899年发表的《论国际法与国家法》中，将条约分为“契约性条约”和“立法性条约”两类。他认为前者“只是在于解决当前的一个具体问题，而不在于为将来制定共同行为规则”，如割让领土。“一旦领土让渡行为完成，该条约的目的也已完成，从而他认为该条约不能构成当事国双方此后行为的准则，因而该条约不是国际法的渊源”。“立法性条约”则“有着创立此后相互间必须遵守的行为规则的共同

---

① 张建华：《清朝早期（1689—1869年）的条约实践与条约观念》，《学术研究》2004年第10期。

② 侯中军：《近代中国的不平等条约——关于评判标准的讨论》，上海书店出版社2012年版，第52页。

目的，即创立法律的目的”，“这类条约显然构成国际法的渊源”。[①] 另有西方学者从条约的效果着眼，将条约分为“过渡性的和非过渡性的两类”，认为：前者“旨在建立事物的恒久状态，一次履行条约的效果即告完成”，如承认国家、割让领土等；后者“不以建立事物的恒久状态为目的，而由缔约各方经常承担权利义务，则是必须继续履行的”，如通商条约、同盟条约、和平友好互不侵犯条约等。[②] 这些分类虽然有失严谨和确切，为不少学者所反对，但它却是一个“虽不严格但却很用的区分”。[③] 借助这种区分或概念，我们可以了解各种条约的不同性质。如中国学者李浩培提出，就国际法的观点看来，“凡是条约从某种意义上说都是立法性的”，“如果要把条约从内容上加以分类，那么就应区别各种不同的立法性条约，而不是区别立法性条约和其他条约”，主张区分“一般规则和个别规则”的立法性条约。[④]

如果运用上述方法区分条约的不同类别，则可以从内容上将近代中外条约分为“一般规则”和“个别规则”两大类别。前者即在中国所属领土上持续实施的规则，后者与持续实施的“一般规则”不同，属某种权益的交割性规定，即将中国的某种物质财富性的权益交割或交付给对方当事国。这两种规则或制度，形成了相关领域里的两类法律关系，即持续性法律关系和交割性法律关系。其中，作为主体内容的不平等关系，由各种特权所构成，确立了各种严重损害中国主权的规则。在这一关系中，中国承担着不平等的国际义务，而列强通过种种条约特权对中国行使着“准统治权”，即在相当程度上取代了中国的管辖权。

条约中的“一般规则”，即常规性规则所形成的持续性法律关系，包括司法法律、政治、经济、文化等方面。司法法律和政治方面的不平等关系，体现在各个方面，严重损害了中国的主权。

司法法律方面，由于列强获得了领事裁判权，中国不能对获得这一特权的有约国的在华侨民行使属地管辖权。列强公然声称中国不能享有这一属地

① 李浩培：《国际法的概念和渊源》，贵州人民出版社 1994 年版，第 66 页。
② 周鲠生：《国际法》下册，商务印书馆 1976 年版，第 596～597 页
③ ［英］斯塔克：《国际法导论》，赵维田译，法律出版社 1984 年版，第 41 页。
④ 李浩培：《国际法的概念和渊源》，第 339 页。

管辖权。顾盛谓："欧美各国形成了一个国家的家庭，由于文化和宗教的共同性，由于条约以及由于国际法，使它们联结在一起。"按照欧美奉行的国际法，"每一外国人居住或暂留在任何基督教国家内都应服从该国家的法律，倘在该国范围内犯罪被控，应顺从该国地方官的审判。这里，公使或领事不能保护他的国人。当地法律是必须奉行的"。在与伊斯兰国家的交往中，他们采用了一个不同的原则，即"信奉基督教的外国人不受当地官员的管辖，他只服从（这是自然结果）本国政府所派公使或其他官员的管辖"。美国在华侨民，"应当适用"这一"在亚洲回教国家中取得的那种有利于欧美人的规则"，"美国人应享有本国政府官员保护的权利，并服从他们的管辖"。①顾盛将这一"有利于欧美人的规则"视为国际法原则，声言，根据这一"公认"的原则，"美国政府应为美国人民要求在中国的治外法权权利，这不是要中国让与的问题"，而是因为中国没有资格"保持其对国境内外人的管辖权"。②

正是基于这种无视国际法的强权逻辑，列强通过不平等条约将领事裁判权强加给中国，中外之间形成了一种畸形的司法关系。根据条约规定，享有此权的国家的领事或官员，按照本国法律对其本国侨民行使司法管辖权。1843 年 10 月签订的中英《五口通商章程：海关税则》最早对此作了规定："其英人如何科罪，由英国议定章程、法律发给管事官照办。"③随后于 1844 年 7 月订立的中美《望厦条约》，在此基础又加以扩大，并使领事裁判权具有了完整的意义，成为这一特权在中国起源的一个重要环节。第二次鸦片战争之后，列强在华领事裁判权更为巩固，并更加扩大，不仅这一特权本身的内容愈益扩充，而且各国相率效尤，从中国取得这一特权。享有领事裁判权的国家在华设有领事法庭，有的如英美等国还设有法院，以行使这一特权。

在近代，领事裁判权往往与治外法权混用，这给列强扩大其特权范围

---

① "顾盛致福士函"，1844 年 6 月 22 日，见［美］马士、张汇文等译：《中华帝国对外关系史》第 1 卷，商务印书馆 1963 年版，第 369～370 页。

② ［美］威罗贝：《外人在华特权和利益》，王绍坊译，生活 · 读书 · 新知三联书店 1957 年版，第 343 页。

③ 中英《五口通商章程：海关税则》，道光二十三年八月十五日，见王铁崖编：《中外旧约章汇编》第 1 册，生活 · 读书 · 新知三联书店 1957 年版，第 42 页。

提供了便利，使这一特权在实际中又不断扩展。它不仅使违法的外国人不受中国法庭审判，而且“还有某种橡胶似的延展性，不断扩大适用范围”。所以，“不仅是个人享受这一特权，而且他的财产也享受”。① 在华外人提出，治外法权给予他们的权利，比不受中国法律管辖“更多得多”，“它给予外国人一种地位，使他们完全、或者差不多完全在中国管辖权之外，以致中国政府对他们，举使来说，不得征税，不能一定要他们遵守中国的法律”。② 另外，各列强在华享有的领事裁判权，是一种属人的司法管辖权，但实践中列强却将这一属人的特权扩展至属地主义中，在中国的某些地域对中国人实行某种程度的司法管辖。《烟台条约》规定的观审制度即属这一性质，而租界中的会审公廨和东省铁路的公审机关，对属地主义的侵犯则更为典型，更为明显。

在不平等的中外条约关系中，领事裁判权居于中心地位，成为其他条约特权的基础。赫德对此作了详细的分析，谓：“在进行了主张平等和强加条件的首次打击之后，条约关系便开始了。治外法权是包含在一系列条约中的中心思想”。这一特权的原则，“构成每一条约的基础，贯穿于每一条约的条款中”，是“造成一切损害的根源”。从外国立场来看，这一原则“被各条约国视为对华条约中最重要、最有价值”，而且“也是最为根本的一点”。只要列强放弃治外法权，“关系立刻就会改变过来，积怨就会消除，友好善意就会随之而来”，③ 这是“一种无价的特权”，④ 是“最最重要的”，“也是最本质的一项条约中的条款”。⑤ 也就是说，这一特权是列强向中国进行政治、经济、文化侵略，行使其他各种特权的重要保障。丹麦驻华公使欧哀深

---

① ［英］赫德：《义和团，1900》，1900 年 12 月，见［英］赫德：《这些从秦国来——中国问题论集》，叶凤美译，天津古籍出版社 2005 年版，第 104 页。

② ［美］威罗贝：《外人在华特权和利益》，王绍坊译，第 364 页。

③ ［英］赫德：《中国与世界》，1900 年 11 月，见［英］赫德：《这些从秦国来——中国问题论集》，叶凤美译，第 87、92 页。

④ ［英］赫德：《中国、改革和列强》，1901 年 2 月，见［英］赫德：《这些从秦国来——中国问题论集》，叶凤美译，第 124 页。

⑤ ［英］赫德：《义和团，1900》，1900 年 12 月，见［英］赫德：《这些从秦国来——中国问题论集》，叶凤美译，第 104 页。

曾把领事裁判权、租界、协定关税，列为破坏中国主权完整的三大魔鬼。①它们严重地损害了中国的主权和尊严，在各方面对中国造成了种种弊害，是近代中外不平等条约关系最基本的体现。

政治方面，种种条约特权，“使中国的国权受妨害，行政不能统一”，②即中国的领土主权和行政主权以及自保权受到严重限制，主要包括以下几种情况。

第一种情况，列强在中国的某些区域直接行使行政管辖权，如租界、租借地、使馆区、铁路附属地等。

租界是由通商口岸发展而来的一种特殊制度，这是列强在某些通商口岸的外人居留、贸易区域中，起初通过非法手段，继而由不平等条约确定下来，侵夺中国的行政权和司法权，并建立了独立于中国政权体系之外的行政管理机关，以致形成“国中之国”的特殊制度。《南京条约》规定外人可以在五口居住、贸易，1843 年 10 月签订的《五口通商附粘善后条款》，又确定由中国地方官与英国领事会同商定英人租地建屋的区域，这一规定可以说是租界得以建立的原始条约根据。1843 年 11 月，英国领事巴富尔与上海道宫慕久商定的《上海租地章程》，是第一个有关租界制度的章程。1854 年 7 月，英、美、法三国领事擅自修改 1845 年《上海土地章程》，制定了《上海英法美租界租地章程》。③通过该章程，上海外人租地出现了拥有征税权，拥有武装警察，类似西方自治政府，并完全摆脱中国的行政管辖的市政机关，租界制度基本形成。第二次鸦片战争之后，列强通过条约又增开新的口岸，同时又以新的形式将租界制度推向这些口岸。甲午战争和八国联军之役之后，列强又借机谋取这一特权，开辟了不少新的租界。

租界特权是在形成之后的发展过程中，取得条约依据的。最初中外所订条约中并无由外人自己管理其居住区域的规定，只是确定了由地方官与领事商议划分居住区域的原则。1845 年《上海租地章程》没有经过双方签字，

---

① 孙晓楼、赵颐年：《领事裁判权问题》，商务印书馆 1937 年版，第 43 页。

② 周鲠生：《不平等条约十讲》，太平洋书店 1929 年版，第 38 页。

③ 见王铁崖编：《中外条约旧章汇编》第 1 册，生活 · 读书 · 新知三联书店 1957 年版，第 31、35～36、65～70、80～83 页。

仅由道台以中文颁布，因此严格地说，“其形式殊不合于正式文件”。[1] 1854年章程虽赋予列强某些这方面的权力，但该章程没有经过中国地方官，“只作已成事实通知而已”，[2] 完全是非法的，无效的。第二次鸦片战争之后，英国在中国镇江、汉口、九江三口开辟专管租界，其与地方官所订章程中，虽然有一切事宜均归英国领事专管之类的文字，但这也不能被解释为对此地实施行政管辖权的依据。1864年，北京公使团确定了上海租界市政机关（工部局）的权限，其中包括：无论行使各项权力，须先陈明各该国公使，得中国政府允许乃可；此项权力，仅限于简单市政事件，如道路警察及举办市政税等；租界华人，如实未受外人雇用，应完全受华官管辖，与在中国地界内无异。[3] 同年，英国公使致各领事书中，非常明白地说明了这一点：“租界地与英国政府，并不容许其管辖该地，该地仍属于中国之主权。于该地之英国侨民所能施行之管辖范围，只与其他未租界之口岸之侨民等。盖英国政府所得施行之权力，系由于中国政府所订条约中来，初不以租界地面稍受影响。”[4] 姑且不管上述指令是否合法，即仅此而论，无论是上海的公共租界还是各处的专管租界，外人所实行的制度皆不是条约权利。由于中国的积弱不振，租界制度才能在没有条约依据的情况下长期施行，而当时的清政府亦予以“默认”。在既成事实之后，租界才取得了条约依据。在巴黎和会上，中国代表即指出：“租界由工部局治理之权，遂为近年所订新辟租界之条约所许，其从前划定外人居住管理之各地，则并未授与此种权限，不过拘于租界章程，为中国地方官与各国领事官所同意者而已”。[5] 查中外条约，最早在正式条约中肯定租界行政权的，是甲午战后的1896年10月19日，总理衙门大臣荣禄、敬信、张荫桓与日本全权大臣林董签订的《公立文凭》。该约第1款规定：“添设通商口岸，专为日本商民妥定租界，其管理道路及稽查

---

① 上海市资料丛刊：《上海公共租界史稿》，上海人民出版社1980年版，第52页。

② 上海市资料丛刊：《上海公共租界史稿》，第218页。

③ 刁敏谦：《中国国际条约义务论》第1编，商务印书馆1925年版，第38页。

④ 赵炳坤：《中国外事警察》，商务印书馆1937年版，第37页。

⑤ ［美］威罗贝：《外人在华特权和利益》，王绍坊译，生活·读书·新知三联书店1957年版，第325页。

地面之权，专属该国领事”。① 其后日本与中国各口岸地方官所订租界章程，对租界行政权作了更为详细、明确的规定。日本既开条约允许之先例，“他国依最惠国之条款，亦得要求同等待遇。于是各国租界内行政权之取得，而成为条约上之权利”。② 从法律上讲，租界还是中国领土的一部分，但租界在形成之后，成了中国领土范围之内的特殊区域。列强通过合法或非法手段，在租界行使了某种程度的属地管辖权，如管辖权、自卫权，等等，俨然如同一个与中国并立的独立国家。正唯如此，租界被人们称为“国中之国”，成了中国半殖民地社会的一个重要标志。

租借地是列强通过条约从中国“租借”某部分领土，于一定期限内行使属地管辖权，以作为在华侵略基地的特权。1887 年，葡萄牙迫使清政府与之订约，取得“永驻、管理澳门”③ 的条约特权，澳门成了近乎割让的永久租借地。其后在 19 世纪 90 年代的瓜分狂潮中，各国纷纷抢占租借地。通过条约，俄国攫取旅大、德国攫取胶州湾、法国攫取广州湾，英国则攫取了威海卫和九龙两块租借地。租借地对中国主权的限制，比租界更为严重，各租借国把租借地视为自己的领土，在这里建立政府机构，驻扎军队，设置警察，征收税饷，经营各种事业，实行殖民统治。

使馆区是列强通过条约迫使中国在京师划一地段作为使馆区域，在此行使统治权的特权。按照国际法，外交代表享有“馆舍豁免权”，④ 即使馆馆舍不可侵犯。但使馆所在的整个区域豁免的特权，已不为国际法所认可。这一特权是列强通过《辛丑条约》攫取的，该约规定：“大清国家允定，各使馆境界，以为专与住用之处，并独由使馆管理，中国民人，概不准在界内居住，亦可自行防卫。”⑤ 该约附件还划出使馆区的明确界线，并在使馆区的外围划出一块“隙地”。在使馆区域里，列强具有驻军权和自卫权，以及包括

---

① 中日《公立文凭》，光绪二十二年九月十三日，见王铁崖编：《中外旧约章汇编》第 1 册，生活 · 读书 · 新知三联书店 1957 年版，第 686 页。

② 林东海：《外事警察与国际关系》，商务印书馆 1937 年版，第 102 页。

③ 王铁崖编：《中外旧约章汇编》第 1 册，第 505 页。

④ ［英］劳特派特修订：《奥本海国际法》上卷，第 2 分册，石蒂、陈健译，第 248 页。

⑤ 《辛丑各国和约》，光绪二十七年七月二十五日，见王铁崖编：《中外旧约章汇编》第 1 册，第 1006 页。

警察、司法、土地、征税等在内的行政管辖权。这些均与租借地相类似，即中国的统治权不能及于此区域。不同的是，条约未规定使馆区的期限，也未规定其主权仍属中国，可见列强试图使这一特权制度具有永久的性质。这些使使馆区成为一个极为特殊的区域，其对中国领土的剥夺和限制更为苛严，不啻如同一个各国共管的袖珍小国。

铁路附属地，即所谓“特殊势力圈”，这是俄、日两国在铁路附属地区建立行政管理机构，对铁路沿线的中外居民进行行政管辖的特权。俄国是始作俑者，它在非法行使这一特权之后，迫使清政府订约，使之披上合法的外衣。1906 年，俄国政府决定将东省铁路附属地的民政权委托给东省铁路公司行使，并制定了《东省铁路附属地民政组织大纲》。① 翌年 3 月，又批准了东省铁路公司董事会拟定的《东省铁路管理局组织大纲》。根据这两个组织大纲，东省铁路公司设立了管辖路区的市政、警务、刑狱、交涉、征税、土地、林场、教育、宗教、卫生、新闻等事宜的行政机构，“成了名副其实的具有政府所固有的全部职能的殖民政府”。② 清外务部对这一非法行为提出抗议，俄国根据中俄《合办东省铁路公司合同章程》第 6 款“由该公司一手经理”之规定，狡辩称，“该铁路公司得有于所占地段内专于一手经理，并无限制之权，于原约毫无违背。”③ 清政府作了妥协，于 1909 年 5 月 10 日与俄国订立了《东省铁路公议会大纲》，这一非法攫取的行政权由此成了条约特权。根据该大纲，中国多少挽回了一点主权，将铁路附属地变成了中俄的共管地区。由于日本在南满铁路附属地也非法行使管辖权，俄国借词拒绝按上述大纲实行，“而仍照俄国颁布之自治制办理”，④ 继续控制铁路附属地行政权。日俄战争之后，日本通过《朴茨茅斯条约》和清政府的认可，接受了俄国在南满的铁路，也以此为依据要求“对铁路附属地区的绝对的和排他的行

---

① ［俄］尼鲁斯:《东省铁路沿革史》第 1 卷，第 611 页。转引自中国科学院近代史研究所编:《沙俄侵华史》第 4 卷，下册，第 579 页。

② ［俄］马尔蒂诺夫:《俄国铁路实业家在满州的活动》，第 17 页。

③ 《外部奏东省铁路界内设立公议会经理地方自治与俄使商定大纲办法折》，宣统元年三月二十八日，见王彦威、王亮辑编:《清宣统朝外交史料》卷 3，外交史料编纂处民国二十四年版，第 28 页。

④ 刘彦:《被侵害之中国》，上海太平洋书店 1929 年版，第 276 页。

政权”。[①] 继而又非法在南满其他铁路支线如安奉路也擅自行使管辖权，并将这种非法的行政权推行到南满的矿山附近，称矿山附属地。这种称为“特殊势力圈”的附属地行政区处于势力范围区域，反映了势力范围“有一种在经济要求的掩护下推行政治目的的趋势”，[②] 更说明了其经济性质不是绝对的。

第二种情况，是列强在中国某些区域派驻军事力量，限制中国的自保权，包括外国军舰在中国某些领水驻泊游弋，外国陆军驻扎中国某些区域，以及禁止中国某些地域设防等。关于外国军舰，1843 年中英《五口通商附粘善后条款》最早对此作了规定：“凡通商五港口，必有英国官船一只在彼湾泊”。通过这一规定，英国获得了在中国派驻军舰的条约特权。紧接着，美、法和瑞典、挪威也相继获得了同样的特权。第二次鸦片战争之后，这一特权获得了进一步的发展，不仅所有有约国“一体均沾”此特权，而且特权区域还从沿海扩展至内河。除了英、法、美、俄通过《天津条约》获此特权之外，从 19 世纪 60 年代到 90 年代，又有德、丹、荷、西、比、意、奥、日、秘、巴、墨、朝等国获此特权。其后，瑞典在 1908 年也获得了这一特权。上述国家中，秘、巴、墨、朝、瑞（典）等 5 国给予中国兵舰在彼国以同等权利，其他国家均是单方面享有这一特权。日本在 1871 年所订《修好条规》中，曾给予中国同等权利，但甲午战后所订《马关条约》，将之改为日本单方面享有的特权。外国陆军“合法”进驻中国领土，最早是通过租借条约。根据这类条约，租借国的海、陆军均可屯驻租借地，但租借地都在沿海，外国陆军无权进驻中国内地。1901 年 9 月 7 日，德、奥、比、西、美、法、英、日、意、荷、俄等 11 国与清政府签订的《辛丑条约》规定：“中国国家应允，诸国分应自主，常留军队，分保使馆。”“中国国家应允，由诸国分应主办，会同酌定数处，留兵驻守，以保京师至海通道无断绝之虞。”[③] 由此，列强获得了在京师、内地屯兵的条约特权。关于禁止中国某些地域设防，如禁止中国在列强驻军沿线驻扎和设置防御工事，禁止中国在天津设

---

① ［美］威罗贝：《外人在华特权和利益》，王绍坊译，第 106 页。

② ［美］威罗贝：《外人在华特权和利益》，王绍坊译，第 216 页。

③ 《辛丑各国和约》，光绪二十七年七月二十五日，见王铁崖编：《中外旧约章汇编》第 1 册，第 1006～1007 页。

防，等等，这些条约规定，限制了中国的自保权，严重地侵犯了中国的主权，为列强对中国的武装侵犯和干涉，提供了最直接的途径。

第三种情况，是在中国某些部门行使行政管辖权，如与协定关税相关的海关行政。《南京条约》取消公行制度后，与此相关的海关制度发生了变化，在中英条约中规定了领事担保制。1854 年 6 月，上海海关监督吴健彰与英、美、法三国领事签订了改组上海海关的协定，① 建立了外籍税务监督制，上海海关行政由此为列强所控制。随后在第二次鸦片战争中，中英于 1858 年签订了《通商章程善后条约》，该约规定：海关事务“各口划一办理”，“任凭总理大臣邀请英人帮办税务”。② 外国人管理中国海关，由此取得了条约依据。美、法两国在同年与中国订立了同样的条约，德、奥也分别于 1861 年和 1869 年获得这一条约权利。两江总督何桂清在执行这一条约时，任英人李泰国“总司其事，名曰总税（务）司”，又发展了这一制度，后经总理衙门确认。这样，外人控制海关行政的制度扩展到全国所有海关，并由总税务司负责，中国的海关行政权由此为列强所侵夺，海关成了一个典型的半殖民地机构。整个海关部门由外人控制，总税务司有至高无上的权力，如威罗贝所说，“总税务司所享有的绝对的任免权使海关制度成为一种极其完整和集权的制度”。③ 各地海关与中央机关（总税务司署）的关系，是一种极其严格的隶属关系。总税务司对各海关所具有的权威，不仅清政府中央行政部门首长不可比拟，而且“为他国无比之独裁的行政长官”。④ 海关“不像从前一样，操之于中国当局的手里”，这和“国家的主权完整不相容的”。⑤ 中国甚至不能自主选择总税务司，这一职位长期被英人所占据，1896 年，借清政府向英、德借款之机，英国政府迫使中国作出借款未还，“中国总理海关事

---

① ［英］莱特：《中国关税沿革史》，姚曾廙译，生活·读书·新知三联书店 1958 年版，第 115～119 页。

② 中英《通商章程善后条约：海关税则》，咸丰八年十月初三日，见王铁崖编：《中外旧约章汇编》第 1 册，生活·读书·新知三联书店 1957 年版，第 118 页。

③ ［美］威罗贝：《外人在华特权和利益》，王绍坊译，第 471 页。

④ ［日］高柳松一郎：《中国关税制度论》第 3 编，李达译，第 19 页。

⑤ ［英］莱特：《中国关税沿革史》，姚曾廙译，第 414 页。

务应照现今办理之法办理”[①] 的承诺。总之，在中国的行政系统中，外人所控制的海关自为体系、独成一格，日本高柳松一郎说，“中国海关在国法上虽为中国政府行政机关之一，然与他种行政机关较，则性质不同，此即所谓 imperium in imperium”，[②] 即“主权中的主权”，或“政府中的政府”。如同租界是中国领土内的“国中之国”一样，海关是中国行政系统中的独立王国。而且，这个本属中国的行政机构，实际上已成了维护列强利益的机构。用美国人费正清的话说，它是列强行使“条约权利”的“最重要的机构”[③]。用日本人高柳松一郎的话说，它“在事实上则构成一种国际的官厅”[④]。

第四种情况，是在某些区域限制中国的行政管辖权，即势力范围。势力范围是列强通过条约，取得在中国领土某范围内经济事项的优先权和独占地位的特权。这种优先权和独占地位，限制了中国独立自主发展某项事业的经济主权。这一特权，“除经济性质之外，尚有政治的性质”。[⑤] 通过这一特权，相关国家独占中国某些区域的权益，而排除他国的染指。如第三章所述，通过各种条约的照会，法国、英国、日本、俄国、德国分别将海南岛、两广、云南，以及长江流域、福建、东北和山东划为它们的势力范围。随着列强在华势力的消长，各国的势力范围也发生了变化。如日本通过日俄战争和第一次世界大战，先后从俄、德两国手里夺走了南满和山东，并把东蒙收入囊中。英国通过 1906 年的《续订藏印条约》取得重要权益，[⑥] 实际上将西藏变成了它的势力范围。除了基本格局之外，由于列强在华争夺激烈等原因，各国“势力范围”的地域界定又呈现出复杂的情况。或某地域为两国所共享，如云南、四川同时成为英、法两国的势力范围；或无地盘的国家在某国的“势力范围”取得特权，如好几个国家打入英国的“势力范围”长江流

---

① 中英德《英德两国借款草合同》，光绪二十二年一月二十八日，见王铁崖编：《中外旧约章汇编》第 1 册，生活 · 读书 · 新知三联书店 1957 年版，第 639 页。

② ［日］高柳松一郎：《中国关税制度论》第 3 编，李达译，第 4 页。

③ ［美］费正清：《中国沿海的贸易和外交（1842—1854）》第 1 卷，第 462 页。转引自《上海公共租界史稿》，第 615 页。

④ ［日］高柳松一郎：《中国关税制度论》第 3 编，李达译，第 4 页。

⑤ 周鲠生：《不平等条约十讲》，太平洋书店 1929 年版，第 39 页。

⑥ 王铁崖编：《中外旧约章汇编》第 2 册，第 345～348 页。

域；或各国订立协定，在势力范围的交错之处分割中国的权益，等等。

在近代中国，“势力范围”有特定的内涵，它的实际含义与此前国际上所使用的这一概念的含义不同。19 世纪末，欧洲列强在非洲争夺殖民地，相互之间订立协定，划分“势力范围”，“本是分割非洲的一种制度”，① 具有明确的领土性质。② 此外，“势力范围”又指强国在某一区域里享有政治上的优越权，这也通常由两国订立协约确定，具有政治性质。列强在近代中国的“势力范围”，不具有领土的性质。对于其含义，王宠惠在华盛顿会议上有一解说，即权利国“享受贸易、投资和其他事项的保留权、优先权、独占权或特殊权利”，③ 即经济方面的权利。各国在“势力范围”内享有消极的和积极的权利，前者指中国保证不将该地区割让给其他国家，后者指权利国享有某些经济事项的优先权和独占权，主要有修筑铁路、开矿、其他事业的优先权。这是势力范围的实质性内容，是列强所要实现的具体目标。不过，中国给予各国势力范围的权益，虽限于经济范围，但却有重要的政治性质。势力范围与租借地特权是紧密相连的，同样破坏了中国的领土完整，损害了中国的主权，对中国造成了极大的危害。它是列强瓜分中国浪潮中的重要组成部分及前奏，“划定势力范围者，瓜分之准备也”。④ 这一特权对中国主权的损害，以及列强采取的强权政治手段，由此借以维持均势而形成的政治格局、瓜分态势及其发展趋势，无疑具有“半政治的意义或附带的政治意义”。⑤ 其后，日本又将“势力范围”推向极端，发展为其侵占东北、独霸中国的国策，日本侵华战争，给中华民族带来了空前的浩劫。

经济、文化方面的持续性法律关系，其内容亦由条约中常规性的“一般规则”所构成，严重损害和限制中国的主权。在经济方面，主要包括片面协

---

① 周鲠生：《解放运动中之对外问题》，太平洋书店 1929 年版，第 233 页。

② 参见［英］劳特派特修订：《奥本海国际法》上卷，第 2 分册，石蒂、陈健译，商务印书馆 1972 年版，第 80 页。

③ ［美］威罗贝：《外人在华特权和利益》，王绍坊译，生活·读书·新知三联书店 1957 年版，第 216 页。

④ 吴昆吾：《不平等条约概论》，商务印书馆 1933 年版，第 42 页。

⑤ ［美］威罗贝：《外人在华特权和利益》，王绍坊译，生活·读书·新知三联书店 1957 年版，第 81 页。

定关税、沿海和内河航行、在华设厂及路矿投资、片面最惠国待遇等条约特权。由于列强享有这些条约权利，中国不能掌控自己的各项事业，从而严重影响了国民经济的发展。

片面协定关税是列强剥夺中国关税自主权的条约特权，中国单方面受协定税则的约束，只能履行义务，不能享受相应的权利，而列强则可以享受权利且不必尽相应的义务。《南京条约》规定：英商“应纳进口、出口货税、饷费，均宜秉公议定则例”。① 所谓“秉公议定则例”，确立了由中英双方协议订立税率的基本原则，标志着侵夺中国关税自主权的开始。1843 年，中英双方议定了进出口货物税则和船钞标准，签订了《五口通商附粘善后条款》和《五口通商章程：海关税则》。1844 年 7 月签订的中美《望厦条约》规定，“倘中国日后欲将税例变更，须与合众国领事等官议允”，中国的关税主权由此受到更严厉的限制。第二次鸦片战争之后，通过《天津条约》等一系列条约，协定关税制度的原则和体系已基本确立，中国全面地置于协定关税制度的约束之下。中日甲午战争及八国联军之役之后，协定关税制度又有了新的发展。这时的片面协定关税包括进口税、出口税、子口税、吨税、沿岸贸易税、陆路贸易税、鸦片税厘，以及有关违禁品和免税品的协定等，此外还有由海关征收的特别关税机器制造货税等。它除了是一个片面的，并非互惠的关税制度外，还具有种种损害中国权益的特点。如税率没有差别，是一种不合理、非科学的关税制度；进口货税率低，没有什么变化，而且出口税实际上高于进口税；其约束的范围较为广泛，包括国境关税和内地关税；陆路贸易实行免税制度和片面的减税制度，与海关不相统一。这些特点是中国所独有的，“实为他国之所无”，② 充分反映了近代中国关税自主权的丧失。中外间这一畸形的关税关系，使中国减少了巨大的关税收入，蒙受了严重的经济损失。关税本来应在财政总收入中占有重要比例，但“近百年以来在国家预算上竟占比较无关重要的地位”。③ 而且由于关税主权的被剥夺，失去了保护中国经济的有效手段，“中国民族工业

---

① 王铁崖编：《中外旧约章汇编》第 1 册，第 32 页。

② 童蒙正：《关税论》，商务印书馆 1934 年版，第 167 页。

③ ［美］威罗贝：《外人在华特权和利益》，王绍坊译，第 480 页。

从未有机会成长起来”。①

沿海和内河航行，是指各国在中国沿海和内河从事航运的特权。沿海和内河是国家领土的一部分，根据国际法，沿海国可以“禁止外国船舶从事沿海岸的航行和贸易，即所谓沿海航运，并专为其本国船舶保留这种沿海贸易”。同时，国际法也“没有规定给予外国以要求准许其公私船舶在国内河流上航行的权利”。② 中美《望厦条约》最早对外国船只在中国沿海转销洋货作了明确规定：美国船只可在五港口“装载货物，互相往来，俱听其便”；③ 接着中法《黄埔条约》亦作了类似规定。此后中英、中美和中法《天津条约》又确认了这一权利，并扩展到新开各口。与此同时，外国船只非法在中国沿海贩运土货，并很快发展起来。到 1863 年中丹《天津条约》，“明确地把外国船载运中国土货的沿岸贸易予以合法化”，④ 使之成为一项重要的条约权利。内河航行权，最早是中英《天津条约》作了规定：“长江一带各口，英商船只俱可通商”；⑤ 其后中丹《天津条约》亦肯定了外国船只在长江各口贩运土货的权利。除长江外，列强还攫取了其他河流的航行权，如《马关条约》允日本轮船“从上海驶进吴淞江及运河以至苏州府，杭州府”，⑥ 英国通过 1897 年订立的《续议缅甸条约附款》，取得了在珠江航行的特权。在 19 世纪 90 年代的瓜分狂潮中，列强又攫取了“内港”，即非通商口岸内地的航行权，中国的内河，无论巨川支流，凡可以通航者，均对外国轮船开放。1902、1903 年，英、日与清政府订立通商行船续约，又使之成为一项条约权利。由沿海到长江，再到内港，中国人领水完全对外开放，航

---

① 郑友揆：《中国的对外贸易和工业发展》，上海社会科学出版社 1984 年版，第 14 页。

② ［英］劳特派特修订：《奥本海国际法》上卷，第 2 分册，石蒂、陈健译，商务印书馆 1972 年版，第 11、30 页。

③ 中美《五口贸易章程：海关税则》，道光二十四年五月十八日，见王铁崖：《中外旧约章汇编》第 1 册，生活 · 读书 · 新知三联书店 1957 年版，第 51 页。

④ ［英］莱特：《中国关税沿革史》，姚曾廙译，生活 · 读书 · 新知三联书店 1958 年版，第 189 页。

⑤ 中英《天津条约》，咸丰八年五月十六日，见王铁崖编：《中外旧约章汇编》第 1 册，第 97 页。

⑥ 中日《马关条约》，光绪二十一年三月二十三日，见王铁崖编：《中外旧约章汇编》第 1 册，第 616 页。

权丧失殆尽。中国的航运业，尤其是在远洋、江、海等主要航线上，基本上由外国商船所垄断。

在华设厂及路矿投资，是列强通过条约强迫清政府给予的特权，不同于主权国家之间正常的经济来往。其内容第三章已述及，这里不赘。需要指出，路矿利权是势力范围的具体内容，在甲午战后的瓜分狂潮中，列强就路矿利权掀起了争夺高潮。在这个意义上，势力范围除了政治方面的意义之外，又更体现出经济的性质，可被视为“利益范围”。[①] 这个意义上的势力范围，除路矿利权之外，还包括其他经济事业的优先权。如中德《胶澳租界条约》规定：“在山东省内如有开办各项事务，商定向外国招集帮助为理，或用外国人，或用外国资本，或用外国料物，中国应许先问该德国商人等愿否承办工程，售卖料物。如德商不愿承办此项工程及售卖料物，中国可任凭自便另办，以昭公允。”[②]

外人在华投资，不仅仅是吸收外资的简单问题，而且涉及国家经济主权。根据国际法，“每一个国家对自己的自然资源和一切经济活动，拥有充分的永久主权”；“每个国家有权按其法律和规章并依据其国家目标和优先次序，对在其国家管辖内的外国投资加以管理和行使权利，任何国家不得被迫对国外投资给予优惠待遇”。[③] 尤其是属于自然资源的矿产，系国家永久主权的范畴。[④] 各国通例，“他国人民断不准承办本国矿务”，有的国家“设立公司间有外国人附股，而事权仍是本国人为主，股份仍是本国人为多”，日本甚至“不准外国人附股”。[⑤] 在近代中国，外国对华投资，以中外约章为依据，以其他条约特权为护符，脱离了中国政府和中国法律的管辖。其资本来源，并不完全来自投资国，而是有相当一部分出自中国本身。显然，这是强权政治下的投资，列强无视中国的主权和意愿，与今日的吸收外资不可同日而语。它“不仅是一种资本剥削制度，而且是一种资本掠夺制度”，

---

① 周鲠生：《不平等条约十讲》，第40页。

② 中德《膠澳租界条约》，光绪二十四年二月十四日，见王铁崖编：《中外旧约章汇编》第1册，第740页。

③ 姚梅镇主编：《国际经济法概论》，武汉大学出版社1989年版，第31～32页。

④ 姚梅镇主编：《国际经济法概论》，第31页。

⑤ 张之洞：《进呈拟订矿务章程折》，光绪三十一年十一月二十八日，见苑书义等主编：《张之洞全集》第3册，河北人民出版社1998年版，第1686页。

“是一种殖民主义制度”。①

片面最惠国待遇，即与中国订约的国家可以享有中国给予第三国的特惠，而中国却不能享有这种权利。也就是说，中国只有给予对方最惠国待遇的义务，而不能享有最惠国待遇的相应权利。道光二十三年（1843 年）订立的中英《五口通商附粘善后条款》，最早对此作了规定：“设将来大皇帝有新施及各国，亦应准英人一体均沾，用示平允。”②随后，美、法和瑞典、挪威分别于道光二十四、二十七年（1844 年、1847 年）也取得了这一特权。第二次鸦片战争之后，更多的国家与中国订约，亦取得这一特权。片面最惠国待遇制度，是西方列强损害中国利益、均沾中国权益的专利制度，尤体现了权利义务关系的不平等。例如，中法《天津条约》规定，“至别国所定章程，不在大法国此次所定条款内者，大法国领事等官与民人不能限以遵守；惟中国将来如有特恩、旷典、优免、保佑，别国得之，大法国亦与焉”。③除了它是片面的而非互惠的这一最基本的特质之外，它又是无条件的，在运用上没有必要的限制，并具有概括的和滥用的特质。由于这些特质，“使每一国家今后都能借以为它本国取得他国以巧取豪夺的方法劫自中国的一切特权”。④最惠国条款是整个不平等条约体系中的重要环节，“中国丧失经济利益之最大，又最无限制者，亦未有过于此束缚者”。⑤严格地说，最惠国待遇只限于经济事项，但列强往往将这一特权扩展到政治、司法领域。因此，在某种意义上，它又具有政治的性质。

在文化教育方面，列强违背国际法，用条约迫使中国接受它们的相关特权，主要包括传教和教育特权，损害了中国的文化主权。

---

① 许涤新、吴承明主编：《中国资本主义发展史》第 2 卷，人民出版社 1990 年版，第 754、756 页。

② 中英《五口通商附粘善后条款》，道光二十三年八月十五日，见王铁崖编：《中外旧约章汇编》第 1 册，第 36 页。

③ 中法《天津条约》，咸丰八年五月十七日，见王铁崖编：《中外旧约章汇编》第 1 册，第 112 页。

④ ［美］泰勒·丹涅特：《美国人在东亚——19 世纪美国对中国、日本和朝鲜政策的批判的研究》，姚曾廙译，商务印书馆 1959 年版，第 96 页。

⑤ 刘彦：《被侵害之中国》，第 94 页。

在传教权方面，列强先是通过《望厦条约》和《黄埔条约》，迫使清政府放弃禁教政策，并取得了洋人的习教权。接着又迫使道光帝颁发谕旨，取得了华人的习教权和在通商口岸的传教权。第二次鸦片战争中，俄、美、英、法四国与清政府所订《天津条约》，又攫取了它们在中国内地的传教权。其中中法《天津条约》规定，外国传教士到内地传教，"地方官务必厚待保护"。① 其后，又有德、丹、荷、西、比、意、葡等国取得传教的条约特权。获得内地传教权之后，法国又通过欺诈手段，为传教士攫取了在内地置买房地产的特权。教育权的攫取，也是在鸦片战争后开始的。最早是《黄埔条约》规定：法兰西人可以在五口建造"学房"，"亦可以教习中国人愿学本国及外国语者，亦可以发卖佛兰西书籍"等。② 第二次鸦片战争之后，这一条约特权进一步扩大，除中法《天津条约》重申了上述规定外，其他国家如德、比、奥、美等也与清政府订立了类似条款。1868 年中美订立《续增条约》，进而又扩大了其在华兴办教育的规格，"美国人可以在中国按约指准外国人居住地方设立学堂"。③

用条约的形式强迫中国允许别国在自己国家传教，是违背国际法的。一位法国律师指出，"国际公法承认，一个国家永远不能要求另一个国家同意在其国内给予任何一个教会——比如本国教会——好处和特惠；它无权要求另一个国家接受传播这种或那种信仰的传教士"。④"传教属于国内法之一部分，条约属于国际公法之一部分"，在近代却"以应规定于国内法之事而羼入国际公法"。⑤ 显然，通过条约强迫中国承诺允许西方教会在华传教并

① 中法《天津条约》，咸丰八年五月十七日，见王铁崖编：《中外旧约章汇编》第 1 册，生活 · 读书 · 新知三联书店 1957 年版，第 107 页。

② 中法《五口贸易章程：海关税则》，道光二十四年九月十三日，见王铁崖编：《中外旧约章汇编》第 1 册，第 62 页。

③ 中美《续增条约》，同治七年六月初九日，见王铁崖编：《中外旧约章汇编》第 1 册，第 263 页。

④ ［法］卫青心：《法国对华传教政策》上卷，黄庆华译，中国社会科学出版社 1991 年版，第 215 页。

⑤ 《关于传教条约之研究》（录丁未十一月十三日黔报），《东方杂志》第 5 卷，第 2 期，光绪三十四年二月二十五日。

予以保护的义务，“无异是割让了各国照例保留作为己有的那些国内立法方面的主权”。① 而且，各国支持传教士来华，主要目的在于从精神领域控制中国，但超出了宗教信仰领域，还别有所图。早在1792年，东印度公司致马戛尔尼训令即提出，“如能有法位置传教士若干于北京，为本公司利益计，担任传达消息，并有时给予吾等管货人以助力，而彼等又无任何明白之统属关系，实为佳妙”。② 在近代，不少传教士除经济领域之外，还从各个方面为列强的侵略效力。宗教成了列强的侵略工具，“凡是教会势力所及的地方，帝国主义的经济势力，也逐渐浸入了，中国几乎在各处，都有传教堂和教会的设立”。③ 由于各种传教特权，更由于领事裁判权等特权的庇护，使传教士和教民成了中国社会中的一个特殊阶层，造成一种没有哪一个国家“愿意鼓励”的“‘国中之国’的现象”。④ 不论是天主教还是耶稣教，其“教义在大清帝国内部都是一种离心力量”，并且，“给予传教士的权利又都被商人用作为要求中国进一步开放通商的根据”。⑤ 这一强权政治下的传教特权，激起了中国人民的反抗，加上其他各种因素，导致了层出不穷的教案。在华教育特权，与传教权有异曲同工之妙，其目的也在于从精神领域控制中国。这一特权主要是为传教士攫取的，与传教权紧密相连。外国在华教育事业，主要是教会学校，“其目的亦并不在教育人才以促进教育之进步，乃欲以学校为一种补助之物，以助其宣传福音事业”。⑥ 教会学校的宗旨，是以“基督教主义教育中国青年，俾皆被基督教之泽”，⑦ 将中国造成一基

① ［美］泰勒·丹涅特：《美国人在东亚——19世纪美国对中国、日本和朝鲜政策的批判的研究》，姚曾廙译，第477页。

② H. 普利查德编注：《英东印度公司与来华大使马卡特尼通讯录（1792—1794年）》，朱杰勤译：《中外关系史译丛》，海洋出版社1984年版，第208页。

③ 王纪元：《不平等条约史》，上海亚细亚书局1935年版，第27～28页。

④ ［英］赫德：《中国、改革和列强》，1901年2月，见［英］赫德：《这些从秦国来——中国问题论集》，叶凤美译，天津古籍出版社2005年版，第131页。

⑤ ［美］泰勒·丹涅特：《美国人在东亚——19世纪美国对中国、日本和朝鲜政策的批判的研究》，姚曾廙译，商务印书馆1959年版，第478、485页。

⑥ 《中国基督教教育事业》第1卷，第18页。转引自李楚材辑：《帝国主义侵华教育史料——教会教育》，教育科学出版社1987年版。

⑦ 舒新城编：《中国近代教育史资料》下册，人民教育出版社1961年版，第1102页。

督教民族。作为列强的一项精神投资，外人在华开办学校，极大地损害了中国的教育主权。它们恃条约为护符，“借教育以传教，致妨害我国教育的主权及旨趣”。①

上述各种特权制度，是近代中外不平等条约关系中的常规性规则或制度的主要方面，此外列强在中国还享有其他种种特权，尤其是在经济领域，如鸦片贸易、自雇引水特权，以及某些方面的片面国民待遇特权，等等。通过这些不平等的条约特权，“西方国家在他们对中国的共同关系中已决心把中国的两手束缚起来”，②中外之间形成了一种极不平等的畸形关系。

由“个别规则”构成的交割性法律关系，主要包括割地、赔款的相关条约和条款。各有关国家通过相关条约，或改变与中国的边界关系，或勒索巨额赔偿，严重损害了中国的领土主权和经济权益。与在仍为中国所属的领土上实施的“一般规则”不同，它所体现的法律关系，是将中国的某种物质财富性的权益交割或交付给对方当事国。领土的交割，一般都是一次性的，而赔款的交付则有所不同，或一次性，或数次甚至数十次交付。不论多少次交割或交付，其性质都是相同的，即所有权属于该权利国，而与义务国脱离了关系。在近代中国，通过条约体现的这种法律关系，为数不少，基本上属于不平等的关系。

关于边界关系的改变，列强或是通过战争，在战后和约中强迫中国割地，如中英《南京条约》和《北京条约》，中日《马关条约》；或趁火打劫，用武力胁迫中国订约割地，如《爱珲条约》和中俄《北京条约》，等等。英国是第一个割占中国领土的国家，先通过1842年的《南京条约》割去香港，后又通过1860年的《北京条约》割去九龙司地方。各国割占中国领土，其目的有所不同：如英国是为了通商的需要，“并不利我土地人民”；③而割占中国领土最多的两个国家——俄国与日本，则以攫取土地为目的。俄国

① 徐宝谦：《敬告今之提倡国家主义者》，《生命》第5卷第4期（国家主义号），1925年1月。

② ［美］马士：《中华帝国对外关系史》第1卷，张汇文等译，商务印书馆1963年版，第371页。

③《奕䜣桂良文详奏统计全局酌拟章程六条呈览请议遵行折》，咸丰十年十二月初三日，见贾桢等纂修：《筹办夷务始末·咸丰朝》第8册，中华书局1979年版，第2674页。

1858年通过《爱珲条约》，分别割去外兴安岭以南、黑龙江左岸60多万平方公里的中国领土，并把乌苏里江以东的中国领土划为中俄两国共管区域。1860年订立的中俄《北京条约》不仅认可了《爱珲条约》，而且将其规定的中俄共管的原中国所属的乌苏里江以东地区，以及该约没有规定的一些地方，共40多万平方公里的中国领土，划归俄国。又根据《北京条约》有关西段分界条款，于1864年订立了《勘分西北界约记》，割占了总面积44万多平方公里的中国领土。该约“虽然名义上是依据中俄《北京条约》的有关条款，实际上却是在很多地方违背了中俄《北京条约》的划界原则，超越了中俄《北京条约》的有关规定，多割占了中国许多领土”。① 在中国边境动乱之时强占伊犁之后，俄国通过1881年伊犁《改订条约》和随后根据该约订立的几个勘界子约，割占了中国斋桑湖东北、霍尔果斯河以西、特穆尔图淖尔（伊塞克湖）东南和阿克赛河源等7万平方公里的土地。日本则通过《马关条约》割去台湾全岛和所有附属各岛屿以及澎湖列岛。为了改变边界，攫取更多的中国领土，它们甚至无视国际法规则。如中俄《北京条约》有关中俄西疆分界的条款约文，含混不清、自相矛盾，而“依照公认的国际法，这样的条约是不具备任何法律效力的，不能成为在中国西部划分中俄两国国界的根据”。然而，俄国却利用这样的分界条款，“极力作有利于俄方的解释”，“把它非法侵占的中国领土的事实‘合法化’，并准备在以后的划界谈判中，把这些含糊、矛盾的条款，用作向中国进一步讹诈的‘根据’”。② 除了这些大的变动之外，列强还通过边界谈判，订立了侵割中国土地的不平等条约。如英国武力与欺骗兼施，与中国订立了《藏印条约》，割占中国领土③。通过这些条约，有关国家又攫取了不少中国领土，改变了边界现状，形成了不平等的边界关系。或者以承认中国领土为条件，借机索要其他权益，如日本胁迫中方在“东北五案”作出让步后，与清政府订立《图们江中韩界务条款》，等等。

---

① 吕一燃主编:《中国近代边界史》上册，四川人民出版社2007年版，第292页。

② 参见吕一燃主编:《中国近代边界史》上册，第280页。

③ 参见吕一燃主编:《中国近代边界史》下册，四川人民出版社2007年版，第706～709页；王铁崖编:《中外旧约章汇编》第1册，第551～552页。

赔款的种类五花八门，除战争赔款之外，还有教案赔款、商务赔款、伤害受损赔款，以及中国收回路矿所付的赎款，等等。战争赔款数额大，是近代中国赔款中的主体部分，如战后订立的《南京条约》《北京条约》《马关条约》《辛丑条约》等，均有赔款规定。尤其是《马关条约》和《辛丑条约》：前者赔款为 2 亿两军费，① 又另增加 3 千万赎辽费作为“酬报”；② 后者赔款为 4 亿 5 千万两，用作“各国、各会、各人及中国人民之赔偿”③。据研究，近代中国战争赔款实际支付总值为银元 13.75 亿元（折库平银为 10.45 亿两、折海关银则为 8.83 亿两）。④ 这些赔款的确定，没有任何规则，反映了旧时代国际关系中的强权性质。战败国向战胜国支付赔款，是自古以来的现象。在传统国际法时代，“不管战胜国进行的是正义的还是非正义的战争，赔款均以‘战胜者的权利’为基础。赔款的数量、条件和形式，完全由战胜国随意决定”。⑤ 而且，“它的惩罚性因素很强，和领土割让一样，显示了战胜国的特权立场”。⑥ 18 世纪末以来，“随着战争失去了它的私人性质，战争变成了一种国家与国家之间的关系。在所有的和平条约中，几乎总是有这样一个条款，根据这个条款，战败国应该向战胜国交付一笔战争赔款。这一条款不是以进行非正义战争引起责任的观念为根据的；它完完全全是对失败的罚金”。到了 19 世纪，“情况更严重了。赔款有变成任意性的趋势，仅仅由战胜国的自由决定的愿望限定赔款数额”。⑦ 近代中国的赔款，

---

① 《马关新约》，光绪二十一年三月二十三日，见王铁崖编：《中外旧约章汇编》第 1 册，生活 · 读书 · 新知三联书店 1957 年版，第 615 页。

② 中日《辽南条约》，光绪二十一年九月二十二日，见王铁崖编：《中外旧约章汇编》第 1 册，第 637 页。

③ 《辛丑各国和约》，光绪二十七年七月二十五日，见王铁崖编：《中外旧约章汇编》第 1 册，第 1005 页。

④ 王年咏：《近代中国的战争赔款总值》，《历史研究》1994 年第 5 期。

⑤ ［苏］克利缅科等编：《国际法辞典》，程晓霞等译，中国人民大学出版社 1987 年版，第 367 页。

⑥ 日本国际法学会编：《国际法辞典》，外交学院国际法教研室译校，世界知识出版社 1985 年版，第 868 页。

⑦ ［法］夏尔 · 卢梭：《武装冲突法》，张凝、辜勤华等译，中国对外翻译出版公司 1987 年版，第 151～152 页。

任由列强的勒索，完全属于这一性质，从另一个角度反映了中国所处的不平等地位。如日本在甲午战争中军费开支总额不超过 1.25 亿日元，而它实际得到的战争赔款为 3.5836 日元，扣除战争所用军费开支 1.25 亿元，日本从中国强行掠夺的资金高达 2.3336 亿元。这笔巨额资金是当时日本全国年度财政总收入的 3 倍。① 庚子赔款更是一个天文数字，俄外交官拉姆斯道夫承认，对华战争是“历史上少有的‘最够本的战争’”。② 法国参议院外交委员会一委员则称赔款为“战争贡品”，奥、西、比、意等国，“用款很少”，“亦索巨款”。③ 其他商务赔款、教案赔款等，也从各个角度体现了中外之间的不平等地位。

总之，以上两大类条约和条款，是中外条约关系中的主体，其所体现的不平等性质，正是这一关系的内核。这些条约和条款从法律上确立了中外间不平等的权利和义务，从根本上改变了中外关系和中国的社会性质，并使中国的政治、经济、文化等发生了深刻的变化。此外，中外之间还订立了不少“准条约”，其中有些是根据条约订立的，可以视为条约关系中的一个部分。通过此类“准条约”，列强亦攫取了中国的不少权益，主要是经济方面的权益，如路矿利权等。这些“准条约”，虽然不是正式条约，但“并非没有法律意义”。从国际法的角度来看，对于准条约，“恰如对于条约，应当善意履行和解释”。这是因为，“既然缔约各方经过认真的谈判缔结了准条约，就某一特定事项作出了规定，每一方都有理由信赖他方会善意履行约许，因此准条约的缔约各方不能把准条约作为废纸那样来行动，以侵害他方的利益。所以在这点上，条约和准条约的法律意义是同一的”。如果一方违反这种规定，“他方有权对它进行外交交涉，提议抗议或表示谴责”。④ 由于列强的强权政治和中国的贫弱地位，这种“硬性”的法律意义更为突出，从另一个层面导致了中外之间不平等的经济关系。

---

① 蒋立文:《甲午战争赔款数额问题再探讨》,《历史研究》2010 年第 3 期。

② ［苏］罗曼诺夫:《帝俄侵略满洲史》，民耿译，台北，台湾学生书局 1973 年影印，第 218 页。

③ 宓汝成:《庚子赔款的债务化及其清偿、“退还”和总清算》,《近代史研究》1997 年第 5 期。

④ 李浩培:《条约、非条约和准条约》,《李浩培文选》，法律出版社 2000 年版，第 574、575 页。

二、平等条约与条款及其主要内容

由于西方列强所具有的近代特性，伴随着强权暴力而来的，还有资本主义的新事物。因此，在中外条约关系中，又具有居于次要地位的平等属性，其内容包括平等条约与平等条款。在中外条约关系中，某种程度上平等条约与条款反映了中国方面的要求，并非所有条款都是规定列强的片面特权的。此外，又如马克思所说，西方资产阶级“按照自己的面貌为自己创造出一个世界”，① 在将不平等的条约关系强加给中国的同时，西方列强又将近代国际交往的方式带了进来，体现了近代交往的对等规则。这些对等规则属于“一般规则”或常规性规则，亦体现了持续性的法律关系。

首先值得关注的，是晚清时期的整体性平等条约，包括综合性条约和具体事项条约两大类别。其中综合性条约亦具建交性质，构建了缔约国相互间的基本关系，确立了它们的法律地位，是本书主要考察的对象。在整个晚清中外条约关系中，此类具有平等属性的综合性条约虽非主流，但揭橥了条约应有的近代意义和值得肯定的追求方向。晚清时期出现的此类平等条约，主要有两种情况，它们产生于不同因素，又在强权政治的大背景下殊途同归，走向破灭。这一结局，正典型反映了不平等条约关系时代中国国家地位的实际处境。

上述提及的两种情况，一种是1871年订立的中日《修好条规》及其《通商章程：海关税则》，这是在清政府主导下订立的，反映了它为建立平等关系所作的努力。前已述及，两次鸦片战争之后，鉴于不平等条约关系造成的极大危害，清政府不甘放弃独立主权，开始重视改变这一局面。同治年间，当日本提出与中国订约建交，清政府抓住这一契机，从消极拒绝转向积极应对。它试图打破既有的不平等模式，与日本建立平等的条约关系，以抵制西方列强。1871年中日两国签订《修好条规》及《通商章程：海关税则》，并于1873年交换批准。该约与欧美列强所订条约不同，是晚清时期第一个完整的平等条约。条约不仅规定了双方相互平等的权利义务，而且体现了中国的主导地位，反映了清政府试图打破与西方国家的订约模式，建立

① ［德］马克思、恩格斯：《共产党宣言》，1848年2月，中共中央编译局译，中央编译出版社2005年版，第30页。

新的平等的条约关系的冀望。

另一种情况，是清政府与以前的藩属国朝鲜所订立的平等条约，这是在新的国际形势下，中国与其关系，以及该国的国家地位发生变化的情况下出现的。日本通过甲午战争，解除中朝之间的朝贡关系，从根本上摧毁了宗藩体制。根据《马关条约》的规定，中国承认“朝鲜国确为完全无缺之独立自主”，该国“向中国所修贡献典礼等，嗣后全行废绝”。① 中朝关系发生了重要变化，曾作为中国属国的朝鲜，不再以中国为宗主国，成了“独立自主”的国家。它要求中国适应这一变局，表示：“既废旧章，亦不可不修新约”。内心不愿接受这一格局的清政府，仍试图在对朝关系中“存属国之体”，但又感到“无辞拒绝”，不得不面对现实，拟照“欧美成案”与彼重建关系。② 鉴于已“准其自主”，清政府最后终于决定“按照公法”遣使订约，③ 与朝鲜建立近代性质的条约关系。光绪二十五年正月（1899 年 2 月），中朝订立《通商条约：海关税则》，正式建立了这一关系。

新建立的中朝条约关系，与既有的不平等条约不同，主要以体现近代进步性质的国际关系准则为依据，从谈判交涉、接待礼仪到条约内容，均体现了对等原则。从条约内容来看，其对两国的权利义务作了对等规定，包括建立外交关系和通商关系，以及互相给予领事裁判权，等等。例如，条约规定，“中国民人在韩国者，如有犯法之事，中国领事官按照中国律例审办；韩国民人在中国者，如有犯法之事，韩国领事官按照韩国律例审办”。对其他通商事宜等，亦作了对等规定。④ 该约又与传统的朝贡关系不同，打破了中国以前居于宗主国的优越地位。如光绪八年（1882 年）中朝《商民水陆贸易章程》，规定了中国对朝鲜的不平等特权，这些在新订条约中均被取消。

---

① 《马关新约》，光绪二十一年三月二十三日，见王铁崖编：《中外旧约章汇编》第 1 册，第 615～617 页。

② 《总署奏预筹朝鲜通商办法以存体制折》，光绪二十二年六月十八日，见王彦威、王亮辑编：《清季外交史料》卷 122，第 3～4 页。

③ 《总署奏拟请简派出使朝鲜国大臣折》，光绪二十四年六月二十四日，见王彦威、王亮辑编：《清季外交史料》卷 133，第 30～31 页。

④ 《通商条约：海关税则》，光绪二十五年八月初七日，见王铁崖编：《中外旧约章汇编》第 1 册，第 909～913 页。

甚至，朝方还在事实上享有新的权利。谈判时，朝方代表朴齐纯援引中国与巴西所订条约，硬是塞进拘拿逃犯的规定："两国民人，或有犯本国律禁、私逃在彼国商民行栈及船上者，由地方官一面知照领事官，一面派差协同设法拘拿，听凭本国官惩办，不得隐匿袒庇。"① 此条成为后来韩国派官兵进入中国缉捕逃犯的依据。以中国为中心的传统关系已完全废弃，对朝鲜而言，这被视为"与中国式中华主义残余作斗争的成果"。②

这两种条约产生的缘由各异，但均具有同样的平等性质。需要指出的是，该两类条约均与"脱亚入欧"，效法西方列强的日本有关，条约中的平等内涵也因此缺乏稳固的基础，不能也不可能持久延续。或名实两乖，隐伏危机；或徒有形式，昙花一现。中日《修好条规》的签订，使日本获得了更多更实际的利益，在事实上并不对等。即使是这样一个日本获得实际权益的条约，由于日方从一开始就"处心积虑以西国为比例"，③ 希望获得片面特权，并非两厢情愿，因此总处于不稳定状态，始终隐伏着破裂的危机。订约之后，日本又背信弃义，"提出更订条约之议"，④ 利用各种时机，试图改变这一平等关系，最后终于通过战争手段达到了目的。如前所述，中朝条约建立的平等关系，实际上是畸形的不正常的，只是日本兼并朝鲜的一个过渡和前奏而已。甲午战争之后的朝鲜，并未取得真正独立自主的国家地位，而沦为日本的保护国并最终被其所吞并。朝鲜国不复存在，"所有韩国与各国条约自应作废"，中朝间形式上的平等条约关系也就随之废弃。⑤ 覆巢无完卵，这两类平等条约的最终破灭，无疑是中国遭受强权暴力的压迫，为不平等条约所束缚的必然结局。

---

① 《通商条约：海关税则》，光绪二十五年八月初七日，见王铁崖编：《中外旧约章汇编》第1册，第911页。

② ［韩］李泰镇：《明治日本侵韩史略》，金京子译，中国人民大学出版社2011年版，第129页。

③ 《致总署　议日本换约》，同治九年十一月二十八日，见顾廷龙、戴逸主编：《李鸿章全集》第30册，安徽教育出版社2008年版，第148页。

④ ［日］东亚同文会编：《对华回忆录》，胡锡年译，商务印书馆1959年版，第34页。

⑤ 《日韩合并宣言书》，王芸生编著：《六十年来中国与日本》第5卷，生活·读书·新知三联书店1980年版，第313页。

作为整体性平等条约，除了综合性的建交条约之外，还有其他类项。清政府加入的国际公约，如《和平解决国际争端公约》《陆战法规和习惯公约》《关于 1864 年 8 月 22 日日内瓦公约原则适用于海战的公约》，等等，[①] 这些国际公约，从权利的享有到义务的承担等方面，均具有平等的性质。中国参与国际公约，可以说是在整体不平等地位的基础上，以一种不同于以往的新方式，与国际社会建立某种意义的平等条约关系。加入此类公约，不仅充分体现了中外条约关系中平等的一面，而且又促使西方各国在某种程度上改变对中国的看法，承认中国的国际地位。著名国际法学家菲力普逊谓："观于中国近日之发达，中外交接之渐烦，其政府之改组，及采用文明国交际知识，虽有损及主权诸事之存在，中国现在，实已入此国际大团结矣。"霍尔所著《国际公法》的编辑亚提来亦谓："中国请与海牙会议一事，可引为其取得国际上地位之证。自拳匪乱后，世人咸恐中国将为各国所摈斥。一千九百零七年之保和会，中国竟可到会，此预想自不成问题矣。"[②] 此外，还有涉及劳工保护的 1904 年中英《保工章程》、按中国习俗确定管辖权的 1888 年《中德人民互相嫁娶归夫治管辖章程》、处理纠纷争执的 1908 年中美和 1909 年中巴《公断条约》，以及包括各种事项的经济方面的条约，等等。与综合性条约不同，这些条约仅涉及某一具体事项，或肯定中国权益，或作对等规定，其体现的权利义务关系并非不平等。不过，由于各种因素，即使条约作了对等规定，中方也不一定能够享有事实上的平等权利。

除了整体性平等条约之外，在各类不平等条约中，还有各种具有平等性质的条款。在晚清中外条约中，中国承担了大量不对等的义务，片面给予彼方种种权利，由此构筑了各种类型的不平等条约。然而，从权利义务的角度来看，在各个不平等条约中，又存在复杂的具体情况。其中某些条款，或者在赋予对方权利的同时又规定了相应的义务，或者对双方某项权利作了对等规定。后者无疑体现了平等性质的特征；从前者来看，此类义务性质的条款，是为了维护中方的利益，显然不属于不平等性质，在法律上应纳入平等条款的范畴。

---

① 薛典曾、郭子雄编：《中国参加之国际公约汇编》，商务印书馆 1937 年版，第 29 页。

② 刁敏谦：《中国国际条约义务论》第 3 编，商务印书馆 1925 年版，第 47、46 页。

此类维护中国利益而要求对方遵守某种义务的条款，在清政府与各国签订的条约中均有规定。例如，第一批条约，在禁止和预防外商走私方面，作了较详细的规定。《南京条约》规定，驻五口英国领事，“专理商贾事宜”，要求他们令英人“清楚交纳货税、钞饷等费”。① 中英《五口通商章程：海关税则》又明确规定，“向例英国商船进口，投行认保，所有出、入口货税均由保商代纳。现经裁撤保商，则进口货船即由英官担保”。② 这两条规定，使英国承担了禁止本国商人走私的义务，马士说，起初“英国领事是抱着很大的正义感和协助中国的愿望去执行此项条款的”。③ 此外，中英《五口通商附粘善后条款》还明确规定：“英商贸易处所只准在五港口，不准赴他处港口，亦不许华民在他处港口串同私相贸易。将来英国公使有谕示明不许他往，而英商如或背约不服禁令，及将公使告示置若罔闻，擅往他处港口游奕贩卖，任凭中国员弁连船连货一并抄取入官，英官不得争论；倘华民在他处港口与英商私串贸易，则国法俱在，应照例办理。”④《望厦条约》也有类似条款，如规定：“五港口外，不得有一船驶入别港，擅自游弋，又不得与沿海奸民，私相交易；如有违犯此条禁令者，应按现定条例，将船只、货物俱归中国入官。”⑤ 又规定，美国民人“凡有擅自向别处不开关之港口私行贸易及走私漏税，或携带鸦片及别项违禁货物至中国者，听中国地方官自行办理治罪，合众国官民均不得稍有袒护；若别国船只冒合众国旗号做不法贸易者，合众国自应设法禁止”。⑥

---

① 中英《江宁条约》，道光二十二年七月二十四日，见王铁崖编：《中外旧约章汇编》第1册，第31页。

② 中英《五口通商章程：海关税则》，道光二十三年八月十五日，见王铁崖编：《中外旧约章汇编》第1册，第43页。

③ ［美］马士：《中华帝国对外关系史》第1卷，张汇文等译，商务印书馆1963年版，第342～343页。

④ 中英《五口通商附粘善后条款》，道光二十三年八月十五日，见王铁崖编：《中外旧约章汇编》第1册，第35页。

⑤ 中美《五口贸易章程：海关税则》，道光二十四年五月十八日，见王铁崖编：《中外旧约章汇编》第1册，第51～52页。

⑥ 中美《五口贸易章程：海关税则》，道光二十四年五月十八日，见王铁崖编：《中外旧约章汇编》第1册，第56页。

除了不准外国人在五口之外私行贸易之外，还严禁其他形式的走私。如规定："则例船钞各费既议定平允数目，所有向来英商串合华商偷漏税饷与海关衙役私自庇护分肥诸弊，俱可剔除，英国公使曾有告示发出，严禁英商，不许稍有偷漏，并严饬所属管事官等，将凡系英国在各港口来往贸易之商人，加以约束，四面察查，以杜弊端。倘访闻有偷漏走私之案，该管事官即时通报中华地方官，以便本地方官捉拿，其偷漏之货，无论价值、品类全数查抄入官，并将偷漏之商船，或不许贸易，或俟其账目清后即严行驱出，均不稍为袒护。本地方官亦应将串同偷漏之华商及庇护分肥之衙役，一并查明，照例处办。"① 这一条款，据朴鼎查说，"显然是钦差大臣为了制止走私的目的而列进的"，② 即根据中方代表的要求列入的。朴鼎查爵士还表示，"在消灭这种非法贸易方面，中国当局可以期待他在条约规定范围内的帮助，并且走私者和他们的船只将不会在香港港口内得到保护"。条约中有关缉私的规定，被莱特称为"协定缉私法"，为履行这些条款，英驻华公使曾颁发训令，要求英商遵守，而"这些训令的奉行，造成若干英国领事和他们本国人民的尖锐冲突"。这种"协定缉私法"，是对领事裁判权所造成的恶果的一种弥补。③ 这类条款维护了中方的利益，显然不能说是不平等的。

还有防止各种弊漏的条款，如中英条约规定："凡英商进口船只，不准互相剥货，倘有必须将货剥过别船者，须先将实在情节，禀请英官察夺给牌，并移请海关委员查验明确，方准剥运。倘有不先禀明候验，私行剥货者，即将剥运之货一概查抄入官。"④《望厦条约》也有类似条款："合众国商船停泊口内，不准互相剥货，倘有必须剥过别船者，由该商呈报领事官，报明海关，委员查验明确，方准剥运，倘不禀明候验辄行剥运者，即将其剥运

① 中英《五口通商附粘善后条款》，道光二十三年八月十五日，见王铁崖编：《中外旧约章汇编》第 1 册，第 37 页。

② "朴鼎查致阿伯丁第 143 号函"，1843 年 11 月 3 日，英国外交部档 17/70。转引自［英］莱特：《中国关税沿革史》，姚曾廙译，生活 · 读书 · 新知三联书店 1958 年版，第 74 页。

③ ［英］莱特：《中国关税沿革史》，姚曾廙译，第 30、33、31、34 页。

④ 中英《五口通商章程：海关税则》，道光二十三年八月十五日，见王铁崖编：《中外旧约章汇编》第 1 册，第 42 页。

之货一并归中国入官。”① 再如转口之货，中美条约规定：“合众国民人运货进口，既经纳清税饷，倘有欲将已卸之货运往别口售卖者，禀明领事官转报海关，检查货税底薄相符，委员验明实系原包、原货，并无拆动抽换情弊，即将某若干担已完税若干之处填入牌照，发该商收执，一面行文别口海关查照。俟该船进口，查验符合，即准开舱出售，免其重纳税饷。若有影射夹带情事，经海关查出，罚货入官。”② 在要求外商遵守某种义务的同时，又予以中国处置的权利，如甲午战争之后的中日商约规定：“中国通商各口官员，凡有严防偷漏之法，任凭相度机宜，设法办理。”③

关于权利对等的内容，在晚清不平等条约中亦有相应的条款。例如，关于追讨中外商人债务的办法，条约作了对等的规定，并改变了鸦片战争前有损中方利益的不合理制度，废除了代赔和保偿的旧例。《南京条约》取消了行商制度，并对历史上的商欠问题作了最后了结，规定：“向例额设行商等内有累欠英商甚多无措清还者，今酌定洋银三百万员，作为商欠之数，准明由中国官为偿还。”④ 但中外贸易中仍会继续出现商欠问题，《五口通商附粘善后条款》为此规定：“前在江南业经议定，以后商欠断不可官为保交，又新定贸易章程第四条英商与华商交易一款内，复将不能执洋行代赔之旧例呈请着赔切实声明在案，嗣后不拘华商欠英商及英商欠华商之债，如果账据确凿，人在产存，均应由华、英该管官一体从公处结，以昭平允，仍照原约，彼此代为着追，均不代为保偿。”⑤ 中法《黄埔条约》和《望厦条约》也有类似条款，前者规定：“将来若有中国人负欠佛兰西船主、商人债项者，无论

① 中美《五口贸易章程：海关税则》，道光二十四年五月十八日，见王铁崖编：《中外旧约章汇编》第1册，第53页。

② 中美《五口贸易章程：海关税则》，道光二十四年五月十八日，见王铁崖编：《中外旧约章汇编》第1册，第54页。

③ 中日《通商行船条约》，光绪二十二年六月十一日，见王铁崖编：《中外旧约章汇编》第1册，第665页。

④ 中英《江宁条约》，道光二十二年七月二十四日，见王铁崖编：《中外旧约章汇编》第1册，第31页。

⑤ 中英《五口通商附粘善后条款》，道光二十年八月十五日，见王铁崖编：《中外旧约章汇编》第1册，第35页。

亏负、诓骗等情，佛兰西人不得照旧例向保商追取；惟应告知领事官，照会地方官查办，出力责令照例赔偿。但负欠之人，或缉捕不获，或死亡不存，或家产尽绝，无力赔偿，佛兰西商人不得问官取赔。遇有佛兰西人诓骗、负欠中国人财物者，领事官亦一体为中国人出力追还，但中国人不得问领事官与佛兰西国取偿。”① 后者规定：“中国商人遇有拖欠合众国人债项，或诓骗财物，听合众国人自向讨取，不能官为保偿；若控告到官，中国地方官接到领事官照会，即应秉公查明，催追还欠。倘欠债之人实已身亡产绝，诓骗之犯实已逃匿无踪，合众国人不得执洋行代赔之旧例，呈请着赔。若合众国人有拖欠、诓骗华商财物之事，仿照此例办理，领事官亦不保偿。”② 这些规定明确取消了鸦片战争前“代赔”和“保偿”的旧例，无疑对中国及华商是有利的。另外，外国商船在华遭遇盗窃抢劫，中国也不承担赔偿责任，如《望厦条约》规定：“若合众国商船在中国所辖内洋被盗抢劫者，中国地方文武官一经闻报，即须严拿强盗，照例治罪，起获原赃，无论多少，均交近地领事等官，全付本人收回；但中国地广人稠，万一正盗不能缉获，或有盗无赃，及起赃不全，中国地方官例有处分，不能赔还赃物。”③

第二次鸦片战争之后，清政府逐渐认识到中外条约的片面性，在新订条约中注意体现中方的权利。作为《天津条约》续约的1868年中美《续增条约》(即《蒲安臣条约》)中，便有不少对等条款，涉及各个方面。或规定两国相互不得歧视在本国境内的对方侨民，“美国人在中国，不得因美国人民异教，稍有欺侮凌虐，嗣后中国人在美国，亦不得因中国人民异教，稍有屈抑苛待，以昭公允。至两国人之坟墓，均当郑重保护，不得伤毁”。或相互严禁两国人民在对方国家拐带人口，“两国人民自愿往来居住之外，别有招致之法，均非所准，是以两国许定条例，除彼此自愿往来外，如有美国及中国人将中国人勉强带往美国，或运于别国，或中国及美国人将美国人

① 中法《五口贸易章程：海关税则》，道光二十四年九月十三日，见王铁崖编：《中外旧约章汇编》第1册，第59页。

② 中美《五口贸易章程：海关税则》，道光二十四年五月十八日，见王铁崖编：《中外旧约章汇编》第1册，第54页。

③ 中美《五口贸易章程：海关税则》，道光二十四年五月十八日，见王铁崖编：《中外旧约章汇编》第1册，第55页。

勉强带往中国，或运于别国，均照例治罪”。或相互给予两国人民最惠国待遇，“美国人民前往中国，或经历各处，或常行居住，中国总须按照相待最优之国所得经历、常住之利益，俾美国人一体均沾；中国人至美国，或经历各处，或常行居住，美国亦必按照相待最优之国所得经历与常住之利益，俾中国人一体均沾”。“中国人欲入美国大小官学学习各等文艺，须照相待最优国之人民一体优待；美国人民欲入中国大小官学学习各等文艺，亦照相待最优国之人民一体优待。美国人可以在中国按约指准外国人居住地方设立学堂，中国人亦可以在美国一体照办。”① 再如，1869 年中奥《通商条约》规定双方互相享有最惠国待遇：“今后中国如有恩施利益别国之处，奥斯马加国亦无不一体均沾实惠。如中国将税则、关口税、吨税、过关税、出入货税及各口随时设法杜弊各章程，无论与何国议定，一经通行，奥斯马加国商民、船主人等亦一体遵照，毋庸再议条款。中国商民如赴奥斯马加国贸易，应与奥斯马加国最为优待之国商民一律。”② 1881 年中巴《和好通商条约》作了进一步规定：“中国民人准赴别国民人所至之巴国通商各处，往来运货贸易。巴国民人准赴别国民人所至之中国通商各口，往来运货贸易。嗣后两国如有优待他国利益之处，系出于甘让，立有专条互相酬报者，彼此须将互相酬报之专条或互订之专章一体遵守，方准同沾优待他国之利益。”“两国商船准在彼此通商各口往来运货贸易，彼此相待与别国商船无异。”③ 又如，给予华商英属缅甸的内河航行权，1894 年中英《续议滇缅界、商务条款》规定：“英国欲令两国边界商务兴旺，并使云南及约内中国新得各地之矿物一律兴旺，答允中国运货及运矿产之船只，由中国来，或往中国去，任意在厄勒瓦谛江（即大金沙江）行走；英国待中国之船，如税钞及一切事例，均与待英国船一样。”④

① 中美《续增条约》，同治七年六月初九日，见王铁崖编：《中外旧约章汇编》第 1 册，第 262～263 页。

② 中奥《通商条约》，同治八年七月二十六日，见王铁崖编：《中外旧约章汇编》第 1 册，第 284 页。

③ 中巴《和好通商条约》，光绪七年八月十一日，见王铁崖编：《中外旧约章汇编》第 1 册，第 395～386 页。

④ 中英《续议滇缅界、商务条款》，光绪二十年正月二十四日，见王铁崖编：《中外旧约章汇编》第 1 册，第 579 页。

根据这一规定，中国取得了在伊洛瓦底江的航行权，且华船享有与英船同等的待遇。

在日本用战争迫使中国签订《马关条约》，改变中日平等条约关系之后，两国所订《通商行船条约》中，也有对等性质的条款。如第23款规定，“中国人有欠日本人债务不偿或诡诈逃避者，中国官务须严拿追缴。日本人有欠中国人债务不偿或诡诈逃避者，日本官亦应一体办理”。① 其时，日本提出的草案片面规定日方的权利，中方要求改为双方对等，谓：“所以改为两面者，以中日本国系同文之国，唇齿之邦，两国商民，往来近便，中国既已遣派公使，必须保护旅居华民，不能不彼此从同，以期周妥，从前中国与英法初立和约，专就一面立论，以彼时中国不知外洋情形，不知华人出洋多寡，故约文遂从简略，断不得援为定例，嗣后与各国立约，即多有保护华民条款，现在重订商约，自无不兼顾两面之理，凡事彼此一律，最属均平。”② 迫于中国的要求，日本不得不同意作些修改，给予中国一定的平等地位。

随着中外关系的发展，更多的体现近代交往规则和相互对等性质的规定被纳入条约关系之中。如商标保护，1902年、1903年中英、中美通商续约对此均作了规定。再如入境管理，中英《续议滇缅界、商务条款》规定，“英国商民欲由缅甸赴中国，应向合宜之英员，请中国派驻仰光之领事官，或边界上之中国官，发给护照，方能前往”；“华民欲由中国赴缅甸，如愿领护照者，可向华官，请英国驻扎蛮允之领事官，给发护照”。③

在各类不平等条约中，还有符合近代国家关系及其交往规则的条款。西方列强在实施强权政治，攫取种种特权的同时，也带来了某些与封建传统不同的近代文明。晚清中外条约反映了这一新的现象，或承诺尊重中国的领土主权，或对国家间的交往方式和规则亦作了规定。涉及此类内容的条款，既否定了传统对外体制下宗属有别的不对等规范，又引进了近代性质的国家关

① 中日《通商行船条约》，光绪二十二年六月十一日，见王铁崖编：《中外旧约章汇编》第1册，第662～666页。

② “改拟约稿缘由说贴”，光绪二十一年，见日本外务省编纂：《日本外交文书》第28卷，日本国际连合协会昭和二十八年发行，第270页。

③ 《续议滇缅界、商务条款》，光绪二十年正月二十四日，见王铁崖编：《中外旧约章汇编》第1册，第579页。

系准则、交往原则和制度。这些条款符合国家平等原则和国际惯例，与封建时代的世界帝国观念迥然有别，显然不宜纳入不平等的范畴。

在近代国家关系中，国家主权是最基本的原则，晚清时期亦有条约对此作了表示，承诺尊重中国领土主权，如1868年中美《续增条约》。必须指出，该约给予美国在中国领土兴兵的特权，规定“有别国在中国辖境先与美国擅起争端”，不得“禁美国自行保护”，因此仍属于不平等条约。另一方面，该约又规定，“大清国大皇帝按约准各国商民在指定通商口岸及水路洋面贸易行走之处，推原约内该款之意，并无将管辖地方水面之权，一并议给。嗣后如别国与美国或有失和，或至争战，该国官兵不得在中国辖境洋面及准外国人居住行走之处与美国人争战，夺货劫人；美国或与别国失和，亦不在中国境内洋面及准外国人居住行走之处有争夺之事”。另外，该约又规定了不干涉中国内政，“凡无故干预代谋别国内治之事，美国向不以为然，至于中国之内治，美国声明并无干预之权及催问之意，即如通线、铁路各等机法，于何时、照何法，因何情欲行制造，总由中国皇帝自主，酌度办理”。① 诸如此类的规定，无疑维护了中国的领土主权，体现了国家主权原则。加上其他条款，人们甚至将该约视为平等条约，如梁启超谓，“彼条约实最自由最平等之条约也”。② 萧一山也认为，该约“皆按平等互惠之精神，此为中外定约以来最合理之事”。③ 当代也有学者认为，“就当时情况而言，《蒲安臣条约》实为对中国最友好，或者最无损于中国的一个条约”。该约“确涵蕴了尊重中国领土完整，主权独立，并以平等地位待遇中国的原则”。这些反映了美国对华政策的变化，即“希望中国成为国际社会中平等的一员”。这与1844年签订《望厦条约》的顾盛，视中国为异端国家，坚持在华施行领事裁判权的政策，“全然不同”。④

就国家交往规则而言，众所周知，英国在鸦片战争前便试图打破“天

① 中美《续增条约》，同治七年六月初九日，见王铁崖编：《中外旧约章汇编》第1册，第261～263页。

② 梁启超：《新大陆游记节录》，1902年，见张品兴主编：《梁启超全集》第2册，北京出版社1999年版，第1200页。

③ 萧一山：《清代通史》下卷，中华书局1986年版，第861页。

④ 李定一：《中美早期外交史》，北京大学出版社1997年版，第351、356页。

朝”体制，建立“平等”的国家关系。在新的条约关系中，它们达到了这一目的。“民族的平等是以条约的形式确认的”，两国同等地互称为“大”，“两国君主在条文里具有同等尊严的地位”，“中国绝不可能再否认英中两国的地位平等了”，这样便“把英国撤出进贡国之列”。[1]无疑，列强通过条约建立的所谓“平等”关系，不仅仅是否定清帝国的“天朝上国”地位，而且更以真正的不平等取代了宗藩体制的不对等。然而，其中所包含的平等交往方式，从近代国家关系和国际法的角度而言，显然无可非议。对中国而言，这是从传统国家向近代国家转型的开始，也是中国逐步以新的方式建立与世界的联系，融入国际社会的基本途径。中外条约对这一新的交往方式和规则作了规定，诸如公文和官员来往及礼仪，以及驻外外交机关的设置，等等。

关于两国公文和官员来往，第一批中外条约打破了鸦片战争前清王朝的对外体制，给外国争取了平等权利。如《南京条约》规定：“议定英国住中国之总管大员，与大清大臣无论京内、京外者，有文书来往，用照会字样；英国属员，用申陈字样；大臣批覆用札行字样；两国属员往来，必当平行照会。若两国商贾上达官宪，不在议内，仍用禀明字样为著。”[2]《望厦条约》亦规定，嗣后中国大臣与合众国大臣公文往来，应照平行之礼，用“照会”字样。领事等官与中国地方官公文往来，亦用“照会”字样。申报大宪，用“申陈”字样。若平民禀报官宪，则仍用“禀呈”字样。均不得欺藐不恭，有伤公谊。两国均不得互相征索礼物。另中美章程还规定，美驻各口领事与中国地方官交涉往来，“务须两得其平。如地方官有欺藐该领事各官等情，准该领事等将委曲申诉中国大宪，秉公查办；但该领事等官亦不得率意任性致与中国官民动多抵牾”。“合众国日后若有国书递达中国朝廷者，应由中国办理外国事务之钦差大臣，或两广、闽浙、两江总督等大臣将原书代奏。”[3]较之鸦片战争之前，此类规定显然是给外国官员以“平等”权利，虽

---

① ［美］马士：《中华帝国对外关系史》第1卷，张汇文等译，商务印书馆1963年版，第349～350页。

② 中英《江宁条约》，道光二十二年七月二十四日，见王铁崖编：《中外旧约章汇编》第1册，第32页。

③ 中美《五口贸易章程：海关税则》，道光二十四年五月十八日，见王铁崖编：《中外旧约章汇编》第1册，第52、56页。

不完善，但这些规定符合近代国家交往惯例，应被视为平等类条款。随后，这一交往体制，又通过《天津条约》和其他条约，得以继续改进和完善。

经过第二次鸦片战争，清政府和西方国家进而在条约中规定了常驻公使制度，中外之间由此建立了近代外交关系。先是中美《天津条约》规定，“大合众国大臣遇有要事，不论何时应准到北京暂住，与内阁大学士或与派出平行大宪酌议关涉彼此利益事件。但每年不得逾一次，到京后迅速定议，不得耽延”。但同时又规定，“嗣后无论何时，倘中华大皇帝情愿与别国，或立约、或为别故，允准与众友国钦差前往京师，到彼居住，或久或暂，即毋庸再行计议特许，应准大合众国钦差一律照办，同沾此典”。① 接着，中英《天津条约》第 2 款明确规定：“大清皇帝、大英君主意存睦好不绝，约定照各大邦和好常规，亦可任意交派秉权大员，分诣大清、大英两国京师。”并对驻外公使待遇、来往礼节等作了规定，如：可以“长行居住”，或“能随时往来”；“英国自主之邦与中国平等，大英钦差大臣作为代国秉权大员，觐大清皇上时，遇有碍于国体之礼，是不可行”；其“在京师租赁地基或房屋，作为大臣等员公馆，大清官员亦宜协同勷办”；“大英钦差大臣并各随员等，皆可任便往来，收发文件，行装囊箱不得有人擅行启拆”；“凡有大英钦差大臣各式费用，皆由英国支理，与中国无涉”。总之，“泰西各国于此等大臣向为合宜例准应有优待之处，皆一律行办”。关于与清政府往来，中英《天津条约》规定：“大清皇上特简内阁大学士尚书中一员，与大英钦差大臣文移、会晤各等事务，商办仪式皆照平仪相待。”另外规定，以上所开优待各节，日后大清特派大臣秉权出使前来大英，“亦允优待，视此均同”。② 接着，中法《天津条约》也订立了类似条款。此外又对领事制度作了详细的规定。其后，中英《烟台条约》专门订立“优待往来”条款，内容涉及英驻华公使及各口领事等，与中国官员“彼此往来之礼”。鉴于彼此往来“尚有未协之处”，条约规定“明定章程，免启争论”，其原则是“中国

---

① 中美《天津条约》，咸丰八年五月初八日，见王铁崖编：《中外旧约章汇编》第 1 册，第 90 页。

② 中英《天津条约》，咸丰八年五月十六日，见王铁崖编：《中外旧约章汇编》第 1 册，第 96～97 页。

官员看待驻居中国各口等处外国官员之意与泰西各与国交际情形无异，且与各国看待在外之中国官员相同”。① 这些规定符合国际惯例，体现了近代外交关系，中国也由此进一步摒弃了“天朝”体制，以新的姿态走向世界。

在日本用战争迫使中国签订《马关条约》，改变中日平等条约关系之后，两国所订《通商行船条约》，也有平等性质的条款，如第 2、3 款规定：“大清国大皇帝陛下可任便派一秉权大员驻扎日本东京，大日本大皇帝陛下可任便派一秉权大员驻扎中国北京。两国所派秉权大员，应照各国公法，得享一切权利并优例及应豁免利益，均照相待最优之国所派相等大员，一体接待享受。其本员及眷属随员人等并公署住处及来往公文书信等件，均不得扰犯擅动。凡欲选用役员、使丁、通译人及仆婢随从等，均准随意雇募，毫无阻挡。”“大日本国大皇帝陛下酌视日本国利益相关情形，可设立总领事、领事、副领事及代理领事，往中国已开及日后约开通商各口岸城镇。各领事等官，中国官员应以相当礼貌接待，并各员应得分位、职权、裁判管辖权及优例、豁免利益，均照现时或日后相待最优之国相等之官，一律享受。大清国大皇帝亦可设立总领事、领事、副领事及代理领事，驻扎日本国现准及日后准别国领事驻扎之处，除管辖在日本之中国人民及财产归日本衙署审判外，各领事等官应得权利及优例，悉照通例，给予相等之官一律享受。”②

根据国际惯例，此类条款一般都是对等的，但中国为争取这一权利亦作了努力，尤其是与某些国家的交涉颇费周折。例如，甲午战后中日订立商约，关于设领条款，日本提出的草案为：“大日本国大皇帝酌看日本商务情形设立总领事领事副领事及代理领事得住中国已开及以后约开通商各口岸城镇各领事等官，中国官员，应以相当礼貌接待并各员应得分位职权裁判官辖权及优例，除免利益均照现晨或日后相待最优之国相待之官一律享受。”针对此条款的片面性，中方提出，“两国通商往来，应彼此设立领事”，并列举了与他国所订条约中的设领条款，如咸丰十年（1860 年）中俄《北

① 中英《烟台条约》，光绪二年七月二十六日，见王铁崖编：《中外旧约章汇编》第 1 册，第 348 页。

② 中日《通商行船条约》，光绪二十二年六月十一日，见王铁崖编：《中外旧约章汇编》第 1 册，第 662～663 页。

京条约》、同治七年（1868 年）中美《续增条约》、光绪十一年（1885 年）中法《越南条款》、光绪六年（1880 年）中德《续修条约》、同治十三年（1874 年）中秘《通商条约》、光绪七年（1881 年）中巴《和好通商条约》等约，指出："遣使与设领事，事属相连，日本既允中国遣使，断无不允中国设领事之理，此款止认日本可在中国设立领事，而不载中国可在日本设立领事，未免偏枯。"① 中方理由充分，且符合国际惯例，日方不得不接受了这一修改主张。

出于"天朝上国"的宗藩意识，清政府起初不愿接受这类体现近代外交关系的条款，长时间采取抵触政策。例如，《天津条约》规定互派公使的近代外交制度，外国公使可以驻京，咸丰帝为此痛心疾首，认为这是"中国之害"，谕令将其"消弭"。② 在他看来，"夷人驻京，则中国为外夷监守，自古无此体制，万不可行"。③ 咸丰帝甚至不惜以全免关税作代价，试图借税则谈判，要求对方放弃，删去这一条款。这个所谓的"内定办法"，旨在维护宗藩体制下的闭关锁国政策，显然是一个有悖世界大势的荒唐办法。至于遣使驻外，则被视为作他国人质，如时任江西巡抚的刘坤一说，是"以柱石重臣弃之绝域，令得挟以为质。"④ 诚然，如清王朝君臣所担忧的，这一制度的建立，为列强向中国提出进一步要求提供了便利，但这并非中国遭受侵略的根本原因。相反，作为国际社会的一分子，清政府应采取积极的态度应对形势的变化，接受先进的近代制度，融入世界之中，而不是将自己封裹起来而与世隔绝。经过一次又一次的教训之后，清政府才逐渐认识到这一点，以往的陈腐观念也随之发生转变。这一近代外交制度在晚清建立之后，经过民

---

① "通商行船条约详注"，光绪二十一年，见日本外务省编纂：《日本外交文书》第 28 卷，日本国际连合协会昭和二十八年发行，第 274 页。

② 《文宗显皇帝实录》卷 264，咸丰八年九月甲申，见《清实录》第 43 册，中华书局 1987 年版，第 1096 页；《廷寄》，咸丰九年二月二十五日，见贾桢等纂修：《筹办夷务始末 · 咸丰朝》四，中华书局 1979 年版，第 1333 页。

③ 《廷寄》，咸丰十年闰三月十八日，见贾桢等纂修：《筹办夷务始末 · 咸丰朝》五，中华书局 1979 年版，第 1877 页。

④ 《江西巡抚刘坤一奏》，同治五年四月甲辰，见宝鋆等纂修：《筹办夷务始末 · 同治朝》卷 41，第 45 页。

国时期的完善，在今天仍为新中国所奉行。显然，晚清中外条约中体现近代性质的交往规则，虽或有不无非议之处，但无疑具有合理和平等的属性，不能因为清政府当初的非议和抵触而对其予以否定。

此外，还有其他种种规定，符合国际交往惯例，不宜纳入不平等范畴。如司法互助性质的条款，1894 年中英《续议滇缅界、商务条款》规定："英国之民有犯罪逃至中国地界者，或中国之民有犯罪逃至英国地界者，一经行文请交逃犯，两国即应设法搜拿，查有可信其为罪犯之据，交与索犯之官。行文请交逃犯之意，系言无论两国何官，只要有官印，便可行文请交；此种请交逃犯之文书，亦可行于罪犯逃往之地最近之边界官。"① 再如海难救助方面的条款，中巴条约规定，"傥两国船只遇有天灾，在彼此沿海地方收口者，该处官员自当设法相帮。所有未遭失险之货物，如不欲出售，自应不纳税银。遇险船只，两国均与等别国船只一律"。② 又如保护人身安全方面的条款，中美条约规定，"合众国民人在中国安分贸易，与中国民人互相友爱，地方官自必时加保护，令其身家全安，并查禁匪徒不得欺凌骚扰。倘有内地不法匪徒逞凶放火，焚烧洋楼，掠夺财物，领事官速即报明地方官，派拨兵役弹压查拿，并将焚抢匪徒按例严办"。③ 还有中立性质的条款，如规定"合众国现与中国订明和好，五处港口听其船只往来贸易。倘日后另有别国与中国不和，中国止应禁阻不和之国不准来五口交贸，其合众国人自往别国贸易，或贩运其国之货物前来五口，中国应认明合众国旗号，便准入港；惟合众国商船不得私带别国一兵进口，及听受别国商人贿嘱，换给旗号，代为运货入口贸易；倘有犯此禁令，听中国查出拿办"。④

以上内容说明，以不平等为主体的中外条约关系，包含了近代性质的

---

① 中英《续议滇缅界、商务条款》，光绪二十年正月二十四日，见王铁崖编：《中外旧约章汇编》第 1 册，第 579～580 页。

② 中巴《和好通商条约》，光绪七年八月十一日，见王铁崖编：《中外旧约章汇编》第 1 册，第 396 页。

③ 中美《五口贸易章程：海关税则》，道光二十四年五月十八日，见王铁崖编：《中外旧约章汇编》第 1 册，第 54 页。

④ 中美《五口贸易章程：海关税则》，道光二十四年五月十八日，见王铁崖编：《中外旧约章汇编》第 1 册，第 55 页。

内容。其中有些尽管是西方列强强加给中国的，如使领制度，但它无疑是一种符合国际法的平等交往方式，有利于中国走向近代，融入国际社会。有些则是根据中方的要求，规定了对方的义务，从而在某种程度上保障了中国的权益，如禁止走私，等等。有些限制外人活动的条款，对中国而言，并非是不平等的。诸如此类，不一而足。总之，此类内容说明，在以不平等为主体的中外条约关系中，列强在一些问题上顾及了中国的利益，某种程度上体现了相互原则。如顾盛谓，“许多条款都是为中国着想并为中国利益计而添入的”，[①]而“耆英完全承认这点，所以谈判在友好的情况下进行”。[②]不过，这些方面的内容在整体上居于附属地位，未能改变中外条约关系的本质属性。而且，由于列强对中国并未真正平等相待，更以所谓“特殊国际法”理论为自己寻找合法的理由，更使这一关系中的平等内容无足轻重，具有一种畸形法律性质。

以上所述具平等属性的内容，只是荦荦大端，此外还有其他类型的条约和条款。例如，条约中还有不少涉及技术标准方面的条款，如关于货币、度量衡的统一，等等。这些问题的统一，有助于中外商贸往来的规范化，似不能以平等与否定性。还有一些条款，主要是为了限制外人的活动，在某种程度上反映了闭关时代的理念和惯性作法。如《五口通商附粘善后条款》规定：英商在广州等五港口居住，“均不可妄到乡间任意游行，更不可远入内地贸易，中华地方官应与英国管事官各就地方民情地势，议定界址，不许逾越，以期永久彼此相安。凡系水手及船上人等，候管事官与地方官先行立定禁约之后，方准上岸。倘有英人违背此条禁约，擅到内地远游者，不论系何品级，即听该地方民人捉拿，交英国管事官依情处罪，但该民人等不得擅自殴打伤害，致伤和好”。[③]《黄埔条约》规定：“凡佛兰西人在五口地方居住或往来经游，听凭在附近处所散步，其日中动作一如内地民人无异，但不得

① “顾盛致耆英函”，1844 年 6 月 21 日，《澳门月报》1845 年 8 月号。转引自［美］马士：《中华帝国对外关系史》第 1 卷，张汇文等译，第 371 页。

② ［美］马士：《中华帝国对外关系史》第 1 卷，张汇文等译，第 371 页。

③ 中英《五口通商附粘善后条款》，道光二十年八月十五日，见王铁崖编：《中外旧约章汇编》第 1 册，第 35 页。

越领事官与地方官议定界址，以为营谋之事。至商船停泊，该水手人等亦不得越界游行。如时当登岸，须遵约束规条；所有应行规条，领事官议定照会地方官查照，以防该水手与内地民人滋事争端。佛兰西无论何人，如有犯此例禁，或越界，或远入内地，听凭中国官查拿，但应解送近口佛兰西领事官收管；中国官民均不得殴打、伤害、虐待所获佛兰西人，以伤两国和好。”① 后来《天津条约》作了较为具体的规定，“如通商各口有出外游玩者，地在百里，期在三五日内”。② 此类条款，并非给予对方某种特权，且未侵害中国主权，也不宜归入不平等范畴。诸如此类，不一而足。

在条约关系中具有平等属性的内容，既体现为整体性条约，又混杂于各种不平等条约的相关条款之中。整体性平等条约以综合性条约最为重要，体现了近代主权原则，构筑了正常的国家关系，也因此维持了独立的国家地位。各不平等条约中的平等条款虽非主流，但无疑是这一关系中的积极因素，在某些具体事项上维护了中国的国家权益。在整个晚清中外条约关系中，此类具有平等属性的条约和条款，揭櫫了这一关系应有的近代意义。

三、“特殊国际法”的畸形法律性质

从法律的角度而言，条约属于国际法的范畴，具有国际法律的性质。然而，在国际法尚未成为世界范围的普遍国际法的时代，晚清中外条约所具有的国际法律性质不是正常的，而是畸形的和片面的，适用于西方列强的侵略扩张需要。为适应这种需要，西方国际法学界提出了“特殊国际法”的理论，将有悖于进步原则的种种规条纳入国际法之中。在理论构架中，列强对其所具有的畸形和片面的内容作了蓄意的精心包装，以掩盖其背离主权和平等原则的实质。在实际运作中，则以武力强权作支撑，以推行这一荒谬的霸道理论。对这一奇特的法律性质进行探讨，有助于更深入了解晚清中外条约关系的不平等性质。

按照西方国际法理论，从分类的角度来看，国际法按其适用范围，“有

① 中法《五口贸易章程：海关税则》，道光二十四年九月十三日，见王铁崖编：《中外旧约章汇编》第1册，第62页。

② 中英《天津条约》，咸丰八年五月十六日，见王铁崖编：《中外旧约章汇编》第1册，第97页。

一般国际法和特殊国际法之分，一般国际法是对所有国家具有拘束力的国际法，特殊国际法是对两个或少数国家具有拘束力的国际法”。① 或者说，前者是指“对世界所有国家都有效的国际法规范”，后者是指“只对某些国家有效的国际法规范”。② 所谓“特殊国际法”或“特别国际法”之说，在西方国际法理论和实践中，为其背离国际法的进步原则提供了托辞。在晚清中国，它更适应了西方列强的侵略扩张需要，主要体现了不平等的法律性质，以及强权政治的霸道本质。

众所周知，近代国际法发源于西欧，起初，欧洲人“准备允许欧洲以外的国家在欧洲国际法体系内至少享有某些有限的权利”，而“欧洲以外的国家也往往准备允许欧洲国家在各种非欧洲的国际法体系内至少享有某些有限的权利”。这样，“欧洲国家与非欧洲国家之间便有可能发生法律关系”。然而，当欧洲人的征服事业不断取得成功，这种情况便被“解释为白种人生来就优越的最终证据”。于是，“国际法律体系便变成白种人的俱乐部，非欧洲国家只有证明自己是‘文明化了’的国家，才能被挑选进入这个俱乐部”。③ 西方多数法学家认为，国际法发祥于欧洲基督教各国，“故今日别国亦欲受该法之保护，自当须先得诸国之同意。由是中国未得各国明白表示，则不能受国际法之利益”。其法学巨子“不承认中国入公法范围”，如荷兰德谓，“中国尚仅知国际法之皮毛”，“欲其守战时公法，则犹未能至也”。迄至 1909 年，霍尔在其所著《国际公法》仍谓：“依常日行为，中国现在所处地位，或可默认其已入公法范围。然其他单独或特别行为，则又常违法，故认中国现在完全守法，固大谬不然者也。”④ 这样，标榜国际法的西方国家，在处理非欧洲的亚、非国家的关系问题上，提出了所谓“特殊国际法”的谬说。有着重要地位和影响的《奥本海国际法》便认为：“国际法是以存在着一个国际社会这个假定为根据的，而这个国际社会包括一切独立国家在

---

① 王铁崖：《国际法》，见邓正来编：《王铁崖文选》，中国政法大学出版社 2003 年版，第 131 页。

② ［美］凯尔森：《国际法原理》，王铁崖译，华夏出版社 1989 年版，第 156～157 页。

③ ［英］M. 阿库斯特：《现代国际法概论》，汪瑄等译，中国社会科学出版社 1982 年版，第 14～15 页。

④ 刁敏谦：《中国国际条约义务论》第 3 编，第 46～47 页。

内并构成一个法律上有组织的社会。从这个假定出发，就必然要承认有一部属于根本性质的规则，普遍地拘束这个社会的一切成员。由于各国的地理、经济和文化的悬殊，因而，能普遍适用的规则的范围必然较国家之内能普遍适用于个人间关系的规则的范围为狭窄。各国之间的这些不同情况，可能使有必要在区域共同利益的基础上加以发展和调整，但是，这种两个或两个以上国家之间的特殊国际法是以对一切国家有拘束力的国际法原则的存在为前提的，并必须依照这种原则加以解释。"① 尽管这里肯定"国际法是以存在着一个国际社会这个假定为根据"，而"国际社会包括一切独立国家在内"，由此承认"有一部属于根本性质的规则，普遍地拘束这个社会的一切成员"，但却用简单的"假定"二字将其化为乌有。相反，作者用"对一切国家有拘束力的国际法原则的存在"，作为"特殊国际法"的前提，论证了它的合法性，由此提出了所谓"亚洲国际法""非洲国际法"等似是而非的概念。

在晚清时期，西方列强将不平等条约强加给中国时，便运用了这一理论。其核心在于将国际法限于所谓文明国家，即基督教世界，否定一般国际法中的主权原则在中国的适用。奥本海说，属于文明国家之列的国家才是国际社会的成员，"就是国际人格者"，而"国际法是文明国家所认为在彼此交往中有法律拘束性的总体"。② 签订《望厦条约》的顾盛在为其所攫取的条约特权辩解时，便说：国际法不是"所有国家的法律"，而"仅只是基督教世界的国际法"，"事实上只是基督教世界的国际法"。国际法中的相关原则，"实际上除了基督世界的那些国家外，并不应用于任何国家的国际交往"。在他看来，按照这一原则订立的中外条约，"符合一般的惯例，也符合我想象的有关异教徒国家的国际法原则"，③ 即符合"特殊国际法"的原则。顾盛大肆鼓吹这一理论，极力为侵犯非基督教国家主权的行径辩解，有关具体内容第十三章将作介述和评析，这里从略。对列强来说，它们按照

---

① ［英］劳特派特修订：《奥本海国际法》上卷，第1分册，王铁崖、陈体强译，商务印书馆1971年版，第34～35页。

② 周鲠生：《国际法》上册，商务印书馆1976年版，第58～59页。

③ 《顾盛给国务卿卡尔霍恩的报告》，1844年9月29日，见《美国对华政策文件选编　从鸦片战争到第一次世界大战（1842—1918）》，阎广耀、方生选译，第45、52、55、57页。

"特殊国际法"原则强使中国签订的条约,"并无实质上不合理的地方"。[1]相反,谁要是稍对中国平等相待,就会被认为是主张"中国可以和其他文明国家享有同样权力和特权"而遭到嘲笑。[2]

另外,就法律效力角度而言,"两个或少数国家缔结的条约只对缔约国有拘束力,它们只能表现为缔约国之间的所谓'特殊国际法',而不直接构成国际法的渊源。但是,如果有许多这类条约作出相同或类似的规定,它们就有可能成为国际法原则、规则和制度。在这个意义上,它们也就构成了国际法的渊源"。[3] 晚清时期订立的中外条约,多为此类双边条约,并构成了不平等的权利义务关系,也属于"有关国家之间的特殊国际法"。[4] 此类双边条约的另一造系西方列强,即使它们集合为"许多",而"有可能成为国际法原则、规则和制度",也是资本主义世界对中国的规则和制度。这些条约赋予它们各种特权的规定,本质上仍属于不公正的偏颇的国际法规则,因此,其体现的法律属性仍为所谓"特殊国际法",而非普遍国际法。

"特殊国际法"区别对待不同国家的观念显然是荒谬的,反映了列强在这个特殊时代所实施的强权政治。从国际法的本来意义上讲,"国际法只能是世界绝大多数国家一般承认遵行的共同国际法,理论和事实都是否定所谓特殊国际法的"。因此,"人们提出的所谓亚洲国际法和非洲国际法无非是把西方帝国主义、殖民主义在亚洲和非洲攫取特权与掠夺殖民地的一些非法方式法律化,而企图分别概括为亚、非两个大陆的国际法体系"。根据国际法的基本原则,"帝国主义列强在亚洲侵略中国,攫取特权的方式,包括不平等条约下的特权、租借地、势力范围等。这些方式只是代表帝国主义、殖民主义的政策,根本不属于法律的范畴,而且从一般国际法原则的观点来看,是根本非法的。因此,所谓亚、非国际法显然也不是什么大陆

---

① [德]施丢克尔:《十九世纪的德国与中国》,乔松译,生活·读书·新知三联书店 1963 年版,第 65 页。

② [英]魏尔特:《赫德与中国海关》上,陈敦才等译,厦门大学出版社 1993 年版,第 508 页。

③ 王铁崖:《国际法的渊源》,见邓正来编:《王铁崖文选》,中国政法大学出版社 2003 年版,第 139 页。

④ 王铁崖:《国际法导论》,见邓正来编:《王铁崖文选》,第 163 页。

国际法，而只是帝国主义、殖民主义强加于这些地域的国家和人民的一系列的掠夺和侵略政策的实现方式，而且已经是被现代国际形势的发展所否定了的”。显然，东方国家是“在不平等条约之法律形式之下被纳入国际法约束范围”的。“这些特权制度都大大地超出国际法范围之外，可说是形成了帝国主义国际法的一部分。”为此，他们订出了种种“殖民主义的制度和规则”，如“所谓无主地的‘先占’规则”，而有的西方资产阶级学者将其纳入“所谓‘大陆的国际法’，其实只能说是帝国主义的国际法”。这样，“随着资本主义发展到帝国主义的阶段，国际法中就加进了帝国主义反动的实践成分，并且原来资产阶级带来的有些民主原则也被抛弃或者歪曲地使用”。因此，“到了帝国主义时代，国际法可说也表现帝国主义的反动面貌了”。①

显然，从国际法的本来意义，尤从现代国际法的发展来看，晚清中外条约所体现的国际关系，以及对包括中国在内的东方国家主权的限制，“是不正常的，并且是不合法的”。此类强加的条约，“侵害他国主权的权利”，诸如对司法主权和关税主权的侵害，强国把弱国置于附属地位，等等，“侵夺了他们对外关系的权利”，是“对国家行使主权所强加的极端不正常的限制，根本违反国家主权原则，肯定是现代国际法所不能容许的”。② 诸如此类的非法限制非常普遍，例如“租借只有根据缔约双方自愿和平等的原则才是合法的”，还有势力范围，以及各种不属于条约范围的章程、合同等形式，等等，都是“根据不平等条约对一国领土主权所加的非法限制”，“违反主权原则，破坏领土完整，当然都是不合法的”。③ 因此，在新中国建立前的一百多年，中国“完全是一个‘不平等条约时期’，是一个‘列强掠夺特权时期’”。在这个漫长的时期，“是说不上什么国际法的：帝国主义国家极力维护的是不平等条约和种种特权，根本不以平等地位对待中国；中国受不平等条约和种种特权的压迫和剥削，毫无国际法可言”。即使资产阶级提出了进步原则，“也仅适用于所谓基督教‘文明国家’之间，对于弱小国家是从不适用的”。从现代国际法的观点来看，“如果是基于不平等条约所加

---

① 周鲠生：《国际法》上册，商务印书馆1976年版，第6～8、50～51页。

② 周鲠生：《国际法》上册，第184～185页。

③ 王铁崖主编：《国际法》，法律出版社1981年版，第188、190页。

的特殊限制，则应认为是无效的，不受国际法保障的”。① 因为，从本质上说，“只有一般的、普遍性的国际法才是通常所说的国际法，而所谓特殊国际法或区域性的国际法都必须受一般的、普遍性的国际法的制约”。② 认为近代中外不平等条约属“特殊国际法”，是不公正不合理的。即使是西方国际法学者，亦认为将国际法视为西方的独占物有失公正，如布朗评曰：“仅以一国未经承认，占世界中相当位置，即谓其不可为国家，不可受国际法之保护，似甚无谓。以吾观之，以有欧洲文明诸国，为国际法权利义务之独裁者，最不公最骄倨之事也。”③ 这种损害中国主权的畸形的“特殊国际法”，不是真正的国际法，必为一般的和普遍的国际法所制约和取代。

在晚清中国，这一有悖主权和平等原则的“特殊国际法”，并非正常产生的国际法律，而是在武力强权的支撑之下形成的。出于这一理论，在对待中国等东方国家的问题上，列强将国际法的进步原则视为弁髦，动辄诉诸武力。武力强权与“特殊国际法”及其衍生的不平等条约是一对孪生儿，正是在列强的暴力之下，列强对国际法的进步原则作了“特殊的修改”，以适应它们的需要，在中国攫取种种特权。

从自身利益出发，西方国家公然宣示“特殊国际法”的理念，毫不讳言且无所顾忌地用这一强权逻辑阐释其对华政策。例如，英驻华公使阿礼国强词夺理，谓：如果采用“符合条约关系和国际公法”的做法，则“更有损失于皇上统治帝国的权力，也使外强采用此种手段而耗费更巨”。只有采取国际法之外的非常规手段，才能保障他们的条约特权。不能指望“瓦泰尔或格劳秀斯同意这种不合常规的行动”，其理由很简单，“因为他们或其他的学者们都依据文明国家所应用的原理来论述国际法，承认双方的义务，并受相同的、或者至少是相类似的法学系统和国体的支配”。而“与不懂得所有这些形成欧洲政体的条件和原理的东方民族和国家打交道时，就得使这些原理特别适应由于强制两个在道德义务和民族政策上抱着截然不同观念的民族互相交往所产生的特殊局势”。由正义以及正确与错误的普遍原则所构成的国

① 王铁崖主编：《国际法》，第 22、65、188 页。

② 王铁崖：《国际法》，见邓正来编：《王铁崖文选》，第 131 页。

③ 刁敏谦：《中国国际条约义务论》第 3 编，第 47 页。

际法典，是任何一个文明国家都应尊重的，“但由一种过分的严谨，拘泥于以这些法典演绎出来的法规，并形成欧洲通称为国际公法的系统，去处理像中国这样一个亚洲国家，这简直是胡诌，不可避免会带来灾难”。因此，他认为，为了符合和平正义的需要，“对国际法中某些法规和原则有必要加以特殊的修改，这已为欧洲国家所理解和承认”。①

所谓“特殊的修改”，实际上就是割弃国际法的主权原则，采取强力手段压制中国而使其顺从西方列强的要求。如阿礼国所说，如果地方官违反条约，在清政府尚无足够力量的情况下，“唯一有效办法是使他们对自己的行为感到切肤之痛”。应让他们认识到此类事件的危害，“从根本上来改造他们的行为”，“教育他们为了自身的利益而尊重条约义务”。鉴于中外之间的交涉，往往是“一连串无休无止的来回查询”，即“通商口岸与京城之间来往文件玩捉迷藏的游戏，永远没有最后的解决”，必须采取非外交的暴力手段。也就是，“所有强加给一个很不自愿的政府的条约（例如所有与中国订的条约都如此），惟有用相似的手段来维护”。在他们看来，“一旦明文规定的条款可以规避且不受处罚，或施加于这些条文上的压力已不复存在时，外交文件对中国统治者就失去了约束力”。在这样的情况下，“外交就是‘有武装实力的思考’”，诚如卡莱尔所言，“外交是浮云；杀敌才是海洋和陆地”。唯有如此，“才是权力的唯一证据，才是获取尊敬的权利证书，真正的东方人所心甘情愿承认的证书”。如果要“列强不使用这种粗暴的手段去获取权利”，“就应该尽量设法防止违反条约的行为继续增加”。继续不断地对此类行为免予惩罚，“已经产生了懦弱的坏影响”，而这种坏影响，“会招引侵略，是东方民族不良信誉的主要根源，其危险更甚于武力或滥用武力”。他们还认为，列强应该表示，绝不能“无理智地从坚持主张条约权利的立场上退缩回来，而是应该坚决奉行这种互相交往的条件”。这一条件便是武力，“经验证明它能保证达到尊重协议的预期目的”。阿礼国声称，“这一点，至少是我在这一地区工作的一生中，心灵上受到印象最深刻的一课”。为人们所承认的法律原则中，有一条是“出于必要而加上的自卫

① 《阿礼国爵士致斯坦利伯爵文》，1869 年 2 月 5 日，见中国第一历史档案馆等编：《清末教案》第 6 册，中华书局 2006 年版，279～280 页。

的责任的条款”，而“这种法律肯定是专为东方民族而拟订的”，如谚语所说：“强者终于会在蹂躏弱者中而自行结束。”① 这种看法在西方外交官中非常普遍，签订《天津条约》的英国专使额尔金即声称，中国人是“一个服从暴力，而决不服从理智的民族”。② 美驻华公使劳文罗斯认为，中国是“低劣者”，西方文明国家是“优越者”，两者根本不相等，“必须是［使］用武力来使这个国家开放”。③

这些说辞，反映了西方国家无视国际法的主权原则，奉行武力至上、以强凌弱的强权政治。这一基本取向，使中外条约关系中有限的平等内容大打折扣，无足轻重。从中可以看到，列强并非真心维护中国的利益，实际上它们是竭尽可能摆脱对自己不利的条约义务。如咸丰元年（1851 年），英国以最惠国条款为由，单方面解除了协助中国海关辑私的条约义务。巴麦尊声称，“最惠国条款已经解除了《南京条约》第二款所加于英国的义务，因为《中美》和《中法》两约中都没有这样一项条款”。他辩解说：“中国当局并没有意思采取有效措施保护中国的税收，那么自不能期待英国政府单独承担这项义务。条约义务应该认成是基于一项假定，即必须双方努力，保证中国政府应征正当关税的缴纳，可是因为中国由于它的官宪的玩忽，没有能够对该项共同努力尽其本身的责任，所以英国政府可以公允地主张关于这个问题，将不再受任何义务的约束。”④ 由于这一条约义务被英方单方面解除了，英驻五口领事对英商走私，便可以听之任之。此外，列强又通过曲解条约，摆脱了此类条款的限制，平等性质的条款，又往往因此而大打折扣。

也正是以武力为后盾，西方列强通过条约从中国攫取种种不平等特权，由此具有了“特殊国际法”的所谓法律性质。这些特权在西方世界是根本不

① 《阿礼国爵士致斯坦利伯爵文》，1869 年 2 月 5 日，见中国第一历史档案馆等编：《清末教案》第 6 册，第 280～282 页。

② Rodney Gilbert, *The Unequal Treaties: China And The Foreigner*, London: John Murray, Albemarle Street, W, 1929, p.209.

③ ［英］伯尔考维茨：《中国通与英国外交部》，江载华、陈衍译，商务印书馆 1959 年版，第 81 页。

④ ［英］莱特：《中国关税沿革史》，姚曾廙译，生活·读书·新知三联书店 1958 年版，第 90～91 页。

可想象的，英驻华公使阿礼国直言不讳地指出："从个人和整体上讲，不论中国所给予的特权的真正价值是什么，我们都确信，以前从来没有那一个国家或西方政府对外贸给予如此慷慨的特权。"与其他各国尤其是与西方国家比较，"试问，有多少国家对外国个人和家庭消费的一切货物、杂货以及一切船只和码头仓库给予免税的？有多少西方国家允许外国船只在沿海进行土货贸易，享受毫无差别的关税待遇和在所有的内陆水域航行的权力？且不谈可能是例外的治外法权，它是在与东方国家打交道时强加的，试问，有多少欧洲国家完全容忍宗教以及传播教义和信仰的自由，而不论它们于现有的宗教制度和信仰方式有多大的颠覆作用？最后再来谈物质和商业利益，有哪一个国家象［像］中国这样对外贸的海关税收这么适度？"① 诸如此类特权，虽为条约所规定，但无不是伴随武力强权而获得的。

同样在武力强权之下，西方列强更扩展了"特殊国际法"的反动规则，并进而任意解释和扩大其条约特权。例如，在 19 世纪末的瓜分狂潮中，列强以武力相威胁，有恃无恐地强占租借地。这在国际法上是一个新现象，更是一个"特殊"现象，这一"特殊"的新现象，无疑是"特殊国际法"的新进展，是构建在恃强凌弱的武力基础之上的。西方学者为论证这一新现象的合法性，居心叵测地以国际法上的旧观念来解说，对这一新的条约特权作了荒唐的演绎，其甚者将租借地说成是"割让"。中国国际法学者对此作了充分揭露，或指出："租借地原系国际关系上的一种新事实，其性质全依条约而定，条约一变，其性质亦随之而变。吾人决不容西洋学者依据陈腐的旧有国际法观念来解说，而致限于偏重政治情势与学者主观太重的流弊。"② 或认为："吾人欲明租借地之性质，决不能借助于国际法上旧有的观念。土地租借本是国际关系上之一个新事实，必欲以国际法上的旧观念来解说徒嫌牵强。"周鲠生认为租借地性质的确定依据乃在条约，"就法律上说来，此种领土租借关系本来尚未有确定的界说，承租国对于租借地之权利范围，因条约而各有不同。欲明各租借地之地位，仍当返观中国与外国所订各项租借条约

① "阿礼国的备忘录"，1870 年 5 月 3 日。转引自［英］魏尔特：《赫德与中国海关》上，陈敩才等译，厦门大学出版社 1993 年版，第 510 页。

② 杨振先：《外交学原理》，商务印书馆 1937 年版，第 472 页。

之内容”。[①] 因此，将租借称作“变相的割让”，硬说中国丧失了领土主权，“没有任何法律根据”。大多数国际法学者认为，“租借与国内法上的租赁性质上是相同的。因此，租借国只是取得对租借地的使用权和管理权，而领土主权仍属于出租国”。[②] 根据条约规定，租借地的属地管辖权在一定期限内为租借国所行使，在某种意义阉割了中国的领土主权，并严重剥夺了中国的各种权益。中国学者的解释，在法理上维护了中国对租借地的领土主权，并揭露了列强试图乘便改变其性质的险恶用心。

还需指出，在武力为基础的强权政治下，“特殊国际法”在中国的实践中还超越了国际公法的范畴。西方列强凭借其强势地位，将中国与外国私法人订立的“准条约”，即属于国际私法范畴，本应由国内法解决的事项也纳入其中，甚至转而成为国际交涉。“各国政府利用几乎一切可能方式的国际行动，以强制执行它们本国人民根据他们和中国政府间的契约所主张的权利。”在这种情况下，“要区别中国政府的公私债务几乎是不可能的”。编写《和中国订立的及关于中国的条约和协定》(*Treaties and Agreements with or Concerning China*, 1894—1919）的麦克莫雷指出：“财政、经济和实业的让与权是各国政策的对象”，“各国政府用国与国间交往中所能使用的一切手段以谋取这类利益”，包括“直接地用一般条约规定的形式”和“间接地用对个别银行或实业团体给予特许权的形式”。这些让与权的持有人，“时常得到他们的政府的声援”，他们“坚持他们自己的解释”，即使是根据让与条件“已经归于无效”的权利，仍被作为“依据”。这样，列强把个人权益和国家权益“混在一起”，其结果是，“许多在别处仅是商务性质的事情，遇有争执可由法院判定的，在中国就成为国际政治问题，其最后的解决办法是外交行动”。[③] 在列强的强权政治之下，这种属于私法范畴的事项，也具有了特殊的内涵，被它们当作国际公法约束的对象。

总之，西方列强在华实施“特殊国际法”，将不平等条约强加给中国，攫取种种特权，其内核便在于武力强权，这正是传统国际法的局限之一。在

① 周鲠生：《现代国际法问题》，商务印书馆 1931 年版，第 225、213 页。
② 饶戈平：《国际法》，人民法院出版社 2002 年版，第 80 页。
③ ［美］威罗贝：《外人在华特权和利益》，王绍纺译，第 599～600 页。

传统国际法时代，认可国家的战争权利，肯定战争立约的合法性，其种种不平等制度规则及法律性质，便构建在这一基础之上。正是凭借武力强权，西方国家阉割了国际法中的主权平等原则，又以所谓“特殊国际法”为自己攫取不正当权益披上了法律的外衣。这无疑体现了传统国际法的另一面，如德国学者罗德尔所说，它是“欧洲统治世界的国际法，欧洲殖民主义的国际法”。[①] 或者如韩国学者金容九所指出的，它是“将欧洲的世界性扩张加以合理化的法律工具”，是“帝国主义的法律”。[②] 显然，在某种意义上，传统国际法便是适应西方侵略东方国家的“特殊国际法”，是前者大行其道的法律幌子，两者有着异曲同工之妙。

以武力强权支撑的“特殊国际法”，是西方列强侵略他国的工具，其基本精神便是以国际法之名用暴力攫取不正当的权益。西方列强的此类行径，为强权政治起了恶劣的示范作用。其后，效法西方的东方国家日本继承了这一衣钵，且变本加厉，有过之而无不及，更将这一强权逻辑推行到极致。

明治维新启动后，日本“脱亚入欧”，在努力摆脱西方列强压迫的同时，又亦步亦趋，追随仿效。堀田善卫氏辩解说，“在 19 世纪到 20 世纪的弱肉强食的时代里，我国为了保全国家的独立，致力建设近代国家，从而成为亚洲的先驱，现实中也只能踏上成为西欧帝国主义的追随者这条道路，除此以外别无他法”。[③] 明治时期的启蒙思想家福泽谕吉更明确地提出了“脱亚入欧”，声言，“唯今之计，我当决断，与其坐待彼等昌明，共兴亚洲，莫若早脱其列，携手西洋诸国”。对待中国、朝鲜等亚洲国家，“无须特别客气，竟可效仿西洋人处之”。[④] 他写的《脱亚论》，被认为是日本思想界对亚洲的“绝交书”。

---

① 王铁崖:《第三世界与国际法》，见中国国际法学会编:《中国国际法年刊》1982 年，中国对外翻译出版公司 1982 年版，第 16、19 页。

② ［韩］金容九:《世界观冲突的国际政治学：东洋之礼与西洋公法》，权赫秀译，中国社会科学出版社 2013 年版，第 18、23 页。

③ ［日］野村浩一:《近代日本的中国认识：走向亚洲的航踪》，张学锋译，中央编译出版社 1998 年版，第 5 页。

④ ［日］鹿野政直:《福泽谕吉》，卞崇道译，生活 · 读书 · 新知三联书店 1987 年版，第 152 页。

“脱亚”的日本，如它的西方前辈一样，也将国际公法作为它的“文明”标牌。在侵略中国的过程中，日本口必称公法，并以此作为指责中国的借口，声言：“两国遇有争端，将何以为决，曰事证，曰公法。不有事证，无以为据；不有公法，无以为断。”“有国斯有国法，有万国相交，斯有公法，是理之不可沦者。”[①]发动甲午战争时，日本在宣战诏书中仍煞有介事地标榜其遵守国际法，表示：“苟不违反国际公法，即宜各本权能，尽一切之手段，必期万无遗漏。”[②]然而，日本如西方列强一样，承袭了所谓“特殊国际法”的精髓，对中国和朝鲜这样的弱国，奉行的是无视主权平等原则的强权政治。1875年，日驻华公使森有礼无所顾忌地对李鸿章声称：“据我看来和约没甚用处”，“和约不过为通商事可以照办，至国家举事只看谁强，不必尽依条约”。李鸿章斥其为“谬论”，谓：“恃强违约，《万国公法》所不许”，“叛约背公法将为万国所不容！”并以桌上酒杯为喻：“和是和气，约是约束人的心，如这酒杯围住了这酒不教泛溢。”森有礼不以为然，谓：“《万国公法》亦可不用”，“这个和气无孔不入，有缝即去，杯子如何拦得住？”[③]日本的这一态度，说明它无视国际法的进步原则，彰明较著地体现了不平等性质和强权政治的霸道本质。

从与中国建立条约关系开始，日本便以西方列强为样板，试图取得与它们同样的地位，并以武力实现这一目标，发动了影响中日两国命运的甲午战争。挟战胜之威，日本强迫中国接受空前屈辱的《马关条约》和《通商行船条约》等条约，引致中外关系发生重大变化。这一变化，推动了传统国际法中不合理规则的发展，将所谓“特殊国际法”的武力强权和攫取特权的基本内涵扩展到新的高度，更进一步损害了中国的主权和利益。由此，不仅改变了中日间平等性质的条约关系，而且打破了两种国际秩序并存的双重格局，朝贡关系被摧毁，条约关系基本上成为中国单一的对外关系模式。作为亚洲

---

① “大久保照会总理衙门恭亲王等十人”，明治七年十月二十五日，见日本外务省调查部编纂：《日本外交文书》第7卷，日本国际协会昭和十四年发行，第303～304页。

② 王芸生编著：《六十年来中国与日本》第2卷，生活·读书·新知三联书店1980年版，第83页。

③ 《日本使臣森有礼署使郑永宁来直隶督署内晤谈节略》，光绪元年十二月二十八日，见顾廷龙、戴逸主编：《李鸿章全集》第31册，安徽教育出版社2008年版，第340页。

国家的日本，加入到西方列强的行列，迈出了脱亚入欧的关键一步，并进一步实现了“特殊国际法”所要达到的目的。与西方前辈比较，日本鲸吞豪夺，除了割取中国大片领土之外，在其他特权方面“要索甚多”。① 它不仅将列强所享有的种种权益纳入囊中，而且还超越西方前辈，得寸进尺，强索新的特权。

其中，日方在条约交涉中，坚持“特殊国际法”不平等的歧视立场，表现得淋漓尽致。它无视中方的合理主张和要求，不给中国以对等的地位和权利。例如，关于中日两国臣民在对方国家的权利问题，日方坚持采用不平等的规定。《通商行船条约》第 4 款规定，日本臣民可在中国通商口岸“来往居住，从事商业、工艺制作及别项合例事业”，并准在“通商各口任意往返，随带货物、家具”，在通商口岸所定外国人居住地界之内，“均准赁买房屋，租地起造礼拜堂、医院、坟茔”，并享有最惠国待遇，“一切优例、豁除利益，均照现在及将来给与最优待之国臣民，一律无异”。② 交涉中，中方提出，“此条系论日本臣民利益，日本人之在中国者如此，中国人之在日本者，应亦宜然”。并举出与其他各国所订条约，如中俄、中秘、中巴、中美等条约，均规定相互给予最惠国待遇作为理由。中方强调，起初中国不知国际惯例，因此给予英、法等国片面最惠国待遇，“断不得援为定例”。其后中国与各国立约，“即多有保护华民条款”，如上面所举各约。现在中日重订商约，“自无不兼顾两面之理，凡事彼此一律，最属均平”，因此“华民在日本所得利益，亦应增入”。③ 中方提出修正方案，要求增加给予旅日中国臣民以相同的最惠国待遇的规定，但被日方所拒绝。又如，该约第 6 款规定了日本臣民赴中国内地游历、通商的各种权利，④ 中方要求增加中方的权利，即“中国臣民，在日本赴内地游历，应照日本现行章程，与

① 《与日使商订通商新约情形片》，光绪二十一年十月十四日，见顾廷龙、戴逸主编：《李鸿章全集》第 16 册，安徽教育出版社 2008 年版，第 75 页。

② 中日《通商行船条约》，光绪二十二年六月十一日，见王铁崖编：《中外旧约章汇编》第 1 册，第 663 页。

③ “通商行船条约详注”，光绪二十一年，见日本外务省编纂：《日本外交文书》第 28 卷，日本国际连合协会发行昭和二十八年发行，第 274～275 页。

④ 中日《通商行船条约》，光绪二十二年六月十一日，见王铁崖编：《中外旧约章汇编》第 1 册，第 663 页。

相待最优之国臣民一律，以昭公允”，[①] 亦被拒绝。类似条款还有不少，如第 7 款规定，“日本臣民在中国通商各口岸，可雇用中国人民办理合例事务，中国政府及官吏不得阻碍禁止”。[②] 中方认为，“此款系就一面立说”，要求增加“中国臣民在日本雇用日本民人，亦照此办理”一句。[③] 第 16 款规定：“日本商船进中国通商各口，听其雇觅引水之人，完清应纳税项之后，亦听雇觅引水之人，带领出口。”[④] 中方指出，“此款系就一面立说”，提出“改作两面”，增加“中国商船进出日本各口，亦听一律照办”一句。[⑤] 第 25 款规定：“按照中国与日本国现行各约章，日本国家及臣民应得优例、豁除利益，今特申明，存之勿失。又大清国大皇帝陛下已经或将来如有给予别国国家或臣民优例、豁除利益，日本国家及臣民亦一律享受。”[⑥] 中方提出“此款应改两面”，要求增改“如别国商民在日本得有各项利益，中国商民亦无不一体均沾”。[⑦] 诸如此类的片面条款俯拾皆是，“日本臣民应得优先利益，均经详载”，而中方要求对等的主张则遭日方拒绝。

不仅如此，日方甚而公然食言，肆无忌惮地违背自己所作承诺，拒绝了中国获得平等权利的要求。根据《马关条约》，中日新订商约，“应以中国与泰西各国现行约章为本”。[⑧] 中方一再要求日本给予中国商民对等的最惠

① “通商行船条约详注”，光绪二十一年，见日本外务省编纂：《日本外交文书》第 28 卷，第 275 页。

② 中日《通商行船条约》，光绪二十二年六月十一日，见王铁崖编：《中外旧约章汇编》第 1 册，第 663 页。

③ “通商行船条约详注”，光绪二十一年，见日本外务省编纂：《日本外交文书》第 28 卷，第 277 页。

④ 中日《通商行船条约》，光绪二十二年六月十一日，见王铁崖编：《中外旧约章汇编》第 1 册，第 665 页。

⑤ “通商行船条约详注”，光绪二十一年，见日本外务省编纂：《日本外交文书》第 28 卷，第 281 页。

⑥ 中日《通商行船条约》，光绪二十二年六月十一日，见王铁崖编：《中外旧约章汇编》第 1 册，第 666 页。

⑦ “通商行船条约详注”，光绪二十一年，见日本外务省编纂：《日本外交文书》第 28 卷，第 283 页。

⑧ 中日《马关新约》，光绪二十一年三月二十三日，见王铁崖编：《中外旧约章汇编》第 1 册，第 615 页。

国待遇权利，日方代表林董却以欧洲各国与中国所订条约，“并无华民在外国一律优先之条”为由，予以拒绝。中方全权代表张荫桓举中奥条约为证，说明即使是欧美各国条约亦订有给予中国最惠国待遇的条款。日方却狡辩说：“奥国路远，华民足迹不到，故奥国肯注于约。”① 中方又提出，“此次商约，以欧洲各国条约为平，美国本有一律优待之约”，林董则谓美国并非欧洲。中方驳斥日方的谬说，谓：“奥斯马加非欧洲帝国乎，贵大臣若按照马关约办理，以欧洲各国约章为本，则奥国之约，不能抹煞不算。”又以日方屡屡声称“无不优待华人，但不必分注约内”，中方要求日方“言必有信”，对往来日本的中国商民商船，“究何以处”，“迅赐见覆”。② 日方以中国不是“开通国”为由，复照拒绝了中方的要求，谓：“我国近与欧美各国，更改条约，数年之内，应开通国俾各该国人往来居住从事生业。此次日中约内，若将优待华人一节一经分注，屈时不可不照欧美各国人应得优例一律办理。”而中国系“未开通国”，“日本臣民除在通商口岸居住从事生业外，其往来内地者，亦为条约所限制，不甚自便，彼此所享，大形轻重”。而且，中国昔与别国订立通商条约，“虽有华民应得按照相待最优之国一律相待之条，后因于该国内之益，有所妨碍，该国经立限制之条”。至于奥国，“华人稀到，所有条约，未可比照而论”。③

显然，在压迫中国，攫取不平等条约权利的行列中，日本是青出于蓝而胜于蓝，较西方列强更胜一筹的。彼以武立国，鲸吞中国领土，强索各种权益，却以中国为“未开通国”，歧视凌侮，言而无信，等等，典型地反映了它的蛮横和贪婪。这些说明，日本集西方列强之大成，在实践中扩展了所谓“特殊国际法”的内涵，以更为霸道的方式呈现了它的本质。

正由于日本的行径推进了“特殊国际法”的实践，西方列强对其侵华行径是赞成和欢迎的，并予以极大的鼓励。英国舆论，“多多少少地非常支持”

① “张全权照会”，光绪二十二年六月十一日，见日本外务省编纂：《日本外交文书》第29卷，日本国际连合协会昭和二十八年发行，第492页。

② “张全权照会”，光绪二十二年六月十一日，见日本外务省编纂：《日本外交文书》第29卷，第492页。

③ “林公使照复”，明治二十九年七月，见日本外务省编纂：《日本外交文书》第29卷，第494页。

日本的要求，包括割地，“特别是通商特权的要求”。① 俄国报刊将日本引为同类，称它“拥有与欧洲人同等之资格，出现于历史舞台上，表示出与身为亚利安人种之欧洲人均属同等之人类”。② 而且，日本加给中国的屈辱，暴露了清政府的虚弱，大大刺激了西方列强的欲望，使之更加无视国际公法的主权原则，竟然对华予取予求，无所顾忌。西方列强看到清帝国“已完全颓废老朽”，认为这是“结束处理清国最恰当之好时机”，要尽快由它们“共同占领”，“如同在非洲一样，将其作为保护国而分割之”。③ 三国干涉还辽拉开瓜分狂潮序幕之后，德国派兵强占胶州湾，不惜“恼怒和侮辱中国的统治者与人民”，“故意要用一种大张旗鼓的方式”提出它的要求，迫使清政府与之签订《胶澳租界条约》。这是列强在华签订的第一个租借地条约，它“在国际法上创一新例”，④ 将瓜分中国的活动推向高潮。这一无视国际道义，背离国际惯例，“公然违反条约和国际公法的行为”⑤ 的“新例”，正是在“特殊国际法”理念下创立的，更彰显了它畸形的本质。效法西方列强的日本，发动甲午战争，割占中国领土，其结果，危及中国的生存，“引起其他国家的领土攫取”。⑥ 中国这块富饶领土，成为“容易而值得夺取的战利品”，那些所谓“文明国家”则“密切注视中国瓦解的过程”，⑦ 无不打算从中分一杯羹。在 19 世纪末的瓜分狂潮中，以“特殊国际法”为特征的传统

---

① 《驻英国加藤公使致陆奥外务大臣电》，1895 年 4 月 10 日，见戚其章主编：《中国近代史资料丛刊续编 · 中日战争》第 10 册，中华书局 1995 年版，第 94 页。

② 《驻俄国西公使致陆奥外务大臣函》，1895 年 5 月，见戚其章主编：《中国近代史资料丛刊续编 · 中日战争》第 10 册，第 72 页。

③ 《驻俄西公使致陆奥外务大臣函》，1895 年 3 月，见戚其章主编：《中国近代史资料丛刊续编 · 中日战争》第 10 册，第 56～57 页。

④ 田原天南著：《胶州湾》，见青岛市博物馆等编：《德国侵占胶州湾史料选编》，山东人民出版社 1987 年版，第 410 页。

⑤ [美] 马士：《中华帝国对外关系史》第 3 卷，张汇文等译，商务印书馆 1960 年版，第 118 页。

⑥ 《驻伦敦大使哈慈菲尔德伯爵致外部电》，1895 年 4 月 4 日，见《德国外交文件有关中国交涉史料选译》第 1 卷，孙瑞芹译，商务印书馆 1960 年版，第 22 页。

⑦ 《外交大臣布洛夫的记录》，1899 年 3 月 14 日，见《德国外交文件有关中国交涉史料选译》第 1 卷，孙瑞芹译，第 253 页。

国际法，其不公正规则有了新的发展，而日本实则充当了这一新变化的始作俑者。

综上所述，作为中外间新的接合方式，晚清时期的条约关系，是进入近代文明的西方列强对中国实施“准统治”的国际秩序，其内容和性质也由此呈现出了复杂的状貌。这个时期是中外关系发生根本变化的起始阶段，又是中国由闭关走向开放，由传统走向近代的转折和过渡期，新旧正邪、落后进步混合交织在一起。在某种程度上，条约关系是这个特殊时代的投影，反映和折射了它的丰富内涵和内在矛盾。就条约关系的性质而言，在以不平等为主导的整体构架中，夹杂着平等和其他属性的内容，正是其重要特点之一。

晚清时期的中外条约，内容丰富复杂，涉及中国与世界交往的各种关系，包括政治、经济、文化、教育，等等。从中可以解析各种信息，它们既记载了中国遭受侵略和压迫的惨痛经历，又反映了中国走上近代融入世界的复杂历程，其中包括封建的“天朝”、闭关等陈旧观念的遗留及摒弃，清政府条约观念的形成和变化，等等。其不平等属性的内容占主导地位，使中国的社会性质发生了根本变化，变成一个半殖民地国家，制约和阻碍了中国社会的发展，反映了晚清中外条约关系的本质。而其具有的畸形和片面的国际法律性质，则是这一不正常国际关系的理论形态，体现了那个时代的强权政治。其具平等属性内容的产生，不仅仅是由于中国方面维护自身利益的努力，而且还与近代先进文明的引入密切相关。这些无疑说明，在新的国际关系中，中国要取得平等的独立地位，除了奋力抗争之外，还须吸收国际通行的近代交往规则，将自己融入世界。平等属性的条约内容，系中外条约关系的正常形态，晚清时期，这一内容居于次要地位，未能也不可能改变该时期条约关系不平等的基本属性。即使如此，它仍有重要意义，不仅在某种程度上维护了中国的权益，而且揭示了中外关系的发展趋向。随着国际形势的变化、国际法的进步，以及中国民族运动的高涨和革命运动的发展，不平等终为平等所取代，中国与各国建立了正常的条约关系。

第七章
清政府条约关系观念的形成

康熙年间，清政府便与俄国订立界约，但“中国很少有与他国缔结条约的观念”。① 晚清时期，作为过渡性社会的前期阶段，中国经历了从传统到近代的演化。自视为“天朝上国”的清王朝在面临这一新的变局时，经历了极为痛苦的心理过程，在外国的强力压迫之下，它逐步放弃传统和抗争，接受西方国际公法所设定的国际秩序，初步产生并逐渐形成了条约关系观念，其中既包括不合理不公平的强权规则，又含有体现近代交往形式的进步原则。这是一个艰难的蜕变过程，是清政府观念意识的一次重要转换。这种转换，折射了中外关系的深刻变革，即“天朝”体制下的对外模式为强权和公理交织的近代条约关系所取代。

一、从“要盟不信”到“以为信据”

在传统国际法时代，用武力强迫订立的条约具有合法性，如何认识条约的这一性质并采取相应的方针，是处理条约关系的基础。清政府没有近代条约观念和意识，考量条约关系的参照物，除了“天朝”体制之外，主要是中国古代的盟誓实践。经过一系列的武力打击，清政府逐渐放弃了传统的盟誓意识，接受了强权政治下的国际关系秩序，同时又在国际法的角度对近代条约有了新的认识。

春秋时期盛行结盟立誓，在其发展演化过程中，曾出现了两种相反的观

① ［英］斯当东：《英使谒见乾隆纪实》（1797 年版），叶笃义译，上海书店出版社 1997 年版，第 411 页。

念。一是主张讲求信义。“信”被称为“国之宝也”[①]“德之固也”[②]“言之瑞也，善之主也”，[③]等等。所谓“约结已定，虽睹利败，不欺其与”，如此，“则兵劲城固，敌国畏之；国一綦明，与国信之”。即使是“僻陋之国”的统治者，如齐桓、晋文、楚庄、吴阖闾、越勾践等，能够“威动天下，强殆中国，无它故焉，略信也，是所谓信立而霸也”。[④]叔服说：“背盟而欺大国，此必败。背盟，不祥；欺大国，不义；神、人弗助，将何以胜？”[⑤]所谓“盟誓之言，岂敢背之”，[⑥]信义被视为立国之根本。二是认同背盟弃信。春秋盟誓的兴起，又反映了世道风气的混乱败坏，所谓“世道交丧，盟诅滋彰”。[⑦]到春秋中后期，随着时局的变化，以及民智的进步和鬼神信仰的弱化，盟誓对各国的约束效力也越来越低。如哀公十二年（前 483 年），吴国遣太宰伯嚭请求“寻盟”，即重温过去的盟约。鲁国拒绝，派子贡答复说：“盟，所以周信也，故心以制之，玉帛以奉之，言以结之，明神以要之。寡君以为苟有盟焉，弗可改也已。若犹可改，日盟何益？今吾子曰‘必寻盟’，若可寻也，亦可寒也。”乃不寻盟。至春秋后期，“千乘之国，不信其盟”，[⑧]已相当普遍。春秋之世，有着不少背盟毁约的事例，以致春秋中叶以后，“人皆以‘背盟而克者多矣’为奢念，于是背盟之事，亦甚伙焉！”[⑨]战国时，苏秦公然反对守信，对燕王说，“臣之不信，是足下之福也。使臣信如尾生，廉如伯夷，孝如曾参，三者天下之高行，而以事足下，不可乎？”又说：“信如尾生，期而不来，抱梁柱而死。信至如此，何肯杨燕、秦之威于齐而取大功乎哉？”他认为，“夫信行者，所以自为也，非所以为人也，皆自覆

① 杨伯峻编著：《春秋左传注》一，中华书局 1981 年版，第 435 页。
② 杨伯峻编著：《春秋左传注》二，中华书局 1981 年版，第 516 页。
③ 杨伯峻编著：《春秋左传注》三，中华书局 1981 年版，第 971 页。
④ 梁启雄：《荀子简释》，中华书局 1983 年版，第 139～140 页。
⑤ 杨伯峻编著：《春秋左传注》二，第 782 页。
⑥ 杨伯峻编著：《春秋左传注》三，第 971 页。
⑦ 李学勤主编：《十三经注疏 · 春秋穀梁传注疏》，北京大学出版社 1999 年版，第 26 页。
⑧ 杨伯峻编著：《春秋左传注》四，中华书局 1981 年版，第 1671、1682 页
⑨ 陈顾远：《中国国际法溯源》，商务印书馆 1933 年版，第 258 页。

之术，非进取之道也。且夫三王代兴，五霸迭盛，皆不自覆也”。① 如果说，正常订立的盟约都可违背，那么强迫订立的盟约，即“要盟”，更无遵守的必要。春秋时期的盟约，有不少如子驷、子展所言，“唯强是从”，② 有着显著的“要盟”性质，这就隐伏了背盟弃信的依据。所谓“要盟无质，神弗临也”，“明神不蠲要盟，背之，可也”。③ 孔子也说，“要盟也，神不听”。④ 也就是说，“要盟”不受神的保障，可以违背。

众所周知，晚清中外不平等条约是列强用暴力或武力威胁等手段，强迫清政府接受的城下之盟，类似于春秋时期的“要盟”。而在传统国际法时代，这种强迫订立的“要盟”具有合法性。在罗马法上，甚至由于勒索而产生的法律相互行为也不是根本无效的。依据当时的一般国际法，“在各国关系上，武力的威胁和使用（战争）不是非法的”。⑤ 第一次世界大战以前，“传统国际法认为战争是合法的制度，结束战争的和约的合法性当然地不会受到置疑”。⑥ 国际法鼻祖格劳秀斯说，“人人都要尊重誓约的神圣”，“义务是誓约不可分割的、必要的结果”，“因为誓约是对上帝的承诺，它所包括的就应当绝对真实”。这是“尊崇上帝”，“因为誓约是以上帝的名义而立的，也因为上帝拥有强制履行义务的权威”。至于和约，“无论和约订立了何种条款，务当绝对遵守。根据协议中誓约保证的信义之神圣性，必须谨慎地避免一切——不仅是背约的诱惑，还有唤起仇恨火焰的倾向——的事物”。⑦ 惠顿亦谓：“至于各国相待，有被逼立约者，犹必遵守。”“倘不遵守，则战争定无了期，必至被敌征服尽灭而后已焉。”或曰：“各国立约，不

① 刘向集录:《战国策》下，上海古籍出版社 1985 年版，第 1047 页。

② 杨伯峻编著:《春秋左传注》三，第 971 页。

③ 杨伯峻编著:《春秋左传注》三，第 971 页。

④ 司马迁:《史记》二，中华书局 1999 年版，第 1550 页。

⑤ [美]凯尔森:《国际法原理》，王铁崖译，华夏出版社 1989 年版，第 273 页。

⑥ 万鄂湘、石磊、杨成铭、邓洪武:《国际条约法》，武汉大学出版社 1998 年版，第 306 页。

⑦ [荷]格劳秀斯:《战争与和平法》，何勤华等译，上海人民出版社 2005 年版，第 213～217、500 页。

能因利害迥异而废也，虽曾被逼，犹必谨守为是。”[①]

其时，清政府不懂得近代国际交往的相关规则，当它不得不接受西方强加的条约时，它据以应对的自然是中国传统的盟誓观念。“天朝”君臣也主张信守条约，如耆英根据传统的信义观，将条约视为“信守之凭”。[②] 同时，他们又承袭了古代背盟弃信的权变之术，以及“要盟”可以背之的观念。鸦片战争中，耆英等便将议和视为“暂事羁縻”的“缓兵之计”。[③] 耆英等既注重“格之以诚”，又强调“尤须驭之以术”。[④] 这种权变意识在清朝君臣中非常普遍，奕经奏谓：“暂拟设法羁縻，权宜办理。”[⑤] 列强也认为，“天朝议抚通商，不过为暂时羁縻之计”。[⑥] 其后叶名琛亦谓：当日准其五口传教，“原不过一时权宜之计，初何料及流毒无穷”。[⑦] 怡良等将“驭夷”之法，归结于“不过责其恪守成约”，[⑧] 而非自己守约。关于英人进城之事，道光帝降谕说，“英夷进城之约，在当日本系一时羁縻”，“亦不过权宜之计”，[⑨] 表示不必严格守约。订立《天津条约》之初，桂良奏报咸丰帝时说：“此时英、佛两国和约，万不可作为真凭实据，不过假此数纸，暂且退却海口兵船。将

---

① ［美］惠顿：《万国公法》，丁韪良译、何勤华点校，中国政法大学出版社 2003 年版，第 163～164 页。

② 《耆英又奏应行添注各条已另列一册俟朴鼎喳盖戳后录呈折》，道光二十三年七月丁巳，见齐思和等整理：《筹办夷务始末·道光朝》五，中华书局 1964 年版，第 2683 页。

③ 《钦差大臣署杭州将军耆英、参赞大臣特依顺、浙江巡抚刘韻珂奏》，道光二十二年四月壬辰，见齐思和等整理：《筹办夷务始末·道光朝》卷 47，第 44～45 页。

④ 《耆英又奏体察洋情不得不济以权变片》，道光二十四年十月丁未，见齐思和等整理：《筹办夷务始末·道光朝》六，第 2891 页。

⑤ 《奕经等奏尖山英船开赴外洋酌调兵勇赴省严防折》，道光二十二年四月壬寅，见齐思和等整理：《筹办夷务始末·道光朝》四，中华书局 1964 年版，第 1837 页。

⑥ 《耆英等又奏公同熟筹赔款折》，道光二十三年九月癸巳，见齐思和等整理：《筹办夷务始末·道光朝》五，第 2764 页。

⑦ 《叶名琛奏覆英美要求三款实为无厌之求及法使来津意在庇护教士折》，咸丰五年八月十八日，见贾桢等纂修：《筹办夷务始末·咸丰朝》二，中华书局 1979 年版，第 413 页。

⑧ 《怡良吉尔杭阿奏福州宁波关务情形片（抄件）》，1856 年 4 月 18 日，见太平天国历史博物馆编：《吴煦档案选编》第 6 辑，江苏人民出版社 1983 年版，第 18 页。

⑨ 《廷寄》，道光二十九年三月庚寅，见齐思和等整理：《筹办夷务始末·道光朝》六，第 3174 页。

来傥欲背盟弃好，只须将奴才等治以办理不善之罪，即可作为废纸。”① 在他看来，订约只是应付目前的“决裂之患”的权宜之计，此后可以不认账。咸丰帝更以“自古要盟不信”为据，认为订约“本属权宜”，② 明确提出不必信守条约。此外，要维护“天朝”体制的羁縻之道，又须限制对方进一步的索取。如耆英所说，抚绥羁縻之法，在于“格之以诚，尤须驭之以术”。③ 怡良等认为，“驭夷之法，不过责其恪守成约”。④ 显然，清政府从一开始便表现出了与传统国际法的信义观截然不同的观念趋向。

然而，清政府的“要盟不信”虽不无合理性，却缺乏实力的支撑，从而不得不以信守条约作为处理对外关系的方针。⑤ 在列强的武力逼迫之下，清政府逐渐接受传统国际法的规则，确认这些“要盟”的法律地位，并将其视为自己应遵守的规章。即如奕䜣所说，“昔日允之为条约，今日行之为章程”。⑥ 李瀚章谓，“今日之约章，即异日之法守”。⑦ 第二次鸦片战争后，即使朝廷确立了守约方针，由于中国被强迫订约的现实没有改变，抵制不平等“要盟”的意识仍未消除。这种意识使清政府对条约有着强烈的抵触思想，“中国百官多不乐意”，⑧ 从而促使了排外意识的滋长和蔓延，尤其是在地方官员中表现得更为强烈。他们采取各种方式抵制条约，甚至公然对办理对外

---

① 《桂良等奏英自定条约五十六款逼令应允折》，咸丰八年五月十六日，见贾桢等纂修：《筹办夷务始末·咸丰朝》三，第 966 页。

② 《朱谕》，咸丰十年七月己未，见贾桢等纂修：《筹办夷务始末·咸丰朝》七，第 2270 页。

③ 《耆英又奏体察洋情不得不济以权变片》，道光二十四年十月丁未，见齐思和等整理：《筹办夷务始末·道光朝》六，第 2891 页。

④ 《怡良吉尔杭阿奏福州宁波关务情形片（抄件）》，1856 年 4 月 18 日，见太平天国历史博物馆编：《吴煦档案选编》第 6 辑，第 18 页。

⑤ 参见李育民：《论清政府的信守条约方针及其变化》，《近代史研究》2004 年第 2 期。

⑥ 《总理各国事务恭亲王等奏》，同治六年九月乙丑，见宝鋆等纂修：《筹办夷务始末·同治朝》卷 50，故宫博物院用抄本 1930 年影印版，第 25 页。

⑦ 《署湖广总督江苏巡抚李瀚章奏》，同治六年十一月庚午，见宝鋆等纂修：《筹办夷务始末·同治朝》卷 52，第 31 页。

⑧ 《英使威妥玛为请将江省官宪逐英教士入奏事致奕䜣照会》，同治十一年正月初三日，见中国第一历史档案馆等编：《清末教案》第 2 册，中华书局 1998 年版，第 1 页。

交涉事务的恭亲王奕䜣表示不满。如法国传教士文乃耳携带盖有奕䜣印花的法国文凭抵达贵州开州后，署开州知州戴鹿芝将其捕拿堂讯，在公堂大呼谓，“尔文凭乃法国文凭，并非清国文凭，不足据。至恭亲王乃久蓄异志，私通外洋之人，其人何足道哉！其印花又何足道哉！”并将文乃耳及其随行教徒吴贞相、陈传经，房主张天申等人凌迟处死，“尸肉尽与犬食无存”。① 在“天朝”君臣看来，“战守两穷之际，诚有不得不从权议换条约，勉事羁縻”。②

至光绪年间，各重臣大吏对中外条约的“要盟”性质仍耿耿于怀。直督李鸿章奏称：“查从前中国与英法两国立约，皆先兵戎而后玉帛，被其迫胁兼受蒙蔽”。③ 右庶子陈宝琛奏：“夫利害所关，形势所迫，虽信义之国不能保其必守盟约”。“自道咸以来，中国为西人所侮，屡为城下之盟，所定条约挟制欺凌，大都出地球公法之外”。④ 粤督张树声等亦谓，与各国订立和约，“所定条款皆由欺诳挟制而成，盖多非理所有而束缚于势者”。⑤

违约事件仍不断发生，其中马嘉理案件影响尤巨。为杜绝此类事件的再次发生，交涉该案的李鸿章奏请“严饬各直省督抚，饬所属地方官讲求条约，先事防维”。⑥ 清廷颁发上谕，申令李鸿章的上述请求，强调“各该地方官均宜讲求条约，以期中外相安”。⑦ 光绪三年五月（1877 年 6 月），总署

---

① 《贵州法主教为教民被杀害致致法使申陈》，同治元年五月，见中国第一历史档案馆等编：《清末教案》第 1 册，中华书局 1996 年版，第 236 页。

② 《盛京将军都兴阿奏》，同治六年十一月丙寅，见宝鋆等纂修：《筹办夷务始末 · 同治朝》卷 52，第 21 页。

③ 《直督李鸿章奏日本议结琉球案牵涉改约暂宜缓允折》，光绪六年十月初九日，见王彦威、王亮辑编：《清季外交史料》卷 24，外交史料编纂处民国二十四年（1935 年）版，第 3 页。

④ 《右庶子陈宝琛奏琉案日约不宜遽订折》，光绪六年九月二十五日，见王彦威、王亮辑编：《清季外交史料》卷 23，第 20～21 页。

⑤ 《粤督张树声等奏球案不必急议日约未便牵连折》，光绪六年十一月二十五日，见王彦威、王亮辑编：《清季外交史料》卷 24，第 25 页。

⑥ 《直隶总督李鸿章奏请饬各省讲求条约遇有交涉事件勒限办结片》，光绪二年七月三十日，见王彦威、王亮辑编：《清季外交史料》卷 7，第 26 页。

⑦ 《总署致英使奉谕马嘉理案已结嗣后当照约保护照会》，光绪二年八月初一日，见王彦威、王亮辑编：《清季外交史料》卷 7，第 29 页。

奏请将条约发交州县各官，以凭交涉，谓："承办中外交涉事件，所恃惟在条约。虽各国意在得步进步，其条约内有便于彼者力为之持，便于我者曲为之说，然欲舍此则凭藉无由，违此则衅端立起，全在任其事者悉心体会，遇事始有规矩可循。"因此，"应请饬下各省将军督抚，札饬所属各地方官于条约诸款详研熟识，融会贯通"，"毋得视为具文"。① 清廷特地降谕，再次要求"讲求条约"，强调"中外交涉事件，关系大局，全在坚持条约，庶不至措置乖方"，"著各该将军督抚府尹再行严饬所属，务将条约详研熟识，融会贯通，以期深明窾要，遇事办理妥协"。② 其后，中外之间因条约发生的矛盾冲突仍延续不断，尤其是各种教案更是层出不穷。

究其原因，清王朝君臣抵制不平等的"要盟"的意识，是一个不可忽视的基本因素。海关总税务司赫德分析认为，中国唯一普遍存在的"民族情感"，"就是对中国制度的自豪和对外国一切的轻视"。"与外国发生的条约关系并没有改变这一情况"，"反而是强化了这种感情"。③ 由于条约从一开始便具有不平等性质和强权性质，"它们不是自愿交往而是恳求交往的产物，它们被接受是在被打败后而不是在协商后，它们从中国得到的是外国人认为他们需要的而不是中国愿意让与的"。④ 例如领事裁判权，"有损民族自豪，官员感到不满，广大民众也不欢迎"。⑤ 正唯如此，中外条约关系就如同一幢建在"偏离了垂直线"基础上的楼房，"迟早会倒塌"。⑥ 对中国而

---

① 《总署奏请将条约发交州县各官以凭交涉折》，光绪三年五月初七日，见王彦威、王亮辑编：《清季外交史料》卷 10，第 13、14 页。

② 《德宗景皇帝实录》卷 51，光绪三年五月辛酉，见《清实录》第 52 册，中华书局 1987 年版，第 709～710 页。

③ ［英］赫德：《北京使馆——一次全国性的暴动和国际事件》，1900 年 8 月，见［英］赫德：《这些从秦国来——中国问题论集》，叶凤美译，天津古籍出版社 2005 年版，第 31 页。

④ ［英］赫德：《中国、改革和列强》，1901 年 2 月，见［英］赫德：《这些从秦国来——中国问题论集》，叶凤美译，第 123～124 页。

⑤ ［英］赫德：《中国与世界》，1900 年 11 月，见［英］赫德：《这些从秦国来——中国问题论集》，叶凤美译，第 87 页。

⑥ ［英］赫德：《义和团，1900》，1900 年 12 月，见［英］赫德：《这些从秦国来——中国问题论集》，叶凤美译，第 106 页。

言，“条约关系就陷入了外国谈判者预先设置的圈套中”。①

长期以来，清政府与民众从不同的角度抵拒着条约关系，潜蓄酝酿，至义和团运动时期连成一气，促使了危机的全面爆发。在清王朝尤其是顽固官僚的潜意识中，始终没有放弃否定“要盟”和“攘外”的想法。这种意识在庚子事变中尤为集中地体现了出来，清廷在宣战上谕中谓：“三十年来，恃我国仁厚，一意拊循，彼乃益肆枭张，欺临我国家，侵占我土地，蹂躏我人民，勒索我财物。朝廷稍加迁就，彼等负其凶横，日甚一日，无所不至。小则欺压平民，大则侮慢神圣。我国赤子，仇怨郁结，人人欲得而甘心，此义勇焚毁教堂屠杀教民所由来也。”朝廷“柔服远人，至矣尽矣”。然而，“彼等不知感激，反肆要挟”。“彼自称教化之国，乃无礼横行，专肆兵监器利，自取决裂”。与其在“要盟”之下“苟且图存，贻羞万古”，孰若“大张鞑伐，一决雌雄”。②

然而，从历次对外战争来看，与一国交锋尚一败涂地，况“以一弱国而抵十数强国，危亡立见”，其结果“不待智者而后知”。清廷明明知道开战的结局，它之所以贸然宣战，其原因是多方面的，其中如前所述，借助“神奇的”义和团抵制“要盟”是一个重要因素。在小集团私利驱动之下的顽固势力，以“受外人欺凌至于极处”，即以“要盟”为由，认为“今既出此义团，皆以天之所使为词”，诸王、贝勒、群臣入对，“皆众口一词”，③成了清廷的主导倾向。其时，“义和拳吹嘘的神奇力量竟使中国受到如此深刻的影响，以致相信他们确能打败世界上其余的国家。”④

八国联军的炮火再次粉碎了清王朝解脱“要盟”的打算。经过这一次前所未有的打击，清政府不得不摒弃传统的盟誓观，接受西方国际法体系中的

① ［英］赫德：《中国及其对外贸易》，1900年9月，见［英］赫德：《这些从秦国来——中国问题论集》，叶凤美译，第46页。

② 《上谕》，光绪二十六年五月二十五日，见国家档案局明清档案馆编：《义和团档案史料》上册，中华书局1959年版，第162～163页。

③ 《致李鸿章、刘坤一等电》，光绪二十六年六月下旬，见杜春和等编：《荣禄存札》，齐鲁书社1986年版，第464页。

④ 《窦纳乐爵士致索尔兹伯理侯爵函》，1900年11月20日，见《英国蓝皮书有关义和团运动资料选译》，胡滨译，中华书局1980年版，第93页。

条约观念。向来“痛恨一切外国人”[①]的慈禧，自认“做错了这一件事”。[②]清廷一再“颁自责之诏”，表示“痛心疾首，悲愤交深”，公开承认过错，“罪在朕躬”。[③]对条约关系的性质及重要性，“天朝”大吏们有了更深入的认识，更加重视“考究”条约和国际法。直隶总督袁世凯指出：条约居国际法之主位，“盖操纵离合之故，成败得失之林，于是乎在”。东西各国法律专家，“童而习之，皓首而不辍”。而吾国“士大夫尠所究心，其何以惩前毖后乎？”方今环球大通，“世变日亟，诘戎练武之实与讲信修睦之文，二者相为表里”。“前车已逝，来轸方遒，杜渐防微，阳开阴阖，讵复有常辙之可循。”[④]历任工部、刑部、吏部尚书和管学大臣的张百熙谓：“条约者，国与国自表其权利义务，公认之以为信据者也。”他提出：“研究本国之国际法，必先探其条约之起原，实验吾权利义务之关系若何，第其易约年限，以较其销灭与赓续者之孰利，乃得以量吾国力而对待之，则条约者，实据已然之权限，以谋将来利益之准绳也。”“交通逾广，条约滋繁，欲使通国了然于自有之权利义务，各尽吾力以保卫之，则家有专书以为之宿。复虑其漫衍有排比钩稽者以盾其后，则弗劳而可获。”[⑤]山东巡抚杨士骧亦肯定了条约的作用，谓：“今尺寸之儒，稍涉西人学说，辄执条约之文，较短量长以肆其讥议，此物事后之智耳。”“公法者，固视国势强弱以为转移者也，况条章规约之因时制宜者乎。然则有志之士欲究明中外之势，以裨补国家者，其为术固自有在，毋徒訾议旧约为也。”他认为编纂约章，可以揭示国家近百年来的“交涉大端”、“得失之林”和“成败之迹”，而“谨而持之，以谋其便，化而裁之，以会其通，异日国运之振兴，必有赖于是者”。[⑥]总之，“交涉一

---

① 德龄：《德龄忆慈禧》，中国广播电视出版社1996年版，第192页。

② 德龄著、顾秋心译：《清宫二年记》，见王树卿等主编：《慈禧与我》，辽沈书社1994年版，第352页。

③ 《德宗景皇帝实录》卷477，光绪二十六年十二月癸亥，见《清实录》第58册，中华书局1987年版，第290～294页。

④ “袁世凯序”，见北洋洋务局纂辑：《约章成案汇览》甲编，上海点石斋光绪三十一年承印。

⑤ “张百熙序”，见北洋洋务局纂辑：《约章成案汇览》甲编。

⑥ “杨士骧序”，见北洋洋务局纂辑：《约章成案汇览》甲编。

道，首重条约，虽一字亦不能删除，矧一款乎？”① 上述各重臣对条约的认识和态度，反映了国人条约关系观念的新变化。

光绪三十二年（1906年），清廷降谕严词要求守约，谓：“从来敦笃邦交，端在讲信修睦，朝廷与东西各国，通商立约，开诚布公，固已情谊交孚，毫无隔阂。各国亦均称欢洽，亲密有加，中外相安，实天下所共悉。”“方今时局艰难，正赖列邦互相联络，庶几寰宇协和，岂有自启猜嫌，扰害治安之理。”强调，“团体原宜固结，而断不可有仇视外洋之心。权利固当保全，而断不可有违背条约之举”。其时，“讹言肆起，适偶有不虞之暴动”，清政府需要与列强协调一致，以应对方兴未艾的反清革命运动。清政府在该上谕中又谓：“方今时局艰难，正赖列邦互相联络，庶几寰宇协和。”不然，“一有匪人乘机滋事，必至贻害地方”。② 对外人的要求，尤其是涉及压制排外的要求，清政府高度重视，有求必应。“外人或有所要求，苟不至过于难堪，中国从未尝峻拒。即有要索所难堪之处，中国亦必曲为设法，所谓通融办理者是也。”③ 某外国领事称查有“排外揭帖”情事，清廷特降谕，“著该督抚严密查禁”。④ 清政府放弃“要盟”意识，对外态度由此前的排外转衍为惧外和媚外。革命党人谓：“满人排外之政策，一变为媚外。”⑤ 立宪派的《新民丛报》更对此进行了大量披露，谓：“戊戌以后，庚子以前之举动，皆原于排外之目的，排外之成见也。辛丑以后，则一变而为媚外之目的，媚外之成见。”⑥ 据该报统计，清廷回銮后的短短一个来月，“保护外人之懿旨，不下二三十次”，“诚如孝子之事父母”。即使是一些鸡毛蒜皮的小事，也郑重其事。如一国公使夫人偶遭儿童指目，“辄欲拿拷治罪”；一教

---

① “例言”，见北洋洋务局纂辑：《约章成案汇览》甲编。

② 《德宗景皇帝实录》卷555，光绪三十二年二月戊申，见《清实录》第59册，中华书局1987年版，第363～364页。

③ 《论中外有不能相安之势》，《新民丛报》第20号，光绪二十八年十月十五日。

④ 《宣统政纪》卷33，宣统二年三月戊午，见《清实录》第60册，中华书局1987年版，第595页。

⑤ 《清政府与华工禁约问题》，《民报》第1号，1905年12月8日。

⑥ 《论媚外之祸》，《新民丛报》第16号，光绪二十八年八月十五日。

士之受辱，“辄下罪己之诏”，甚为“恭顺”。① 遇有此类事情，“外部雷厉风行，迳即奉命唯谨，而执无辜者正法”。② 梁启超说，“外国人出一言，而政府辄唯唯从命，甚且先意承志，若孝子之事父母，岂有他哉，畏之而已”。③ 舆论亦认为，“今日媚外之政府，固昔时排外之政府”。④

这些充分说明，经过庚子事变，清政府完成了从“要盟不信”到“以为信据”的转变。他们已从古代的“要盟”意识中走了出来，对传统国际法体系下的条约性质亦有了较为清楚的认识，完全接受了列强强加的条约关系，认可了强权政治下的国际关系秩序。

二、从“怀柔远人”到“以求两益”

在近代国际关系中，条约不是单方面的，而是“缔约各方意在确立相互义务和权利的一种法律相互行为”。⑤ 清政府在被胁迫订约之始，并不了解条约的这一性质，往往出于传统的“怀柔远人”观念，将给予对方权益视为单方面的赐予。随后在列强不断勒索条约特权的过程中，清政府逐渐改变了上述观念，认识到条约应有的性质，并由此看到了中外条约的不平等性质；又随着国际法的输入，清政府产生了近代主权意识，从而开始重视在条约关系中维护自己的权益。

“怀柔远人”是清帝国处理对外关系的基本方针，清王朝历来自视为至高无上的“天朝”，与他国往来则表现出一种居高临下的恩施态度。康熙帝曾表示，“朕惟治天下之道，必期柔远能迩，察吏安民，俾世臻清晏之休，人享耕凿之利，庶薄海内外无一物不得其所”。⑥ 在“天朝”君臣看来，中国不需要与外国建立通商贸易关系，允准西洋商人来华贸易，“特系怀柔远

---

① 《奴隶与盗贼》，《新民丛报》第 8 号，光绪二十八年四月十五日。

② 《论中外有不能相安之势》，《新民丛报》第 20 号，光绪二十八年十月十五日。

③ 梁启超：《中国前途之希望与国民责任》，1911 年，见张品兴主编：《梁启超全集》第 4 册，北京出版社 1999 年版，第 2398 页。

④ 《论中国民气之可用》，《时报》乙巳六月十三日。

⑤ 吴昆吾：《条约论》，商务印书馆 1931 年版，第 3 页。

⑥ 《圣祖仁皇帝实录》卷 184，康熙三十六年七月壬辰，见《清实录》第 5 册，中华书局 1985 年版，第 970 页。

人之道则然”。乾隆帝谓，“许远夷互市者，不过寓绥怀之略而已”。① 准外国所请通商，“俾获微利”，是由于“朕为中外共主，示以柔远之仁”。② 因为，“国家四海之大，内地所产何所不有，所以准通洋船者，特系怀柔远人之道则然”。乾隆帝否认通商贸易“与天朝有益”，要求两广总督等“不但当行文笼统驳斥，并宜明切晓谕，使知来广贸易，实为夷众有益起见，天朝并不藉此些微远物”。③ 其后拒绝马戛尔尼扩大通商等要求时，清廷更明确地说：“天朝物产丰盈，无所不有，原不藉外夷货物，以通有无。特因天朝所产茶叶磁器丝觔，为西洋各国及尔国必需之物，是以加恩体恤。”允许在华贸易，“俾得日用有资，并沾余润”，是“天朝加惠远人、抚育四夷”。④ 林则徐也认为，“准令诸夷互市，原系推恩外服，普示怀柔，并非内地赖其食用之资，更非关榷利其抽分之税”。⑤“通商本以怀柔外服，并非利其征输”，“区区税银，何足计较”。⑥ 正是出于这样的观念，即使是在军事失利的情况下，“天朝”君臣也将应允英国的条约要求视为“怀柔”之举。在议抚过程中，道光帝降谕谓：“我朝抚驭外夷，全以恩义，各国果能恭顺，无不曲加优礼，以期共乐升平。”⑦ 又谓：“朕惟中外一体，念切怀柔，不以其侵犯在先，诉辩在后，遽加屏绝。”“朕至诚待物，从不以逆亿为怀，如果得利相安，不致别图滋扰，区区之施，实非所吝，蠢尔丑类，何足为仇？此又朕轸念薄海民

① 《高宗纯皇帝实录》卷 380，乾隆十六年正月戊申，见《清实录》第 14 册，中华书局 1986 年版，第 8～9 页。

② 《高宗纯皇帝实录》卷 474，乾隆十九年十月戊午，见《清实录》第 14 册，第 1128 页。

③ 《高宗纯皇帝实录》卷 649，乾隆二十六年十一月辛亥，见《清实录》第 17 册，中华书局 1985 年版，第 259 页。

④ 《高宗纯皇帝实录》卷 1435，乾隆五十八年八月己卯，见《清实录》第 27 册，中华书局 1986 年版，第 185 页。

⑤ 《议复曾望颜条陈封关禁海事宜折》，道光二十年三月二十六日，见林则徐全集编辑委员会编：《林则徐全集》第 3 册，海峡文艺出版社 2002 年版，第 325 页。

⑥ 《英人扬言伊国不通商各国货船亦不得进口片》，道光二十年八月十二日，见林则徐全集编辑委员会编：《林则徐全集》第 3 册，第 458 页。

⑦ 《上谕二》，道光二十一年正月辛卯，见齐思和等整理：《筹办夷务始末 · 道光朝》二，第 711 页。

生，不得已之权宜也。”① 牛鉴提出，“明宣恩旨，用示怀柔”，“朝廷何爱一尘之与”，“彼虽畜类，亦具人形，譬如桀犬狂吠，本不足以论是非，及投以肉食，未尝不摇尾而帖服”。② 英法交涉修约，江苏巡抚吉尔杭阿视之为“归命乞恩”，认为“因而抚之，并未失体”。“或生异志，再图绥辑之方，则不如早用怀柔之法。”③ 他所说的“早用怀柔之法”，即同意彼方要求。

“怀柔远人”又须持平对待，即“抚绥中外，一视同仁”，“一秉至公”。④ 耆英向来华订约的美国专使顾盛表示，“中国之待各国商人，不能有所偏，偏则各国人心不服，是以上年本大臣议定贸易章程如裁撤行商、革除规费、减船钞、定税则、开五口，及其余一切有益远商之事，大皇帝不待各国请求，即通行一体照办，此即一无所偏之明证，非专为英国贸易通商所定也”。所以，“一切有益远商之事，大皇帝不待各国请求，即通行一体照办”。⑤ 又说，“大皇帝待人办事，一秉至公，断不至于西洋各国有厚薄轻重于其间也”。⑥ 对于美国的订约要求，清政府各级官吏反复强调中国“怀柔远人”“一视同仁”之意，“断不至于西洋各国有厚薄轻重于期间”。英国获得种种权益，对其他国家而言，“与其谨守旧章致多棘手，莫若因势利导，一视同仁”，⑦ 均同样赐予。道光帝亦谓：“国家抚驭外夷，一视同仁，断不

---

① 《上谕》，道光二十二年四月乙巳，见齐思和等整理：《筹办夷务始末·道光朝》四，第1848～1849页。

② 《牛鉴奏英军鸱张与前不同仰求怀柔与民休息折》，道光二十二年六月甲申，见齐思和等整理：《筹办夷务始末·道光朝》四，第2040页。

③ 《吉尔杭阿奏关税未缴营饷难筹似可将贸易章程略为变通折》，咸丰四年九月十八日，见贾桢等纂修：《筹办夷务始末·咸丰朝》一，第349页。

④ 《致英国国王檄谕稿》，道光十九年六月二十四日，见中国第一历史档案馆编：《鸦片战争档案史料》第1册，天津古籍出版社1992年版，第644页；《耆英照覆顾盛》，道光二十四年五月十四日，见朱士嘉编：《十九世纪美国侵华档案史料选辑》上册，中华书局1959年版，第33页。

⑤ 《耆英致顾盛函》，道光二十四年五月十二日，见朱士嘉编：《十九世纪美国侵华档案史料选辑》上册，第30页。

⑥ 《耆英照覆顾盛》，道光二十四年五月十四日，见朱士嘉编：《十九世纪美国侵华档案史料选辑》上册，第333页。

⑦ 《耆英又奏美利坚等国必欲在闽浙通商似可准其一并定税则片》，道光二十二年十二月癸巳，见齐思和等整理：《筹办夷务始末·道光朝》五，第2536、2537、2538页。

使彼此稍分厚薄，致启争端。”①

中英订立《南京条约》之后，清政府仍持“怀柔远人”的传统政策，将给予英国的条约特权也同样给予了其他国家。在外国人看来，“几世纪来，中国人在贸易方面，对所有外国人向来都是一视同仁的，自然没有理由臆测他们只是因为和英国签订了一项条约，便改变了他们对其他国家的态度”。②即使是没有和中国订约的国家，也可以享有同样的条约特权。道光二十五年（1845 年），比利时驻印度支那总领事兰那奉派到广州谈判条约，道光帝降谕，“将五口贸易章程一体颁发，以示怀柔”，③ 即“准许比利时在中国现有条约的办法下通商”。④ 其后中比订立《通商条约》，即以此为由，该约序言谓：广东当局于道光二十五年（1845 年）“颁发五口贸易章程一体通商”，“是以现在可立条约，永远信守”。⑤ 清政府的这一传统政策，是不平等条约得以泛滥的一个重要因素。正是在这一意义上，丹涅特说：“中国对其他各国不惜开放各口一事，其功既不在亨利·朴鼎查爵士，也不在加尼海军副少将，而是在于中国人本身。”⑥

对于各国的要求，“天朝”君臣使用了恩施之类的语言，如“求恩”“恩准”“邀惠”等。这种“怀柔远人”和“一视同仁”的心理及政策，在相当程度上限制了“天朝”君臣的思维，他们不是采取积极的态度应对新的条约关系，而是以羁縻之道来应对条约关系，单方面让与权益，给对方以恩惠，并无区别地“施恩”于各国。清政府将已订条约视为一成不变的，其基本原

① 《宣宗成皇帝实录》卷 408，道光二十四年八月庚子，见《清实录》第 39 册，中华书局 1986 年版，第 110 页。

② ［英］莱特：《中国关税沿革史》，姚曾廙译，生活·读书·新知三联书店 1958 年版，第 65 页。

③ 《廷寄》，道光二十五年六月，见齐思和等整理：《筹办夷务始末·道光朝》六，第 2929 页。

④ ［美］马士：《中华帝国对外关系史》第 1 卷，张汇文等译，商务印书馆 1963 年版，第 373～374 页。

⑤ 中比《通商条约》，同治二年七月十三日，见王铁崖编：《中外旧约章汇编》第 1 册，第 208 页。

⑥ ［美］泰勒·丹涅特：《美国人在东亚——19 世纪美国对中国、日本和朝鲜政策的批判的研究》，姚曾廙译，商务印书馆 1959 年版，第 96 页。

因便在于此。后来薛焕在与比利时使臣包礼士订约谈判时说："臣思外国条约，经一次更改，即多一次要求"。① 这种让与，不断损害了"天朝"体制，这又是清朝君臣们所不愿意的。

各列强的态度与中国的"怀柔"政策恰恰相反，"所以必重条约者，盖以条约为挟持之具。故一事也，但使于彼有益，则必出全力以相争，不载入条约之内不止。迨至入约之后，字字皆成铁案，稍有出入，即挟持条约，纠缠不已"。它们"得步进步，不独于约内所已载者难稍更动，且思于约外未载者更为增添"。② 在列强通过条约屡屡攫取特权的现实中，又兼西方国际法的输入而产生的影响，在同治年间便有不少人舍弃传统意识，开始认识到近代条约的某些性质，并由此产生了维护国家自主权利的思想。美卸任驻华公使蒲安臣代表中国出使欧美各国，曾国藩等建议其维护中国的权益，"于领海申明公法，于租界争管理权，于出洋华工谋保护，且预防干涉内治"等。③ 随后与美国签订的《续增条约》第1、5、8条等条款的规定，④ 也确实在一定程度上实现了这一意图。同任出使大臣的志刚认为，条约各条款"皆系有益应办之事"。⑤

同治六年（1867年），为应对修约，清廷饬令各封疆大吏商讨对策。讨论中，绝大多数人仍将条约内容视为单方面的要求，没有考虑如何通过修约来维护自己的权益，仅担忧又要作单方面的让与。他们高度紧张，忧心忡忡，似乎觉得处理不好便会决裂，再起战争。但是，李鸿章等少数人对此产生了新的认识，从国际法的角度剖析了条约的性质。李鸿章认为，修约之事，"系条约而非议和"，即不是结束战争状态的城下之盟。根据条约，缔

---

① 《办理通商事务大臣薛焕奏》，同治元年六月甲戌，见宝鋆等纂修：《筹办夷务始末·同治朝》卷7，第40页。

② 《总理各国事务恭亲王等奏》，同治六年五月丁卯，见宝鋆等纂修：《筹办夷务始末·同治朝》卷49，第6页。

③ 《清史稿》卷156《邦交四·美利坚条》，中华书局1977年版，第4584页。

④ 中美《续增条约》，同治七年六月初九日，见王铁崖编：《中外旧约章汇编》第1册，第261～262、263页。

⑤ 志刚：《初使泰西记》，见钟叔河主编：《走向世界丛书》，岳麓书社1985年版，第275页。

约方若要重修条约，须先行知照，酌量更改。此规定予以双方权力，“有一勉强，即难更改。其有互相争较，不能允从之处，尽可从容辩论，逐细商酌，不能以一言不合，而遽责其违约”。中方可力持定见，“于其可许者许之，其不可许者拒之”，可据万国公法驳斥列强“上侵国家利权，下夺商民生计”的种种要求。因为各国“均有保护其民、自理财赋之权”，这些要求实背万国公法之例。① 李鸿章从国际法的角度肯定了己方的权利，将条约视为双方的权利，表明他在某种程度上摒弃了传统的“怀柔”观念。在修约交涉中，清政府尽管未能完全消除单方面给予的“怀柔”意识，但却以提出自己的要求作为抵制对方的策略，由此产生了新的理念。奕䜣考虑到“惟彼有所求于我，而我一无所责于彼，虽足以示中国宽大，特恐彼视中国太易，更生非分之思”，因此“亦拟数条向彼商办”。② 其后中英签订的《新定条约》，尽管仍是一个不平等条约，但体现了中国争取权益的新理念。该约在形式上亦与以往条约大不一样，每一款均以“中国允”或“英国允”之类的语句③，明确规定双方的权利义务。这无疑体现了订约通例和规则。英贸易部在答复英国商人的责难时，也肯定了中方的这一权利，谓，“中国也和英国一样在修订条约时有权提出适合它自己的要求”。④ 正唯如此，英国商人认为，对英国而言，这“是退步的修改”，⑤ 因此反对通过该约，英国政府最终对该约也未予批准。

在条约中表达自己的权利主张，是一个重要进步，说明清政府开始对条约关系有了新的认识。毋庸置疑，其时清政府缺乏明确的主动意识，其目的主要在于“杜要求而示限制”。⑥ 在他们看来，“中国政令，向不以通商为务，而物

---

① 《湖广总督李鸿章奏》，同治六年十二月乙酉，见宝鋆等纂修：《筹办夷务始末·同治朝》卷55，第7～9页。

② 《恭亲王等奏》，同治七年十二月甲子，见宝鋆等纂修：《筹办夷务始末·同治朝》卷63，第5页。

③ 中英《新定条约》，同治八年九月十九日，见王铁崖编：《中外旧约章汇编》第1册，第308～310页。

④ ［英］伯尔考维茨：《中国通与英国外交部》，江载华、陈衍译，商务印书馆1959年版，第103页。

⑤ ［英］伯尔考维茨：《中国通与英国外交部》，江载华、陈衍译，第91页。

⑥ 《恭亲王等奏》，同治八年五月丙子，见宝鋆等纂修：《筹办夷务始末·同治朝》卷66，第13页。

产丰裕，更无所需假于外洋，本不必似彼之极意要求，致蹈商贾行径”。① 但这一观念正在发生变化。尤其是在光绪帝继位之后，随着出使大臣的派遣，对不平等条约的危害、国际法和条约关系的认识的加深，“天朝”君臣逐渐转变了“怀柔”和“羁縻”观念，对条约的双边性有了较为清楚的理解，并进而树立了主权意识。如李鸿章奏言，“从前中国与各国立约，多仓猝定义，又未谙西洋通例，受损颇多”。② 光绪五年（1879 年），曾纪泽认为通商章程“尽可商酌更改”，“以求两益”，列强“断无恃强要挟久占便利之理”。③ 也就是说，条约不能仅仅满足各国的单方面要求，而必须体现中国的权益。翌年他又上奏明确揭示中外条约的片面性质，谓：“中国自与西洋立约以来，每值修约之年，该公使等必多方要挟，一似数年修改之说专为彼族留不尽之途，而于中华毫无利益者。”④

与此相应，最体现“怀柔”意识的“一体均沾”方针，其弊害亦为“天朝”君臣所发现。同治八年（1869 年），奕䜣上奏指出：“从前各国条约，最难措手者，惟中国如有施恩利益，各国一体均沾等语，数年来遇有互相牵引，十分掣肘。”他提出：“若不将此节辩明，予以限制，则一国利益，各国均沾，此国章程，彼国不守，其弊曷可胜言。”⑤ 至光绪年间，更多的人认识到了此条约特权的危害。如曾纪泽认为，“中国与各国立约，所急欲删改者，惟‘一国倘有利益之事，各国一体均沾’之语，最不合西洋公法。缘有时乙国以事求于甲国而蒙允许，丙国亦欲同沾利益，其实交际情形并不相同，无益于丙国而徒有损于甲国也”。⑥ 其他如薛福成、李鸿章等人亦均

① 《恭亲王等奏》，同治七年十二月甲子，《筹办夷务始末 · 同治朝》卷 63，第 5 页。

② 《直督李鸿章奏巴西修约情形折》，光绪七年闰七月初十日，见王彦威、王亮辑编：《清季外交史料》卷 26，第 1 页。

③ 曾纪泽著：《曾纪泽日记》中，刘志惠点校辑注，光绪五年三月廿八日，岳麓书社 1998 年版，第 866 页。

④ 《使俄曾纪泽奏谨就收回伊犁事宜敬陈管见折》，光绪六年六月十五日，见王彦威、王亮辑编：《清季外交史料》卷 21，第 21 页。

⑤ 《总理各国事务恭亲王等奏》，同治八年十一月壬戌，见宝鋆等纂修：《筹办夷务始末 · 同治朝》卷 70，第 39 页。

⑥ 曾纪泽著：《曾纪泽日记》中，刘志惠点校辑注，第 868 页。

提出了类似看法。光绪六年（1880 年），中德订立《续修条约》，该约修改了咸丰十一年（1861 年）中德《通商条约》中的最惠国条款，作了有条件的限定："德国允，中国如有与他国之益，彼此立有如何施行专章，德国既欲援他国之益，使其人民同沾，亦允于所议专章一体遵守。其咸丰十一年七月二十八日所立条约内第四十款，特为言明，仍遵其旧。嗣后中国所有施于他国及他国人民各益，德国人民如欲照第四十款之意，一体均沾，则亦应于彼此订明专章，一律遵守。"① 这是中外条约中第一个有限制条件的最惠国条款，对于德国来说，它"作了一个有一定意义的让步：在享受根据最惠国条款而得的各项权利时，德国愿意承认与这些权利有关联的施行细则"。在修约谈判中，"中国大臣们根本不迁就"德国方面的要求，以致最后修订的条约，从德国方面来看，"是没有多大意义的"，而试图均沾该约新特权的英国商人，也"毫不掩饰对此事的失望"。② 其后，清政府更将这一范例推及其他条约。

"以求两益"的观念还被贯注于新订条约之中。除同治十年（1871 年）与日本订立的《修好条规》"与历办西洋条约不同"之外，③ 清政府与秘鲁、巴西、墨西哥等国订立的条约均体现了这一思想。同治十三年（1874 年），中秘订约，秘使"必欲援照各国和约通例，不肯一语放松"。李鸿章在遣使、通商、纳税、兵船、词讼各节，"均先将中国一面叙列，皆以防流弊而维体制"。双方对某些条款"反复争论，几于舌敝唇焦，至往复数十次，该使始勉强遵允"。④ 再如光绪六年（1880 年）中巴立约时，李鸿章在交涉中坚持中方的权利，如"各国派来领事，我竟不能过问，中国派赴各国领事则须该国准认乃得充当，殊于体制有碍，今特于巴西约内添入"。再如最惠国

---

① 中德《续修条约》，光绪六年二月二十一日，见王铁崖编：《中外旧约章汇编》第 1 册，第 373 页。

② ［德］施丢克尔：《十九世纪的德国与中国》，乔松译，生活 · 读书 · 新知三联书店 1963 年版，第 129、132 页。

③ 《大学士直隶总督李鸿章奏》，同治十年八月辛酉，见宝鋆等纂修：《筹办夷务始末 · 同治朝》卷 83，第 3 页。

④ 《大学士直隶总督李鸿章奏》，同治十三年五月丙辰，见宝鋆等纂修：《筹办夷务始末 · 同治朝》卷 94，第 15～17 页。

待遇条款，也参用“互相酬报”之义。其他“凡紧要枢纽，勿任略有通融，冀可渐收利权”。[①]张树声说，“此次巴西立约亦多中国力占地步之处，此后各国修约辩论有据，未尝非返弱为强之本”。[②]又如光绪二十五年（1899年）中墨订约时，双方以“为最持平”的中秘、中巴两约为底本，并参照了墨西哥与各强国所订之约，“务期妥当”。双方并于约内声明：“若中国将来与各国设立交涉公律，以治侨居中国之外国人民，墨国亦应照办，以为日后治外国人张本，则外人受治于我，此实权舆。”[③]

到清末，清政府更进一步认识到，现存条约“不包含互惠的内容，它们的规定仅仅表明中国允诺给予其他国家的人民，而决不保证其他国家允诺将任何什么给予中国人民”。[④]为应对即将开始的与各国商约交涉，尽管处于战败国的不利地位，清朝各大吏仍以维护己方权益作为交涉的基本方针，即“如彼此有益，或益于彼无损于我者，皆可允改。如一事益彼而损我，则我亦应求一益我之事相抵”。[⑤]须按照各国通商的“常法”修改，“亦必期彼此有益”。[⑥]谈判中，他们力争己方权利，反复与对方“磋磨”，“于中国治权、利权，极力护持”。而给予对方的权益，“尚无凭空白送，较历来条约得体多矣”。[⑦]他们坚持，“中国境内，无论何国，均断不容稍侵一切权利，致损

① 《直督李鸿章奏与巴西使臣议立通商条约竣事折》，光绪六年八月初六日，见王彦威、王亮辑编：《清季外交史料》卷22，第24页。

② 《粤督张树声等奏球案不必急议日约未便牵连折》，光绪六年十一月二十五日，见王彦威、王亮辑编：《清季外交史料》卷24，第25～26页。

③ 《使美伍廷芳奏遵旨与墨西哥妥订约款定期画押折》，光绪二十六年正月二十日，见王彦威、王亮辑编：《清季外交史料》卷142，第2～3页。

④ ［英］赫德：《中国、改革和列强》，1901年2月，见［英］赫德：《这些从秦国来——中国问题论集》，叶凤美译，第124页。

⑤ 《寄刘岘帅张香帅》，光绪二十六年十一月二十一日，见盛宣怀：《愚斋存稿》卷49，台北，文海出版社1975年影印本，第1113页。

⑥ 《寄江鄂督帅山东抚帅》，光绪二十六年十一月二十四日，见盛宣怀：《愚斋存稿》卷49，第1118页。

⑦ 《致江宁刘制台，上海吕大臣、盛大臣》，光绪二十八年七月二十三日，见苑书义等主编：《张之洞全集》第11册，河北人民出版社1998年版，第8906页。

自主之权”。① 光绪三十四年六月（1908 年 7 月），外务部上奏，总结了以往的经验教训，谓：“向来与各国所订条约，我多允许与各国利益，而各国鲜允许与我利益。按诸彼此优待之例，实非平允。惟光绪七年所订之巴西条约暨二十五年所订之墨西哥条约颇多持平之处。”基于这一认识，在与欧洲国家瑞典订约时，外务部更“注重此意，不使各项利益偏归一面，更于各约中采用其较为优胜之条，以期取益防损”。如领事官应照公例发给认许文凭，订明俟各国允弃其治外法权，瑞典亦必照办，以及声明给予他国利益，立有专条者，须一体遵守，方准同沾，等等。除了参照中方与巴西、墨西哥所订条约之外，又吸收了其他各约中“较妥善者”的条款，如中美商约中“教士不得干预华官治理华民之权”，等等。其有益于中方者，如加税、免厘之类，则以“中国与各国商允通行照办遵守等语浑括之，以免挂一漏万”。此外如派驻使节、设领事及通商行船一切事宜等，则“始终不离彼此均照最优待国相待之意，以扼要领而示持平”。正是出于“持平”的理念，尽管瑞典远在欧洲北境，现尚无华商前往贸易，“其所许我利益未能遽沾实惠”，然“不可不预为地步，且立约体例必应如是，方为完全无憾”。② 对于尤体现“怀柔”理念的片面协定关税制度，他们亦有深入认识。驻意公使钱恂谓：协定关税的“要旨”，在于“有所求于人者，必预筹夫所报；有允于人者，必还取夫所偿，利不独擅”。“互享懋迁有无之利，各有所失，亦各所得也”。③

无疑，清政府逐渐摆脱了传统的“怀柔”观念，认识到自身权益是条约关系中的重要组成部分，开始从国际法和条约的视角，阐明自身权益的合理性。驻美公使张荫棠说：“自鸦片战争以来，七十年间，外交之事无一不失败，即所结之约无一不受亏。”其“不得平允公正”，如“海关税权之沦失，

---

① 《致上海袁道台》，光绪二十八年九月初八日，见苑书义等主编：《张之洞全集》第 11 册，第 8945 页。

② 《外部奏中瑞修改通商条约请旨派员画押折》，光绪三十四年六月初二日，见王彦威、王亮辑编：《清季外交史料》卷 215，第 2～3 页。

③ 《使义钱恂奏调查义国对于中国货物进口征税情形折》，宣统元年八月二十五日，见王彦威、王亮辑编：《清宣统朝外交史料》卷 9，外交史料编纂处民国二十四年版，第 38 页。

领事裁判权之施行，损害独立之权，为有国者所大耻”。① 清政府的大吏们看到，“条约涵义至博，而求其合于国际公法者，则蕲两国之平和，使引之弥长以互伸其权利。平和之通义，必使智识物产相为挹注，两利并进，而权利义务皆足以相消”。② 他们已意识到，国际往来虽“若家人之相与”，却并非是由“天下共主”单方面施恩的，而是“恩怨报施，各有其分，不相凌越”的。③ 显然，这一观念上的转变，与国际法的输入不无关系。正是在条约关系的实践中，清政府从其危害中逐渐产生了近代国家平等的观念，由此更导向对平等条约地位的追求。

三、从“未便参阅”到“奉为圭臬”

条约产生于国际社会的实际需要，“是国际交涉重要的法律形式，同时也构成现代国际法的主要渊源”。随着近代欧洲国际法的成长，“条约成为国际法公认的一个制度，被赋予法律的拘束力”。④ 近代中外条约关系的建立，使中国开始涉入国际法领域；而对国际法的了解和态度，则是认识和应对条约关系的基本环节，又反映了清政府的条约关系观念。自林则徐接触国际法之后，清政府在同治年间便开始有选择地接受了国际法的某些内容，其后在对外交涉中逐渐认识到它的重要性，从“未便参阅”的犹疑转向了“不能不用”的考量，又进而主张“奉为圭臬”。

起初，清政府关注国际法，是出于对外交涉的需要，试图运用国际法学说作为抵制外国侵略的武器。林则徐在广东禁烟之时，曾组织翻译了18世纪瑞士著名国际法学家瓦特尔所著《国际法》的部分内容，涉及货物禁运、属地管辖、海难救助、战争封锁等，⑤ 并用以处理对外事务。尽管所

---

① 《使美张荫棠奏敬陈外交事宜并请开缺简授贤能折》，宣统三年九月初四日，见王彦威、王亮辑编：《清宣统朝外交史料》卷23，第16～17页。

② “张百熙序”，见北洋洋务局纂辑：《约章成案汇览》甲编，上海点石斋光绪三十一年承印。

③ “杨士骧序”，见北洋洋务局纂辑：《约章成案汇览》甲编，第1页。

④ 周鲠生：《国际法》下册，第590页。

⑤ 林则徐后来将所译文稿交魏源编撰《海国图志》，其内容见陈华等点校注释：《海国图志》下，岳麓书社1998年版，第1992～1995页；参见《中国医务传教会一八三九年医院工作报告》，广东省文史研究馆编：《鸦片战争与林则徐史料选译》，广东人民出版社1986年版，第180页。

译内容仅数款，但这一主动引入西方国际法之举，仍具重要意义。它不仅是晚清时期国际法输入中国之始，而且揭橥了清政府应对新外交格局的重要趋向，可以说是清政府的条约关系观念产生的前奏。然在其后一段时间，国际法又被忽略。直至中外条约关系确立之后，国际法再次受到关注。同治三年（1864 年），经美驻华公使蒲安臣推荐，总理衙门资助刊印了丁韪良所译《万国公法》。但奕䜣对此颇有疑惑，担心彼“以书尝试，要求照行”，以取代“天朝”体制。他表示，“中国自有体制，未便参阅外国之书”。而对丁韪良的一再要求，奕䜣认为，其目的“一则夸耀外国亦有政令，一则该文士欲效从前利玛窦等，在中国立名”。但同时，他又认为，“衡以中国制度，原不尽合，但其中亦间有可采之处”。如对于当年普鲁士兵舰“羚羊号”拿捕三艘丹麦商船一事，奕䜣等“暗采该律例中之言，与之辩论，布国公使，即行认错，俯首无词”。此外，“其中颇有制伏领事官之法，未始不有裨益”。因此，奕䜣将该书刊印 300 本，通商口岸各给一部。① 但是，总理衙门在交涉这一事件时，并未明确引据《万国公法》，只是“暗采”其内容而与之“辩论”。它引为依据的是中普条约，其照会谓：“此次扣留丹国货船处所，乃系中国专辖之内洋，贵国兵船前来中国，自当入境问禁，不得任意妄为。中国所辖各洋，例有专条，各国和约内，均明此例。贵国和约内，载有中国洋面字样，较各国知之尤切。”②

《万国公法》的引入，促进了清政府及相关人员接受某些近代对外观念，并在一定程度上认同国际法的基本原则。如奕䜣“恭呈御览”的张斯桂序文谓：“间尝观天下大局，中华为首善之区，四海会同，万国来王，遐哉勿可及已。此外诸国，一春秋时大列国也。”又谓：“统观地球上版图，大小不下数十国，其犹有存焉者，则恃其先王之命，载在盟府，世世守之，长享勿替。有渝此盟，神明殛之。即此《万国律例》一书耳。故西洋各国公使、大臣、水陆主帅、领事、翻译、教师、商人，以及税务司等

① 《恭亲王等又奏》，同治三年七月丁卯，见宝鋆等纂修：《筹办夷务始末·同治朝》卷 27，第 25～26 页。

② 《给布国照复》，同治三年六月甲申，见宝鋆等纂修：《筹办夷务始末·同治朝》卷 26，第 32～33 页。

莫不奉为蓍蔡。”① 董恂序文谓，“今九洲外之国林立矣，不有法以维之，其何以国”。② 该两序文无疑在一定程度上肯定了国际法在各国交往中的作用，并将各国喻为春秋列国，亦体现了各国平等的观念。为此，丁韪良十分赞赏张斯桂的序文，称其“展示了在那个时代非常少见的对国际关系的理解能力”。③ 但是，这两篇序文中又充斥着传统思想，如“首善之区，四海会同，万国来王”之类的表述，无疑反映了以中华为中心的“天朝”观念。尤其是，《万国公法》带来的近代国家观念，如尊重各国主权、各国平等往来、遵守国际公约和双边条约等原则，在当时并未引起他们的重视，更未产生以此维护己方权益的主动诉求。

影响清政府接受国际公法的因素主要有二。其一，国际公法所揭示的近代交往规则，与传统的“天朝”体制及观念大相径庭。中西“风气不同，政事不同，言语文字不同”，因此“有格格不相入之势”，而国际法也“未挈东方诸国在内”。④ 如奕䜣所说，“中国自有体制，未便参阅外国之书”，“衡以中国制度，原不尽合”。⑤ 曾纪泽认为，“中国自有成法，与西洋各国刑律不同，而睦邻绥远之道，亦未必与公法处处符合”。⑥ 国人还认为，国际法构建的国际体系不如中国的宗藩体系，如曾纪泽谓：“公法之始，根于刑律，公法之书，成于律师，彼此刑律不齐，则意见不无小异。”他认为，中国接待边缴小国和朝贡之邦，“列圣深仁厚泽，乃有远过于公法者”。⑦ 清政府主

---

① 张斯桂:《万国公法序》，同治癸亥端午，见［美］惠顿:《万国公法》，［美］丁韪良译，何勤华点校，中国政法大学出版社 2003 年版。

② 董恂:《万国公法序》，同治三年十二月，见［美］惠顿:《万国公法》，［美］丁韪良译，何勤华点校。

③ W. A. P. Martin, *A Cycle of Cathay*, Fleming H. Revell Company, third edition, 1900. 转引自田涛《国际法输入与晚清中国》，济南出版社 2001 年版，第 41 页。

④《论中国在公法外之害》, 1892 年，见徐素华编:《筹洋当议——薛福成集》，辽宁人民出版社 1994 年版，第 156 页。

⑤《恭亲王等又奏》，同治三年七月丁卯，见宝鋆等纂修:《筹办夷务始末 · 同治朝》卷 27，第 25、26 页。

⑥《巴黎致总署总办》，庚辰六月十六日，见《曾纪泽遗集》，喻岳衡点校，岳麓书社 1983 年版，第 181～182 页。

⑦《日记》，光绪五年五月十四日，见《曾纪泽遗集》，喻岳衡点校，第 376 页。

持外交的“秉钧者”向各国表示，“我中国不愿入尔之公法。中西之俗，岂能强同；尔述公法，我实不知”。自此之后，“西人辄谓中国为公法外之国，公法应享之权利，阙然无与。”① 其二，西方列强对东方弱小国家和民族奉行的是弱肉强食的强权政治，无视东方国家的应有权利，将国际法中相互尊重与主权平等的原则视若弁髦，这不能不引起人们的疑惑。列强公然将中国排斥在国际公法之外，将外交视为“有武装实力的思考”，认为拘泥于国际公法“去处理像中国这样一个亚洲国家，这简直是胡诌，不可避免会带来灾难”，要“对国际法中某些法规和原则有必要加以特殊的修改”。② 即使正试图“脱亚入欧”的日本亦步其后尘，甚至有过之而无不及，如前所述，日驻华公使森有礼便无所顾忌地声言，“《万国公法》亦可不用”。③ 正唯如此，曾纪泽认为，“公法者，出于刑律，虽有无数专家编辑成书，然弱国恃以自保，而强国时时犯焉”。“今日据公法以责人，则他日西洋各国凡有可以取利于吾华者，皆以曲援公法之说以相渎扰，势将辩难蜂起，步步荆棘。是目前未必真获公法律师之益，而日后之流弊有不可胜言者。”④ 崔国因也说：“惟两强相遇，则有理者可以求伸，以弱遇强，虽有理而无益也。”⑤ 地球通行的万国公法，因各国强弱之势不同，“即从与违之情各异”。强者“但以法绳人，而不以自律也”。⑥

由于上述原因，尽管清政府肯定了国际法的积极作用，并在交涉中尽可能用以维护自己的权益，但却认为其不足为凭，更不愿用它取代“天朝”体制。总理衙门认为，“离合向背，全以中国之强弱为转移，公法要约殊不足

① 《论中国在公法外之害》，1892 年，见徐素华编：《筹洋刍议——薛福成集》，第 157 页。

② 《阿礼国爵士致斯坦利伯爵文》，1869 年 2 月 5 日，见中国第一历史档案馆等编：《清末教案》第 6 册，中华书局 2006 年版，第 280 页。

③ 《日本使臣森有礼署使郑永宁来直隶督署内晤谈节略》，光绪元年十二月二十八日，见顾廷龙、戴逸主编：《李鸿章全集》第 31 册，安徽教育出版社 2008 年版，第 340 页。

④ 《巴黎致总署总办》，庚辰六月十六日，见《曾纪泽遗集》，喻岳衡点校，第 181～182 页。

⑤ 胡贯中、刘发清点注：《出使美日秘日记》，光绪十七年三月初四日，黄山书社 1988 年版，第 258 页。

⑥ 胡贯中、刘发清点注：《出使美日秘日记》，光绪十八年十一月二十九日，第 525 页。

恃”。①崔国因说，“‘万国公法’如中国之律例，头头是道，不足凭也”。②曾纪泽一方面认为西洋各国以公法自相维持，“保全小国附庸，俾皆有自主之权”，“俾弱小之邦足以自立”，③但同时又认为这难以真正实行。他提出，采用公法“须行之以渐，目下断不能锱铢必合者”。④再如，两广总督张之洞亦主张“博采”公法学等西学，“以资自强而裨交涉”。他主张“申明中国律条，参以泰西公法，稽其异同轻重，衷诸情理至当著为通商律例，商之各国，颁示中外”。为此，张之洞拟设学校培养这方面的人才，电请驻英公使刘瑞芬募至洋教师来粤任教。⑤另一方面，张之洞自己却不相信国际法，其所撰《劝学篇》，批评了“笃信公法”“公法为可恃”之说，认为这是一种愚蠢的想法。他指出，“权力相等则有公法，强弱不侔，法于何有？古来列国相持之世，其说曰：‘力均角勇，勇均角智。’未闻有法以约束之也”。西方列强“奚暇与我讲公法哉？知弭兵之为笑柄，悟公法之为讏言，舍求诸己而何以哉？”⑥诸如此类的看法，揭示了传统国际法中不合理的强权因素。某种程度上，这一因素导致清政府在对外关系中缺乏正确有效的应对之策，难免在矛盾白热化之时走向极端。义和团运动之初，总理衙门大臣许景澄等力陈“围攻使馆，实背公法”，端郡王载漪等将公法“斥为邪说”，在很大程度上影响了慈禧太后和清廷作出攻打使馆的荒谬决策。⑦

随着中外交往的扩大，一些官员意识到了国际法的多面性。至19世纪90年代，尤其是甲午战争之后，主张进入国际法体系的呼声越来越强烈。或认为，即使国际公法存在弊端，也应两害相较取其轻。薛福成指出，“齐

---

① 《总署奏法人吞越显背公法请筹饷备械以遏外侮折》，光绪九年十二月二十四日，见王彦威、王亮辑编：《清季外交史料》卷38，第25页。

② 胡贯中、刘发清点注：《出使美日秘日记》，光绪十七年三月初四日，第258～259页。

③ 《日记》，光绪五年三月十四日，见《曾纪泽遗集》，喻岳衡点校，第365页。

④ 《日记》，光绪五年五月十四日，见《曾纪泽遗集》，喻岳衡点校，第376页。

⑤ 《增设洋务五学片》，光绪十五年十月十八日，见苑书义等主编：《张之洞全集》第1册，第732～733页。

⑥ 《劝学篇》，光绪二十四年，见苑书义等主编：《张之洞全集》第12册，第9768页。

⑦ “许景澄传”，见赵尔巽等撰、周骏富辑：《清史稿列传》六，台北，明文书局1985年编，第12761页。有学者考证，作出攻打使馆决策的是西太后，见林华国：《庚子围攻使馆事件考》，《历史研究》1991年第3期。

大小强弱不齐之国，而使有可守之准绳，各国所能息兵革者，此书不为无功”，“各国大小强弱，万有不齐，究赖此公法以齐之，则可以饵有形之衅，虽至弱小之国，亦得籍公法以自存”。遵循国际法已经成为世界趋势，日本和暹罗也在“尽力经营”，“以求附乎泰西之公法”，日本更是“改正朔，易服色，以媚西人，而西人亦遂引之入公法”。他列举了种种事实，说明“公法外所受之害，中国无不受之”。他看到，列强“悍然冒不韪以凌我”，“违理伤谊”，有背国际公法。但认为，中国如有秦始皇、汉武帝、唐太宗、元太祖之声威，“则虽黜公法，拒西人，其何向而不济”。而中国当今国势衰弱，“若势有不逮，曷若以公法为依归，尚不受无穷之害”。① 御史陈其璋上奏称，“请与各国订明同列万国公法”。他列举了种种事例，将国际公法与中外条约联系起来，认为“条约屡换，而每事喫亏，指不胜屈”，其原因“皆未预与各国订明同用公法故也”。强调《万国公法》“持论不偏”，各国公论，“皆引此书以为断”。公法之意，“乃世人之法，各国不可不服。无论何人何国，皆可恃以保护，有违此例，则干他国之共怒”。进而，陈其璋剖析了抵制国际公法的各种见解，尤其是批驳了泰西律例与中国成法“难与强同”的论点。他将国内法与国际法予以区分，指出：外交“则悉本公法为准绳”，“我既不能屏绝外交，自不能不用公法”。公法能行于弱小之国，如泰西诸小国，地不及我之大，兵不及我之多，“而亦得享公法之利益”。就交涉策略而言，“办之以公法，所谓以其人之道，还治其人之身”。陈其璋主张改变传统观念，力图补救，“将《万国公法》一书悉心参考，如果与交涉全局有益，即与各国立约”。“嗣后不得视中国在公法之外，一切事件，均照公法而行”。②

传统的藩属观念也发生了变化，开始纳入国际法中的范畴。根据国际法，“凡有邦国，无论何等国法，若能自治其事，而不听命于他国，则可谓自主者”。凡自主之国，“不依傍于他国”，内政“自执全权”，君主官

① 《论中国在公法外之害》，1892 年，见徐素华编：《筹洋刍议—薛福成集》，第 156～157 页。

② 陈其璋：《请与各国订明同列万国公法疏》，光绪二十二年二月十二日，见于宝轩辑：《皇朝蓄艾文编》卷 13，上海官书局光绪二十九年版，第 40 页。

长“自行拣择”，国法“自为议定”。[1] 而属国，则无这种自主之权。从国际法的观点来看，清政府的藩属国更呈现了自主之国的形态。如总理衙门在给美、英的照会中谓：朝鲜虽系中国之属国，“其一切政教禁令，由该国自行专主，中国向不与闻”。[2] 在列强的冲击下，传统的宗藩体系发生了危机。日本提出，朝鲜虽曰属国，然“中国曾无干预内政，其与外国交涉亦听彼国自主，不可相强”。由是观之，“朝鲜是一独立之国，而贵国谓之属国者，徒空名耳”。[3] 鉴于此，驻日公使何如璋提出了应对之法，即将传统的宗藩关系调整为国际法上的宗属关系。他主张在朝鲜驻扎办事大臣，援蒙古西藏之例，“凡内国之政治，及外国之条约，皆由中国为之主持”。[4] 何如璋的建议，未被清廷所采纳，但清廷在实施李鸿章的“密为维持调护”方针之后，[5] 却对传统的宗藩关系作了调整，加强了对朝鲜的控制。先是派陈树棠“总办朝鲜商务委员”，继又以袁世凯接替，并改称“驻扎朝鲜总理交涉通商事宜”，“略示与闻外交之意”。[6] 但这些将传统的藩属国转为近代国际法意义上的属国的举措为时已晚，终究未能挽救趋于没落的宗藩体制。经过中日甲午战争，宗藩体系彻底崩溃。《马关条约》规定，中国承认朝鲜“确为完全无缺之独立自主，故凡有亏损独立自主体制，即如该国向中国所修贡献典礼等，嗣后全行废绝”。[7] 中朝关系由此出现了根本的改变，在各国的

---

① ［美］惠顿：《万国公法》，［美］丁韪良译，何勤华点校，中国政法大学出版社 2003 年版，第 37、72 页。

② 《给美使卫廉士照会》，同治七年二月丙申，见宝鋆等纂修：《筹办夷务始末·同治朝》卷 57，第 28 页。

③ 《日使复总署朝鲜虽中国属邦其地不隶中国照会》，光绪元年十二月十九日，见王彦威、王亮辑编：《清季外交史料》卷 4，第 29 页。

④ 何如璋：《主持朝鲜外交议》，光绪六年十月十六日，见郭廷以等编：《清季中日韩关系史料》，台北“中央研究院”近代史研究所 1972 年版，第 440 页。

⑤ 《总署奏朝鲜宜联络外交变通旧制折》，光绪七年正月二十五日，见王彦威、王亮辑编：《清季外交史料》卷 25，第 1～3 页。

⑥ 《直督李鸿章奏请派袁世凯总办朝鲜交涉事宜折》，光绪十一年九月二十三日，见王彦威、王亮辑编：《清季外交史料》卷 61，第 19 页。

⑦ 中日《马关条约》，光绪二十一年三月二十三日，见王铁崖编：《中外旧约章汇编》第 1 册，生活·读书·新知三联书店 1957 年版，第 614 页。

压力下，清政府不得不改变传统观念，同意“按照公法遣使订约”。① 光绪二十五年八月初七日（1899 年 9 月 11 日），中朝两国订立了《通商条约》，按照国际法的原则，相互承认了对方的主权国家地位。清末，清政府又提出与暹罗“订约通使”，② 承认昔日的藩属国为平等的自主之国。

经过庚子事变，清政府的对外观念，尤其是对国际法的态度，发生了重大变化。其一，在此问题上，列强施以前所未有的压力，迫使清政府不得不承认违反国际法的过错。它们指责中国“致罹穷凶极恶之罪，实为史册所未见，事殊悖万国公法，并与仁义教化之道均相抵牾”。③ 并明确表示，它们要“惩前毖后”，其首要任务，“在于以正义与有节制的原则镇压违反国际法、人道原则及文明准则的犯罪行为”。④ 在八国联军的暴力之下，清政府也表示了“歉悔之意”，⑤“悔过认责，并愿挽回因此事变所生情势”。⑥ 其二，列强对庚子事变的方针，以及对其他事例的处理方式，似乎在某种程度上树立了遵循国际法的形象。西方列强未实施瓜分政策，使清王朝在感激之余，又产生了相信国际法的心理。山西补用知府、候补直隶州知州曹廷杰即上奏认为，“拳教肇衅，各国联兵，群起与中国为难，然犹听从和议，不至侵我主权、割我土地者，则以渐尚仁义，禁止残虐，赖有公法维持其间”。⑦

---

① 《总理各国事务衙门请简派出使朝鲜国大臣折》，光绪二十四年六月二十三日，见故宫博物院编：《清光绪朝中日交涉史料》卷 52，故宫博物院 1932 年版，第 4 页。

② 《农工商部侍郎杨士琦奏遵核暹订约通使事宜折》，光绪三十四年三月初四日，见《清季外交史料》卷 213，第 1～2 页。

③ 《议和大纲》，光绪二十六年十一月初一日，见王铁崖编：《中外旧约章汇编》第 1 册，第 980 页。

④ 《各国代表致中国全权大臣照会》，1901 年 5 月 17 日，见天津社会科学院历史研究所编：《1901 年美国对华外交档案——有关义和团运动暨辛丑条约谈判的文件》，刘心显、刘海岩译，齐鲁书社 1984 年版，第 275 页。

⑤ 《各国全权公使通告直隶全省》，1901 年 7 月，见天津社会科学院历史研究所编：《1901 年美国对华外交档案——有关义和团运动暨辛丑条约谈判的文件》，刘心显、刘海岩译，第 358 页。

⑥ 《议和大纲》，光绪二十六年十一月初一日，见王铁崖编：《中外旧约章汇编》第 1 册，第 980 页。

⑦ 《呈送〈万国公法释义〉禀文》，光绪二十七年九月，见丛佩远、赵鸣岐编：《曹廷杰集》下册，中华书局 1985 年版，第 410～411 页。

吉林将军长顺也认为，“拳匪肇乱，触动全球，群起联兵，犯我中国，此古今中外之第一奇祸，亦古今中外之第一奇局”。然而，“所幸者各国文教渐开，能以仁义之道，革去凶暴之行，不至妄肆杀戮，割地侵权”。他列举了三例，说明即如英、美、法至强之国，“莫不准情酌理，俯从公法，恐被恶名，致各国藉品贻万世羞辱”。其他“势敌三国”或“力逊三国”之各国，“亦无不以公法为立国之要务也，自无待言”。[①] 清廷对其“不侵我主权，不割我土地”，更是感恩戴德，“念列邦之见谅，疾愚暴之无知，事后追思，惭愤交集”。[②] 其三，在这一事变中，顽固势力公然利用义和团攻打使馆，戕害使节，造成了惨重的后果，更促使清政府认识到忽视国际公法的危害。列强认为，“果使中国学士大夫悉心考究，早将律法公法，令诸生肄习，考试时命题作论，以定弃取，久之家喻户晓。凡旗汉军民人等，不但知律法当遵，有益内治，抑且知公法当重，无损外交。何至祯祥妖孽不分，听民听神之不辨，酿成大患，震惊朝廷乎！”“以今日事变言之，惩前毖后，肄习公法不綦重欤？”[③] 在列强看来，由于“中国前此不讲公法，故酿成拳匪之祸”。八国联军入京，“诛首祸诸臣，赔各国兵费，剿灭乱民，偿补教堂，此皆改过实据，自新初基”。[④]

经过庚子事变，不仅整个中国社会更深刻地思考这一问题，而且清政府亦认识到“公法当重”，改变了过去的消极态度，进而将甲午战后“不能不用”公法的呼吁转为实际的行动，对官吏提出了相应要求。光绪二十七年四月十九日（1901 年 6 月 5 日），清廷降谕称，“翰林院为储才重地，在馆各员，自应讲求实学，通达古今，以备朝廷任使”。嗣后编检以上各官，“应专课政治之学”，除以大清会典、六部则例为宗之外，还须“旁及古今

① 《吉林将军长顺奏咨底稿》，光绪二十七年九月，见丛佩远、赵鸣岐编：《曹廷杰集》下册，第 412～413 页。

② 《德宗景皇帝实录》卷 477，光绪二十六年十二月癸亥，见《清实录》第 58 册，中华书局 1987 年版，第 294 页。

③ 《呈送〈万国公法释义〉禀文》，光绪二十七年九月，见丛佩远、赵鸣岐编：《曹廷杰集》下册，第 411 页。

④ 《吉林将军长顺奏咨底稿》，光绪二十七年九月，见丛佩远、赵鸣岐编：《曹廷杰集》下册，第 414 页。

政书”，“凡有关经济者，皆当究心”。如条约公法等，“听其分门肄习”。其有愿赴南北洋学习者，“亦准其在本署呈明，咨送前往”。并表示，其议论切实，确有见解者，“量予奖励”。① 上谕提出“肄习条约公法”，表明了清廷态度的重要转变，“以此为变通政治之一端，中国此后自无不合公法之事”。② 外交、公法等还被纳入科举考试范围，光绪二十九年（1903 年）殿试时，清廷将外交、公法等作为策试内容，制曰：“两国交涉，若者为公法，若者为私法，试为区别。使节往来，梯航四集，辖治之权，或属于人。或属于地，试实指其事，分析言之。”③ 随着朝廷态度的明朗，重视和接受国际公法的呼声愈益高涨，形成了强烈的舆论氛围，而且更直接与条约关系联系了起来。重臣大吏一扫过去的犹疑态度，更为积极地对国际法予以肯定。

国际公法还被抬升到儒家经典的地位。此前，不少人将西方的国际公法与春秋时期的交往之道相比附，但意见不一。或认为，其“以信义相先，尤重邦交之谊，致情尽理，质有其文，视春秋列国殆远胜之”。④ 亦有人认为前者不如后者，不是真正的公法。如宋育仁谓，“春秋经世先王之志，实万国之公法，即万世之公法”。其内容“无事不备，无义不精”，而西方公法“斤斤聚讼，迄无定论”。他认为，“中国圣人制礼以性法为本，春秋进退即以礼教为衡，礼与春秋乃真万国公法”。而西方公法“不审曲直”，“其词甚鄙，何堪称法”。⑤ 或认为，大抵西洋各国，“内施诈力，外假公法”，“颇有春秋战国遗风”。⑥ 而现在，西方国际公法则被视若儒家经典，端方谓：“西人之公法，即中国之义理。今之公法家，其即古之礼家乎？其事弥纶，于

① 《德宗景皇帝实录》卷 482，光绪二十七年四月甲寅，见《清实录》第 58 册，第 367 页。

② 《吉林将军长顺奏咨底稿》，光绪二十七年九月，见丛佩远、赵鸣岐编：《曹廷杰集》下册，第 414 页。

③ 《德宗景皇帝实录》卷 516，光绪二十九年五月戊寅，见《清实录》第 58 册，第 813～814 页。

④ 《郭嵩焘日记》第 3 卷，光绪二年十二月初六日，湖南人民出版社 1982 年版，第 136 页。

⑤ 宋育仁：《公法》，《采风记》，光绪丁酉四月刻于成都，第 3、6、12～13 页。

⑥ 黎庶昌：《与李勉林观察书》，丁丑二月，喻岳衡、朱心勉校点：《西洋杂志》，湖南人民出版社 1981 年版，第 180 页。

性始，条贯于经。常人得之以成人，国得之以立国。"他认为，《公法新编》一书，讨论"公法"权利及调处纷争各事，都是"仁心为质"，"广生民之福"。如果能精研"公法"，则"玉帛可以永敦，干戈可以永戢，虽谓三代和平之盛，复见于今日可也"。① 晚清主持外交的重臣李鸿章亦说："西人之公法即中国之义理，今之为公法家其即古之礼家乎。其事弥纶于性，始条贯于经，常人得知以成人，国得之以立国。"他认为，公法"其在大同之世可以拯人类之泯棼，即至列国纷争，亦有以弥其变而不乱"。而中国自战国后，"此道不讲，国以兵竞，礼以争废"，因此"此礼家所以有忠信薄而乱世之讥，诚愤绝之也"。《公法新编》一书，"论享公法权利及调处免战各事，皆仁心为质，有以绝列辟忿懥之源，而广生民之福，分析义类，归于至当，颇合中国礼家之言"。他提出，将该书"悬之国门，推之海外"，为"以后办交涉者奉为圭臬焉"。② 端方、孙宝琦等亦有类似看法。③ 其后，将国际公法"奉为圭臬"，成为清政府的基本趋向。

与国际法相抵牾的传统观念开始被否定。山东巡抚杨士骧谓："吾国开关之始，士大夫狃于闻见，其视梯航而至者，莫非纳款贡献之列，交接之仪辄不屑以平等相待。外人以公法为辞，谢不肯应，其后屡经惩艾，不得已曲徇其请，割弃利益，欲返求公法以自全而已。无及矣。故国际共享之利，我独不得与，而中外交涉之历史，大抵失败之迹焉，势之所趋，岂尽谋谟之失哉。"④ 驻美公使张荫棠以鸦片战争以来中国外交的教训，说明不了解国际法的危害，谓："吾国向来一统，自治闭关日久，士大夫多昧于五洲大势，遇事习为虚憍，不察敌情、军政、外交，平日既漫无预备，一有纷争动辄言约某国攻某国，若可轻易掉弄列〔国〕于股掌之上者。"鸦片战争以来七十年间，"外交之事无一不失败，即所结之约无一不受亏"。其原因，"由于列国之威胁强逼、智算术取者半，由于当局之不解国际法律自误者亦半"。例

① ［英］霍尔：《公法新编》，端方序，［美］丁韪良、綦策鳌编译，上海广学会1903年版，第1页。

② 《李文忠公〈公法新编〉序》，光绪二十七年九月，《万国公报》第158期，光绪二十八年。

③ 参见林学忠：《从万国公法到公法外交》，上海古籍出版社2009年版，第235、236页。

④ 北洋洋务局纂辑：《约章成案汇览》甲编，杨士骧序，上海点石斋光绪三十一年承印。

如，“如朝鲜本吾之藩封也，既认之为藩属，又许其外交自主之权，听其与日、俄等国直接缔结条约，进退失据，致启戎心。此不达于国际法之弊也”。①

倡议和讲习国际公法，在清政府的大吏中蔚然成风，而且中下层官僚亦投入其中。张荫棠向清廷呼吁，中国外交“其要在于勿忽略国际公法，勿放失土地主权，勿懵昧于列国情势”。②曾反对“笃信公法”的张之洞也认为，“大抵今日环球，各国大势孤则亡，同则存。故欲救中国残局，惟有变西法一策”。因为，“必变西法，然后可令中国无仇视西人之心；必变西法，然后可令各国无仇视华人之心；必变西法，然后可令各国无仇视朝廷之心。且必政事改用西法，教案乃能消弭，商约乃不受亏，使命条约乃能平恕，内地洋人乃不致逞强生事”。③他更积极地推动国际公法的普及，将湖北课吏馆易名为仕学院，聘丁韪良为公法教习，“集僚属数十人习焉”，“鄂中士夫翕然悦服”。④不少大吏深感“我国于国际公法一门，苦无可读之书”，呼吁“宜亟译国际法书，以裨益外交案”。⑤直隶州知州曹廷杰将《万国公法》“逐条注释”，名为《万国公法释义》，请吉林将军长顺“咨呈外务部核阅”，并“请旨饬部删定”，“颁发学堂”，“为诸生肆习公法触类引伸之助”。⑥留日学生严献章翻译了数十万言的《战时国际公法》，湖北省拨垫公款刊印一百部，咨送外务部、陆军部、学部，及各直省将军督抚，水陆提镇、长江

① 《使美张荫棠奏敬陈外交事宜并请开缺简授贤能折》，宣统三年九月初四日，见王彦威、王亮辑编：《清宣统朝外交史料》卷23，外交史料编纂处民国二十四年（1935年）版，第17页。

② 《使美张荫棠奏敬陈外交事宜并请开缺简授贤能折》，宣统三年九月初四日，见王彦威、王亮辑编：《清宣统朝外交史料》卷23，第17页。

③ 《致西安鹿尚书》，光绪二十七年二月初五日，见苑书义等主编：《张之洞全集》第10册，第8527页。

④ 端方：《邦交提要序》；李佳继昌：《公法讲义提要序》，见［美］丁韪良：《邦交提要》，广学会光绪三十年刻本。

⑤ “驻和国大臣陆征祥致外务部”，光绪三十二年十一月初七日，台北“中央研究院”近代史所档案馆藏外务部档，档号：02-21-002-01-043。

⑥ 《呈送〈万国公法释义〉禀文》，光绪二十七年九月，见丛佩远、赵鸣岐编：《曹廷杰集》下册，第411页。

水师提镇各大宪门等，“以广流传而资参考”。① 钱恂提出仿各国通例，“组成一研究会”，研究海牙公约。又主张“将条约之译文，国家之成见，编订成书，颁行国内”，作军事学校的教科书。②

尤值得注意的是，条约编纂的指导思想亦有了很大变化，突破了以往仅仅将其作为守约考量的局面，而更从国际公法的角度审视条约编纂重要性。光绪十七年（1891 年）劳乃宣编的《各国约章纂要》一书，认为中外通商以来刊刻的条约集，如保定的条约类编，天津的约章类纂之类，其目的是“为洋务之圭臬”。③ 光绪二十四年（1898 年），李鸿章撰《通商约章类纂》序言，谓：西方“订约之议”，“犹春秋会盟载书遗意”，自中国交涉以来，“率循是道，朝廷昭示大信，尝特遣重臣经营其间，颁下所司奉行毋怠”。此书编纂，“冀泯异同之见，以销内外之忧”。④ 光绪三十一年（1905 年）编撰的《约章成案汇览》，其旨趣大不相同，各大吏所作序言已主要从国际法的角度论析条约的地位和作用。袁世凯谓：“公法家之言曰：凡一国之法律，必有立法者以裁制之，惟国与国交际之法律，则无人能擅立法之权，故居今日国际法之主位者，莫如条约。”⑤ 张百熙谓：“国于大地皆必有其自有之权利义务，他国不得损害而干涉之，要必藉法律以为之卫，国家乃得依据以互保其安全，国际法即缘之而起。”研究国际法，“必先审吾国势何如，国力何如，始足以验吾权利义务之完阙”。而“紬条约之文，可以觇其国力范围之所至”。条约涵义至博，“而求其合于国际公法者，则通祈两国之平和，使引之弥长以互伸其权利”。将中外条约“订补伪阙，损益条例”，“餍其蒐讨，考订加详，薙烦举要，洵足以研究国际法者所依据，求所以保权利义务之安全者”。⑥ 山东巡

① “出使日本大臣胡惟德致外务部”，光绪三十四年十月二十七日，台北“中央研究院”近代史所档案馆藏外务部档，档号：02-21-015-03-016。

② 《宣统政纪》卷 23，宣统元年十月辛巳，见《清实录》第 60 册，中华书局 1987 年版，第 421～423 页。

③ 劳乃宣编：《各国约章纂要》凡例，湖南善后局光绪十七年印。

④ 李鸿章：《通商约章类纂序》，见徐宗亮编：《通商约章类纂》，北洋石印官书局光绪戊戌年印。

⑤ 北洋洋务局纂辑：《约章成案汇览》甲编，袁世凯序，上海点石斋光绪三十一年承印。

⑥ 北洋洋务局纂辑：《约章成案汇览》甲编，张百熙序。

抚杨士骧谓："古今天下之趋势何归乎？一归于法治而已矣。"国与国相遇，"其势又不能无争，争则天行复起，而人治悉归于颓废"。"于是创为万国通行之公法，举强弱小大，万有不齐之邦域，一以造物之公义裁之，使国际往来一若家人之相与。恩怨报施，各有其分，不相凌越，合五洲万族为大同之世宙，俾各极治功。"如日本初订外约，"其规则尽与事同，迩来壹意维新，国制军政，人才咸蒸蒸日上，西方先进之国，莫不改容起敬，遂罢居留地制度及领事裁判之权"。中国议加税则及收回治外法权之论，"亦屡经列邦允许，显列于条文"。①

总之，经过庚子事变，清政府一改以往犹疑不决、患得患失的态度，基本上认同了其尚不很熟悉的国际法。其国际法观念的形成，既为列强巩固强权政治下的中外条约关系提供了条件，又促使清政府摒弃了传统的"驭夷"之道，更为主动地接受和运用近代交往规则。对国际法与条约的关系，清政府的官员们有了更清晰的认识，破除了以往仅仅注重条约本身的局限。而且，对国际公法与条约的关系，他们更有深入的认识，将两者紧密地联系了起来。他们由此领悟到条约的普遍性，进而关注他国条约，为改善自己的条约地位寻找依据。如袁树勋奏称："查国际诸法为各国所能行，各国约章系两国之对待，凡与各国交涉，公法固当讲习，而各国互订约章亦须研究，知彼知已，庶胜算可操。"② 从注重本国条约到研习他国条约，无疑反映了清朝官员们的条约关系观念在国际法的引导下，大大前进了一步。

四、从"一劳永逸"到"预筹修约"

在近代条约关系中，任何条约均非一成不变的，而根据形势的变化对条约进行修改，则是这一关系的重要环节。"一个条约缔结以后，为了使它适应各种情况的变更，时常有修订的必要。"③ 中外条约关系建立伊始，清政府没有修约观念，试图将这一关系固定起来。其后随着对国际法了解的深入，在列强不断通过条约攫取特权的过程中，清政府逐渐产生了挽回

① 北洋洋务局纂辑：《约章成案汇览》甲编，杨士骧序。

② "山东巡抚袁树勋致光绪"，光绪三十四年十二月十四日，台北"中央研究院"近代史所档案馆藏外务部档，档号：02-21-015-03-022。

③ 李浩培：《条约法概论》，第445页。

国家权益的修约思想。

《南京条约》订立后，清政府认为这是一件"一揽子"解决争端的永久和约，将其视为"万年和约"。道光帝说，"不得不勉允所请，藉作一劳永逸之计"，"从此通商，永相和好"。[①] 耆英也认为，"唯一切善后事宜，尚须明晰妥议，立定章程，尽一办理，方可期一劳永逸，永杜兵端"。[②] 善后条款的前言中，亦作了说明："和约议定后另有紧要数款，必须议明酌定，以为万年和好之确据，兹钦差大臣、公使大臣商议悉臻妥协，彼此所见皆同，为此谨立条款，作为善后事宜附粘和约一册，凡此条款实与原缮万年和约无异，两国均须专一奉行，切不可稍有乖违，至背成约。"[③] 他们并不认为条约是可以修改的，不仅拒绝了列强的"修约"要求，而且自己也没有这种意识。

清政府的君臣没有意识到中外之间由此开启了条约关系时代，在他们看来，《南京条约》及其附约已解决中英两国争端，不需再与他国订约，也不需修改《南京条约》。鸦片战争结束后不久，美国便要求订约，而清政府根本没有与彼建立条约关系的打算。当美国特使顾盛来华交涉时，道光帝接报后即谕令伊里布等悉心筹议，"总当循照旧章，不可有所增改"。"傥敢觊觎设立马头等事，务即剀切谕止，断不准稍有迁就。总期于怀柔远人之中，示以天朝定制，俾无滋生事端为要。"[④] 护理两广总督广东巡抚程矞采对美要求订约一事也很不理解，中美之间没有战争冲突，为何也要订约？他答复顾盛称："至所称公议永远和好条约一节，固属讲信修睦之雅意，似因闻英咭利国与中国立定和约之事，欲行仿照办理。但两国之与中国，情势又自不同，英咭利与中国构兵连年，始议和好，彼此未免猜疑，故立条约以

---

① 《廷寄》，道光二十二年七月癸亥，见齐思和等整理：《筹办夷务始末·道光朝》五，第2278页。

② 《耆英等奏和约已定详议善后事宜折》，道光二十二年八月丙申，见齐思和等整理：《筹办夷务始末·道光朝》五，第2335页。

③ 中英《五口通商附粘善后条款》，道光二十三年八月十五日，见王铁崖编：《中外旧约章汇编》第1册，生活·读书·新知三联书店1957年版，第34页。

④ 《廷寄》，道光二十二年十一月乙卯，见齐思和等整理：《筹办夷务始末·道光朝》五，第2472～2473页。

坚其信。若贵国自与中国通商二百年来，凡商人之来粤省者，无不循分守法，中国亦无不待之以礼，毫无不相和好之处，本属和好，何待条约？与英咭利之初与中国不和，后始两归于和，不能不坚定条约者，碍难并论，请贵公使熟思之。”① 虽然最后从羁縻观念出发与美国订约，但中方仍认为“条约专为和好，预杜争端”，② 而没有从条约关系角度进行思考。

随后签订的中美《望厦条约》作了 12 年后修约的规定：“和约一经议定，两国各宜遵守，不得轻有更改；至各口情形不一，所有贸易及海面各款不无稍有变通之处，应俟十二年后，两国派员公平酌办。”③ 从条约关系的角度上来看，这是无可非议的，因为任何条约都不可能也不应该是固定不变的。而把条约内容视为单方面让予的“天朝”大吏，并不懂得这一条款的意义，不了解修约是条约关系中的应有之义。他们不知道通过该条款提出己方修约要求，甚至不知道这一修约条款的存在。1854 年，英、美公使包令和麦莲要求修约，两广总督叶名琛“颇觉秘密”，很不理解，迨至再三查询，“始知皆由于道光二十二年前在江南定约时，有十二年后，再行重订等语”。叶名琛所言“江南定约”指的是《南京条约》，实际上该约并无修约条款，此误足见这些大吏们对条约如此不经意。在叶名琛看来，“当年江南既定约以后，何又复以十二年为期？明系豫留地步，使之得以饶舌”。他还认为，对英美修约之求，“唯有相机开导，设法羁縻”。④ 其他官员也都没有条约关系的意识，江苏巡抚吉尔杭阿知道修约要求的依据，答复包令等说：英国“原定条约内，并无十二年后变通章程之文，只有大皇帝如有恩施别国，英

① 《照复顾盛》道光二十四年二月己未，见齐思和等整理：《筹办夷务始末 · 道光朝》六，第 2808～2809 页。

② 《耆英又奏与美使商定条约三十四款折》，道光二十四年六月己酉，见齐思和等整理：《筹办夷务始末 · 道光朝》六，第 2843 页。

③ 中美《五口贸易章程：海关税则》，道光二十四年五月十八日，见王铁崖编：《中外旧约章汇编》第 1 册，第 56 页。此外中法《黄埔条约》则作了单方面的规定，法方“若有应行更易章程条款之处”，期满十二年“可与中国再行筹议”。

④ 《叶名琛又奏美使英使同时更易系据江南定约十二年后重订之语片》，咸丰四年五月二十八日，见贾桢等纂修：《筹办夷务始末 · 咸丰朝》一，中华书局 1979 年版，第 270～271 页。

人一体均沾之语。现在大皇帝并未准令别国商人前往他处贸易，该酋等何得妄有干求？”① 其时，条约关系意识的欠缺是普遍现象，“天朝”君臣几乎都认为条约永久不变。桂良说：“殊不知前立和约，既称万年，何得妄议更张。”② 奉派随桂良办理交涉的前长芦盐政崇纶在给包令的照会中亦谓：“查贵国既系万年和约，似不应另有异议”；“均应遵照旧约，断难随意更改”。③ 咸丰帝旨称：“既称万年和约，便当永远信守”。④

当清政府不愿修约时，列强再次发动战争，彻底打破了清政府“万年和约”“一劳永逸”的幻想，并在《天津条约》中对修约作了更为明确的规定。中英《天津条约》第27款规定：“此次新定税则并通商各款，日后彼此两国再欲重修，以十年为限，期满须于六个月之前先行知照，酌量更改。若彼此未曾先期声明更改，则税课仍照前章完纳，复俟十年再行更改；以后均照此限此式办理，永行弗替。”⑤ 中法《天津条约》亦作了类似规定。⑥ 列强用武力强迫中国修约，且更明确了修约规定，给清政府上了生动的一课。又随着国际法的传入，以及国人国际知识的增长，官员们对条约的动态性有了初步的认识，开始萌生了修约意识。

两江总督何桂清最早看到和约与商约的不同，并知道后者可以修改。他在《天津条约》签订后谓：“在江宁所定者”，即《南京条约》，“谓之万年和约，系一成不变之件，在广东所定者，谓之通商章程，载明：十二年后，

---

① 《吉尔杭阿奏英使籍端要挟极为狂悖折》，咸丰四年闰七月初七日，见贾桢等纂修：《筹办夷务始末·咸丰朝》一，第296页。

② 《桂良奏筹议与英美交涉办法并派员赴津会办折》，咸丰四年九月初二日，见贾桢等纂修：《筹办夷务始末·咸丰朝》一，第324页。

③ 《崇纶等分别指驳及查办各款给英使包令照会》，咸丰四年九月二十二日，见贾桢等纂修：《筹办夷务始末·咸丰朝》一，第354页。

④ 《廷寄二》，咸丰四年九月初二日，见贾桢等纂修：《筹办夷务始末·咸丰朝》一，第326页。

⑤ 中英《天津条约》，咸丰八年五月十六日，见王铁崖编：《中外旧约章汇编》第1册，第99页。

⑥ 该约第27款规定，税则因价格变化可“每七年较订一次”；第40款规定，法国“若有应行更易章程条款之处”，期满十二年“方可与中国再行筹议”。见王铁崖编：《中外旧约章汇编》第1册，第109、112页。

酌量更改”。他认为，由于未看到相关条约，以致办理外交的官员不了解修约的条约规定。“历来办理夷务诸臣，但知有万年和约之名，而未见其文，以致误将通商章程，作为万年和约。”① 第二次鸦片战争之后，清政府一改此前的态度，开始重视修约问题，同治六年（1867 年）就“预筹修约”组织了一场大讨论。湖广总督李鸿章对条约性质更有深入的认识，他上奏说，“条约而非议和”，此番修约不是兵临城下的议和。从条约本身来看，彼此两方若要重修条约，须先行知照，酌量更改。此规定予以双方权力，“有一勉强，即难更改。其有互相争较，不能允从之处，尽可从容辩论，逐细商酌，不能以一言不合，而遽责其违约”。中方可力持定见，“于其可许者许之，其不可许者拒之”。对列强的无理要求，“可引万国公法直言斥之”。② 虽然李鸿章主要着眼于如何拒绝对方的要求，其认识并不全面，未能由此提出主动修约的主张，但却为走向这一目标搭建了重要的台阶。由于对修约有了较为积极的态度，清政府在谈判中有所作为，最后签订了《新定条约》。这是第二次鸦片战争后的第一次修约，虽然英国通过该约获得了新的特权，但清政府“杜要求而示限制”，③ 亦取得了一定的修约成果。奕䜣认为，“庶将来别国修约时，似亦可援此为式”。④

与此同时，一些大吏更进一步提出了收回某些条约特权的修约设想。例如，三口通商大臣崇厚提出了收回外籍税务司条约特权的主张，谓：“应请于现修约内，无论何款，不可有责成税务司字样”，这样，“则沿海利权，不致移于外国”。⑤ 崇厚的办法，是争取在条约中不提及税务司，尤其是不

① 《何桂清奏缕陈洋务棘手情形折回常州再定进止折》，咸丰八年十月初九日，见贾桢等纂修:《筹办夷务始末 · 咸丰朝》四，第 1194 页。

② 《湖广总督李鸿章奏》，同治六年十二月乙酉，见宝鋆等纂修:《筹办夷务始末 · 同治朝》卷 55，第 7～9 页。

③ 《恭亲王等奏》，同治八年五月丙子，见宝鋆等纂修:《筹办夷务始末 · 同治朝》卷 66，第 13 页。

④ 《总理各国事务恭亲王等奏》，同治八年九月丁亥，见宝鋆等纂修:《筹办夷务始末 · 同治朝》卷 68，第 15 页。

⑤ 《三口通商大臣兵部左侍郎崇厚奏》，同治六年十一月乙亥，见宝鋆等纂修:《筹办夷务始末 · 同治朝》卷 54，第 22 页。

能有“责成”字样，使其地位丧失条约依据，从而达到收回海关行政主权的意图，即他所说的“防微之要议”。此外，丁日昌从其他的角度，提出了相类似的主张。他提出变通科举制度，将同文馆熟习外国语言文字者，派往海关，学习税务，俟事理通达，即授予税务司之任，“庶各关税务司一缺，亦不致专为洋人所占”。① 但是，这些主张并未被清政府所重视；相反，由于税务司制度的推行，外籍税务司能够钳制洋商，偷税漏税现象大大减少，不少官员甚至主张保留外籍税务司制度。再如，河南道监察御史长润提出，速同各国理论，“撤去传教一条，将各处教堂，尽行毁废，传教之人，尽行撤回，庶可以请修睦而利通商”。② 此外，对于条约中未作规定的含混之处，清政府亦极力挽救，予以修订。

到光绪年间，由于国际法的传播，以及受日、俄废约的影响③，从对条约本身的认识和对西方列强“修约”要求的应对，清廷进一步产生了主动修约的企望和主张。光绪四年（1878 年），总理衙门咨行各驻外公使，谓：“条约每届十年准修一次，其如何增删改换，自系出于两国情愿”，“因思更修条约，贵将两国之意先行说明”。④ 一部分官员，尤其是一些驻外公使对此更有明确认识。例如，李鸿章谓：“况我与西约始由胁逼而成，各款多违

---

① 《李鸿章附呈藩司丁日昌条款》，同治六年十二月乙酉，见宝鋆等纂修：《筹办夷务始末 · 同治朝》卷 55，第 20 页。

② 《河南道监察御史长润奏》，同治九年六月戊午，见宝鋆等纂修：《筹办夷务始末 · 同治朝》卷 73，第 22 页。

③ 其时，日本正在筹划修改与西方列强所订的不平等条约，这对当时的中国无疑是一个刺激。如曾纪泽在日记中写道：“日本现语西洋各国，言日本刑律久已改从西洋之式，欲将前订条约更改数处，俾西人犯法者即由日本地方官办理，不令领事等官与闻。英国已显拒之，然日本此议未息，召驻英、法、德之各公使回国，将大议此条，期于必行也。”见刘志惠点校辑注：《曾纪泽日记》中，第 881～882 页。曾纪泽还在《亚洲季刊》发表了题为《中国：睡与醒》的文章，以俄国于 1871 年废弃了 1856 年因克里米亚战争失败而订立的和约为例，明确提出：中外条约是强加给中国的，使中国放弃了主权，“这是没有一个独立国家能够继续同意让它存在”，“这种情况将要迫使她在今后十年期限告终的时候废弃那些条约”。见 [美] 马士：《中华帝国对外关系史》第 2 卷，张汇文等译，上海书店出版社 2000 年版，第 435 页。

④ 《总理衙门咨行出使大臣》，光绪四年，见 [英] 赫德：《这些从秦国来——中国问题论集》附录一，叶凤美译，天津古籍出版社 2005 年版，第 140、146 页。

万国通例，正思逐渐挽回。”① 曾纪泽认为，通过不断改订不平等条约，就可以使中国收回权利。“改约之事，宜从弱小之国办起。年年有修约之国，即年年有更正之条。至英、德、法、俄、美诸大国修约之年，彼亦迫于公论，不能夺我自主之权利。则中国收复权利，而不著痕迹矣。”② 他区分了两类不同条约，指出，“壤地之借属，如香港、九龙司之类，则系长约不变”。通商条约“与时迁变，尽可商酌更改”，可以“随时修改”。这是由于“通商之损益不可逆睹，或开办乃见端倪，或久办乃分利弊，或两有所益，或互有损益，或偏有所损，或两有所损。是以定约之时必商定若干年修改一次，所以保其利而去其弊”。按照西洋通例，“虽蕞尔小邦欲向大国改约，大国均须依从，断无恃强要挟久占便利之理”。而西方国家每到修约之年，“必多方要挟”。曾纪泽主张中国也要利用通商条约的这种性质，不能独为对方所用，“其实彼所施于我者，我固可还而施之于彼，诚能深通商务之利弊，酌量公法之平颇，则条约不善，正赖此修约之文得以挽回于异日夫，固非彼族所得专其利也”。③ 这里所说的“条约不善”，是以万国公法为准则的，说明曾纪泽在某种程度上看到了条约的不平等性质，并主张修改，体现了主动修约的思想。光绪七年（1881 年），曾纪泽曾赴英外交部，“谈商改条约之事”，并“争辨良久”。归后，英国官员又来谈通商章程，“商改各语，争辩极久”。④ 与此同时，其他一些官员亦有类似的认识。⑤ 曾纪泽所提出的修约依据，主要是条约本身的修约规定，随后他更从条约的不平等性质立论。光绪十二年（1886 年），曾纪泽在《中国先睡后醒论》一文中将“重修和约”

① 《复总署 论维护朝鲜》，光绪六年十一月二十一日，见顾廷龙、戴逸主编：《李鸿章全集》第 32 册，安徽教育出版社 2008 年版，第 639 页。

② 刘志惠点校辑注：《曾纪泽日记》中，光绪六年四月十三日，岳麓书社 1998 年版，第 981～982 页。

③ 刘志惠点校辑注：《曾纪泽日记》中，光绪五年三月二十八日，第 866 页；《使俄曾纪泽奏谨就收回伊犁事宜敬陈管见折》，光绪六年六月十五日，见王彦威、王亮辑编：《清季外交史料》卷 21，第 21 页。

④ 刘志惠点校辑注：《曾纪泽日记》中，第 1049 页。

⑤ 如薛福成在光绪五年也提出了修约的主张，他认为，“两国议和，不能无约。约章行之既久，恐有畸轻畸重之事，以致两国之有偏损也，不得不订期修改，以剂其平，此中外通行之例也”。见《筹洋刍议》，徐素华选注：《筹洋刍议——薛福成集》，第 58 页。

视为“中国目前所最应整顿者”，“以合堂堂中国之国体”。他认为，“中国道光年间，一战之夙怨，久已消释，至战后所立和约未能平允，则其怨难消。盖所立和约系中国勉强设立，中间有伤自主之体统，今不能不设法改订”。如通商各口租界一条，“却夺中国地主之权，不能置之不问”，“拟于第三次十年换约之期，将此条废去重立，以免后患”。他看到，“更改此条或有难处”，“然此次决当力任其难，以免将来或任更难之事”。尤其是，曾纪泽提出，“亚洲诸国有同患之情，不应嫉心相视，自宜协力同心，务将与西国一切交接基于国谊而立之国约，非基于败衄而立之和约”。并向国际社会表示，“中国决派钦使分诣诸国，往复妥议，必不隐忍不问”。①

总理衙门不仅向各国表达了修约的意愿，而且还在咨文中向各驻外公使交代了具体的修约内容，主要有四个方面，即“货物出入内地”“厘捐”“不归管辖”“一体均沾”，此外还提出了“教务”一项。咨文表示，中国“恪遵条约、章程办事”，“一则按条约之意，尽量而为之”，但“若于条约字意之外，为外国附会、强解、添注，是于中国人民增其不公不服之处”。“若使中国征课权宜之法，为外国阻碍难行，则按中国自主之权而论，亦我中国不允不服之事也。各国条约，原有修好及永远相安之意，而其永远相安之道所重者，则在彼此互从，各国各有自主之权耳。”咨文要求各驻外公使“躬赴”驻在国外务衙门，将此文并洋文，“向外务大臣诵听其颠末”。② 光绪十年（1884 年），在致各国公使的照会中，总理衙门又向各国明确表达了修约的期望：“惟我中国办事，均系十分遵约，一本万国公法而行。即如前与各西国所立各约，其中原有中国未尽出于情愿，勉为允许者，谅各国大臣亦所素悉。中国则于明知各约内之有损于国，无益于民者，初未尝或有不行照办，不过期望各西国渐渐可以改为和平。”③

---

① 曾纪泽：《中国先睡后醒论》，光绪十二年，见中国人民大学中共党史系等编：《中国近代政治思想史参考资料》上，中国人民大学中共党史系等 1981 年印，第 284～285 页。

② 《总理衙门咨行出使大臣》，光绪四年，见［英］赫德：《这些从秦国来——中国问题论集》，叶凤美译，第 140～146 页；崔国因，《出使美日秘日记》，胡贯中、刘发清点注，黄山书社 1988 年版，第 60～65 页。

③ 《总署致各国公使请将法人违约之处转报各本国照会》，光绪十年六月二十二日，见王彦威、王亮辑编：《清季外交史料》卷 44，第 14～15 页。

以上表明，清政府的修约思想比以前更进了一步，它不再仅依据条约的性质和条约本身的规定，而是开始注重从条约的不平等性质和国家主权的角度置论。这一认识愈益清晰和普遍。如光绪十九年九月（1893 年 10 月），驻美公使崔国因谓："东西各国与亚洲立约，向不公平。其所由来者，渐非一朝一夕之故。骤然挽回，固难为力。然亦当步步留心，早为之计。"正唯如此，他驻美三年期间，"无日不思挽回大局，故详考美、日与各国约章，以为将来换约地步"。他特别提出，"其中最不公平者，莫如两国入口之税，我之所以征于彼者太轻，彼之所征于我者太重，虽为约所限，然当徐思变计，以求裕帑而裕商也"。① 不过，此时清政府虽然意识到中外条约的不平等性质，但却无修约的急迫心理。如曾纪泽认为，修约"事体重大，其整顿也自不免多延时日。然此一世界固非将近终穷，太阳又非行尽轨道之圈，为时尚永。中国尽为国之职分，正可以暇日行之，而无事亟迫也"。②

甲午战争后，清政府更为积极地筹划修约，尤注重关税利权和领事裁判权。光绪二十一年六月（1895 年 7 月），户部尚书熙敬等奏请整顿洋税，逐渐收回利权，谓："查条约税则及通商各款，遇修约年份，原准酌量议改。"他们以日本和曾纪泽向英争得税厘并征为例，认为"利权所在，据理力争，未尝不可挽回万一"。他们认为，为今之计，宜悉心了解现存关税制度的失平，"知我吃亏所在"。然后坚持不懈，"经年累月，反复申论，争得一分即得一分之益"，与日本一样"磨砻而成"。为此，熙敬等"请旨饬下总理衙门，相机设法，遇有可乘之时，竭力妥办，勿视为不急之图，庶几得尺得寸，逐渐收回利权"。③ 熙敬等人提出的持久之策，其后为清政府所采纳。光绪二十四年（1898 年），因翌年届与英修约之期，总理衙门"奏请将英约修改，藉得早定加税之议"，奉旨允准。于是拟"与各国使臣妥议加税

① 《使美崔国因奏奉使任满谨陈办理使事各节折》，光绪十九年九月初四日，见王彦威、王亮辑编：《清季外交史料》卷 88，第 2 页。

② 曾纪泽：《中国先睡后醒论》，光绪十二年，见中国人民大学中共党史系等 1981 年编：《中国近代政治思想史参考资料》上，第 285 页。

③ 《户部尚书熙敬等奏整顿洋税逐渐收回利权片》，光绪二十一年六月初四日，见王彦威、王亮辑编：《清季外交史料》卷 116，第 3 页。

章程，列入条约，以冀保我利权，藉收得寸得尺之效”。[①] 收回领事裁判权方面，清官员对自同治年间开始的改进谋划有了更清晰的思路，当维新运动正进入热潮之际，出使美、日、秘鲁的大臣伍廷芳奏请“变通成法”，并提出了较为完整的方案。[②]

经过庚子事变，清政府的修约意识更为清醒，表现出了更多的主动性，而且从各个方面提出了具体方法。

清朝大吏更明确提出了修约要求。为应对修订商约交涉，安徽巡抚王之春提出了抵制之法和“预筹修约”的建议。一方面，针对列强的要求，要事先筹策。他认为，道光、咸丰以来，迫于兵戎，“订立诸约，其中不无亏损，而每届修改，辄有要求，屡烦支拄”。而当今，“彼众愈盛，我势愈孤，苛索之端势且至甚”。现在修约，并非“不免迫胁”“战后专约”，而是“常行约章”，可以“反复驳辨”，“彼索利益，则此议抵偿”。他具体提出了“议改税则必酌量相抵之法”，即“有一减必有一增”。又提出抵偿“添开口岸，展拓租界”的“要索”，并指出“日本常用此法以收回权利，成效昭然”。另一方面，他又提出“旧约失策之最甚者”，如“治外无权、制税无权”二端，主张“绸缪不容稍懈”。日本“所以能修改尽善者，由于国威之能振，亦实由其于条约事宜，派有专员与外部各员考其害之重轻、争之难易，而因以筹补救之机宜”。虽然，“效非一蹴可几，而事必以豫而立”。王之春还主张，“将考究条约一事列为司员考成”，“得以预筹修约时迎拒之宜与商改之法”。虽然“未必尽改旧观，而争一分有一分之益”。[③] 清朝大吏更为积极地利用条约规定，努力争取中方的修约权。在修约交涉中，中方代表突破了《辛丑条约》仅规定对方有权提出修约的限制，提出了自己的要求，谓：“既有商议二字，便是彼此可以商改。”[④] 针对当时有的官员“恐非各国所愿”

---

① 《总署奏遵议陈其璋请与各国开议酌加进口税折》，光绪二十四年五月十六日，见王彦威、王亮辑编：《清季外交史料》卷 132，第 12 页。

② 参见李育民：《晚清改进、收回领事裁判权的谋划及努力》，《近代史研究》2009 年第 1 期。

③ 《皖抚王之春奏预筹和约抵制办法折》，光绪二十七年七月初六日，见王彦威、王亮辑编：《清季外交史料》卷 149，第 15 页。

④ 《商约大臣盛宣怀致外部与英使订行轮传教诉讼通商各条电》，光绪二十八年正月初五日，见王彦威、王亮辑编：《清季外交史料》卷 152，第 2 页。

的顾虑，盛宣怀等认为，“加税原非各国所愿，但期满修改税则，系条约所载”。[①] 也就是说，根据条约，中国完全有修改税则的权利。正是因为采取了积极的态度，在与英、美、日等国的商约交涉中，中方取得了显著的成效，包括促使各国作出条件成熟便放弃领事裁判权的承诺。接着，伍廷芳又向朝廷“力陈治外法权之宜收回”。[②]

清廷官员进而更注重从根本上“商改条约”。驻俄公使杨儒奏请变法，提出“保权”，在税法、租界、司法等方面，改变“反客为主”的现状。[③] 在关税问题上，以往官员们主要是从“利柄”着眼，提出加税之类的要求以弥补损失，而尚未提出收回关税主权这个根本问题。到宣统年间，一些官员尤其是驻外使臣对关税主权有了明确的认识。驻意公使钱恂提出了修改协定关税的主张，他对关税的性质、功能，以及各种关税制度与国家主权的关系，均有透彻的了解，指出，“我之版图，我有自主之权，我之工商，我有保护之责”，“各国税政均有独立自主之权”。钱恂看到，一个主权国家可以实行“独定关税政策”，即国定关税政策，也可以实行“协定关税政策”。其中协定关税的“要旨”，在于“有所求于人者，必预筹夫所报；有允于人者，必还取夫所偿，利不独擅”，“故税率虽较独定者为低，以两国人民得互享懋迁有无之利，各有所失，亦各所得也”。这两种政策不可偏废，在西方国家如意大利都是两种政策兼而行之，中国却被条约所约束，仅实行协定关税制度，“遵约章者税法不能自主”，“大失持平”。“彼之征以独定而可以自由，我之税以协定而不能增损”，西方各国均无此例，这是它们“对待东方国之特别政策”。中国“数十年来，安之若素，如未觉察者”。与中国相类似的日本，则“至明治立宪，厘定税律，痛税权之损失，而力图恢复”，几经筹备，几经磋商，始行更正。钱恂批评清政府只知道“免厘加税”之说，而不懂得如何收回关税主权，认为，“断不能仅以加税作补苴之计，当

① 《遵旨议增税事宜并拟税厘兼顾办法折》，光绪二十六年二月，见盛宣怀：《愚斋存稿》卷 4，第 34 页。

② 《政府谋收回治外法权》，《东方杂志》第 1 卷第 6 期，光绪三十年六月二十五日。

③ 《使俄杨儒奏请变通成法补救时艰谨拟六策折》，光绪二十七年七月初一日，见王彦威、王亮辑编：《清季外交史料》卷 149，第 6 页。

以日本为鉴”。目前“先将各国条约详细研究，确实调查，积调查研究之功，以预筹他日改约之方法”，主张通过修改条约，恢复中国的关税主权。他对此充满信心，认为，“成效虽难骤见”，但“果能详参利弊，洞悉窍要，坚忍以持，必有改正之一日”。① 考察宪政大臣李家驹上奏，提出“以收回税关管理权及改正税率为主，惟事关条约，亟应为改正之准备”。条约未经改正以前，“则当先行返税法、消费税法及政府收买法”。② 宣统三年（1911年），督办粤川汉铁路大臣端方上奏，提出《辛丑和约》已届10年，其中涉及在华驻军的第7～9两款“亟应乘时设法修改”，谓：“凡属主权无缺之国必引为他族实逼之忧，但使有机可图，自宜设法改正。”西方“商改条约向以十年届满之日为紧要关键”，该约即届十年，“应请饬下外务大臣妥速筹画，密商英使，出为协助，将《辛丑和约》第七、第九两款重加修定，毋庸再行驻兵”。③

除此之外，各大吏进而主张效法日本，整顿内政，以及广泛研究条约，为修约创造条件。刘坤一等称，和局大定之后，“即行宣示整顿内政切实办法，使各国咸知我有发奋自强之望、力除积弊之心，则筹议修约时尚可容我置词，不致一味听人指挥，受人侵削”。④ 杨儒提出，“非审酌时宜，更定律法，则外人断不肯就我范围，而约章终不可改”。“昔之日本，今之中国也。”日本自改订律法，重定约章，“内治之权专、商利之权保”。援照东邻成例，“时局之挽回可望”，“若复因循，补救无日！”⑤ 宣统二年（1910年），东三省总督锡良上奏提出，“改东三省通商条约，许各国商人难居内地”。

① 《使义钱恂奏调查美国对于中国货物进口征税情形折》，宣统元年八月二十五日，见王彦威、王亮辑编：《清宣统朝外交史料》卷9，外交史料编纂处民国二十四年（1935年），第37、38、39页。

② 《考察宪政大臣李家驹奏察日本财政编译成书折》，宣统二年十二月十九日，见王彦威、王亮辑编：《清宣统朝外交史料》卷18，第39页。

③ 《督办粤川汉铁路端方奏辛丑和约已届十年所言第七第十两款亟应修改折》，宣统三年五月初九日，见王彦威、王亮辑编：《清宣统朝外交史料》卷21，第20页。

④ 《刘坤一张之洞盛宣怀致总署通商行船事应详思力筹拟具说帖以备修约电》，光绪二十六年十二月初一日，见王彦威、王亮辑编：《清季外交史料》卷145，第11页。

⑤ 《使俄杨儒奏请变通成法补救时艰谨拟六策折》，光绪二十七年七月初一日，见王彦威、王亮辑编：《清季外交史料》卷149，第6页。

认为，“为今之计，可与各国密约以数年为限，为我预备开放之期，届期之日收回治外法权，准其杂居内地”。① 外务部奉旨议奏，认为“应请照原奏所拟，先将警察、审判分年预筹，逐渐推广，必俟完备足用，然后相机与各国提议修改条约。即以开放内地杂居与收回治外法权为互换之利益，庶几悉协机宜，可收效果”。② 张荫棠提出，收回关税主权和领事裁判权，须在内政外交等方面先作预备，谓：“彼欧洲诸强国固自以为文明，而视吾国为半开化之国，未许同入于国际公法范围之内。”“欲图挽救，须于内政、外交一一布局预筹，非旦夕可以收效。”③ 袁树勋还提出要研究各国互订之条约，了解其遇损害之后“本国权利如何补救”，为中国“将来遇有可乘之机与各国更订条款”时提供“依据”。因此，他奏请敕令各驻外公使将各国“历来所订条约、税章等”，“广为采译，送外部汇编成书”，并发各省一律讲习，“以宏造就”，以“养成外交人才”。④

总之，庚子事变之后，清政府更为积极主动地筹划修约，形成了较为完整的思路。从全面反思和批判传统的驭外之道，到重视国际公法中近代意义上的国家主权意识，注重条约本身的规定，进而又筹划内政改革，创造收回主权的各种条件，等等，这些表明，清政府的对外观念和意识有了很大的进步。但不可否认，清政府仍缺乏坚定的决心，更谈不上废约意识，且无整体的修约筹划；它无法彻底摆脱传统观念的羁缚，背负着沉重的历史包袱，实际上仍处于“预筹修约”阶段。这就使它所作的努力成效甚微，不可避免地制约着修约的进程。即使如此，清政府正在艰难地走向历史的重大转折，从传统的对外关系转向近代条约关系。在这一过程中，清政府既认同了各国平等的国际规则，又接受了以“要盟”为内核的国际关系秩序，并开始筹划以

① 《东督锡良奏遵旨密陈东三省大局应行分别筹办情形折》，宣统二年十月十六日，见王彦威、王亮辑编：《清宣统朝外交史料》卷18，第2页。

② 《外部等奏遵议锡良奏陈东三省大局应行分别筹办情形折》，宣统二年十二月十五日，见王彦威、王亮辑编：《清宣统朝外交史料》卷18，第33页。

③ 《使美张荫棠奏敬陈外交事宜并请开缺简授贤能折》，宣统三年九月初四日，见王彦威、王亮辑编：《清宣统朝外交史料》卷23，第16～17页。

④ “山东巡抚袁树勋致光绪”，光绪三十四年十二月十四日，台北“中央研究院”近代史所档案馆藏外务部档，档号：02-21-015-03-022。

近代的方式改变自己的条约地位。从最初的限制拒绝和片面守约，到“以为信据”和“以求两益”，以及在将国际公法“奉为圭臬”的认识中，又积极地“预筹修约”，清政府远离了对外关系上的“天朝体制”，从传统逐渐走向近代，基本上形成了传统国际法意义上的条约关系观念。尽管它仍存在种种局限和弊窦，但它为这个古老帝国的自新所付出的代价和所作的探寻，为民国时期条约认识的升华打下了一定的基础，提供了弥足珍贵的经验和教训。

第八章

中外条约关系与晚清国体观的变化

鸦片战争建立的中外条约关系，改变了中国传统的对外观念，尤其是以“天朝”体制为核心的国体观。现代政治语言中的“国体”，指的是国家的阶级性质，晚清以前，该词的内涵则与此不同。它主要包含三层意思。一是指国家典章制度，包括各个方面，尤其是体现封建等级的纲常礼制。所谓“正名分纪纲，皆国体之大者”；①“国体具存，纪纲不紊”。② 其他如“军政、财计、田制、盐法，关国体之大者”。③ 二是指国家或朝廷的体统和体面。如《明史·徐溥传》谓，“外国相侵，有司檄諭之足矣，无劳遣使。万一抗令，则亏损国体”。④ 三是指辅佐国君的大臣，如《春秋穀梁传》谓，“大夫，国体也”。范宁注曰：“君之卿佐，是谓股肱，故曰国体。”⑤ 晚清时期的传统国体概念，主要涉及国家制度和朝廷体面，尤其是前者，其中又主要体现在对外关系方面。由于中外关系的深刻变动，以君主至尊为核心的“天朝”体制被打破，传统国体观发生了变异，并由外到内，导致一系列新的观念的形成。国体观的变化，反映了传统“天朝”意识的衰微，以及条约关系对近代国家观念的形成所产生的重要影响。

---

① 脱脱等：《宋史》九，中华书局 2000 年版，第 8284 页。

② 姚莹：《与陆制军书》，见中国社科院近代史研究所近代史资料编辑组编：《鸦片战争时期思想史资料选辑》，中华书局 1963 年版，第 102 页。

③ 《给舍缴驳论疏》，叶绍祖：《四朝闻见录》，中华书局 1989 年版，第 178 页。

④ 张廷玉等：《明史》四，中华书局 2000 年版，第 3197 页。

⑤ 李学勤主编：《十三经注疏·春秋穀梁传注疏》，北京大学出版社 1999 年版，第 297 页。

一、从“俯顺夷情”到“籍条约以维系”

伴随着中外关系格局的改变和条约关系的建立，从鸦片战争开始，清王朝的国体观逐渐发生变化。议订《南京条约》的过程中，在“俯顺夷情”的名义下，清朝君臣接受了调整国体，即“天朝”体制的现实。随后经过第二次鸦片战争，国体问题更为尖锐地呈现出来，促使某些大吏对此作了适应新的中外关系格局的解析。

通过鸦片战争，以英国为首的西方列强用条约强行改变了中国的国体，“天朝”体制受到了前所未有的挑战和冲击。迫于武力压迫，清廷提出了“慎持国体，俯顺夷情”的方针，无可奈何而又心安理得地认可，“天朝”体制的变异，其国体观也随之发生了微妙的变化。战争尚未爆发时，道光帝要求两广总督“上不可以失国体，下不可以开边衅”①，试图在避免战争的情况下维护“天朝”体制。但事情并未按照道光帝的设想发展，英国使用武力的目的，正是改变现存体制，清王朝的国体无可避免地遇到了危机。而清廷却正是在“无伤于国体”的自欺欺人中，走向了抚夷求和。两江总督牛鉴认为，英人“志在牟利通商，并非争城略地”，② 因此上奏提出，如果“该夷只为吁乞通商，并不敢妄求他念”，请“明宣恩旨，用示怀柔”。并强调，“从古制夷之道，不外羁縻，是则仁圣与民休息，耀德而不观兵，并无伤于国体”。乾隆帝时，“征缅不克，降诏罢兵，后复允其朝贡”。他认为，只要对列强诱之以通商之利，便可以控制情势，“彼虽畜类，亦具人形，譬如桀犬狂吠，本不足以论是非，及投以肉食，未尝不摇尾而帖服”。③

“无伤于国体”之说，为清政府提供了抚夷议和的依据和妥协退让的台阶。尽管道光帝在朱批中斥责牛鉴“为伊里布簧惑”，“中伊里布之害不

---

① 《宣宗成皇帝实录》卷 337，道光二十年七月癸丑，见《清实录》第 38 册，中华书局 1986 年版，第 122 页。

② 《两江总督牛鉴奏江苏洋面静谧现仍严防片》，道光二十二年五月己酉，见齐思和等整理：《筹办夷务始末 · 道光朝》四，中华书局 1964 年版，第 1877 页。

③ 《牛鉴奏英军鸱张与前不同仰求怀柔与民休息折》，道光二十二年六月甲申，见齐思和等整理：《筹办夷务始末 · 道光朝》四，第 2040 页。

浅”，并为之“曷胜愤懑”①，但却不得不接受他的议抚建议。道光帝旨称：“该夷如果真心求和，于通商而外别无妄求，朕亦何乐而不罢兵？即令仅止求给香港一处，棲止贸易，或该国船支，偶至闽、浙口岸，暂时停泊，售卖货物，旋即驶去。虽非旧例，然随时变通，朕岂不思保全沿海生灵，聊为羁縻外夷之术。”他命耆英向英方表示，“大皇帝恩威并用”，“大度包容，并不计较”，且无“因误伤人命，不许尔国通商之事”。如果能退回广东，即刻罢兵，可“将香港一处，赏给尔国堆积货物，与中国照常贸易”。② 接着，牛鉴因英军围攻镇江，其力不支，又奏请允准“设法暂事羁縻”。③ 在这种形势下，道光帝允准议和“抚夷”，谕令耆英、伊里布“妥为办理”，并表示，“如该逆游移不信，即告以业已降旨”，交他们“专办此事”。④ 并接连密谕耆英等人，要求“务须慎持国体，俯顺夷情，俾兵萌早戢，沿海解严，方为不负委任”。尽管道光帝表示不接受“还烟价战费”的议和条件，但又谕令，“不必虑有掣肘，以致中存畏忌，仍于事无益”。⑤ 他甚至表示，“一切朕亦不为遥制”，命耆英、伊里布“便宜行事，如该夷所商在情理之中，该大臣等尽可允诺”。⑥ 又谓，“与其兵连祸结，何如息事安民，是以叠经密谕该大臣等设法羁縻，以全民命。此朕万不得已之苦衷，谅该大臣等必能善体朕意，期于有成。著即遵照前旨妥为筹办，不必他有顾虑也”。⑦

---

① 《牛鉴奏英军鸱张与前不同仰求怀柔与民休息折》，道光二十二年六月甲申，见齐思和等整理：《筹办夷务始末·道光朝》四，第 2040～2041 页。

② 《廷寄》，道光二十二年六月丙戌，见齐思和等整理：《筹办夷务始末·道光朝》四，第 2054～2055 页。

③ 《牛鉴奏英军围攻镇江府城势甚不支折》，道光二十二年六月丙申，见齐思和等整理：《筹办夷务始末·道光朝》四，第 2126 页。

④ 《廷寄》，道光二十二年六月丙申，见齐思和等整理：《筹办夷务始末·道光朝》四，第 2126～2127 页。

⑤ 《著钦差大臣耆英等与英军再商戢兵事上谕》，道光二十二年六月十九日，见中国第一历史档案馆编：《鸦片战争档案史料》五，天津古籍出版社 1992 年版，第 739 页。

⑥ 《著钦差大臣耆英等于羁縻攻剿便宜行事相机办理事上谕》，道光二十二年七月初一日，见中国第一历史档案馆编：《鸦片战争档案史料》六，天津古籍出版社 1992 年版，第 6 页。

⑦ 《著钦差大臣耆英等仍设法羁縻不必他虑并预筹攻剿事上谕》，道光二十二年七月初五日，见中国第一历史档案馆编：《鸦片战争档案史料》六，第 25 页。

道光帝“俯顺夷情”的谕令，给予了耆英变更“天朝”体制的空间，这一方针提出后，钦差大臣耆英等即将此作为交涉的准则。他们向道光帝表明态度，称“前之羁縻，不过缓兵之计”，而现在事已至此，“惟有勉力从权，筹商妥办，不但不敢虑及掣肘，亦不敢念及身家，委曲宽全，但期于事有济，上可以顾持国体，下亦不致有拂夷情”。① 耆英等表示，他们唯有竭尽心力，设法办理，“务求上持国体，下顺夷情，通盘筹算，以为永绝祸根之计”。② 正是根据“俯顺夷情”的方针，耆英接受了英方的议和条件，认为彼“所请各条，虽系贪利无厌，而其意不过求赏马头，贸易通商而止，尚非潜蓄异谋”。因此，他认为“与其兵连祸结，流毒愈深，不若姑允所请，以保江南大局”。③ 道光帝尽管“忿恨之至”，“愤闷莫释”，也“不得不勉允所请”。④ 终于，在“慎持国体”的名义下，清王朝“俯顺夷情”，接受了英国的议和条件。

其实，英国提出种种权利要求，并通过条约得以兑现，这已经突破了“天朝”体制，有伤国体。耆英等奏称，英国提出的种种要求，均对中国造成了危害，如要求赔款多至 2100 万元，口岸多至五处，中国“经费有常，海疆至重，不宜轻有所许”。尤其是彼所要求的“平行”，虽属末节，“于天朝体制亦大有所损”，然“既经曲事羁縻，亦复无暇顾惜”。⑤ 诸如此类，较之以前，“实属体恤有加”。无疑，清政府实际上已经看到，英国提出的种种要求，损害了“天朝”体制，“有伤国体”。此外，此时“天朝”君臣所言的国体，还明显缺乏近代主权观念，如允弃司法主权。耆英等以乾隆和

① 《钦差大臣耆英等奏报派员赍送照会酌办议和事宜折》，道光二十二年六月二十八日，见中国第一历史档案馆编：《鸦片战争档案史料》五，第 817 页。

② 《耆英等奏英船大帮聚集江面现拟设法羁縻折》，道光二十二年七月戊午，见齐思和等整理：《筹办夷务始末 · 道光朝》五，中华书局 1964 年版，第 2259 页。

③ 《耆英等又奏形势万分危急已允通商割地赔款折》，道光二十二年七月戊午，见齐思和等整理：《筹办夷务始末 · 道光朝》五，第 2262～2263 页。

④ 《宣宗成皇帝实录》卷 378，道光二十二年七月癸亥，见《清实录》第 38 册，第 815 页。

⑤ 《耆英等奏详陈议和情形折》，道光二十二年七月壬申，见齐思和等整理：《筹办夷务始末 · 道光朝》五，第 2305～2306 页。

道光初年已有先例为由，轻易给予了英方领事裁判权①，穆彰阿奉旨审议亦非常赞成，认为“通商之务，贵于息争”。②尽管这一认识与其传统的羁縻理念有关，却与《大清律例》“依律拟断”③化外人的条文不符，实际上有悖于“天朝”体制。正唯如此，李星沅因条约中的“大书特书”“官员平行”，以及“夷妇与大皇帝并书”等条款气愤不已，深忧“千秋万世何以善后”。④其他诸如在中国领水驻泊军舰等条款，均越出了“天朝”体制的范畴。

显然，维护“天朝”体制的“慎持国体”与应允英方要求的“俯顺夷情”，两者实际上存在难以调和的矛盾。“天朝”君臣其实非常清楚，只有用强力压制对手，才能真正维护国体。道光帝内心是将强力与国体的尊严联系在一起的，他知道羁縻抚夷有伤国体，认为“必应大彰挞伐，始足以快人心而崇国体”。⑤在牛鉴奏请议抚羁縻之前道光帝又谓：“再事羁縻，不特于事无益，且恐有伤国体”。⑥而奏称羁縻抚夷“无伤于国体”的牛鉴，后来在受到清廷查处时说了实话。他说：“闻该逆兵船七十余只，有直犯天津之谣，鉴大惧失措，即拟上书请抚。而鉴之幕友为鉴计者，无不劝阻，谓此议一上，皇上圣明纵不以为罪，而中外人士不知其细，但以国体所关，交口訾议，子将奚辞。鉴以两害相权务取其轻，言抚则诚属有伤国体，然其为害轻。不言抚则危迫之时，我既无御敌之法，必致兵连祸接，下毒生灵，上妨国是，一言其害，将有不堪设想者。”他引用苏轼之言，“边境之事，但当顾事之利害，不当论理之是非”，谓：“详味斯语，似与今日之事相合，是

---

① ［日］佐佐木正哉编：《鸦片战争之研究》（资料编），台北，文海出版社1983年版，第218页。

② 《穆彰阿等奏核议耆英等所奏通商章程折》，道光二十三年七月壬戌，见齐思和等整理：《筹办夷务始末·道光朝》五，第2690页。

③ 《大清律例》，田涛、郑秦点校，法律出版社1999年版，第122页。

④ 袁英光、童浩整理：《李星沅日记》上册，中华书局1987年版，第428页。

⑤ 《宣宗成皇帝实录》卷360，道光二十一年十月甲辰，见《清实录》第38册，第502页。

⑥ 《廷寄三》，道光二十二年六月己卯，见齐思和等整理：《筹办夷务始末·道光朝》四，第2027页。

以敢冒斧钺之诛，决意请抚。”[①] 这里，牛鉴认为，羁縻议抚有伤国体，但与战争相比较，只能取其害轻者，而不必计“理之是非”。具体实施该方针的耆英亦说，“势出万难，策居最下”。“二年以来，合数省兵力，言剿言防，总难得手”。因此只能“计事之利害，不复承理之是非”。其时，“寇势方张，据我要害，四肢之患，渐成腹心之疾”。如果“不藉此转机，速为招抚，该夷豕突狼奔，何所不至？”两害相较取其轻，“与其任彼占据，孰若归我土地与之通商”。而既然准其五口通商，“举凡设领事，立夷馆，住家眷，势不能遏其所请”。此外，还要考虑“善后之难于措手，他国之不免生心”，等等。“而害从其轻，事先所急，但得罢兵通商，方可徐图控驭，此又臣等筹之至熟，而不得不出于最下之策者也”。[②] 正因为羁縻议抚有伤国体，道光帝始终耿耿于怀，条约议定之后，他降谕追究责任，对牛鉴尤为“忿恨”，谓：“追维前事，咎有攸归。牛鉴以一品大员，封圻重寄，辜恩溺职，有伤国体。若不严加惩办，何以昭国法而励官常”。随即将牛鉴革职拿问，交刑部治罪，程矞采、德珠布均交刑部“严加议处”。[③] 随后刑部将牛鉴定为斩监候，秋后处决。[④] 由上可见，“慎持国体，俯顺夷情”是一个自欺欺人的方针，是清政府在军事上遭受挫折之后的无奈之举。

正是出于无奈，清政府不得不将难以协调的“国体”和“夷情”串在一起，以“俯顺夷情”修正“慎持国体”，调整“天朝”体制，从而在理论上解决了清政府所面临的这一重大问题。它既表明了坚持“天朝”体制的立场，又因应了军事失败的后果，反映了清政府在新的对手面前，力图维护传统国体却又有心无力。这一方针所体现的内涵，自始便显示了晚清国体观演化的轨迹，它是在外力的作用下逐渐蜕变而形成一种新的观念。在起始时

---

① 《牛鉴供词》，道光二十二年十一月二十三日，见中国第一历史档案馆编：《鸦片战争档案史料》六，第 652 页。

② 《耆英等奏详陈议和情形折》，道光二十二年七月壬申，见齐思和等整理：《筹办夷务始末 · 道光朝》五，第 2305～2306 页。

③ 《宣宗成皇帝实录》卷 380，道光二十二年九月己未，见《清实录》第 38 册，第 862～863 页。

④ 《著将牛鉴定为斩监候秋后处决事上谕》，道光二十二年十一月二十三日，见中国第一历史档案馆编：《鸦片战争档案史料》六，第 655 页。

期，这一方针无意识地将各种观念混为一体，昭示了晚清时期国体观演化的复杂矛盾和多重指向。“慎持国体”，表明清政府坚持“天朝”体制的基本立场，既蕴含维护国家利益的主权理念，又充斥着妄自尊大和深闭固拒的传统意识。而由于后者，“慎持国体”所体现的主权理念，又使其本应具有的近代内涵有所缺失。“俯顺夷情”亦包含积极与消极的两面，并非完全是妥协投降的代名词。它在损害中国主权的同时，又有着破坏“天朝”体制，接受近代国际交往制度，促使中国迈向新的文明的因子。例如，英国人提出的“用平行礼”，“于天朝体制亦大有所损”。道光帝却因“俯顺夷情”而谕令，“其平行礼可以通融”，[①] 接受了英国人的要求。应当说，这一“通融”，触及了“天朝”体制的内核，开启了中国这一古老帝国走向近代国际关系的先河，具有重要的积极意义。总之，“俯顺夷情”方针所具有的各种意蕴，相互冲突和交融，使晚清初期的国体观念呈现出复杂的面相。清政府有着主权意识，却是模糊的；它力图维护“天朝”体制，却又打破了这一体制的内核。这是一个矛盾，国体概念正是在矛盾中演化变异，最终化合成为近代国家观念。

“俯顺夷情”方针所包含的复杂意蕴，在第二次鸦片战争的冲荡中，再一次尖锐地呈现出来，推动清政府进一步深入思考国体问题。在现实的中外关系格局中，传统国体中的主权成分被挖掘出来，并直接与条约相联结，产生了“籍条约以维系”的认识。

在“进既不可战，退又不可守”的情况下，清政府继续“俯顺夷情”，“于两弊相形之中，聊为避重就轻之法”，签订了《天津条约》。通过《天津条约》，在用暴力攫取新特权的同时，列强又进一步改变了中外交往制度，尤其是将这一成果扩展到帝辇之下，规定了公使驻京和觐见君主，其他如内江通商、内地游历等，在更深的层次上打破了“天朝”体制，可谓“国体”的一大变动。签约大臣桂良等对此作了辩解，认为这些条款对国家无害，可以“从权允准”。其他各款，则“多系好争体面及整顿商船各事，于国体

① 《著钦差大臣耆英等与英军再商戢兵事上谕》，道光二十二年六月十九日，见中国第一历史档案馆编：《鸦片战争档案史料》五，第739页。

尚属无碍”。[①] 条约关系的新变化，大大超出了《南京条约》仅涉及东南一隅的局部范围，尤其是触及了君主的颜面，咸丰帝自然比臣子们更为敏感，更为痛心。他降谕谓，中英《天津条约》以派员驻京等四项“最为中国之害”，要求“桂良等能将此四项一概消弭”。[②] 其中，“驻京一节，为患最巨，断难允行”。[③] 他试图借税则谈判之时，设法补救，废弃《天津条约》，回复到《南京条约》时代。他认为“此次商定税则，系夷务一大转关”，要求谈判大臣遵照他的“内定办法”，“方能于大局有益”。[④] 又一再降谕，令桂良等按照“内定办法”，“止能五口通商，一切干求，悉归罢议”。[⑤]

咸丰帝的内定办法，是以关税为代价换取列强放弃公使驻京等规定。其实征收关税亦是“天朝”体制的一部分，而且是体现国家经济主权的重要内容。咸丰帝用国家的经济权益挽回“天朝”体面，不仅荒唐之至，且是自行打破“天朝”制度，又与维护国体存在矛盾。在执行咸丰帝上谕的过程中，几位交涉大臣看到了其中的弊漏，由此对国体与条约关系问题产生了新的认识。除了强化守约意识之外[⑥]，他们对鸦片战争以来便纠结于心的国体问题，作了认真的思考，提出了颇有新意的见解。最先是两江总督何桂清对咸丰帝的内定办法表示质疑，认为难以实行。桂良抵达江南后，经过自己的考察，“细体”何桂清之意，认为“尚属周妥”[⑦]，完全认同。几位交涉大臣对咸丰帝的内定办法达成了一致意见，在往复辩解的奏呈中，他们以“国体”为辞，一再对咸丰帝的荒谬主意表示异议，阐述了他们对“国体”问题的见解。

---

① 《桂良等奏对外不可战者五端英法要求可从权允准折》，咸丰八年五月十八日，见贾桢等纂修：《筹办夷务始末·咸丰朝》三，中华书局1979年版，第982～983页。

② 《文宗显皇帝实录》卷264，咸丰八年九月甲申，见《清实录》第43册，中华书局1987年版，第1096页。

③ 《廷寄》，咸丰九年二月二十五日，见贾桢等纂修：《筹办夷务始末·咸丰朝》四，第1333页。

④ 《廷寄二》，咸丰八年六月己酉，见贾桢等纂修：《筹办夷务始末·咸丰朝》三，第1065页。

⑤ 《文宗显皇帝实录》卷262，咸丰八年八月辛未，见《清实录》第43册，第1071页。

⑥ 参见李育民：《论清政府的信守条约方针及其变化》，《近代史研究》2004年第2期。

⑦ 《桂良等奏英使尚未旋沪折》，咸丰八年十月二十二日，见贾桢等纂修：《筹办夷务始末·咸丰朝》四，第1210页。

其一，征收关税，不仅仅是经济利益问题，而且涉及国体，即“天朝”体制的核心问题。桂良、何桂清等认为，免税问题不单纯是经济利益问题，而且关系到国家地位，即国体或“天朝”体制的根本。他们联衔上奏，谓：“夷税未便宽免者，其中有万不忍言，亦万不敢言之苦衷。”尽管桂良等声称“万不忍言”“万不敢言”，却还是直言不讳：“英夷之雄长西洋，于其属国不完关税，已非一日，其志尚不全在利益，而在夜郎自大。”此言旨在说明，英国在其属国不纳关税，其意图并非在于利益，而是显示与这些国家的主从关系。言外之意，若中国免彼关税，不啻如同其属国一样。既然英国并非完全出于经济利益的考量，而更多是将不纳关税与国家地位联系在一起，那么，中国亦应从这一高度审视该问题。正是从国家地位这一国体的根本问题考虑，桂良等特别强调，“臣等欲留此遵奉天朝定制完纳关税之名，以崇国体，非敢惜此微末，致落下策也”。① 完纳关税本系定制，如果取消，无疑有悖“天朝”体制，伤及国体。只有坚持“天朝”定制中的“完纳关税”，才能维护“天朝上国”的地位，使国体得到尊崇。随后，桂良在论及免税危害时，将此列为首要论据，谓：洋人不纳贡而纳税，如免除关税，便会助长洋人藐视天朝之习。“今日之税，譬如告朔之饩羊，使各夷之尊重天朝而不敢逞志。一旦裁之，恐长夷人骄傲之气”。② 也就是说，坚持关税制度，是保证洋人尊重“天朝”，维护国体的大事，否则会助长洋人蔑视“天朝”的“骄傲之气”。

其二，征收关税就是维护本国利权，而收回和维护利权，则是尊崇国体之窍要。针对咸丰帝忽视经济权益的倾向，桂良等又从国家利柄的角度，将关税问题与国体联系起来，予以强调。他们奏称，全免关税，似乎“为夷人惟利是图给以便宜，庶易令其就范”，但却弊窦丛生。因为“设关抽税，藉以稽查”，如果“听其自便，则利柄尽属该夷，奸宄且有不可胜道者”。也就是说，如果不征关税，任洋货自由输华，中国利权会全部落在洋人手里，

① 《桂良等又奏税课未便宽免以崇国体片》，咸丰八年九月十五日，见贾桢等纂修：《筹办夷务始末·咸丰朝》四，第1177页。

② 《桂良等奏免税有十可虑连日会议未敢轻举折》，咸丰八年九月二十一日，见贾桢等纂修：《筹办夷务始末·咸丰朝》四，第1180页。

违法作乱之事将不胜枚举。因此，“当此之时，务以尊崇国体为先，尤以收回利权为要”。① 何桂清单独上奏，更明确地说：“征收关税谓之稽征者，稽查其出入之货是否违禁，而征收其税也。若不征其出入口货税，则无所稽考，竟可任听该夷将我内地货物，即在内地贸易，胥天下之利柄归于该夷，而我民穷财尽矣。臣愚以为利柄必应收回，税则不可轻兑［免］者在此也。”② 他们剖析了免税的十大危害，即“十可虑”，除了前述助长洋人蔑视“天朝”之心之外，还包括其他种种连锁反应。如将来夷人既入内地，无从考核；夷商虽尚知恩，夷酋未必感激，日久月长，甚至忌其为应纳之款，而或不免有意外之虑；不税于夷，必税于商，“傥商人得持其柄，暗中加价勒索，竟倍于所纳之税，使夷人从而生心，互相争竞，酿成巨祸”；一旦免其税课，“是名为利之，实同弃之，彼不乐从，必将以恩为怨”；所免之税虽数百万，“未必能动其心，而适足以益其富，是富国强兵之权转授之夷”；夷人独于纳税尚属公平，免税“则以后无所依傍，设或肆行无忌，竟至不可收拾”；俟免税一二年后，夷人“又执前说，挟制要求，我更无以饱其溪壑之欲”；若将全税宽免，“而彼又索赔项，则款无可抵”；夷人谓中方因有烟税之利，而始免其纳税，转致得所借口，等等。③ 总之，关税利柄一失，会造成对国计民生的种种祸害，甚至“富国强兵之权”亦一并丢失，而且中国对洋人的恩惠反而会转为他们对中国的怨隙，并刺激洋人的欲望，引发各种新的纠纷和麻烦。诸如此类，无疑大伤国体，贻害无穷。

其三，条约是中外交涉的依据，与国体有着密不可分的关系。如果说，前述国家地位和国家利权，是从中国自身权益的角度说明了征税与国体的关系，那么，桂良等进而更从中外关系的角度，阐述了国体与条约的关系。交涉过程中，英方表示，“条约以外之事，均可商量，条约既定之说，万不能

---

① 《桂良等奏拟请将全免入口税课一节暂缓宣布折》，咸丰八年八月二十七日，见贾桢等纂修：《筹办夷务始末·咸丰朝》三，第 1130～1131 页。

② 《何桂清奏利柄必应收回税则不可轻免折》，咸丰八年八月二十九日，见贾桢等纂修：《筹办夷务始末·咸丰朝》三，第 1133 页。

③ 《桂良等奏免税有十可虑连日会议未敢轻举折》，咸丰八年九月二十一日，见贾桢等纂修：《筹办夷务始末·咸丰朝》四，第 1180～1181 页。

动。坚持定见，矢口不移”。① 其“坚执条约之心，仍复牢不可破”。② 英方的这一态度，使桂良等感受到条约的严肃性，认为咸丰帝的内定办法只是作茧自缚。他们上奏，明确否定了咸丰帝的“一劳永逸”之说，谓：“所谓一劳永逸者，原以免税之后，夷人即将一切干求悉归罢议，仍照旧于五口通商，故能有益大局也”。然而，“今若免税而该夷仍执定见，不肯轻弃条约，我亦何必免其纳税乎？”现在夷人交纳税课，“锱铢洞悉，全不容我浮收，非十三行未撤之时可比”。原定章程，“行之于道光年间未撤洋行以前，诚可以一劳永逸，而行之于今日，究与时势不甚相合”。如果宣布免税，“该夷视为大皇帝格外之恩，感而受之，而于条约仍不罢议，已非计之得也”。③ 从列强坚持订立条约的强硬态度中，何桂清等深深地感到，中外关系不能以中国的制度为准则，而得以条约为依据。何桂清奏称，“中外交涉事件，有不能凭律例以决断者，全恃条约以为范围”。如果不收关税，“则与万年和约及广东省原定旧章不符，一事废则百事俱废，天津之条约又作罢论，真可任其为所欲为矣”。如果要与彼另订条约，“该夷又将口于万年和约亦已废弃，毋庸再议”，议和之事“凭据毫无，更难措手”。此就夷务而言，若从民情、商情、军情来看，亦密切相关。“此系就夷务论夷务，而未及民情商情军情也。如商民利柄，“必当收回，庶江、浙、闽、广亿兆生灵衣食有资，不致另启乱萌”。“关税则不增不减，聊以接济时艰”。军情今已大变，“安危在于呼吸”，“实不能再展一筹”，若不迅速了结，“则成了而不了之局”，至第二年春天尚不知如何，“非臣所能意料”。而处理这些问题，“皆所以尊崇国体，而藉条约以维系之也”。④ 也就是说，现在对国体的尊崇，只有凭借条约才能获得保证。

---

① 《桂良等奏连日与各国会议条约万不能动折》，咸丰八年九月二十九日，见贾桢等纂修：《筹办夷务始末·咸丰朝》四，第 1184 页。

② 《何桂清奏缕陈洋务棘手情形折回常州再定进止折》，咸丰八年十月初九日，见贾桢等纂修：《筹办夷务始末·咸丰朝》四，第 1193～1195 页。

③ 《桂良等奏免税有十可虑连日会议未敢轻举折》，咸丰八年九月二十一日，见贾桢等纂修：《筹办夷务始末·咸丰朝》四，第 1179～1180 页。

④ 《何桂清又奏美商船为华船碰损索赔无厌片》，咸丰八年十月初九日，见贾桢等纂修：《筹办夷务始末·咸丰朝》四，第 1197～1198 页。

对于桂良、何桂清关于国体问题的看法，咸丰帝虽未明确表示具体意见，但他最终不得不放弃内定办法，接受桂良等的交涉结果，实际上作出了无可奈何的认可。桂良、何桂清等对国体的解析，较之第一次鸦片战争时期，有两个重要变化。一是明确将国家利权纳入国体的范畴。何桂清等将体现利权的关税纳于国体和"天朝"体制之中，这一认识突破了"何必曰利""上下交征利而国危"① 的传统轻利观念，在相当程度上揭示了国体中最具意义的内涵，不仅在当时抵制了咸丰帝的荒谬主张，而且为培植近代国家主权观念提供了思想养分和理论依据。二是将国体置于中外条约关系之中。他们已经认识到一个严酷的现实，即维系中外关系的准则发生了根本变化，须以条约为依据。所谓"不能凭律例以决断"，即传统的"天朝"体制不再是中外交涉的圭臬，也不再是中国国体的代名词，且不可回避条约关系这一新的判定标准。这一新的观念，一方面表明他们无可奈何地接受了国家主权被限制、国体被阉割的现实，另一方面又显示出他们力图利用这一关系中的平等内容，维护国家权益的良苦用心。即以关税而论，免征关税，与《南京条约》和《天津条约》均有不符。如果废弃条约，免征关税，不仅中外交涉凭据全无，而且民情、商情、军情均不堪闻问，而国体亦无从谈起。显然，将国体置于条约关系之中，预示着"天朝"体制的地位已发生动摇，而在国家主权遭受侵损的同时，新的近代国家观念亦由此萌生。

二、"上存国体"与"折服远人"

在中外冲突中，改变"天朝"体制以"俯顺夷情"，并非清政府的本意，对它而言，既存国体又服远人，是最理想的处理方式。随着条约关系的建立和发展，中外之间的交往不断扩大，清政府的国体危机进一步深化。在外部压力之下，清政府希望"上存国体"，维护既存的"天朝"体制，但又试图避免关系破裂而导致更大的损害，因此仍不得不作"服远人"的考量。咸丰、同治之交发生的贵州教案，是第二次鸦片战争之后的第一个涉外大案。围绕对涉案大吏的处理问题，中外之间首次直接就国体问题展开了激烈的论辩。有关大吏为此提出了"存国体而服远人"的设想和方案，试图通过迂回的方式解决这一矛盾。最后通过"釜底抽薪之策"，清政府终于达到

---

① 李学勤主编：《十三经注疏·孟子注疏》，北京大学出版社 1999 年版，第 3～4 页。

了目的，挽回了本已打算放弃的国体主张。然而，在交涉中，“存国体”的冀望遭到对方的强烈抵拒，君臣们不得不作必要的调适，“以服远人而维大局”，其思想观念再次偏离了“天朝”体制。该案的应对及交涉过程，既呈现了中外在体制和观念上的差异，又典型地反映了清朝君臣在国体问题上的思考和趋向，并揭示了晚清时期清政府国体观念演变的路径。

同治元年五月（1862 年 6 月），法国驻华公使哥士耆就贵州教案照会清总理衙门，指控贵州提督田兴恕等地方官吏凌辱教人，屡次带兵攻击贵阳等处天主堂，并处斩了教民和法国传教士文乃耳。对于如何处理该案，清廷确立了维护国体的基调，谓：田兴恕为专阃大员，赵畏三等亦系道府，即使实有其事，朝廷亦“断不肯稍徇外国之情，有损国体”。① 从一开始，国体问题便成为该案交涉的中心，法方亦以国体为辞，提出截然相反的要求，中法双方就此展开了争辩。同治元年十一月（1862 年 12 月），哥士耆照会总理衙门，明确提出国体问题，谓：清廷如此从缓办理，是由于中国“不曾明白平等交友相与和好宽容之道”，对法国仍以“属国”相待，“此后本大臣虽欲仍复宽容，商办有所不能，诚恐于国体有碍”。法国国势可称“强盛”，如俄、英二国“若有似贵州得罪本国之事，本国何能静候数月，不与之认真办结乎？”哥士耆特别提出，这些条件“于贵国国体无所伤损，亦无有格外难行之处”。②

哥士耆所言国体，实际上是指国家地位，即中法两国的平等关系。针对哥氏的国体之说，奕䜣复照作了详细解释，他以国体即中国体制为理由，又搬出条约先例为证，坚持不能将田兴恕处以死刑。奕䜣还以处理西林教案的中法《和约章程补遗》③ 为例，说明中方的做法符合条约，谓：“张鸣凤杀害马神父一案，与田兴恕此案事同一律，亦不过革职永不叙用而已，并未闻将张鸣凤遽行正法。”因此，“本爵不敢蔑视条约而妄拟办法，以得罪于天下后

① 《穆宗毅皇帝实录》卷 29，同治元年五月甲辰，见《清实录》第 45 册，中华书局 1987 年版，第 782～783 页。

② 《法使为拟送贵州教案应办条款事致奕䜣照会》，同治元年十一月十八日，见中国第一历史档案馆等编：《清末教案》第 1 册，第 283 页。

③ 王铁崖编：《中外旧约章汇编》第 1 册，生活 · 读书 · 新知三联书店 1957 年版，第 113 页。

世，并失欢于贵国”。并明确表示，“本爵为文宗显皇帝之弟，与国家同休戚，若事关国体，自不能复顾一身”。而且，向来办事，“只论情理，不计祸福，苟情理之既当，即祸害亦不辞”。① 清廷肯定了奕䜣的方针，降谕催令崇实速办该案，并强调要维护国体，谓：哥士耆在京呈递条款，“语多卞急”，值此多事之秋，“岂可另生枝节”。该公使所言，“固属一面之词，难以尽行照办，有乖国体”。② 又降谕谓：“然无论其罪如何，亦断无遽凭该公使一言，即令其抵偿之理”。“若能如恭亲王等所奏，止许赔偿，不为抵罪，则国体人心，两无所失，亦可相安无事”。“总期上顾国体，下奠民生，不激不随，方为尽善”。③

对于奕䜣的解释，哥士耆复照，认为其说“未协”，因此进一步阐述了其在前一份照会中已经提出的国体问题，强调必须尊重法方国体，谓：“国无体不立，国无君相以次统之则乱，是以为政者必以崇重国体为首。”但是，“欲自重其国体，亦必推己及人，俾各重其国体。譬之无故辱及人国，必致受人报复，是贻害于己，而国体反失”。凡重臣谋国，“必审量己之国体何如，人之国体何如，而筹所以善全之策”。因此，“本国总不欲得罪他国，亦不能任人之得罪本国”。本国之法度，“原为治理本国，并非有意触忤他国”。如果他国之法度，“有窒碍及人难以通行之处，则本国即断难依允”。例如中国时以“夷人”视法国，以属国待法国，“此等法度，本国何能曲从？”本来他对于田兴恕是否应死，“犹思审慎”，“及闻贵亲王来文，而知田兴恕必须抵命，无复可疑，是为维持本国国体之本分”。该案“决不能轻为了结”，如此可使中国大小官员，“皆知遇有护照之西洋人，若敢妄行杀害，必定问抵，从此断不敢再为效尤”。至于西林教案，与该案情由“判然各别”，若于此事不能分辨，“又何能知我欧罗巴各大国与贵国交涉往来之道？”张鸣凤杀死马传教士，虽仍为违约，但尔时马传教士“擅入内地”，

① “给法国哥士耆照会”，同治元年十一月二十四日，见台北“中央研究院”近代史研究所编：《教务教案档》第 1 辑第 3 册，台北“中央研究院”近代史研究所 1974 年版，第 1376～1377 页。

② 《穆宗毅皇帝实录》卷 50，同治元年十一月辛未，见《清实录》第 45 册，第 1362 页。

③ 《穆宗毅皇帝实录》卷 50，同治元年十一月丁丑，见《清实录》第 45 册，第 1383～1384 页。

“已为越法”。且当时张鸣凤“未必知我法国，亦何从知我法国为大国”。西林一案，真正犯罪之人，并非张鸣凤，而是两广总督叶名琛。由于彼“有心推诿，妄自尊大，目我国为夷邦，酿成事端”。因此，当时若要求将张鸣凤处死，“原不公允”。此次文乃耳前赴贵州，“则系明遵和约”，持有护照，等等。总之，法方认为，“田兴恕等应当抵命者，必须抵命，实无法可为宽免”。且“杀人者死，古有常刑，若不如此办理，必于大局有碍”。① 哥士耆所言，以国体为根本理由，驳斥了奕䜣的说辞。显然，在哥士耆看来，清王朝强调自己的国体，实际上是将其他国家视为属国，而法国为了维护自己的国家地位，则必须坚持让田兴恕等人抵命。

中法之间的国体之辩，实际上反映了传统与近代两个时代的不同观念，体现了处于两个不同阶段的国家的交往之道。哥士耆的辩说，以西方近代国家观念和交往之道为依据，点破了清王朝内心中的宗藩意识，提出了中外关系中的一些基本问题，如中国是否应尊重西方国家的国体，中国制度与西方制度如何协调，等等。这些说辞显得更加理直气壮，奕䜣似乎难以应答，只是作了简单的回复，谓：此案“应以是否论抵一条为重”，现在业经钦派大臣前往查办，“一经查实，自必按照中国律例，分别首从抵罪”。② 奕䜣此说，没有从正面反驳哥士耆关于国体的主张，而对于是否抵罪这一要害问题，亦未明确坚持，只是笼统表示会按照中国法制处理。实际上，奕䜣还是认同法使哥士耆之说，他曾致函前两广总督劳崇光，承认该案“系于驰禁后妄杀，现在索抵索赔，不得尽谓外国人无理”。③ 由此可见，传统的国体观在近代国家观念面前软弱无力，而奕䜣等人的对外观念正在不知不觉地发生变化。

中法交涉的焦点可以说是国体之争。对清政府而言，使对方接受“天朝”体制，是解套的关键所在。受命办理此案的崇实，在委员调查之后，提出了一个折中迂回的两全方案，既存国体，又服远人。崇实认为，该案系

---

① “法国哥士耆照会”，同治元年十二月初一日，见台北“中央研究院”近代史研究所编：《教务教案档》第1辑，第3册，第1387～1390页。

② 《给法国哥士耆原函》，同治元年十二月己丑，见宝鋆等纂修：《筹办夷务始末·同治朝》卷12，故宫博物院用抄本民国十九年（1930年）影印，第16页。

③ “致前两广总督劳崇光函”，同治元年十一月二十日，见台北“中央研究院”近代史研究所编：《教务教案档》第1辑，第3册，第1372页。

由贵州地方大吏“酿成事变”，已故巡抚何冠英“咎无可辞”，田兴恕“固不宜擅杀教民，尤不当显违谕旨”。因此，应该首先公开承认贵州地方大吏的责任，“请皇上先行声明何冠英、田兴恕启衅之罪，严谕煌煌，宣示中外”。待哥士耆“先释然于宸衷独断，无党无偏”，然后“严议田兴恕等罪案”，“此时皇上即欲法外施恩，亦无不可”。如此办理，“既得上存国体，亦能折服远人”。① 对这一方案，崇实又称为“内结”之法，即先自行处置，“明彰其罪，先使远人折服，心气稍平，然后徐议定案，似易措手”。而且，“伸国法正所以全国体，而明大义即可以持大局”。哥士耆“岂能自居情理之外”，“务使无词可藉，或不难婉与相商”，“此外结所以不如内结之妥且速”。实施此法，是由于“迫以限期，恐致决裂，关系至重，未便含糊”。只有“先降严旨，以释远人偏袒之疑，再援定例，以昭中外至公之道”。② 崇实的方案，试图先通过认定贵州大吏的罪名，“折服洋人”，在此基础上由皇上“法外施恩”，达到“上存国体”的目的。清廷认为“必须使中外均无异议，方可施行”，“存国体而服远人”之说，“不为无见”，对此方案的基本精神甚为赞同。同时，清廷对“能否不至抵偿”抱有疑惑，要求崇实等“先行定拟具奏”。又令劳崇光驰往查办，令张亮基署理贵州巡抚暨贵州提督，会同办理该案。③

崇实的迂回之策，其最终目的仍是维护国体。尽管他的方案以承认过错并先自行处置为前提，却无法保证法方能被“折服”结案，入其彀中而认可清王朝的国体。所以症结仍在国体，如奕䜣所言，仅以本国体制为理由难以服人，如将田兴恕“予以抵偿，实与体制有碍”。然事涉外国，“傥我专以体制为言，则彼之无辜被害，必更以该国体制相争，愈致激为固结不可解之势”。而此事关系“人心国体”，又“不敢不竭力筹维”。④

① 《成都将军崇实奏为密陈筹办贵州教案办法折》，同治二年正月二十八日，见中国第一历史档案馆等编：《清末教案》第1册，中华书局1996年版，第334页。

② “成都将军崇实函”，同治二年二月二十三日，见台北“中央研究院”近代史研究所编：《教务教案档》第1辑，第3册，第1417～1418页。

③ 《穆宗毅皇帝实录》卷59，同治二年二月庚子，见《清实录》第46册，中华书局1987年版，第136～137页。

④ 《恭亲王等又奏》，同治二年十月丁酉，见宝鋆等纂修：《筹办夷务始末·同治朝》卷21，第51～52页。

如同以往，这一僵局的打开，依然是在列强的压力之下由清政府作出退让，放弃自己所坚持的国体主张。同治二年四月（1863 年 5 月），新任法驻华公使柏尔德密来京履任，态度强硬，英国公使卜鲁斯又出面帮腔，威胁恐吓。奕䜣认为，必须赶快了结此案，"以成信谳而服远人"。①可见，奕䜣颇有应允柏尔德密的要求之意，而不再拘泥于国体。清廷采纳了这一方针，降谕"比照律例定拟之处"，"一并迅即驰奏，以安远人而弭衅端"。②奕䜣奏折和清廷上谕，均未再坚持国体。与此同时，清廷一再催令劳崇光等迅速结案，降谕曰："法国公使柏尔德密在京呈递照会，词意决绝，此案不可再延"。③由于此案涉及甚为敏感的国体，清廷认为劳崇光等有所顾忌会延误审理，谓：该案"事关人心向背，必须办理持平，所以迟迟至今，未即奏结之处，谅亦其间周详顾虑，势处两难，不得不再三审慎，以求万全之故"。但是"此案悬宕已久，若再耽延时日，恐外国人性急不耐，又来哓渎，办理更为牵制"。故谕令劳崇光、张亮基"迅速定拟奏结，毋再迁延"。同时，清廷又希望劳崇光等妥善处理这一两难问题，要求他们"仰体朝廷不得已之至意，妥筹速办，以慰远廑"。即"办理必须迅速了结，而又必权衡归于至当。不可使事后复生枝节，及众情有所不平，乃为万善"。④也就是说，既要按照已定方针办理，又要平复国内的不满情绪。

清政府虽然准备让步，但内心还是想保全自己所主张的国体。同治二年二月（1863 年 3 月），奕䜣致函查办此案的劳崇光、张亮基，嘱与贵州天主教主教胡缚理疏通，"妥为开导，仍冀系铃解铃，以为釜底抽薪之策"。⑤函谓：收到法使哥士耆逞递贵州主教胡缚理禀呈，"反复披览，思欲得其罅

① 《总理各国事务恭亲王等奏》，同治二年四月戊戌，见宝鋆等纂修：《筹办夷务始末·同治朝》卷 15，第 43 页。

② 《穆宗毅皇帝实录》卷 65，同治二年四月戊戌，见《清实录》第 46 册，第 289、290 页。

③ 《著云贵总督劳崇光等将田兴恕撤回黔省收其所部事上谕》，同治二年七月十三日，见中国第一历史档案馆等编：《清末教案》第 1 册，第 387 页。

④ 《著云贵总督劳崇光等人遵前旨催提田兴恕回黔妥速奏结教案事上谕》，同治二年八月十五日，见中国第一历史档案馆等编：《清末教案》第 1 册，第 392～393 页。

⑤ 《恭亲王等又奏》，同治二年十月丁酉，见宝鋆等纂修：《筹办夷务始末·同治朝》卷 21，第 52 页。

漏，遥揣办法”。他列举了其中种种“可以通融办理之处”，认为胡缚理为该国主教，“凡关涉教案，驻京公使皆以该主教之言是听。此案能与该主教设法办妥，似该公使亦必不为遥制”。① 劳、张抵贵州之后，按照奕䜣的指示，屡次与胡缚理会商该案，但起初彼“甚为决绝，万难转移”②，并不顺利。继而，他们终于另寻路径打开了局面。其时，署贵筑县知县、候补同知蔡兴槐与胡缚理关系较为密切，于是劳、张通过他进行“调协”。③ 他们饬令蔡兴槐经常去教堂，“于闲谈之时，向该主教便中随时开导”。又由蔡兴槐物色几位“知大义”的教民，“托令暗地疏通”。经过一番努力，胡缚理“口气渐活，竟皤然大有转机，可以遣戍完结”。劳、张于是饬蔡兴槐“亟乘其机，催令作书，飞致柏公使，恳切进言”。胡缚理“欣然乐从，兹将书信送来”。疏通胡缚理后，劳、张认为大有希望，因为“法兰西风俗，主教最尊，胡缚理既肯通融，柏公使得信后，或即肯照办，亦未可定”。④ 果然，在胡缚理表示可以免除田兴恕死罪之意后，法使柏尔德密的态度也有所变化。经过奕䜣等“切实透发”，“动以利害，并加以劝导”，柏尔德密复照表示：“必须监禁后照中国例办理，给予照会，以便寄知本国，即可办结”。奕䜣等主张“乘此机会，迅速办结，以免迁延返悔”。提出“拟照所请，即将田兴恕就近在川羁禁；一面仍由劳崇光、张亮基妥为拟议完结”。⑤ 贵州教案迁延将近两年，清廷终于如愿以偿，保全了所谓国体。

清廷所汲汲然维护的国体，并非国家主权，而只是“天朝”的体面。顾及面子是清王朝在中外交往中最为纠结的一大传统意识，这在相当程度上造

① 《总署为速结贵州教案事致劳崇光函》，同治二年二月初六日，见中国第一历史档案馆等编：《清末教案》第 1 册，第 355～356 页。

② 《劳崇光张亮基公函一件》，同治二年，见宝鋆等纂修：《筹办夷务始末 · 同治朝》卷 21，第 58 页。

③ 张祖佑原辑、林绍年鉴订：《张惠肃公年谱》卷 6，台北，文海出版社 1966 年版，第 18 页。

④ 《劳崇光张亮基公函一件》，同治二年，见宝鋆等纂修：《筹办夷务始末 · 同治朝》卷 21，第 60 页。

⑤ 《恭亲王等又奏》，同治二年十月丁酉，见宝鋆等纂修：《筹办夷务始末 · 同治朝》卷 21，第 53～54 页。

成了中外沟通的困难，导致交涉的搁浅，并限制了清朝君臣近代观念的形成。这种面子观念考虑的不是国家权益，从根子上说它源于传统的宗藩意识，显然是不可取的。然而，在列强的压力之下，这一观念已开始发生变化，不仅清廷已准备放弃自己的主张，而且相当一部分官吏着眼中外大局，也开始注重自我反省。例如，即使是冀望“存国体”的崇实，也认为教案主要起衅于官绅，更从“服远人”的角度考量这一问题。他认为，官绅之迂滞悠谬者，“或持崇正黜邪，攘夷尊华之腐谈，互相标榜，日肆诋讥，绝不知审量时势，息事平争，是抵瑕寻衅，复自我日开其端”。而“一经撩拨，事变之来，不能理喻，不可情度，固无时无处不隐伏陧杌”。他强调，“处外国之道，只讲怀柔，而怀柔之术，必以信义。自和议既成，彼土之来我中国者，朝廷既一视同仁，莫非赤子”。凡条约所载条款，“皆已天语煌煌，宣示中外，臣民自宜凛遵，岂可等诸具文，使各外国之人，谓我官民竟敢藐视王章”。因此主张“严谕再加申儆，凡在和议条约之中者，无论官民，如敢异议，即以显违诏旨论，并请旨严责”。① 在他看来，处理民教争端，关键在于地方官的妥善处理。自签订条约之后，“忽加排击，是皆执拘墟之见者，好为议论，耸动群愚”。此为“政治所关，动辄扞格，既已有显违谕旨之罪，愈无以服远人之心”。因此，“全在封疆大吏开诚布公，晓以中外永好之义，不独为远邦敦睦，必欲使百姓相安”。地方大吏“既处之有道，西人亦乐于听从，不准使中国之人不害其正，并可使外国之教弗纳于邪”。他特别提出，“请旨饬下各省督抚臣通饬地方官尽心开导，一体维持”，同时由总理衙门照会法国使臣转行各省主教，“不可转传匪人，致坏彼教名目”。如此“两无妨害，永绝猜嫌，是亦推广和约中彼此相爱之一道”。就此案来看，“所奉和约自应早为刊布，推广怀柔之意，方为正办”。而何冠英、田兴恕“妄致”反教书函，以致激起了“衅端”。天主教未经驰禁以前，地方官原有查拿之责，驰禁以后，“自应遵旨酌量奉行，乃犹拘守故常，均属不谙事理”。何冠英虽已身故，而田兴恕实难辞咎。② 显然，在崇实看来，产

① “成都将军崇实函”，同治元年十一月二十八日，见台北“中央研究院”近代史研究所编：《教务教案档》第1辑，第3册，第1382～1383页。

② 《成都将军崇实奏陈委员查明贵州教案衅由及黔抚等办理不善情形折》，同治元年十二月二十日，见中国第一历史档案馆等编：《清末教案》第1册，第315～317页。

生教案的症结在于地方官，而解决这一问题的关键即封疆大吏引导地方官改变观念，顾全大局。尽管崇实没有明确附和法国处死田兴恕的要求，但他对地方官的批评以及主张“内结”，则隐约地表露了这一思想倾向。

事实上，以维护“天朝”体面为重，是当时国体观念中较为普遍的倾向。相当长一段时期内，这种观念形成了浓重的舆论氛围，与之相反的意见则往往遭到人们的指责。其后郭嵩焘因马嘉理案奏请将云南巡抚岑毓英“交部议处”，① 为当时的官场所诟毁，此事成为他被构陷的第一个罪状。郭的遭遇，正反映了清廷中维护“天朝”体面这种倾向的力度，这也是造成庚子事变中国人盲目排外的一个重要因素。某种程度上，维护“天朝”体面的贵族官僚特权制度，在“国体”名义下促使了某些官僚盲目排外，对国家主权造成极大的损害。其弊害亦逐渐为人们所认识，至庚子事变，国人更是在八国联军的炮火中有了切肤之痛，更多的人明确主张慎重邦交，不能再容忍盲目排外的行为。当清政府提出议和之后，全权大臣李鸿章、湖广总督张之洞、两江总督刘坤一、山东巡抚袁世凯等联名奏请惩处载勋等，“以谢天下，以昭圣德”。② 在列强提出议和大纲之前，清廷也降谕谓：“推其致祸之由，实非朝廷本意，皆因诸王大臣等纵庇拳匪，启衅友邦，以致贻忧宗社，乘舆播迁。朕固不能不引咎自责，而诸王大臣等无端肇祸，亦亟应分别重轻，加以惩处。”③ 其他大臣如盛宣怀等，亦均奏请迅速惩办祸首。

这些无疑说明，经过八国联军之役这一前所未有的重创，清王朝放弃了“天朝”体制中的贵族官僚特权制度，“存国体”的冀望更主动地让位于“服远人”的妥协。各大臣要求惩办祸首，尽管列强的压力仍是重要因素，但这

① 郭嵩焘认为，为维护虚幻的体面而坚持的国体，损害了国家的权益，是不可取的，谓：“封疆大吏于中外交涉事宜不能先事预防，致成衅端，例应议处”。只要“议处岑毓英，则诸事皆可据理折之，不至过为要挟”。见《办理洋务横被构陷折》，光绪三年十月三十日，见杨坚校补：《郭嵩焘奏稿》，岳麓书社 1983 年版，第 387 页。

② 《全权大臣大学士李鸿章奏请将王大臣载勋等六人先行惩处即可宣告各国克期开议折》，光绪二十六年八月二十二日，见中国第一历史档案馆编：《庚子事变清宫档案汇编》9，中国人民大学出版社 2003 年版，第 47 页。

③ 《德宗景皇帝实录》卷 470，光绪二十六年闰八月辛丑，见《清实录》第 58 册，中华书局 1987 年版，第 169 页。

亦是大臣们自己的主张。如两江总督刘坤一和湖广总督张之洞认为，“赏功罚罪，中朝自有权衡，本非外人所得干预”，但肇祸诸臣“罪有应得”。他们“纵匪滋扰，贻害国家，得罪于宗庙社稷。乘舆播迁，备尝艰险，得罪于皇太后、皇上。大局阽危，生灵涂炭，得罪于天下人民。围攻使馆，妄杀洋人，得罪于海外诸国”。其“种种罪戾，擢发难数。即令诸臣自思，当亦无颜再生于尧舜之世，即无各国要挟，当亦不能幸逃于祖宗之法”。① 显然，经过一系列事变，越来越多的人具有了舍弃传统制度的主动性，尽管其中仍存在迫于压力的因素，但更多的是接受近代规则的自觉。压力与自觉推动着清王朝一步步背离“天朝”体制，由浅到深，进而涉入传统国体的核心领域。

三、“最关中国国体”的仪礼之辨

清政府忽视主权，看重体面的观念，反映了其传统的“天朝上国”意识，而在仪礼问题上尤显著地体现了这一特点。在清王朝看来，中外交涉中的仪礼，尤其是外国使臣觐见“天朝”君主是否跪拜，“最关中国国体”。这一观念说明，清王朝的国体是以君主尊严为最高规范的，它与西方国家以资产阶级平等精神为内核的仪礼观格格不入，两者发生冲突势在必然，中外之间也因此产生了不可调和的争辩。正是在不断的交涉和冲突中，迫于列强的高压和强权，清政府不得不按照条约规定，最终接受了西方的外交仪礼，也由此改变了仪礼制度中所蕴含的传统国体观念。

该问题始于鸦片战争之前，对西方各国而言，跪拜礼仪涉及它们的国体，即国家尊严，因此拒不接受清王朝的要求，嘉庆二十一年（1817 年）英使阿美士德便对清廷的这一要求予以拒绝。第二次鸦片战争中签订的中英《天津条约》，除规定了公使驻京之外，还相应规定：“英国自主之邦与中国平等，大英钦差大臣作为代国秉权大员，觐大清皇上时，遇有碍于国体之礼，是不可行”。② 这一条约规定，为英国和其他各国拒绝跪拜提供了法律

---

① 《两江总督刘坤一等电报》，光绪二十六年十月十三日，见故宫博物院明清档案部编：《义和团档案史料》下册，中华书局 1959 年版，第 797 页。

② 中英《天津条约》，咸丰八年五月十六日，见王铁崖编：《中外旧约章汇编》第 1 册，生活·读书·新知三联书店 1957 年版，第 96 页。

依据，触动了“天朝”最敏感的国体问题。咸丰帝在接到奏报后，作出的第一反应便是如何予以补救，要求桂良等继续交涉，谓：“当与之约定，来时只准带人若干，到京后只准暂住若干时，一切跪拜礼节，悉遵中国制度，不得携带眷属。”外使来京不能常驻，只能如中美条约所载，“每年不得逾一次，到京不得耽延”。“若必欲驻京”，则“必须更易中国衣冠”。由于俄使曾表示愿意出面调解，清廷遂命桂良等仍请彼“代为妥议”。[①]然桂良奏复，英、法条约业经画押，盖用关防，若再议商，“该夷反覆性成，必致另生枝节”。即使是“俄夷见诸事俱妥，亦断不肯再向阻止”。俄使“果系说过未允，今更无庸再议”，已表示“实系不能为力”。[②]咸丰帝见“挽回之处，已不能行”，“徒增愤懑”[③]之后，只得“依议”，“宣示各国，照此办理”。[④]批准条约后，咸丰帝仍不甘心，如前所述，他又试图以免征关税的“内定办法”换取英国放弃公使驻京等条款，从根本上解决跪拜问题，最终亦未能如愿以偿。公使驻京条款便成了中国必须遵守的国际义务。

即使如此，清政府仍不愿放弃，又设法绕过条约规定这一障碍，极力维护“国体攸关”的跪拜仪礼。公使驻京条款仅规定了英国使臣不可行“有碍于”英国国体之礼，而对中国使臣见各国元首的礼仪则未作出相应的约定，当清王朝尝试遣使时，便费尽心机预作防范。同治六年十一月（1867 年 12 月），清政府派遣蒲安臣出使西方各国，与斌椿出使不同，这是一次负有呈递国书等外交使命的正式出使。就如何处理与各国元首打交道时的礼仪问题，总理衙门提出了“于中外国体两无妨碍”的基本方针。其一，此次不与各国君主相见。总理衙门指示蒲安臣，谓：“英国条约第三款，内载代国秉权大员，觐大清皇上时，遇有碍于国体之礼，是不可行等语。此次中国所派

① 《廷寄》，咸丰八年五月十八日，见贾桢等纂修：《筹办夷务始末·咸丰朝》三，第985～986 页。

② 《桂良等奏与英法已定约其驻京等三条无庸令俄挽回折》，咸丰八年五月乙未，见贾桢等纂修：《筹办夷务始末·咸丰朝》三，第 1007～1008 页。

③ 《廷寄》，咸丰八年五月乙未，见贾桢等纂修：《筹办夷务始末·咸丰朝》三，第 1009 页。

④ 《廷寄》，咸丰八年五月丁酉，见贾桢等纂修：《筹办夷务始末·咸丰朝》三，第 1014 页。

之员，将来到各国时，似可暂无庸相见。或偶尔相遇，亦望贵大臣转达，彼此概免行礼。俟将来彼此议定礼节，再行照办。”① 也就是说，暂时搁置这一问题，留待以后与各国另行商议解决。其二，按照先例不亲递国书。但作为正式的出使，必然要向彼国元首呈递国书。因此，总理衙门又咨会蒲安臣，提出了处理这一外交程序的具体办法，谓：“从前美国与中国联和，曾经两次由出使大臣交中国大臣代递国书。彼时因中外仪节不同，是以斟酌权宜，于中外国体两无妨碍，办法最为妥善。”要求蒲安臣出使美国时，对于呈递国书，“依照从前美国使臣在中国由大臣代递国书之礼办理”，出使其他各国时，“亦可照在美国办理之式，由贵大臣交其国大臣代递，以归一律”。有约各国，如有国书赍回，“亦即照此而行，庶乎仪节不致参差，而睦谊亦昭辑洽”。其三，不承担“报施”各国优待中国使臣的义务。按照西方交往的通例，使臣享有种种优待。总理衙门担心蒲安臣等接受优待之后，会给彼国留下口实，以后向中国提出同样的要求。于是又指示蒲安臣谓：前往有约各国，“如有欲照泰西之例优待者，贵大臣不能固却，即亦不为遥制。但务须向各国豫为言明，此系泰西之礼，与中国体制不同，因中国无论何时，国体总不应改，不必援照办理”。另又要求蒲安臣，到各国时，“凡有如中国禁地，及一切国体之事”，“亦照中国体制，不必举兴，以昭肃敬”。各国因蒲安臣“像泰西之人”，遂“照泰西例优待”，清廷亦希望蒲“将中国体制，先为声明，庶将来各国不致疑中国无报施之礼”。② 奕䜣又上奏予以说明，总理衙门已要求蒲安臣，“凡有妨碍国体之事，不必举行”。③

对蒲安臣出使所作的上述种种限制，表明清廷仍然坚持“天朝”国体，不愿放弃跪拜之礼，其症结仍在于“天下共主”的宗藩意识。而与清廷态度不同，不少重臣已打破了清廷固守的国体观念，认为不必以中国礼法强人所难。如左宗棠明确提出，“自古帝王不能胥外国而臣之，于是有均敌之

① 《给蒲安臣阅看条款》，同治六年十一月庚戌，见宝鋆等纂修：《筹办夷务始末·同治朝》卷52，第3页。

② 《给蒲安臣咨会》，同治六年十一月戊寅，见宝鋆等纂修：《筹办夷务始末·同治朝》卷54，第31～32页。

③ 《总理各国事务恭亲王等奏》，同治六年十一月戊寅，见宝鋆等纂修：《筹办夷务始末·同治朝》卷54，第30～31页。

国。既许其均敌矣，自不必以中国礼法苛之，强其从我”。西方各国“本非属国”，兹当修约届期，“必首以此事相渎，其必不遵行拜跪仪节，自在意中”。他认为，“今既不能阻其入觐，而必令使臣行拜跪礼，使臣未尽遵依”。而“彼以见其国主之礼入觐，在彼所争者，中外均敌，不甘以属国自居，非有他也，似不妨允其所请。记曰：‘礼从宜，使从俗’。古人已言之矣”。同时左宗棠又主张要有所限制。“使臣呈递国书，将其国主之命，特允行其国君臣之礼”。而“除呈递国书外，自无须请觐。若欲请觐，仍照中国行拜跪礼乃可，庶豫杜其后此烦渎”。① 曾国藩的意见与上述观点相似，主张按敌国之礼觐见，谓：康熙帝“召见”俄人尼果赉，“其时仪节无可深考，然当日与俄罗斯议界通市，实系以敌国之礼待之，与以属藩之礼待高丽者，迥不相同。道光咸丰以来，待英法美三国，皆仿康熙待俄国之例，视同敌体”。因为，“圣朝修德柔远，本不欲胥七万里之外洋而悉臣服之”。他提出，俟皇上亲政后准其入觐，“其仪节临时酌定，既为敌国使臣，不必强以所难，庶可昭坦白而示优容”。② 李鸿章也主张示以优容，认为，“自古与国使臣入觐，具有典章，我朝列圣召见外臣，历有仪制。今虽时势略殊，若从贬损难遽定仪”。而中英《天津条约》第3款已对此作了规定：“是其不肯拜跪，早有成议”。他与曾国藩持同样的看法，因此，李鸿章主张延缓觐见，待同治帝亲政之后，“再为奏请举行”。同时又提出，“若格外示以优容，或无不可”。他认为，外国君臣不行跪拜之礼，“似近简亵”，主张“权其适中”，即“将来或遇皇上升殿御门各大典，准在纠仪御史侍班文武之列，亦可不拜不跪，随众俯仰”。这样，“庶几内不失己，外不失人”。③ 诸如此类的主张，表明他们突破了宗藩观念的窠臼，在国家关系问题上产生了一定的平等意识。诸如西方各国“本非属国”，而是“均敌之国”，“不能胥外国而臣之”，“不欲胥七万里之外洋而悉臣服之”，等等，不啻是否定清王

---

① 《左宗棠说帖》，同治六年十月甲辰，见宝鋆等纂修：《筹办夷务始末·同治朝》卷51，第19～21页。

② 《遵旨预筹与外国修约事宜密陈愚见以备采择折》，同治六年十一月十五日，见李灿珍等整理：《曾国藩全集·奏稿九》，岳麓书社1991年版，第5786页。

③ 《附清折》，同治六年十二月初四日，见顾廷龙、戴逸主编：《李鸿章全集》第3册，安徽教育出版社2008年版，第167～168页。

朝“天下共主”的地位，认可平等国家的存在。尽管这些重臣仍有“修德柔远”的“天朝”意识，其主张与近代国家观念亦不能等同，但他们的这些认识却是树立近代国家观念的前提。

这些重臣的主张未能扭转清廷的陈腐之见，而由于同治帝尚未亲政，这一问题得以搁置下来。同治十二年正月二十六日（1873 年 8 月 23 日），同治帝亲政，清王朝已不能回避跪拜礼仪这一“国体”问题，中外之间就此进行了更为尖锐的争辩。从亲政大典举行第二天开始，各国公使便提出觐见要求。他们以条约和国际法为依据，照会清政府，要求按照西方方式觐见使臣，谓：“品级崇重使臣赍有国书，进入他国，系两邦和睦之证。他国不见，系和睦不极之据。”除《天津条约》作了规定之外，还“有译汉之万国公法一书可稽，中国各大臣向已披阅”。外国使臣尤指出，中国未尽守条约，“形似格拒远人”，各国“为此疑虑”。如“各国使臣一奉召见，可知中国于西国与外夷，友邦与属国，实为分晰，各国闻悉，疑必解释。斯疑一解，友谊增敦，于中国岂无宜善？”又以中国内部不稳相威胁，谓：“若失好外国，则内地之难，当必加倍。”同时，公使照会要求清王朝改变自古以来的“成见”，“改行”觐见礼仪。①奕䜣复照，一方面承认西方各国是与属国不同的“与国”，否认“格拒”外人，另一方面又坚持“天朝”国体，不肯放弃传统礼仪。谓：“此事中国非不愿行”，只要“两不相强，自一无所难，其疑不待今日而始解，其好亦不因此事而失”。所拟礼节，“正是酌乎其中，中与外均无妨碍，并非专为中国一边设想”。各国使臣若如自己所言，“并无必讨有碍中国体制之心”，强中国所难，“即可从容易办”。②清王朝纠结于仪礼问题，仍打算继续拖延，而觐见事实上已难以拒绝。各国以觐见“系和睦之举”，强调“素以觐见为紧要，今更视为紧要”。他们认为若清廷因碍于体制而不准接见，则友谊岂非虚语，与“弗愿接见何异”。③问题的症结在于跪拜仪礼，

① 《各国节略》，同治十二年三月丙申，见宝鋆等纂修：《筹办夷务始末·同治朝》卷 89，第 30～32 页。

② 《覆各国节略》，同治十二年三月丙申，见宝鋆等纂修：《筹办夷务始末·同治朝》卷 89，第 33～34 页。

③ 《各国节略》，同治十二年三月丙申，见宝鋆等纂修：《筹办夷务始末·同治朝》卷 89，第 34、36～37 页。

而其中所揭示的核心问题则是彼此的国体。双方为此“反复辩诘，几于舌敝唇焦”。各国强调，“拜跪之礼，有碍国体者不能行，此外均可商酌”。因本国向无此礼，“如一经拜跪，即不得为本国之人”。奕䜣则表示，“惟拜跪之礼，最关中国国体，首先议定，此外始可从容拟议。”①

各国拒绝跪拜，其依据主要有三：一是中外条约确立了按西方规程处理礼节问题的原则。他们指出，中英《天津条约》第 4 款规定，“泰西各国于此等大臣，向为合宜例准应有优待之处，皆一律行办”。也就是说，根据该约款，中国必须按照西方的方式举行觐见。二是中国已经表示了接受西方程式之意。各国以同治六年（1866 年）中国派遣蒲安臣出使各国为例，证明中国已有此意，谓：其时恭亲王通行各国大臣照会内载，“惟中国若无大员前往，则将来不能谙习奉使之事，是以后请钦派志大臣、孙大臣为钦差，一同前往”。其中“所指中国有欲谙习奉使事宜之意，此句最为紧要”，因为此句说明中国拟接受西方各国的交往方式。而蒲安臣等所至各国，“皆以敌体相见”，其“召见礼节”，清廷肯定知悉。三是跪拜礼仪有违各国平等之义。各国指出，“凡自主之国，派使进华，其觐见之礼，总须示众，俾晓来使之本国，系与中国平行，非其下属”。而总理衙门认为更易跪拜礼仪会使百姓“轻视”中华国体，并“讥刺本衙门”，正说明中国君民“于凡天下诸国平行相待之处未明”，未真正接受各国平等之义。此外，各国还表示，“中华果能通融改易”跪拜仪礼，“则外国于本国之礼，亦可酌议变更”。中国若仍以使臣必须下跪，“则再为晤谈，似未免徒费日时”。②

总理衙门坚持跪拜礼仪，除了强调不能改变中国国体之外，还要求西方国家兼顾双方国体。奕䜣复照，谓：当初蒲安臣、志刚等出使时，即已表明态度，“以中外礼节不同，中国无论何时，国体总不能改”。中国欲优待各国使臣，“只能将中国素有之礼相待，不能以中国未有之礼相待”。而所议礼节，“正系与国往来之礼，并非以属国相视”。泰西各国有优待之处，“中国不能援照办理”。各国相待中国使臣，“系出自各国之意”，“并非谓中国

① 《恭亲王等又奏》，同治十二年三月丙申，见宝鋆等纂修：《筹办夷务始末 · 同治朝》卷 89，第 29 页。

② 《各国节略》，同治十二年三月丙申，见宝鋆等纂修：《筹办夷务始末 · 同治朝》卷 89，第 34～37 页。

之相强”。各位使臣在中国多年，“当更深明中国向有之礼，及向共与国往来之礼”。如果泰西各国认为，跪拜礼节有碍其本国体制，难以照行，“所言固为有理”。那么，也应该考虑，觐而不跪，则“有碍中国体制，中国亦未能照行，其论方为公允”。不能认为，“有碍贵国体制之处，则谓友谊岂非虚话”，而于有碍中国体制之处，“明知中国人人以为难行，而谓系总署不公允”。总之，“国体攸关之处，两边均应兼顾，只求彼此无所妨碍，始可期于有成”。①

坚持跪拜仪礼的主张，在清政府内部非常普遍，如江南道监察御史王昕、浙江道监察御史边宝泉、翰林院代递编修吴大澂、山东道监察御史吴鸿恩等人的意见。他们坚持传统国体，强调不能改变中国固有的制度，甚至以“夷夏之防”为理由。或谓，朝廷之礼，“乃列祖列宗所遗之制，非皇上一人所得而私”。若不跪拜，“廷臣以为骇异”，“不独国家无此政体”，“即普天臣民之心，亦必愤懑而不平”。“皇上招携怀远，示以大度，不难从一时之权，而列祖列宗二百馀年之旧制，又安可轻易乎？”或谓：“窃维天下之患，惟礼可以已之。礼也者，所以正君臣之分，严夷夏之防，以销患于未形者也。”外夷使臣，“欲求瞻觐天颜，不行拜跪，其无礼甚矣”。“国有四维，礼居其一，中国之异于外夷者此耳。”彼国优待中国使臣，亦不可“易列祖列宗之旧制”，而为“图报施之礼”。或谓，“皇上为天下臣民之主，必以不拜跪者轻亵我朝廷，而后可以悚动我臣民，震惊我属国，使天下皆谓夷人违礼之请，皇上犹曲从之，谁复敢与抗者”。“今欲瞻觐而不拜跪，是在彼在此，皆以彼为政。”或谓，“瞻觐不行拜跪，中国从无此礼”。②另一理由，则是礼制应从宜从俗。或谓，自古言礼，“必曰从宜从俗，中国出使之臣，在外国则行外国之礼，英法住京大臣，在中国则行中国之礼”。或谓，“入境问禁，入国问俗。我之于彼，尚可降心以从，彼之于我，何以坚持不

① 《覆各国节略》，同治十二年三月丙申，见宝鋆等纂修：《筹办夷务始末·同治朝》卷89，第37～38页。

② 《翰林院代递编修吴大澂奏》，同治十二年三月丁酉，见宝鋆等纂修：《筹办夷务始末·同治朝》卷89，第41～42页；《江南道监察御史王昕奏》，同治十二年五月庚辰，见宝鋆等纂修：《筹办夷务始末·同治朝》卷90，第13～14页；《浙江道监察御史边宝泉奏》，同治十二年五月庚辰，见宝鋆等纂修：《筹办夷务始末·同治朝》卷90，第17页。

下”。[①] 此外，他们还大肆渲染取消跪拜仪礼的严重后果。或谓，“将来中外交涉事宜，稍有龃龉，洋人必复请召见，出入宫门，习以为常，面质廷争，毫无顾忌。届时拒之不可，禁之不能，则总理各国事务王大臣等，种种为难之处，必须十倍于今日者”。“恐此端一开，得步进步，将来窒碍难行之事，辄以面奏为词，届时忽不允从，必至决裂。慎终于始，洵不可不兼权而熟计之。”或谓，“若不严行杜绝，恐将来夷患愈形难制”。“若再有不能不争之事，该衙门所不允行者，势必进而挟制朝廷矣。”[②] 诸如此类的说辞，其核心是维护“天朝”体制，充斥着强烈的宗藩意识。他们明确提出“严夷夏之防”，尽管认为西方各国“虽非属国”，却又视“其使臣亦与我中国之臣等”，要“以待中国臣子之礼待之”。或提出，如果各国坚持亲递国书，可仿照赐宴外藩之例处理，如此则“国体尊而人心顺”。其实，在他们的心目中，西方各国不是与中国平行的国家，因此试图通过“昭示礼仪”，“俾知天朝体制尊严，万难迁就”。

主张放弃跪拜仪礼的意见，以李鸿章为代表，此外如大理寺少卿王家璧等人，亦持类似看法。当中外争持不下之时，清廷令李鸿章妥议具奏。李鸿章认为，“朝廷体制，争得一分有一分之益”，但自咸丰九年（1859 年）以后，总理衙门和王大臣等“每以中国礼节相绳，几于唇焦舌敝”，“辩争不为不力，开导不为不明”，然“势有难行”。他明确主张变通中国之法，放弃跪拜仪礼，其理由有四：一是平等对待许为敌体的西洋各国，认可西方通行之制。中外条约关系未建立之前的嘉庆二十一年（1816 年），英国使臣来朝，“已不能行三跪九叩礼，盖其国势渐强而衅端已伏”。其后道光、咸丰年间，各国与中国订立了条约，“俨然为敌体平行之国”。而“既许为敌

---

① 《翰林院代递编修吴大澂奏》，同治十二年三月丁酉，见宝鋆等纂修：《筹办夷务始末·同治朝》卷 89，第 42 页；《江南道监察御史王昕奏》，同治十二年五月庚辰，见宝鋆等纂修：《筹办夷务始末·同治朝》卷 90，第 14 页。

② 《翰林院代递编修吴大澂奏》，同治十二年三月丁酉，见宝鋆等纂修：《筹办夷务始末·同治朝》卷 89，第 42 页；《山东道监察御史吴鸿恩奏》，同治十二年三月丙午，见宝鋆等纂修：《筹办夷务始末·同治朝》卷 89，第 47 页；《吴鸿恩又奏》，同治十二年三月丙午，见宝鋆等纂修：《筹办夷务始末·同治朝》卷 89，第 48 页；《浙江道监察御史边宝泉奏》，同治十二年五月庚辰，见宝鋆等纂修：《筹办夷务始末·同治朝》卷 90，第 17～18 页。

国，自未便以属国之礼相待，各使臣拘执该国体例，不愿改从中国礼仪，固人之常情，无足怪者”。西方各国使臣见君主，“实无跪拜之礼，势不能自变通行之例独改于中国，中国亦无权力能变其各国通行之例”。如“必以不见却之，则于情未洽；必以跪拜纠之，又似所见不广”。彼“以敬其国君之礼敬我皇上，或取其敬有余而恕其礼不足耳”。二是西洋使臣入觐确为真心和好，如因跪拜问题而拒绝，将影响中外关系。各国以入觐“为真心和好之据，本非另有要求”。认为此端一开，将使各国得步进步，导致“他日窒碍难行之事”，是“不谙夷情”。而如果因跪拜问题拒而不见，中外交涉会发生种种轇轕，且终难以拒之。目前因此事“遂开兵衅”，“固未必然”。然“中外交涉事件繁多，为日甚长，洋人好体面而多疑猜，彼求之十数年迄今仍不准一见，或准见而强之跪拜，彼以为不得体面，积疑生衅，积愧生忿”。将来稍有龃龉，“必先引为口实，在我似觉理诎，亦非圣主包容六合、驾驭群雄之志量”。而且，“傥拒之于目前，仍不能拒之于日后，甚至议战议和，力争而后许之，则所失更多，悔之亦晚”。三是须区别国家交往与统驭臣下，不能将两者混为一事。如何对待邻国及远人？孔子有言，“嘉善而矜不能，所以柔远人也”。当今“远人既不能行中国之礼，当在矜之柔之之列”。孟子则谓，“以大字小者，乐天者也。乐天者保天下”。朱子注谓，“仁人之心，宽洪恻怛。小国虽或不恭，而吾所以字之之心自不容已。”由此可见，“圣贤持论，交邻国与驭臣，原是截然两义”。朝廷礼法严肃，“中国臣庶所不容丝毫僭越者，非必概责诸数万里外向未臣服之洋人”。四是礼仪因时而变，须根据中外关系的变化确立新的礼制。“礼与时为变通，我朝向有待属国一定之礼，而无待与国一定之礼。”现在十余国已与中国通商立约，分住京师与各省口岸，“实为数千年一大变局”。中外条约关系的建立，是中国需要面对的新课题，“不但列祖列宗无此定制，即载藉以来，昔圣昔贤亦未豫订此礼经，一切交接仪文无可援据”。斟酌时势，权宜变通，“是在议礼制度之天子，非臣等所敢妄拟”。然而，“傥蒙皇上俯念各国习俗素殊，宽其小节，示以大度，而朝廷体制自在，天下后世当亦无敢议其非者”。①

① 《遵旨密陈洋人请觐事宜折》，同治十二年四月初三日，见顾廷龙、戴逸主编：《李鸿章全集》第5册，安徽教育出版社2008年版，第343～345页。

王家璧也提出，“但闻各国使臣，自见其君，礼节甚简，若遽欲责以中国仪文，不但非其所愿，盖亦有所不能。圣王柔远之道，嘉善而矜不能，正此类也”。他主张对西洋各国使臣，“听其或行中国跪拜之礼，或行该国见君免冠致敬之礼，俾得遂其瞻天仰圣之忱，而不强以所难”。①

李鸿章的上奏，可说是进一步发展了同治五年（1866 年）左宗棠、曾国藩所阐述的思想，从各个角度解开了清廷拘泥于跪拜之礼的难解之结，打破了清廷充斥“天朝”意识的国体观念。尤值得指出的是，李鸿章明确肯定了西方各国的平等地位，认可彼所实行的礼制，并将统驭臣庶的专制体制与平等国家的交往之道区分了开来，等等，这些对晚清时期的国体观念从传统走向近代，具有重要的意义。通过上述理由，李鸿章切入了“天朝”礼制的顶层，论证了“最关中国国体”的跪拜仪礼的谬误，由此在这一核心问题上否定了“天朝”体制中的对外观念。尽管李鸿章仍以“柔远人”，“以大字小”“示以大度”之类的语言来表述这一思想，但他无疑揭示了近代国家关系中平等交往的基本观念。在奏折中，李鸿章没有言及国体这个概念，却对维护跪拜仪礼的各种理由作了全面的驳斥，这正表明了他对传统国体的异议。显然，李鸿章提出了与“天朝”体制大相径庭的新思想，在摒弃传统国体观的历程中，大大前进了一步。

尽管这一意见似乎未居主流，但它反映了晚清时期国体观念的深刻变化，揭示了跪拜仪礼不适宜于中外交往的必然趋势，对清廷产生了直接影响。清廷终于接受了列强的要求，在觐见问题上放弃了这一“最关中国国体”的“天朝”礼制。接着，奕䜣亦上奏表示，“礼主于敬，各有其礼，即各有其敬，原不必责外国所未娴”。而之所以与之“力争详议，冀得一当”，是由于“洋人用心最深，恐其或留余步”。经多次争辩，“正言婉谕，叠出相乘，虽于各国大无礼之事，次弟删除，而于拜跪一节，始终坚执，以该国向无此礼答复”。各使臣“未能拜跪，已无可疑”。事势至此，本“不敢因虞决裂，遂涉迁就”。但对是否如咸丰十年（1860 年）请觐未就而致衅，“亦未敢谓有把握”。而且，“此时各使臣之请，但为恭顺之词，未露要挟之

① 《大理寺少卿王家璧奏》，同治十二年四月丁丑，见宝鋆等纂修：《筹办夷务始末 · 同治朝》卷 90，第 11～12 页。

意”。因此，奕䜣提出，“夫允其请于要挟之时，而力不能杜，与允其请于恭顺之际，而体尚无伤，此中得失之机，不待智者而决”。就今日之事言之，“力之所当尽在此，力之所能尽亦止此”。①奕䜣此奏，实际上是建议清廷接受各国要求，以避免因此发生战端。他主张“允其请于恭顺之际”，也不再言及国体，仅以“体尚无伤”，将此前的立论依据模糊化，为自己、也为清廷找到了退让台阶。尤其是，奕䜣提出，“礼主于敬，各有其礼，即各有其敬”，更直接从礼制本身角度对西方国家的礼节予以了肯定。应当说，经过李鸿章等人的辨析，至奕䜣此奏，清政府在跪拜问题上已改变了“最关中国国体”的观念。随即，清廷也接受了奕䜣的建议，降谕：“赍有国书之住京各国使臣，著准其觐见。”②各国也表示“可酌议变更”本国之礼，“相让分际”，即将三鞠躬改为五鞠躬，“以昭格外诚敬”。③同治帝按照西方礼节觐见了各国使臣，最终了结了聚讼多年的跪拜与否之争。如前所述，这一核心问题解决之后，清政府不得不进一步改变传统观念，按照列强的意愿，逐步对觐见礼仪作了全面调整。

四、“循公例”与“植立国体”

“最关中国国体”的跪拜仪礼的放弃，是摒弃传统国体观的重要突破，但却并未完全改变清政府的传统国体观念。伴随着中外条约关系的演进和西方近代思想的输入，至清末，经过甲午战争，尤其是八国联军侵华之役的重创，以“天朝”体制为内核的国体观，从对外到对内，均发生了根本性的变化。除了舍弃前面所涉及的贵族官僚特权和仪礼等制度之外，又逐渐形成了以近代国家观念为内核的新的国体观。

对外方面，清政府的君臣们在新的中外格局之下，不得不摒弃维护“天朝”旧制和体面的传统国体观念。国体这一概念，在各个层面更具有“循公例”，即依照国际通例或国际惯例的内涵，体现了近代交往和国家主

---

① 《恭亲王等又奏》，同治十二年五月丁酉，见宝鋆等纂修：《筹办夷务始末·同治朝》卷90，第20～21页。

② 《谕内阁》，同治十二年五月丁酉，见宝鋆等纂修：《筹办夷务始末·同治朝》卷90，第23页。

③ 《画押问答节略》，同治十二年五月丁酉，见宝鋆等纂修：《筹办夷务始末·同治朝》卷90，第24页。

权意识。

随着被视为"国体攸关"① 的宗藩体系的逐渐崩溃，清政府最终舍弃了传统的宗藩意识，代之以条约关系的观念。在中法战争改变中越关系之后，清王朝的宗藩体系开始陷入全面危机，但它仍在努力维持这一"国体"。光绪十一年（1885年），英国侵占缅甸，清王朝试图挽救中缅宗藩体制，但未能如愿以偿。在交涉过程中，清朝君臣由坚持这一国体，到最后不得不接受有名无实的虚仪，其传统国体观中的宗藩内涵亦发生了变化。起初，清政府认为缅甸"系我属服之邦，一旦被英人剪［翦］灭，国体攸关"，"与英国外部力争，务在存缅甸之祀"。而英方则以缅甸史书"但称馈送中国礼物，并无进贡明文"，"不认为中国之属国"，予以拒绝。② 中方认为，"与缅督往来，尤失国体，断不可行"，仍"坚守存祀前说"。即使"争之不得"，亦打算"留待异日"再作要求。③ 英方仅同意按照旧例，每届十年由缅甸总督派员赴华。中方认为，"并未明言贡献，语涉含糊"。而英方则提出，"若言贡献，有失彼国之体"。④ 清廷虽仍坚持"中华所重，在乎不灭人国"，但同时又表示，"贡与不贡，无足重轻"，要求继续力争。⑤ 最后英方同意"添入呈进方物，循例举行之语"，双方签订了《缅甸条款》，⑥ 达成协议。在清政府看来，"英人克就范围"，"与国体无伤"，"可就此了结"。⑦ 实际上，清政府

① 《宣宗成皇帝实录》卷309，道光十八年闰四月庚子，见《清实录》第37册，中华书局1986年版，第822页。

② 《总署奏与英使订立缅甸条约折》，光绪十二年六月十七日，见王彦威、王亮辑编:《清季外交史料》卷67，第25页。

③ 《使英曾纪泽致总署与英议缅甸事倘照例贡献可否了结电》，光绪十二年二月初十日，见王彦威、王亮辑编:《清季外交史料》卷64，第13页。

④ 《总署奏与英使订立缅甸条约折》，光绪十二年六月十七日，见王彦威、王亮辑编:《清季外交史料》卷67，第26页。

⑤ 《旨着曾纪泽与英议存缅祀电》，光绪十二年五月十三日，见王彦威、王亮辑编:《清季外交史料》卷67，第3页。

⑥ 《缅甸条款》，光绪十二年六月二十三日，见王铁崖编:《中外旧约章汇编》第1册，生活·读书·新知三联书店，1957年，第485页。

⑦ 《总署奏与英使订立缅甸条约折》，光绪十二年六月十七日，见王彦威、王亮辑编:《清季外交史料》卷67，第26页。

获得的只是毫无实际内容和切实保障的虚名，如薛福成后来所言，“诚以告朔饩羊，不过稍存礼意，而百年旧典，未可弁髦弃之也”。① 缅甸十年一次遣使“呈进方物”的规定，仅实施过一次，之后便由于义和团运动的发生，“被丢进了人们忘怀了的古物储藏室了”。②

再经过中日甲午战争，宗藩体系彻底崩溃，清政府不得不完全舍弃蕴含其中的国体观念。《马关条约》第 1 款规定，中国承认朝鲜“确为完全无缺之独立自主，故凡有亏损独立自主体制，即如该国向中国所修贡献典礼等，嗣后全行废绝”。③ 中朝关系由此出现了根本的改变，但清政府开始很不适应这一变化，不愿将朝鲜视为平行之国，与之建立条约关系。驻朝总商董唐绍仪对朝外务大臣赵秉稷说：“修约与认为自主，事属两歧，不得并论。”承认自主，“不过勿行旧章”，订立条约，“则是视为平行之国”，两者不得“紊而一之”，④ 不愿意朝鲜遣使来华订约。但在各国的压力下，清政府不得已改变了宗属观念，认为“既准令自主，自应按照公法遣使订约，以广怀柔之量而联车辅之情”。⑤ 同时，同意朝鲜先行遣使来华，“中国当照友邦交际之礼接待。俟递国书、觐见后，本署与之议约，再行派使赴韩酬答”。⑥ 1899 年 9 月 11 日，中朝两国订立了《通商条约》，按照国际法的原则，相互承认对方主权国家的地位。“昔为藩属，今作友邦”，尽管清政府的君臣仍怀依恋，但“时势迁移，莫可回挽”。⑦ 1907 年，农工商部侍郎杨士琦奉

---

① 《使英薛福成奏缅甸每届十年派员呈贡英外部允实行片》，光绪十九年九月二十六日，见王彦威、王亮辑编：《清季外交史料》卷 88，第 13 页。

② ［美］马士：《中华帝国对外关系史》第 2 卷，张汇文等译，商务印书馆 1963 年版，第 411 页。

③ 《马关条约》，见王铁崖编：《中外旧约章汇编》第 1 册，第 614 页。

④ 《唐绍仪与赵秉稷问答》，见《清季中日韩关系史料》第 8 册，台北“中央研究院”近代史研究所 1972 年编印，第 4900 页。

⑤ 《总理各国事务衙门请简派出使朝鲜国大臣折》，光绪二十四年六月二十三日，见北平故宫博物院编：《清光绪朝中日交涉史料》卷 52，北平故宫博物院 1932 年版，第 4 页。

⑥ 《总理各国事务衙门拟寄驻朝鲜总领事唐绍仪电》，光绪二十四年六月十七日，见北平故宫博物院编：《清光绪朝中日交涉史料》卷 52，第 2 页。

⑦ 《徐寿朋奏华韩交涉仍归华官办理片》，光绪二十五年八月初八日，见北平故宫博物院编：《清光绪朝中日交涉史料》卷 52，第 44 页。

旨就缔约驻使之事考察暹罗，翌年上奏提出与暹罗“订约通使”。[①] 清政府承认昔日的藩属国为平等的自主之国，这是其国体观念在对外方面发生根本变化的重要标志，并有助于进一步接受近代国家交往的规则。如果说，与朝鲜订约是日本武力胁迫的结果，那么，提出与暹罗订约则出于清廷对近代条约关系的认识。与昔日的藩属国建立新的条约关系，是清政府抛弃旧的对外观念，确立条约关系观念的一个重要转折。

传统国体观中模糊的主权意识，愈益清晰地转向近代国家观念。与此前主要是为了顾及朝廷体面不同，此时所言国体，更多的是着眼于维护国家权益和自主权利。如在清末商约谈判中，清朝官员们将力争国家权益，视为维护国体。如吕海寰等奏称，“各国之意，本专为损我以益彼，望甚奢而意甚坚”。而中方谈判大臣，“始终坚持定见”，凡有损于我者，“皆始终力拒，全力争持，不敢稍涉松劲”。“其中但有稍可争回利权，谨防流弊，顾存国体之处，无不竭力挽救，分别增删。”争辩年余，日方“知我不能摇夺，且急欲与美约同日画押，遂即转圜，事事略为迁就，得以议成”，“尚未于英、美两约之外别有受损之事”。[②] 在惩凶问题上，也体现了维护自主之权的意识，如刘坤一等谓：“由我速办，尚存自主之权，去可复还，夺可复与”。[③]“与其待彼书到，迫以必办，损我国体，何如趁书未到，先行自办，伸我大权”。[④] 在列强压制中国，媚外惧外趋向普泛化的情况下，维护国家自主的国体意识还体现在反对列强干涉中国内政，以及批评清政府在对外交涉中的软弱态度等方面。如湖南辰州教案发生后，英国政府指示驻湘总领事，“意欲重惩巡抚”。张之洞致电清廷，明确表示，“若动辄谴及疆臣，实于国体

① 《农工商部侍郎杨士琦奏遵核暹订约通使事宜折》，光绪三十四年三月初四日，见王彦威、王亮辑编：《清季外交史料》卷213，第1～2页。

② 《吕海寰袁世凯张之洞伍廷芳盛宣怀奏日本商约定议遵旨画押折》，光绪二十九年十一月十六日，见王彦威、王亮辑编：《清季外交史料》卷180，第5页。

③ 《刘坤一张之洞奏密陈大计以救危亡折》，光绪二十六年闰八月初六日，见王彦威、王亮辑编：《清季外交史料》卷144，第9页。

④ 《两江总督刘坤一等电报》，光绪二十六年十月十三日，见故宫博物院明清档案部编：《义和团档案史料》下册，第796～797页。

内政有碍”。[①] 又如南昌教案发生后，翰林院侍读学士恽毓鼎上奏，提出：“该神甫凶悖无理，实为我国自有教案以来所未见，亦为各国自有交涉以来所未闻。若再办官吏，杀良民，以讨罪雪耻所当行，反为息事求和之迁就，辱国体，失民心，臣不知国将何以为国也。”他认为，“敌衅固忌轻开，国势亦不可过弱；邦交固当兼顾，民心尤不可重违。处置之方，切宜审酌”。[②] 御史蔡金台提出，此案“肇自法人”，“凡无理之要索，固在所必拒”。不能“仅照向来办法，如惩办凶手、处分官吏及赔偿抚恤数端，亦实事异罚同，不足以昭公允，即不足以服人心，而后患必至甚剧”。总之，“我势虽弱，国体必不可亵，敌情可畏，人心尤不可失”。[③] 另一位御史吴钫也提出，“国势攸殊，有强权而无公理，但使无伤大体，何敢稍涉激烈，重贻君父之忧。惟案情不可不明，人心不可不恤，后患不可不虑，国体不可不顾”。[④] 这种自主意识，还体现在争取外交主动性的思想上。大学士徐郙等奏称，“我本应行之事，而自外人先言之，则似乎曲徇敌请”。“此后事机有可以先发制人者，自宜力争先着，免致事事予彼口实，国体愈益损伤。”[⑤]

人们使用国体这一概念，多已越出了陈腐的传统体制和虚幻的朝廷体面之义，而更具有了用国际通例来考量近代国家主权和国家地位的内涵。如有人奏称，中国近日力求收回治外法权，“朝廷设法部，修新律，固所以存国体，亦为吾民保治安也”。[⑥] 再如关于驻外公使等级问题，驻德公使孙宝琦提出，“各大国宜改设头等公使，中国为东方大国，国体攸关，请筹议

① 《湖广总督张之洞为俞廉三办理辰州教案极为认真等情电》，光绪二十八年八月初三日，见中国第一历史档案馆等编：《清末教案》第 3 册，中华书局 1998 年版，第 454 页。

② 《奏陈南昌教案办法折》，丙午二月十三日，见史晓风整理：《恽毓鼎澄斋奏稿》，浙江古籍出版社 2007 年版，第 70 页。

③ 《御史蔡金台奏陈谨拟江西教案扼要办法折》，光绪三十二年二月十四日，见中国第一历史档案馆等编：《清末教案》第 3 册，中华书局 1998 年版，第 817～819 页。

④ 《御史吴钫奏陈教士戕官确凿请饬与议诸臣坚持到底折》，光绪三十二年四月二十一日，见中国第一历史档案馆等编：《清末教案》第 3 册，第 868 页。

⑤ “留京办事大臣、大学士徐郙等奏”，光绪二十七年四月十八日，见王彦威、王亮辑编：《西巡大事记》卷 8，外交史料编纂处民国二十四年（1935 年），第 20 页。

⑥ 《奉天安东县士民呈外部王化成扰害地方请严惩禀》，光绪三十三年九月二十五日，见王彦威、王亮辑编：《清季外交史料》卷 206，第 17 页。

酌改”。外务部奉旨奏议，虽以“恐多窒碍”“须增经费”等原因主张“缓议”，但亦根据国际公法，指出：改派大使，“不过体制较崇，于使事无多实益。缘公法，头等与二等礼节虽殊，其办事之权仍与品级无涉”。① 再如，对于中国商民冒挂洋旗，导致“未辟之商场而遍列各国之牌号”的现象，湖广总督瑞澂不仅提出，“律所必惩”，且认为该现象“大失国体”，“有损权利”。② 或进而将保护国外华人，争取文明国地位，纳入国体所应争之范围。如德国殖民地萨摩岛苛待华工，久为人所诟病。其时，德国所颁《治理保护国条例》，仅规定“日本人不在有色人种之列”，中方要求“添入华人字样”，“俾得确与各文明国人同列”，但该岛总督表示“无权照办”。该岛所定律例，“竟以华人为有色人种，等于德国藩属土番，并无诉讼上控之权”，以致赴岛华工“合同内所订保护之条等于虚设”，“于国体民命均极有碍”。宣统二年十一月（1910 年 12 月），署两广总督增祺以事关国体，致电外务部，请与德国政府交涉，要求将岛上华工与文明国人同等对待，谓：萨岛招工如德使续请开招，“拟请先令商彼政府明定例文，声明华人不在有色人种之列，与文明各国民人一律看待，以重国体”。③

在国际交往中，按照通例避免国家权益的损失，亦被纳入国体的范畴。如之前清政府对外公文所用文字，一般是在各驻外使馆“奉到部咨之后，例须改译洋文，通告该国政府”。此种做法有种种弊病，由于各国“习用文字恒有英、法、德三者之不同”，而“译员随地而殊，程度既有不齐，见解亦难强合”。驻奥公使沈瑞麟认为，如果因“一字之出入、一义之广狭，以致损失国体，贻误事机，关系殊非浅鲜”。而且，“各国所闻异辞辗辗相传，或疑我一事两歧，别有用意，甚非所以讲信修睦昭示外人”。其时，各国通告、文牍、会盟约文，“全以法文为外交公共文字”，土耳其因用本国阿拉

① 《外部奏议覆使德孙宝琦沥陈外交事宜折》，光绪三十四年二月二十日，见王彦威、王亮辑编：《清季外交史料》卷 212，第 19 页。

② 《鄂督瑞澂咨外部洋商在租界以外违约经商请照会各驻使禁止文》，宣统二年十月二十五日，见王彦威、王亮辑编：《清宣统朝外交史料》卷 18，外交史料编纂处民国二十四年（1935 年），第 6 页。

③ 《署粤督增祺致外部萨摩岛招工请商德政府订例与文明各国民人一律看待电》，宣统二年十一月二十一日，见王彦威、王亮辑编：《清宣统朝外交史料》卷 18，第 25～26 页。

伯文，以致“遇有紧急通牒，各国互商不及，措词纷歧，应付因之失当”，近来亦“改用法文，通行称便”。为此，他奏请按照国际通行之法，予以改进。“饬下外务部参照通例厘定划一办法，嗣后公布各国文牍，由部遴选精通法文、熟谙交涉之员，查照汉文细心体会，译成定稿，分别咨行，庶文字之歧误无虞，命令亦遵循有自”。①

在国际惯例范围内维护本国权益，而不是无原则、无选择地盲从附和，亦体现了该时期国体观念的近代内涵。在加入国际公约的考量中，清政府既积极融入国际社会，又考虑了本国的实际需要。外务部奏请批准保和会公约时谓，“推究”《海战时中立国之权利义务条约》，“该约各条所规定者，与日俄战争时我国所办中立情形，及所主张之法意，均无甚出入”。仅某几条款，或“于我国并无利益”，或“于战时徒予远来兵舰以便利”，或“于遇事改订时颇形不便，动多牵掣”。拟“分别核拟”，将这些条款剔出，“既有以副和政府限期接收批本之请，亦足以循公例而尊国体”。② 此外，在“惩凶”问题上，清政府不再如以往那样以中国国体为辞，而是依据国际惯例要求减轻处罚。如列强将庚子事变中的涉案王公列为祸首，要求处以死罪。奕劻、李鸿章等根据国际惯例，提出，“惩办祸首一节，强我所难，各国通例，懿亲不加刑”。然而，如俄驻华使臣格尔思所言，“西国王公从无如此昏谬，启衅友邦，谋危宗社”，各国据此坚持“治以死罪”；并表示“若中国仍庇护支吾，彼必并力要挟，无可商量”。③ 李鸿章等“再四辨诘”，经过努力，各王公除庄亲王载勋被“赐令自尽”外，其他如端郡王载漪、辅国公载澜均被定为斩监候，特予加恩，“发往极边新疆永远监禁”。④

总之，就对外的层面而言，至清末，国体概念基本上摆脱了“天朝上

① 《使奥沈瑞麟奏嗣后公布各国文牍请选精法文谙交涉者译成定稿片》，宣统三年六月十五日，见王彦威、王亮辑编：《清宣统朝外交史料》卷 21，第 42～43 页。

② 《外部等奏保和会条约前画押三件现补画五件请旨批准折》，宣统三年九月初五日，见王彦威、王亮辑编：《清宣统朝外交史料》卷 23，第 20～21 页。

③ 《全权大臣奕劻李鸿章电报》，光绪二十六年十一月初四日，见故宫博物院明清档案部编：《义和团档案史料》下册，第 842 页。

④ 《德宗景皇帝实录》卷 478，光绪二十七年正月癸酉，见《清实录》第 58 册，第 304 页。

国”的陈腐之见，逐渐与近代国家观念相融合。“保国权而全国体”，① 将国体视为国权的观念，已成为普遍的倾向。如《新闻报》载文谓：“国权完全无缺，方成国体，否则为半主人权。完全无缺，始具人格，否则为奴隶。何谓国权，即邦国自主权是也。”自主之权包括内治权和外交权，后者即“政治上无外人干涉之端，于国际上有平等相待之益”。② 这一认识，集中概括了国体概念的新内涵，反映了国体观念从传统转向近代的情状。与此相应，大臣奏疏亦多以“自主之权”“国权”之类的语词，代替此前使用的“国体”概念。

对内方面，又进而触动了君主专制的国家体制，国体观念更呈现出了崭新的面相。与对外观念的变化相联系，国体观念在对内方面亦出现了深刻的变异，“以夷变夏”更触及清政府的统治体制。1901 年 1 月，清廷降谕变法，提出“取外国之长”，“去中国之短”，“严祛新旧之名，浑融中外之迹”。并指出，“中国之弱在于习气太深，文法太密”，“误国家者在一私字，祸天下者在一例字”。批评以前“学西法者，语言文字制造器械而已”，“此西学之皮毛，而非西学之本源”。强调，欲求振作，不能“舍其本源而不学”，必须更易法令，打破锢习，从根本上进行改革。谕令内外大臣，“各就现在情弊，参酌中西政治，举凡朝章国政、吏治民生、学校科举、军制财政，当因当革，当省当并”，“各举所知，各抒所见”。谕旨虽然仍强调三纲五常为“万古不易之常经”，维护君主专制体制，但这是出自维护其政权合法性的本能。此时的清廷，从甲午、庚子的巨痛中，已深深感到进行根本性改革的必要，“物穷则变，转弱为强，全系于斯”。③ 此谕强调变易之道，明确反对“拘牵文义”，“奉行故事”，肯定“西学之本源”，将采用西法为中心的“变法”视为根本大计，而未再坚持“天朝”体制，表明清廷突破了传统的国体观念。

---

① 《论外务部》(录甲辰十一月十三日《新闻报》),《东方杂志》第 2 卷第 1 期，光绪三十一年正月二十五日。

② 《尊权篇》上，见国家图书馆分馆编选：《(清末) 时事采新汇选》第 2 册，第 714 页。

③ 《谕》，光绪二十六年十二月丁未，见朱寿朋编：《光绪朝东华录》第 4 册，张静庐校点，中华书局 1958 年版，第 4601～4602 页。

上谕颁布之后，引起了极大的反响，“海内欢欣鼓舞，咸谓中国从此有不亡之望”。张之洞谓，“人心所以鼓舞者，以谕旨中有‘采西法补中法’及‘浑化中外之见’二语”，而“并非因‘整顿除弊’、‘居上宽，临下简’、‘必信必果’等语”。因为，“天下志士所愿闻者，皆指变中国旧法从西法也，非泛泛改间整顿之谓也”。显然，用西方制度改变中国传统制度，变革国体，已是普遍的呼声。张之洞认为，“大抵今日环球，各国大势孤则亡，同则存。故欲救中国残局，惟有变西法一策”。① 因此，他主张“以仿西法为主，抱定旨中‘采西法补中法’、‘浑化中西之见’二语作主意”。“若仅整顿中法，以屡败之国威、积弱之人才，岂能除二千余年养成之积弊？以此而望自强久存，必无之事也。”② 由张之洞主稿的江楚会奏三折，提出了全面改革的具体建议，包括各项传统制度，涉及国体的具体内容。三折上奏之后，慈禧颁布懿旨，强调了采行西法的改革原则，谓：“择西法之善者，不难舍己从人，救中法之弊者，统归实事求是。”她明确表示，“变法一事，关系甚重，请申诫谕示天下，以朝廷立意坚定，志在必行”。并强调，“用是特颁懿旨，严加责成。尔中外臣工，须知国势至此，断非苟且补苴，所能挽回厄运。惟有变法自强，为国家安危之命脉，亦即中国民生之转机。予与皇帝为宗庙计，为国民计，舍此更无他策”。她亦肯定了刘坤一、张之洞会奏，认为“整顿中法、仿行西法各条，事多可行”。要求“即当按照所陈，随时设法，择要举办”。③

这一改革方案，虽然在更广的范围打破了传统国体，但并未触及君主专制体制。然而，清廷谕旨中对“西学之本源”的倡言和强调，江楚会奏中关于“整顿中法”“采用西法”的具体设计，已预示了一种趋向，即以君主专制为核心的国体开始动摇。当江楚会奏还在起草的过程中时，张之洞便提出，“变法有一紧要事，实为诸法之根，言之骇人耳。西法最善者，上、下

① 《致西安鹿尚书》，光绪二十七年二月初五日，见苑书义等主编：《张之洞全集》第10册，河北人民出版社1998年版，第8526～8527页。

② 《致江宁刘制台》，光绪二十七年二月十二日，见苑书义等主编：《张之洞全集》第10册，第8534～8535页。

③ 《德宗景皇帝实录》卷486，光绪二十七年八月癸丑，见《清实录》第58册，第430页。

议院互相维持之法也”。中国民智未开，外国大局茫然，“下议院此时断不可设”，但上议院“则可仿行”。① 张之洞将西方的议会视为变法之根，无疑是从根本上否认了传统的国体。尽管这一主张遭到刘坤一的反对②，未能纳入会奏中，但却为诸多大吏所倡呼。如两广总督陶模以“宜务本原”为主题上奏，认为西方议院之制，“中国诚未易举行”，然“最为除雍蔽良法”。他搬出谕旨中所谓“取外国之长，补中国之短”，指出“议院亦其一端”。③ 驻日公使李盛铎亦上奏，从国体和政体的角度，肯定了西方国家作为立国基础的宪政体制，建议清廷“毅然决然，首先颁布立宪之意，明定国是”，撷诸国宪法之精华，勒为定章，“垂为万世法守”。④ 张之洞对李盛铎的立宪主张极为赞成，肯定其与他人“皆言变法”不同，“独言国体，可谓知本之言，识时之务，自强之基具于是矣”。⑤ 此后，还有不少人提出了这一国体的根本问题，如会办商务大臣盛宣怀、翰林院编修赵炳麟等。新政实施数年之后，内外形势发生了重要变化，对国体进行根本改革的时机渐趋成熟。“通国上下望立宪政体之成立，已有万流奔注，不趋于海不止之势。”⑥ 光绪三十年，驻法公使孙宝琦等上奏，在肯定江楚会奏等变法方案的基础上，主张更推进一步，谓：“倘更由朝谟独断，颁示要政，出该督等所议之外，尤足以激励人心，植立国体。”⑦

所谓“植立国体”，便是实行宪政。孙宝琦随即上书督办政务处，明确

---

① 《致江宁刘制台、广州陶制台德抚台、济南袁抚台、安庆王抚台、苏州聂抚台、杭州余抚台、上海盛大臣》，光绪二十七年二月十六日，见苑书义等主编：《张之洞全集》第10册，第8540页。

② 刘坤一复函谓：“议院意美法良，但恐事多阻格，未能照行”。见《刘制台来电》，光绪二十七年二月十七日，见苑书义等主编：《张之洞全集》第10册，第8541页。

③ 《变通政治宜务本原折》，光绪二十七年四月初五日，见陶模：《陶勤肃公奏议遗稿》卷11，民国十三年（1924年）铅印本，第28页。

④ 《追录李木斋星使条陈变法折》，《时报》乙巳十一月初二日。

⑤ 《光绪二十七年九月初三日致李木斋星使函》，见《张文襄公函牍未刊稿》，中国社会科学院近代史研究所藏张之洞档案。

⑥ 《论朝廷欲图存必先定国是》，《时报》甲辰六月二十六日。

⑦ 《孙宝琦胡惟德张德彝杨兆鋆致外部日俄用兵请速变法电》，光绪三十年二月初六日，见王彦威、王亮辑编：《清季外交史料》卷182，第10页。

提出了这一主张。他对立宪的必要性和紧迫性以及实施方案，作了详尽阐述，吁恳朝廷，“仿英德日本之制定，为立宪政体之国”。并认为，实行宪政之后，中国“不但远轶汉唐，且将与英德日本比强”。① 孙宝琦倡言宪政，不啻是对数千年的君主专制的否认，破除了传统国体观的最后障碍。尽管他阐释了立宪政体“实所以尊君权”“定一尊”，但其中所揭示的底蕴却截然相反。推行宪政体制，实际上是将民权引入政权，如其上书所言，“一切应行改革之事，皆赖众论，决议施行”。显然，孙宝琦所主张“植立”的国体，其内核即在于此，体现了与君主专制相悖的近代民主精神。即如舆论所言，“效欧美之良法，师日本之成规，订立宪法布告天下，咸使闻知，以制限主治者之威权，以保护被治者之权利”。②

孙宝琦大力提倡宪政，并公诸媒介舆论，推动了宪政改革的进程，促进了晚清国体观念从传统到近代的转变。舆论对此予以高度评价，谓：“吾国大臣倡言立宪，自驻法公使孙宝琦氏始”。以往言变法者，“徒得其形式，而不得其精神，东施效颦，益增厌恶，则亦国是不定”。而孙宝琦请立宪法，“吾国有大喜过望，易亡为存之一大纪念，出现于黑幕时代，则吾人宜如何鼓舞而欢迎之也”。如果实行，“二十世纪之中国，匪惟不即于覆亡也，且也粲文明之花，揭独立之旗。又匪特可媲美于日本也，而且将与东西各大国携手，并立于竞争之新世界”。③ 日俄战争之后，清廷启动宪政改革，虽然这一改革实行二元制君主立宪制，仍试图尽可能维护专制王权，但无疑开启了从根本上改变传统国体的进程。

以上仅从大的方面阐述了清末国体观的深刻变化，其实这一变化还体现在其他方面。例如，被视为清朝统治象征的“剃发易服”，以及作为“王者得政”正统合法标志的历法正朔等传统国体观念，均在新的中外格局中被人们所遗弃。如外交人员公服，“有创为宜改从西式之说者”。光绪三十四年二月二十日（1908 年 3 月 22 日），驻德公使孙宝琦认为，驻外公使在外与各国人士交际往来，“因服色悬殊，致生隔阂”，奏请厘定外交官公服，主

---

① 《出使法国大臣孙上政务处书》，《时报》甲辰六月二十六日。

② 《论朝廷欲图存必先定国是》，《时报》甲辰六月二十六日。

③ 《论朝廷欲图存必先定国是》，《时报》甲辰六月二十六日。

张“采取各国服制，参酌颁定专为出洋外交官之公服”。[①]尽管此议被否定，但在实践中，起于留学生的“翦发易服之习”，却扩展到驻外使馆人员。宣统元年（1909年），驻意公使钱恂谓，他自己20余年“从未敢私改西装”，然出使期间“每与翦发易服者同入酬酢之场，同登礼法之庭”。由于中西杂呈，驻在国官员恒问“何以一改装一不改装，果遵何项法律，语含嘲笑”，钱恂不免为之“赧颜”。他并不反对改装，但认为是否改装，“事关巨典”，“傥一旦朝廷议改，凡在臣工，孰敢不遵”。在他看来，此种乱象有损国家形象，应该统一。作为“身膺使任”的国家“代表”，“与彼邦君相时相过从，而亦翦发易服，试问果为何国之代表”。这种“不遵法律而擅自改装”之举，“不但不能见重友邦，并益为友邦所轻”。因此，在“朝廷尚未议改”之时，则三百年来之制度，不可“私自违背”。正是从这一角度，钱恂提出，对“此近来使界之病，不可不亟伸严诏，以崇国体”。显然，钱恂提出尊崇国体，虽然仍主张守旧制，但却是出于遵守统一的国家法度的目的，而并非坚持传统。再从“臣民定范”的“恪奉正朔”来看，也出现了类似变化，“亦有创为宜改用阳历之说者”，甚至“向来使馆中与彼邦公牍，均专用西国月日，而不列本国正朔”。钱恂认为，“在外交涉，原不能不用彼国月日”，主张仿照俄国，致他国公牍，可中西“两历并存”，即将中外纪年暨月日并列。他自己任使两年，“公牍无不兼用两历”，并奏请“饬在使人员无忘本国正朔”，不要专用西历日月。但同时，他并不反对作些变通，如仿照日本之制，纪年仍用中历，而月日则改从阳历。谓：“我中国若果由朝廷议改，自必一体遵奉。”而在朝廷尚未议改之时，“则饩羊又何可不存”。[②]历法正朔是一个王朝的标志，亦是传统国体的象征，由于中外条约关系的现实而受到冲击，人们的观念也由此发生变易，反映了传统国体观的动摇。

诸如此类，说明清王朝三百余年的“天朝”体制正在发生变异，这是中国数千年的封建体制的变异，国体这一概念内涵的演化，正形象而又具体地

---

① 《外部奏议覆使德孙宝琦沥陈外交事宜折》，光绪三十四年二月二十日，见王彦威、王亮辑编：《清季外交史料》卷212，第19页。

② 《宣统政纪》卷23，宣统元年十月辛卯，见《清实录》第60册，中华书局1987年版，第439～440页。

揭示了这一历史趋向。纵观晚清国体观的变异，它经历了从外到内，从国际交往到国家政体的变化过程，其枢纽则是应对日趋危迫的中外关系。即便从宪政改革来看，其亦并非纯粹是国内政治发展的结果，而在相当程度上是为了改变国弱受侮的局面。如孙宝琦正是“日闻异族危论，椎心疾首”，因而“迫切上陈”，主张宪政，“用扶危局”。① 时论亦谓，自秦始皇以无道得天下，“于是乎君有权而民无权”，其后各朝“相沿相袭奉为金科玉律”。“是以民权愈杀，国体愈解，昔也日辟国百里，今也日蹙国百里”，系“由于守专制之政体而不知变故”。西方各国，“几绝专制之影迹”，“莫不立宪法设议院，以图议国事”，因此“能合众策，聚群谋，而日臻富强”。当今“苟欲守专制之旧规，而不易其方针，吾恐民权日轻，民心日涣，民志日懈，而大局有不堪回首”。② 正是伴随中外关系的深刻变化，中国国体从专制体制走向了民主政治，完整的近代国家观念也由此逐渐形成。

---

① 《出使法国大臣孙上政务处书》，《东方杂志》第 1 卷第 7 期，光绪三十年七月二十五日。

② 《立宪法议》（录十月初六日《时务报》），《东方杂志》第 1 卷第 12 期，光绪三十年十二月二十五日。

第九章

清政府应对条约关系的方针政策

鸦片战争之后，中国与西方世界开始建立新的条约关系，如何应对这一关系，是清政府面临的新课题。中外订约伊始，清王朝的君臣们以传统羁縻之道的理念接受了这一新的关系，但同时又作了一定的调适。在条约关系的运行过程中，清政府产生了两种趋向的守约方针，一方面要求对方守约，另一方面自己恪守条约；同时随着修约意识的产生，又作了修约的预筹。为适应这一新的中外关系模式，清政府又建立了不同于“天朝”体制的对外体制，包括地方外交体制、专门的中央外交机构、近代交往制度等。庚子事变之后，在各种因素的作用下，清政府的条约外交体系基本形成。

一、以羁縻之道应对条约关系

中国与西方列强建立条约关系之初，清政府的对外理念尚停留于传统的羁縻之道，仍用这一理念来应对条约关系，处理各种新的外交问题。前面论述有关问题时已涉及羁縻，这里从清政府应对条约关系的角度，对其作一系统探讨，以完整揭示晚清对外政策的演变。羁縻之道包含传统“驭夷”思维的种种内涵，作为处理对外关系的准则，长时期导引清政府的外交内政。它是旧时代陈腐的对外观念，与近代的条约关系是不同性质的事物，两者方枘圆凿，难以相容，最终羁縻之道不可避免地为新的外交方式所取代。

作为传统的“驭夷”之术，羁縻之道萌芽于先秦，在汉唐时期趋于完善成熟，蕴含着丰富的内涵。清政府所实行的羁縻之道，承继了传统羁縻政策的基本精神，但又与之有很大的不同，其核心便是维持“夏尊夷卑”的“天朝”体制。何谓羁縻？它是古代中央王朝对少数民族和周边国家采用的一种政策，《史记》谓："盖闻天子之于夷狄也，其义羁縻勿绝而已。"司马贞《史记索隐》谓："羁，马络头也。縻，牛缰也。"应劭《汉官仪》则进而解释说："'马云羁，牛云縻'。言制四夷如牛马之受羁縻也。"① 颜师古曰："羁縻，系联之意。马络头曰羁也。牛靷曰縻。"② 意思是控御、系联、笼络。在实际运用中，还有权宜、权术，甚至糊弄对付之意。

从历代王朝的实践来看，除了上述基本含义之外，羁縻之道还包含如下内容：一是"夷夏有别"。"夫戎狄者，四方之异气也。蹲夷踞肆，与鸟兽无别。若杂居中国，则错乱天气，污辱善人，是以圣王之制，羁縻不绝而已。"③ 或谓："裔不谋夏，夷不乱华。荒忽之人，羁縻而已。是以先朝居之于荒服之间者，正欲悦近来达，招附殊俗，亦以别华戎、异内外也。"④ 唐李太亮谓："臣以为诸称藩请附者，宜羁縻受之，使居塞外，畏威怀德，永为藩臣。谓之荒服者，故臣而不内，所谓行虚惠，收实福。"⑤ 也就是区分夷、夏，使"夷"不乱我中华。二是恩威并施，怀柔远人。前秦苻坚谓："西戎荒俗，非礼义之邦。羁縻之道，服而赦之，示以中国之威，道以王化之法，勿极武穷兵，过深残掠。"⑥ 唐高祖谓："昔王御世，怀柔远人，义在羁縻，无取臣属。"⑦ "史臣曰：中原多事，外国窥边，周猃狁、汉匈奴之后，其类实繁，前史论之备矣。突厥自隋文修王道，肃军容，示恩威以羁縻之。"⑧ 唐太宗收降回纥后，"置州府以安之，以名爵玉帛以恩之。其义何哉？盖以狄不可尽，而以威惠羁縻之"。⑨ 宋朝时人们更认为，"忿鸷沓贪，以攻战为业者，夷狄之谓也。故古先哲王，怀之以恩信，惊之以威武，长辔远驭，羁

---

① 司马迁：《史记》第9册，中华书局1982年版，第3049～3050页。

② 班固：《汉书》第4册，中华书局1962年版，第1248页。

③ 范晔：《后汉书》第4册，中华书局1965年版，第876页。

④ 魏收：《魏书》第4册，中华书局1974年版，第1286页。

⑤ 欧阳修、宋祁：《新唐书》第13册，中华书局1975年版，第3912页。

⑥ 房玄龄等撰：《晋书》第9册，中华书局1974年版，第2914页。

⑦ 《册府元龟》第4册，台北，中华书局股份有限公司、宗青图书出版有限公司1996年版，第2050页。

⑧ 刘昫：《旧唐书》第16册，中华书局1975年版，第5193页。

⑨ 刘昫：《旧唐书》第16册，第5216页。

縻不绝而已”。[①] 即在武力震慑的前提下予以恩惠，也就是怀柔远人。乾隆帝说：“大皇帝抚驭万国，叛则讨之，顺则怀之，恩信覃敷，无不共闻共见”，[②] 但这种恩惠须有一个度。唐李大亮上言：“欲绥远者必自近。中国，天下本根，四夷犹枝叶也。残本根，厚枝叶，而曰求安，未之有也。”[③] 三是因俗而治，“夷”不必与中国同一法度。所谓“蛮者听从其俗，羁縻其人，故云蛮”。[④] 汉卫青破匈奴，徙降者边五郡故塞外，“各依本国之俗而属于汉”。[⑤] 唐徐坚谓：“蛮夷羁縻以属，不宜与中国同法，恐劳师远伐，益不偿损。”[⑥] 唐太宗问继捧：“汝在夏州用何道以制诸部？”继捧回答说：“羌人鸷悍，但羁縻而已，非能制也。”[⑦] 或谓：“来则拒，去则勿逐，以禽兽畜之，羁縻御之。”[⑧]“务在羁縻，不深治。”[⑨] 也就是“修其教不易其俗，齐其政不易其宜”。[⑩] 清朝对外人的羁縻理念也是“一切政治，悉因其俗。”[⑪]

总之，羁縻是中央王朝为保障自己的安全而与“四夷”建立联系的一种政策，不是近代意义上的外交。“我为上国，率土皆臣，无所谓外交也，理藩而已。外洋各国向慕庆祝而至者，各修朝贡，略具互市”。[⑫] 自古以来，“夷狄之于中国，有道未必服，无道未必不来，盖自因其衰盛。虽尝置之治外，而羁縻制驭恩威之际，不可失也”。[⑬] 而且历代中央王朝认为，这

---

① 《册府元龟》第20册，第11427页。

② 《清九朝圣训·高宗纯皇帝圣训》卷273，清光绪刻本，第24页。

③ 欧阳修、宋祁：《新唐书》第13册，中华书局1975年版，第3911～3912页。

④ 孔安国传、孔颖达等正义：《十三经注疏》之二，见《尚书正义》卷6，上海古籍出版社1990年版，第90页。

⑤ 司马迁：《史记》第9册，第2934页。

⑥ 欧阳修、宋祁：《新唐书》第18册，中华书局1975年版，第5662～5663页。

⑦ 脱脱等：《宋史》第40册，中华书局1977年版，第13984页。

⑧ 欧阳修、宋祁：《新唐书》第14册，第4400页。

⑨ 脱脱等：《宋史》第40册，中华书局1977年版，第14209页。

⑩ 郑玄注、孔颖达正义：《十三经注疏》之六，《礼记正义》上册，卷12，第246页。

⑪ 《世祖章皇帝实录》卷15，见《清实录》第3册，中华书局1985年版，第137页。

⑫ 刘锦藻：《清朝续文献通考》第4册，卷337，外交一，商务印书馆1936年版，第10781页。

⑬ 欧阳修：《新五代史》卷72，第3册，见《四夷附录第一》，中华书局1974年版，第885页。

些“夷狄”均属未开化的化外人，因此也不屑与之过多地来往。甚至认为，“招徕远人，于国家殊无所益。彼来则听之，不来则勿强其来，此前世羁縻之长策也”。① 在历史上，羁縻之道的实施有两种情况。一是国家强大，恩威并施，以此控御“四夷”，为华夏之藩蓠，这是最理想的状况。二是当中央王朝处于衰弱状态时，力不足以制“夷”，则以此安抚之，使其不为害中国。明朝杨继盛说：“夫寇欲无厌，其以衅终明甚。苟内修武备，安事羁縻？”“夫贡之赏不赀，是名美而实大损也。”② 所谓恩惠，是一种单方面的给予，“以内地金帛，而事穷荒不可计之费”。③ 甚至“忍耻和亲，姑息不暇”。④ 可以说，它既有施之以威之后再予以恩赐的荣光，又有兵败之后输金纳币的耻辱。

清政府与英国议和，接受条约关系，实施的便是羁縻之道。开始，它也是施以兵威，待征剿受挫，道光帝只得“聊为羁縻外夷之术”，却还要“谕以大皇帝恩威并用”，“将香港一处，赏给尔国堆积货物，与中国照常贸易”。⑤ 到最后，兵威已无可奈何，道光帝只得要求臣子们“设法羁縻以全民命”，“不必他有顾虑”，⑥ 再也不提“恩威并用”。《南京条约》签订后，中外关系开始发生根本性的变化，传统的“华夷”秩序被条约关系所取代。对西方列强来说，条约关系的建立，“标志着中国闭关自守的破产，同时标志着中国与欧洲‘掠夺成性的蛮夷’在平等的基础上建立法律、政治和经济关系的开端”。⑦ 显然，清政府所面对的已不是传统的周边“夷狄”，而是有更高程度文明的海外强敌。新的对手与过去的“夷狄”不同，其志不在攻城掠地，劫财夺物，而是要将中国变为一个大市场；它们也不是“骤往倏来，

---

① 脱脱等：《金史》第1册，中华书局1974年版，第201页。

② 张廷玉等：《明史》第18册，中华书局1974年版，第5537页。

③ 脱脱等：《宋史》第32册，中华书局1977年版，第11034页。

④ 刘昫：《旧唐书》第16册，第5216页。

⑤ 《廷寄》，道光二十二年六月丙戌，见齐思和等整理：《筹办夷务始末·道光朝》四，中华书局1964年版，第2054～2055页。

⑥ 《廷寄》，道光二十二年七月辛亥，见齐思和等整理：《筹办夷务始末·道光朝》五，第2231页。

⑦ ［英］菲利浦·约瑟夫：《列强对华外交》，胡滨译，商务印书馆1959年版，第3页。

败不耻奔，胜不让成”[①]的流寇，而是有坚定目标和长远计划的征服者。为了实现自己的目标，它们以战争来改变其早已不愿忍受的地位，强迫中国接受新的条约关系，用法律的形式[②]将其在华的特权地位固定下来。清政府当时没有也不可能认识到中外关系的这一新格局，而仍拾起传统的“驭夷”之道，即“羁縻”“外夷”的老手段。

清政府给予列强的某些条约权利，包括一些重要特权，与传统的羁縻之道相吻合。例如，开放五口，以及给予列强其他相关的通商权利，便是按照羁縻之道来实施的。历代王朝所实施的羁縻，均要通过某种形式予“外夷”以恩惠，意在使其“怀之以恩信”，以达到某种程度的控御。在清代以前，不乏给予“夷”种种利益，以换取苟安一时的例子。或“以名爵玉帛以恩之”，或“驰使散货”，或“输金纳绢（币）”，等等。鸦片战争后，清政府采用羁縻之道，虽已无令西人“畏威”之念头，却抱着使其“怀德”之企望。

在清朝官员看来，许西人通商是最好的羁縻之道，既顺其性，又无违于“天朝”体制，还可以达到控御的目的。耆英便认为，“该夷以通商为性命，准其贸易则恭顺如常，绝其贸易则骄蹇难制，故自有明至今，羁縻夷人，皆借通商为饵”。[③]当时的“天朝”大吏们多有这种观念，林则徐即谓，“况通商本以怀柔外服，并非利其征输”。[④]参与谈判的黄恩彤专为此写了《抚夷论》，谓：“中国之所以控制而羁縻之者，惟在通商。”他认为，“夷居西北极边，地冷人稀，向无田赋，其国中一切经费全资商税，虽添没码头，如槟榔屿、葛剌吧、新嘉坡等，多至二十余处，而尤以广州为第一”。他们之所以呈交鸦片、以兵犯顺、滋扰他省而不肯蹂躏广州，均是因为从通商的角

① 欧阳修、宋祁：《新唐书》第14册，中华书局1975年版，第4400页。

② 条约属国际法的范畴，“条约是国家及其他国际法主体间相互交往最普遍的一种法律形式”，见王铁崖主编：《国际法》，法律出版社1981年版，第323页；“条约在当事国之间即是法律”，见李浩培：《条约法概论》序，法律出版社1987年版，第1页。

③ 《耆英又奏已允朴鼎查所请于七月初一日先在广州开市片》，道光二十三年七月乙已，见齐思和等整理：《筹办夷务始末·道光朝》五，第2649页。

④ 《林则徐奏英人扬言伊国不通贸易各国货船不得进口他国均各不平片》，道光二十年九月乙已，见齐思和等整理：《筹办夷务始末·道光朝》一，第511页。

度考虑的。因此，“驭夷之法，概可知已。捐示前嫌，示以宽大，裁减陋规，明定税则，无事则抚以恩，有事则折以信”。① 因此朝廷官员们主张对英国“示以恩信，妥为羁縻”。② 裕谦也持类似看法，谓：西洋诸国“惟利是视，但知贸易，无他技能”，英国则“本系西洋微贱之国”。其为治，“以资本之多寡，营运之善否，技艺之巧拙，以为进身之阶，升迁之途，并无礼乐刑政，亦不争城略地”。③《南京条约》和相关附约中的一些规定，便体现了这种施恩的意识，如“恩准”英人寄居五口贸易通商，等等。

再如，最惠国待遇和领事裁判权这两项重要的条约特权，便与羁縻之道存在着某种内在的联系。嘉庆十年十月（1805 年 11 月），嘉庆帝给英国国王的“敕谕”谓：“震叠怀柔，外薄四海，无有远迩，同我太平”，“天朝一视同仁，无不曲加体恤”。④ 十二年九月（1807 年 10 月）又降谕说：“天朝抚绥外藩，一视同仁。”⑤“一体均沾”的最惠国待遇，便是出自居高临下的恩施态度，即所谓“怀柔远人”。而且，怀柔远人与持平对待又是密不可分的，因而，清政府“向待各国商人无不一视同仁”，“大皇帝待人办事，一秉至公”⑥。耆英等说：“天朝制驭之术，全在一切持平”。⑦ 与此类似，清政府给予小国以同样的条约权利，亦是出于这一观念。⑧

---

① 黄恩彤：《抚夷论》，见中国史学会主编、齐思和等编：《中国近代史资料丛刊 · 鸦片战争》五，上海人民出版社、上海书店出版社 2000 年版，第 435～436 页。

② 赵尔巽等：《清史稿》第 38 册，中华书局 1977 年版，第 11515 页。

③ 《裕谦奏战守机宜折》，道光二十一年正月己丑，见齐思和等整理：《筹办夷务始末 · 道光朝》二，第 698～699 页。

④ 《清九朝圣训 · 仁宗睿皇帝圣训》卷 104，清光绪刻本，第 23～24 页。

⑤ 《清九朝圣训 · 仁宗睿皇帝圣训》卷 104，清光绪刻本，第 37 页。

⑥ 朱士嘉编：《十九世纪美国侵华档案史料选辑》上册，中华书局 1959 年版，第 33 页。

⑦ 《耆英等奏查办美利坚等国通商大略情形折》，道光二十三年闰七月庚子，见齐思和等整理：《筹办夷务始末 · 道光朝》五，中华书局 1964 年版，第 2717 页。

⑧ 如耆英在处理比利时通商要求时奏称：如果“严行拒绝，难保其不潜附他国仍来贸易，转不足以示怀柔。且既据佛兰西夷使代为请求，尤应藉事羁縻，俾该夷等同深感戴”。拟“将五口贸易章程一体颁发，以广圣主宽大之仁”。见《耆英等奏请准比利时一体通商并美利坚立国大概情形折》道光二十五年六月甲午，见齐思和等整理：《筹办夷务始末 · 道光朝》六，第 2927～2928 页。

着重要考察是领事裁判权，已有学者考订，这是耆英主动提出的，也可以说是他拱手让与的。① 这是一个颇令人费解的问题，将这样一项涉及国家主权、极为重要的权利主动奉送，在今天是无法想象的。人们从耆英对国家主权的轻率无知，以及曾为了解决处理华人逃犯等问题而避开债务纠纷等方面予以解释，不无道理。但是，如果从清政府当时处理对外关系的基本理念，即羁縻之道来剖析，或许更能说明其原委。

前已提到，羁縻之道的基本内涵之一是因俗而治，这一原则在司法管辖上也有体现。唐朝法律规定："诸化外人，同类自相犯者，各依本俗法，异类相犯者，以法律论。"② 宋真宗诏曰，"朕常戒边臣，无得侵扰。外夷若自相杀伤，有本土之法，苟以国法绳之，则必致生事，羁縻之道正在于此。"③ 显然，羁縻之道与古代的涉外司法管辖是密切相关的。唐律规定"异类相犯者，以法律论"，即按照中国法律处理，这是体现司法主权的属地主义，也是管辖权问题上的一大进步。但是，唐朝法律中"诸化外人同类自相犯者，各依本俗法"的规定，却是一种属人主义，这正是羁縻之道的体现。清朝在司法管辖方面较唐律又进了一步，而且在实践上也对"外夷"行使了司法主权。顺治三年（1646 年）颁布的《大清律集解附例》承袭了明律，规定："凡化外人犯罪，并依律拟断"，并注明："化外人既来归服，即是王民，有罪并依律断，所以无外也。"《大清律例》关于"化外人有犯"规定："凡化外来降人犯罪者，并依律拟断。隶理藩院者，仍照原定《蒙古例》"。④ 该规定在"化外人"中加了"来降"的限定。也就是说，凡"化外来降人"，视同内地民人，因此适用大清律。鸦片战争前，清政府将来华"互市"的西方商人视同内地民人，将他们纳入中国的司法管辖范围。在马士的著作《中华帝国对外关系史》第 1 卷中，可以看到清政府坚持司法主权的许多例子。

然而，由于传统的羁縻之道的长久影响，清政府对外人的司法管辖并不

---

① 见郭卫东：《转折——以早期中英关系和〈南京条约〉为考察中心》，河北人民出版社 2003 年版。

② 刘俊文：《唐律疏仪笺解》上册，中华书局 1996 年版，第 478 页。

③ 《宋会要辑稿》第 198 册，《蕃夷五》之四三，国立北平图书馆 1936 年影印。

④ 《大清律例》，田涛、郑秦点校，法律出版社 1999 年版，第 122 页。

那么严格。乾隆四十年（1775年），有两个安南人在内地犯罪，拿获后“本应按律处治”，但因安南国王派员协同解送入关，乾隆帝下旨：将该二犯释放回国，“听该国王自行惩治，以示天朝宽大之恩”。① 嘉庆十二年十一月（1807年12月），嘉庆帝降谕，将在中国犯走私贸易罪的朝鲜国人白大贤等五犯，交“该国王自行查照定例，分别惩治”。② 可见，即使在具有了属地主义的司法主权意识的同时，清政府也未完全放弃羁縻之道的属人原则。正如有的学者所认为的，“清代的法律仍然是一种二元性的结构，即中原王朝的法制与边疆民族的民俗共存于一国之中”。③ 梁启超考察中国成文法编制沿革得失时说：“治异族人，还以其族固有之法律，实我国法学上之一原则”。“而今日之领事裁判权，施行于国中，而恬不以为怪者，亦自此观念演出也。古代法律率采属人主义，即罗马回回法，莫不皆然，又匪独我矣。”④ 正是由于羁縻之道在司法管辖上存在空间，耆英等在照会璞鼎查时，特提出：乾隆十九年（1754年）法人时雷氏一犯，“钦奉谕旨，令其带回本国，自行处治”。道光元年（1821年）英吉利国兵船水手打死黄埔民人黄姓之案，“亦经阮督部堂奏请，令英国自行惩办”。以此作为给予领事裁判权的依据。另外，现在的“英夷”显然不是“来降”，而是以武力迫使清政府予以抚绥的“化外人”，因此从理念上可以将其划在《大清律例》“依律拟断”的范围之外。因此，耆英等在照会中又提出“他国夷商仍不得援以为例”。⑤

但是，随后其他各国“夷商”均“援以为例”，也获得了这一特权。这说明，清朝大吏更多的是从羁縻之道出发，将外国人视为“化外人”。耆英说：“各国虽有君长，而男女不齐，久暂不一，迥出法度之外。”他们“妄示夸张，夜郎自大，彼为自尊其主，于我无与。若绳以藩属之礼，则彼又以不

---

① 《清九朝圣训·高宗纯皇帝圣训》卷273，清光绪刻本，第23页。

② 《清九朝圣训·仁宗睿皇帝圣训》卷104，清光绪刻本，第39页。

③ 杜文忠：《边疆的概念与边疆的法律》，《中国边疆史地研究》2003年第4期。

④ 梁启超：《论中国成文法编制之沿革得失》，《饮冰室合集·文集之十六》，中华书局1989年影印，第7页。

⑤ [日]佐佐木正哉编：《鸦片战争之研究》（资料编）。转引自沈云龙主编：《近代中国史料丛刊》续辑，第95辑，台北，文海出版社有限公司1983年版，第218页。

奉正朔，不受册封，断不肯退居越南、琉球之列。此等化外之人，于称谓体裁，昧然莫觉，若执公文之格式，与权衡高下，即使舌敝唇焦，仍未免褎如充耳，不惟无从领悟，亦且立见龃龉，实于抚绥要务甚无裨益”。在耆英看来，管理这些“化外人”实在麻烦，“与其争虚名而无实效，不若略小节而就大谋”。① 从这一视角分析，对于为什么长时期无人对此提出异议，也就容易理解了。穆彰阿在奉旨审议通商章程后认为，“通商之务，贵于息争”，非常赞成羁縻之道。②

不过，老手段在新形势下难以保持其原有的本色，羁縻之道在条约关系下出现了令清政府颇为痛苦的变异。耆英说：“夷情变幻多端，非出一致，其所以抚绥羁縻之法，亦不得不移步换形。”③“移步换形”四字非常形象，活灵活现地道出了条约关系下羁縻之道的变化。与传统的尤其是鸦片战争前清政府的羁縻政策相比较，新的羁縻政策有何不同呢？

首先，与以往清政府在威服的基础上施以羁縻不同，现在却是在无可奈何的情况下接受对方提出的条约关系。鸦片战争前，清王朝武功赫赫，建立了大一统的强盛帝国，至乾隆时，“环列中土诸邦，悉为属国，版图式廓，边备积完，芒芒圣德，盖秦、汉以来未之有也”。四周各国“举踵来王”，“稽首称藩”。④ 乾隆帝在下令平定金川之叛时说：“若但来则应之，去则弗追，试思十至而十应，何如以十应之劳用之于一举，毁穴焚巢，芟除荡涤之为愈也。”“我朝天威，无远弗届，即蒙古四十八旗，自古所不臣，何尝不在五服要荒之外，而奉令守藩，输诚内向，宁辑至今。可见含齿戴发之伦，断无不可化诲，惟在德足绥怀，威足临制，得柔远之道耳！”⑤ 鸦片战争前清政府的

① 《耆英又奏体察洋情不得不济以权变片》，道光二十四年十月丁未，见齐思和等整理：《筹办夷务始末·道光朝》第6册，第2892页。

② 《穆彰阿等奏核议耆英等所奏通商章程折》，道光二十三年七月壬戌，见齐思和等整理：《筹办夷务始末·道光朝》五，第2690页。

③ 《耆英又奏体察洋情不得不济以权变片》，道光二十四年十月丁未，见齐思和等整理：《筹办夷务始末·道光朝》六，第2891页。

④ 赵尔巽等：《清史稿》第48册，中华书局1977年版，第14575、14576页。

⑤ 《高宗纯皇帝实录（四）》卷291，见《清实录》第12册，中华书局1985年版，第807～808页。

"驭夷"之道是建立在强大的实力基础上的，而且由于国势强盛，中央集权的强化，较之历代王朝，其羁縻政策出现了衰微之势。[①]道光帝在接受了《南京条约》之后仍说："天朝统驭外夷，叛则诛之，服则抚之，一定之理。"[②]

然而，经受了战争打击而提出的羁縻，却由于军事上一筹莫展，与清王朝鼎盛之时的羁縻政策不可同日而语。琦善受命"驭夷"，很快即主张"撤防议抚，疏请暂示羁縻"。这无疑有损"天朝"之威，"怡良及将军阿精阿皆不列衔"。怡良还奏了一本："自琦善到粤以后，办理洋务，未经知会。忽闻传说义律已在香港出示，令民人归顺彼国。……但忽闻海疆要地，外人公然主掌，天朝百姓，称为英国之民，臣实不胜愤恨。一切驾驭机宜，臣无从悉其颠末。"[③]只是几经较量之后，清政府在无可奈何之中才认同羁縻之策，接受城下之盟。掌广西道监察御史蔡家玕奏称："欲使其服我甚难，而欲其畏我亦不易。"[④]耆英谓："寇势方张，据我要害，四肢之患，渐成腹心之疾，若不藉此转机，速为招抚，该夷豕突狼奔，何所不至？且二年以来，合数省兵力，言剿言防，总难得手。"[⑤]黄恩彤写《抚夷论》，主张羁縻议抚，就是因为"夷之不能制"。

其次，这次羁縻在一定程度上突破了"天朝"体制与传统的做法。按照传统的羁縻之道，须严格实行"夷夏有别"，对"外夷"予以限制的方针，清政府的诸多政策便基本上是出于这一方针的。条约关系下的羁縻，却与此大相径庭。耆英在奏报议和情况时谓："此次酌办夷务，势出万难，策居最下，但计事之利害，不复承理之是非。"所谓"理"，显然指的是"天朝"体制下所遵之"理"，因事之利害，现在顾不上了。例如，"既准贸易，即属马头，举凡设领事，立夷馆，住家眷，势不能遏其所请"。这些均不符合

① 见彭建英：《中国古代羁縻政策的演变》，中国社会科学出版社2004年版，第175页。

② 《廷寄》，道光二十二年十一月，见齐思和等整理：《筹办夷务始末·道光朝》五，第2496页。

③ 赵尔巽等：《清史稿》第38册，第11511页。

④ 《蔡家玕又奏制英之策折》，道光二十年十一月丙辰，见齐思和等整理：《筹办夷务始末·道光朝》二，第602页。

⑤ 《耆英等奏详陈议和情形折》，道光二十二年七月壬申，见齐思和等整理：《筹办夷务始末·道光朝》五，第2305页。

清政府既有的羁縻模式，东南五口的开放，设领事等，均与此前限制“外夷”的政策不符。尤其是条约规定的“平行”关系，在整个条约关系中“虽属末节”，却“于天朝体制亦大有所损”。这些显然已超出了传统“抚夷”的范围，“惟既经曲事羁縻，亦复无暇顾惜”。① 李星沅获悉《南京条约》的内容后，气愤不已，尤感不堪入目的是条约中的“夷妇与大皇帝并书”，以及“大书特书”“官员平行”等内容，深忧“千秋万世何以善后”。② 开放五个口岸，尤其是福州，“开国以来并无此举”。③ 诸如此类，较之以前，“实属体恤有加”。道光帝旨称：“虽非旧例，然随时变通”，以“聊为羁縻外夷之术”。④ 此外，在条约交涉过程中，耆英接受英人的礼物，亦与“天朝”规定不符，⑤ 但作为羁縻的手段，为道光帝所认可。

不过，在予以恩惠，实施羁縻之道的过程中，“天朝”大吏也仍在努力维持国家权益和“天朝”的规则，即所谓“国体”。如增加税额；限制“夷人”的自由，规定英人上岸行走，均有定界，不准结伴任意闲游；走私漏税，或五口以外私行贸易，船货一并查抄入官之类，“约束夷人甚备”。当时英商皆谓：英使们“为中国大臣所愚，以致税额加增，定例过严”。在他们看来，这些规定“反不如用兵以前，得以自便”，因此“未必不思改约”。⑥ 清政府

---

① 《耆英等奏详陈议和情形折》，道光二十二年七月壬申，见齐思和等整理：《筹办夷务始末·道光朝》五，第 2305～2206 页。

② 袁英光、童浩整理：《李星沅日记》上册，中华书局 1987 年版，第 428 页。

③ 梁廷枏：《夷氛闻记》，邵循正校注，中华书局 1959 年版，第 120 页。

④ 《廷寄》，道光二十二年六月丙戌，见齐思和等整理：《筹办夷务始末·道光朝》四，第 2054 页。

⑤ 例如，道光二十年十一月，懿律赠与中方礼物，伊里布因其时“正在设法抚谕之际，惟恐却之生疑，遂之冒昧收受”。道光帝知悉后，即严行申饬，谓：“天朝大臣断无收受外夷馈献之理，即将原物却退，正见驭夷体统，有何疑贰？现在收贮各项，如未经允赏，着将全数发还，仍善言晓谕，告以天朝定制，严禁苞苴，并无厌憎拒绝之意。”伊里布随即将各物退还，奏称：“今蒙皇上谕以将原物却退，正见驭夷体统。仰见圣谟深远，于羁縻之中仍寓严肃之意。”见《伊里布奏查明定海情形并酌议曹履泰所陈筹备之策折》，道光二十年十一月癸巳，见齐思和等整理：《筹办夷务始末·道光朝》二，中华书局 1964 年版，第 565 页。

⑥ 黄恩彤：《抚远纪略》，见中国史学会主编、齐思和等编：《中国近代史资料丛刊·鸦片战争》五，上海人民出版社、上海书店出版社 2000 年版，第 424 页。

的官员当然将此视为羁縻的效果，因此也要以“守约”来维护自己的成果。

议抚就绪之后，清政府仍以羁縻之道处理新的条约关系。耆英在说明“移步换形”时提出了几种情况：一是“有示以不疑方可消其反侧者”，也就是以信守条约来“示以不疑”，对其守约方针作者已作过探讨，这里不赘。二是“有加以款接方可生其欣感者”，也就是在交际上要大度热情。三是“付之包荒不必深与计较方能于事有济者”，也就是对“外夷”还要采取包容宽宏的态度。而值得注意的是，“固在格之以诚，尤须驭之以术，有可使由不可使知者”。①也就是说，不仅仅是自己守信，而且要以诚信来约束，以权术来驾驭对手，因此只能“可使由不可使知”。这种羁縻之道的“移步换形”，无疑反映出它所包含的权术色彩。

尽管给予某些条约权利的变通，对国家主权并无损害，但对于清政府而言，却是新形势下的无奈之举。羁縻仅仅是“抚绥”，而缺乏威服的前提。对这个“抚有天下”的“天朝”而言，新的条约关系隐伏着巨大的危机。当时即有人说：“即使我宽大不校，忍辱暂为羁縻之计，亦恐终为所给，不逾时而仍肆其虐，可屈指计日待也。”这种羁縻如同“以肉饲虎，肉尽终必食人”，“断无益于救败”。②当耆英签约离开之后，英人利洛产生了一种感想：“中国皇帝的高于一切的统治，恐怕是一去不复返了。”③然而，清政府没有丝毫的危机感，在它看来，通过这一羁縻之道，是可以控御“外夷”的。“从古制夷之道，不外羁縻”，④这些外夷，“虽系贪利无厌，而其意不过求赏马头，贸易通商而止，尚非潜蓄异谋”。⑤也就是说，新建立的条约关系，

① 《耆英又奏体察洋情不得不济以权变片》，道光二十四年十月丁未，见齐思和等整理：《筹办夷务始末·道光朝》六，中华书局 1964 年版，第 2891 页。

② 方东树：《病榻罪言》，壬寅五月，见中国史学会主编、齐思和等编：《中国近代史资料丛刊·鸦片战争》五，上海人民出版社、上海书店出版社 2000 年版，第 591～592 页。

③ 利洛：《缔约日记》，见中国史学会主编、齐思和等编：《中国近代史资料丛刊·鸦片战争》五，第 517 页。

④ 《牛鉴奏英军鸱张与前不同仰求怀柔与民休息折》，道光二十二年六月甲申，见齐思和等整理：《筹办夷务始末·道光朝》四，第 2040 页。

⑤ 《耆英等又奏形势万分危急已允通商割地赔款折》，道光二十二年七月戊戌，见齐思和等整理：《筹办夷务始末·道光朝》五，第 2262～2263 页。

在羁縻之道的范畴还是可以承受的。

清朝的君臣们正是从羁縻之道的角度，相信永保平安的“万年和约”可以“一劳永逸”，然而第二次鸦片战争很快打碎了他们的幻想，羁縻之道更蒙上了新的耻辱。咸丰帝在同意“暂示羁縻”的同时，发出这样的感叹：“中国以天下之势，而受累于蠢兹逆夷，廿载于兹，战抚两难，诚堪浩叹！”英法要求即付赔款2万，他更感难堪，“即有此款，亦断无此理。城下之盟，古之所耻，若再靦颜奉币，则中国尚有人耶？”① 对此无可奈何却又不愿舍弃羁縻之道的清政府，不得不另谋出路。如果说，对于第一次鸦片战争后建立的条约关系，清政府还可以陶醉在羁縻“驭夷”的幻觉之中，因为用某些利益换来了“一劳永逸”，将“外夷”限制在东南沿海五口，对整个“天朝”及其他的体制并不会产生致命性的后果；那么，第二次鸦片战争后，经过调整的条约关系已经触及“天朝上国”的中枢和全身，羁縻之道遇到了严重的挑战和危机。在穷窘中，清政府仍以羁縻的方式处理其无法适应的条约关系，不过，“一劳永逸”的企望转换成了暗寓韬晦的“治标之计”。

怀柔远人，给予恩惠，是羁縻之道的基本原则，而第二次鸦片战争之后的羁縻，却突破了其传统范围，给予了“外夷”种种使“天朝”极感痛苦的条约权益。新的条约规定不仅内容更为丰富，类别更为繁多，而且更令“天朝”君臣们难堪。两广总督瑞麟说：“夫自古中国之待荒服也，羁縻勿绝而已，无他策也。”以前“唐与突厥，止要以盟好，宋与契丹，止输以岁币”。当今却大不相同，“互换和约以来，各口通商，各口游历，各口传教，官则隆之以礼貌，商则加之以保护。推诚相待，可谓至矣”。② 尤其是一些特权已牵涉到“天朝”体制的本体，咸丰帝说，“为害最甚者，如夷船入江，海运河运皆归其掌握，挟制无穷”，以及“自古无此体制”的“夷人驻京”。③ 此外，通商口岸扩展到内江，洋人可以到内地游历等，均与羁縻之道的“夷

① 《朱谕》，咸丰十年七月二十二日，见贾桢等纂修：《筹办夷务始末·咸丰朝》六，第2232、2233页。

②《两广总督瑞麟广东巡抚蒋益澧奏》，同治五年六月丙午，见宝鋆等纂修：《筹办夷务始末·同治朝》卷42，第65页。

③ 《廷寄》，咸丰十年闰三月十八日，见贾桢等纂修：《筹办夷务始末·咸丰朝》第5册，第1877页。

夏有别”原则相背。这些显然是羁縻之道在新形势下的变异。如额尔金所说，在清政府看来，“这些特权的让与等于一种革命，它涉及在帝国传统政策上的某些最宝贵的原则的放弃”。① 而且，这次所实行的羁縻，只是无条件地应允列强的特权要求，与“天朝”的先辈们用威慑作后盾的羁縻已是大相径庭，也与羁縻本身所附着的华夏之尊荣极不相容。

羁縻之道陷入穷窘之中，不能不引起人们的反思和质疑，对其进行猛烈的批判也就不可避免。经过这种批判，羁縻之道被明确地定位为权宜的治标之计。

第二次鸦片战争尚未结束，羁縻之道遭到了激烈的批评。咸丰九年（1859年），钦差大臣镶黄旗蒙古都统胜保、安徽巡抚翁同书阐释传统的羁縻之道，说：“自古帝王驭夷之道，荒服虽略示羁縻，梗化则悉资征讨，从未有不仗威力而能贴然无事者，亦未有稍应所求而能止其无厌者。大抵待以恩，则中国之势日弱，驭以威，则中国之体日尊，然非大胆力，大知识者，不足以任此大事。”他们在奏折中反对以羁縻来应条约，主张强硬外交，说：“总督及特简大臣，非惟素不熟悉夷情，并未办理寻常边务，刚柔皆不中窾，以致任所欲为。闻其北上之初，不过以条约为尝试之端，乃一一允从，出乎彼之望外，故遂愈从愈骄，要挟无穷。”“在事诸臣，为社稷计轻，为身家功名计重，遂欲敷衍了事，苟且目前。而不知所许各条，如鸩羹漏脯，其止乎饥渴仅仅片时，而性命之虞即随其后。”造成了“无穷之患”。但“天朝”大军屡屡败北，如何办？他们提出的基本策略是“用民制夷”，认为“办理夷务较善者，祗林则徐、徐广缙二臣，共所以较善之故，实皆用民为主。而叶名琛一切反其所为，致众心离散，只身被劫，临时无一援救之人，民情可见”。② 胜保又单独上奏，斥责从前办理夷务诸臣实施羁縻之策，“一味应其所求，以致今日横逆之来，至于斯极”。现在主事诸臣，“仍狃于成见，蹈其覆辙，不但使外夷轻视中国，其机甚危，且大拂民情，其患更重”。并抄

① ［美］马士：《中华帝国对外关系史》第1卷，张汇文等译，上海书店出版社2000年版，第629～630页。

② 《胜保等奏沥陈洋务之失入京之害宜以民力阻其入江折》，咸丰九年正月十九日，见贾桢等纂修：《筹办夷务始末·咸丰朝》第4册，第1278～1281页。

录了社会上流传的对联，说明羁縻之策“不压众心”。[①] 钦差大臣科尔沁亲王僧格林沁也批评清廷“专恃柔远羁縻，该夷等断不知感动，贪求无厌，何能满其所欲”。[②]

战后，对羁縻之道的批判更为痛切。同治二年（1863 年），曾主张羁縻的署礼部左侍郎薛焕，[③] 便提出羁縻是行不通的，奏称：“夷人犬羊之性，得步进步，非情理所能谕禁。方今夷商既分布各口，又得内地游行，天主教布满天下，夷酋住在京城，中国虚实，无不毕悉。始不过侵我权利，近复预我军事，举凡用人行政，渐形干预。臣虑及后患，寝馈难安。”他批评羁縻之论谓：“论者谓今日势处艰难，俟军务平静，始筹平夷之策，又谓夷人无大志，只须设法羁縻，便可相安无事。此非正本清源之论也。然使该夷果受羁縻，犹是急则治标之计。无如彼负其豺狼之性，事事动形掣肘，稍不遂其所欲，辄用兵挟制。若徒由总理衙门以口舌与之争胜，而不求自强之术，恐口舌有时而穷，其害有不可胜言者矣。自古御戎无上策，唐太宗谓治安中国，四夷自服，诚不易之论也。”“安内即可以攘外，强夷慑服，怀德仍本于畏威。我国家久安长治之图在此矣。”[④] 薛焕提出的“治标之计”，其实是清朝君臣们的共同想法，并成为清政府应对中外条约关系的基本方针。

① 《胜保又奏诸臣媚外大拂民情又据上海探禀英使交接太平军片》，咸丰九年正月十九日，见贾桢等纂修：《筹办夷务始末 · 咸丰朝》第 4 册，第 1282 页。

② 《僧格林沁奏覆陈筹备机宜折》，咸丰九年二月二十九日，见贾桢等纂修：《筹办夷务始末 · 咸丰朝》四，第 1338 页。

③ 薛焕在第二次鸦片战争中追随何桂清，主张议抚，认为“仍不得不用羁縻之术”（《薛焕奏英法已将条约告示呈送前来折》，咸丰十年十一月十五日，见贾桢等纂修：《筹办夷务始末 · 咸丰朝》七，中华书局 1979 年版，第 2657 页）。战后他在江苏巡抚任上遭到江西道御史蒋超伯的弹劾，劾章谓：薛焕“任上海道有年，与夷人往来极熟”，然办理夷务“百端粉饰，一味支吾”，“误国殃民，较诸臣尤重”，因“逢迎何桂清而得显擢”。劾章并以道光年间“办理夷务诸大臣，一有不善，即行罢斥，或至戍边”；以及近年“媚夷召衅”诸臣或“褫革”，或“谪戍”为由，提出“国法俱在”，奏请将薛“立予罢斥”。如是“则人心一快，士气毕伸，即夷情亦知敛迹”。（《蒋超伯奏薛焕误国殃民请予罢斥折》，咸丰十年九月十七日，见贾桢等纂修：《筹办夷务始末 · 咸丰朝》七，第 2518 页。）

④ 《署礼部左侍郎薛焕奏》，同治二年五月庚戌，见宝鋆等纂修：《筹办夷务始末 · 同治朝》卷 16，第 4～5 页。

战争结束后不久，主持外交的奕䜣等人统筹全局，主张以条约为羁縻之具，而以羁縻为治标之计。针对"专意用剿"，反对羁縻的意见，奕䜣等认为其时"与前代事稍异"，列强"不利我土地人民"，"所请尚执条约为据"，因此"犹可以信义笼络，驯服其性，自图振兴"。如果"不胜其忿而与为仇，则有旦夕之变；若忘其为害而全不设备，则贻子孙之忧。古人有言：'以和好为权宜，战守为实事。'洵不易之论也"。其时"惟有隐消其鸷疾之气，而未遽张以挞伐之威"。待"天心悔祸，贼匪渐平"，"必能有所补救"。[①] 总理衙门的筹建，便是从羁縻之道出发，作权宜之计的考虑。关于此点，下节详述，这里不赘。

同治初年（1862 年），列强以中国不守条约为由屡屡照会清政府表示抗议，中外关系颇为紧张。清政府组织了两次外交政策大讨论。第一次是在同治四、五年（1865 年、1866 年），赫德、威妥玛先后呈送《局外旁观论》《新议略论》，向清政府提出措辞严厉的劝诫，总理衙门为此请饬各封疆大吏讨论。第二次是在同治六年（1867 年），因迫近《天津条约》规定的十年修约期限，奕䜣等非常重视此事，上奏请饬各省封疆大吏及办理洋务事务的大臣商讨对策，"通筹合算，详细酌核，权今日之时势，为未雨之绸缪"。[②] 这两次讨论确定了以羁縻作为治标之计的方案。

在同治六年（1867 年）预筹修约奏折及同时下发的信函中，奕䜣认为，羁縻之道面临着危机，"溯自道光二十年以后，办理夷务，一次不如一次，逮至咸丰十年，战守两穷，于无可如何之中，为万不得已之举，参稽众论，维持大局，定议与各国互换条约。其时事在仓卒，更无别策可为国家立纾祸患，仅恃聊作羁縻，岂能毖后惩前，从容驳正"。[③] 并给讨论定了一个基调，谓：这次修约，"傥或万不可行，断无迁就之理，纵至决裂，亦非臣等所敢游移。然决裂而不豫为之备，不可也，决裂而不共为之备，尤不可也。自古中国与外国联和，从无善策"。然在当时，"苟或时有未可，势有未能，无

---

① 《奕䜣桂良文详奏统计全局酌拟章程六条呈览请议遵行折》，咸丰十年十二月初三日，见贾桢等纂修：《筹办夷务始末·咸丰朝》八，中华书局 1979 年版，第 2674～2675 页。

② 《总理各国事务恭亲王等奏》，同治六年九月乙丑，见宝鋆等纂修：《筹办夷务始末·同治朝》卷 50，第 27 页。

③ 《总理各国事务恭亲王等奏》，同治六年九月乙丑，见宝鋆等纂修：《筹办夷务始末·同治朝》卷 50，第 25～26 页。

妨暂事羁縻，而卧薪尝胆，养精蓄锐，以待异日之自强”。抚绥议和，“明知留此条约根株，易启争辩，其为时迫势逼，仓卒未能尽善，在所必然，而不能不用此示信，以默求制驭之方”。① 显然，奕䜣仍主张以羁縻为治标之计，先应付列强的条约要求，卧薪尝胆，以待日后自强。

第一次讨论，各封疆大吏均主张以自强为本。如浙江巡抚马新贻认为，“今日之外夷，其生事之迟速不可知，而其心则专主于生事。其决裂之时日不可测，而其势恐终于决裂。非约信所能坚，非羁縻所可结，尤非姑息迁就所能了。此固不待智者而知也”。如何办？除“设法自强之外，别无豫防之策”。② 湖广总督官文说，诚如圣谕，“外国之生事与否，总视中国之能否自强为定准也”。③ 江西巡抚刘坤一说，“当急求所以自强”。④ 两广总督瑞麟、广东巡抚蒋益澧亦持同样的主张。⑤

第二次讨论时因面临修约大事，讨论更为广泛深入，各封疆大吏多赞成奕䜣的意见。陕甘总督左宗棠谓：“立约之初，原冀乘此间暇，急谋自强，以待事机之转。”“此次修约，但能就现成之局，仍与羁縻，不能禁其多方要挟也明矣。”⑥ 两广总督瑞麟认为，“议立条约，实为羁縻善法”。⑦“此次修约，仍只有妥善羁縻一法，自无听其决裂之理。”⑧ 山东巡抚丁宝桢谓：

① 《总理各国事务恭亲王等奏》《总理衙门信函》，同治六年九月乙丑，见宝鋆等纂修：《筹办夷务始末 · 同治朝》卷 50，第 25～30 页。

② 《浙江巡抚马新贻折称奏》，同治五年十月丙午，见宝鋆等纂修：《筹办夷务始末 · 同治朝》卷 45，第 44 页。

③ 《大学士湖广总督官文奏》，同治五年四月戊戌，见宝鋆等纂修：《筹办夷务始末 · 同治朝》卷 41，第 42 页。

④ 《江西巡抚刘坤一奏》，同治五年四月甲辰，见宝鋆等纂修：《筹办夷务始末 · 同治朝》卷 41，第 43 页。

⑤ 《两广总督瑞麟广东巡抚蒋益澧奏》，同治五年六月丙午，见宝鋆等纂修：《筹办夷务始末 · 同治朝》卷 42，第 58～59 页。

⑥ 《陕甘总督左宗棠奏》，同治六年十月甲辰，见宝鋆等纂修：《筹办夷务始末 · 同治朝》卷 51，第 18～19 页。

⑦ 《两广总督瑞麟奏》，同治六年十一月甲子，见宝鋆等纂修：《筹办夷务始末 · 同治朝》卷 52，第 17 页。

⑧ 《瑞麟信函》，同治六年十一月甲子，见宝鋆等纂修：《筹办夷务始末 · 同治朝》卷 52，第 18 页。

“今日处极难之势，自不可轻启事端。然察其要求各节，其为害过重者，亦必无可许之理”。① 总理船政前江西巡抚沈葆桢谓：“为今之计，谓一徇其所欲，可日久相安者妄也。谓不必顾己之可恃与否，愤与之角，以成败听之天者，犹之妄也。二者俱不可行，而欲策出万全，则自强而已矣。能自强耶，虽一时出于权益，将来宽之则如汉文帝之于赵佗，报之则如唐太宗之于突厥。”② 广东巡抚蒋益澧总结了历朝“驭夷”之道，谓：“制外之道，在明其德威。势出万难，理有一定，事不师古，罔可图今。”如汉唐故事，“相款则抚之以礼，相攻则威之以兵，二者兼用，而常使曲在彼”。如宋之中叶，“一意议和，而坐失事机不少”。“殊不知我方卑词厚币以求之，而彼又邀我以必不可从之事，制我以必不敢为之谋，是和终不成，而徒为扰扰。”“自古夷狄与中国通和，亦世皆有之，未有非中国强盛，力足以制之，而自与中国通和者也。”他认为，这些“实为千古不易之论”。为今之计，“形势与昔不同，而事理则亘古一辙”。“他族不可以理喻，而中国所贵乎自强。”就广东而言，“莫如总督驻广州辖洋务，以示羁縻弗绝之意。移巡抚署于肇庆，修战阵，练民兵，以张声势，而作广州后路声援”。③ 其他地方大吏也多持这一主张。④ 李鸿章的调子较低，他说：“臣忝握兵符，剿办捻贼，尚难立奏肃

---

① 《山东巡抚丁宝桢奏》，同治六年十一月戊辰，见宝鋆等纂修：《筹办夷务始末·同治朝》卷52，第25～26页。

② 《总理船政前江西巡抚沈葆桢奏》，同治六年十一月庚午，见宝鋆等纂修：《筹办夷务始末·同治朝》卷53，第1页。

③ 《广东巡抚蒋益澧奏》，同治六年十一月辛未，见宝鋆等纂修：《筹办夷务始末·同治朝》卷53，第32页。

④ 如福州将军英桂提出：“就今日度势权时，通盘筹画，中国财力两穷，兵民交困，事有不能不曲示羁縻者。……事前当作思患之防，事后必图自强之道。”（《福州将军英桂奏》，同治六年十一月甲戌，见《筹办夷务始末·同治朝》卷54，第11页。）江西巡抚刘坤一提出，“目下计在羁縻，自不能不允以一二事”，“而后徐为之图”。（《江西巡抚刘坤一奏》，同治六年十一月甲戌，见《筹办夷务始末·同治朝》卷54，第14页。）福建巡抚李福泰认为，“窃谓今日计，乃忍辱负重，潜谋轩厉之秋，非振臂大呼，轻如外侮之际。诚如明谕，时有未可，势有未能，无妨暂事羁縻。待自强于异日”。如“汉初之匈奴，唐中叶之吐蕃回纥，凭陵中夏，不数传而彫残澌灭矣。当鸱张之际，不惜厚币，姑遂其贪得无厌之求，而沈几观变，伺隙而动。往往委蛇于一时，而收功在数十年之后”。现在须“隐忍以求自强，策人事之图维”。（《李福泰复信并附条说》，同治六年十二月乙酉，见宝鋆等纂修：《筹办夷务始末·同治朝》卷55，第32～33页。）

清，奚敢侈言远略。但备夷防变，目前兵力财力，固有未逮，亦非仓卒所能决胜。”①

几个亲郡王的意见更为激烈，甚至提出了驱逐外国人的根本之计。所有的奏议经醇郡王等审议，其结论是“讲和与设备，二者不可偏废”。所谓“讲和”，即治标之计，因为“今日之外国，实千古非常之创局，重洋七万里外，大国四五，小国数十，只有待以邻敌羁縻弗绝之法，断无耀兵海外，并吞永逸之理。衅端自彼而开，不过一二国与我为难，衅端若自我而开，彼必联各国与为仇，中国恐有难支之势”。故而须“惇信明义，争辨条约，处处求彼曲我直之道”。“设备”即治本之计，“卧薪尝胆，选练兵将，日日怀报仇雪耻之心。数年以后，练兵果多，选将果精，而仍不肯先启衅端，我中国庶有大伸之日矣”。②

奕䜣等将醇郡王等人的审议意见“复加寻绎”，最后作了总结，尤说明了羁縻与设备的关系，认为：现在“因战守事宜尚未备妥”，仍要实行羁縻。“所谓羁縻者，乃现在未可决裂，不得不暂出于此”。也就是说，这只是权宜的治标之计，而不是根本之图。“非谓一言羁縻，即不应决裂也。所谓防备者，乃将来仍虑决裂，不得不早计及此”。同时，“非谓一言防备，即不必羁縻也”。“羁縻之术，以及防备之事”，两者“本自并行不悖”。但“羁縻之策，行之有年”，尽管“竭尽愚诚，未尝一毫省力”，然“无日不在危疑交迫之中”。他列举了种种现象，说明“羁縻之不可常恃者”，称赞几位亲王大臣“洞瞩此情，专务自强，为力争上流之计”。现在“惟有钦遵成算，仍办羁縻，但使兵力日见其强，财力日见其盛，正气足则邪气自不能干。臣等所祷祀以求者，惟在于此”。奕䜣等人的意见得旨“依议”，“仍著该衙门随时斟酌情形，妥筹办理”。③

以羁縻为治标之计，即继续“讲和”，信守条约，甚至在某种程度上继

① 《湖广总督李鸿章奏》，同治六年十二月乙酉，见宝鋆等纂修：《筹办夷务始末·同治朝》卷55，第9页。

② 《醇郡王等奏》，同治八年正月己卯，见宝鋆等纂修：《筹办夷务始末·同治朝》卷64，第8～9页。

③ 《恭亲王等奏》，同治八年正月丙戌，见宝鋆等纂修：《筹办夷务始末·同治朝》卷64，第17～21页。

续给予列强以新的条约权益。治标也就是应付目前情势的权宜之计，说明清政府没有真正接受不平等的条约关系。其根本之计则是自强“驭夷”，以解除列强的压迫，修补已经破损的“天朝”体制。就维护国家权益的角度而言，这个思路显然不乏值得肯定之处。但这只是事情的一面，从另一方面来看，清政府的自强思路没有跳出羁縻之道的窠臼。威妥玛和赫德在其议论中均向清政府提出改革内治，变法自强，后来英使在修约照会中又提出，“所谓交涉事件，外交在其中，内治亦附其中。……如止而不行，譬如众人同行，一人落后，势必被众人掀倒在地，共为践踏”。[①] 这些“发之威妥玛、赫德”的“借法自强之论”，[②] 对这个时期兴起的自强运动无疑起了重要的刺激作用。但从根本上说，清政府此时的自强之策，是对“驭夷”的羁縻之道所作的新调整，还没有上升到近代意义上的自强。反之，也正是没有放弃传统的羁縻之道，使清政府仅仅将自强局限于国家实力，尤其是军事实力的加强，而未能从国家体制，尤其是外交体制上作全方位的考量。羁縻之道的核心便是维护“天朝”体制，仍以此作为对外交涉的基本原则，势必会忽略处理新的条约关系所应进行的调适。这种缺乏近代国际关系观念的治本之计，在相当程度上仍是传统意义上的自强，上述驱逐“夷人”的种种议论尤为典型。在这种思想的指导下，清政府不可能真正解决地方官的守约问题，这正是地方官破坏条约事件不断发生的基本原因之一。这就妨碍了清政府理解并接受近代国际关系的规则，延误了与西方建立平等的条约关系的进程。也就是说，羁縻之道的传统束缚，使清政府未能找到真正的治本之计。

二、守约两趋与修约预筹

条约关系是中外间的法律关系，是列强限制中国主权的主要依据，中国传统的羁縻之道无以应对这一关系，从而逐渐走向衰微。清政府对条约关系这一重大问题不能不表示明确的态度，为此，清政府实施了两种趋向的守约方针，并对条约中的不平等内容作了修约的“预筹”。就前者而言，先是重

---

① 《英国公使论拟修约节略》，同治七年十二月甲子，见宝鋆等纂修：《筹办夷务始末·同治朝》卷 63，第 13～15 页。

② 《闽浙总督左宗堂奏》，同治五年六月庚寅，见宝鋆等纂修：《筹办夷务始末·同治朝》卷 42，第 48 页。

在要求对方守约，第二次鸦片战争之后，清政府亦确立了自己恪守条约的方针，并以新的形式发展了前一趋向。就后者而言，修约预筹在各方面均有所体现，尤其是清政府在改进和收回领事裁判权方面所作的谋划和努力。

鸦片战争后，历来将外国人视为“夷狄”的“天朝上国”，对于因战败而造成的这种新的条约关系很难适应，怀着依恋和固守“天朝”体制的心态来对待这一新的关系。清统治集团内部普遍“拒绝接受这次战争的结局，继续批评这个条约［《南京条约》］并且敌视条约中的各项规定”，“试图尽量缩小并抗拒它们”。许多人试图运用权术与英国周旋，“利用解释条约的办法来收回在谈判中失掉的东西”。①但是，英国人的“船坚炮利”，已使他们领教了西方资本主义的厉害，完全否定或不履行条约是不可能的。因此，他们或者暗地阻止条约的履行，或者以“信守”条约来约束外国人的进一步索取。这是清政府对条约关系所采取的基本趋向，是它在“天朝”体制被破坏之后，为维护这一体制所采取的补救之策。订约之时，“天朝”君臣打的算盘便是“暂事羁縻”，“徐图控驭”。②所谓“控驭”，也就是将条约作为一道屏障，阻止列强的进一步侵渔。包令在给英国外交大臣的报告中便说：“如果以为道光皇帝、大学士穆彰阿、谈判人耆英和伊里布，或帝国任何其他官员把条约看作进一步交往的踏脚石，那就是再大没有的错误了。相反，他们把条约当作这种交往的栅栏，是防止而不是便利相互接触。”③确实，清政府在迫不得已接受条约的情况下，便把条约当成了阻止列强入侵的“栅栏”。

“天朝”君臣便是循着这一思路来应对和处理条约关系的。道光帝起初并不愿意订约，但战争又打不下去，虽“愤闷［懑］莫释”，也“不得不勉允所请，藉作一劳永逸之计”。在他之意，订立条约是中国“相待以诚”，“从此通商，永相和好”，对方“亦应以诚相待”，而不应再有他求，

---

① ［美］马士：《中华帝国对外关系史》第1卷，张汇文等译，上海书店出版社2000年版，第427、337、375页。

② 《耆英等奏详陈议和情形折》，道光二十二年七月壬申，见齐思和等整理：《筹办夷务始末·道光朝》五，第2206页；《程矞采奏阻止美使顾盛晋京折》，道光二十四年二月己未，见齐思和等整理：《筹办夷务始末·道光朝》六，第2806页。

③ 《包令上克拉兰郭书》，第52号，1854年6月5日，英国外交部档案F.O.17/214。转引自蒋孟引：《第二次鸦片战争》，生活·读书·新知三联书店1965年版，第6页。

再启兵端。① 他所注重的，不是自己如何恪守条约，而是将列强在中国可攫取的权益限制在条约的范围之内，并曾多次降谕要求对方守约。在任命徐广缙为两广总督、钦差大臣时，道光帝强调“嗣后遇有民夷交涉事件，不可瞻徇迁就，有失民心”，要求徐广缙“以诚实结民情，以羁縻办夷务”。② 而且，道光帝更多的是想作尺蠖之屈，即所谓“小屈必有大伸，理固然也”。③ 对于己方，他却没有严格的守约意识，如对于允许英人进广州城的约定，道光帝并不打算遵守。二十八年八月，他即谕示徐广缙，说中英双方办理交涉的官员均已易人，“与从前情形不同”，“断无先后往问，无故示弱之理”。④ 翌年，在接到徐广缙关于英人进城“实属万不可行”的奏折后，他降谕说，“英夷进城之约，在当日本系一时羁縻”，前暂准入城一游，“亦不过权宜之计”。⑤ 即表示同意徐的意见，不必严格守约。

对于西方列强，耆英也如他的反对派一样视列强为敌人，认为，“英夷虽则就抚，实为仇雠，此乃官民之不约而同心者”。⑥ 尤其是当时的形势也不允许耆英一味迎合“外夷”，他试图“信守”条约，但却“不仅受到了民众、以前的行商和每个下级官员的反对，而且还遭到了北京一个势力日益强大的派系的反对”⑦。马士说，实际上整个帝国都在反对耆英，这并非虚言。在这种情况下，耆英处于艰难的夹缝之中，很难按自己的意愿行事。他

① 《廷寄》，道光二十二年七月癸亥，见齐思和等整理：《筹办夷务始末·道光朝》五，第2277、2278页。

② 蒋廷黻编：《近代中国外交史资料辑要》上卷，商务印书馆1931年版，第164页。

③ 《上谕》，道光二十九年四月癸丑，见齐思和等整理：《筹办夷务始末·道光朝》六，第3189页。

④ 《道光二十八年八月初三日 上谕》，见蒋廷黻编：《筹办夷务始末补遗·道光朝》第4册，北京大学出版社1988年版，第611页。

⑤ 《廷寄》，道光二十九年三月庚寅，见齐思和等整理：《筹办夷务始末·道光朝》六，第3174页。

⑥ 《协办大学士两广总督耆英广东巡抚黄恩彤奏》，道光二十六年五月初四日，见蒋廷黻编：《近代中国外交史料辑要》上卷，商务印书馆1933年版，第153页。

⑦ Rodney Gilbert, *The Unequal Treaties: China And The Foreigner*, London, John Murray, 1929, p. 145.

"丧失了一切的支持，被迫自食前言并且背反他的立场"。[①]以进城事件为例，一方面，英国人要求进城，"意殊坚执"，另一方面，广州民众同仇敌忾，坚决不允。耆英认为，"复查前议条约，并无准夷人进城之说，而稽考历来案牍，亦并无不准夷人进城明文，且福州、宁波、上海等处，业已均准进城，独于粤省坚拒不允，尤难免有所藉口"。[②]而且，英国人入城，"不过以入署见官为荣，尚非别有他志"，耆英本意倾向于让英国人进城，但又未便"重拂舆情，曲徇该夷所请"。数年来，他夹在两者之中，左支右绌，难持其平。据他自己所奏言，"于民夷交涉事件，斟酌调停，实已智尽能索"，仍不能防止各种突发事件。[③]在清政府内部反对派的强大压力下，耆英不得不顾及自己的乌纱帽，尽可能妥善处理这些冲突。在官、夷、民三者的关系上，他也认为官与民是一致的，只是"官则驭之以术，民则直行其意，其间微有不同"。尤其是，"欲靖外侮，先防内变，未有不得民心而可以杜黠夷之窥伺者"。因此，在英人入城问题上，耆英还是将民放在首位，提出，权其轻重缓急，"屈民就夷，万万不可"。[④]二十五年十二月他发布告示明确表示："如果百姓均不愿英人进城，本阁部堂、部院何肯大拂民情，曲徇外国人所请。"[⑤]

正是在各种压力和传统观念的驱使下，耆英甚至也在设法阻挠条约的实施。如《南京条约》取消了公行制度，耆英曾打算偷梁换柱，建立一种变相的公行制度来予以弥补。他提出发给 100 个广州商人执照，专营对外贸易，仍然实行垄断。"好像条约涉及的仅是商人的数目，而不是这事的原则"。[⑥]再如，条约规定 12 年修约，但耆英"避免承认修约的权利，怀疑其存在，

① ［美］马士：《中华帝国对外关系史》第 1 卷，张汇文等译，第 427 页。

② 《耆英等又奏英使请进省城立意甚坚恳谕酌量办理折》，道光二十五年十二月庚子，见齐思和等整理：《筹办夷务始末·道光朝》六，第 2947～2948 页。

③ 《穆特恩等奏英船突入省河坚请现在防堵酌办情形折》，道光二十七年三月丙戌，见齐思和等整理：《筹办夷务始末·道光朝》六，第 3081 页。

④ 《协办大学士两广总督耆英广东巡抚黄恩彤奏》，道光二十六年五月初四日，见《近代中国外交史料辑要》上卷，商务印书馆 1933 年版，第 153、152 页。

⑤ 广东省文史研究馆译：《鸦片战争史料选译》，中华书局 1983 年版，第 348 页。

⑥ ［美］马士：《中华帝国对外关系史》第 1 卷，张汇文等译，第 375 页。

并极力贬低客观它的价值和重要性”。① 诸如此类的事情还很多，尽管未能达到目的，但无疑反映出耆英对外国人所采取的方针，实际上具有两面性和传统的羁縻色彩。英全权代表包令指责清政府说，“自从‘南京条约’缔结以来，历任全权公使曾一再为了未予条约规定以适当的实施而向广州钦差大臣抗议，但是他们的抗议很少受到或完全未受到注意”。②

此时清政府提出的“信守”条约，明显地体现了传统“驭夷”的羁縻之道。如耆英所说，抚绥羁縻之法，在于“格之以诚，尤须驭之以术”。③ 所谓“格之以诚”，即是以“诚”约束对方，也就是要求对方遵守条约，即以“信守”条约作为禁阻列强侵渔的“栅栏”。《南京条约》签订后一年，耆英即提出“信守”条约，④ 至道光二十五年九月（1845 年 10 月），道光皇帝又明确提出“恪遵成约，彼此相安”。⑤ 这是清政府第一次较为明确地提出了这一方针，此后道光帝和办理夷务的大臣又多次重申该方针。与此相应，清政府此时还提出了“诚信”原则，但主要是针对列强的。耆英等虽然主张“外示信义”，要求自己遵守“诚信”原则，⑥ 但这只是一面，而且在处理条约纠纷的相关谕旨和奏折中，此种主张并不多见。相反，他们更注重用“诚信”来约制对方，基本上是针对各国违约事件的。咸丰帝即位以后，更是采取强硬政策，限制列强在条约权利范围外侵权。例如，针对英国传教士借住福建省城神光寺一事，咸丰帝降谕指出：“总宜恪守成约，凡该夷稍有违约

① 《包令上克拉兰郭书》，第 15 号，1854 年 4 月 22 日，英国外交部档案 F.O.17/213。转引自蒋孟引：《第二次鸦片战争》，生活 · 读书 · 新知三联书店 1965 年版，第 9 页。

② ［美］马士：《中华帝国对外关系史》第 1 卷，张汇文等译，第 773 页。

③ 《耆英又奏体察洋情不得不济以权变片》，道光二十四年十月丁未，见齐思和等整理：《筹办夷务始末 · 道光朝》六，第 2891 页。刘韵珂也说：“惟有恪遵原约，本诚信以杜其鬼蜮之谋。”中国第一历史档案馆：《第一次鸦片战争之后福州问题史料》，《历史档案》1990 年第 2 期。

④ 《耆英又奏应行添注各条已另列一册俟朴鼎喳盖戳后录呈折》，道光二十三年七月丁巳，见齐思和等整理：《筹办夷务始末 · 道光朝》五，第 2683 页。

⑤ 《廷寄》，道光二十五年九月丁亥，见齐思和等整理：《筹办夷务始末 · 道光朝》六，第 2936～2937 页。

⑥ 《耆英等奏接见英使申明要约英人危言挟制欲进广东省城业经峻拒折》，道光二十五年十一月十三日庚辰，见齐思和等整理：《筹办夷务始末 · 道光朝》六，第 2943 页。

之处，即当严词拒绝”。[①] 并令将“遽将租约率尔用印”批准的侯官县知县兴廉严行参办。清政府趋重于要求对方守约，反映了它仍打算维持闭关状态的意愿，它要守护尚未完全崩溃的“天朝”体制，将外国人约束在五个通商口岸的范围之内。

这只是它的一厢情愿，第二次鸦片战争的爆发，全面摧毁了“天朝”体制。清政府的守约方针发生了变化，开始注重自己守约，但仍未舍弃羁縻之道，完全接受条约关系。《天津条约》订立后，咸丰帝欲借在上海谈判税则的机会，取消其中的公使驻京、内江通商、内地游历及赔款交清后始退还广州等四项内容。咸丰帝的内定办法，是以关税为代价换取列强放弃公使驻京等规定。其实征收关税亦是天朝体制的一部分，且是体现国家经济主权的重要内容。咸丰帝用国家的经济权益换回天朝体面，不仅荒唐之至，且自行打破天朝制度，又与维护国体存在矛盾。在执行咸丰帝上谕的过程中，几位交涉大臣看到了其中的弊漏，由此对国体与条约关系问题产生了新的认识。除了强化了守约意识之外[②]，他们对自鸦片战争以来便纠结于心的国体问题，作了认真的思考，提出了颇有新意的见解。最先是两江总督何桂清对咸丰帝的内定办法表示质疑，认为难以实行。桂良抵达江南后，经过自己的考察，“细体”何桂清之意，认为“尚属周妥”，[③] 完全认同。如前所述，几位交涉大臣对咸丰帝的内定办法达成了一致意见，在往复辩解的奏呈中，他们以“国体”为辞，一再对咸丰帝的荒谬主意表示异议，阐述了“国体”，尤其是国体与条约的关系问题的见解。

第二次鸦片战争之后，恭亲王奕䜣等更进一步主张在对外关系方面采取守约的方针，即：“按照条约，不使稍有侵越，外敦信睦，而隐示羁縻。”[④] 所谓“外敦信睦”，无疑含有自己信守条约以取信于彼的意味。当时清政府

---

① 《廷寄》，道光三十年七月二十八日，见贾桢等纂修：《筹办夷务始末 · 咸丰朝》一，第55页。

② 参见李育民：《论清政府的信守条约方针及其变化》，《近代史研究》2004年第2期。

③ 《桂良等奏英使尚未旋沪折》，咸丰八年十月二十二日，见贾桢等纂修：《筹办夷务始末 · 咸丰朝》四，第1210页。

④ 《奕䜣桂良文详奏统计全局酌拟章程六条呈览请议遵行折》，咸丰十年十二月初三日，见贾桢等纂修：《筹办夷务始末 · 咸丰朝》八，第2675页。

内部尤其是地方官员，相当一部分人对条约仍采取抵触的态度，在列强的压力下，到同治初年清政府才逐渐确立了自己恪守条约的方针。其时，列强对条约权益的期待更为急迫，锱铢必较，更加苛刻地要求清政府严格履行条约。如英国公使卜鲁斯照会奕䜣，威胁说，“此种背约阻滞，无非致令贵国临险之虞……毕至酿成称戈之祸”。① 此外，随着中外交往的扩大，清政府中不少人，尤其是办理中外交涉的大臣们，对有关条约的性质和国际惯例有了更多更深入的了解。同治五年（1866 年）前后，清政府在潮州外国人入城问题上更看到了问题的严重性，又加上贵州教案，促使清政府确立了守约方针。朝廷颁发了一道严厉的谕旨，斥责广东省督抚不按条约办事，强调遵守条约“势在必行”。② 这是清政府确立守约方针的转折点，在其内部逐渐形成了重视履行条约义务的主体意识。奕䜣提出，“以守约为主，以践言为先”。③ 尽管“皆非所愿”，但“信义所在”，“不可故违”，“虽冒天下之不韪而不敢辞”。④ 其后，清政府在天津教案、马嘉理案等重要事件中进一步强调了这一方针，后经过甲午战争及义和团运动，清政府的对外态度更由此前的排外转衍为惧外和媚外。

在确立恪守条约方针的同时，清政府要求对方守约，扼制条约外侵渔的趋向也有了新的发展。如咸丰帝谕令各省封疆大吏，“设法羁縻，于条约外，不得任令另生枝节”。并提出“如该酋等在各省请议详细章程，仍可于权宜之中，寓限制之意”，⑤ 期望于事后能作些补救，减少遗患。十一年，又明确谕示，如洋人不遵条约，“即可据理折辩”。⑥ 奕䜣所定外交方针，是

---

① 《英国照会》，咸丰十一年十二月戊寅，见宝鋆等纂修：《筹办夷务始末 · 同治朝》卷 3，故宫博物院用抄本 1930 年影印，第 28、32～33、30 页。

② 《谕军机大臣等》，同治四年八月壬戌，见宝鋆等纂修：《筹办夷务始末 · 同治朝》卷 35，第 37、38 页。

③ 《总理各国事务恭亲王等奏》，同治五年七月壬戌，见宝鋆等纂修：《筹办夷务始末 · 同治朝》卷 43，第 3 页。

④ 《恭亲王等又奏》，同治五年七月壬戌，见宝鋆等纂修：《筹办夷务始末 · 同治朝》卷 43，第 5、6、7 页。

⑤ 《廷寄》，咸丰十年九月三十日，见贾桢等纂修：《筹办夷务始末 · 咸丰朝》七，第 2579 页。

⑥ 《廷寄》，咸丰十一年二月初十日，见贾桢等纂修：《筹办夷务始末 · 咸丰朝》八，第 2763 页。

把“按照条约，不使稍有侵越”放在首位的。同治初年，在针对法国要求中国守约照会的复照中，奕䜣仍然坚持这一方针，指出：“凡事只宜按照条约，就事论事。揆之时势，准之情理，可行者无不允行，不可行者亦难勉强。本爵万不肯于条约之外轻生他议，就使彼此往返辩论或不免偶有龃龉之时，亦不过据理争势，期于两无偏倚。”① 在实践中，清政府极力“坚持定议，再四折辩，未肯稍涉依违”。②

这方面的事例不少，例如，杜绝洋商违约经商。外国商船屡到非通商口岸，“私作买卖”，清政府便按约交涉，予以严禁。同治元年三月（1864年4月），一艘英国船只驶至非通商口岸金门，贩运违禁私盐，英驻福州领事不仅不按约处理，而且私发红单，派兵船护送该船出海。总理衙门即照会英国公使，将有关条约规定一一列出，严正指出：“此次显违条约，任意妄为，傥不惩办，将来纷纷效尤，尚复成何事体。”并反唇相讥，“贵大臣事事以条约为重，而星领事乃敢如此，其视条约固轻，视贵大臣亦觉不重，岂贵国钦差大臣之威令，不能行于一领事耶？本爵亦所不解，为此照会大臣，如谓和约不可背，希即责星领事将白里船追回究办，否则通饬各口领事官，无论白里船行抵何处，就地扣留，交地方官按约办理，以示惩警”。③ 英国公使接到照会后，复照表示：“英船如到不列通商口岸之处，私作买卖，领事丝毫不可包庇”，并通知了各通商口岸领事。④

此外，清政府还在其他方面进行了抗辩，维护自己的权益。如对列强曲解条约予以辩正，对条约中未作明确规定的含混之处，或有争议之处，亦极力挽回，予以补救；对通商口岸的范围，坚持不能作笼统的解释，与列强争论多年；又扼制传教士的违约行径，抵制其非分要求，等等。诸如此类，在

① 《给法国照会》，同治五年七月甲戌，见宝鋆等纂修：《筹办夷务始末·同治朝》卷43，第41页。

② 《总理各国事务恭亲王等奏》，同治六年九月乙丑，见宝鋆等纂修：《筹办夷务始末·同治朝》卷50，第25页。

③ 《给英国照会》，同治元年闰八月丁未，见宝鋆等纂修：《筹办夷务始末·同治朝》卷9，第55页。

④ 《英国照复》，同治元年闰八月丁未，见宝鋆等纂修：《筹办夷务始末·同治朝》卷9，第56页。

第二次鸦片战争之后相当多，且涉及各国各类事务。尤值得注意的是，清政府此时的守约更具有了理性的色彩，如前所述，它开始运用国际法这一新的武器来护卫国家权益。总之，在第二次鸦片战争之后，列强更加强了条约外的勒索，清政府也坚持把住条约这道关口，尽可能堵塞漏洞。

然而，尽管清政府施尽羁縻手段，努力维持，取得些微效果，却仍然挡不住列强的条约外侵渔。“与之以利而不知感，商之以情而不即应，绳之以约而不尽遵”。与列强辩论，列强“往往逞其一面之辞，要求迫协，为所欲为”。① 如关于通商口岸范围，“历来为此等问题，与各使交涉，既毫无效果”。② 而且情况是越来越严重，洋人条约外的侵渔已泛滥成灾，“益以肆其无形侵占之手段”。③ 其原因，虽与地方官畏惧洋人、不谙条约、不重交涉有关，但从根本上讲，是由于列强贪得无厌，蛮横无理。如李鸿章所说，“洋人论势不论理，彼此兵事相压，我第欲以笔舌胜之，此必不得之数”，在交涉中无不“委曲将就”。④ 这正是一个半殖民地国家的无奈和困境。

除了守约之外，为解除或降低不平等条约的祸害，清政府还逐渐形成了“预筹”修约的方针。如前所述，从同治时期清政府开始产生了修约意识，并不断走向完备，具有了较为明确的思想主张。在实践中，清政府实施的是“预筹”修约或“相机”修约方针，并对此采取了一定的举措，作了相应的筹备。他们较为清醒地看到，“旧约失策之最甚者，莫如治外无权、制税无权二端”，⑤ 并开始重视和关注这些权益。其中，领事裁判权作为不平等条约特权的中心，其对中国主权和国计民生造成的种种祸害，尤予清政府以深

① 《使英薛福成奏察看英法交涉事宜谨陈梗概折》，光绪十六年九月初十日，见王彦威、王亮辑编：《清季外交史料》卷 83，第 21、22 页。

② 《鄂督瑞澂咨外部美孚行在宜昌城内售卖货物与约不符请照复美使饬办文》，宣统三年七月十三日，见王彦威、王亮辑编：《清宣统朝外交史料》卷 22，外交史料编纂处民国二十四（1935 年）年，第 27 页。

③ 《鄂督瑞澂咨外部洋商在租界以外违约经商，请照会各驻使禁止文》，宣统二年十月二十五日，见王彦威、王亮辑编：《清宣统朝外交史料》卷 18，第 5～6 页。

④ 《大学士直隶总督李鸿章奏》，同治十三年十一月癸卯，见宝鋆等纂修：《筹办夷务始末 · 同治朝》卷 99，第 13 页。

⑤ 《皖抚王之春奏预筹和约抵制办法折》，光绪二十七年七月初六日，见王彦威、王亮辑编：《清季外交史料》卷 149，第 15 页。

切的刺激。因此，对改进和收回这一特权，清政府作了一定的谋划和努力，典型地反映了“相机”修约或“预筹”修约的思路和方针，并取得了些微成效。

同治五年（1866年），清政府开始“预筹修约”，便对此有所考虑和谋划。总理衙门饬令李鸿章、曾国藩“校阅旧案，将条约详为核校”，“为思患豫防之计”。翌年，又饬南、北洋大臣，选派熟悉洋务之员到总理衙门，“以备查询”。并属令各将军督抚大臣，“妥为悉心筹画”，“为未雨之绸缪”。[①] 同时，令本衙门各章京查核各国条约。核议之后，章京周家楣提出，“其中外办罪，生死出入，不得其平，拟请定约时将中外命案定一公例，凡系交涉之案彼此照办，以得其平，于条约内载明遵守”。并认为，“虽在彼族诸多狡展，而在我总宜力争”。[②] 这个建议，旨在订立一个中外共同遵守的律例，作为中外诉讼的依据，以取代享有领事裁判权之各国在华实行的法律，由此平允中外法律的差距，使华人在中外诉讼中能获得平等的量刑。对周家楣的提议，总理衙门有所考虑，但没有采取切实的举措，更不用说制定具体的方案。

随后在中英修约交涉中，清政府亦有所考虑，并作了符合自己利益的应对。其时，英国提出种种要求，针对其在内地设栈房一条，总理衙门“则以洋人在内地，须守中国律例，归地方官管辖，一切差徭，当与华民一律，以为钳制”。[③] 这一条件的提出，只是作为抵制英国在中国内地设栈房的要求的手段，并没有真正打算实行。不过，即便如此，也说明清政府在某种程度上产生了收回这一特权的愿望。英国提出的修约方案，有两款涉及领事裁判权。即：“设立有管理各国洋人之权之外国官，所有各国在内地之洋人，倘有滋事犯法之人，均可归其管理”；“中外商民生理，遇有词讼之事，向无

① 《总理各国事务恭亲王等奏》，同治六年九月乙丑，见宝鋆等纂修：《筹办夷务始末·同治朝》卷50，第24～27页。

② 《总署奏拟纂通商则例以资信守折》，光绪三年九月二十日，见王彦威、王亮辑编：《清季外交史料》卷11，外交史料编纂处民国二十四年（1935年），第29页。

③ 《恭亲王等奏》，同治七年十二月甲子，见宝鋆等纂修：《筹办夷务始末·同治朝》卷63，第4页。

一定通商律例，现在必须会商，定一通商律例”。[1] 前者实际上是要求在内地设立一个管辖各国在华侨民刑事案件的统一机构，该机构仍掌管在外国人手里，但实行统一的法律。后者则提出了制定处理民事及商务诉讼的统一的通商律例，该律例由中外双方会商订立。对于英国在内地设立外国官管辖洋人的提议，清政府当即与其谈判代表“面商”，予以否定。对于涉及民事案件的“通商律例”，清政府则“表示满意”，且“暗示建立这样一个规则是一种极大的愿望”。清政府还在驻华公使阿礼国建议对可能在内地居留的外人进行会审时，提出“可同时讨论领事裁判权问题”。[2] 在总理衙门看来，这一方案主要限于通商口岸，不必担心内地设洋官，因而十分赞成，于是复照英方，明确表示，“甚为有益”，同意双方商办。[3]

“通商律例”方案，是对领事裁判权条款某种程度的修改，有助于改进这一制度，降低这一特权对中国主权的损害。毋庸讳言，英国的提议反映出西方列强希望对领事裁判权造成的混乱的法律关系，作一些改善。而且，它们也作了最终放弃这一特权的表示，阿礼国谓：“俾约内所载，有分中国权柄各条，概可改易，缘各国在中华通商，洋人有犯法之事，仍按各国律例遵断，于中外均有不便。今将此项律例商妥，所有一切不便之处，皆可消除。”[4] 被英国拉进来的美国公使也照会总理衙门，表示：“因思外国律例，不似中国律例，期望将来中国律例悉改为宽大平和，则外民亦可受中国官管束”。[5] 在英国看来，双方在“通商律例”问题上达成一致，为中国接受西方法律制度迈出了重要的一步。阿礼国致英国外相斯坦利勋爵谓：“他们已

---

① 《复英国公使修约二十九款》，同治七年十二月，见宝鋆等纂修：《筹办夷务始末·同治朝》卷 63，第 30、31 页。

② “Minute of the Seventh Meeting of the Commission, May 4,1868”, in Kenneth Bourne and D. Cameron Watt (eds), *British Document on Foreign Affairs* Part 1, Series E, Vol. 20, p. 224.

③ 《复英国公使修约二十九款》，同治七年十二月，见宝鋆等纂修：《筹办夷务始末·同治朝》卷 63，第 30、31 页。

④ 《英国公使节略》，同治七年十二月，见宝鋆等纂修：《筹办夷务始末·同治朝》卷 63，第 48 页。

⑤ 《美国公使照会》，同治七年十二月，见宝鋆等纂修：《筹办夷务始末·同治朝》卷 63，第 75 页。

经同意采用与欧洲立法原则一致的商律和固定程序，以及更好地组织混合法庭体系”。他认为，“这是朝着采用为土耳其所接受的那种国际司法规则和制度迈出的重要一步”，如果能将其应用于中国，“列强同样会承认当地政府的权利”。① 又说，制订通商律例，“采用成文的商业法规”，“它所引导的趋向比它的直接结果更为重要”。因为，“从商业法规到民事及刑事法规，以欧洲原则为依据，以及在外国人和本地人之间的所有混合案件中实施管辖的国际法庭，这里只有两个步骤；这些一旦实现，治外法权可能被废弃，内地居住的最大障碍，以及中国官员对外国人居住在这些省份的反感，将会消失”。②

可以说，混合法庭是一种折中的过渡性制度，亦是西方改造中国法制体系的一种手段。它们试图通过这一途径，进而推及刑事案件，逐渐以西方法律取代中国法律，最终取消领事裁判权，从而为进入中国内地打开通道。“恰当地建立混合法庭执行司法，再助以所有条约列强接受和批准的法规与实践规则，修改领事裁判权条款的道路就将备好。”③ 如果设置这样一个制度，通过所有条约列强的联合行动，“采用国际民刑律”，“所有外人，不论国籍，均服从其管辖”，就可以“修改领事裁判权条款以调和两种并非不可兼容的要求”，即“列强要求其国民享有无限制进入内地及在内地居留的权利”，以及“中国要求享有此权利者尊重中国的领土权利及司法主权”。④ 也就是说，通过修改领事裁判权条款，列强国民可以在中国内地居留，而中国则得以维护自己的领土主权和司法主权。其后中英《新定条约》便作了规

① “Sir R. Alock to Lord Stanley (Received February 8,1869) Peking, December 6, 1868”, in Kenneth Bourne and D. Cameron Watt (eds), *British Document on Foreign Affairs* Part 1, Series E, Vol. 20, p. 210.

② G. W. Keeton, M.A., LL. M., *The Development of extraterritoriality in China*, Vol. 1, p. 336.

③ “Note for communication to the Tsungli Yamen, on the several Memoranda addressed by the Ministers during the past months to the British Representative, on the Revison of the Tariff and Commercial Articles of the Treaty of Tien-tsin, September 8,1868.”, in Kenneth Bourne and D. Cameron Watt (eds), *British Document on Foreign Affairs* Part 1, Series E, Vol. 20, p. 252.

④ “Sir R. Alock to Lord Stanley (Received March 9,1869) Peking, December 24,1868”, in Kenneth Bourne and D. Cameron Watt (eds), *British Document on Foreign Affairs* Part 1, Series E, Vol. 20, pp. 327-328.

定："由两国会同商定通商律例"。[①] 此方案虽未取消外国领事对所属侨民的管辖权，但在法律适用问题上，多少能维护一些中国的司法主权。但由于英商，尤其是在华英商的强烈反对，更兼法国政府因为丝的出口税加倍而不同意该约，英内阁最后决定对该约不予批准，[②] 改进领事裁判权的第一个计划宣告流产。

清政府仍在继续筹划。同治十年十月（1871 年 11 月），北洋大臣李鸿章令江苏题补道凌焕整理南、北洋相关文献。先将南洋卷档"以条约为纲，按款采集成案，胪列章程"，"再将北洋办过各案择要添入，总须芟吏牍之冗繁，就官书之体例"。由李鸿章本人核定后，南、北洋衙门各存一编，"庶乎遇事得所依据"。将来"或修换新约、或议订通商律例，皆可以此编为参考得失之助"，"办理洋务必不可少之书"。[③] 李鸿章此举，目的是通过整理既有条约成案，梳理线索，为以后议订通商律例作准备。

"滇案"的发生，又引发了对领事裁判权问题的再度思考。因与英方交涉这一事件，清政府就如何"改善商务关系"问题，令总税务司赫德提出书面意见。翌年，赫德呈递改善中外关系条陈，提出了两个建议，一是建立审判中外混合案件的"共同程序"，二是实行适用于中外混合案件的会审制度。赫德希望中方采纳第一个建议，采用"共同的法典"、"共同的程序"、"共同的处分方法"和"共同的法庭"。[④] 这是一个完整的"混合法庭"的方案，比此前英国修约时提出的方案更进一步，从民事进而推向刑事，实行统一的法律和审判机关制度。该方案是对现存领事裁判权的一种有益的改进，有助于削弱和限制这一特权，并"议及外国人归地方官管理之条"。赫德说："伴随着那没有改进希望的将来，外国人保留着他的不受限制的治外法权；而

---

① 《新定条约》，同治八年九月十九日，见王铁崖编：《中外旧约章汇编》第 1 册，第 309 页。

② ［英］伯尔考维茨：《中国通与英国外交部》，江载华、陈衍译，商务印书馆 1959 年版，第 103、107 页。

③ 《凌焕集录通商成案片》，同治十年十月十一日，见顾廷龙、戴逸主编：《李鸿章全集》第 4 册，安徽教育出版社 2008 年版，第 421 页。

④ 《总税务司条陈改善对外关系》，见［美］马士：《中华帝国对外关系史》第 2 卷，附录（四），张汇文等译，上海书店出版社 2000 年版，第 521 页。

伴随着那具有改进希望的将来，外国人仅有一种受到限制的治外法权”。现在，时机已经到来，可以把做有益事情的障碍“从外国人和本国人双方共同的道路上扫除掉了”。①

总理衙门对赫德所陈建议非常重视，特向李鸿章等大吏征求意见。李鸿章不赞成开放内地，但赞成赫德的第一项建议，主张在通商口岸先行试办，并采行西方法律。如果接受李鸿章等人的意见，试行赫德的方案，利用这一时机改进领事裁判权，则不无裨益。总理衙门也认为，专就此事论之，赫德“所议自可采取”，但又顾虑重重。尤其是担心赫德之用意“有因此及彼，此利而彼弊，此益而彼损并行，则我有所难”，未予采行，仍然是“不得不审慎图维，相机筹议”。②此事又被束之高阁，自然体现了清政府犹疑不决，畏首畏尾的办事作风，但同时也反映出清政府缺乏收回领事裁判权的强烈意识。光绪三年（1877 年），驻英公使郭嵩焘重提赫德方案，主张“援照西洋公法”，“参核各国所订通商律法，分别条款，纂辑通商则例一书”，以“补救于将来”。③总理衙门奉旨议奏，在“详审通筹”之后，仍未舍弃原来的主张，并进一步充实了理由，认为实行此议有三难：一是西方各国崇尚武力，实行强权政治，不会被该则例所约束；二是中国律重，外国法轻，难以划一；三是担心外国人进入内地。④

上述理由中，引进西律和内地问题是清政府难解的心结，亦是废弃领事裁判权的症结所在。此心结未解，清政府自然难以有大的作为，不过它看到了，“欲订中外共守律例，则其权不尽自我操”，须考虑彼方的意愿。因此，它提出“另为筹办”之法，其重心是了解西方法律，为此作必要的准备。即：广购并翻译各国律例诸书，选派通晓律例各章京，“将中外律例分

① 《总税务司条陈改善对外关系》，见［美］马士：《中华帝国对外关系史》第 2 卷，附录（四），张汇文等译，上海书店出版社 2000 年版，第 525 页。

② 《总署奏拟纂通商则例以资信守折》，光绪三年九月二十日，见王彦威、王亮辑编：《清季外交史料》卷 11，第 30 页。

③ 《使英郭嵩焘奏请纂成通商则例折》，光绪三年八月二十七日，见王彦威、王亮辑编：《清季外交史料》卷 11，第 11～13 页。

④ 《总署奏拟纂通商则例以资信守折》，光绪三年九月二十日，见王彦威、王亮辑编：《清季外交史料》卷 11，第 27～29 页。

门缀辑，如所治何罪于大清律例各条下，附以各国律例，从前历办成案，随条采注，用备比议”。同时咨行南北洋大臣，一体办理，“并将西洋办过成案，随条采注”，咨送总理衙门，划一纂订成书。然后再与各国使臣及总税务司，“相机议论，随时筹办”。[①] 总理衙门所定的这一方针，得到了朝廷的重视和批准，并着手开始了筹备工作。赫德的方案虽再次被束之高阁，但仍有很大影响。光绪五年（1879 年），薛福成借鉴赫德所提建议，提出设立“理案衙门”，“由各省大吏遴选干员，及聘外国律师各一人主其事；凡有华洋讼件，均归此衙门审办”。其适用法律，最好是“参用中西律例，详细酌核”，如不能办到，“即专用洋法亦可”。因为，“为今之计，既不能强西人而就中法，且莫如用洋法以治洋人”。“以洋法治华人，所以使华人避重就轻也。以洋法治洋人，所以使洋人难逃法外也。补偏救弊，舍是无他术矣。”[②] 薛福成提出的“理案衙门”，实际上是一个由中外人员组成的混合法庭，即设立统一的审判机构。而“专用洋法”，亦是明确提出了采用西方资产阶级法律的主张。这是中国近代司法改革的方向，亦是废弃领事裁判权的另一关键问题。

接着，光绪六年（1880 年）李鸿章与巴西议约时，拟在新订条约中改进领事裁判权条款。他提出：“参酌西国公法，问案专归地方官，而科罪则各照其国律”。也就是说，将管辖审判之权收回，但适用各国法律。这是一个折中的方案，是清政府在经过多年的谋划、筹备之后，拟进行的一次尝试，却未能如愿以偿。巴西使臣以率先打破此例，将“招各国之怨”为由予以拒绝。德国公使巴兰德也从旁帮腔，“乃定为被告所属之官员专司讯断，各照本国律例定罪”，即维持领事裁判权。李鸿章仍争取在条约第 11 款规定：“将来另议中西交涉公律，巴国亦应照办”。即要求巴西承诺，以后若其他国家放弃领事裁判权，巴西亦应照样办理。中巴条约虽未能实现清政府的初衷，但却表达了其意愿，为此后交涉埋下了伏笔。如李鸿章在奏折中所说

---

① 《总署奏拟纂通商则例以资信守折》，光绪三年九月二十日，见王彦威、王亮辑编：《清季外交史料》卷 11，第 29、30 页。

② 《筹洋刍议》，1879 年，见徐素华选注：《筹洋刍议——薛福成集》，辽宁人民出版社 1994 年版，第 57～58 页。

的，“虽公律骤难定议，究为洋务紧要关键，特倡其说，以作权舆”。[①]必须看到，此议只是在与小国订立新约时提出的，还不敢触犯大国，取消大国在旧约中已有的条约特权。其后，清政府较长时间没有什么筹划和举措。

在没有实行“共同的法典”的情况下，法律的适用便是一个容易发生纠葛的问题，其中外国人是否应遵守中国法律，是清政府亟须解决的一个难题。为此，总理衙门就有关条约纠葛问题，于光绪四年二月（1878 年 3 月）通谕各驻外公使，要求他们向驻在国通报。其中关于领事裁判权问题，总理衙门指出：“照约，洋人在中国不归中国地方官管辖，其自相争讼之事，则由其本国官料理；如其犯法，亦由其本国官按本国律惩办。”但“洋人任意违背中国章程，亦无惩办之条”之说，“本衙门不以为然”。因为“各条约内，中国实未允有洋人任意违背中国法律之条。洋人居中国者，则应以中国之章，与华民一体遵守。而条约内所允者，不过以洋人犯法，系归其本国官按本国法律办理而已”。领事裁判权，并非准许“洋人将华民应遵之章，任意违背”。[②]正是由于清政府明确提出了法律适用问题，领事裁判权在此方面才有所改进，列强程度不等地部分适用中国法律。或由条约对某些具体事项作出规定，或在某些民事案件中参用当地民事习惯，或承认地方行政法规。如英国在华法庭对于英国人触犯当地卫生规定，亦得受理。[③]不过，领事裁判权虽然部分适用中国法律，但微不足道，且主要限于民事案件范围；且其对外国人的处罚与中国官府对国人的处罚差距甚大。

光绪二十五年（1899 年），伍廷芳与墨西哥议订条约，努力争取在领事裁判权等问题上有所突破。他“将历来中国与各国所订条约，详审得失”，

---

① 《巴西议约竣事折》，光绪六年八月初一日，见顾廷龙、戴逸主编：《李鸿章全集》第 9 册，第 145 页。

② 崔国因著、刘发清等点注：《出使美日秘日记》，光绪十六年正月初五日，黄山书社 1988 年版，第 63、64 页；由美国学者威罗贝著、王绍坊译的《外人在华特权和利益》一书亦载有此通告，谓：外国人“应和中国人一样遵守中国法律”，如果违反中国法律，“他们本国的官员应按照他们本国对类似案件所规定的法律予以惩罚”。（生活 · 读书 · 新知三联书店 1957 年版，第 365 页。）

③ 梁敬錞：《在华领事裁判权论》，商务印书馆 1934 年版，第 82 页；孙晓楼、赵颐年：《领事裁判权问题》，商务印书馆 1937 年版，第 176 页。

将墨西哥与英、法、美所订条约“比类参观”，又以中外条约中“最为持平”的中秘、中巴条约为底本，“历经磋磨”，① 取得了一定进展。所订中墨《通商条约》第15款规定：“若将来中国与各国另行议立中外交涉公律，以治侨居中国之外国人民，墨国亦应照办。”② 伍廷芳认为，作此规定，可以“为日后治外国人张本，则外人受治于我，此实权舆”。③ 这一规定借鉴了光绪六年（1880年）的中巴条约，但又明确指出“以治侨居中国之外国人民”，因而较彼更进一步阐明了取消领事裁判权的意图。同时，伍廷芳又尽其可能，在局部问题上削减此条约特权，如该约第16款规定：“凡此国船只驶至彼国通商口岸，诸船诸色人等如有上岸在二十四点钟内滋事者，准由地方官惩办，只照该口常例罚锾或监禁。”④ 虽然这对领事裁判权的限制微不足道，但“此是创给中国官讯问外国人之权，为向来所未有”，具有重要的意义。伍廷芳认为，“如地方官办理得当，外人折服，有此约导其先路，他日各国修约，即可循此而推”。⑤

经过甲午、庚子的重创和教训，清政府才改弦更张，开始真正将收回领事裁判权的重大使命提到日程上，明确提出了废弃领事裁判权的要求，并为此作“一劳永逸之谋”。⑥ 在1902年的中英商约谈判中，清政府正式提出了收回领事裁判权问题。张之洞向英方代表马凯提出，“您是否同意，在我们的法律修改了以后，外国人一律受中国法律的管辖”。其时张之洞已允诺

---

① 《遵旨与墨西哥订约画押折》，1900年2月19日，见丁贤俊、喻作风编：《伍廷芳集》上册，第76页。

② 《通商条约》，光绪二十五年十一月十二日，见王铁崖编：《中外旧约章汇编》第1册，第937页。

③ 《遵旨与墨西哥订约画押折》，1900年2月19日，见丁贤俊、喻作风编：《伍廷芳集》上册，第77页。

④ 《通商条约》，光绪二十五年十一月十二日，见王铁崖编：《中外旧约章汇编》第1册，第937页。

⑤ 《遵旨与墨西哥订约画押折》，1900年2月19日，见丁贤俊、喻作风编：《伍廷芳集》上册，第78页。

⑥ 《奏请变通成法折》，1898年2月10日，丁贤俊、喻作风编：《伍廷芳集》上册，中华书局1993年版，第48页。

英方种种条件，因此要求对方必须“让他能有可以拿出来的东西”，① 向清廷交差。甚至表示，“如不肯商，我便不开议”。在这种情况下，马凯接受了这一要求，双方一致同意在条约上增加这一条款。张之洞对马凯“竟允此条”，甚感意外，“实为意料所不及”。② 中英《续议通商行船条约》第12款规定：“中国深欲整顿本国律例，以期与各西国律例改同一律，英国允愿尽力协助，以成此举，一俟查悉中国律例情形及其审断办法及一切相关事宜皆臻妥善，英国即允弃其治外法权”。③ 随后，美、日亦在新订商约中作了同样的承诺。

这是清政府迈出的具有实质性意义的一步，尽管列强的允诺在很大程度上只是一个画饼，可望而不可即，但毕竟为列强承诺放弃条约特权开了先河，为中国收回领事裁判权带来了一线希望。张之洞当时兴奋地将此视为“立自强之根，壮中华之气”④ 的重大收获，沈家本、伍廷芳也认为这是“变法自强之枢纽”。⑤ 这一条款对清政府是一个极大的鼓舞，法律改革的目标开始明确起来。此前，从清廷发布的修律谕令到刘坤一、张之洞等人的变法奏议，均对收回领事裁判权的要求闪烁其词，未能彰显出改革的最重要诉求。现在，朝臣疆吏无不以此为论说之主旨，这一诉求成了改革的主调，并大大推进了改革的深入。主持修律的沈家本、伍廷芳等人更是以收回治外法权为据，进行大刀阔斧的全面改革，他们多次表示，“臣等奉命修订法律，本以收回治外法权为宗旨”。⑥ 他们认为，必须按照西方资产阶级法

---

① 《马凯在武昌纱厂与张之洞等会议简记——裴式楷记》，1902年7月17日，见中国近代经济史资料丛刊编辑委员会主编：《辛丑和约订立以后的商约谈判》，中华书局1994年版，第137、139页。

② 《鄂督张之洞致外部与英使商收回法权补救教案电》，光绪二十八年六月十七日，见王彦威、王亮辑编：《清季外交史料》卷159，第21页。

③ 《续议通商行船条约》，光绪二十八年八月初四日，见王铁崖编：《中外旧约章汇编》第2册，第109页。

④ 《鄂督张之洞致外部与英使商收回法权补救教案电》，光绪二十八年六月十七日，见王彦威、王亮辑编：《清季外交史料》，卷159，第21页。

⑤ 《删除律例内重法折》，光绪三十一年三月二十日，见沈家本：《沈寄簃先生遗书·寄簃文存》卷1，第2页。

⑥ 《伍廷芳等奏》光绪三十一年九月丁亥，见朱寿朋编：《光绪朝东华录》五，总5413页。

律原则，对封建旧律进行根本的、彻底的改革，才能达到这一目标，谓：当今“瀛海交通，俨同比伍”，举凡政令、学术、兵制、商务，“几有日趋于同一之势”，因此“专心折冲樽俎，模范列强为宗旨”。① 现在“风气所趋，几视为国际之竞争事业”，我国“万难守旧”。具体而言，一是从维护国家主权的必要性来看，“国家既有独立体统，即有独立法权，法权向随领地以为范围”。而“独对于我国藉口司法制度未能完善，予领事以裁判之权”，以致“主权日削，后患方长，此毖于时局不能不改者也”。二是从融入国际社会和提高国际地位的需要来看，方今各国政治“日跻于大同”，“俱以万国之名组织成之”。当时中国亦有遣使入会之举，此次海牙会议，则“以我国法律不同之故，抑居三等，敦槃减色，大体攸关，此鉴于国际不能不改者也”。三是从平息教案的角度来看，“教案为祸之烈，至今而极”。推其原故，“无非因内外国刑律之轻重失宜有以酿之，此又惩于教案而不能不改者也”。② 奕劻更从国家存亡的角度说明改革旧律的重要性，视此为“撤去领事裁判权之本”。他认为，日本、暹罗即为例证，而“土耳其等国不能改者，则各国名曰半权之国，韩越印度西域诸回之用旧律者则尽亡矣”。③

与此同时，清政府开始进行建立“中外通行”法律体系的全面改革，后面有关章节将对此作专门探讨，这里从略。清政府由此实施的全方位改革，主要包括采用西法、革新旧律、区别体用、建立体制等，其考量的基点是利于领事裁判权的收回。为此，他们组织翻译了西方各国法律，有德、日、俄、法、荷、意、比、美、瑞、芬等国刑法、民法及诉讼法，以及各国法律

① 《修订法律大臣沈家本等奏请编定现行刑律以立推行新律基础折》，光绪三十四年正月二十九日，见故宫博物院明清档案部编：《清末筹备立宪档案史料》下册，中华书局 1979 年版，第 852 页。

② 《修订法律大臣沈家本奏刑事草案告成分期缮单呈览并陈修订大旨折》，光绪三十三年八月二十六日，见故宫博物院明清档案部编：《清末筹备立宪档案史料》下册，第 845～846 页。

③ 《宪政编查馆和硕亲王奕劻等奏为核定新刑律告竣请旨交议》，光绪三十三年，见刘锦藻：《清朝续文献通考》第 3 册，卷 245，刑考四，商务印书馆 1936 年版，第 9893～9894 页。

著作，尤其是日本的各种刑法和论著。[①] 在此基础上，全面革新旧律，将法律区分为实体法和程序法，制定了刑法、民法以及民事、刑事诉讼法等，建立了近代通行的法律、司法体系，包括完备的法律系统和健全的审判、检察机构等。这一改革，借鉴了日本的经验。如区别体用，从日本的经验来看，此为能否收回领事裁判权的关键问题之一。日本先后颁行民事、刑事诉讼法等法，终使各国侨民归其钤束，借以挽回法权。“推原其故，未始不由于裁判、诉讼咸得其宜。”而在中国，“外人以我审判与彼不同，时存歧视；商民又不谙外国法制，往往疑为偏袒，积不能平，每因寻常争讼细故，酿成交涉问题，比年以来，更仆难数。若不变通诉讼之法，纵令事事规仿，极力追步，真体虽充，大用未妙，于法政仍无济也”。其中，“亟应取法者”有陪审制度和律师制度，此二者“俱我法所未备，尤为挽回法权最要之端”。[②]

这段时间，清政府还取得了些微成绩。宣统元年七月（1909 年 8 月），中日为间岛问题订立《图门江中韩界务条款》，经过争辩，该约按中方要求规定：“图门江北地方杂居区域内之垦地居住之韩民服从中国法权，归中国地方官管辖裁判。”[③] 该约虽然给予日本领事“听审”权，但韩民照约应得之领事裁判权[④]，“顿归消灭”。[⑤]

综上所述，清政府在坚持守约方针的同时，又“思更修条约”，[⑥] 期望

---

① 《删除律例内重法折》，光绪三十一年三月二十日，见沈家本：《沈寄簃先生遗书 · 寄簃文存》卷 1，第 1 页；《修订法律大臣沈家本奏订法律情形并请归并法部大理院会同办理折》，光绪三十三年五月十八日，见故宫博物院明清档案部编：《清末筹备立宪档案史料》下册，第 838 页。

② 《奏诉讼法请先试办折》，1906 年 4 月 25 日，见丁贤俊、喻作凤编：《伍廷芳集》上册，第 279～281 页。

③ 《图门江中韩界务条款》，宣统元年七月二十日，见王铁崖编：《中外旧约章汇编》第 2 册，第 601 页。

④ 中国曾与朝鲜订约，给予对方以领事裁判权。见《通商条约：海关税则》，光绪二十五年八月初七日，王铁崖编：《中外旧约章汇编》第 1 册，第 911 页。

⑤ 《外部致锡良程德全陈昭常东省中韩界务及交涉五事清妥筹善后函》，宣统元年七月二十八日，见王彦威、王亮辑编：《清宣统朝外交史料》卷 9，第 9 页。

⑥ 《总理衙门咨行出使大臣》，光绪四年，见［英］赫德：《这些从秦国来——中国问题论集》附录一，叶凤美译，天津古籍出版社 2005 年版，第 140、146 页。

渐渐“改为和平”。[①] 它采取了一定的措施，作了预筹努力，尤在领事裁判权方面有所成效，促使列强在条约中作出了相关承诺。但是，清政府缺乏坚定的信念和决心，且患得患失，犹疑不决，又无修约的急迫心理，认为“无事亟迫”。[②] 因此，其修约的企望始终停留在“预筹”阶段，未能取得实质性进展。

三、新的外交体制及机构的建立

为适应条约关系的建立及发展，自鸦片战争后，清政府开始调整自己的对外观念，逐渐建立了新的外交体制和机构，主要体现在地方外交体制、专门的中央外交机构，以及近代交往制度等三个方面。这些不同于鸦片战争前的新变化，打破了传统对外观念及制度，由此形成了既具有近代性质，又含有传统意识的畸形的条约外交体制。

地方外交体制的产生，是鸦片战争后中国适应条约关系最先发生的第一个变化。随着新的中外关系模式，即条约关系的产生和发展，清政府改变传统对外体制，授予地方官以外交权，逐渐形成了较为完整的地方外交体制。自古以来，“人臣无外交”，所谓“为人臣者，无外交，不敢贰君也”。[③] 这成为历代王朝对外关系中的制度性规定，如明朝永乐年间，朱棣所颁敕书谓：“‘人臣无外交’古有名戒。我太祖高皇帝申明此禁，最为严切。”[④] 在“人臣无外交”的原则下，地方政府的外交权极其有限，最主要的外交事务，是接待使者，检验使者身份和礼物，传达文书，保证使者及其随带物品的安全等事务。例如，两汉时期的缘边州郡、边防关塞、西域都护负有“接待来使”“供应使者”“接受文书”的职责。[⑤]

鸦片战争之前，清朝更为严格实行“人臣无外交”制度，康熙时期明确

---

① 《总署致各国公使请将法人违约之处转报各本国照会》，光绪十年六月二十二日，见王彦威、王亮辑编：《清季外交史料》卷 44，外交史料编纂处民国二十四年（1935 年）版，第 14～15 页。

② 曾纪泽：《中国先睡后醒论》，光绪十二年，见中国人民大学中共党史系等 1981 年编：《中国近代政治思想史参考资料》上，第 285 页。

③ 《礼记 · 郊特牲第十一》，崔高维校点，辽宁教育出版社 1997 年版，第 86 页。

④ 转引自毛佩琦：《毛佩琦正说永乐大帝朱棣》，花山文艺出版社 2006 年版，第 239 页。

⑤ 黎虎：《汉唐外交制度史》，兰州大学出版社 1998 年版，第 85～90 页。

规定："凡督、抚、提、镇等官，不许擅自移文外国。"① 嘉庆帝降谕谓："天朝法令森严，人臣从无外交之事，断不敢将属国陪臣书信，匿不奏闻。亦无将已却之土仪，又复私相授受之理。"② 道光十四年六月（1834年7月），英首任商务总监律劳卑到广州要求会见两广总督卢坤，遭到拒绝。卢坤发布谕示，谓："天朝定制，人臣无外交，外夷不准私通书信"。③"天朝大臣，非朝贡等事及奉有谕旨，不准与外夷接见"。④当然，地方封疆大吏有守土之责，当外敌入侵或发生越界抢掠等边界事务时，须及时妥为处理。嘉庆十四年四月（1809年5月），英国商船带兵驶入澳门，占据东望洋等三处炮台。时任两广总督的吴熊光未亲往查办，并及时奏报朝廷，后嘉庆帝降旨斥责："各省封疆大吏，守土是其专责。遇有关涉外夷之事，尤当立时亲往勘办，务臻妥协，方为无忝厥职。"并以吴熊光办理此事，"示弱失体，其咎实无可辞，著照拟发往伊犁效力赎罪"。⑤ 在此范围之外，地方官不能与外国政府或使者进行其他交涉活动，不能签订任何形式的文书。例如，中国边陲的云南，无权与近邻国家往来，清前期"云南与缅甸本无外交关系可言"。⑥

鸦片战争后，条约关系的建立，改变了"人臣无外交"的传统原则，地方外交权逐渐获得合法地位。自《南京条约》始，中外条约对此作了相关规定，确认由地方官办理相关交涉事项。如《南京条约》规定，"大英国君主派设领事、管事等官住该五处城邑，专理商贾事宜，与各该地方官公文往来"。⑦ 中美《望厦条约》规定，合众国在五港口设领事等官，"中国地方官

① 梁廷枏：《海国四说》，骆驿等校点，中华书局1993年版，第166页。

② 《仁宗睿皇帝实录》卷53，嘉庆四年十月癸巳，见《清实录》第28册，中华书局1986年版，第681页。

③ "两广总督卢坤谕示"，道光十四年七月廿九日，见［日］佐佐木正哉编：《鸦片战争前中英交涉文书》，台北，文海出版社1984年版，第8页。

④ "两广总督卢坤谕示"，道光十四年八月初六日，见［日］佐佐木正哉编：《鸦片战争前中英交涉文书》，台北，文海出版社1984年版，第17页。

⑤ 《仁宗睿皇帝实录》卷210，嘉庆十四年四月戊午，见《清实录》第30册，中华书局1986年版，第820～821页。

⑥ 张凤岐：《云南外交问题》，商务印书馆1937年版，第59页。

⑦ 中英《江宁条约》，道光二十二年七月二十四日，见王铁崖编：《中外旧约章汇编》第1册，生活·读书·新知三联书店1957年版，第31页。

应加款接；遇有交涉事件，或公文往来，或会晤面商”。美国民人在五港口贸易、租地建屋等事，“必须由中国地方官会同领事等官，体察民情，择定地基”，口岸范围，“应由五港口地方官，各就民情地势，与领事官议定界址，不许逾越”。① 中俄《伊犁塔尔巴哈台通商章程》亦规定，“两国彼此遇有往来寻常事件行文时，中国用伊犁将军所属营务处图记，俄罗斯国用管两边大臣所属营务处图记”。② 清政府与其他各国签订的条约亦作了类似规定。

条约所作规定，反映了中国传统对外体制的变化，实际上这是清政府为适应条约关系下中外格局的新变化所作的调整。其时，由于中国对外通商和对外交往的扩大，涉外区域的范围更为扩大，事务更为广泛。“中外通商以来，滨海之区，西人履迹几遍。传教游览，并许深入内地”。③“海禁既开，交通日便，外人足迹几遍中国，非传教，则通商。”④ 各省地方，尤其是通商口岸，“各国民人远来，不辍于途，即传教之士亦纷至沓来，各州县民教杂居处，时有交涉事件”。⑤ 在这种情况下，清中央政权不可能包揽各地的外交事务，不得不假手于地方官员。总理所辖省区外交事务的封建大吏督抚，也不可能亲自料理一切交涉事件，他们又将大量具体事宜交给下属机构或官员办理，使参与外交事务的地方官愈益广泛。

外交权的下移，还有更深刻的原因，即反映了传统的“夷夏”观念。由于华夏民族在世界文明发展史上长期居于领先地位，逐渐形成了对周边民族和国家的优越感，形成了“华尊夷卑”的观念。在这一观念下，清政府自视为“天朝上国”，把中国之外的国家看作化外之邦，不愿也不屑与它们建立平等的关系，并很少与之交往。鸦片战争后，清王朝长时期仍抱着“夷夏”观念不放，而京师则成了维护“天朝”尊严的圣地。咸丰帝说：“京师为辇

① 中美《五口贸易章程：海关税则》，道光二十四年五月十八日，见王铁崖编：《中外旧约章汇编》第1册，第52、54页。

② 中俄《伊犁塔尔巴哈台通商章程》，咸丰元年七月初十日，见王铁崖编：《中外旧约章汇编》第1册，第79页。

③ 《交涉》，见夏东元编：《郑观应集》，上海人民出版社1982年版，第184页。

④ 杨宗彩修、刘训瑺纂：《民国闽清县志》第5卷（外交志），上海书店出版社2000年版，第1页。

⑤ 朱寿朋：《光绪朝东华录》第2册，中华书局1958年版，第2274页。

毂重地，天津与畿辅毗连，该酋欲派夷人驻扎贸易，尤为狂妄。”[①] 长芦盐政文谦等称：“天朝辇毂重地，岂容外夷之人混入其中？”[②] 正是出于这种观念，清廷不愿直接与外国人交涉，因此把与“夷人”打交道的事务交给钦差大臣或地方官办理。如马士所说：“帝国政府曾力图避免接触一切对外事务，并且把所有这些事务的谈判和解决完全责成各省官吏办理。”[③] 例如，鸦片战争后设置五口通商大臣，便是出于这一考虑，“以为交涉事件，在外商办之计”。[④] 于是，由于朝廷不愿与外国人打交道，本无外交权的地方官府，成了对外交涉的要地。

总之，由于以上各种因素，促使晚清行政体制发生了重大变化。如费正清所说，“一个强势的异族社会穿透中国，在中国内部引发了一连串复杂的政治、经济、社会、意识形态及文化过程，旧秩序里的所有社会活动领域都受到挑战、冲蚀，甚至倾覆”。[⑤] 随着中外条约关系的产生和形成，对外交涉出现了新的局面，地方官也就具有了新的职能，即外交职能。因此，条约关系之下的中国，一切官员“无不成为外交官矣”。清末出版的《外交报》载文评论说：“我国自军机大臣以至巡检，几无不为外交官。”[⑥] 美国公理会教士明恩溥于同治十一年（1872 年）来天津传教，其在著作《典型的中国人》中甚至说，“在中国，人人都是外交家”。[⑦] 可见，外交权的下移和扩散，成为晚清时期的一个特有现象。第二次鸦片战争之后，对外交涉事务更

① 《文宗显皇帝实录》卷 145，咸丰四年九月辛巳，见《清实录》第 42 册，中华书局 1986 年版，第 549 页。

② 《长芦盐政文谦等奏接见英美通事官询明来意折》，咸丰四年九月初二日，见齐思和等编：《第二次鸦片战争》三，上海人民出版社 1978 年版，第 35 页。

③ ［美］马士：《中华帝国对外关系史》第 1 卷，张汇文等译，商务印书馆 1963 年版，第 10 页。

④ 《议复兼摄通商大臣折》，同治元年六月初六日，见廖海延、唐增烈整理：《曾国藩全集·奏稿》四，岳麓书社 1995 年版，第 2358 页。

⑤ 邓嗣禹、费正清：《中国对西方的反应》。转引自胡大泽编著：《美国的中国近现代史研究》，中国社会科学出版社 2004 年版，第 100 页。

⑥ 《论外交治本之法》，《外交报》第 49 期，光绪二十九年闰五月十五日。

⑦ ［美］明恩溥：《文明与陋习：典型的中国人》，舒扬等译，书海出版社 2004 年版，第 193 页。

为繁多，由地方官办理外交事务的方针也进一步确定了下来。恭亲王奕䜣等奏称："各省中外交涉事件，应由本省地方官按照条约随时办理。"[①] 此奏经咸丰帝谕准，其后地方官办理外交成为一个基本方针。同治十年三月（1871 年 4 月），闽浙总督张之万上奏，以不熟悉洋务为由请卸去所有交涉事务，同治帝申斥说："张之万身任封圻，苏省一切事宜均属责无旁贷，不得以洋务非所谙习为词置身事外。"[②] 迄至 19 世纪末年，这一方针为清廷所加强，更谕令各省将军、督抚兼总理衙门大臣衔，谓："向来沿海、沿江通商省分，交涉事务本烦，及内地各省，亦时有教案，应行核办。各直省将军、督抚，往往因事隶总理衙门，不免意存诿卸。总理衙门亦因事难悬断，未便迳行，以致往还转折，不无延误。嗣后各直省将军、督抚，均著兼总理各国事务衙门大臣，仍随时与总理衙门王大臣和衷商办，以期中外一气相生，遇事悉臻妥洽。"[③] 由于地方官具有外交权，各国驻华领事亦具有了特殊的地位，赫德说："驻华各国领事不比驻各国之领事，领事驻各国并无权柄，驻中国则与地方官抗衡。"[④]

正是在条约关系的背景下，清政府建立了较为完备的地方外交行政体制，包括南、北洋大臣体制和省级外交体制。

南、北洋大臣体制源于五口通商大臣。五口通商大臣的前身，是鸦片战争期间与英方交涉的钦差大臣，是清政府在战争后设立的第一个地方外交官的职务。道光二十三年三月（1843 年 4 月），谕令耆英前往广东，接受钦差大臣关防，监理"广东大小文武官员""办理夷务"。[⑤] 此谕说明，耆英可以钦差大臣的身份，办理广东的外交事务。道光二十四年（1844 年），清廷谕令耆英

---

① 《奕䜣桂良文详奏统计全局酌拟章程六条呈览请议遵行折》，咸丰十年十一月，见贾桢等纂修：《筹办夷务始末·咸丰朝》八，中华书局 1979 年版，第 2678 页。

② 《张之万奏请将交涉事件交应宝时综理一节仍应交该督抚督同该臬司筹办》，同治十年三月，台北"中央研究院"近代史所档案馆藏外务部档，档号：01—34—006—13—001。

③ 沈桐生辑：《光绪政要》第 3 册，光绪二十四年十一月，台北，文海出版社 1969 年版，第 56 页。

④ 《美股问答节略薄》，光绪十八年十月十八日，见全国图书馆文献缩微复制中心编：《清代孤本外交档案》第 24 册，全国图书馆文献缩微复制中心 2005 年，第 9917 页。

⑤ 《廷寄》，道光二十三年三月己酉，见齐思和等整理：《筹办夷务始末·道光朝》五，中华书局 1964 年版，第 2626 页。

与美国专使顾盛议约，“妥为办理”。[①] 接着，道光帝又谕令耆英，仍颁给钦差大臣关防，“各省通商善后事宜，均交该督办理”，若“办理各省海口通商文移事件”，“准其钤用”。[②] 通过这道上谕，清廷已明确授权两广总督耆英，以钦差大臣的身份办理五口外交事务，一般称为五口通商大臣或广东通商大臣。道光二十八年（1848年），清廷又降谕，谓：“耆英系总办夷务之员，五口通商事务均应管理”，[③] 更加明确了这一职责。五口通商大臣耆英虽以钦差大臣的身份，但其实职是两广总督，这说明其外交职与此地方官职是连为一体的。咸丰九年正月初四日（1859年2月6日），清廷颁发上谕，以两江总督何桂清为钦差大臣，称“所有两广总督黄现管之五口通商关防已撤交两江总督何接办，嗣后各国通商事宜统归上海办理”。[④] 此后，五口通商大臣由两江总督兼任。

第二次鸦片战争之后，由于通商口岸的增加，原来的五口通商大臣体制已无法适应这一新的局面，清廷于是对外交体制作了调整。奕䜣等奏称：“南北口岸，请分设大臣，以期易顾也。”道光初年，五口设钦差大臣一员，而现在“南北相去七八千里，仍令其归五口钦差大臣办理，不独呼应不灵，各国亦不愿从”。奕䜣提出，北方“设立办理通商大臣，驻扎天津，专管三口事务”；五口通商大臣于咸丰九年（1859年）改隶两江总督，然现在“口岸较多，事务更繁”，恐“非特鞭长莫及，并虑未能谙悉夷情”，因此应仍责令署理钦差大臣薛焕“妥为办理”。[⑤] 此奏经咸丰帝谕准，于是分设南、

---

① 《廷寄二》，道光二十四年二月己未，见齐思和等整理：《筹办夷务始末·道光朝》六，中华书局1964年版，第2811页。

② 《上谕》，道光二十四年三月壬申，见齐思和等整理：《筹办夷务始末·道光朝》六，第2816页。

③ 《著钦差大臣耆英改道赴江苏查办麦都思案等洋务事上谕》，道光二十八年三月初五日，见中国第一历史档案馆编：《鸦片战争档案史料》第7册，天津古籍出版社1992年版，第850页。

④《接知两江总督接办现管五口通商事务之照会》，咸丰九年二月八日，见广西师范大学出版社编：《中美往来照会集：1864—1931》第2册，广西师范大学出版社2006年版，第137页。

⑤ 《奕䜣桂良文祥奏统计全局酌拟章程六条呈览请议遵行折》附件《章程六条》，咸丰十年十二月壬戌，见贾桢等编：《筹办夷务始末·咸丰朝》第8册，中华书局1979年版，第2676～2677页。

北洋通商大臣。咸丰帝降谕，明确地赋予其外交权，谓："其上海及长江一带，中外交涉事件，固应归通商大臣专管。而粤闽浙三省事务，通商大臣亦应兼理，以免歧异。"① 这两个职务，起初均为专职，其后分别成为两江总督和直隶总督的兼职。同治十二年正月（1873 年 2 月），清廷任命前任山西巡抚李宗羲为两江总督，"并充办理通商事务大臣"。② 北洋大臣则先于同治九年十月（1870 年 11 月），根据毛昶熙之议，裁撤三口通商大臣，其"所有洋务海防各事宜，著归直隶总督经管"，并"颁给钦差大臣关防"。③ 此后，南洋大臣由两江总督兼任，北洋大臣由直隶总督兼任，成为定制。

除南北洋大臣外，各省亦建立了以督抚、将军为中心的外交体制。第二次鸦片战争之后，随着对外交涉事务的不断增加，各省自主设立了洋务局、交涉局之类的机构，作为对外交涉的职能部门。此外，关道和县级衙门均承担了程度不等的外交职能。在各类各级地方外交机构中，关道在协调中外关系方面发挥了特殊的作用，具有重要地位。所谓"关道"，是以守巡道兼任海关监督，这是适应条约关系的一个新的职官名称。在具体的对外交涉中，一般是"责成该关道与各国领事官彼此商办"。④ 通商口岸的对外交涉，已被纳入关道的职责范围，如南方各通商口岸，除闽、粤两关隶于将军及专差监督，"所有业经通市之处，多由各省督抚委令道员管关。凡有交涉外国事务，责成关员经理，而督抚总其大纲，或由将军监督主持，而督抚会同筹办"。若遇领事等官与关员辩论不决，"则督抚据理以剖断之，因势而调和之"。⑤ 正唯如此，为了就近管理关务和交涉事务，道台衙门往往将治所迁

---

① 《穆宗毅皇帝实录》卷 35，同治元年七月丙午，见《清实录》第 45 册，中华书局 1987 年版，第 935～936 页。

② 《穆宗毅皇帝实录》卷 348，同治十二年正月丙戌，见《清实录》第 51 册，中华书局 1987 年版，第 586 页。

③ 《穆宗毅皇帝实录》卷 293，同治九年十月壬子，见《清实录》第 50 册，中华书局 1987 年版，第 1051～1052 页。

④ 全国图书馆文献缩微复制中心：《总署奏底汇订》第 3 册，全国图书馆文献缩微复制中心 2003 年，第 1201 页。

⑤ 《办理通商事务大臣薛焕奏》，同治元年五月戊戌，见宝鋆等纂修：《筹办夷务始末 · 同治朝》卷 6，第 24 页。

往通商口岸，如惠潮嘉道由嘉应州迁往汕头，常镇通道由泰州迁往镇江，奉锦山海关道由营口迁往牛庄，汉黄德道由黄州迁往汉口，登莱青道由莱州迁往登州，荆宜施道由荆州迁往宜昌。

关道的职能，本来包括办理海关税收与通商口岸交涉事宜两项，由于海关行政为外籍税务司所把持，实际上转变为以后者为主。在地方外交体系中，关道似具有不可或缺的作用和地位。"关道一缺上承总署、南北洋大臣，远通出洋各星使，近则与驻沪各国领事、总领事相交接"，成了"办理洋务交涉之京外一枢纽"。① 平时，"各海关道与西人同处一方，近在咫尺，两国领事官时有文牍往来，虽关道以下尚有洋务委员，会审委员，然遇琐屑事故，委员足以了之，其稍有关系者必听命于关道，故关道一缺关系正复郑重"。②

关道的这一特殊地位，正是条约关系造成的。"以关道为外交官，实本于以前与各国所订约章内各国总领事与道台同品一语，当时指明与何官同品，即为往来办事而定，故各省向由洋务局总办迳与各国总领事、领事交涉。"③ 条约中作此规定，就清政府方面而言，正是为了维持对外交涉中的对等地位。由于督抚巡抚官品较高，地位较崇，与外国领事直接交涉往来，有失对等之旨。关道"职分较卑"，由其与外国领事办理交涉，则彼此相当，不失体面。李鸿章奉旨议奏添设天津海关道，谈到这一因素时，谓："臣以总督兼办，又蒙特颁钦差大臣关防，各国和约载有专条，未便过事通融，致亵国体而启外人骄慢之渐"。添设海关道，"责成道员与领事官、税务司等商办一切，随时随事禀臣裁夺"。"往来会晤仪节，务皆斟酌适宜，此等事理虽小，动关体制，不敢不慎"。另外，"中外交涉案件，洋人往往矫强，有关道承上接下，开谕调停，易得转圜"。凡华洋交涉案件，"责令该道督

① 《论交涉之机视乎应酬》，见金匮阙铸补斋辑：《皇朝新政文编》第2册，台北，文海出版社1987年版，第455页。

② 《论办理交涉》，《申报》第46册，上海书店1984年版，第305页。

③ 《奉天将军赵尔巽覆萩原总领事与道台同品应按约章办理照会》，光绪三十二年九月十九日，见王彦威、王亮辑编：《清季外交史料》卷199，外交史料编纂处民国二十四年版（1935年），第8～9页。

同府县各官认真妥办”，“俾可呼应得力”。[①] 为此，李鸿章特别强调，直隶新设津海关道一缺，“系因地方洋务，关系巨要”。[②]

至于各省自主设立的洋务局、交涉局之类的机构，对全省交涉事务虽“实有总汇之职权”，[③] 但由于并非经制机构，办事艰难，与各府县亦协调不易。各国领事，也往往不把它们当回事，如日驻东北领事，“事无大小，迳行照会将军，置交涉局于不顾”。[④] 此外，地方外交机构缺乏统一的协调，或相互推诿，或办理失当，实际上处于混乱的状态。同治年间，曾国藩即指出：“关道以洋人恃其凶横，而不敢谁何。督抚以洋务非其专责，而不肯深究，势必至睚眦小忿，皆取决于总理衙门。”[⑤] 奕䜣奏称，遇到交涉事件，“广东诿诸上海，上海诿诸天津，及至事变已成，袖手旁观，自幸其置身局外”。[⑥] 张之洞后来亦谓：“司则以诿之府，府则以诿之县，县无可诿，则遂束之高阁。迨经屡奉檄催，然后草率具覆。引约章则多舛，援成案则多歧。又或司、道、府、县衙门自理案件，干涉洋务者，或失之卑屈，或失之迂远，既与条约不符，亦于事理不切。”[⑦] 对中国地方外交的混乱局面，列强非常不满，同治四年（1865 年），英、美驻华公使责问总理衙门：“各外国以为谁掌其权，向谓权在贵亲王，不属之别人。嗣后如使

---

① 《裁并通商大臣酌议应办事宜折》，同治九年十月二十六日，见顾廷龙、戴逸主编：《李鸿章全集》第 4 册，安徽教育出版社 2008 年版，第 108 页。

② 《酌议津海关道章程折》，同治九年十一月初六日，附清单，见顾廷龙、戴逸主编：《李鸿章全集》第 4 册，第 174 页。

③ 《奉天将军赵尔巽覆萩原总领事与道台同品应按约章办理照会》，光绪三十二年九月十九日，见王彦威、王亮辑编：《清季外交史料》卷 199，第 9 页。

④ 《附考查奉天省情形单》，徐世昌：《退耕堂政书》第 1 册，台北，文海出版社 1968 年版，第 11 页

⑤ 《议复兼摄通商大臣折》，同治元年六月初六日，见廖海廷、唐增烈整理：《曾国藩全集・奏稿》四，岳麓书社 1987 年版，第 2359 页。

⑥ 《奕䜣等奏预筹修约请饬各将军督抚大臣各抒己见折》，同治六年九月乙丑，见中华书局编辑部、李书源整理：《筹办夷务始末・同治朝》第 5 册，中华书局 2008 年版，第 2120 页。

⑦ 《札司道讲求洋务》，光绪十二年六月二十日，见苑书义等主编：《张之洞全集》第 4 册，河北人民出版社 1998 年版，第 2523 页。

各国改此意见，致视贵署或为未能全悉条约，或为非系总理各国事务，势同分司，殊于和谊大有妨碍。”①

总的来看，地方外交是为适应条约关系而建立的，是一种有损国家统一，不科学的制度。在这种制度之下，应由国家中央政权行使的权力，却分散到地方，不仅造成外交上的分割状态，且更使地方势力坐大，影响国家统一。奕䜣即说，“办理洋务，其纲领虽在内，其实仍在外”，②“外省交涉案件办事之权，疆臣操之”。③ 晚清时期亦由此出现了非正常现象，地方重臣对国家外交有着非同小可的影响，甚至中央朝廷亦不能控制。例如，在白齐文事件中，李鸿章致函戈登，谓：“悉由封疆主持，总理衙门不能遥制。”④ 他又对驻华法国署理公使伯洛内说：“南方之事，我自主张，纵有关系，无不遵我之回复。”⑤ 李鸿章炙手可热的权势，以致“当时言及洋务，中外几知有李鸿章，而不知有朝廷”。⑥ 清末之时，外务部员外郎辜汤生总结地方外交的弊端时，亦说，“办理外事，朝廷仍不得不畀以重权”，“由此以来，北洋权势愈重，几与日本幕府专政之时不相上下，故当时言及洋务，中外几知有李鸿章而不知有朝廷也”。⑦ 这一外重内轻的局面，亦导致了外国人对中国的轻视。在他们看来，清廷“事情无论大小，都交给天津的李鸿章大学士

① 《英署使威妥玛给奕䜣照会》，同治四年十月，见中华书局编辑部、李书源整理：《筹办夷务始末·同治朝》第4册，第1542～1543页。

② 《恭亲王奕䜣等奏为法国来照情词叵测并现在办理情形折》，同治五年七月十八日，见中国第一历史档案馆等编：《清末教案》第1册，中华书局1996年版，第549页。

③ 全国图书馆文献缩微复制中心：《总署奏底汇订》第1册，全国图书馆文献缩微复制中心2003年，第14页。

④ 《李鸿章致戈登札》，同治二年，见金毓黻等编辑：《太平天国史料》，中华书局1955年版，第317～318页。

⑤ 《法署使伯洛内照会》，同治五年，见中华书局编辑部、李书源整理：《筹办夷务始末·同治朝》第5册，第1820页。

⑥ 《上德宗景皇帝条陈时事书》，冯天瑜标点：《辜鸿铭文集》，岳麓书社1985年版，第3页。

⑦ 《外务部员外郎辜汤生陈言内政宜申成宪外事宜定规制并请降谕不准轻改旧章创行新政呈》，光绪三十三年十月，见故宫博物院明清档案部编：《清末预备立宪档案史料》上册，中华书局1979年版，第310页。

办理”,[①] 甚至将北洋大臣衙门称为“单人外交部”。[②]

第二个变化，是设立专门的中央外交机构。此前清王朝没有专门的外交机关，涉及对外事务的礼部和理藩院，只是办理“天朝”体制下的朝贡等事宜的衙门。第一次鸦片战争之后，清政府勉强应付新的中外关系格局，设立五口通商大臣，开启了地方外交，但尚无建立中央外交机构的意识。第二次鸦片战争之后，随着中外条约关系的基本形成，清政府需要在中央层面应对新的变化，于是开始在对外体制上进行重大改革，设立专门的外交机构总理各国事务衙门（即总理衙门）。

咸丰十年十二月（1861 年 1 月），恭亲王奕䜣等上奏，统筹全局，提出了这一主张。如前所述，奕䜣等认为，英法等西方列强与传统的“征服者”不同，中方可以在条约之下与之建立国家之间的关系。尽管从根本上而言，“今日之御夷，譬如蜀之待吴”，但是，就当时之势而论，英法等国尚非“心腹之害”和“肘腋之忧”，彼“志在通商，暴虐无人理，不为限制则无以自立，肢体之患也”。“数年间，即系偶有要求，尚不遽为大害。”[③] 奕䜣提出了接受条约关系的基本方针，为实施这一方针，他提出了一整套举措，其中第一条便是“京师请设立总理各国事务衙门，以专责成”。此前，各国事件，“向由外省督抚奏报，汇总于军机处”。而现在，“外国事务头绪纷繁，驻京之后，若不悉心经理，专一其事，必至办理延缓，未能悉协机宜”。新设衙门，“一切均仿照军机处办理，以专责成”。[④]

值得注意的是，奕䜣等对中外格局有了新的认识，突破了以往仅将这一关系限制在通商方面的局囿。然咸丰帝尚停留在传统思维中，仍将中外关系

---

① 转引自［英］季南：《英国对华外交（1880—1885）》，许步曾译，商务印书馆 1984 年版，第 31 页。

② 张明林著：《换一只眼睛看历史：外国人点评李鸿章》，吉林摄影出版社 2003 年版，第 160 页。

③ 《奕䜣桂良文详奏统计全局酌拟章程六条呈览请议遵行折》，咸丰十年十二月初三日，见贾桢等纂修：《筹办夷务始末 · 咸丰朝》八，中华书局 1979 年版，第 2674～2675 页。

④ 《奕䜣桂良文详奏统计全局酌拟章程六条呈览请议遵行折》附件《章程六条》，咸丰十年十二月初三日，见贾桢等纂修：《筹办夷务始末 · 咸丰朝》八，中华书局 1979 年版，第 2675～2676 页。

视为通商关系，因此降谕将奕䜣提出的“总理各国事务”改为“总理各国通商事务”。① 奕䜣等感到不妥，奏请“不用通商”二字，谓：“查通商事宜，上海、天津等口既设有大员驻札［扎］专理，臣等在京，不便遥制。况该夷虽惟利是图，而外貌总以官体自居，不肯自认为通商，防我轻视。今既知设有总理衙门，则各国与中国交涉事件，该夷皆恃臣等为之总理，藉以通达其情。若见照会文移内有通商二字，必疑臣等专办通商，不与理事，饶舌必多，又滋疑虑。”提出行知礼部，铸造关防，“节去‘通商’二字。嗣后各处行文，亦不用此二字，免致该夷有所藉口”。咸丰帝担心列强“饶舌”，遂朱批“依议”。②

“通商”二字的辨析，反映了第二次鸦片战争之后清朝君臣对外观念的变化。奕䜣等人已在某种程度上认识到条约关系形成后的新格局，看到列强与中国已不仅仅存在通商关系，他们提出建立总理各国事务衙门等一系列举措，正是这一新观念的反映。总理衙门的设立，无疑具有重要的意义，不仅中国出现了第一个具有近代外交性质的机构，而且清政府亦由此开始接受近代外交观念。这一举措受到了西方各国的欢迎，英驻华公使致贺说：“因思中外各国何以能保将来无不和好之道，莫若各邦大臣与中华大吏直达无阂，此次新立衙署，足见贵国亦有此意，本大臣实深欣慰。更悉贵亲王仍总其事，尤切忻悦。”③ 法使也表示了同样的心情，“心里乐的了不得”。④ 总理衙门成立后，清政府开始与各国建立了近代性质的外交关系，开展了相关外交活动。必须指出，总理衙门开启的近代外交关系只是形式上的，并非主权国家之间的正常关系，而是体现了强权政治的实质。

还需看到，如同地方外交体制的产生与“夷夏”观念不无关系，筹建总

① 《文宗显皇帝实录》卷337，咸丰十年十二月己巳，见《清实录》第44册，中华书局1987年版，第1022页。

② 《奕䜣等又奏请关防及行文不用通商二字片》，咸丰十年十二月十六日，见贾桢等纂修：《筹办夷务始末·咸丰朝》八，中华书局1979年版，第2710页。

③ 《附件二：抄录英使为新设总理衙门实深欣慰事照会》，咸丰十一年正月初九日，见齐思和等编：《第二次鸦片战争》五，上海人民出版社1978年版，第389页。

④ 《附件三：抄录法使为新设总理衙门不胜欣悦事照会》，见齐思和等编：《第二次鸦片战争》五，第391页。

理衙门的考量，也充斥了传统的羁縻之道和权宜之计的设想。设置之初，奕䜣等并未将总理衙门作为正式国家机构，奏谓："因别设衙门，在该夷视之，以为总理之所，名目甚大，而在臣等则视四译馆等衙门之列。"① 显然，在他看来，总理衙门是一个类似四译馆的临时机构，以致成立 20 多年一直未被正式纳入行政编制。奕䜣又提出，"各国使臣驻京后，往来接晤，及一切奏咨事件，无公所以为汇总之地，不足以示羁縻"。"自应迅速建立，以驯其情。"开始，"拟于礼部设立公所，办理一切"，考虑到"礼部为考论典礼之地，体制较崇，该夷往来其间，殊于体制未协"。同时，又担心列强将其"视同四译馆等衙门之例［列］"，会引起不满，因此另择地点。但是，在司员官役设置以及经费等方面，"一切规模，因陋就简，较之各衙门旧制格外裁减，暗寓不得比于旧有各衙门，以存轩轾中外之意"。② 在机构设置上的这种考虑，无疑反映了"贵中华，轻夷狄"的传统羁縻观念。而且，最初设想仍如临时派遣办理夷务的钦差大臣一样，拟"俟军务肃清，外国事务较简，即行裁撤，仍归军机外办理，以符旧制"。③ 或者说，奕䜣有故意贬低总理衙门的地位以掩饰揽权的韬晦之意，然即使如此，其中含有权宜之计的羁縻色彩亦是非常显明的。总理衙门的设立，是为了适应第二次鸦片战争后中外条约关系的发展，是一个具有近代性质的外交机构。本来，这个新机构可以成为摈弃羁縻之道的起点，但它却仍被放在羁縻之道的框架之内。

作为具有近代性质的新机构，总理衙门本身的制度有一完善的过程，还由于实行地方外交，以及传统观念的束缚，总理衙门存在种种弊端，尤其是办事效率低，流于空谈，不解决实际问题。同治帝谕谓："总理衙门，固为通商纲领，而中外交涉事件，则广东上海为总汇之所。"④ 也就是说，总

① 《奕䜣桂良文详奏总理衙门未尽事宜拟章程十条呈览折》，咸丰十年十二月癸未，见贾桢等纂修：《筹办夷务始末 · 咸丰朝》八，第 2715 页。

② 《奕䜣桂良文祥奏总理衙门未尽事宜拟章程十条呈呈览折》，咸丰十年十二月二十四日，见贾桢等纂修：《筹办夷务始末 · 咸丰朝》八，第 2715 页。

③ 《章程六条》，咸丰十年十二月初三日，见贾桢等纂修：《筹办夷务始末 · 咸丰朝》八，第 2676 页。

④《穆宗毅皇帝实录》卷 57，同治二年二月丙戌，见《清实录》第 46 册，中华书局 1987 年版，第 98 页。

理衙门虽是最高外交机关，但具体交涉还须到外省。又兼总理衙门实行合议制，由“王大臣领之”，军机大臣“一并兼管”，而“其与各衙门交涉事件，各衙门堂官亦应与闻”。①当这些官员能凑到一起议事，往往“口若悬河，滔滔而谈”，②却不能解决实际问题。列强深为不满，认为与总理衙门交涉，“谈话不着边际而焦急，普遍地耗损了精力”。③同治年间，法国公使伯洛内照会总理衙门抱怨说：“然遇有请办事件，往返屡次商酌，而后定准，迨咨行各省，并未见一处立即遵办完结。总为各省大吏延搁，自作主张。数载以来，所有请办之件，俱属徒劳，总理衙门咨行各省查办之件，置若罔闻。”④英使威妥玛致函总理衙门，谓：“议及各省事件，凡有不合条约之处，莫如该国住京大臣，即宜亲身前往办理，无庸在京徒费周章，耽延时日”。⑤在马嘉理案件的交涉中，威妥玛又对李鸿章说，“我在京与总理衙门商量此事延至多时，或今日答应一两件，明日又谓某件还要斟酌，或此件甫经说有眉目，又说某处不能商行。各位中堂大人如同哄骗小孩子一般，说来说去无非空谈！”⑥“总署向来遇事总云：‘从容商办’，究是一件不办。”⑦此案中外使与总理衙门反复交涉，没有结果，到李鸿章这里很快就解决了。总理衙门甚至将事情推到各省，如德驻华公使提出，若外省不能办理交涉，可否在总理衙

---

①　《奕䜣桂良文详奏统计全局酌拟章程六条呈览请议遵行折》，见贾桢等纂修：《筹办夷务始末·咸丰朝》八，第2676页。

②《巴夏礼文》。转引自［英］季南：《英国对华外交（1880—1885）》，许步曾译，商务印书馆1984年版，第29页。

③　［英］季南：《英国对华外交（1880—1885）》，许步曾译，第28～29页。

④　《法署使伯洛内照会》，同治五年七月甲戌，见中华书局编辑部、李书源整理：《筹办夷务始末·同治朝》第5册，中华书局2008年版，第1820页。

⑤　《英使威妥玛函》，同治九年二月丙辰，见中华书局编辑部、李书源整理：《筹办夷务始末·同治朝》第8册，第2886页。

⑥《与英国威使问答节略》，光绪二年五月二十八日，见顾廷龙、戴逸主编：《李鸿章全集》第31册，安徽教育出版社2008年版，第418页。

⑦《与英国威使晤谈节略》，光绪元年七月初三日附，见顾廷龙、戴逸主编：《李鸿章全集》第31册，第280页。

门办理。答称："总须在外边办，一切情形本衙门不能悬揣。"① 几年后，德使馆翻译阿恩德向总理衙门提出，广东交涉事件能否由其代为办结，总理衙门答复说："远处情形不能目睹，仍在广东办理为是。"② 法驻华公使施阿兰问巴塘教案事，总署回答称："领事可到省城与制军商量，可去与否，制军必有主见，与其与本衙门商量不如直接与制军商议，直截了当，少许周折，地方官归制军管辖，当如何办理，制军自有办法。"③ 如此种种，使总理衙门未能很好地发挥作用，其改革势在必行。

第三个变化，是建立近代交往制度。这一变化亦是为了适应新的中外关系格局，尤其是应对条约关系的需要。近代交往制度内容广泛，对当时的清政府而言，具有根本性意义的，主要是建立中外互派公使常驻对方京师的制度。前已述及，中英、中法《天津条约》，对这一制度作了详细规定，已成为条约关系的重要内容。对西方列强来说，这是最重要的一项收获。英国专使额尔金认为，"通过条约获得的最重要的东西，是公使常驻北京，没有它，这个条约不值一根稻草"。④ 而对清政府而言，这是最大的损失，甚至为之痛心不已，曾力图用关税作代价挽回，终未遂愿。在此问题上，仍然反映了清政府留恋传统的心理，因为，交往形式尤能体现羁縻之道的一些基本理念，历史上中央王朝包括清政府与"外夷"的羁縻勿绝，其基本使命便是维护"天朝"体制的尊崇，防止"以夷变夏"。它与条约关系中的交际规范存在不可弥合的差异，两者发生了激烈的冲撞。历史的辩证法是无情的，也正是在列强一次次以武力相挟的"以夷变夏"中，以及与之相伴的试图维持羁縻关系的过程中，羁縻之道逐渐走向衰微，终为西方条约关系的新模式所取代。

即使经历了第二次鸦片战争这样的惨败，清政府仍不抛弃这种没有实

---

① 《美股问答节略》，光绪九年三月初一日，见全国图书馆文献缩微复制中心编：《清代孤本外交档案》第 20 册，全国图书馆缩微复制中心 2002 年版，第 7998 页。

② 《美股问答节略》，光绪十五年闰五月初十日，见全国图书馆文献缩微复制中心编：《清代孤本外交档案》第 21 册，第 8519 页。

③ 《法股问答节略簿》，光绪二十二年十月二十日，见全国图书馆文献缩微复制中心编：《清代孤本外交档案》第 26 册，第 11300 页。

④ Alexander Michhid, *The Englishman in China during the Victorian era,* Vol. Ⅰ, Edinburgh and London, W. Blackwood & sons, 1900, p. 332.

际意义的虚荣。同治二年一月（1863 年 2 月），清政府以皇帝的名义致函美国总统，谓："朕谨受天命，抚驭（就是统治的意思）寰宇中外一家，罔有歧异"。[①] 列强对清政府妄自尊大，仍视其为"夷"非常不满，认为"中国抚议，本属羁縻"。[②] 在列强看来，这些问题要得到根本解决，除须要求清政府严格守约之外，还要改变中国的对外态度和体制。同治四年九月（1865 年 10 月），赫德提出《局外旁观论》，同治五年正月（1866 年 2 月），英驻华使馆参赞威妥玛又照会总理衙门，提出《新议略论》。在这两篇论说中，赫德和威妥玛劝导清政府认识中外关系的变化，正视条约关系的现实，抛弃传统的"驭夷"观念，建立西方通行的近代对外交往体制。他们指出，当时的中外关系已不是过去的"华夷"秩序模式，"试问中华现今邻邦，仍是匈奴、西番乎？英国早得缅甸一分，法国已到安南，俄国分在西路朝鲜之外"。威妥玛向清政府提出建议，"果欲全天下皆平，总不能按成例旧法，方得增益"，须"速与各国笃结友谊"，遵照儒家"穷则通，变则通，通则久"的思想，改革内政。因为，"内政、外交两节，今已互结，不能分论"，这是当今与古代的"不同之要处也"。改革内容，除了学西法自强，"兴利除弊"之外，尤须改变传统的"天朝"观念和体制，"立宜设法更求外国和睦"。最迫切的是要按照西方的惯例建立相互来往制度，"如果不能立派代国大臣往外驻扎，亦宜设法使其免疑见轻"，改变"外交冷淡"的状况。"泰西诸国，素以相派大臣为尽来往之礼。亦同礼者联为局中，不同礼者视为局外。"再者，"大皇帝召见各国驻京大臣，若不准见，虽不便遽至失好，恐必籍他端而生事"。也就是说，只有互派使节，实行"同礼"，才算是融入了条约关系之中。而建立这一制度，"系属中华全益"，中外相通"庶可易寒为热"，"各国既有关切之心，斯其无故侵占之渐，较易防堵"。[③]

赫德和威妥玛对中外关系的分析，无疑有粉饰侵略的片面性，其提出

---

① ［美］马士：《中华帝国对外关系史》第 2 卷，张汇文等译，上海书店出版社 2000 年版，第 148 页。

② 《大学士湖广总督官文奏》，同治五年四月戊戌，见宝鋆等纂修：《筹办夷务始末 · 同治朝》卷 41，第 40～41 页。

③ 《总税务司赫德呈递局外旁观论》《威妥玛新议略论》，同治五年二月丙午，见宝鋆等纂修：《筹办夷务始末 · 同治朝》卷 40，第 13～35 页。

的建议也是出自维护在华权益的目的。另外，这两篇论说也有值得清政府吸收借鉴的一面。就中外关系的角度而言，它建议清政府尽快建立符合国际规则的外交体制，这正是当时清政府亟须认识和实施的重要问题。这两篇论说不仅给“天朝”君臣们上了一堂当代国际关系学的课，而且还以中国将面临着失去主权，甚至为日本这样的小国所侮的严重后果警示清政府，说：“可虑者，不在外国有无侵占之心，而在处处有易侵占之势。”“进则可以兴而后强，止则必至衰而不振。”这些警示颇有预见性，[①] 两人的议论也引起了清政府的重视，尽管奕䜣说“恫喝挟制均所不免”，但他也承认，“惟所陈内治外交，各种利弊，反复申明，不无谈言微中”。他奏请饬下各封疆大吏，“其如何设法豫防，俾各国目前不致生疑，如何设法自强，使中国日后有备无患”，“亟早筹维”。[②]

从长远角度调整条约关系，建立近代平等交往体制，是赫德、威妥玛两人反复强调的重点之一，他们甚至将其提到引起中外冲突的高度。及至同治六年（1867 年）预筹修约，清政府感到列强必然会提出这些问题，遂将其列入需讨论的问题之中。问题主要有二，一是派遣驻外使臣，二是各国使臣觐见中国皇帝是否跪拜，在羁縻外人的“天朝”体制中，这是两个带有根本性原则的大事。众所周知，在这一体制中，此前从未派遣常驻使节。讨论中，已有不少封疆大吏认识到这一问题的重要性。福建巡抚李福泰认为：第一，“遣使一节，为目前急务”。以前虽无遣使之事，但“时异势殊，不得不量为变通”。第二，列强要求遣使，是为了两国交往，并无他意。“彼以使来，我以使往，更于国体无碍。”第三，遣使有益，可以了解外国情况，“查探彼

① 如赫德《局外旁观论》谓：“无庸提及泰西各国，< 即 > 左近日本、暹罗各小国若要作乱，< 将 > 无可抵挡。”证之数年后的日本犯台，更证之 30 年后的甲午战争，不幸言中。威妥玛《新议略论》谓：“中华果至终衰之时，诸国各有要务，见必受险，难免干预保全。一国干预，诸国从之，试问将来中华天下，仍能一统自主？抑或不免分属诸邦，此不待言而可知。”“中国尚因别故，亦难防其移权之危。此别故者，各国大局，系中国一日不能保全，各国一日难免代为承保，而使外国代承其责，实免外国代为作主，此中国失权危险之处。”证之 30 余年后的瓜分狂潮，何其相似。

② 《总理各国事务恭亲王等奏》，同治五年二月丙午，见宝鋆等纂修：《筹办夷务始末 · 同治朝》卷 40，第 11 页。

国之虚实”；可以“宣布我国之事理”，使外国了解中国。如此“中外之气不隔，于通商大局，必有裨益”。[①] 其他如湖广总督李鸿章、署江苏巡抚湖北巡抚郭柏荫也认为遣使有益于中国。[②] 这些说明西方的外交体制已逐渐为部分中国官员所接受。但是，这种观念并非是普遍的，还有不少封疆大吏仍以传统的羁縻“驭夷”的观念看待常驻使节制度。在他们看来，常驻就是作为人质。如江西巡抚刘坤一所说，是“以柱石重臣弃之绝域，令得挟以为质”。[③] 或认为遣使对中国并无益处，“外人谓遣使大有益于中国者，其说妄也”。[④]

如果说，遣使还较为容易接受的话，那么，外国使臣觐见皇帝，尤其是放弃跪拜之礼，便成为哽在咽喉的一根刺。由于它牵涉“天朝”礼制的最顶层，而这在羁縻之道中无疑是一个核心问题，因此更难为清廷所接受，遭到了激烈的反对。如总理船政、前江西巡抚沈葆桢谓，“古者列侯有使卿大夫上聘天子之礼，果其瞻云就日，出自至诚，则以陪臣获仰天颜，宜如何荣幸。其尚敢惜拜跪之节，悍然以与我争，此不过藉修好之名，巧为尝试，正欲以不遵中国仪制，夸耀邻封。夫柔远有经，接以温言，厚其赐予可也，废我典章不可也”。[⑤] 或以同治帝尚未亲政为理由，主张届时另议，如湖广总

---

① 《李福泰复信并附条说》同治六年十二月乙酉，见宝鋆等纂修：《筹办夷务始末·同治朝》卷55，第34页。

② 湖广总督李鸿章认为，一是“凡遇争辩疑难之事，该国公使领事有不可情理喻者，使臣得见其君主执政，明相诘责，曲为晓譬，且得援引该国政教法律，以为此例，或可排难而解纷”。二是“各国兵制船政军火器械，精利奇巧，远过于中土，往来既熟，探［臣责］索隐，若能深窥其曲折要领，从而学之，归而求之，我增一长，彼失一恃，足为自强根基”。见《李鸿章条款》，同治六年十二月乙酉，见宝鋆等纂修：《筹办夷务始末·同治朝》卷55，第12页。署江苏巡抚湖北巡抚郭柏荫也认为：一是“中外既已通好，互相遣使，所以通彼此之情，若来而不往”，便“无由悉其情伪”。二是“遇有该国公使倔强任性，不合情理之处，不能向彼国一加询问，尤隔阂之大者”。见《署江苏巡抚湖北巡抚郭柏荫奏》，同治六年十二月辛丑，见宝鋆等纂修：《筹办夷务始末·同治朝》卷55，第39页。

③ 《江西巡抚刘坤一奏》，同治五年四月甲辰，见宝鋆等纂修：《筹办夷务始末·同治朝》卷41，第45页。

④ 《沈葆桢条说》，同治六年十一月庚午，见宝鋆等纂修：《筹办夷务始末·同治朝》卷53，第4页。

⑤ 《沈葆桢条说》，同治六年十一月庚午，见宝鋆等纂修：《筹办夷务始末·同治朝》卷53，第3页。

督李鸿章、福建巡抚李福泰、署江苏巡抚湖北巡抚郭柏荫，等等。①

从上可以看出，传统的羁縻“驭夷”体制与近代外交体制正处在矛盾和冲突之中，部分官员对后者已有了一定的认识和了解，但又没有舍弃传统。值得注意的是，曾国藩陈述的意见，更典型地反映了这一状况，似在传统的羁縻之道与近代的条约关系之间找到了一个结合点。他认为，康熙帝“召见”俄人尼果赍，是以“敌国之礼”待之，与属藩之礼不同。而鸦片战争之后待西方各国，也仿此例，视同敌体。他所说的“敌国之礼”，即平等之礼，这是符合近代交往规则的。对于遣使，与某些大吏以此为耻的观念不同，曾国藩认为，“中外既已通好，彼此往来，亦属常事”，将此视为正常的事情。② 他在致马新贻函中又说：此二事，“中外皆谓关系重大”，可在皇上亲政之后，“准令入觐。不绳以礼法，不待以藩属，徒见朝廷之大方，未必有损于国体”。③ 与此相似，崇厚主张接受西方的外交体制，“豫筹遣使之道”，将其视作“外交第一要议”。对于入觐，他主张“曲示怀柔”，“与其待彼力争而后许，莫若我顺机而府从，虽属创行之典，仍垂格外之恩”。④ 与曾国藩所说的“敌国”，以及李福泰所说的“于国体无碍”一样，崇厚也认为西方国家只是求“敌体平施”，即与中国平等，这是一种进步的观念，是摒弃“天朝”体制所必须具有的思想基础。

显然，就接受西方的近代外交体制而言，清政府正处在一个矛盾和过渡的时期。负责外交的总理衙门拿不定主意：一方面，它不愿“以夷变夏”，各国使臣用“夷礼”觐见；另一方面“必以中国之礼绳之，其势有所不能”，“不许入觐，我实无辞”。一方面，各国一再要求遣使，而自己并无此

---

① 《李鸿章条款》，同治六年十二月乙酉；《李福泰复信并附条说》，同治六年十二月乙酉；《署江苏巡抚湖北巡抚郭柏荫奏》，同治六年十二月辛丑。见宝鋆等纂修：《筹办夷务始末·同治朝》卷 55，第 11、33～34、38～39 页。

② 《遵旨预筹与外国修约事宜密陈愚见以备采择折》，同治六年十一月十五日，见李灿珍等整理：《曾国藩全集·奏稿九》，岳麓书社 1991 年版，第 5786 页。

③ 《复马新贻》，同治六年十一月初三日，见李家骧等整理：《曾国藩全集·书信九》，岳麓书社 1994 年版，第 6462 页。

④ 《三口通商大臣兵部左郎崇厚奏》，同治五年三月壬申、同治六年十一月乙亥，见宝鋆等纂修：《筹办夷务始末·同治朝》卷 41，第 27～28 页；卷 54，第 17～18 页。

意，并曾以“各国至中华，通商传教，有事可办，故当遣使，我中国并无赴外国应办之事，无须遣使”驳之；另一方面，又因为条约关系的建立，“遣使互驻，交相往来，各处皆然”，“此后遣使一节，亦关紧要，未可视为缓图”。① 内外大臣意见纷纭，又由于英国修约时并未提出这类问题，此事又搁置下来。

跪拜仪礼体制的改革最终还是在列强的压力下完成的。《天津条约》作了觐见的规定，② 但列强曾屡屡要求未获允准。同治十二年正月二十七日（1873年2月24日），亲政大典举行的第二天，各国即照会总理衙门，要求用西方之礼觐见。③ 如前所述，总理衙门坚持，“只能将中国素有之礼相待”，④ 各国坚不退让，奕䜣等与之“反复辩诘，几于舌敝唇焦”，⑤ 仍无结果。其后在征求李鸿章的意见之后，清政府终于接受了列强的要求，同意不用中国传统的跪拜礼，降谕“准其觐见”。⑥ 在无法拒绝各国要求的情况下，清政府又提出各种条件，设法予以限制。经过各国画押同意的协议中，其中一条是“觐见处所，及何月何日何时，敬候大皇帝谕旨遵行”。⑦ 根据这一协议，清政府得以将觐见地点设于接见藩属国使臣的紫光阁，这颇有象征意义，表明清政府内心并未真正改变传统的“驭夷”理念。六月初五日（7月28日），日本大

---

① 《总理衙门信函》，同治六年九月乙丑，见宝鋆等纂修：《筹办夷务始末·同治朝》卷50，第31～32页。

② 中英《天津条约》规定：“英国自主之邦与中国平等，大英钦差大臣作为代国秉权大员，觐大清皇上时，遇有碍于国体之礼，是不可行。惟大英君主每有派员前往泰西各与国拜国主之礼，亦拜大清皇上，以昭划一肃敬。”“泰西各国于此等大臣向为合宜例准应有优待之处，皆一律行办。”见王铁崖编：《中外旧约章汇编》第1册，第96、97页。

③ 《各国节略》，同治十二年三月丙申，见宝鋆等纂修：《筹办夷务始末·同治朝》卷89，第30～32页。

④ 《覆各国节略》，同治十二年三月丙申，见宝鋆等纂修：《筹办夷务始末·同治朝》卷89，第37～38页。

⑤ 《恭亲王等又奏》，同治十二年三月丙申，见宝鋆等纂修：《筹办夷务始末·同治朝》卷89，第29页。

⑥ 《谕内阁》，同治十二年五月丁酉，见宝鋆等纂修：《筹办夷务始末·同治朝》卷90，第23页。

⑦ 《简明节略》，同治十二年五月丁酉，见宝鋆等纂修：《筹办夷务始末·同治朝》卷90，第28页。

使以作揖礼，俄、美、英、法、荷等国公使以鞠躬礼在紫光阁觐见了同治帝。觐见事件是一个重要的转折，反映出羁縻之道正走向穷途末路，揭示了条约关系所带来的近代外交体制不可阻挡地取代“天朝”体制的历史趋向。

同时，清政府仍未完全放弃维护和恢复“天朝”体制的努力，这就预示着中外冲突的不可避免，随后清政府也正是在列强的一次次威逼或武力打击下，最终无可奈何地接受了近代外交制度。光绪二年（1876 年），英国以“马嘉理事件”为借口，又一次提出中外的交际之道，将此作为解决马嘉理案的条件之一。李鸿章对此类与马嘉理案并无关系的要求婉言拒绝，威妥玛则屡以绝交相威胁，清政府不得不接受了这一要求，在《烟台条约》中对“优待往来”作了规定。① 对于条约规定和威妥玛的具体要求，总理衙门迅速予以实施。未待该案结案，总理衙门首先做的一件事，便是根据李鸿章的意见，立即奏请派驻英国公使，获得了允准。② 光绪元年七月二十八日（1875 年 8 月 28 日），郭嵩焘被派为驻英公使，后又兼驻法公使。这是清政府派遣常驻各国公使的开端，中国由此建立了这一近代外交制度。随后，清政府颁布章程，将驻外公使制度化，并陆续遣使至各个国家。直至清亡，清政府共在 14 个国家，由 10 位官员专任或兼任公使。③ 除常驻公使之外，清政府还派遣了其他各种类别的临时使节，如观光性、屈辱性、礼仪性和考察性的使节。这些使节的派遣，是清政府的对外体制的重大变化，从传统的羁縻之道走向条约关系下的近代外交。各类使臣的派遣，尤其是常驻各国公使制度的确立，具有重要意义，标志着清政府在形式上与各国建立了正规的外交关系。

“滇案”的交涉，对于清政府改变羁縻“驭夷”的交际之道，是一个重要的推动。总理衙门“从前办理洋务，每有持之过甚，不肯稍示通融，以致决裂，故不得权衡轻重，略示羁縻”。④ 尽管它没有完全接受威妥玛的要求，

---

① 中英《烟台条约》，光绪二年七月二十六日，见王铁崖编：《中外旧约章汇编》第 1 册，第 348 页。

② 《总署奏请派驻英国公使片》，光绪元年七月二十八日，见王彦威、王亮辑编：《清季外交史料》卷 3，第 14～15 页。

③ 钱实甫：《清代的外交机关》，生活·读书·新知三联书店 1959 年版，第 259 页。

④ 《总署奏马嘉理案与英使往来辩论情形折》，光绪元年十月初七日，见王彦威、王亮辑编：《清季外交史料》卷 4，第 7 页。

但其后却较为主动地改善交际之道。此年十二月初，总理衙门奏请，仿各国公使值中国新年来该衙门道贺之事，与各部院衙门商定时间，前往各国使馆道贺新年。“拟请以光绪二年为开办之日”，以后定为制度，此奏得旨“依议”。①实际上，清政府并未心甘情愿地接受“以夷变夏”，加强交际往来是由于威妥玛“要挟不已”，而“曲意徇其请”。②又在遭受一系列的打击之后，清政府才逐步完成了这个转变。如前所述，“天朝”礼制最顶层的觐见礼仪的变化，款接外宾章程的制定，等等，说明清政府改变了坚执“中华之礼”的态度，进一步接受了西方的交际之道。即使是处于交际顶层的光绪皇帝，其对外观念亦发生了重要变化，他无视臣子们的反对，给予外国使臣以更优隆的礼遇。③

可见，至19世纪末，清政府基本上放弃了传统的“天朝”礼制，建立了近代交往制度。这一转变与驻外公使的派遣有密切的关系，这些公使身临其境，耳濡目染，对西方近代外交体制的优越性更有切身体会。他们在其发回国内的奏疏和各种文字中，传递了大量的新思想；他们所进行的交涉活动，推动了中国外交体制的更新。④另外，清政府的宗藩体系的崩溃，也是一个重要因素。正是“国家素守羁縻属国之策，不干内政，兴衰治乱，袖手漠视，以至越南亡于法，朝鲜并于日，浩罕之属蚕食于俄，而属国所廑存

---

① 《总署奏各国驻京使臣新年拟与各部院大臣互相道贺片》，光绪元年十二月初十日，见王彦威、王亮辑编：《清季外交史料》卷4，第28～29页。

② 陈义杰整理：《翁同龢日記》第3册，光绪元年八月二十九日，中华书局1998年版，第1153页。

③ 参见王开玺：《戊戌时期清廷觐见礼仪的改革》，《北京社会科学》1999年第3期；茅海建：《戊戌变法期间光绪帝对外观念的调适》，《历史研究》2002年第6期。

④ 如薛福成在出使英国切身感受之后，非常赞赏西方的交际之道，主张摒弃旧制，谓：“外洋各国风气，交际与交涉，截然判为两事。交际之礼节，务为周到，交涉之事件，不稍通融。惟其厚于交际，故可严于交涉，凡各国使臣初到一国驻扎之时，其君主无不接见，慰劳数语，以示优待，使臣鞠躬而退，并不言及公事，此西国之通例也。”当知道“各国公使以未蒙觐见，不无私议”时，他上奏说：“我若深闭固拒，相形之下，似觉情谊恝然”，提出“同治十二年间成案可循，不妨援照办理”。至于所礼仪，“告以外人愿行中礼，或愿行西礼，各听其便，如是则彼虽自行西礼，仍于体制无损”。见薛福成：《豫筹各国使臣合请觐见片》，光绪十六年七月初六日，《出使奏疏》卷上，台北，华文书局1971年影印，第16页。

者，坎巨提一隅而已”。① 这不能不引起清政府对这一政策的深刻反思，同时亦反映出羁縻之道的衰微。然而，清政府内部仍存在企图恢复“天朝”体制，对“以夷变夏”深恶痛绝的旧势力，它并未从根底解决接受西方体制的问题。甚至一些驻外公使还未舍弃闭关思想，谓：“居今之世，苟能闭关自守，不相往来，诚为至善。”② 光绪帝改革对外交往体制的举动，不为“天朝”大吏们所理解，甚至被视为“异数”。③ 赫德认为，“中国似乎更像一个从睡眠中醒过来的渴睡者，不久即将重新进入梦乡。他的醒来不过是为了翻个身，从左胳膊转向右胳膊而已”。④ 戊戌政变后，这股顽固势力再度抬头，世纪之交兴起的义和团运动，又为他们提供了可资利用的良机。在这场大规模的“以民制夷”战争中，外国使馆遭到围攻，已经初具规模的近代交际模式全部被否定。这一反复导致列强以更大的暴力强迫清政府作出新的调整。

四、近代条约外交体系的确立

经过甲午、庚子的重创，尤其是八国联军入侵，强迫清政府订立《辛丑条约》之后，清政府的对外观念及对外政策发生了重大转变。它进一步舍弃了羁縻之道，在接受传统国际法时代的强权规则的同时，又更进一步树立了近代意识与观念，由此形成了较为完整的条约外交体系。

庚子事变之后，在西方列强的集体暴力之下，清政府完全接受了传统国际法时代的强权规则，再次以更屈辱的方式确立了恪守条约的方针，形成了体现这一态度的条约关系观念。随着对外观念的变化，清政府的条约外交发生了更趋于近代性质的变化。例如，通过加入国际公约，清政府进一步扩展了这种交往，以更加自主的姿态融入国际社会。对条约关系的性质及重要性，清政府有了更深入的认识，更加重视“考究”条约和国际法，并对传统的羁縻“驭夷”之道进行了深入的批判。对国际法的认识及态度，亦发生了

① 赵尔巽等：《清史稿》第 48 册，第 14576 页。

② 崔国因著、刘发清等点注：《出使美日秘日记》，光绪十九年五月二十九日，黄山书社 1988 年版，第 646 页。

③ 任青、马忠文整理：《张荫桓日记》，光绪二十四年润三月二十七日，上海书店出版社 2004 年版，第 531 页。

④ ［美］A. 施阿兰：《使华记（1893—1897）》，袁传璋等译，商务印书馆 1989 年版，第 182 页。

变化，以条约和国际法为中心的对外交涉，也受到了高度重视，讲求外交之道渐成风气。在这些认识的基础上，修改不平等条约的诉求更为明确，具体方案也更为成熟和多样化，并开始了初步的交涉和尝试。另外，为适应条约关系的变化，清政府还对《大清律例》作了修改和调整，庚子之后又启动了中止30余年的修律工作，进行了以“模范列强为宗旨”的司法改革，建立了“中外通行”的法制体系。此外，对各有约国，清政府在基本特权方面实施一视同仁的无差别政策的同时，又在某些方面对大国和小国区别对待，等等。以上内容，在相关章节作了专题阐述，不再赘述。

除此之外，清政府为适应条约关系的新变化，又对内外体制作了进一步的调整。对外方面，随着传统国体观念的衰微，清王朝的君臣们更具有“循公例”，接受西方文明体制的主动意识。更多官员开始注重外交体制的改善。如光绪二十七年（1901年），驻俄公使杨儒提出修订出使章程，他认为，西方将出使“立为专门之学”，而在中国则“以为进身之阶”，因此遭到外人的轻视。应改变这一状况，重新修订出使章程，“俾资模范，使臣必大有起色”。① 光绪三十四年（1908年），驻德公使孙宝琦上奏，提出“推广驻使”“豫储外交人才”等举措，经部议，谕令“奏明办理”。②

外交体制更褪去了羁縻“驭夷”的传统色彩，不论是在中央还是在地方，均作了新的调整，进一步走向统一化、规范化和近代化。在中央层面，对于总理衙门的种种弊端，不仅列强不满，而且清政府亦希望进行改革。各国提出将总理衙门改为外务部后，得到了李鸿章、奕劻等人的积极响应。奕劻看到《议和大纲》后，致函荣禄谓：“译署鼎新，彼如不言，中国亦宜自加整顿。”③ 李鸿章有更全面的考虑，他认为：设立了逾四十年的总理衙门未发挥作用，沦为不合理及不负责任的机构，招致公使馆被围攻，外国人被害，因此必须废除，并成立新的外交负责机构。他主张将这一机构改称为

---

① 《使俄杨儒奏请变通成法补救时艰谨拟六策折》，光绪二十七年七月初一日，见王彦威、王亮辑编：《清季外交史料》，卷149，第9页。

② 《德宗景皇帝实录》卷586，光绪三十四年正月丙辰，见《清实录》第59册，中华书局1987年版，第753页。

③ 《奕劻札》，光绪二十六年十二月初四日，见杜春和等编：《义和团资料丛编·荣禄存札》，齐鲁书社1986年版，第10页。

“外务部”，对任职于该机构的大臣授予高薪待遇，并要求由北京公使会议明确提出。[①] 李鸿章的意图是借助列强的力量，推行外交机构的改革。光绪二十七年六月初九日（1901 年 7 月 24 日），清廷降旨谓：“从来设官分职，惟在因时制宜，现当重定约约之时，首以邦交为重，一切讲信修睦，尤赖得人而理。从前设立总理各国事务衙门，办理交涉，虽历有年所，惟所派王大臣等，多系兼差，未能殚心职守，自应特设员缺，以专责成。总理各国事务衙门著改为外务部”。令将总理衙门改为外务部，“班列六部之前”，对该部官员“优给俸糈”。[②] 显然，中央外交机构的改革，其议虽发自列强，但主要内容却是出于李鸿章的谋划。该机构被提升为各部门之首，并受到各种优待，体现了清政府将以条约为核心的中外关系放在了首要地位。在官制改革中，清政府也明确提出，“列邦对峙，首重外交，外务部宜居第一”。[③] 体现传统“驭夷”观念，“以示羁縻”的总理衙门被改为外务部，表明清政府在体制上舍弃了羁縻外交，使中国的外交更趋向近代化。用美国专使柔克义的话说，“总理衙门（或称外交事务署）是既臃肿宠大而又无能履行所赋予的职责的机构，根据会议建议的方式进行了改组，变成了一个承担责任的外务部，并按照世界上所有其他国家所采用的类似方式组织起来”。[④]

地方外交，亦在庚子事变之后的改革中，作了新的调整，试图建立统一的体制。在近代国家，外交属于国家行为，外交权由中央掌握，地方政府只能在宪法和法律允许的范围内从事有关地方事务的外交活动。晚清时期形成的地方外交，是一种削弱国家统一的体制，是不可取的。这一体制有种种弊端，造成了国家外交格局的混乱，促使了外重内轻局面的恶化。此外，作为封建专制的国家，地方外交权的过度泛滥又必然削弱皇权，因此，改革这

① ［日］川岛真：《外务部的成立过程》，第三届中外关系史国际学术讨论会论文集，2010 年 8 月。

② 《辛丑各国和约》附件十八，见王铁崖编：《中外旧约章汇编》第 1 册，第 1023 页。

③ 《阁部院官制节略清单》，光绪三十二年九月十六日，见故宫博物院明清档案部编：《清末筹备立宪档案史料》上册，中华书局 1979 年版，第 469 页。

④ 《美国赴华专使柔克义的报告》，1901 年 11 月 30 日，见天津社会科学院历史研究所编：《1901 年美国对华外交档案——有关义和团运动暨辛丑条约谈判的文件》，刘心显、刘海岩译，齐鲁书社 1984 年版，第 6～7 页。

一制度已是必然趋势。外务部员外郎辜汤生称："李鸿章为北洋大臣，适值中外交讧，外患孔亟，故凡办理外事，朝廷仍不得不畀以重权，一若前督臣曾国藩督军之时。由此以来，北洋权势愈重，几与日本幕府专政之时不相上下，故当时言及洋务，中外几知有李鸿章而不知有朝廷也。""人见办理外事既无定章可守，遂渐视内政之旧法亦可以不必守也。"[①]还在光绪三十一年（1905年），便有人在《南方报》上载文，指出外交机关需要改革，并提出了改革的方案。他说，"中国今日处世界之冲，厕列强之侧，国家之运命，几全系于外交"，但中国"组织办外交之法，实亦多所失当"，所以"整理外交机关，尤为要著"。他建议，"于各省设立交涉总局，直隶外务部，而仍受节制于该管督抚，略如各商局、商会直隶商部之例。置一道员或司员相当之官，总辖其事。其一省之府、厅、州、县，凡属通商及有教堂者，皆由局遣员与地方官襄理交涉，略如近拟遣员办理刑狱之例。其事简者，或一人兼管数县，如有要事，得随时由总局直禀外务部，以便预备应付之法。小事由委员自结，不可结者，归之总局。再大则归之外务部，如此联络一气，脉络灵通，内外无扞格之虞"。关于经费筹集问题，他的办法是"各省多有洋务局，将其改设，事极不难"。[②]正由于这些原因，清末，清政府开始采取措施限制地方官的外交权。

这些措施主要有：其一，取消将军、督抚的总理衙门大臣兼衔。光绪二十七年六月初九日（1901年7月24日），清廷发布上谕，改总理衙门为外务部。第二天，清廷又颁发了一道上谕，撤销了各将军、督抚的总理衙门大臣兼衔，谓："前因各直省办理交涉，事务殷繁，特令各将军督抚均兼总理各国事务衙门大臣之衔，现在该衙门已改，各将军督抚著毋庸兼衔。惟交涉一切，关系繁重，皆地方大吏分内应办之事，该将军督抚等仍当加意讲求，持平商办，用副委任。"[③]该上谕虽未完全收回将军、督抚的外交权，

---

① 《外务部员外郎辜汤生陈言内政宜申成宪外事宜定规制并请降谕不准轻改旧章创行新政呈》，光绪三十三年十月，见故宫博物院明清档案部编：《清末筹备立宪档案史料》上册，第310页。

② 《论外交之机关急宜整理》（录乙巳八月二十七日《南方报》），《东方杂志》第2卷第11期，光绪三十一年十一月二十五日。

③ 朱寿朋编：《光绪朝东华录》第4册，中华书局1958年版，第4685～4686页。

将“交涉一切”仍作为地方大吏“分内应办之事”，但撤销了将军、督抚在中央外交机构的兼衔，意味着他们失去了参与国家外交事务的法理依据，留在他们手中的外交权随时都可以被收回。其二，借宪政改革，进一步强化君主控制外交的大权。清政府进行宪政改革，即所谓“预备立宪”，其重要目的之一便是加强中央集权，收回内政、外交等各种大权。所谓“仿行宪政，大权统于朝廷，庶政公诸舆论”。①载泽在《请宣布立宪密折》中称：“凡国之内政外交，军备财政，赏罚黜陟，生杀予夺，以及操纵议会，君主皆有权以统治之”。②《宪法大纲草案》亦谓，宣战、媾和、订立条约及派遣与认受使臣之权由君主亲裁。③根据这一法规，外交权均掌握在君主手中，包括战争权和订约权以及平时交往权等。其三，通过厘定地方官制，削弱地方外交权。光绪三十三年五月（1907 年 6 月），奕劻等拟定《各省官制通则》，规定：“一省或数省设总督一员，总理该管地方外交军政，统辖该管地方文武官吏，并兼管所驻省份巡抚事，总理该省地方行政事宜；每省设巡抚一员，总理地方行政，统辖文武官吏。唯于该省外交军政事宜，应商承本管总督办理。无总督兼辖者，即由该省巡抚自行核办；督抚衙门设交涉科作为幕职，办理文牍等事务；幕职设立后，原来所设各项局、所要酌量裁撤。”④《各省官制通则》将原来拟议中的“直接掌管”改为“总理”，并规定只设交涉科，原来的洋务局、交涉局等地方外交机关均酌情予以裁撤。较之讨论时提出的“两层办法”，《各省官制通则》进一步削弱了督抚的外交权。督抚们对此提出了不同意见，甚或提出由督抚对外交负完全责任。⑤或提出，以与京师的距离远近为依据，分三等

---

① 《宣示预备立宪先行厘定官制谕》，光绪三十二年七月十三日，见故宫博物院明清档案部编：《清末筹备立宪档案史料》上册，第 44 页。

② 《出使各国考察政治大臣载泽奏请宣布立宪密折》，光绪三十二年，见故宫博物院明清档案部编：《清末筹备立宪档案史料》上册，第 174 页。

③ 《附宪法大纲暨议院法选举法要领清单》，光绪三十四年八月，见故宫博物院明清档案部编：《清末筹备立宪档案史料》上册，第 58 页。

④ 《总司核定管制大臣奕劻等奏续订各直省官制情形折 附清单》，光绪三十三年五月二十七日，见故宫博物院明清档案部编：《清末筹备立宪档案史料》上册，第 506～508 页。

⑤ 《东三省总督锡良致周树模电》，宣统二年十一月十三日，见中国第一历史档案馆：《清末筹备立宪档案史料补遗》，《历史档案》1993 年第 3 期。

办理。[①]或主张，中央与地方应该划清外交权限，等等。[②]督抚们的主流意见，是希望扩大而不是削弱外交权，因此未被清廷所采纳。[③]

进而，在各省设立交涉使，统一各省外交体制。先是东三省试行《各省官制通则》，设立了交涉使司，“掌办理外交各事”。[④]云南、浙江两省也相继设立了交涉使司。宣统二年六月（1910 年 7 月），外务部认为现有体制存在种种弊端，提出要统筹外交全局，使内外联成一气。[⑤]会议政务处赞同外务部的主张，认为此举“实于外交有裨，应如所奏办理”。[⑥]同时，外务部拟订《交涉使章程》，提出在交涉事务较繁的省份设立交涉使司，获得了谕准。《交涉使章程》第 1 条规定：“凡有交涉省份每省设交涉使司交涉使一员，办理全省交涉事务”。[⑦]外务部奏称，“向来各省多设洋务局，或交涉局，办理交涉，以藩臬两司兼充总办，而参用道府以下人员”。“一省交涉，何等重要，乃仅受成于局所，待理于兼差。虽各口岸尚有关道分治，殊非统一外交之道”。现拟请将交涉一司“定为通制”，除奉天、吉林、浙江、云南已设外，其他各省或“先设”，或“兼办”，或“缓设”，“如应增置，随时办理”，而“旧交涉局所，即行裁撤”，清廷降谕“从之”。[⑧]全国由此普

---

① 《湖广总督瑞澂致各省督抚电》，宣统二年十一月十六日，见中国第一历史档案馆：《清末筹备立宪档案史料补遗》，《历史档案》1993 年第 3 期。

② 《东三省总督锡良致周树模点》，宣统二年十二月初八日，见中国第一历史档案馆：《清末筹备立宪档案史料补遗》，《历史档案》1993 年第 3 期。

③ 《各直省官制先由东三省开办俟有成效逐渐推广谕》，光绪三十三年五月二十七日，见故宫博物院明清档案部编：《清末筹备立宪档案史料》上册，第 510 页。

④ 《东三省总督徐世昌等奏东三省设立职司官制及督抚办事要纲》，光绪三十三年四月，见吉林省档案馆、吉林省社会科学院历史所编：《清代吉林档案史料选编 上谕奏折》，吉林省档案馆、吉林省社会科学院历史所 1981 年，第 83 页。

⑤ 《外务部奏请设各省交涉使缺并拟章程请饬会议政务处覆核折并单》，《政治官报》宣统二年七月二十一日，第 1014 号。

⑥ 《会议政务处奏覆核外务部奏请设各省交涉使员缺折》，《政治官报》宣统二年七月二十一日，第 1014 号。

⑦ 《外务部奏请设各省交涉使缺并拟章程请饬会议政务处覆核折并单》，《政治官报》宣统二年七月二十一日，第 1014 号。

⑧ 《宣统政纪》卷 38，宣统三年七月甲寅，见《清实录》第 60 册，中华书局 1987 年版，第 684 页。

遍建立了交涉使司制度。交涉使司的设置，标志着地方外交制度的规范化和统一化，具有重要意义。作为地方外交机构，交涉使司与此前的洋务局、交涉局不同，它被正式纳入了国家官制。尽管它仍未脱离地方外交的窠臼，但相对于此前的混乱状态而言，无疑有了很大的改善。如学界所言，“交涉使制度大体上是一个进步。地方外交机构原来散漫、分歧、无计划、无系统，至是全国主要省分［份］皆有一律的机关，职权人选俱有一定标准”。① 或谓，其设立，“使得外交行政中长期存在的中央与地方扞格之弊初步得到了解决”。就外交行政的客观规律而言，“这一步骤无论对于外交机构的正规化，还是对于外交行政的统一，都是有积极意义的”。②

中外交往的仪礼问题也获得进一步解决，清廷最终放弃了尽可能更多地保存旧制，维护残留的“天朝”体面的企望。辛丑议和时，清廷仍向全权大臣奕劻等提出，“觐见礼节如何更改，自应酌中定议，总期无伤国体”。③ 然而，这一冀图终被列强所否定，《辛丑条约》基本上按照列强的意旨，“变通诸国钦差大臣觐见礼节”。该约附件 19 对觐见全过程和各个细节作了详细规定，包括觐见地点和路线、乘轿规格，以及国书呈递，要求“皇帝必亲手接收”；款宴诸国使臣，皇帝须“躬亲入座”，等等。尤其是最后强调：“总之，无论如何，中国优礼诸国使臣，断不至与彼此两国平行体制有所不同。”④ 这些规定，确立了近代国家平等交往的原则，对觐见问题作了最后的结论，传统国体的核心对外理念也由此基本上被清除。

尤值得指出，经过庚子事变，清政府的外交方式亦发生了重大的转变。民众反侵略斗争方式的更新和进步，“文明排外”的兴起，如抵制美货与收回利权运动等，促使了国民外交的兴起，推动了清政府外交的转型。条约关系的发展变化，推动民众运动由传统走向近代，促使了近代民族主义的

① 陈体强：《中国外交行政》，商务印书馆 1943 年版，第 101 页。

② 王立诚：《中国近代外交制度史》，甘肃人民出版社 1991 年版，第 186 页。

③ 《军机处为复行遵拟磋磨各条款事致全权大臣奕劻等电》，光绪二十六年十一月初五日，见中国第一历史档案馆编：《庚子事变清宫档案汇编》9，第 167 页。

④ 《辛丑各国和约》附件十九，光绪二十七年七月二十五日，见王铁崖编：《中外旧约章汇编》第 1 册，第 1024 页。

兴起。这一新的趋向，与清政府新产生的外交理念和诉求结合起来，形成了国民外交与政府交涉融合的新态势。在20世纪初年，政府以民众呼声为后援，而民众则推动政府办理交涉。民众与政府的协调一致，取得了可喜的成效，在某种程度上改进和减轻了条约关系中的不平等内容，这是前所未有的新现象。某些官僚便产生了国民外交的思想，提出，“此次条约关系中国大利害，必须博询臣民，舆论佥同，方可施行”。① 在实践中，一些重臣与民众站在同一条战线上，借助民众力量进行交涉，取得了明显的效果。如在收回粤汉路的交涉中，清政府的官员积极参与了这一事件，其中两广总督张之洞支持民众要求，尤为突出。由于政府交涉与民众运动的结合，最终达到了收回粤汉路的目的。关于国民外交的兴起，后文详述，这里不赘。

总之，甲午战争、庚子事变之后，舍弃传统的“驭夷”之道，代之以近代外交制度，在清末形成了明确的趋向。作为传统的“驭夷”之道，羁縻逐渐退出历史舞台，走向了“以夷变夏”，越来越成了一个不合时宜的用词。在道光、咸丰、同治三朝，“羁縻”这个词可以说是俯拾皆是，充斥于君臣的上谕和奏折中；而在光绪朝以后，这个词便不多见了，尤其是在庚子事变之后更为罕闻。朝野“竞起而讲交际之道”，与此前“鄙夷外人，贱之如番獠，士大夫不屑与交涉也，且不屑与交际”的“感情从事”，大异其趋。甚至“上自宫廷，下至地方官吏，其所以与外人交际者，宴会馈遗，无不竭力奉迎，以求得其欢心”。② 中国外交正在发生根本的转折，传统的观念和制度，逐渐被以条约为内核的近代外交所取代。但是，清末的变化仅仅是这一全面变革的开端，羁縻意识仍未被彻底抛弃。“今以中国现象言之，国际观念最为幼稚，较其程度，尚在排斥主义之终期，与相互主义之初期。”一般臣民之理想，“不失于拒外，即失于畏外”。大多数人对条约公法和国家主权，仍然是一知半解，“此皆平等观念尚未萌芽之故也”。③ 尽管如此，中国外交已出现了新的趋向，传统的“驭夷”走向了近代的外交。

---

① 《工部学习主事夏震武折》，光绪二十六年十一月十九日，见国家档案局明清档案馆编：《义和团档案史料》下册，中华书局1959年版，第874页。

② 《论交际与交涉之界限》，《外交报》第107期，光绪三十一年三月二十五日。

③ 王伟：《论外国人之私权与平等主义》，《外交报》第269期，宣统二年二月初五日。

第十章

中外条约关系与晚清法律的变化

条约属于国际法范畴，对中国而言，这是一种新的法律形式。鸦片战争之后，随着条约关系的建立，新的法律形式的出现，传统单一法律体制的局面被打破，形成了复杂的法律关系。列强通过条约强行纳入了各种新的权利，改变了清政府原有的国内法规，如领事裁判权使《大清律例》中的“化外人有犯”律条化为乌有，其他如协定关税、租界、允许传教制度，等等，亦导致了有损主权的各种变化。条约关系不仅使中国既有律例产生变异，还引起了新的国内法的产生，成为晚清法律变化的一个基本因素。这一变化，体现了中国在不平等条约关系下的半殖民地性质，同时又刺激中国进行司法改革，引入西方近代法律文明。中国由此形成了国际法和国内法两类法规并存交混的格局，并引致中国法体系的变化。

一、条约规定与国内法规的转换

中外条约作为一种新的法律规范，主要规定了不平等的特权。此外其中还有与原有国内法存在某种联系的条款，此类条款不占主导地位，但在一定程度上体现了中国的权利和国内法对条约的影响。前者当中有些内容需由国内法作具体的补充，后者亦存在再度转为国内法的情况。这两种不同的转换，反映了两类法律规范的相互关系及其实施状况，在某种意义上揭示了晚清法律变化的趋向。

根据国际法，条约之所以具有拘束力，“是因为有一公认的国际习惯法规则，要求缔约国履行它们的条约义务”。① 同时，“一个在国际上已生效的条约，其规定在各国国内的得到执行，以得到各国国内法的接受为前提条件”。所谓接受，或“将条约规定转变（transformation）为国内法”，或“无须转变而将条约规定纳入（adoption）国内法”。② 一般认为，在与国内法的关系问题上，已对一国生效的国际条约具有优先地位。“在涉及履行其依据国际法所承担的国际义务时，主权国家不得以国内法律规范为理由而予以拒绝；在一国国内立法涉及国际法律规范时，凡为主权国家所参加或所认可的国际条约或国际惯例，对国内法律规范也具有拘束力，国内法律规范不得与该国际条约或国际惯例相抵触。”③ 根据国际法，如果国际法与国内法相冲突，“公认的原则是，国家应负责其违反国际法的责任”。在这一点上，“可以说，国际法是优于国内法的”。晚清时期，由于列强的强权政治，条约在中国实际上居于优于所有国内法的地位。在实践中，通过“转化”，条约规定“纳入到国内法律体系中，成为国内法律，或者具有国内法律的效力”。④ 在封建君主专制体制下，晚清时期的中外条约，以皇帝谕旨批准为依据，成为国内法规。正唯如此，尽管这些条约与“天朝”体制大相径庭，清政府也不得不放弃传统，将条约视为国内的法律制度。条约的法律地位由此得到确认，奕䜣向英驻华公使明确表示，“条约的原则等同于帝国政府的法律，违反条约等于犯法”。⑤ 署湖广总督江苏巡抚李瀚章说，“今日之约章，即异日之法守”。⑥ 一般来说，国家是缔约的当事者，“在原则上，条约的效力只与各缔约国有关，而与它们的人民无关”。然而，“如果条约包含关于各缔约国的人民、法院、官吏等的权利和义务，各缔约国就必须按照本国国内法采

---

① 周鲠生：《国际法》下册，商务印书馆 1976 年版，第 650 页。

② 李浩培：《条约法概论》，法律出版社 1987 年版，第 380 页。

③ 葛洪义主编：《法理学》，中国政法大学出版社 2008 年版，第 261 页。

④ 王铁崖：《国际法引论》，北京大学出版社 1998 年版，第 192、199 页。

⑤ “Prince Kung to Sir R. Alcock”, June 19, 1863, *British Parliamentary Papers*, China 34, Irish University Press, 1971, p. 684.

⑥ 《署湖广总督江苏巡抚李瀚章奏》，同治六年十一月庚午，见宝鋆等纂修：《筹办夷务始末·同治朝》卷 52，故宫博物院用抄本民国十九年（1930 年）影印，第 31 页。

取必要步骤，使这些规定拘束它们的人民、法院、官吏等”。[①] 此外，“条约经国内接受后，尚须再用国内立法予以补充规定，才能由国内司法或行政机关予以适用”。其中，“有些条约明文规定缔约国须以立法予以执行，在这种情况下，缔约国以补充立法执行该条约，是它从条约本身承担的义务”。另外，“有些条约的规定只是大纲性，不够详细和精密，所以也须以立法作补充规定”。[②] 晚清时期的中外条约，有不少存在上述各种情况，对中国而言，这是新的法律问题，亦由此引起了国内法的变化。

将条约规定转换为国内法，有各种不同的类型。首先值得注意的是，对于某些事项，相关条款较为简略，却无另订实施细则的规定。出于加强控制和管理、避免事端的需要，清政府主动拟定了章程。其中如传教问题，清政府所拟章程，往往为列强所拒绝。清政府对于是否订立具体的国内法规，亦经历了从被动到主动的过程。起初，清政府的方针是遵照条约，不另订章程，以免产生新的纠葛。咸丰元年（1851 年），鉴于禁教解除之后传教士违约索取天主堂旧址的现象，两江总督陆建瀛拟订了《内地民人习教章程》，奏报朝廷。[③] 咸丰帝接奏后，谕令“原约所有者无庸再为申说”，认为，“其非原约所有，须因时酌量者，在当日定约之初即已意在言表，全在各该地方官权宜操纵，不必分别条款，豫定成规，更无须事事照会，致该夷反滋辩论”，“事无了期”。他要求陆建瀛等“将拟办事宜，咨行内地，饬属自行办理”。[④] 这一方针反映出清政府缺乏根据条约修改法律的打算，只是将条约解释所涉问题交给地方政府，甚至省级以下官衙，由他们权宜处理。经过第二次鸦片战争，由于条约特权的扩大，中外之间的法律纠纷不断发生，引

---

① ［英］劳特派特修订：《奥本海国际法》上卷，第 2 分册，王铁崖、陈体强译，商务印书馆 1972 年版，第 343 页。国内法学界亦有同样的见解，见周鲠生：《国际法》下册，商务印书馆 1976 年版，第 651～653 页。

② 李浩培：《条约法概论》，法律出版社 1987 年版，第 386 页。

③ 《两江总督陆建瀛等奏报酌拟内地民人习教章程恭呈御览片附件 酌拟内地民人习教章程》，咸丰元年闰八月初一日，见中国第一历史档案馆等编：《清末教案》第 1 册，中华书局 1996 年版，第 133～134 页。

④ 《著两江总督陆建瀛等将所拟习教章程咨行内地不必照会洋人事上谕》，咸丰元年闰八月初一日，见中国第一历史档案馆等编：《清末教案》第 1 册，第 134 页。

起了清政府的重视。尤其是列强攫取了内地传教的条约特权，导致教案颇频发生，且愈演愈烈，迄天津教案发生，清政府的态度转向积极。恭亲王奕䜣等奏称："传教一事，载在条约，条约未能更改，而其中又未立有详细章程。兼之各省办理教案，于缓急轻重间，亦有未尽合宜之处，以至屡次滋事。"有鉴于此，他采纳了曾国藩、丁日昌等人的奏议，"公同拟定传教节略，暨章程八条，先后通行各国使臣商办"，其目的在于"设法钤束传教士"。这个建议得到了清廷的认同。① 由于该章程涉及对传教士的管辖和限制，其遭到了各国的反对。"各国均以条约所无，不能应允，遂令良法美意经久无成"。② 光绪二十二年二月（1896 年 3 月），御史陈其璋奏陈办理教案十条章程，以国际公法为据，提出"教士入境，宜地方管辖"。③ 鉴于以往的经验，恭亲王奕䜣等奏覆予以否定，谓："其为条约所无者，自难强辨。若于条约之外，另议新章，须俟换约之年，与各国订明，庶无轩轾。"朱批："依议"。④ 再如，关于教堂在内地置买地产，条约没有规定另订实施章程，清政府拟另订章程弥补这一缺憾，但因遭到法国的强烈反对而告吹。经屡次交涉，法驻华公使施阿兰强硬表示，"无另议善后新章之理"，"为两国会定铁案，自当谨守遵办"。⑤ 总理衙门无可奈何，只好表示"实为可惜"，⑥ 放弃了订立善后章程的打算。

与此相类似，对于有些经贸事项，条约仅作纲要式或原则性规定，也

---

① 《恭亲王等又奏》，同治十年七月乙巳，见宝鋆等纂修：《筹办夷务始末·同治朝》卷 82，第 11～13 页。

② 《总署奏议复御史陈请定教案章程折》，光绪二十二年，见北洋洋务局纂辑：《约章成案汇览》乙篇，卷 34 上《传教门》，上海点石斋光绪三十一年版，第 2 页。

③ 《御史陈其璋奏陈办理教案十条章程折》，光绪二十二年二月十一日，见中国第一历史档案馆等编：《清末教案》第 2 册，中华书局 1998 年版，第 632 页。

④ 《总署奏议覆御史陈请定教案章程折》，光绪二十二年，见北洋洋务局纂辑：《约章成案汇览》乙篇，卷 34 上《传教门》，上海点石斋光绪三十一年版，第 5 页。

⑤ "法国公使施阿兰照会"，光绪二十一年九月初六日，见台北"中央研究院"近代史研究所编：《教务教案档》第 5 辑，第 1 册，台北"中央研究院"近代史研究所 1977 年版，第 252～253 页。

⑥ "给法国公使施阿兰照会"，光绪二十一年十月初八日，见台北"中央研究院"近代史研究所编：《教务教案档》第 5 辑，第 1 册，第 258 页。

未要求另订规章。众所周知，列强通过条约攫取了大量经济特权，包括关税、海关行政、内河通商，等等。其中如关税，条约明确规定了海关税则，中国不能自行改变，此类条款直接成为中国的关税法规，没有另订国内法的空间。另外有些事项，仅有纲要式或原则性条款，须进一步制定具体实施法规。例如，中英《天津条约》第 10 款规定，“长江一带各口，英商船只俱可通商”。① 此规定赋予了外国商船在长江通商的条约权利，但无具体细则。咸丰十年（1860 年），奕䜣奏请制定“长江通商章程”，咸丰帝降谕：“所有一切章程，必须按照条约，与之妥为商定，毋令别生枝节，以期永远相安。其进口出口，应纳税饷，恭亲王已令其与上海关公同商酌。亦须明定章程，免致税课亏短。”② 翌年清廷颁布了《长江各口通商暂订章程》，其后又对其作了修改。此类法规，虽属于国内法，但并非清政府独立自主颁行的，均须提前与各国商议，取得它们的同意。这无疑反映了晚清条约关系下的国内法，具有显著的半殖民地色彩。《内港行船章程》的前后演变，尤为典型地反映了这一特点。光绪二十四年（1898 年），迫于各国压力，清政府自行颁布《内港行船章程》，允许各国轮船“作内港贸易”。③ 其时该规定还未受国际条约束缚，而列强“一旦用侵掠或让与的方法取得一项利益，便尽速把这项利益载在条约规定中，以期给予这项既得利益以合法权利的地位”。④ 光绪二十八、二十九年（1902 年、1903 年），英、日分别与中国订立了《通商行船续约》，将上述章程特权载于该约中，又对章程作了进一步修改，并作为该约的附件。同时亦明确规定，“惟此章程应按照遵行，直至日后彼此允愿更改为止”。⑤ 这一国内法规，由无到有转为条约规定，正是列强对华施以强权的结果。

---

① 中英《天津条约》，咸丰八年五月十六日，见王铁崖编：《中外旧约章汇编》第 1 册，生活·读书·新知三联书店 1957 年版，第 97 页。

② 《文宗显皇帝实录》卷 333，咸丰十年十月庚辰，见《清实录》第 44 册，中华书局 1987 年版，第 974 页。

③ 《内港行船章程》，光绪二十四年五月二十五日，见王铁崖编：《中外旧约章汇编》第 1 册，第 786 页。

④ ［英］莱特：《中国关税沿革史》，姚曾廙等译，第 324 页。

⑤ 中英《续议通商行船条约》，光绪二十八年八月初四日；中日《通商行船续约》，光绪二十九年八月十八日。见北京大学法律系国际法教研室编：《中外旧约章汇编》第 2 册，生活·读书·新知三联书店 1959 年版，第 108、194 页。

另有一些事项，条约本身也不够明晰和具体，但有另订章程的规定，清政府可据此制定国内法规。例如，中英、中法《北京条约》允许外人在华招工，“毫无禁阻”，但同时又规定，中方可与英方“查照各口地方情形，会定章程”。① 订约之时，清政府便考虑“为立约后将来会定章程地步”，② 即通过国内立法，杜绝招工中的弊端，保护华工。赫德亦谓，根据条约，中国有“在华工未出口之先，照通商口岸情形，会定保全章程之权”。③ 同治五年（1866 年），恭亲王奕䜣与英、法驻华大使商订《续定招工章程条约》，英、法政府不同意其中某些条款，拒绝批准。总理衙门则以“前所未有的勇气，对英、法公然抗拒”，“拒绝考虑新提草案”。他们表示，“这个招工章程条约已由中国皇帝御笔批准，因此皇帝陛下的大臣们只能遵照施行”。恭亲王奕䜣向阿礼国声明，“总理衙门有责任保护出洋作工的中国人，因而制定现在行之有效的章程”，“决不能对这一章程随便修改”。两广总督瑞麟向英驻广州领事罗伯逊表示，“他奉到严令，外国人除非遵守招工章程条约的条件，决不许他们招工出洋”。④ 显然，《续定招工章程条约》转而成了中国自己的国内法律，赞成这一章程的英国驻德大使欧都·罗素勋爵说：“中国政府把它提交给各国，同时在中国国内作为国家法律公布施行。”尽管英法要求修改该约，但“为中国坚决拒绝”，“这个章程作为中国自己的法律付诸实施了”。⑤ 英、法、拉各国参与反对，也未能取消这一章程。美国表示，“本政府坦率为怀，愿意明白申言，美国同情中国的主张”。⑥ 其他如俄、

① 中英《续增条约》，咸丰十年九月十一日；中法《续增条约》，咸丰十年九月十二日。见王铁崖编：《中外旧约章汇编》第 1 册，第 145、148 页。

② 《总署奏与英国会定招工章程二十二款经过情形折》，同治五年正月二十六日，见陈翰笙主编：《华工出国史料汇编》第 1 辑，第 1 册，中华书局 1985 年版，第 155 页。

③ 《总税务司赫德为呈送所拟招工章程稿呈总署申文》，同治四年五月十三日，见陈翰笙主编：《华工出国史料汇编》第 1 辑，第 1 册，第 118 页。

④ ［新西兰］坎贝尔：《中国的移民》，陈泽宪译，见陈翰笙主编：《华工出国史料》第 4 辑，中华书局 1981 年版，第 392～395 页。

⑤ 《英国驻德大使欧都·罗素勋爵致伯尔比文》，1874 年 4 月 20 日，见陈翰笙主编：《华工出国史料》第 2 辑，中华书局 1980 年版，第 473 页。

⑥ 《福德致史坦莱文》，1868 年 1 月 20 日，见陈翰笙主编：《华工出国史料》第 4 辑，中华书局 1981 年版，第 392 页。

比、德等国，相继表示愿遵章办理。西班牙也按照它们曾反对过的条件，从中国口岸招收了一批苦力。而曾经反对这一章程的英国，亦步其后尘，在广州设招工公所。该章程详细规定了外商在华招工的权利、义务和程序等，包括相关的司法问题。① 此为近代中国的第一个移民法规，打破了清朝君臣此前对海外华工漠不关心的旧习，开启了保护本国侨民、符合国际惯例的国内立法。如美国国务卿说，这是“中国政府为了他的不幸侨民的福利而实行其父道式监护时”的“必不可少的合理保障”。②

还有一种类型，是清政府为履行条约，保障列强的条约权利而颁行的法规。此类法规，与前述各类不同，虽是在列强压力之下颁行的，但无须与彼具体商议，是清政府自行订立颁布的。在履约过程中，清政府逐渐建立了保护外国人的法律体制，由此产生了新的罪名，或可称为违约罪。例如，中英、中法《天津条约》允许外人到内地游历、通商，并规定须保护传教士，③ 清政府为此颁行了相关法规。尤其是随着守约方针的确立，清政府更将违约作为处理官员的新罪名。如英人瞒四辉里在江西省被指为“通贼”，羁押于赣州府，同治帝降谕，谓：“英人游历各处本属条约所有，即使有通贼情事，亦当按照条约办理，何得率行羁禁。”谕令确切查明，“如或始终掩饰，不肯实陈，别经查出，必将该地方官从重治罪”。④ 光绪二年（1876 年），又降谕谓：“该处地方文武，不能留心保护，咎有应得，本应分别惩办。”“凡遇各国执有护照之人，往来内地，务须照约相待，妥为保护。如有违约侵陆伤害情事，即惟该省大小官吏是问。”⑤ 此外，清廷还频频颁布

① 中英法《续定招工章程条约》，同治五年正月十九日，见王铁崖编：《中外旧约章汇编》第 1 册，第 243～246 页。

② 《福德致史坦莱文》，1868 年 1 月 20 日，见陈翰笙主编：《华工出国史料》第 4 辑，中华书局 1981 年版，第 392 页。

③ 中英、中法《天津条约》，咸丰八年五月十六、咸丰八年五月十七日，见王铁崖编：《中外旧约章汇编》第 1 册，第 97、107 页。

④ 《穆宗毅皇帝实录》卷 152，同治四年八月乙卯，见《清实录》第 48 册，中华书局 1987 年版，第 556 页。

⑤ 《德宗景皇帝实录》卷 37，光绪二年七月戊子，见《清实录》第 52 册，中华书局 1987 年版，第 535～536 页。

上谕，保护传教士在内地传教的权利。随着此类案件的增多，清政府进一步设立了处罚地方官的“公罪”。光绪二十二年（1896年），御史陈其璋奏请严定教案处分章程，恭亲王奕䜣遵旨会同吏、兵二部，拟定了文武官员的处罚规章。规章将地方文武官员保护不力，酿成重案的失职行为，明确定为“公罪”，光绪帝降谕允准。[①]所谓“公罪”，《大清律例》作了界定，指的是“凡一应不系私己而因公事得罪者”，并作相应的量罪处罚规定。[②]此外，对官吏的处理，还制订了地方官分担教案赔款的规章。先是南洋大臣刘坤一奏明应赔款项由该关道及知县按月分赔，接着，恭亲王奕䜣等奏请扩大承担分赔之责的地方官范围，“嗣后如遇教案赔偿之款，议结后由该管督、抚、藩、臬、道及府、厅、州、县分年按成偿还归公，并分咨户部及臣衙门备案”，朱批“依议”。[③]

此外，对鼓动排外的民众，如散发匿名揭帖等，也设立了“有碍邦交”的新罪名。此前《大清律例》有捏造匿名揭帖、投匿名文书告人等罪名，涉及反逆及纠众戕官、倡立邪教、编造邪说、诓骗财物，等等，尚无鼓动排外的名目。同治四年（1865年），针对广东潮州反入城事件，清廷降谕：“洋人进城，本系条约所载”，而“刁劣好事之徒，造言生事，殊属不知法纪”，须“将匿名揭帖之人严拿究办”。[④]光绪十七年（1891年），清廷降谕查拿教案中的鼓动犯，称“倘有匿名揭帖，造言惑众，即行严密查拿，从重治罪”。[⑤]该年宜昌教案发生后，清廷通谕各省将军督抚，“遇有造谣聚众之事，一闻风声，立时查拿，务获重办”。[⑥]总理衙门又通咨各省，“查禁匿名

---

① 《恭亲王奕䜣等奏为遵议御史陈其璋严定教案处分折》，光绪二十二年四月十二日，见中国第一历史档案馆等编：《清末教案》第2册，第644～645页。

② 《大清律例》，张荣铮等点校，天津古籍出版社1993年版，第97页。

③ 《恭亲王奕䜣等奏请嗣后遇教案赔款应由督抚等分年偿还片》，光绪二十二年四月十二日，见中国第一历史档案馆等编：《清末教案》第2册，第645页。

④ 《穆宗毅皇帝实录》卷160，同治四年十一月丙子，见《清实录》第48册，中华书局1987年版，第714页。

⑤ 《德宗景皇帝实录》卷297，光绪十七年五月庚午，见《清实录》第55册，中华书局1987年版，第936页。

⑥ 《德宗景皇帝实录》卷300，光绪十七年八月壬寅，见《清实录》第55册，第972页。

揭帖”，谓：“匿名揭帖，本干例禁”，“而愚民无识，往往为所煽惑甚或酿成巨案”。“教案层见叠出，悉皆谣传实阶之厉。”通咨以此等谣传“有碍邦交”，推广湖广的做法，“拿获审实，即行正法”。① 由“本干例禁”到“有碍邦交”，反映这一罪名在条约关系下的新变化。“有碍邦交”罪不限于鼓动排外，而是还包括其他刑案，如伤害洋人的命盗案件等。清末制订了《大清新刑律》，进一步将此类罪名明确定为“国交罪”，专设一章，具体规定了各类案件的量刑。编纂者谓：“列国交际益繁，本章所揭皆损害国家睦谊，而影响及全国之利害者。兹特设为一章，是最新之立法例也。”②

除了条约规定由国内法予以补充之外，还存在国内法转为条约规定的情况，或者说，条约中有与原有国内法存在某种联系的内容。此类国内法被纳入条约规定之后，其中有些事项再度经过补充，又成为新的国内法规。这一转换主要有以下方面。

关于货物进出口法规。如禁止出口的商品，在《大清律例》《大清会典》及相关谕旨和章程中，均有规定。例如，雍正年间，谕令“铁觔不许出洋”，“永著为例”。③《大清律例》规定：禁止将马牛、军需、铁货、铜钱、段疋、䌷绢、丝棉等，“私出外境货卖”。禁止“将铁斤及废铁铁货并红黄铜器铜斤，私贩递运海洋，交卖商渔船只”；甚至“有将铁锅出洋货卖者，亦照此例行”。米谷、豆麦、杂粮等，也不许“偷运外洋”。④ 制造弹药的主要原料硫黄、焰硝等，也一并禁止出口，此外还颁布了禁止鸦片输入的法令。这些违禁货物，在中外条约中亦作了规定。鸦片战争后签订的第一批条约，仅对此作了笼统的规定，即“中国例禁不准携带进口、出口之货物”。又规定，“携带鸦片及别项违禁货物至中国者，听中国地方官自行办

① 《查禁匿名揭帖》，光绪十七年十二月，见李刚己辑录：《教务纪略》卷3下，章程，南洋官报局光绪三十一年版，第14～15页。

② 《刑律分则草案》，见上海商务印书馆编译所编纂：《大清新法令》第1卷，李秀清等点校，商务印书馆2010年版，第531页。

③ 《世宗宪皇帝实录》卷113，雍正九年十二月癸巳，见《清实录》第8册，中华书局1985年版，第504页。

④ 《大清律例》，张荣铮等点校，天津古籍出版社1993年版，第327～328、337、336页。

理治罪”。[1] 第二次鸦片战争之后订立的条约则作了明确详细的规定：“凡有违禁货物，如火药、大小弹子、炮位、大小鸟枪、并一切军器等类及内地食盐，以上各物概属违禁，不准贩运进、出口。”对“例皆不准通商”的洋药、铜钱、米谷、豆石、硝磺、白铅等物，稍有变通，除了对洋药即鸦片“准其进口”之外，其他货物仍然不同程度地受到限制。如铜钱仍“不准运出外国”，但在中国各通商口岸，“准其以此口运至彼口”。米谷等粮，“不拘内、外土产，不分由何处进口者，皆不准运出外国”。豆石、豆饼在登州、牛庄两口，“不准装载出口”。[2]

再如免税货物的法规，如乾隆帝降谕，“珍珠宝石，概不准征收税课，著为令”。[3] 本来应课重税的奢侈品，由此成为免税品。此外，对米、麦等粮食进口也免税。这一立法原则被纳入了中外条约，第一批条约规定，凡金银类进、出口一概免税，米、麦则进口免税。[4] 1858 年中英所订通商条约，作了详细规定，并大大增加了免税品目。诸如面粟、米粉、砂谷、米面饼、金银首饰、搀银器、香水等进出口，“皆准免税”，[5] 致使中国的财政收入大受损失。

关于严禁走私法规。道光十五年（1835 年）谕准的《增易防范夷人章程》规定：“夷船在洋私卖税货，应责成水师查拿，并咨沿海各省稽查”；禁止“在外洋与夷人私相买卖”，“如有向夷船私卖洋货，商贩即行拿解究办”；“如有海船运回外洋货物，查无海关印照，即属私货，照例究办，船货入官。”[6]

---

① 中美《五口贸易章程：海关税则》，道光二十四年五月十八日，见王铁崖编：《中外旧约章汇编》第 1 册，第 52、56 页。

② 中英《通商章程善后条约：海关税则》，咸丰八年十月初三日，见王铁崖编：《中外旧约章汇编》第 1 册，第 116～117 页。

③ 《高宗纯皇帝实录》卷 1201，乾隆四十九年三月甲寅，见《清实录》第 24 册，中华书局 1986 年版，第 70 页。

④ 中英《五口通商章程：海关税则》，道光二十二年八月十五日，见王铁崖编：《中外旧约章汇编》第 1 册，第 46、48、50 页。

⑤ 中英《通商章程善后条约：海关税则》，咸丰八年十月初三日，见王铁崖编：《中外旧约章汇编》第 1 册，第 116 页。

⑥ 《增易防范夷人章程》，道光十五年二月初十日，见［日］佐佐木正哉编：《鸦片战争前中英交涉文书》，台北，文海出版社 1967 年版，第 55 页。

鸦片战争之后订立的中外条约，对此作了更为明确具体的规定，如中英《五口通商附粘善后条款》规定："广州、福州、厦门、宁波、上海五港口开辟之后，其英商贸易处所只准在五港口，不准赴他处港口，亦不许华民在他处港口串同私相贸易。将来英国公使有谕示明不许他往，而英商如或背约不服禁令，及将公使告示置若罔闻，擅往他处港口游奕贩卖，任凭中国员弁连船连货一并抄取入官，英官不得争论；倘华民在他处港口与英商私串贸易，则国法俱在，应照例办理。"①并对各种不同情况的违约走私及其处理方法，作了详细规定，处理方式主要包括没收与罚款两大类，更进一步发展了鸦片战争前的缉私法规。

关于禁止拐卖人口法规。《大清律例》刑律下有"略人略卖人"条目，对拐卖人口订有详细的律文和条例。如凡设方略而诱取良人，及略卖良人，不分首从和是否已卖，"杖一百，流三千里"。伤被略之人者和杀人者，分别处以绞监候和斩监候。"将腹里人口用强略卖与境外"，即使未曾伤人，"比依将人口出境律，绞"。凡诱拐妇人子女，或典卖，无论是否已卖，首从分别处以绞监候和流三千里。略卖海外番仔之内地民人，"不分首从，杖一百，流三千里"，等等。②中外条约对严禁拐卖人口亦作了规定。《北京条约》允许外人在华招工，同时规定了"华民情甘出口"的条件，籍以"保全前项华工"。③随后清政府与西班牙签订《和好贸易条约》，更明确规定："不得收留中国逃人及另有拐卖不法情事。如有前项情弊，一经地方官知会领事官，即行查出送还中国究办，不得措留。"④其他如中美、中秘条约等亦有相关规定。⑤

---

① 中英《五口通商附粘善后条款》，道光二十三年八月十五日，见王铁崖编：《中外旧约章汇编》第1册，第35页。

② 《大清律例》，张荣铮等点校，第415～417页。

③ 中英《续增条约》，咸丰十年九月十一日；中法《续增条约》，咸丰十年九月十二日。见王铁崖编：《中外旧约章汇编》第1册，第145、148页。

④ 中西《和好贸易条约》，同治三年九月初十日，见王铁崖编：《中外旧约章汇编》第1册，第220页。

⑤ 中美《续增条约》，同治七年六月初九日；中秘《通商条约》，同治十三年五月十三日。见王铁崖编：《中外旧约章汇编》第1册，第262、340页。

关于涉外债务法规。先是乾隆帝谕准的《防范外夷规条》规定，“倘有违禁借贷勾结者，照交结外国、借货诓骗财物例问拟，借银、查追入官”。[①]随后又经乾隆帝降谕，形成了由官保赔，由行商分赔的制度。鉴于这一制度对本国商人和商贸业造成了极大损失，“疲行歇业”，“害切剥肤”，[②]两广总督李鸿宾等于道光十一年（1831 年）奏订《防范夷商规条》，修正旧例。“如有行商亏本歇业，拖欠夷商银两，查明曾经具报者，照例分赔。未经报明者，即不赔缴，控告亦不申理。”应偿尾欠银两，若逾期不偿，“过后始行控追者，不为申理”。[③]道光帝谕准，谓：“旧定章程，今昔情形不同，亦有因时异宜之处。”[④]随后，两广总督卢坤等奏称，“如不先行报明，即属私借，一概不准追赔”。[⑤]显然，鸦片战争前几年，清政府已对不合理的保赔和分赔旧例作了限制性修改。这一鸦片战争前新定债务处理法规，在鸦片战争之后又作调整纳入中外条约。议订中英通商章程之时，道光帝要求谈判大臣耆英在条约中订明，谕曰：“从前货物交易，银钱往来，俱系由洋商与汝等自行经理，我国官员向不过问。”“除三百万元由广东查明商欠追还外，其余断难官为保交。”[⑥]并一再要求耆英，“嗣后若有欠项，由管事官呈明内地官

---

① 《高宗纯皇帝实录》卷 602，乾隆二十四年十二月戊子，见《清实录》第 16 册，中华书局 1986 年版，第 760 页。

② 《两广总督卢坤等奏为遵旨查明洋商并无私增税银缘由折》，道光十四年十二月二十七日，见中国第一历史档案馆编：《鸦片战争档案史料》第 1 册，天津古籍出版社 1992 年版，第 174 页。

③ 《两广总督李鸿宾监督中祥疏》，道光十一年二月，见梁廷枏：《粤海关志》卷 29，夷商四，台北，文海出版社有限公司 1975 年影印，第 2080～2081 页。

④ 《宣宗成皇帝实录》卷 186，道光十一年三月戊辰，见《清实录》第 35 册，中华书局 1986 年版，第 944 页。

⑤ 《宣宗成皇帝实录》卷 263，道光十五年二月丙申，见《清实录》第 37 册，中华书局 1986 年版，第 24 页。

⑥ 《著钦差大臣耆英再行妥议与英所商各条内应行筹酌之处事上谕》，道光二十二年七月十七日，见中国第一历史档案馆编：《鸦片战争档案史料》六，天津古籍出版社 1992 年版，第 114～115 页。

著追一节，断不可行”。“只准自行清理，地方官概不与闻。”① 本来，列强强行要求清政府偿还商欠，其理由是中国实行公行制度，“既然中国政府强迫不列颠人只和行商交易，那么中国政府正应该对这些行商的债务负责”。②《南京条约》废除了公行，这一理由已不存在，善后条款载明，“此后英国自投之行，即非中国额设行商可比，如有拖欠，止可官为着追，不能官为偿还”。③ 中英条约规定：“彼此代为着追，均不代为保偿。”④ 中美《望厦条约》和中法《黄埔条约》中亦有同样的条款。⑤ 其后，中英、中美、中法《天津条约》重申了此前的规定。

诸如此类由国内法规转换的条约规定，是清政府维护国家经济秩序和治安的最低需要，在整个条约体系中不是很多。起初清政府将订约视为“怀柔远人”之举，主要是给予外国种种权利，并不注重提出自己的要求。一般来说，这类由国内法规转换而来的条款系由清政府主动提出，获得列强同意而纳入条约的。从列强来看，纳入此类规定，表明它们不能完全无视中国的法规，清政府亦由此颇为自鸣得意。耆英在奏报商订《望厦条约》情况时，谓：“其商人擅赴五口外私行交易，及走私漏税、携带鸦片及违禁货物，听中国地方官自行办理治罪一款，系属增入，该夷使亦允从，足见该夷遵守天朝法度，不敢任意妄为。其所议每届年终，由五口领事官将船只货色价值报明各本省总督，转咨户部查验一款，亦该夷安分贸易不肯偷漏税饷

---

① 《著钦差大臣耆英等照与英所议善后事宜各条办理并官方不能代英商追讨欠项等事上谕》，道光二十二年八月二十日，见中国第一历史档案馆编：《鸦片战争档案史料》六，天津古籍出版社 1992 年版，第 223 页。

② 《巴麦尊致义律》，1839 年 11 月 4 日。转引自：《英国鸦片贩子策划鸦片战争的幕后活动》，严中平辑译，《近代史资料》1958 年第 4 期。

③ 梁廷枏：《夷氛闻记》，邵循正点校，中华书局 1959 年版，第 124 页。

④ 中英《五口通商附粘善后通商条款》，道光二十三年八月十五日，见王铁崖编：《中外旧约章汇编》第 1 册，第 35 页。

⑤ 中美《五口贸易章程：海关税则》，道光二十四年五月十八日；中法《五口贸易章程：海关税则》，道光二十四年九月十三日。见王铁崖编：《中外旧约章汇编》第 1 册，第 54、59 页。

之明证。”①

本来，此类国内法无须转为条约规定，由于列强通过条约攫取了领事裁判权，限制了中国的主权，才不得不将其纳入条约之中。尤其是缉私法规，“正是因为治外法权条款订入早期各条约中，才使那些散见于《大清律例》和各关现行章规和细则中的中国缉私法的规定不能适用于享有这种治外法权地位的外国船舶和外国商人。也正是因为这些治外法权条款的存在，才不得不把我们所谓的协定缉私法的那些规定，载在条约之中”。然而，从一开始，“各条约的签订并没有能够制止走私”，相反，“走私贸易，特别是鸦片走私，却像一棵绿色月桂树般地欣欣向荣起来”。因为，“在商人们看来，凭条约取得的领事裁判权可以保护他们不受海关官员对违反税法罪行所加的处罚”，“中国法律和条约规定一概被置之不理”。这样一来，外国商人和他们的船舶实际上“撤出中国的管辖”，而“根据常识和正义的要求”，要使他们的贸易受法律制约，“对该项贸易加以管制”。② 因此，在此类缉私的国内法规转为条约规定之后，仍需要订立具体的实施细则，也就是说，还需再次制定国内法规对条约规定予以补充。

按照条约，上述实施细则的制订权和实施权应属于中国。中英《天津条约》规定，“中国各口收税官员，凡有严防偷漏之法，均准其相度机宜，随时便宜设法办理，以杜弊端”。“英民罚款及船货入官，皆应归中国收办”。③ 可见，中国有权自主订立具体的缉私法规，处罚走私的两种手段，即罚款和没收船货，均应由中国政府办理，外国领事无权置喙。然而，由于列强享有领事裁判权，并实行强权政治，有关缉私的条约规定转换为国内法规时，却发生了性质上的变异，导致中国不能完整地行使这一主权。除前述《长江各口通商暂订章程》之外，中国颁行了处置走私的具体法规《会讯船货入官章程》，更典型地反映了这一状况。该章程是经过中外协商产生的，不是中国

① 《耆英又奏与美使商定条约三十四款折》，道光二十四年六月己酉，见齐思和等整理：《筹办夷务始末·道光朝》六，第 2844 页。

② ［英］莱特：《中国关税沿革史》，姚曾廙译，生活·读书·新知三联书店 1958 年版，第 34～35、206、44 页。

③ 中英《天津条约》，咸丰八年五月十六日，见王铁崖编：《中外旧约章汇编》第 1 册，第 102 页。

独立制订的，莱特因此称之为“特殊的协定”。[①] 其内容，则根据英国法律界的解释，纳入了领事裁判权的原则。在章程酝酿过程中，首任总税务司李泰国就此问题征询了伦敦重要律师们的意见，他们认为，“在事关没收的案件中，中国当局单独握有裁判权：但是在事关罚款的案件中，因为这种处罚是对人的，所以非会同领事不能强制执行”。这一意见得到了英、美驻华公使的赞同和承认，并且他们在相关案件中引证了这些原则。[②] 这样，以西方法律界的意见为依据，形成了处理走私案件的基本原则，即：“不论在条约上是否有明文规定，海关不得实行罚款，一切科罚应属于领事的司法裁判。”从此以后就被公认为：“领事对于没收——对物——案件的干涉，只是政治上和外交上的行为，但是对于罚款——对人——案件的干涉，则是他的保护商人的司法职能中的进一步的职责。”[③] 这一原则显然背离了条约，但由于清政府无力单方面制止走私，只得同意这一办法。[④] 其后海关颁布的《会讯船货入官章程》，根据上述原则建立了会讯制度，确定了具体的实施细则。[⑤] 双方议定后，总理衙门咨行南、北洋大臣，“通饬各关道监督等，一律试行”。[⑥] 同时，总理衙门又作少许修改，致函英驻华公使阿礼国，征求意见，并表示，“俟试行一年毫无窒碍，再将此项章程刊刻颁发，永远遵行”。[⑦]

---

① ［英］莱特：《中国关税沿革史》，姚曾廙译，第 34 页。

② “卜鲁斯致鲁塞尔函”, 1862 年 12 月 2 日；“卜鲁斯致领事辛克来（Sinclair）函”, 1862 年 12 月 9 日；“卜鲁斯致鲁塞尔函”, 1862 年 12 月 23 日。转引自［英］莱特：《中国关税沿革史》，姚曾廙译，第 209 页。

③ “蒲安臣致曼戛姆领事函”, 1862 年 12 月 9 日；“卜鲁斯致夏福里领事函”, 1863 年 3 月 30 日。见［美］马士：《中华帝国对外关系史》第 2 卷，张汇文译，商务印书馆 1963 年版，第 159～160 页。

④ “恭亲王致蒲安臣函”, 1862 年 12 月 27 日，见［美］马士：《中华帝国对外关系史》第 2 卷，张汇文译，第 159 页。

⑤ 《会讯船货入官章程》，同治七年闰四月初十日，见王铁崖编：《中外旧约章汇编》第 1 册，第 259～260 页。

⑥ 《议定船货入官推广会讯章程》，同治七年闰四月二十九日，见徐宗亮编：《通商约章类纂》卷 13，天津官书局光绪十二年版，第 46 页。

⑦ 《总理衙门致英国公使阿礼国函》，同治七年二月二十七日，见许同莘等编：《同治条约》卷 12，清同治十二年铅印本，第 2 页。

条约规定与国内法规的相互转换，所涉事项较为复杂，除上述内容之外，还有大量民事问题。这种转换主要限于涉外法规领域，反映了鸦片战争之后中国法律新变化。作为中国法律变迁的一种特殊形式，这种转换是在列强的强权政治之下实施的，产生了畸形的涉外法规，具有显著的半殖民地特征。即使表面上看似对等的条款，由于中外地位的悬殊，在实际中却大相径庭。例如，华洋债务，根据条约应互相诉追，而事实却截然不同。"每见华人负外人之债，虽为数仅十数元之不等，而起诉也，判决也，押追也，无不取盈以去。而洋人欠华人之款，则虽盈千累万，能诉追得直者十无一二。"其原因，"此非华民之自甘放弃，盖无官力以为之后盾耳。"① 另外，本来这方面的法规多处于空白状态，而实行闭关及抑商政策的清政府，又缺乏主动制定相关国内法的意识，往往被动应对，导致本国权益蒙受损害。光绪元年（1875年），轮船招商局"福星"轮被英怡和洋行的"澳顺"轮撞沉，计淹毙65人，沉失白米7000余石。本来事故应由英商"澳顺"轮负全责，但却由英方"断以两船均错，两船共亏若干，照数分认其半"。在船货赔偿标准的判定上，则根据英国法律，"引英国碰船赔银章程，船费每吨赔银不得过八镑计"，又另给恤银。此案树立了华诉洋海事诉讼的先例，江海关道将此案备文禀报南北洋大臣，"声明嗣后如遇此相类之案，似宜照此办理"。②

另外，这种转换，又在一定程度上引入了新的法律文明形式，对中国的法制建设提供了借鉴。例如，成为国内法的《续定招工章程条约》，为近代中国的第一个移民法规，打破了清政府此前对海外华侨漠不关心的旧习，开启了保护本国侨民、符合国际惯例的国内立法。再如，此前《大清律例》上的缉私律例，多是针对国内走私违法行为的，转换为条约规定之后，更完善了对外商走私的处罚。又如，《会讯船货入官章程》采用公开讯问的方式，且允许上控，在形式上引入了西方的审判制度。在此以前，海关遇有洋商违犯关章案件，"既非公开审理，复无共同评议机关审核其所定处分是否允洽"，以致有"处理失当情事，而商人无从申诉，殊欠公允"。因此拟订

① 姚之鹤编：《华洋诉讼例案汇编》上册，商务印书馆1915年版，第316页。

② "福星轮船被碰案"，见交通铁道部交通史编纂委员会编：《交通史航政篇》第3册，交通铁道部交通史编纂委员会1931年印，第1284页。

《会讯船货入官章程》，“以救其弊”。① 此类案件的审理，“不再是仅靠片面之词了”。② 美驻华公使认为，章程显示出中国政府在他们的法律行动方面，“朝着同化于西方国家采用的章程方向发展，这是鼓舞人心的前进”，“可以作为指南和先例”。尽管这一制度的各种弊窦“很明显”，“但是有个会讯形式，聊胜于无”。因为，“不管税务司和领事如何串通作弊，商人如果违章，总得通过‘会讯’，这对商人来说，却是一件麻烦不利的事”。因此，“章程对商人的违章是有一些拘束作用的”。③ 其他方面的对外贸易法规，亦具有同样的两重性特点。一方面，损害中国的主权，便利了列强的对华经济掠夺和扩张；另一方面，有些法规，如保税、进口货再转运外国予以退税等，属国际上通行的合理制度。这些对于中国摆脱封建旧例，建立科学的近代通商制度，具有一定的促进作用。

总的来看，在不平等的条约关系下，中国不能行使一个主权国家的权利，自主制定涉外方面的国内法。美驻华公使西华德声称，不能否认，中国政府有权对一切涉及其主权的事项制定规章。但是，中国所制定或提出的规章，凡是和外国侨民有关的，或是违反条约规定，或是繁重和不必要的，外国都可以“审查”“反对”“建议撤消或修改”。④ 不只《长江各口通商暂订章程》《会讯船货入官章程》之类，即使是按国际惯例应适用国内法的事项，如地产，中国也往往丧失了自己的权利。根据条约，外国人可以在租界租地建屋，而此类问题一般应适用当地法律，“因为不动产的权利应按照所在地法来确定是一切法律体系的一个基本原则”。英国在华最高法院法官鲍因在一件此类案件的判决中声称，“应适用中国法律”，这是一个“土地及土地的附属物应受所在地法支配的”的国际私法原则。实际上，这一国

① “附原呈”，民国二十一年（1932 年）8 月 4 日，见《财政部关务署法令汇编》，财政部关务署民国二十一年（1932 年）编印，第 110～111 页。

② “蒲安臣致西华德函”，1864 年 6 月 6 日。转引自［美］马士：《中华帝国对外关系史》第 2 卷，张汇文译，第 165 页。

③ 陈诗启：《英商否认海关洋员关于走私违章处分的管辖权和〈会讯船货入官章程〉的制定》，《厦门大学学报》1987 年第 1 期。

④ “Mr. Seward to Mr. Evarts”, March 16, 1880, *Papers Relating to the Foreign Relations of the United States,* Washington, Government Printing Office, 1880, p.239.

际私法原则在中国却不能实施，“绝大部分中国的成文法律因和英国法的政策不符，在英国法庭上是无效的和不能实施的”。再者，中国土地法没有成文法，“几乎完全由当地习惯构成”，在华英侨“一直遵守许多英国法，这些英国法律就这样取得了中国法律的效力”。例如，“在中国关于遗嘱上对土地的处置须按照英国方式，和英国的过户方式”，等等。[①] 这些无疑说明，不平等的条约关系使中国法律丧失了一个主权国家应有的独立地位，具有显著的半殖民地性质。

在条约规定转换为国内法规的过程中，清王朝已经定型的法体系被打乱，逐渐形成了新的法体系。据研究，战国秦汉至隋唐时期的法体系以律与令为主体，是为律令法体系。明清时期例与律成为法体系的主体，可以名之为律例法体系。律例法体系取代律令法体系，是中国古代法制的重要发展。[②] 律例法体系的确立，使君主诏令的法律地位受到了限制。乾隆时期，上谕允准御史王柯所奏，并规定于《大清律例》中，即：“其特旨断罪，临时处治，不为定律者，不得引比为律。若辄引比致断罪有出入者，以故失论。”[③] 根据这一律条，只是确定为“定律”的君主诏令才具有法律地位，临时处治的“特旨”不得被引为律。晚清时期，由于条约规定本身的复杂性，以及地方外交的合法性，在条约转为国内法规的过程中，也就不可避免地出现了多种形式。除了最基本最重要的诏令大量颁行之外，还存在其他种种方式，如外交部门、地方政府和海关机构等，为适应条约关系的需要颁行了各自职权范围内的各种规章，“其文多具于译署及各海关郡县之有司”。[④] 可以说，条约关系造成了晚清法体系的重大变异，已定型的律例法体系又转为新形式的律令法体系，这是特殊的和杂乱的律令法体系，或者说是中外交混的过渡性法体系。经过这一杂乱无序的过渡之后，迄至清末，中国法律体系开

---

① ［美］威罗贝：《外人在华特权和利益》，王绍坊译，生活·读书·新知三联书店 1957 年版，第 382～384 页。

② 见刘笃才：《律令法体系向律例法体系的转换》，《法学研究》2012 年第 6 期；张建国：《中国律令法体系概论》，《北京大学学报》1998 年第 5 期。

③ 《大清律例》，张荣铮等点校，天津古籍出版社 1993 年版，第 648 页。

④ 松寿：《交涉约案摘要序》，光绪庚子，见王鹏九编：《交涉约案摘要》卷首，光绪间刻本。

始转向具有近代性质的法体系。

二、条约规定与《大清律例》的修改

随着条约关系的建立和新的法律关系的出现，作为清代基本法律的《大清律例》，在清末改革之前亦作了某些修改。修改内容主要涉及宗教信仰和海外移民，包括删除和修改禁止基督教与解除海禁的律条。相对于中外法律关系的重大变动，尤其是涉外法律问题的大量增加，《大清律例》所作修改可以说微不足道。这一现象反映了清政府法律变革的滞后，尤其是面对新的复杂的中外格局，缺乏必要的因应之策。

禁教始于康熙时期，而《大清律例》上的禁教条款，则定于嘉庆年间。嘉庆二十年（1815 年），《大清律例》增加了禁教的条文，嘉庆二十二年（1817 年）及道光十八年（1838 年）又“改定”。① 该条例规定：西洋人有在内地传习天主教，“确有实据，为首者，拟绞立决。其传教煽惑，而人数不多亦无名号者，拟绞监候”。“并严禁西洋人不许在内地置买产业”。② 鸦片战争之后随着条约的订立，这一条例作了修改。先是中美《望厦条约》给予了美国人在中国通商口岸的习教权，这是近代以来西方列强在宗教问题上最早获得的条约权利。通过《黄埔条约》，法国亦取得了同样的权利，相关条约并规定，“倘有中国人将佛兰西礼拜堂、坟地触犯毁坏，地方官照例严拘重惩”，③ 即由中国政府保护洋人习教。接着，耆英应法方要求，数次奏请解禁，道光帝降谕允准，并同意“给还”教堂。④ 第二次鸦片战争之后，西方国家获得了在中国内地传教的条约特权，中俄、中美、中英《天津条约》均有规定，⑤ 中法《天津条约》最为详细明确：“天主教原以劝人行善为本，

---

① 薛允升：《读例存疑点注》，胡星桥等点注，中国人民公安大学出版社 1994 年版，第 300 页。

② 《大清律例》，张荣铮等点校，第 282 页。

③ 中法《五口贸易章程：海关税则》，道光二十四年九月十三日，见王铁崖编：《中外旧约章汇编》第 1 册，第 62 页。

④ 《廷寄》二，道光二十四年十月乙未；《廷寄》，道光二十六正月辛巳。见齐思和等整理：《筹办夷务始末 · 道光朝》六，中华书局 1964 年版，第 2880、2964 页。

⑤ 中俄、中美、中英《天津条约》，咸丰八年五月初三日、咸丰八年五月初八日、咸丰八年五月十六日，见王铁崖编：《中外旧约章汇编》第 1 册，第 88、95、97 页。

凡奉教之人，皆全获保佑身家，其会同礼拜诵经等事概听其便，凡按第八款备有盖印执照安然入内地传教之人，地方官务必厚待保护。凡中国人愿信崇天主教而循规蹈矩者，毫无查禁，皆免惩治。向来所有或写、或刻奉禁天主教各明文，无论何处，概行宽免。”①

根据清帝上谕和相关条约，《大清律例》的禁教条例实际上已经失效，但清政府在咸丰二年（1852 年）修律时并未删改它。《天津条约》签订后，民教冲突愈益激烈，列强要求获得保障的态度亦愈加坚决，从而促使清政府修改《大清律例》中的相关条文。奕䜣于同治元年（1862 年）奏请修改律例，并根据法方意见，提出将条约中的“概行宽免”改为“革除”，谓：“嗣后如修新例，不再增刊此等禁止明文，并将旧例所载全行删去，仍将条款内宽免字样，改为革除，庶于此条上下文较为联贯”，② 得到清廷允准。其时，地方官处理民教冲突时，仍以《大清律例》为据。针对这一情况，同治二年五月（1863 年 6 月），法驻华公使照会总理衙门，要求将驰教新例载入《大清律例》，谓：“地方官等查及律例一书，仍有旧列禁习天主教之条，而新例驰禁已将旧例革除，并未载入。”要求清政府“将新例刊入全律颁行，实革旧例不用”。③ 奕䜣答复说：去年已经向贵公使声明，“嗣后如修新例，不再增刊此等禁止明文，并将旧例所载全行删去”。“查中国定例，凡系奉有更改旧例明文，于修纂则例时，无不载入。此条贵大臣既愿列入则例，一俟修例之时，本爵可保刊入也。”④ 总理衙门又为此行文刑部，问询何时修改律例。刑部告知，“现定本年五月二十四日开馆纂修则例”。⑤ 然延至同治六

① 中法《天津条约》，咸丰八年五月十七日，见王铁崖编：《中外旧约章汇编》第 1 册，第 107 页。

② 《恭亲王奕䜣等奏为请旨再饬各督抚持平办理教民事件折》，同治元年三月初六日，见中国第一历史档案馆等编：《清末教案》第 1 册，第 215 页。

③ “法国照会”，同治二年五月十三日，见台北“中央研究院”近代史研究所编：《教务教案档》第 1 辑，第 1 册，台北“中央研究院”近代史研究所 1974 年版，第 49 页。

④ “给法国照会”，同治二年五月十七日，见台北“中央研究院”近代史研究所编：《教务教案档》第 1 辑，第 1 册，第 50 页。

⑤ “刑部片”，同治二年五月二十七日，见台北“中央研究院”近代史研究所编：《教务教案档》第 1 辑，第 1 册，第 50 页。

年（1867 年），修例仍未完成，市面上流行的《大清律例》仍是旧版。法驻华公使兰盟致函清总理衙门，要求“各处办理教务，不准又用从前和约所废之例”，并出示同治二年（1863 年）新镌《律例刑案统纂集成》。总理衙门致函刑部，再次问询修律“何时告竣”，以及“各处坊间刻本”“毋得仍旧刊刷”，以免为“口实之柄”。① 刑部答复说：此次“开馆应修条例，自咸丰二年迄今已阅十余年，奏定通行章程，较之历次纂修条例，多至三倍，头绪本属纷繁”。至于送到律例，“系属坊间刷印私本”，“系属旧例”，“并非官板新例”。表示通行各省，“转饬严禁坊间私板，毋得仍旧刷印同治二年新镌字样，以免歧异”。② 直至同治九年（1870 年），清政府才完成修律，删除了将天主教治罪的条例，并增加条例：“凡奉天主教之人，其会同礼拜诵经等事，概听其便，皆免查禁，所有从前或刻或写奉禁天主教各明文，概行删除。”③

《大清律例》修改之后，清政府未及时发布，广而告之，因此民间仍然流行旧版律书。同治十一年（1872 年），英驻华公使威妥玛照会总理衙门，提出：《大清律例》禁止传教各条，“至今自未删撤，直省府县未明条约，只以旧板例文为据，何怪其然”。④ 总理衙门复照告知，同治九年（1870 年）间刑部已作修改，“有刊刻纂修底本可查”。⑤ 然迄至光绪二十一年（1895 年），民间书坊仍刻印修改之前的未删节版本，“不独京中发卖，各省亦有出书者”。⑥ 该年六月（1895 年 7 月），法驻华公使施阿兰照会总理衙门，谓：“光绪十六年复刻大清律例，仍有禁止天主教之奏折谕旨等件，又闻康熙、雍正年间圣谕广训第七条，以天主教列为异端邪教，为而仍有在学堂练习，

---

① “行刑部文”，同治六年六月二十三日，见台北“中央研究院”近代史研究所编：《教务教案档》第 1 辑，第 1 册，第 6～7 页。

② “刑部文”，同治六年七月初二日，见台北“中央研究院”近代史研究所编：《教务教案档》第 2 辑，第 1 册，台北“中央研究院”近代史研究所 1974 年版，第 10～11 页。

③ 湖北谳局汇辑：《大清律例汇辑便览》卷 16，礼律祭祀，同治十一年刻本，第 6 页。

④ “英国公使威妥玛照会”，同治十一年二月初一日，见台北“中央研究院”近代史研究所编：《教务教案档》第 3 辑，第 1 册，台北“中央研究院”近代史研究所 1975 年版，第 49 页。

⑤ “给英国公使威妥玛照会”，同治十一年二月十七日，见台北“中央研究院”近代史研究所编：《教务教案档》第 3 辑，第 1 册，第 49 页。

⑥ 《通行革除禁教明文》，光绪二十一年八月初五日，见李刚已辑录：《教务纪略》卷 3 下，章程，南洋官报局光绪三十一年版，第 16 页。

并有官员公然援引。应请贵王大臣按照约章，转饬将光绪十六年（1890年）大清律例一书，及所有同载者，一体销毁。并于圣谕广训第七条，禁止出发通行，教诲练习。”① 总理衙门一方面复照告知，“此例久已奏准删除在案”，“同治以后，刑部并未复刻”；② 另一方面又咨行各省督抚，要求“查照条约部章，饬令各府州县地方出示晓谕，各城乡书坊刻律例书内所载禁习天主教各节，一律查明销毁，以符约章”。③ 至此，《大清律例》中禁教条例的修改，才得以通行全国各省。

除修改禁教条例之外，《大清律例》还有一重要变化，即解除海禁。海禁始于清初，其后虽有松动，但基本原则没有改变。顺治四年（1647年）颁布的《大清律集解附例》兵律便订有“私出外境及违禁下海”律文，禁止民人私自出洋贸易，并对如何处罚作了规定。④ 顺治十三年（1656年）清廷谕，“严禁商民船只，私自出海”。⑤ 其后海禁政策又规定于《大清律例》中，⑥ 且有许多具体的条例。康熙二十二年（1683年），清军攻占台湾，海外平定，翌年开放海禁。海禁重开后，产生了一系列新问题，引起了清廷的忧虑，遂又确定了新的海禁政策。五十六年（1717年），兵部等衙门会同两广、福建、浙江地方大吏遵旨议覆，不许商船前往南洋吕宋、噶罗吧等处贸易。又定例：“入洋贸易人民，三年之内，准其回籍。其五十六年以后私去者，不得徇纵入口”。迄雍正五年（1727年），清廷谕准开放海外贸易，同时又进一步加强控制民人出洋，“从前逗留外洋之人，不准回籍”。⑦ 乾隆时

① “法国公使施阿兰照会”，光绪二十一年六月初五日，见台北“中央研究院”近代史研究所编：《教务教案档》第5辑，第1册，第209页。

② “给法国公使施阿兰照会”，光绪二十一年六月初十日，见台北“中央研究院”近代史研究所编：《教务教案档》第5辑，第1册，第210页。

③ 《通行革除禁教明文》，光绪二十一年八月初五日，见李刚己辑录：《教务纪略》卷3下，章程，第16页。

④ 沈之奇：《大清律辑注》上，怀效锋等点校，法律出版社2000年版，第495页。

⑤ 《世祖章皇帝实录》卷102，顺治十三年六月癸巳，见《清实录》第3册，中华书局1985年版，第789页下栏。

⑥ 《大清律例》，张荣铮等点校，第327～328页。

⑦ 《世宗宪皇帝实录》卷58，雍正五年六月丁未，见《清实录》第7册，中华书局1985年版，第892页。

期，清廷实行更严厉的海禁政策。刑部在《大清律例》中增加条例：“在番居住闽人，实系康熙五十六年以前出洋者，令各船户出具保结，准其搭船回籍，交地方官给伊亲族领回，取具保结存案。如在番回籍之人，查有捏混顶冒显非善良者，充发烟瘴地方。至定例之后，仍有托故不归，复偷渡私回者，一经拏获，即行请旨正法。”① 其实，自康熙五十六年（1717 年）至今已有几百年，彼时出洋之人此时不可能仍在。“定例之意，盖恐其将匪人带入内地”。② 乾隆十四年（1749 年），曾私往噶喇叭（今印尼首都雅加达）20 余年的陈怡老回到福建龙溪县原籍，刑部奉旨将陈怡老照交结外国等罪名，发边远充军，银货、船只入官。如此严厉处置回籍人员，正是为了禁止国人出洋。

这一严厉的海禁法令，在鸦片战争之后开始受到冲击。《南京条约》第 1 条便涉及此问题，该条规定：“嗣后大清大皇帝、大英国君主永存平和，所属华英人民彼此友睦，各住他国者必受该国保佑身家安全。”③ 此时清政府丝毫没有保护海外华人的意识，此条主要是为了保障在华英人的身家安全，而从法律上讲，它却与清政府的禁止出洋的律条发生冲突。其后经过第二次鸦片战争，列强获得了更为明确的条约权利，从根本上打破了禁海律例，并导致了《大清律例》的修改。

英法联军在占领广州期间，便向广东地方官员施加压力，迫使他们颁布告示允许华人出洋。咸丰九年（1859 年），南海、番禺两县知县联衔发布告示，允许民人出洋作工。广东巡抚柏贵亦发布告示谓：“设若实属情甘自愿，自可毋庸禁阻，令其任便与外人立约出洋。”④ 翌年，两广总督劳崇光亦照会美驻华公使华若翰，表示，“其自愿出洋者，应听其便”，⑤ 并制定招工

---

① 《大清律例》，张荣铮等点校，第 332 页。

② 薛允升：《读例存疑点注》，胡星桥等点注，中国人民公安大学出版社 1994 年版，第 365 页。

③ 中英《江宁条约》，道光二十二年七月二十四日，见王铁崖编：《中外旧约章汇编》第 1 册，第 30 页。

④ 《署广东巡抚柏贵告示》，咸丰九年三月初七日，见陈翰笙主编：《华工出国史料》第 2 辑，中华书局 1980 年版，第 178 页。

⑤ 《劳崇光致华若翰照会》，咸丰十年正月二十七日，见朱士嘉编：《美国迫害华工史料》，中华书局 1958 年版，第 27 页。

章程十二条。广东地方官的新政策，突破了《大清律例》的限制，使西方国家在华招工具有某种合法性，但未得到中央朝廷的认可，尚无法律依据。西方各国希望通过条约打破《大清律例》的限制，使华人出洋和各国在华招工取得牢靠的合法地位。通过《北京条约》，它们达到了这一目的。该约规定："大清大皇帝允于即日降谕各省督抚大吏，以凡有华民情甘出口，或在英国所属各处，或在外洋别地承工，俱准与英民立约为凭，无论单身或愿携带家属一并赴通商各口，下英国船只，毫无禁阻。"① 其后同治三年（1864年）中西《和好贸易条约》、同治七年（1868年）中美《蒲安臣条约》，均作了类似规定。

随着这些条约的订立，中国人出洋的合法性得到了清廷的确认，并因此导致《大清律例》的修改。但是，修改的直接起因并非针对出洋的禁令，而是抑制拐卖人口之风。拐卖人口出洋现象早已存在，并在鸦片战争之后达到高潮，英法联军占领广州期间，"在广州没有一个中国人能在离开自己家门之后不冒被拐骗的危险"。② 在此之前，禁止出洋的律条，实际上有名无实，沿海人民私自出洋屡见不鲜。允许出洋载入条约之后，外国人招收华工取得了合法地位，这使本来就很严重的拐卖现象愈益猖獗。两广总督毛鸿宾等奏称，广东近年略卖人口出洋之案，"情节特重"。其原因之一，是律条不明，处罚过轻。略卖人口出洋，"例无专条"，以致"屡经拿案，未一严惩，积久遂至横行"。提出要"明定罪名"，"凡洋人招工出洋，准其开设招工所，听人投充。但有指引情事，即按人数科罪，设计诱骗略卖者皆斩"。③ 刑部议覆毛鸿宾奏折，谓："诚如该督等所奏，其情较之人口出境为倍重，自应加等科罪。"此"与英、法条约情甘出口之事迥不相同，自应严定罪名，有犯必惩"，并照毛鸿宾等奏，修改律例。④ 同治九年（1870年）清政府将其纳入《大清律例》，

① 中英《续增条约》，咸丰十年九月十一日；中法《续增条约》，咸丰十年九月十二日。见王铁崖编：《中外旧约章汇编》第1册，第145、148页。

② 《英国驻广州领事阿礼国致包令文》，1859年4月12日，见陈翰笙主编：《华工出国史料》第2辑，中华书局1980年版，第172页。

③ 《办理盗犯有须变通例文折》，同治三年八月初一日，见毛鸿宾：《毛尚书奏稿》，台北，文海出版社1971年影印，第33、35～36页。

④ 《刑部咨总理衙门请如毛鸿宾所奏将略卖人口罪犯处斩文》，同治三年十月初五日，见陈翰笙主编：《华工出国史料汇编》第1辑，第1册，第52页。

增加条例："内地奸民及在洋行充当通事买办，设计诱骗愚民，雇与洋人承工。其受雇之人，并非情甘出口，因被拐卖威逼，致父子兄弟离散者，不论所拐系男妇女子，及良人奴婢，已卖未卖，曾否上船出洋，及有无藉洋人为护符，但系诱拐已成，为首斩立决，为从绞立决。""其华民情甘出口，在英、法等国所属各处承工者，仍准其立约，赴通商各口下船，毫无禁阻。"①

新增条例包括两个内容，一是从严打击拐卖人口罪犯，首从均处以死刑，或"斩立决"，或"绞立决"，且由督抚定案后"先行正法"，再汇奏咨部。二是将条约规定转为律例条文，明确允许华民出洋承工，"毫无禁阻"。这一条文打破了自顺治以来禁止出洋的律令，在人身自由问题上贴近国际惯例，是《大清律例》的又一个重要变化。然而，由于禁止回国的律令没有取消，这一条例在法律上并未从根本上解决国人出洋的问题。同治十三年（1874 年），办理台湾海防事务的钦差大臣沈葆桢上奏，要求取消《大清律例》禁内地民人渡台及私入番境的条例，② 光绪帝降谕允准。虽然这只是针对台湾一地，但却为全面解除《大清律例》的禁令起了先导作用。随着驻外使节的派遣，对海外华侨重要性的认识不断加深，这一问题被明确提了出来。光绪十九年（1893 年），驻新加坡总领事黄遵宪上书驻英公使薛福成，首先提出解除禁止回国禁令的主张。书中指出，南洋华侨不下百余万人，虽居外洋已百余年，仍心系祖国，却不能归国。因为，"凡挟资回国之人，有指为捕逃者，有斥为通番者，有谓为偷运军火，接济海盗者，有谓其贩卖猪仔，要结洋匪者，有强取其箱箧肆行瓜分者，有拆毁其屋宇，不许建造者，有伪造积年契券，藉索逋欠者"。推原其故，是由于"中国旧例，不准出番华民回籍各条"，以致"奸胥劣绅，恃有此条，得以藉端讹索，致回籍华民，万万不能出头"。他提出，当今"邻交已订，海禁久弛，与往昔情形，截然不同"。"必须大张晓谕，将旧例革除，庶华民耳目一新，往来自便"。③

① 湖北谳局汇辑：《大清律例汇辑便览》卷 25，刑律盗贼下，同治十一年刻本，第 14 页。

② 沈葆桢：《台地后山请开旧禁折》，同治十三年十二月初五日，见吴元炳辑：《沈文肃公政书》卷 5，台北，文海出版社 1967 年影印，第 14～16 页。

③ 黄遵宪：《上薛公使书》，光绪十九年，见吴振清等编校整理：《黄遵宪集》下，天津人民出版社 2003 年版，第 563～564 页。

薛福成接书后，即奏请取消出洋华人不准回国的禁条，谓：清初实行海禁，“非苛待此出洋之民也，时势为之”。现在形势已发生变化，道光二十二年（1842 年）以来，中国陆续与东洋、西洋诸国立约通商，如中英《南京条约》、中美《续增条约》均有华民出洋规定，且于海外“设领事官以保护之”。当今“瀛寰诸国，固已近如户庭，迩于几席，势不能闭关独治”。再者，清朝“煦育涵濡逾二百年，中国渐有人满之患，遂不得不导佣工以扩生计，开商路以阜财用，顺民志以联声气，张国势以尊体统”。从实际来看，“海禁早弛，风气大开，一视同仁，无间遐迩。前例已不废而自废，不删而自删，非偏厚此出洋之民也，时势为之也”。而相关律令，与条约关系下的新形势大相枘凿。他引述了黄遵宪禀报的华侨现状，认为“言之详切”，又从理财“保富”和安民“怀远”的角度，阐述了废除旧例的必要性，谓：闽人多富商巨贾，“拥资百万，羁栖海外，十不一还”。并非他们“无依恋故土之思”，也不是国家“特设驱禁之政”，而是“新章初立之时，未及广布明文，家喻户晓”。也就是说，有关法规未能转为明确的规条，广泛宣传，以致“奸胥劣绅，且得窥其罅，以滋扰累，为渊驱鱼，为丛驱爵”。他肯定了谕准沈葆桢豁除不准偷渡台湾旧例之奏，称“迄今海内交口称便”。认为出洋华民事同一律，请求朝廷“严议保护出洋华民良法，并声明旧例已改，以杜吏民诈扰之端”。并“切实晓谕，奉宣德意，俾众周知”。①

总理衙门奉旨议奏，肯定了薛福成的建议，谓：“中外通商以来，华民佣工既已任其出详，岂转禁其回国。同治年间，既有美、秘各约，载明华洋人民前往各国，或常住入籍，或随时来往，均听自便之语，是国初旧禁早已不弛之弛”。薛福成所奏种种积弊，“自是实在情形”，若概禁出洋华民遄返故乡，“不免觖望”。应请如所奏，“敕下刑部，将私出外境之例酌拟删改”，并出示晓谕，“申明新章既定，旧禁已除”。其后，良善商民，“无论在洋久暂、婚娶、生息，一概准由出使大臣或领事官给与护照，任其回国谋生置业，与内地人民一律看待，并听其随时经商出洋，毋得仍前藉端讹索。违者，按律惩治”。如此变通办理，“庶几上以广圣朝丕冒之仁，下以慰羁

① 《使英薛福成奏请申明新章豁除旧禁以护商民折》，光绪十九年七月初十日，见王彦威、王亮辑编：《清季外交史料》卷 87，外交史料编纂处 1935 年，第 15～17 页。

旅怀归之念，诚为因时制宜、维持邦本之急务”。① 光绪帝降旨，“如所请行”。② 至此，通过上谕的方式，清政府完成了废除禁止出洋旧例的法律程序。

《大清律例》因条约规定所作的修改，主要是上述两方面内容，这一变化恰巧反映了条约关系对晚清法律的双重影响。一方面，体现了列强违背国际法，强行使中国承担允许西方基督教在华传教的法律义务，使晚清时期的法律变化具有显著的半殖民地色彩。即使从国际人权法的角度来看，虽然每个人有宗教信仰的自由，但这种自由并不包括传教自由。③ 根据国际法，“除了人身和财产的保护以及法院对外国人根据当地国法律所享受的权利必须予以平等保护之外，每一个国家可自由决定对外国人的待遇”。例如，“一个国家可以禁止外国人从事某种职业或行业；它可以禁止外国人持有或继承不动产；它可以象［像］英国在过去以及自从第一次世界大战以来所作的那样，强令外国人登记以便管理，等等”。④ 显然，“一个国家永远不能要求另一个国家同意在其国内给予任何一个教会——比如本国教会——好处和特惠；它无权要另一个国家接受传播这种或那种信仰的传教士”。⑤ 因此，“通过条约强使中国承诺允许西方教会在华传教并予以保护的义务，无异于割让了各国照例保留作为已有的那些国内立法方面的主权”。⑥

另外，删除《大清律例》中的海禁条例，确立允许海外移民的法律制度，符合国际惯例，有助于社会发展。在打破这一禁令之初，英驻华公使卜鲁斯谓：“这在中国的行政制度中是件新奇而重要的发展。一位高级官吏

---

① 《总署奏遵议薛福成请申明新章豁除海禁旧例折》，光绪十九年八月初四日，见王彦威、王亮辑编：《清季外交史料》卷 87，第 21～22 页。

② 《德宗景皇帝实录》卷 327，光绪十九年八月癸丑，见《清实录》第 56 册，中华书局 1987 年版，第 201 页。

③ 参见刘正峰：《论传教管制的国际法渊源》，《理论月刊》2013 年第 4 期。

④ ［英］劳特派特修订：《奥本海国际法》上卷，第 2 分册，王铁崖、陈体强译，商务印书馆 1972 年版，第 174～175 页。

⑤ ［法］卫青心：《法国对华传教政策》上卷，黄庆华译，中国社会科学出版社 1991 年版，第 215 页。

⑥ ［美］泰勒·丹涅特：《美国人在东亚——19 世纪美国对中国、日本和朝鲜政策的批判的研究》，姚曾廙译，商务印书馆 1959 年版，第 477 页。

和他的僚属，由于人民群众的环境变迁，终于撇开那些无法施行的传统条规。这等于事实上承认他们的法律必须顺应社会变革和文明进步。”① 巴夏礼也说，这次准许中国人民出洋，“在中国法律和惯例上是新的创举”，他们“看到时代的变革需要这样办”。② 而且，这一革新，又进而改变了清政府漠视华侨权利的专制意识，转而实施保护海外侨民的政策，并由此制定了更为完善的法规。乾隆年间，荷属殖民地“迫杀华人十余万众”，闽粤两总督“竟以人已出洋，已非我民，我亦不管为辞”，其后“荷待华人直与土番一体轻视”。③ 在订立允许出洋的法规的过程中，清朝君臣逐渐确立了将海外侨民视为本国子民的观念，并依据“每一个国家对于在国外的本国公民享有保护的权利”④ 的国际法惯例，转而实施积极的保护政策。至清末，“朝廷轸念侨情，保护维持无微不至”。宣统元年（1909 年），为抵制荷属殖民地“议准华侨入籍之案”的“羁縻笼络之谋”，农工商尚书溥颋等奏请速订国籍法，获得了谕允，⑤ 随即清廷拟订并颁布了《大清国籍条例》。此为中国近代第一部国籍法，虽仍存在不足之处，但它打破了闭关时代户籍管理“只详此省与彼省界限之攸分，未计我国与他国范围之各异”的局限，初步建立了体现近代国际惯例的国籍管理法规，为保护海外华侨提供了法律依据。

三、“八议”之法的再启与终结

在晚清法律的变化过程中，还出现了一个重要现象，即久已弃置的“八议”之法被再度启用。随着条约关系的建立和发展，涉外案件尤其是教案频频发生，清朝君臣重新拾起曾视若弁髦的“八议”作为法律武器，以维护

---

① 《英国驻华公使卜鲁斯致马姆兹伯里文》，1859 年 5 月 3 日，见陈翰笙主编：《华工出国史料》第 2 辑，中华书局 1980 年版，第 182 页。

② 《巴夏礼致卜鲁斯文》，1859 年 4 月 11 日，见陈翰笙主编：《华工出国史料》第 2 辑，第 184 页。

③ 《旅居南洋华商呈商约大臣沥陈被虐情形公禀》，《外交报》第 30 期，光绪二十八年十二月一十五日。

④ ［英］劳特派特修订：《奥本海国际法》上卷，第 2 分册，王铁崖、陈体强译，第 173 页。

⑤ 《宣统政纪》卷 8，宣统元年二月戊午，见《清实录》第 60 册，中华书局 1987 年版，第 143 页。

“天朝”体制，尤其是“天朝”体面，抵制列强的侵略要求。他们的企望虽一时奏效，但遭到了列强的强烈反对，“八议”也最终被取消，在中国法制史上结束了它的使命。这一变化典型地反映了“天朝”君臣的思考，并揭示了传统法制的演变及特点。

在封建时代，皇室、贵族、官僚在司法上享有特权，即所谓议亲、议故、议贤、议能、议功、议贵、议勤、议宾的“八议”制度。这一制度源于西周的“八辟”，是“刑不上大夫”的礼制原则在刑罚适用上的具体体现。至唐代，“八议”之法更为周密完备，成为一项系统的具体制度。然而，随着专制统治的加强，“八议”的应用范围不断缩小，甚至载而不用，徒有虚名。明代时，“虽载八议之条，乃戒制狱官勿许引用”。① 至清代，“八议”制度更为统治者所否定，雍正帝明确表示“此律之不可为训”，降谕谓：八议之条，“此历代相沿之文，其来已久。我朝律例，于此条虽具载其文，而实未尝照此例行者，盖有深意存焉。夫刑法之设，所以奉天罚罪，乃天下之至公至平，无容意为轻重者也。若于亲故功贤等人之有罪者，故为屈法以示优容，则是可意为低昂，而律非一定者矣，尚可谓之公平乎。且亲故功贤等人，或以效力宣劳，为朝廷所倚眷。或以勋门戚畹，为国家所优崇。其人既异于常人，则尤当制节谨度，秉礼守义，以为士民之倡率。乃不知自爱而致罹于法，是其违理道而蹈愆尤，非蚩蚩之氓、无知误犯者可比也。倘执法者又曲为之宥，何以惩恶而劝善乎”。② 在《大清律例》中，尽管仍有“八议”律目，而其例“则俱言宗室觉罗犯罪之事”，晚清司法大吏和著名法学家薛允升谓，“以八议徒有其名故也”。③

鸦片战争之后，清王朝仍实行这一执法方针。例如，在战后处置鸦片战争中弃城失守的清军将领时，便未考虑“八议”律条。曾“屡次立功”的浙江提督余步云怯战退避，一再临阵溃逃，经军机大臣会同三法司严讯定拟后，

① 《古律有荫减荫赎》，见钱大昕：《十驾斋养新录》卷6，上海书店1983年版，第142～143页。

② 《世宗宪皇帝实录》卷67，雍正六年三月丙子，见《清实录》第7册，中华书局1985年版，第1028～1029页。

③ 薛允升：《读例存疑点注》，胡星桥等点注，中国人民公安大学出版社1994年版，第18页。

大学士九卿科道又遵旨议定罪名，谓："虽朝廷原有议功之典……现在既种种获罪，应即照军机大臣等原拟，余步云应照守边将帅被贼攻围城寨不行固守而辄弃去，及平时守备不设为贼所掩袭，因而失陷城寨者斩律，拟斩监候，请皆即行正法，以肃法纪而昭炯戒。"① 道光帝谕令，著照大学士九卿科道等会议，将余步云"即行处斩"，"以伸国法"。② 其后，道光帝又降谕论说此事，谓："只缘国法具在，朕亦无可如何耳。""若失地偷生之辈，其治罪与否，视其平素居官之贤否以为准则，有是理乎？能服天下乎？余步云无军功乎？朕亦无可奈何。"③ 咸丰帝亦谓："统兵大臣，信赏必罚，总以功罪为衡，小眚微疵，尚可论功相抵，若至贻误事机，则是自干宪典。虽从前著有微劳，亦不能稍从末减，朕于统兵大臣，议功议罪，亦即准此为断。该大臣等所统者朕之将士，所执者即朕之法律，当此因循日甚，岂容再存希恩远怨之心。"④

显然，罹法之功臣不能享受"议功"的优待，《大清律例》上的"八议"之法有名无实。然在处理涉外案件之时，清朝君臣则一反常例，以"八议"之法作为依据。咸丰、同治之交发生的贵州教案，是第二次鸦片战争之后的第一个涉外大案，围绕对涉案大吏的处罚问题，清政府抬出了"八议"制度。虽最终如愿以偿，清廷设法使法方接受了自己的处理方案，但其冀望遭到对方的强烈抵拒，君臣们不得不作必要的调适。该案应对及交涉过程，反映了中外体制和观念上的差异，及其对晚清法制变迁的影响。

如前所述，同治元年五月（1862 年 6 月），法国驻华公使哥士耆指控贵州提督田兴恕等地方官吏处斩教民和法国传教士文乃耳。奕䜣等奏称，根据中法条约，"地方官务必厚待保护"传教士，华人信教者亦应"毫无查禁，

---

① 《大学士九卿科道奏为遵旨详议余步云应请旨即行正法折》，道光二十二年十二月二十四日，见中国第一历史档案馆编：《鸦片战争档案史料》六，天津古籍出版社 1992 年版，第 756 页。

② 《宣宗成皇帝实录》卷 387，道光二十二年十二月戊戌，见《清实录》第 38 册，中华书局 1986 年版，第 956 页。

③ 《宣宗成皇帝实录》卷 388，道光二十三年正月丙辰，见《清实录》第 38 册，第 971 页。

④ 《文宗显皇帝实录》卷 86，咸丰三年二月己亥，见《清实录》第 41 册，中华书局 1986 年版，第 120 页。

皆免惩治”，应按该约办理。该案“人命至重”，应请旨密饬崇实、劳崇光、骆秉章，“迅即各委谨慎公正满汉大员，驰赴贵州”，“严密访查案覆”，“毋得含混了事，亦不得稍涉迁延”。① 清廷降谕，令骆秉章、劳崇光派员“访查确实”，并表明态度，提出了该案的处理方针，即如前所述维持国体的方针。一方面，清廷认为，尽管“天主教弛禁，本系不得已之举”，但不得杀害传教士和教民。要求对法国公使照会所述各事，“详细据实查明，秉公声覆，断不可一字含混，稍涉偏袒”。另一方面，清廷又强调维护国体，“断不肯稍徇外国之情，有损国体”。② 而维护国体，其核心便是按照“八议”制度，免除或减轻对田兴恕等人的处罚。

接着，哥士耆照会总理衙门，提出 12 项要求，要求将田兴恕等“拿问到京，押赴市曹处斩，以彰显戮”。并威胁说，如在第 2 年 2 月以前未尽照办，“即由法国公使大臣另自筹办，则所行条款，必有大不利于中国之处”。③ 针对哥士耆的要求，恭亲王奕䜣复照，坚持不将田兴恕处以死刑，谓：按中国律法，杀人抵命，“此谓平民而言”。如果是大臣，“非罪大恶极，交九卿详议佥同，虽我历朝大皇帝，亦不敢恃九重之威福，而遽加杀戮”。“此中国向来定法，实非本爵一人之私言”。④ 奕䜣所言“定法”，即“八议”之法，是指八种人犯罪必须交由皇帝裁决或依法减轻处罚的特权制度。清廷肯定了奕䜣的方针，谓：该公使所言，“固属一面之词，难以尽行照办，有乖国体”。⑤ 无论其罪如何，“亦断无遽凭该公使一言，即令其抵偿

① 《恭亲王奕䜣等奏为接法国照会请旨派员查办贵州虐待教民各情折》，同治元年五月二十三日，见中国第一历史档案馆等编：《清末教案》第 1 册，中华书局 1996 年版，第 231～233 页。

② 《穆宗毅皇帝实录》卷 29，同治元年五月甲辰，见《清实录》第 45 册，中华书局 1987 年版，第 782～783 页。

③ 《法使为拟送贵州教案应办条款事致奕䜣照会》，同治元年十一月十八日，见中国第一历史档案馆等编：《清末教案》第 1 册，第 284～285 页。

④ “给法国哥士耆照会”，同治元年十一月二十四日，见台北“中央研究院”近代史研究所编：《教务教案档》第 1 辑，第 3 册，台北“中央研究院”近代史研究所 1974 年编，第 1376 页。

⑤ 《穆宗毅皇帝实录》卷 50，同治元年十一月辛未，见《清实录》第 45 册，第 1362 页。

之理”。“止许赔偿，不为抵罪，则国体人心，两无所失，亦可相安无事”。① 曾受命处理该案的四川总督骆秉章亦以“八议”为辞，谓：“该国所拟条款，自系万难照准”，“我朝从未轻戮大臣，自古原有议功之典”。“即田兴恕妄杀教人，万分理屈，亦必原其从前力战之功，于责惩之中，量从末减，万不能因一眚，遂加显戮”。②

按“八议”之法，田兴恕因功而“量从末减”，免除死罪，这是法方不能接受的。哥士耆复照奕䜣，强调必须尊重法方国体，谓：田兴恕等杀害法国文传教士，“迄今贵亲王犹力为庇护，不肯令其抵偿”。其意“无非终以本国为夷人，而暗以属国相待”。因为，中方谓“杀人者抵，系为平民而言，大臣又当别论”，而田兴恕乃国之大臣，“自应在议贵之条”。然而，就杀害法国传教士文乃尔而论，“则田兴恕非其长官，杀人者死，何异平民”。如果以田兴恕系大臣为词，“此非以属国相待，本国人之于贵国官吏，亦有尊卑之分耶？”哥士耆特别强调，“田兴恕如不抵偿，本国万万不能依允，皆为此故”。争执此事，非仅保护法国，而是“保护欧罗巴诸国各人在此交涉之道”。有鉴于此，本来，对是否要求抵命，他“犹思审慎”，直至看到奕䜣复照中提出大臣别于平民的律法，才刺激他坚定了这一决心。为维持法国国体之本分，“田兴恕等应当抵命者，必须抵命，实无法可为宽免”。“杀人者死，古有常刑，若不如此办理，必于大局有碍”。③ 实际上，如前所说，奕䜣内心认同哥士耆之说，认为“不得尽谓外国人无理”。由于奕䜣在致劳崇光函中吐露了有别于与法方交涉时的真言，他又叮嘱劳崇光“一切详慎而行，千万勿将此件宣播一字，略有疏忽，关系匪轻”。④ 这种表里不一的现象及其所显示的微妙心态，说明奕䜣自己对“八议”亦感理由不足。

---

① 《穆宗毅皇帝实录》卷 50，同治元年十一月丁丑，见《清实录》第 45 册，第 1383～1384 页。

② “四川总督骆秉章函”，同治二年二月初九日，见台北“中央研究院”近代史研究所编：《教务教案档》第 1 辑，第 3 册，第 1416 页。

③ “法国哥士耆照会”，同治元年十二月初一日，见台北“中央研究院”近代史研究所编：《教务教案档》第 1 辑，第 3 册，第 1387～1390 页。

④ “致前两广总督劳崇光函”，同治元年十一月二十日，见台北“中央研究院”近代史研究所编：《教务教案档》第 1 辑，第 3 册，第 1372 页。

新任法驻华公使柏尔德密来京履任后，强硬表示，“此案办与不办，一言而决，随即艴然而去”。同时，英国公使卜鲁斯以此事为“中国背约，薄待外国之证”，“明言各国现已联为一气”。① 奕䜣认为，在此形势下，“若不赶紧切实办结，诚恐一朝决裂，各国随同附和，愈难收拾”，遂提出“按律定拟具奏，请旨定夺”，“以成信谳而服远人”。② 清廷采纳了这一意见，降谕曰：田兴恕“叠次惨杀外国传教及中国习教者数人，是其孟浪从事，恣意妄为，已难辞咎”。“此时若再含糊，终无了局，更恐别生枝节，尤难措手。”田兴恕所涉各案已经查实，“若不按照律例定拟，稍有偏倚，不独无以服外国人之心，亦无以平贵州士民之愤”。要求“迅速办结”，“务当以国事为重，不避嫌怨”，“比照律例定拟”，“以安远人而弭衅端”。③ 奕䜣奏折和清廷上谕，均未再坚持照例减等的律条，颇有应允柏尔德密要求之意。奕䜣又照复柏尔德密，明确表示，“可如贵大臣之意早为办结，于两国友谊之道，日见增加”。④ 在一年来的交涉中，清政府第一次表示可如对方之意办结此案。这无疑表明，在列强的压力下，清朝君臣打算放弃“八议”之法，迫不得已接受了法方的要求。

当案件进入不得不即刻了结的倒计时之际，清政府准备作出妥协，而事情出现了戏剧性的转机。陷于僵局之时，奕䜣致函查办此案的劳崇光、张亮基，嘱与贵州天主教主教胡缚理疏通，“妥为开导，仍冀系铃解铃，以为釜底抽薪之策”。⑤ 遵照奕䜣的指示，劳、张屡次与胡缚理会商该案，终于打开了局面。通过与胡缚理关系较为密切的署贵筑县知县、候补同知蔡兴槐

---

① 《总理各国事务恭亲王等奏》，同治二年四月戊戌，见宝鋆等纂修：《筹办夷务始末·同治朝》卷15，第42～43页。

② 《总理各国事务恭亲王等奏》，同治二年四月戊戌，见宝鋆等纂修：《筹办夷务始末·同治朝》卷15，第43页。

③ 《穆宗毅皇帝实录》卷65，同治二年四月戊戌，见《清实录》第46册，第289、290页。

④ “给法国照会”，同治二年四月二十四日，见台北“中央研究院”近代史研究所编：《教务教案档》第1辑，第3册，第1423页。

⑤ 《恭亲王等又奏》，同治二年十月丁酉，见宝鋆等纂修：《筹办夷务始末·同治朝》卷21，第52页。

的“调协”，[①] 胡缚理“口气渐活，竟皤然大有转机”。[②] 法使柏尔德密的态度由此也有所变化，“始仍决绝，继渐活动”。奕䜣甚为欣喜，谓，“臣等于此案费尽唇舌，得此一线转机，原非意料所敢期”。[③] 清廷接连降旨，谕令尽快结案，曰：“总之此案虽系中外交涉，不能不持情法之平。如能照外间主教及住京公使所议，按照中国律例了结，将来不至物议纷起，人心不服，则各该省教士，即可永远相安，所以保全中外大局者甚大。”“似此办案，既合中国之例，又得情法之平，断不可再事迁延，致有藉口。”令劳崇光、张亮基“迅速妥为定拟，援引律例具奏，以服中外人之心，毋得稍有推诿观望，或致事机中变”。[④] 其后由于有不少人仍抱不平，继续为田兴恕开脱，湖南巡抚恽世临甚至奏请将田兴恕留楚带勇，办理防务，以观后效。[⑤] 由于田兴恕并未完全解除兵柄，行动自由，仍逍遥法外，未受到任何惩处，“致令可以通融完结之案，枝节复生”[⑥]，又一再延迟。迄至同治三年九月（1864年10月），劳崇光等审明定拟，以田兴恕“聿著勤劳，本在议功之列”，可“逾格鸿慈，免其一死，发往新疆，充当苦差”。[⑦] 总理衙门遵旨覆议，并致函法驻华公使，“将遇恩减等办法，明为告知”。[⑧] 同治四年三月（1865年4月），法使致函总理衙门，表示“愿照中国办法，将田兴恕发往极边充军，

① 张祖佑原辑、林绍年鉴订：《张惠肃公年谱》卷6，台北，文海出版社1966年版，第18页。

② 《劳崇光张亮基公函一件》，同治二年，见宝鋆等纂修：《筹办夷务始末·同治朝》卷21，第60页。

③ 《恭亲王等又奏》，同治二年十月丁酉，见宝鋆等纂修：《筹办夷务始末·同治朝》卷21，第54页。

④ 《穆宗毅皇帝实录》卷83，同治二年十月丁酉，见《清实录》第46册，第721～722页。

⑤ 《湖南巡抚恽世临奏请将田兴恕留楚带勇以观后效折》，同治三年二月十二日，见中国第一历史档案馆等编：《清末教案》第1册，第398页。

⑥ 《恭亲王奕䜣等奏为请饬崇实等恪遵历次谕旨克期完结贵州教案折》，同治三年六月初五日，见中国第一历史档案馆等编：《清末教案》第1册，第406页。

⑦ 《云贵总督劳崇光等奏陈将已革提督田兴恕等分别审明定拟折》，同治三年九月二十四日，见中国第一历史档案馆等编：《清末教案》第1册，第415页。

⑧ 《恭亲王奕䜣等奏为遵旨覆议贵州定拟田兴恕一案情形折》，同治三年十月十四日，见中国第一历史档案馆等编：《清末教案》第1册，第418页。

永不援赦”。[①] 此案终于按照清政府的意愿了结。

透过田兴恕案，可以发现，清朝君臣极力启用本已搁置的“八议”之法，其目的主要在于维护“天朝”体面。从君臣的上谕和奏折来看，他们认为，田兴恕虽然罪当重惩，但考虑到维护国体，即“天朝”体面，须从轻处理。如奕䜣奏称，经毛鸿宾、华祝三等奏参，四川总督骆秉章查覆，后又经劳崇光查明，其“各种罪案，毫无疑义”。他认为，田兴恕“辜恩溺职，任性妄为，厥咎甚巨，即立置重典，亦属情真罪当，毫无屈抑”。但是，由于田兴恕所犯各事，“有杀害教民一案，牵涉在内，若竟立加刑典，不为稍宽”，“虽属罪所应得”。而在外国视之，“似以曾任提督大员，为外国传教人拟抵，于国家体制，实属关系非轻”。有鉴于此，奕䜣对法国公使要求抵偿之议，“争执数年，几于舌敝唇焦，迄不肯稍涉迁就”。所幸的是，“该公使就我范围，遵依办理，则既有以全国体，又不致于废国法，似为两全”。如此重案“减等议结”，“未免情重法轻”，“但以维国体而系人心，不得不从宽处理，此系臣等不得已之苦衷，非敢故涉轻纵”。[②] 这一处理方针甚合清廷之意，在处理过程中，清廷亦认为，田兴恕“即从严惩办，亦不得谓非情法之平”。[③] 或谓，“若律以军法，原应从重治罪”。而“既有牵涉外国之案，则又不得不曲予矜全，以维中国体制”。[④] 其后，清廷又降谕谓：田兴恕“劣迹昭著，本属罪不容诛，朝廷因其有杀害教民之案，事关中外交涉，不得不委曲加恩，从轻发遣新疆，以重国体而顾大局”。[⑤] 显然，清朝君臣不愿意封疆大吏为一个传教士抵命，且担心以后“比例办理，又多棘

---

① 《恭亲王奕䜣等奏为遵议田兴恕等罪名请照劳崇光等所拟议结折》，同治四年三月初三日，见中国第一历史档案馆等编：《清末教案》第 1 册，第 432 页。

② 《恭亲王奕䜣等奏为请饬成都将军崇实等将田兴恕等即行起解片》，同治四年三月初二日，见中国第一历史档案馆等编：《清末教案》第 1 册，第 433～434 页。

③ 《穆宗毅皇帝实录》卷 59，同治二年二月庚子，见《清实录》第 46 册，第 137 页。

④ 《著湖南巡抚恽世临派员将田兴恕押解入川事上谕》，同治三年二月十二日，见中国第一历史档案馆等编：《清末教案》第 1 册，第 399 页。

⑤ 《穆宗毅皇帝实录》卷 211，同治六年九月壬子，见《清实录》第 49 册，中华书局 1987 年版，第 739 页。

手”，他们放不下的是面子。① 如胡缚理说：“他们完全不是什么仁慈、怜悯，而是不想看到一个中国官员要为杀害一个欧洲人而抵命的不体面的局面。”②

确实，清政府官员考虑更多的，是要维护“天朝”体面。或谓：“大臣不可辱，辱大臣则辱国”，“辱我大臣”，则是“欺我中国”。③ 或谓：“田兴恕不堪造就，虽不足惜，然固朝廷一品大员也，按国法以治之则可；顺夷情以杀之则大不可。”④ 即使是主张严惩田兴恕的劳崇光等人，也认为中国大员为外国传教士抵命，“诚于体制非宜”，提出在罪名认定上可作些处理。即“于教案著一轻笔，而坐重贻误、抗违，从严定谳”。这样，“似尚名正言顺，无伤大体”。⑤ 不过，在列强的压力之下，不仅清廷已准备放弃自己的主张，而且相当一部分官吏的观念也逐渐发生变化。

例如，劳崇光主张严惩田兴恕，以顾全中外大局。张亮基“拟拯兴恕，存国体”，劳崇光则认为，“外势方张，交涉日棘，徇胡缚理请，可省支节，慰宸廑”。他以摆在眼前的茶几为喻，谓：“田兴恕譬犹几上茶瓯，去之与几无伤。设因不允所请，外人并几亦将去，瓯固终不保，所失不更大耶？”⑥ 显然，劳崇光丢弃了面子意识，不赞成为了田兴恕一人而损害国家大局。当朝廷显示应允法国要求之意后，劳崇光等又上奏表明态度，谓：皇上“顾惜国体，不肯遽令抵偿”，但法使柏尔德密“词意决绝，处心积虑，欲得而甘心”；英使卜鲁斯“亦振振有词，已经联为一气”。形势危急，“倘因此藉端启衅，所关者大，自不能顾惜该革员一人，授外邦以口实，贻误大局”。况

① 《著成都将军崇实等即行派员将田兴恕克日起解事上谕》，同治四年三月初二日，见中国第一历史档案馆等编：《清末教案》第 1 册，第 436 页。

② 《阿波罗尼亚主教和贵州宗座代牧主教胡缚理致教廷传信部枢机们的书简》，1863 年 9 月 8 日，见中国第一历史档案馆等编：《清末教案》第 4 册，中华书局 2000 年版，第 133 页。

③ “总办司员成林呈”，同治元年十一月二十三日，见台北“中央研究院”近代史研究所编：《教务教案档》第 1 辑，第 3 册，第 1374 页。

④ 《御史华祝三奏请持平办理贵州教案不得迁就洋人折》，同治元年十二月二十日，见中国第一历史档案馆等编：《清末教案》第 1 册，第 321～322 页。

⑤ 《劳崇光张亮基公函一件》，同治二年，见宝鋆等纂修：《筹办夷务始末 · 同治朝》卷 21，第 59 页。

⑥ 张祖佑原辑、林绍年鉴订：《张惠肃公年谱》卷 6，第 18 页。

田兴恕数年以来，“种种罪戾，应从严惩治，以肃纪纲”。他们认为，“不能因其从前稍有微劳，曲为宽贷”。尤强调，“不能因其有妄杀教民之案，转从末减”。并表示，“自当不避嫌怨，遵经秉公定拟具奏，以服远人而维大局，为不敢稍有瞻徇回护”。① 他们表示，不能因为涉及外国人而搬用“八议”和遇恩减等的律例，更为明确具体地突破了此前清廷一再坚持的国体。在他们看来，如果对田兴恕不予严惩，“傥勉强周旋，到决裂之时再为收拾，转恐益添支蔓，更于国体有关”。甚至认为，严惩田兴恕，“似可毋庸虑及”该省士民情绪，因为除同恶相济之数人之外，黔省士民对田“大都有怨讪而无爱戴”。② 这一主张，考量基点是迫于外国的强力，而并非真正接受了哥士耆所说的近代交涉之道。此类主张，是被动承受外部强力而形成的，而不是主动思维的结果，反映了传统国体观变异的特点。但较之仅注重体面的陈腐意识，这一观念蕴含关注国家权益的内涵，因此更容易走向近代交涉之道。

光绪元年（1875 年）马嘉理案发生，在交涉中，清政府未再强调“八议”之法，倒是英方提出宽免涉案官员。案发后，郭嵩焘提出，云南巡抚岑毓英“意存掩护”，“一诿其罪于野人”，请旨“将岑毓英先后酿成事端之处，交部严加议处，以为恃虚骄之气而不务沉心观理考察详情以贻累国家者戒”。③ 办理此案的李鸿章，开始拟将涉案的李珍国等“请旨酌予减等发落”，英使威妥玛则提出予以“宽免罪名”。他认为将李珍国等定为案内要犯，“虽按中国律例可作为定罪之据，若按英国例法评议，仍似难称信谳。如将前项人犯治罪，英国未能视为允协，转恐更滋疑虑”。此案系岑毓英指使，“今既不惩办岑毓英与腾越官绅，断不可专办李珍国与野匪”。再则，英国方面旨在通过此案攫取新的特权，已为清政府所允，因而提出“仅责其

① “云贵总督劳崇光等奏”，同治二年七月十五日，见台北“中央研究院”近代史研究所编:《教务教案档》第 1 辑，第 3 册，第 1427 页。

② 《劳崇光张亮基公函一件》，同治二年，见宝鋆等纂修:《筹办夷务始末·同治朝》卷 21，第 59 页。

③ 《奏参岑毓英不谙事理酿成戕杀英官重案折》，光绪元年，见杨坚校补:《郭嵩焘奏稿》，岳麓书社 1983 年版，第 348 页。

既往，莫若保其将来”。① 对于岑毓英，李鸿章认为“原有应得之咎”，因英使既为李珍国等犯“请免罪名”，亦可“加恩免议”。同时又附片密陈，提出“倘遇有外国官民被戕之事，迅即饬属查明，严缉真正凶犯，勒限办结。倘有任意迁延虚饰等弊，致开边衅，立予重惩”。② 光绪三年（1877 年），郭嵩焘再次提出，“天津毁拆教堂，伤毙领事，云南戕害翻译官，凶犯应抵罪，失察之地方官亦应议处，其事本可立结，徒以中外例案迥异，地方官稍有迟回，遂至反复争持，贻累国家，无有穷期”。③ 至庚子事变，持郭嵩焘同样见解的人更多了。战事还在进行之中，太常寺卿袁昶便冒着杀头之祸，奏请严惩祸首，谓：“忽创灭洋之说，是欲横挑边衅，以天下为儿戏。”徐桐、刚毅等“实为酿祸之枢纽”，请朝廷将他们“治以重典”，并明确提出，“不得援议贵议亲为之末减”。④

显然，经过这一前所未有的创巨痛深，更多官吏不再坚持“八议”之法。尽管列强的压力仍是重要因素，但各大臣要求惩办祸首，亦是出自他们自己的主张。如盛宣怀表示，“朝廷既以驭下无方引咎，则重惩祸首，本属宪典所应办，无待各国挟求”。⑤ 随后在列强要求“惩凶”的压力之下，清廷大范围地处置王公大臣和各级官吏，“八议”之法遭到沉重摧挫。接着而来的清末修律，废除了“八议”制度，自此即使是皇族，亦不能享有司法上的特权。过渡性的《现行刑律》虽还保留“八议”条目，但更体现清末修律性质的《大清新刑律》，却对其作了根本性调整。《大清新刑律》仅有侵犯皇室一章，“惟危害皇帝缌麻以上之亲略为加重，其余宗室并觉罗，概与凡

① 《请宽宥李珍国等片》，光绪二年七月二十七日；《请出示保护远人折》，光绪二年七月二十七日。见顾廷龙、戴逸主编：《李鸿章全集》第 7 册，安徽教育出版社 2008 年版，第 157、155 页。

② 《请饬官吏讲求条约片》，光绪二年七月二十七日，见顾廷龙、戴逸主编：《李鸿章全集》第 7 册，第 156 页。

③ 《请纂成通商则例折》，光绪三年八月二十七日，见杨坚校补：《郭嵩焘奏稿》，第 382～383 页。

④ 《太常寺卿袁昶奏大臣信崇邪术请严惩祸首折》，光绪二十六年六月二十六日，见王彦威、王亮辑编：《清季外交史料》卷 143，第 23、25 页。

⑤ 《盛宣怀为事定回京谕旨已遍未各总领事允即电达外部及各使事来电》，光绪二十六年九月初四日，见中国第一历史档案馆编：《庚子事变清宫档案汇编》9，第 99 页。

民等论，亦数千年一大变格也”。①

四、建立“中外通行”的法律体系

迄至20世纪前，条约关系对晚清法律的影响，主要限于涉外司法领域。除了以国际条约的法律形式，系统改变清政府的涉外法规之外，国内法亦有相应的变化，但清政府的整个法律体系，并未由此发生根本性改变。而条约关系犹如催化剂，打破了传统法律的稳定格局，刺激中国引进新的法律文明，建立“中外通行”的法律体系。尤经庚子事变，延续数千年以治内为主要内容的封建法律体系，更全面地转向适应内外形势变化的新格局。

众所周知，《大清律例》颁行后，曾确立了五年一小修，十年一大修的制度。进入近代，自同治九年（1870年）最后一次修律之后，便中止了这一制度，迄至清末未再启动。对于其原因，沈家本谓，“自同治九年以来，绌于经费，迄未举行，至今垂四十年”。②“绌于经费”虽是原因之一，但主要原因，实际上在于列强侵略导致的中外形势的变局，尤其是条约关系确立之后，打破了旧的法律体制，造成中国法律体制的紊乱和多元化。《万国公报》载文谓，“不意海禁开后，全地大变，交涉日广，持法益难”。③“持法”既难，按照惯例对《大清律例》进行修改，自然难以措手。《清史稿》谓，“德宗幼冲继统，未遑兴作。兼之时势多故，章程丛积，刑部既惮其繁猥，不敢议修，群臣亦未有言及者，因循久之”。④此论未归于经费原因，而是着眼于形势变化的影响，应较符合事实。

显然，条约关系的建立和发展，使封建旧律陷入困境，由此将晚清时期的法律引向新的路径，即建立适应这一关系的“中外通行”体制。作为明确的方针，“中外通行”是在清末提出的，而它的酝酿却始于第二次鸦片战争之后。这一方针的产生，与中外条约的演化，尤其与清政府为改进和收回领事裁判权所作谋划和努力，有密切的关系。如前所述，同治年间，清

---

① 刘锦藻：《清朝续文献通考》第3册，卷249，刑八，商务印书馆1936年版，第9953页。

② 《宣统政纪》卷20，宣统元年八月甲辰，见《清实录》第60册，中华书局1987年版，第375页。

③ 尹彦鉌：《剂变篇 论刑律》，《万国公报》1900年第139期。

④ 赵尔巽等：《清史稿》第15册，卷142，刑法一，中华书局1977年版，第4187页。

政府“预筹修约”，便开始萌生这一想法。其时，总理衙门“妥为悉心筹画”，“为未雨之绸缪”。① 章京周家楣就领事裁判权问题提出，“定约时将中外命案定一公例，凡系交涉之案彼此照办，以得其平”。② 所谓“公例”，即中外双方共守的律例；这是“中外通行”主张的最初设想。接着，英驻华公使阿礼国要求修约，也提出了类似的设想，包括中外商定章程，设立管理洋人的外国官，以及“定一通商律例”，③ 即由中外会商订立统一的法律，并建立混合法庭，“裁决民事案件中的所有中外争端”。英国方面认为，“要有一部中外法官均接受的商律，以广泛的、为普世所接受的平等原则为基础，并且使法庭有一套遵循实践规则的固定程式，这些法庭应以同样的方式建立，由中外当局共同同意、同时行动”。④ 清政府接受了这一主张，并在中英《新定条约》中作了规定，该约为英国政府否定之后，清政府仍在继续筹划。光绪元年（1875 年）“滇案”发生后，总税务司赫德提出了一个较为明确的“中外通行”方案，为总理衙门所重视，认为“所议自可采取”，但顾虑重重，未予采行。⑤ 其后驻英公使郭嵩焘重提赫德方案，奏请“纂辑通商则例一书”，⑥ 总理衙门主张进行筹备。清廷同意这一意见，降谕谓：“纂修通商则例一书，齐中外之律例，为交涉之准绳，在今日实为要务。”令出使大臣“广译各国律例汇寄”，南北洋大臣“一体纂辑汇送”，“以便派员

---

① 《总理各国事务恭亲王等奏》，同治六年九月乙丑，见宝鋆等纂修：《筹办夷务始末 · 同治朝》卷 50，第 24～27 页。

② 《总署奏拟纂通商则例以资信守折》，光绪三年九月二十日，见王彦威、王亮辑编：《清季外交史料》卷 11，第 29 页。

③ 《复英国公使修约二十九款》，同治七年十二月，见宝鋆等纂修：《筹办夷务始末 · 同治朝》卷 63，第 30、31 页。

④ “Instrucitons by Sir R. Alock to British Commissioner Respecting Mixed Corts”, May 1, 1868, *British Document on Foreign Affairs* Part 1, Series E, V 20, University Publications of America, 1994, p. 224.

⑤ 《总署奏拟纂通商则例以资信守折》，光绪三年九月二十日，见王彦威、王亮辑编：《清季外交史料》卷 11，第 30 页。

⑥ 《请纂成通商则例折》，光绪三年八月二十七日，见杨坚校补：《郭嵩焘奏稿》，第 383 页。

画一纂订成书”。①

在这一过程中，赫德的建议为不少大使所关注，除了前面提到的李鸿章赞成赫德在通商口岸设置“共同的法庭”，采用西方律例的建议，以及郭嵩焘提出“纂辑通商则例”之外，还有其他官员主张订立中外通行的通商律例。光绪五年（1879 年），薛福成再次提出借鉴赫德的方案，甚至认为“专用洋法亦可”。② 光绪七年（1881 年），翰林院侍讲学士陈宝琛条陈讲求洋务六事，其中关于中外诉讼，提出“参合中西律意，订一公允章程，商布各国，勒为科条”。他进而主张将其推向各州郡，“俾穷乡僻县，有司持平以执意宪，不至茫惑于两歧”。如是“公则生明，通则可久，中国之福，亦外国之福也”。③ 清廷谕令直隶总督李鸿章、两江总督刘坤一、长江巡阅使彭玉麟“酌议具奏”，又令总理各国事务衙门“议奏”。④ 刘坤一复奏，对参订中、西律例“深以为然”。鉴于中西律不同，刘坤一认为“必须延请各国有名律师，公同斟酌”。他主张“商允”各国使臣，“自派律师或刑名人员，与中国委员会办”。而中国委员必须参用“熟悉公法西律之人”，“庶易集事”。⑤ 未见李鸿章和彭玉麟表示意见，总理衙门亦未“议奏”，订“公允章程”之议又无声息。迄至甲午战争之后，康有为在戊戌变法中上书光绪帝，进一步明确提出，“今宜采罗马及英、美、德、法、日本之律，重定施行；不能骤行内地，亦当先行于通商各口”。⑥ 出使美、日、秘鲁大臣伍廷芳也奏请“变通成法”，修订法律，“采各国通行之律，折中定议，勒为通商律

---

① 《德宗景皇帝实录》卷 58，光绪三年九月丁丑，见《清实录》第 52 册，中华书局 1987 年版，第 801～802 页。

② 《筹洋刍议》，1879 年，见徐素华选注：《筹洋刍议——薛福成集》，辽宁人民出版社 1994 年版，第 57～58 页。

③ 《条陈讲求洋务六事折》，光绪七年闰七月，见陈宝琛：《沧趣楼诗文集》下册，刘永翔、许全胜校，上海古籍出版社 2006 年版，第 810 页。

④ 《德宗景皇帝实录》卷 134，光绪七年八月癸亥，见《清实录》第 53 册，中华书局 1987 年版，第 931 页。

⑤ 《议覆陈宝琛条奏洋务情形折》，光绪七年十一月初二日，见《刘坤一遗集》第 2 册，中国科学院历史研究所第三所工具书组校点，中华书局 1959 年版，第 669～670 页。

⑥ 康有为：《上清帝第六书》，光绪二十四年正月初八日，见汤志钧编：《康有为政论集》上册，中华书局 1981 年版，第 215 页。

例一书，明降谕旨，布告各国。所有交涉词讼，彼此有犯，皆以此为准”。[①]

可见，在清末司法改革之前，为调整条约特权下的法律关系，不少大吏的观念已发生变化，产生并形成了较为明确的“中外通行”的修律思路。关键在于，实行这一方针就必须采用西方法律，而这是清政府最为纠结的为难之处。李鸿章说，日本与西方交涉改约，“先将向用刑章改就西法，犹虑西人不能尽从”。而“试问中国刑部及内外各衙门，能将祖宗圣贤刑制尽改乎？”如果不改，“强西人归我管辖，虽巴西、秘鲁小邦亦不愿也”。[②]也正是由于这一原因，总理衙门一再否定此类方案，并得到清廷的肯定。

经过庚子事变的重创，且随着条约关系观念的逐渐形成，清政府对西律的态度有了重大转变。光绪二十六年十二月（1901 年 1 月），光绪帝和西太后下诏维新，主张要“浑融中外之迹”，学“西学之本源”，“取外国之长”，“去中国之短”。[③]张之洞认为，不变西法不能挽救危局，如果仅仅“整顿中法”，在传统体制中讨出路，“以此而望自强久存，必无之事”，提出“酌改律例”。[④]清廷接受了这一建议，启动已中止三十余年的修律程序，明确宣布“中外通行”方针。清廷降谕：“中国律例，自汉唐以来，代有增改。我朝大清律例一书，折衷至当，备极精详。惟是为治之道，尤贵因时制宜，今昔情势不同，非参酌适中，不能推行尽善。”“著各出使大臣查取各国通行律例，咨送外务部。并著责成袁世凯、刘坤一、张之洞，慎选熟悉中西律例者，保送数员来京，听候简派，开馆编纂，请旨审定颁发。总期切实平允，中外通行，用示通变宜民之至意。”[⑤]此上谕是清末司法改革的动员令，它明

---

① 《奏请变通成法折》，一八九八年二月十日，见丁贤俊、喻作凤编：《伍廷芳集》上册，中华书局 1993 年版，第 50 页。

② 《复曾劼刚星使》，光绪五年九月初五日，见顾廷龙、戴逸主编：《李鸿章全集》第 32 册，第 488 页。

③ 《谕》，光绪二十六年十二月丁未，见《光绪朝东华录》四，朱寿朋编、张静庐等校点，中华书局 1958 年版，总 4601 页。

④ 《致江宁刘制台》，光绪二十七年二月十二日，见苑书义等主编：《张之洞全集》第 10 册，河北人民出版社 1998 年版，第 8533～8534 页。

⑤ 《谕》，光绪二十八年二月癸巳，见《光绪朝东华录》五，朱寿朋编、张静庐等校点，总第 4833 页。

确指出《大清律例》已不合时宜，确立了借鉴西方法律的基本方针，为中国走向新的法律文明开出了通行证。正是有了这张通行证，沈家本才敢明确提出，“专心折冲樽俎，模范列强为宗旨”，① 即按照西方资产阶级法律原则改造封建旧律。尽管这一方针遭到礼教派的反对和抵拒，一度出现回流，但这并未从根本上改变改革旧律的总趋势。东三省总督徐世昌等谓：“世界大同，文明竞化，均以法律之大同觇权利之得失。”“果能变通成规，集取新法，使各国商民之在我领土者均以诉讼为便，则宣布实行，或有更改旧约，与各国跻于同等之一日。”②

在“中外通行”方针之下的改革中，改变列强凭借条约建立的畸形法律关系，收回领事裁判权，是清政府最重要的考量。同治年间，周家楣便认为，“中外办罪，生死出入，不得其平”，由此提出“定一公例”。③ 光绪时期，这一思路更为清晰。李鸿章指出，“洋人归领事管辖，不归地方官管辖，于公法最为不合”。④ 薛福成谓：美国与日本议立新约，“许归复其内治之权，外人皆归地方官管辖”。中国“亦宜于此时商之各国，议定条约”。⑤ 康有为将领事裁判权视为“非常之国耻”，⑥ 认为“吾国法律，与万国异，故治外法权，不能收复”。⑦ 伍廷芳根据各国通例，指斥这一特权制度“冠履倒置”，较为明确地提出了收回领事裁判权的方案，包括修订法律和内地

① 《修订法律大臣沈家本等奏请编定现行刑律以立推行新律基础折》，光绪三十四年正月二十九日，见故宫博物院明清档案部编：《清末筹备立宪档案史料》下册，中华书局 1979 年版，第 852 页。

② 《东三省总督徐世昌署吉林巡抚陈昭常署黑龙江巡抚周树模奏参考刑律草案签注各条摺并单》，宣统元年三月十六日，见《政治官报》第 549 号，宣统元年三月二十一日。

③ 《总署奏拟纂通商则例以资信守折》，光绪三年九月二十日，见王彦威、王亮辑编：《清季外交史料》卷 11，第 29 页。

④ 《复曾劼刚星使》，光绪五年九月初五日，见顾廷龙、戴逸主编：《李鸿章全集》第 32 册，第 488 页。

⑤ 《筹洋刍议》，1879 年，见徐素华选注：《筹洋刍议——薛福成集》，第 57～58 页。

⑥ 《上清帝第六书》，光绪二十四年正月初八日，见汤志钧编：《康有为政论集》上册，第 214～215 页。

⑦ 《请开制度局议行新政折》，一八九八年八月三十日前，见汤志钧编：《康有为政论集》上册，第 352 页。

通商。[①]清末司法改革伊始，清廷谕旨虽没有明确提出收回领事裁判权，但“中外通行”方针无疑含有这一意图。如前所述，在随后的中英商约谈判中，清政府提出了领事裁判权问题，英、美、日也在通商续约中作出了相关承诺。

收回领事裁判权，由此成为清末法律改革的目标，“中外通行”的修律方针亦出现了重要变化。此前提出的通商律例方案，仍然保留领事裁判权，具有折中过渡性质。现在则明确以收回领事裁判权为目标，朝臣疆吏以此作为立论依据和改革主调。“试观内外论说公文等，凡新律之可行者，多以收回裁判权为据。”[②]如前所述，主持修律的沈家本、伍廷芳等人多次表示，“以收回治外法权为宗旨”。收回领事裁判权，成了效法西方法律，建立“中外通行”的法制体系的基本理由。如沈家本等提出删除重法，谓：“中国之重法，西人每訾为不仁，其旅居中国者，皆藉口于此，不受中国之约束”，“此亟当幡然变计者也”。“此而不思变通，则欲彼之就我范围，不犹南辕北辙乎？”[③]沈家本又奏呈刑律草案，指出：“各法之中，尤以刑法为切要”，“中国介于列强之间，迫于交通之势，盖有万难守旧者”。根据国际通例，国家有独立体统和独立法权，“法权向随领地以为范围”。而“独对于我国，借口司法制度未能完善，予领事以裁判之权”，“此毖于时局不能不改者”。他又从中国的国际地位以及教案为祸之烈等角度，提出了“变通”旧律，制定新刑律的必要性。[④]庆亲王奕劻强调，改革旧律，“为撤去领事裁判权之本”，且关系国家的存亡，新刑律“合乎公理”，“宜行”“当行”。[⑤]即使是礼教派也承认，“今欲收回此权，则于旧律之有碍治外法权者，自不

---

① 《奏请变通成法折》，一八九八年二月十日，见丁贤俊、喻作凤编：《伍廷芳集》上册，第48～50页。

② 崔云松：《新刑律争论之感言》，《国风报》1910年第30期。

③ 《删除律例内重法折》，光绪三十一年三月二十日，见沈家本：《沈寄簃先生遗书·寄簃文存》第1卷，宣统三年铅印本，第1～4页。

④《修订法律大臣沈家本等奏进呈刑律草案折》，光绪三十三年，见上海商务印书馆编译所编纂：《大清新法令》第1卷，李秀清等点校，商务印书馆2010年版，第457～458页。

⑤《宪政编查馆和硕亲王奕劻等奏为核定新刑律告竣请旨交议》，光绪三十三年，见刘锦藻：《清朝续文献通考》第3册，卷245，刑考四，第9893～9894页。

能不酌加删改”。①

条约关系下对外开放的扩大，经贸新局面的出现，又冲击了诸法合体的观念和格局，推动司法改革向更广的领域展开，从而建立完整的“中外通行”法律体系。随着中外条约关系的建立和发展，列强攫取了大量经济特权，中国自己亦相应兴办了不少新的事业，由此产生的法律问题亦愈益广泛，尤其是大量的民事诉讼。相关条约缺乏详细具体的规范，而以治内为主的国内法，已完全不能适应这一变化，需要作全面的调整和修改。还在光绪三年（1877年），郭嵩焘便指出，“仅恃通商条约为交接之准，而条约定自洋人，专详通商事例，于诸口情状皆所未详，每遇中外人民交涉事件，轻重缓急，无可依循”。“遇有辩论事故，无例案之可援，观望周章，动为所持。”其原因在于，“中国本无通商成案，一切屈意为之，所定条约，苟且敷衍，应付一时，未尝为经久之计”。例如，镇江趸船一案，“中国于此全未定立章程”，外商“肆意抗拒”，“更历三年之久”。中方“无词以相诘难，一切任从所为，不得已就其国辩论，听候外部核议”。又由于来华通商的洋人，“到处与中国人民错居，交涉纷繁，绝非通商条约所能尽其事例”。有鉴于此，郭嵩焘奏请纂辑《通商则例》一书，“庶一切办理洋案有所依据，免致遇事张皇，推宕留难，多生枝节”。②

郭嵩焘所言，揭示了条约关系下法规建设的滞后和缺失，以及其导致的涉外诉讼和中外关系的困境。中日甲午战争后，列强侵入中国经济领域的范围更为扩大，这一现象更为严重，康有为更具体地提出了这一问题，奏言：“虽名为国，而土地、铁路、轮船、商务、银行，惟敌之命，听客取求，虽无亡之形，而有亡之实矣。”其根本原因在于，“笃守旧法而不知变，处列国竞争之世而行一统垂裳之法”。他提出，“民法、民律、商法、市则、舶则、讼律、军律、国际公法，西人皆极详明，既不能闭关绝市，则通商交际势不能不概予通行。然既无律法，吏民无所率从，必致更滋百弊。且各种新法，

① 《学部复奏新刑律草案有妨礼教》，光绪三十四年，见刘锦藻：《清朝续文献通考》第3册，卷247，刑考六，第9920页。

② 《请纂成通商则例折》，光绪三年八月二十七日，见杨坚校补：《郭嵩焘奏稿》，第381～383页。

皆我所夙无，而事势所宜，可补我所未轩。故宜有专司，采定各律，以定率从”。①

庚子事变之后，刘坤一与张之洞在“江楚会奏”第三折“采用西法”中，提出“定矿律、路律、商律、交涉刑律”。这是由于，“近数年来，各国纷纷集股来华，知我于此等事务尚无定章，外国情形未能尽悉，乘机愚我攘利侵权”。必中国定有商律，“则华商有恃无恐，贩运之大公司可成，制造之大工厂可设，假冒之洋行可杜”。他们建议，“博采各国矿务律、铁路律、商务律、刑律诸书；为中国编纂简明矿律、路律、商律、刑律”，“请旨核定，照会各国，颁行天下，一体遵守”。② 张之洞指出，“国际交涉日益繁重，实非旧例所能赅括”，即如轮船、铁路、电报、邮政、印花、钞票等，“在外国莫不严妨碍交通之罪，设侵害信用之防”，“特设专条，预为防范”。如商务“别有商法”，军政各项“别有海陆军刑法”，等等，“各国已为通例，未有与刑法相混者”。各国法律“皆分类编定”，而“中国合各项法律为一编，是以参伍错综，委曲繁重”。③ 其他如工部尚书等也提出了类似主张。宣示“中外通行”的清廷上谕亦提出，“近来地利日兴，商务日广，如矿律、路律、商律等类，皆应妥议专条”。④

尤其是，编纂民法的建议被明确提了出来，并付诸实施，由此又推动了国人对国际私法的了解和关注。20 世纪初年，已有舆论呼吁制定民法。接着，大理院正卿张仁黼奏称：“中国法律，惟刑法一种，而户婚、田土事项，亦列入刑法之中，是法律既不完备，而刑法与民法不分，尤为外人所指摘。”他进而解析了公法与私法，以及国际公法与国际私法等不同法律的区别，并

① 康有为:《上清帝第六书》，光绪二十四年正月初八日，见汤志钧编:《康有为政论集》上册，第 211～212、215 页。

② 《遵旨筹议变法谨拟整顿中法十二条折》，光绪二十七年六月初四日，见苑书义等主编:《张之洞全集》第 2 册，第 1441～1442 页。

③ 《遵旨核议新编刑事民事诉讼法折》，光绪三十三年七月二十六日，见苑书义等主编:《张之洞全集》第 3 册，河北人民出版社 1998 年版，第 1774 页。

④ 《谕》，光绪二十八年二月癸巳，见朱寿朋编:《光绪朝东华录》五，张静庐等校点，总第 4833 页。

认为“是为关乎撤去领事裁判权之根本”。① 接着民政部奏请制定民律，亦阐明了各种法律的区别，认为公法与私法，二者相因，“不可偏废”，而制定民律，“实为图治之要”。② 张之洞亦谓，在各国，“民法一项，尤为法律主要，与刑法并行”。据修订法律大臣俞廉三等奏，拟定民律草案，以“注重世界最普通之法则”为第一项宗旨。这是因为，“瀛海交通于今为盛，凡都邑、巨埠，无一非商战之场”。另外，“华侨之流寓南洋者，生齿日益繁庶”。而按照国际私法，“向据其人之本国法办理”。若“一遇相互之诉讼，彼执大同之成规，我守拘墟之旧习，利害相去，不可以道里计”。因此，编订民律，“为拯斯弊，凡能力之差异，买卖之规定，以及利率时效等项，悉采用普通之制，以均彼我而保公平”。③ 显然，制定民律，其首要目的，便是在条约关系的新形势下，运用国际私法来处理涉外民事纠纷，维护自身权益。

由上可见，清末司法改革，相当程度上是在条约关系的刺激下进行的，并非通常情况下的自主革新。当时有人撰文谓：“吾国编订法典之原动力，本含有外交上意味，则不可不与各国立法例相比较。”④ 清末协助沈家本等制定新律的董康亦谓，“清季光绪辛丑，感于交际需要，特设专馆，修订法律”。⑤ 这一外在因素，对清末司法改革带来了双重影响。一方面，在改革中大刀阔斧引进西方资产阶级的法律思想和原则，对封建旧律进行改造，由此推动中国引进新的近代法律文明，包括组织翻译了德、日、俄、法、荷、意、比、美、瑞、芬等西方各国法律，树立进步的法律观念和原则，初步建立具有近代性质的法律司法体系，等等。清末民初的法学家秦瑞玠评说新刑

---

① 《大理院正卿张仁黼奏修订法律请派大臣会订折》，光绪三十三年五月一日，见故宫博物院明清档案部编：《清末筹备立宪档案史料》下册，第835页。

② 《民政部奏》，光绪三十三年五月辛丑，见朱寿朋编：《光绪朝东华录》五，总5682～5683页。

③ 《修订法律大臣俞廉三等奏编辑民律前三编草案告成缮册呈览折》，宣统三年九月初五日，见故宫博物院明清档案部编：《清末筹备立宪档案史料》下册，第911～912页。

④ 陶保霖：《论编订法典之主义》，《法政杂志》1911年第2期。

⑤ 《新旧刑律比较概论》，见何勤华等编：《董康法学文集》，中国政法大学出版社2005年版，第480页。

律称，“沟合新旧，贯通中外，为现时最新最完备之法典”。① 学术界对此多有论述，这里不赘。

另一方面，由于过分注重与外国接轨，尤其是受制于条约体制，又在某种程度上忽视本国国情，使这一法律改革存在种种弊窦。从其涉外内容来看，新刑律设立了“国交罪”，对保护外国条约特权作了详尽的规定。例如，关于杀伤外国外交代表者的处罚，为“慎重国交”，“较对于常人加一等”。其中有些条款系清末修律所首创，在其他国家尚未入律。如对“凡滥用红十字记号作为商标者”，亦作为犯罪予以处罚。其说明谓：此“足生列国之异议，而有害国交之虞者。本案故特为加入，将来各国刑典上必须有之规定也”。② 还有其他条目，国外亦无规定，不少内外大臣主张不应入律，但编纂者认为，“关于国交之罪名，系属最近发达之理，不能纯以中外成例为言”。③

如何处理条约规定与刑律的关系，亦有待进一步斟酌，慎重处理。《刑律草案》第 8 条规定，“如国际上有特别条约、法规或惯例，仍从条约、法规或惯例办理”。④ 此条引起了很大争议，因为，“东西各国刑法，从未有声明应受国际法制限条文，然亦不闻以刑法而破国际法之限制，致酿重大交涉。就国际上惯例之制限一端而论，我中国与东西各国情形曾无少异，不必牵彼入此”。⑤ 邮传部签注认为，“刑法与国际法本自截然两物，各有独立性质，牵此入彼，实为大谬”。而且，“以国际条约与法规惯例并举，在学理上亦有未妥”。此条若作为正文颁布，“与中国国权体面大有损伤”，因为“领事裁判混合裁判等特别条约，只成为国际条约上之权利，与内国法律上

---

① 秦瑞玠：《新刑律释义序》，《法政杂志》1912 年第 10 期。

② 《刑律分则草案》，见上海商务印书馆编译所编纂：《大清新法令》第 1 卷，李秀清等点校，第 532 页。

③ 沈家本等编：《修正刑律案语》第 2 编，修订法律馆宣统元年版，第 12 页。

④ 《刑律草案》，见上海商务印书馆编译所编纂：《大清新法令》第 1 卷，李秀清等点校，第 470 页。

⑤ 秦瑞玠：《新刑律释义》第 1 编，商务印书馆，辛亥年八月初版，民国十四年（1925 年）三月六版，第 29 页。

之权利，固自有间”。① 编纂者将此条改为“如国际上有特别成例，仍从成例办理”。他们认为，“刑律与国际法如有冲突之时，则刑律不免受国际法之限制，本条即为声明此项限制而设，并非牵国际法入于刑律之内”，“于国权国体并无损伤”。② 显然，他们没有考虑到，在遵守条约规定的国际义务的同时，如何兼顾中国废除不平等条约的需要及其法律依据。其时，英、美、日等国已与清政府订约，承诺俟“皆臻妥善”即“允弃其治外法权”。当时人们担心，“于刑法正文中自认此等之国际成例，转辗牵掣，长此因循，是即将来提议收回法权，彼转可援引我内国法之明认，以为口实。而条约改正之交涉益难，不得谓非本律此条之失”。或认为，“倘自信有可收回之一日，则领事裁判权，在今日不过暂时之限制，不必于刑法正条，为此反对相消之规定，因循而自生枝节”。③

另外，由于“中外通行”方针侧重于“外”，即重在引进外国法律，编纂者对中国的国情不免有所忽视。礼教派曾群起反对，其维护封建礼教的主张虽不合适宜，但其注重民情风俗等意见，无疑值得肯定，需要在新律中予以考虑。“然尔时所以急于改革者，亦曰取法东西列强，藉以收回领事裁判权”。④ 尽管沈家本等谓，修订大旨，“折衷各国大同之良规，兼采近世最新之学说，而仍不戾乎我国历世相沿之礼教民情”，⑤ 但实际上重在“模范列强”，不免出现削足适履、东施效颦的现象。董康其时坚执“法律论与礼教论不相混合”之说，但在民国后他改变了看法，认为“起草者富于知新，昧于温故”。他自己“始信吾东方以礼教立国，决不容无端废弃，致令削足适履”。⑥

---

① 宪政编查馆编：《刑律草案签注》，1910 年油印本。转引自高汉成：《签注视野下的大清刑律草案研究》，中国社会科学出版社 2007 年版，第 159 页。

② 沈家本等编：《修正刑律案语》第 1 编，修订法律馆宣统元年版，第 5、6 页。

③ 秦瑞玠：《新刑律释义》第 1 编，商务印书馆辛亥年初版、民国十四年（1925 年）六版，第 30 页。

④ 赵尔巽等：《清史稿》第 15 册，卷 144，刑法三，中华书局 1977 年版，第 4216 页。

⑤ 《修订法律大臣沈家本等奏进呈刑律分则草案折并清单》，光绪三十三年，见上海商务印书馆编译所编纂：《大清新法令》第 1 卷，李秀清等点校，第 521 页。

⑥ 《刑法宜注重礼教之刍议》，见何勤华等编：《董康法学文集》，中国政法大学出版社 2005 年版，第 626、631 页。

再从《大清民律草案》来看，虽也“求最适于中国民情之法则”，但更为注重“世界最普通之法则”，“原本后出最精之法理”。他们强调，“各国法律愈后出者，最为世人注目”，“学问乃世界所公，并非一国所独也”，因此有关法人及土地、债务诸规定，“采用各国新制”，认为这“既原于精确之法理，自无凿枘之虞”。[①] 在这一指导思想之下，虽曾组织进行民事调查，但《大清民律草案》并没有很好地容纳本国民事习惯，当时便遭到了猛烈抨击。民国初年（1912 年），北京政府曾两次提出援用该草案，均因为法学界的反对而放弃，最终该草案成了废案。[②] 诸如此类，不一而足。

这些弊窦说明，半殖民地的中国，在不平等条约的约束下，难以独立自主地制定“一代之法典”。编纂者动辄以外交上的需要和条约的现实等理由进行辨析，实际上是“牵事实于法律之中”，[③] 自觉不自觉地步入了他们自己所否定的思路。当然，即使存在种种不足和弊端，清末司法法律改革仍具有重要的意义，它开启了中国法律史的新纪元，封建旧律被新的近代法律文明所取代，中华法系开始走向国际化，与世界接轨。如刘锦藻所言，“尽废纲常礼教”，“此中华数千年未有之奇变，非止一代一朝之因革损益而已也”。[④]

晚清是中国法律史上特殊而又重要的历史阶段，在这个阶段，中西冲突，新旧交替，中国开始了从传统到近代的转型，而列强用暴力建立的条约关系则是促使这一变化的外在因素。可以庚子事变为界，将这一变化分为前后两个主要阶段。

前一阶段，晚清法律的变化，体现为被动适应条约关系下的局部调整。某些原有的国内涉外法规，为条约规定所取代。两者又相互转换，出现了多种形式，所谓“著为约章，垂诸令典”。[⑤] 条约关系打乱了清王朝的法律体系，造成半殖民地性质的重大变异，已定型的律例法体系转为新形式的律

① 《修订法律大臣俞廉三等奏编辑民律前三编草案告成缮册呈览折》，宣统三年九月初五日，见故宫博物院明清档案部编：《清末筹备立宪档案史料》下册，第 911～913 页。

② 参见张生：《中国近代民法法典化研究》，中国政法大学出版社 2004 年版，第 108 页。

③ 沈家本等编：《修正刑律案语》第 1 编，修订法律馆宣统元年版，第 11 页。

④ “沈家本等奏”按语，见刘锦藻：《清朝续文献通考》第 3 册，卷 248，刑七，第 9943 页。

⑤ 松寿：《交涉约案摘要序》，光绪庚子，见王鹏九编：《交涉约案摘要》卷首，光绪间刻本，第 1 页。

令法体系。这是条约规定与国内法规相互交混的过渡性法体系。为适应中国的半殖民地半封建社会，不得不对《大清律例》进行些微修改；同治九年（1870 年）后中止了五年一小修、十年一大修的修律制度，则体现了法律变革的严重滞后和清政府的消极应对及措置无方。正唯如此，被束之高阁的“八议”之法，又一度被作为维持“天朝”体制，抵制列强侵略的武器，但终因不能适应中外关系的新格局而昙花一现，名实俱亡。

后一阶段，经过甲午战争和庚子事变的重创，清政府由被动走向主动，开始从整体上调整条约关系下畸形的法律状态，试图建立统一的法律体系，以收回司法主权。因条约关系产生的种种经济、社会问题，缺乏相应的国内法规可以“依循”，更导致中国各种权益的丧失。为适应中外关系和中国社会的新格局，中止三十余年的修律程序在更广范围内重新启动，清政府全面革新以治内为主要内容的封建旧律，建立了“中外通行”的法律体系。例如，区分实体法和程序法，制定刑法、民法，民事诉讼法、刑事诉讼法，以及其他部门法，包括商业、工矿业等经济立法，等等。“中外通行”法的构想，是一种新的法律秩序的构想，新秩序既与《大清律例》为主体的法律体系根本不同，又与鸦片战争后条约规定与国内法规交混并存的格局大异其趣。它引进西方法律原则，改变了以刑为主、诸法合体的传统架构，建立了诸法并重、诸法分立的近代法律体系，开始与世界法律相衔接，呈现了与旧法系不同的新面貌；改革又“以收回治外法权为宗旨”，旨在恢复司法主权，匡正条约关系下中国法律的紊乱失序状态。

但是，晚清法律的变化，是条约关系约制和刺激下的急就章，并非国内社会、经济发展到相应程度的自然革新，不可避免存在各种局限和弊端。尤其是，由于条约关系是列强用暴力强加给中国的不平等的国际秩序，导致晚清法律的变化充斥着浓重的半殖民地色彩。列强在华条约特权通过中国国内法获得认可和维护，由此以法律形式确认了中国半殖民地性质的国家地位，从而使清末法律改革具有的近代性质黯然失色。独立自主是建立近代民族国家的根本前提，亦是构筑近代法律体系的基本要素。毋庸置疑，不平等条约关系虽在客观上刺激了晚清法律的革新和进步，但却限制和阻碍了中国独立自主地走向法律近代化。这正是近代中国的困窘所在。只有改变不平等的条约关系，中国法律才能真正实现从传统到近代的转型。

第十一章

中外条约关系与“排外”运动的近代化趋向

晚清时期，“排外”运动贯注始终，成了中国社会尤其是民众反对外国侵略和不平等条约斗争的代名词。条约关系的建立和发展，使外国人获得了许多新的权益，已经并将进一步扩展其进入中国社会的渠道。这一新的关系给中国造成的社会变动，中外之间由此产生的更为广泛的接触，以及它所体现和实施的外国强权，冲击了中国民众长期形成的观念意识和生活状态，尤其是使他们遭受了未曾有的种种欺压。面对这一新的变局，中国民众从一开始便进行了本能的抵拒和斗争，并随着形势的变化而不断推进。这种新类型的民众“排外”运动，经历了从简单粗陋到理性平和的过程。义和团运动之后，中国进入一个新的历史时期，亦是“排外”运动发生重要变化的转折点。这一变化，既是中外条约关系得以巩固强化的反映，又促使“排外”运动本身出现了近代化趋向。“排外”观念及其实践，不仅仅反映了当时国人对外态度的主要倾向，而且贯注于清末社会及其政治理念之中，甚或成为各个派别政治取向的基点。而且，“排外”观念在清末时期的变异或崛兴，又给接踵而来的民国历史带来了深刻的影响，乃至今天仍有某些残留。这一问题在当时便引起了人们的关注，胡汉民谓，“排外”“与吾人增进世界平和之主义有密切关系者也，故亟论之”。[①] 某日人谓，“苟留意于中国形势之士，不可不对于此亟为研究”。[②]

一、从拒约反洋教到“最恨和约”的大爆发

《南京条约》签订后，中国社会便出现了反对侵略和不平等条约的“排外”运动，其最初形态表现为拒约和反洋教斗争。随着列强侵略的加深和不平等条约关系的发展，这一类斗争也愈益频繁和激烈，最后集大成而演变为一场“最恨和约”的大爆发。

中国近代第一个不平等条约产生后，以广州反入城为开端，民众便展开了拒约斗争。《南京条约》规定，“自今以后，大皇帝恩准英国人民带同所属家眷，寄居大清沿海之广州、福州、厦门、宁波、上海等五处港口，贸易通商无碍；且大英国君主派设领事、管事等官，住该五处城邑”。[③] 从字面上看，此条款没有明确提及是否可以进城问题，但细加分析，领事等官可以进城。“城邑”二字，应包括城内外，如闽浙总督刘韵珂于 1845 年 4 月 21 日上奏附篇中谓：“查核原议和约，载有领事住居城邑之语。所云城邑二字，原指城内而言，该夷所请本非违约妄求。”“城邑二字，系兼指城内城外”，而英人“前来通商，自应在城外居住”。又谓，“因均关机密，正折内不便胪叙，谨附片详细密陈”。[④]

根据这一规定，英国全权代表璞鼎查于 1843 年明确提出了进入广州城的要求，但立即遭到中国民众的反对。士绅何有书等 80 余人联名上书耆英，反对英人入城，谓：“查各国夷人来粤互市，夷商向来交易而退，各得其所，历久相安，但夷人到省，向在城外夷楼聚处，国有典章，二百年从无夷人入城之事。旧闻习见，妇孺同知。迩有道路传方，说有夷长欲进省垣拜会各大宪，未审果否。舆论沸腾，盖既有拜会之名，必将肩舆仪仗，卤簿前驱，民间闻所未闻，见所创见，震慑人心，惊骇耳目，观者定如堵墙”，要求“请

---

① 汉民：《排外与国际法》，《民报》第 4 号，1906 年 5 月 1 日。

② 《论中国近时之二大主义》（译自日本《国民新闻》），《外交报》第 160 期，光绪三十二年九月二十五日。

③ 中英《江宁条约》，道光二十二年七月二十四日，见王铁崖编：《中外旧约章汇编》，第 1 册，生活·读书·新知三联书店 1957 年版，第 31 页。

④ 《第一次鸦片战争之后福州问题史料》，《历史档案》1990 年第 2 期。

率循旧章，免滋众口”。① 鉴于民众的反对，耆英答复英国说：“进广州城一款。现在两国和好，毫无芥蒂，岂有城内城外之分，况江宁、福州、上海等处，既可入城，何独广州不可。无如广东民风非江浙可比。自遭兵火之后，惊魂未定，易启猜嫌。本大臣前于到粤后，曾经出示，剀切晓谕”，以冀“民情渐次相安”。不料士绅何有书等 80 余人联名具呈赴诉，虽经“面加开导，原呈发还，仍属猜疑未释”。现在“会同督抚，转饬地方官设法开导，容俟开关贸易后，彼此相安，如有应行入城相商之件，自应会商。此中如有一语相欺，上帝鉴之”。② 耆英的答复，没有否定英人进城的条约权利，只以民众反对为由予以拒绝。

1844 年，德庇时就任香港总督兼驻华公使，又向耆英催办入城之事。耆英仍然表示，“粤民犷猂，好事者多，诚恐激成事端”。广东巡抚黄恩彤也解释说：民之势太众，“如百姓人人不愿英人进城，而官则准其进城，出示晓谕，百姓不但不遵，且从而撕毁之，又从而谤讪之，甚或标贴长红，显然与官为难，若胁之以威，激成众怒，必生事端”。③ 但德庇时坚持入城要求，以进入广州城作为归还舟山的前提条件，并以武力恫吓。耆英担心舟山群岛不能收回，于 1846 年 1 月与黄恩彤联衔发布告示，准许英人进城，希望绅民百姓“勿再仍前阻挠，以敦和好”。④ 同时，耆英又召集士绅，说：百姓可以贴出反对英人入城的揭贴，让英人知道众怒难犯，或许能暂缓进城。当告示贴出后，民众即刻将其撕毁，表示：“倘有不测变端，我中华百姓，先杀勾通卖国之奸官，然后与鬼子决战！”“赃官误国，甘丧廉耻，从夷所欲，天实厌之。倘夷入城，鸣鼓攻之”。⑤ 民众又宣布与英人联系进城

① 梁廷枏：《夷氛闻记》卷 5，邵循正点校，中华书局 1959 年版，第 148 页。

② 《耆英说帖》，见［日］佐佐木正哉编：《鸦片战争之研究》（资料篇），台北，文海出版社 1983 年版，第 245 页。

③ 黄恩彤：《与英酋德庇时论进城不便》，《知止堂外集》卷 6，光绪六年刻本。

④ ［日］佐佐木正哉编：《鸦片战争后的中英抗争》（资料篇稿），东京，近代中国研究委员会 1964 年版，第 269 页。

⑤ ［日］佐佐木正哉编：《鸦片战争后中英抗争》（资料篇稿），第 270 页。

事宜的知府刘浔是汉奸，涌进广州府衙门，“打毁器物，焚烧房屋”。[①] 耆英遂收回成命，“杜绝英人入城之请”，并将刘浔撤职。在这种情况下，英方也只好暂时搁置进城问题。

一年多以后，德庇时以佛山民众掷石驱赶英国人为借口，于1847年4月1日率千余英军乘舰船突袭虎门，进逼广州。广州城乡民众纷纷贴出揭帖，号召“四民人等，务宜齐心杀绝，不准一步入城”。全城士绅集议制定《防夷章程》，组织街约团勇1万余人，严防英人强行进城。在英方的武力胁迫和民众的强烈反对下，耆英与德庇时秘密谈判，达成两年后进城的协议。1849年年初，新任英驻华公使文翰多次提出进城问题，要求广东当局履行前诺。时耆英已调京，继任两广总督兼钦差大臣的徐广缙仍以民情剽悍、众怒难犯为辞予以拒绝，但文翰坚不让步，表示“情愿助兵镇压”，并以“驾火轮船驶往天津询问京师大臣”，派军舰“阻运截漕”相威胁。在徐广缙陷入两难之际，广州民众闻风而动。1849年2月，在士绅的倡导下，广东城厢内外手工工人、商店店员、城市贫民迅速组织起来，“一时雷动云合”。自老城而及新城，新城而及四郊，“同时响应”，“旬日间，得十万人有奇”。夜间，“四城灯烛照耀，殆同白日，枪炮声闻十里”。[②] 在这种形势下，徐广缙认为，“婉阻之未必遽开边衅，轻许之必至立起兵端。且阻其进城而有事，则众志成城，尚有爪牙之可恃；许其进城而有事，则人心瓦解，必至内外之交讧”。[③] 他决计利用民众斗争的有利局面，于是以“绅民均不乐从，万难勉强”为由，[④] 于四月一日照会文翰，拒绝了英方的入城要求。慑于民众的声势，且担心影响对华贸易，文翰只得退回。复照表示，“如前未定，必须存候”，[⑤] 再次放弃进城。这样，清政府“又像七年前在条约签订后曾经做过的那样，以同样的托辞——百姓的反对，来为其无法履行条约

---

① 《耆英等奏民人焚烧广州府衙门请将知府刘浔暂行撤任折》，见《筹办夷务始末·道光朝》六，第2968页。

② 梁廷枏：《夷氛闻记》卷5，邵循正点校，第159、165页。

③ 《徐广缙奏熟筹英人进城事实属万不可行折》，见齐思和等整理：《筹办夷务始末·道光朝》六，第3171页。

④ 《徐广缙照复》，见《鸦片战争后的中英抗争》（资料篇稿），第142页。

⑤ 《文翰照复》，见《鸦片战争后的中英抗争》（资料篇稿），第144页。

中有关广州市的义务辩解”。英方认为，“条约中的权利已得到皇帝的正式承认，只要条件许可，中国政府是可以履行的”。①

反入城斗争是民众的早期斗争，时间长，声势大，并取得了显著的成效，体现了民众反侵略和拒约的决心和勇气。同时，从何有书等人的上书来看，这一斗争又反映了民众和官府对中外条约关系的两种基本趋向，即既反对其不平等的强权政治，又盲目地抵拒其合理的内容。一方面，英国发动侵华战争的霸道行径，已给他们以深深的刺激。他们担心“夷长”进城“拜会各大宪”，“必将肩舆仪仗，卤簿前驱”，更产生了受压抑的不平衡心理。另一方面，反对英人进城，又是传统闭关意识和拒绝接受与外国人交往的体现。应该说，英人进城的条约权利，并非是一种侵略特权，而是近代国家相互交往的正常方式。但在条约关系建立的早期，即使是政府官员也未认识到这一点，他们希望仍然回到鸦片战争前的闭关锁国状态，所谓“率循旧章”。这一趋向对中国正确应对条约关系，接受近代的国家交往程式，从新的高度认识并最终解除不平等的条约地位，又产生了不利的影响。

除了反入城，涉及抵拒条约的民众斗争中，规模和声势更大、持续时间更长久、参加的民众更多更普遍、影响更为深远的，则是层出不穷的反洋教斗争。而频频发生的教案，其根由即在于种种条约特权，赋予了西方传教士在华传教权利以及种种特殊地位。

传教权是传教士最基本的条约特权，不仅外国传教士由此获得了在内地传教的条约权利，而且中国还承担了保护传教这一损害国家主权的国际义务。由于这一特权，清政府不断强调对传教士和教民的保护，促使地方官抑民袒教，以避处罚，从而激起了民众的不满。法国采用欺诈手段为传教士攫取内地的地产权，是引发教案的另一个基本因素。地产权的获得，为法国传教士的传教权在内地的实施，提供了可靠的保障，亦由此加剧了民教冲突。“历观公庭案牍，每多田宅争讼。”② 例如，教民将田地房屋私卖于传教士，“并不先报地方官，以致官地祭田一切公产，亦因而私售。迨至百姓控告，

① ［英］德庇时：《战时与缔约后的中国》（选译），见北京太平天国历史研究会编：《太平天国史译丛》第 2 辑，中华书局 1983 年版，第 274 页。

② 绿裴斋主人辑：《契卷汇式》序，上海慈母堂清宣统二年铅印。

地方官不敢盖印，该教士遂执契与官民为难，拖累万状”。[①] 除了传教权和内地置产权，加上其他条约特权和“准条约”特权，传教士还享有其他外国人所没有的特殊地位。尤其是，外国传教士常以官员身份自居，直接与中国地方官交涉，动辄以照会径行地方官府，干预公事，插手诉讼。而法国政府“常认该国在华教士有特殊地位，任其关于教务径行照会地方官，并遇情节较轻案件，听由教士直接了结”。[②]19 世纪 90 年代尤其是甲午战争后，由于教案“屈见迭出”，清政府为联络传教士的感情，“彼此悉泯猜嫌”[③]，改变了此前予以限制的态度。1896 年年初，总理衙门颁发了给传教士品秩封赏的文件。1899 年 3 月，清政府又与法国主教樊国梁议定《地方官接待教士事宜条款》，并经法驻华公使同意，清帝上谕批准。条款的主要内容有：（1）规定教中品秩，主教品位与督抚相同，摄位司铎、大司铎与司道平行，司铎与府县平行。督、抚、司、道、府、厅、州、县各官应相应按教士的品秩准其请见，并按其品秩以礼接待。（2）各省发生教案所在地之主教、司铎，可请公使或领事同总理衙门或地方官府办理了结，亦可先径向地方官商办了结，该地方官应迅速与彼和商拟办[④]。这个条款用法律的形式确定了传教士的官员身份，以及其可以与地方官府直接商办教案的特权。传教士的这一特殊的政治地位由此正式得到清政府的肯定，由非法变为合法。条款是与天主教教士商订的，为表示一视同仁，清政府未待耶稣教传教士自己提出，便在颁行上述条款的同时，宣布各省耶稣教牧师、教士，亦“一律办理，以昭划一”。[⑤] 这样，耶稣教也取得了同样的特殊地位。

各种条约和“准条约”赋予了传教士以特殊的地位，如丹涅特所说，

---

① 《御史陈其璋奏陈办理教案十条单程折》，光绪二十二年二月十一日，见中国第一历史档案馆等编：《清末教案》第 2 册，第 631 页。

② 顾维钧：《外人在华之地位》，第 257 页。

③ 北洋洋务局纂辑：《约章成案汇览》乙篇，卷 5，卷 34(下)，传教门，上海点石斋光绪三十一年，第 101 页。

④ 王彦威、王亮辑编：《清季外交史料》，卷 137，外交史料编纂处民国二十四年（1935 年），第 6～7 页。

⑤ 蔡乃煌总纂：《约章分类辑要》卷 6(中)，传教门，湖南商务局光绪庚子仲冬版，第 16 页。

“条约无疑将他们造成为一个特惠的阶级，具有商人所不能享有的特权”。①作为传教士特殊地位的延伸，教民还获得了某些优容。1861 年，总理衙门应法公使所请，同意各地方不再要求教民摊派“迎神赛会”之类的费用。②诸如此类，使教会成了一个“帝国中的帝国”，“一为教民，遂若为非中国之民”。③ 主要由于外国传教士的这一特殊地位，导致了民众的不满和民教冲突，鸦片战争之后民众便开始了反洋教斗争。第二次鸦片战争之后，伴随着列强侵略范围的扩大，民众对条约关系的抵拒，获得了更普遍的发展。通过这场战争，列强攫取了种种新的条约特权。这不仅给中国造成了更大的损害，而且加剧了民众的抵拒情绪，使民众斗争更普遍更激烈地发展起来。尤其是，传教士获得了其他外国人所没有的条约特权，他们可以在内地传教和居住，得以更广泛地与民众直接接触。民众所感受到的不平等条约的危害，便主要集中在这一方面，因此，反洋教斗争迅速发展起来，成了此后民众斗争的最主要方向。

在晚清，反洋教呈现出了阶段性发展的特点。④ 从规律来看，教案数量的多少和规模的大小，是与列强对华侵略的强度和条约关系的恶化程度成正比的。据统计，晚清内地共计发生教案 1998 起。其中，鸦片战争后到 1860 年近 20 年间，共 68 起，年均 3.6 起；重大教案仅 5 起，年均 0.26 起，数量不多。而在 1861 年至 1894 年 30 余年间，总数达 759 起，年均 22.3 起，是上一阶段的 6 倍多；重大教案有 48 起，年均 1.41 起，是上一阶段的 5.42 倍。甲午战争之后，教案剧增，1895 年至 1900 年 6 年间，竟达 831 起，超过了前两个时期的总和（827 起），年均 138.5 起，是上一阶段的 6 倍多。从这些数字可以看到，第二次鸦片战争之后，由于内地传教权及相关特权的获得，教案数量突飞猛进，范围扩展到每个省区，参与者“几乎涉及中国社会的各个阶层”，包括农民、手工业工人、城市平民、绅士、无业游民、小商

① ［美］泰勒 · 丹涅特：《美国人在东亚——19 世纪美国对中国、日本和朝鲜政策的批判的研究》，姚曾廙译，商务印书馆 1959 年版，第 484 页。

② 蔡乃煌总纂：《约章分类缉要》卷 76，第 41 页。

③ 《调补两江总督曾国藩奏陈悔勠天津府县并津案事出有因片》，同治九年八月二十八日，见中国第一历史档案馆等编：《清末教案》第 1 册，中华书局 1996 年版，第 920 页。

④ 参见戚其章：《反洋教运动发展论》，《近代史研究》1990 年第 3 期。

小贩、会党、部分清军官兵和地方官等。①

教案的发生，尽管反映了中外宗教信仰和文化习俗的不同，或也包含其他各种具体的因素，但总体来看，其基本原因，是条约关系给民众造成了种种伤害，是民众抵拒这一关系的综合体现。层出不穷的教案，尤其是天津教案的爆发，给西方基督教国家以极大的震动，它们对其原因作了深入的思考。美国驻上海总领事西华剖析了中国民众“厌恶洋人的普遍情绪产生影响的诸种因素”，认为“最重要的原因”是种族偏见、清帝国的闭关政策、中国人无知识、宗教不同、鸦片贸易、治外法权制度、外国官民的傲慢态度、外国报刊的偏颇和不公正等 8 个方面。② 西华没有局囿于该事件的具体原因，而是立足于中外关系的整体，作了较为客观的深入探析。他所列举的 8 个因素，可以分为三个类别，反映了中外双方在条约关系中的态度和地位，以及这一关系的实际状态。

第一类是中外双方共同存在的因素，包括种族偏见和宗教不同。关于种族偏见，西华认为“到处存在”，如“美国白人对黑人怀有种种偏见，就是一个现成的强有力的例证”。就国家之间而言，西方国家对中国人的偏见尤为显著。中国人来到美国时，“必然会遇到不加掩饰的怀疑和憎恶”；美国人“欢迎从其他国家来的移民”，“但对华人的敌意是如此之大，他们的入境被限制到只有它正常流入的零头”。西华认为，“种族的偏见和反感是这样的强有力，以致当不同血统的人们突然间产生密切的联系时，我们就要面临最严重的后果”。由此，他提出，“问题不是敌对的感情会不会随这种接触而发生，而是不同特性的种族的交往应当怎样进行，才能使其发生最少的冲突？”显然，西华看到了由于条约关系而产生的广泛接触及其冲突和后果，并提出了如何减少冲突的问题。而由于中外之间不平等的条约关系，西华不可能解答这一问题。关于宗教不同，“对整个人类来说，超自然力量、来生、神赐与神谴等等的观念，是普遍存在的。在这方面，中国人也不能说有例外”，“有她固有的信仰”。因此，“外来的人想要改变中国人的宗教信

① 参见赵树好：《教案与晚清社会》，中国文联出版社 2001 年版，第 7、117、118、10 页。

② 《美国驻上海总领事西华致戴维斯函》，1871 年 8 月 22 日，见中国第一历史档案馆等编：《清末教案》第 5 册，中华书局 2000 年版，第 52～58 页。

仰，就必然会受到极大的冷遇”。不过，西华认为，“人们常说中国人对宗教的见解非常宽容”，“中国人确实是比较不受许多世纪以来对许多国家的人民心理产生过很大作用的宗教的影响”。他更多的是从西方传教士的角度分析了教案普遍发生的原因，在他看来，问题不仅仅是由于宗教信仰的不同，而且更在于输入新宗教的方式和传教士的行为。不管“通常的办法输入新宗教”是否会“引起敌对情绪”，但可以肯定的是，“已采用的输入新宗教的方法，已经显然给政府和人民带来了恶感”。也就是说，用条约的方式强行传教，导致了中国的反感。而如果传教士们“是图谋私利的人，他们就要做出种种事情来维护他们的权力和权势”。有关天主教传教士各种各样的传说，验证了这一点，例如：某主教“住的是一座可以与总督官邸互相比美争胜的宫殿，他乘坐的是只准帝国最高官员使用的那种轿子，在他的主教管区内，从一处到另一处，排场像王侯一般的豪华”；天主教神父们“要求以平等地位同地方官员文移往来”，“串通教民使地方政府的政令无法贯彻”；“还为教民要求各种不寻常的令人反感的豁免特权”，等等。“事实上，他们正在一国的统治领土内建立一种危及这一国家的统治”。这样，传教士们更激起了中国政府和民众的不满乃至敌意。显然，在双方共同存在的因素中，西方的因素是主要的。

第二类是中国方面的因素，包括闭关政策和中国人的无知识。关于前者，中国的情况，“是她在极大程度上能够不靠同外国的交往而取得她自身的发展”。中国民族“生活在如此不受干扰的丰足的国家里，它避免同外部世界相接触，而且在相当长的时期内成功地做到这一点”。他们有一种力量来坚持他们的政策，“这些都不是什么可奇怪的事”。关于后者，西华认为，只有百分之三的中国人“能阅读各种体裁的著作或古典著作”，其中妇女则只有千分之一。因此，“中国人必须被看作一个未受教育的民族”，“必然是迷信的和多疑的”“不能够公正地估量他们观察到的事实的意义和分量”。这一论断较为客观，长时期的闭关锁国，使中国排斥对外交往；因缺乏必要的文化知识而视野狭隘，使中国人对近代文明的认识和接受受到极大限制。但西华没有强调这方面的因素，因为中外冲突的主要原因并不在此。

第三类是西方国家方面的原因，包括鸦片贸易、治外法权制度、外国官民的傲慢态度、外国报刊的偏颇和不公正等四个因素。关于鸦片贸易，清帝国出口产品的七分之六，“被白白地消耗在对其人民绝对有害的毒品之中”。洋人同鸦片纠缠在一起，“是他们文化中的一个污点，也是中国人深恶痛恨洋人的一个起因”。关于治外法权，即领事裁判权，“这样一种交往条件自然不能不为中国所厌恶”，“这对中国人是一种持久的耻辱，是恶感的成因”。原因之一，是“这个政府在许多方面是骄傲的政府。这个民族对自己的优越性抱有根深蒂固的信心”。因此，当西方国家凭借武力，“将他们自己绝不会向别人让步而接受的这样一种不寻常的制度强加于中国时，引起人们深深的反感”。原因之二，是这种制度对中国人“经常产生不公正的事情”。西方在华司法裁判机构，“不可能始终拥有明智的、正直的和无偏见的法官”，“将公正给予被轻视的中国的起诉人”。此外，即使给了真正的公正，“中国人的利益、感情和偏见也会时常引起最严重的争执”。例如，外国轮船撞沉渔民渔船事件频繁发生，“已经把沿江的百姓激恼到了这样的地步”。两江总督曾担心，“如果外国法庭继续拒绝给以赔偿的话，他们会拼命报复，曾恫吓说要把轮船扣留起来直到作出赔偿为止”。关于外国官民的态度，“外交代表们有时表现放肆的态度”，尤其是各口岸的各国领事，“向当地官吏表示不满时使用飞扬跋扈的方式”。甚至在领事的要求下，“炮舰被用来解决争端，财产被剥夺，还有人被杀头”。租界里，外国人“欺负性情较温顺的华人是司空见惯的事”，人们常看到“他们在大街上把中国人粗暴地推来搡去，在骑马或驾车时用皮鞭抽打他们”。外国轮船的船主毫不在乎地把中国本地人的船只撞沉，“有时甚至不停下来把不幸的人救起”。就这样，“我们的名誉在当地政府和人民的心目中大受影响”。关于外国报刊的言论，“表现着洋人的过火倾向，它所刊行的文章往往出之以过激的方式。其情绪并不总是公正的，情报时常有不足和偏颇之处，它的表述方式是严厉的”。中国人多少知道外国报刊评论里的内容，“很多积怨由此而产生”。

从西华的分析来看，中国人对洋人的不满和积怨，主要是由不平等的条约关系引起的，包括直接的和间接的。这些因素，是“造成中国人恶感的一些不可避免的和无可争辩的原因”，并由此“能够估量它们的发展趋势和规模”。其后果“却须由实际所发生的一切来说明”，天津教案便是“这种恶感在天津所表现的形式”。正是基于这样一种整体思考，又在研究了整个事件之后，西华产生了一种“强烈的信念”：即“不管法国领事采取什么样的行动，这样的风暴十有八九总是要来的。在那时候，他不过是随风飘荡的一根鸿毛罢了”。[①] 就单个教案而言，其具体原因各不相同，但如西华分析天津教案时所说的，它们只是因条约关系而造成的“恶感”在各个地区、各种场合“所表现的形式”。因此，当最基本原因，即中外不平等的条约关系没有消除或得到改善，教案的继续发生或其他形式的民众斗争便不可避免。天津教案之后，民教纠纷仍然持续不断，“往往旷日持久，不易解决”。[②] 到19世纪90年代，“新的十字军正席卷全中国”，各国列强感到“要维持住认为有种种权利的我国教士同胞与中国人之间的平衡，实在是戛乎其难”。[③] 各地反洋教斗争此伏彼起，形成了空前的浪潮，且更显示出有组织的状态。比、法、德、英、意、日、俄、西、美各国公使，曾经一起会商，并得出结论：“与其说是下层阶级的一部分人对基督教和基督徒怀有根深蒂固的仇恨所造成”，“毋宁说是中国士绅中反洋人、反基督教分子煽动起来的一种有组织的仇外行动的结果”。湖南省被认为是他们的“总部和中心”，“追随者则遍布全帝国，甚至在国内的最高级官员中也都有他们的代表人物”。[④] 显然，反洋教超出了宗教范围，是对整个不平等条约关系的否定，即各国公使所说的“有组织的仇外行动”。在随后的几年中，随着列强侵略的深入和条约关系的恶化，这种行动越来越激烈，最终白热化而走向了最高潮。

这一斗争成了中国民众抵拒列强侵略和条约关系的一种基本的方式。在士绅们看来，反洋教是利用民众抵拒条约的最佳之策，也是实现这一目的的关键所在。同治年间，王炳燮上书曾国藩，明确提出了这一思想和方略。他说：“传教一事，又莫不谓彼自行其国俗，初与大局无关，而岂知英法吞噬

① 《美国驻上海总领事西华致戴维斯函》，1871年8月22日，见中国第一历史档案馆等编：《清末教案》第5册，中华书局2000年版，第58、79页。

② 《田贝致叭嘎函》，1887年12月20日，见中国第一历史档案馆等编：《清末教案》第5册，第185页。

③ 《田贝致布莱恩函》，1890年1月26日，见中国第一历史档案馆等编：《清末教案》第5册，第218页。

④ 《田贝致布莱恩函附件·备忘录》，1891年9月17日，见中国第一历史档案馆等编：《清末教案》第5册，第334页。

海外率用此谋。”自古以来，“中国之与外彝无不为议和所误”，然条约关系建立之初，“交市在边陲，初未尝踞我险要也。攘敛在门庭，始未尝处我堂室也”。第二次鸦片战争之后，情况大为不同，“江汉内地处处横行，莠齐要区处处著脚。外既肆其侵踞，内更逼及宫闱”。迄至当时，“腹地之脂膏被嗜吸者几何？直省之民人被诱结者几何？极英法之狡谋，不几欲使我至于民财尽竭，民志尽揣而后已哉！”而“传教一事，勾结未已，换约两字，显示渝盟”。自定约以来，十二年之期转瞬即至，“为我大清计者”，应“豫为之地力争其先”，而不是“因循忍默、坐待换约之发自敌人”。列强“力图进步”，“以换约两字为机缄”；而中方之力争先著，“当即以传教一事为关键”。因为，“西彝之于我中国，一切藐视，独见海内人民之众，尚有畏忌之心，是以传教一事最所用意”。如果“无地不与之为难，无人不与之力争，则情有所格，势有所禁。虽不能遽止其猾夏之谋，亦可阴遏其速逞之志”。如今之计，“莫若密饬下各省属州县，速于城乡严查保甲，广行乡约，于宣讲圣谕之中，寓默化潜移之术。使彝人所至，处处百姓与之相，持，然后换约两字，我借而先发之，以观其应”。换约为中外难端，“我不先发，将发自敌，岂得晏然，终于无事乎？”① 也就是说，事先通过“宣讲圣谕”的“默化潜移之术”，唤起民众与洋教相抗，使“彝人”处于与民众对立的局面而有所顾忌，由此争取“换约”中的先机和主动性。

从反洋教的斗争目标来看，其也并非限于传教士范围，而是延伸到所有洋人，涉及列强在华的种种特权。如贵州遵义教案中，国人抨击了传教士的种种行径，如：“以传教为名，实是禽兽”；“以劝人行善，煽惑愚民”，“上欺官长，下压百姓，谋人田产，破人婚姻”，等等。同时还针对所有洋人，如：“洋人视人命如草菅，被恶逼绝，不可数计”；“洋人想谋我江山……人人共愤，自取其灭”；“谋我中国宝贝，扰我中国百姓。种种恶极［迹］，数之不尽，有干天谴，神人共愤”，等等。②《湖南防洋条约》也提出，“逆夷

① 王炳燮：《上湘乡曾侯相书》，《毋自欺室文集》卷 6，津河广仁堂光绪乙酉年，第 18～19 页。

② 《遵义城乡合议》，同治八年六月初，见王明伦编：《反洋教书文揭帖选》，齐鲁书社 1984 年版，第 47～48 页。

入境，希图立官、传教、通市者，随时随地集勇剿杀，不容漏网”。[①]《湖南匿名揭帖》则更为具体明确，如“逆夷猖獗，要挟中朝，包藏祸心，普天切齿。近闻新定和约，各州府县分设夷官，专主教民交涉事件；又将于湘城创立洋厂，制造洋炮。呜呼！其事一成，则滨海沿江诸郡县之害，又将蔓延我省”。[②]揭帖所言，显系传闻，与事实不符，但反映了他们并非仅仅反教。直隶大名府则散布拒英国公檄，用“华夷”之说排斥一切洋人，谓：“华夷不可同居，人鬼岂容并域。故王者不勤远略，圣人不治戎狄。”又指斥鸦片贸易等条约特权，“兹有暎咭唎者，远隔重洋，夜郎自大”。“始以洋货引诱中华，造作鸦片”，“取彼泥土，易我金银。倾人之家，败人之产，耗人之气血”，“为中国之漏卮，作天下之陷井”。“首请通商，次恳传教。”而“我皇上下屈己之诏，图暂时之安，万分无奈，一切报允”。[③]湖北的一个揭帖，提出：“第一求保三教，第二求护纲常，第三求保社稷，第四求护农商，五保黎民妻子，六护贵府闺房”。[④]福建延平的一个“告白”谓：“当今洋鬼子，诡计多端，存心叵测，殚我民财，鸦片恣其流毒；谋我土地，租买恃其钱财；起洋楼于海口，隐占要关；设教堂于冲途，显招爪牙。无非欺我冲主，谋我中国。正臣子痛心疾首，仇同不共戴天也。”[⑤]龙岩的揭帖直指条约，“若论条约，我圣上被奸兽花言巧语瞒许条约，岂能瞒我等乎！”[⑥]

在这一斗争中，民众虽然更多的是从信仰风俗、纲常名教的角度进行宣传，但并未局限于此。例如，著名的反洋教斗士周汉写了大量揭帖和文书，主要是从这一角度鼓吹、谩骂，但也涉及有关条约特权及其危害。其中如抨击鸦片贸易，“各国鬼王想谋中国江山，特制那鸦片烟来剥中国

① 《湖南防洋条约》，光绪二年九月十日，见王明伦编：《反洋教书文揭帖选》，第105～106页。

② 《湖南匿名揭帖》，光绪三年二月二日，见王明伦编：《反洋教书文揭帖选》，第107页。

③ 《大名府拒暎咭唎公檄》，同治九年二月二日，见王明伦编：《反洋教书文揭帖选》，第154～155页。

④ 《玉差巡查中国事务前唐封齐天大圣平坚猴孙示谕》，光绪十七年十二月二十一日，见王明伦编：《反洋教书文揭帖选》，第167页。

⑤ 《延平告白》，光绪五年十二月十三日，见王明伦编：《反洋教书文揭帖选》，第128页。

⑥ 《福建龙岩州揭帖》，光绪九年，见王明伦编：《反洋教书文揭帖选》，第129页。

银钱，害中国的性命。中国已经上了当，弄得地方也穷了，百姓也伤残了”。① 又如通商路矿，“中华素称礼义邦，国泰民安都尊敬，自从鬼子到中华，富强害得成贫困。不独通商传教人，假名游历数不尽。甲想夺我筑路权，乙想矿产齐吞并”。② 且更以国际法为武器，指出“稽诸万国公法，本国内政他国不得而干”。③ 这些均不仅仅针对传教士，其矛头所向是各项条约特权。

19 世纪末，中国面临着更为严重的民族危机，反洋教斗争也趋于高潮，同时反对条约特权的内涵也更为显著。即使是成为反洋教斗争中坚的秘密会社，也有明确的表示，如广西梧州会党 1898 年发布告示，不仅揭露列强的种种横暴，而且更从条约关系的角度宣示“驱逐夷人”的必要性和正义性。告示谓：“夷人系欧罗巴洲最强之人，到处横行，专施暴虐，且居心奸诈，贪欲无厌。土地人民，玉帛子女，肆行掳掠。前数十年虐民之事甚伙。”“借传教通商为名，来华图占百姓财产。所行悖逆之端，神怒民怨，天地难容”。而且，除了指出不平等条约中有关通商、协定关税、内地传教等条款的危害之外，告示还揭示了列强违背公法的行径。“彼言与中国和好，亦系虚渺，动违条约，不顾公法，思吞噬华。”如焚毁孔庙，击折圣像，“强逼地方官豁免洋货税则，纵教民入内地横行不法，种种罪恶，指不胜屈”。“倾西江之水，不足以洗涤膻腥”。而“中国官员，大都愦愦，助纣为虐，实堪痛恨”。因此，“本元帅恭奉天命，聚集众英雄兄弟，誓将洋人概行驱除，以保中国”。告示宣布于六月二十四日祭旗起事，共成义举，“务在除尽洋人”。④ 1898 年爆发的四川大足第二次余栋臣起义，也从较广的范围抨击了洋人，其檄文谓：“今洋人者，海船通商，耶稣传教，夺小民农桑衣食之计，废大圣君臣父子之伦，以洋烟毒中土，以淫巧荡人心。自道光以迄于今，其

---

① 《鬼叫该死》，光绪十七年十一月十一日，见王明伦编：《反洋教书文揭帖选》，第 197 页。

② 《湖南流传的周汉的歌谣揭帖断句》，《湖南历史资料》1958 年第 4 期。

③ 《棘手文章》，光绪十七年十一月十一日，见王明伦编：《反洋教书文揭帖选》，第 183 页。

④ 《梧州会堂告示》（译稿），光绪二十四年六月，见王明伦编：《反洋教书文揭帖选》，第 172～173 页。

焰益张，其行强暴。由是煽惑我民心，奸淫我妇女，侮慢我朝廷，把持我官府，占据我都城，巧取我银钱，小儿嗜如菜果，国债重如丘山；焚我清宫，灭我属国，既占上海，又割台湾，胶州强立埠镇，中国意欲瓜分；自古夷狄之横，未有如今日者！我朝文宗皇帝，驾逼热河，苟非犬羊之逼，岂抱鼎沸之痛？试问我朝臣子，孰非不共戴天之仇耶！”文中所举，涉及通商、鸦片、租借地，以及《马关条约》中的割台和朝鲜问题，均是条约中丧权辱国的大端。而该举事，便是“以剪国仇，以继圣教，以除民害，以洗沉冤”，彻底解决这些问题。① 这些说明，尽管告示的表述并不是很准确，但其反映了民众对条约的危害已有一定程度的认识。

由上可见，反洋教的斗争对象并非限于洋教士，而是所有洋人及其享有的条约特权。早在天津教案之时，一位外国牧师便认为：“天津暴动不是针对一个特定国的国民，某一个特定宗教信仰的一个地方性起事，而是一宗重大阴谋的组成部分，这个阴谋是要把居住在中国的所有洋人或斩尽杀绝，或驱逐出境。”② 又如一位牧师在评论 1895 年的福建古田教案时，说：“他们对教民和非教民都施以暴力；他们憎恨洋人是因为他们是洋人，而不是因为他们是传教士。”③ 其实，某一单个的教案，并非如这些牧师所言，是要将所有洋人“斩尽杀绝”的阴谋，美驻上海总领事西华就否定了这位牧师的看法，说：“就我对天津屠杀的种种情况所作的考察而言，到目前为止，我还没有发现任何确凿的证据可以表明它是由预先的安排所造成的。”④ 但是，反洋教斗争所显示的趋向，则远远超出了洋教的范围，反映了民众对洋人和所有条约特权的憎恨态度。

显然，教案频频发生，其原因主要不是文化冲突，而是不平等条约关

① 《余栋臣告示》，光绪二十四年六月十六日，见王明伦编：《反洋教书文揭帖选》，第 92～93 页。

② 《镂斐迪致斐士函》，1870 年 8 月 18 日，见中国第一历史档案馆等编：《清末教案》第 5 册，中华书局 2000 年版，第 17 页。

③ 施美志牧师：《古田屠杀》，《字林西报》1895 年 8 月 12 日。转引自中国第一历史档案馆等编：《清末教案》第 5 册，第 431 页。

④ 《美国驻上海总领事西华致戴维斯函》，1871 年 8 月 22 日，见中国第一历史档案馆等编：《清末教案》第 5 册，第 92 页。

系中的强权政治。基督教（新教）编的《中华归主》承认，“当时基督教受和约的保护，颇涉政治嫌疑”。① 瓦德西即认为，“中国人对于宗教一事，通常极能相容”。② 而西方列强是用一种特殊的方式，即用条约的形式强迫中国允许别国在自己国家传教，这是违背国际法的。两广总督陶模明确指出，“惟传教之约，既因兵事而立，于是中国民人意谓外国传教，特以势力相驱迫”。“民教相仇之过，其不因宗教起见可知也”。③ 吕海寰谈到教案原因，也说：“查各国公例，通商条约本不应过牵入保护传教一事，即入通商条约之中，遂成各国政府干预教务之局，一遇民教相争，动以国力胁制，教士因而怙势，无所不为，民教愤忿不平，激成仇敌，殃及无辜，良可浩叹。”他希望改善这一状况，“与各国订立传教专约”，然后在与各国议订商约时删除保护传教一条，“未始非正本清源之一道”。④ 如美国学者所说，传教士的活动，“是条约制度的组成部分”。⑤“这些‘宗教自由条款’严重地打击了中国国家的威信和主权，因为它们在实际上使中国基督教徒不受中国的管辖。在这些条款下，教士作为侵略性的西方之一部来到中国，依仗着使用优越的军事力量从中国政府所夺来的协定。因此，他所要宣传的‘福音’就不能不受到影响，他的天主也不能不为人所误解。”⑥ 正是这种条约制度下的传教活动，激起了民众的反抗。

由于教案的症结在于不平等条约，清政府曾试图予以补救，而这些教案某种程度上又给它提供了限制条约特权的理由。美驻华公使田贝说，总理衙门“似乎渴望利用闹事的爆发”，以及“人民群众对洋教士和本地教民的敌

---

① 中国续行委办会调查特委会编：《中华归主》上册，中国社会科学出版社 1987 年版，第 87 页。

② ［德］瓦德西：《瓦德西拳乱笔记》，王光祈译，上海书店出版社 2000 年版，第 88 页。

③ 《教务纪略》卷 4，杂录第 6 页。

④ 《办理商约事务大臣吕海寰奏为教案要索日甚宜考察各国教规教律会订专约折》，光绪三十二年三月初四日，见中国第一历史档案馆等编：《清末教案》第 3 册，中华书局 1998 年版，第 834 页。

⑤ ［美］孔华润：《美国对中国的反应——中美关系的历史剖析》，张静尔译，复旦大学出版社 1977 年版，第 45 页。

⑥ ［美］泰勒·丹涅特：《美国人在东亚——19 世纪美国对中国、日本和朝鲜政策的批判的研究》，姚曾廙译，第 436 页。

视”的机会，“同各国开始谈判，以便缩小外国教士的条约权利，使他们受到现行条约未作规定也不欲作规定的限制”。① 不过，清政府的冀望往往不能如愿以偿，列强对它的要求常常予以拒绝。天津教案之后，曾国藩就条约中不很明确而为列强所利用之处，提出“与各公使商订”“酌增”条款，“预杜后来衅端”。② 其后总理衙门制订了传教章程八款，③ 从约束传教士和教民的角度来解决民教矛盾，但在与各国使臣商议时，却遭到了反对。外国传教士的特权地位不仅没有受到丝毫限制，反而不断得以加强，反洋教斗争也就愈加趋向激烈。

抵制条约的意识持续发展，反洋教斗争在新的历史背景下汇聚成为笼统排外的巨大能量，又导向从根本上否定不平等条约关系的状态。中国的衰弱在甲午战争中充分暴露，刺激列强掀起了瓜分中国的狂潮，加剧了不平等条约的灾难，由此激起中国社会的强烈反抗。“由于外国与中国订立了条约，根据条约而来的行为。因此等行为欺压了中国，所以发生了义和拳匪之乱”，因而“义和拳匪之乱即是一种取消不平等条约的运动”。④ 正是在条约特权种种后果累积的基础上，甲午战争促使其恶性发展，使条约关系陷入空前危机，引致“最恨和约”的义和团运动的大爆发。伍廷芳具体地说，“教案所以多者，推原祸始，则由昔年与之订立条约，许以遍地传教”。⑤ 各种条约特权的保护，使西方基督教在中国获得迅速发展，至 1900 年，基督教徒约有 85 万人。其中耶稣教系统在华教会已有 600 多个，天主教系统的势力则更大，仅直隶、山西、山东、河南四省，会所就有 2400 多个，教堂 1500 多处，教民 15 万左右。传教士和教徒以条约为护符，肆无忌惮，激化了民教冲突，反洋教斗争也逐渐走向高潮。据统计，从德国夺取胶州湾后，一年半时间内，

① 《田贝致布莱恩函附件 · 备忘录》，1891 年 9 月 17 日，见中国第一历史档案馆等编：《清末教案》第 5 册，第 338 页。

② 《调补两江总督曾国藩奏陈悔劾天津府县并津案事出有因片》，同治九年八月二十八日，见中国第一历史档案馆等编：《清末教案》第 1 册，第 921 页。

③ 《教务纪略》卷 1，章程第 8～14 页。

④ ［日］矢野仁一：《论义和拳匪之乱的真相》，《外国资产阶级是怎样看待中国历史的》第 2 卷，商务印书馆 1962 年版，第 193 页。

⑤ 丁贤俊、喻作凤编：《伍廷芳集》上册，中华书局 1993 年版，第 47～48 页。

山东闹出的路、矿、教三项外交案，共达1000余件。① 在义和团兴起的山东，由于列强的强横，地方官处理教案时难以持平办理，往往是“庇教而抑民”②，“一遇教案，非袒教民，即有谴责”。③ 这一状况，激起了民众的更大不满，又给地方官造成压力，“外间遇有教案，无不慄慄危惧，办理惟恐不速”，以致“道府州县纷纷求退”。④ 列强掀起的瓜分狂潮，更触发了这场大震动。此外，由于文化信仰等因素，尤其是偏远地区，民众对基督教产生了一种本能的抵触。如赵尔巽事后谈及山西所发教案，谓：“晋地僻左，风气未开，中外之成见未融，民教之素仇莫释。见纵拳之官吏，颂为神明；读抚教之文书，群相诟病。”⑤ 义和团运动便是以反洋教为主要诉求的反帝斗争在北方省份特定历史条件下的一场总爆发。

日本同文会分析了义和团运动发生的原因，认为主要有三：一是“列强无故分据土地”；二是“当设铁道时破坏坟墓、拆毁民房”；三是“基督教民倘犯不端，皆极力袒护”。⑥ 前两项无疑是甲午战争的恶果，即列强在中国掀起瓜分狂潮，抢占租借地和势力范围，以及对华进行资本输出等。第三项涉及列强的宗教侵略，虽并非甲午战争后的新现象，但其目的和手段却出现了重大变化。从目的来看，这个时期的宗教侵略服从于瓜分中国的需要，并与之结合在一起。从手段来看，其更具有军事暴力的强权性质。这一变化，集中反映了甲午战争后的列强侵略的新趋向，而义和团运动则以集反洋教斗争之大成的方式，表明了中国社会对不平等条约关系的决绝态度。

---

① 《列强侵略》四，台北，正中书局1979年版，第200页。

② 《翰林院侍讲学士朱祖谋折》，光绪二十五年十一月二十四日，见国家档案局明清档案馆编：《义和团档案史料》上册，中华书局1990年版，第42页。

③ 《张汝梅为陈述山东教士欺压平民情形致总署函》，光绪二十四年三月二十一日，见中国第一历史档案馆编辑部编：《义和团档案史料续编》上册，中华书局1990年版，第107页。

④ 《张汝梅为陈述山东教士欺压平民情形致总署函》，光绪二十四年三月二十一日，见中国第一历史档案馆编辑部编：《义和团档案史料续编》上册，第107～108页。

⑤ 《赵尔巽请奖叙办理教案出力各员暨洋官教士折》，光绪二十九年正月二十日，见中国第一历史档案馆编辑部编：《义和团档案史料续编》下册，第1701～1702页。

⑥ 王其榘：《有关义和团舆论·日人之言》，见中国史学会主编、翦伯赞等编：《义和团》四，上海人民出版社1957年版，第255页。

在《刘伯温碑文》中，义和团表示了这一立场和态度。“最恨和约，一误至今，割地赔款，害国殃民”；“最恨和约，误国残民；上行下效，民冤不伸”；“最恨和约一误，致皆党鬼殃民”；“最恨和约一误，致皆党鬼殃民；上行下效兮，奸究（宄）道生”，等等。① 相类似的《张德成揭贴》亦谓：“和约各洋兮，羽翼洋人。”②

从根本上说，义和团运动既是甲午战争引致民族危机深化的逻辑结果，又反映了这个时期民众对不平等条约的思想认识和主张。从思想认识来看，义和团把切身所感受到的痛苦和中国所蒙受的灾难，都归于不平等条约。他们指出订约的失误，揭露了不平等条约保护洋人为非作歹行为的实质，造成民众冤屈的种种危害，并愤怒抨击了借此压迫同胞的官僚和教民。从其主张来看，义和团把反对不平等条约作为自己的使命，提出“待当重九日，剪草自除根”。所谓“除根”，即从根本上铲除不平等条约，也就是它的“灭洋”纲领，例如“一概鬼子都杀尽，我大清一统太平年”，等等。“灭洋”的基本内涵，就是清除不平等条约的祸害，“一劳永逸地结束帝国主义的控制”。③ 在实际行动中，义和团的斗争目标，正是种种不平等条约特权及其祸害，尤其是切身遭受的祸害。例如，义和团的首要目标是“灭尽异教”，④ 不仅要灭洋教，还要“杀尽教民”。⑤ 焚毁教堂，截杀教士、教民，成为义和团的普遍行动，并推动着这一运动向前发展。再如，义和团反对列强占租借地，割占中国领土。其揭贴谓称，要“杀尽”洋人，“余者逐回外国去，免被割据逞奇能”。⑥ 他们主张“否认英国和俄国有达成划分势力范围协定的权力，理由是：

---

① 陈振江等编著：《义和团文献辑注与研究》，天津人民出版社 1985 年版，第 80～83 页。

② 《张德成揭贴》，见陈振江等编著：《义和团文献辑注与研究》，第 28 页。

③ ［美］孔华润著、张静尔译：《美国对中国的反应——中美关系的历史剖析》，复旦大学出版社 1977 年版，第 46 页。

④ 陈振江等编著：《义和团文献辑注与研究》，第 47 页。

⑤ 中国社科院近代史所编：《庚子记事》，中华书局 1978 年版，第 249 页。

⑥ ［日］佐原笃介：《拳乱纪闻》，见中国史学会主编、翦伯赞等编：《义和团》一，上海人民出版社 1957 年版，第 120 页。

中国是一个独立的帝国”。[①] 义和团对列强在华经济特权极为反对，尤其是体现资本输出的筑路权。因此其揭帖宣传“烧铁道，拔线杆”，[②]“旋再毁坏大轮船”，[③]“尽毁洋货”“烧尽洋楼”，[④] 以及“善除洋烟毒”，[⑤]“不用洋布，不用洋火”，等等，并付诸实际斗争。义和团对不平等条约的认识和主张，具有内容单调、理论粗陋、手段激烈的特点，体现了那个时代的民众“排外”运动的思想水平，他们所处的小生产者地位，决定了他们不可能有科学的思想理论和行之有效的方法。即如孙中山所说的，“义和团观察既有错误，方法更为笨劣”。[⑥] 这又在某种程度上决定了它的结局。

义和团运动集中体现了中国民众的“排外”意识和能量，帝国主义列强相应采取了整体对付的方针。在八国联军的镇压下，这一爱国运动最终悲壮地走向失败。从拒约反洋教到“最恨和约”的大爆发，是民众笼统“排外”的时代，它在发展到高峰之后出现了历史性的转折。经过义和团运动，民众“排外”运动进入了一个新的阶段，不论是在思想理论还是在实践运作上，均发生了重大变化。

二、“排外”的辨正及其更新

“排外”运动的变化首先体现在对“排外”内涵的客观认识上。作为中外关系中的一个基本观念，“排外”被世人视为“最不美之名词”，[⑦] 反映了中国的对外理念和态度。自鸦片战争以来，这个名词便与中国的反侵略斗争相伴，对它的判析，涉及这一斗争的正义性质。义和团运动之后兴起的近代民族主义，是从“排外”递嬗而来的，且未完全脱除这一概念所含有的原始

① ［美］马士：《中华帝国对外关系史》第3卷，张汇文译，商务印书馆1960年版，第180页。

② 《义和团文献》，《近代史资料》1957年第1期。

③ ［日］佐原笃介：《拳乱纪闻》，见中国史学会主编、翦伯赞等编：《义和团》一，第112页。

④ 陈振江等编著：《义和团文献辑注与研究》，第51页；中国社科院近代史所编：《庚子记事》，第12页。

⑤ 中国社科院近代史所编：《庚子记事》，第260页。

⑥ 《“九七”国耻纪念宣言》，1924年9月7日，见陈旭麓、郝盛潮主编：《孙中山集外集》，上海人民出版社1990年版，第532页。

⑦ 汉民：《排外与国际法》续，《民报》第8号，1906年10月8日。

精神。在政治上崭露头角的各种新派势力，也不能不将如何处理中国所面临的民族危机问题，作为他们重要的政治议题，对“排外”的是非曲直作一番辨正，并作新的解释，而新的阐释则最终落实到不平等条约这一根本问题上。

毋庸讳言，“排外”与中国传统的“攘夷”和“华夷”之辨意识，以及清政府的闭关政策密切相关。西方国家常据此贬损、指责中国，认为中国“攘夷”，排斥外国人，不与外国人交往。鸦片战争之前，义律便说中国实行“排外政策”①，英商在致英王请愿书中谓，中华帝国“没有权利绝对排外和闭关自守”。② 鸦片战争后，随着列强侵略的深入和中外交往的扩大，这种指斥屡见不鲜。例如，中国是一个“排外”的国家，清政府是“最排外的政府”③，官吏和平民们“都是排外的”；即使所谓的“亲外杰出之士”，“没有一个人希望同外国人继续来往”，相反，他们“全体一致的同情于排外的精神”，希望“尽量设法把外国人一律驱逐出去”。④ 义和团“排外”事件发生之后，欧美各国更加纠结于此，除了“相惊以支那人排外”⑤之外，一些学者还通过学术研究得出这一结论。⑥ 对这样一个“重大之问题”，“吾国有志者亦颇怀隐忧”，⑦ 认为此说“不可无以纠之”，⑧ 遂从各个角度辨析了

① 《义律海军上校致外交部函》，1836 年 10 月 10 日，见《英国档案有关鸦片战争资料选译》上册，胡滨译，中华书局 1993 年版，第 125 页。

② 《在华的英国官员；英国在华侨民上英王的请愿书；关于中英未来关系建议的评论》，见广东省文史研究馆编：《鸦片战争史料选译》，中华书局 1983 年版，第 30 页。

③ 《北华捷报》，1870 年 4 月 5 日，见［美］马士：《中华帝国对外关系史》第 2 卷，张汇文译，商务印书馆 1963 年版，第 219 页。

④ 《赫德致杜德维》，1870 年 9 月 28 日，见［美］马士：《中华帝国对外关系史》第 2 卷，张汇文译，第 260 页。

⑤ 汉民：《排外与国际法》，《民报》第 4 号，1906 年 5 月 1 日。

⑥ 英人甄克思 1900 年在其著作中谓：宗法社会“排外而锄非种”，其视外人，“理同寇盗，凡皆侵其刍牧，夺其田畴而已，于国教则为异端，于民族则为非种，其深恶痛绝之”。而今之军国社会不同，“则以搀合为进种最利之图”，如“欧洲无排外之事”。见［英］甄克思：《社会通诠》，严复译，商务印书馆 1981 年版，第 18～19 页。

⑦ 汉民：《排外与国际法》，《民报》第 4 号，1906 年 5 月 1 日。

⑧ 汉民：《排外与国际法》续，《民报》第 8 号，1906 年 10 月 8 日。

“排外”的正当性和合理性。

其一，“排外”是国际关系中的常态，自古以来，莫不如此，即使是指责中国的欧美各国也实行这一方针。“排外”是一种天然现象，导因于种族、国家的区分和界限，“排外乌乎起？起于界限，而为原人天赋之公同性质者也”。人、家、国、种都有界限，既然“划此身家国种之界”，“则用情行事，自不能无厚薄于其间”，此“虽圣人亦昌言而不能讳”。在野蛮时代，“排外之心最热，而排外之例最严”，家族部落“无不仇待外人”。开化较早的罗马，曾定“公共之律”，以“保护外人”，然受保护者，“犹不及罗马之半”。当今欧洲“以文明号于天下”，其民法刑法，同一定律，“不以内外人之界限为轻重”。而关于国法者，“则例仍极峻”，对本国人与外国人严加区别。“其公民之权，惟内国臣民所应享，而外人必不能与其分毫。且其民之移居他国及出嫁于外人，则必除其国民之籍，夺其公民之权，屏之于外人之列。”可见，“排外者，天赋之公性，人道之必不能已”。就国家关系而言，既立国界，“则虽耶稣为君，墨翟为相，亦岂能泯其界而引而内之哉”。西方各国“立一约则必求抵制，行一事则必求报复”；糜饷备军，则“亦曰防外人之侵犯我权利而已”。它们“日兢兢于优胜劣败之理，务求国权日伸，民力日涨，出而求胜于外人”，“以扇其国民排外之心”。美国人排英独立，意大利人排奥建国，皆“实行排外之事”。[①] 或曰，“今之各国，虽号称素持平等主义者，然而对于宗教种族不同之国，于心理上终不能泯然，无尔我之见也”。[②] 而且，“其排外之剧烈，尤甚于我”。如“外人之逐我华工也，其以腕力排外，宁有异于我乎？”美国“蓄其国民之力，膨胀不已，横决四出，乃至触抵公理，虽犯天下之不韪”，其“势力盛而亦莫敢谁何”。[③]

类似看法比比皆是。或指出，“人之生也，无不以自利为宗旨者，国之立也，即无不以自利其国为宗旨者，是以有凌侮劫夺之事”。国家关系尽管有某种规则，但其实质并未改变，“外交其表面，而排外其里面”，[④] 仍是为

---

① 伤心人（麦孟华）：《排外平议》，《清议报》第68册，光绪二十六年十一月十一日。

② 《海外闲谈》，《申报》辛亥三月十四日。

③ 伤心人（麦孟华）：《排外平议》，《清议报》第68册，光绪二十六年十一月十一日。

④ 《外交报叙例》，《外交报》第1期，光绪二十七年十一月二十五日。

了维护自己的利益。或直接承袭以上麦孟华之说，指出：“排外者，人类之公性情也。”“排外二字，乃无始来斯人种子，直至文明之世而根株仍在”。所谓文明有道之邦，不遗余力扩军备战，“亦曰防外人之侵犯权利”。因此，“排外者，斯人之公性，人道之必不能已”。① 或认为，“世界未臻大同，则不得不严国界。国界之观念明，则排外之现象起。古代欧陆列强，盛倡排异国的主义；今日美洲人民，盛倡排异种的主义”。“若谓排外者为非，则岂媚外者为是乎？夫群吾民而相率以媚外，即惟有蕺然驯服，以为外人之顺民耳！宁非亡国之现象乎？”② 由此断言，“排外之特质，立国于天地之所极，不可缺者也”。③

其二，就国际法的角度而言，维护本国权利的“排外”，是正当合理的。胡汉民从国际法的角度，剖析了正当排外与非正当排外，指出：“自正当之排外言，则主张自国之权利，而于其必需者排除外国人，不使共有之之谓。”即使是当时有先进文明的欧美国家，也实行正当排外。“其法律之对外人者，以平等主义为原则，然立一二之制限为其例外，仍不能免，是此种正当之排外，未能悉湔除也。”胡汉民所说的正当排外，是维护自己应有的权利，而应有权利在法律保护范围之内。如果在此范围之外，便可以排斥。“权利者，法律所特认保护之特定行为也。”国际上所享之权利，系“国际法之所特认保护之特定行为”。因此，主张国内之权利者，“不可以不知国内法”；主张国际之权利者，“不可不知国际法”。④ 根据国际法，“各国不能干涉他国之内政”，如果“反之而有违法以干涉他国内政者，其被干涉之国必有排斥干涉之权利，为法律所容忍保护可知也”。也就是说，排斥外国人干涉内政，是国际法所允许的。国际法既认国家之独立，“则亦必不受他国之干涉，而其行动乃为自由”。正是在此意义上，“主张自国之权利，而于其必需者排斥外人不使共之者，不惟不戾于国际法，而且为国际法所特认保

---

① 勇立：《论排外不宜有形迹》，《东方杂志》第3卷，第12期，光绪三十二年十一月二十五日。

② 《排外与仇教》，见张枏、王忍之编：《辛亥革命前十年间时论选集》第2卷，下册，生活·读书·新知三联书店1963年版，第1071页。

③ 阙名：《仇一姓不仇一族论》，《民报》第19号，1908年2月25日。

④ 汉民：《排外与国际法》，《民报》第4号，1906年5月1日。

护也”。如果“使于其必需排斥者而不能，则无以保自国之权利，即无以为独立也”。正是国际法承认国家有独立权，“即可云认有非干涉之原则”，当“遇适用此原则之时，则断可云有排斥外人之权利”。①

胡汉民认为，“主张自国权利”与“排外”是不同的表述，前者系“就积极之一方言”，后者系“就消极之一方言”。因为“此进而彼退，此盈而彼朒，则因其权利有排除者，而亦曰排外耳”。② 因此，尽管贱外仇外的传统“排外”是不正当的，但不能“惩羹吹齑，因噎废食，以排外为绝对不可能”。如果国民均采取这一消极态度，否定排外，“则必欲尽锄其气，使不敢丝毫有峙抗外力之意志，养成媚外之风，厥失为尤大”。而主张自国权利，在权利彼此冲突，为外力所侵妨之时，“又必不能尽忘排外之观念”。③

其三，中国民众“排外”，是列强侵略引起的，具有无可非议的正当性。上文已说明，“排外”是世界各国的共同现象。进而，学者们又从中国发生“排外”的具体原因这一角度，阐述了“排外”的正当性。胡汉民认为，除了汉族“种族之思想”之外，列强侵略激起中国社会的反抗，也是产生“排外”的原因。“今吾国人排外之观念，既恒以国际之失败而起，即时有见于国际法所特认保护之权利，不能与平等享有欲主张之而起也。”④ 胡汉民分析了这一新的“排外”动因，从各个角度揭露了列强侵害中国的独立权，干涉中国内政外交的事实，指出，当今之独立国，如英、俄、德、法、美、日等，“惟行使其权利之过度，有侵妨他国之虞”。观诸我国，有种种“使吾国权常受制限”之干涉，从中央到地方，“遇事受人干涉，其结果辄牺牲吾民之权利或利益者，尤不胜算”。“夫事以相较相形而见绌，见绌则不平之观念所由伏也。而况以不法而举其权利、利益为外人牺牲，则以不平之鸣，尤非无因而起。”⑤ 震惊世界的义和团事件，“其总原因为排外，为受列强压迫之反动”。“排外与仇教，几互为因果，各省闹教之案，几无岁无

① 汉民:《排外与国际法》续,《民报》第8号,1906年10月8日。
② 汉民:《排外与国际法》,《民报》第4号,1906年5月1日。
③ 汉民:《排外与国际法》续,《民报》第8号,1906年10月8日。
④ 汉民:《排外与国际法》,《民报》第4号,1906年5月1日。
⑤ 汉民:《排外与国际法》续,《民报》第8号,1906年10月8日。

之”。由于“以列强为后援，其结果决无公平之判决，平民积恨已深”。中国人民“既惧且愤，故排外为义和团事件之总动机，为帝国主义压迫之反响”。①

进一步，胡汉民更深刻地指出，“触发吾国民排外之感情者，条约为之也”。条约者，“规定国家间之权利义务者”，作为一个国家，“有相当之位置”；订立条约，“亦宜有相当之权利义务”。自《南京条约》订立以来，“与订约者十余国，为条约大小百余次”。“使吾国民独处伤心”。在“穷于无告”的情况下，“或者引为国耻，欲雪其鄙我亡我之愤；或则知利源已涸，而思为亡羊补牢之谋”。其目的既不可达，“抑郁冤愤之久，激而诉诸腕力，乃一发而不可收拾”，产生了外人所谓“排外热”。可见，“触发吾国民排外之感情，而使不能自已者，其条约乎？限制吾国民之行动，至不能主张自国权利，激而为野蛮不正当之排外者，其条约乎？”总之，“夫使我国条约，其为制限削夺于我者，不若是甚，则我国民之志必不若是憯也”。②

其他人亦从不同角度认识到这一点，认为：“一般国民，所以生排外之感情者，良由现势之不平等。”例如，“彼杀吾人民焉，吾无法律以治之，听其以数年之监禁，或数月之监禁反之，吾国人伤其一足趾，则株连数十家，赔款数十万，而犹或未已”。于是，“怨毒中于人心，每思乘间窃发，以一泄其愤”。③针对甄克斯以“排外”为宗法社会特质的说辞，章太炎以历史事实予以驳斥，谓：“中国宗法盛行之代，春秋以前，本无排外之事。”外国宗教，如佛教在汉代，伊斯兰教在唐代，基督教在明代入华，“是时人民望此，以为导师，欢喜踊跃，如大旱之见长竦”。近代以来“常有排教之事”，是由于“基督教之来也，常挟国权以俱来，而所至有陵轹细民之事”。入教者，“又藉此以武断闾里之间，是所以促其反动，而非由宗法社会使然”。今日亦有人“以彼教为无君父，而视之如洪水猛兽”，然人民偾起排教，“其意乃绝不在是”。假使“基督教人之在中国循法蹈义，动无逾轨，则人民固不以异教而排斥之，亦不以异种而排斥之”。至于政府排教，“其意本

① 《胡汉民自传》，《近代史资料》1981年第2期。
② 汉民：《排外与国际法》续，《民报》第10号，1906年12月23日。
③ 寄生：《答新民难》，《民报》第9号，1906年12月1日。

不在异种异教，而惟集众倡乱之为惧”。总之，政府排教，“以其合群而生变”；人民排教，“以其藉权而侮民”，皆非中国宗法社会所固有的特性。①《新民丛报》亦载文谓，彼“损我、辱我、侵渔我至于若是，犹是不知羞耻，毫无排外之心，岂复为人类者哉！”②

这些分析符合客观实际，列强用暴力将不平等条约强加给中国，导致各种问题的产生而引致反抗，正是出现“排外”的基本原因。在此意义上，所谓“排外”，实际上就是争取独立的爱国精神。“爱国也，独立也，与排外固异名同实。外人视之而斥为排外者，即内国视之而号为爱国者也。”不过，“文明之程度渐高，则排外之涨力愈大，而排外之手段愈巧，乃匿其排外之义，而易以美名”。③或认为，激烈如义和团，“塞之为野蛮排外，通之为独立精神”。④即使不赞成中国“排外”的英国言论亦认为，“按世界大通之世，爱国二字之界限学说，有甚难言者。大抵所爱之国强，则曰爱国，所爱之国弱，即曰排外”。⑤

不论是革命党人，还是改良派人，均认为“排外”是正当的，纠正了对这一“最不美名词”的偏见。既然中外各国均以“排外”为不二法门，为何“西人排外而国权伸，我国排外而国权反屈？”尤其是义和团的结局，更令人痛心疾首，他们不能不审视传统“排外”的弊窦及危害。麦孟华认为，天下之人，莫不诋中国的“排外”为“人道之贼害，世界之公敌，为万国公法所不容。乃至覆其都，丧其民，歼其兵，割地赔款，主权尽失，而国几不国。盖排外之力至大，而排外之祸亦至酷矣”。其原因在于“我国民不审排外之界，昧于政治排外之术，不忍小忿，冒昧而为此野蛮之举动”。⑥张耀曾说，“仇洋闹教，无识者以为义愤同伸。不为正当之抗外，而为野蛮

① 太炎：《〈社会通诠〉商兑》，《民报》第12号，1907年3月6日。

② 《论媚外之祸》，《新民丛报》第16号，光绪二十八年八月十五日。

③ 伤心人（麦孟华）：《排外平议》，《清议报》第68册，光绪二十六年十一月十一日。

④ 《驳退化论》，《东方杂志》第1卷，第11期，光绪三十年十一月二十五日。

⑤ 《论中国维新不宜排外》（译自英国《太晤士报》），《外交报》第160期，光绪三十二年九月二十五日。

⑥ 伤心人（麦孟华）：《排外平议》，《清议报》第68册，光绪二十六年十一月十一日。

之排外，最后之恶结果，适足以摧残民气而有余”。[①] 胡汉民指出，不正当的“野蛮排外”，“使用国际法上不可能之手段”，“反于文明”，因此“召干涉”，“结果不善”。[②] 这种“排外”，“衷于贱外仇外之观念而滥用之，则悖于国际法之平等权、交通权，而其为害之结果可以召亡者所不免”。[③] 这种“无意职之破坏”的“无俚之排外”，“为锁国时代之思想，今无所用”。[④] 陈天华谓，“我生平是最恨义和团的”，“野蛮排外”的办法，“全没有规矩宗旨，忽然聚集数千百人，焚毁几座教堂，杀几个教士教民以及游历的洋员、通商的洋商，就算能事尽了；洋兵一到，一哄走了，割地赔款，一概不管”。“若是有爱国的心肠，这野蛮排外，断断不可行的”。[⑤] 或认为，野蛮排外“至愚极顽”[⑥]，“狃于闭关自大之余习”，“又不谙国交通谊，动辄开衅外人，而与以可乘之机，俾得借为口实”[⑦]，在今日“亦足以促其亡”。[⑧] 或剖析传统排外的源头“尊王攘夷”，谓：“君主与国家之辨不明，故以忠君为爱国，又当时中国之文明高出于与有交涉各民族，而字人曰夷”。“攘夷即今日自卫对外之称”，然而，其“用语之不当、范围之不清，其流弊遂至戴征服者为君，不辨所从来，而忠事之，对于友邦，又时不免无意识之排外举动”。因此“尊王攘夷于昔日已为不完全之主义，而于今日之中国，尤不适

① 崇实（张耀曾）：《云南之民气》，见张枬、王忍之编：《辛亥革命前十年间时论选集》第2卷，下册，第835～836页。

② 汉民：《排外与国际法》，《民报》第4号，1906年5月1日。

③ 汉民：《排外与国际法》续，《民报》第8号，1906年10月8日。

④ 汉民：《“民报”之六大主义》，见张枬、王忍之编：《辛亥革命前十年间时论选集》第2卷，上册，第380页。

⑤ 陈天华：《警世钟》，见郅志选注：《猛回头——陈天华 邹容集》，辽宁人民出版社1994年版，第56、71页。

⑥ 《综论甲辰年大事》（节录甲辰十二月二十二日至二十五日《汉口日报》），《东方杂志》第2卷，第2期，光绪三十一年二月二十五日。

⑦ 陈彦彬：《论收回利权之宜有根本解决》，见张枬、王忍之编：《辛亥革命前十年间时论选集》第3卷，生活·读书·新知三联书店1977年版，第434页。

⑧ 卫种：《二十世纪之支那初言》，《二十世纪之支那》第1期。

用”。[①] 其时，无论是革命党人，还是改良派人，或其他有识之士，对传统“排外”无不谴咎备至。

同时，他们并未舍弃“排外”精神，且仍采用这一名词阐发他们的对外态度和立场。在他们看来，传统“排外”只是方式错谬，主张改弦易辙，脱旧更新。经过更新之后的“排外”，有各种表述，或谓“文明排外”，或谓“正当排外”，或谓“权利排外”，或谓“心力排外”，或谓“精神排外”，等等。尽管表述有异，其基本精神相同，即均不赞成“杀洋人，毁教堂，攻使馆，戕公使”的旧手段，而主张采用具有近代性质的“文明”方式。“惟鼓其爱国之心，张其独立之气，厚其竞争之力，弃野蛮之覆辙，循文明之正轨。”[②] 陈天华提出“必定用文明排外”。[③] 或提出，“欲排外，必先知其义务及办法”。所谓“排外之义务”，即考求外国人的“富强”和“智巧”，“于是我之富强，我之智巧，过于外人，而外人无所恃”。所谓“排外之办法”，即“外尽交情，内修政事，战胜于朝廷，而排外于不觉”。如果“以我之愚，胜彼之智；以我之虚，胜彼之实，如拳匪之举，谓之无义务无办法，故其结果为庚子之祸”。[④]

“排外”的辨正和更新，是近代对外观念的进步，具有重要意义。一方面，洗清了“排外”所背负的“罪责”，揭示了反对帝国主义侵略和不平等条约的正当性。正是在这个意义上，学者们认为两种“排外”有共同性。胡汉民说，“主张权利”之广义排外与“仇外贱外主义”之狭义排外，“不过与有程度之差，非性质之异”。[⑤] 麦孟华认为，“排外之心”相同，“排外之术迥异”。[⑥] 或认为，倡抵制的“文明排外”与义和团的“野蛮排外”，“其举

① 欧：《爱国主义》，1909 年 2 月 6 日，见章开沅等主编：《辛亥革命史资料新编》第 5 卷，湖北人民出版社 2006 年版，第 384 页。

② 伤心人（麦孟华）：《排外平议》，《清议报》第 68 册，光绪二十六年十一月十一日。

③ 陈天华：《警世钟》，见郅志选注：《猛回头——陈天华 邹容集》，第 70 页。

④ 《论媚外之祸》，《新民丛报》第 16 号，光绪二十八年八月十五日。

⑤ 汉民：《排外与国际法》，《民报》第 4 号，1906 年 5 月 1 日。

⑥ 伤心人（麦孟华）：《排外平议》，《清议报》第 68 册，光绪二十六年十一月十一日。

动之文野虽不同，而其排外之性质则一”。[①]“排外”的正当性，决定了它是一个世世代代承前启后的事业。陈天华说：“须知这排外事业，无有了时。”万一中国被列强瓜分，“以后的人，满了二十岁，即当起来驱逐各国。一代不能，接及十代；十代不能，接及百代；百代不能，接及千代”。[②]另一方面，经过世纪之交铁和血的洗礼，“排外”脱旧更新，如凤凰涅槃，浴火重生，具有了不同于传统“攘夷”的全新意义，近代民族主义亦由此而兴。《辛丑条约》签订以后，由于“中国人民的智识渐渐开了，渐渐知道了国际的友谊，渐渐知道了外交的方法，渐渐知道了粗野愚蠢的死斗必不足以胜人”，再也没有“排外的举动”和“仇外的表示”。[③]

三、旨趣各异的“排外”取向

对“排外”正义性的肯定，是源于中外不平等的条约关系。庚子事变之后，这一关系是一个更为严峻并为人们所关注的问题，对内问题的处理亦与此密切相关。各种社会势力提出的任何有关中国前途的方案，都不可能回避这一重大问题，“排外主义，在今通其全国”，[④]仍是谋划和处理这一对外问题的重要思路和用语。传统“排外”已走向衰微，由于对民族矛盾及其解决途径的认识，以及政治倾向不同，产生了旨趣各异的“排外”取向。大体说来，主要有两种基本取向，一是惧外媚外的放弃“排外”，二是理性手段的“文明排外”。“排外”与“惧外”，这两种相反的意识和观念，同时突出地显现出来，甚至成为舆论焦点之一。“支那对于列国者，亦分二派：一为媚外，一为排外。”[⑤]除了这两种基本取向之外，还有与此相关的革命“排外”和预备“排外”取向。

放弃“排外”的取向，是传统“排外”即“攘夷”意识的转变，主要体现为惧外和媚外并逐渐普泛化。惧外和媚外，是两个相互联系的概念，前者

---

① 一之：《正告华商之附和抵制者》，1908 年 5 月 21 日，见章开沅等主编：《辛亥革命史资料新编》第 5 卷，第 325 页。

② 陈天华：《警世钟》，见郅志选注：《猛回头——陈天华 邹容集》，第 71 页。

③ 伏园：《根本取消辛丑条约》，《京报副刊》1926 年 3 月 20 日。

④ 《论中国近时之二大主义》（译自日本《国民新闻》），《外交报》第 160 期，光绪三十二年九月二十五日。

⑤ 卫种：《二十世纪之支那初言》，《二十世纪之支那》第 1 期，1905 年 6 月 3 日。

是后者的基础，后者是前者的结果。这一对外态度，在庚子事变之前便已产生，庚子事变加剧了它的滋长，使之成为颇具普遍性和广泛性的倾向。“通海以来，吾国人之崇拜外人思想极深，至甲午庚子以后又加甚焉，间尝有不崇拜而讲抗拒主义者。”①

惧外媚外的普泛化，从根本上说，是列强的强权政治和暴力手段造成的。通过八国联军之役，列强迫使清政府签订了空前屈辱的《辛丑条约》，为“制服”中国提供了“法律”依据，而惧外媚外现象正是中外条约关系巩固强化的结果。荣禄看到十二条议和大纲时，不胜悲哀，谓：“则将来中国财力兵力恐为彼族占尽，中国成一不能行动之大劳病鬼而后已，奈何！”②尤其是列强注重压制中国人民的反抗精神，将“惩办那些策动排外屠杀和暴乱的分子及其实际参与者”，并“采取必要措施防止此类事件重演”③放在首位，以“灰忠臣之心，隳义士之气”。④有关惩罚性和防范性条款，如赔罪、惩凶、竖立铭志碑和牌坊、停止文武考试、永禁反帝组织等，其苛厉程度前所未有。正是通过《辛丑条约》，列强摧抑了中国社会的反抗精神，促使媚外惧外心理更进一步扩展，成为一种较为普遍性的对外态度。“自此役失败以后，吾国民并仅存之自卫之勇，亦遂丧失净尽”，“遂使后之人引以为戒”。“言外人则谈虎色变，中心更无丝毫之勇气”。⑤清政府为履行条约，“对于仇外人的痛剿，排外禁条之实施，使人民反抗帝国主义的心理，减至零度”。⑥“人民受摧残太甚，而抵抗外人之勇气因之消沉，变排外为媚

① 《综论甲辰年大事》(节录甲辰十二月二十二日至二十五日《汉口日报》),《东方杂志》第2卷，第2期，光绪三十一年二月二十五日。

② 《荣禄致奎俊书》，光绪二十六年十一月，见北京大学历史系中国近现代史教研室编：《义和团运动史料丛编》第1辑，中华书局1964年版，第142页。

③ 《美国赴华专使柔克义的报告》,1901年11月30日，见天津社会科学院历史研究所编：《1901年美国对华外交档案——有关义和团运动暨辛丑条约谈判的文件》，刘心显、刘海岩译，齐鲁书社1984年版，第3页。

④ 《都察院御史溥良等折》，光绪二十六年十一月初七日，见故宫博物院明清档案部编：《义和团档案史料》下册，中华书局1959年版，第856页。

⑤ 叔谅:《九七国耻第二十四周纪念》,《爱国青年》1925年第9期。

⑥ 世兴:《“九七运动”与“五卅运动”之比较并帝国主义的内幕》,《共进》1925年第89期。

外”。[①] 这一结局，又强化了甲午战争后产生的“外交惟有强弱，无有是非之成见”，“政府诸公怵于西人之举事不成不已”，“从无一事能违其意”等观念。[②]

在某种意义上，惧外媚外是传统“排外”的一个基本走向，即“攘夷”意识的转变，从一个极端走到另一个极端。其时，国人对这一因果关系作了充分解析，指出：在“攘夷”意识下，“必求使外人之足绝迹于吾国之中，一排再排，而势不敌，悚然于排外之可以如祸也，则一变而为服从主义。劫于外人之威，怵于外人之势。知我之必非彼敌，黠者乃急假其威势以自固，资之为保护，椅之为生活。下者思安其生产，上者谋保其富贵”。[③] 经过庚子之役，传统“排外”“物极必反，用有媚外之象”。[④] 他们尤其对清政府对外态度的变化作了剖析，认为“满人排外之政策，一变为媚外”。[⑤] 其政策，“戊戌以后，庚子以前之举动，皆原于排外之目的，排外之成见也。辛丑以后，则一变而为媚外之目的，媚外之成见”。[⑥] 或认为，“今日媚外之政府，固昔时排外之政府”，正是由于“昔时排外之策未工，不能有功，而反受其过，故一变其排外之手段，而勉为此媚外之手段，以求旦夕之安而已”。[⑦] 当排外不成则“转为媚外”，闹教不得则“驱而入教”。“愈激刺则愈疲弱，愈疲弱则愈放弃。”[⑧] 诸如此类的评析还有不少，它们从各角度揭示了“排外”转为“惧外”的这一走向。

为什么会出现这种转变？或认为，这是中国内在的弱点所致，即由“自

---

① 《阳信县志》，见中国社会科学院近代史研究所《近代史资料》编辑组编：《义和团史料》下册，中国社会科学出版社 1980 年版，第 1033 页。

② 《论挽救西藏之策》(录甲辰二十四号《外交报》),《东方杂志》第 1 卷，第 9 期，光绪三十年九月二十五日。

③ 伤心人（麦孟华）:《排外平议》,《清议报》第 68 册，光绪二十六年十一月十一日。

④ 《读新译甄克思“社会通诠”有感》，见张枬、王忍之编:《辛亥革命前十年间时论选集》第 1 卷，下册，生活 · 读书 · 新知三联书店 1960 年版，第 784 页。

⑤ 《清政府与华工禁约问题》,《民报》第 1 号, 1905 年 12 月 8 日。

⑥ 《论媚外之祸》,《新民丛报》第 16 号，光绪二十八年八月十五日。

⑦ 《论中国民气之可用》,《时报》乙巳六月十三日。

⑧ 孟晋:《论改良政俗自上自下之难易》,《东方杂志》第 2 卷，第 1 期，光绪三十一年一月二十五日。

尊”转为“自弱”。中国这两病，“相为倚伏，其积也甚微，其发也甚巨”。在此五十年前，“人人脑中印一中华大国活字版，则固目视为文明，而视人为野蛮者也”。自尊遭到挫抑，又代之自弱之心。“譬如病者离乎疯颠痈疽疠之境，已入于湿瘵痿痹之中。”自尊之时，“犹张脉偾兴，乱气交作”。而“今则湮郁愤懑，疲惫已甚，事事皆以为国力不能办”。当今“觇国势者，莫不曰东方老大病夫，至中国已极”。外患“其不可御者”，“虽有忠臣义士，健卒智谋，终于挽回无术，委之气数”。由于“自弱”，“上之人愈无把握，乃至易其排外之方针，而行媚外之智术，托言于气数使然”。①

经过庚子之役的重创，中国社会围绕这一问题，进行了深刻的民族反省，自我检讨中华历史、文化中的种种局限和不足，尤对民族精神的欠缺作了痛切的剖析。学者们认为，中国人的特性是柔顺畏死，缺乏尚武精神。“支那人之性质，曰柔顺，曰巧滑，曰苟且偷安，喻以利则为排外之举动，逼于势则为外军之顺民，总之畏死二字，足以尽之矣。”② 或认为，中国人“容易降服”，而“箪食壶浆以迎王师一语，几为吾支那人之习惯”，“实为吾支那人最大腐败之点”和“羞点”，“实为地球上所未有”。③ 或者说，“尚武精神为立国元气”，“国民强弱之表征”，“而吾国人则此种精神，最为缺乏”，今天则“萎悴诚甚”。④ 中国自古以来重文轻武，“人民无勇敢之精神，对外之气魄”，“民族精神以澌以灭”。⑤ 甚至说，每当外族入侵，“而国民迎新送旧，如老妓之事情夫，而恬不知耻”。⑥“中国的人没有坚忍的志气，一处败了，各处就如鸟兽散了。”更进一步，他们认为这是由于缺乏爱国主义精神。陈天华说，“中国人不晓得有本国的分别，外国人来了，只要稍为比

① 华生:《论外患之由起》,《东方杂志》第1卷，第7期，光绪三十年七月二十五日。

② 李群:《杀人篇》，见张枬、王忍之编:《辛亥革命前十年间时论选集》第1卷，上册，第22页。

③ 《论支那人国家思想之弱点》续,《清议报》第74册，光绪二十七年二月十一日。

④ 梁启超:《中国前途之希望与国民责任》,1911年，见张品兴主编:《梁启超全集》第4册，北京出版社1999年版，第2388页。

⑤ 《论中国个人之不能自治》(录乙巳四月二十七日《同文沪报》),《东方杂志》第2卷，第6期，光绪三十一年六月二十五日。

⑥ 《论中国之前途及国民应尽之责任》,《湖北学生界》第3期,1903年3月29日。

我强些，遂拱手投降，倒帮着外国人杀本国人”。① 梁启超也认为，“我国自昔未尝以爱国大义为伦理一要素”，“国人爱国心之久不发达”。“今者我国之爱国心，诚弱于他国，无可为讳”。② 类似看法还有不少。此外，他们还从其他方面剖析了中国人的弱点，或谓，“支那人有四病焉：曰妒、曰专、曰诈、曰怯”。③ 诸如此类，不一而足。

对义和团的“排外”之举，朝野上下均产生了强烈的自责意识。清政府一再“颁自责之诏”，表示“痛心疾首，悲愤交深”，它一方面公开承认过错，表明“罪在朕躬”，同时又撇清自己，谓：“拳匪肇祸，实由祸首激迫而成，决非朝廷本意”。并多次惩办祸首，警戒天下臣民，“晓然于此案之关系重大”。另一方面对列强“不侵我主权，不割我土地”感恩戴德，表示要“量中华之物力，结与国之欢心”；④ 还提出要“惩前事之失”，“浑融中外之迹”，等等。⑤ 向来“痛恨一切外国人”⑥ 的慈禧，自认“做错了这一件事”。⑦ 当时包括孙中山在内的资产阶级人士，对义和团批评颇多。他们认为：彼有“排外之心而出狂妄之举”⑧，“野蛮暴乱，为千古所未闻”。⑨ 十年后，他们仍认为，“拳乱之起”，“其德不度，力又不量，甘犯不韪，以

---

① 陈天华：《警世钟》，见郅志选注：《猛回头——陈天华 邹容集》，第 49～56 页。

② 梁启超：《中国前途之希望与国民责任》，1911 年，见张品兴主编：《梁启超全集》第 4 册，第 2389～2390 页。

③ 《中国灭亡论》，见张枬、王忍之编：《辛亥革命前十年间时论选集》第 1 卷，上册，第 86 页。

④ 《德宗景皇帝实录》卷 477，光绪二十六年十二月癸亥，见《清实录》第 58 册，中华书局 1987 年版，第 290～294 页。

⑤ 《谕》光绪二十六年十二月丁未，见朱寿朋编：《光绪朝东华录》第 4 册，张静庐校点，中华书局 1958 年版，总第 4601 页。

⑥ 德龄：《德龄忆慈禧》，中国广播电视出版社 1996 年版，第 192 页。

⑦ 德龄著、顾秋心译：《清宫二年记》，见王树卿等主编：《慈禧与我》，辽沈书社 1994 年版，第 352 页。

⑧ 《支那保全分割合论》，1903 年 9 月 21 日，见广东省社科院历史研究室等编：《孙中山全集》第 1 卷，中华书局 1981 年版，第 223 页。

⑨ 《论惧革命召瓜分者乃不识时务者也》，1908 年 9 月 12 日，见广东省社科院历史研究室等编：《孙中山全集》第 1 卷，第 382 页。

自取辱，使列强联兵问罪”。① 到20世纪20年代，一些进步或革命人士在肯定义和团的民族精神的同时，亦认为这种行为不当，“人民对外自断为有罪”②，同时“清廷纵容义和团之为悖谬”③，肯定了刘坤一、张之洞抵制、镇压义和团的政策。

这些反省和自责产生了复杂的影响：一方面，有助于促使中国社会进一步汲取先进文明，为促进中国向近代转型清除了思想障碍；另一方面，在对中国的多次失败的反思中，过分贬损自己的历史与文化，忽略了中华历史上可歌可泣的爱国壮举，有意无意宣扬了民族虚无主义，又转衍为民族自卑感，在某种程度上强化和扩散了惧外和媚外观念。“其视外人也如鬼神，如大帝，如奴仆之服其主，如妾妇之媚其夫。”④ 或谓：“夫人能发明许多新理新学，文明极于高顶，而我学无所进，并替减其所固有之文明者，则真可耻。”所谓中学，“固不可以谓之学”。“试思在地球上，我汉种为有用之族哉？”⑤

从政府层面来看，本就存在的惧外媚外心理更进一步扩展了。各级官吏对洋人多心怀畏惧，“大小各官不顾国体，一听洋夷指挥”，“畏夷如畏虎”，“不敢拂其心思”。⑥ 洋人成了官吏们的“上官之上官”，“谄事乌可不至”。彼“崇拜外人，至于逾乎外交之分”，“无丑不备”。⑦ 官吏任用，或征询外国人意见，或循其意而任免。如选擢封疆大吏，“某督抚或以外人不协而去，或以外人密保而来”，⑧“或以外人言而调任”。州县官“以教士一言而罢任，

① 《论国耻纪念会之宜利用》，1910年5月3日，见章开沅等主编：《辛亥革命史资料新编》第5卷，第169页。

② 《九七纪念敬告国人》，《政治生活》1924年第12期。

③ 叔谅：《九七国耻第二十四周纪念》，《爱国青年》1925年第9期。

④ 伤心人（麦孟华）：《排外平议》，《清议报》第68册，光绪二十六年十一月十一日。

⑤ 《劝同乡父老遣子弟航洋游学书》，见张枏、王忍之编：《辛亥革命前十年间时论选集》第1卷，上册，第387、389页。

⑥ 刘大鹏：《退想斋日记》，见中国社会科学院近代史研究所《近代史资料》编辑组编：《义和团史料》下册，中国社会科学出版社1980年版，第807、815、813页。

⑦ 《论媚外之害》，《外交报》第141期，光绪三十二年四月十五日。

⑧ 《论国权之关系》（节录乙巳二月二十一日《汇报》），《东方杂志》第2卷，第4期，光绪三十一年四月二十五日。

或褫职者，不可缕数”。[①] 总之，“一切内政，且已为媚外之目的所指归，媚外之成见所束缚”。[②] 在对外交涉方面，清政府尽管没有完全放弃抗争，但决心和勇气却大为降低。无论能争与否，均不敢与争，“即当争者亦多箝口结舌，噤不一言”。[③] 或始争终让，如在俄国水手砍毙路人周生有案中，交涉此案的袁树勋态度强硬，清廷一开始支持，但最终也妥协退让了，谓：“持高论而居美名，徒坏大局，非任事者所宜。”[④] 其他事务，也无不姑息迁就。如京师门禁，“向例綦严”，然庚子事变以后，却“以外人出入多少，为启闭之标准”。[⑤] 对外国人的要求，尤其是涉及压制排外的要求，清政府高度重视，有求必应。“外人或有所要求，苟不至过于难堪，中国从未尝峻拒。即有要索所难堪之处，中国亦必曲为设法，所谓通融办理者是也。”[⑥] 某外国领事称查有“排外揭帖”情事，清廷特降谕，“著该督抚严密查禁”。[⑦] 梁启超说，“外国人出一言，而政府辄唯唯从命，甚且先意承志，若孝子之事父母，岂有他哉，畏之而已”。[⑧] 与外国人的联系交往，从前是不屑为之，或避之唯恐不及，现在却一变而为趋奉迎合，竭尽谄媚。“而时请外人听戏，而时请外人游园，而时请外人宴会。内而宫庭，外而疆吏，下至微员末秩，皆莫不以敬礼外人为宗旨。”[⑨] 舆论评论说，中国官场“专以媚外为不二法门”，“穷极其媚外之状，虽五体投地所不恤，矧迎送乎？”[⑩] 而对外国人的

---

① 《论政府将来必至之举动》,《新民丛报》第 16 号，光绪二十八年八月十五日。

② 《论媚外之祸》,《新民丛报》第 16 号，光绪二十八年八月十五日。

③ 《论禁阻兵舰入湖》(录十月初一日《新闻报》),《东方杂志》第 1 卷，第 12 期，光绪三十年十二月二十五日。

④ 《发盛大臣电》，光绪三十年十二月二十一日，见中国第一历史档案馆编：《清代军机处电报档汇编》第 38 册，中国人民大学出版社 2004 年版，第 387 页。

⑤ 《此亦政府贱民媚外之一斑》,《申报》庚戌十二月初十日。

⑥ 《论中外有不能相安之势》,《新民丛报》第 20 号，光绪二十八年十月十五日。

⑦ 《宣统政纪》卷 33，宣统二年三月戊午，见《清实录》第 60 册，中华书局 1987 年版，第 595 页。

⑧ 梁启超：《中国前途之希望与国民责任》, 1911 年，见张品兴主编：《梁启超全集》第 4 册，第 2398 页。

⑨ 《论政府将来必至之举动》,《新民丛报》第 16 号，光绪二十八年八月十五日。

⑩ 《县令媚外被斥》,《时事报图画杂俎》1907 年。

欺压凌辱，则忍气吞声，噤若寒蝉。

以上种种，说明清政府的对外态度发生了重要变化。需要指出，清政府并未放弃努力和奋争，慈禧“比以往任何时候都更恨外国人”①，清廷声称“卧薪尝胆，勿托空言”②，在对外交涉中继续抗争。但总体来看，自辛丑之后，这种精神已大大减弱，官吏们多以趋承洋人为旨。诚如当时一篇文章所言，当此国步艰难之际，此“未始非臣妾事吴，卧薪尝胆之成规”。然而，清政府却并非如此，“但以宴会往来为事”。赏罚则“以决裂与否为衡，而不以利权之失否为衡”。能与外人不决裂者，“无论失若大之利权，必膺上赏”，甚至“能卖国求荣者为第一等人材”。③ 政府之意，“但求结纳一大邦之奥援，为附庸下邑之陪臣，以保富贵终余年焉”。④“高官显宦，亦以求外人之保护为护符。”⑤ 外交诸臣，则以“保一已之名位而得列强之欢心”。⑥ 正唯如此，陈天华将清政府称为“洋人的朝廷”。或认为，朝廷变法，“不过以此为媚外之一品物耳”。⑦ 时人痛斥清政府“退却复退却，让步复让步”，“几成为盗卖国权之政府”。⑧

对一个国家而言，政府行为具有示范效应，清政府的惧外和媚外，又扩展延伸，蔓延到整个社会。在其影响下，又由于国民性的局限等因素，惧外和媚外成了一种普遍的社会心理，各个阶级、阶层均有不同程度的体现。八国联军入京之日，“国民伈伈伣伣，摇尾乞怜，高张某大国之顺民旗，而跪

---

① 德龄：《德龄忆慈禧》，中国广播电视出版社 1996 年版，第 245 页。

② 《德宗景皇帝实录》卷 467，光绪二十六年七月乙丑，见《清实录》第 58 册，中华书局 1987 年版，第 127 页。

③ 《论媚外之祸》，《新民丛报》第 16 号，光绪二十八年八月十五日。

④ 梁启超：《新民说》，1902 年，见张品兴主编：《梁启超全集》第 2 册，北京出版社 1999 年版，第 690 页。

⑤ 《论中国之前途及国民应尽之责任》，《湖北学生界》第 3 期，1903 年 3 月 29 日。

⑥ 《论禁阻兵舰入湖》（录十月初一日《新闻报》），《东方杂志》第 1 卷，第 12 期，光绪三十年十二月二十五日。

⑦ 《论中国当注意于精神教育》（录四月初三日《中外日报》），《东方杂志》第 1 卷，第 4 期，光绪三十年四月二十五日。

⑧ 死灰：《国民势力与国家之关系》，见中国科学院历史研究所第三所编：《云南杂志选辑》，科学出版社 1958 年版，第 52 页。

道迎降者，项背相接”。① 梁启超谓：“士农工商，仰外国人之鼻息，趋承奔走，如游妓之媚情人。”民间之意，“中国无可为矣，吾但求托庇一强国之宇下，为食毛践土之蚁民，以逃丧乱长子孙焉”。② 以前，中国士民“以仇教为独一无二之大义”，而义和团运动以后，“此事几成偶语弃市之禁，莫有敢挂齿颊者矣！”③ 到20世纪20年代，人们评析此种现象，说：自1516年到《辛丑条约》止，“有多少仇外的事迹”，可见“人民爱国的态度”。而该约订立之后，“中国人民心理改变，由仇外变为媚外，由反抗变为贴伏”。④ 帝国主义势力“已经把中国麻醉了，束缚了，使中国不得不俯首听命于洋大人势力之下”。⑤

对民气受到沉重摧抑的情形，其他人士和媒介也多有披露。一位曾亲往义和团运动中心之一的津沽地区访查的作者谓：“民气至今已萎落尽矣”，“奄奄待毙”。如“短衣执奉，无发辫者，招摇饼市，则行路相避；观剧饮啖，不付一钱扬长而去，不敢索也；驾车入禁门，行李累累，关吏缩鼻不敢诘也；狭道驰马，华人过于其前，长鞭击脑，流血被面，伤者不敢较也。夫民族柔顺至于如此”。他断言，在当时，即使“当道诸公复如曩者之勖以义名，助以资粮，犹必无往者之舞刀拍张，前仆后继之概”。⑥ 甚至民人“辄被西兵鸡奸”，当局“以事关交涉，虑启争辨，亦遂置之”，民众亦“莫敢往”，无人抗争。而且凌辱者不必是西人，只要身着洋装，或为洋役，“则吾奴视为应受之陵辱，不能抗也”，“不敢言也”。⑦ 民众忍气吞声，教民更加“肆无忌惮”，将人“殴伤毙命”，而受害者亲属“不敢报官，隐忍而

① 《论中国之前途及国民应尽之责任》，《湖北学生界》第3期，1903年3月29日。

② 梁启超：《新民说》，1902年，见张品兴主编：《梁启超全集》第2册，第690页。

③ 梁启超：《论民族竞争之大势》，1902年，见张品兴主编：《梁启超全集》第2册，第898页。

④ 世兴：《“九七运动”与“五卅运动”之比较并帝国主义的内幕》，《共进》1925年第89期。

⑤ 《反帝国主义与废除不平等条约之运动》，《东方杂志》第21卷，第16号，民国十三年（1924年）八月二十五日。

⑥ 孤行：《论中国必不能破坏中立》，《东方杂志》第1卷，第2期，光绪三十年二月二十五日。

⑦ 《悲奴篇》，《新民丛报》第14号，光绪二十八年七月十五日。

已”。[①]《警钟报》载文谓：举国上下，“不论新旧志士，乡愚无知，其容蹙蹙，其貌忧忧，均若有大难临头之气象”。“谬种劣性留传至今，畴昔悍然之气一扫而尽”，因而“哀同胞之将亡”。[②]《东方杂志》以《退化论》为题发表社论，评论了中国社会对外思想的薄弱，谓：“庚子大创以后，奉外人如神明，牛马仆妾，惟恐不当意”。曾以“拿破仑自命”的书生学者，“今亦寂然无称，身心俱死”。论者叹曰，“曾几何时，退化又何其速”，“大地如尘，群生如睡”。[③] 陈天华谓：“如今的中国人，怕洋人怕到了极步”，[④] 中国“一变而为怕洋人的世界”。[⑤]

革命派与改良派的政治态度亦体现了惧外心理。两派关于革命的争论，其中要点之一便是“排外”问题。改良派的梁启超说，“而排满之心理，恒与排外之心理相连属”，“必唤起各地方之排外热”。因此，革命“欲求外国承认之希望遂绝，夫不承认则必干涉矣”。即使“革命军以极机敏之行动”推翻清政府，也不可避免“危及外国人之生命财产”。[⑥] 革命党人则一方面讥讽改良派“谈虎色变”[⑦]，另一方面反复否认“排满”就是“排外”，称改良派为“臆测之言”，谓：“排满之原因，在于种族，在于政治。”而“排外之原因，即在于不能排满”。因为“满洲人欲以少数之民族，制御大国，永使驯伏于下，因而遮断外国之交通，杜绝外来之势力。其结果，遂使支那人有强烈之排外感情”。因此，恰恰相反，“排满之举又实可销排外之恶感于隐微”。[⑧] 两派均以外国人的态度来考量政治路线，极力撇清与“排外”的关系，无疑反映了他们的“惧外”心理。

---

① 刘大鹏：《退想斋日记》，见中国社会科学院近代史研究所《近代史资料》编辑组编：《义和团史料》，下册，中国社会科学出版社 1980 年版，第 818 页。

② 《哀同胞之将亡》(节录十月初三日《警钟报》)，《东方杂志》第 1 卷，第 12 期，光绪三十年十二月二十五日。

③ 谷音：《退化论》，《东方杂志》第 1 卷，第 11 期，光绪三十年十一月二十五日。

④ 陈天华：《警世钟》，见郅志选注：《猛回头——陈天华 邹容集》，第 53 页。

⑤ 陈天华：《猛回头》，见郅志选注：《猛回头——陈天华 邹容集》，第 29 页。

⑥ 梁启超：《申论种族革命与政治革命之得失》，1905 年，见张品兴主编：《梁启超全集》第 2 册，第 1653 页。

⑦ 精卫：《驳革命可以召瓜分说》，《民报》第 6 号，2007 年 1 月 10 日。

⑧ 寄生：《答新民难》，《民报》第 9 号，1906 年 12 月 1 日。

无可讳言，惧外和媚外的普泛化，是义和团运动之后的一个重要现象。《时报》载文分析了中国4亿人的对外态度，认为可分为四类。其一为混沌派，“内地之士农工商及全国之妇女半归此类”。此类人对国内外形势均不知晓，“对外之思想更无自而萌芽”，其胸中“只有洋鬼子夷人数字”。其二为奴隶派，“凡通商口岸之农工商中下等人皆属此派”。此类人“受外人之一顾则荣若迁官，奉洋东之命令有逾于忠仆”。其三为傀儡派，“凡全国之官多属此类”。此类人“由贪财而恋位，由恋位而媚外，不必指为何事，别为何人，凡在外人，皆在当媚之列”。其四为清明派，“凡稍开通之官及自命新党者皆是”。这类人，“于对外之事颇具热心，于是讲文明排外焉，论外交手段焉”。四类人中，混沌派人数最多，奴隶派次之，傀儡派又次之，清明派则不到“十分之一”。“混沌傀儡，则听人分割、奴隶”而已。而“全国之人乃以混沌奴隶为多数”，大半才出混沌，“即入为奴隶而官”。虽有一二“清明”之人，“岂能转移全国之风气”。在外患“亟”、外侮“盛”的背景下，即使是爱国之士“亦不免有外人可惧，无法抵制之想”。论者不禁感叹，“全国之意见一至于此，鱼烂之叹能不悚然”，“吾民之性质，将永无独立自尊之一日”。①

时人对中国社会惧外媚外心态的剖析，不免夸大其词，但无疑揭示了该时期的一个重要现象。由于惧外媚外，传统“排外”虽仍在继续，但已走向衰亡，从而逐渐退出了历史舞台。② 当发生此类事件时，列强则大肆渲染，谓义和团运动将重现，实际上是耸人听闻。根据莫理逊的考察，对于“反对外国人运动所表现的恐惧，不管是在欧洲还是在美洲，都是十分夸张的”。英国情报处处长温伽特在中国中部和北部作了历时数月的旅行，也“确认外

① 《论全国人对外之意见》，《时报》甲辰十月初四日。

② 以最具代表性的反洋教斗争为例，义和团运动之后，规模和激烈程度逐渐减弱。据统计，1901年至1911年共334起反洋教运动，平均每年30.4起，远少于前十年的年均91.7起，更低于前五年的年均138.5起。且呈现逐年递减的趋势，尤其是1908年以后4年，分别为12、7、13、13起，已趋于消亡。见赵树好：《教案与晚清社会》（附《晚清教案简表》），中国文联出版社2001年版，第247页。

国人可以到处走动，并没有任何危险”。① 其时，“朝野上下，以媚外为唯一之手段”。②“而凡为官吏者，尚何乐为中国之官吏乎？凡人民，尚何乐为中国之人民乎？或曰忍字诀最妙，能忍斯能相安。外人奴隶我，也听之；外人犬马我，也听之；外人割我土地攘我利权，也听之。一切皆不计较，如木偶然。”③ 在近代中外关系的发展历程中，这一现象对近代民族主义和民族精神的成长，起了不利的作用。

“文明排外”的取向，采取理性手段，并在实践中积极推动各种具体的爱国“拒约”运动。这一取向，以改良派人士为主体，其他各派人士均参与其中。他们在肯定“排外”的正当性的同时，均不赞成传统的“野蛮排外”，而主张“文明排外”。张元济在《外交报叙例》中提出，中国言“排外”数十年，“非惟不能尽排外之实，而助为虐焉”。他主张要“出文明之手段，以尽排外之天责”④，认为，收回利权可以“激扬国耻，鼓励民气”，且“英人见我团体坚固，未必敢存得陇望蜀之心，而他国亦不敢援利益均沾之例”。并以日本对付欧洲人为例，主张针锋相对，谓：“此日本之所以能兴也。岂我国竟不如日本乎？”⑤ 陈天华较为具体地提出了“文明排外”的内容：一是注重仪礼，尽保护之责。“平日待各国的人，外面极其平和，所有教堂、教士、商人尽要保护”。二是时刻防范，不许外人侵我利权。“内里却刻刻提防他”，如果列强要侵占我国的权利，“一丝儿不能”。诸如在华“修铁路、买矿山，及驻扎洋兵、设立洋官”等事，“要侵我的权利的，都不可许”。三是与外国交战，须同仇敌忾。“他用千万黄金请我，我决不去。他要买我粮饷食物，我决不卖（俄国在东三省出重价向日本商民买煤，日本

---

① 《1906年6月总报告——在驻华法军总指挥领导下制订》，1906年7月5日，见章开沅等主编：《辛亥革命史资料新编》第7卷，湖北人民出版社2006年版，第302～303页。

② 梁启超：《敬告留学生诸君》，1902年，见张品兴主编：《梁启超全集》第2册，第961页。

③ 《论中外有不能相安之势》，《新民丛报》第20号，光绪二十八年十月十五日。

④ 《外交报叙例》，《外交报》第1期，光绪二十七年十一月二十五日。

⑤ 张元济说：“昔欧洲人在日本造公园，揭示门外，不许日本人入内。日本人即于其旁造一公园，亦揭示门外，不许外国人及狗入内。”张元济：《关于浙路之意见》，1907年，见《张元济全集》第5卷，商务印书馆2008年版，第156页。

商民硬不卖与他）。他要我探消息，我决不肯。在两军阵前，有进无退，巴不得把他杀尽。”四是遵守万国公法。“洋兵以外的洋人，一概不伤他。洋兵若是降了擒了，也不杀害”。因为，“万国公法都是这样，所以使敌人离心，不至死战。若一概杀了，他必定死战起来，没有人降了”。陈天华主张“文明排外”，是因为“现在排外，只能自己保住本国足了，不能灭洋人的国，日后仍旧要和，故必定要用文明排外”。①

在实施“文明排外”的同时，他们又主张与“根本解决”丧权辱国问题同时并举，认为：“若徒知收回利权，而不一为根本之解决，深恐其去亡不远矣。”②“吾人于此，以为收回利权，必须根本之解决，其道维何？曰殖其国力，厚其民生，以为外交之后盾，则根本固矣。根本固矣而枝叶自蔚，然有欣欣向荣之势矣。”③除了“直接运动而外，尤必以规划企业为间接运动之策”；还须进行切实的政治改革，坚持立宪方针，“重颁明诏，确定国是”；并师法日本明治维新，“誓于神明，以坚中外臣民之信”；其他如改官制、定文明法律、建责任内阁等事，“皆为今日必不可缓，而又最能动世界之听闻者”。在此基础上，再实施“殖其国力”和“厚其民生”的治本政策，“二事并举而内政修”，“外交上之势力自得与列国相抗衡”。④倡言“文明排外”的张元济也提出，“忍辱负重，保持现状，使各国无隙可乘，我或可乘此机修明内政，徐图自救”。⑤

在实际斗争中，“文明排外”的内容，不限于收回路矿利权和抵制美货运动，还涉及其他条约权利。如清政府拟收回税权，“欲自总税务司赫德掌中，夺其实权而返诸己”，“或藉违背条约为口实，或不满于外人之侨居，或怨嗟于教徒之传教”。方式亦多种多样，但不论采取何种方式，其基本精

① 陈天华：《警世钟》，见郅志选注：《猛回头——陈天华 邹容集》，第70～72页。

② 陈彦彬：《论收回利权之宜有根本解决》续，《外交报》第264期，宣统元年十一月十五日。

③ 陈彦彬：《论收回利权之宜有根本解决》，《外交报》第263期，宣统元年十一月五日。

④ 陈彦彬：《论收回利权之宜有根本解决》续，《外交报》第264期，宣统元年十一月十五日。

⑤ 张元济：《上庆亲王手折》，1911年8月，《张元济全集》第5卷，商务印书馆2008年版，第184页。

神是摒弃传统的手段，尤其是暴力手段，以符合国际法和国际法惯例。① 辛亥革命时期，“文明排外”蔚然成风，各种抵制运动此起彼伏，获得了重要发展。在实际运动中，虽以改良派为主体，但革命派和清政府均参与其中。② 革命党人以“排满”为重，但并未否定“文明排外”。如胡汉民评论抵制美货运动谓，“华人以美禁华工约为虐滋甚，乃有不用美货之议，渐见实行，以要求废约。此事准正义人道而行，未尝为野蛮无礼之举动”。甚至与欧美各国同盟罢工比较，认为“其性质虽相似而不同”。③ 在清末的收回利权运动和抵制美货运动中，革命派亦身体力行，积极投入其中。不过，他们多系个人行动，这些行动并非革命组织的中心工作，且在实际中又被引导到“排满”革命的斗争中来。

除以上两种基本取向之处，还有另外两种取向。

一是通过“排满”革命，更换政权，达到“主张权利之目的”，可称之为革命“排外”取向。这是革命党人提出的主张，他们视“排外”为维护国家权利，认为，要达到这一目的，其根本之计在于“扑满”革命。“夫以其激动国民排外心如彼，而其所以喻止排外者又如此，故吾人为国民深计熟虑，而得根本解决之唯一方法，曰：欲达吾人主张权利之目的，则莫如扑满革命。”④ 其理由如下。

第一，由于清政府不能履行政府职责，坚持国家权利，因此要取而代之。他们指出，清政府这个“异族政府”，“为谋不忠”，“吾国人所主张权利”，“止有退步，而无进行”。其所以如此，是因为它既“不为”又“不能”，因此“不可不代以吾民族之真正政府而扑此去之”，“行急激之改革”。从国际上言，“与其以无实力之要求，丐彼异族政府为我主张，不如改造共和立宪政府，而得以国民之心理表现于上而主张之”。他们举出种种事实，

---

① 《论中国近时之二大主义》(译自日本《国民新闻》)，《外交报》第160期，光绪三十二年九月二十五日。

② 参见李宗一：《资产阶级革命派在清末收回利权运动中的作用》，《中国社会科学》1982年第6期；黄贤强：《孙中山和革命党人与1905年抵制美货运动》，《中山大学学报论丛》1995年10月；张国红《清政府与清末收回利权运动》，《理论学刊》2008年第3期，等等。

③ 汉民：《清政府与华工禁约问题》，《民报》第1号，1905年12月8日。

④ 汉民：《排外与国际法》，《民报》第4号，1906年5月1日。

说明清政府在对外交涉中软弱妥协，毫不顾惜国家和国民权利，尤其是领土主权。近代开埠以来，正是由于清政府“不能保持其领土主权，故而版图日削”。① 中国领土主权遭到如此侵害，国人竟熟视无睹，无动于衷，尤令人惊诧。这是由于“权利之思想，犹未发达”，而这正是“异族政府所愚弄”造成的结果。如今日，“民气不知若何激昂”。因此，“非改造政府，则于外交上权利之已丧失者，鲜能回复”。② 清政府“其能力决不足以维持国家主权”，去掉这个政府，“则支那一蹴而跻无上上雄之国”，“然后可以收回治外法权”。③

第二，从维护中国国民权利的角度来看，“排满”优先于“排外”。“吾国民所失于满洲之权利，未有大焉者矣”。与外国侵略比较，“则一踞吾上而惟所鱼肉，一伺吾侧而有所觊觎”，其轻重利害迥不相等。因此，“吾人言排外，则宜先求所以去满者，事之先后，次序当尔也”。再者，即使是对外“专主张国际上之权利”，“亦断非支离灭裂之举动之可以成功”。如无国力以随其后，“则多一排外，必多一损失”。清政府“更将有辞，诿为衅自我开，而不负其责任，是再失计”。因此，“必并力一致进行于革命”，“异族政府既去，然后可以靖全国民之气，不使横溢，即国际上之权利亦渐可副吾人之希望”。从国际法的角度来看，国民不能直接收回领土主权，因此需要更换政府。清政府“累次丧失领土”，国民虽“痛心疾首”，却无可奈何。因为，彼为国际上承认之“行政机关”，“则其于国际上之行为，为国际团体之所容认，吾国民虽极欲反对，断无直接之效力也”。而“至革此恶劣之政府，谋善良之组织而施之以完备之监督，使其为代表于外者，能巩固我国家之主权而不致有削弱灭亡之惨焉，此则纯为国内政治之问题”。④

第三，清政府与列强同属一丘之貉，只有先“排满”，才能显示民族力量，制止列强的侵略。革命党人将清政府比喻为“贼”，而将列强比喻为

---

① 汉民：《排外与国际法》，《民报》第4号，1906年5月1日。

② 汉民：《排外与国际法》续，《民报》第6号，1907年1月10日。

③ 秦力山：《革命箴言》，1905年6月，见章开沅等主编：《辛亥革命史资料新编》第1卷，湖北人民出版社2006年版，第29、38～39页。

④ 汉民：《排外与国际法》，《民报》第4号，1906年5月1日。

"盗"。"彼方藉外盗之援，以制我死命，亦以我今日之能起而与盗为敌，则异日必将为彼敌，无疑与其异日我为彼敌，则彼无噍类，不如今日彼为我敌，则我无生机。"今日，"贼处于内而盗迫于外"，"贼则为内应，盗则为外援，外患内忧一时并起，家焉有不亡者乎？其于国也亦然"。因此，"居今日而不思排外则已，欲思排外，则不得不先排满，欲先排满，则不得不出以革命"。"不排满则不得复我土地，不排满则不得还我利权，不排满则不得归我子女。满之不排，则排外为有益乎？"① 如果集全力以撼此恶政府，"何惮其不碎于吾手"。傀儡既覆，民国既立，"彼欧美之列强，见吾民族之实力若此，唯有敛手而退耳"。总之，"排外之特质，立国于天地之所极不可缺者也，特今日而言排外，当先用之于满洲"。假使清政府，"犹岿然在上，则虽拼命于皙人，犹之奴耳"。②"吾人欲救中国之再亡，当以先除满虏后拒列强为不二之法门"。③

第四，清政府是产生"排外"的重要原因，只有"排满"才能解决这一问题。他们指出，这个现在"欲晓人以勿排外"的清政府，正是"发生排外之原因之人"。④ 它与近代国际社会不相枘凿，实施传统的排外政策，甚至"利用义和团以仇外，历史几无其例"。⑤ 唯有"排满"革命，推翻该政府，才能从根本上解决这一问题，"完全达吾国民主张权利之目的"。"异族政府既去，国家之独立权既复，则所谓支那人排外者，当不可见"。⑥ 胡汉民又以日本为例，说明了"排外"必须"排满"的原因，谓：明治维新以前，"覆幕之论与攘夷论并炽，幕府既倒，而攘夷论熄"。此"犹我国以民族之观念，而并生排外之感情，即亦非满政府既倒，难使之平也"。明治维新以后，由于各国撤去其领事裁判权，"其对于各国所丧失权利，一一能回

① 《吴樾遗书·革命主义》，《民报》临时增刊《天讨》，1907 年 4 月。
② 阙名：《仇一姓不仇一族论》，《民报》第 19 号，1908 年 2 月 25 日。
③ 德如：《中国人之特别思想》，1919 年 1 月，见章开沅等主编：《辛亥革命史资料新编》第 5 卷，第 439 页。
④ 汉民：《排外与国际法》，《民报》第 4 号，1906 年 5 月 1 日。
⑤ 《胡汉民自传》，《近代史资料》1981 年第 2 期。
⑥ 汉民：《排外与国际法》续，《民报》第 8 号，1906 年 10 月 8 日。

复无遗，而今且日谋伸张不已”。[①] 因此，“国民排外之事不见于三岛中”，所余之“排外”，“惟于国法上待遇外人者，立一二制限，为平等主义之例外而已”。如果“我国异族政府既去，国家之独立权既复，则所谓支那人排外者，当不可见”。而“欲完全达吾国民主张权利之目的，非扑满革命之后不能收其功”。[②] 胡汉民还列举了清政府的四大弊窦，即“昧于交通之义而不自量其力”“蔑弃国际之道义而自取陨辱”“有宁赠朋友无界家贼之观念”“以满人掌外交而非其任”等，这四方面，“其根本实同”，即“排汉之心事”。“即其防遮外国之交通，鼓吹人民排外之思想，亦为压服汉人之政策。”满人怙其政权，“不能与汉人同化，则终不能一日举内政革新之实”。因此，“充分回复利权之希望，必不能达诸今日之政府无疑也”。[③] 或者说，“直接与吾民以难堪，而使生排外之感情者，外人也。不能为吾民之保障，而间接使有排外之感情者，满洲人也。扑满而去之，使吾民立于之域，现势既均不受外界之激刺，为吾敢断言，吾民遂能相安于无事也”。[④]

总之，革命党人认为“排满”是达到“排外”目的的根本之计，“非因不去，良果不结；小丑不除，大敌难御”，[⑤] 从中外关系的角度论证了革命的必要性和合理性。

二是通过整修内政，增强国力，创造“排外”的基础和条件，可称之为预备“排外”取向。一部分改良派或倾向改良的人士，既反对革命派以“排满”为“排外”之计，又不赞成实施“文明排外”。他们认为当时中国尚未达到“排外”的程度，因此主张加强改革，创造“排外”的基础和条件。针对《外交报叙例》提出的“文明排外”，严复表示了不同意见，认为：“今日之中国，以势力论，排外无可言者”。自道光、咸丰以来，“国威陵迟，驯致今日之世局”，无一不是“自侮自伐”的“排外”所为。其时，“徒倡排外之言，求免物竞之烈，无益也”。因此，“与其言排外，诚莫若相勖于

① 汉民：《排外与国际法》，《民报》第4号，1906年5月1日。

② 汉民：《排外与国际法》续，《民报》第8号，1906年10月8日。

③ 汉民：《排外与国际法》续，《民报》第13号，1907年5月5日。

④ 寄生：《答新民难》，《民报》第9号，1906年12月1日。

⑤ 自然生（张继）：《读“严拿留学生密谕”有愤》，见张枬、王忍之编：《辛亥革命前十年间时论选集》第1卷，下册，第687页。

文明。果文明乎，虽不言排外，必有以自全于物况之际；而意主排外，求文明之术，传以行之，将排外不能，而终为文明之大梗”。“期于文明可，期于排外不可。期于文明，则不排外而自排；期于排外，将外不可排，而反自塞文明之路”。① 严复所说的“相勖于文明”，指的是文明建设，而不是用文明方式“排外”。

严复所言，实际上是不赞成采取“排外”行动，随后有人更进一步阐述了这一主张。或提出“预备排外”说，认为“文明排外”也会导致亡国，谓：“挟此术以与外人争，外人固祷祀以求，而愿中国之出此。事若数举，足以亡国而有余矣。”因为，人与人之相争，若无实力，“则虽据理至直，相持至力，而人固可不顾而去之，不相畏，则无可商矣”。以中国当时的国力程度估计，“大约须预备四五十年，使学力财力两皆充裕”。至是，“可随举一事与外人为难。争之之极，乃以兵随之，夫而后乃可实遂其保全利权之目的”。② 或更明确提出，“排外不宜有形迹”，即反对所有针对列强的斗争和运动，包括“野蛮”和“文明”的各种形式。尽管他们也肯定国民“排外”举动，“实出于爱国思想”，但认为这将导致国家灾难。此前“排外不可谓不力”，“然卒至割地赔款，主权尽失”。现在形势尤为严峻，“黄祸之说，遍于全球”，苟有隙可乘，则“祸机一发不可收拾”。如果“徒鼓吹民气，昌言排外，瓜分之祸，终不可免”。一言以蔽之，“不可有排外之形迹，但当有排外之精神而已”。③

梁启超也不赞成将“排外”付诸行动，认为如果没有强大的国力作为后盾，则劳而无功。他指出：“吾非谓民气之必不可用也，而用之必与力相持。无力之气，虽时或偶收奇效，而万不可狃焉以自安也。力者何？强大之陆海军是已。苟有是物，则天下万国，可以惟余马首是瞻；若其无之，虽气可盖世，而遂不免于最后之灭亡。”野蛮排外“为顽固的虚骄”，文明排外

---

① 严复：《论教育书》，见张枬、王忍之编：《辛亥革命前十年间时论选集》第1卷，上册，第106～107、109页。

② 《论排外当有预备》，《外交报》第131期，光绪三十一年十一月二十五日。

③ 勇立：《论排外不宜有形迹》，《东方杂志》第3卷，第12期，光绪三十二年十二月二十五日。

则“为浮动的虚骄”，“外形不同，而精神实乃一贯”，均不可取。“今日欲救中国，惟忍辱负重，厚蓄其力，以求逞于将来。”①“排外”行动不仅无功，反而使国家遭受损失。即使是“抵制外货”之类的“文明排外”，也难以奏效。如果竟能有一二事达到“排外”运动之目的，而随之而来的损失，“又或不可纪极”。②

这些说法，共同点是不否定“排外”的正当性，但又不赞成任何形式的具体“排外”行动。那么如何达到“排外”的目标呢？他们提出的办法，均着眼于内部革新，但各有侧重。

一是主张全面革新。梁启超谓，“若置内治于不顾，而惟单纯的昌言对外乎，是必终于无效而已”。③他所主张的对内，是以国家主义为中心的全面革新。“自今以往，非取国家主义，则国诚不足以立。”④所谓国家主义，就是要建设成熟的国家。成熟之国，乃“内部之组织已完，必用之机关咸备，政治修明，民力充实，如人之已达成年，肤革盈实，官能效灵，意思行为，皆无待于外而能自立者也”。⑤他提出，“改造一良政府，则一切迎刃而解”。⑥因为“国民在腐败政府之下，而欲以私人资格，为强硬之对外运动，其运动无效”。⑦主张“排以精神”者提出，“内则自修其政治，自整其武备，自固其民志，时时存独立不羁之意”。⑧或具体提出，通过立宪法，改革专制政体，“人人有国家之感情，而后体力可以相固”，以去“自弱之病谤”；通过普及教育，使“人人知中外之局势，而后畛域可以不分”，以

① 梁启超：《申论种族革命与政治革命之得失》，1905年，见张品兴主编：《梁启超全集》第2册，北京出版社1999年版，第1652页。

② 梁启超：《对外与对内》，1911年，见张品兴主编：《梁启超全集》第2册，第2404页。

③ 梁启超：《对外与对内》，1911年，见张品兴主编：《梁启超全集》第2册，第2404页。

④ 梁启超：《关税权问题》，1905年，见张品兴主编：《梁启超全集》第2册，第1681页。

⑤ 梁启超：《世界大势及中国前途》，1907年，见张品兴主编：《梁启超全集》第2册，第1702页。

⑥ 梁启超：《中国前途之希望与国民责任》，1911年，见张品兴主编：《梁启超全集》第4册，第2394页。

⑦ 梁启超：《对外与对内》，1911年，见张品兴主编：《梁启超全集》第2册，第2404页。

⑧ 勇立：《论排外不宜有形迹》，《东方杂志》第3卷，第12期，光绪三十二年十二月二十五日。

去“自尊之病谤”。[①] 预备立宪启动后，以梁启超为代表的改良派进一步提出了“改造政府”的“国民政治”，[②] 主张开国会，建立立宪政体。认为，“惟有国会，则可以举国一致之舆论，为政府外交之后援，对外之精神可以固结，而平等之权利可以抗争。外务大臣有方命辱国者，则国民可据法定机关上奏弹劾”。[③]

二是以某方面的革新为重点。如严复提出的文明建设，即侧重于消除愚昧。严复认为，今日中国“最患者”为愚、贫、弱，“而三者之中，尤以愈愚为最急”。因为，“使吾日由贫弱之道而不自知者，徒以愚耳”。[④] 南昌教案发生后，严复“怜吾国小民之失教而顽愚，且置文明排外之谈”，认为应“亟图教育之所以普及，则吾国庶有豸乎”。[⑤] 与此相类似，有人提出，为今之计，“惟冀更新宗旨，普及教育，广设良好学校。以良好教育灌输社会，发达其爱国心，使知种族存亡之关系；策励其公共心，使知一群分合之利害，振起国民之精神，使有对外之气魄；开发科学之智识，使有自治之实力”，等等。[⑥] 另一种意见认为，其时中国大患“惟贫”，瘟疫之所以流行，盗贼之所以充斥，官吏之所以贪婪，兵卒之所以怯弱，乃至于“民视其国之存亡，若胡越之相视其肥瘠，外人入境甘为前驱”，均是因为“贫之为患”。因此“居今而言救国，在首祛此贫”。[⑦]

以上各种取向在现实中均有体现。其中，两种基本取向与“外”有直接关系；惧外媚外现象如上所述，已完全放弃了“排外”，这种思想观念融入了人们的心理和各种行为中。中共中央曾指出：“近百年的中国外交史，中

① 华生：《论外患之由起》，《东方杂志》第1卷，第7期，光绪三十年七月二十五日。

② 《政闻社宣言书》，《辛亥革命前十年间时论选集》第2卷，下册，第1059页。

③ 《请开国会之理由书》，见张枬、王忍之编：《辛亥革命前十年间时论选集》第3卷，第130页。

④ 严复：《论教育书》，见张枬、王忍之编：《辛亥革命前十年间时论选集》第1卷，上册，第109页。

⑤ 严又陵：《论南昌教案》，《外交报》第137期，光绪三十二年三月初五日。

⑥ 《论中国个人之不能自治》（录乙巳四月二十七日《同文沪报》），《东方杂志》第2卷，第6期，光绪三十一年六月二十五日。

⑦ 《读新译甄克思“社会通诠”有感》，见张枬、王忍之编：《辛亥革命前十年间时论选集》第1卷，下册，第785页。

国人在民族立场上曾有过两种错误观念。在义和团事变前，排外的观念占上风，其后惧外的观念占上风。”①“文明排外”则方兴未艾，它以理性方式直截了当地展开了反对不平等约章的各种运动。其他两种取向的“排外”是间接的，也在进行之中，革命“排满”如火如荼，各种改革推陈出新。

值得注意的是，惧外媚外的放弃“排外”取向对其他各种取向有不同程度的影响。“文明排外”在某种意义上亦是惧外心理的反映，如有人评论说，“以抵制某货为文明对待，谓我国近日民气发达，而不知我同胞不想以武力御侮，而惟从事于怯道，欲以柔术胜人，此正我同胞之弱点”。“实则杀子避兵，可耻之甚”。②革命“排外”取向，将反清革命放在首位，试图解答或解决因革命而与列强产生的矛盾。因此，他们极力撇清自己与“排外”的关系，或否认革命就是“排外”，或提出“排外”必先“排满”，或指出“排满”之后不会再有“排外”现象，等等。在他们看来，“果能排满，不必排外”，胡汉民所撰《排外与国际法》，“即解决此问题者”。③诸如此类的看法，其中心就是要打消列强的疑虑，避免引起它们对革命的反对，反映了他们的惧外心理。预备“排外”取向，典型地反映了惧外观念的影响，在某种意义上迎合了列强的意向。日本《国民新闻》载文，反对“文明排外”的收回利权运动，谓：“然至以排外精神包藏其中，发而为实行排外主义之机括。则不论为中国，为列国，要皆至危之道。而在中国，则危之又危，其不利莫大焉。”转载该文的《外交报》赞成这一说法，其按语谓：“人已不足以自立，而辄欲拒人于千里之外，此必危之道，不等知者而始明，此论慷慨言之，亦可为吾国民之针砭矣。”④

各种“排外”取向对中国社会产生了不同的重要影响，其中两种基本取向与晚清中外条约关系有直接关联，对改变这一不平等关系起了不同作用。

---

① 《中央关于外交工作指示》，1944年8月18日，见中央档案馆编：《中国共产党抗日文件选编》，中国档案出版社1995年版，第440页。

② 龙腾：《论抵制日货》，1908年5月6日，见章开沅等主编：《辛亥革命史资料新编》第5卷，第324、323页。

③ 《与日本东京朝日新闻记者书》，《民报》第26号，1910年2月1日。

④ 《论中国近时之二大主义》（译日本《国民新闻》），《外交报》第160期，光绪三十二年九月二十五日。

惧外媚外的放弃“排外”取向，摧抑了民族意识和民族精神，产生了消极的负面作用。“文明排外”取向以理性方式继续反对不平等条约的斗争，并推动了中国社会从传统到近代的转型，产生了积极的正面作用。在民气低落的背景下，“文明排外”的实施，对激励民族主义精神产生了不可忽视的作用。例如，人们认为，各国“将以此觇我国之种智焉，即吾人亦将以此卜我国之命运焉。此举而得当耶，外人将谓中国之未可终侮，而忧世之士，亦奋起于神州之尚有可为”。①或谓，“斯诚中国向来未有之壮图，四百兆同胞前途之幸福，名在百世”。在民气颓废、“匪伊朝夕”的情况下，“正赖斯事激励爱国之热心，练习合众之一德”。②又通过各种具体的民众“拒约”运动，将“排外”导向了对外关系的近代化。

四、“文明”拒约与国民外交的萌兴

“排外”的新走向反映了民众运动的新趋势，义和团运动之后，民众斗争不论是形式还是内涵，均出现了重大变化。形式上抛弃了简单粗暴、笼统“排外”的斗争手段，而代之以贯注理性精神的“文明”方式。其内涵则提升到维护国家主权的层面，以抵拒不平等约章为目标，这与此前仅仅以自身利益为诉求大不相同。在20世纪初年出现的收回利权运动和抵制美货运动中，国人均明确提出了废弃不平等约章的具体目标，从不同角度典型地反映了这一转向。尤其是，民众运动与政府交涉结合起来，国民外交开始萌兴，集中地反映了这一转向，中国的民众斗争由此出现了新的格局。

收回利权运动主要由地方士绅发动和领导，并与政府交涉相结合，取得了重要的成效。同时，这又是一场较为特殊的废约斗争，它没有提出废除正式条约，而只是要求废除那些属于国际私法性质的“准条约”。甲午战争之后，列强疯狂争夺中国路矿利权，与清政府签订了大量合同、章程，其内容为借款、投资之类。这些“准条约”，使中国的路权和矿权为列强所控制，由此激起了中国社会的收回利权运动。这一斗争是从废弃粤汉铁路借款合同开始的。1903年，与清政府订立了借款合同的美国合兴公司，将公司股票

---

① 《论抵制美约》,《外交报》第117期，光绪三十一年七月初五日。

② 《本埠及各外埠来函·金匮学界代表人裘廷梁》，见苏绍柄编:《山钟集》,1906年铅印版，第90页。

的 2/3 售给比利时东方修造公司，引起了湘、鄂、粤三省绅商的极力反对。在这场斗争中，民众没有采取损毁破坏的手段，而是以理性抗争方式推动政府进行交涉。在他们尤其是在湘绅的坚持下，清政府最终以赎回的方式解除了与美国合兴公司的合同，收回了粤汉路路权。

在这一斗争中，民众的愿望和行动，直接影响了政府的态度和交涉进程。该年 5 月，湘绅向湖南巡抚赵尔巽提出，根据原约，“不得将合同转售他国及他国之人”，而“美公司私售比国”。且“美公司订明五年竣工，迄今四年未动尺寸”。因此，湘绅“惧贻后患”，要求“争回自办”，“电请废约”。而督办铁路大臣盛宣怀不赞成废约，谓“恐变本加厉，无益有损”，又说“废约必吃亏”。他们批驳说，应“据约力争”，彼曲我直，“若先自处于必负之地以与人争，办事者似不应出此”。表示，“全湘命脉，系此一举”，要“争至废约为止”。① 湘绅又致电两广总督张之洞，张认为，中国与美国公司签订的铁路合同，“废约虽难办到，然购回合兴公司股票，则志在必办。既需筹款，则筹款为先”。② 他赞颂赵尔巽“风力刚劲”，湘绅“志气坚强”，“必能挽回此举”，并谓“难得福星在湘，大局之幸”。他请赵尔巽“合官绅之力”，切电盛宣怀“将美公司承办合同声明作废”。③ 在举国一片废约声中，盛宣怀也函请外务部转告美使，“将约作废”，并派福开森赴美交涉。④ 其后，湘绅一再联名禀呈赵尔巽，要求废约。

在民情激愤的情况下，各督抚也持废约主张，但盛宣怀仍希望避免这一结局，仅要求美国公司收回他国股份。而张之洞与赵尔巽在湘绅的推动下，仍坚持废约，他们致电外务部谓：湘绅“力请废约，归湘自行承办”，鄂省

① 《湖南巡抚赵尔巽致外务电》，光绪二十九年四月二十六日，见宓汝成编：《中国近代铁路史资料》第 2 册，中华书局 1963 年版，第 754～755 页。

② 《张之洞致盛宣怀电》，光绪二十九年五月二十九日，见盛宣怀：《愚斋存稿》卷 97，第 38～39 页。

③ 《张之洞致赵尔巽电》，光绪三十年三月二十二日，见宓汝成编：《中国近代铁路史资料》第 2 册，第 756～757 页。

④ 《盛宣怀致张之洞、端方电》，光绪三十年三月二十五日，见盛宣怀：《愚斋存稿》卷 64，第 7 页。

绅民，“亦群起力争”，“众情所不愿，岂能强拂”。并说，“公道自在人心”，要求外务部“鼎力主持”，“将此约作废，万勿稍与通融”。[①] 其时，湖北和广东也动起来了。鄂绅要求“将约作废，归鄂自办”，勿“含糊了结”，[②]“三省绅商自当集股举办，决不能坐受亏累”。[③] 广东商务局作出决议：“力争废约”，“务期收回主权”。[④] 收回粤汉铁路运动在湘、鄂、粤三省迅速展开，各阶层人士“纷电政府疆吏，力持废约之议”。[⑤] 鄂、湘、粤留日学生组成了“鄂湘粤铁路联合会”，主张“废约自办”。

鉴于形势，盛宣怀虽认为“废约国家必吃亏”，但不敢“畏难瞻顾，致违公议”，遂提出请湘绅会同商办，并速筹巨资“以备偿还美国垫款”。[⑥] 不过，盛宣怀仍希望避免废约，又与美商柏许接洽，“设法妥商接办”。[⑦] 张之洞反对“以美接美”，认为此与湘、粤两省湘绅公电“亦均不合”，“非众人之公议”，而“废约事相持到今日，已有八九分，此中国莫大之幸”。[⑧] 盛宣怀仍打算实行“以美接美”，湘绅表示反对。他们致电张之洞，认为关系“国际全局”，不能“损我权利”，批评盛宣怀“不主此立论”。[⑨] 接着，清廷

---

① 《张之洞、赵尔巽致外务部电》，光绪三十年四月初二日，见宓汝成编：《中国近代铁路史资料》第 2 册，第 758～759 页。

② 《鄂绅李绍芬致盛宣怀电》，光绪三十年四月初七日，见宓汝成编：《中国近代铁路史资料》第 2 册，第 759 页。

③ 《湖北士绅致张之洞呈文》，光绪三十年，见宓汝成编：《中国近代铁路史资料》第 2 册，第 760～761 页。

④ 《湖北士绅致张之洞呈文》，光绪三十年，见宓汝成编：《中国近代铁路史资料》第 2 册，第 759 页。

⑤ 《湘人力争粤汉铁路权》，《东方杂志》第 1 卷，第 5 期，光绪三十年五月二十五日。

⑥ 《盛宣怀致外务部、户部电》，光绪三十年四月十九日，见盛宣怀：《愚斋存稿》卷 65，第 7 页。

⑦ 《盛宣怀致外务部电》，光绪三十年八月二十七日，见宓汝成编：《中国近代铁路史资料》第 2 册，第 764 页。

⑧ 《张之洞致岑春煊、陆元鼎、龙湛霖、张人骏、伍叔宝电》，光绪三十年十月初五日，见宓汝成编：《中国近代铁路史资料》第 2 册，第 766 页。

⑨ 《张之洞致盛宣怀、外务部、商部电》，光绪三十年十二月十二日，见宓汝成编：《中国近代铁路史资料》第 2 册，第 769 页。

谕令张之洞接办此事，要求他“妥筹办理，以挽利权”。①

张之洞主持该案交涉之后，接受了驻美公使梁诚提出的“以华接美”方案，认为此事“重在收回地权，不惜多费”。他看到，“三省绅民志坚气愤，其势汹汹，若此路不能收回自办，必致酿成事变”，“以后诸事更难办”。②他与盛宣怀商议后，令梁诚照会美国，声明：“合兴违背合同，三省绅民万口一词，力持废约，朝廷俯顺舆情，不能强数千万人迁就坏局，自蹙生路”。美方“自接此照会，口气始松”，③ 于 1905 年 6 月 7 日与中方签订了草约。④

草约签订后，合兴公司股东摩根“意图翻悔”。张之洞认为，若仍令美国接办，“三省绅民及中国在东西洋留学生亦必群起哗噪，竭力愤争，不成不休，势将横生枝节，别酿事端”，“且于国体大有妨碍”。他恳请外务部“鼎力维持”，认为这“实于国家大局有益”，三省数千万士民皆将感颂彼“主持之德”。⑤ 因担心有反复，张之洞又致电外务部，谓：“似此全无信义，三省绅民岂能复忍？”“三省绅民必群起抵抗，巨衅之启，后患不可胜言”。“三省绅民志坚气盛，万难遏抑”，“合兴如再食言，我惟有实行废约”。⑥ 经此插曲，美方未再反复，最终以赎约的方式收回了粤汉路，此案得以和平解决。1905 年 8 月 29 日，双方正式订立了《收回粤汉铁路美国合兴公司售让合同》，将此前“合同或特权注销”，中方给合兴公司“公道偿费”675 万美元，中国政府可将合兴公司在中国的“所有产业”，以及中国“应得权利”，

① 《德宗景皇帝实录》卷 536，光绪三十年十月乙丑，见《清实录》第 59 册，中华书局 1987 年版，第 138 页。

② 《张之洞致梁诚电》，光绪三十一年二月十九日，见宓汝成编：《中国近代铁路史资料》第 2 册，第 772～773 页。

③ 《鄂督张之洞致枢垣粤汉铁路合同美如食言惟有废约电》，光绪三十一年七月十三日，见王彦威、王亮辑编：《清季外交史料》卷 190，第 16 页。

④ 《鄂督张之洞致枢垣粤汉铁路合同美如食言惟有废约电》，光绪三十一年七月十三日，见王彦威、王亮辑编：《清季外交史料》卷 190，第 17、19 页。

⑤ 《鄂督张之洞致枢垣粤汉铁路合同美如食言惟有废约电》，光绪三十一年七月十三日，见王彦威、王亮辑编：《清季外交史料》卷 190，第 18～21 页。

⑥ 《鄂督张之洞致枢垣粤汉铁路合同美如食言惟有废约电》，光绪三十一年七月二十一日，见王彦威、王亮辑编：《清季外交史料》卷 190，第 21 页。

“一概全行收管”。①

此案采取了赎回的方式，实际是通过协商，给予赎金而换取美方放弃路权的承诺，“与废约之专用强硬办法者迥然不同”。这是当时双方均能接受的一种方式，对中方而言，其意义不仅仅在商务方面，而且涉及国家主权的维护。张之洞强调，“此路所争者，乃三省铁路之主权，非争三省铁路之商利”。他“不惜多费”银两的原因即在于此。同时，这种和平方式又反映了民意在对外关系中的影响。如张之洞所说，为避免国际冲突，“牵动交涉，专用和平办法，改废约为赎约”。因为，“三省绅民志坚意决，为大局计，此路舍赎回自办更无第二办法”。若仍令美国人接办，“三省绅民及中国在东西洋留学生亦必哗噪沸腾，势将横生枝节，别酿事端，后患诚不知所底止”。②

此案经由张之洞最后解决，关键在于张之洞代表了湘鄂粤三省绅民的利益，是他们废约赎路要求的代言人。三省绅民和留学生纷纷致电，力请张之洞“为三省绅民代表，独力担承”。张之洞于是“慨然肩任”，并向三省承诺路权“必能收回”。自此之后，“不掺杂他人以后，宗旨始归划一”。③这一前所未有的新现象，无疑体现了民众对政府官员及外交的影响和作用。

粤汉路的收回，给予了其他各省的士绅们以极大鼓励，他们拟效法此事，废除本省的铁路借款章程。如江苏、浙江两省掀起了收回沪杭甬路权的斗争。江苏武进、阳湖绅士即函致江督周馥、苏抚陆元鼎，提出要“急起直追，或废已订之合同，或收垂失之权利”。④苏路公司致电外务部，再次要求废约，认为：“论朝旨不宜借款，论民情则不愿借款。”“草约逾期，照文

① 中美《收回粤汉铁路美国合兴公司售让合同》，光绪三十一年七月二十九日，见北京大学法律系国际法教研室编：《中外旧约章汇编》第2册，生活·读书·新知三联书店1959年版，第318～319页。

② 《鄂督张之洞致枢垣粤汉铁路合同美如食言惟有废约电》，光绪三十一年七月十三日，见王彦威、王亮辑编：《清季外交史料》卷190，第18～20页。

③ 《鄂督张之洞致枢垣粤汉铁路合同美如食言惟有废约电》，光绪三十一年七月十三日，见王彦威、王亮辑编：《清季外交史料》卷190，第16～17页。

④ 《武进阳湖绅士致江督周馥、苏抚陆元鼎函》，见宓汝成编：《中国近代铁路史资料》第2册，第832页。

明法律作为无效。彼系自废，我始收回。奉旨经年，忽来此强迫之举，万难承认。”① 但如盛宣怀所言，由于英方“目前并无违背合同之处，与粤汉铁路之暗易主者不同，无辞可藉，碍难悔约”。② 又兼英驻华公使多次照会，“执定原议”，“坚不肯允认废约”，外务部反对废约，③ 最终未能实现废约的目的。其他如四川、直隶（今河北）、山东、江苏、安徽、云南等省，也都开展了收回路权的斗争。不过这类以收回路权为中心的废约斗争，有不少未收到预期的效果，粤汉路也得而复失。但经过收回路权的废约斗争，此后新订的铁路借款合同中，外国人控制中国路权的状况有所改变。如 1908 年 1 月，清政府与英、德两外国公司订立的《天津浦口铁路借款合同》，“第一次将外人投资的铁路的建造和经营完全交由中国人掌管；而且，也没有把铁路作为抵押”。④

在矿权方面，也出现了废约浪潮。如安徽掀起了收回铜官山矿权的运动，省城士绅认为英商既未在期限内开矿，合同即应依约作废。他们强调，“此次争约，非争一矿之得失，实关全省之利害，既关全省之利害，既（即）关大局之利害”。“此约若可不废，将来我国佳矿，彼皆欲订立合同，任意迁延，我国商民将无可办之矿，且无可废之约矣。事虽铜官山一区，影响甚远，关乎大局，不能不争”。⑤ 1909 年 4 月 30 日，省城安庆举行全省大会，决议强硬办法数条，申明废约宗旨。由于绅商们态度坚决，英方只好放弃该矿，中英双方最终于 1910 年 1 月 30 日达成协议。中方赔偿 52,000 英镑，

---

① 《苏路公司致外务部电》，光绪三十三年八月，见宓汝成编：《中国近代铁路史资料》第 2 册，第 864 页。

② 《申报》，光绪三十一年十月十日，见宓汝成编：《中国近代铁路史资料》第 2 册，第 836 页。

③ 《外务部致浙江巡抚函》，光绪三十二年二月十八日，见宓汝成编：《中国近代铁路史资料》第 2 册，第 842 页。

④ ［美］威罗贝：《外人在华特权和利益》，王绍坊译，生活 · 读书 · 新知三联书店 1957 年版，第 652 页。

⑤ “收皖抚诚勋函”附件“全皖绅士公呈”，光绪三十二年二月十八日，见《矿务档》（四），第 2140、2142 页。

英商所占铜官山矿地暨一切机器房屋，均交还中国，原订合同全行作废。①其他各省亦均行动了起来。如山西收回英国福公司，山东收回德商五矿，云南收回英法隆兴公司，四川收回江北厅煤矿等处的矿权，等等。

士绅们的要求和行动，给清政府造成了很大压力，是废约运动取得一定成效的重要因素。除此之外，还有一个因素是这些借款合在同属于国际私法范畴。然由于中国受不平等条约的束缚，这类私法性质的事务的处理，往往超出了该领域的相关规则，变成某种程度的中外交涉，导致中国遭受了不应有的损失。当时，有识之士已清楚看到了这一点，并对此作了探讨。如《外交报》载文认为："据国际法财产权言之，有属于公法者，有属于私法者。国际私法之财产权，如私人与私人间之物权或无形财产权是也。国际公法之财产权，如领土及领土以外国有之动产不动产是也。"②或认为，列强攫取的开矿权与其他条约特权尤其是领事裁判权密切相关，如果我国"政法甚修，教育普及，在野者即无野蛮排外之举动，在上者已有治外法权之全体，则彼外人之营业于兹者，亦不过私人之权利，不过国际私法之范围"。③显然，在不平等条约关系的总体格局之下，它并非纯粹的私法问题，而是掺杂了其他各种因素。正由于问题的复杂性，围绕粤汉路废约问题，有识之士对相关理论作了探讨。这些探讨，体现了由赎回粤汉路引发的收回利权运动，是一种新的民众运动形式，具有显著的理性特征。其中值得一提的，是杨度所著的《粤汉铁路议》一书。该著于 1905 年 3 月由《新民丛报》社出版单行本，他对有关废除合同，收回路权等的各种法理和外交问题，作了详尽的探讨。杨度极力主张废除粤汉路合同，并围绕这一中心，从各个角度对该合同的性质、废除合同的依据和后果，以及如何废除合同等问题，阐述了自己的见解。

关于合同的性质，根据杨度的主张，可以从两方面来看。一是所属法律范畴。粤汉铁路合同，"是契约而非条约"，因此"乃国际私法上之交涉，

---

① 见李恩涵：《晚清的收回矿权运动》，台北"中央研究院"近代史研究所 1978 年版，第 174 页。

② 王倬：《论今日中国对于国际投资之可危》，《外交报》第 290 期，宣统二年九月初五日。

③ 《论外人攘取矿权之害》，《外交报》第 60 期，光绪二十九年九月初五日。

而非国际公法上之交涉，则废合同与废条约异”。二是所定权利义务。粤汉铁路合同，“则以国际上私人之契约，而因国势人类之强弱智愚不同，而生权利义务之不平等者”。其种种规定，“著于国际合同之上，亦世界万国未有之奇闻”。由于这种性质，该合同不是“谋一国人民交通之便利，实业之发达”，而是“限制一国之交通，以谋一公司之专利”的。杨度指出，“土地为立国之一最重要之要质，故断不可以授与外人”。将来铁道所经之地，“并非中国之土地，而为美国之土地”，其结果，“欲不亡国灭种何可得乎?”根据粤汉铁路合同的性质，中国完全有权将其废除。该合同既是契约而非条约，废除合同则属于中国内政。根据1868年中美《续增条约》第8款的规定，①“美国政府断不能托词保护条约之权利而干预此事；果其悍然不顾公法而干预之，则是蔑视我政府，侵犯我主权”。而“我为自主之国，对于一公司与以办路之权与否，乃我以固有之主权，可自由处分者”。杨度认为，由于合同属私法性质，不会也不应导致激烈的国家间冲突和战争。其结果，“不过美公司与中国总公司互相诉，公同受裁判而已，无有他也”。如何废除合同？杨度认为，最要之关键，“争之之道，则亦必处处皆以合同为据”。如果产生交涉，应按照私法性质付之诉讼。诉讼之胜负不可知，“则我之所预备者惟赔偿而已”，而“合同则已废”，“自办之局亦已成”。②鉴于中国利权已丧失殆尽，杨度认为收回粤汉路具有重大意义，“不仅将来之大利无穷也，即今日中国之民气，必因此而为之一振，群知国势之犹可为，国权之不可失，而咸思保护之焉，则爱国之心油然而生，国民之气勃然而起矣”。③

著中所论，虽仅涉及粤汉路，但这种理性的探索精神，以及其所阐发的种种问题，具有重要意义。除杨度之外，当时还有不少人对“准条约”作

① 该款规定：“凡无故干预代谋别国内治之事，美国向不以为然，至于中国之内治，美国声明并无干预之权及催问之意，即如通线、铁路各等机法，于何时，照何法，因何情欲行制造，总由中国皇帝作主，酌度办理。”中美《续增条约》，同治七年六月初九日，见王铁崖编：《中外旧约章汇编》第1册，第263页。

② 《粤汉铁路议》，1905年3月，见刘晴波主编：《杨度集》，湖南人民出版社1985年版，第111～158页。

③ 《粤汉铁路议》，1905年3月，见刘晴波主编：《杨度集》，第184～186页。

了不同程度的探讨，如山东绅士陈翰、陈树标等即说："五处矿务，系属商务性质，宜用国际私法，不当用国际公法。"① 这些探讨，对于中国解决此类"准条约"问题，乃至改变不平等条约关系的重大使命，提供了必要的理论依据和有益的启示。以争回粤汉路为滥觞的收回利权运动，促使国人开始产生国家权益意识，表明中国抵拒不平等条约关系的斗争出现了新的态势。闭关状态被打破后，国人对国事漠不关心，只要"其事不直接而切于身家，即视本国之事与外国之事无异"。② 起初，国人并未意识到路矿利权的严重性，"外人索之而即与之"。③ 甲午战争后列强加强了对中国利权的攫取，逐渐促进了国人的觉醒。朝野上下，"乃知铁路虽有大利，然已己为之大利，人为之则大害"，而"拒绝外人，自办铁路之议以起"。④ 经过粤汉路之争和随之而起的收回利权运动，权益观念蔚然成风，时势为之大变。"积此十年报章之忠告，留学生之奔走呼号，加以外界之逼迫，日甚一日，皆有使鼾寐者不能不醒之势"。"国民当自保利权之说，至此遂遍于通国，延及于下流社会"。⑤ 英《太晤士报》亦载文指出，湘人"深知外人在华既享治外法权，而又以路权让之，实为莫大危险，故不愿粤汉道之干路，假道湖南，力请废约"，"以保主权而挽利益"。⑥

国家权益意识的普遍萌发，是收回利权的民众运动的重要特点，也是这一斗争出现转折的一个重要标志。这一意识是近代民族主义的内核，其所蕴含的理论主张，是改变不平等条约关系的基本依据，对于废约斗争的健康发展具有极为重要的作用。从此，民众的反侵略斗争逐渐摆脱了传统格局，由笼统盲目排外趋向理性文明，维护国家权益成为明确的方向和目标。随着这种权益意识的形成及维权运动的展开，国人又提出"必须根本之解决"。其道为何？"曰殖其国力，厚其民生，以为外交之后盾，则根本固矣。根本固

① "收山东巡抚电"，光绪三十四年七月二十六日，见《矿务档》二，第1201页。

② 《论排外当有预备》，《外交报》第131期，光绪三十一年十一月二十五日。

③ 《湘人力争粤汉铁路权》，《东方杂志》第1卷，第5期，光绪三十年五月二十五日。

④ 《敬告各省自办铁路者》，《外交报》第118期，光绪三十一年七月十五日。

⑤ 《论排外当有预备》，《外交报》第131期，光绪三十一年十一月二十五日。

⑥ 《论外人在华所得路权》(译英国1904年9月21日《泰晤士报》)，《外交报》第98期，光绪三十年正月初五日。

矣而枝叶自蔚，然有欣欣向荣之势矣。”① 他们进而又提出从政治上着手的主张，认为“朝廷宜本先朝立宪之诏旨，重颁明诏，确定国是”。师法日本明治维新，“胪举所定国是，誓于神明，以坚中外臣民之信”。② 这一根本解决方案，即从政治入手，借鉴日本经验及治标治本之策。中国废除不平等条约的进程远远落后于日本，其症结之一便是没有根本之图，缺乏有力的举措。不过，这个步日本路径的方案，显得过于迟缓，缺乏只争朝夕的气概。其时，经历了重创的清政府，已开始实施这一根本之图，进行前所未有的改革，涉及政治、经济、军事等方面。与日本比较，改革显然姗姗来迟，且不可能较快地取得达到根本目标的成效，因而也难以真正解决利权问题。因此，要尽快收回利权，仍需借助民众的力量。

1905 年的抵制美货运动，反对的对象是中美间的不平等条约，较之改废“准条约”的收回利权运动，更直接冲击了中外条约关系。这场运动以另一种方式显示了民众斗争的理性趋向，开创了“文明”拒约的新形式，具有重要意义。

运动发生的直接原因，是美国歧视和迫害华工，导致中国人民的反抗。美国由于开发西部的需要，通过 1868 年《蒲安臣条约》，在中国大量招收华工。至 19 世纪 80 年代，旅美华工已达 30 余万人，他们对美国西部的开发作出了不可磨灭的贡献。而由于美国国内种族主义思想的抬头，从 19 世纪 70 年代开始，美国不断发生排斥、迫害乃至杀害华工的暴行。1884 年清政府与美国签订了限制华工赴美的条约，十年期满后，又于 1894 年续订了该约，实际上认可了美国政府对华工的迫害。1904 年年底，该约期满，从该年夏季起，美国华侨报纸和中国国内各报即开始呼吁，要求废除苛约。中国驻美公使梁诚也和美国政府进行了商议，但遭到拒绝。美国试图使用恐吓手段，强迫清政府签订续约，由此激起了全国人民的愤怒，掀起了抵制美货运动。檀香山《新中国报》首先提出这一抵制之法，③ 旅美华侨派员回

① 陈彦彬:《论收回利权之宜有根本解决》,《外交报》第 263 期，宣统元年十一月初五日。

② 陈彦彬:《论收回利权之宜有根本解决》续,《外交报》第 264 期，宣统元年十一月十五日。

③ 丁又:《1905 年的广东反美运动》,《近代史资料》1958 年第 5 期。

国，发起拒约运动，北京、上海、广东及全国其他各地纷纷响应。1905 年 5 月 10 日，上海召开商务总会，决定：如果 2 个月以内，美国不肯删改苛例，而强迫签订条约，则全国人民将实行抵制美货行动。① 上海商务总会的呼吁得到了以各地商会和学界为主的各界民众的大力支持，“不用美货之函电，几遍二十二行省”，② 广州、北京、天津、武汉、南京、杭州等全国 160 多个城市纷纷响应。

抵制美货与以往采取的激烈反抗手段不同，它是一种平和的方式，即“文明抵制，并非野蛮抵制”。③ 这是义和团运动之后，民众反对不平等条约斗争形式的重要变化，其出现有各种因素。其一，中国处于衰弱地位，无力通过正常外交手段实现废约或改约。“中国今日之国势，既不能以理争，又不能以力抗，所持者民间之团结力”。④ 其二，这一斗争方式是在国际法允许的范围之内的，既可给彼造成压力，又不会引起国际交涉。“不用美货，乃人人自有之权，与国际毫无牵涉”。⑤ 或者说，抵制美货之举，是“文明之公理”，“是为平等，是为自由！”⑥ 或者说，这是一场“文明之战”，⑦“以其人之道，还治其人之身，彼号称文明之美国人，应亦哑口无言也”。⑧ 诸如此类的看法非常普遍。其三，采用这一方式，可以给政府交涉提供外交后盾。在抵制美货运动中，国人表现出了主动参与修约外交的极大热情，将此视为“国民之天职，亦同胞一分子之义务”，“永矢之弗谖，坚持以终始”。⑨ 或谓：“吾国政府与外人议约，向无询诸国人之举”，而约定后设法抵制，

---

① 丁又：《1905 年的广东反美运动》，《近代史资料》1958 年第 5 期。

② 《本埠及各外埠来函 · 赵荣昌》，见苏绍柄编：《山钟集》，1906 年铅印版，第 105 页。

③ 《本埠及各外埠来函 · 淮安士商烈成氏等》，见苏绍柄编：《山钟集》，第 78 页。

④ 《阅筹拒美禁华工公启系之以论》，见阿英编：《反美华工禁约文学集》，中华书局 1962 年版，第 605～606 页。

⑤ 《曾铸致伍廷芳书》，见朱士嘉编：《美国迫害华工史料》，中华书局 1958 年版，第 147 页。

⑥ 《阅筹拒美禁华工公启系之以论》，见阿英编：《反美华工禁约文学集》，第 604、606 页。

⑦ 《本埠及各外埠来函 · 常州抵制美约会恽用康钱以振等》，见苏绍柄编：《山钟集》，第 128 页。

⑧ 《阅筹拒美禁华工公启系之以论》，见阿英编：《反美华工禁约文学集》，第 606 页。

⑨ 《敬告我对付美约同胞》，见《中国抵制禁约记》，民任社编印 1942 年版，第 83 页。

“补救已迟”。为今之计，“莫若趁此约未定，先为实行抵制，庶彼易就范围”。“不然国力薄弱，政府恐难敌也”。① 这一斗争方式亦得到了清政府某种程度的肯定。如两广总督岑春煊回复美驻广州领事照会谓：“各商民自结团体，谋保公益，与一切排外仇教之举动迥不相同”。“商民购用美货与否，必须出于自由，本部堂只能饬属劝解，不能强加禁勒；且系民间贸易之事，与国际无干。来文乃遽指背约，并以美商不能将货出售，借端索偿。试问环球有无此等公理？”②

该运动的目标主要是“改良”华工禁约，“争约议论，均以改约为目的，鲜有议及废去工约者”，③ 但也明确提出了废约主张。或提出，乘此机会，“使美政府竟然废禁工之约”。④ 或认为，废约关系到民气能否振兴，如果“吾国全体尚不能争一工约，吾国民气从此扫地”。因此，“必先要求废约，即使争之不得，尚有改约一层作为后图”。⑤ 中国教育会发布意见书，宣布：“本会认此次抵制以废约为目的而非以改良旧约为目的”，并以此“为第一之目的”，而以发起国民爱同胞抵外力之感情“为第二之目的”。指出，美国与其他国家未订禁工之约，“而我独有之”，“可耻可恨”，因此，“宜要求政府援国际公法中复仇之义，以声美人之罪”。⑥ 诸如此类的废约主张，提出了改变不平等条约关系的方针，可谓此次运动最为重要的创获。尽管此次运动没有提出废除所有的不平等条约的主张，但却以华工禁约为切入口，从人权平等、国际平等、国际交往权等角度解析了废约的合理性和必要性，从而突破了盲目排外的窠臼，为民众运动的新方式贯注了理性的内涵，进而大大推进了这一运动的进程。例如，有文章指出：“列国错处，接而愈近，交通大开国，于是有国际交通权，设公使领事，缔结条约，凡以便国民间之交通，为国际公法所公认。”而华工禁约，“乃以条约之力限制我、杜绝我，是

---

① 《叶高郑宪成蔡有守李名麟致曾铸书》，见朱士嘉编：《美国迫害华工史料》，中华书局1958年版，第148～149页。

② 丁又：《1905年的广东反美运动》，《近代史资料》1958年第5期。

③ 《本埠及各外埠来函·晋宁宋嘉珍》，见苏绍柄编：《山钟集》，第107页。

④ 《本埠及各外埠来函·吴趼人》，见苏绍柄编：《山钟集》，第83页。

⑤ 《本埠及各外埠来函·晋宁宋嘉珍》，见苏绍柄编：《山钟集》，第107页。

⑥ 《中国教育会对于抵制美国华工禁约之意见书》，见《中国抵制禁约记》，第70～71页。

无所谓交通，虽有条约而不如其无也，是不认我国际交通权”。该文章还阐述了关于形式平等与事实平等的见解，认为，所谓“对等的文句”，即“禁止华工前往美国本境并禁止美工来华”，实际上并不对等。“所谓有形式无精神者，美工何必来华，即欲来华，我国果能仿美国之例以禁止之否耶”。①

抵制美约的斗争，产生了显著效果，甚至美国国内也出现了反对华工禁约，要求设法挽回的声音。如亚细亚协会推举会员多人面见罗斯福，对华工禁约表示不满，谓：“美国施行移民章程，对于华人备极苛酷，凡体面之商人学生游历员等，苟垂有发辫者，悉举而目之为移民，无理摈斥，时有所见。”中国举国一致抵制美货，是“华人欲泄其多年积愤”，可以理解。他们认为，“万一将来实行”停销美货，“则必酿成美国商家之慌恐”，“且倚赖是等商家以谋生计之千万劳动者亦将聚失其糊口之方”，因此要求罗斯福“竭力补救”。② 此外，美国输华货物也受到了极大打击。《纽约商报》载文说：“华人这次实行杯葛主义，有条不紊，无远弗届，其团体之固，殊出人意料之外。”甚至欧洲也受到极大震动，“英国人也疑惑起来，认为这次苛约如果不解决，抵制的风潮可能蔓延到欧洲各国，这是不堪设想的”。③ 美国政府也因此对此前的排华政策有所放宽，“允优待华商，及教习学生游历人等，并允于议院开时，尽力公平妥办”。④ 1905 年 6 月 24 日，罗斯福总统发布命令，虽仍禁止华工入美，但表示：商、学、游客及政府官员任便往来，予以最惠国待遇；不准苛待华工，谨防对例准入美华人的骚扰；失礼于华人的政府官员，立即革职；在华使领官员所签护照非有确据不得驳退。⑤ 12 月 5 日，罗斯福在提交给国会的国情咨文中提出，应允许华工以外的中国人自由来美，并指出：排华政策与门户开放政策是矛盾的，“作为一个民族，我们一直在大谈中国的门户开放，我们也希望，同时也一直理直气壮地坚持中

① 《敬告我对付美约同胞》，见《中国抵制禁约记》，第 79、81～83 页。

② 《美会美报反对美国华工禁约》，见《中国抵制禁约记》，第 96 页。

③ 丁又：《1905 年的广东反美运动》，见《近代史资料》1958 年第 5 期。

④ 《谕》，光绪三十一年八月壬寅，见朱寿朋编：《光绪朝东华录》第 5 册，张静庐等校点，中华书局 1958 年版，第 5389 页。

⑤ 《清外务部档案》。转引自张存武：《中美工约风潮》，台北“中央研究院”近代史研究所专刊 1982 年版，第 178 页。

国人必须公正地对待我们，可是，我们不能要求中国人对我们做我们不愿意对他们做的事情”，① 再次呼吁国会修改排华立法。

尽管运动取得了某些成效，对美国的排华政策有了一定的限制，但这一作用是极其有限的。美国不可能完全取消排华政策，且罗斯福是“美国历史上对中国最具种族偏见的总统之一”，他在当选总统前曾积极支持排华运动。他声称，中国是一个不开化的民族，因此“不能用对待文明民族的方法对待中国人”。② 尤其是极端排华分子顽固坚持这一政策，在他们的操纵下，罗斯福修改排华立法的建议被国会拒绝。因此，美国政府又向清政府施压，要求制止抵制美货，甚至威胁说：“美利坚合众国政府认为，由于贵国政府显然未能制止目前有组织的反对我们的运动，因此必须对美国利益已经和即将遭受的损失负直接责任。”③ 在美国的压力下，开始利用民众斗争与美交涉的清政府，最终走向屈服。清廷于 1905 年 8 月底颁布上谕，压制抵货运动，谓：“中美两国睦谊素敦，从无彼此抵牾之事。所有从前工约，业经美国政府允为和平商议，自应静候外务部切实商改，持平办理，不应以禁用美货，辄思抵制，既属有碍邦交，且于华民商务亦大有损失。”要求各省督抚，“晓谕商民，恺切开导，务令照常贸易，共保安全”，“认真劝谕，随时稽查”；并强调，“倘有无知之徒，从中煽惑，滋生事端，即行从严查究，以弥隐患”。④ 清政府态度变化之后，领导运动的资产阶级上层人物也动摇退缩，走向妥协，至年底该运动趋于沉寂。不过，经过这一反美爱国运动，中美两国政府最终未敢签订限制华工的续约。

抵制美货运动虽未达到预期目标，但在反对不平等条约的斗争史上，开创了民众运动的新形式，具有极为重要的意义。该运动被称为“我国民与

---

①　美国国会编：《总统咨文和文件汇编》。转引自王立新：《试论美国对中国 1905 年抵制美货运动的反应和政策》，《世界历史》1999 年第 4 期。

②　霍华德·比尔：《西奥多·罗斯福和美国崛起为世界强国》。转引自王立新：《试论美国对中国 1905 年抵制美货运动的反应和政策》，《世界历史》1999 年第 4 期。

③　美国国务院编：《美国外交文件，1905》。转引自王立新：《试论美国对中国 1905 年抵制美货运动的反应和政策》，《世界历史》1999 年第 4 期。

④　《谕》，光绪三十一年八月壬寅，见朱寿朋编：《光绪朝东华录》第 5 册，张静庐等校点，中华书局 1958 年版，第 5389 页。

外通商以来第一次大举”，[①]“举中国未有之举”，[②]“第一次”的“创举”，[③]等等。其时，抵货被视为理想的斗争方式。或谓，“筹拒美约，莫善于此策者”；[④] 或谓，“出抵制之妙策，运御外人之良谋”。[⑤] 因为，这一方式“以文明之举动，行补救之微权”。运动的开创者获得了人们的高度赞誉，谓，“上天不厌黄种中国，乃有生气，则诸君子旋转乾坤之力也”。[⑥] 这一在国际法所允许的范围内的斗争形式，用理性的手段抵拒了不平等的条约关系，为今后的民众反帝斗争提供了可资借鉴的模式，得到广泛赞同，甚至被视为“抵制美约”的“独一无二之法门”。[⑦] 民国建立之后，这一手段被广泛运用，在废约反帝斗争中发挥了重要作用。通过这一方式，中国民众，尤其是资产阶级、小资产阶级及其知识分子和其他各种团体，增强了国民外交意识，成为废约反帝斗争的重要力量。

而且，民众运动由此展现了新的面貌，唤起了人们的信心，其意义远远超过了抵货本身。舆论指出，“此可为民智渐高之证，非行徒在挽回区区之美约而已”。而各国“将以此觇我国之种智焉，即吾人亦将以此卜我国之命运焉。此举而得当耶，外人将谓中国之未可终侮，而忧世之士，亦奋起于神洲之尚有可为”。[⑧]“成则中国民族为世界上可贵之民族，不成则中国民族将愈奴隶牛马之不若，而听宰割。”[⑨] 海外华侨“钦佩莫名”，深受鼓舞，谓：此次拒约，“实为大局所关，中外属目。如果见诸实行，持之以久，大众一心，我之国权犹可自保，我之商权犹可扩张”。[⑩] 正由于极为看重这一“文明”方式，国人对抵货运动抱有极大期望，担心若半途而废，“虎头蛇尾，

① 《本埠及各外埠来函·南浔温松樵周湘舲张支谷等》，见苏绍柄编：《山钟集》，第106页。

② 《本埠及各外埠来函·淮安士商烈成氏等》，见苏绍柄编：《山钟集》，第78页。

③ 《论抵制美约》，《外交报》第117期，光绪三十一年七月初五日。

④ 《阅筹拒美禁华工公启系之以论》，见阿英编：《反美华工禁约文学集》，第605页。

⑤ 《本埠及各外埠来函·檀香山中华会馆》，见苏绍柄编：《山钟集》，第58～59页。

⑥ 《本埠及各外埠来函·北京五城中学堂学生》，见苏绍柄编：《山钟集》，第125页。

⑦ 《本埠及各外埠来函·吴建常仲旗》，见苏绍柄编：《山钟集》，第134页。

⑧ 《论抵制美约》，《外交报》第117期，光绪三十一年七月初五日。

⑨ 《本埠及各外埠来函·淮安士商烈成氏等》，见苏绍柄编：《山钟集》，第78页。

⑩ 《本埠及各外埠来函·长琦清国商会》，见苏绍柄编：《山钟集》，第81页。

群情一散，将益为外人所轻视”。[①] 因此，他们对如何推进运动作了深入思考，揭示了民众运动隐伏的各种弊患，提出了各种“要义”和颇有见地的应对方略，还对斗争的具体口号及要求等问题进行了探讨，等等。综括各种议论和建议，不难发现，人们对这一新的“文明”方式所进行的思考，涉及民众的组织动员、斗争方式、运动的纯洁性和持久性、运动与政府的关系等。这些均是民众运动中的一些基本问题，尽管此次运动未能解决这些问题，但它们的提出，却给其后的民众反帝斗争提供了深刻的启示。

抵制美货与收回利权两大运动形式各异，但均促使了国民外交的萌兴，推动了中国外交的转型，并引发了人们对这一问题的思考。晚清外交出现了新的态势，民众开始在对外交涉中提出自己的诉求，并发挥了重要作用。粤汉路的成功收回，即得益于民众与政府的协调一致，如张之洞以民众呼声为后援，自称为“三省绅民代表”，从政府层面体现了这一结合。而民众则依恃政府办理交涉，并使政府有所凭借。抵制美货运动中，民众更为主动热情地参与外交，表示要尽“国民之天职”和“同胞一分子之义务”，要求“政府相助”。国民外交的实践，促进了相关的理论探讨。在抵制美货运动兴起的 1905 年末，《外交报》载文赞许了这两大运动所体现的民气，论述了民气与外交的关系，提出外交应以国民为主体，谓：“积民而成国，国有外交，即国民与国民之交涉也。国民不能人人自立于外交之冲，于是有外交当局以代表之。代表者所权之利害，即国民之利害也，所执之政策，亦国民之政策也。”该文认为，中国的外交“本体”经历了几个阶段的变化，由传统趋于近代。以往的外交“本体”，从鸦片战争前的王室，到战后的外交官，又有京师和官吏，或者“当局一人之感情”。而人民“殆不解外交为何事，则亦无所谓政策，故熟视外交当局之所为，而若无睹”。但他们“渐涉历于外交界，则亦以此为端倪”。由此进而“遂能以正当之政策，文明之举动，为外交官之后援”。尽管现在国民外交“尚在隐现绝续之交”，没有形成局面，但“已足为我国外交自昔未有之变相”。争回路矿权及抵制美约，便是这一“变相”的“事实”。例如，一开始外人攫取路矿利权，“人民固未尝注意于

① 《本埠及各外埠来函·金匮学界代表人裘廷梁》，见苏绍柄编：《山钟集》，第 90～91 页。

此”。现在不同了，“路矿自办之说，游学之士倡之，土著之绅和之，地方大吏亦相与提挈而鼓舞之，争废约，筹集股，江河流域，异口同声。于是外交当局，亦得有所凭借以与外人相折冲，而权利之争回，固已十之五六矣”。关于华工禁约，“以外交官一二人之口舌”相抵制，自然“无效”。当“国民公认”抵制美约，“不定美货”，于是“外交官遂得以是为凭借，而与彼国政府相抗”，而彼则“亟求调停之策”。该文作者由以上种种，得出了一个结论，即“民气之有裨于外交”。作者祈愿当局，“鉴于民气之大可凭借，而深悟外交之本体，实在国民，一扫我国畴昔外交家之僻见”。① 此意愿虽不可能完全为当局所接受，但视国民为外交主体的思想主张，逐渐得到了更多人的认同，在其后的废约斗争中产生了重要的作用。

国民外交的兴起，以及前述国家权益意识的产生，显然是中国外交的进步，为改变中国的不平等条约关系地位提供了民众基础。然而，这一进步所依托的民众运动并未得到所有人的认同，有的人仍将其视为“排外”，认为其弊足以亡国。② 与此相似，有人提出，针对列强的斗争和运动是“排外形迹”，20 世纪初年的抵制美约与反洋教斗争均属同类。尽管他们也肯定国民“排外”系“出于爱国”，但认为这会导致国家灾难。一言以蔽之，“不可有排外之形迹，但当有排外之精神而已”。也就是说，只能将“排外”放在心底，“振刷精神，改革内政，转弱为强，犹有可望”；而不能再有反帝举动，不要以“文明排外”来鼓动天下，否则“其国之亡，可翘足可待”。③ 显然，此类看法对新的民众斗争方式认识不足，夸大了它的负面作用，尤其是将具有近代民族主义性质的理性斗争，等同于传统的盲目排外斗争。在新的民众运动勃然而兴之时，这种不相协调的声音，反映了《辛丑条约》签订之后中国社会出现的惧外畏强、怯于抗争的倾向。

无疑，以“拒约”为内涵的民众“文明排外”运动，体现了明显的近代化趋向。不仅其文明理性方式与传统“排外”不同，具有了近代民族运动的

① 《论民气之关系于外交》，《外交报》第 130 期，光绪三十一年十一月十五日。

② 《论排外当有预备》，《外交报》第 131 期，光绪三十一年十一月二十五日。

③ 勇立：《论排外不宜有形迹》，《东方杂志》第 3 卷，第 12 期，光绪三十二年十一月二十五日。

特征，而且从近代民族主义的形成路径来看，其萌发首先借助了“排外”运动。“排外”成为近代民族主义的催生剂，1903 年《浙江潮》载文谓：“吾方悲继此以往，无有敢倡言排外者矣。果其有之，吾必尸之祝之表之扬之，曰是民族主义之所由生也。”① 近代民族主义的基本内涵和理念，诸如国家主权、平等独立等，在这个时期已经提出。传统“排外”，没有主权观念，“不过习攘夷之旧说”，“愤教民势力之逼怨”，“怒外人官吏之倨慢”，“初非知痛国势之屈辱，愤主权之见夺，争国民之人权，发愤而起求独立也”。② 在“文明排外”运动中，国人摆脱了传统“攘夷”的盲目性，国家权益意识油然而生。鸦片战争后，“凡外交界上所威吓愚弄而丧其权利于外人者，其事不可以更仆数，而举国之人不知也。即知之，亦不问也”。甲午战争后列强加强对中国利权的攫取，逐渐促进了国人的觉醒。经过“文明排外”运动，权益观念蔚然成风，“有使鼾寐者不能不醒之势”，由争路矿，进而扩及其他领域，抵制美约、争会审公堂之权、抵制日本文部取缔等事接踵而起，遂成燎原之势。“国民当自保利权之说，至此遂遍于通国，延及于下流社会”。③ 国家权益意识的普遍萌发，“抉其本旨”，“莫不自排外思想之泉源迸激而来”。④ 这一意识又强化了国家主权观念，“中国各报，莫不大声疾呼，发为论说”，“以保主权而挽利益”。⑤ 废约主张也在“文明排外”行动中被提了出来，收回利权针对的是“准条约”，抵制美货则涉及正式条约。显然，由传统“排外”脱胎而来的“文明排外”，具有了新的内涵，转变为近代民族主义，并焕发出了蓬勃的生机。诚如《东方杂志》一篇文章所称赞的，“结团体合群力谋公益，以实行此民族主义，为文明之竞争，为文明之排外”。“此主义之原质，其胚胎也以公义，其滋长也以热血，而又鼓之以方新之气，持之以万众之力。”“美矣哉！中国民族主义之渐次发达也。茂

① 《敬告宁海之闹教者并以声徐承礼之罪》，《浙江潮》第 10 期，癸卯十月三十日。

② 伤心人（麦孟华）：《排外平议》，《清议报》第 68 册，光绪二十六年十一月十一日。

③ 《论排外当有预备》，《外交报》第 131 期，光绪三十一年十一月二十五日。

④ 《论中国近时之二大主义》（译自日本《国民新闻》），《外交报》第 160 期，光绪三十二年九月二十五日。

⑤ 《论外人在华所得路权》（译自英国《太晤士报》），《外交报》第 98 期，光绪三十年正月初五日。

矣哉！中国民族主义之渐次发达也。吾为中国之前途贺，吾为国民之前途贺。”①

即使是以“排满”革命为内涵的“排外”运动，亦在某种意义上反映了中国近代民族主义产生的逻辑路程。从实际来看，“排满”正是借助“排外”的理念，鼓荡了近代民族主义。《浙江潮》的一篇文章谓：“诸君无排外思想则已，若其有之，吾敢请诸君移其闹教之心而为排满思想……先脱家庭之丰蔀，进为地方之自治，继由地方之自治进为国家之建设，终由国家之建设膨胀为民族主义。”②另外，革命党人在“排外”的探析中，也提出了争取国家独立和主权平等的命题。胡汉民说：国民之“排外”，“大者维持国家之独立权，小者亦主张其社会之权利”。③

总之，鸦片战争后开始的民众“排外”斗争，经历了从笼统排外到文明拒约的变化。这一历程，反映了中外条约关系的变化，以及近代民众运动的特点和规律。清末出现的“排外”新方式，体现了民众运动的进步，民众运动的理念和模式由此转向新的途径。正是在“拒约”斗争中，传统的排外观念和意识，开始走向近代化，并为此后的持续发展和更为完整的近代民族主义运动的兴起打下了基础，提供了有益的启示。历史继续证明，中国要改变不平等的条约关系，民众的觉醒和奋争，会是不可或缺的基本因素，并发挥着更为重要的作用。

---

① 《论中国民气之可用》，《时报》乙巳六月十三日。

② 《敬告宁海之闹教者并以声徐承礼之罪》，《浙江潮》第10期，癸卯十月三十日。

③ 汉民：《排外与国际法》续，《民报》第8号，1906年10月8日。

第十二章
英、日肇启中外条约关系的不同阶段

在中外条约关系中，英、美、法、日、俄、德等主要列强，占据了重要地位。它们所采取的方针和手段，以及由此攫取的种种特权，构建了中外条约关系的基本框架。各个国家牟取在华条约权益有共同之处，但由于它们自身的社会历史及资本主义发展程度和特性的差异，又各有其倾向和重点，形成了不同特色。这种杂乱纷呈的景象，短长互补，构致了晚清时期中外条约关系的完整格局。

其中，英、日两国堪为东西方列强的重要代表，又具有某种共同性，即均单独诉诸武力，肇启中外条约关系的不同阶段。英国是晚清中外不平等条约关系的肇始者，它用战争迫使清政府签订的《南京条约》开启了新的条约关系时代，改变了中国的发展走向。其对华政策从“炮舰外交”到标榜“维持中国的完整和独立”，尽管主旨是牟取经济利益，但贯注其中的始终是殖民主义的强权政治。在与中国建立条约关系的列强中，日本是唯一的亚洲国家，中日条约关系经历了从平等到不平等的变化。这个与中国同文同种的亚洲国家，在“脱亚入欧”的过程中，承继了西方殖民侵略的衣钵，且有过之而无不及，适应了资本主义走向帝国主义的需要，在“征服中国”野心的支配下，将中外不平等条约关系推进到新的阶段。

一、从“炮舰外交”到“维持中国的完整和独立”

首先需要关注的是英国。作为晚清中外不平等条约的始作俑者，英国在这一关系中具有最重要的地位。它不仅开创了条约关系的新模式，用炮舰外交强迫中国与之订约，开启了用战争迫使中国接受条约关系的强权政治，而且最为完整地攫取了各种条约特权。由于经贸上的优势地位，英国在与中国的条约关系中，注重商贸和整体开放。为保持这一优势地位，最大限度地牟取在华利益，在中外条约关系基本形成之后，英国以“维护中国主权完整”代替炮舰外交，但终未舍弃殖民主义的强权政治。

英国是一个老牌殖民主义国家，最早进行和完成了工业革命，由此成为世界上第一个资本主义工业国。从17世纪中期到19世纪晚期，英国是世界上最强盛的经济大国。资本主义是依靠对外扩张生存的，英国的这一经济地位决定了它的对外政策，也决定了它在中外条约关系中的独特地位，即充当西方列强的领头羊，第一个用战争迫使中国向它开放市场。如英国人伯尔考维茨说，“向那不幸的北京清朝官员要求让与特权的行列中，英国公使不是站在第一名吗？”① 众所周知，英国是用炮舰政策打开中国大门的，先后担任英国外交大臣和首相的帕默斯顿，认为“保护和促进国家利益自然被视为英国外交政策最基本的目标”，声称：“英国的国民无论在哪里身处险境，哪里就应该有英国的战舰来保护英国的利益。”② 英国开创了用战争和武力威胁逼迫中国签订不平等条约的先例，率先于1842年强迫清政府与之签订《南京条约》及其附约，并一再重施故伎，通过第二次鸦片战争迫使清政府于1858年、1860年先后与之签订《天津条约》与《北京条约》。“谁能否认英国的刀剑曾两次，甚至三次砍掉了中国的固执，为贸易和企业打开一条出路呢？”③ 在英国的带动下，其他西方列强莫不纷纷效尤，以同样的手段来达到同样的目的。

同时，从列强在华条约权益的整体来看，英国所占分量可说是首屈一指，除直接攫取特权之外，所有其他国家勒索的条约特权它均要染指，充分体现出这个殖民帝国的贪婪。它不仅开启了割地赔款这一征服者的传统权利，其他诸如领事裁判权、租界、协定关税、海关行政的条约特权、最惠国

① ［英］伯尔考维茨：《中国通与英国外交部》，江载华、陈衍译，商务印书馆1959年版，第2～3页。

② ［英］约翰·劳尔：《英国与英国外交（1815—1885）》，刘玉霞等译，上海译文出版社2003年版，第67、82页。

③ ［英］伯尔考维茨：《中国通与英国外交部》，江载华、陈衍译，第3页。

待遇、内河航行特权、军舰驻泊中国领水、鸦片贸易，等等，这些特权或首由英国攫取，或肇始于它的侵夺。可以说，英国最先从中国勒索的条约权益，比任何其他国家都多，称得上列强中的巨擘。

在攫取条约特权的过程中，英国以商贸特权为重，这是它的基本方针和显著特点。“19 世纪英国在华的主要利益是贸易，它在那里的主要政策目标，就是在保持它已经在远东确立起来的商业优势地位的同时，致力于这一贸易的普遍扩大。”① 从强迫中国订立第一个不平等条约开始，到后来不断增添新的条约，英国均将索取或完善商贸特权作为自己的目标。鸦片战争时期，巴麦尊在致中国皇帝暨宰相书中，谓：“中国和英国之间的商业往来，已经存在了一百多年；在这一段长久期间中，英国臣民曾蒙中国政府允准旅居中国领域内，以便在那里进行贸易。”他要求中国保证，“凡前往中国经商的英国臣民，按照两国政府间久已存在的谅解，在从事于合法的商业经营时，不能听其遭受强暴和侵害。为了这个目的，并且为了使同中国通商的英国商民不致听凭北京政府或帝国各口岸地方官为所欲为，反复无常，英国政府要求中国将英国全权公使所指定的面积敷用、位置适宜的沿海岛屿一处或数处，永久割让予英国政府，作为英国臣民居住贸易的地方；以便使他们的身体可以免于干扰，他们的赀财可以获有保障”。并表示，英国政府决定，“立即调派海陆军队前往中国沿海，作为这些要求的后盾，以便使帝国政府认清英国政府对于这个事件极其重视以及这件事情的刻不容缓”。他称远征军司令已经奉命，“一经驶到中国海岸，立即封锁中国的主要海口，并将凡所遇到的中国船只一体截留扣押，且将攻占中国领土的某处方便地方”，直到“使英国政府满意为止”。②

在给全权公使的训令中，巴麦尊所提理由，虽是中国地方官对英国监督“所施加的侮辱”以及对英侨“所采取的暴虐”，“要求充分的赔偿”，但表示其目的是在“中国沿海的主要口岸安然进行通商”，因此“应该座落在便

① ［英］杨国伦：《英国对华政策（1895—1902）》，刘存宽等译，中国社会科学出版社 1991 年版，第 3 页。

② 《巴麦尊子爵致中国皇帝钦命宰相书》，1840 年 2 月 20 日，见［美］马士：《中华帝国对外关系史》第 1 卷，附录（1），张汇文译，第 697、701～702 页。

于通商的地点”。如果中国政府不愿意作这类岛屿的割让，“而愿意以条约的方式给女王陛下的侨华臣民以安全和商业自由，英国政府将不反对这样一种措施，并将在这情况下，放弃中国沿海任何岛屿的永久占有”。条约内容除了保障在华英侨的生命财产之外，其他多是商业方面的权益，诸如自由交易，设立商务监督“以照管英国臣民的商业利益”，“中国政府应规定固定的关税”，以及领事裁判权等。① 他又进一步补充说明，“如果中国政府表示愿意用准许英国臣民设立商馆并在大陆上进行贸易的办法代替割让岛屿，那么规定把岛屿割让给英国的第三条可以删除”。② 显然，英国提出割让岛屿，与其他国家不同，主要是出于商业的需要，而不是为了扩张领土。

晚清时期列强享有的商贸方面的条约特权，主要得益于英国的不懈勒索。英国发动鸦片战争，攫取了种种条约特权；又通过第二次鸦片战争将这些条约特权巩固下来，并进一步扩大和完善。其后，英国又利用各种机会牟取新的特权。在这一过程中，英国商人起了很大作用，他们的诉求成为英国政府不断拓展条约特权的目标。同治七年（1868 年），英国与清政府进行修约谈判，英使阿礼国提出厘金税在内的内地税等问题，其理由便是外国商人的抱怨和不满。他说：“现在，在中国的外国人最大的抱怨、不满是什么呢？……主要是厘金税和过境税，但是他们巧立名目，越过条约加以征税，在外国货物到达内地的消费者手中之前，税收提高总数达到最初价值的百分之七。”因此，“必须采取一些手段停止所有的，无论是在什么名义或借口下，强加到所有主要外贸商品上的任意征税，这不能再耽搁了。”③ 阿礼国在另一份备忘录中也提到，“商人们两个最大的抱怨就是：在港口对所有外国商品和贸易任意征收厘金税，迄今为止，在内地还有借口征收过境税而对外

---

① 《巴麦尊子爵致奉命与中国政府交涉的全权公使（懿律海军少将和义律大佐）函》，1840 年 2 月 20 日，见［美］马士：《中华帝国对外关系史》第 1 卷，附录（2），张汇文译，第 711～712 页。

② 《巴麦尊子爵致懿律海军少将和义律大佐函》，1840 年 2 月 20 日，见［美］马士：《中华帝国对外关系史》第 1 卷，附录（2），张汇文译，第 714 页。

③ “Memorandum by Sir Rutherford Alcock”, March 2, 1868, in Ian Nish, ed., *British Documents on Foreign Affairs: Reports and Papers from the Office Confidential Print,* Part I, Series E, Asia（1860-1914）,Vol. 20, University Publications of America, 1994, p. 211.

国商人进行勒索和阻碍。这些对他们的伤害比其他所有伤害加起来还要大。这两条明显破坏了条约”。他要求废除通商口岸范围内的海关税外的一切征税，其范围限制在十里或三十里半径范围内。①关于厘金，他甚至认为，纠正任意的和不负责任的征税，这是所有进步的核心。②因为“通过在口岸征收厘金和本地税，不仅将使贸易受限制，而且使保证任意的和无限制的课税这一权利的维护也成为一个定则；它还使条约的主要目标陷于失败”。要英国“接受继续抽厘”，“这根本是不可能的。它们在原则上是错误的，在实践上也将带来破坏性后果”。③此外，英商普遍抱怨，中国方面缺乏守约意识，没有认真遵守条约。在给香港总督的修约请愿书中，他们发泄了种种抱怨和不满，或是“关于条约权利的被全面违反而产生的抱怨”，或是“条约实施上的失败产生的不满”。④英商指责中国的海关部门，“非但没有遵照中国皇帝和我们女王陛下之间的条约的精神给予我们进出口方面的便利，还充分地利用条约的字面意义故意曲解。我们经常被轻松的借口威胁着要没收商品，还被要求支付相当于一次罚款的关税，这是因为海关不愿意正当对待我们。我们经常不得不请求领事帮忙对抗那些苛捐杂税和他们故意给我们制造的麻烦”。⑤诸如此类的怨言接连不断，英国政府不得不认真对待。中英两

① “Memorandum by Sir Rutherford Alcock”, in Ian Nish, ed., *British Documents on Foreign Affairs :Reports and Papers from the Office Confidential Print,* Part I, Series E, Asia (1860–1914), Vol. 20, University Publications of America, 1994, p. 231.

② “Index to Private Correspondence between Sir R. Alcock and Mr. Hart, &c., on Questions connected with the Administration of Customs, Revision of Tariff &c., under discussion with the Mixed Commission at Peking, 1868”, in Ian Nish, ed., *British Documents on Foreign Affairs: Reports and Papers from the Foreign Office Confidential Print,* Part I, Series E (1860–1914), Vol. 20, University Publications of America, 1994, p. 305.

③ “Sir R. Alcock to Mr. Hart, July 12, 1868”, in Ian Nish, ed., *British Documents on Foreign Affairs :Reports and Papers from the Office Confidential Print,* Part I, Series E, Asia (1860–1914), Vol. 20, University Publications of America, 1994, pp. 280, 282.

④ “To his Excellency Sie Richard Graves Mac Donnell, C. B., Governor of Hong Kong”, *British Document on Foreign Affairs,* Part 1,series E, Vol. 20, p. 99.

⑤ “Inclosure in sir R. Alcock to Lord Stanley (Received August13),Address from British Merchants at the port of Chefoo”, *British Document on Foreign Affairs,* Part 1,series E, Vol. 20, p. 18.

国经过谈判，签订了《新定条约》，英国由此获得了新的特权。由于未能充分满足英商的要求，英国政府未批准该约，但继续利用新的机遇索取新的条约权益。如借马嘉理案，迫使清政府签订《烟台条约》，勒索新的商业权益。

庚子事变发生后，英国利用这一良机，第一个主张修改商约。1900 年 11 月 5 日，各国公使举行会议，讨论与中国谈判的方针，英国提出了修约条款："中国政府应允今后将根据各国全权代表可能认为便于提出的那些原则，商谈对通商条约及其他有关贸易航行问题作必要的修改。"① 随后又将其修改为，"中国政府应允对通商行船各条约内各国认为应行修改之处及有关贸易关系的其他事项，进行谈判，以期促进此种关系的发展"。② 英国的主张被作为《议和大纲》第 11 款正式向清政府提出，"凡通商行船各约以及关乎通商各地事宜，各国以修改为有益者，中国认与商议更改"。③ 清政府接受了这一条件，并在《辛丑条约》中作了明确规定："大清国国家允定，将通商行船各条约内，诸国视国应行商改之处，及有关通商各他事宜，均行议商，以期妥善简易。"④ 在履行这一条款时，英方担心各国共议，"难以商量"，影响商约的修改。因此，英方以中国商务"英居六七"为由，主张"先与英议"，各国则在其"底本"上"稍或增改"。显然，作为列强在华商贸利益最大的国家，如盛宣怀所言，英方意在"执牛耳，力争体面"。⑤ 这无疑反映了英国将商贸作为其对华关系的重心，以及英国在这方面的重要影响。1902 年 1 月，英国第一个与清政府进行修约交涉，英方专使马凯一开

---

① 《萨道义爵士致索尔兹伯理侯爵电》，1900 年 11 月 5 日，见《英国蓝皮书有关义和团运动资料选译》，胡滨译，丁名楠、余绳武校，中华书局 1980 年版，第 358 页。

② 《萨道义爵士致索尔兹伯理侯爵电》，1900 年 11 月 13 日，见《英国蓝皮书有关义和团运动资料选译》，胡滨译，丁名楠、余绳武校，第 359 页。

③ 《议和大纲》，光绪二十六年十一月初一日，见王铁崖编：《中外旧约章汇编》第 1 册，生活·读书·新知三联书店 1957 年版，第 981 页。

④ 《辛丑各国和约》，光绪二十七年七月二十五日，见王铁崖编：《中外旧约章汇编》第 1 册，生活·读书·新知三联书店 1957 年版，第 1007 页。

⑤ 《盛宣怀致外务部、宁、鄂督署电》，光绪二十七年十二月廿日，见王尔敏、陈善伟编：《清末议订中外商约交涉——盛宣怀往来函电稿》上，香港中文大学出版社 1993 年版，第 45 页；参见李永胜：《清末中外修订商约交涉研究》，南开大学出版社 2005 年版，第 10～12 页。

始便“以和议允其商改，彼多奢望”，① 试图攫取更多的特权。其种种要索，“无非损我权利”，如“以加税免厘一事为主脑”，其意“重在损厘而不加税”。交涉中，英方动辄以《辛丑条约》规定为“要挟”，中方“不得不权其轻重，设法挽回”，与之“磋磨八阅月之久，聚议六十余次之多，舌敝唇焦，始克就范”。② 通过 1902 年 9 月 5 日签订的《续议通商行船条约》，③ 英国获得了更多经贸方面的条约特权，除了在免厘加税、内港行轮、通商行船等方面如愿以偿之外，还使清政府承担了开放新的通商口岸、保护商标、修改矿务章程等义务，基本上实现了它的修约目的。其中免厘加税，由于列强意见不一，最终未能兑现。总的来看，在经济商贸方面，英国给整个资本主义世界作出了最大的“贡献”，其所攫取的各种特权，或被纳入他国与中国订立的条约，或通过最惠国条款“一体均沾”。

第二次鸦片战争后，条约关系已基本形成，英国已大体上获取了其所需要的条约权益。对它而言，更重要的问题是维持中国的稳定，确保和巩固既得利益。因为发生战争或动乱，对其极为不利，作为在华最大利益国的英国，必然遭受损失。早在 19 世纪 50 年代，英外交大臣克勒拉得便恩致函驻华公使包令，谓：“在你和中国政府的交往中，你要时时记住，没有什么事情比用一种命令式口吻来提出争点或强要我们所不准备坚持的让步，会更有害于我们在中国的威望。”“这样一种办事的方法必然会产生鼓励抗拒的后果”，因此“对这些问题的处理，也必须极其小心”，避免“把这业已在中国滋长起来并将会以良好而适当的处理方法日益取得更大扩张的广泛商业利益置于危险之中”。④ 经过第二次鸦片战争，英国更从国际关系和其他角

① 《刘张吕盛致枢垣英约商妥七款列请代奏电》，光绪二十八年七月二十一日，见王彦威、王亮辑编：《清季外交史料》第 6 册，李育民等点校整理，湖南师范大学出版社 2015 年版，第 3040 页。

② 《刘张吕盛致外部与马使议定全约请迅核准画押电》，光绪二十八年七月二十六日，见王彦威、王亮辑编：《清季外交史料》第 6 册，李育民等点校整理，第 3047～3048 页。

③ 北京大学法律系国际法教研室编：《中外旧约章汇编》第 2 册，生活 · 读书 · 新知三联书店 1959 年版，第 101～114 页。

④ 《克勒拉得恩伯爵致包令博士函》，1854 年 2 月 13 日，见［美］马士：《中华帝国对外关系史》第 1 卷，附录（16），张汇文译，第 766～767 页。

度认识到了实施温和政策的必要性。阿礼国在一份送交英外交部的报告中，称："把中国弄得一团糟，也许是合乎法国利益的（它在中国没有现行的或预期中的重大贸易），因为他可以乘机在中国或在中国的一部分省份中建立保护领。但是，对于英国来说，保全中国的领土完整和政治独立是合乎英国长远利益的。"在英国政府看来，"任何别种政策都会导向战争和紊乱，而这只会使其他国家，而不是英国得到利益"。① 同时，英国政府又看到，炮舰政策和强权政治并非万能的，有时并不利于维护其在华利益。另外，"辛酉政变"发生后，清政府统治集团格局的变动，更打消了英国政府的顾忌。政变发生后数日，英驻华公使卜鲁斯向英外相约翰·罗素报告说："大家认为最可能和外国维持友好关系的那些政治家掌权了"。② 随后英首相巴麦尊更明确地说，"我认为，中国已改变它对外国和对英国的政策。既然恭亲王和那些同他一样开明的同僚们所奉行的政策，证明了中国是准备和外人发生亲密的关系，而不是拒与接近，或力图阻止和外人发生任何一切往来，而且既然中国的政策是鼓励和世界各国的商业，那么对我们来说，如果不努力协助这个开明的中国政府从事于改进的努力，那是自取灭亡的"。③ 这一思想，反映了当时英自由党政府的殖民地紧缩政策，即反对扩大英帝国承担的义务，不打算负起"另一个印度的责任"。④

正是在上述背景下，第二次鸦片战争之后，英国的态度和方针有所变化。"在 19 世纪后半期，特别是 1876 年的《烟台条约》使英国的地位更加牢固以后，英国的商业利益更加服从于这样一件事实，即官方政策旨在通过和平的方式和支持中国的政治稳定来保持英国商业的突出地位。英国代表们只是在此限度内寻求纠正现存条约中的反常现象，并逐步巩固其商业阵

① ［英］伯尔考维茨：《中国通与英国外交部》，江载华、陈衍译，第 57、78 页。

② 郑曦原、李方慧等编译：《帝国的回忆：〈纽约时报〉晚清观察记 1854—1911》，生活·读书·新知三联书店 2001 年版，第 101 页。

③ 郑曦原、李方慧等编译：《帝国的回忆：〈纽约时报〉晚清观察记 1854—1911》，第 103 页。

④ ［英］伯尔考维茨：《中国通与英国外交部》，江载华、陈衍译，第 124 页。

地。”① 其时，在对华关系问题上，美国提出“合作政策”，得到了英国的大力支持。与两次鸦片战争时期用暴力向中国勒索特权不同，英国开始注意调整蛮横霸道的强权政治政策，而欲将中国的利益纳入条约关系之中。在酝酿修约的过程中，英驻华公使阿礼国于1867年首次表示了他的修约主张，谓：“条约必须要基于公平公正的原则，要适当考虑缔约双方的利益”；“这是最明智的、最好的决策，因为所有那些偏袒一方面而给另一方造成损害的不公正的条约的条款，不仅会使被受害者回避开，而且往往成为引起麻烦和误解的主要根源”。需要记住，“一旦修改条约开始，中国政府同样也可以按他们的立场要求修改对他们不利的条款”。② 这一态度得到了英外交大臣斯坦利伯爵的肯定，他函示阿礼国称：“知道您业已考虑到了中国政府和人民的利益、情感以及一定程度上存在的偏见，对此我深感欣慰。”斯坦利提出，“应该提倡的真正政策是，通过彼此的克制，在双方制度之间寻求共同点，不要与他们现存的风俗和固执见解发生冲突”。他认为，“这在理论上也许不是最好的，但它却是有益的。尽管它不能为我们带来与中国的利益显然是一致的利益，但却可以为我们争得多数中国人的好感。女王政府既不希望也不认为自己有权强使中国做出牺牲，纵然中国可以被劝服相信这种牺牲所带来的不便是暂时的，而由这种牺牲所造成的利益是永久的。我们不必希望中国政府和中国人民立刻就能和我们同样地来看待事物；我们必须记住，我们的这种知识也是从许多年的经验中得来的，因此我们一定要引导而不要强迫中国采纳一种较好的制度。我们要耐心等待中国制度的慢慢进步，留在以后再做修改，因为我们可以到一八六八年再商定协议”。③

显然，阿礼国与斯坦利所言，与此前的炮舰外交理念不同，在相当程度上考虑了中国的权益，这一态度成为英国修约的基本方向。阿礼国在修约

---

① ［英］杨国伦：《英国对华政策（1895—1902）》，刘存宽等译，中国社会科学出版社1991年版，第5页。

② “Kew-keang”, *British Document on Foreign Affairs*, Part 1, Series E, Vol. 20, pp. 22-24.

③ “Lord Stanley to Sir R. Alcock”, August 16, 1867, *British Document on Foreign Affairs,* Part 1, Series E, Vol. 20, p. 24.

方案中提出，“修订就是要对条约的款项作共同的调整，因此，中国政府的自愿与让步，文明和商业的利益，必须等量齐观”。① 他后来更明确地表示，条约必须体现互惠和公平，考虑对方的利益。他说：“我相信，维护和睦与商务的永久性关系是不可能建立在其他的基础之上的。必须讲求互惠主义、公平相待的精神和彼此调和的愿望。严格的坚持这样的政策，我们也许并不能得到所能要求的全部东西，或者说不能像我们多要求的那样，迅速而全面地获得大多数正当的权利。但是，这样获得的东西，将会受到中央政府的心悦诚服的确认，因此也就不大可能被地方当局所回避，或者通过其他间接方式被重新化为乌有。”②

这一方针与英国商人的要求有些不同，两者在修约问题上产生了分歧。阿礼国等不赞成英商们的过分要求，主张更客观地解释条约，在某种程度上考虑中国的现状。例如，关于英商要求取消厘金等要求，英国的外交官们认为，条约中有关子口税的条款并没有规定豁免如同厘金这样的地方税。同时，他们对英国商人借过境通行证操纵黑市的公开丑闻，较之中国人更感愤慨。③ 阿礼国看到，中国地方官仍然按他们的意愿随意征税，用各种不同的借口和理由征收内地税，但他并不如同商人一样主张取缔这些税。他认为：中国的内地税制度可能是不公平的，但也不能通过条约来强行要求中国改革如此复杂的内政问题。另外，“不管各外国政府是否有权利禁止这种地方主权的实施，可以确定的一点是没有一个国家有力量去禁止它，因为若想禁止就一定要进行监督，而各国是没有办法进行监督的”。④ 再如，商人们要求深入内地从事贸易等，曲解《天津条约》第 12 款，将“各口并各地方”，解释为在中国任何地方都可以买地和建造房子、仓库、教堂等，认为

① ［美］芮玛丽：《同治中兴：中国保守主义的最后抵抗（1862—1874）》，房德邻译，中国社会科学出版社 2002 年版，第 338 页。

② “阿礼国致得·列裴斯”，1869 年 10 月 20 日，见［美］芮玛丽：《同治中兴：中国保守主义的最后抵抗（1862—1874）》，房德邻译，第 371 页。

③ ［美］芮玛丽：《同治中兴：中国保守主义的最后抵抗（1862—1874）》，房德邻译，第 318 页。

④ “Kew-keang”, *British Document on Foreign Affairs,* Part 1, Series E, Vol. 20, pp. 22-24.

中国政府“违反条约精神”。[①] 而英国官员认为，《天津条约》从来未曾让与过“在扬子江各地贸易的权利以及在内地建立商店和货栈的特权”。同治元年（1862 年），英国外交大臣约翰·罗素表示，“至于在内地开设货栈的权利，在我的意见看来，这一点既是不能由条约的字句也不能由条约的精神得到证实的”。“各地方”这一词句，“就是为了避免使人在‘各口’这一词句上玩弄花样，这一款也指那些在天津条约中虽未载明但中国政府以后也许会同意开放给外国人的其他口岸和地方。但这一款决不是为了给英国侨民之进入全中国开一个旁门，这种看法只不过是这些写建议书的人们自己在字句上强加的解释而已”。[②] 阿礼国也认为，在当时的体制下扩充英方在中国内地的权益，英商的生命财产难以得到可靠的保障，这是不明智的做法。“当外国人携带他们的货物和财产进入内地，分散居住在各地，能通过什么方式来避免抢劫和取得赔偿呢？……每当发生这样的案件，商人们是否希望就有自己的政府去攫夺中国人的财产或暴力地对海关进行报复呢？这种政策可能一次两次会有效果。但是，贸易和友好的关系能在这种环境在维持多久呢？”[③]

又如，英商们主张向清政府施压，彻底改革中国的内政。阿礼国则持不同看法，认为，中国的传统和习惯根深蒂固，必须通过劝说和诱导，而不能强行予以改变。如果强制中国进行变革，条约国家将不得不承当全部责任，以保护国的名义来统治中国，或将其瓜分。但是占领中国的任何一部分，对英国来说在政治上、军事上或商业上都没有用途。“那些由于中国的弊政和官员的违约行为而遭受物资损失或感到精神伤害的人，可能会自然的觉得不能容忍且不愿宽容，但是政府却应该在更大的基础之上采取行动，同时要更多地考虑到未来和长远的利益。”[④] 对于强行要求中国修建铁路电报的主张，阿礼国认为只能慢慢诱导，如果施以压力只会适得其反，他说：“我在中国

① “Sir R. Alcock to Lord Stanley”, December 23, 1867, *British Document on Foreign Affairs,* Part 1, series E, Vol. 20, p. 98.

② ［英］伯尔考维茨：《中国通与英国外交部》，江载华、陈衍译，第 32～33 页。

③ “Sir R. Alcock to Lord Stanley（Received July27）”, May 5, 1868, *British Document on Foreign Affairs,* Part 1, Series E, Vol. 20, p. 147.

④ “Sir R. Alcock to Lord Stanley（Received March7, 1868）”, December 23, 1867, *British Document on Foreign Affairs,* Part 1, Series E, Vol. 20, pp.97−102.

所有的经验使我得出结论：那些试图剥夺中国自主和自发精神的巨大改革，我们不是推进而只能延迟……如果他们能够被说服，自愿地在短时期内测量修建北京至（天津的港口）塘沽的路线，而它立刻带来现实的优点被政府和人民认识后，其他铁路也许会很容易地快速进行修建。但是如果任何外国代表竭力使之迅速的决定（修建铁路），我可以肯定结果只会使之无限地延期。"①

此外，英商指责中国没有履约，叫嚣要推行“炮舰外交”，给中国以颜色。英外交部和贸易部却认为，清政府完全接受并履行了条约。英贸易部评论上海商会的建议书，谓：“显然地，中国政府已经作出了比他们有义务给予的更多的特权转让——甚或已超过符合按照真正利益所能割让的特权。”并且“中国政府在字句和精神上都已忠实地履行了它的条约义务，因此，女王政府并没有提出抗议的理由”。②英国政府提出，用较为温和的态度对待中国，“英国人民一定迫切希望成为中国的好朋友，他在外国人中是心怀好意的，希望这个国家能享受祈祷的国内和平，并且在与其他国家的关系中继续保持和平。大英帝国特别不反对这样。相反女皇政府将非常乐意贡献出她的力量来促使这个愿望最后落实”。③

由于注重商贸特权，从建立条约关系伊始，英国便推行与各国均沾在华条约权益的政策，此亦是其一个显著特点。在条约订立前，巴麦尊指示全权公使，谓：“你要切记女王陛下政府并不想为英国臣民取得任何专有的贸易权益，而不同等地推及于其他各国的人民。”④随后，义律在单方面公布《穿鼻草约》的同时，宣布了这一政策：“女王政府并不在中国寻求单独有利于

① “Sir R. Alcock to Lord Stanley (Received July4)”, April 9, 1868, *British Document on Foreign Affairs,* Part 1, Series E, Vol. 20, p. 134.

② 《贸易部档案原稿》。转引自［英］伯尔考维茨：《中国通与英国外交部》，江载华、陈衍译，第33、34页。

③ “Note written for communication to the Pince of Kung and the Tsungli Yamen”, *British Document on Foreign Affairs*, Part 1, Series E, Vol. 20, p. 110.

④ 《巴麦尊子爵致奉命与中国政府交涉的全权公使（懿律海军少将和义律大佐）函》，1840年2月20日，见［美］马士：《中华帝国对外关系史》第1卷，附录（2），张汇文译，第713页。

英商和英船的特权，他不过尽他的责任贡献出英国的国旗来保护那些愿意来到女王陛下属地的其他列强的臣民，公民和船只”，并表示对来到香港的其他列强的臣民和船只，“不收港口税或其他捐税”。①《南京条约》谈判过程中，璞鼎查亦向清政府表示，如果中国允准其他各国来五口通商，英国“断不阻止以求专利”，“已暗有邀约各国同来商贩之见”。② 在这期间，“耆英建议授予的特权仅限于英国人，璞鼎查对此拒不接受”。③ 维多利亚女王在将《南京条约》送达国会的咨文中更明确地说：“我们的宗旨是，同样的权利，要给予一切工业的国家享受。”④ 在《五口通商附粘善后条款》中，英方亦承诺，“如蒙大皇帝恩准西洋各外国商人一体赴福州、厦门、宁波、上海四港口贸易，英国毫无靳惜”。当然，英国实施这一政策的重要目的，是获得更多的权益，由此英国可以名正言顺地要求最惠国待遇。该条接下来规定：“设将来大皇帝有新恩施及各国，亦应准英人一体均沾，用示平允”。⑤ 也就是说，通过“毫无靳惜”他国享有英国攫取的权益，英国获得了“一体均沾”这一重要的条约特权。其后，英国继续这一政策，咸丰四年（1854 年）筹划修约时，英国政府表示“希望英、法、美交涉人员的通力合作”，因为比“任何一国单独去作，都更能影响中国政府去励行对目前事情的改进”。同时要求驻华公使包令务必记住，“女王陛下政府对于中国绝没有排他性的或自私的看法。他们愿意一切文明世界的国家都能和他们平等地分享凡是环境所能使他们在中华帝国为英国取得的利益，无论是商业的或是政治的”。而且，英国政府对英国的政策也“无所隐瞒”，可以随意将与中国谈判过程

① 《澳门月报》，1840 年 12 月号，见［美］马士：《中华帝国对外关系史》第 1 卷，张汇文译，第 306 页。

② 《伊里布又奏英法要求通商俟与璞鼎查妥商并酌加洋货内货税片》，道光二十二年十二月十七日，见齐思和等整理：《筹办夷务始末 · 道光朝》五，中华书局 1964 年版，第 2530 页。

③ ［英］魏尔特：《赫德与中国海关》上，陈敦才等译，厦门大学出版社 1993 年版，第 76 页。

④ 末尔著：《国家公法汇览》第 5 卷，第 418 页。转引自卿汝楫：《美国侵华史》第 1 卷，第 72 页。

⑤ 中英《五口通商附粘善后条款》，道光二十三年八月十五日，见王铁崖编：《中外旧约章汇编》第 1 册，生活 · 读书 · 新知三联书店 1957 年版，第 36 页。

中的一切事项，“毫无保留地通知你的同僚”。①

英国的温和政策有一条明确的底线，就是要求清政府严格守约。英国政府非常清楚中外条约的片面性质，谓：“条约并不是对中国人事先的一个计划或方案”，而是“给予我们精确规定的某些特许权，承认我们需要得到实现未来英国人同他们商业关系往来的基本权利”。因此，尽管条约是一项共同协定，但“条约的运行完全是我们的工作，就如同条约需要我们解释一样，条约代表我们主张和原则”。② 正唯如此，英国担心中国的抵制，尤其是担心清政府不能有效地加强守约意识，控制各地的排外运动，因此严格要求中国恪守条约。同治初年，因潮州进城、贵州教案、追偿欠款等案件，英国公使屡屡照会清总理衙门，要求中国方面遵守条约。它以此“为发端辩难之据”，态度极为强硬，谓：“深虑终使外国忍耐不堪，徒向地方官屡屡照会，置若罔闻，必致自出妥速之法”。③ 随后，赫德上书《局外旁观论》，反复警诫清政府遵守条约，并威胁说：“民间立有合同，即国中立有条约。民间如违背合同，可以告官准理，国中违背条约，在万国公法，准至用兵。”④ 接着威妥玛亦呈送《新议略论》，指责清政府“以条约所载优待之处，内有凡我官民，未能得实”。“或问通商各节，何以不能尽约，每答必以内地未平，官力未足”。⑤ 在华英商也屡屡要求英国政府给中国施加压力，甚至叫嚣要给中国以颜色。他们对议会施压，试图“开始一个新的对华政策，计划出一个特定方法”，以“促使相关条约的每一个条款在字面和精神上都

① 《克勒拉得恩伯爵致包令博士函》，1854 年 2 月 13 日，见［美］马士：《中华帝国对外关系史》第 1 卷，附录（16），张汇文译，第 766 页。

② “Memorial by the Che-foo Residents, Che-foo, December, 1867”, *British Document on Foreign Affairs,* Part 1, Series E, Vol. 20, p. 113.

③ 《英国照会》，同治四年八月壬戌，见宝鋆等纂修：《筹办夷务始末 · 同治朝》卷 35，第 41 页。

④ 《总税务司呈递局外旁观论》，同治四年九月十八日，见宝鋆等纂修：《筹办夷务始末 · 同治朝》卷 40，第 17、20～22 页。

⑤ 《威妥玛新议略论》，同治五年正月十九日，见宝鋆等纂修：《筹办夷务始末 · 同治朝》卷 40，第 33 页。

得以实施”。[1] 在英商眼里，条约就是消除他们在华商贸中的一切问题的法宝，条约就是特权。如果他们的在华利益受到任何损害，就要“完全归罪于阿礼国先生在北京的工作，天津条约的精神完全已经被中国人违反”。[2] 同治七年（1868 年），英外交大臣克拉兰顿向代表清政府出使英国的蒲安臣保证：只要中国恪守各项条约义务，它“可以指望得到外国方面的克制”；英国“既不愿也不打算不友好地对中国施加压力去促使它的政府加速发展它和外国的关系，倒是愿意促使它持续稳妥地来发展，并且在发展时英国愿意适当而且合情合理地尊重该国臣民的情绪”。[3] 也就是说，只有清政府恪守条约义务，英国政府才能保证继续推行不干涉的缓和政策，否则英国政府将继续实施炮舰政策，保留对华使用武力的“权利”，迫使清政府履约。

正是出于维护条约特权的需要，以及殖民主义和资本主义的扩张本能，英国没有也不可能真正放弃炮舰政策。与清政府协商修约，签订中英《新定条约》的阿礼国说：“事实上，要获得外国商业利益的增进，必须始终有压力的存在。无论我们以哪种形式来掩盖它，我们在中国的地位都是由武力创造的——赤裸裸的、粗暴的武力；任何改善或维持那种地位的明智的政策，都必定仍旧是寻找某种潜在的或直露的形式的武力作为结果。”[4] 而《新订条约》这样一个没有使用武力，通过协商订立的条约，最终未被英国政府批准，正说明了这一点。同时代的英国观察家密其评论说：“如果为了外国人的利益和商业上的发展而要取得任何东西，的确是必须经常的施行压力。采取某一条道路或另一条道路，我们不论怎样的假装，但我们在中国的地位是由于武力造成的——明显的、实质的力量；任何改进或保持那种地位的明智

---

① “Sir R. Alcock to Lord Stanley”, December 23, 1867, *British Document on Foreign Affairs,* Part 1, Series E, Vol. 20, p. 97.

② “Extract from the ‘Daily Press’”, *British Document on Foreign Affairs,* Part 1, Series E, Vol. 20, p. 103.

③ 《中国通讯：关于修订天津条约的通讯》。转引自［美］费正清、刘广京编：《剑桥中国晚清史》下册，中国社科院历史研究所编译室译，中国社会科学出版社 1993 年版，第 93 页。

④ Michie, Alexander, *The Englishman in China during the Victorian era : as illustrated in the career of Sir Rutherford Alcock*, Vol. 2, Edinburgh and London,1900, p. 221.

政策，其结果仍必须依靠某些形式——隐蔽的或显露的——的武力为定”。①

这种态度体现了英国对华政策的两重性：一方面放弃炮舰政策走向温和，另一方面又要维护自己的在华权益，甚至不惜武力。英国政府对华政策的两重性，在甲午战争后的瓜分狂潮中更为突出地呈现出来。自从日本发动甲午战争，造成所谓“中国问题”，列强掀起了瓜分狂潮，英国曾出面表示反对。1898 年 1 月 10 日，英国下议院议长巴尔福发表演说，宣告英国政府的政策，说：“我们在华的利益不是领土方面的；这些利益是贸易方面的”。“只要没有必要为可能的战争行动提供一个基地，领土与其说是一种利益，倒不如说是一种包袱”，因为有了领土就有治理的责任，而英国是并不希望负这种责任的。他指出：“因为我们在中国对外贸易中的利益占世界其他各国全部贸易总和的百分之八十”，所以，英国有“特殊的权利要使那个国家（中国）的政策不是妨碍对外贸易”。“英国要求自由贸易”，这不“仅是为了英国”，而且“也是为了全世界”。事实上，英国政策的真正传统，“不容许”英国“利用给予它的任何贸易特权作为排斥竞争者的一种武器”。他说：有两种情况可能使英国的贸易利益受到妨碍。其一，某一国家政府可能对中国政府施以压力，以制定不利于英国而有利于他们自己的规章。“换句话说，就是破坏机会均等，我们所要求的只是机会均等，而且我们一定要求机会均等”。其二，“具有保护贸易主义传统的各国可能在中国海岸上设立完成由它们控制的一些贸易站，并且不允许世界贸易自由渗入这些地方；它们在那里树立关税壁垒……敌视其他国家而有利于它们自己”。而英国政府“将尽其最大努力务使本国贸易不被上述任何一种情况所侵害。我们之作这种努力毕竟是不仅为我们自己而且是为全世界而斗争”。② 次日，巴尔福进一步表明立场，说：“我们自己放弃了野心政策，如果有人却企图奉行这种政策而使我们遭受损害的话，那么，我们能够胜利地抵抗他们”。③

---

① 密其：《阿礼国旅华记》第 2 卷，第 221 页。转引自［美］马士：《中华帝国对外关系史》第 2 卷，张汇文等译，第 240 页。

② 《泰晤士报》，1898 年 1 月 11 日。转引自［英］菲利浦·约瑟夫：《列强对华外交（1894—1900）》，胡滨译，商务印书馆 1959 年版，第 224～225 页。

③ 《泰晤士报》，1898 年 1 月 12 日。转引自［英］菲利浦·约瑟夫：《列强对华外交（1894—1900）》，胡滨译，第 225 页。

这是英国政府第一次直截了当地说明这一政策，表明英国不要求任何领土利益，因此它有权利要求其他列强也不在中国作领土占有。① 一周后，英财政大臣希克斯－比其爵士代表英国政府重申了巴尔福的话，称："我们不认为中国是供任何欧洲的或其他的国家征服或占有的一个地区，我们认为中国是将来对于我们国家的贸易和全世界的贸易最有希望的地区，并且英国政府完全有决心不惜以任何代价，甚至——他愿意明白地说——在必要的时候不惜以战争使这个大门不得对我们关闭起来"。据称，"这是一位英国大臣从来所发表的最好的演说之一"，且"以前从来没有一个国家的政府这么明确地和这么着重地宣布过维护中国国家的完整"。② 英国舆论亦极力鼓吹，如《泰晤士报》曰："德之占领胶湾，适当之举动也，我英之对于中国，亦当以此为模范云云。"③

接着，英国首相索耳兹伯理致驻华公使欧格讷密函，提出英国与俄国达成协议，谓："我们认为同俄国达成一项协议可能有利于英俄两国。我们无意侵犯既存的权利；我们不允许破坏任何既存的条约，或者危害目前中国或土耳其这两个帝国的完整。这两项条件是极其重要的。我们不想瓜分领土，仅想划分优势……是否可能议定：对于这些地区在我们的意见冲突时，利害关系较小的国家应对另一国家让步，并且帮助另一国家？"④ 进而，英国国会通过了一项关于中国政策的决议案："保持中国的领土独立对英国的贸易和影响是极其重要的"。⑤

这项决议更明确地反映了英国的政策，这是"因为不信任俄国政府向英国所保证的关于他们对华意图"，"以便使英国政府能够保护英国在华的利益，并且防止俄国获得对中国领土的控制权，以致危及英国在华的利益"。"它希望通过就英国对华意图所作的明白的和确切的声明，以制止俄国政治

① ［英］菲利浦·约瑟夫：《列强对华外交（1894—1900）》，胡滨译，第225～226页。

② ［英］菲利浦·约瑟夫：《列强对华外交（1894—1900）》，胡滨译，第228、229页。

③《德人占据胶州湾纪略》，《外交报》第172期，光绪三十三年三月初五日。

④ "索耳兹伯理致欧格讷"，1898年1月25日，见《关于大战起源的英国文件》第1卷。转引自［英］菲利浦·约瑟夫：《列强对华外交（1894—1900）》，胡滨译，第236页。

⑤ "国会议事录"第104卷，1898年3月1日。转引自［英］菲利浦·约瑟夫：《列强对华外交（1894—1900）》，胡滨译，第248页。

家们对华实行排他性的制度的政策。”这是英国国会第一次宣布主张中国的独立，而“任何其他国家的代议机关从来没有做过同样的事情。英国必然是亲华的，如果没有其他的理由，而只不过是因为这是有助于英国本身的贸易利益的”。英外交副大臣寇松对这项决议予以强调，说：“政府接受这项议案是没有困难的”，我们同意，“中国的完整和独立是政府十分关切的事情，这对任何一届英国政府说都一定是十分关切的事情，并且可以被认为是我们对那个国家的政策的主要基础”。英国的政策是，“而且必须是，只要我们能够做到防止中国的瓦解，我们就要防止中国瓦解，并且为中国获得继续生存的机会，它有巨大的和重要的资源，它应该享有这样的机会。因此，我们反对割让中国任何部分领土，或牺牲中国任何部分的独立。那是英国政府所不采取而且不愿意效法的一种政策”。“占领中国领土、割让中国领土、剥夺中国主权，根本不是英国政策中的”。① 寇松警告法俄两国，“英国不欢迎它们对华采取违反英国维护中国的完整和独立的政策的任何行动”。他概述了英国对华政策的三项原则，即：(1)“维持中国的完整和独立”；(2)“自由贸易”的原则；(3)保持条约上的权利，特别是《天津条约》第24款、第52款及第54款的权利。这几款能保证英国臣民：对所有的商品都按照税则的规定纳税，但不交纳较其他各国更高的税；英国兵船有权访问中国所有的港口；英国根据最惠国条款应自由地、平等地分享给予国家的一切特权和豁免权。他说：第三项原则的“三项条款是我们在华地位的主要规章，所以我们不能够同意——并且我认为任何一届英国政府都不会同意——放弃或违犯这些条款”。② 无疑，在中国面临瓜分之际，英国是“反对威胁中国完整的任何行动的国家”，且已经提出了门户开放的基本原则。③ 其时，“德日两国的政策是同英国的政策不一致的，它们不反对瓜分中国，英国却反对瓜分中国。因此，它们和俄法掠夺者之间的协议是可能的；它们的英国之间的协议

---

① 《国会议事录》。转引自［英］菲利浦·约瑟夫：《列强对华外交（1894—1900）》，胡滨译，第248～249页。

② 《国会议事录》。转引自［英］菲利浦·约瑟夫：《列强对华外交（1894—1900）》，胡滨译，第250～251页。

③ 参见牛大勇：《英国与对华门户开放政策的缘起》，《历史研究》1990年第4期。

是不可能的”。①

然而，英国试图阻止列强对中国瓜分，却未能遂愿，且不由自主地陷入其中，很快显示出其对华政策的另一面。当德、俄、法、日等国掀起抢占租借地，划分势力范围狂潮的当头，英国出于维护自己利益的需要，也参与了这一罪恶行动，强使中国与之订立相关的条约。英国舆论表示，“统而论之，俄德法三国既谋分中国之地，我英国又岂肯袖手旁观，而不同沾利益？为英国计，宜乘时割取广东及扬子江诸地，因此数处三国所谋欲取者并不在此，显系有意留存，以畀英国，且不欲直伤我英国之利益也”。② 英国的对华政策又随之发生了变化，“不再是一种自由的和独立的政策。它是由于其他四个国家的行动，特别是由于德国和日本拒绝阻止俄国在中国的进展而逼成”。此后，“英国在必要的时候准备在中国获得领土，以保护它在中国的贸易利益和一般地维护均势”。随后，英国也强使中国出让威海卫和九龙两块租借地，以及长江流域势力范围。这样，英国自食其言，“违反了寇松于一八九八年三月一日所宣布的维护中国领土完整的英国政策”。这是其他国家所带头形成的局面，“而英国也曾经预料到它可能不得不采取的一种政策”，寇松实际上对此已有思想准备，当时即说，“我能够想象到将来会发生的种种情况，这些情况大大地影响而且或许严重地危害我们在中国的利益，可能诱使我们而且甚至强迫我们放弃那种谨慎的态度”。由此可见，英国所谓尊重中国的主权完整，只是停留在口头上，缺乏实际的内涵。而正是由于这种承诺的虚假性，英国外交副大臣布罗德里克“把英国主张中国独立的决议称之为理论性的”。③ 英国在第二次鸦片战争之后对华实施的“仁慈的不干涉”方针，④ 也终在列强瓜分中国的大环境中，化为乌有，中外条约关系也更为恶化。

英国对华政策的两重性虽是一个矛盾，但实际上英国有其一以贯之的

① 《国会议事录》。转引自［英］菲利浦·约瑟夫：《列强对华外交（1894—1900）》，胡滨译，第286页。

② 《译论瓜分》，《申报》1897年12月27日。

③ ［英］菲利浦·约瑟夫：《列强对华外交（1894—1900）》，胡滨译，第286～287页。

④ ［英］菲利浦·约瑟夫：《列强对华外交（1894—1900）》，胡滨译，第362页。

基本方针，即以自己的条约利益为取舍。因此，尽管第二次鸦片战争之后英国明确作出了尊重中国主权之类的表示，实际上他们骨子里所相信的仍然是炮舰的作用。1866 年，英外交部在给中国的照会中说：英国不会施加“不友好的压力”，但必须强制对方尊重条约。马嘉理案发生后，英国果然动用舰队和最后通牒，“来强制对方尊重条约”。对于英国商人而言，他们的哲学就是，“‘旧的炮艇政策’最最好，而且‘到最后会获得中国人自己的称赞’”。在他们看来，“中国人象［像］所有东方民族一样，只有炫耀武力才能使他们慑服。只要我们时常鞭打他们，他们就会对我们尊敬”。① 经过甲午战争和庚子事变，中国面临着更严重的危机，英国也一再在这一矛盾中放弃支持中国的政策而加入瓜分狂潮，以维护自己的利益。这种为了自己的利益而牺牲道义的英国风格，导致其“维持中国的完整和独立”的政策成了虚无缥缈的说辞。1899 年，曾以外交副大臣身份阐述对华政策三原则的寇松在向时任此职的勃罗德里克论及议会的责问时，声称：“我们以前从未有过、现在也没有任何对华政策。没有谁比你或我对此事知道得更清楚，因为我们先后曾不得不装作有这种政策。不过外交部的最大教训自然是，对任何事都没有预定的方针。”② 正是由于英国利益的需要，这种所谓维护中国权益的外交政策“仿佛是向壁虚构出来”，只是“给执政和在野两党的领袖用来启迪或迷惑头脑简单的党徒的”。③

如一位英国作者所言，由于英国的“在远东的利益性质异常复杂”，“由于缺乏一定的政策，举棋不定”，其对华政策实际上是“无为而治”。这一政策，无疑反映了列强对华外交的基本态势和趋向。一般说来，英国“希望保全中国免于受到攻击而瓦解”，另外，英国人预料，“远东如发生惊天动地的变乱，可能出现更有利于商业的形势”。例如，当法国通过战争占领越南，“是英国而不是法国的商业”，“将真正得到好处”。相反，“如果进行

① ［英］季南：《英国对华外交（1880—1885）》，许步曾译，商务印书馆 1984 年版，第 316 页。

② ［英］罗纳兹海男爵：《寇松男爵传》。转引自［英］季南：《英国对华外交（1880—1885）》，许步曾译，第 313 页。

③ ［英］季南：《英国对华外交（1880—1885）》，许步曾译，第 314 页。

干涉反对法国，可能引起大家争先恐后要求'赔偿'"，"反使事态恶化"。这便是"无为而治的妙处"，对英国和其他西方列强而言，"法国正在远东做好事，即使它只是给支那人一个教训的话"。正是由于列强在华争夺愈趋激烈，为了维护自己的利益，英国"支持中国的政策"执行得那样不彻底"。到甲午战争后的 1896 年，英国"完全放弃了这个政策"，而放弃如此之快，似乎暗示，由于中国战败，"已立刻以日本来替代中国作为我们未来的盟国"。对中国而言，英国不肯同其他国家一起要求日本归还辽东，"简直是背信弃义之至"。于是，向来鼓吹同英国联盟的主脑人物李鸿章，"因此投入了俄国阵营，并且一直留在那里"。而在英国人看来，"与其担风险失去全部战利品，不如稳当地保住其中一部分"。① 这位作者因此下结论说，"总之，我们对中国的'友谊'是极其暧昧的"。这种"暧昧"，又使他们自己感到有些"可悲"，因为"中国是排外的、沉默的，但又是爱好和平的、不会侵略他人的"。而整个来说，"我们再也指望不到有比过去的中国更好的邻邦了"。②

总而言之，英国对华政策，主要是为了经济利益。与俄法集团不同，"英国人则一心想获得在华的经济机会"。需要指出，对中国来说，经济霸权与政治霸权均是不可取的，然政治霸权对中国主权的损害更为严重。如一位外国学者所言，"对一个国家的经济霸权不象［像］破坏一个国家享有主权的政治生存的那种霸权那样值得非议，那么，我们根据目前所有的证据不得不得出结论说：在整个一八九四——一九零零年中国问题的危机中，英国政府的行为比任何其他国家的行为更全面地符合于中国的最高利益。诚然，英国的行为不是出于利他的考虑，而毋宁是由于它对市场的自私的需要。但是，这对中国人却应是一个可以相信的因素：对于维护中国不受其他列强的领土侵略，在他们的国家和英国之间过去有而且现在仍然有着一致的利益"。③ 即便

① ［英］季南：《英国对华外交（1880—1885）》，许步曾译，第 185～186、317～318、320 页。

② 《亚洲研究》第 2 卷，第 386 页。转引自［英］季南：《英国对华外交（1880—1885）》，许步曾译，第 321 页。

③ ［英］菲利浦·约瑟夫：《列强对华外交（1894—1900）》，胡滨译，第 417 页。

如此，这位外国学者无疑有粉饰英国对华侵略的意味，其实英国攫取在华经济权益，以及为此而构筑的与华条约关系，均是建立在以暴力为基础的强权政治之上的。一旦在华经济利益受到损害或面临威胁，它就会毫不犹豫地向中国举起刀剑，其“维持中国的完整和独立”的政策也因此淹没在与其他列强的争夺之中。

二、从“平等”修好到“征服”中国

在与中国建立条约关系的主要列强中，日本为唯一的亚洲国家。与其他主要强国比较，日本与中国的关系非同寻常。它不仅是中国的邻国，而且同种同文，长期受中华文化的影响。第二次鸦片战争之后，日本与中国订约建交，开始与中国建立条约关系。由于其历史文化及其社会发展的独特性，日本的对华政策体现了各种复杂的因素，有着显著的特点。与其他列强不同，日本与中国的条约关系，经历了从平等到不平等的变化，并在“脱亚入欧”，汲取西方国际法的同时，又具有公然否定国际法规则的两面性特点。这些特点，又由体现了武力征服，具有强权政治性质的“大陆政策”衍生而来。“大陆政策”及其性质，正是日本对华关系最基本的方针和特征，不仅导致中日条约关系发生根本性的转变，而且整个中外不平等条约关系亦因此进入了新的阶段。探讨日本对华条约关系的这些特点，不仅可以深入认识其本质，且对全面了解晚清时期的中外条约关系，亦不无裨益。

日本与华条约关系，贯注着以武力侵略为核心的“大陆政策”，这是它自始与中国建立关系的基点。以武力侵略为基础，也是日本在整个与华条约关系中的最基本的特点，由此决定了其他特点。在各国与华条约关系中，日本与俄国有相似之处，均对中国领土抱有野心，但两者有不同特点。如果说，俄国是利用中国遇难而趁火打劫，颇显“巧取”的话，那么，日本则直接使用武力抢夺，更为霸道蛮横，是明火执仗的“豪夺”。

这一强烈的侵略性，与日本特殊的历史条件和文化传统，以及其由此形成的民族性有关。作为一个岛国，日本国土狭小，资源匮乏，这种特殊的地理环境，导致了其特殊民族性格的形成。它对土地的渴望，对财富的追求，均特别强烈，因而成了海盗盛行的“海上骑马民族”。在封建时期，日本便形成了反映日本的物质条件，对日本历史发展产生重要影响的“武士道”。武士自产生起，“始终是一个崇尚武力，嗜杀成性的特殊社会群体，靠战争生存和发展”。武士道即武士精神，是“靠鲜血和生命来体现”的，既是“忠诚与献身之道”，又是“杀人与战争之道”。它“既是日本武士的人生观和世界观，又是武士应尽的义务和职责；既是武士的道德规范和行为准则，也是日本军国主义的精神支柱和战争工具。”武士道成为日本社会的一种生存方式：从武士个人来看，他们“以刀剑为谋生工具，以战争为职业，通过战争获取和拓展利益”；从政治层面来看，日本形成了“以武兴、以武治”的“武家政治”和“信奉军国主义的基本国策”；从社会取向来看，武士成为国民“效法”“认同和支持”的阶层，由此整个社会接受了“以对外扩张战争获取财富的生存方式”。①因此，对日本而言，“作为封建制度之子的武士道的光辉，在其生母的制度业已死亡之后却还活着，现在还在照耀着我们的道德之路”。“武士道最初是作为优秀分子的光荣而起步的”，从它最初产生的社会阶级，“经由多种途径流传开来，在大众中间起到了酵母的作用，向全体人民提供了道德标准”。随着时间的推移，“武士道”在日本“成了国民全体的景仰和灵感”，“‘大和魂’终于发展成为岛国帝国的民族精神的表现”。②

体现为“武士道”的日本道德观念，不仅演化为普遍的国民意识，且成了日本制定对外政策的思想养分。日本大陆政策的深厚的思想根源正是这种以“武”为核心的“武士道”精神，又在新的时代背景下融入了西方强权政治的霸道主义，形成了颇具“近代”色彩的立国方略。16 世纪末，丰臣秀吉便拟定了大陆扩张的构想，即占据朝鲜后，派军占领北京，然后日本迁都北京，“贡圣上（指天皇）御用”。③为实现这一计划，丰臣秀吉两次举兵入侵朝鲜，但均告失败。丰臣秀吉“灭朝鲜，侵中国”的军事计划，是日本大陆政策的肇始。19 世纪上半叶，以“经世家”著称的日本思想家佐藤信渊，又倡导“征服支那”论，宣称：“皇大御国（指日本）乃天地间最初成立之国，为世界万国之根本，故若能经纬其根本，则全世界悉可为其郡县，万国

---

① 蒋立峰、汤重南主编：《日本军国主义论》上，河北人民出版社 2005 年版，第 79～81、101 页。

② ［日］新渡户稻造：《武士道》，张俊彦译，商务印书馆 1993 年版，第 13、91 页。

③ 王金林：《简明日本古代史》，天津人民出版社 1984 年版，第 320 页。

之君皆可为其臣仆”。而“皇国开辟他邦必先吞并支那”，征服“支那”之后，再图东南亚、印度。① 其后，明治维新的精神领袖及理论奠基者吉田松阴又明确提出征服朝鲜、中国，而明治维新元勋木户孝允、伊藤博文、山县有朋和井上馨等人均曾受教于吉田松阳，吉田松阳的构想遂为他们接受而继承下来，进而渗透到明治政府的大政方针中去。明治天皇《御笔信》所谓“开拓万里之波涛，布国威于四方”，无疑继承和发展了从丰臣秀吉到吉田松阴等人的大陆扩张主义。明治政府领导人此后积极筹划“经略大陆”战略，参议木户孝允提出“征韩论”，将朝鲜定为日本对外扩张的第一个战略目标。②1887 年，日本参谋本部小川又次拟订《清国征讨方略》(以下简称《方略》)，制订了详细的计划，将“征服中国”的大陆政策提上议事日程。

《方略》认为，中国与日本之间，“更有终究不能两立之一大形势”。“若欲维护我帝国独立，伸张国威，进而巍立于万国之间，保持安宁，则不可不分割清国，使之成为数个小邦国。”起草者进一步提出，“清国终非唇齿相依之国”，因此，“乘彼尚幼稚，断其四肢，伤其身体，使之不能活动，我国始能保持安宁，亚洲大势始得以维持”。彼自称，自明治维新之初，“常研究进取方略，先讨台湾，干涉朝鲜，处分琉球，以此断然决心同清国交战”。对于中国“如此国家”，“动辄以宽仁相让，实非国家之良策”。而且，“今日乃豺狼世界，完全不能以道理、信义交往。最紧要者，莫过于研究断然进取方略，谋求国运隆盛”。《方略》制订了详细的作战计划，第一项谓：“若欲使清国于阵头乞降，须先以我国海军击败清国海军，攻占北京，擒获清帝”，此乃最佳手段。至于战后如何处置中国，《方略》提出：“清国虽困弊衰败，但仍是亚洲大国。东洋命运关系清国兴亡者甚多。若万一清国成为他国蚕食对象，我国命运亦不可料。莫如为使欧洲不致侵入，我国先主动制定统辖清国之方略。”具体方针为：关于割占中国领土部分，包括自山海关至西长城以南，直隶、山西两省之地，河南省之黄河北岸，山东全省，

① ［日］佐藤信渊:《宇内混同秘策》,《日本思想大系 45 佐藤信渊》;［日］古川万太郎:《近代日本的大陆政策》。转引自沈予:《日本大陆政策史（1868—1945）》，社会科学文献出版社 2005 年版，第 35～36 页。

② 沈予:《日本大陆政策史（1868—1945）》，第 35～36、37 页。

江苏省之黄河故道、宝应湖、镇江府、太湖，浙江省之杭州府、绍兴府、宁波府东北之地，以及盛京盖州以南之旅顺半岛，山东登州府，浙江舟山群岛，澎湖群岛，台湾全岛，长江沿岸左右十里之地，等等。其最后六处要冲，无论在任何情况下，一定要划入日本“版图”。关于分割中国部分，即将划归日本版图之后的中国领土分为几个国家。一是东三省及内兴安岭山脉以东、长城以北之地分给清朝，使之独立于满洲；二是在长江以南之地，迎明朝后裔，建王国，使之成为日本之“保护国”；三是在长江以北，黄河以南，再建一王国，使之属于日本；四是在西藏、青海、天山南麓，立达赖喇嘛；五是在内外蒙古、甘肃省、准噶尔，选其酋长或人杰为各部之长，由日本“监视之”。而如此“分割十八省”，“欧洲豺狼亦不足虑也”。①

对于割占和分割中国领土，日本竟恬不知耻地视其为理所当然的“公道”之举。在分析如何应对因割占中国土地而引起的与列强的矛盾时，《方略》主张抢占先机，实施所谓“进取”之道，指出：中国未来变化有三个走向，一是“清国富强”，二是“他国入侵”，三是“颠覆清朝”而创一“新国家”。这三个变化“无一不与我国安宁有关”，与其“努力于自卫”，“坐而招来困弊”，莫如“进而谋求伸张”，即“分割清国，占有其一部”。这并非“无名暴举”，因为自满洲而来的清朝，“夺取明朝之中国”，今日“却不努力把中国引向开明”，故“应使之退回其本土——满洲，在中国使故主明朝再兴，统辖其土地”。但将全部土地给予明朝，“等于又造出一个有实力之新清国”，此“于东亚之权衡与安宁，绝非上策”，因此莫如“分割之”。日本则成为中国被分割之属国的“开导者”和“庇护者”，且“给人民以幸福，或尽监视之责”，如此“权衡得平，安宁得保”，没有谁能“一味视我国为土地掠夺者”。如果“白人试图妨碍我国实现其目标，则可以恳辞说明前述之公道”。对顽固者，“可将其意见置一旁，努力使辩论迟缓迁延”。如果“白人欲乘机夺取清国部分土地”，若于我“无害之地”，可“不闻不问”，“毕竟白人得寸地我得丈地；白人占小部，我占大部”。在当今，“幸而欧洲各国相互戒备”，非“远征东洋之时机”，“亦无此实力”。于此良机，“我国断然先发制人，制订进取计划，谋求国家他日之安宁与幸福，实今日

① ［日］小川又次：《清国征讨方略》，1887年2月，《抗日战争研究》1995年第1期。

之最大急务”。①

《方略》的制定，表明日本大陆政策的基本战略已酝酿成熟。明治二十二年十二月（1889 年 12 月），山县有朋就任日本第三任首相，明确将“经略大陆”定为国策。履任第二年，山县有朋将其对外政策的基本理论《外交政略论》及《军事意见书》提交阁僚传阅，以期统一思想。《外交政略论》提出了“主权线”“利益线”等新概念，其主要论点为：“国家独立自卫之道有二：一曰防守主权线，不容他人之侵害。二曰保卫利益线，经常立足于形胜之地位。所谓主权线，乃国家之疆土；所谓利益线，则势与邻国接触而同我主权线之安危紧密攸关之地域。”仅仅防守主权线，“已不足以维护国家之独立，必须同时保卫利益线不可”。所谓保护利益线，“苟各国之所为于我不利者，我有责任以强力表达我意志而排除之”。当时的日本，“利益线之焦点实在朝鲜”。内阁统一认识后，山县有朋决定将以“利益线论”为核心的大陆政策定为国策。同年，山县有朋在第一届帝国议会上作施政方针的演说，公开阐述了《外交政略论》的基本思想，这标志着大陆政策作为日本的国策正式形成。需要指出，山县提出的利益线是可变的，当时“利益线之焦点实在朝鲜”，此后又可根据利益的需要向前推移。② 为了实施大陆政策，“建设一支足以以对抗北洋水师的海军，对日本来说，成了最高命令”。天皇发布的诏敕指出：“国防之事苟缓一日，或将遗百年之悔”。③

大陆政策是日本对华条约关系的基本原则，最为典型地体现了强权性质和侵略性质。19 世纪 50 年代，吉田松阴提出“海外扩张补偿”论，典型地体现了这一性质。吉田深知日本难以与欧美列强抗衡，认为佐藤信渊所倡导的日本征服周围各国以对抗欧美的侵略，是不现实的幻想。提出，他失之于俄、美而由朝鲜、满洲补偿，乃日本之出路。他说：“我与俄、美媾和，既成定局，断不可由我方决然背约，失信于夷狄。但必须严章程，厚信义，在此期间善蓄国力，征服易取之朝鲜、满洲、中国。在贸易上失之于

① ［日］小川又次：《清国征讨方略》，1887 年 2 月，《抗日战争研究》1995 年第 1 期。

② 《山县有朋意见书》，见沈予：《日本大陆政策史（1868—1945）》，第 51～53 页。

③ ［日］信夫清三郎：《日本政治史》第 3 卷，吕万和等译，上海译文出版社 1988 年版，第 258 页。

俄美者，应由朝鲜、满洲之土地以为偿。”“北割满洲之地，南收台湾吕宋诸岛”，“征服易取之朝鲜、满洲、中国”。①70年代，被日本外务卿副岛种臣聘为外务省顾问的美国人李仙德，向日本政府传授了强权政治理念。“日本的外交官僚们，通过李仙德学到了西欧的强权政治，从向西欧引进技术以对付西欧的冲击，发展到从西欧引进强权政治来与万国对峙。”日本将强权与公理结合起来，例如在日本社会盛兴的“征韩论”，“是从相当近代的观点出发的”。鼓吹者“虽言征伐，亦非胡乱征之，欲遵世界之公理”，而所谓“世界之公理”乃是从“国际公法”中获得的概念。②

从1887年的《清国征讨方略》到1890年的《外交政略论》和《军事意见书》，日本承继了16世纪末年丰臣秀吉提出的向大陆扩张的构想，明确将“经略大陆”定为国策。这一国策将日本的武士道传统与西方的强权政治结合了起来，以武力为基础，以战争为手段，攫取和扩张种种特权和利益，包括领土主权。其目的和欲望的实现，则采取了近代国际法和条约关系的形态，最后迫使中国签订条约予以确认。如前所述，《清国征讨方略》设想了一个完整的计划，即通过战争建立“统辖清国”的条约关系，其明确指出：战后“缔结战胜条约”，达到割占和分割中国领土的“战争目的”。③无疑，“大陆政策”是晚清时期日本与中国建立的条约关系的核心，反映了这一关系的本质。

正是由于以“大陆政策”为基本国策，日本与华条约关系经历了从平等到不平等的根本性变化，具有了和其他列强与华条约关系不同的显著特点。对日本而言，这一变化的内在因素，既是“大陆政策”的必然要求，又是幕府时期国际关系秩序转换的深刻反映。

明治维新开始之后，日本力求打开局面，积极推进对近邻各国的外交，也因此谋求与中国建立新的关系。清政府在反复权衡之后，终于接受了日本

---

①《吉田松阴致兄杉梅太郎》，《日本思想大系　54　吉田松阴》，东京，1982；［日］吉田松阴：《幽囚录》，见《吉田松阴全集》卷1，东京，1936。转引自沈予：《日本大陆政策史（1868—1945）》，第36、37页。

②［日］信夫清三郎：《日本政治史》第2卷，周启乾等译，上海译文出版社1988年版，第347、401页。

③［日］小川又次：《清国征讨方略》，1887年2月，《抗日战争研究》1995年第1期。

的要求，并按照自己的意愿与彼建立了平等的条约关系。如前所述，1871 年 9 月 13 日，中日两国签订了《修好条规》及《通商章程：海关税则》，建立了权利义务相互平等的条约关系。然而，由于日本试图效法西方列强，这一平等的条约关系从一开始便隐伏着危机。终于，日本有计划地发动了中日甲午战争，通过战后于 1895 年订立的《马关条约》及其商约和相关条约，日本解决了外交上的几大问题，实现了发展方向的根本转换。其一，从根本上改变了与中国的条约关系，确立了对华不平等的新地位，通过条约这一法律形式确定了大陆政策的实施及成果。也就是说，改变了 1871 年中日《修好条规》所奠立的平等关系。其二，实现了“征服”中国的初步计划，割占台湾、澎湖列岛和辽东半岛等中国领土。只是由于俄、德、法三国干涉，日本才迫不得已将辽东半岛吐了出来。其三，夺取朝鲜，彻底摧毁了清政府的宗藩体制，从根本上改变了东亚国际秩序。它“推翻了清国对朝鲜的宗主权，打开了日本向朝鲜扩张的道路”。同时，日本又乘战胜之机将琉球“确定为日本的固有领土”，并强行霸占钓鱼岛。“华夷”秩序亦因此趋向崩溃，“已近乎虚有其名”，“再加上日本又提出割让盛京省，这就意味着瓜分的刀刃已插入华夷的心脏”。其四，日本由此实现了“脱亚入欧”，跻入列强行列。通过战争打破旧的东亚秩序，日本达到了“脱亚”的目的，同时也决定了日本的“入欧”。再通过其他条约权利的攫取，表明了日本外交的显著的特点，即“维新以来‘独立’这一课题的完成，同时也就是‘侵略’的开始”。这样，与中国加深了殖民地化相反，甲午战争成了日本资本主义的跳板，“巨额赔款的流入”，“地理上靠近中国”等，使日本“取得了比欧洲列强更为有利的条件”。①

东京大学教授、经济学家矢内原忠雄谈到日本割占台湾时说，“当时我国不是高度发展阶段的垄断资本主义国家，即不具有作为帝国主义政策执行者的金融资本主义国家的实质”。因此，占领台湾“不是我国资本的发展联合体而不得不产生的内在必然性”。也就是说，割占台湾并非日本资本主义发展的需要，而是具有其他的意义。即“在欧美列强争夺帝国主义领土的浪

① ［日］信夫清三郎编：《日本外交史》上册，天津社会科学院日本问题研究所译，商务印书馆 1980 年版，第 281～282、293 页。

潮中”，仅仅在获得台湾这件事本身，“也就具有了帝国主义的意义”。国际关系的帝国主义时代本身，“也就规定了已进入这种关系之中”的日本活动的“色彩”。由此，在经济上尚不具备帝国主义实质，即非发达的垄断资本主义的日本，“却采取了帝国主义的形态及其思想体系”。以日本获得台湾等结果的甲午战争，“不能看作单纯的国民战争”，“它具有明显的早熟帝国主义、帝国主义前期、以政治军事行动发展帝国主义的性质”。正是从其资本主义发展水平的角度，这位经济学家将日本发动的甲午战争，称为“非帝国主义国家的帝国主义实践，亦即先迈出实践的一步，随之具备其实质”。①

无疑，甲午战争及《马关条约》体现了日本的大陆政策，其后这一政策随着形势的变化又有新的发展。义和团运动爆发后，大陆政策更直接与瓜分中国相联系，如日本首相山县有朋提出了“北守南进”方针。所谓“南进”，即日本“自当谋求将来遇有瓜分之机”，“宜扩张势力范围，并要求在该范围内取得驻屯军队、铺设铁路、采掘矿山等特权”。甚至主张于福建之外，更将浙江划归日本的势力范围，其界限“应达到江西”，这样可与台湾“成犄角之势”，平时可为“中国内地工业贸易之根据地”，而一旦有事“则可扼东亚之咽喉”。② 德驻华公使雷克司认为，“目前无论欧洲列强或美国都不想瓜分中国”，但日本却“用它的行动强迫列强进一步从事于中国问题”。他表示“极端相信”，“把日本天皇搬到北京是浮现在日人眼前的最高目标”。③ 这一侵略中国的大陆政策，在民国时期继续发展，甚至田中义一首相在上天皇的奏折中提出，“欲征服支那必先征服满蒙，如欲征服世界，必先征服支那。倘支那完全可被我国征服，其他如小中亚细亚及印度南洋等，异服之民族必畏我敬我而降于我，使世界知东亚为我国之东亚，永不敢向我侵

① ［日］信夫清三郎：《日本政治史》第 3 卷，吕万和等译，上海译文出版社 1988 年版，第 293 页。

② “山县侯意见书”，明治三十三年八月二十日，见日本外务省编纂：《日本外交文书》第 33 卷，第 3 册，日本国际连合协会昭和三十二年发行，第 951 页。

③ 《驻北京公使雷克司伯爵上帝国首相布洛夫公爵公文》，1907 年 10 月 31 日，见《德国外交文件有关中国交涉史料选译》第 3 卷，孙瑞芹译，商务印书馆 1960 年版，第 28 页。

犯。此乃明治大帝之遗策，是亦我日本帝国之存立上必要之事也”。[①] 尽管日本否定了这一奏折的存在，但它却用自己的行为证实其并非子虚乌有，即使是坚持奏折“伪造”说的重光葵也承认：“东亚方面所发生的事态，以及日本对此等事件采取的行动，恰似以《田中觉书》作为教科书那样进行的，因此想消除外国对这一文书存在的疑惑是颇为困难的。”[②]

对华条约关系由平等到不平等的变化，又是日本以大陆政策为基础，试图建立以自己为中心的国际关系模式的反映。在制定和推行大陆政策的同时，随着其世界交往的不断扩展，日本产生了新的国际意识和观念，并刻意构建反映世界新格局的对华关系。这就是承袭传统模式，吸纳西方强权政治，以国际法为幌子，以条约关系为基本形式的新的国际秩序。至迟在 17 世纪，日本便产生了摆脱中国和“华夷”秩序的思想，即所谓日本主义。“使对日本的意识获得划时代发展的”，是 1622 年出生的山鹿素行，他在近五十岁时克服了“慕夏”思想，达到了“日本主义”。山鹿素行以日本主义批判了“慕夏”思想，认为只有日本才是“中央之国”，并描绘了以作为“中央之国”的日本为中心的独立的国际秩序。他认为，中国应为“通信”之国，即“邻”国，朝鲜应为“向本朝贡赋”之国，即“属”国。在以日本为中心而形成的国际秩序——“大君外交秩序”中，日本幕府把琉球作为藩属国，列为“属”的核心，另外，则把朝鲜、中国、荷兰列入“邻”的关系之中。山鹿素行的日本主义给“大君外交秩序”提供了理论依据，“对日本独自的世界和日本人的民族自觉来说，是一块巨大的基石”。随后在 18 世纪，集国学之大成的本居宣长，从日本主义的立场出发，激烈地向“华夷”秩序挑战，把日本主义引向新的方向。即从以儒学为基础转变为反对儒学，以国学为基础的新思想，“遂使日本主义愈加纯洁和彻底化”。山鹿素行和本居宣长站在日本主义的立场上批评了“慕夏”思想，一方面拒绝中国的“华夷”秩序，但另一方面又承袭其精神，“设想把以日本为中心的独自

---

① 《惊心动魄之日本满蒙积极政策——田中义一上日皇之奏章》，《时事月报》1929 年第 2 期。

② 《昭和的动乱》，第 15 页。转引自沈予：《日本东方会议和田中义一内阁对华政策——评〈田中奏折〉伪造说》，《近代史研究》1981 年第 1 期。

的国际秩序当作华夷秩序”。也就是说，凡是向日本“朝贡”的国家，都会被纳入以作为“中央之国”的日本为中心的“大君外交秩序”。这样，日本所要建立的国际关系，就不可能是“相互平等的主权国家之间的关系”，国家之间“总会是上下之间的关系”。①

鸦片战争以前，日本便不愿接受中国的宗藩体制，实际上建立了以自己为中心的国际关系模式。据日本东洋学学者中村荣孝的看法，在德川幕府时期，“围绕着征夷大将军——日本国大君，在同亚洲、欧洲各国的关系上，秩序已经确立”。由此，可把德川幕府所形成的外交秩序叫作“日本国大君外交体制”或“大君外交体制”。这是“由大君所代表的、独立于华夷秩序和西欧国家秩序之外的、日本独自形成的国际秩序，其内容，对外是锁国——把对外关系限制为同两个国家的通信关系和同两个国家的通商关系；对内则是垄断贸易和情报”。“大君外交秩序”就是以日本为中心的独自的国际秩序，其意义在于，“这是日本以锁国为契机，为与西欧国家秩序、华夷秩序严格区别而形成的自己的秩序”。“大君外交秩序”又是“一种锁国的秩序”，因为“华夷”秩序“对前来归化者开放门户”，而在“大君外交秩序”下，“则除了保持通信或通商关系的朝鲜、琉球、中国和荷兰四个国家外，对外来者一概拒绝”。到 18 世纪，鼓吹西洋学的学者提出了新的观点，即把国际关系视为平等关系。② 这为日本的国际观念带来了新的思想，也为它构建新的国际关系秩序提出了新的思路，但日本没有照此走下去，而是有意建立一种畸形的双重关系。

其时，西方列强亦将不平等的国际关系秩序强加给日本，这对于日本的“大君外交秩序”来说，“是一种性质完全不同的东西”。这一新的秩序的冲击，“迫使幕府放弃了在过去两个世纪中建立起来的秩序原则和采取性质完全不同的秩序原则”。③ 在新的形势下，明治政府一方面打破“大君外交秩序”下的锁国态势，并汲取西方新的国际关系秩序理论，通过一系列近代

① ［日］信夫清三郎：《日本政治史》第 1 卷，周启乾译，上海译文出版社 1982 年版，第 46～52 页。

② ［日］信夫清三郎：《日本政治史》第 1 卷，周启乾译，第 46、56 页。

③ ［日］信夫清三郎：《日本政治史》第 1 卷，周启乾译，第 61 页。

化改革重新塑造自己，力图改变这一国际秩序下的不平等地位，跻入列强行列，“以使世界公认日本为帝国主义国家之一员”。[①] 另一方面，它仍然承袭“大君外交秩序”中的不对等内核，更进一步效法西方列强在东方建立的不平等模式，又另外构建了一套强权政治的国际关系秩序。明治维新后，日本对华条约关系的筹划、建立及演变、发展，正是在这样的双重背景下展开的，其对华方针也由此充斥着赤裸裸的强权逻辑。

无疑，对日本而言，在其走向新的国际关系秩序之时，其陷入了一个巨大的矛盾之中。它在接触西方国际法之后而产生的国际观，也充满了相互抵牾的悖论，它是“出于对国际公法有特殊理解而产生的”，在当时还留着一条尾巴。如“外务省文件把‘公理’当作一个‘问题’提出来，即其表现之一”。也就是说，西方国际法中的“公理”，仍是一个“问题”，这个“问题”实际上是日本需要区别对待不同国家而产生的。于是，明治时期的启蒙思想家、外务权大丞，以及与华缔约的特命全权副使津田真道，受命起草对西欧各国的修约草案和对华订约草案时，便采取了性质根本不同的方针。1871 年 6 月，津田真道几乎同时完成撰拟的两个条约草案，便体现了日本明治政府的对外关系的两重性。与西欧诸国签订的条约修改草案，目的在于实现平等，改变彼对日本所实施的不平等。与清朝签订的条约草案，则以咸丰十一年七月（1861 年 8 月）清朝与普鲁士签订的条约为蓝本，企图签订不平等条约。这样，明治政府“所描绘的日本国际关系具有两方面的内容：一方面是对西欧各国的平等关系，另一方面是与西欧各国并列，对亚洲各国的不平等关系”。[②]

正是出于这一意识，日本在与中国建立条约关系之始，便将其定格在不平等构架中。尽管中日签订的《修好条规》及其商约，由于清政府的坚持而打破了日本的企图，具有平等的性质，但却是畸形的和不稳定的。其畸形性质，体现在中日两国“都承认西欧各国强加的不平等条款——领事裁判权”

① 《青木周藏自传》，第 109 页。转引自［日］信夫清三郎编：《日本外交史》上册，天津社会科学院日本问题研究所译，商务印书馆 1980 年版，第 238 页。

② ［日］信夫清三郎：《日本政治史》第 2 卷，周启乾等译，上海译文出版社 1988 年版，第 314～315 页。

上。[①] 也就是说，在这个平等条约中，纳入了与国际法原则相背离的条款。由于相互给予这一特权，可认定为平等性质，但却是不正常的。其不稳定性质，不仅因日本的双重外交方针预示了它将被改变的命运，且明治政府在签字后仍纠结于某些条款的修改，亦充分体现了它对华方针的取向。“为了把 1871 年 9 月签订的平等的日中修好条规，转化成不平等条约”，外务卿副岛种臣“决定暂缓批准，以便待机修改”。1872 年 3 月，副岛任命外务大丞柳原前光为少办务使出使清朝，交涉修约。[②]

柳原前光到天津后，递交了外务卿副岛和外务大辅寺岛致李鸿章的照会，提出 3 条修改大纲。从日本提出先行修改的两条来看，它们反映了日本对欧洲列强和对中国的双重方针。关于《修好条规》第 2 条“调处之约”，其时，“北京公使团指责日清两国通过第二条缔结同盟条约”。本来该条是仿照中美《天津条约》第 1 条的，毫无结盟之意，日本全权代表并未将此条解释成“犄角连衡，攻守相助”。然而，明治政府为了避免得罪欧洲列强，并与之结好，却表示，“所谓两国特殊友谊云云不易实行，首先它对日本自主立国的主权有所妨碍”，要求修改。关于第 11 条，根据“入国问禁”“入境问俗”的通例，应无可非议。而日本提出取消这一禁令，以维护武士的生活习惯，无疑反映了其坚持以武立国的观念。此外，对于第 8 条规定互相享有领事裁判权这一平等条款，日本政府亦非常不满，批评说：“应效法北德意志条约（即前述清朝与普鲁士所订不平等条约），以实现与各国（指西欧各国）的平等地位。此极关紧要之事未彻底实施，鄙人等同感惊愕”。它强调“如此进行，不仅招致西洋各国不信，且难免给国家造成难题”。鉴于条约业已签订，无法更改，明治政府认定，“日本此后的课题是如何把日中两国和平等条约转变成类似西欧的不平等条约”。[③]

出于这一目的，日本很快便借机下手，诉诸武力。如前所述，它利用琉球船民被台湾土著部落杀害之事，于 1874 年派遣陆军中将西乡从道率军侵犯台湾。在英使威妥玛的调停下，清政府与日本签订了《北京专条》。尽管

---

① ［日］信夫清三郎：《日本政治史》第 2 卷，周启乾等译，第 316 页。
② ［日］信夫清三郎：《日本政治史》第 2 卷，周启乾等译，第 343 页。
③ ［日］信夫清三郎：《日本政治史》第 2 卷，周启乾等译，第 316 页。

该约肯定了台湾属于中国的法律地位，也未完全改变中日条约关系的性质，但它是一个不平等条约，使中国的国家权益遭受了种种损害。可以说，这是日本为效法西方列强，推行战争政策小试牛刀，也是它改变中日关系性质的前奏。此后日本更加紧准备，终在条件成熟时发动了甲午战争，通过《马关条约》实现了将中日条约关系从平等转变为不平等的目的。

由上可见，日本与华条约关系由平等到不平等，是日本实施“大陆政策”的结果，同时亦是它在东亚试图建立以自己为中心的国际关系模式的反映。而在世界范围的国际秩序中，日本则通过这一转换，将自己纳入了西方列强的行列之中，共同将中国作为压迫和统治的对象。为实现这一目标，日本对欧美列强和中国采取了双重立场，其对华方针既以“大陆政策”为内核，又在承继了幕府时期“大君外交秩序”中的不对等要旨的基础上，将西方霸权主义的国际秩序理念及实践融入进来。从《修好条规》到《马关条约》，中日间平等的条约关系被不平等关系所取代，这一根本性变化的特点，正是日本将崇尚武力和自我中心的传统与西方的强权政治结合起来的体现。

国际法是近代国际关系的基本规则，而条约则是国际法的重要制度，日本在走向近代、“脱亚入欧”的过程中，亦同时在某种程度上接收着这一新的理论。然而，在国际关系中，尤其是在对待东方弱小国家时，日本却效法西方列强，奉行武力至上，因此以国际法为弁髦，与其进步理论和规则背道而驰。它一方面用国际法指责和约束中国，另一方面则自己公然否定和违反国际规则，这一两面性是其对华条约关系和对外政策的又一显著特征，反映了日本奉行强权政治的实质。

明治政府为了摆脱列强强加给它的不平等条约，主张引进西方国际法，全面改革国内法。谓：“宜修改往日之条约，确立独立自主之体制。欲修改往日之条约，则须依据国际公法。若依据国际公法，则我国国法、民法、贸易法、刑法、税法等法律，凡与公法相抵触者，均须改正修订。”又向西方国家派出使节，“修聘问之礼，以笃友好之谊”。同时，“借修改条约，向各国政府阐明并洽商我国据国际公法进行改革之宗旨并商讨之”。“观察欧亚各洲最开化昌盛之国体的各项法律规章等是否适于实际事务之处理，探索公法中适宜之良法，以便在我国国民中付诸实施。”① 明治政府认为，“此事亦至为重要”，因此迅速按照西方法律原则进行改革，并全面引进国际法。

其实，传统国际法时代的国际社会，还奉行弱肉强食的规则，日本非常清楚，亦以此作为处理对外关系尤其是与弱小国家关系的圭臬。因此，在对华条约关系方面，日本又体现了与其大陆政策相吻合的另一面。小川又次在《清国征讨方略》中便声称，对中国这样的国家，“动辄以宽仁相让，实非国家之良策”。因为，“今日乃豺狼世界，完全不能以道理、信义交往。最紧要者，莫过于研究断然进取方略，谋求国运隆盛”。② 如前所述，光绪元年（1875 年），日驻华公使森有礼便无所顾忌地声称：“和约没甚用处”，“万国公法亦可不用”。③ 森有礼的这番言论，反映了日本走向近代化过程中的思维，在仿效欧美文明的同时，更多地秉承了西方列强的强权精神，变本加厉地阐扬了其本身以武立国的恶劣传统。它发动甲午战争，便是视国际法为弁髦的典型例子。战争爆发前夕，李鸿章便面斥了日本的行为实质。他对日驻天津领事荒川己次说：“国际事务，本皆依条约及国际公法之规定外无他。”日本与朝鲜国缔约，“视朝鲜国为独立国家”。但此次陆奥宗光提出有关议案，“难以理解其有丝毫道理”。日本广求欧美法理，尤长于外交，孰料陆奥氏之提案，“不仅不能令人表示钦佩，且皆出于国际定规之外，殆不足以采纳”。他质问日方“岂非忘却天津条约之宗旨乎？”中方尊重中日所订条约，“此次应韩廷之请而出兵时，基于天津条约第三条，当即通告日本政府。并认为无驻兵之必要，希与日本政府共同迅速撤兵”。如果按照日本的主张，“由两国派委员干涉其国事，此为公法所不允”。而若无视公法，“国际交往无论如何亦不能继续。欲强逐之，除诉诸武力外无他”。④ 李鸿章指出，“无视公法”的结果，便是“诉诸武力”，这正是日本蓄谋已久，并付诸实施的强权手段。而由于日本的这种霸道的行径得以奏效，又助长了它和西方

① ［日］信夫清三郎：《日本政治史》第 2 卷，周启乾等译，第 317～318 页。

② ［日］小川又次：《清国征讨方略》，1887 年 2 月，《抗日战争研究》1995 年第 1 期。

③ 《日本使臣森有礼署使郑永宁来直隶督署内晤谈节略》，光绪元年十二月二十八日，见顾廷龙、戴逸主编：《李鸿章全集》第 31 册，安徽教育出版社 2008 年版，第 340 页。

④ 《驻天津荒川领事致陆奥外务大臣函》，明治二十七年六月十九日，见戚其章主编：《中国近代史资料丛刊续编·中日战争》第 9 册，中华书局 1994 年版，第 243～244 页。

列强对华的强权政治，并加剧了它和其他列强的矛盾和冲突，此后的中外条约关系也就更为复杂，中国应对和处理这一关系的工作也更为艰巨。中日间的条约关系，也由此出现了反映日本要求特殊权益，甚至独占在华权益的趋向，更体现了军国主义的贪婪的本质。其后日本在中国的所作所为，正是它沿着《马关条约》所开辟的路径在新形势下的发展。

战后议和时，日本为了顺利达到自己的条约目的，其首相伊藤博文打着国际法和国际规则的幌子指责中国，以未授予全权为借口拒绝中国所派谈判特使户部侍郎张荫桓、湖南巡抚邵友濂，谓："迄今为止，中国已几乎完全脱离了其他列强。而她在某种情况下，又享受着国际大家庭之一员所得到的利益。也许她经常否认那种关系的责任。她已在实行一个孤立的和猜疑的政策。因而其对外关系上，缺乏友好邻邦所必须的那种坦率和互相信任的特点。"他声称，这样的例子不少，"中国的代表正式赞同国际条约后又拒绝盖印"；甚至还可以举出这样的例子，"正式签订的条约已随随便便地没有正当理由就否决了"。伊藤煞有介事地从这些所谓"令人遗憾的事件"中作出一个"充分的解释"："事实上，中国在这些问题上是不严肃的、不认真的。此外，也许可以老老实实地说，中国指派进行谈判的官员，未授予谈判必要的全权。"他将其上升为历史的经验，谓："历史告诫日本，要避免和中国熟悉谈判条款、未授全权的官员进行谈判。这自始至终是日本的希望。因此，帝国政府制定一个任何和谈的先决条件：中国的全权代表应具有缔结和约的全权书。只有收到中国政府已遵照先决条件的绝对保证，中国的全权代表才能来日本；日本的天皇陛下才能授予我的同僚和我本人，与中国全权代表缔结和约在初步停战协定上签字的全权。"在编造这些理由的基础上，伊藤表示，"鉴于这种形势，我们不可能继续进行谈判"，要求中国"应服从国际间往来的范围更广的标准"。①

其实，日本政府拒绝认可张、邵的谈判资格，是因为他们两人在中国是"毫无势力资望之辈"，"决难期望能使谈判获得满意结果"，且迫使清政府无条件投降的机会还未到来。伊藤博文明确要求清政府派"官高爵尊"的

① 《附记：二月三日上奏案》，见戚其章主编：《中国近代史资料丛刊续编·中日战争》第10册，中华书局1995年版，第286～287页。

人为全权大臣，如恭亲王或李鸿章担任，“最为适宜”。当时西方国家对日本的这种做法也不无微词，“认为日本以这种口实拒绝中国使臣，其中可能别有阴谋”。[①] 事实确实如此，在日本冠冕堂皇的理由中，隐藏着最大限度勒索中国的险恶用心。实际上，日本自己并未走向真正的近代文明，它无视国际法的进步规则而承袭了其中的反动理论，对华实行强权政治的野蛮侵略方针，西方舆论对此多有评论。如俄国《新报》载文认为，“日本人仍然一如既往，仍系不可适用国际法之野蛮人民，无论如何不能与欧洲各国为伍。文明日本与未开化清国间之唯一差别，只是日本人学习欧洲之枪炮进行射击，利用欧洲人文明之外表而已。其野蛮狂暴与中国人相等，与欧洲人毫无共同之点”。该文还认为，“日英条约为一大错误，使日本人享有与欧洲人同等权利之类说法，当然勿庸论述。对于此种人民虽能适用宇宙法但不可适用国际法。何况大津事件与袭击李鸿章事件二事已经证明日本人已成为甚至不可适用此宇宙法之人民”。[②] 欧洲舆论也认为，“日本人如与清国人相比，于文明程度上虽聊有优劣之分，然而要言之，彼等均属于半开化之人民。因此，日本人虽于外表上伪装以欧洲文明，而于内心憎恶欧洲人一事，勿宁说实际超过清国人”。甚至对日本的未来趋向甚不放心，认为“日本人如扩张其势力以至统治清人，并以所谓‘亚洲人属于亚洲人’之主张笼络清人，与之勾结，最后必将与欧洲各国相敌对”。[③] 这一戒心普遍存在，如意大利外务次官便责问日本公使高平小五郎：“原来贵国将采取乘此次讲和之机与清国结盟，以便将来反抗欧洲各国之方策，贵公使以为此说如何？”[④]

上述西方舆论对日本的看法，并非完全是因利益冲突而产生的偏见，而是在相当程度上揭示了日本脱亚入欧的特征。它一方面汲取了西方的先进文明，另一方面为了使自己成为世界强国，又施以有过之而无不及的侵略手

---

① ［日］陆奥宗光：《蹇蹇录》，伊舍石译，商务印书馆1963年版，第127、126、129页。

② 《驻俄国西公使致陆奥外务大臣函》，明治二十八年四月十二日，见戚其章主编：《中国近代史资料丛刊续编·中日战争》第10册，第101～102页。

③ 《驻德国青木公使致陆奥外务大臣函》，明治二十八年五月二十七日，见戚其章主编：《中国近代史资料丛刊续编·中日战争》第10册，第204页。

④ 《驻意大利高平公使致陆奥外务大臣函》，明治二十八年四月九日，见戚其章主编：《中国近代史资料丛刊续编·中日战争》第10册，第91～92页。

段。对明治政府而言，按照国际法的主权原则修改与欧美国家之间的不平等条约，与实行强权政治而入侵中国，实施大陆政策的行径，“是表里一体的事业”。[①]这一特征，体现了日本在国际社会中的矛盾性格，并给中外条约关系增加了更为恶劣的因素。如李鸿章驳斥柳原前光所说，“你口内说和好的话，作事都是不要和好的”。[②]纵观中日条约关系的历史，此类事例屡见不鲜。在琉球问题上，中国主张“共相保护”，日本却提出废而分之。在交涉中，如李鸿章所批评的，日本“藐视中国”，“且不独藐视也，两国既经定约通好，无事不可商办，亦不可不商而经辩明，知其为两属，乃竟未会商中国，擅自废灭”，“贪其土地”。日方不以为然，认为废琉球之举，“理之所当有”。[③]光绪十四年（1888年），日本以与欧美各国修约为辞，提出修改平等的《修好条规》，尤其是主张撤销中国与之对等的领事裁判权，并指责中国不同意修改，“实与情理相距太远”。[④]日本驻华使领又曲解条约，试图为日僧攫取在华传教特权，声称日本享有最惠国待遇，且“各约内并无禁止在华传教明文”，要求清政府允许和保护日僧来华传教。[⑤]诸如此类，不一而足。

日本对国际法的两面性，是服从于强权政治的“大陆政策”，这又反映在它处理与西方列强的关系上。为了“脱亚入欧”，使列强认同其大陆政策，日本非常注意与其他列强的关系，这是它在处理对华问题上的一个重要策略，也是其与华条约关系的重要特征。例如，当发动改变平等条约关系的甲午战争时，日本采取了拉拢西方国家尤其是英国的政策。“日本不能无视欧美的意向，而在朝鲜发动战争。这是因为如果无视欧美的意向，日本就将

① 《青木周藏自传》，第109页。转引自［日］信夫清三郎编：《日本外交史》上册，天津社会科学院日本问题研究所译，商务印书馆1980年版，第238页。

② 《与日本公使东使柳原前光郑永宁问答节略》，同治十三年六月十一日，见顾廷龙、戴逸主编：《李鸿章全集》第31册，安徽教育出版社2008年版，第69页。

③ 《小官与李鸿章笔谈》，明治十九年，见日本外务省编纂：《日本外交文书》第19卷，日本国际连合协会昭和二十六年发行，第261、260页。

④ 《盐田三郎致庆郡王等函》，明治二十一年八月初七日，见日本外务省编纂：《日本外交文书》第21卷，日本国际连合协会昭和二十三年发行，第103页。

⑤ “日驻杭领事高洲照会浙江洋务总局督办、总理世信实衡”，明治三十九年八月十三日，见日本外务省编纂：《日本外交文书》第39卷，第1册，日本国际连合协会昭和三十四年发行，第825页。

受到干涉，大陆政策本身就会遭到挫折；特别是如果无视英国的意见，那就将使为达到日本‘独立’所必需的修改条约不可能实现。陆奥外相竭力利用英俄对立，争取英国的赞同。为此，就必须把出兵朝鲜的理由放在镇压民乱及预防民乱即改革内政方面，并使英国相信日本的真意在于预防俄国入侵朝鲜。陆奥外相之所以不采取大岛公使以废除清朝宗属关系作为开战借口的提议，是因为英国基本上希望维持清帝国和朝鲜关系的现状。”① 日本通过《马关条约》攫取了种种经贸方面的条约特权，实际上是对欧美各国的国际贿赂，而并非日本资本主义发展的需要。例如，对日本而言，在华设厂特权在当时并无多大意义，其时“日本的私人资本当时还未感到有在海外开设工厂的必要”。据日本全权代表林董所言，这项要求，“实际并非出自日本本身的要求，是由于‘别有用意’而加进和约之中的”。所谓“别有用意”，据日本报刊披露，即“对英国进行国际贿赂”。② 日外务大臣陆奥宗光也说，“讲和条约中有关通商上之让与，与其说于我有利，莫如说于欧洲各国更大为有利。因为日本与清国之通商贸易，尚不如欧洲与清国之间通商贸易那样发达。从新开辟港口、扩大航路以及在通商港口建立制造工厂等，一切统按最惠国条款待遇，欧洲各国将立即享受其利益”。③

除了进行“国际贿赂”以直接拉拢西方列强之外，日本还刻意将中国排除于文明社会之外，挑拨其他国家与中国的关系，表示不与中国为伍。例如，意外务次官因对日本的割让土地要求感到意外，为之“惊愕”，日驻意公使在解释中极力贬损中国，谓：与中国采取共同行动，得不到任何利益。“我国决不能与反复无常、以欺骗作为与各国交往之清国缔结同盟。曩者，清国与英国结盟，中途改变，又依靠俄国，最终失去英国信任，此乃尽人皆知者。”而日本则“经常出入英国各国活动舞台中，希望长久与各文明国家为伍。纵令处于亚洲东部偏僻一角，亦不能采取与清国同心协力、反抗欧洲

---

① ［日］信夫清三郎编：《日本外交史》上册，天津社会科学院日本问题研究所译，商务印书馆 1980 年版，第 264 页。

② ［日］信夫清三郎编：《日本外交史》上册，天津社会科学院日本问题研究所译，第 292 页。

③ 《陆奥外务大臣致林外务次官电》，1895 年 4 月 22 日，见戚其章主编：《中国近代史资料丛刊续编 · 中日战争》第 10 册，第 117 页。

列强之拙策”。①

正是在以国际法为核心的国际关系规则方面，日本所显示的两面性，无疑是西方列强在东方的翻版，其性质之恶劣可说是有过之而无不及。日本由此拉近了它与西方“前辈”的距离，这有助于它“入欧”成为列强一员，并推进了世界范围内的帝国主义国际秩序。在与西方国家关系的发展过程中，随着对华条约关系的演变，日本不仅提高了自己的帝国主义程度，而且极大改变了国际关系秩序的格局。20世纪初年英日同盟的形成，“终于使日本加入西欧帝国主义各国的行列，并作为一种争夺霸权的强权政治的主体而确立”。19世纪中叶，克里米亚战争的结果，“使西欧国家秩序越出西欧基督教世界而渗入近东的土耳其，开始向笼罩异教世界的世界国家秩序发展”。其时，由于拉进了在远东“脱亚入欧”的日本，“就使这种世界国家秩序的形成过程从东西两方汇合于日本，把西欧国家秩序变为笼罩全世界的世界国家秩序。日本已成为地地道道的帝国主义国家”。此后的日本政府，更以帝国主义的姿态处理与其他国家尤其是与中国的关系，20世纪初年的桂内阁“系统建立了发展日本帝国主义的帝国主义政策”。它“观察了帝国主义各国在亚洲的扩展过程，同时明确地规定了日本的课题”，“特别是对中国之企图”。② 日本在国际法问题上的两面性，可说是以中国为重点实施对象的，这是它建立与华条约关系的一个基本特点。而作为西方殖民主义或帝国主义国家的重要属性，对国际法的两面性，在某种程度上反映了传统国际法的局限，以及在国际法的招牌下实施强权政治的实质。

以上是日本对华条约关系的基本特征，此外，在对华条约关系中，日本还将自己摆在优越于其他国家的特殊地位上，显示出更为贪婪的本色。日本是中国的近邻，其地理位置使它自认为其在华有特殊利益，因此在中日不平等条约关系中又包含这一要素。从补偿论、利益线等到其后的“特殊利益”，日本明确提出了其对华方针，并得到了其他列强的承认。“日英盟

① 《驻意大利高平公使致陆奥外务大臣函》，明治二十八年四月九日，见戚其章主编：《中国近代史资料丛刊续编·中日战争》第10册，第90、92页。

② ［日］信夫清三郎：《日本政治史》第3卷，吕万和等译，上海译文出版社1988年版，第350页。

约首予承认，日法日俄等协定继之。”日本特使石井菊次公然说，鉴于日本与中国“天赋地势之实在状态”，因此“较之他国，据有优越利益，犹美国之于墨西哥及中美诸国然”。[①]“一战”期间，日本的要求又得到了美国的认可。1917 年 11 月，美国与日本订立协定，“认为国家间领土相接近会产生特殊关系”，因此“承认日本在中国有特殊利益”。[②] 北京政府对此发表了声明，表示：“即因领土接壤发生国家间特殊关系，亦专以中国条约所已者为限。并再声明，嗣后中国政府仍保持向来之主义，中国政府不因他国文书互认，有所拘束。”[③] 其实，“特殊利益”是日本实施大陆政策的一个步骤，虽然中国政府明确否定他国协定的安排，但在列强的相互妥协中，往往又会被迫签订条约予以认可。例如，当俄国趁义和团运动之机出兵东北，并拒绝撤兵，企图独占之时，日本毫不犹豫地与之开战，将其在南满的各种特权夺了过来。随后又强迫中国签订中日《会议东三省事宜正约》，迫使清政府认可它的战果，并且另外攫取了新的权益。[④]

在清末中日《通商行船续约》的交涉中，日本所提要求也反映了上述特征。该约交涉在英、美之后，为了体现自己的独特地位，“凡英、美所索允者，彼［日本］视为分所应得，英、美所索而未允者，彼则以为该国体面所关，必须多索数条，方见其改约之功”。由于日方“执定此见”，使中方“更觉难于辩论，是以开议经年，棘手万分”。如免厘加税一事，日方不允“英约加至十二五而仅允值百抽十”，且“欲将由日本运进中国之煤炭、棉纱及一切棉货概不加税”，此“尤与英约相背”。当时中方“抱定英约为主”的宗旨，“凡英约所有者，自应均照英约办理，不能丝毫有异。英索而

---

① 王芸生编著：《六十年来中国与日本》第 7 卷，生活 · 读书 · 新知三联书店 1981 年版，第 102 页。

②《日本和美国关于中国的换文》（蓝辛石井协定），1917 年 11 月 2 日，见世界知识出版社编：《国际条约集（1917—1923）》，世界知识出版社 1961 年版，第 1 页。

③《段祺瑞政府关于蓝辛—石井协定的“声明”》，1917 年 11 月 9 日，见熊志勇编：《中国近现代外交史资料选辑》，世界知识出版社 2012 年版，第 218 页。

④ 见中日《会议东三省事宜正约》，光绪三十一年十一月二十六日，见北京大学法律系国际法教研室编：《中外旧约章汇编》第 2 册，生活 · 读书 · 新知三联书店 1959 年版，第 338～342 页。

我未允者，仍不能稍予迁就”。谈判地点由上海移到北京，中方代表“始终坚持定见”，凡有损于我者，“皆始终力拒，全力争持，不敢稍涉松劲”。经“争辩年余”，日方“知我不能摇夺”，且“急欲与美约同日画押，遂即转圜，事事略为迁就，得以议成”。日方虽然不得已勉强签了字，但仍“意存取巧”，如在免厘加税问题上，“不肯显然承认”实加税至“十二五”，仅仅声明“按照中国与有约各国共同商定加税之率一律照输无异”。①

综上所述，日本对华条约关系的方针，是以侵华的大陆政策为中心的，其目的是实现对中国的统治。它以条约和国际法为工具，以领土占有为目的，效法欧美，目标明确，因时度势，逐步推进，以武力为内核的强权政治则是它的基本法则。在它身上，尤为典型地体现了西方资本主义国际关系的本质，即在冠冕堂皇的国际法之下，毫无愧怍地践踏弱小国家的主权。例如，在《马关条约》交涉之时，伊藤博文迫不及待要占据台湾，李鸿章说，“贵国何必急急？台湾已是口中之物”。伊藤回答道：“尚未下咽，饥甚！”②“饥甚”二字，活脱脱地道出了日本的贪婪和凶顽的本质。对于国际法上的遵守条约原则，日本作了符合自己需要的解读。19世纪晚期日本舆论便鼓吹，“厉行条约非仅墨守条约本文而进退”，“乃在条约本文允许范围内尽可能伸张我国国权之谓”。若有益于伸张国权，“即便有时超出条约本文范围，则亦孰将非之？”目的在于“伸张国权，而不在于墨守条约本文”。所谓厉行，“不过是以伸张我国国权为方向而严格执行条约”。③也就是说，是否守约，须根据自己的利益需要来定。日本的目的就是成为列强中的一员，而征服中国则是达到这一目标的关键，因此对华关系是日本对外理念和实践的关键元素。与中国的条约关系，也由此成为日本对外关系的中心，甚至其对其他国家的政策，亦均立足于此。明治政府曾声称，甚至可以毫不夸

---

① 《吕海寰袁世凯张之洞伍廷芳盛宣怀奏日本商约定议遵旨画押折》，光绪二十九年十一月十六日，见王彦威、王亮辑编：《清季外交史料》第7册，李育民等点校整理，湖南师范大学出版社2015年版，第3308～3310页。

② 《马关条约商订始末·续问答节略》，光绪二十一年三月十六日，见蔡尔康辑：《中东战纪本末》。转引自邵循正等编：《中国近代史资料丛刊·中日战争》五，新知识出版社1956年版，第428页。

③ ［日］信夫清三郎：《日本政治史》第3卷，吕万和等译，第272页。

张地说，“在对外政策方针中所提出的对英、对美、对德和对法诸政策，都不过是为了解决对华诸问题的手段”。[①]

综观各国与华不平等条约关系，日本虽然与华建立条约关系较晚，但最为凶残和霸道，其发展趋向也最险恶，对中国的危害也最大。也正由于日本所具有的上述特征，使它扮演了一个极为重要的角色，以其经济上“非帝国主义国家”的身份迈出了“帝国主义实践”的一步，由此启动了晚清中外条约关系的新阶段。如前所述，日本肇启的新阶段反映了资本主义走向帝国主义时代的种种变化，而日本所具秉性恰恰适应了国际形势的新格局，充当了实现这一转折的始作俑者，它所勒订的中日《马关条约》成了中外条约关系发展变化的显著标志。在这个新阶段，传统的朝贡关系完全被条约关系所取代，两种国际秩序不再并存；列强所获新的条约特权，体现了帝国主义时代的种种内涵，等等。中外条约关系的整体格局由此发生变化，其内在危机趋于白热化，从而导致资本主义世界集体对中国进行空前的暴力打击，进一步巩固强化了这一关系。

① ［日］信夫清三郎编：《日本外交史》上册，天津社会科学院日本问题研究所译，第256～257页。

第十三章 以“机会均等”为核心的美国对华方针

在晚清时期的中外条约关系中，紧随英国之后的美国具有独特的地位。它一再强调维护“由条约和国际法”所保证的一切权利，① 以一种形似“温和”的方式，构建和扩展其与中国的条约关系。从“搭便车”签订《望厦条约》建立中美条约关系，再经第二次鸦片战争实施“合作政策”从整体上协同条约关系，到提出“门户开放”并使之国际化，既是美国在对华关系中摆脱传统的孤立主义政策的反映，又呈现了中美条约关系三个阶段的演变轨迹。尽管各个阶段存在差异，但自始至终围绕着一个中心，即维护、保障和扩展以机会均等为核心的条约权益，将此作为对华外交的基本方针。在国际形势和中外关系的变化中，美国的这一外交方针逐渐国际化，最终以公约形式发展为国际规则，对中外条约关系和国际格局产生了深刻的影响。通过这一方针，美国不仅最大化攫取了在华权益，且在某种程度上主导了列强对华外交，显示了其在整个中外条约关系中具有举足轻重的地位。

一、“搭便车”开启中美条约关系

美国是借助英国发动的鸦片战争开启对华条约关系的，如美国学者所

① “Mr. Hay to Mr. Herdliska”（Circular telegram）, July 3, 1900, *Papers relating to the foreign relations of the United States, with the annual message of the president transmitted to Congress*, Washington, Government Printing Office, 1903, p. 299.

言，它奉行“免费‘搭便车’的帝国主义”，① 或实行“拾荒者”外交，向中国索取与欧洲人均等的贸易权利。② 与此同时，美国又在理论和实践上发展了条约特权，进一步扩展和完善了这一不平等的新关系。

从一开始，美国便冀求在华获得与英国同等的条约权利和地位，这一企望成为美国对华关系的基本原则。1839 年中英冲突发生后，在华美商几乎一致希望美国能与中国订约，对税则、贸易和平等交涉等作出规定。美传教士巴驾对林则徐说，消除“中外交恶的原因”，在于签订“体面的条约”（honorably treaty）而已，“各友好国家间都订立了这种条约”。③ 鸦片战争爆发后，为保护本国公民的利益和人身安全，美国派遣加尼率东印度舰队来华。加尼抵华后，迫不及待地向清政府提出了片面最惠国待遇的要求。《南京条约》刚刚签订，他便建议美国政府派全权公使来华签订商约，并致函两广总督祁𡎴，说：“我渴望帝国政府关注美国在华的商业利益，希望考虑美国贸易的重要性，置美国人在贸易方面与享受优惠待遇国家的商人于平等地位”，④ 明确要求最惠国待遇。随后加尼又致函祁𡎴，强调按照这一原则签订条约对于两国关系的重要性，称：“如果中国不允许美国商人享受平等待遇，将引起美国的反感。我再次重申，我的首长将为我国的商人要求享受中国皇帝给予其他国家商人所有的权利。”“为了避免以后发生纠纷，为了商订友好条款，两国的执政者应委派高级官员进行谈判，签订一个互相有益的持久条约。”⑤ 其时清政府已决定对各国实施“一体均沾”的政策，遂同意了美国的要求。加尼并未负有与中国交涉的使命，但他提出的要求，却表达了美

① ［美］托马斯 · G. 帕特森等：《美国外交政策》，李庆余译，中国社会科学出版社 1989 年版，第 158 页。

② ［美］泰勒 · 丹涅特：《西华德的远东政策》，《美国历史评论》第 28 卷，1922 年 10 月。转引自孔华润主编：《剑桥美国对外关系史》上，王琛等译，新华出版社 2004 年版，第 282 页。

③ G. B. Stevens, *The Life, Letters, and Journals of the Rev, and Hon*. Peter Parser, p.170. 转引自李定一：《中美早期外交史》，北京大学出版社 1991 年版，第 81 页。

④ 《加尼致祁𡎴》，1842 年 10 月 8 日。转引自乔明顺：《中美关系第一页 1844 年〈望厦条约〉签订的前前后后》，社会科学文献出版社 1991 年版，第 37 页。

⑤ 《加尼致祁𡎴》，1843 年 4 月 13 日。转引自乔明顺：《中美关系第一页 1844 年〈望厦条约〉签订的前前后后》，第 42 页。

国对华政策原则。

中英《南京条约》签订后，美国政府认为与中国建立条约关系的时机已经到来。1843 年 2 月至 3 月，美国国会两院通过了派出使团赴华订立“平等互惠商约”的议案，接着，顾盛被任命为赴华专使。顾盛的使命，便是借助中英战争获取英国的战果，与中国签订享有与英国同样权利的条约。顾盛衔命赴华时，美国务卿丹尼尔·韦伯斯特给他下达了训令，告以“出使的政治目的和欲达到这一目的的手段”，明确地交代了美方的方针。训令首先指出，英国通过战争迫使中国增开了厦门、宁波、上海和福州四个口岸，“这些港口位于中国物产最为富饶和人口最多的省份，都将成为很重要的商品市场”，顾盛出使的主要目的，是获取与英国同样的利益。“就是为美国商船进入这些港口，与英商享受同等优惠贸易的权利。”“借助于获得最有利的通商条件和建立最友好的通商关系，在所有的商品增加产品的输出，将有利于美国的工、商、农、矿各业的发展。”训令强调，“你应以坚定的措词和果断的态度表示：如果中国政府允许别国人民比美国人民享受更多的权益和有利的贸易条件，美国政府将不可能与中国皇帝保持友好关系”。“希望你也相信自己将成功地签订一个象［像］英中条约那样的条约；如果它能包括更完备和更为正规的条款，就将美中关系向欧洲关系推进一步。”如何达到这一目的？训令要求顾盛在中国树立友好的形象，消除或缓和中国人民的排外和反外情绪。“出使仅是以两国互相友好和通商为目的”，所以希望顾盛“能以深谋远虑和友好姿态，在一定程度上主动消除或缓和中国人忌妒和他们的排反外情绪”。其始终如一的目标，“是使中国政府和人民坚信你的出使是完全和平的，不怀有任何敌意，不给中国增添烦忧”。训令还强调，要使中国看到，顾盛是“表达敬意与良好愿望和建立友好关系的和平使者”。“在任何场合，都要适当的尊重他们的制度和风俗习惯，并且避免触犯他们的傲慢与偏见，以便培养中国政府和人民对你的友谊”。应利用一切时机表示，“美国政府不鼓励美国公民违犯中国的任何贸易法规”。并用极正式的方式表示：“美国政府认为进入港口的船只和人员应当遵守中华帝国所公布的各项商规”；“假如美国公民被发现违犯了公布的贸易规章，美国政府对他们的非法活动所造成的任何后果，将不予袒护”。但在与中国建立良好关系的同时，“任何时候都应维护美国的平等和独立”。既不接收，也不赠送礼品。因为“如果考虑两国之间互送礼品的小事，将有损中国皇帝和美国的尊严”。而“两国首脑的交往应只涉及重大的政治、共同关心的事项和建立互利的关系”。训令提出，希望顾盛“在可能的情况下到北京去觐见皇帝”，“应以此为自己的目的和使节团的目标”。如果到了北京，一定要根据情况“慎重”对待磕头这个老问题。“千万不能触犯或伤害中国的骄傲”，同时“不能让中国人看到你的表现有损国格的背离独立国家的原则”。“决不能让中国政府或民众认为你是美国政府的朝贡者，或者认为美国政府任何方面低于中国或其他国家的政府。”另外，“不要介入中国与欧洲国家的争端”，“要避免流露出任何倾向性，致使构成别国政府不满的原因”。最好是以恰当的态度，“在中国人面前表现出美国的高尚声望、重要性和强大力量”。①

这一训令揭示了美国此时期的对华政策，其基本精神是“搭便车”取得与英国同等的条约地位。交涉之后，1844 年 7 月 3 日，顾盛与耆英签订了《望厦条约》，实现了这一目标，与中国建立了条约关系。该约共 34 款，同时另订有《海关税则》，内容“关涉太平、和好、贸易、海面”等方面，②是一个建立简单外交关系和通商关系的条约。通过该约，美国全面获取了英国劫掠的各项不平等的条约特权，诸如领事裁判权、片面协定关税、片面最惠国待遇，等等。如顾维钧所言，《望厦条约》“所规定各事件，其于定义解说，固属明晰，但对于原则，则该各规定所包含者，无一可谓创始者也”。顾盛筹拟的约稿，“实深得参考璞鼎查所订条约原文之利益”，即如治外法权，“实有鉴于英国先例”。③美国学者毫不隐讳地写道：英国以武力攫取的条约特权，“却不费吹灰之力就被美国人坐享其成了”。“美国却可耻地可是非常有利可图地扮演成这样一个角色，老老实实尾随英国战舰之后来到中国，凭靠英国的军事胜利，大获其利。”④“美国人虽然抗议炮艇外交——例

---

① 《美国国务卿丹尼尔·韦伯斯特给顾盛的训令》，1843 年 5 月 8 日，见乔明顺：《中美关系第一页——1844 年〈望厦条约〉签订的前前后后》（附录），第 201～204 页。

② 中美《五口贸易章程：海关税则》，道光二十四年五月十八日，见王铁崖编：《中外旧约章汇编》第 1 册，第 56 页。

③ 顾维钧：《外人在华之地位》，吉林出版集团有限责任公司 2010 年版，第 78 页。

④ ［美］泰勒·丹涅特：《美国人在东亚——19 世纪美国对中国、日本和朝鲜政策的批判的研究》，姚曾廙译，商务印书馆 1959 年版，第 141 页。

如在 1860 年英法联军占领北京时显然是这样，但美国奉行‘搭便车’外交或称‘狗腿子’外交，抓住由其他西方国家用大炮创造的机会来扩大贸易和传教事业。”①

尽管《望厦条约》以中英条约为蓝本，其主体内容只是中英条约的翻版，是追随英国“搭便车”收获的成果，但在这一过程中，“美国人并不是消极被动的”，② 其亦有不少创造性的作为。不论是理论上的强词夺理，还是在条约特权的完善方面，美国人均做出了重要“贡献”，由此进一步充实了早期中外条约关系的不平等内涵。

从理论上看，美国为违背国际公正的不平等条约提出了所谓“依据”。其时，顾盛并未受命订立领事裁判权条款，其得到的训令是：“你应利用一切时机表示：美国政府不鼓励美国公民违犯中国的任何贸易法规。你应用极正式的方式表示：美国政府认为进入港口的船只和人员应当遵守中华帝国所公布的各项商规，这样，假如美国公民被发现违犯了公布的贸易规章，美国政府对他们的非法活动所造成的任何后果，将不予袒护。”③ 美国致清帝国书亦谓，“若得准我国商民，不独在于广东，兼在厦门、宁波、上海、福州等处贸易，我国商民，断不藐视典章，孤亦断不肯偏袒庇纵”。④ 然顾盛却有违训令，从中国攫取了领事裁判特权，又“恐似此办理，有乖其政府意旨”，“因此必须根据理由”，“尤为正大高尚者，以说明其行为”。于是，顾盛向国务卿卡尔霍恩作了一长篇报告，特地请彼注意治外法权条文，“并公然自矜所得，以其所认为国际法之原则。竭力证明对于中国适用治外法权原则之得当”。⑤

顾盛“根据为基督教世界各国政府所接受的国际法原则，根据它们当

① ［美］托马斯 · G. 帕特森等：《美国外交政策》，李庆余译，中国社会科学出版社 1989 年版，第 220 页。

② ［美］托马斯 · G. 帕特森等：《美国外交政策》，李庆余译，第 220 页。

③ 《美国国务卿丹尼尔 · 韦伯斯特给顾盛的训令》，1843 年 5 月 8 日，见乔明顺：《中美关系第一页——1844 年〈望厦条约〉签订的前前后后》，第 202 页。

④ 《美利坚汉字国书》，1843 年 7 月 12 日，见乔明顺：《中美关系第一页——1844 年〈望厦条约〉签订的前前后后》（附录），第 205 页。

⑤ 顾维钧：《外人在华之地位》，第 85、79 页。

中和彼此间的惯例，以及在它们当中每个政府自身的，与伊斯兰国家政府之间普通盛行的惯例”，来论证领事裁判权的合理性。顾盛声言，国际法“仅只是基督教世界的国际法”，他批评“在最受到赞许的国际法基本著作家”，“竟然忽略以适当见解提出这一极端重要事实，以致他们所说的国际法好象［像］是所有国家的法律”。而现代商业领事的“真正起源”，是在13世纪以前，是由于意大利人在勒旺岛诸港口“为自己的人民要求并得到了治外法权的特权”的。这些领事当时是被派“去照顾自己同胞的利益并裁决他们之间发生的关于商业事务的分歧”，“就是他们国家的法官”，“对于他们自己的同胞而论，是作为执行民法和刑法的工具而设置的普通法官”。但是，“由于近代欧洲的一些政府的巩固，征服者和被征服者结合成一个民族，这些独立的裁判权便消失了”。于是确定了这样的“公认的概念”，即：“每个政府一般地是对其版图内的所有人行使排他性的裁判权，治外法权的特权逐渐限于只对外国的最高统治者的人们，对他们的外交代表、过境的军队、在外国港口的军舰和根据基督教世界的惯例或具体条约规定的某些少数其他类似情况；而这些古老的惯例在东方依然完全有效。”在这些情况下，在基督教世界任何特定国家，“外国人以及臣民应服从当局的刑事和在许多方面的民事裁判权，开始成为公认的国际法”。这种事实，“是在基督教世界占优势的高级文明和因而产生的尊重个人权利的结果和证明”。相反，“在半开化的穆斯林国家，没有一个基督教徒感到服从当地当局是安全的，因而每个基督教国家都坚持自己在那里的臣民或多或少地要对当地统治者的裁定有豁免权”。在非基督教的国家里，“普遍的事实是，基督教徒被免予当地的裁判”。当时制定的这些原则，“实际上除了基督世界的那些国家外，并不应用于任何国家的国际交往，而不是只在北非伊斯兰国家偶然遇到例外”。在条约时代以前，“允许基督教国家的外国人豁免当地裁判权这种习惯做法”，已具有普遍性，然当由条约予以确认时，“使这样一种习惯做法成为国际法的一部分”。在伊斯兰国家，维护基督教外国人权益的“整个行事道理”，“同样有力地应用于亚非两洲的没有宗教信仰的国家”。就中国来看，“符合我们的国际法的那些东西，似乎在中国都没有得到承认和理解”。但中国亦有“高度文明”，因此不能以“不应该服从野蛮政府的地方裁判权，裁判权问题取决于国家是否是一个文明国家”作为理由，在中国建立领事裁判权制度。应该抱有这样的信念："合众国不应该在任何情况下承认任何外国对合众国的任何公民的生命和自由的裁判权，除非这个外国是属于我们自己的国际大家庭——一句话，是一个基督教国家。"因为："基督教世界的国家是由那些赋予相互的权利并规定互惠义务的条约联系在一起的。它们承认由于共同的同意而在它们当中得到公认的被称为国际法的某些准则的惯例的权威；但是这些准则和惯例的权威未得到占地球大部分面积的穆斯林国家或非基督教国家中的任何国家的承认和遵守，事实上只是基督教世界的国际法。最重要者，基督教世界的国家有一个共同的渊源，共同的宗教和共同的理智；由于这些关系联系在一起，每个国家都允许其他国家的臣民在和平的时期有足够的手段为了贸易的目的进入自己领土，有充分的权利居住在那里，通过它的邮政传递信件，随意在它的内地旅行，像本地居民一样自由地使用公路、运河、公共马车、汽船和国家的铁路。而且它们，作为政府，通过每个政府驻在其他国家宫廷的外交代理人分别保持正式的和系统的往来。所有这些事实，使基督教世界的国家具有一个联邦共同国的许多特性。"而基督教世界范围以外的事物不同，"由于他们和我们之间没有共同思想，没有共同的国际法，没有相互的调停，只是在当前这一代，条约（其中大多数是靠武力，或恐怖强加给他们的）才开始将众多的穆斯林和异教徒的政府列入与基督教世界进行初期的和平交往的状态"。"在我看来，把合众国公民的生命和自由委托给这种性质的任何一个政府，都是不安全的。"当英国人和葡萄牙人都被豁免当地裁判权时，"在中国的美国人如果服从当地裁判权，该是多么的可耻！"鉴于以上原因，"我认为我有责任为合众国分民维护类似的豁免权。这种豁免权业已由《望厦条约》的条款确定下来"。"依照这样解释的条约，联邦的法律是伴随它的公民的，联邦的旗帜保护他们，甚至在中华帝国的版图内也是如此。"通过上述"理由"，顾盛得出结论，侵损中国和东方国家主权的条约，既符合惯例，又符合国际法原则。①

在这里，顾盛认为，中国这样的国家没有资格主张属地主权原则，这

① 《顾盛给国务卿卡尔霍恩的报告》，1844 年 9 月 29 日，见《美国对华政策文件选编 从鸦片战争到第一次世界大战（1842—1918）》，阎广耀、方生选译，人民出版社 1990 年版，第 45～57 页。

是公认的国际法原则，而不是要中国让与的问题。也就是说，从中国攫取领事裁判权，是符合中国的惯例和国际法的。对于这种看法，即使是西方学者如威罗贝亦认为，“这很显然是错误的”。① 清末时顾维钧在美国哥伦比亚大学所撰博士论文，便批驳了顾盛的理由，谓：“其所据以立论之前题，虽对于欧洲与近东，因熟悉两处情形，自属确切，而对于中国，殊属不然”。因为，“西史所载欧洲原有之领事裁判权及外人之归其本国法律管束，在中国实无其例”。“中国并不以宗教之信仰为人权之标准，不论何种之教徒，悉受同一法律之保护，统治于一尊之下，简言之，其因回教各国法律以宗教为基础，致有外人不归地方管辖之必要者，中国素无此情形。”顾维钧指出，顾盛“痛论东方各国治外法权之学说，及其适用于中国”，“其意不过为自己辩护”。实际上“只须指英国条约以为先例足矣”，“似此特权之让与，由甲国战胜而强取诸乙国者，其成为正当战利品”。兵力者，“固为古今来用兵国之正当方法”，因此只要“根据平等待遇之简单理由，为加入其所订治外法权条文之张本，则亦足以卸其学理上辩明中国所不适用之原则之责任矣”。② 也就是说，领事裁判权是西方列强用暴力从中国勒索的条约特权，美国只是根据与英国的“平等待遇”而获得此权。顾维钧揭示了领事裁判权起源的性质，威罗贝表示赞同，谓：“总而言之，我们认为，在这一相当重要的问题上，顾维钧博士对顾盛先生的论据所提出的长篇批评是很有道理的，我们同意顾维钧的意见，即在中国已存在有四分之三世纪的治外法权权利的全部，其法律的根据是中国和西方国家订立的条约中所作的让与。总之，这些条约产生了这些权利，而并非只是承认从别处产生的权利。”③ 然尽管顾盛的理论站不住脚，但它却成了列强将不平等条约强加给中国的基本理由，这不能不说是美国的一大“贡献”。

在条约特权方面，中美《望厦条约》进一步充实和完善了中英所订条约的规定。中美《望厦条约》中有关特权的条款，不论是在内容的完整性还是

① ［美］威罗贝：《外人在华特权和利益》，王绍纺译，生活·读书·新知三联书店 1957 年版，第 343 页。

② 顾维钧：《外人在华之地位》，第 83～84 页。

③ ［美］威罗贝：《外人在华特权和利益》，王绍纺译，第 344 页。

在逻辑的严密性等方面，均较中英条约更胜一筹。例如，关于领事裁判权条款，《望厦条约》作了较为明确和具体的规定。对于刑事案件，规定：“嗣后中国民人与合众国民人有争斗、词讼、交涉事件，中国民人由中国地方官捉拿审讯，照中国例治罪；合众国民人由领事等官捉拿审讯，照本国例治罪；但须两得其平，秉公断结，不得各存偏护，致启争端。”① 对于民事案件，规定：“倘遇有中国人与合众国人因事相争不能以和平调处者，即须两国官员查明，公议察夺。”《望厦条约》对外国人之间的案件亦有规定：“合众国民人在中国各港口，自因财产涉讼，由公国领事等官讯明办理；若合众国民人在中国与别国贸易之人因事争论者，应听两造查照各本国所立条约办理，中国官员均不得过问。”② 这些规定比中英条约中关于领事裁判权的条款大大进了一步。中英条约中的相关条款比较粗略，民刑不分，意义含混；《望厦条约》则民刑分明，清晰具体，而且美方还获得了捉拿犯人权，并完全排斥中国对美国人之间和美国人与第三国人之间的纠纷的司法管辖。可以说，中美《望厦条约》对领事裁判权的扩展，才使领事裁判权具有了较为完整的意义，并使这一特权制度有了基本的雏形。因此，把《望厦条约》视为领事裁判权制度在中国起源的一个环节，是符合历史实际的。正由于其体现的重要性，这些条款的订立，“是顾盛很自鸣得意的一件事”。③ 再如，关于片面协定关税，《望厦条约》规定，“倘中国日后欲将税例更变，须与合众国领事等官议允”。④ 此条规定不仅赋予美国享受与英国同样的协定关税特权，而且还进一步将中国束缚在这不合理的制度之中。《南京条约》规定“秉公议定则例”，还不能解释为中国方面完全放弃关税自主权；《望厦条约》规定改变税则须经美国“议允”，中国的关税主权由此才明确无疑地落在西方列强

① 中美《五口贸易章程：海关税则》，道光二十四年五月十八日，见王铁崖编：《中外旧约章汇编》第1册，第54～55页。

② 中美《五口贸易章程：海关税则》，道光二十四年五月十八日，见王铁崖编：《中外旧约章汇编》第1册，第55页。

③ ［美］泰勒·丹涅特：《美国人在东亚——19世纪美国对中国、日本和朝鲜政策的批判的研究》，姚曾廙译，第146页。

④ 中美《五口贸易章程：海关税则》，道光二十四年五月十八日，见王铁崖编：《中外旧约章汇编》第1册，第51页。

手中。严格地说，这一条款才是真正剥夺中国关税主权的开始。随后，中法《黄埔条约》，中国与瑞典、挪威《五口通商章程》均作了与《望厦条约》类似的规定。其中，《黄埔条约》还特地规定：“其税银将来并不得加增，亦不得有别项规费。”① 此外，《望厦条约》首先作了 12 年修约的规定，为列强后来以此要挟清政府让与新的特权，提供了条约依据。其他如兵船驻泊及美国人在通商口岸的特权，等等，均有进一步扩大。

可见，美国在获取英国既得利益的同时，又进一步完善充实了条约特权。美国人自己认为，“作为经营贸易的基础来说，美国条约比享利·朴鼎查爵士所缔结的各协定要高明得多；而且如此的高明，以致它立即变成为几个星期之后议定的法国条约取法的典型，也变成为一八四七年三月二十九日签订的对挪威和瑞典条约的蓝本。美国条约中高明的规定也随即赢得英国人的承认，并且大加利用。诚然，顾盛的条约已经变成为中国国际关系的基础，直到一八五六年才为天津条约所代替”。② 顾盛因此不无得意地说：“美国及其他国家，必须感谢英国，因为它订立了《南京条约》，开放了中国门户。但现在，英国和其他国家，也须感谢美国，因为，我们将这门户开放得更宽阔了。”③ 正由于《望厦条约》有青出于蓝而胜于蓝之显绩，顾盛不同意美国享受了英国“成功的果实”的观点，认为事实上这是“完全没有根据的”，因为中英条约中并无使它们享有其成功果实的“规定”。无疑，此说有着明显的邀功意图，不无自我炫耀之处。正由于美国搭英国便车是无法否认的事实，顾盛又不得不承认，美国和法国要向英国致意，“因为它的行动给它们带来了好处”，因此“还要以自己的力量去报答英国为它们和英国自己所谋得的共同利益”。④

中美《望厦条约》的签订，使美国达到了预定目的，标志着中美条约

① 中法《五口贸易章程：海关税则》，道光二十四年九月十三日，见王铁崖编：《中外旧约章汇编》第 1 册，第 58～59 页。

② ［美］泰勒·丹涅特：《美国人在东亚——19 世纪美国对中国、日本和朝鲜政策的批判的研究》，姚曾廙译，第 142 页。

③ 卿汝楫：《美国侵华史》第 1 卷，生活·读书·新知三联书店 1952 年版，第 79 页。

④ 《顾盛致国务卿卡尔霍恩函》，1844 年 8 月 26 日，见乔明顺：《中美关系第一页——1844 年〈望厦条约〉签订的前前后后》（附录），第 219～220、223 页。

关系的建立。值得注意的是，美国不仅以此为诉求获得了英国攫取的所有权益，而且将最惠国待遇作为条约关系的根本原则和基础。这是美国最为注重的条款，列为条约第 2 款，① 居于全约实体内容的首要位置。该条款所居地位表明，“美国对亚洲政策的根本是最惠国待遇”，② 其政策的目的“始终在为美国人民及美国商务取得最惠国的待遇”。③ 美国总统泰勒声称，“从该条约可以看出，为此目的而由国会授权的特别使团，迄今已经胜利完成为它规定的伟大任务，并使我们在与中国的关系中处于一种显然有利于合众国的商业和其他利益的新地位”。④ 美国国务院总结美国对华政策说，“表现于条约及通常外交程序中，旨在获得在中国经商权利之均等”。中美条约关系的基本原则即《望厦条约》中最惠国条款之规定，“保证凡其他国家所获得关于经商，居住，宗教活动，关税或其他商业条例之任何条约权利，美国亦将当然有之”。⑤ 其目的，如美国务卿马西指示驻华全权专员麦莲所说的，要建立中美之间“最没有限制的通商关系”，美国船只“可以往来于合众国与中国或其他国家”，还应取得“对该帝国的港湾与河流的自由使用权”。⑥ 作为处理对华条约关系的准则，其后随着形势的变化，美国的这一根本政策亦有

① 该约第 2 款规定：“合众国来中国贸易之民人所纳出口、入口货物之税饷，俱照现定例册，不得多于各国。一切规费全行革除，如有海关胥役需索，中国照例治罪。倘中国日后欲将税例更变，须与合众国领事等官议允。如另有利益及于各国，合众国民人应一体均沾，用昭平允。”见中美《五口贸易章程：海关税则》，道光二十四年五月十八日，见王铁崖编：《中外旧约章汇编》第 1 册，第 51 页。

② ［美］泰勒·丹涅特：《美国人在东亚——19 世纪美国对中国、日本和朝鲜政策的批判的研究》，姚曾廙译，第 575 页。

③ ［美］J. H. Latane：《美国外交政策史》，王造时译，商务印书馆 1936 年版，第 451～452 页。

④ 《泰勒总统就〈望厦条约〉后美国在华特权问题给国会的咨文》，1845 年 1 月 22 日，见《美国对华政策文件选编 从鸦片战争到第一次世界大战（1842—1918）》，阎广耀、方生选译，人民出版社 1990 年版，第 64～65 页。

⑤ 美国国务院编辑：《美国与中国之关系：特别着重 1944 年至 1949 年之一时期》，中华民国外交部 1949 年译，第 10 页。

⑥ 《国务卿马西关于麦莲出任驻华全权专员的使命的指示》，1853 年 11 月 9 日，见《美国对华政策文件选编 从鸦片战争到第一次世界大战（1842—1918）》，阎广耀、方生选译，第 76 页。

了新的发展。围绕这一准则，美国确立了与其他在华列强的政治经济关系以及相应的策略方针，随后“合作政策”和“门户开放”的提出，与最惠国待遇是一脉相承的。这一政策的运用，“使美国单纯以条约的效力和国际法的力量为凭借”，① 而不必诉诸武力，由此可以左右逢源，获取最大利益。于是，在激烈的国际竞争中，美国保持着与中国有利的通商关系，“时常利用别国的压迫政策，而不替他们的行动担负道德的责任”。② 显然，从一开始，这一政策便使美国在对华条约关系中具有了虚伪狡黠的特点。

二、“合作政策”与协同条约关系的趋向

在第二次鸦片战争中，美国仍然“搭便车”与中国签订了《天津条约》，并以总结概括的形态，在该约最后一款（第 30 款）再次对最惠国待遇作了明确规定。③ 为了使这一条约权利得到充分保证，鉴于自己在华实力的不足，美国调整了以往“充当独来独往的拾荒者”的做法，实施所谓“合作政策”。如果说，此前美国的对华政策局囿于自身，注重为自己攫取条约权利，那么，至此之后，它开始将自己的在华条约权益与各国的合作一致联系起来，显示了从整体上协同中外条约关系的趋向。“合作政策”的提出，反映了美国摆脱依附英国的独立外交走向，其核心是保障美国在华机会均等的根本权益，为世纪之交其对华政策的最终形成和确立奠定了基础。

“合作政策”最初是美国在 19 世纪 50 年代“扭扭捏捏提将出来”的，④ 第二次鸦片战争期间，出于共同利益美国开始与英法合作。美国务卿卡斯致函英国驻美公使内皮尔，谓：英法两国提出的修约建议，“是正当而合理的”，对中国和所有通商国家“都将是有益的”。为了实现修约目标，他

---

① ［美］泰勒·丹涅特：《美国人在东亚——19 世纪美国对中国、日本和朝鲜政策的批判的研究》，姚曾廙译，第 571 页。

② ［美］J. H. Latane：《美国外交政策史》，王造时译，第 452 页。

③ 该款规定：“嗣后大清朝有何惠政、恩典、利益施及他国或其商民，无论关涉船只海面、通商贸易、政事交往等事情，为该国并其商民从来未沾，抑为此条约所无者，亦当立准大合众国官民一体均沾。”中美《天津条约》，咸丰八年五月初八日，见王铁崖编：《中外旧约章汇编》第 1 册，第 95 页。

④ ［美］泰勒·丹涅特：《美国人在东亚——19 世纪美国对中国、日本和朝鲜政策的批判的研究》，姚曾廙译，第 573 页。

“将命令合众国代表与英法两国官员诚挚地协力工作”。他特别指出，“我们的利益像英法两国的利益一样，同这次胜利的结果有直接联系”，因此美国将与英法“就最明智的行动计划达成谅解，俾能通过坚定的外交交涉使中国政府同意把这些建议作为条约安排的基础”。① 在体现列强共同利益的《天津条约》缔结后不久，“通称列强的对华合作政策便开始了”。通过与中国签订《天津条约》，美国获得了机会均等的种种条约特权，这是它实施“合作政策”的基本出发点和根本利益所在。海斯总统评论该条约时说，该约用30项条款为同中国通商“设计一种周到而全面的制度”。该约全部条款的主旨，是明确规定和保证美国人民在华居住受到保护，以及他们同中国做买卖的权利。这些有利于美方的具体规定，“适合于我们的商业利益”，且通过最后条款，取得了最惠国的“重要保证”。② 这一条约权益又是借助英法发动的第二次鸦片战争获得的，列强在华利益又具有共同性，这是美国推行“合作政策”的重要因素。

“合作政策”是在蒲安臣担任驻华公使期间，即“在六十年代中大力予以奉行的”。③ 1862年3月6日，国务卿西华德向蒲安臣发出训令，指出：“英国和法国在中国不仅有它们的外交代表，而且还有作为这些外交代表后盾的海陆军力量。不幸的是，你没有这一后盾。就我所知，我国在华利益，与前面提到的这两个国家完全一致。毫无疑问，英、法公使正在实施的行动方式，将最有力地促进所有西方国家的利益。因此，兹训令你与他们协商、合作，除非在特殊情况下，有充分的理由与他们分开行动，而且你要在各方面向我提出适宜的建议。”④ 显然，美国实行“合作政策”的重要原因之一，

---

① 《国务卿卡斯致英国驻美公使内皮尔勋爵》，1857年4月10日，《美国对华政策文件选编 从鸦片战争到第一次世界大战（1842—1918）》，阎广耀、方生选译，第144页。

② 《海斯总统否决〈限制华人向合众国移民法案〉的咨文》，1879年3月1日，《美国对华政策文件选编 从鸦片战争到第一次世界大战（1842—1918）》，阎广耀、方生选译，第194页。

③ ［美］泰勒·丹涅特：《美国人在东亚——19世纪美国对中国、日本和朝鲜政策的批判的研究》，姚曾廙译，第573页。

④ “Mr. Seward to Mr. Burlingame”, March 6, 1862, *Message of the president of the United States to the two houses of congress at the commencement of the third session of the Thirty-Seventh Congress,* Vol. 1, Washington, Government Printing Office, 1862, p.839.

在于美在华军事实力不济，无法与其他列强抗衡。在19世纪60年代，由于国内爆发南北战争，美在华海军力量基本上撤回本国，所留无几，甚至“最后削减到仅仅一艘船”，① 与英国等国在华军舰数量悬殊极大。在这种情况下，美国也不得不采取与其他列强合作的外交方针。根据西沃德的指令，蒲安臣向各国提出了“合作政策”，随后又致函上海总领事，要求他“函告其他领事和美国人”。②

所谓“合作政策”，蒲安臣作了解释。简短地说，它是指美方“在中国，对于一切重大问题要协商合作，在维护我们的条约权利所必需的范围内保卫条约口岸；在纯粹的行政方面，并在世界性的基础之上，支持在外国人管理下的那个海关；赞助中国政府在维持秩序方面的努力；在条约口岸内，既不要求，也不占用租界，不用任何方式干涉中国政府对于它自己的人民的管辖，也永不威胁中华帝国的领土完整”。蒲安臣强调，这个政策是借此知悉，“我们本国政府和我们自己在对待其他条约国家方面所具有的约束”。美国“正在作一种努力”，即：“要在中国用公平的外交行动来代替武力；我们企求实行正义，以使我们获得正义，所以合作就变成推行这类关系的准则了。”而要实行这一政策，“合作应该是真诚的；要发生效果的话，它首先需要一种对同僚们和善相处的意一向；其次，它需要不可能不赢得友伴们的尊敬和信任的那种正当的温和态度”。他认为，“虽然这些是我们对于在中国的外国代表们的义务，可是对于中国的官员，不问是本国人，还是外国人，它们具有同等的力量，因为我们是经由这些人同中国维持关系的，所以任何的对他们缺乏礼貌与尊敬就立刻反应到我们自己身上，并且毁损我们谋求事功的能力”。他认为，这是一个“宽宏的政策”，要求上海总领事会同其他领事和美国人，“大家一齐不断地支持”上述意见。③ 从这一解释来

① 孔华润主编：《剑桥美国对外关系史》上，王琛等译，新华出版社2004年版，第282页。

② “Mr. Burlingane to Mr. George F. Seward”, June 15, 1864, *Papers Relating to Foreign Affairs, Accompanying the Annual Message of the President to the Second Session Thirty-eighth Congress,* part Ⅲ, Washington, Government Printing office, 1865, p.426.

③ “Mr. Burlingane to Mr. George F. Seward”, June 15, 1864, *Papers Relating to Foreign Affairs, Accompanying the Annual Message of the President to the Second Session Thirty-eighth Congress,* part Ⅲ, Washington, Government Printing office, 1865, pp.426–430.

看，“合作政策”主要包括三个要点：其一，维护列强在华条约权利；其二，西方各国在在华重大问题上相互协商和合作；其三，不干涉中国内政，支持清政府维持国内秩序及维护中国的领土完整。先此订立的中美《天津条约》亦体现了“合作政策”的协调精神，如该约第1款规定，“嗣后大清与大合众两国并其民人，各皆照前和平友好，毋得或异；更不得互相欺凌，偶因小故而启争端。若他国有何不公轻藐之事，一经照知，必须相助，从中善为调处，以示友谊关切”。① 此外，与此相关，美国还对自己的独特政策作了表白，即在对华关系上的非武力方针。

1868年，作为中国出使大臣的蒲安臣，代表清政府与美国签订了《蒲安臣条约》，又以条约的方式表述了其中的某些内容。除前面已论及的内容之外，还规定，“再凡中国已经指准美国官民居住贸易之地及续有指准之地，或别国人民在此地内有居住贸易等事，除有条约各国款内指明归某国官管辖外，仍归中国地方官管辖”。② 这些规定蕴含尊重中国领土完整和主权独立，以平等地位对待中国的原则。美国务卿菲什声称，《蒲安臣条约》的“伟大原则”，“就是承认北京帝国政府对中华帝国的人民和他们与西方列强的社会、商业和政治关系的主权”。而在此之前，许多基督教政府，包括美国政府在内，“就已经同帝国政府签订了条约，然而并非夸张地说，它们当时的关系与其说是和睦的，不如说是强制的”。为了这些条约，发动了“对中国造成惨重后果的战争”，“条约所包含的特许权是用武力从该帝国政府夺取的；中国的政治家并不赞成这种新政策”。而《蒲安臣条约》改变了这一方式，肯定并尊重中国的主权地位，“朝着另一方向迈了一大步”。“它是中国自愿提出的，并且使这个国家在理论上同西方世界的国家处于同等的外交地位。条约承认帝国政府是拒绝或给予更多商业特权和政权，也是有义务保证和平享有已经给予的这些权利的政权。”虽然该约确认了中国以前给予西方列强以领事裁判权，但同时“也承认中国的领土完整，并且防止

① 中美《天津条约》，咸丰八年五月初八日，见王铁崖编：《中外旧约章汇编》第1册，第89～90页。

② 中美《续增条约》，同治七年六月初九日，见王铁崖编：《中外旧约章汇编》第1册，第261～263页。

这种管辖权超出其原来宗旨”。①

上述非武力和维护中国领土完整两大方针，似乎说明美国与华条约关系是温和的，体现了正义和公道。其实，若对此进行深入剖析，可以发现美方言不符实的虚伪性，以及通过坚持机会均等条约特权以维护美国在华利益的内在本质。

先看所谓非武力方针。其实，尽管没有如英、法等国一样直接诉诸战争，但美国的外交家毫不隐讳地推崇武力的作用，在其对华政策的取向中，有强烈的武力倾向。而彼未采取这一方针，则因有其他列强代劳而可以坐享其成。如《望厦条约》签订，“顾盛从中国争得了几项新的让步”，“是以一种殆与恫吓无异的方法争得的”。② 在第二次鸦片战争前后，不少美国驻华专使或公使主张对华使用武力或强硬手段。如麦莲建议采取武力手段，迫使中国“修改现行条约”，从而使美方在整个中国境内的通商特权“受到尊重，一切其他条约规定得到承认和执行”。③ 其后巴驾又要求美国政府授权参加英法两国联合对华军事行动，且搬出惠顿的《国际法要素》作理由，主张“作为一种最后手段，采取国际法认可的措施中的任何一种”，“已经成为不可避免的了”。④ 列卫廉也“要求赋予行使远非战争的强制权力”，并说，“对这样一种民族来说，这是唯一的可以理解的呼吁”。⑤ 其中，驻华公使劳文罗斯典型地反映了这一倾向，他就“维护条约权利就必得采取的政策”，对美英商人提出的种种问题作了长篇答复，系统地阐释了实施强硬手

① 《国务卿菲什给美国驻德大使班克罗夫特的指示》，1869年8月31日，见《美国对华政策文件选编 从鸦片战争到第一次世界大战（1842—1918）》，阎广耀、方生选译，第86～88页。

② ［美］泰勒·丹涅特：《美国人在东亚——19世纪美国对中国、日本和朝鲜政策的批判的研究》，姚曾廙译，第141页。

③ 《美国驻华全权专员麦莲给国务卿马西的报告》，1854年11月19日，见《美国对华政策文件选编 从鸦片战争到第一次世界大战（1842—1918）》，阎广耀、方生选译，第133页。

④ 《美国驻华全权专员巴驾给国务卿马西的报告》，1856年12月12日，见《美国对华政策文件选编 从鸦片战争到第一次世界大战（1842—1918）》，阎广耀、方生选译，第137～138页。

⑤ 《美国驻华公使列卫廉给国务卿卡斯的报告》，1858年2月13日，见《美国对华政策文件选编 从鸦片战争到第一次世界大战（1842—1918）》，阎广耀、方生选译，第155页。

段的必要性的理论，主要包括：

其一，对待中国的“公道”，须按照基督教国家的准则。劳文罗斯否认了所谓新政策“就是对待中国的公道”的说法，他说：美国的政策“曾经是公平而协调的”，英国“也没有离开类似的一个政策”，并无“新的方法曾经被采用”，也“没有新的启示曾经被作出”。他提出，“公道不能被赞扬得太过”，“基督教国家要对条约作一种基于为了文明的利益而采用的国际法原则的解释，而中国方面却按照异端的见解或利益去解释”，那么，这“确有探讨的余地”。而在相互抵触中，“优越者不能进入一种后退的路程去适应低劣者”，在这一关系中，“必须基于象［像］较强者可能愿意采取的那种公允条件而存在”。“任何文明国家要舍弃它自己对公道的解释而去接受中国的解释，那确然倒是一个奇怪的政策了”。异端和基督教的信仰不可调和，“为了忠于我们的信仰，我们只能让与可能和我们的信仰所教诲的那些神圣责任相调和的那么多的东西”。如果越出这个范围，我们就承认任何国家“有权享受一个文明强国的特权和特别待遇”，“却坚决地拒绝众多国家为了一般的幸福而加给它的义务”。例如，“现存条约里的那些紧要条款是用武力从中国勒索得来的，无疑地她认为是不公平”。简要地说，“强行和一个国家发生关系，而这些关系的整个趋势就是要搞乱并且要终于毁坏那个国家的最宠爱的一些制度，这分明是一种干涉了”。假使西方国家放弃一切从中国勒索的特权，“而实行孔德的理想的公道主义”，那么“这对中国并无利益”。

其二，强迫中国遵守条约义务，是友好交往的主要条件。劳文罗斯认为，关于中国，应视为“政治方面有主权”，但是“与绝对平等不相称”的国家，要以这样一种“忍耐、尊重和尊敬”来对待之。“我们的文明优于他们的文明，所以就应该勉力把他们提高到我们的标准”，然而“那是办不到的事”。中国并不具有“基督教国家们所享受的那种独立状况”，“在他们能够在文明国家社会中站稳平等立场以前”，努力“用合作方法，去加强并提高他们自己到一个实际平等的地位”。这“将是友好交往的一个主要条件”，西方国家无权强迫中国去做“近代发明中的任何部分”，但有“全权去强迫他们遵守条约的义务”。“国际法里的抽象原则，用一种诺言的形式写出来而没有索得任何互惠的条件，这纵令不是侮辱性的，也是不必要而且是无意义。”美国所要争持的一切，“就是我们既然已经把义务强加在她的身上，我们就必须强迫她遵守这些义务，不然的话，就必须从我们已经着手维持的那个地位引退”。

其三，若不用武力去维持对华政策，这个政策是不会产生美国所期望的结果的。劳文罗斯认为，从已经发生的所有案件来看，“不去硬行索取条约所允许的一切权利并且保有武力去维持着它们”，对华政策“不会产生我们在中国所愿望的结果的”。如果把中国的统治人物当作自立而又聪慧的人去看待，“这仅是助长他们的顽固和自大”。在各种获得补救的案件中，“如果不借武力的话，是不会答应补救”的。“单用外交手段而没有武力做后盾，因而得不到补救。”回顾订立条约的历史，他认为中国进步是“无根据的”，用和平的手段不能“获得更有利的结果”。如果从经验可获得教训，那就是，“忍耐和劝说都不曾在这一个国家里把文明事业向前推进一步过”。强行和一个国家发生关系，“继续这样的交往，不过是在背后用武力把在前面用武力开始做的事进行下去罢了。如果中国是有力量的话，毫无问题，她不把每一个外国人驱逐出境，也会把外国人的交往范围限在各口岸以内。她没有能力做这个，所以就企图用外交伎俩来规避她用武力避不掉的东西”。

其四，由主要强国决定与中国的关系，要用高压的手腕维护条约关系。劳文罗斯指出，如果认为与中国友好交往，以及维持现存条约权利，“是切要的话”，“可以坚持到怎样的地步，这就要让主要强国去决定”。全部困难在于不干涉和实行条约权利这两种处境之间，“究竟坚持条约的遵守要达到怎样地步，要由西方国家来决定”。中国“这个帝国的统治者所希冀的一切就是要随他们自己的意思，用他们自己的方法去形成他们自己的命运，那仅是退步和终于回到野蛮而已。他们作些小让步，以规避较大的让步。整个的挣扎就是要反对作出任何让步”。他们“在支持着一种不平等的斗争，以保存它的古老的制度而反抗世界上联合起来的众多强国”。“我们的责任是要启发他们提高他们，而不必把那些和他们的整个历史，现在情形，以及一些有限的知识不相配合的能力或动机指作是他们所具有。”“然而这不是用助长他们的迷信或弱点的方法可以做到的。高压的手腕可能在终局比空言谄媚要仁慈些。没有一种信赖还要比那种基于条约国家的忍耐或宽容显得更加不切实了。”“我们现在对中国的关系是友好的，和平与谅解可以用一种公平而同时又坚定的政策来维持。这些友好的关系并没有受到搅乱的机会；除掉一种罪恶性的对于现实的不顾，没有一件事情能够导致战争；并且避免战争的最好方法就是坚持条约的实行。”

其五，维持与其他列强的合作关系，分享它们使用武力从中国攫取的“让与”。劳文罗斯认为，在中外冲突中，美国政府依照它的既定政策，“曾经维持一种中立地位”，但这并非“要拒绝接受那些使用武力而得来的让与”。美国在许多公文中“坦白地答谢大不列颠对于我们的公民和商务所作的贡献”，并且表示，只要“看见英国的企业到了什么地方，我们的就和它并肩而来”。蒲安臣提到卜鲁斯等开始推行合作政策时说：“没有一件事可以比合众国和大不列颠在中国相互敌对还要显得没有意义。”①

上述主张和理论无疑反映了美国对华政策中真实的一面。美国政府虽然否定了他们的建议，并拒绝了英国提出的对华宣战要求，但其并未完全排除武力或强硬手段。战争期间，美国分遣舰队因为美国国旗受到“据说的侮辱”而进行报复，占领并摧毁了一些要塞炮台，“给中国以严厉的惩罚”。②劳文罗斯因主张采取强硬政策而被召回，但美国政府“宣布在主要方面接受了那些使他被召回的意见”。③美国务卿菲什指示驻华公使镂斐迪，说：你要向中国表示美国的诚意，要表明美国总统的既定目的，即“真实地遵守美国的一切条约义务”，在“不干预美国由于条约而取得的各种权利的时候”，“尊重中国人民的各种习惯和传统”。同时，必须清楚说明，中国政府须“全部履行它同美国经由各项条约或协定所承担的一切诺言和义务”。在保持各项权利达到完满程度方面，“你必须是坚定而果断”的。④

尽管美国不少外交官有强烈的武力倾向，但他们的主张终未被美国政府

---

① 《劳文罗斯对于美英商人所递公函的答复》，1869年7月17日，见［美］马士：《中华帝国对外关系史》第2卷，张汇文等译，商务印书馆1963年版，第478～492页。

② 《布坎南总统在其第二个年度咨文里谈〈天津条约〉的缔结》，1858年12月6日，《美国对华政策文件选编 从鸦片战争到第一次世界大战（1842—1918）》，阎广耀、方生选译，第170页。

③ ［美］马士：《中华帝国对外关系史》第2卷，张汇文等译，第221页。

④ Mr. Fish to Mr. Frederick F. Low, December 3, 1869, *Executive Documents Printed by Order of the House of Representatives, 1870-'71,* Washington, Government Printing Office, 1871, p. 303.

所采纳，其原因何在？其基本原因之一，是美国享有保证机会均等的最惠国待遇，不需动武即可获得他国动武所攫取的条约特权，同时还可获得中国的好感。美国政府非常清楚，如果不采取武力手段，包括它自己在内的西方列强不可能在华获得它们所需要的条约特权。而他国对华发动战争和使用武力获得的战利品，不啻亦是它的囊中物。美国虽然不直接强迫中国让与特权，但通过支持他国攫取在华特权也同样可以获得。美国务卿马西指示驻华专员麦莲说："我建议你特别注意其中关于英国为重订条约的谈判。你当然要以一种适当的方式帮助取得对通商的慷慨让步，因为英国今年重订条约时无论能得到什么样的结果，我们在两年以后重订条约时也能够得到。"而支持这样一种条约，"将实现取消外国同中国贸易的各种限制"。①正唯如此，列卫廉不无自得地说，"只要象［像］我一样的在中国口岸和市场中看见英国的企业到了什么地方，我们的就和它并肩而来，而且大不列颠在邮政与维持它的海军方面所花去的每一块钱都是为了我们的利益的，那么，没有一件事情要比对英国和法国的进展加以一种丧心病狂的猜忌更可以破坏美国的政治家作风在这里的真正目的了"。②美国历史学家赖德烈便说，"如果没有英国海军，美国是否能很少使用武力并且不需获得基地而在远东达到它的目的，这是不能肯定的"。③

这一不使用武力的政策收到了预期的效果。布坎南总统一再不无得意地说，"事件已经证明，我们的中立是明智的。我们的公使以他的杰出的手腕和才干执行了给他的命令。他和俄国全权公使一起与英法两国全权公使进行了和平而有效的合作，4个强国中的每一个国家，分别与中国缔结了非常

①　《国务卿马西给驻华全权专员麦莲的命令》，1854年5月8日，见《美国对华政策文件选编 从鸦片战争到第一次世界大战（1842—1918）》，阎广耀、方生选译，第132页。

②　《劳文罗斯对于美英商人所递公函的答复》，1869年7月17日，见［美］马士：《中华帝国对外关系史》第2卷，张汇文等译，第485～486页；参见《列卫廉给国务卿卡斯的报告》，1858年11月9日，《美国对华政策文件选编 从鸦片战争到第一次世界大战（1842—1918）》，阎广耀、方生选译，第167页。

③　赖德烈：《美国在横跨太平洋移动》，见中国科学院近代史研究所资料编译组编译：《外国资产阶级是怎样看待中国历史的》第1卷，商务印书馆1961年版，第23页。

令人满意的条约”。[1] 毋庸置疑，美国不需要付出如英、法那样的战争成本，便收获了同样的战果。正因为美国深悉武力的功效，因此它在维持中立立场的同时，并不排除与强国合作。如在第二次鸦片战争中，美方“诚挚地与英法两国公使合作，用一切和平手段，通过条约规定，去取得世界各国都有权期待并且不能允许中国继续拒绝的那些对通商的正当特许权”。[2] 美国深悉其中的奥秘，既要撇清自己，又要得到好处，如它自己所言，“深思远虑地与这些强国的公使合作”。同时，它也要显示自己的军事存在，虽“不介入英法的军事行动，但要乘美国军舰随联军舰队开赴白河以保护美国利益”。而对于战争，要做出不沾边的姿态，不对战争起因作出判断或干预战争，并“必需对战争表示遗憾，并且希望能够迅速而令人满意地结束”。为使驻华公使华若翰懂得其中的诀窍，美国务卿卡斯指示说，“你的立场是微妙的，需要发挥你的最佳分辨能力”。[3]

从所谓维护中国领土完整来看，这实际上是服从美国利益的需要，并非美国真正尊重中国主权。美国常以《蒲安臣条约》中的规定相标榜，申言其对华没有领土野心，没有租界要求等。还在《天津条约》谈判时，美使列卫廉就向钦差大臣桂良和花纱纳朗表示：美国一向是中国的朋友，“无论是在一八四四年条约以前或以后，友好关系从无轻微的中阻”。美国和其他西方国家不同之点在于，即使它想，“宪法却绝对不许它获得殖民地，如香港之类；也不得把皇帝陛下的领土的任何部分永远占据”。任何欧洲国家“夺取并占据更多的中国领土”，而“无论如何，美国不要中国的领土，不会掠夺；即使提供给它，也将不予接受”。他特别提出，一年多以前，英法要求

① 《布坎南总统在其第二个年度咨文里谈〈天津条约〉的缔结》，1858 年 12 月 6 日，见《美国对华政策文件选编 从鸦片战争到第一次世界大战（1842—1918）》，阎广耀、方生选译，第 170 页。

② 《布坎南总统在其第一个年度咨文里谈修改〈望厦条约〉》，1857 年 12 月 8 日；《布坎南总统在第三个年度咨文里谈中美〈天津条约〉的签订经过》，1859 年 12 月 19 日。见《美国对华政策文件选编 从鸦片战争到第一次世界大战（1842—1918）》，阎广耀、方生选译，第 151～152、171 页。

③ 《国务卿卡斯给驻华公使华若翰的命令》，1860 年 2 月 23 日，见《美国对华政策文件选编 从鸦片战争到第一次世界大战（1842—1918）》，阎广耀、方生选译，第 174 页。

美国参加对华战争，“但美国记得同中国的悠久友谊，拒绝这样做。美国公使同目前的战争，毫无关系”。① 蒲安臣在阐述“合作政策”时表示，“既不要求，也不占用租界”。其实，美国这一对华政策，并非出于高尚的利他主义，而是为了保障自己的利益。如租界问题，蒲安臣道出真谛，谓：“在条约口岸的任何地区进行买卖和居住是我们的公民的权利”，“若因一个条约国家向中国政府所作的租借领土的要求，它借此就能够对于我们的公民的身体和财产施行管辖，这如果是受到承认的话，会造成我们的权利的减削”。② 此外，《蒲安臣条约》还在某种意义上掩盖了列强侵略中国主权的本质，美国务卿菲什便道出了其中的妙用，他说，外国人占据中国土地作为租界，凭借他们自己制定的土地条例，对这些区域行使自治权利。而一旦宣布以《蒲安臣条约》的原则作为基督教国家与中国之间的关系的法律时，“就不再是对中国的侵略因素了”。也就是说，该约关于尊重中国主权的条款，似乎洗白了列强侵略中国主权的事实。此外，以此类条款作交换，美国还可向中国要求新的特权。菲什便说，美国总统“诚挚地希望皇帝陛下的顾问们早日能够做到建议授予一些和阿礼国爵士、劳罗斯先生所需求的相似的特许权”。③ 由此可见，维护中国领土完整和不用武力等，这些标榜对华友好的政策，实则是美国为自身利益所作的精心盘算。

正由于“合作政策”涉及列强的整体利益，当蒲安臣向英、法、俄等国驻华公使阐述这一政策及其相关看法时，得到了他们的“完全赞同”，④ 美国由此在某种程度上协调和主导了列强对华政策。英国公使卜鲁斯表示“不

---

① 《列卫廉至喀斯函》，1858 年 6 月 15 日。转引自蒋孟引：《第二次鸦片战争》，生活 · 读书 · 新知三联书店 1865 年版，第 262 页。

② Mr. Burlingane to Mr. George F. Seward, June 15, 1864, *Papers relating to foreign affairs, accompanying the annual message of the president to the second session thirty-eighth congress,* part Ⅲ, Washington, Government Printing office, 1865, pp. 428-429.

③ 《国务卿菲什给美国驻德大使班克罗夫特的指示》，1869 年 8 月 31 日，见《美国对华政策文件选编 从鸦片战争到第一次世界大战（1842—1918）》，阎广耀、方生选译，第 92 页。

④ Mr. Burlingane to Mr. George F. Seward, June 15, 1864, *Papers relating to foreign affairs, accompanying the annual message of the president to the second session thirty-eighth congress,* part Ⅲ, Washington, Government Printing office, 1865, p.430.

谋而合”,[①] 俄国公使巴留捷克非常乐意这一项“把西方文明嫁接到东方文明之上而又不会使中华帝国解体的政策”，法国公使柏尔德密也感到“在一切重大问题上合作所具有的益处”。[②] 这一益处即维护列强对华实施“准统治权”的条约关系，各国通过协调合作在这一共同诉求上达成一致，构建一个统一的利益体系。对美国而言，通过“合作政策”，其在华机会均等的基本政策和原则得到了充分保障，这是它所要达到的目的。美国政府所注重的，是要求中国“不应当规避条约义务”。[③] 如前所引美国务卿菲什在给驻华公使镂斐迪的训令中，指示镂斐迪以强硬的态度要求中国政府，“全部履行它同美国经由各项条约或协定所承担的一切诺言和义务”,[④]“强调的不是美国的善意而是中国的义务”。[⑤] 另外，通过与其他国家的合作，美国又可牟取新的条约权益。例如，在丹麦与清政府订约过程中，蒲安臣积极予以帮助，使丹麦获得某些新特权，而这些特权又通过最惠国条款转而为美国所有。如蒲安臣所言，“自英约签订以来，凡是那一些改变，为我们所不断要求者，都已签订在这个丹麦条约之内”，诸如中国对外通商口岸的增加、过境税和退税的规定、“取消牛庄及烟台运豆出口的禁令”等。[⑥] 显然，“合作政策”成了一项“具体而有实用价值”[⑦] 的政策，美国从中获得了实在的条

① ［美］泰勒·丹涅特:《美国人在东亚——19 世纪美国对中国、日本和朝鲜政策的批判的研究》，姚曾廙译，第 318 页。

② Frederick Wells Williams, *Anson Burlingame and the First Chinese Mission to Foreign Powers*, New York, Charles Scribner's Sons, 1912, pp. 33, 32.

③ “Mr. Burlingane to Mr. George F. Seward”, June 15, 1864, *Papers relating to foreign affairs, accompanying the annual message of the president to the second session thirty-eighth congress,* part Ⅲ, Washington, Government Printing office, 1865, p. 429.

④ “Mr. Fish to Mr. Frederick F. Low”, December 3, 1869, *Executive documents printed by order of the House of Representatives, 1870-1871,* Washington, Government Printing Office, 1871, p. 303.

⑤ 刘广京:《19 世纪后半期的美国与中国》，见［美］欧内斯特·梅、小詹姆斯·汤姆逊编:《美中关系史论——兼论美国与亚洲其它国家的关系》，齐文颖等译，中国社会科学出版社 1991 年版，第 89 页。

⑥ 卿汝楫:《美国侵华史》第 2 卷，人民出版社 1962 年版，第 116～117 页。

⑦ ［美］泰勒·丹涅特:《美国人在东亚——19 世纪美国对中国、日本和朝鲜政策的批判的研究》，姚曾廙译，第 317 页。

约权益。

总之，第二次鸦片战争之后，中外条约关系基本形成，美国需要稳定这一关系来保证自己机会均等的条约权利，“合作政策”正是这一新形势下的产物。美国看到，在所有西方国家与中国所订条约中包含最惠国条款的这一形势下，它们“已经被看成在共同商议下将要遵循的一种共同政治利益和商业利益”，由此“在所有这些国家当中有一种实质上统一的计划”。① 这种“统一”符合美国的机会均等主张，为其坐享其他国家采用武力等任何手段攫取的条约特权提供了条件，有助于美国大肆扩张它在华的商贸利益。美国倡议“合作政策”，正是基于“共同政治利益和商业利益”，旨在实行“统一的计划”而在整体上协同列强对华条约关系。因为他们相信，假若中国向所有国家自由开放，“美国的企业将会兴旺发达”，“把一切竞争者都抛在后面”。② 其“合作政策”既可说是应运而生，又可说是美国在对华关系上从单枪匹马向国际协作的转折，是美国为自身利益所作的最佳政策选项。经过这一政策的调整，美国对华外交的原则基本定型，开始有意识地摆脱依附性，逐渐走向独立的形态。1880 年，美国务卿威廉·埃瓦茨就说，“我们应该有一个独立的〔对华〕政策，不应单纯地依附英国”。③ 在这一过程中，蒲安臣起了关键的作用，他将这些原则明确化，并通过“合作政策”与各国协同一致，奠立了此后美国对华政策的基石。在这一意义上，蒲安臣被视为“门户开放政策之父”，④ 而宣布这一政策的海约翰自己并不被认为是“一些新原则的发起人”。⑤

---

① 《国务卿菲什给美国驻德大使班克罗夫特的指示》，1869 年 8 月 31 日，见《美国对华政策文件选编 从鸦片战争到第一次世界大战（1842—1918）》，阎广耀、方生选译，第 89 页。

② 《劳罗斯给国务卿西华德的报告》，1868 年 11 月 25 日，见《美国对华政策文件选编 从鸦片战争到第一次世界大战（1842—1918）》，阎广耀、方生选译，第 85 页。

③ ［美］戴维·安德森：《帝国主义和理想主义：美国外交官在中国，1861—1898》，第 120 页。转引自杨生茂主编：《美国外交政策史 1775—1989》，人民出版社 1991 年版，第 216 页。

④ “Preface”, in Frederick Wells Williams, *Anson Burlingame and the first Chinese mission to foreign powers,* New York, Charles Scribner’s sons, 1912, p. 8.

⑤ ［美］泰勒·丹涅特：《美国人在东亚——19 世纪美国对中国、日本和朝鲜政策的批判的研究》，姚曾廙译，第 555 页。

不过，由于列强在华利益是通过武力侵损中国主权获得的，加上各国在对华利益上存在矛盾冲突，美国以自身利益为出发点的“合作政策”难以持久维持下去。尤其是美国标榜其与其他国家不同，对华友好，尊重中国主权，无疑会引起这些国家的不满。在《蒲安臣条约》签订后，因其第 8 款表示不干涉中国内政，尊重中国自主，① 有人担心，该款的执行“有使这种合作政策终止的危险”。② 列强相互协调的格局很快被打破，以中英《烟台条约》的签订为开端，“合作政策”开始走向破产。光绪二年（1876 年），英国与清政府签订《烟台条约》时，“在重新调整英中关系时，完全没有考虑其他各国的利益”。③ 协商合作对付黄种人的“团结一致”精神，在这以后“烟消云散，变为尔虞我诈了”，“各国有了新的、相互分歧的野心”。④ 美国对华政策因此面临着新的挑战。

三、“门户开放”及其国际化

当资本主义走向帝国主义阶段，经过中日甲午战争的催化，列强之间在华的矛盾冲突和争夺趋于白热化。中国人民在民族危机的刺激下，掀起了震惊世界的反帝爱国运动，中外条约关系因此陷入了前所未有的危机。至 19 世纪 90 年代，“合作政策”已经破产，⑤ 美国在条约关系中奉为圭臬的机会均等原则，面临着有名无实而趋于崩溃的命运。症结主要在于其他列强，若要继续实施这一原则，就需要取得它们的认同而赋予该原则普遍的国际性。在这一新的形势下，美国筹划并宣布了“门户开放”政策，郑重其事地向

---

① 该款规定：“凡无故干预代谋国内治之事，美国向不以为然，至于中国之内治，美国声明并无干预之权及催问之意，即如通线、铁路各等机法，于何时、照何法，因何情欲行制造，总由中国皇帝自主，酌度办理。”中美《续增条约》，同治七年六月初九日，见王铁崖编：《中外旧约章汇编》第 1 册，263 页。

② 《国务卿菲什给美国驻德大使班克罗夫特的指示》，1869 年 8 月 31 日，见《美国对华政策文件选编 从鸦片战争到第一次世界大战（1842—1918）》，阎广耀、方生选译，第 89 页。

③ ［美］马士、宓亨利：《远东国际关系史》，姚曾廙等译，商务印书馆 1975 年版，第 323 页。

④ ［英］季南：《英国对华外交（1880—1885）》，许步曾译，商务印书馆 1984 年版，第 11 页。

⑤ ［美］泰勒·丹涅特：《美国人在东亚——19 世纪美国对中国、日本和朝鲜政策的批判的研究》，姚曾廙译，第 574 页。

其他列强提出。这样，自《望厦条约》产生，经《天津条约》、“合作政策”等承袭和扩展的对华原则趋于国际化，并逐渐上升到国际规则的高度，中外条约关系由此发生了新的变化。

其时，美国经济突飞猛进，需要大力拓展国外市场。1893 年美国的贸易逆差为 1870 万美元，1897 年其出口额超过了 10 亿美元，顺差为 2860 万美元，而 1898 年的顺差又增加一倍。美国对华贸易也有大幅度增加，其对华出口从 1896 年的 700 万美元上升到 1897 年的 1200 万美元，再升至 1899 年 1400 万美元，“这种趋势预示着未来的巨大利润”。[①] 美驻华公使和国务院对中美贸易的前景作了深入分析，认为，“美国与中国的贸易前景是光明的”。他们看到，“中国修建铁路的时代已经到来，并且这个市场是广阔无垠的”，中国内河已经开放，天天都在开放新的港口，而美国“可以低于其他任何国家的价格提供铁路设备”。[②] 对于美国的制造商来说，随后肯定需要提供各种必需品和货物，“这无疑将会产生无限的利益”。因此，他们认为，“中华帝国的未来商业状况问题的解决，对于扩大我们的出口贸易，尤其是对太平洋沿岸地区的出口贸易，有着直接的和最重要的关系”。[③]

甲午战争后，列强在中国掀起了瓜分狂潮，纷纷抢占租借地，划分势力范围。美国高度关注这一局势的发展，认为实际结局有两个方向，或者“对全球的商业开放新的贸易渠道”，或者某些国家“为了自身的特殊利益而把这些渠道据为己有”，[④] 如英、俄、法“把中国本土分割成它们享有特殊权利和特权的势力范围”。如果走向后一个方向，各国在各自范围内攫取的“特殊的排他性权利，尤其是那些关于铁路和矿山的权利”，对美国在华

---

① 孔华润主编:《剑桥美国对外关系史》上，王琛等译，新华出版社 2004 年版，第 412、455 页。

② 《田贝给国务卿谢尔曼的报告——关于美国对华贸易的状况和前景》，1898 年 4 月 3 日，见《美国对华政策文件选编 从鸦片战争到第一次世界大战》，阎广耀、方生选译，第 405～406 页。

③ 《国务院讨论美国商品对华出口的重要性》，1898 年 4 月 25 日，见《美国对华政策文件选编 从鸦片战争到第一次世界大战》，阎广耀、方生选译，第 408 页。

④ 《国务院讨论美国商品对华出口的重要性》，1898 年 4 月 25 日，见《美国对华政策文件选编 从鸦片战争到第一次世界大战》，阎广耀、方生选译，第 408 页。

利益是一个极大的威胁。因为，“这些最后可能要求的权利都包括些什么，现在无人能够预言”，而“根据这些权利要求行使领土管辖权并有区别地征税，将不会令人感到惊讶”。如果这些权利被承认，美国在华贸易利益“将会受到一次也许是难以恢复的打击”。① 美国看到，“全欧洲在攫取中国”，如果美国不在东方立足，那么，这个唯一可以从中获得未来繁荣的广泛贸易的重要新市场，实际将永远对美国“关闭”。② 它需要避免这一结局，而将其引向更加开放的前途。对于如何才能保证这一前途，驻华公使田贝提出，“如果保持中国的自主，贸易将会大量地发展，合众国将会大量地参加这种贸易”，而“瓜分中国对我们的贸易和商业来说是危险的”。③ 其时，由于经济的发展和对外扩张，美国“渐渐自觉其为世界列强之一，而其他国家也群以誉之，向来的‘美洲国家’的观念终至不能保持”。④ 美国国务院更将这一问题提到对外根本路线和战略的高度，指出，“合众国的‘国际孤立’，就工业和商业而论，根据我们在经济需要方面进行改变的必然性，实际上已经成了过时的东西，我们再不能忽视那些国际竞争了，现在我们自己已经成了在世界范围内为贸易而斗争的一个竞争者了”。⑤ 美国国内也对传统的孤立主义表示异议，如《华盛顿邮报》社论声言，“孤立政策已死亡”，继而“来了一个新的意识”，即“力量的意识以及随之而来的新欲望，即显示我们力量的意愿”，如野心、利益、渴望土地、自负，以及“以斗争为乐事”，

---

① 《柔克义关于对华贸易政策的备忘录》，1899 年 8 月 28 日，见《美国对华政策文件选编 从鸦片战争到第一次世界大战（1842—1918）》，阎广耀、方生选译，第 409～410 页。

② ［美］韩德：《中美特殊关系的形成——1914 年前的美国与中国》，项立岭等译，复旦大学出版社 1993 年版，第 187 页。

③ 《田贝给国务卿谢尔曼的报告——关于美国对华贸易的状况和前景》，1898 年 4 月 3 日，见《美国对华政策文件选编 从鸦片战争到第一次世界大战》，阎广耀、方生选译，第 406 页。

④ Sumuel Flagg Bemis（耶鲁大学外交史教授）：《孤立主义的美国外交》，许绍昌译，《外交评论》第 6 卷，第 5 期，民国二十五年（1936 年）六月。

⑤ 《国务院讨论美国商品对华出口的重要性》，1898 年 4 月 25 日，见《美国对华政策文件选编 从鸦片战争到第一次世界大战》，阎广耀、方生选译，人民出版社 1990 年版，第 408 页。

并为这种感觉所“激励”。[1] 也就是说，美国要完全摒弃传统的独行其事的孤立主义，把自己放在世界范围来思考问题，成为“为贸易而斗争”的国际竞争者。

如何应对这一形势呢？如充当其他列强一样的竞争者，从中国抢占势力范围和租借地，美国在军事上则力有不逮。其时，德、法、俄常备军有 50 余万至 70 余万，英国有比美国多 7 倍的军舰，而美国仅 10 余万军队，且多陷在菲律宾。[2] 而且，美国自诩对华友好，也不愿诉诸武力破坏这一形象而影响经贸关系。它相信，凭借自己的经济实力，完全可以在中国的商业竞争中居于优胜地位。对美国而言，它需要的只是自《望厦条约》开启，经《天津条约》确认的机会均等的条件，得到其他列强的“保证”而已。正如美国国务院所言，“在上述情形之下，美国于是另辟途径，采另一方式以达到其目的”，即提出“门户开放”政策。[3]

这一政策的核心，便是保障以机会均等为根本的美国在华条约权利。在这一政策的策划过程中，英人希贝斯莱和美外交家柔克义向美国务卿海·约翰提出的建议和主张，其要旨便在于此。希贝斯莱建议说，“美国应该赶紧请列强注意中国现在发生的变动，并且——一面否认美国有攫取领土的任何欲望——同时表示美国决意不能牺牲她逐年增加的商务，以及对华的条约权利和特权；并且为着保障这种目的，她要获得每一个欧洲列强的担保，关于一切对华条约所订的税则，应该适用于输入它的势力范围内的一切商品，毫无区别待遇；在它范围以内的商埠，也不受任何条约干涉”。[4] 柔克义回应了海·约翰的意见征询，谓：“鉴于在中国的各种利益关系国家，有立即发生纷扰的可能，因此，美国若打算保留中美条约所担保的权利，虽非不可能，亦必不免困难”。“我们应当马上提出交涉，向在中国取得利益范围区

---

① 《华盛顿邮报》，1898 年 6 月 2 日。转引自［美］托马斯·G. 帕特森等：《美国外交政策》，李庆余译，中国社会科学出版社 1989 年版，第 276 页。

② 杨生茂主编：《美国外交政策史 1775—1989》，第 217 页。

③ 美国国务院编辑：《美国与中国之关系：特别着重 1944 年至 1949 年之一时期》，中华民国外交部 1949 年译，第 10 页。

④ “Rockbill to Hay”，August 3, 1899，见 Tyler Dennett（普林顿大学教授，曾任美国国务部历史顾问）：《中国门户开放政策的由来》，历樵译，《国闻周报》1934 年第 17 期。

域的各国，索取正式保障”。他所提出的保障条件，便是“门户开放”政策的具体内容，即后来为海·约翰所采纳的三条。① 显然，两人的意见，其核心便是为了保障美国在华条约权益，尤其是商业利益。自 1844 年《望厦条约》始，美国获得了以最惠国待遇为标志的“平等贸易之权”，这是美国与其他列强在华竞争的条约保障，成为美国对华政策的重要基石之一。当列强在华掀起瓜分狂潮，严重影响美国的这一条约权利时，海·约翰提出了对本国最为有利的“门户开放”政策，其目的“在保卫最惠国的贸易权”。②

正是以维护机会均等的条约权利为理由，美国国务卿海·约翰于 1899 年 9 月至 11 月向各国宣布了“门户开放”政策。在致英国的照会中他提出，旨在“维持在华商业和航海的平等待遇”，担心“伤害美国在华条约权利”，以及需要“巩固该帝国政府和维护中国的完整”等，其政策具体有三：第一，决不干扰在中国的任何所谓“势力范围”或租借地内的任何条约口岸或任何“既得利益。”第二，上述“势力范围”内的一切条约口岸（除非它们是“自由港”）装卸的商货，无论属于何国，一律适用当时与中国所订条约规定的关税税则，并由中国政府征收。第三，对于来往于该“势力范围”内任何口岸的他国船只，不得征收高于对本国船只所征港口费；对运经“势力范围”内所修建、管理或经营的铁路线上的他国公民或人民的商货，不得收取高于本国公民同等距离内运输的同类商品的运费。③

这是美国直接针对租借地和“势力范围”的局面提出来的。从表面上看，美国没有正面否定“势力范围”和租借地制度，但它实际上是反对这一制度的。其目的是维持机会均等，缩减各“占有国”在自己“范围”内的权利。俄驻美公使喀西尼说，美国敌视“势力范围”，因为这种政策“违背美

---

① A. L. P. Dennis, *The Anglo-Japanese Alliance,* p. 212. 转引自桑毓英：《美国对华门户开放主义的由来》，《外交月报》1932 年第 6 期。

② Walter H. Mallory：《门户开放政策的再估价》，《新闻资料》1948 年第 171 期。

③ “Mr. Hay to Mr. Choate”, September 6, 1899, *Papers relating to the foreign relations of the United States, with the annual message of the president transmitted to Congress*, December 5, 1899, Washington, Government Printing Office, 1901, pp. 132–133.

国商业利益，并且违反‘门户开放’原则”。①从实际来看，美国所主张的“门户开放”，不仅仅限于商业、贸易方面的机会均等，而且否定了“势力范围”所包含的各方面的独占权和优先权。海·约翰最初提出来的，只是一个出发点，而这“必然是一个在发展中的主义，按照随时对它的解释和运用而可加扩大或加以限制”。②

义和团运动期间，美国以“营救我们的公使馆脱离严重危险和保护美国人的生命和财产”③ 为理由，派兵加入八国联军侵入中国。鉴于中国处于“危急时刻”，海·约翰于 1900 年 7 月 3 日通电美国驻英、法、德、俄、奥、意、日等国公使，指示他们照会驻在国外交部，即第二次“门户开放”照会。照会宣称：“我们坚持我们在 1857 年提出的与中国保持和平、促进合法商业，并且通过由治外法权条约规定的权利和国际法所保证的一切手段，保护我国公民生命财产的政策。”美国“要寻求一种解决办法，它可以为中国带来持久的安定与和平，维持中国领土与行政的实体，保护由条约和国际法对友好国家所保证的一切权利，捍卫全世界与中华帝国所有地区进行平等与公平贸易的原则”。④ 如丹涅特所言，“这项照会变成了后来一切美国政策的根本路线”，给第一次照会提出的主张，“加上了确定性和范围”。⑤

由此美国宣布了“门户开放”政策的完整内容，主要包括相互联系的 2 个方面。一是“维持中国领土和行政的实体”。第一次照会只在给英俄两国的照会中提及此内容，这时则明确将其作为“门户开放”的基本原则。二是“保护”由条约和国际法保证的一切权利，“捍卫”在中国所有地区进行平等

---

① ［苏］福森科：《瓜分中国的斗争和美国的门户开放政策》，杨诗浩译，生活·读书·新知三联书店 1958 年版，第 156 页。

② ［美］威罗贝：《外人在华特权和利益》，王绍坊译，生活·读书·新知三联书店 1957 年版，第 62 页。

③ 《合众国总统致中国皇帝》，1900 年 7 月 23 日，见《美国对华政策文件选编 从鸦片战争到第一次世界大战》，阎广耀、方生选译，第 424 页。

④ “Mr. Hay to Mr. Herdliska”（Circular telegram）, July 3, 1900, *Papers relating to the foreign relations of the United States, with the annual message of the president transmitted to Congress,* Washington, Government Printing Office, 1903, p. 299.

⑤ ［美］泰勒·丹涅特：《美国人在东亚——19 世纪美国对中国、日本和朝鲜政策的批判的研究》，姚曾廙译，第 555～556 页。

与公平贸易的原则。第一次照会仅限于势力范围和租借地的范围，此时则适用于中国所有地方。这样，“门户开放”从商业上的机会均等，进而扩充为政治上对中国的“保全”；其适用范围也有了极大扩展，不仅在空间上，而且在开放事项上均超过了以往。从空间上来看，“门户开放”政策的适用范围包括内地在内的中国所有地方。罗斯福总统在国情咨文中宣称，“我们主张不折不扣的‘门户开放’，不仅是为了取得在沿海地区已经扩大了的通商机会，而且要经由对中国特别有利的河流到达内地”。①从开放事项上来看，该政策突破了通商贸易范围的局限。庚子事变之后，获悉清政府将订立协定，把东北路、矿的独占权给予俄国，美国立即向中、俄表示抗议，并照会英、法、德、日等九国，指斥该协定违反了“门户开放”政策，②要求中俄放弃。可见，“门户开放”政策的适用范围，又由商贸扩至路、矿等工业领域。不言而喻，“门户开放”不是一个维护条约权利的保守政策，而是一个超越最惠国待遇的扩张性政策。

关于维护中国主权和领土完整，需要从各个层面作深入剖析，揭示美国的主观动机及该方针的实施和效果。毋庸讳言，当世纪之交中国面临瓜分危机时，这一原则起过一定的缓解作用，对“势力范围”制度亦产生了一定的约束作用。从本质上看，“势力范围”和“门户开放”，均体现了列强对中国的欺压，侵损了中国独立完整的国家地位。但是，“势力范围”的极端是灭亡中国，而“门户开放”不以领土要求为目的，两相比较，后者危害为轻。纵观整个晚清时期，与其他国家比较，美国的举动似乎体现了“平等”对待其他民族的理想主义。在八国联军侵华的庚子事变中，美国较其他国家显得温和，尤其是它出面制止了德、俄两国的“讨平”中国的行动。美国“担心瓦德西的讨平行动对中国义和团以外的人造成不利结果”，于是“制止德国人首次荒谬行动”，其他国家踌躇不前，但“最后都转到我们［美国］这边来”，从而最终使德国政府“恢复了理智，放弃了它所坚持

① 《西奥多·罗斯福总统在年度咨文里谈美国参加八国联军和缔结〈辛丑条约〉问题》，1901年12月3日，见《美国对华政策文件选编 从鸦片战争到第一次世界大战（1842—1918）》，阎广耀、方生选译，第448页。

② ［美］威罗贝：《外人在华特权和利益》，王绍坊译，第63页。

的立场，并提出另一项完全同我们的立场一致的建议。”① 罗斯福总统在谈到美国的这一立场时，说：“我们的政府坚定不移地主张温和，并且具体帮助实现有助于提高中国福利和导致该帝国与现代世界之间更有益的交往的调整。”“我们应该沿着这些道路继续做我们力所能及的事情，以培育善意的感情，并且不遗余力地去实现中国与所有国家之间在权利平等和利益均沾的基础上进行充分公平交往的伟大政策。”② 长期以来，美国的温和姿态和尊重中国主权的倡议，给清政府官员留下了友好的印象。③ 然而，这些印象只反映了问题的一面，而通过揭示其颇具虚幻性的另一面，则更能深入了解美国对华关系的本质特征。

从主观动机来看，美国所谓维护中国“领土完整”，并非为了保障中

① 《海约翰谈美国在八国联军时制止德俄两国的“讨平”中国的行动》，1900 年 10 月 16 日，见《美国对华政策文件选编 从鸦片战争到第一次世界大战（1842—1918）》，阎广耀、方生选译，第 433 页。

② 《西奥多·罗斯福总统在年度咨文里谈美国参加八国联军和缔结〈辛丑条约〉问题》，1901 年 12 月 3 日，见《美国对华政策文件选编 从鸦片战争到第一次世界大战（1842—1918）》，阎广耀、方生选译，第 447～448 页。

③ 条约关系初期，清朝官员论及各国，以英国为侵略中国的主凶。如长芦盐政崇纶谓：“惟英夷诡诈多端，桀骜不驯，即美利坚国，亦听其指使，一切举动，悉皆英夷主谋。阅其呈节略，多属一己之见，不在情理之中。”（《前长芦盐政崇纶等奏英美要求各条可商酌者拟令赴五口通商处商办片》，咸丰四年九月十四日，见齐思和等编：《第二次鸦片战争》三，上海人民出版社 1978 年版，第 50 页。）同治年间，恭亲王称：“英法美三国以财力雄视西洋，势各相等，其中美国最为安静，性亦平和。”（《恭亲王等又奏》，同治六年十月乙己，见宝鋆等纂修：《筹办夷务始末·同治朝》卷 51，第 28 页。）光绪初年，薛福成比较欧美五个强国，谓：“方今有约之国，以英、法、俄、美、德五国为最强。五国之中，英人险谲，法人慓悍，所至之地，便思窥伺衅隙，隐图占据。此中国之深仇，不可忘也。俄国地广兵强，为欧洲诸国所忌，今且西守伊犁，东割黑龙江以北，据最胜之地以扼我后路。是宜罗设大防以为藩篱，而尤注意于东三省，严为之备，而嫆与之和。此中国之强敌，不可忽也。美国自为一洲，风气浑朴，与中国最无嫌隙。其纽约与蒲公使所立新约，则明示以助我中国之意。盖亦恐中国稍弱，则欧洲日强，还为彼国之害也。故中国与美国，宜推诚相互，略弃小嫌，此中国之强援，不可失也。德人新破法国，日长炎炎，几与英、俄鼎峙。幸其通商之船尚少，则交涉之事亦无多。此亦中国他日之强敌，不可恃为援，亦未至骤为患也。”（薛福成：《应诏陈言疏》，1875 年，见徐素华选注：《筹洋刍议——薛福成集》，辽宁人民出版社 1994 年版，第 42 页。）

国主权，而是通过维持列强在华均势，为“门户开放”提供保障条件。“门户开放”提出后，美国人感到十分兴奋，“认为足以表现一种崇高的原则”，“可以宣扬美国人的信仰和博爱精神”。① 其实并非如此，这一政策恰巧是出于美国的国家私利，并非基于为中国着想的“崇高”原则的。这是美国政府在新形势下采取的一项战略方针，其目的便是稳固中美条约关系，维护美国在华利益。海·约翰直言不讳地说，他并非为“中国的完整”而斗争，而只是为美国争取在华商业的机会均等。② 再者，这一政策有为美国在华树立良好形象的功效，“它有确保使合众国受到中国政府尊重的好处，中国政府将在合众国身上看到一种阻挡帝国受到肢解的强烈愿望，它将大大提高我们在北京的威信和影响”。③ 正如美国学者丹涅特所指出，“门户开放主义不过为旧帝国主义之易一新名耳”，④ 它“向来披着一件利他主义的外衣”，但其动机显然不是“急公好义”，“当之确实有愧”。如果美国“自以为公正不阿”，则“既不相称，也不合理”。“美国政策并不是仁慈的；在它的动机上和历史上，也都不是慈善的”。美国之所以这样做，是为自己考虑，基于美国所处的地位，若亚洲国家日益强大、繁荣和开明，则“最有裨于美国在亚洲的利益”。⑤

从具体实施及效果来看，美国也只将维护中国主权和领土完整停留在口头上，并未付诸真正的行动。对于“势力范围”，“门户开放”虽产生了一定的约束作用，但仅局限于商贸方面的机会均等，在其他方面它则无能为力。由于“门户开放”的目的在于保障自己的在华条约利益，美国“深切地

---

① Tyler Dennett（普林顿大学教授，曾任美国国务部历史顾问）：《中国门户开放政策的由来》，历樵译，《国闻周报》1934 年第 17 期。

② Tyler Dennett, *Roosevelt and the Russo-Japanese War*, Gloucester, Mass, Peter Smith, 1959, pp. 135-136.

③ 《柔克义关于对华贸易政策的备忘录》，1899 年 8 月 28 日，见《美国对华政策文件选编 从鸦片战争到第一次世界大战（1842—1918）》，阎广耀、方生选译，第 411 页。

④ Tyler Dennett, *The Open Door, Empire in the East*, p. 294. 转引自杨桂和：《美国对华经济政策之演进与展望》，《复兴月刊》1937 年第 7 期。

⑤ ［美］泰勒·丹涅特：《美国人在东亚——19 世纪美国对中国、日本和朝鲜政策的批判的研究》，姚曾廙译，商务印书馆 1959 年版，第 549、556、575 页。

感觉到"保护在华"巨大商业利益的重要性","密切注视看来可能有意损害我们的一切事物，并通过有力与及时的抗议阻止其发生"。因此，尽管它反对"肢解"清帝国，反对瓜分，但"并不准备向中国保证同它一起用武力拒绝那种要求"，"不想为未来可能发生的事件捆住自己手脚"。它认为，最好的政策"就是警惕地保护我们的商业利益，而不同其他有关的强国正式结盟"。① 显然，美国"绝不会用武力来强求对门户开放政策的承认，或是防止帝国的瓜分"。②

而且，"门户开放"本身，自始便是抛开中国而在其他各国之间商订的一种协议，美国完全无视中国的主权。其实，如前所述，美国对瓜分中国并非毫不动心，它对此也作了相应的预案。国务卿海·约翰指示驻华公使康格说，将来一旦发生战争，要"抓住第一个有利机会"获得三沙湾作为自由和单独使用的军港。中国还须保证，其周边地区不得"转让给任何其他强国，或由任何其他强国控制或使用，也不得由中国政府在该地设防"。③ 美国自己非常清楚，外国人之所以能留居中国，完全是靠了1842年以来络绎不绝的外国兵船的"赤裸裸的武力"。④ 自然，它不能抑制某些国家对中国的野心，阻止"势力范围"制度走向极端。1907年日俄协定订立之后，美国政界普遍认为，"东三省从此不得视为中国疆土，各国均沾利益及保全中国主权之说，竟成具文"。⑤ 无疑，美国并非真心维护中国领土主权，如耶鲁大学一位教授所言，"美国人决不愿用武力来维持门户开放和中国的完整，而用文字来维持，自然毫无力量"。1922年在华盛顿会议上，美国国务卿许士

① 《海约翰在给保罗·达纳的密信里谈对华"门户开放"政策的目的与作法》，1899年3月16日，见《美国对华政策文件选编 从鸦片战争到第一次世界大战（1842—1918）》，阎广耀、方生选译，第408～409页。

② ［美］泰勒·丹涅特：《美国人在东亚——19世纪美国对中国、日本和朝鲜政策的批判的研究》，姚曾廙译，第549页。

③ 《国务卿海约翰给驻华公使康格的密码电报》，1900年11月19日，阎广耀、方生选译：《美国对华政策文件选编 从鸦片战争到第一次世界大战（1842—1918）》，第183页。

④ 泰勒·丹涅特：《美国人在东亚》，姚曾廙译，商务印书馆1959年版，第552页。

⑤ 《使美张荫棠致外部美谓日俄协约大碍中国主权美须早自为谋电》，宣统二年七月初三日，见王彦威、王亮辑编：《清季外交史料》第8册，李育民等点校整理，湖南师范大学出版社2015年版，第4349～4350页。

对此非常清楚，“而华府条约也无非美国从远东引退中，保留面子的办法而已”。所以，《九国公约》以及华府其他条约虽久被破坏，“美国却没有比其他缔约国更大的责任来保卫中国，日本的侵略只要不及到美国的领土，美国尽可旁观，不必卷入旋涡”。①

从历史来看，美国是一个讲求现实利益的国家，所谓“公道”和“正义”只是为其利益服务的。它始终坚持自己的条约权利，注重在理论上和“道义”上为其在华权益找到根据。然而，只要有损自己的利益，它可以抛弃所谓“公道”和“正义”，更不会顾及中国的感受及其遭受的损害。在列强的巧取豪夺中，美国虽然没有如同某些国家那样明火执仗，或威胁利诱，或欺诈蒙骗，但各国运用各种手段从中国勒索的一切，美国都要理直气壮地分一杯羹。它从不因为这些特权的来源不光彩而放弃，也不会因为列强违背国际道义而仗义执言，更不会为此两肋插刀为中国讨回公道。例如，在华工问题上，美国背弃条约，实施排华政策。美国政府自己承认，“条约既是美国的法令也是中国的法令。然而它没有包含任何保障中国人的权利和人权的条款，但是中国却对我们作出了相关的保证，然而我们有义务做到公正和守信，给予中国居民同样的保障，这可能会与我们的联邦宪法不符。阅读过那部宪法的人都明白它是违反它本身的精神的，因为它把相同的权利和人权给予了欧洲人，却拒绝给予中国人”。② 在教会的内地置产问题上，美国尤其体现了这一特点。一方面美国国务院承认，“条约并未赋予美国公民在中国内地不受限制地租买土地的权利，这是没有争论余地的”；另一方面它又要保护这种违约行为。美方提出，如果教士取得了一处住所，“那么他们应当受到保护”。因为，“中国既然同各国缔结过条约，开放让外国人入境和居留，条约规定的居住和营业的限制范围的松动，就无可避免”，而中国要

① Sumuel Flagg Bemis：《孤立主义的美国外交》，许绍昌译，《外交评论》1936 年第 5 期。

② “Mr. Cleveland to Mr. Brown” , July 27, 1868, *Message of the President of the United States, and accompanying documents, to the two Houses of Congress at the commencement of the third session of the Fortieth Congress*, Part I, Washington, Government Printing Office, 1869, pp. 531–532.

“承担起保护外国人的责任”。① 更进一步，美国国务卿叭嘎以最惠国条款为由，一再指示驻华公使田贝，“努力为我国在华的优秀的、具有牺牲精神的所有教士，获取绝不少于任何其他国家或传播其他教义的教士的特权，这些特权是通过条约给与、优惠权赋予、或习俗惯例而取得的”。田贝则“一直都在采取切实可行的办法，竭尽所能并卓有成效地为教士们服务”，“为他的同胞谋求不逊于任何其他国家公民的所得到的利益”。② 这些无疑揭示了美国华丽外衣下的内在本质，它在公正的面孔之下，却要享受种种殖民主义性质的条约特权和利益。显然，表面温和且维护公道的美国，实际上奉行的是本国利益至上主义。不仅对中国，而且在处理与其他欧洲国家，即使是“血浓于血”的英国的关系时，美国也都是从自身利益出发的。日本人曾揭露说，海·约翰提出“门户开放”主张，“肯定不是为了帮助英国摆脱困境”。“门户开放”照会的起草人柔克义也直言不讳地说，“政府仅仅考虑本国的利害”。③

作为“根本路线”的“门户开放”，标志着美国形成了独立的和完整的对华外交政策。这一政策既以中美条约关系为依托，又为这一关系的进一步发展确立了基本原则，并包含最大限度攫取在华经济利益的策略方针。这就是，在维持中国领土完整的口号下，巩固和强化中美条约关系，将机会均等原则和美国的对华政策国际化，充分保障和扩展美国在华权益。这一政策以美国利益为中心，在具体实施中体现了明显的自利性质，蕴含了虚伪的另一面。“门户开放”提出后，美国与华条约关系的新发展，正反映了这一政策的本质和特征。

义和团运动被八国联军镇压后，美国在中外订立和约的谈判和交涉中，即贯注了这一思想。美国“通常是不赞成与欧洲国家联合行动的”，但当时它放弃了这一传统，而认为“这是一个国际性的问题，显然需要通过全体一

① 《叭嘎致田贝函》，1888 年 3 月 7 日，见中国第一历史档案馆等编：《清末教案》第 5 册，中华书局 2000 年版，第 191 页。

② 《叭嘎致李佳白函》，1888 年 7 月 17 日，见中国第一历史档案馆等编：《清末教案》第 5 册，中华书局 2000 年版，第 198 页。

③ ［日］信夫清三郎编：《日本外交史》上册，天津社会科学院日本问题研究所译，商务印书馆 1980 年版，第 309 页。

致的行动”。[1]美国专使柔克义将《议和大纲》提出的12项要求分为四个主要项目，即惩罚性、赔偿性、预防性、改善性条款。其后于1901年9月7日签订的《辛丑条约》便包括这些内容，其目的是巩固与强化既有的条约关系，如柔克义所说的，这是“恢复与该国的正常关系所必需的”。[2]《辛丑条约》是西方国家集体与中国订立的条约，体现了它们利益的一致，为美国推行“门户开放”政策奠立了基础。随后美国与清政府谈判交涉通商续约，更为具体地实施了这一政策。在交涉中，美方以最惠国待遇为核心，坚持享有他国所有条约权益，“得到中英商约的一切好处而不受其中条件的限制”。[3]在1903年签订的中美《通商行船续订条约》中，最惠国条款仍被视为首要，该约第1～3款规定美国外交官和美国人在华享有的种种“最优待之国”待遇。[4]

而且，美方往往表面上冠冕堂皇，作出尊重中国、对华友好的姿态，实际上却心口不一，言不由衷，中方也逐渐领教了其中的虚实。起先，美方屡屡声称维护中国主权，中方代表感到，“美使屡言不欲干预中国主权，似尚可信。”[5]然而，在标榜不损害中国主权的同时，美方代表又强调最惠国待遇而不放弃此类特权。例如，他在口头上表示，“不想要求内港行轮，因为美国政府认为内港行轮有损中国的主权”。然而在签订条约时，“美国总要

---

① 《康格致海函》，1900年11月28日，见天津社会科学院历史研究所编：《1901年美国对华外交档案——有关义和团运动暨辛丑条约谈判的文件》，刘心显、刘海岩译，齐鲁书社1984年版，第57页。

② 《美国赴华专使柔克义的报告》，1901年11月30日，见天津社会科学院历史研究所编：《1901年美国对华外交档案——有关义和团运动暨辛丑条约谈判的文件》，刘心显、刘海岩译，第3页。

③ “1902年9月9日中美修订商约会议记录第2号”，见中国近代经济史资料丛刊编辑委员会主编：《辛丑和约订立以后的商约谈判》，中华书局1994年版，第158页。

④ 中美《通商行船续订条约》，光绪二十九年八月十八日，见北京大学法律系国际法教研室编：《中外旧约章汇编》第2册，生活·读书·新知三联书店1959年版，第182～183页。

⑤ 《吕盛伍三使致外部与美使议盐土两税归入附件电》，光绪二十九年七月十一日，见王彦威、王亮辑编：《清季外交史料》第7册，李育民等点校整理，湖南师范大学出版社2015年版，第3232页。

同其他国家处于平等地位”。[①] 再如矿务问题，因涉及中国内政，中方主张不必在条约中作出规定，表示“知道开矿的重要性，愿意在这方面努力”。[②] 而美方则要求，“另规定美国在中国的人民应当同在美国的中国人民有同样的权利”。[③] 又如，“美国并不想取得在内地无限制居住的权利，他们甚至反对这样做，但是希望能在商约里明白记录美国人民有同别国人民一样的权利”。[④]

对于美方所谓不侵中国主权之说，中方代表则心存戒备，并不认同。如张之洞即斥其“夺我主权”，“太无情理”。[⑤] 伍廷芳等谓，美方以“有碍中国主权”为由，不愿将英约所允之销场税、出厂税名目声叙入约，“立论固属正大，不能不防其设词饵我。”[⑥] 又说，“各国修改商约，无非占我利益，美方极力见好，谓事事不侵我主权，而其取益防损，心计甚工，究未尝放松一步”。[⑦] 中方“希望美国代表比英国代表更对中国友好，而不要比英国代表差”。[⑧] 然而，美国虽在税则上给予中国最惠国待遇，并承诺所派领事须由中国“认许”，在某种程度上兑现了它曾声称的互惠精神和对中国的尊重，但从整体来看，该约充分维护和扩展了美国自己的权益。清政府在交涉中和签约后多有微词，如张之洞说，细阅美约条款，“大概取英约之有益于

① “1902年9月27日中美修订商约会议记录第5号”，见中国近代经济史资料丛刊编辑委员会主编:《辛丑和约订立以后的商约谈判》，第161页。

② “1902年9月30日中美修订商约会议记录第6号”，见中国近代经济史资料丛刊编辑委员会主编:《辛丑和约订立以后的商约谈判》，第161页。

③ “1903年4月23日中美修订商约会议记录第18号”，见中国近代经济史资料丛刊编辑委员会主编:《辛丑和约订立以后的商约谈判》，第182～183页。

④ “1903年4月7日中美修订商约会议记录第12号”，见中国近代经济史资料丛刊编辑委员会主编:《辛丑和约订立以后的商约谈判》，第180页。

⑤ 《鄂督张之洞致外部美约十六款太老辣请吕伍相机辩论电》，光绪二十九年四月十二日，见王彦威、王亮辑编:《清季外交史料》第6册，李育民等点校整理，第3188页。

⑥ 《致外务部电》，1903年10月1日，见丁贤俊、喻作凤编:《伍廷芳集》上册，中华书局1993年版，第245页。

⑦ 《奏中美商约遵旨画押折》，1904年1月1日，见丁贤俊、喻作凤编:《伍廷芳集》上册，第250页。

⑧ “1902年9月30日中美修订商约会议记录第6号”，见中国近代经济史资料丛刊编辑委员会主编:《辛丑和约订立以后的商约谈判》，第161页。

彼而去其有益于我者”，由此可见，“美素和平，此次太属老辣”。① 伍廷芳亦认为，“同中英商约比较，美国要求中国裁减的多，给中国的少”。②

此外，通过中美《通商行船续订条约》，美国又表现了对华外交的独立性，进一步巩固并扩展了机会均等的条约权利。例如，美方代表在交涉中未将自己束缚于英约而独立提出新的要求，表示，“美系大国，不能处处效法英国，有碍体面。所以求其与英约一一吻合，实属为难”。③ 中美条约遇到与中英商约同样的问题时，“美国方面欢喜用自己的提法”，它提出“修改全部旧约”，④ 声言“美国不能单纯倚赖最惠国待遇或者中英条约里的规定”。⑤ 显然，美国在该约中既坚持了机会均等原则，又在此基础上明显表现出有异他国的自主要求。其后，总统罗斯福评论该约说，“是应该满意的”，该约“使我们同这个东方大帝国的通商关系处于比以前任何时候都更加令人满意的地位”。它“增加进入中国港口的便利，大量扩大我们的商业，通过消除某些过去的贸易障碍使贸易减少困难”，等等。⑥

尤其是，经过“门户开放”政策的实施，在对华关系中被美国视为最重要的机会均等原则，由两国条约中的最惠国条款，发展成为趋向国际化的共同政策。“门户开放”政策提出后，得到了各国不同程度的认可，而且主要列强相互订立了协定，确认了机会均等和维护中国领土完整两项原则。英、德两国“为维护其在中国的利益和现行条约规定的权利”，最先于 1900

---

① 《鄂督张之洞致外部美约十六款太老辣请吕伍相机辩论电》，光绪二十九年四月十二日，见王彦威、王亮辑编：《清季外交史料》第 6 册，李育民等点校整理，第 3189 页。

② “1903 年 3 月 27 日中美修订商约会议记录第 9 号”，见中国近代经济史资料丛刊编辑委员会主编：《辛丑和约订立以后的商约谈判》，第 171 页。

③ 《外务部收商约大臣吕海寰、伍廷芳函》，光绪二十九年五月初二日，见《中美关系史料·光绪朝》五，台北“中央研究院”近代史研究所编印 1990 年版，第 3535 页。

④ “1902 年 9 月 9 日中美修订商约会议记录第 2 号”，见中国近代经济史资料丛刊编辑委员会主编：《辛丑和约订立以后的商约谈判》，第 158 页。

⑤ “1902 年 9 月 27 日中美修订商约会议记录第 5 号”，见中国近代经济史资料丛刊编辑委员会主编：《辛丑和约订立以后的商约谈判》，第 161 页。

⑥ 《西奥多·罗斯福总统在第三个年度咨文中谈 1903 年 10 月 8 日于上海签订的通商条约》，1903 年 12 月 7 日，见《美国对华政策文件选编 从鸦片战争到第一次世界大战》，阎广耀、方生选译，第 465 页。

年10月16日达成协议，确定“中国的河流港口和沿海地区对一切国家的国民的贸易以及其他各项正当的经济活动应不加歧视地自由开放”，在“它们所能施加影响的一切中国领土坚持这一原则”；承诺不“为自己谋取中国版图内的任何领土利益”，“保持中华帝国的领土状况，使它不至于缩小”。该协议并指出，“这是国际上共同和持久关心的问题”。① 美国接到这一协议的通知后复照说，“合众国以前已将它采取的这些原则公之于众”，这些原则“与德国皇帝和英国女王陛下的那些原则完全一致”。② 随后，英日、日法、日俄、日美等国所签协定，也申明了这两项原则，以“维护所有国家在中国的共同利益”，或“维护列强在中国的共同利益”。③ 此外，奥匈、比利时、葡萄牙等国，亦向美国复照表示同意“门户开放”政策。④“门户开放”为西方国家所接受，几个主要国家相互间以条约方式作出承诺，表明这一政策已经初步国际化了，再经第一次世界大战又获得了进一步发展。

纵观晚清时期美国与华条约关系的全过程，其三个阶段的演变发展，不仅反映了自身国力的状况，且与国际形势的变化密切相关。尽管各个阶段形式不同，而一以贯之的则是机会均等的精神和原则，这是美国维护本国利益，攫取在华条约权益的最佳选择。与之相随，美国对华政策又经历了从依附向自主的转变。从“搭便车”签订《望厦条约》到门户开放的提出，美国

---

① 《德国和英国关于中国的协议》，1900年10月16日，见世界知识出版社编辑：《国际条约集（1872—1916）》，世界知识出版社1986年版，第208～209页。

② 《海约翰就1900年10月16日英德两国关于中国的协议致函德国大使》，1900年10月29日，见《美国对华政策文件选编 从鸦片战争到第一次世界大战》，阎广耀、方生选译，第413页。

③ 《英国和日本第一次同盟协定——关于中国和朝鲜的协定》，1902年1月30日；《英国和日本第二次同盟协定——关于中国的完整、东亚和印度的普遍和平和双方在这些地区的领土权利和特殊利益的协定》，1905年8月12日；《日本和法国关于亚洲的协定》，1907年6月10日；《日本和俄国政治专约》，1907年7月30日；《日本和美国关于太平洋地区通商及维护中国完整和贸易的换文》，1908年11月30日；《英国和日本第三次同盟协定——关于中国的完整、东亚和印度的普遍和平和双方在这些地区的领土权利和特殊利益的协定》，1911年7月13日。见世界知识出版社编：《国际条约集（1872—1916）》，第215、252、310、313、436、463页。

④ ［美］威罗贝：《外人在华特权和利益》，王绍坊译，第49～50页。

的对华方针逐渐转化为各国认可的共同政策，这一始于晚清时期的国际化趋向，完成于第一次世界大战之后，以公约形式完全纳入到中外条约关系之中。在战后的华盛顿会议上，中国代表正式宣布“赞同所称开放门户主义”，① 并与美、比、英、法、意、日、荷、葡等 8 国签订了九国公约。“门户开放”的原则载入了公约，② 由此“国际条约化”，“一跃而为国际政治上或国际法上的原则”。③ 美国国务院认为，“九国公约使传统之美国政策奠定在广泛之九国基础上”，并作为“一种宪章，约束中国与列强将近二十年之关系”。④ 就中外条约关系的角度而言，“门户开放”政策被纳入了中国加入的九国公约，可说是最终在法律上完成这一程序，从而具有了国际法规则的意义。这一重要地位的获得，经历了双边最惠国条约向多边国际化发展的历程，并呈现了中美条约关系转化为多国普遍条约关系的轨迹。美国为自身利益而确立的对华政策，成了国际社会的共同规则，中外条约关系的这一重大变化，既是国际形势演化的结果，又反映了美国在国际社会中发挥的主导作用。但由于帝国主义列强之间矛盾的尖锐，条约化的“门户开放”规则并未得到切实遵守，尤其是日本一再违反自己的承诺牟取在华特殊利益，甚至不惜发动侵华战争完全将该政策打破。即使如此，作为一项重要的对华政策，“门户开放”代表了列强处理对外关系的一种倾向，继续为美国所坚持。无疑，晚清时期美国对华政策虽然经历不同时期的变化，但有一清晰的脉络，即保障美国在华机会均等的条约权益。这是美国根据本国国情和国际形势所作的精妙算计，其不使用武力和维护中国主权和领土完整原则均服务于此，根本目的在于牟取在华利益。因为，只要在华机会均等，它就可以理所当然地享受他国用武力攫取的各种权益；而中国主权和领土的完整，则是实现这

① 《美京施顾王代表电》，1921 年 11 月，见中国社科院近代史研究所等编：《秘笈录存》，中国社会科学出版社 1984 年版，第 401 页。

② 见《九国间关于中国事件应适用各原则及政策之条约》，1922 年 2 月 6 日，见北京大学法律系国际法教研室编：《中外旧约章汇编》第 3 册，生活 · 读书 · 新知三联书店 1962 年版，第 218 页。

③ 内田胜：《门户开放政策在中国》，严舍译，《中国研究》1937 年第 4 期。

④ 美国国务院编辑：《美国与中国之关系：特别着重 1944 年至 1949 年之一时期》，中华民国外交部 1949 年译，第 15 页。

一目的的前提条件。毋庸讳言，机会均等及其相关原则，较他国明火执仗劫夺中国领土和各种权益的武力方式显得温和，对中国的危害也相对较轻，且对中国维护国家主权和领土完整亦不无裨助。但必须看到，这是美国攫取在华利益并达到最大化的一种手段，而非出于为中国仗义执言的“公道”“正义”。正唯如此，在享有最惠国的机会均等权利的同时，美国对不平等条约特权的完善和扩展做出了重要努力，在理论和实践上均有着独特的“贡献”；当在华条约权益遭遇危机时它也会不择手段，如义和团运动期间，美国便毫不犹豫地投入到武力侵华的行列之中，等等。而且，美国的温和方针并未改变中国的国际地位，它是建立在传统国际法时代弱肉强食的国际秩序的基础之上，维护了不平等的条约关系，使中国在主权受到严重限制这一极为不利的背景下向所有列强全面开放自己的市场。另外，在从“搭便车”到“门户开放”的过程中，美国逐渐放弃传统的孤立主义，并摆脱依附走向自主，更为积极主动地成为国际社会的竞争者。美国逐渐摆脱“美洲国家”观念，促使它产生并形成世界大国意识，后来进一步发展为争霸世界的全球战略，晚清时期对华条约关系无疑是其中的一个环节。诸此种种，无不体现了美国利益至上的根本方针，并反映其对华政策与他国不同的狡黠之处。

第十四章

法、俄、德各具特色的重要“创树”

如果说，英、日、美三国在中外条约关系中有极为重要的地位，那么，法、俄、德三大强国作为这一关系基本骨架的组成部分，亦具有彰明较著的独特之处。法、俄、德三国从不同途径与中国建立了条约关系，它们的对华方针各有不同，体现了它们各自历史和社会发展的特征。法国以传教为重心进行殖民扩张，俄国具有趁火打劫以及勒索领土的特点，德国则推行实利为内核的殖民政策。在侵损中国主权，扩展条约特权，推动中外不平等条约关系的发展等方面，该三国均做出了各具特色的重要“创树”。

一、以传教为重心的殖民扩张

法国是鸦片战争之后紧随英美与中国签订条约的国家，其与华条约关系，从一开始便别具一格。与英、美注重商贸不同，法国尤为重视传教特权，这是中法条约关系中最为显著的特点。此外，法国又表现了较强的殖民侵略特性，在拓展条约特权方面，做出了重要“贡献”。

中英《南京条约》签订后，法国政府派遣拉萼尼赴华订约，法国外交部长基佐向拉萼尼下达了一项指令，主要内容为：(1) 中英《南京条约》在本质上改变了中国与西方基督教国家的关系，新开放的通商口岸以及利益均沾原则预示着巨大的商业前景，法国也应追求在远东地区的商业利益。(2) 使团的宗旨是与中国谈判缔结一项通商条约，获得与英国同样的利益，更要获得同样的保障。(3) 鉴于中国当时所处的形势，使团不会有太大的困难；不磕头，没有必要去北京见中国皇帝，只需要在广东或其他沿海地方得到中国全权代表官员的接待。① 从这一指令来看，拉萼尼的使命是效法英国，与中国缔结一项商约。

但是，拉萼尼并未停留于此，而是进而为已被禁的基督教要求权利。由于法方重点不通商，关于条约的商贸内容，没有什么新的进展，"中国甚至在拉萼尼尚未到达中国之前，已经完全同意给予法国与英、美同样的贸易利益，拉萼尼无须做任何准备，而是在为他准备好的条约上签押就行了"。② 拉萼尼向法外交部报告谓，"从商业贸易方面来看，英国人和美国人并没有给我们留下什么事情做。然而，从精神和文化方面来看，我认为该轮到法国和法国政府运筹决策和采取行动了"。③ 所谓"精神和文化方面"，也就是传教特权。拉萼尼声称，"假如我能在这个问题上取得成功，我的功劳将是伟大的，本使团在精神方面的成就也将远远超过英国人和美国人所得到的一切。他们考虑的仅仅是物质利益，精神利益被他们彻底忽视了"。④ 1844 年签订的中法《黄埔条约》共计 35 款，与英、美 2 国所订条约"俱属相同，并无出入"。⑤ 拉萼尼将主要精力放在基督教的驰禁上面，并取得了重要突破。他不仅通过《黄埔条约》使法国取得了与美国同样的在通商口岸的习教权，而且还在此基础上有进一步的扩展。⑥ 更重要的是，拉萼尼促使耆英几

---

① 见张建华：《中法〈黄埔条约〉交涉——以拉萼尼与耆英之间的来往照会函件为中心》，《历史研究》2001 年第 2 期。

② ［法］加略利：《法国使华团外交活动日记》，第 78 页。转引自［法］卫青心：《法国对华传教政策——清末五口通商和传教自由（1842—1856）》上，中国社会科学出版社 1991 年版，第 340 页。

③ ［法］卫青心：《法国对华传教政策——清末五口通商和传教自由（1842—1856）》上，中国社会科学出版社 1991 年版，第 316 页。

④ ［法］卫青心：《法国对华传教政策——清末五口通商和传教自由（1842—1856）》上，中国社会科学出版社 1991 年版，第 317 页。

⑤ 《两广总督耆英等奏为酌定法国贸易折》，道光二十四年九月二十一日，见中国第一历史档案馆编：《鸦片战争档案史料》第 7 册，天津古籍出版社 1992 年版，第 517 页。

⑥ 该约第 22 款规定："倘有中国人将佛兰西礼拜堂、坟地触犯毁坏，地方官照例严拘重惩。"由此法国获得由中国政府保护洋人习教的条约权利。中法《五口贸易章程：海关税则》，道光二十四年九月十三日，见王铁崖编：《中外旧约章汇编》第 1 册，生活 · 读书 · 新知三联书店 1957 年版，第 62 页。

次上奏，要求解除禁教政策，最终得到了道光帝谕准。耆英奏称：法使“唯天主教驰禁一节，请求甚坚”，“叠经往复辩论数日之外，该夷使坚执如前”。他提出，“可否仰邀皇上逾格天恩，将中外民人凡有学习天主教并不滋事为非者，概予免罪……至法兰西及各外国习教之人，止准其在通商五口地方建堂礼拜，不得擅入内地传教煽惑”。[①] 道光帝谕准谓：“我朝于该国天主教本未严申禁令，且近年来中国亦无传习此教之人，现在该国条约内既经载明，只于通商五口地方建堂礼拜，断不越界传教，即许以开禁，亦无不可。”[②] 又谕谓：“天主教既系劝人为善，与别项邪教迥不相同，业已准免查禁，此次所请，亦应一体准行。所有康熙年间各省旧建之天主堂，除改为庙宇民居者毋庸查办外，其原旧房屋尚存者，如勘明确实，准其给还该处奉教之人。至各省地方官接奉谕旨后，如将实在习学天主教而并不为匪者滥行查拿，即予应得处分。”[③] 法国由此取得华人的习教权及在中国通商口岸的传教权。

第一次鸦片战争之后，法国继续关注传教问题，这是它在华活动的重点。咸丰时期，清政府的地方官员便看到，法国人“不以买卖为事，专在中国传教”。[④] 法国考量对华政策的基点也在于此，例如在对太平天国起义是否采取中立政策的问题上，法驻上海副领事敏体尼认为，“法兰西在远东扮演第一流角色的好机会已经来临”，主张通过介入支持清王朝的中国内战，索取报酬。其欲索取的报酬，首先是基督教在中国自由活动，然后是开放全中国，并割让一部分领土。[⑤] 法国驻华公使布尔布隆开始主张采取中立政策，他致函敏体尼说，“如英国确实要干涉的话，我看也纯粹出于商业利益

① 《耆英奏请将学习天主教之人稍宽禁令以示羁縻折》，道光二十四年十月乙未，见齐思和等整理：《筹办夷务始末 · 道光朝》六，中华书局 1964 年版，第 1876～2878 页。

② 《廷寄》二，道光二十四年十月乙未，见齐思和等整理：《筹办夷务始末 · 道光朝》六，第 2880 页。

③ 《廷寄》，道光二十六年正月辛巳，见齐思和等整理：《筹办夷务始末 · 道光朝》六，第 2964 页。

④ 江苏苏松太道：《麟桂奏办理洋务宜严禁鸦片重用粤人厚积经费持平讯断民教讼案折》，咸丰元年二月庚午，见贾桢等纂修：《筹办夷务始末 · 咸丰朝》一，中华书局 1979 年版，第 128 页。

⑤ J. F. Cady, *The Civil War in China,* p.15. 转引自茅家琦：《太平天国对外关系》，人民出版社 1984 年版，第 26 页。

的考虑。我们在中国没有这类的利益。因此，中立政策对我们来说……显得重要”。① 后来布尔布隆看到，如果法国投入中国内战，将有利于改变天主教在中国的地位，于是他致电法国外交部长，谓：“法兰西必须摧毁叛乱给天主教带来的不幸的影响”，当清政府处于困境之中，法国向它伸出帮助之手，将“产生出一个新的形势”。即“保证在中国的天主教有一个和平的未来，并保证法国的政策能发挥广阔的、辉煌的影响”。②

重视传教事业是法国的传统。对法国政府而言，“这项权益——天主教会在国外宣传教义——是几世纪来特别为法国政府所关怀，不拘是王朝政府、帝国政府或是共和国政府”。③ 如七月王朝的外交部长基佐，“比其他国务领导人更崇敬天主教”，“始终将天主教会看作法国政府的天然盟友和靠山”。④ 第二共和国时期，法国政府在任命常驻中国外交代表时宣称：“我们在中国设立政治机构是有一定原因的，它的设立，与其说是出于商业贸易目的，毋宁说是从政治和宗教利益出发的”。⑤ 第二帝国时期，法国与英国联合发动了第二次鸦片战争，其借口便是马神甫案件。拿破仑三世甚至宣称，“打到中国去，为传教士讨还血债”。⑥ 虽然法国的参战动机还包括扩大商品市场和原料产地等多种因素，但以马神甫事件为借口，正说明了宗教势力在

---

① CH. 麦朋，J. 佛兰德：《上海法租界史》，巴黎 1929 年版，第 47 页。转引自王晓焰：《试析法国借口宗教纠纷发动第二次鸦片战争的原因》，《四川师范大学学报》1999 年第 1 期。

② J. F. Cady, *The Roots of French Imperialism in Eastern Asia*, 1953, New York, p.107. 转引自茅家琦：《太平天国对外关系》，人民出版社 1984 年版，第 27 页。

③ ［美］马士：《中华帝国对外关系史》第 1 卷，张汇文等译，商务印书馆 1963 年版，第 373 页。

④ ［法］吉耶曼：《19 世纪的法国天主教教徒》，第 95 页。转引自［法］卫青心：《法国对华传教政策——清末五口通商和传教自由（1842—1856）》上，黄庆华译，中国社会科学出版社 1991 年版，第 335～336 页。

⑤ 《巴黎外交部档案——回忆录及文件》（中国部分）第 16 卷，1851 年 8 月 8 日。转引自［法］卫青心：《法国对华传教政策——清末五口通商和传教自由（1842—1856）》下，黄庆华译，中国社会科学出版社 1991 年版，第 638 页。

⑥ 《巴黎外交部档案——回忆录及文件》（中国部分）第 18 卷，1856 年 10 月 12 日。转引自［法］卫青心：《法国对华传教政策——清末五口通商和传教自由（1842—1856）》下，黄庆华译，第 695 页。

法国国内政治中举足轻重的地位。第二次鸦片战争中，法国与俄、英、美等国通过《天津条约》一道向中国勒索了内地传教的特权，而法国所订条款最为详细、完备。① 而且，法国还获得了天主教在中国的保教权，并通过欺诈手段，为外国教会攫取了在内地置买地产的特权。显然，重视基督教是法国政府一以贯之的核心政策，且放在对外政策的首要地位。正是法国政府的这一态度，决定了基督教政策在中法条约关系中的重要地位。而通过这一宗教特权，法国又获取了其他方面的利益。例如，"法国保有了它对在华所有天主教教会的保护权，它在这里正像在其他地方一样，力图从它自己所选择的保护国这一地位中，在遇有机会时获取政治上和经济上的利益，因为这种保护提供了一种可靠的，对中国施加压力和进行勒索的工具"。②

与法国比较，英国似乎对传教毫无热情。当胁迫中国签订《南京条约》和《虎门条约》时，英国关注的是贸易特权，对基督教传教问题无动于衷。璞鼎查回国后说，"我不认为中国人对外国人的偏见是某种宗教情感所致。相反的，我倒认为这些偏见产生于害怕对他们施加一种不合理的政治影响"。③ 显然，英国没有将传教置于重要地位，这与法国的观念存在极大的差异。对于这一漫不经心的态度，英国外交官马丁·蒙哥马利抱怨说，"似乎一提到基督教，我们的政府就脸红"。签订南京条约时，"我们的一些作法比教外人强不到哪里，很少提到我们的宗教信仰；我们根本没要求在设有领事机构的通商口岸建造教堂，更没要求开设埋葬教徒尸体的墓地，陛下政府寄给驻华各位领事的通谕，就是为了抵制各开放口岸的英国传教士从事传教活动颁布的"。④

受到法国政府重视的传教士及其传教事业，又反过来对法国的对华政

① 见中法《天津条约》，咸丰八年五月十七日，见王铁崖编：《中外旧约章汇编》第1册，第107页。

② ［德］施丢克尔：《十九世纪的德国与中国》，乔松译，生活·读书·新知三联书店1963年版，第296页。

③ 《辩论日报》，1845年2月15日。转引自［法］卫青心：《法国对华传教政策——清末五口通商和传教自由（1842—1856）》上，黄庆华译，第215页。

④ ［英］马丁·蒙哥马利：《中国的政治、商业和社会》。转引自［法］卫青心：《法国对华传教政策——清末五口通商和传教自由（1842—1856）》上，黄庆华译，第214页。

策产生了影响，尤其是促使法国政府采取了更为强硬的武力政策。通过条约特权来华的法国传教士中，有不少人主张以武力来满足他们对中国的种种要求。例如，法国遣使会主教安若望认为：“只有政治因素和恐惧感才能使中国做出表示；只有在枪口的威胁下，他们才肯做出让步。”① 就传教问题来看，“中国人十分害怕欧洲人，这一点是毫无疑问的，不然他们的政府是不会禁止基督教的。他们担心外国人借口传教深入畏惧欧洲人，就应该利用这种心态。我认为，必要法进行一次示威演习，就足以争取废除给教徒的法律，甚至可使我们在中国取得至少是与明末清初时的传教士相同的地位”。②江西宗座代牧顾铎德也主张对中国进行军事干涉，认为这是促成谈判成功的唯一办法。“只要法国不严厉地教训中国一次，不给她一次沉重的打击，所订立的条约都将成为一纸空文，我们还将会像从前那样受人愚弄。法国应该征服北京。法国人一旦做了京城的主人，朝廷里就会有我们的使节，但可以代表我们国家的利益，甚至还可以代表天主教的利益。”③

传教士不仅体现了文化侵略，而且为法国的殖民侵略鸣锣开道，成为这一政策的急先锋。法国在构建对华条约关系的过程中，有显著的武力色彩，而其中又包含了浓重的传教因素。除了与英国一道发动了第二次鸦片战争之外，法国还单独发动了因越南问题而起的中法战争，而传教士又与这场战争不无关系。如前所述，晚清后的中外条约关系改变了中国传统的对外体制，其中宗藩体制的崩溃颇具象征意义。法国通过中法战争迫使中国于 1885 年 6 月签订了《越南条款》，该约规定：“越南诸省与中国边界毗连者，其境内，法国约明自行弭乱安抚。”④ 这一条款使越南沦为法国的保护国，撕开了宗藩体制的缺口，体现了法国的殖民主义侵略本质，这是它对华条约关系的

---

① 转引自［法］卫青心：《法国对华传教政策——清末五口通商和传教自由（1842—1856）》下，黄庆华译，第 655 页。

② 鲜于浩、田永秀：《近代中法关系史稿》，西南交通大学出版社 2003 年版，第 119～120 页。

③ Damlcour, E. J: *vie de Mgr donicourt*, Paris, 1889. 转引自鲜于浩、田永秀：《近代中法关系史稿》，第 119 页。

④ 中法《越南条款》，光绪十一年四月二十七日，见王铁崖编：《中外旧约章汇编》第 1 册，第 467 页。

一个独特之处。而在这一过程中，传教士出谋划策，推波助澜，可以说立了头功。从 17 世纪开始，法国就曾打算通过传教进入越南，进而侵入中国。顺治年间，法国传教士帕努主张用宗教征服亚洲，一再要求教皇和法国国王派天主教士到越南。罗马教皇亚历山大七世和法国政府于是组建了“巴黎异域传教会”，派帕努等 3 人为主教，由他们率领一批教士到越南设立教会。帕努等试图向中国扩张“教务”，从越南北部渗透到中国的云南、贵州，在这些省份建立所谓“精神行政”。① 其后，法国传教士开始了对越南的经营。18 世纪 80 年代，百多禄主教就上奏法国国王路易十六说：如果要恢复与英国势力的均衡，“在交趾支那建立一个法国殖民地是达到这个目的的最稳妥、最有效的方法。实在说，如果考虑这个国家的出产和它的埠口的位置，我们便不难看出，如果我们把这个国家占领，则无论平时战时，都可以获得最大的利益”。他列举了种种具体利益，总括说，“这些利益就是从这个国家的天然富源以及从建设一条达到中国中部去的商道，所将获取的莫大的利益。建设中国中部的商道将使我们获得那个人们不认识的国家（中国）的财富”。②

宗教是一种缺乏科学理性的意识形态，对宗教的狂热，又导致了在社会政治问题上的蛮横无理。这种以传教为重的对华政策，不可避免地影响到其他方面，甚至列强可以无视基督教世界所通行的国际规则。就基督教事业本身而言，不仅列强无视国际法，强迫中国接受允许外国传教士来华传教的国际义务，而且传教士在中国传教过程中亦是如此。“传教士在提出某种要求时，从不考虑自己的要求是否有道理”。在勒索特权时，他们“总是迫不及待地想让拉萼尼带着政治和宗教的双层目的直接去北京”，认为“拉萼尼应该手持武器面见迫害教会、崇拜偶像的皇帝，为欧洲传教士和中国教徒讨还血债”。拉萼尼“还应该按照他们的愿望迫使中国皇帝为传教士敞开大门，给予中国教徒全面自由，使地方官不但不敢‘欺压’他们，而且还要被他们

① 见孔祥祚：《中法战争前后法国侵略云南的罪行》，中法战争史研究会编：《中法战争论文集》第 1 集，广西人民出版社 1986 年版，第 273 页。

② 《法国百多禄上路易十六的奏议》，1787 年，见法学教材编辑部《国际关系史资料选编》编选组编：《国际关系史资料选编》上，武汉大学出版社 1983 年版，第 214～215 页。

当着一个特殊阶层恭敬对待，使他们凌驾于国法之上，使他们的人身不受侵犯”。[①] 在尚未获得在内地传教的条约特权之时，法国天主教传教士便无视条约，为所欲为。法国公使布尔布隆在他于巴黎呈交的报告中写道：传教士的困难都是他们自己造成的，“这些家伙明明知道不准他们进入内地，还非坚持进入内地，有时竟不顾他们初次被发现时许下的诺言，甚至无视弛教禁止谕中禁止外国人传教的明确规定”。一般说来，“我们也应该承认地方官有这方面的正当权力；在考虑传教士的要求的同时，也要指出他们的不法行为。欧洲有哪个国家允许外国人不尊重法律，我行我素，并声称自己的行为可以不受处罚呢？毫无疑问，信仰天主教的法国应该对天主教传教士给予保护，但是，传教士本身是否应该遵从所在传教国的法律呢？”[②] 获得在内地传教、置产等条约特权之后，传教士的气焰更为嚣张，频频引发教案，并激起了官员们的不满。

甚至，在中国的法国外交官害怕中国知悉西方的国际法，尤其是其中有关国家主权平等等进步原则。当丁韪良将国际法介绍到中国来时，法国代办就气急败坏地责问美驻华公使蒲安臣：“谁使中国人了解到我们欧洲国际法？杀死他，绞死他，他将给我们制造无穷麻烦。”[③] 由此可见，法国担心中国运用国际法理论抵制领事裁判权等条约特权，反对列强的侵略。在法国看来，用强权压迫中国让与种种主权，是天经地义的。

甲午战争后，列强掀起了瓜分中国的狂潮，法国的侵略本性充分体现了出来。其实，在法国与中国建立条约关系之初，法国便打算建立一个军事基地。法外交部长基佐除了指令拉萼尼与中国签订条约之外，另有一个补充指令，即“指示拉萼尼执行一项秘密使命：在邻近中国的地方寻找一处港口作

① ［法］卫青心：《法国对华传教政策——清末五口通商和传教自由（1842—1856）》上，黄庆华译，中国社会科学出版社 1991 年版，第 330～331 页。

② 《巴黎外交部档案——回忆录及文件》第 12 卷，1852，第 120～140 页。转引自鲜于浩、田永秀：《近代中法关系史稿》，西南交通大学出版社 2003 年版，第 123 页。

③ 王铁崖：《国际法导论》，见邓正来编：《王铁崖文选》，中国政法大学出版社 1993 年版，第 193 页。

为法国海军在中国海域活动的基地"。① 显然，法国从一开始便抱有武装侵略的意图，其后它与英国一道发动第二次鸦片战争，又独自因越南问题向中国挑起战争。在甲午战争后的瓜分狂潮中，它又不落人后，至少在以下两方面开了恶劣的先例。

一是首先向中国勒索路、矿权益。关于路权，早在中法战争之时，法国内阁总理茹费理便一再提出："中国修建铁路，法国可取得敷轨权"，方能向议会或公众说，"商务的利益比赔款对法国的补偿更厚，以使他们满意"；或"要索一些铁路利益"，或提出，中国若干年内"优先选用法国工程师和法国冶金工业产品，以建筑若干公里铁路"；"为法国的工业取得中国铁路的一部分，以补偿法国的牺牲"，等等。② 在英、美等国的支持和配合下，清政府作出让步，在议和条约中承诺"日后若中国酌议创造铁路时，中国自向法国业此之人商办"，同时又"彼此言明，不得视此条系为法国一国独受之利益"。③ 如前所述，法国于甲午战争后在华获得第一条铁路的让与权，又通过《续议商务专条附章》享有云南、广西、广东三省开矿的优先权，此后，列强在中国展开了路矿利权的争夺战。二是首先迫使中国承诺不割让领土。如前所述，清政府照会法国，承诺不将海南岛让与任何他国，由此开创了不割让照会的先例。法驻华公使施阿兰说，"这是那些指望在这个时期确定其势力范围的大国迫使中国政府发表的第一个不割让声明"。④ 此类照会随即接踵而至，"不仅向个别强国保证不出让中国的某一特定地区，并且也成为列强要求这块指定地区作为势力范围的根据"。⑤ 在瓜分狂潮中，除势力范围之外，法国还抢占了一块租借地。

---

① 参见张建华：《中法〈黄埔条约〉交涉——以拉萼尼与耆英之间的来往照会函件为中心》，《历史研究》2001 年第 2 期。

② "金登干致赫德"，1885 年 3 月 4 日、3 月 12 日、3 月 13 日，见中国近代经济史资料丛刊编委会主编：《中国海关与中法战争》，中华书局 1983 年版，第 85、87～88 页。

③ 中法《越南条款》，光绪十一年四月二十七日，见王铁崖编：《中外旧约章汇编》第 1 册，生活 · 读书 · 新知三联书店 1957 年版，第 468 页。

④ A. Gérard, *Ma Mission en Chine*, p. 203. 转引自丁名楠等：《帝国主义侵华史》第 2 卷，人民出版社 1986 年版，第 38 页。

⑤ ［英］菲利浦 · 约瑟夫：《列强对华外交（1894—1900）》，胡滨译，第 171 页。

法国的这些行为，构成了19世纪末瓜分中国狂潮的重要环节。它们与其他事件一道，“标志着列强对华态度的一个变化。”中日甲午战争的结果，使“绝大多数国家改变了它们对那个国家的政策，并且为此后三十年中威胁世界和平的那种局面奠定了基础”。在这个时期，西方列强各自的政策“确定了下来并且发生了冲突”，由此“造成了一个新的问题，即中国问题”。在争夺中，“俄法两国外交家们立即着手展开他们共同制订的伸入中国的计划。法国人要从南方侵入中国；俄国要人北方侵入中国。他们合在一起将象［像］钳子一样夹住中国”。① 中外条约关系，在列强更具侵略性的政策的导引下，更加趋向恶化，而法国所起作用不可忽视。

由上可见，晚清时期，法国与中国的条约关系，除了以传教为重之外，又体现了明显的武力强权倾向。但总的来看，以传教为重，是法国对华条约关系中最显著的特点。其武力强权的倾向，较之英国和日本均稍逊一筹，没有它们那样强硬好战。例如，法国虽与英国一道发动了第二次鸦片战争，但又不希望成为中国的“敌国”，因此态度较英国温和，更倾向外交解决方式，力图维持其在清政府心目中的“朋友”形象。② 甲午战争前后担任驻华公使的施阿兰即谓：“自从一八四四年以来，保护天主教会和传播我们的文化，一直是我们干预中国和经略印度支那的主要动机。”而罗马教廷“把这个保护教会的特权和任务保留给法国，为的是我们能够在新的年代里始终保持和延续我国在精神与道德文明方面的领导地位”。③ 也正因如此，法国在华外交官们亦以解决宗教问题为荣。如为法国索取重要经贸特权的施阿兰，在离任时“为终于能够解决最后几件教案而感到快慰”。他到中国后即着手对这些教案进行清理，经过18个月的谈判得以结案。在他看来，“法国的权利、条约的尊严、传教会的权利和名义受到公开的承认和宣告”。④ 除宗教之外，法国在对华经贸方面亦作了诸多努力，从其于19世纪末攫取路、矿利权中，亦可见一斑。在某种意义上，攫取和扩展传教特权的根本目的，是

① ［英］菲利浦·约瑟夫：《列强对华外交（1894—1900）》，胡滨译，第131页。
② 参见葛夫平：《法国与第二次鸦片战争》，《近代史研究》1997年第1期。
③ ［法］施阿兰：《使华记》，袁传璋等译，商务印书馆1990年版，第2～3页。
④ ［法］施阿兰：《使华记》，袁传璋等译，第173～174页。

获得经济权益。然而，法国“经营极费苦心，而成功殊少；一般人谓法国对华只重宗教，不重贸易，其原因或亦在此乎？”[①] 也就是说，由于重在传教，法国在经贸方面虽有所作为，但成效不大。

二、趁火打劫与勒索领土

作为中国的邻国，俄国与其他从海路进入中国的西洋国家迥然不同，它在中外条约关系中地位特殊。鸦片战争前，它是与中国建立了条约关系的唯一国家，又派遣外交使团到北京与清政府交涉，并拥有一定的宗教、贸易等特权。鸦片战争后，俄国亦利用新的形势，与中国建立了更为紧密的条约关系，并在既有关系的基础上，更显示出其对华政策的特点。在攫取条约权益方面，俄国往往通过趁火打劫的手段，向中国勒索领土和其他各种利益。

俄国与中国建立条约关系，最显著的特点便是注重界务。从清政府官员的眼光来看，中外条约主要包括商务、界务和教务三大内容，而界务条约主要存在于中俄之间。作为横跨欧亚两大洲的一个大国，如恩格斯所说，俄国有着“从不改变、从不忽视的目的”，即“世界霸权”。[②]“这个帝国的一举一动都暴露出它那想把整个欧洲变成斯拉夫族、尤其是这个族的唯一强有力的部分即俄罗斯人的领土的野心”。[③] 对与之相邻的中国及东方世界，俄国亦抱着同样的领土野心。由于国土毗连，俄国与中国有密切的关系，两国最早立约，便是因界务问题而起。17 世纪 80 年代，清政府应俄国要求，与之订立了《尼布楚界约》，即《尼布楚条约》。[④] 就清政府的角度而言，该约主要内容是划分边界及边界纠纷处理，以保障边境安全。

这是一个平等条约，中俄通过相互协商，划分了两国的边界。其时，通过《尼布楚条约》，俄国“接受了一条使自己被限制在阿穆尔河流域以外的

---

① 张天护：《清代法国对华贸易问题之研究》，《外交月报》1936 年第 6 期。

② ［德］恩格斯：《俄国沙皇政府的对外政策》，中共中央马克思恩格斯列宁斯大林著作编译局编译：《马克思恩格斯全集》第 22 卷，人民出版社 1985 年版，第 24 页。

③ ［德］恩格斯：《德国的革命和反革命》，中共中央马克思恩格斯列宁斯大林著作编译局编译：《马克思恩格斯全集》第 1 卷，人民出版社 1985 年版，第 545～546 页。

④ 中俄《尼布楚界约》，康熙二十八年七月二十四日，见王铁崖编：《中外旧约章汇编》第 1 册，第 1～2 页；参见中国科学院近代史研究所编：《沙俄侵华史》第 1 卷，人民出版社 1976 年版，第 186～205 页。

界线”，而“当时俄国人的主要兴趣在于加入利益丰厚的对华贸易，所以他们宁愿致力于建立有利的商务关系”。① 但该约并未打消俄国觊觎中国领土的野心，它仍在筹划盘算，等待时机。《尼布楚条约》签订后第四年，彼得一世便训令出使中国的义杰斯，要“侦察”中国军队在黑龙江流域的动向，以便待机而动。又指示军事委员会主席阿·缅施科夫：“俄国必须占有涅瓦河口、顿河口和黑龙江口”，因为它们对“俄国未来的发展异常重要”。他还提出：“将来必须在濒临大洋的黑龙江口建立俄国的城堡。”② 18 世纪 20 年代，俄国政府派弗拉季斯拉维奇为全权使臣赴华，俄外交大臣给他颁发了训令，谓：“关于划定边界一事，他应在西伯利亚搜集到以下情报：何处确已划定边界？何处尚未划定？俄国和中国领土的准确界线究在何处？中国人究竟对哪些领土提出强烈要求？这些地区从前是归谁占有？关于所有这些情况，他应持有明白无误的地图和精确的记文，而在获得这一地图以前，他应竭力推迟划定边界”，等等。③

鸦片战争之后，俄国先是于 1851 年与清政府订立《伊犁塔尔巴哈台通商章程》，获得了在伊犁和塔尔巴哈台通商的条约权利，同时还攫取了领事裁判权等特权，开始与中国建立不平等的条约关系。④ 但军事力量薄弱的俄国，更注重扩张领土，它利用西方列强侵入中国之机，终于获得了实现这一野心的机会，“轻而易举地奠定了它完整的亚洲边界”。由于中国“当时也受到西方各强国的压力”，俄国于是借机使用各种手段勒索中国领土。在尼古拉·穆拉维约夫被委任为东西伯利亚总督之后，俄国开始推行一项有力

---

① ［美］巴巴拉·杰拉维奇：《俄国外交政策的一世纪 1814—1914》，福建师范大学外语系编译室译，商务印书馆 1978 年版，第 140 页。

② ［苏联］卡巴诺夫：《黑龙江问题》，第 26 页；［俄］冈索维奇：《阿穆尔边区史》，海兰泡 1914 年版，第 70～71 页。转引自中国社会科学院近代史研究所编：《沙俄侵华史》第 2 卷，人民出版社 1978 年版，第 27 页。

③ 《给弗拉季斯拉维奇的训令》，1725 年 9 月 2 日，见［俄］尼古拉·班蒂什－卡缅斯基编著：《俄中两国外交文献汇编（1619—1792 年）》，中国人民大学俄语教研室译，商务印书馆 1982 年版，第 139 页。

④ 见中俄《伊犁塔尔巴哈台通商章程》，咸丰元年七月初十日，见王铁崖编：《中外旧约章汇编》第 1 册，第 78～80 页。

的进取性政策，“采取了和西方国家并行不悖的帝国主义政策”。[①] 这项政策的核心便是打破《尼布楚条约》，索取中国领土。当英国联合法国，向中国派遣一支远征军发动第二次鸦片战争之时，俄国政府根据康斯坦丁·尼古拉耶维奇大公的提名，任命御前大臣普提雅廷为驻华公使和全权使臣，“以便向清政府要求享有其他列强将取得同等权利和优惠待遇，同时了结在阿穆尔（黑龙江）和吉尔吉斯的草原的边界问题”。[②]

俄使普提雅廷来到中国，便明确声称，商定边界是他要办的“要事”，“此外并无别事”。他说，“东北至海，西至伊犁，两国接壤极多，遗有未定界址”，“即应复行商定界址”。[③] 穆拉维约夫在一封信中说，边界问题“是他此次出使的主要目的和使命”。[④] 普提雅廷提出“所当议定紧要公事”有二，除了“欲定二国早先未定交界”，还有通商，即“现在各外国人在中国之内通商者，无论何项得利益处，俄国之人亦欲得之”。[⑤] 然在其外交使命中，两者的地位大不一样。关于划界，普拉雅廷谈得非常详细具体，谓：“雍正五年，两国互定和约界址，则以沙毕岭东达额尔古讷河、黑龙江，照常不改，以免争竞。至额尔古讷河口直至东海，尚有未定界限，自应立定界址。酌量顺各河两岸，一岸为中国所属，一岸为俄国所属，其无河地方，则应顺山为界。其额尔古讷东至黑龙江，顺黑龙江直达乌苏里口，复至乌苏里上游河源，自乌苏里附近之绥芬河源起，顺河至海，均应详细议定。各派可靠之员，查明地址，绘图互阅，定准后，即为边界之据。两国仍有未定

---

① ［美］巴巴拉·杰拉维奇：《俄国外交政策的一世纪 1814—1914》，福建师范大学外语系编译室译，商务印书馆 1978 年版，第 139～141 页。

② ［俄］A. 布克斯盖夫登男爵：《1860 年〈北京条约〉》，王瓘等译，商务印书馆 1975 年版，第 1 页。

③ 《俄使普提雅廷为求见清帝商办分界等事致理藩院咨文》，咸丰七年七月初九日，见故宫博物院明清档案部编：《清代中俄关系档案史料选编》第 3 编，上册，中华书局 1979 年版，第 347 页。

④ ［俄］巴尔苏科夫编著：《穆拉维约夫－阿穆尔斯基伯爵（传记资料）》第 1 卷，下册，黑龙江大学外语系、黑龙江省哲学社会科学研究所译，商务印书馆 1973 年版，第 507 页。

⑤ 《俄使普提雅廷为侵占我黑龙江右岸领土并分沾英法等国侵华利权事致钦差大臣崇纶咨文》，俄历一八五八年四月十五日，见故宫博物院明清档案部编：《清代中俄关系档案史料选编》第 3 编，中册，第 452 页。

界址，沙毕奈岭以西直达伊犁，因不知地名，亟应派可靠之员，迅速查明，互相商定。”关于通商，内容则甚为简单。普提雅廷仅表示，各国在华通商所获利益，“俄国亦欲依照，俟来时即行照办，毋庸商议”。① 他强调，“定理边界，皆为要事”，并列出向中国索要领土的种种理由。一是闲旷地方应“令人居住”，“海岸各处，恐有外国人侵犯之时，则守边界更关紧要”。二是中俄之间，“总是不令外国人居住之意”，如果海岸为俄国交界之区，“则外国人亦不至侵入满洲地方”。三是俄国在海岸居住，“并非行强霸占，必欲与贵国亦属可行，理宜出以补报之处”。又表示，“黑龙江之左界有无数之满洲人生聚，意欲移于江右，所费银数，约十万两，俄国情愿助给”。② 至于通商方面，俄方仅要求均沾他国权益，这主要出于面子，还不是因为经贸需要。普提雅廷坦言，“贵国许各外国所求，照例已得者之外，其余亦无所求”。因为，“他国所已得者，俄罗斯若尚不得，殊不好看，因此上我们商船碍难无理在贵国设立买卖地方”。俄国将此件求为商定，“所愿者通商之事，理宜二国按照定例而行，为此小事二国之间并无相争之意”。③

正是出于领土野心，俄国利用第二次鸦片战争，以武力相威胁，迫使黑龙江将军奕山与之订立《爱珲条约》，“划定了以阿穆尔为界的新的俄中边界”，④ 从中国割占了外兴安岭以南、黑龙江左岸 60 多万平方公里的领土。接着，俄国又抢先订立中俄《天津条约》，除了取得“与其他列强在海路贸易、外交关系和传教活动方面同等地享有一切权利和优惠待遇”之外，还在该约第 9 条规定：“中国与俄国将从前未经定明边界，由两国派出信任大臣

---

① 《俄使普提雅廷致崇纶咨文中所附要求两条》，咸丰八年三月十八日，见故宫博物院明清档案部编：《清代中俄关系档案史料选编》第 3 编，中册，中华书局 1979 年版，第 453 页。

② 《俄使普提雅廷为侵占我黑龙江右岸领土并分沾英法等国侵华利权事致钦差大臣崇纶咨文》，俄历一八五八年四月十五日，见故宫博物院明清档案部编：《清代中俄关系档案史料选编》第 3 编，中册，中华书局 1979 年版，第 452 页。

③ 《俄使普提雅廷为侵占我黑龙江右岸领土并分沾英法等国侵华利权事致钦差大臣崇纶咨文》，俄历一八五八年四月十五日，见故宫博物院明清档案部编：《清代中俄关系档案史料选编》第 3 编，中册，第 452 页。

④ ［俄］A. 布克斯盖夫登男爵：《1860 年〈北京条约〉》，王瓘等译，第 2 页。

秉公查勘，务将边界清理补入此次和约之内。边界既定之后，登入地册，绘为地图，立定凭据，俾两国永无此疆彼界之争。”① 这一规定为它索要中国领土埋下了伏笔。

然而，俄国国内对《天津条约》并不满意，认为，该约“似乎是公平合理的”，但实际上，“条约对别国人说来，远比我们有利”。因为，“俄国既然没有商船，当然不能从条约赋予的得到实惠，而英国人、法国人和美国人却能竭力利用这种权利”。他们公然抱怨说，“我们的全权代表在签订条约时过分注意欧洲利益的一致性，却完全忽视了我们和中国之间有着漫长的陆上疆界，他有责任提出另外一些特殊的要求”。其中包括“认定必须在条约批准之前增加几项补充条款，以巩固俄国从过去签订的条约中已取得陆路通商权利，而《天津条约》对此却只字未提”。这个问题对西伯利亚竟具有如此重大的意义，以致“许多人已开始议论必需将俄国军队开住蒙古和满洲，以便用武力来支持我们的要求”。普提雅廷“拟订了一项进一步的行动纲领”，为确立俄国的影响，“决定用俄国武器来支持中国”，以对付英国和法国，“从而实现这一目标”。回到彼得堡后，普提雅廷向外交部递交了一份述职书，提出未来俄中关系的设想。他认为，新任公使要尽快去中国，“以求在外国人到达前办毕条约的批准事宜，并了结对俄国最为重要的边界问题”。他的建议在御前会议上得以研究，并受到嘉许。随后俄外交部指示新任驻华公使彼罗夫斯基，要求他在办理《天津条约》的批准事宜时，将俄国的边界确定下来，包括承认《爱珲条约》，以及谋求割让滨海地区，并争取某些贸易权利，等等。② 彼罗夫斯基赴华后，向清政府提出了补续条款，内容包括通商事宜和中国东部和西部的边界走向，将大片中国领土划到俄国境内。③

---

① 中俄《天津条约》，咸丰八年五月初三日，见王铁崖编：《中外旧约章汇编》第 1 册，第 88 页。

② ［俄］A. 布克斯盖夫登男爵：《1860 年〈北京条约〉》，王瓘等译，商务印书馆 1975 年版，第 3～4、9 页。

③ 见《理藩院送军机处关于俄国提交补充中俄瑷珲条约及天津条约之八条译稿》，咸丰九年三月二十八日；《俄使提交补充中俄瑷珲条约及天津条约内有关边界走向及通商之八条》，咸丰九年四月初三日。见故宫博物院明清档案部编：《清代中俄关系档案史料选编》第 3 编，中册，中华书局 1979 年版，第 666～669 页。

这些要求遭到清政府的拒绝，肃顺直截了当地表示不承认《爱珲条约》，军机处又连发三个正式照会对此予以确认，并说该条约“是失当的”。清政府不仅不同意批准《爱珲条约》和签订彼罗夫斯基提出的补充条约，而且对“凡与《天津条约》无关的谈判，一概予以拒绝”。彼罗夫斯基“经过持续几个月的谈判，好不容易才使条约获得批准，而他所完成的使命也只限于此”。① 俄国政府又另任命伊格那提耶夫接替彼罗夫斯基，办理以领土边界为重心的中俄关系等问题。肃顺与伊格那提耶夫继续谈判，仍表示，“朝廷万难允许俄国侵占满洲寸土”，《爱珲条约》是无效的，因为签约的奕山“既无全权证书，又无正式关防，也即无权将阿穆尔左岸让与俄国，正因为如此，皇帝对奕山及其助手这种专擅和卖国行径给予了严惩”。② 伊格那提耶夫向清政府表示，“俄国当局将依据我们对《爱珲条约》的理解行事，而非根据中国人的伪称妄说”。此外，他又担心英国与中国媾和订约，强迫中国承认，“非经大不列颠同意不得向俄国作任何领土让步”。因此，他决定竭尽全力，“使中国政府的注意力集中到一个最重要的问题上，即划分东段边界的问题。他撇开所有次要问题，力求从国际法意义上看来是最无可争议的方式提出问题”。他在致函军机处时说，“本国实非向贵国另有所求”，“唯望本国移民所占之地能予确认。绥芬河上游属贵国，仅其下游属于本国”。③ 显然，伊格那提耶夫的中心使命便是向中国勒索领土，而这一企图遭到了清政府的抵制。

对清政府的这一立场和态度，俄方在派遣普提雅廷赴华谈判中俄边界时，便已估计到并作了预案。穆拉维约夫看到，重新划分中俄边界，等于要中国“割让”自己的领土。他在一份报告中说，“中国人向来固执，这个条约能否签订，还是个很大的疑问”。为此，他提出了两个方案：一是假如中国肯于割让，“那末在文字上只能写为：解决了历史上遗留下来的边界问题”。二是如果中国不同意俄国提出的分界线，“仍然坚持认为阿穆尔是中国的，那末，我们必须以武力强迫他们承认我国的权利”。他认为，“实际

① ［俄］A. 布克斯盖夫登男爵：《1860 年〈北京条约〉》，王瓘等译，第 9、6 页。
② ［俄］A. 布克斯盖夫登男爵：《1860 年〈北京条约〉》，王瓘等译，第 9 页。
③ ［俄］A. 布克斯盖夫登男爵：《1860 年〈北京条约〉》，王瓘等译，第 35 页。

上，如果我们不得不用武力来强迫他们接受我国条件，也许会更好些”。而且，他认为，武力强迫是俄国的合法权利，“既然英法有权以武力强迫中国接受其条件，为什么我们就没有这种权利呢？”①

可见，俄国是势在必得，已作了诉诸战争来攫取中国领土的打算，事实上也作了必要的军事准备。然而，它最终没有以这种方式，而是采用狡黠的外交手段达到了自己的目的。俄国的谋划终于如愿以偿，清政府于1860年与彼签订《北京条约》，满足了它的领土要求。该约第1条规定，“议定详明”《爱珲条约》第1条，遵照《天津条约》第9条，划定中俄东部边界；第2条则规定了中俄西段边界走向的基本原则。②该约第1条的规定，肯定了清政府此前没有承认的《爱珲条约》的有效性，由此俄国正式取得了黑龙江左岸的中国领土；又将《爱珲条约》规定中俄共管的乌苏里江以东地区的中国领土划给俄国，两处共计100多万平方公里。该约签订后，亚历山大二世亲自召集特别会议，俄陆军、外交、财政各部首脑出席了会议。会议任命巴布科夫为俄国同中国勘分西界的全权委员，讨论并通过了亚洲司给该委员的训令。训令强调，应使中方代表“确信”，“作为交涉依据的只是条约”，要“无条件地遵守北京条约的规定”进行划界。③而中俄《北京条约》第2条有关划界的规定，俄、汉两种文本是矛盾的，极为荒谬。俄国却打着信守条约的幌子，力图歪曲约文以掠夺更多的中国领土，因此该训令“是俄国图谋通过外交诈骗割占中国西部大片领土的行动纲领”。④根据《北京条约》第2条的规定，1864年中俄签订了《勘分西北界约记》，⑤将中国西部40多

---

① ［俄］巴尔苏科夫编著：《穆拉维约夫－阿穆尔斯基伯爵（传记资料）》第1卷，下册，黑龙江大学外语系、黑龙江省哲学社会科学研究所译，商务印书馆1973年版，第505页。

② 中俄《北京续增条约》，咸丰十年十月初二日，见王铁崖编：《中外旧约章汇编》第1册，第149～150页。

③ ［俄］巴布科夫：《1859—1875年我在西伯利亚服务的回忆》，第191、208页。转引自中国社会科学院近代史研究所编：《沙俄侵华史》第3卷，人民出版社1981年版，第172～173页。

④ 中国社会科学院近代史研究所编：《沙俄侵华史》第3卷，第173页。

⑤ 中俄《勘分西北界约记》，同治三年九月七日，见王铁崖编：《中外旧约章汇编》第1册，第215～218页。

万平方公里的大片领土割给俄国。

显然，在俄国对华条约关系中，领土要求是最显著的特点，占有最为重要的地位。由于中俄主要是陆路相接，在关注边界的同时，俄国又十分重视陆路通商，尤其是边境贸易。这是中俄关系中的传统项目，自《尼布楚条约》始，俄国便在划界的同时，又牟取通商权益。例如，该约规定，“自合约已定之日起，凡两国人民持有护照者，俱得国界来往，并许其贸易互市”。[①] 雍正时期中俄订立的《恰克图界约》亦规定，“按照所议，准其两国通商。既已通商，其人数仍照原定，不得过二百人，每间三年进京一次”。[②] 其时，清政府并无与他国建立条约关系的打算和意识。而与俄国订约通商，则在很大程度上是抱着“怀柔远人”的观念。《恰克图市约》第 1 条谓，“恰克图互市于中国初无利益，大皇帝普爱众生，不忍尔国小民困窘，又因尔萨那特衙门吁请，是以允行”。[③] 鸦片战争之后，俄国除了通过《天津条约》和《北京条约》，获得与英、美等国同样的条约特权和优惠之外，尤在陆路通商方面与清政府签订了各种条约，攫取了更多更完整的特权。

对俄国而言，不劳兵而如愿以偿获得土地是最理想的，这也是它在实际运作中所作的基本选择。从牟取条约权利的手段来看，俄国有独特的方式，它既向中国示好，又对中国进行外交恫吓和军事威胁，尤擅于利用其他国家与中国的矛盾或战争，趁火打劫，从中渔利。它不是亲自发动战争，而往往是乘中国与他国发生矛盾或战争时，“谋求取得中国对它的依赖”，然后向中国索取报偿，获取巨大的条约权益。在第二次鸦片战争期间，俄与美两国“乘衅附和，希冀坐收现成之利，狡谲已极”，[④] 典型地反映了这一特征。

在这一过程中，俄国屡屡向中国示好，作出为中国着想，并愿意提供各

① 中俄《尼布楚界约》，康熙二十八年七月二十四日，见王铁崖编：《中外旧约章汇编》第 1 册，第 2 页。

② 中俄《恰克图界约》，雍正五年九月初七日，见王铁崖编：《中外旧约章汇编》第 1 册，第 8 页。

③ 中俄《恰克图市约》，乾隆五十七年正月二十八日，见王铁崖编：《中外旧约章汇编》第 1 册，第 29 页。

④ 《何桂清等奏俄国附和英法侵华妄图从中得利折》，咸丰八年二月二十五日，见故宫博物院明清档案部编：《清代中俄关系档案史料选编》第 3 编，中册，第 421 页。

种帮助的姿态，以博得清政府的好感。如普提雅廷来华交涉，为促使清政府同意它的索求，甚至抛出了令清政府动心的诱饵。如以中国内乱为辞，声称“敝国欲迅速代平叛乱”。又以中国面临外患为由表示给予帮助，谓：“英夷欲犯广州，敝国深恐贵国不能独持已力，克期蒇事。”① 其“所求大意特为与中国有益，并愿将英吉利，法兰西二国仇敌竭力剿灭。再美利坚国之各种不遂之处，亦欲断阻”。并表示愿向中国提供先进武器，在军事上给予指导，谓：“贵国兵法，以所用军械观之，必难与西域各国力量相敌，各项兵法亦并不知变换。此事情愿自俄国备助器械，再欲知兵法，须将贵国兵丁用谙练贤员方可，如此始将各外国无故来犯者可以抵御。”② 当英法联军兵临北京城下时，俄使伊格那提耶夫来到北京，对来会见的清政府大臣们说，“如果要在一万俄里的中俄两国边境线上对你方任何一地发动一次无法抵抗的打击，那是轻而易举的”。尽管如此，“但是俄国仍然不仅不愿利用你们现在这种走投无路的处境，而且还决心向你们证实它对贵国所抱的善意”。③

实际上，俄国表里不一，阳奉阴违，在示好的同时，又勾结、协助英法联军，以此作砝码，居间调停，恐吓清政府作出让步，索取报偿以获取最大利益。一方面，俄国鼓动英、法开仗，推波助澜，甚至给予英法联军各种帮助，以维持战争状态，便于从中操控，充当调停人。如俄使伊格那提耶夫在抵达上海后，“极力怂恿英、法打仗”，并云“在京日久，述及都门并津沽防堵各情形，言之凿凿，谆告卜鲁斯、布尔布隆不必误听人言，二三其见，竟赴天津打仗，必须毁去大沽炮台，和议方能成就”。英、法公使“为其所惑，主战之意愈坚”，“即行北驶”，“俄酋又许其同去”。清政府还看到，“美酋甫到，俄酋旋即踵至，是该酋告示明系相约而来，互通消息，狼狈为

① 《俄使普提雅廷为求见清帝商办分界等事致理藩院咨文》，咸丰七年七月初九日，见故宫博物院明清档案部编：《清代中俄关系档案史料选编》第 3 编，上册，中华书局 1979 年版，第 347 页。

② 《俄使普提雅廷为侵占我黑龙江右岸领土并分沾英法等国侵华利权事致钦差大臣崇纶咨文》，俄历一八五八年四月十五日，见故宫博物院明清档案部编：《清代中俄关系档案史料选编》第 3 编，中册，第 452 页。

③ ［俄］A. 布克斯盖夫登男爵：《1860 年〈北京条约〉》，王瓘等译，商务印书馆 1975 年版，第 127 页。

奸，为要挟肋制之计”。由于俄使“从中作祟”，办交涉的清政府大吏“尤觉难于措手”。[①] 僧格林沁指出，“俄夷包藏祸心，有意挑衅。俟中国与英法等国兵端一开，该夷从中取利，不得不窥破奸计”。[②] 又谓，“至于俄夷，尤堪痛恨。八年结伴而来，肆意要挟。上年甫经接仗以后，该夷即至海口。本年由京前往上海，勾引各国，同时而至。近日北塘汛弁出村，据称十五日系俄夷引路，占据北塘。美夷声称十七日之战，俄夷亦曾协助兵力。是该夷心怀叵测，已可概见”。[③] 英法联军准备进攻北京时，伊格那提耶夫“慷慨应允”他们的要求，提供了北京地图，说明“北京四效各地区的特点”和“城防最薄弱的据点”。并建议，“战争一开始，就必须尽可能地坚决行动”，攻克城墙和城门之后暂停一下，“不要进入城内，避免巷战”，等等。他又向英国特使额尔金说，“如果贵方军队兵临北京城下，已为决定性攻击作好最后准备，那时由我来履行您的意愿，向中国政府进行交涉，那末其影响将会强烈得多，而效果也更会显著”。额尔金向他表示“深切的感谢”，并说，“英国人在中国将永远和俄国人采取一致行动”。[④] 可见，俄与中国的交战对手英、法两国，简直就是一家人，它们共同谋划了这场战争。

另一方面，俄国又主动向清政府提出作双方的调解人，并以此要挟清政府，索取报偿，从中渔利，最大限度地攫取条约权益。在《天津条约》交涉过程中，“俄夷告以速将条款议定，可代向各夷说合”，即俄使一再以调解英、法为由，要求清政府迅速与之订约。[⑤] 俄国也因为“说合”调停，获得了重要的条约权益。例如，俄国先要求享有同西方国家一样的在各口通商的

---

① 《薛焕奏俄使抵沪怂恿英法以武力侵华情况折》，咸丰十年五月初四日，见故宫博物院明清档案部编：《清代中俄关系档案史料选编》第 3 编，下册，中华书局 1979 年版，第 949 页。

② 《僧格林沁为俄国挑拨离间并投寄密写信件事致怡亲王等函》，咸丰十年六月十三日，见故宫博物院明清档案部编：《清代中俄关系档案史料选编》第 3 编，下册，第 967 页。

③ 《僧格林沁等奏俄国勾引英法侵华获利尤为可恶片》，咸丰十年六月二十五日，见故宫博物院明清档案部编：《清代中俄关系档案史料选编》第 3 编，下册，第 979 页。

④ ［俄］A. 布克斯盖夫登男爵：《1860 年〈北京条约〉》，王瓘等译，第 99～100 页。

⑤ 《桂良等奏俄使称速将条款拟定方可说合片》，咸丰八年四月二十六日，见故宫博物院明清档案部编：《清代中俄关系档案史料选编》第 3 编，中册，第 511 页。

条约权利，咸丰帝对此先是指示交涉大臣予以拒绝，谓：俄在华通商，“本止恰克图一处，大皇帝格外恩施，又加伊犁、塔尔巴台两处，较之从前已属优厚”。此次既为英、法“说合”而来，“谅必有把握”，而“现在该两国尚无成说，不便先为请加海口通商”。须待“将该二国来意讲明，并无非理干求，改过回帆，了结广东之事”，“是尔此来，实于中国有益，彼时奏请通商，大皇帝必要欢喜允准”。而当时各国轮船驶入海口，“不遵好言拦阻，本应开炮轰击，皆因尔国有说合好意，留此情面，使尔国不至为难”。① 但最终，清政府还是以俄国有“说合”之劳，准其在海口通商，并给予其最惠国待遇，俄国因此享有西方国家所攫取的各种权益。②

在战争重起之后，尤其是英、法联军攻打北京期间，俄国更是积极充当调解角色，并作了精心筹划。英法联军尚未进军京津时，俄使伊格那提耶夫便照会清政府，表示“英、法与中国有隙，愿善为说合”，为清政府所拒绝。③ 当英法联军攻陷通州，准备进击北京之时，俄使伊格那提耶夫深信，“久已期待的这一天终于来到了”，“这是必须介入中国问题的解决，并担当起名副其实的俄国代表的这个角色的时刻”。而且，他认为“要赶在交战双方达成和解以前插手其间，就必须利用处于混乱状态的这几天，并尽快地进入北京。俄国公使与联军方面两盟国的良好关系，大大地便利了这一任务的完成”。④ 他通过神甫固礼又向清政府提出，“本国与中国和好二百余年，今见英国由天津动兵，乱至通州，心觉不平，情愿帮贵国说合，令伊息兵。然必须本国大臣到京办理，方能定局”。⑤ 抵达北京后，固礼向恒祺和崇纶等

① 《谕谭廷襄等俄使文内分界通商等项著据理驳斥》，咸丰八年三月十八日，见故宫博物院明清档案部编：《清代中俄关系档案史料选编》第 3 编，中册，第 454～455 页。

② 见中俄《天津条约》，咸丰八年五月初三日，见王铁崖编：《中外旧约章汇编》第 1 册，第 87～88 页。

③ 《军机处为无需俄国调处中国与英法之关系事得俄使照会》，咸丰十年六月初四日，见故宫博物院明清档案部编：《清代中俄关系档案史料选编》第 3 编，下册，中华书局 1979 年版，第 966 页。

④ ［俄］A. 布克斯盖夫登男爵：《1860 年〈北京条约〉》，王瓘等译，第 118 页。

⑤ 《俄驻京传道团团长固礼为要求准许俄使来京调处英法侵华事致清方呈文》，咸丰十年八月，见故宫博物院明清档案部编：《清代中俄关系档案史料选编》第 3 编，下册，中华书局 1979 年版，第 989 页。

大臣说，“值此帝国濒于灭亡，贵国京城遭此严重威胁，从而可能完全被毁之际，俄国公使对于贵国政府的前愆概不计较，起来北京，谋求最后一次拯救贵国王朝和京城”。于是这些大吏们“卑躬屈节地请求固礼神甫劝说伊格那提耶夫为他们与英、法之间的争端出面进行调停”。伊格那提耶夫则借机开出了调停的条件，并“向他们论证了俄国所提要求是公平合理的”，称“你们十分明白我国政府所提的要求”。伊格那提耶夫还声称，“贵国倘任命全权大臣来解决贵国事务，并答应在对联军的一切行动中，按照我们的劝告行事，这样我就能保证北京不致遭劫，清王朝将继续保持其王位，并使贵国的一切问题均可得到最妥善的解决”。他不无自诩地说，“如今你们该明白了，唯有俄国才是对清王朝真诚亲善的，唯有它才能拯救你们”。然而，伊格那提耶夫的调停给中国挽回的利益却非常有限，据称，“良机已经错过”，当时“只能在使北京免遭毁灭和维持清王朝的王位这两桩事上作些关照”，而且必然会遇到“各种困难”。最后他提出了明确具体的要求，包括恭亲王必须立即“提出进行调停的书面请求”，以及中国政府必须同意俄国提出的全部领土要求，等等。①

对于俄国的“调停”，清政府抱有戒心，对其成效并不看好。例如，《天津条约》签订前，“英、法二酋来至天津，本应置之不理，皆因俄国前来说合，声言并无恶意，是以未与用武”。而当时已准俄国在五口通商，又在黑龙江订约，给予了它种种利益。“诸事皆定，理应为中国出力，向英、法二国讲理，杜其不情之请，速了此事，方能对得住中国。”却“不料该二国先开大炮，直逼天津府城”。② 实际上，俄作调停，只是空头支票，并未起到什么实际作用。而且，未参战的俄、美与英、法实际是沆瀣一气，身处谈判一线的桂良深知此点，谓：“俄夷之言实不足恃，美夷且欲开船，该二夷与英法究属一气，即托代说，万难有益。”③ 至英法联军兵临城下时，清政府

---

①　[俄]A. 布克斯盖夫登男爵：《1860年〈北京条约〉》，王瓘等译，第125～128页。

②　《谕桂良等晓谕俄使应在津出力调停》，咸丰八年五月初四日，见故宫博物院明清档案部编：《清代中俄关系档案史料选编》第3编，中册，第520页。

③　《桂良等奏俄美条约已定并俄使之言不足恃折》，咸丰八年五月十六日，见故宫博物院明清档案部编：《清代中俄关系档案史料选编》第3编，中册，第529页。

束手无策，慌不择路，只得接受俄国的调停，落入彀中。按照伊格那提耶夫提出的要求和条件，恭亲王奕䜣立即致送正式照会，谓："贵国为英法两国之事，颇为不平，亟愿从中调处，足见贵国与中国和好二百余年，友谊敦睦之道，本亲王闻之甚为欣悦。""现经本国大臣前往，与贵大臣面议一切，即希贵大臣妥为办理可也。"①伊格那提耶夫进而又要求清政府对其提出的条件作出外交承诺，他照会奕䜣，谓："本大臣并愿竭诚帮助贵国与英、法二国妥议和约，及互换之事，永期共相和好。""再本国与贵国现有几件未定之事，王爷自必深悉，因恐后来稍有失睦必启各国张贰之心，以为我两国二百年之敦笃友谊，尚且失睦，必疑贵国失信而兵端不难屡兴矣。思及于此，请王爷速给照会，以作始终遵依和约之据，再派妥实官二员，到馆面议，妥办未完之事，则从此永无猜嫌矣。"②奕䜣复照表示，"如能一切妥协，其贵国未定之件，自易速议办理，应请贵大臣无庸多虑也"。③

清政府与英、法订约之后，在与俄使交涉《北京条约》时，试图有所挽回。伊格那提耶夫"深为不满"，提出声明吓唬说：由于他要将战争业已结束的消息告知俄国皇帝，"时至今日，贵大臣们尚未作出任何决定，这将使我如何汇报呢？我国皇帝如果获悉，诸位曾请求他的公使给予帮助和庇护，但是却不知感戴，也不执行他的合理要求，那他将感到非常难过"。④中方的犹豫不定使他陷于"极其难堪的境地"，因此他将不得不在北京过冬。"而此事一旦为业已决定返回天津的联军获悉，他们出于妒忌，就会效法于我，立即折返北京，那时清帝要返回京城就不能不使自己的尊严蒙受

① 《奕䜣为派员前往会商由俄国出面调解英法侵华事致俄使照会》，咸丰十年九月初五日，见故宫博物院明清档案部编：《清代中俄关系档案史料选编》第3编，下册，中华书局1979年版，第990页。

② 《俄使为乘机胁迫清方派员与之谈判事致亦䜣照会》，咸丰十年九月初六日，见故宫博物院明清档案部编：《清代中俄关系档案史料选编》第3编，下册，中华书局1979年版，第992页。

③ 《奕䜣为俄使如调处成功中俄间未了事件自可速议事致俄使照会》，咸丰十年九月初七日，见故宫博物院明清档案部编：《清代中俄关系档案史料选编》第3编，下册，中华书局1979年版，第992页。

④ ［俄］A. 布克斯盖夫登男爵：《1860年〈北京条约〉》，王瓘等译，第141～142页。

损害了。”他特别提醒清政府的谈判代表，说，“正是他而不是别人说服了联军将军队撤回天津，而现在，要将他们召回北京，对他说来也是最容易不过的：只要致函两国特使，说他们和中国所签订的条约靠不住，需要修改，此事即可办到”。① 在俄国的恐吓下，清政府不得不满足其条约要求，奕䜣奏称：“俄夷乘英、法人城之后，肆意要求，添立款目，贻患将来，何可胜言。”“今日能多减一条，即日后少增一害”。如乌苏里河等处分界及增添通商等事，“仍不免为边陲之患”。交涉中“逐层推敲，凡有可尽力之处，无不设法挽回”。然“该酋狡执异常，几于一字不能更易”，“已觉舌敝唇焦”。俄方“以英、法之换约攘为己功”，如果“迁延不定，恐致另生枝节”。因“英夷兵既未撤，法夷兵亦未尽回津，该夷等狼狈为奸，尤虑变生意外”。而“夷性犬羊，喜人怒兽，势难理喻”，“俄酋居心狡诈，必须力为防维”。这一结果虽“心未尽惬”，但“惟再与之理论，难保不勾结英、法为患”。为解除“目前之患”，“不得不委曲允从”，接受俄方的勒索，“以便催令英酋退兵，俾京城根本，人心安定，以全大局”。② 咸丰帝降旨说：“事势至此，不得不委曲将就，免致狼狈为奸。”③ 命恭亲王“著照所议办理”。④ 这样，清政府最终让步妥协，与俄国签订了《北京条约》，俄国仅以“调停”之劳从中国攫取了大片领土和其他特权。

通过《北京条约》，伊格那提耶夫完成了他的使命，“而且完成得非常出色”。根据该约第 1 条，清政府不仅批准和补充了《爱珲条约》，而且还以最肯定的态度“承认阿穆尔边区和乌苏里边区，也即以乌苏里江、兴凯湖、绥芬、图们两河直到海边为界的广大土地全部为俄国所有”，而根据清帝 1858 年的上谕，俄国“对这片土地实际上是根本无权过问的”。根据该

① ［俄］A. 布克斯盖夫登男爵：《1860 年〈北京条约〉》，王瓘等译，商务印书馆 1975 年版，第 142 页。

② 《奕䜣等奏俄使乘机要挟已被迫议定中俄续增条约折》，咸丰十年九月二十三日，见故宫博物院明清档案部编：《清代中俄关系档案史料选编》第 3 编，下册，第 1002～1004 页。

③ 《谕奕䜣等已悉议定中俄续增条约不得不委曲将就》，咸丰十年九月二十六日，见故宫博物院明清档案部编：《清代中俄关系档案史料选编》第 3 编，下册，第 1010 页。

④ 《谕奕䜣所奏议定俄国条约开单呈览一折著照所议办理》，咸丰十年九月二十六日，见故宫博物院明清档案部编：《清代中俄关系档案史料选编》第 3 编，下册，第 1010 页。

约第2条，俄国“得以将边界线任意向中国的西部推进”。此外，条约“补充了《天津条约》中表达不完全的地方，并消除了前此在边境上发生的误会”；俄国还在陆路贸易和商队贸易等方面，取得了“非同小可的特权”，等等。①

俄国的所谓“调停”，并非如它所标榜的，是对中国的“真诚亲善”“竭诚帮助”，而只是俄国为自己牟取巨大条约权益的外交手段。如前所说，在整个交涉过程中，俄国也对中国进行过恐吓。如在勒订《爱珲条约》时，俄使声称，“如使俄罗斯大邻国不和，至于为敌，则贵国诸多有碍”。② 然而，俄国从英、法等国的侵华战争中看到了机会，它可以借助而不须投入这场战争获得最大利益。《天津条约》签订后冲突再起，英全权专使额尔金曾试图挑拨俄国向中国开战，伊格那提耶夫回答说，“我们同中国有着一万俄里长的共同边界，这便使我们随时可以找到发动战争的理由，但是，俄国不找这些理由，因为它认为战争对俄国是完全不必要的”。③ 俄国知道，战争不可能无限期地打下去，不仅清政府，英、法两国也需要第三方从中穿针引线。英法联军进犯北京之前，法国特使葛罗“对俄国公使能如此巧妙地在各盟国之间保持这样有利的中立地位的本领表示惊叹”，“恳切地”请他来“协助”缔结和约，并表示“十分感谢”。葛罗声称，“联军如果没有他［俄国公使］的巧妙的协助是不行的！”如果俄国公使同意充当中国和联军之间的调停人，“情况就会有很大的进展”。④

事实也是如此，伊格那提耶夫所进行的“调停”，多是压迫清政府接受英、法的条件。伊格那提耶夫力图使清政府认清，“在当前情况下要提出异议是完全不可能的”，他劝告说，不管是否愿意，“对英、法提出的大部分要求都必须接受”。他对中方仅答应“只能为求得如下一些让步而进行斡旋”，如劝说联军延迟赔款的期限，暂不急于要求归还天主教的土地，联军

① ［俄］A. 布克斯盖夫登男爵：《1860年〈北京条约〉》，王瓘等译，第145页。

② 《俄使普提雅廷为求见清帝商办分界等事致理藩院咨文》，咸丰七年七月初九日，见故宫博物院明清档案部编：《清代中俄关系档案史料选编》第3编，上册，中华书局1979年版，第347页。

③ ［俄］A. 布克斯盖夫登男爵：《1860年〈北京条约〉》，王瓘等译，第75页。

④ ［俄］A. 布克斯盖夫登男爵：《1860年〈北京条约〉》，王瓘等译，第117页。

不在北京附近过冬之类。对英、法在谈判中的苛刻勒索，伊格那提耶夫“严格遵守只作私下诱导，绝不进行正式劝告的原则”，实际采取听之任之的态度。这样做，既“不致触犯联军的自尊心，也不会招致他们对俄国人过分有利的地位产生妒忌”；又对清政府有所交代，使其“以后不能责怪俄方，说他们纵容西方列强进行勒索，而使中国受到巨大损害”。作为调停者，当谈判双方之间出现误会或争执时，“总是去征求俄国公使的意见”，而“中国方面则更是遇事无不先和伊格那提耶夫商量”。于是，这位调停者“完全可以左右谈判的全部进程”，或者说“操纵了谈判这条总线索”，因此“可以非常自由地注视欧洲人的一切意图”。这一地位“既卓有成效地保障了俄国的利益，同时又不会破坏无论是和英方、法方或是和中国方面的友善关系”。正由于伊格那提耶夫对英、法强迫清政府接受《北京条约》发挥了重要作用，额尔金和葛罗两位特使离京前夕都向他辞行，“像最亲密、最知心的朋友那样依依惜别”。① 其实，俄国协助英法，是为了自己的利益，在对华关系上，它与其他列强之间又存在相互提防和竞争的一面。俄国在索要中国领土的交涉中往往偷偷摸摸，极力避人耳目，不让其他国家知悉，连它自己也觉得这是一件见不得人的勾当。它希望中国“私下”让步，认为这样“更符合他们的利益”，因为可以避免“其他国家援例提出同样的割让要求”。②

第二次鸦片战争期间俄国攫取中国领土的行径，典型地反映了它与中国的条约关系的性质与特点，中俄条约关系在这之后又有新的发展。例如，进一步扩大侵略中国西部地区，利用新疆少数民族封建势力分裂割据和阿古柏入侵，出兵占领伊犁地区，以“代收代守”的名义蓄谋永久霸占。左宗棠率军歼灭阿古柏之后，清政府要求收回伊犁，经反复交涉未果，遂直接派遣崇厚赴俄进行谈判。崇厚却掉入俄国设置的陷阱，于 1879 年 10 月与之签订了

① ［俄］A. 布克斯盖夫登男爵：《1860 年〈北京条约〉》，王瓘等译，第 130～131、134～135、143 页。

② ［俄］巴尔苏科夫编著：《穆拉维约夫－阿穆尔斯基伯爵（传记资料）》第 1 卷，下册，黑龙江大学外语系、黑龙江省哲学社会科学研究所译，商务印书馆 1973 年版，第 505 页。

《伊犁条约》(又称《里瓦机亚条约》),[①] 除了赔款、通商特权之外，中国又失去了大片领土，仅收回伊犁一座孤城。该约遭到国内强烈反对，清政府也拒绝批准，又派曾纪泽重启谈判。1881 年 2 月，经过艰难的交涉，曾纪泽与俄国签订了《改订条约》(又称《圣彼得堡条约》),[②] 收回了伊犁九城等领土并减少了一些商务损失，但中国仍被割去部分领土，并增加了所谓“代守费”的负担。根据《伊犁条约》，从 1882 年到 1884 年，俄国又与中国对塔尔巴哈台、伊犁、喀什噶尔等地区的边界进行了全面勘分，签订了《伊犁界约》《喀什噶尔界约》《科塔界约》《塔尔巴哈台西南界约》《续勘喀什噶尔界约》等 5 个勘界议定书，以及《科布多新界牌博记》和《塔尔巴哈台北段牌博记》2 个牌博记,[③] 共割去霍尔果斯河以西和斋又桑湖以东等处 7 万多平方公里的中国领土。

甲午战争后，俄国亦进一步实施“谋求取得中国对它的依赖”，利用战后的新形势最大化地攫取自己利益的政策。还在中日战争期间，罗拔诺夫亲王即于 1895 年 5 月致函俄驻巴黎大使莫伦海姆，谓：“对于我们未来的计划说，使中国处于依赖我们的状态，而不让英国扩大它在中国的影响，是同样重要的。”[④] 其时，俄国统治集团存在两种主张，一种是“保持中国的完整，那就得修改马关条约”；另一种是“要求补偿，以便与日本所获得的利益相平衡”。“有权势有本领的财政大臣维特”鼓吹俄国应在亚洲进行扩张，但主张“逐步的经济渗透政策”，因而赞成采取第一种办法。“他争辩说俄国应当反对瓜分，等到它在军事上更加强大以后再干，这样就能够得到更多的东西。”相反，俄国“应当谋求取得中国对它的依赖，并以这种方式赢得种

① 中俄《伊犁条约》，光绪五年八月十七日，见王铁崖编：《中外旧约章汇编》第 1 册，第 360～364 页。

② 中俄《改订条约》，光绪七年正月二十六日，见王铁崖编：《中外旧约章汇编》第 1 册，第 381～385 页。

③ 见王铁崖编：《中外旧约章汇编》第 1 册，第 407～412、430～444、447～458 页。

④ ［英］菲利浦 · 约瑟夫：《列强对华外交（1894—1900)》，胡滨译，商务印书馆 1959 年版，第 176 页。

种特许权利”。① 沙皇召集会议，讨论对华政策，维特坚持“维护中华帝国领土完整的原则”，他提出，“为了俄国的根本利益着想，应该维持中国的原状，任何国家不得攫取它的领土”。会议采纳了维特的主张，即“为了维护中国北部的现状，俄国先以友好态度劝告日本放弃占领南满的念头，因为这种占领侵害了我们的利益，同时将对远东和平带来威胁”。②“俄国于是跟德、法两国联合，迫使日本同意修改条约”，发起三国干涉还辽事件。③ 接着，俄国又利用中国防日的心理，引诱清政府与之订立军事同盟条约。李鸿章访俄时，维特“详细谈到最近我们对于中国的帮忙”，并保证，“我们既然宣布了中国领土完整的原则，在将来我们也要遵守这个原则，但是，为了保持这个原则，我们必须在发生紧急情况时能够给中国以军事援助”。④ 1896 年 6 月，在俄访问的李鸿章与俄国签订了《中俄密约》，规定双方“御敌互相援助”，⑤ 俄国还由此获得了在中国东北的路权，实现了维特“修筑一条横贯西伯利亚的铁路”的设想。

然俄国所谓“维护中国领土完整”，只是取得中国好感的手段，很快它就投入到瓜分中国的狂潮之中。主张缓进的维特便声称，“占领满洲不是俄国的最终目的，俄国应分得这个中国巨人的大部分，因为迟早它将成为欧洲外来人的猎物”。⑥ 三国干涉还辽之后，列强开始了对中国的瓜分，俄国又以此向清政府索取报偿，迅速投入其中，也对中国提出了领土要求。当德国于 1897 年 11 月强占胶州湾，“迅速掀起所有列强对领土的一场公开抢夺”

① ［美］巴巴拉·杰拉维奇：《俄国外交政策的一世纪 1814—1914》，福建师范大学外语系编译室译，商务印书馆 1978 年版，第 207、209 页。

② ［俄］维特：《维特伯爵回忆录》，傅正译，中央民族学院研究室校，商务印书馆 1976 年版，第 61 页。

③ ［美］巴巴拉·杰拉维奇：《俄国外交政策的一世纪 1814—1914》，福建师范大学外语系编译室译，商务印书馆 1978 年版，第 209 页。

④ ［俄］维特：《维特伯爵回忆录》，傅正译，中央民族学院研究室校，第 69 页。

⑤ 中俄《御敌互相援助条约》，光绪二十二年四月二十二日，见王铁崖编：《中外旧约章汇编》第 1 册，第 650～651 页。

⑥ ［苏］B. 阿瓦林：《帝国主义在满洲》，北京对外贸易学院俄语教研室译，商务印书馆 1980 年版，第 36 页。

时，[①] 俄国趁此良机，在保护中国的幌子下，将军舰开进旅顺口。翌年3月，俄国向清政府提出租借旅大的要求，并丝毫不顾清政府“勿相逼迫”“顾全睦谊”的恳求，[②] 向中国发出最后通牒，声言“过期无复，俄国即自行办理，不能顾全联盟交谊”。[③] 在通牒期限的最后一天，俄国与清政府签订了《旅大租地条约》，除了攫取旅大租借地，俄国还获得了在东北南部修筑铁路的特权，整个东北完全成了它的势力范围。[④] 俄国“不顾逼日本返还辽东之口实，不辞开瓜分中国之端绪”，[⑤] 在这场狂潮中可以说是起了肇启作用。

随后在义和团运动中，俄国又乘机入侵东北，巩固和扩大自己的“势力范围”。吞并了大片中国领土的俄国，此时把眼睛盯向了中国的东北，将东北作为它的下一个目标。沙皇大臣列维托夫说，“既然在帝国的组成中有小罗斯和白罗斯，那么，何尝不可以包括‘黄罗斯’呢”。列维托夫曾被沙皇统治阶层视为“满洲问题”专家，“经他提倡之后，‘黄俄罗斯’这一术语就被公认下来”。[⑥] 义和团运动爆发后，俄国的舆论大肆鼓吹“吞并满洲”，并将中国东北地区称为“黄俄罗斯”，显然，如苏共所言，“俄国资产阶级已拟定在满洲成立‘黄俄罗斯’的计划”。[⑦] 俄陆军大臣库罗帕特金直言不讳地说，“这将给我们一个占据满洲的借口”，“我们将把满洲变成第二个布哈

① ［美］巴巴拉·杰拉维奇：《俄国外交政策的一世纪 1814—1914》，福建师范大学外语系编译室译，商务印书馆1978年版，第210页。

② 《总署致许景澄杨儒前与日议归辽时订明旅大不让别国请俄顾全睦谊电》，光绪二十四年二月二十二日，见王彦威、王亮辑编：《清季外交史料》第5册，李育民等点校整理，第2552页。

③ 《许景澄杨儒致总署报与俄外部剖辩租地事电》，光绪二十四年二月二十六日，见王彦威、王亮辑编：《清季外交史料》第5册，李育民等点校整理，第2554页。

④ 《旅大租地条约》，光绪二十四年三月初六日，见王铁崖编：《中外旧约章汇编》第1册，第741～742页。

⑤ 刘彦：《帝国主义压迫中国史》上卷，太平洋书店1934年版，第199页。

⑥ ［苏］Ф·Б·斯维尔斯基：《“黄俄罗斯的士兵村”——沙俄在满洲的军事殖民计划》，郭燕顺译，《东省杂志》1930年第4期。转引自《社会科学战线》1978年第2期。

⑦ 《联共（布）党史简明教程》，1938年，见中共中央党史研究室第一研究部编：《共产国际、联共（布）与中国革命文献资料选辑 1938—1943》，中共党史出版社2012年版，第300页。

拉[①]"。[②]于是乘义和团运动爆发之机，俄国以保护东三省铁路及其他权益的名义，出动十几万军队，占领了中国东北全境。

《辛丑条约》签订后，八国联军陆续撤走，在强大的国际压力下，俄国被迫于1902年4月8日与清政府订立《交收东三省条约》，承诺一年半内分三期全部从东北撤走。但该条约同时又规定"各铁路所有重修及养路各费"，由中国国家"商酌赔偿"；尤其是规定了"允认如果再无变乱，并他国之举动亦无牵制，即将东三省俄国所驻各军陆续撤退"。[③]该条约虽然规定东三省"仍归中国版图及中国官治理"，但俄方在向中国敲诈一笔的同时，又为以后拒绝撤兵预留了借口。实际上俄国并无撤兵的打算，果然，到1903年4月第二期撤兵期限之时，它便违约不撤。在此之前，沙皇已批准了陆军部的报告，将俄国军队"在吉林省北部及齐齐哈尔省无定期地驻留"。其时，沙皇脑袋中有一个宏大的计划，即："为俄国夺取满洲，把朝鲜并入俄国。还想把西藏并入本国。要夺取波斯；不仅要占博斯布罗斯，还要占达达尼尔"，等等。[④]为达到长期霸占东北的目的，俄国政府提出了7个无理要求作为撤军的条件，"足证其视撤兵条约为故纸，而毫不以为意"。这7个要求为：中国不可以将东三省之地让与或租借他国；中国当许俄国自营口至北京得沿电线架设别线之权；无论以何等名义在北京不得雇外国人；营口海关税使华俄银行管理之，兼掌检疫事务，其税关长限用俄国人；东三省除营口外不许另开新的通商口岸；蒙古之行政组织不许变更；在义和团事件以前俄国所得之权利，一切不许摇动。"约而言之，则俄国之所主张者，独占也，闭关也。"[⑤]

俄国的无理要求引起了全国人民的强烈反对，同时又激化了俄国与抱有

---

① 布哈拉原为中亚的一个汗国，自1865年起为俄国所控制。——原书校者

② ［俄］维特：《维特伯爵回忆录》，傅正译，中央民族学院研究室校，第83页。

③ 《交收东三省条约》，光绪二十八年三月初一日，见北京大学法律系国际法教研室编：《中外旧约章汇编》第2册，生活·读书·新知三联书店1959年版，第39～41页。

④ 《库罗巴特金日记》，1903年1月28日、2月16日，见《红档杂志有关中国交涉史料选译》，张蓉初译，生活·读书·新知三联书店1957年版，第269、271页。

⑤ 《日俄战纪·日俄战争之起因》，《新民丛报》第44、45号合本，光绪二十九年十一月十四日。

同样野心的日本的矛盾。1904 年至 1905 年，为了争夺中国东北和朝鲜，两个帝国进行了一场拼杀。俄国最终败北而与日本签订了《朴茨茅斯条约》，“承认日本在朝鲜拥有最高的政治、军事和经济利益”，“保证既不阻挠也不干涉”日本在朝鲜采取的措施，并将长春以南原由它所享有的“一切权利、特权和特许转让给日本帝国政府”。① 俄国独占中国东北的野心受到挫抑，不得不与日本达成分赃协议。

由上可见，晚清在与中国建立了条约关系的国家中，俄国最显著的特点，便是追求领土的扩张，体现了它的霸权野心。在它与清政府签订的条约中，界约占了相当大的比例。鸦片战争以前，俄国便与清政府订立了边界条约，此后它在列强武力侵华的背景下将该约推翻，大大扩展了自己的版图。攫取他国领土，是对该国国家主权最严重的侵犯，俄国未采取战争手段却能如愿以偿，这与日本等国诉诸武力直接劫夺不同。在这一过程中，俄国施以威胁恐吓，乘人之危，居间操控而从中渔利，事半功倍，可谓一本万利。恩格斯嘲讽说，俄国以中国这个弱者的“无私保护人身份出现”，在缔结攫取巨大利益的和约时“俨然以调停者自居”。如果把各国条约比较一下，就必须承认，“英国和法国对中国进行的战争只是让俄国得到了好处”，俄国“可真是再顺利没有了”。而其中的重要原因，是清帝国的“虚弱”“衰败”“腐败”及对内对外均“无能为力”。② 无疑，清政府在对外关系中的昏庸无能和软弱妥协，为俄国顺利实现自己的目的提供了前提条件。可见，俄国的所谓“调停”，完全是从自己的利益出发，其所作所为并非真心实意帮助中国，体现了其对华条约关系的实质。

三、挤进条约国行列与崇尚实利

最后来看德国。在欧美列强中，德国的社会历史与他国存在差异，资本主义发展亦较英美等国落后，其对外政策亦多有不同之处。在与中国建立条

① 《日本和俄国和平条约》，1905 年 9 月 5 日，见世界知识出版社编：《国际条约集（1872—1916）》，世界知识出版社 1986 年版，第 254～259 页。

② ［德］恩格斯：《俄国在远东的成功》，1858 年 10 月 25 日，见中共中央马克思恩格斯列宁斯大林著作编译局编译：《马克思恩格斯选集》第 1 卷，人民出版社 1995 年版，第 734 页。

约关系的过程中，这些差异亦产生了重要影响，从而使中德条约关系形成了鲜明的特点。

德国与中国建立条约关系是在第二次鸦片战争之后，从一开始便体现了该国急于获取利益的心理，以及较显著的强权性质。中英签订《南京条约》之时，普鲁士政府及其他德意志地区国家，“持较保留及谨慎的态度”，对此并不热心。[①] 第二次鸦片战争爆发后，德国开始重视对华关系。起初，它对无约状态并不觉得为难，是“因为欧洲利益一致的关系，在必要时缔约国的代表必须乐意和自动地照顾其他国家的人民”。然久而久之，“这种团结一致就不能维持了，特别当航运的竞争日益剧烈的时候”。于是，德在华商人向普鲁士政府请愿，要求缔结一个条约来保证他们的地位。[②] 普鲁士商务大臣海特致函国务总理曼陶斐尔，谈到中国被胁迫签订条约，认为，“普鲁士也应从那里发生的事变中尽速设法捞点好处，而不要等待别国的商人阶级占领了市场”。[③] 普鲁士政府开始筹划与中国等国建立条约关系，它派出一个被称为“远征团”的使团，赴中国、日本和暹罗，并给这个使团规定了三项主要任务。其一，与中国、日本及暹罗签订外交、商业与航运条约，以便和它们建立正式的外交与商业关系；其二，在这几个国家进行学术与商业上的调查，为普鲁士的工业产品在东亚开辟市场；其三，若有可能，在太平洋海域和南美洲的南部尖端东边的海岛上建立普鲁士的殖民地。[④] 途中，普鲁士摄政王威廉于 1860 年 5 月 11 日给特使艾林波公爵下了一道命令，内容如下：与东亚国家签订通商条约是首要任务，这些国家应该进行友善的谈判。如果它们拒绝，或对普鲁士政府采取敌对的态度，“我授权给您，依照提供给您实力的标准，和尽量避免使国旗处于窘境下，以致引起敌人的势盛，假

① 余文堂：《中德早期贸易关系》，《中德早期关系史论文集》，台北，稻乡出版社 2007 年版，第 183 页。

② ［德］施丢克尔：《十九世纪的德国与中国》，乔松译，生活·读书·新知三联书店 1963 年版，第 55 页。

③ ［德］施丢克尔：《十九世纪的德国与中国》，乔松译，第 56 页。

④ 余文堂：《普鲁士东亚的远征和〈中德天津条约〉的谈判与签订（1859—1862）》，《中德早期关系史论文集》，台北，稻乡出版社 2007 年版，第 218～219 页。

使您发现这种侮辱的情势时，您可以加入正在中国进行战事的欧洲强权”。①

组成这一使团的舰队，包括三艘战舰与一艘配给舰，装备了重炮与其他武器。从该使团被称为“远征团”，以及负有建立殖民地的使命，并被授权加入对华战争来看，德国与中国建立条约关系之始，中德之间便充斥着“炮舰外交”的浓烈火药味。有学者认为，“在这一命令下，艾使须利用第二次英法联军的机会，和当时中国的困境与弱点，来和满清政府谈判及订约，不过，这也明显地看出，此次的远征带有‘霸权政治和帝国主义的性质’”。②这一特性随后愈益清楚地显露出来。1875 年至 1893 年担任德驻华公使的巴兰德，早在 19 世纪六七十年代，便建议普鲁士政府将台湾岛掠为殖民地，以及在中国沿海夺取一个据点。③ 在谈判订约时，德国亦表现出了强权政治的特征。中方代表崇纶表示，“英、法用许多战争才得到的东西，为什么轻易允许普鲁士”；德国特使艾林波非常强硬地表示，“我干脆地再重复一遍，我除了最惠国条约以外不愿在别的基础上缔结一个条约”。④ 在交涉中，艾林波甚至威胁说，“假使不采纳他的建议，意味着不尊重普国的尊严，那他要停止协商，如崇纶要完成条约的谈判，那就须以他的条约草案作为基础”。⑤ 其时，德国尚未统一，普鲁士便派出舰队到东亚远征，体现了“帝国主义”的端倪。其目的，就是通过与东亚国家建立通商条约关系，“挤进在东亚享有特权的列强行列中”，“藉此提升它在国际间的地位”。⑥

通过威胁手段，德国迫使清政府于 1861 年订立《通商条约》和《通商

① 余文堂：《普鲁士东亚的远征和〈中德天津条约〉的谈判与签订（1859—1862）》，《中德早期关系史论文集》，第 241～242 页。

② 余文堂：《普鲁士东亚的远征和〈中德天津条约〉的谈判与签订（1859—1862）》，《中德早期关系史论文集》，第 242 页。

③ 潘琪昌主编：《百年中德关系》，世界知识出版社 2006 年版，第 13 页。

④ ［德］施丢克尔：《十九世纪的德国与中国》，乔松译，第 66 页。

⑤ Verlag der Koniglichen Geheimen Ober-Hofbuchdruckerei, *Die Preußische Expedition nach Ost-Asien, Nach amtlichen Quellen,* Berlin, Bd, IV, pp. 78-79. 转引自《普鲁士东亚的远征和〈中德天津条约〉的谈判与签订（1859—1862）》，余文堂：《中德早期关系史论文集》，台北，稻乡出版社 2007 年版，第 290 页。

⑥ 余文堂：《普鲁士东亚的远征和〈中德天津条约〉的谈判与签订（1859—1862）》，《中德早期关系史论文集》，第 303 页。

章程善后条约：海关税则》，与中国建立了条约关系，取得了英、法等国用战争获得的特权。[①] 但是，德国并不注重商业方面的条约权益，在条约到期后，德使奉命通知清政府，拟在适当时候进行修约谈判。然而"柏林方面却不急急于修改，因为直到1873年10月李斯福才要求各领事表示意见"。同时李斯福通知各领事说，政府的意见"既不要提出广泛的，并且按照形势，特别是按照一切可能性无法达到的要求（例如铁路和电报等要求），也不要提出使欧洲各国利益经济分歧的要求"，因为他看到，"同各缔约国家尽量合作，对于保证共同利益有相当的把握"。[②] 然一直到1880年，中德两国才完成修约，而修改后的条约，"是没有多大意义的"。只是因为，"德国政府在一旦提出修约谈判之后，因为面子关系不能不签订一个条约"。其时，英国人对德国的修约意图"流露了显著的兴趣"，"威妥玛公使常常向他们问起这件事"，[③] 上海的英商对于这个以"铁血"思想而知名的德国公使曾寄予很大希望。然修约完成后，"他们这时毫不掩饰对此事的失望"。[④]

德国的资本主义发展较晚，但它仅用30年便完成了英国花了100年时间才完成的资本主义化，其发展道路被列宁称为"普鲁士道路"，即农业资本主义。这就使"德国资产阶级与本国的封建统治阶级有着千丝万缕的联系，对本国的统治阶级有着一种先天的依赖性"。在某种意义上，德国资产阶级的这一特性"决定了德国统一的道路，从而使德国在统一后仍然处于普鲁士容克专制统治之下"。而"代表容克地主阶级利益的普鲁士统治阶级有着强烈的征服欲和统治欲"，由于军国主义的传统以及与土地的密切联系，"容克地主阶级素来有一种无止境的领土扩张野心"。因此，成为"容克资产阶级帝国主义"国家的德国，尽管是后起的帝国主义，但在对外扩张方面

① 见中德《通商条约》《通商章程善后条约：海关税则》，咸丰十一年七月二十八日，王铁崖编：《中外旧约章汇编》第1册，第163～175页。

② 《李福斯致各领事》，1873年10月6日，使馆卷2975-73。转引自［德］施丢克尔：《十九世纪的德国与中国》，乔松译，第116页。

③ ［德］施丢克尔：《十九世纪的德国与中国》，乔松译，第116页。

④ ［德］施丢克尔：《十九世纪的德国与中国》，乔松译，第132页。

“比起老牌的帝国主义国家更具侵略性和贪婪性”。① 除了资产阶级与封建阶级有历史传统的联系之外，德国经济发展的特点，亦是重要原因。德国于19世纪70年代初统一之后，世界历史进入了自由资本主义向垄断资本主义过渡的时期，在德国，“工业的集中及工业资本和银行资本的合并”正在进行之中。德国经济的这一显著特点，“就产生了要求开拓殖民地的运动”。②1870年，俾斯麦便下达命令，要在中国获得一个海军根据地，谓：“为了德国商务的利益，特别是为了保护德国航业以对付海盗的骚扰，有必要在东亚海面经常保持同盟的一部分海军大小舰只。”“我们因此希望尽快也同中国政府达成一个协定，使其以买卖或租借的方式，在中国沿海的一个中心地点或海岸附近的一个岛屿上，让北德同盟为了上述目的占有一块够用的土地，作为建设海军仓库之用。”③

19世纪最后十年，帝国主义逐渐形成，后起的资本主义国家更要求重新瓜分世界，中日甲午战争在中国拉开了这一新时期的序幕。德国开拓殖民地的野心进一步受到刺激，在瓜分狂潮中，德国比其他国家更急，“更不耐烦地要取得对中国所作的贡献和干涉应得的报酬”。这是因为，德国在华商业“确在大幅度地扩展，但这并没有使它的活动与政治威信得到它所预期的进展”。“德国在其他各处和在远东一样，总是迟到了一步，所有好位置都被别人占去了”，因此它在中国有些迫不及待。而在清政府眼中，“德国并不是一个特别强大的国家”，其重要性不能同英国、法国、俄国和美国“相提并论”。在中国大吏尤其是恭亲王的心目中，这几个国家“被认为是西方的强国”。所以，“德国更有弥补这一缺憾的强烈愿望，同时想在中国取得一个政治和领土的基地，以便同英国、法国、俄国、美国利用它们在印度、东京、西伯利亚、太平洋的基地一样，能够采取行动，耀武扬威”。④ 德皇认为，“从存在的迹象可以得到结论，英国不久将在东方开始活动”，因此

① 吴友法、黄正柏主编：《德国资本主义发展史》，武汉大学出版社2000年版，第121、125、3页。

② ［英］季南：《英国对华外交（1880-1885）》，许步曾译，第286页。

③ ［德］施丢克尔：《十九世纪的德国与中国》，乔松译，第332页。

④ ［法］施阿兰：《使华记》，袁传璋等译，商务印书馆1990年版，第83～84页。

“我们在亚洲亦需要一个据点”。① 日本与德国还商讨了如何瓜分中国，其中谈道：“日本将要求南满一部分，尤其是辽东半岛，包括旅顺在内。”“德国完全有权在东南要求一省。——这种占领要比我们在非洲的全部殖民地还有价值，我们在那里共同协力一定办得到。”② 德海军大臣何尔门提出，“我们也不当仅限于保护我们的航行与商业使不受欧洲列强的损害而已”，“必须站在强大的地位上对着中国与日本”。要达到这一目的，“我们就必须在那边得到一个巩固的立足点”。只有这样，“我们才能成功地在那边海洋内对抗列强，并树立为我们国家幸福所必要的商业与权力的相互关系”。③ 外交大臣布洛夫也认为，“为世界和平利益计，但也因为我们在东亚的地位——特别从海军技术理由上——已经稳步地改善，我们必须延迟瓜分中国的进行。我们在商业上正变得更为强大，因为我们的东亚贸易已比英国贸易以更大的速度在增长，且们海军装备中的缺陷也正每年填充起来，虽然海军的发展因为反对党盲目的反对，以往是落后的”。④ 德国驻北京公使绅珂男爵致电帝国首相何伦洛熙公爵，谓：“假使因中日冲突，引起各国要在中国取得领土，为德国计，亦可利用机会为它重要的商业利益取得一基地，这些利益比商业统计表表示出来的更为重要，因为大部分的德国贸易是在英国旗帜下进行的。”德外交大臣马沙尔在致德国驻伦敦大使哈慈菲尔德、参事克莱孟脱的密电中亦称：“不久以前，帝国驻北京公使提议，如果别的国家利用中日战争取得一个永久的基地。他提议我们应注意位于山东海角西南的胶州，其次是台湾海峡中的澎湖列岛……如果中国领土被第三国分割时帝国一无所

① 《帝国首相何伦洛熙公爵致外交大臣马沙尔男爵电》，1894 年 11 月 17 日，见《德国外交文件有关中国交涉史料选译》第 1 卷，孙瑞芹译，商务印书馆 1960 年版，第 5 页。

② 《外部参事米尔堡的记录》，1895 年 4 月 2 日，见《德国外交文件有关中国交涉史料选译》第 1 卷，孙瑞芹译，第 20 页。

③ 《海军大臣何尔门海军副提督致外交大臣马沙尔男爵公文》，一八九五年四月十七日，见《德国外交文件有关中国交涉史料选译》第 1 卷，孙瑞芹译，第 91 页。

④ 《外交大臣布洛夫的记录》，1899 年 3 月 14 日，见《德国外交文件有关中国交涉史料选译》第 1 卷，孙瑞芹译，第 253 页。

得，这对德国政策几乎不可能产生良好的印象。”① 显然，中日甲午战争推动德国实施了这一殖民政策，它的“远东政策第一要着”，便是在中国夺占基地。由于德国在此问题上的积极性和主动性，日本方面认为，“发动三国干涉的主动者虽然是俄国，但是，抱有觊觎中国领土野心，对之怂恿支持以遂其非，并使日本帝国的胜利受到损害者，实是德国所为”。②

抢夺中国领土殖民政策推行之后，“德国的行动迅速掀起所有列强对领土的一场公开抢夺”，③ 其他列强纷纷效仿，胁迫清政府订约让与领土权益，使中外条约关系更趋恶化。德国自己亦推波助澜，加剧了瓜分中国的紧张局势。例如，德皇与反对瓜分的英国政治家们有所不同，他准备“帮助”沙皇“解决俄国对某些部分领土的最后兼并问题”，以换取沙皇对“德国的领土目的的支持”。在德国政府采取了向中国索取一个基地的行动之后，“俄法计划的全部规模才向全世界暴露出来”。德国政府亟盼在中国领土上得到一块地方，“采取了它的野心外交的第一个步骤”，“使得列强侵略中国的问题更加复杂了”。在这一过程中，“由于采取互利的政策，德国政府终于赢得了俄、日、英等国支持”，也终使清政府同意了它对胶州湾的要求。与日、俄、法等国一样，德国在推行野心勃勃的对外政策中，“也企图获得中国阳光下的一席地位”。它赞成瓜分中国，但又与这三国“有所不同”，即在“没有把握获得赃物中的适当份额之前，它宁愿制止那种瓜分”。④

德国实施殖民政策，强行租借胶州湾，在德国社会内部受到了强烈谴责。德国共产党人认为，它“是资本主义发展中最强有力的因素的一部分”，租借条约“不过是从一种黑暗走向另外一种黑暗的一步”。“德国的对华政策起源于世界政策，它的目的是为了在中国获取一块德国领土，通过占

① 李厚基：《论日德冲突的由来及对远东国际关系的影响》，见刘善章、周荃主编：《中德关系史译文集》，青岛出版社 1992 年版，第 170 页。

② ［日］田原天南：《胶州湾》，见青岛市博物馆等编：《德国侵占胶州湾史料选编（1897—1898）》，山东人民出版社 1986 年版，第 99 页。

③ ［美］巴巴拉·杰拉维奇：《俄国外交政策的一世纪 1814—1914》，福建师范大学外语系编译室译，商务印书馆 1978 年版，第 210 页。

④ ［英］菲利浦·约瑟夫：《列强对华外交（1894—1900）》，胡滨译，商务印书馆 1959 年版，第 145、173、205、417 页。

领一个小在中国站稳脚跟……德国政府在中国推行的政策的各个阶段都是错误的，对人民有害的和可鄙的。从根本上说，对华政策正是我所说的世界政策。对华政策甚至是为满足军国主义的侵略野心，沙文主义的领土欲望和资产阶级的资本利益服务的。军国主义的侵略野心是这种愿望的体现"。① 李卜克内西揭露说："在那里有两个列强需要认真加以考虑，目前它们在为争夺世界霸权而斗争。他们是英国和俄国。这两个国家推行着着迥然不同的政策。德国的政策，即德国的贸易政策可以从它们推行的两种政策中加以选择。英国的政策不是要瓜分中国，而是尽可能地在那里进行改革，发展国家的工业资源和物质资源，建立贸易联系，并且进行有利可图的投资。另外一种政策是俄国人推行的野蛮的政策。这种政策很难从物质利益和近代资本主义社会的需要和发展方面加以解释，而只能说明俄国人具有侵略者野蛮本性。在俄国人看来，中国似乎是一片无主的土地，一块蛋糕，应尽可能地从这块蛋糕上切下一大块。但是，俄国由于怕触犯英国，并不打算立即采取行动。柏林已经有现成的勇士准备首先充当试验品，并且准备作出牺牲替俄国人进行试探，看他们摸牌落脚的地方是不是坚固。于是，德国人便突然出现在胶州。"又说，"英国的策略是振兴中国的经济，促进中国的发展和建立贸易往来等等。俄国的策略则是要瓜分中国。我们选择了俄国的策略，我们的政府主要是想实现军国主义和海上扩张的目的。这种眼光是非常短浅的"。②

在对华条约关系中，德国崇尚实利主义，即以自己的利益为处事标准。它甚至可以打破资本主义世界的常规，连蛮横无理的日本都认为德国缺乏道义。如在干涉还辽事件中，德外交大臣向日本驻德公使青木表示，"德意志自去秋开战以来，已充分对日本表示了厚意，打破了欧洲各国干涉的企图，并以其他种种办法帮助日本。然而，日本对此并未给予任何报酬，没有增进德意志的利益"，因此德国要参与干涉还辽。青木谓：对日本表示善意并非

① 《德国社会民主党主席保尔·辛格在德国社会民主党美因茨代表大会上关于德国帝国主义对华政策的讲话》，1900年9月18日，见青岛市博物馆等编：《德国侵占胶州湾史料选编（1897—1898）》，山东人民出版社1986年版，第527～528、553页。

② 《威廉·李卜克内西在德意志帝国国会上的讲话》，1898年4月27日，见青岛市博物馆等编：《德国侵占胶州湾史料选编（1897—1898）》，山东人民出版社1986年版，第541、546～547页。

德国，美国和意大利亦然，“而这些国家并未对其善意要求给予报酬，唯独德意志希望报酬，心怀不满，可见其卑劣的实利主义”。德国“无非是由于嫉妒猜忌，是无理的要求，丝毫没有出自正义公道的理由，只有暴戾利己的缺欠”。而法国加入干涉不同，非其本意，“仅因见到德意志突然与俄串通的形势，不得已而加入干涉的行列”。总而言之，“在三国干涉中，德意志的行动是最为无理的暴行，此事是一般所公认的”。① 法国某报评论德占胶州湾事件，亦谓：德三年前驱逐日本于辽东，“今之占胶州湾，是分内之报酬也”。清政府向德使争辩，谓：“中国必俟德人先撤胶州之兵，然后能会议德国要索条款，是实万国公法条规向例所当然。”德使却冷笑道：“此次之事与国际公法规例与理义言无关系”，“何待拘泥夫公法理论耶？”②

在辛丑议和时，德国对于赔款的要求，比其他国家更为严苛。各国商议时，“在赔款问题上德国的态度是最强硬的”，德国公使对于任何削减的提议一律予以拒绝，并表示，他“看不出为什么各国在这个问题上要表示过分宽容的气量”来降低要求。③ 德国政府不仅希望通过赔款充分弥补自己的损失，而且还要求获取更多的额外利益。其他国家，如英、美等国的意见，是“提出的要求应尽可能地适中，庶不致过度地危害中国的财政地位”。④ 但是后来，由于“在中国问题上英国有同德国维持协议的迫切的必要”，它“对于德国所坚持的要求偿付它巨额赔偿的主张作了许多让步”，“这个减轻赔款的主张又失败了”。⑤ 庚子事变之后，德国仍采取实利主义政策，试图从中国攫取更多的权益。在继英、美、日之后的中德商约交涉中，德国企望获得较这些国家更多的条约权益，提出了种种新的要求，甚至包括修改属于中国国内法规的章程。例如，英、美等国均已接受作为通商续约附件的《续议

---

① “驻德公使青木电报”，1895 年 4 月 20 日，见青岛市博物馆等编：《德国侵占胶州湾史料选编（1897—1898）》，山东人民出版社 1986 年版，第 104～105 页。

② 《德人占据胶州湾纪略》，《外交报》第 172 期，光绪三十三年三月初五日。

③ ［美］马士：《中华帝国对外关系史》第 3 卷，张汇文等译，商务印书馆 1960 年版，第 374 页。

④ 《驻伦敦大使哈慈菲尔务伯爵致外部电》，1900 年 11 月 29 日，见《德国外交文件有关中国交涉史料选择》第 2 卷，孙瑞芹译，商务印书馆 1960 年版，第 328 页。

⑤ ［美］马士：《中华帝国对外关系史》第 3 卷，张汇文等译，第 374 页。

内港行轮修改章程》，德方则提出了按照它的意见重新修改的要求。德外交部主办中德商约的博义批评该章程，称它“对于内河航运事业的发展是一种阻碍而不是一种鼓励。”因为据他两年来的研究，“仅有极少几条外国人所有的小火轮在内港航行”。他不理解，在其他国家接受这一章程之后，德国为何不能重新谈判。严格地说，该章程属于国内法规，不属于中外交涉的范畴。如盛宣怀所说，“订立内港航行章程实际上是国内的行政，不必须与外国谈判解决”。所谓内港，系指沿海、沿江、沿河及陆路各处不通商口岸，这些是在列强的压力下对外开放的。该章程则是“与各省督抚长期磋商以后才拟定的，已经是中国所能让步的最大限度了”。① 在中方拒绝德国的要求后，德方将要求压缩到三条，即：“栈房、码头租期改为九十九年”；“轮船所到之处，德商可以居住，并听凭雇用华洋代理及办事等人”；“扬子江轮船亦可拖带，水手亦可允准格外改办”，等等。② 中方坚持，“凡是已经允给各国的都可以给德国；反之凡是已经拒绝别人的，也不能给德国”。③ 因此，中方代表在交涉中“悉照英、美约核驳力拒，彼所要请各节几已发摘无遗”。德国不得不再作缩减，主张“惟长江拖轮一事，尚要索不已”。在坚决拒绝的同时，中方亦作了两手准备，“索添三款，彼亦不肯遽行允定，尚作活语，以为抵换地步”。④ 德方则“不愿订定徒劳无功的条约”，谈判代表克纳甫声称，“德国根据最惠国待遇条款，已经可以享有其他国家所得到的一切权利。如果中国不能在条约内给德国以新的东西，那么这条约对于德

---

① 《1906年4月10日赫美玲致赫德密函第9号》，见中国近代经济史资料丛刊编辑委员会主编：《辛丑和约订立以后的商约谈判》，中华书局1994年版，第332页。

② 《吕盛李三使致外部德约十五款竭力磋商逐条辩驳业已就绪请赐裁示以便签押电》电十，光绪三十一年九月二十五日，见王彦威、王亮辑编：《清季外交史料》第7册，李育民等点校整理，湖南师范大学出版社2015年版，第3496页。

③ 《1905年10月30日中德条约谈判会议记录第15号》，见中国近代经济史资料丛刊编辑委员会主编：《辛丑和约订立以后的商约谈判》，中华书局1994年版，第319页。

④ 《吕盛李三使致外部德约十五款竭力磋商逐条辩驳业已就绪请赐裁示以便签押电》电十六，光绪三十一年九月二十六日，见王彦威、王亮辑编：《清季外交史料》第7册，李育民等点校整理，第3498页。

国就毫无用处，德国何必要去定它”。[①] 克纳甫又转达德国政府的立场，说，“开议至今，中国所允者，不过已允英、美者亦允，所有德国另已新请者，中国皆未应允，于德无益，则此条约迟速与德无关系，必致延缓时日，德国亦不能将另请者竟行全弃”。[②] 由于德方坚持“绝不能一无所获而与中国订立商约”，[③] 中德双方未能达成协议，商约谈判搁置了下来。后来清政府“拟与德国续议此约”，曾“探询德政府意商约何日开议”，然德外交部“不愿为此无益之举”。[④]

德方在商约交涉中的要求未能得到满足，对中国极为不满。博义谈到中德修约时以德国外交部的名义指责说，中国过早地“提出从中国排斥外国人的口号，过度急于想要与外国人处于平等地位”。而“中国的内政和中国政府所执的狭隘政策，丝毫不配使它提出这种要求”。在德国看来，“中国像是一个作小买卖的，一心只想占小便宜，避逃它自己在各种借口下所承担下来的义务”。在这种“难于令人满意的情形下”，德国政府也不再愿意关顾中国，“自然不能劝德国的各银行再对中国的企业投资，自德国皇帝以下，都已对中国失去兴趣，这样下去受损失的还是中国”。博义声称，德国曾多次，例如在义和团事变中，“挺身充当了中国的真正朋友”。而至少“应当明白这一点”的中国政府却没有给予德国应有的报偿，“德国所得到的只是侮辱和不信任”。中国在商约谈判中“采取了极难令人满意而狭隘的态度”，德国政府“对于这个条约简直不感兴趣”。[⑤] 德驻华公使雷克司伯爵直截了

---

① 《1905 年 10 月 30 日中德条约谈判会议记录第 15 号》，见中国近代经济史资料丛刊编辑委员会主编：《辛丑和约订立以后的商约谈判》，第 319 页。

② 《吕盛李三使致外部德约十五款竭力磋商逐条辩驳业已就绪请赐裁示以便签押电》电十，光绪三十一年九月二十五日，见王彦威、王亮辑编：《清季外交史料》第 7 册，李育民等点校整理，第 3496 页。

③ 《1906 年 1 月 26 日赫美玲致赫德密函第 8 号》，见中国近代经济史资料丛刊编辑委员会主编：《辛丑和约订立以后的商约谈判》，第 330 页。

④ 《使德梁诚致外部丞参德外部称续议商约事请预订日期同时派员开议函》，宣统三年三月二十六日，见王彦威、王亮辑编：《清季外交史料》第 9 册，李育民等点校整理，第 4481 页。

⑤ 《1906 年 4 月 10 日赫美玲致赫德密函第 9 号》，孙瑞芹译中国近代经济史资料丛刊编辑委员会主编：《辛丑和约订立以后的商约谈判》，中华书局 1994 年版，第 333～334 页。

当地抱怨说，在与中国有条约关系的列强中，只有德美两国在分赃中“没有受到考虑”。美国“在中国从不作领土获得之努力”，同时像德国一样，“没有属于圈子里”。然而，尽管对华不满，德国仍不愿舍弃这个庞大的市场，雷克司提出，中、德、美“显然有共同利害关系来防止局势这样发展”。因为这一局势的发展，对中国“意味着它的末日”，对德美“意味着一个庞大的、极有前途的市场的丧失”，对德国更意味着国内外“政治威信的完全破产”。由此，他提出缔结一个德、美、中条约，“担保中国本土的完整并允许两国以某些秘密的经济利益作为中国的报酬”。此外，德、美、俄之间缔结一个对中国保密的条约，“约定联合行动对付日本”，以保护它们的在华利益。①

与此同时，德国还试图打进英国的势力范围，获取更多的条约权益。1904 年春，德国驻华公使向清政府提出了租借洞庭湖或鄱阳湖的要求，并派舰队进入长江，甚至在镇江荷花塘划地屯煤。接着，德国干脆将军舰开进鄱阳湖，导致形势一度紧张起来。英国向清政府提出租借舟山群岛，美、法也要求允许将军舰驶入鄱阳湖，对德国予以抵制，致使德国的野心最终没有实现。

本来，义和团运动之后，列强收敛了瓜分中国的叫嚣，德国的行径则激化了列强的争夺。这又体现了它在中国问题上的另一个显著特点，即希望中外关系出现混乱的局势，以便乱中牟利。还在 1874 年日本侵犯台湾之时，德国公使便“希望为资本主义国家获得利益”，他对威妥玛说，“对我们来说”，“不管它是什么创伤，只要化了脓，就有机可乘”。当他在日本听说威妥玛促成了矛盾的和平解决时，“简直气得要哭出来”。② 1879 年，巴兰德致函英驻日公使巴夏礼说，“中国同任何外国之间的一场小小战争将会大大有好处”。③ 英使威妥玛报告说，德驻华公使巴兰德“不失去每个机会来

① 《驻北京公使雷克司伯爵上帝国首相布洛夫公爵公文》，1907 年 12 月 7 日，见《德国外交文件有关中国交涉史料选译》第 3 卷，孙瑞芹译，第 36～37 页。

② “威妥玛的报告”，1887 年 6 月 4 日，见［德］施丢克尔：《十九世纪的德国与中国》，乔松译，第 142 页。

③ ［德］施丢克尔：《十九世纪的德国与中国》，乔松译，第 131 页。

确认时局应该坏下去，直等到有一个人使中国有了理性”。总的说来，“巴兰德先生和我是作为两种截然不同的政策的拥护者来研究俄中两国之间的问题的”。[①] 在巴兰德看来，失去满洲可能是清朝的末日，“这对俄国并没有什么不利，而德国可能垂涎地干涉并且将一部分的遗产纳入囊中”。巴兰德声称，“中国人一旦开化，便会变得令人不能忍受”。[②] 美国人也有类似看法。如李鸿章向美国公使杨约翰说，“俾士麦是中国的好朋友”，因为“他曾为了德国在汕头登陆和侵犯中国领土而召回巴兰德先生以讨好中国”。但杨约翰却一语破的，他说，“俾士麦就是看到法国人染指亚洲，也不会不高兴的”。[③] 德国在 19 世纪末年瓜分中国狂潮中的不符常规的行径，以及在 20 世纪初年的军事举动，也无不体现了这一特点。

总之，德国在对华关系中，表现了一个后起的资本主义国家的特征，它奉行实利主义，急不可耐地想从中国攫取别国已获得的条约权益，并有进一步的扩展。它一方面通过最惠国条款享有其他列强所攫取的在华条约特权，另一方面又急切地试图赶上甚至超过其他国家，在中国分得足够分量的一杯羹。正是抱着这样的目的，德国积极投入三国干涉还辽事件，并充当了瓜分中国狂潮的急先锋。在西方列强向中国攫取条约权益的对华关系中，德国无疑也具有“豪夺”的性质，更多地显示了新时期的强权政治。

上述 6 个主要列强国家，是晚清中外条约关系中的最重要的主体，在这一关系的发展中起了主导作用。总体来看，这 6 个国家在攫取在华条约特权方面，有共同的利益关系，表现出相互协调的一致性。这种利益的一致性，通过中外条约关系中极不正常的一项特权，即具有广普性的片面最惠国条款，得以完全实现。其广普性，是指所有与中国有条约关系的国家，均具有这一权利；所谓片面，是指中国单方面承担这一义务，而不能享有同等的权利。这在一特权制度下，任何一个国家获得某项特权，其他国家均可以共同

① “威妥玛的报告”，1880 年 7 月 19 日，见［德］施丢克尔：《十九世纪的德国与中国》，乔松译，第 144 页。

② “威妥玛的报告”，1880 年 7 月 25 日，见［德］施丢克尔：《十九世纪的德国与中国》，乔松译，第 145 页。

③ “杨约翰致国务卿”，1883 年 8 月 8 日，见［德］施丢克尔：《十九世纪的德国与中国》，乔松译，第 158 页。

享有。然而，即使如此，由于各个国家的历史文化和经济发展存在差异，在华地位和利益也不平衡，它们的对华政策不可避免地出现了分歧，呈现出形态纷杂的景象。在这一似乎杂乱的局面中，这些国家在对华问题上大体上展现出两种基本倾向，即以政治强权进行“豪夺”，以及以经济实力实施“巧取”。不过，在中外条约关系的大格局中，这一分垒并不是绝对的，也不是截然对立的。它们之间的差异，强硬的或温和的，政治的或经济的，军事的或文化的，实际上是一种相得益彰的互补，最终殊途同归，最大限度地从中国牟取各自的利益。那些“温和”地维护中国领土主权的某些国家的所作所为，为此作了形象的注解，也由此揭示了晚清时期的中外条约关系的本质属性。

结　语

历史的转折

不平等条约关系是清政府给中国留下的历史记忆，是封建主义和资本主义两种文明的接合方式，是西方殖民主义列强施以强权和暴力而形成的畸形关系。晚清时期是中外条约关系的肇始，晚清中外条约关系涵盖政治、经济、文化等各个领域，对中国社会的影响广泛而又深刻。本书论述了这一宏阔领域中的几大问题，包括条约关系的相关理论及其概念，晚清时期中外条约关系的酝酿筹划及其产生形成和发展变化过程，这一关系的外观基本形态与内在属性和法律性质，清政府条约关系观念的形成、国体观的变化、应对条约关系的方针政策，条约关系与晚清法律的变化，条约关系与民众“排外”运动，以及英、美、日、法、俄、德等主要列强对华条约关系的方针及特征，等等。这些内容纵横结合，勾勒了晚清时期中外条约关系的概貌及演化过程，涉及近代中外关系史乃至中国近代历史的基本问题或重要问题。

从这些纷繁复杂的史实中，可以看到晚清条约关系所蕴含的基本性质及其矛盾特征。其基本性质，体现为传统国际法时代西方列强强加给中国，并对中国施以“准统治权”的一种不平等关系，是中国半殖民地半封建社会性质的国际法律关系。由于这一基本性质，晚清时期的条约关系给中国带来了空前的灾难，严重阻碍了中国社会的进步和发展。其矛盾特征，反映了人类历史发展的曲折性和复杂性，而在晚清这个中国历史上特殊的过渡时期，则呈现了资本主义文明与封建主义文明的碰撞、传统国际法中的反动规则与进步规则的交汇，强权与公理的混杂等相互抵牾的现象。我们看到，尽管构建这一关系的主导理论是传统国际法中的反动规则，但已进入资本主义文明的西方列强与志在攻城略地、劫财夺物的传统征服者不同，前者在施加强权的过程中也传输了体现公理的进步规则。而列强动辄以国际法相标榜，以及它们维护中国主权的各种说辞，与它们在实践中以侵略战争或暴力恐吓或其他手段，从中国巧取豪夺所体现的强权行径，正反映了这一矛盾，或者说为这一矛盾作了形象的诠释。

晚清中外条约关系中的这一矛盾，呈现在其产生、发展和衰亡的进程之中，体现了历史的辩证法。纵观其发展过程，这一矛盾两极中各种因子的比重，在曲折的历史进程中不断发生变化。其中的“公理”又是“强权”的制约因素，为这一矛盾的变化提供了国际法的依据。更由于被“强权”压制的中华民族的觉醒和反抗，以及国际形势随着这一反抗的普遍发展而发生的深刻变动，历史的发展转向新的方向。如马克思所说，“每一种事物好像都包含有自己的反面”，[①] 晚清中外不平等条约关系，对中国社会产生了复杂的影响，在造成灾难的同时，又制造了自己的对立物，不断孕育制约它的各种因素。晚清时期中国政治、经济、文化的深刻变革，各种思潮层出不穷，民族情感的激发和对新制度的向往，各种社会力量和势力的培育，等等，造成了改易中外条约关系的各种条件。

在时代的演进中，这些积极因素不断累积，酝酿新型的平等的条约关系，历史终于出现了转折。第一次世界大战之后，伴随着传统国际法向现代国际法的转型，晚清时期形成的中外不平等条约关系，开始走向崩溃。巴黎和会召开的1919年，是一个具有标志性意义的年头，在这一年，“中国与外国的条约关系，见证了一个时代的开始和另一个时代的结束”。[②] 一个新的时代拉开了序幕，在这一年前后发生的种种事件，均显示了这一历史转折的象征意义。

为强权政治提供某种依据的传统国际法，在理论和实践上均受到了冲

---

① ［德］马克思：《在〈人民报〉创刊纪念会上的演说》，1856年4月14日，见中共中央马克思恩格斯列宁斯大林著作编译局编译：《马克思恩格斯全集》第12卷，人民出版社1979年版，第4页。

② Zhang Yongjin, *China in the International System, 1918—1920,* Macmillan Academic And Professional Ltd, p.139.

击，国际法开始从狭隘的欧美地区走向更广泛的世界。第一次世界大战是人类社会的一次大劫，暴露了传统国际关系中的种种问题，尤其是公理与强权的冲突。战争给人们以极大的教训，尤其是如何建立一种和平的国际关系，成为当时各国所关注的重大问题。"十月革命"后，苏俄公布了协约国的一系列密约，极大震撼了全世界，包括美国总统威尔逊。① 1918 年 1 月 8 日，威尔逊在国会演说，宣布了美国议和的十四条件，提出了外交公开、民族自决、各国平等、维持公道等原则。② 针对国际社会中出现的恃强凌弱现象，威尔逊指出，"一国数国之武力，得以自由操纵他国人民之命运乎？""强国得任意凌辱弱国而侵夺其人民之利益而为己国用乎？"这些问题，"非待解决不可"。③ 他倡议建立国际联盟，以"推行公道"。各国接受了威尔逊建立国际联盟的建议，巴黎和会通过的《国际联盟盟约》，吸纳了他所提出的某些原则。《国际联盟盟约》序言规定："维持各国间公开、公正、荣誉之邦交"；第 10 条规定："联盟会员国担任尊重并保持所有联盟各会员国之领土完整及现有之政治上独立，以防御外来之侵犯。"第 19 条规定："大会可随时请联盟会员国重新考虑已经不适用之条约以及长此以往将危及世界和平之国际局势。"第 20 条规定："(一) 联盟会员国各自承认凡彼此间所有与本盟约条文相抵触之义务或谅解均因本盟约而告废止并庄严保证此后不得订立类似协议。(二) 如有联盟任何一会员国未经加入联盟以前负有与本盟约条文抵触之义务，则应采取措施以摆脱此项义务。"④ 这些规定，不仅肯定了各国领土完整、主权独立的原则，而且还明确规定各会员国"重新考虑""不适用之条约"，并提出"废止"与该盟约相抵触的条约义务，这是国际法的重大发展。"自 1918 年以来，国际法律，日形发达。"在这一发展中，不仅战

---

① 王绳祖主编、王贵正卷主编：《国际关系史》第 4 卷，世界知识出版社 1995 年版，第 56 页。

② ［美］J. H. Latane：《美国外交政策史》，王造时译，商务印书馆 1936 年版，第 822～824 页。

③ 《组织国际联合会之基本问题（1918 年 9 月 28 日）》，蒋梦麟译述：《美总统威尔逊参战演说》，商务印书馆 1918 年版，第 54～57 页。

④ 《国际联盟盟约》，1919 年 6 月 28 日，见世界知识出版社编：《国际条约集（1917 年—1923 年）》，世界知识出版社 1961 年版，第 266、270、273、274 页。

时国际法有了重大的进步，而且平时国际法亦有了极大的改观。其中“巴黎和会对于国际公法，颇有增益，其最大之贡献，为国际联盟之组织”。① 尽管在很大程度上该盟约只是一纸空文，但它对旧的国际秩序和传统国际法是一个极大的冲击，为将国际法的主权原则推行到东方国家提供了依据。当时的中国政府也由此看到了希望，有了改进条约关系，争取平等地位的信心。中国代表在巴黎和会上提出了修约要求，“所倚仗者为威大总统1919年1月8日宣示国会之十四原则及嗣后历次宣示之各原则”。②

如果说，威尔逊的十四条件和《国际联盟盟约》还只是在理论上和口头上提出了维护国际平等原则，那么，列宁领导的苏俄则将这一原则付诸了实践。“伴随着俄国的1917年十月革命，一个新的因素——布尔什维克的法律概念开始渗透到国际法发展的主流中。”③“十月革命”爆发后，根据列宁所主张的“按照人类平等的原则，而不是按照败坏伟大民族声誉的农奴制特权的原则对待邻国”，④ 苏俄摒弃了俄国政府对外侵略掠夺的政策，实行了新外交政策。1917年11月，第二次全俄苏维埃代表大会通过了由列宁亲自起草的《和平法令》，宣布：“废除秘密外交”，公布1917年2月到10月25日缔结的全部秘密条约，“立即无条件地废除这些条约的全部规定，因为这些规定多半是为了替俄国地主和资本家谋取利益和特权，是为了保持和扩大大俄罗斯人所兼并的土地”。⑤《和平法令》是苏俄政府公布的第一个对外政策法令，它提出了社会主义国家对外关系的基本原则，从而揭开了国际关系史上的新篇章。它是苏俄“最有意义的国际关系的文件”，它宣布新政府

① ［美］哈得孙：《欧战后国际公法之演进》，王赣愚译，《国闻周报》第5卷，第25期。

② 《法京陆专使电》，1919年5月6日，见《秘笈录存》，第148页。

③ Wilhelm G.Grewe, *History of Nations World War* Ⅰ *to World* Ⅱ, in R. Bernhardt, ed., *EPIL*, vol. Ⅱ, Amsterdam, 1995, p. 847. 转引自杨泽伟：《宏观国际法史》，武汉大学出版社2001年版，第847页。

④ ［苏联］列宁：《论大俄罗斯人的民族自豪感》，1914年12月12日，见［苏］Л·Φ·尼柯尔斯卡娅主编：《列宁论国家和法》第1卷，法律出版社1960年版，第254页。

⑤ ［苏联］列宁：《关于和平问题的报告·和平法令》，1917年11月8日，见中共中央马克思恩格斯列宁斯大林著作编译局编译：《列宁全集》第33卷，人民出版社1985年版，第10页。

“不受革命前俄国政府缔结的条约的约束”，“造成‘情势变迁’为废弃条约的实例”，[①] 对国际法产生了重要影响。根据这一原则，在对华关系方面，苏俄实行了与俄国有根本区别的新政策。苏俄政权成立不久，便通知中国，“放弃沙皇政府在满洲夺取的一切，恢复中国在最重要的商业运输线中东铁路沿线地区的主权”，并“将沙皇政府和克伦斯基政府为支持旧俄官员的越权行为和专横跋扈而派往驻华使馆的武装卫队召回”，“同意放弃我国公民在中国、蒙古、波斯的地产权”，“准备放弃旧俄政府以种种借口强加于中国、蒙古和波斯人民的赔款”，等等。1918 年 7 月 4 日，苏俄外交人民委员维切林在第五次苏维埃代表大会的报告中，再次申明：“俄国不仅准备自行放弃那些权利，而且要与东方各国人民一道共同争取清除这种令人发指的不平等现象，并使东方各国人民有可能恢复其失去的自由。”[②] 苏俄政府还曾就“磋商废弃”1896 年中俄密约、1901 年《辛丑条约》，以及 1907 年至 1916 年与日本所订立的一切协约，“邀请中国政府既［即］开谈判”，“即将俄皇政府自行侵夺或借日本及其他联盟公共侵夺自中国人民之所有者，一概归还中国人民”。[③] 显然，威尔逊的十四条和《国际联盟盟约》，以及苏俄放弃在华不平等条约的宣言，进一步发展了国际法的进步原则，为中国改变不平等条约关系的要求提供了有力的依据。

中国政府开始向列强提出修废不平等条约的要求，在国际舞台上正式启动了政府交涉。晚清时期，清王朝没有明确提出取消不平等条约的要求，也未进行过真正的修约交涉。在巴黎和会上，中国代表提交了《希望条件说帖》，提出了全面废除不平等条约的要求，包括：舍弃势力范围，撤销外国军队、巡警，裁撤外国邮局及有线无线电报机关撤销领事裁判权，归还租借地，归还租界、关税自由权，等等。中国正式向国际社会表达了全面废除不平等条约的愿望，这完全是正当的，其理由亦是充足的。颜惠庆收到顾维钧

---

① 杨泽伟：《宏观国际法史》，武汉大学出版社 2001 年版，第 201 页。

② 《契切林在第五次苏维埃代表大会上的报告（节译）》，见薛衔天、黄纪莲、李嘉谷、李玉贞等编：《中苏国家关系史资料汇编（1917 年—1924 年）》，中国社会科学出版社 1993 年版，第 7～8 页。

③ 国立编译馆主编、陈志奇辑编：《中华民国外交史料汇编》二，台北，渤海堂文化事业有限公司 1996 年版，第 881 页。

关于租借地的备忘录，认为“这是一份完全根据法律而具有权威性的备忘录”。① 此外，中国代表还向会议提交了《废除1915年中日协定说帖》。中国的废约要求虽遭到和会拒绝，但这是中国第一次在国际讲坛上正式提出修改不平等条约的要求，具有极重要的意义。这一举动开创了修约外交的新局面，启动了中国的废约交涉，“我国大规模之废约运动，始于巴黎和会”。②

而且，在巴黎和会上，中国代表体现了前所未有的抗争精神，不以弱国而畏葸不前，而是据理力争，为打破“始争终让”的“惯例”③ 树立了典范。开始，北京政府和一些对外公使均主张签字，但在和会折冲的中国代表深感“国人目前之清议可畏，将来之公论尤可畏”，④ 终以民意为依归作出抉择，毅然拒绝签字。王正廷认为，中国百余年外交大失败之后，“忽然大放光明于各帝国主义层层压迫之下，竟突破其樊篱，展开外交之新局面，而造成吾国外交史上之新纪元”。中国外交表现出“第一次之进步”，产生了前所未有的效果。在国内，“国民觉知强权虽强亦不能全灭公理，宜力图自决，起为废约运动”。⑤

巴黎和会引发的“五四运动”，在这一历史转折中，亦是一个标志性事件，它揭开了新的历史时期的序幕。“五四运动”掀起了新时代废约运动的第一波浪潮，激发了整个中国社会的民族主义意识。在中国反对、废除不平等条约斗争史上，“五四运动”不是完全意义上的废约运动，但却是转向废约斗争的枢纽。它在相当程度上冲击了维持不平等条约的理念，并在反日的主潮流中，提出了废除所有不平等条约的主张。全面废除不平等条约的诉求，是近代意义的反帝运动的重要体现。在其他方面“五四运动”也具有近代反帝运动的特质，可以说它开启了完整意义的近代反帝运动的序幕，揭橥了中国革命的基本使命，并且这一运动的发展过程经历了从单一到全面的特点。作为一次具有近代意义的大规模国民外交运动，“五四运动”展现了民

---

① 上海市档案馆编：《颜惠庆日记》第1卷，中国档案出版社1996年版，第831～832页。

② 周肇之：《废约运动之鸟瞰》一，《晨报》1928年1月30日。

③ 《法京陆专使电》，1919年6月28日，见《秘笈录存》，第223页。

④ 王芸生编著：《六十年来中国与日本》第7卷，生活·读书·新知三联书店1981年版，第337页。

⑤ 王正廷：《近二十五年中国之外交》，《国闻周报》第4卷，第28期。

众运动的新态势，中国民众开始普遍产生废约反帝的对外诉求，显示了实现这一诉求的伟大力量和作用。

作为一个声势浩大的民众运动，“五四运动”昭示了民众运动由盲目的反帝转向理性的废约的趋向，掀起了民众废约斗争的初潮，为民众废约运动的全面开展打下了重要的思想理论基础。“五四运动”继承了反对“二十一条”运动的反日精神，但未停留于这一层面，而有了新的进展。这一变化，与第一次世界大战以及大战结束后的国际形势有关。中国参加第一次世界大战，开始冲击条约神圣的观念。伴随着中国参战，“治外法权体制的信念和道义基础开始衰落”，“部分地摧毁了被列强辛勤培育的错觉，即：外国人是最高级的生物，他们在中国的特权是神圣的”。① 在这一背景下，“五四运动”不仅反对中日间的不平等条约，提出“外争主权”“取消二十一款”“誓死不承认军事协定”② 的口号，而且还提出了全面废除不平等条约的主张。

关于中日间有关条约，“五四运动”主要围绕山东问题，从国际法的角度剖析其性质，坚决主张取消。如国民外交协会发表宣言，对有关条约的法理性问题作了充分的剖析。针对日本提出的以 1915 年《民四条约》为依据，视其为“权利之继承”，宣言指出：此约“实下哀的美敦书以恐吓逼胁取得之”，“依国际法亦应视为暴行，危及国家生存，不能认其契约为有效”。关于日本以 1918 年 9 月高徐顺济等路换文为由，提出可“为权利之继承”的说法，宣言指出：换文“乃当局者暂时之约束，尚非正式之合同”。况且，按照我国当时的国内法，缔结条约必经国会通过，而“国会从未与闻，遑论通过”。关于英、法、意为拉拢日本加入协约国，与彼就此问题订立密约，许其继承德国在山东之权利之事，宣言予以批驳，指出：“事关我国主权，岂容他人视同物品任意交易！”此类私相授受之换约，“依国际法实无拘束第三者之效力，不啻一纸空文”。民族自主自决之信条，既为世界所公认，“此种侵犯我主权之举动，乃我国民所誓死不敢承者”。③ 在“五四运

---

① Wesley R · Fishel, *The End of Extraterritoriality in China*, Berkeley & Los Angeles, University of California Press, 1952, p. 199.

② 亿万：《一周中北京的公民大活动》，《每周评论》第 21 期，1919 年 5 月 11 日。

③ 《国民外交协会宣言》，《每周评论》第 21 期，1919 年 5 月 11 日。

动”中，类似于国民外交协会宣言的言论比比皆是。这些驳论，从国际法的高度，揭示了中日间有关山东问题的条约的非法性，由此推动了对所有不平等条约的合理性的质疑，并为中国的废约斗争提供了一种新的理性的方式。正是在这种氛围下，中外条约的不平等性质被明确地揭示出来。如北京学界致电巴黎和会称，美国总统威尔逊宣言，“不但巩固将来之和平，并扫除从前国际之不平等。大义凛然，寰球同钦”。“1915 年中日条约，为有约以来最不平等之条约”。① 广州国民外交后援会要求“取消二十一条件，及国际一切不平等之条件”。②

除中日条约之外，“五四运动”还提出了废除所有不平等条约的问题。例如，1918 年末，《每周评论》载文评论威尔逊的十四条，引述威尔逊演说所言，指出，“强国得任意凌辱弱国，而侵夺其人民之利益而为已国用乎”。“吾人当视最弱国之利益，犹神圣不可侵犯若最强国之利益也。”我们“对外的觉悟和要求，是人类平等主义，是要欧美人抛弃从来歧视颜色人种的偏见”。这次巴黎和会，东洋各国应该联合一气，提出“人类平等一概不得歧视”的意见。若能通过，“他种欧美各国对亚洲人不平等的待遇，和各种不平等的条约，便自然从根消灭了。较之取消限制移民，取消领事裁判权，改正协约关税等，枝枝节节的提议，大方的多，扼要的多”。③ 国民外交协会于 1919 年 2 月成立时，也提出了撤销势力范围、废弃一切不平等条约、撤去领事裁判权、关税自由、取消庚子赔款余额、收回租借地域等主张。④ 贵州召开国民大会，决议：“一面通商赴欧和会中国专使，力争青岛，并请取消中日二十一条密约，及其他不平等条约”。⑤ 上海商帮协会和上海国民大会均提出，非将“数年来与二三私人勾结所成立一切不平等之条约，概行

① 《又致巴黎和会电》，见中国科学院历史研究所第三所编：《五四爱国运动资料》，科学出版社 1959 年版，第 271 页。

② 中国科学院历史研究所第三所编：《五四爱国运动资料》，第 143 页。

③ 只眼：《欧战后东洋民族之觉悟及要求》，《每周评论》第 2 期，1918 年 12 月 29 日。

④ 《国民外交协会成立纪事》，《晨报》1919 年 2 月 17 日。

⑤ 《贵州国民大会要求拒签和约和惩办国贼释放被捕学生电》，见中国社会科学院近代史研究所等编：《五四爱国运动档案资料》，中国社会科学出版社 1980 年版，第 337 页。

取消，暂不中止”。[1]这些主张并未限于与山东问题有关的条约，而是近年“一切”和“所有”不平等条约，这无疑向废约的总体目标迈进了一大步。尤其是《星期评论》上发表了《关于民国建设方针的主张》一文，其中第六章“外交纲领”明确提出：“废除并修改一切不合自由平等互助精神的条约。撤废外国及外国人在中国所有的一切特权。要求中国及中国人在国际上的平等待遇，开放全国于世界。”“废除‘秘密外交’。凡一切国际交涉，悉为公开。‘缔约’‘宣战’‘讲和’的权力，属于国会。”[2]

在运动中，围绕是否签字以及解除一切不平等条约的问题，还曾有过争论。主张签字者认为：“我国参战的目的原想解除一切不平等的条约，不单想解决青岛问题。如对于和约上不签字，势必要退出和平会议，如退出和平会议，将来关于撤废领事裁判权，收回关税自由权，撤消津汉租界，废止赔款条约……等问题，自然没有提议的资格。因一个青岛问题丢掉废除一切不平等条约的机会，岂不是不知轻重吗？”[3]反对签字者认为，如果在和约上签字，中国“除了得一副天文仪器，和几十万赔款，同一点破家破伙的东西，还有什么好处？若说撤废领事裁判权，收回关税自由权，取消各国庚子赔款条约……等等问题，与签字有什么关系？”而且，“就是我们签字也没有什么保证，就是有了保证，试问是失了一部分平等权事大，还是失了领土事大？”[4]

由上可见，尽管全面废约不是“五四运动”的主要口号和目标，但却显示了这一趋向，揭櫫了此后民众运动的发展路径。“五四运动”未能将全面废约作为主要目标，是它的一个局限，但这是当时历史条件下不可避免的局限。就国际形势来看，各国对威尔逊的十四条虽表示同意，实际上却并未接受。有的国家提出：“威氏一人之言不能成为国际公法，倘据一人之言以取消条约，则一切条约皆成为废纸，何国际信用可言？”[5]其实包括美国自己，

---

① 《商帮协会公函》《致欧洲和会电》，见《五四爱国运动资料》，第112、141页。

② 本社同人：《关于民国建设方针的主张》，《星期评论》第2号，1919年6月15日。

③ 涵庐：《签字不签字的害处》，《每周评论》第22期，1919年5月18日。

④ 涵庐：《签字不签字的害处》，《每周评论》第22期，1919年5月18日。

⑤ 朱经农：《废止一九一五年中日条约及附属文件之研究》，《东方杂志》第18卷，第18、19号合刊，1921年10月20日。

也不会按照威氏的十四条原则，轻易放弃在华条约特权。正唯如此，列强以中国的“希望条件”不属和会的范围为由，简单地否定了中国的废约要求。全面修废不平等条约的要求没有被列入和会议题，未能唤起国内民众的关注，无疑是“五四运动”产生这一局限的一个因素。另外，此时的中国尚缺乏将民众组织起来并给予以科学指导的中坚力量，也使“五四运动”欠缺远大目标而局促于直观的视野。即使如此，“五四运动”在中国的废约斗争历程中，仍是一个重要的转折，具有不可忽视的意义。民众运动从反对中日条约，开始转向主张废除所有不平等条约，并更富有理性。

“五四运动”蕴含的这一趋向，亦给了列强以震动，使它们不得不考虑这一问题。起先，列强对中国的废约要求未予理会，但“五四运动”爆发后，它们作了一些许诺。5 月 20 日，威尔逊对陆征祥、顾维钧说：“我以为将来联合会中协助中国之计，应先将各国对于中国所有不平等之权利，如领事裁判权及势力范围等，设法取消。”① 很难想象，如果没有“五四运动”所展现出来的民族伟力，列强会作出这一姿态。列宁领导的苏俄则于当年 7 月 25 日发表“第一次对华宣言”，明确表示，“将从前俄国与日本与中国及与从前联盟各国所订之一切秘密条约，概行作废”。② 其后，国内外形势的变化，给中国的民众运动注入了新的活力，推动它更明确地转向了废约的目标。苏俄再次发表放弃不平等条约宣言，并与中国政府签订了相关协定，给民众以极大的激励，一场全国性大规模的废约运动勃然兴起。随后爆发的“五卅运动”，完全摆脱了斗争目标狭隘的局限，将废约运动推向了高潮。此后，“废除不平等条约的要求，也已经不仅是宣传上的口号，而成了群群斗争的实际目标了”。③ 废除不平等条约的要求是近代性质的反帝运动最基本的内涵，“五四运动”揭示了这一内涵，使中国的反帝斗争转向新的阶段。

鸦片战争以来，中国出现了各种形式的反帝斗争，经历了从盲目排外到

---

① 王芸生编著：《六十年来中国与日本》第 7 卷，生活 · 读书 · 新知三联书店 1981 年版，第 340～341 页。

② 陈志奇辑编：《中华民国外交史料汇编》二，台北，渤海堂文化事业有限公司 1996 年版，第 881 页。

③ 瞿秋白：《“五卅”后反帝国主义联合战线的前途》，见中共中央书记处编：《六大以前》，人民出版社 1980 年版，第 322 页。

出现具有近代性质的反帝运动的过程。近代性质的反帝运动，至少表现为对帝国主义整体具有了理性的认识，而不是仅看到局部或直观现象；体现了目标明确，信念坚定的斗争品质，而没有畏首畏尾，动摇不定的怯懦心理；产生了国家独立、民族解放的诉求，要求解除整个资本主义世界的压迫，而不是仅反对某单一国家，等等。"五四运动"具有近代反帝运动的这些特质，开启了完整意义的近代反帝运动的序幕，揭橥了中国革命的基本使命。

从总体来看，"五四运动"没有明确提出全面反帝的主张，在这方面是有缺陷的。运动尽管提出了"外争国权"，"以符民族自决主义"，① 但其基本目标是反对日本帝国主义，没有鲜明地提出国家独立和民族解放的宗旨。中国共产党人和其他人士对这一缺陷作了剖析，认为运动的目标"仅及于日本帝国主义"，"根本就缺乏革命性"，② 运动"忽略了国际帝国主义者对华侵略之全部情态"，并且还有求助于美国的倾向，③ 等等。但是，在运动的发展过程中，这种状况逐渐在改变。国人长期以来对帝国主义的畏惧心理得以扭转，并对彼产生了新的理性的认识，由此转向了具有近代意义的反帝运动。

义和团运动的失败和《辛丑条约》的签订，对中国的民族意识是沉重的压抑和前所未有的重大打击，"没有人做梦还想到可以撕毁辛丑条约与一切不平等条约"，"不敢对帝国主义国家要求独立平等的权利"。④ 通过"五四运动"，惧外心理开始被打破，民众对列强的态度开始发生根本性的变化，并积蓄了反对一切帝国主义的潜势。运动伊始，《北京学界全体宣言》便向日本帝国主义发出了斩钉截铁的两个信誓："中国的土地可以征服而不可以断送！""中国的人民可以杀戮而不可以低头！"⑤ 随着运动的发展，反对日

① 《学生终止罢课之宣言》《北京学生联合会公电》，见《五四爱国运动资料》，第293、271页。

② 王星华：《共产主义与中国革命运动》，《政治生活》第67期，1926年2月3日。

③ 陈独秀：《二十七年以来国民运动中所得教训》，《陈独秀文章选编》中册，三联书店1984年版，第167页。

④ 子毅：《辛丑条约对于中国的影响》，《向导》第128期九七特刊，1925年9月7日。

⑤ 亿万：《一周中北京的公民大活动》，《每周评论》第21期，1919年5月11日。

本帝国主义的声音一浪高过一浪。第一次世界大战前后，日本是侵略中国最为凶狠的帝国主义国家，反日正反映了中国人民反帝的斗争精神。随后在反对签字的浪潮中，国人更是将所有帝国主义国家，尤其是主宰巴黎和会的几个强国视为对立面。拒绝列强的战后安排，无疑是反对整个帝国主义世界，这一壮举，摆脱了那种“虔畏恐怖”，任人宰割的懦弱。

对于帝国主义列强的所谓公理，人们有了深刻的认识。威尔逊“和平十四条件”的提出，曾给国人带来莫大的鼓舞，陈独秀称誉威尔逊“光明正大，可算得现在世界上第一个好人”，将“主张公理，反对强权”八字作为《每周评论》的宗旨。① 然而，巴黎和会上几个西方国家为了自己的私利，无视中国的主权和利益，仍任意宰割弱小国家的无情事实，却给国人以极大的教育，完全打破了先前抱有的种种幻想。“威尔逊的十四条到凡尔塞和会而破产”，② 加上俄国“十月革命”推翻了俄皇专制，反对并顶住了帝国主义的干涉等国际情势，促使国人对列强的本质以及国际政治的实质的认识发生了大变化，也由此从反对日本转向了对所有帝国主义国家的怀疑和不满。北京学生界宣言称：“归还青岛，取消中日密约、军事协定，以及其他不平等之条约，公理也，即正义也。背公理而逞强权，将我之土地由五国公管，侪我于战败国如德奥之列，非公理、非正义也”。③《每周评论》载文谓：巴黎和会是一个“分赃会议”，“与世界永久和平人类真正幸福，隔得不止十万八千里”。“什么公理，什么永久和平，什么威尔逊总统十四条宣告，都成了一文不值的空话。”④ 国民外交协会发表宣言，指出：巴黎会议处置山东问题，是“口仁义而行盗跖”，“直无正义可言耳！”其时“犹是前此强权世界”，“我国民今欲一问日本，一问列强”。⑤ 国人清醒地感到，威尔逊“所宣言之正义，不几成为欺人之语”。⑥“现在的世界，尚不是实行公

① 只眼：《发刊词》，《每周评论》第1期，1918年12月22日。

② 蔡和森：《中国共产党史的发展（提纲）》，见中央档案馆编：《中共党史报告选编》，中共中央党校出版社1982年版，第17页。

③ 《北京学生界宣言》，见《五四爱国运动资料》，第181页。

④ 只眼：《随感录·两个和会都无用》，《每周评论》第20期，1919年5月4日。

⑤ 《国民外交协会宣言》，《每周评论》第21期，1919年5月11日。

⑥ 陆才甫：《学生无罪》（北京民国公报），《每周评论》第22期，1919年5月18日。

理的时候”。[①] 这一认识导向了对帝国主义列强的总抗议，由山东问题引发的“五四”大爆发，其意义也就超越了这一问题本身。李大钊当时即说：我们“并不是本着狭隘的爱国心，乃是反抗侵略主义，反抗强盗世界的强盗行为”。“以夷制夷”是“根本的大错”，不能依靠某个强国来反对另一个强国，而要反对整个列强世界。“不止夺取山东的是我们的仇敌，这强盗世界中的一切强盗团体秘密外交这一类的一切强盗行为，都是我们的仇敌”。由此，李大钊提出“三大信誓”：“改造强盗世界”“不认秘密外交”“实行民族自决”。[②] 这就提出了反对整个帝国主义世界的诉求。

诸如此类的主张和要求，还可见之其他文件。无疑，对“公理”和强权政治的认识，已触及帝国主义的本质，是反对一切帝国主义的思想基础。这种认识与由运动激荡起来的爱国热情结合在一起，将中国的民族主义运动引向了更明确的方向，即从反对日本转向反对所有帝国主义。其后废约反帝纲领的提出，正是承继了“五四运动”的这一精神，在其部分认清帝国主义本质的基础上的自然发展。如学生联合会总会的《告全国同学书》所言，“五四运动”“开了中国近年民族解放运动一条大道。中国民众之认识反帝国主义和卖国军阀为真正的敌人，是自‘五四’运动开始”。[③] 一位美国学者谓：“具有讽刺意味的是，威尔逊总统为使战后亚洲秩序的努力，却促成了中国现代民族主义的反帝运动的诞生。”[④] 李大钊撰文说：“五四”是“中国全国学生对于帝国主义进行总攻击的纪念日”。[⑤] 中共中央发布通告，指出：“‘五四’是由中国民众第一次自觉的反对帝国主义的纪念日”。[⑥] 瞿秋白则指出：“五四运动”把“辛亥以来反动派与革命派争相‘保障外人的生命财

① 涵庐：《青岛交涉失败史》，《每周评论》第 21 期，1919 年 5 月 11 日。

② 常：《秘密外交与强盗世界》，《每周评论》第 22 期，1919 年 5 月 18 日。

③ 中国新民主主义青年团中央委员会办公厅编：《中国青年运动历史资料》三，1957 年内部发行，第 100 页。

④ ［美］迈克尔·谢勒：《二十世纪的美国与中国》，徐则荣译，三联书店出版社 1985 年版，第 45 页。

⑤ 李大钊：《这一周》，《李大钊全集》第 4 卷，河北教育出版社 1999 年版，第 345 页。

⑥ 团中央青运史研究室、中央档案馆编：《中共中央青年运动文件选编（1921.7—1949.9）》，中国青年出版社 1988 年版，第 101 页。

产尊重条约权利’，而求帝国主义者之援助的局面更变了，换过说便是把义和团失败后‘尊洋主义’的天经地义打破了”。他认为，“这是五四在中国民族运动史上最值得纪念的一点”。① 总之，经过“五四运动”，帝国主义以“公理”“正义”为幌子的强权政治为中国人民所认识，也为反对一切帝国主义的民族主义运动种下了根苗。其后中国人民“决不会希望那一国帝国主义‘主持正义’”，中国“不是对付某一帝国主义的强国，而是对付一切帝国主义的列强”。② 随后几年，中国的民族主义运动勃然而兴，反对帝国主义的口号响彻全国，成了时代的主旋律。显然，中国的民族运动由此开始出现了新的面貌，中国革命史上反对帝国主义的命题，由个别到一般，由盲目到理性，由散漫到有组织，逐渐鲜明地呈现出来。

正是“五四运动”蕴含着反对一切帝国主义的精神，列强看到了中国新的觉醒，从中感受到强烈的震撼。美驻华公使芮恩施说：“中国发现了自己的能力”，“表现出了中国真正的、积极的民族特性”，是“中国在历史上第一次奋起”。运动是一个“开端”，“产生了一种令人鼓舞的中国人民的民族觉醒”。法国公使波勃说：“我们正面临一种前所未有的、最令人惊异的事情，那就是中国为了积极行动组织了一种全国性的舆论。”③ 列强感到，在中国激起的“明显觉醒”，“是迄今为止中国在对外关系中极为缺乏的因素”，“造成了一种感觉得到的、令人惊异的中国人团结精神。毫无疑义，民族团结的观念正在中国产生。一个新的中国终于出现”。④ 事实也是如此，“五四运动”虽未用大革命时期的语言喊出“打倒帝国主义”的口号，但显示了反帝的明显趋向和强大力量。列强对此亦作了较为明晰的判断，如《字林报》评论说：如果和约签字，“必发生绝大之怒潮”，其结果“必至骇人听闻”。无论如何，“排日风潮之起，殆无可疑。转瞬之间，或遂一变而为剧烈之排

① 双林：《五四纪念与民族革命运动》，《向导》第 113 期，1925 年 5 月 3 日。

② 双林：《五四纪念与民族革命运动》，《向导》第 113 期，1925 年 5 月 3 日。

③ ［美］保罗 · S. 芮恩施：《一个美国外交官使华记》，李抱宏等译，商务印书馆 1982 年版，第 281、284、285 页。

④ Wesley R · Fishel, *The End of Extraterritoriality in China*, Berkeley & Los Angeles, University of California Press, 1952, p. 40.

外风潮”。[①] 从反日走向反帝，正是中国近代民族运动的特点，“五四运动”也正是这一转折的关键。列强或庆幸“因专使之拒绝签字而暂时避免”一触即发的反帝风潮，但它们却无法躲开一个个接踵而至的更狂烈的风暴，也因此不得不改变其对华态度。

在近代，中国处于整个资本主义世界的压迫之中，要打碎不平等条约的锁链，争取平等地位，需要发动全民族投入其中。可以说，“五四运动”作为一次具有近代意义的大规模国民外交运动，不仅秉具废约反帝的内涵，而且还展现了民众运动的新态势，从各个方面开启了这一斗争的历史新时期。

就唤起民众参与外交的角度而言，“五四运动”别开生面，形成了一次具有全新意义的国民外交高潮。“五四”学生游行后，全国省会城市和其他各大城市均举行了群众大会，力争拒约。通过这一运动，一种新的力量开始崛起。西报舆论评论说：学生罢课“有新中国之胚胎，而为中国新青年刷新中国之起点”。“中国苟无此种学生，则世界将无中国矣。”[②]“学生此次举动，实可谓开一新纪元，中国已有一班新人物发生。凡破坏国家者，以后当不能无所顾忌。且赖此新人物，可以建立强固政府于将来，此固一月前外人所不及料，而亦动人最甚之事也。”[③] 而且，“五四运动”不仅仅是一个学生运动，而且发展成了一个具有广泛基础的全社会的运动。一位目击者谓：“说一句老实话，这完全是市民的运动，并不单是学生运动。”[④] 随着运动的发展，社会各阶层参与了进来，“彼等之背后，现有银行家、商人、实业家、教育家，无老无少，无男无女，悉为之后盾”。[⑤] 除外，还加入了更为重要的新的社会力量，即工人阶级作为一个自为的阶级登上了历史舞台。各种力量整合在一起，“全国今日已关节当通”，显示出民族运动的伟力，“中国今已知何人为有力量，何人为可恃矣”。[⑥] 中国民众在“五四运动”的激励下，

① 《字林报评不签字问题》，见《五四运动爱国运动资料》，第 313 页。
② 《西报论中国学生罢课事》，见《五四爱国运动资料》，第 233～234 页。
③ 《西报之开市开工评论》，见《五四爱国运动资料》，第 349 页。
④ 《市民运动的研究》（北京晨报），《每周评论》第 22 期，1919 年 5 月 18 日。
⑤ 《英文沪报论中国学生》，见《五四爱国运动资料》，第 306 页。
⑥ 《英文沪报论中国学生》，见《五四爱国运动资料》，第 306 页。

"踔厉奋发，一变其冷漠罔觉之态度"，[①] 真正开始自觉地参与外交事务，形成了以废约反帝为中心的国民外交运动高潮。民众的呼声还推动了各省军政要人和社会名流表达意见，他们纷纷致电北京政府，或反对签字，或主张罢免曹汝霖等。

从运动过程来看，"五四运动"采取了理性的方式，诸如游行示威、演讲宣传、抵制日货，以及罢课、罢工、罢市等。焚烧曹宅事件，并非事前的安排，颇具有偶然性质。游行队伍开始秩序井然，那些随行的政府侦探"看不出学生有痛打曹章等的决心，并且也不相信学生会有什么暴动的"，"最大多数的学生，实在没有这种预备的"。只是当东交民巷的外国卫队根据《辛丑条约》不让队伍通过时，"素不感觉外力欺压的痛苦的人们，这时也觉得愤激起来了"，才转往曹汝霖住宅。[②] 即使过程中有激烈之举，亦与义和团运动时期盲目排外的暴力行为有显著的差异。

爱国学生及其他各界人士强烈意识到自己对国家的责任，在运动中明确提出了反对秘密外交，国民应参与外交的议题。北京学生联合会公所致公电称："如果政府敢于违反民意，竟尔断送主权，则我四万万国民，当宣告于世界，万不承认签字为有效，以符民族自决主义。"[③] 湖南国民大会所致公函称："吾国既由专制改为民国，自宜以民为主宰，以官为公仆。凡夫建设举措，何得不顺民情；内政外交，岂容显违民意。"[④] 上海国民公会致电各省各界，呼吁："国家存亡，在此一举。谨乞声援，发扬民气。"[⑤] 北京政府逮捕爱国学生后，各界纷纷反对，尤反映出国民外交意识的普遍发展。

在运动中，民众的意见显示了它的力量和作用，正是国民外交抒发出来的民意，迫使北京政府罢免了曹汝霖、章宗祥和陆宗舆。北京商会在请罢免曹汝霖等的呈文中，谓："水能载舟，亦能覆舟，民气之奋兴，诚未可遏塞，而致使溃决。"此次风潮，"推其原故，由因得果，胥缘外交不洽民意而

---

① 《大陆报论对内尤急于对外》，见《五四爱国运动资料》，第 307 页。

② 匡互生：《五四运动纪实》，见中国社会科学院近代史研究所近代史资料编辑组编：《五四爱国运动》上，中国社会科学出版社 1979 年版，第 494 页。

③ 《北京学生联合会公电》，见《五四爱国运动资料》，第 271 页。

④ 《湖南国民大会之公函》，见《五四爱国运动资料》，第 216 页。

⑤ 《致各省各界电》，见《五四爱国运动资料》，第 141 页。

起”。① 在是否签字的问题上，一开始，北京政府和一些对外公使均主张签字，“争持甚烈”。② 在和会折冲的中国代表深感“国人目前之清议可畏，将来之公论尤可畏”，③ 终以民意为依归作出了抉择，毅然拒绝签字。此事轰动了世界，“出诸意料之外，无不以为异事”。④ 尤值得注意的是，针对北洋政府的镇压行为，《每周评论》发表了一篇文章，为学生运动作无罪申辩。文章从法律、国家、外交三方面论证学生的行为不构成犯罪，指出，“自来条约之失败，由于当局贻误者半，由于国民放弃者半”。因此，“当此外交危急千钧一发之秋，我国民正当表示决心，一方鞭挞外交当局之力争，一方为议和专使之后援”。天下兴亡，匹夫有责，“具此毅力，正为国民与国休戚之好现象”。如果国人缄默不言，“以尽忠国事为大戒，又何赖以自存于世界”。⑤ 为学生运动和民众运动申辩的言论尚有很多，上述颇具代表性，有力地辨析了学生运动的合理性，论证了国民外交运动的必要性。他们认为，民众运动是“国家兴旺的气象”，⑥ 大声呼吁：“实行国民的外交，平民主义的外交，是一刻不容迟缓的。愿国人快快的起来！愿国人快快的起来！”⑦ 这些论说充分说明，以废约反帝为中心的国民外交，经过“五四运动”的洗礼，已逐渐为社会所认同和接受。这无疑为此后更大规模的群众性废约反帝运动的兴起和发展，打下了心理基础和法理基础，国民外交运动也因此更具有了堂堂正正、无可置疑的理由。与此前的国民外交比较，“五四运动”无疑呈现出民众运动的新态势。除了“外争国权”之外，“五四运动”中国人在相当程度上认识到中国外交失败的内部因素，提出了“内除国贼”

① 《京商会请罢曹陆等呈文》，见《五四爱国运动资料》，第299页。

② 王正廷：《近二十五年中国之外交》续，《国闻周报》第4卷，第28期，1927年7月24日。

③ 王芸生编著：《六十年来中国与日本》第7卷，生活·读书·新知三联书店1981年版，第337页。

④ 王正廷：《近二十五年中国之外交》续，《国闻周报》第4卷，第28期，1927年7月24日。

⑤ 陆才甫：《学生无罪》，《每周评论》第22期，1919年5月18日。

⑥ 《市民运动的研究》，《每周评论》第22期，1919年5月18日。

⑦ 涵庐：《青岛交涉失败史》，《每周评论》第21期，1919年5月11日。

的口号，将外交与内政紧密结合起来。由于这一认识，国民外交更推进了一步，由单纯作政府后援转为督促政府的一种力量。

无疑，“五四运动”尽管存在种种局限，但它作为一个民众运动，不仅在某种程度上实现了自己的目标，而且开启了废约反帝斗争的新阶段。当年10月，陈独秀指出：“窃以为此番运动，实为国民运动之嚆矢”。他认为，国人已进入“觉悟之时期”，“五四运动”产生的最普遍的“觉悟”，是“爱国心之觉悟”，即“国民自保及民族自决之精神”。① 翌年，他谈到“五四运动”的精神，认为，这是“不同于以前爱国运动的一次爱国运动”。一般工商界之所以“信仰学生”，支持他们的斗争，也就是因为“对于五四运动有新的和前次爱国运动不同的感想”。②

通过“五四运动”，国民外交与政府交涉的结合取得了良好的成效，为此后的废约反帝斗争奠立了坚实的基础。巴黎和会中国代表之一王正廷，曾对此作了分析，认为中国百余年外交大失败之后，“忽然大放光明于各帝国主义层层压迫之下，竟突破其樊篱，展开外交之新局面，而造成吾国外交史上之新纪元”。中国外交表现出“第一次之进步”，产生了前所未有的效果。在国内，“国民觉知强权虽强亦不能全灭公理，宜力图自决，起为废约运动”。列强也因为“吾民族自决之精神与夫国民外交意志之真实表现，均得显示于世界各国之眼前”，“知中国民族既有自决之心，足为外交后盾”，对中国刮目相看。它们感到，中国“终究非可轻侮，未可蔑视”，“未能再以胁迫从事”，开始改变对华政策，“一变其强权压迫之态度，而为亲善诱惑之态度”。它们“渐觉悟不平等条约伤害我国人感情过甚，应有设法疏解之必要”。此“可谓外交上之一大转机。而嗣后修改不平等条约及挽回主权之运动，遂得逐渐收效”。③

在这一背景下诞生的中国共产党，将废除不平等条约，争取民族独立作

① 《在〈国民〉杂志成立周年大会的致词》，《陈独秀文章选编》上卷，三联书店1984年版，第426页。

② 《五四运动的精神是什么？》，见《陈独秀文章选编》上卷，第518～519页。

③ 王正廷：《近二十五年中国之外交》续，《国闻周报》第4卷，第28期，1927年7月24日。

为自己的纲领和奋斗目标。几年后，在中共的推动下，废约反帝的民族主义运动勃然而兴，并成为国民革命运动的中心议题。此后，改变不平等条约关系成为中国革命的基本任务，亦是各届政府的外交方针。经过长时期的不懈努力，抗战时期中国基本上废除了不平等条约，初步实现了这一目标。至中华人民共和国成立，中国彻底清除了各种特权的残余，真正与各国建立了平等的条约关系，中华民族在世界民族之林屹立起来。

参考文献

一、条约集、资料丛刊、汇编、实录、史志、已刊及未刊档案等

王铁崖编:《中外旧约章汇编》第1册，生活·读书·新知三联书店1957年版。

北京大学法律系国际法教研室编:《中外旧约章汇编》第2册，生活·读书·新知三联书店1959年版。

北京大学法律系国际法教研室编:《中外旧约章汇编》第3册，生活·读书·新知三联书店1962年版。

世界知识出版社编:《国际条约集（1648—1871）》，世界知识出版社1984年版。

世界知识出版社编:《国际条约集（1872—1916）》，世界知识出版社1986年版。

世界知识出版社编:《国际条约集（1917—1923）》，世界知识出版社1961年版。

世界知识出版社编:《国际条约集（1924—1933）》，世界知识出版社1961年版。

《国际条约集（1960—1962）》，商务印书馆1975年版。

国际问题研究所编译:《国际条约集（1969—1971）》，商务印书馆1980年版。

陈帼培主编:《中外旧约章大全》，中国海关出版社2004年版。

薛典曾、郭子雄编:《中国参加之国际公约汇编》，商务印书馆1937年版。

劳乃宣编:《各国约章纂要》，湖南善后局光绪十七年版。

徐宗亮:《通商约章类纂》，北洋石印官书局光绪戊戌年印。

王鹏九编:《交涉约案摘要》，光绪间刻本。

蔡乃煌总纂:《约章分类辑要》，湖南商务局光绪庚子仲冬版。

北洋洋务局纂辑:《约章成案汇览》，上海点石斋承光绪三十一年印。

故宫博物院:《清代外交史料·道光朝》，故宫博物院 1932 年编印。

齐思和等整理:《筹办夷务始末·道光朝》，中华书局 1964 年版。

贾桢等纂:《筹办夷务始末·咸丰朝》，中华书局 1979 年版。

李书源等整理:《筹办夷务始末·同治朝》，中华书局 2008 年版。

宝鋆纂修:《筹办夷务始末·同治朝》，民国十九年故宫博物院用抄本影印。

蒋廷黻编:《筹办夷务始末补遗·道光朝》，北京大学出版社 1988 年版。

王彦威辑、王亮编:《清季外交史料》，外交史料编纂处民国二十四年版。

王彦威辑、王亮编:《清宣统朝外交史料》，外交史料编纂处民国二十四年版。

朱寿朋编:《光绪朝东华录》，张静庐等校点，中华书局 1958 年版。

蒋廷黻编:《近代中国外交史料辑要》上卷，商务印书馆 1933 年版。

陈霞飞主编:《中国海关密档》，中华书局 1995 年版。

台湾“中央研究院”近代史研究所编:《海防档》，台湾“中央研究院”近代史研究所 1957 年印。

全国图书馆文献缩微复制中心编:《清代孤本外交档案》，全国图书馆文献缩微复制中心 2005 年印。

全国图书馆文献缩微复制中心编:《总署奏底汇订》，全国图书馆文献缩微复制中心 2003 年印。

故宫博物院明清档案部编:《清末筹备立宪档案史料》，中华书局 1979 年版。

台湾“中央研究院”近代史研究所编:《教务教案档》，台湾“中央研究院”近代史研究所 1977 年印。

王尔敏、陈善伟编:《清末议订中外商约交涉——盛宣怀往来函电稿》，香港中文大学出版社 1993 年版。

故宫博物院编:《史料旬刊》。

《清实录》，中华书局 1985～1987 年版。

《清九朝圣训》，清光绪刻本。

陈志奇辑编:《中华民国外交史料汇编》，台北，渤海堂文化事业有限公司 1996 年版。

中国第一历史档案馆等编:《清末教案》第 1～6 册，中华书局 1996～2006 年版。

王明伦编:《反洋教书文揭帖选》，齐鲁书社 1984 年版。

台湾“中央研究院”近代史研究所编:《矿务档》，台湾“中央研究院”近代史研究所 1960 年印。

吕浦等编译:《“黄祸论”历史资料选辑》，中国社会科学出版社 1979 年版。

法学教材编辑部《国际关系史资料选编》编选组编:《国际关系史资料选编》，武汉大学出版社 1983 年版。

《列强侵略》，台北，正中书局 1979 年版。

宓汝成编:《中国近代铁路史资料》第 2 册，中华书局 1963 年版。

陈翰笙主编:《华工出国史料汇编》，中华书局 1980～1985 年版。

李刚已辑录:《教务纪略》，南洋官报局光绪三十一年版。

《大清新法令》，李秀清等点校，商务印书馆 2010 年版。

姚之鹤编:《华洋诉讼例案汇编》，商务印书馆 1915 年版。

财政部关务署编 :《财政部关务署法令汇编》，财政部关务署民国二十一年印。

梁廷枏:《夷氛闻记》卷 5，邵循正点校，中华书局 1959 年版。

《宋会要辑稿》第 198 册，《番夷五》之四三，国立北平图书馆 1936 年影印。

夏燮:《中西纪事》，高鸿志点校，岳麓书社 1988 年版。

中国第一历史档案馆编:《鸦片战争档案史料》，天津古籍出版社 1992 年版。

武汉大学历史系鸦片战争研究组编:《外国学者论鸦片战争与林则徐》，福建人民出版社 1989 年版。

杨家骆主编:《鸦片战争文献汇编》，台北，鼎文书局 1973 年版。

［日］佐佐木正哉编:《鸦片战争前中英交涉文书》，台北，文海出版社

1967 年版。

［日］佐佐木正哉编：《鸦片战争之研究》（资料编），台北，文海出版社 1983 年版。

《英国档案有关鸦片战争资料选译》上册，胡滨译，中华书局 1993 年版。

广东文史馆编：《鸦片战争与林则徐史料选译》，广东人民出版社 1986 年版。

《鸦片战争史料选译》，广东省文史研究馆译，中华书局 1983 年版。

中国史学会主编、齐思和等编：中国近代史资料丛刊《鸦片战争》，上海人民出版社、上海书店出版社 2000 年版。

中国社科院近代史研究所近代史资料编辑组编：《鸦片战争时期思想史资料选辑》，中华书局 1963 年版。

金毓黻等编辑：《太平天国史料》，中华书局 1955 年版。

中华书局编辑部、李书源整理：《筹办夷务始末 · 同治朝》，中华书局 2008 年版。

齐思和等编：《第二次鸦片战争》，上海人民出版社 1978 年版。

太平天国历史博物馆编：《吴煦档案选编》，江苏人民出版社 1983 年版。

中国近代经济史资料丛刊编委会主编：《中国海关与中法战争》，中华书局 1983 年版。

邵循正等编：《中日战争》，新知识出版社 1956 年版。

戚其章主编：中国近代史资料丛刊续编《中日战争》，中华书局 1995 年版。

中国史学会主编、翦伯赞等编：《戊戌变法》，上海人民出版社 1957 年版。

翦伯赞等编：《义和团》，上海人民出版社 1957 年版。

故宫博物院明清档案部编：《义和团档案史料》，中华书局 1959 年版。

中国第一历史档案馆编：《庚子事变清宫档案汇编》，人大出版社 2003 年版。

天津社会科学院历史研究所编：《1901 年美国对华外交档案——有关义和团运动暨辛丑条约谈判的文件》，刘心显、刘海岩译，齐鲁书社 1984 年版。

中国近代经济史资料丛刊编辑委员会主编:《辛丑和约订立以后的商约谈判》，中华书局 1994 年版。

北京大学历史系中国近现代史教研室编:《义和团运动史料丛编》，中华书局 1964 年版。

中国社科院近代史所编:《庚子记事》，中华书局 1978 年版。

路遥主编:《义和团运动文献资料汇编 · 德译文卷》，山东大学出版社 2012 年版。

章开沅等主编:《辛亥革命史资料新编》，湖北人民出版社 2006 年版。

中国科学院历史研究所第三所编:《云南杂志选辑》，科学出版社 1958 年版。

民任社编:《中国抵制禁约记》，民任社 1942 年印。

中国社会科学院近代史研究所、中国第二历史档案馆史料编辑部编:《五四爱国运动档案资料》，中国社会科学出版社 1980 年版。

《五四爱国运动资料》，科学出版社 1959 年版。

中国社科院近代史研究所等编:《秘笈录存》，中国社会科学出版社 1984 年版。

中共中央党史研究室第一研究部编:《共产国际、联共（布）与中国革命文献资料选辑 1938—1943》，中共党史出版社 2012 年版。

张蓉初译:《红档杂志有关中国交涉史料选译》，生活 · 读书 · 新知三联书店 1957 年版。

中共中央党校党史研究室编:《中共党史参考资料》，人民出版社 1979 年版。

中央档案馆编:《中国共产党抗日文件选编》，中国档案出版社 1995 年版。

中共中央书记处编:《六大以前》，人民出版社 1980 年版。

中国新民主主义青年团中央委员会办公厅编:《中国青年运动历史资料》，1957 年内部发行。

中央档案馆:《中共党史报告选编》，中共中央党校出版社 1982 年版。

团中央青运史研究室、中央档案馆编:《中共中央青年运动文件选编（1921.7—1949.9）》，中国青年出版社 1988 年版。

阎广耀、方生选译:《美国对华政策文件选编》，人民出版社 1990 年版。

台湾“中央研究院”近代史研究所编:《中美关系史料·光绪朝》，台湾“中央研究院”近代史研究所 1990 年印。

美国国务院编辑:《美国与中国之关系：特别着重 1944 年至 1949 年之一时期》，中华民国外交部 1949 年译。

朱士嘉编:《十九世纪美国侵华档案史料选辑》上、下，中华书局 1959 年版。

广西师范大学出版社编:《中美往来照会集：1864—1931》，广西师范大学出版社 2006 年版。

故宫博物院编:《清代中俄关系档案史料选编》，中华书局 1979 年版。

［俄］尼古拉·班蒂什－卡缅斯基编著:《俄中两国外交文献汇编（1619—1792 年）》，中国人民大学俄语教研室译，商务印书馆 1982 年版。

薛衔天、黄纪莲、李嘉谷、李玉贞等编:《中苏国家关系史资料汇编》（1917 年—1924 年），中国社会科学出版社 1993 年版。

郭廷以、王聿均主编:《中法越南交涉档》，台湾“中央研究院”近代史研究所 1983 年印。

王芸生编著:《六十年来中国与日本》第 1—7 卷，生活·读书·新知三联书店 1979、1980、1981 年版。

故宫博物院编:《清光绪朝中日交涉史料》，北平故宫博物院 1932 年版。

台北“中央研究院”近代史研究所编:《清季中日韩关系史料》，台北“中央研究院”近代史研究所 1972 年印。

孙瑞芹译:《德国外交文件有关中国交涉史料选译》第 3 卷，商务印书馆 1960 年版。

青岛市博物馆等编:《德国侵占胶州湾史料选编（1897—1898）》，山东人民出版社 1986 年版。

《大清律例》，田涛、郑秦点校，法律出版社 1999 年版。

刘俊文:《唐律疏仪笺解》上册，中华书局 1996 年版。

薛允升著、胡星桥等点注:《读例存疑点注》，中国人民公安大学出版社 1994 年版。

湖北谳局汇辑:《大清律例汇辑便览》,同治十一年刻本。
沈之奇:《大清律辑注》上,怀效锋等点校,法律出版社 2000 年版。
沈家本等编:《修正刑律案语》第 1、2 编,修订法律馆宣统元年版。
于宝轩辑:《皇朝蓄艾文编》,上海官书局光绪二十九年版。
金匮阙铸、补斋辑:《皇朝新政文编》,台北,文海出版社 1987 年版。
《西洋杂志》,喻岳衡、朱心勉校点,湖南人民出版社 1981 年版。
中国人民大学党史系等编:《中国近代政治思想史参考资料》,中国人民大学党史系等 1981 年印。
张枬、王忍之编:《辛亥革命前十年间时论选集》,生活·读书·新知三联书店 1960 年版。
李楚材辑:《帝国主义侵华教育史料——教会教育》,教育科学出版社 1987 年版。
舒新城编:《中国近代教育史资料》下册,人民教育出版社 1961 年版。
杨伯峻编著:《春秋左传注》,中华书局 1981 年版。
梁启雄:《荀子简释》,中华书局 1983 年版。
刘向集录:《战国策》下,上海古籍出版社 1985 年版。
司马迁:《史记》,中华书局 1999 年版。
杨天宇:《礼记译注》上册,上海古籍出版社 2004 年版。
叶绍祖:《四朝闻见录》,中华书局 1989 年版。
张廷玉等:《明史》,中华书局 2000 年版。
李学勤主编:《十三经注疏·春秋穀梁传注疏》,北京大学出版社 1999 年版。
司马迁:《史记》,中华书局 1982 年版。
班固:《汉书》,中华书局 1962 年版。
范晔:《后汉书》,中华书局 1965 年版。
魏收:《魏书》,中华书局 1974 年版。
欧阳修、宋祁:《新唐书》第 13 册,中华书局 1975 年版。
房玄龄等:《晋书》,中华书局 1974 年版。
《册府元龟》,台北,中华书局股份有限公司、宗青图书出版有限公司 1996 年版。

刘昫:《旧唐书》,中华书局 1975 年版。

刘俊文:《唐律疏仪笺解》,中华书局 1996 年版。

孔安国撰、孔颖达等正义:《尚书正义》,上海古籍出版社 1990 年版。

脱脱等:《宋史》,中华书局 1977 年版。

郑玄注、孔颖达正义:《礼记正义》上册,上海古籍出版社 1990 年版。

欧阳修:《新五代史》,中华书局 1974 年版。

脱脱等:《金史》,中华书局 1974 年版。

章学诚:《文史通义校注》,叶瑛校注,中华书局 1985 年版。

赵尔巽等:《清史稿》,中华书局 1977 年版。

赵尔巽等撰、周骏富辑:《清史稿列传》,台北,明文书局 1985 年版。

刘锦藻:《清朝续文献通考》,商务印书馆 1936 年版。

陈华等点校注释:《海国图志》,岳麓书社 1998 年版。

梁廷枏等纂:《粤海关志》,台北,文海出版社有限公司 1975 年影印。

鄂尔泰等监修、靖道谟等编纂:(乾隆)《贵州通志》,见《四库全书》文渊阁影本。

刘训瑺纂:《民国闽清县志》,上海书店出版社 2000 年版。

清政府未刊外交档案,台北“中央研究院”近代史所档案馆藏。

二、经典著作、国际法、外交学、哲学等论著

《马克思恩格斯全集》,中共中央马克思恩格斯列宁斯大林著作编译局译,人民出版社 1985 年版。

《马克思恩格斯选集》,中共中央马克思恩格斯列宁斯大林著作编译局译,人民出版社 1995 年版。

中共中央马克思恩格斯列宁斯大林著作编译局编:《马克思恩格斯论中国》,人民出版社 1997 年版。

[苏联] Л.Ф. 尼柯尔斯卡娅主编:《列宁论国家和法》,法律出版社 1960 年版。

《马克思恩格斯论殖民主义》,易廷镇等译校,人民出版社 1962 年版。

《列宁全集》,中共中央马克思恩格斯列宁斯大林著作编译局译,人民出版社 1990 年版。

[苏联] 列宁:《列宁论国际政治与国际法》,世界知识出版社 1959

年版。
《列宁斯大林论中国》，张仲实、曹葆华译，人民出版社 1965 年版。
中国社会科学院民族研究所编:《斯大林论民族问题》，民族出版社 1990 年版。
《邓小平文选》第 3 卷，人民出版社 1993 年版。
周鲠生:《国际法》，商务印书馆 1976 年版。
邓正来编:《王铁崖文选》，中国政法大学出版社 2003 年版。
王铁崖主编:《国际法》，法律出版社 1981 年版。
王铁崖:《战争与条约》，中国文化服务社 1944 年版。
李浩培:《李浩培文选》，法律出版社 2000 年版。
李浩培:《条约法概论》，法律出版社 1987 年版。
李浩培:《国际法的概念和渊源》，贵州人民出版社 1994 年版。
崔书琴:《国际法》，商务印书馆 1947 年版。
张景恩:《国际法与战争》，国防大学出版社 1999 年版。
窦田来编:《国际条约要义》，顾葆光校订，中华书局 1914 年版。
叶开琼编:《法政丛编》上册《平时国际公法》，湖北法政编辑社 1905 年版。
朱炜、王吉文主编:《国际法》，厦门大学出版社 2013 年版。
上海社会科学院法学研究所国际法研究室编:《国际法讲义》第 3 分册，上海社会科学院法学研究所国际法研究室 1981 年印。
朱奇武:《中国国际法的理论与实践》，法律出版社 1998 年版。
邵沙平、余敏友主编:《国际法问题专论》，万鄂湘等撰稿，武汉大学出版社 2002 年版。
苏联科学法律研究所编:《国际法》，国际关系学院翻译组等译，世界知识出版社 1959 年版。
万鄂湘等:《国际条约法》，武汉大学出版社 1998 年版。
朱文奇、李强主编:《国际条约法》，中国人民大学出版社 2008 年版。
李广民、欧斌主编:《国际法》，清华大学出版社 2006 年版。
张乃根:《国际法原理》，中国政法大学出版社 2002 年版。
邵津主编:《国际法》，北京大学出版社 2000 年版。

姚梅镇:《国际经济法概论》，武汉大学出版社 1989 年版。
吴昆吾:《条约论》，商务印书馆 1931 年版。
张季良主编:《国际关系学概论》，世界知识出版社 1989 年版。
黄嘉华:《国际法与外交》，法学教材编辑部 1983 年油印本。
唐纪翔:《中国国际私法论》，商务印书馆民国二十三年版。
黄嘉华:《国际法与外交》，法学教材编辑部 1983 年油印本。
卢峻:《国际私法之理论与实际》，中华书局 1937 年版。
张文彬:《论私法对国际法的影响》，法律出版社 2001 年版。
刘高龙:《国际公法学》，社会科学文献出版社 2014 年版。
周鲠生:《现代国际法问题》，商务印书馆 1931 年版。
于能模:《国际私法大纲》，商务印书馆 1931 年版。
杨泽伟:《宏观国际法史》，武汉大学出版社 2001 年版。
刁敏谦:《中国国际条约义务论》，商务印书馆 1925 年版。
朱建民:《侵略问题之国际法研究》，商务印书馆 1939 年版。
王圣诵主编:《国际关系学》，中国法制出版社 2003 年版。
廖德珍:《外交学概论》，上海大东书局 1930 年版。
常书林:《外交 ABC》，世界书局 1928 年版。
杨振先:《外交学原理》，商务印书馆 1937 年版。
周子亚:《外交监督与外交机关》，正中书局 1944 年版。
陈体强:《中国外交行政》，商务印书馆 1943 年版。
陈锺浩:《外交本质论》，商务印书馆 1946 年版。
吕鹤云、黄新民主编:《法学概论》，高等教育出版社 2014 年版。
张文显主编:《法理学》，高等教育出版社 2003 年版。
葛洪义主编:《法理学》，中国政法大学出版社 2008 年版。
李伟民主编:《法学辞海》第 2 册，蓝天出版社 1998 年版。
高健:《法律关系客体及其作用》，山东友谊出版社 2009 年版。
方新军:《权利客体论 历史和逻辑的双重视角》，中国政法大学出版社 2012 年版。
李达主编:《唯物辩证法大纲》，人民出版社 2014 年版。
王旭东:《史学理论与方法》，安徽大学出版社 1998 年版。

宁可、汪征鲁编著:《史学理论与方法》,中央广播电视大学出版社1991年版。

[英]M. 阿库斯特:《现代国际法概论》,汪瑄、朱奇武、余叔通、周仁译,中国社会科学出版社1981年版。

[英]劳特派特修订:《奥本海国际法》上卷,第1分册,王铁崖、陈体强译,商务印书馆1971年版。

[英]劳特派特修订:《奥本海国际法》上卷,第2分册,王铁崖、陈体强译,商务印书馆1972年版。

[英]斯塔克:《国际法导论》,赵维田译,法律出版社1984年版。

[英]萨道义:《外交实践指南》,世界知识出版社1959年版。

[英]哈罗德·尼科松:《外交学》,眺伟译,世界知识出版社1957年版。

[英]霍尔:《公法新编》,[美]丁韪良、綦策鳌编译,上海广学会1903年版。

[美]丁韪良:《邦交提要》,广学会光绪三十年刻本。

[美]惠顿:《万国公法》,[美]丁韪良译,何勤华点校,中国政法大学出版社2003年版。

[美]凯尔森:《国际法原理》,王铁崖译,华夏出版社1989年版。

[法]莱昂·狄骥:《公法的变迁》,郑戈等译,辽海出版社1999年版。

[法]夏尔·卢梭:《武装冲突法》,张凝等译,中国对外翻译出版公司1987年版。

[日]长冈春一:《外交通义》,钱承鋕译,东京:译书汇编社1902年版。

[苏联]Д.И. 费尔德曼、Ю.Я. 巴斯金:《国际法史》,黄道秀等译,法律出版社1992年版。

[荷]格劳秀斯:《战争与和平法》,何勤华等译,上海人民出版社2005年版。

[希腊]尼古拉斯·波利蒂斯:《国际法的新趋势》,原江译,云南人民出版社2004年版。

[苏]Ф. И. 科热夫尼科夫主编:《国际法》,刘莎、关云逢等译,商务

印书馆 1985 年版。

［苏］利索符斯基：《国际经济关系的法律调整》，刘振江译，法律出版社 1988 年版。

［苏］克利缅科等编：《国际法辞典》，程晓霞等译，中国人民大学出版社 1987 年版。

苏联外交部外交学院编：《国际法辞典》，徐光智等译，新华出版社 1989 年版。

日本国际法学会编：《国际法辞典》，外交学院国际法教研室译校，世界知识出版社 1985 年版。

［瑞典］宾德瑞特：《为何是基础规范——凯尔森学说的内涵》，李佳译，知识产权出版社 2016 年版。

［德］黑格尔：《小逻辑》，贺麟译，商务印书馆 1980 年版。

［苏联］罗森塔尔、尤金编：《简明哲学辞典》，中共中央马克思恩格斯列宁斯大林著作编译局译，人民出版社 1958 年版。

三、人物文集、传记、年谱、回忆录、日记等

林则徐全集编辑委员会编：《林则徐全集》，海峡文艺出版社 2002 年版。

《曾国藩全集》，岳麓书社 1987～1995 年版。

顾廷龙、戴逸主编：《李鸿章全集》，安徽教育出版社 2008 年版。

杨坚校补：《郭嵩焘奏稿》，岳麓书社 1983 年版。

《郭嵩焘日记》，湖南人民出版社校点，湖南人民出版社 1982 年版。

刘志惠点校辑注：《曾纪泽日记》，岳麓书社 1998 年版。

《刘坤一遗集》，中国科学院历史研究所校点，中华书局 1959 年版。

《刘坤一奏疏》，陈代湘等校点，岳麓书社 2013 年版。

吴元炳辑：《沈文肃公政书》，台北，文海出版社 1967 年影印。

苑书义等主编：《张之洞全集》，河北人民出版社 1998 年版。

盛宣怀：《愚斋存稿》卷 49，台北，文海出版社 1975 年影印本。

丁贤俊、喻作凤编：《伍廷芳集》，中华书局 1993 年版。

吴振清等编校整理：《黄遵宪集》，天津人民出版社 2003 年版。

冯天瑜标点：《辜鸿铭文集》，岳麓书社 1985 年版。

王炳燮:《毋自欺室文集》，津河广仁堂光绪乙酉年版。

钱大昕:《十驾斋养新录》，上海书店1983年版。

刘晴波主编:《杨度集》，湖南人民出版社1985年版。

黄恩彤:《知止堂外集》，光绪六年刻本。

苏绍柄编:《山钟集》,1906年铅印版。

张元济:《张元济全集》，商务印书馆2008年版。

袁英光、童浩整理:《李星沅日记》上册，中华书局1987年版。

任青、马忠文整理:《张荫桓日记》，上海书店出版社2004年版。

胡贯中、刘发清点注:《出使美日秘日记》，光绪十七年三月初四日，黄山书社1988年版。

薛福成:《出使奏疏》，台湾华文书局1971年影印。

徐素华选注:《筹洋刍议——薛福成集》，辽宁人民出版社1994年版。

张品兴主编:《梁启超全集》，北京出版社1999年版。

汤志钧编:《康有为政论集》，中华书局1981年版。

杜春和等编:义和团资料丛编《荣禄存札》，齐鲁书社1986年版。

丛佩远、赵鸣岐编:《曹廷杰集》，中华书局1985年版。

宋育仁:《采风记》，光绪丁酉四月于成都刻。

沈家本:《寄簃文存》，宣统三年铅印本。

史晓风整理:《恽毓鼎澄斋奏稿》，浙江古籍出版社2007年版。

徐世昌:《退耕堂政书》，台北，文海出版社1968年版。

张祖佑原辑、林绍年鉴订:《张惠肃公年谱》，台北，文海出版社1966年版。

何勤华等编:《董康法学文集》，中国政法大学出版社2005年版。

中国社科院近代史研究所等编:《孙中山全集》，中华书局1981～1982年版。

陈旭麓、郝盛潮主编:《孙中山集外集》，上海人民出版社1990年版。

《陈独秀文章选编》，三联书店1984年版。

《李大钊全集》，河北教育出版社1999年版。

上海市档案馆:《颜惠庆日记》第1卷，中国档案出版社1996年版。

《张太雷文集》，人民出版社1981年版。

《瞿秋白选集》，人民出版社 1985 年版。

志刚：《初使泰西记》，见钟叔河主编：《走向世界丛书》，岳麓书社 1985 年版。

德龄：《德龄忆慈禧》，中国广播电视出版社 1996 年版。

王树卿等主编：《慈禧与我》，辽沈书社 1994 年版。

蒋梦麟译述：《美总统威尔逊参战演说》，商务印书馆 1918 年版。

［英］亚当·斯密：《国民财富的性质和原因的研究》，郭大力、王亚南译，商务印书馆 1983 年版。

［英］甄克思：《社会通诠》，严复译，商务印书馆 1981 年版。

［法］施阿兰：《使华记》，袁传璋等译，商务印书馆 1990 年版。

［日］东亚同文会编：《对华回忆录》，胡锡年译，商务印书馆 1959 年版。

［日］鹿野政直：《福泽谕吉》，卞崇道译，生活·读书·新知三联书店 1987 年版。

［日］陆奥宗光：《蹇蹇录》，伊舍石译，商务印书馆 1963 年版。

［英］赫德：《这些从秦国来——中国问题论集》，叶凤美译，天津古籍出版社 2005 年版。

［俄］维特：《维特伯爵回忆录》，傅正译，中央民族学院研究室校，商务印书馆 1976 年版。

［俄］巴尔苏科夫编著：《穆拉维约夫－阿穆尔斯基伯爵（传记资料）》第 1 卷，下册，黑龙江大学外语系、黑龙江省哲学社会科学研究所译，商务印书馆 1973 年版。

四、研究著作、论集

秦瑞玠：《新刑律释义》第 1 编，商务印书馆辛亥年初版，民国十四年六版。

顾维钧：《外人在华之地位》，吉林出版集团有限责任公司 2010 年版。

周鲠生：《不平等条约十讲》，太平洋书店 1929 年版。

周鲠生：《解放运动中之对外问题》，太平洋书店 1929 年版。

刘彦：《被侵害之中国》，上海太平洋书店 1929 年版。

王纪元：《不平等条约史》，亚细亚书局 1935 年版。

吴昆吾:《不平等条约概论》，商务印书馆 1933 年版。

交通部、铁道部交通史编纂委员会编:《交通史·航政篇》，交通、铁道部交通史编纂委员会 1931 年印。

交通部、铁道部交通史编纂委员会编:《交通史·电政编》，交通、铁道部交通史编纂委员会 1936 年印。

漆树芬:《经济侵略下之中国》，上海光华书局 1928 年版。

陈顾远:《中国国际法溯源》，商务印书馆 1933 年版。

张凤岐:《云南外交问题》，商务印书馆 1937 年版。

孙晓楼、赵颐年:《领事裁判权问题》，商务印书馆 1937 年版。

赵炳坤:《中国外事警察》，商务印书馆 1937 年版。

叶祖灏:《废除不平等条约》，独立出版社 1944 年版。

丁名楠等:《帝国主义侵华史》第 1、2 卷，人民出版社 1961、1986 年版。

李文海、匡继先主编:《近代中国不平等条约写实》上册，中国人民大学出版社 1997 年版。

钱实甫:《清代的外交机关》，生活·读书·新知三联书店 1959 年版。

张生:《中国近代民法法典化研究》，中国政法大学出版社 2004 年版。

赵树好:《教案与晚清社会》，中国文联出版社 2001 年版。

郑曦原、李方慧等编译:《帝国的回忆:〈纽约时报〉晚清观察记 1854—1911》，生活·读书·新知三联书店 2001 年版。

张明林:《换一只眼睛看历史：外国人点评李鸿章》，吉林摄影出版社 2003 年版。

朱雍:《不愿打开的中国大门》，江西人民出版社 1989 年版。

李云泉:《朝贡制度史论——中国古代对外关系体制研究》，新华出版社 2004 年版。

郑友揆等:《中国的对外贸易和工业发展》，上海社会科学院出版社 1984 年版。

许涤新、吴承明主编:《中国资本主义发展史》，人民出版社 1990 年版。

吕一燃主编:《中国近代边界史》上册，四川人民出版社 2007 年版。

韩泰伦主编:《新史记》第 8 卷，中国文联出版公司 1999 年版。
姚薇元:《鸦片战争史实考》，人民出版社 1984 年版。
彭建英:《中国古代羁縻政策的演变》，中国社会科学出版社 2004 年版。
黎虎:《汉唐外交制度史》，兰州大学出版社 1998 年版。
郭卫东:《不平等条约与近代中国》，高等教育出版社 1993 年版。
郭卫东:《转折——以早期中英关系和〈南京条约〉为考察中心》，河北人民出版社 2003 年版。
王建朗:《中国废除不平等条约的历程》，江西人民出版社 2000 年版。
吴义雄:《条约口岸体制的酝酿　19 世纪 30 年代中英关系研究》，中华书局 2009 年版。
茅海建:《天朝的崩溃：鸦片战争再研究》，生活 · 读书 · 新知三联书店 1995 年版。
尹新华:《晚清中国与国际公约》，湖南人民出版社 2011 年版。
林学忠:《从万国公法到公法外交》，上海古籍出版社 2009 年版。
侯中军:《近代中国的不平等条约——关于评判标准的讨论》，上海书店出版社 2012 年版。
王绳祖主编、王贵正卷主编:《国际关系史》第 4 卷，世界知识出版社 1995 年版。
蒋孟引:《第二次鸦片战争》，生活 · 读书 · 新知三联书店 1965 年版。
茅家琦:《太平天国对外关系》，人民出版社 1984 年版。
高汉成:《签注视野下的大清刑律草案研究》，中国社会科学出版社 2007 年版。
李铁铮:《西藏历史上的法律地位》，夏敏娟译，湖南人民出版社 1986 年版。
杨公素:《中国西藏地方的涉外问题》，中共西藏自治区委员会党史资料征审委员会 1985 年内部版。
于乃仁、于希谦编:《马嘉理事件始末》，德宏民族出版社 1992 年版。
上海市资料丛刊:《上海公共租界史稿》，上海人民出版社 1980 年版。
中国科学院近代史研究所编:《沙俄侵华史》第 1—3 卷，人民出版社 1976、1978、1981 年版。

李定一：《中美早期外交史》，北京大学出版社 1991 年版。

乔明顺：《中美关系第一页 1844 年〈望厦条约〉签订的前前后后》，社会科学文献出版社 1991 年版。

卿汝楫：《美国侵华史》第 2 卷，人民出版社 1962 年版。

杨生茂主编：《美国外交政策史 1775—1989》，人民出版社 1991 年版。

张存武：《中美工约风潮》，"中央研究院" 近代史研究所专刊 1982 年版。

胡大泽编著：《美国的中国近现代史研究》，中国社会科学出版社 2004 年版。

沈予：《日本大陆政策史（1868—1945）》，社会科学文献出版社 2005 年版。

蒋立峰、汤重南主编：《日本军国主义论》上，河北人民出版社 2005 年版。

王金林：《简明日本古代史》，天津人民出版社 1984 年版。

余文堂：《中德早期关系史论文集》，台北，稻乡出版社 2007 年版。

潘琪昌主编：《百年中德关系》，世界知识出版社 2006 年版。

吴友法、黄正柏主编：《德国资本主义发展史》，武汉大学出版社 2000 年版。

鲜于浩、田永秀：《近代中法关系史稿》，西南交通大学出版社 2003 年版。

中法战争史研究会编：《中法战争论文集》第 1 集，广西人民出版社 1986 年版。

李永胜：《清末中外修订商约交涉研究》，南开大学出版社 2005 年版。

中国科学院近代史研究所资料编译组编译：《外国资产阶级是怎样看待中国历史的》第 1、2 卷，商务印书馆 1961、1962 年版。

刘善章、周荃主编：《中德关系史译文集》，青岛出版社 1992 年版。

《中外关系史译丛》，朱杰勤译，海洋出版社 1984 年版。

《中山大学学报论丛》，中山大学学报编辑部 1995 年版。

《中国学术》，商务印书馆 2003 年版。

［美］马士：《中华帝国对外关系史》第 1—3 卷，张汇文等译，商务印书馆 1963 年版。

［美］威罗贝：《外人在华特权和利益》，王绍坊译，生活 · 读书 · 新知三联书店 1957 年版。

［美］马士：《东印度公司对华贸易编年史（1635—1834）》第1—3卷，区宗华译，中山大学出版社1991年版。

［美］J.H.Latane：《美国外交政策史》，王造时译，商务印书馆1936年版。

［美］费正清：《美国与中国》，张理京译，世界知识出版社1999年版。

［美］托马斯·帕特森：《美国外交政策》，中国社会科学出版社1989年版。

［美］孔华润主编：《剑桥美国对外关系史》上，王琛等译，新华出版社2004年版。

［美］泰勒·丹涅特：《美国人在东亚——19世纪美国对中国、日本和朝鲜政策的批判的研究》，姚曾廙译，商务印书馆1959年版。

［美］欧内斯特·梅、小詹姆斯·汤姆逊编：《美中关系史论——兼论美国与亚洲其他国家的关系》，齐文颖等译，中国社会科学出版社1991年版。

［美］韩德：《中美特殊关系的形成——1914年前的美国与中国》，项立岭等译，复旦大学出版社1993年版。

［美］兹·布热津斯基：《大失败：20世纪共产主义的兴亡》，军事科学院外国军事研究部译，军事科学出版社1989年版。

［美］巴巴拉·杰拉维奇：《俄国外交政策的一世纪1814—1914》，福建师范大学外语系编译室译，商务印书馆1978年版。

［美］T.M.欧弗莱区：《列强对华财政控制》，郭家麟译，上海人民出版社1959年版。

［美］明恩溥：《文明与陋习：典型的中国人》，舒扬等译，书海出版社2004年版。

［美］海斯、穆恩、韦兰：《世界史》下，中央民族学院研究室译，生活·读书·新知三联书店1975年版。

［美］特拉维斯·黑尼斯三世等：《一个帝国的沉迷和另一个帝国的堕落》，周辉荣译，生活·读书·新知三联书店2005年版。

［美］芮玛丽：《同治中兴：中国保守主义的最后抵抗（1862—1874）》，房德邻译，中国社会科学出版社2002年版。

［美］迈克尔·谢勒：《二十世纪的美国与中国》，徐则荣译，生活·读

书·新知三联书店 1985 年版。

［美］托马斯·G. 帕特森等：《美国外交政策》，李庆余译，中国社会科学出版社 1989 年版。

［美］巴巴拉·杰拉维奇：《俄国外交政策的一世纪 1814—1914》，福建师范大学外语系编译室译，商务印书馆 1978 年版。

［英］斯当东：《英使谒见乾隆纪实》，叶笃义译，上海书店出版社 1997 年版。

［英］菲利浦·约瑟夫：《列强对华外交（1894—1900）》，胡滨译，商务印书馆 1959 年版。

［英］格林堡：《鸦片战争前中英通商史》，康成译，商务印书馆 1961 年版。

［英］爱尼斯·安德逊：《英使访华录》，费振东译，商务印书馆 1963 年版。

［英］马戈尔尼：《乾隆英使觐见记》，刘半农译，中华书局 1916 年版。

［英］莱特：《中国关税沿革史》，姚曾廙译，生活·读书·新知三联书店 1958 年版。

［英］伯尔考维茨：《中国通与英国外交部》，江载华、陈衍合译，商务印书馆 1959 年版。

［英］魏尔特：《赫德与中国海关》上下，陈敩才等译，厦门大学出版社 1993 年版。

［英］约翰·劳尔：《英国与英国外交（1815—1885）》，刘玉霞等译，上海译文出版社 2003 年版。

［英］杨国伦：《英国对华政策（1895—1902）》，刘存宽等译，中国社会科学出版社 1991 年版。

［日］高柳松一郎：《中国关税制度论》，李达译，台北，文海出版社 1985 年影印本。

［日］信夫清三郎：《甲午日本外交内幕》，于时化译，中国国际广播出版社 1994 年版。

［日］信夫清三郎：《日本政治史》，吕万和等译，上海译文出版社 1988 年版。

［日］信夫清三郎编：《日本外交史》上册，天津社会科学院日本问题研究所译，商务印书馆 1980 年版。

［日］井上清：《日本军国主义》第 1—3 册，尚永清译，商务印书馆 1985 年版。

［日］野村浩一：《近代日本的中国认识：走向亚洲的航踪》，张学锋译，中央编译出版社 1998 年版。

［日］山本吉宣主编：《国际政治理论》，王志安译，上海三联书店 1993 年版。

［日］稻叶君山：《清朝全史》，但焘译，中国社会科学出版社 2008 年版。

［日］新渡户稻造：《武士道》，张俊彦译，商务印书馆 1993 年版。

［俄］A. 布克斯盖夫登男爵：《1860 年〈北京条约〉》，王瓘等译，商务印书馆 1975 年版。

［俄］巴枯宁：《国家制度和无政府状态》，马骧聪等译，商务印书馆 1982 年版。

［苏联］B. 阿瓦林：《帝国主义在满洲》，北京对外贸易学院俄语教研室译，商务印书馆 1980 年版。

［苏联］福森科：《瓜分中国的斗争和美国的门户开放政策》，杨诗浩译，生活 · 读书 · 新知三联书店 1958 年版。

［法］卫青心：《法国对华传教政策——清末五口通商和传教自由（1842-1856）》上、下，黄庆华译，中国社会科学出版社 1991 年版。

［德］施丢克尔：《十九世纪的德国与中国》，乔松译，生活 · 读书 · 新知三联书店 1963 年版。

［德］海因茨 · 哥尔维策尔：《黄祸论》，商务印书馆 1964 年版。

［韩］金容九：《世界观冲突的国际政治学：东洋之礼与西洋公法》，权赫秀译，中国社会科学出版社 2013 年版。

［韩］李泰镇：《明治日本侵韩史略》，金京子译，中国人民大学出版社 2011 年版。

［尼］I.R. 阿里亚尔、T.P. 顿格亚尔：《新编尼泊尔史》，四川外语学院《新编尼泊尔史》编译组译，四川人民出版社 1973 年版。

五、报纸、杂志

《时报》
《申报》
《晨报》
《二十世纪之支那》
《清议报》
《湖北学生界》
《浙江潮》
《外交报》
《东方杂志》
《政治官报》
《万国公报》
《国风报》
《清议报》
《新民丛报》
《民报》
《政治生活》
《共进》
《爱国青年》
《京报副刊》
《法政杂志》
《思想月刊》
《史料旬刊》
《向导》
《群众》
《战士》
《生命》
《外交季刊》
《外交月报》
《经济汇报》

《师大月刊》
《新建设》
《时事月报》
《国闻周报》
《星期评论》
《每周评论》
《复兴月刊》
《新闻资料》
《人民日报》
《中国社会科学》
《历史研究》
《近代史研究》
《世界历史》
《抗日战争研究》
《中国边疆史地研究》
《法学研究》
《近代史资料》
《社会科学辑刊》
《历史档案》
《理论月刊》
《理论学刊》
《学术研究》
《北京社会科学》
《社会科学战线》
《北京大学学报》
《厦门大学学报》
《四川师范大学学报》

六、外文资料

Message of the President of the United States, and accompanying documents, to the two Houses of Congress at the commencement of the third session of the

Fortieth Congress, Part I, Washington, Government Printing Office. 1869.

Michie, Alexander, *The Englishman in China during the Victorian era : as illustrated in the career of Sir Rutherford Alcock*, Vol. 2, Edinburgh and London, 1900.

The American Journal of International Law, Vol.3, No.1 Jan., 1909.

Rodney Gilbert, *The Unequal Treaties: China And The Foreigner*, London: John Murray, 1929.

British Parliamentary Papers, China 34, Irish University Press, 1971.

British Document on Foreign Affairs, Part 1, Series E, Vol. 20, University Publications of America, 1994.

Ian Nish ed., *British Documents on Foreign Affairs :Reports and Papers from the Office Confidential Print*, Part I, Series E Asia（1860−1914）, Vol. 20, University Publications of America, 1994.

Frederick Wells Williams, *Anson Burlingame and the First Chinese Mission to Foreign Powers*, New York: Charles Scribner's Sons, 1912.

Verlag der Koniglichen Geheimen Ober−Hofbuchdruckerei, Die Preuß ische Expedition nach Ost−Asien, Nach amtlichen Quellen, Berlin, Bd, IV.

Zhang Yongjin: *China in the International System*, 1918−1920, Macmillan Academic And Professional Ltd.

Wilhelm G. Grewe, History of Nations World War Ⅰ to World Ⅱ , in R. Bernhardt, ed., *EPIL*, vol. Ⅱ , Amsterdam 1995.

Wesley R · Fishel, *The End of Extraterritoriality in China*, Berkeley & Los Angeles, University of California Press, 1952.

The Chinese Repository.

日本外务省编:《日本外交文书》，日本国际连合协会昭和二十三年至三十四年版。

人名索引

F

G

H

M

N

O

P

W

X

Y

Z

约章索引

E

F

G

K

L

M

N

W

X

后 记

自 1990 年撰写《近代中国的条约制度略论》一文以来，笔者在近代中外条约研究领域耕耘已近三十年，《晚清中外条约关系研究》一书可说是这一研究的继续和延伸，亦是这一研究走向新阶段的重要转折和标志。

疏理笔者从事条约研究的历程，大体经历了三个阶段。第一个阶段是条约制度研究，其中心是探讨近代中国的不平等条约，发表相关论文和出版了《近代中国的条约制度》一书。由于中国是被条约套上了不平等的锁链，条约与不平等不啻是两位一体，这成了人们对近代中外条约最直观的认识。笔者所做条约制度研究，注重将条约问题与国际法结合起来，并从制度的角度切入，由此探讨半殖民地社会的制度内涵，认为它是近代中国政治、社会制度的一个基本组成部分。第二个阶段是废约史研究，阐析中国废除不平等条约的历程，出版了《中国废约史》一书。在对不平等条约制度作了考察之后，自然而然地要进一步探讨其被废弃的历史过程，由此转向这一问题的研究。第三个阶段是现在所从事的条约关系研究，较之此前则从广阔的视野探析近代中外条约，拟籍此获得更为全面深入的认识。研究废约史之时，笔者便对此有所思考，相关论文开始使用“条约关系”概念。废约史完成以后，笔者开始着手这一问题的专题研究，鉴于晚清是中外条约关系的启始时期，于是 2007 年以此为题申请国家社科基金项目，获得通过。其后笔者主编“中外条约与近代中国研究丛书”，并指导学生撰写博士学位论文《晚清中英条约关系研究》，自己亦撰有《近代中外条约关系刍论》，为此做了前期的学术筹划和准备。本项目在 2013 年完成后于翌年年初结项，又经反复修改充实后申报 2017 年“国家哲学社会科学成果文库”，有幸得以入选立项。

作为一个新的研究课题，条约关系是在不平等条约研究基础上的拓展和深化，更进一步充实和完善了这一问题的探讨。众所周知，鸦片战争之后，外国资本主义与中华民族的矛盾，成为中国社会的最主要的矛盾，因此而产生的中外条约暨条约关系则成为近代中国的一个基本问题。条约关系研究的内容既广且深，不仅局限于不平等条约，还涉及相关理论和种种重要问题。就前者而言，如条约、不平等条约、"准条约"等概念，条约关系的内涵及外延、国际公法解析和阐释，条约关系与外交和战争的关系，近代中外条约关系的特殊性质，以及如何运用马克思主义指导这一研究，构建近代中外关系通史的理论架构，等等。就后者而言，这是一个范围广泛、内容繁杂的研究领域和范畴。例如，中外条约关系产生、形成和发展变化的纵向历程和横向关联，条约关系与近代中国的国际秩序的两重转换及其社会转型；不同时代背景下条约关系的运行及相关外交，以及中国政府对条约关系的态度与国内法的调整，各国条约关系及其方针政策的同异和特点，等等；条约关系作为中外间一种新的接合方式而在近代中国产生的重大而又复杂的影响，成为导致或促使社会重大变化的基本因素，如对中国外交、内政和中国社会经济发展及其观念演变所产生的影响，等等。诸如此类，涉及不同层面且相互交错的大量问题，更为完整全面地呈现了以条约为主体内容的中外关系。即从研究的主体内容来看，涵盖所有中外约章，除了不平等条约之外，还包括平等条约和不平等条约中的平等条款，以及非正式条约的"准条约"，等等。显然，就这一领域或范畴的丰富内涵及其重要性而言，对此做一系统研究，有助于拓展视野，在理论和史实上全面深入了解和认识近代中外条约，清除这一领域中的殖民主义论调；由此更充分、更深刻地揭示晚清中外关系的转变，了解中国从传统走向近代艰难而又屈辱的历程，更清晰地认识中国近代半殖民地半封建这一过渡性的社会形态；并促进相关学科的融合发展，推动和深化中国近代史研究，其意义不言而喻。

纵观笔者的条约研究历程，从条约制度到条约关系，既体现了笔者在这一领域的逐步推进，又反映了新中国的学术进步。如其他领域一样，近代中外条约研究取得了重大成绩，尤其是改革开放之后，越来越多的研究者涉足这一领域，发表出版了大量成果，包括各方面的综合性研究和探讨某一专题问题的著作、论文，并阐发了各种新的学术见解，出现了令人可喜的繁荣局面。在这一发展和进步中，逐渐产生了新的思考和趋向，并在此基础上逐渐凝结为一个具有概括性和规范性的领域或范畴，这就是条约关系的研究取向。这一取向由政论趋向学术，由主体趋向完整，由直观趋向理性，由单向趋向多元，由零散趋向系统，由分离趋向统合，由此构筑相对独立的体系，成长和形成为一个新的领域或范畴。可以说，条约关系研究领域或范畴的提出并付诸实施，正是这一发展趋向的水到渠成。

由上可见，条约关系成为当今的研究取向，是笔者的学术积累以及适应学界发展需要的自然转进，而本书的问世正是笔者在这一研究历程中的结晶，其中蕴含了诸多师友和各方面人士的关心、帮助和支持。笔者在先师林增平先生的指导下进入了中国近代史领域，又在先生的勉励下开始从事条约研究，并得到各位前辈师友的帮助和指教。该书在筹划和申报国家社科基金项目时，曾征询李文海先生的意见，得到充分肯定和鼓励，并获其他评审专家的大力支持。课题结项时，又承蒙鉴定评审专家给予较佳评价，并提出宝贵的修改意见。去年申报“国家哲学社会科学成果文库”，张海鹏先生和吴景平先生热心推荐，评审专家在支持入选立项的同时，又提出了建设性的修改意见。法律出版社承担出版任务后，该社黄琳佳、韩向臣编辑和其他相关人员，提出修改意见，并精心编辑，认真校对，付出了辛勤的劳动。其他科研和图书管理等有关部门，以及部分本科生和研究生等各方人士，亦在项目申报和结项、资料收集、外文资料翻译、书稿校对等方面提供了帮助和便利。长期以来，相关报纸期刊和出版社的编辑对条约研究予以关注和支持，发表和出版了笔者的系列成果及其介述。还需指出，自从事中外条约研究始，便得到国家社科基金及其评审专家的持续扶助和支持，在完成“近代中国的条约制度”和“近代中国反对、废除不平等条约斗争史研究”两个基金项目之后，又获得与本书同名的第三个项目。结项后，申请一般项目“晚清中外条约关系观念的形成和演变研究”和重大项目“近代中外条约关系通史”，亦均获批准立项。去年，本书又入选全国社科规划办主办的“国家哲学社会科学成果文库”。本书写作过程中，妻子何玲不仅承担家务，而且一如既往地协助研究工作，如输入资料和文稿，编制索引等，亦付出了不少心血和辛劳。本书出版之际，谨向所有对本书和多年以来给予关心、支持和帮助的人们，一并致以衷心的感谢！

对笔者而言，近代中外条约关系是一个新的研究领域，既须深入探讨相关理论，又要全面阐析相互关联的诸多史实和问题，无疑是一个浩大的工程。中外条约关系启始的晚清时期，典型地反映了这一关系所蕴蓄的种种内涵和走向，因此在这一研究领域具有重要地位。对此作一探讨，既是近代中外条约关系研究的出发地，又可为揭示后续时期的变化发展，并进一步从整体上为该领域的系统研究奠立基础。若以类相别，本书主体内容可大体分为六部分，包括：条约关系的相关概念与理论，晚清中外条约关系的酝酿形成及其发展演变，条约关系的外观形态与内在属性，清政府对条约关系的反应和应对，条约关系与民众“排外”运动及其近代化趋向，以及英、美、法、日、俄、德等6个主要列强国家对华条约关系的基本方针政策及其特点，此外还有结语部分。各部分篇幅参差，详略不等，不免畸轻畸重，但于该研究领域的相关问题均有涉及。这是一项探索性的研究，笔者力图在广度和深度上有所进展，尽可能臻于完善，然由于学识和条件所限，本书不可避免存在各种不足和错漏，期待读者不吝批评指正，以冀推动这一领域的研究。

作　者

2018年2月

图书在版编目(CIP)数据

晚清中外条约关系研究 / 李育民著. -- 北京 : 法律出版社, 2018.3
ISBN 978-7-5197-2034-6

Ⅰ. ①晚… Ⅱ. ①李… Ⅲ. ①不平等条约-研究-中国-清后期 Ⅳ. ①D829.15

中国版本图书馆 CIP 数据核字(2018)第 041989 号

晚清中外条约关系研究
WANQING ZHONGWAI TIAOYUE GUANXI YANJIU

李育民 著

责任编辑 黄琳佳 韩向臣
装帧设计 肖 辉 李 瞻

出版 法律出版社
总发行 中国法律图书有限公司
经销 新华书店
印刷 中煤(北京)印务有限公司
责任校对 杨锦华
责任印制 沙 磊

编辑统筹 学术·对外出版分社
开本 720 毫米×960 毫米 1/16
印张 51.75
字数 804 千
版本 2018 年 3 月第 1 版
印次 2018 年 3 月第 1 次印刷

法律出版社/北京市丰台区莲花池西里 7 号(100073)
网址/www.lawpress.com.cn
投稿邮箱/info@lawpress.com.cn
举报维权邮箱/jbwq@lawpress.com.cn
销售热线/010-63939792
咨询电话/010-63939796

中国法律图书有限公司/北京市丰台区莲花池西里 7 号(100073)
全国各地中法图分、子公司销售电话:
统一销售客服/400-660-6393
第一法律书店/010-63939781/9782
西安分公司/029-85330678
重庆分公司/023-67453036
上海分公司/021-62071639/1636
深圳分公司/0755-83072995

书号:ISBN 978-7-5197-2034-6
定价:258.00 元